本书为国家哲学社会科学基金重点项目
"江苏道教文化史"（12AZJ002）结项成果

江苏道教文化史（上）

孙亦平 著

中国社会科学出版社

图书在版编目（CIP）数据

江苏道教文化史：全2册/孙亦平著. -- 北京：中国社会科学出版社，2025.1. -- ISBN 978-7-5227-3988-5

Ⅰ.B959.2

中国国家版本馆 CIP 数据核字第 202460KZ41 号

出 版 人	赵剑英
责任编辑	孙　萍
责任校对	李　莉
责任印制	李寡寡

出　　版	中国社会科学出版社
社　　址	北京鼓楼西大街甲 158 号
邮　　编	100720
网　　址	http://www.csspw.cn
发 行 部	010-84083685
门 市 部	010-84029450
经　　销	新华书店及其他书店
印　　刷	北京君升印刷有限公司
装　　订	廊坊市广阳区广增装订厂
版　　次	2025 年 1 月第 1 版
印　　次	2025 年 1 月第 1 次印刷
开　　本	710×1000　1/16
印　　张	62
字　　数	1039 千字
定　　价	299.00 元（全 2 册）

凡购买中国社会科学出版社图书，如有质量问题请与本社营销中心联系调换
电话：010-84083683
版权所有　侵权必究

序

传说江苏句曲山,因信奉汉代三茅真人而改名茅山,被赞为"第一福地,第八洞天"。史载苏州玄妙观,明清时期观前商贾云集,庙市闻名全国。许多大名鼎鼎的道教历史人物籍贯江苏,如东汉张道陵、东晋葛洪、南朝陆修静和陶弘景、隋朝王远知、唐代吴筠、宋代朱自英、元代杜道坚、明代陆西星、清代笪重光等。已经羽化的中国道教协会原会长黎遇航道长,已故著名道教学者陈国符教授,也是江苏人。另有许多大名鼎鼎的道教历史人物虽不是江苏人,但弘扬江苏道教,居功甚伟,如宋代张伯端、明代刘渊然、清代王常月等。改革开放以来成长起来的道教领袖人物中,江苏人也不少。江苏道教传承悠久,史迹丰富,宫观众多,影响广泛,江苏是实至名归的道教大省。

这样一个道教大省,为其撰写一部涵盖全省的道教史,很有必要。这样一部道教史,对学术的贡献自不待言。此外,此著作可以帮助关心江苏道教的各界人士对关心的对象增加深入了解,还可以帮助江苏道教界人士和信众系统地了解本省道教的方方面面,其社会效益不言而喻。

撰写这样一个道教大省的道教史,需要搜辑并考证大量的史料,需要严谨的分析、综合和进行理论思考,需要宏大的谋篇布局和明晰顺畅的阐述,显然工程浩大。作者孙亦平教授埋头苦干,七易其稿,用了十年时间,完成了皇皇巨著《江苏道教文化史》。其撰写过程,是名副其实的"十年磨一剑"。

《江苏道教文化史》填补了道教研究中的一大空白。认真读完这部巨著,江苏道教发展的历史脉络和主要内容,即可了然于胸。孙亦平教授出色地完成这部巨著,不仅仅依靠"十年磨一剑"的功夫,还因为拥有丰厚的学术实力。

　　学术实力，离不开刻苦学习。孙亦平教授读博期间，接受了研究道教的训练，在导师魏良弢教授的指导下，静心研究唐末五代高道杜光庭的生平和思想，其博士学位论文题目为"杜光庭思想与唐宋道教的转型"①。博士学位论文出版后，香港道教宫观蓬瀛仙馆，邀请她为《蓬瀛仙馆道教文化丛书》撰写了《东瀛高士——杜光庭大传》一书②。

　　学术实力，离不开勤奋积累。在撰写《江苏道教文化史》之前，孙亦平教授已经承担过相近的课题。孙亦平教授攻读硕士学位的导师王友三教授申请到国家社科基金项目"吴文化研究"后，指示她承担其中的吴地道教部分的研究和写作。该项目的最终成果是王友三主编《吴文化史丛》（上下册）③。

　　1994年，孙亦平教授将自己在《吴文化史丛》中承担的部分内容，概括为《吴地道教概述》一文发表④。《吴地道教概述》提出的观点认为："吴人好道，始于三国吴主孙权的倡导。孙权兴起的崇道之风，绵延吹送千年而不绝，构成了吴人生活和吴文化的重要组成部分。""吴地道教建构的上下有等、尊贵有别的神灵世界，不仅是对当时现实社会的曲折反映，而且在中国道教史上曾产生很大的影响。""吴地道教的道术始终以炼丹和存思为主，其他各种道术仅处于次要或辅助的地位，起着配合、充实炼丹和存思之术的作用。这从一个侧面反映了吴地道教的兼融性所具有的既吸收新因素，又不失旧特点的重要特色。""明清两代五百多年是吴地道教逐渐走向衰落的时期，衰落的原因是多方面的。"⑤ 这些结论都是很中肯的。孙亦平教授对江苏道教的特点已经有深刻的认识。但随着对江苏道教文化史研究的深入，她更着力探讨明清时期江苏道教如何在衰落中延续发展，出现了哪些富有地域文化特色的时代特征？如何以道观为活动中心而获得江南士绅及信众的支持，依靠着带有江南文化特色的道观经济的支撑，在晚清及民国时期

---

① 孙亦平：《杜光庭思想与唐宋道教的转型》，南京大学出版社2004年版。
② 孙亦平：《东瀛高士——杜光庭大传》，宗教文化出版社2015年版。
③ 王友三主编：《吴文化史丛》，江苏人民出版社1993年版。
④ 孙亦平：《论卿希泰先生对道教研究的卓越贡献——兼论当代道教研究的方向和动力》，《宗教学研究》2018年第2期。
⑤ 孙亦平：《吴地道教概述》，《世界宗教研究》1994年第3期。

在地方社会中以自己的方式在传统与现代、西方与东方等不同思想文化的碰撞与交融中持续？

《吴地道教概述》发表后，孙亦平教授继续研究江苏道教，发表了多篇论文。她在《论全真道龙门派在江南地区的传播与发展》一文中说："在江南传播的龙门派承丘处机之传，形成了'龙门心法'的传承系统，虽然出现了一些分支，但大都具有崇拜吕祖、精严戒律、重视内丹、与正一道相融合等特点。龙门派推动了全真道在江南地区的传播与发展。"[①] 孙亦平教授归纳江南龙门派的特点，很准确。江苏包括在江南之内。

孙亦平教授在《江苏道教文化史》中，表现出宽阔的视野，这也得益于她长期的学术积累。2002 年，江西人民出版社出版了她主编的《西方宗教学名著提要》。孙亦平教授还发表了多篇评述西方宗教学的论文。其中《道教与基督教的幸福观比较——以葛洪与奥古斯丁为例》一文，比较了中西宗教基本精神的异同。[②] 孙亦平教授还发表了多篇研究佛教的论文。其中《张伯端"道禅合一"思想述评》一文，从佛教的视角分析道教说：张伯端通过引禅入道，促进了道教更新发展。[③]

当年傅斯年教授批评中国学者忽视对四周邻国的研究说："外国学人，能使用西方的比较材料，故善谈中国之四裔。"[④] 当今的中国道教学者中，孙亦平教授是善谈中国之四裔的佼佼者，相继出版了《东亚道教研究》[⑤]《道教在韩国》[⑥] 和《道教在日本》[⑦] 三部著作。牟钟鉴先生称赞《东亚道教研究》"第一次向世人提出'东亚道教'的概念……开创出东亚道教研究崭新的局面"[⑧]。我评论说："孙亦平教授在中国道教学者中盖可称为善谈

[①] 孙亦平：《论全真道龙门派在江南地区的传播与发展》，《宗教学研究》2010 年第 3 期。

[②] 孙亦平：《道教与基督教的幸福观比较——以葛洪与奥古斯丁为例》，《江苏社会科学》2010 年第 1 期。

[③] 孙亦平：《张伯端"道禅合一"思想述评》，《中国哲学史》2000 年第 1 期。

[④] 《法国汉学家伯希和莅平》，《北京晨报》1933 年 1 月 15 日，转引自桑兵《国学与汉学：近代中外学界交往录》，浙江人民出版社 1999 年版，第 140 页。

[⑤] 孙亦平：《东亚道教研究》，人民出版社 2014 年版。

[⑥] 孙亦平：《道教在韩国》，南京大学出版社 2016 年版。

[⑦] 孙亦平：《道教在日本》，南京大学出版社 2016 年版。

[⑧] 牟钟鉴：《〈东亚道教研究〉序》，孙亦平著《东亚道教研究》序第 2 页，人民出版社 2014 年版。

'中国之四裔'的第一人……《东亚道教研究》一书是有关东亚道教研究的开山之作，填补了学术研究的空白，为中国学者深入研究国外道教带了好头，具有里程碑的意义。"[①] 孙亦平教授对东亚道教的研究，实属跨文化研究。她研究东亚道教的一篇论文，就直接题为《从跨文化视域看道教在越南传播的特点》[②]。

《江苏道教文化史》的书名，比其他道教史著作的书名，多出了"文化"二字。此书名表明，孙亦平教授采用了双重视域的研究方法。她采用这种研究方法，与评述西方宗教学、研究佛教、研究东亚道教的学术积累，密不可分。

道教既是宗教信仰，也是文化中的一种。它与其他文化既有区别，也有联系。江苏道教生存于江苏省这块土地上，必然与这块土地上的其他文化相互影响，关系密切。《江苏道教文化史》采用了宗教信仰和地域文化双重视域的研究方法，从两个不同的视角、跨越两个领域考察江苏道教，阐明了江苏道教的发展与江苏地域文化的密切关系。这种方法揭示了江苏道教与江苏家族、士人、百姓的联系，展现了江苏道教与江苏佛教、民间宗教、民间信仰、文学艺术、民俗民风等的互动关系，紧接地气，从而更全面、更准确地把握了江苏道教的特点。

今孙亦平教授《江苏道教文化史》即将付梓，乐为序。

朱越利

2024 年 8 月 4 日

[①] 朱越利:《道教研究的里程碑——评孙亦平教授著〈东亚道教研究〉》,《中国宗教》2014 年第 8 期。

[②] 孙亦平:《从跨文化视域看道教在越南传播的特点》,《西南民族大学学报（人文社会科学版）》2013 年第 3 期。

总 目 录

导　言 …………………………………………………………… (1)

第一章　江苏道教文化的多重源头 …………………………… (14)

第二章　三国东吴时的道教文化 ……………………………… (72)

第三章　两晋道教与世家大族 ………………………………… (110)

第四章　上清派在茅山的兴起 ………………………………… (146)

第五章　灵宝经与三洞经书 …………………………………… (242)

第六章　南朝道教文化的新发展 ……………………………… (278)

第七章　隋帝在江南开展崇道活动 …………………………… (340)

第八章　唐代江苏道教的繁荣兴盛 …………………………… (359)

第九章　五代北宋江苏道教的持续 …………………………… (442)

第十章　南宋江苏道教的地方化 ……………………………… (507)

第十一章　元代道教新格局在江苏形成 …………………………（542）

第十二章　明代江苏道教：从中心到边缘 …………………………（593）

第十三章　江苏道教在清代的延续 …………………………………（695）

第十四章　民国时期的江苏道教文化 ………………………………（748）

参考文献 ………………………………………………………………（804）

附录　江苏道教宫观一览表 …………………………………………（811）

后　记 …………………………………………………………………（971）

目　录
（上卷）

导　言 ……………………………………………………………… (1)

第一章　江苏道教文化的多重源头 ………………………………… (14)
　　第一节　神仙信仰早于教团活动 ……………………………… (15)
　　第二节　张道陵与江苏沛丰文化 ……………………………… (31)
　　第三节　活跃于江苏的修道者 ………………………………… (45)
　　第四节　三茅真君来访的传说 ………………………………… (52)
　　第五节　《参同契》与江南金丹道 …………………………… (62)

第二章　三国东吴时的道教文化 …………………………………… (72)
　　第一节　于君道在江东的传播 ………………………………… (73)
　　第二节　东吴的崇道求仙之风 ………………………………… (79)
　　第三节　葛氏家族与江东神仙道 ……………………………… (93)
　　第四节　塑造新神灵与修建新道观 …………………………… (101)

第三章　两晋道教与世家大族 ……………………………………… (110)
　　第一节　世家大族南迁与江苏道教 …………………………… (110)
　　第二节　民间道团及天师道的南传 …………………………… (126)
　　第三节　葛洪倡金丹道促神仙道教 …………………………… (137)

第四章　上清派在茅山的兴起 ·· (146)
第一节　上清派与茅君派关系考 ···································· (146)
第二节　上清真人与经书传授 ······································ (157)
第三节　魏夫人：上清第一代太师 ·································· (175)
第四节　真人之诰与上清经的问世 ·································· (186)
第五节　许氏家族与上清经传播 ···································· (199)
第六节　陶弘景创立上清派茅山宗 ·································· (216)
第七节　上清经对江苏道教的影响 ·································· (231)

第五章　灵宝经与三洞经书 ·· (242)
第一节　灵宝经在吴地的问世 ······································ (242)
第二节　灵宝派在江南的传承 ······································ (253)
第三节　从《遐览》看三皇经 ······································ (262)
第四节　三洞经书在金陵汇集 ······································ (269)

第六章　南朝道教文化的新发展 ······································ (278)
第一节　以建康为中心的三教对话 ·································· (279)
第二节　南朝天师道新道书考 ······································ (291)
第三节　陆修静改革南朝道教 ······································ (299)
第四节　南朝重玄学与摄山三论学 ·································· (309)
第五节　南朝道馆建筑的兴起 ······································ (324)

第七章　隋帝在江南开展崇道活动 ···································· (340)
第一节　隋文帝推行三教并用政策 ·································· (341)
第二节　隋炀帝坐镇江都崇尚道教 ·································· (345)
第三节　王远知对江苏道教的贡献 ·································· (351)

第八章　唐代江苏道教的繁荣兴盛 ···································· (359)
第一节　唐代上清派的传承道脉 ···································· (360)
第二节　江苏道教的兴盛发展 ······································ (380)
第三节　吴筠与上清派关系考 ······································ (391)

  第四节　上清经箓与正一之法 ………………………………（404）
  第五节　洞天福地与江苏道教宫观 …………………………（415）
  第六节　李德裕与中晚唐茅山道教 …………………………（426）

第九章　五代北宋江苏道教的持续 ……………………………（442）
  第一节　五代南方政权与道教 ………………………………（443）
  第二节　谭峭《化书》在南唐 ………………………………（452）
  第三节　北宋帝王与江苏道教 ………………………………（458）
  第四节　张伯端在江苏修道考 ………………………………（480）
  第五节　茅山道教宫观的鼎盛 ………………………………（493）

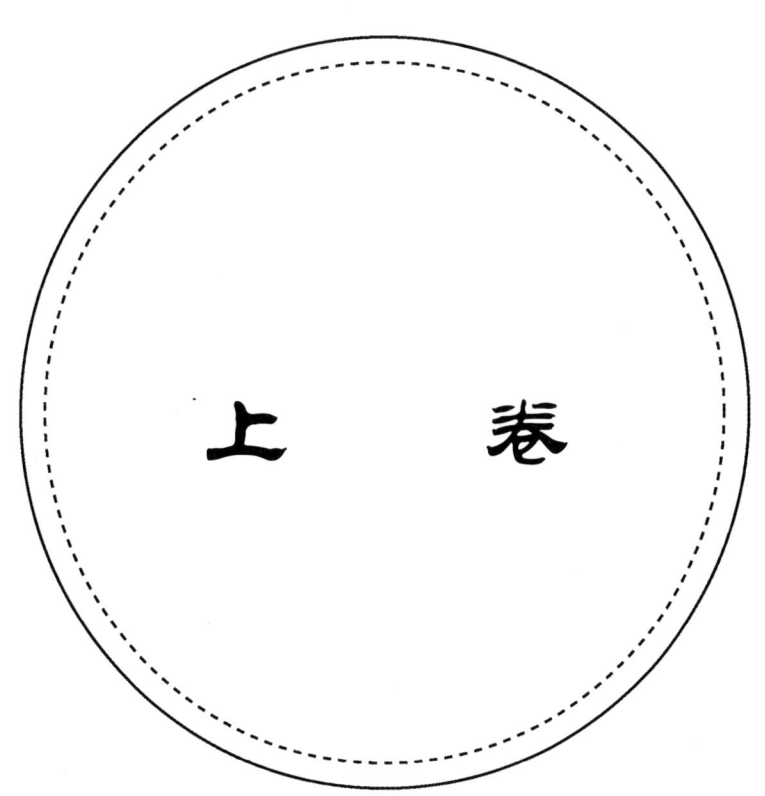

导　　言

　　道教作为中国本土宗教是中华传统文化的组成部分之一。千百年来，内容丰富、形式多样的道教文化所包含的以"道"为本的思想智慧、传统美德和人文精神，对中华民族的发展以及民族心理、民族精神的铸就产生了广泛而深刻的影响。江苏是中国大陆东部沿海省份，地处东西、南北文化的交汇点上，在历史上形成了吴文化、楚汉文化、淮扬文化、金陵文化、苏东海洋文化等一批特色鲜明的地域文化，儒佛道三教的并存互动，促进了古代江苏文化的繁荣发展，其中江苏道教以其漫长的历史、鲜明的地域文化风格和丰富的文化资源，不仅在中国道教史上占有重要地位，而且成为江苏文化及江南文脉的重要内容。

　　江苏是我国的经济大省，也是文化大省。在今天推进江苏从文化大省向文化强省发展的过程中，将江苏道教置于江南文脉中进行全面梳理，以呈现江苏道教历史脉络和文化内涵，成为提升江苏文化影响力、展现江苏文化形象的一个重要举措。江苏道教是江苏文化的重要组成部分，在中国道教史上也占有举足轻重的突出地位。江苏道教具有历史悠久、思想丰富、名道辈出、著述甚丰、道派众多、信众广泛、道观林立、文化品位高等特点，其中茅山道教作为江苏道教的象征在中国道教史上占有重要地位。

　　江苏道教经过近两千年的曲折发展，形成了独特的地域文化特征并一直延续到今天，成为江苏文化中的一笔宝贵财富。本书将道教置于江苏文化和中国道教的双重视域中，广泛收集有关江苏道教的历史文献、经典道书、地方志、碑铭石刻和民间抄本等，再结合对江苏道教名山宫观的田野调查，以江苏道教的思想、教派、教义、科仪和道术为中心，对内研究江苏道教因受不同区域文化影响所呈现的地域性差异，对外兼论江苏道教与江南道教、中国道教的互动关系，以期在"个性"与"共性"多元和谐共生中，从整体上展现江苏道教的传播历史以及形成的丰富而独特的地域文化特质，既在新时代探索共筑江苏文化发展高地，为江苏建设文化强省提供文化资源、历史依据和思想智慧，也为中国传统文化的传承与发展提供一种思想智慧和文化资源。

一 江苏地域与道教文化

我们以现在的行政区划——"江苏"作为一个"地域"来撰写道教文化史时，需要注意这个行政区划在历史上变动中的自然性、政治性与人为性特点，只有把这一实存的地理空间与具体的道教文化形态联系起来考察，才有可能免于人为地割裂江苏地域与道教发展之间的错综复杂关系。如果说，"地域史"作为一种思想史的研究方法，一般是观察者或研究者从"外部"给予并加以界定的，却是以人的活动为基点来探讨本区域内的社会政治、经济与文化的演变历史，那么，江苏道教研究应当是"历史"与"地域"的一种具体而动态的结合。这样的学术趋势也在不断刺激着我们的思考，因此在研究之先，有一些问题需要提出并厘清：

第一，今天的江苏与古老的道教。江苏正式建制始于清康熙六年（1667年），当时的清政府将江南省分为江苏、安徽两省，取江宁、苏州两府的首字而得名，其大致的行政区划延续至今。在此之前，在不同的朝代，今天的江苏又被不同的政权管辖而有不同的称呼。这种行政区划跟随朝代的更替始终处于不断变动之中，因此，我们在江苏道教研究中虽然以今天的"江苏"这个行政区划作为研究空间，但既需要用一种动态的眼光来看待与把握传播于此的古老道教在历史发展中显现出的阶段性变化，也需要了解江苏道教的区域性特征。长江发源于西，入海于东，横贯于江苏之境。公元前495年，吴王夫差开始修凿的蜿蜒曲折的运河犹如一道活水，不仅将江南城镇连缀起来，成为推动江南经济发展和文化繁荣的自然纽带，而且也成为后来道教传播的文化通道。今天一般以长江以南的南京、苏州、无锡、常州、镇江为苏南，长江以北的盐城、淮安、宿迁、徐州、连云港称苏北，又有将扬州、泰州、南通地区称为苏中。从历史上看，在不同时代也有用江东、江左和江南来指称苏南或苏中，如"自殷、周之际，荆、扬南境，皆曰江南"①。这些以自然地理与行政区划相结合而约定俗成的称呼，展现了古老的道教活动的地域背景。不同地区的生产方式影响到人们的精神世界和风俗习惯，尤其是在江南水乡中孕育出典雅秀丽、精细婉约的苏南吴文化，与苏北楚汉文化中所表现的"大风起兮云飞扬"的豪迈雄壮、质朴粗犷，被概括为"吴韵汉风"，代表了江苏文化中一南一北的鲜明特色。江南文化既以灵动智慧、机智精细的"水文化"而著称，也有以茅山为代表的"山文化"对长生、自由等生命境界的追求。在江苏的山水文化中形成的"仙文化"因素，不仅造就了生活于此的一代代江苏人的地域文化性格，而且构成了江苏道教赖以生存的远古文化基盘。

第二，神仙信仰在江苏的传播早于道教教团的活动。早在道教创立之前，江苏大地上就流传着种种神仙居于天上、海上和名山大川的神话传说，并勾画出无比美妙的仙境，成为东部地区仙道文化的重要组成。相传，玄帝颛顼的后代彭祖活动于江苏彭城（今徐州），他善于补养导引之术，唯以养生治身为事，历经唐虞夏商等朝代，活了近八百岁，最后升仙而去。另据保留至今的明代《乾元观记》石碑记载，周朝时有燕国人郭四朝、秦朝时有李明真人来句曲山郁冈峰炼丹，周太宾、姜叔茂则在雷平山中修道，这些在江苏地区活动的方士们推动了神仙信仰的兴起。题名为汉光禄大夫刘向撰《列仙传》是现存最早的中国神仙传记②。博学多才的刘向（前77年？—前6年）是江苏沛县人，他通过讲述从神农时雨师赤松子至西汉成帝时仙人玄俗等七十一位仙家事迹，构筑了一个神奇怪诞的仙界，来说明世上有神仙，神仙是人通过服食、导引、行气等方术修炼而成的，展示了黄老思想与神仙信仰在江苏大地上的汇合。秦始皇统一中国以后，当时的一些方士纷纷向秦始皇进言，说海上"三神山"有不死药，于是秦始皇多次派遣方士徐福等入海寻找仙人仙药。因年代久远，徐福的故乡、寻仙事迹、东渡去向等问题至今仍在讨论中，但其中有一说法值得注意，这就是徐福是江苏赣榆金山镇

---

① （清）王谟撰、习罡华点校：《江西考古录》，江西人民出版社2015年版，第15页。
② 有关《列仙传》的作者，旧题为西汉刘向撰。葛洪《神仙传》、《隋书·经籍志》也著录"题刘向撰"，但由于《汉书·艺文志》只录刘向撰《说苑》、《新序》、《列女传》等，独无此书，故后人疑其为汉魏间文士托刘向名所作。但也有一些学者认为刘向作《列仙传》是可信的，例如福永光司：《刘向と神仙——〈列仙传〉の著作》（《道教思想史研究》，岩波书店2002年版，第313—314页）就具有代表性。

徐福村人，这里也是徐福入海求仙的出发点之一。① 江苏既与东部燕齐地区在神仙信仰上是互为背景与资源的，也深受北方仙道文化的影响。这些神仙信仰如何在江苏大地上传播并逐渐成为江苏人的集体意识？只有当我们以江南文脉作为关联性背景，进行信仰与地域的双重"互观"时，才会蓦然发现，这些早于道教教团活动的神仙信仰奠定了江苏道教的地域文化特色。

第三，江苏东部也是中国道教的发源地之一。中国道教的创立与黄老道、方仙道在江苏的传播有着密切的关系。东汉时，琅琊人宫崇将其师于吉于曲阳泉水上所得神书献给汉顺帝。据《后汉书·襄楷传》的看法，于吉乃是太平道的初创者之一，与甘忠可一样都是黄老道的信奉者。"《太平青领书》乃是甘忠可《包元太平经》的传本或残本经过信徒们的不断增补扩充，到汉顺帝时由于吉纂集而成的"②。于吉之后，张角奉《太平经》，为太平道教主，然而"在张角太平道、张鲁五斗米道之前，天帝使者类道人即已在相当广大的地区从事着各种道教活动，其西至宝鸡，东达高邮，直线距离超过二千三百里，横跨陕西、山西、河南、江苏数省，这还是仅就目前发现的材料而言"③。太平道兴起于东部地区，江苏徐州、扬州、连云港也是其活动地之一。五斗米道创建人张道陵是沛国人，据说也是信奉黄老思想的西汉宰相张良的后代，其家乡至今流传着许多有关张道陵的传道故事。陈寅恪在《天师道与滨海地域的关系》中就提醒我们注意张道陵的道术可能来自的东部传统：张道陵"顺帝时始居蜀，本为沛国丰（今江苏省丰县）人。其生与宫崇同时，丰沛又距东海不远，其道术渊源来自东，而不自西，亦可想见"④。据《神仙传·张道陵》记载，张道陵入蜀创教之前，已在江南修道十多年，在云游各地后，才落脚于巴蜀地区创立教团组织进行传教活动。五斗米道和太平道虽然显世于东汉末年，但随着近年来有关汉代墓葬考古发现中不断有与灵魂不灭意识相关的镇墓瓶、买地券之类的文物出土，其中也

---

① 罗其湘、汪承恭：《秦代东渡日本的徐福故址之发现和考证》，《光明日报》1984年4月18日。
② 李养正：《道教概说》，中华书局1989年版，第21页。
③ 王育成：《东汉天帝使者类道人与道教起源》，载陈鼓应主编《道家文化研究》第十六辑，生活·读书·新知三联书店1999年版，第196页。
④ 陈寅恪：《金明馆丛稿初编》，生活·读书·新知三联书店2001年版，第3页。

包括在江苏地区。① 这为重新认识道教的起源问题提供了重要依据。道教是两汉社会中盛行的神仙信仰和黄老思想在广大民众中得到普遍认同后，以"太平世界"相号召而建立道团在东部地区进行传教的结果。江苏是张道陵这么一个创教人物的家乡，也是早期道教的传播地之一，从这一意义上说，江苏东部也是中国道教的发源地之一。②

第四，江苏道教既与中国道教的发展同步，也以茅山上清派为中心形成了一些独有的地域性特色。西汉时，相传茅盈、茅固、茅衷自陕西咸阳到丹阳郡句曲山采药修炼，于此得道成仙，故句曲山从此改称为茅山。值得研究的是，他们如何被茅山道教塑造成地域性神灵——"三茅真君"？句曲山如何从一座自然之山发展为有着道教第一福地、第八洞天之称的茅山？东晋出现的上清派是以江南士族文人为主体的道派，在修炼方法上，特别重视诵经、思神、服气、咽液等，也兼习金丹、符箓等方术；奉行《上清大洞真经》《黄庭经》等，结合儒家倡导的仁义孝悌等社会伦理，强调个人的生命修炼以期得道成仙，更适合江南士族社会知识分子精神需要。南朝陶弘景曾为梁武帝时名盛一时的"山中宰相"，但他却以"华阳隐居"为号，在茅山中修道四十年，他通过撰写道书，修建道馆，培养弟子而推动上清派沿着葛洪之路继续向上层化、贵族化和理性化方向发展。唐代时，上清宗师王远知、潘师正、吴筠、司马承祯、李含光等，他们撰写出富有创意的新道书，积极倡导以存神服气为主，辅以诵经、修行功德的上清思想，以茅山为中心的上清派因得到唐代帝王的尊奉，其传播范围远远超出了"江苏"的地域范围，成为唐代道教公认的"上乘"文化成果。元代及清代两次修编《茅山志》，对上清派兴起发展及茅山神圣空间的记录，展现了以茅山为中心的江苏道教在漫长的历史中培育了许多富有政治眼光和宗教情怀的上清宗师，他们创作的道书和发明的道术不仅成为江苏道教的文化财富，也为中国道教的发展奠定了文化基础。

---

① 刘屹以一览表的方式对汉魏六朝告墓、买地、镇墓材料作了细致的排列，从"出土地"看，东汉之前，江苏已有三例：1. 本始三年（前71年）江苏邗江，王奉世墓出土告墓牍；2. 熹平五年（176年）江苏扬州，刘元台墓出土的买地砖；3. 东汉中后期江苏高邮，鬼名天光墓出土写有天帝神师、北斗君的镇墓木简。东汉之后，随着三国时吴国在南京建都后，江苏有十六例。（参见刘屹《敬天与崇道——中古经教道教形成的思想史背景》，中华书局2005年版，第18—42页）

② 孙亦平：《历史与神话双重记载中的张道陵》，《宗教学研究》2022年第3期。

第五，江苏道教是外来文化与本地文化交融的产物，体现了不同文明之间的交流互鉴。江苏地处东西、南北的交通要道上，通过移民的步伐各种文化不断地汇聚于此。外来文化也包括来自印度的佛教。佛教于两汉之际来华，不久就传入苏北进行活动。东汉时，彭城是洛阳向东南延伸道路上的一个城市，楚王刘英在此的府邸内居住着由僧人、居士组成的早期僧团。据《后汉书·楚王英》记载：楚王刘英"晚节更喜黄老，学为浮屠，斋戒祭祀。"楚王的这种将黄帝、老子与佛陀并祀的做法，既反映了中国人以自己的知识背景来理解外来文化的努力，在推动佛教在江苏传播的同时，也为江苏道教提供了一种中外文化交融的背景。三国时，佛教正式传到孙权建立的吴国首都建业（今江苏南京），从此江苏道教与佛教始终处于既冲突又影响的互动关系之中，无论是东晋上清派、灵宝派的出现，还是南朝陆修静在建康参与的三教之争、茅山道教与佛教摄山（今南京栖霞山）三论学的互动对道教重玄学兴起的影响，都展现了当时的江苏道教能够以兼容并蓄的开放心态来汲取各种文明精华，通过创作道书不断提升自己思想教义、戒律科仪和组织制度的系统性，使江苏道教始终在中国道教发展史上处于重要地位。这也是我们在多重文化关联中研究江苏道教不可忽略的一个文化背景。

第六，江苏道教在东晋及南宋时出现两次创派高峰，都与中国文化的重心南移有关。西晋末年，"八王之乱"使北方中原地区陷入分裂混战的局面。永嘉年间，一些北方世家大族及流民南下避难，他们在给南方带去了北方先进的政治制度和生产技术的同时，既促进了中国文化重心南移，也促进了各种名目的民间道团来江苏活动。东晋时，江苏道士在对民间道团的批评中而自创道团，出现了以葛洪为代表的神仙道教，还出现上清经、灵宝经和三皇经等三组道经，它们成为中国道教"三洞真经"之源，衍化出以造作道书、传授经法为首务的经箓派。尤其是金陵道士陆修静在刘宋都城建康（今江苏南京）崇虚观，通过"总括三洞，汇归一流"，编定最早的道经总目《三洞经书目录》，促进了南天师道向"意在王者尊奉"的方向发展，为后世《道藏》的修编提供了文献分类的基础。如果说，江苏道教在东晋出现的第一次创派高峰是以经箓创作为中心，那么，在南宋出现的第二次创派高峰则是以法箓运用为中心。南宋时，以龙虎山"正一宗坛"、茅山"上清宗坛"和阁皂山"元始宗坛"三山在江南鼎立，随着精英地方化的发展趋势，传统符箓道教日趋衰落，一些地方性的以内丹融合符箓的新符箓派则不断涌现，其中清微、神霄等道团活动于江苏地区，在使"雷法"成为集各种道术之大成者时，也以法箓推动着融合新旧符箓派的正一道的兴起。明代之后，江苏道教虽然形成了正一道与全真道并存的基本格局，但因江苏道教传统和地域文化的双重影响，其内部道派的复杂性又可用"三里不同道"来形容。

第七，明清时期政治中心的变迁，促进江苏道教以贴近民众的日常生活需要而发展。明初定都应天府（今南京）后，明太祖招揽各路道士在南京朝天宫中开展敬神祀天活动，为将道教斋醮科仪纳入国家祭祀活动中，修建神乐观培养乐舞生，制定《大明玄教立成斋醮仪范》，从中央到地方建立各级道录司作为管理道教的行政机构。南京除朝天宫、神乐观之外，还有主祭东岳大帝、北极真武、都城隍、关公、天妃等道观。明代葛寅亮撰《金陵玄观志》对南京当时的道教宫观祠庙作了详细记载。明成祖即位后，不久就迁都北平，南京成为陪都。随着全国政治中心的北迁，江苏道教虽然从中心逐渐走向边缘，但因供奉各种神灵的道观林立于城镇乡村，各地道团致力于在民间向大众传播自己的教义与信仰。明代中叶以后，北方全真道南下，阎祖派以茅山乾元观为驻足地而兴起，茅山道教原有的"三宫五观"中的"五观"放弃传统而逐渐改习全真道。清初，全真道龙门派律师王常月从北京白云观来南京开坛弘道，后有施道渊在苏州弘道，笪重光在茅山弘道，冠山支派在苏州传播，长春宫支派在无锡传播，以道观为中心，引导民众每年定时开展香会、庙会、赛神会等民俗活动，又以保存中华民族传统文化的方式来展示道教的社会影响力。

第八，江苏道教以生命关怀的方式来探讨健康养生思想，丰富了中国传统文化的内涵。三国时，葛玄宣传的仙道文化在句容葛氏家族中得以传播，东晋葛洪撰《抱朴子》汲取了哲学的形态和实证的方法来探索生命之真谛。以葛玄、葛洪为代表的神仙道教既丰富了古代江苏文化的内容，也以养生文化发展出医药知识与科学技术。例如治寒热诸疟方，这是葛洪在《肘后备急方》总结出对治在江南地区流行的疟疾病的药方，其中有"青蒿一握，以水二升渍，绞取汁，尽服之"①的详细记载。当代科学家屠呦呦正是改高温提取法为乙醚提炼，成功发现"青蒿素"并将其运用到现代医疗临床中，研制出抗击疟疾的良药，取得了世界公认的科学成果。葛洪健康养生思想的内容十分丰富，几乎涉及人们日常生活的各个方面，如衣食住行、起居坐卧、精神愉悦等，既带动了中国古代医学、药学、化学、天文学、地理学的发展，也为人体科学的研究积累了大量的第一手资料。江苏道教所倡导的健康养生思想的理论依据、实用方法和基本原则，是值得我们认真研究并发扬光大的一种传统文化资源。

从行政区划看，清朝康熙六年（1667年）江苏作为江南省的一部分，将巡抚衙门设在苏州，下辖江宁府、镇江府、常州府、苏州府、松江府、通州府、扬州府、淮安府、徐州府，其范围除上海外与今天江苏省大致相同。随着中国传统社会在中西冲突、新旧交替的时代动荡中向现代社会的变迁，清代江苏道教遭遇了来自各方面的冲击。太平天国定都天京（今南京）后，对道教采取了排斥与打击的措施，致使南京、茅山、苏州等地的许多道观被毁。民国政府建立后，南京作为首都，既是全国的政治经济中心，也是各种思想文化和宗教的汇集地，古老的道教受到具有维新思想的学者们的批评，许多道教宫观或被毁坏，或改作他用。抗日战争时期，句容茅山上的许多宫观又毁于战火之中。

1949年4月23日，中国人民解放军跨过长江，解放南京，不久，江苏全境解放。新中国成立后，江苏分设为南京市人民政府和苏南、苏北两个行政公署。1952年11月，两署一市合并，成立江苏省人民政府。江苏道教在新的社会环境中又进入了一个新的发展时期。据初步统计，1949年年底，全省大约有道教宫观535座，道士（道姑）5000余人，主要分布于句容茅山、镇江、常州、无锡、苏州、泰州、南通、扬州等地。②1983年起江苏实行市管县的行政体制，现设南京1个副省级市，苏州、无锡、常州、镇江、泰州、南通、连云港、淮安、盐城、扬州、宿迁、徐州12个省辖市。这就是我们今天所说的江苏道教文化传播发展的地域。

---

① 《葛仙翁肘后备急方》卷三，《道藏》第33册，文物出版社、上海书店、天津古籍出版社1988年版（本书《道藏》皆引自三家本，以下出版信息省略），第29页。

② 江苏省地方志编纂委员会编：《江苏省志·宗教志》，江苏古籍出版社2001年版，第89页。

江苏道教在其历史发展过程中，始终存在着建构形而上之理论体系和面向广大民众传教弘道这两个发展面向。一方面，道教保留着中国古代社会中流传下来的以鬼神崇拜为特点的神灵信仰和原始巫术的成分，常常在符水治病、炼气养神、驱妖捉鬼等道术和祈福禳灾的斋醮科仪中融汇了民间的各种方技数术、星相、占卜、图谶及泛神论思想；另一方面，道教又始终以老庄道家思想为基点，通过不断地汲取儒家和佛教的思想理论和修行方法，而致力于向理论化、系统化和伦理化的方向发展。江苏道教在南北朝时期就建立起自己精妙而深奥的教义学理论和先修人道、再修仙道的伦理道德学说，以此为理论支撑，道教在江苏历史上得到了社会各阶层人士的广泛认可。对此，需要我们在研究中也要以实事求是的态度进行分析。

二　文献资料与问题导向

从历史上看，神仙信仰早在道教出现之前就流传于江苏大地，道教在创立后就融入了江苏文化之中，成为当地民众近两千年来信奉的主要宗教之一。以茅山为中心的江苏道教既与中国道教的发展大致同步，有其盛衰演变的历史，同时又带有显著地域文化特征。"区域社会是整体中国的一部分，解剖某一个具有典型意义的区域社会，本身就有助于我们深化对整体中国的认识。"[①] 从文化交流上看，江苏地处东西南北的交通要道的交会点，中心城市南京曾经是十朝古都，早在南朝时就有"江南佳丽地，金陵帝王州"之誉，吸引着南来北往的人们带着不同的文化会聚到这里，江苏道教也是不同地域文化互动交融的产物。

江苏道教的历史悠久，文化内蕴丰厚，但到目前为止，还没有出现一部从社会文化史的角度来全面系统研究江苏道教历史发展和文化特征的专著，故至今未能呈现出江苏道教的整体性风貌。如何深入挖掘江苏道教的地域文化因素，在结构编排、史料运用和表述方式上有所创新，这是笔者在研究伊始就一直在思考的问题。正如英国历史学者约翰·托什所说："历史学家也是用文字来表述他们的研究成果的。在他们选择研究论题和他们的最终著述

---

① 唐力行：《从区域史研究走向区域比较研究》，《上海师范大学学报》2008 年第 1 期。

两者中，历史学家都或多或少受到他们前辈所记载的内容的影响，他们会接受前辈提供的大多数证据并更具选择性地对一些证据做出解释。"① 这也提醒我们，如何在前人研究的基础上更好地处理问题导向与文献资料之间的关系，并不仅仅是为了厘清并说明江苏曾有哪些著名的道观、道士与道派，而是借助这些具体微观的个案研究来展现江苏道教文化历史发展与基本特点这一宏观问题，这才是我们在研究中始终需要面对的课题。

从研究资料上看，由于江苏道教的历史跨度大，如何从浩如烟海的文献资料中将那些已碎片化的史料挖掘出来，然后尽可能地去"面对事情本身"以期复原一个个历史事件？笔者赞同司马虚（Michel Strickmann）的看法："《道藏》中绝大部分道书都可以被精确地定年，并与其最初的社会背景结合进行有意义的探索。"② 除了引用"大传统"中的《二十五史》以及《道藏》《藏外道书》《道藏辑要》等正史文集中有关江苏道教的资料外，还要利用江苏地方志、道教名山志、道教宫观志等宗教史文献，例如，《茅山志》《金陵玄观志》《玄妙观志》《江南通志》《吴中人物志》等。地方志、宫观志、人物志从某种意义上反映了道教在历史上的实态，可以为我们研究江苏道教提供一种认识自然风情，了解风俗习惯、把握各宗教之间关系的历史资料。另外，作为江苏本土的道教信仰，许多有着悠久历史的宫观至今还在开展活动，因此积极进行田野调查，进入宫观，访问道长，搜集散落于民间的有关道教的碑铭石刻、手抄经书、民间道坛经书、地方档案、笔记小说、宗谱族谱和口述史料，这些"小传统"的民间文献的搜集与整理也是我们在江苏道教研究中需要积极开展的一项资料工作。

如何运用搜集到的各种资料，于历史叙事中展现江苏道教在地域文化中与社会阶层、政教关系、其他宗教和民风习俗在互动中所展现的文化特征？笔者期望在问题意识的推动下，在广泛搜集资料的基础上，一方面，需要采用整理、归纳、定性等传统研究方法来进行鉴定；另一方面，在对江苏道教中的重要人物、教派、道书和教义思想进行研究时，在资料的掌握、解读与

---

① ［英］约翰·托什：《史学导论：现代历史学的目标、方法和新方向》，吴英译，北京大学出版社2007年版，第52页。
② ［美］司马虚：《最长的道经》，《法国汉学》丛书编辑委员会编《法国汉学》，中华书局2002年，第201—202页。

运用上希望能抓住三个互相联系的环节：第一，要仔细分析所引历史文献记载本身是否可靠？即文献作者的记载在多大程度上符合史实，可信度有多高？第二，引用文献所利用的原始资料的问世年代与其所记载的事件相距时间如何？第三，引用的文献是直接、还是间接记载其人其事？是否纯属后人的推测与演释？通过微观研究将对文献资料的考量统筹兼顾地串联起来，以期跳出单纯的文本解读的研究模式，通过"寓论断于叙事"，把对人物、事件、道派和道书的态度展现出来，力图以全域思维达到从宏观上勾勒出江苏道教文化史的研究目的。

三　个案研究与整体呈现

江苏作为中国道教的主要传播地之一，在中国道教史中都要介绍到江苏道教的历史、教派、宫观和人物等。改革开放以来，随着道教研究的逐渐兴起，各种类型的学术会议也在不断推进着个案研究向精彩与深入发展，已有一些关于江苏茅山道教、苏州道教、泰州道教的著作出版，还有一些研究江苏道教的人物、经典、道派、科仪、宫观等专著与论文发表。尤其是近年来，对以上清派为代表的茅山道教的研究、对上清经、灵宝经的讨论、对葛洪、陆修静、陶弘景等人物研究、对江苏道教宫观、民间道坛和斋醮科仪的研究，有的已成为国际汉学中的一个研究方向，取得了覆盖面较广的丰硕成果，但在道教经书、人物思想、道派传承、宫观兴存等问题上，还留下了一些可突破与拓展的空间。

对江苏道教文化史的研究而言，如何在个案研究与整体把握的关系中，联系江苏道教所赖以生存的地域政治、经济、文化及生态环境来全面展示江苏道教的兴起、发展的演变史，深入研究道教与江苏地方社会中的不同社会阶层生活史之间形成的互动关系，从教派历史、思想理论和文化特点的发展趋势和基本轮廓中系统全面地展现江苏道教文化的历史，以大传统与小传统相结合的文化视野，将江苏道教放到与江苏文化的互动关系中，尤其是通过探讨皇室贵族、士族文人、普通民众的文化喜好和生活方式来深入探讨江苏道教与地域文化之间错综复杂的关系，从社会史的角度探索道教学术研究的新路径。

近年来，随着历史研究专门化程度的深入，地域史的研究方法正在逐渐兴起。"地域"不同于一般的"地方",其内含着一种学术研究的方法论思考。如果说,"地方(local)"是一个自然形成的地理概念,那么,"地域(locality)"则不是一个能够简单划定其边界线的空间领域,而是根据一系列复杂且变动中的行政体系、社会关系、民族文化和时代条件形成的人为概念,虽然这是研究者从"外部"来加以界定的,但却是以"本地人"的活动为基点,从社会生活史来探讨本地域内的社会政治、经济与文化的演变历史。因此,以江苏为背景所进行的道教文化研究,也是将"历史"与"地域"进行一种时空动态结合的一种探索。

从研究方法上看,以历史唯物主义为指导,运用比较宗教学的方法,借鉴法国年鉴学派的"长时段"理论,以江苏历史上的政治、经济和文化的发展为背景,深入解读道教在日常生活世界、宗教信仰层面和社会思潮运动的各个领域中所表现出的复杂性和多元性,通过历史与逻辑、微观与宏观的辩证统一,以个案研究来深化对江苏道教的演进轨迹和内在脉络的研究,以此来展现江苏道教的文化特质和精神价值。

从人物研究看,历史上江苏道教高道大德辈出,好道的文化人不可胜数。从籍贯上看,在江苏活动的道士可分两部分,本省籍的和外省籍进入江苏活动的。从活动区域来看,有在江苏和不在江苏活动的,例如,杜光庭等虽没有来江苏弘道,但却通过间接地传承或弘扬上清思想并培养弟子而有益于江苏道教发展。为了从整体上呈现江苏道教的历史进程,我们依然会通过他们来展示那些与江苏道教相关的人物所做出的独特贡献。

从宫观研究看,根据我们从历史文献、地方志和田野调查中的文献资料整理和田野调查,江苏历史上曾出现许多大大小小的道观,我们在近年来的研究中,收集、整理出近1000座位于江苏各地的道教宫观资料,其中有明确创建时间的是400多座,其中又约有40%创建于明初、明中期。据目前江苏道教协会官网上统计,截至2022年底,江苏省批准开放的道教场所只有177所。我们通过调查还发现,江苏道观的分布极不均衡,有"第一福地、第八洞天"之称的茅山是享誉全国的道教圣地,汇集了九霄万福宫、崇禧万寿宫、乾元观等历史悠久的著名道观。苏州地区有几十所道教场所,道观密集度居江苏城市道教场所之首。从苏南至苏北,道观数量呈现递减态势。如何以道观为基点,借鉴宫观志、名山志、地方志等文献资料,来展示江苏道教宫观的发展史,也是一项重要的研究任务。

从地域文化看，如果道教场所的数量与信教人数一般成正比关系，那么，江苏信仰道教的信众主要集中在苏南，苏中与苏北相对较少，苏南则主要分布在跨句容、金坛的茅山和太湖流域的苏锡常地区，一个占据着山，另一个围绕着水，一山一水构成了苏南道教的中心，连带着长江、运河流域城镇中的零散道观。从社会影响上看，以茅山为中心的江苏道教既与中国道教的发展大致同步，有其盛衰演变的历史，同时又带有显著的地域文化特征和广泛的社会影响，对于道教文化在江苏各地的具体分布，也需要我们通过个案研究再进行总体把握。"像这种对特定时期、教派、人物个案的研究越是丰满，当然就越有希望导致全面的道教史的最终产生。"[①] 通过具体问题的研究来展示江苏道教的历史发展和文化特征，从地域文化的角度来推进中国道教研究深入发展，通过对江苏道教文化的整体研究，来加深对江苏文化的地域特点以及江苏人的精神风貌的把握。

本书第一次将江苏道教文化教置于江苏文化和中国道教的整体视域中，以地域文化为背景，以江苏道教的历史发展为经，以道士、道派、道书、道观、科仪等文化形态为纬，根据文献资料、考古发现、碑铭石刻等，以经纬交织的方式，采用社会生活史的方法，力图从社会政治的表象深入到社会生活的深处，对江苏道教的历史发展与文化特征进行全面系统的研究，但如何将具体的个案研究与江苏道教文化的整体把握相结合，这也是在写作过程中需要不断探索的问题。

[①] [法] 傅飞岚：《西方学者道教研究现状综述》，徐克谦译，载任继愈主编《国际汉学》第6辑，郑州大象出版社2000年版，第344页。

第一章

江苏道教文化的多重源头

有关道教创立的时间，学术界持有不同的观点，主要有先秦说、西汉说、东汉前期说、东汉后期说和东晋南北朝说等，其中影响较大的是以五斗米道和太平道创立为标志的东汉后期说。从传播空间上看，也出现了道教或创立于西部巴蜀地区、或出现于东部滨海、或兴起于中原地区等不同说法。由于江苏地处东部沿海，在此传播的神仙信仰及早期道教文化有着显著的地域文化特征，在探寻江苏道教文化的源头时，笔者比较赞同刘屹提出的"应突破'五斗米道—天师道'单线发展模式的限制，重视'东部传统'在早期道教史上所起的作用"①的研究思路，但更期望采用地域史的研究方法，不仅要关注整体而动态的江苏社会，而且应通过社会生活史的方法使"眼光向下"，关注区域内"本地人群"丰富的文化生活，通过对具体问题的研究，来探寻江苏道教文化所独具的文化源头。五斗米道和太平道虽然显世于东汉末年，但却是两汉社会中长期流行的神仙信仰和黄老思想在广大民众中得到普遍认同后，以建立"太平世界"相号召而建立道团在社会上进行传教的结果。与中国道教的发展相一致，神仙信仰在江苏的传播也早于道教教团的活动。值得研究的是，来自各地的神仙信仰通过什么途径会聚于江苏？又如何在与当地文化的交汇中为道教在江苏的兴起提供了多重源头？

---

① 刘屹：《移民与信仰——南朝道教墓券的历史背景研究》，《中国史研究》2017年第3期。

第一节 神仙信仰早于教团活动

从历史上看,长江穿流而过的江苏地区开发晚于黄河流域。有吴文化、晋文化、越文化、楚文化、徐文化等在此传播,各种文化中流传的神仙信仰如何在江苏大地上生根,并逐渐成为江苏人的集体文化意识的?当我们以江南文脉作为关联性背景时,还需要注意"江苏"在历史发展中形成的自然性、政治性与人文性等地域性特点。这里只撷取春秋战国历史背景下,这一实存的空间领域出现的神仙信仰的萌芽,来寻找促成道教在江苏兴起的多重源头。

一 吴文化中的神仙信仰

吴文化发源于商周时期长江下游,是吴人根据地域、民族和生活的需要而创造的一种融合周朝农耕文化与江南水乡农渔文化的成果。吴文化有广义和狭义之分。广义的吴文化泛指从古至今吴地所取得的物质文明和精神文明的成果;狭义的吴文化则是指周朝至战国时以吴太伯为宗祖的东吴文化,它是周文化与吴文化相融的产物,其中对英雄人物的崇拜塑造了富有吴文化特色的地方神,也通过江南文脉流传下来。

东吴文化的源头可追溯到公元前11世纪的周朝发生的太伯(亦称泰伯)、仲雍(亦称虞仲、吴仲)"三让国"的故事。古公亶父是周祖后稷的第十二代孙,故有"吴之前君太伯者,后稷之苗裔也"[1] 之说。作为上古时期周族领袖,"古公亶父复修后稷、公刘之业,积德行义,国人皆戴之"[2],是一位上承后稷、公刘之伟业,下启文王、武王之盛世的关键人物。他欲立三儿子季历为王,其长子太伯、次子仲雍为避免与季历争夺王位而导致国家战乱,乘古公生病时,"二人托名采药于衡山,遂之荆蛮。断发文身,为夷

---

[1] (汉)赵晔:《吴越春秋校注》,张觉校注,岳麓书社2006年版,第7页。
[2] (汉)司马迁撰:《史记》第1册,中华书局1982年版,第113页。

狄之服，示不可用"①，乃从陕西岐山周原出发向南来到长江下游的太湖流域。

当时，生活于太湖流域的原始居民为古越人，他们早在五千多年前，就开始种植水稻、制作陶器和雕刻玉器，形成了富有江南水乡特色的"良渚文明"。那些从墓葬中出土的雕刻有精细纹饰的玉器："玉璧、玉琮象征神权，玉钺象征王权和军权"②，就反映了良渚文化中所弥漫的神秘的原始宗教气息。太伯、仲雍带着北方周朝文化来此后，建立了姬姓诸侯国，自号句吴，也称勾吴、工吴、大吴、天吴、皇吴、东吴等。《左传》《论语》对"句吴"都有记载，司马迁在《史记》中有更详细的介绍：

> 吴太伯，太伯弟仲雍，皆周太王之子，而王季历之兄也。季历贤，而有圣子昌，太王欲立季历以及昌，于是太伯、仲雍二人乃奔荆蛮，文身断发，示不可用，以避季历。季历果立，是为王季，而昌为文王。太伯之奔荆蛮，自号句吴。荆蛮义之，从而归之千余家，立为吴太伯。③

学界一般将太伯奔吴视为信史，以说明吴文化深受周文化的影响。这也是司马迁在《史记》中将"吴"视为在众多诸侯国中与西周姬姓同姓且资历最深的，因此将《吴太伯世家》位列"世家第一"的原因。

太伯、仲雍所奔之地——"吴"究竟在哪里，一直存在着不同说法，主要有：西吴说，指今陕西陇县的吴山，又称吴岳。北吴说，指今山西平陆吴城。东吴说，即今江苏无锡梅里。宁镇说，指江苏南京、镇江及皖南地区。还有"假托说""编造说"，认为这种说法是后人编造出来的，不可信。④ 笔者认为，这些不同说法从一个侧面反映了在交通不发达的古代社会，太伯、仲雍兄弟从陕西长途迁徙到江南绝非易事。他们曾三次让国，在迁徙、返回、再迁徙的过程中，可能沿途曾多次的驻足，最后来到江苏无锡梅里之地，史称"东吴"。

---

① （汉）赵晔：《吴越春秋校注》，张觉校注，岳麓书社2006年版，第16页。
② 《良渚文化在江苏：跨越长江的文明曙光》，《新华日报》2019年7月12日《人文周刊》第96期。
③ （汉）司马迁撰：《史记》第5册，中华书局1982年版，第1445页。
④ 张永初等：《无锡地方史讲堂》，中国对外翻译出版公司2009年版，第13页。

从现存史料和考古发现看，以江苏无锡梅里为活动中心的东吴说在历史上影响最大，保留至今的有关太伯的遗址、遗迹与传说有很多，如唐代张守节《史记正义》曰："吴，国号也。太伯居梅里，在常州无锡县东南六十里。至十九世孙寿梦居之，号句吴。寿梦卒，诸樊南徙吴。至二十一代孙光，使子胥筑阖闾城都之，今苏州也"①。吴山有太伯庙，其山门上还留有"荆吴祖地"、"伯仲初始"几个大字，表达了对太伯兄弟奔吴后，实行"吴越之俗，断发文身"，在自己身上刺画花纹，剪短头发，以过入乡随俗式的生活为由来避让季历的行为的崇敬。太伯因"志异征诛三让两家天下，功同开辟一抔万古江南"②而被奉为东吴国的开国始祖。在太伯不慕权位的道德感召之下，"荆蛮义之，从而归之者千余家，立为吴太伯"。几千年来，"太伯三让天下"的故事以及开发江南的功德一直为后人所敬仰，也为江苏道教神灵信仰中的英雄崇拜提供了一种文化基因。

太伯带着中原先进的农耕技术来到当时尚未开发的江南蛮夷之地后，曾大力兴修水利，"穿浍渎以备旱涝"，开凿的太伯渎，使吴国成为水稻栽培与蚕桑产业的发源地，"数年之间，民人殷富"，推进着江南农耕文明的成熟与精致，让水乡人民世代受益。太伯还将周朝有关礼乐文明和天命观念带到吴地，促进中原文化与太湖流域的本土文化相融合，所造就的吴文化成为江南文化的核心。从今天吴江梅堰出土的有丝绞纹与蚕形纹的黑陶，再到吴地出土商周时代的青铜器③，都展现了北方的礼乐观念、鬼神信仰与江南水乡的巫风习俗相结合，初步建立起以上帝为中心的天神体系，并促使江南原始的"信巫鬼，重淫祀"的宗教意识向以血缘宗法制为基础的祖先崇拜过渡。

源于灵魂崇拜的"吴俗畏鬼"导致民间社会鬼魂信仰和祭亡习俗盛

---

① （汉）司马迁撰：《史记》第5册，中华书局1982年版，第1445页。
② 杨宗佑编：《中华民族姓氏传承历史大系表》，济南出版社2015年版，第35页。
③ 1954年6月，记载周天子封建诸侯的青铜礼器"宜侯夨簋"在江苏镇江大港镇烟墩山吴侯大墓中出土，经修复后可见上面铸有周康王封吴侯的铭文一百二十六字，可读者一百一十八字，讲述了宜侯夨因感激周王朝封赐而铸造了这件青铜器以作纪念，现藏中国国家博物馆。宜侯夨簋与吴王鸠杖、余眛剑等是吴国的国家重器的代表，它们以实物化的方式反映了吴文化的社稷民生及祭祀文化的特点。

行①，但凡是对吴文化发展有特殊贡献的人物，又都被老百姓热烈地封神供奉。例如，苏州人多称太伯为泰伯，据《泰伯墓碑记》记载，东汉永兴二年（154年）四月，桓帝命吴郡太守糜豹②监修泰伯墓，并在泰伯故城中"即宅为祠"，建泰伯庙供人们祭祀瞻仰，这就是保留至今的苏州阊门下塘的泰伯庙，又名至德庙："吴泰伯庙，在东阊门之西，每春秋季，市肆皆率其党，合牢醴祈福于三让王，多图善马彩舆女子以献之，非其月，亦无虚日。"③苏州人以泰伯为城镇守护神，在祭亡风俗中供奉崇厚。无锡梅里的泰伯城遗址成为吴文化发源地的标志。吴地的各行业都有自己供奉的神仙，多神崇拜的风气一直盛行，表达了吴人对那些具有征服自然、救助人类的英雄人物的崇拜意识。

太伯创建吴国后，因其无子，死后由其弟仲雍继位。仲雍死后，其子季简继位。季简死，其子叔达继位。叔达死，其子周章继位。到周章执政时，正值周武王战胜殷纣，寻找太伯、仲雍的后代，找到周章后，仍封于吴。又过了两代，吴国在以太湖为核心的，包括今江苏南部、浙江北部和上海全境的长三角地区逐渐兴盛起来。公元前584年前后，吴国的第十九代君主寿梦当政，吴国以南方小国的姿态在春秋争霸的政治舞台上崭露头角。今天丹阳市延陵镇有季子庙，供奉的季子就是吴王寿梦的第四子季札。季札因贤能有德而受到吴人的爱戴。公元前561年，吴王寿梦病重时想传位于季札，但季札却认为长幼秩序的礼制不可废。吴王寿梦及其长子诸樊、三子余昧三次让位，但季札依然坚辞不受。④季札舍弃王位在延陵（江苏常州）一带开山种田，因与太伯有着相似的重信义的品德而受到吴人建庙祭祀："毗陵上湖中冢者，延陵季子冢也，去县七十里。上湖通上洲。季

---

① 潘国英：《苏州民间的人鬼信仰及其祭亡习俗》，《东南文化》1993年第6期。

② 糜豹是否为真实的历史人物？历史上曾引起争议，有人认为"正史中未见记载"。有人提出，糜豹不是汉朝人，而是晋朝人。但据明洪武《苏州府志》卷二十一《人物传》记载："糜豹，东海人，为吴郡守。永兴二年建吴太伯庙于阊门外。"专门记载了糜豹于苏州阊门兴建吴太伯庙的事迹，可供参考。

③ （宋）李昉等编：《太平广记》卷二八〇《刘景复》，中华书局1961年版，第2236页。

④ 对于季子"三让国"，《春秋左传》《史记》多有褒奖，但唐代散文家独孤及（725—777年）从国家兴亡的大局出发，在《吴季子札论》中却提出不同观点，认为季札的让国之举，"洁己而遗国"，对于吴国的发展来说是"非孝""非公""非仁""非智"的行为，最终导致吴国很快灭亡。其实，吴人崇拜的是季子个人的才能与品德。

子冢古名延陵墟。"① 今天江苏有五处立有孔子手书的"呜呼有吴延陵君子之墓"② 十字碑文的季子庙,常州市存三座、江阴申港镇有一座,丹阳延陵镇西九里庙还有一座,都属于江苏道教的宫观。

二 晋文化在吴地的传播

晋国是春秋时统治中原的老牌大国,借助于吴国力量在晋楚争霸中胜出后,特地派孙武（前545年—约前470年）等重臣出使吴国。这些晋国重臣把先进的车战之法和重视生命的"贵生"思想带到吴国。到第二十四代吴王阖闾（？—前496年）统治时,楚国伍子胥（？—前484年）因父亲和长兄被楚平王杀害而从楚国逃到吴国,成为吴王阖闾的重臣后,开始营建姑苏城（今江苏苏州）,使长江中游的楚文化传入江苏。楚灵王即位后不久,即与诸侯盟会,准备征伐吴国。伍子胥向吴王推荐了孙武。孙武向吴王进呈《孙子兵法》十三篇,相传苏州道教圣地穹窿山就是孙武写兵法及练兵的地方。吴国通过战争向周边地区推广日益兴盛的吴文化。在吴楚交战的二十年间,吴国凭借太湖流域富庶的经济条件、强盛的军队和吴文化所具有的家国情怀,向西占领了楚国疆土,向北威镇徐、齐、鲁、晋国,向南收服了越人。公元前506年,伍子胥协同孙武带兵以奇袭战术长驱楚国郢都。在这一著名的"吴师入郢"之战中,楚昭王在吴军五战五捷的打击中仓皇逃离。伍子胥攻入楚都后,掘楚平王墓,鞭尸三百,以报父兄之仇。

公元前496年,吴王阖闾攻越,受伤不治,死前嘱儿子夫差勿忘杀父之仇。夫差即位后,任命伯嚭为太宰。夫差为报父仇,大力整饬军旅,积极备战,开凿了连通江淮的邗沟。这条江南古运河南起广陵（今扬州）城下,又使不远的京口（今镇江）成为沟通南北的要津,北至苏北淮安进入淮河,滋养着沿岸城市,为江南文化的形成和发展提供了一条黄金水道。吴王夫差既可由此率水军渡江经邗沟北上,进窥中原,以图谋霸业,也可溯长江而上入楚,或顺江而下,沿海路入淮。公元前495年,夫差经运河来到位于长江边上的南京,修建冶城作为制造武器的场所。"在都城内冶城山,西城地,

---

① 张仲清译注：《越绝书》,中华书局2020年版,第43页。
② （宋）范成大撰：《吴郡志》卷二十《人物》。

吴王夫差冶铸处，遂名冶城。"① 据说，冶城是有关南京城的最早记载，后建有冶山道院，但在不同朝代的道观有不同称呼，唐代是道教太清宫，五代改称紫极宫，宋时易名为祥符宫、天庆观，元时更名为玄妙观、永寿宫。明朝建都南京后加以重修，明太祖朱元璋取"朝拜上天"之意下诏赐额"朝天宫"，又称冶城山朝天宫。

孙武和伍子胥在冶城整顿军备，以期辅佐吴王夫差完成为父报仇的雪耻大业时，越王勾践也在为复国精心谋划，将美女西施献给吴王夫差。西施很快成为吴王夫差最宠爱的妃子，把夫差迷惑得无心国事，不仅导致众叛亲离，而且更听信太宰伯嚭的谗言，认为伍子胥要借齐国力量来反吴，于是派人送一把宝剑给伍子胥，令其自杀。在伍子胥死后九年，越国勾践东山再起，消灭吴国。

伍子胥忠心为国，却惨遭赐死且沉尸江中，"吴人怜之，为立祠于江上，因命曰胥山"②。吴人先尊伍子胥为"水仙王"，在胥山上为其建伍子庙供奉香火："在吴文化圈的中心苏州有伍子胥信仰的本山，传说、信仰都是以此为顶点，通过交通网传播开去的。而且，从与以苏州为中心的吴方言地区的关系来讲，伍子胥传说的边缘就是吴方言和其他方言的交界区域。由此可以推断是苏州的经济能力和文化影响力创造了自己的信仰圈。"③ 吴地出现了伍相祠、伍员庙、胥王庙、子胥庙、忠孝王祠等，伍子胥后来也成为道教所崇奉的神仙。南宋绍熙年间，苏州盘门建有胥水仙庙，直到民国时，对着胥门的胥江口还有一座水仙庙。

三 越文化中的道家风范

吴人不仅为太伯、伍子胥、春申君修庙奉祀，还将春秋末年帮助越王勾践灭吴兴越的政治家范蠡奉为神仙。范蠡（前536—前448年），字少伯，楚国宛（今河南南阳）人，但《列仙传》称其为徐人。范蠡出身贫贱，但

---

① （明）葛寅亮撰：《金陵玄观志》第一卷，南京出版社2011年版，第1页。
② （汉）司马迁撰：《史记》第7册，中华书局1982年版，第2180页。
③ ［日］平田茂树、远藤隆俊、冈元司编：《宋代社会的空间与交流》，河南大学出版社2008年版，第346页。

博学多才，尤其喜好老子道家思想，又拜谋士计然为师，研习治国治军方略。当时楚国政治黑暗，非贵族不得入仕，范蠡得不到重视，于是就与楚宛令文种（？—前472年）一起投奔越国，共同辅助越王勾践灭吴兴越。《汉书·艺文志》记录范蠡有兵法二篇，虽早已流失，但从历史文献记载中还可见范蠡追求天道、地道和人道的和谐，在治理国家时特别注意在发展中保持动态平衡。越王勾践当王三年就欲伐吴，范蠡进谏曰："夫国家之事，有持盈，有定倾，有节事"①。持盈，是指在国家强盛时要设法继续保持下去；定倾，是说在国家将要倾覆时要设法转危为安；节事，是指在平时治理国家事务时要做到进退得当。范蠡把这三点与天地人相结合而提出："持盈者与天，定倾者与人，节事者与地。"② 这种以期在天时地利人和中保持一种动态平衡社会治理观是对老子道家思想的进一步发展。民间传说范蠡在功成名就后，不留恋功名，激流勇退，脱去官服，以一袭白衣与美女西施出姑苏，"后轻舟入海，变名姓，适齐，为鸱夷子"。范蠡弃官务农经商，"财富亿万，号陶朱公"③，后来道教则将之奉为财神。

范蠡作为越国的政治参谋，其帮助越王勾践灭吴兴越，也将越文化引入江苏。据说，公元前472年，越王曾令范蠡于今南京中华门外长干里筑造"越城"，又称越王城、范蠡台，作为攻防楚国，北上中原的根据地，此举不仅是南京建城史的开端，也反映了越文化在南京的扎根与传播。江苏地区成为越国的属地后，又逐渐接受了越文化信鬼神、奉巫术的影响，三国时各种新神灵在南京的出现，为道教的传播营造了温床。

据《史记·越王勾践世家》记载，楚威王六年（前334年）乘越国内乱时"大败越"，把越国灭亡了，设江东为郡。④ 楚威王七年（前333年）楚破齐于徐州："越遂释齐而伐楚。楚威王兴兵而伐之，大败越，杀王无

---

① （战国）左丘明撰、（三国吴）韦昭注：《国语·越语下》，上海古籍出版社2015年版，第423页。

② （战国）左丘明撰、（三国吴）韦昭注：《国语·越语下》，上海古籍出版社2015年版，第424页。

③ 邱鹤亭注释：《列仙传今注 神仙传今注》，中国社会科学出版社1996年版，第70页。

④ 有关楚国灭越国的时间，杨宽：《楚怀王灭越设郡江东考》根据清代学者黄以周《史越世家补并辨》作了进一步的考辨，认为《史记·越王勾践世家》是将"楚威王败越"和"楚怀王亡越"混为一谈，并断言越国灭亡于楚怀王二十三年（前306年），由此否定了《史记》之说。（参见杨宽《古史探微》，上海人民出版社2016年版，第299页）此说可供参考。

疆，尽取故吴地至浙江，北破齐于徐州。而越以此散，诸族子争立，或为王，或为君，滨于江南海上，服朝于楚。"① 越王无疆为楚所灭后，越国王族向南方迁徙，而荆楚文化又大规模传入江苏。楚威王曾于金陵石头山（今江苏南京清凉山）上筑城，称为"金陵邑"。"越王勾践在灭吴后迁都山东半岛的琅琊台，历时150年，后越又为楚所灭。150年中，迁都琅琊的越人，必然与当地的文化互相融合。而徐人也曾大规模迁至浙江等地，故吴越文化与徐文化曾在两地多次交融互化。"② 促进了南北方文化在江苏的交融发展。

四 楚文化在茅山的影响

苏南在战国时代的前期属越国，后期属楚国，民众的精神世界和生活习俗仍然延续着吴文化传统，但也不断受到了外来文化的影响。楚国作为南方大国不仅与周朝相始终，而且位列"春秋五霸"之一、"战国七雄"之长，在800余年的历史中，以老庄思想和屈原诗歌为代表的楚文化在长江中下游产生了广泛的影响，江苏曾为楚国的统治领地，直到公元前223年秦国灭楚。

楚文化中的神仙信仰以道家哲学为理论依据，随着战国时楚国疆域的不断扩大而传播到江苏地区。楚国是黄帝次子昌意的儿子颛顼高阳在南方江汉平原建立的诸侯国。《史记·五帝本纪》曰："帝颛顼高阳者，黄帝之孙而昌意之子也。静渊以有谋，疏通而知事；养材以任地，载时以象天，依鬼神以制义，治气以教化，絜诚以祭祀。"据《国语·楚语下》记载，自少皞之衰，九黎乱德以来，因民神杂糅、家为巫史而出现了人人祭神祀鬼的混乱现象，颛顼帝通过"绝地天通"式的改革，开始了人神相分的历史。"自天地交通断绝之后，只有控制着沟通手段的人，才握有统治的知识，即权力。于是，巫便成了每个宫廷中必不可少的成员。事实上，研究古代中国的学者都认为：帝王自己就是众巫的首领。"③ 三代王朝创立者的行为常带有巫术和

---

① （汉）司马迁撰：《史记》第5册，中华书局1982年版，第1751页。
② 徐建春：《徐福与吴越文化的海内外交流》，《杭州师范学院学报》1994年第2期。
③ ［美］张光直：《美术、神话与祭祀》，郭净译，辽宁教育出版社2002年版，第29页。

超自然的色彩。颛顼运用政教合一的权力成为天神在人间的代言人，然后建立纲纪秩序来增强各部落之间的凝聚力。巫师阶层的出现推进了国家意识形态的形成，颛顼因生前崇尚玄色，故后人奉他为"玄帝"。

《真诰》中记载了一则玄帝颛顼与江苏茅山的传说故事："句曲山腹内虚空，谓之洞台仙府也。玄帝时，召四海神使运安息国天市山宝玉璞石，以填洞天之中央玄窗之上也。"① 玄帝派四海神使运安息国天市山宝玉璞石封填洞天的中央玄窗，并将一个用羽山之铜所铸的铜鼎埋入大茅峰顶：

> 大茅山有玄帝时铜鼎，鼎可容四五斛许，偃刻甚精好，在山独高处，入土八尺许，上有盘石掩鼎上。玄帝时，命东海神使埋藏于此。②

铜鼎作为国家礼器是神圣权力的一种象征，置于茅山最高峰之上，具有镇国之宝的意义，所埋之地不限于茅山，"铸羽山之铜为宝鼎，各献以一于洞山神峰，不独句曲一山而已，此所谓玄帝也"③。此事只见于道书记载而不见于史书，可见其带有较多的神话色彩，但部族首领玄帝通过在大茅峰"埋鼎"这一举动不仅展现出对江南地区的占有权，也引出茅山在公元前2500年前就成了一座圣山话题，对茅山道教影响深远。到南朝陶弘景时，"每吉日，远近道士咸登上，烧香礼拜，无复草木，累石为小坛。昔经有小瓦屋，为风所倒。寻古来帝王并重鼎器者，以其两铉法日月，三足法三才，能烹饪熟成万物，兼自能轻重，神变隐显故也"④。这种登山拜铜鼎的仪式在茅山流传下来，随着唐宋帝王对三茅真君的崇拜升格，茅山道教对玄帝铜鼎的礼拜才逐渐淡化。

---

① ［日］吉川忠夫、麦谷邦夫编：《真诰校注》，朱越利译，中国社会科学出版社2006年版，第362页。

② ［日］吉川忠夫、麦谷邦夫编：《真诰校注》，朱越利译，中国社会科学出版社2006年版，第365页。

③ ［日］吉川忠夫、麦谷邦夫编：《真诰校注》，朱越利译，中国社会科学出版社2006年版，第380页。

④ ［日］吉川忠夫、麦谷邦夫编：《真诰校注》，朱越利译，中国社会科学出版社2006年版，第365页。

在楚文化中生发的《老子》构建了以"道"为核心的道家哲学。《庄子》则集浪漫色彩与绮丽想象于一体的思维方式与审美情感,在《逍遥游》中通过对"至人""神人""真人"的描绘而塑造出栩栩如生的神仙形象。神仙住在远离世俗凡尘的藐姑射之山,有着纯洁的外貌,不为世务所累,自由自在地生活在远离尘世的仙境之中,于无忧无虑、无拘无束的状态中忘掉生死,不仅与光明同在,与宇宙共存,与万物一体,而且具有世人所不具备的"不食五谷,吸风饮露;乘云气,御飞龙,而游乎四海之外"的能力,又为江苏道教的神仙信仰树立了典范。

江苏文化是吴、晋、越、楚等多个地域文化汇集的结果:"今河北、山东、江淮及吴越故地,与早期道教间关系深密。齐学(阴阳五行及神仙说等)、黄老学说、吴越楚故地巫俗神话及秦汉求仙之事,多与该地域有密切之关联性在焉;实又为东汉末太平道及五斗米道之崛起,预立良好之环境背景。"[①]来自不同地区的神仙信仰陆续汇集到江苏后,苏南地区成为仙道文化的主要传播地。

美丽富饶的太湖以灵动智慧、机智精细的"水文化"而著称,但也不可忽视以句容茅山为代表的对长生、自由等生命境界追求的"山文化"。这些独特的山水文化因素不仅造就了生活于此的一代代江南人的地域文化性格,而且也构成了江南文脉中道教赖以生存的古文化基盘。

从山文化看,茅山作为道教理想的修仙之地,在中国道教的名山中开发较早。周朝时有燕国人郭四朝、秦朝时有李明真人来句曲山郁冈峰炼丹,还有周太宾、姜叔茂在雷平山中修道,他们的修道故事在民间传播,成为当地原住民的集体记忆。西汉时,相传茅盈、茅固、茅衷从陕西来到句曲山采药修炼并于此得道成仙:

> 江水之东,金陵之左右,间有小泽,泽东有句曲之山……汉有三茅君来治其上,时父老又转名茅君之山。[②]

---

① 丁煌:《汉末三国道教发展与江南地缘关系初探——以张陵天师出生地传说、江南巫俗及孙吴政权与道教关系为中心之一般考察》,《汉唐道教论集》,中华书局2009年版,第20—21页。
② 《茅山志》卷六《括神区》,《道藏》第5册,文物出版社、上海书店、天津古籍出版社1988年版(本书《道藏》皆引自三家本,以下出版信息省略),第581页。

当地人为纪念他们，句曲山后改称为茅山。茅氏三兄弟也被塑造成地域性神灵——"三茅真君"，不仅对茅山道教的发展产生了奠基性的影响，而且在长江两岸，尤其是环太湖地区也出现许多以"三茅"为名的道观，对"三茅真君"信仰与崇拜成为吴地道教的独特内涵。"茅山道教既与中国道教的发展大致同步，有其盛衰演变的历史，同时又带有显著的吴文化特征。"① 茅山道教因其独特的仙道文化而在中国道教中独树一帜地延续到今天。

从水文化看，位于太湖包山（今洞庭西山）的林屋洞是道教的"第九洞天"："林屋一洞左神幽墟天，广四百里，龙威丈人所神理，在苏州吴县。"② 从《太上洞玄灵宝五符序》讲述的大禹、龙威丈人、吴王阖闾的传经故事，就可见最早在江南传播的《灵宝五符》就是借助于神灵降授传说而在林屋洞问世的。三国时句容人葛玄在吴地传授灵宝经箓，再到灵宝派核心经典《灵宝无量度人上品妙经》提出"仙道贵生，无量度人"思想，都反映了灵宝派于江南文脉中兴起与发展，林屋洞作为"仙府"后来也成为帝王投送金龙玉简之处。道教于江南山水中形成的"洞天福地"思想促进了道教教理教义围绕着生命关怀而展开。

江苏道教构想出"洞天"观念就是基于对茅山与太湖因山水相通交达而形成的真洞仙馆之概括："古人谓为金坛之虚台，天后之便阙，清虚之东窗，林屋之隔沓，众洞相通，阴路所适，七涂九源，四方交达，真洞仙馆也。"陶弘景注曰："此论洞天中诸所通达。天后者，林屋洞中之真君，位在太湖苞（包）山下，龙威丈人所入得《灵宝五符》处也。"③ "洞天"不仅是山水之间形成的自然景观，更是神仙降经、道人修道的神圣空间。

五　徐文化中的彭祖传说

彭祖以长寿而著称于世，是一位"史有其籍，世有其迹"的人物，在

---

① 孙亦平：《吴地道教概述》，《世界宗教研究》1994 年第 3 期。
② （唐）杜光庭撰：《洞天福地岳渎名山记》，《道藏》第 11 册，第 57 页。
③ ［日］吉川忠夫、麦谷邦夫编：《真诰校注》，朱越利译，中国社会科学出版社 2006 年版，第 345 页。

魏晋时又被道教奉为神仙。江苏徐州是彭祖的受姓与受封之地，也是彭祖文化的发祥之地，至今当地还传播着各种有关彭祖的神仙事迹。许多传世文献中都曾提及彭祖这位长寿者，《列仙传》《神仙传》也记载了彭祖的生平及修仙事迹。彭祖从历史传说中的人转为道教信仰中的仙，展现出的仙道化倾向及养生方法在道教中影响深远。

最早有关彭祖的记载，大概是春秋时鲁国史官左丘明撰写的《国语》。周朝太史伯与郑桓公讨论天下大势时，谈到南方新族系将代周而兴起时提及彭祖："彭姓彭祖、豕韦、诸稽，则商灭之矣。"① 从族源上看，彭姓为黄帝的后裔。道书中的彭祖，一云虞舜时尹寿子传道与彭祖②；一云篯铿即彭祖。篯铿作为帝颛顼之玄孙，自尧时被举用，历夏、殷，最后封于大彭。他带领族人南迁来到今天徐州铜山一带定居下来，其他部族称之为"彭人"，其部落首领也被称为"彭祖"。彭祖既掌管人间事务，也负责传达神的旨意，又称"巫"，故有人认为，他就是古史上多次提到的与卿士巫贤（咸）一样的巫彭。③

彭祖之所以被封于大彭，据说是因为帝尧的厌食，彭祖进献"雉羹"而使帝尧胃口大开：篯铿"进雉羹于尧，尧封于彭城，后谓之彭祖"④。在尧统治时，彭祖已知名于世，但他并不热衷于朝政。当时有四岳九官十二牧等部落联盟的众多首领都参与朝政，各司其职，彭祖无法推托，虽然应诺，但常以有病为由，不上朝听政，却热心于探究养生之道。"彭祖者……善养性，能调鼎，进雉羹于尧，尧封于彭城，其道可祖，故谓之彭祖。历夏经殷至周，年八百岁矣。"⑤ 帝尧年老后，舜执掌天下之政。彭祖从师尹寿子，学得真道，以长寿著称于世，后隐居武夷山，也有说定居犍为郡武阳县（今四川省眉山市彭山区东），病故后葬于此，坟前立有"商大贤墓"的碑文保存至今，故当地人在附近建有纪念彭祖的彭祖祠。

春秋战国时，私学兴起、百家争鸣，诸子各派对彭祖都有着浓厚的兴

---

① 张永祥：《国语译注》，生活·读书·新知三联书店2014年版，第317页。
② 据说，神话人物"尹寿子在虞舜时，降于河阳，说《道德经》，教以无为之道。又传道与彭祖"（《历世真仙体道通鉴》卷二，《道藏》第5册，第113页）。
③ 杨炳昆：《彭祖即巫彭》，《社会科学研究》1991年第6期。
④ 《历世真仙体道通鉴》卷三，《道藏》第5册，第115页。
⑤ （清）郭庆藩辑：《庄子集释》第一册，中华书局1981年版，第13页。

趣,对其不断地加以神化。如儒家孔子称彭祖为"老彭",视为长寿之星。《荀子》中有"扁善之度,以治气养生,则身后彭祖,以修身自强,则名配尧禹"①。《庄子》中多次提及彭祖,将他作为长生的典范,如《逍遥游》言:"彭祖乃今以久特闻,众人匹之,不亦悲乎!"② 彭祖之所以能够长生,是因为他会利用各种方术来养形,故又具有了导引之士的形象,如《刻意》曰:"此导引之士,养形之人,彭祖寿考者之所好也。"③ 由此推进了彭祖养生与道家思想的结合。《列子》中有"彭祖之智不出尧舜之上,而寿八百"④,彭祖被一步步推向神仙化。"在战国时代,彭祖已经变成了长寿仙人。"⑤ 彭祖成为中国历史上活了八百岁之久的长寿者,在江苏徐州的影响甚大。

《抱朴子内篇·遐览》提到有《彭祖经》,《隋书·经籍志》中《医家类》收有"《彭祖养性》一卷",《通志·艺文略》也有"《彭祖养性备急方》一卷",但以上各书均佚。《道藏》中有《彭祖摄生养性论》一卷。近年来,长沙马王堆三号汉墓出土的竹简《十问》中所载佚文、张家山汉墓《引书》,尤其是上海博物馆藏战国楚竹书《彭祖》等问世,这些传世文献又拓展了人们对彭祖养生术的认识。善于养生的彭祖活动于徐州一带,后成为道教尊奉的神仙之一。

《神仙传》以彭祖传说为蓝本做了内容更为丰富的《彭祖传》来宣扬道教长生成仙思想。彭祖至殷末已七百六十岁而不衰老。殷王令自己奉事的年二百七十岁,却视之年如十五六的采女问道于彭祖。彭祖却回答说:"仆遗腹而生,三岁失母,遇犬戎之乱,流离西域,百有余年。加以少枯,丧四十九妻,失五十四子,数遭忧患,和气折伤,令肌肤不泽,荣卫焦枯,恐不得度世。所闻素又浅薄,不足宣传。"⑥ 葛洪认为,彭祖之所以能够长寿,乃是他"少好恬静,不恤世务,不营名誉,不饰车服,唯以养生治身为事"⑦。

---

① 《荀子》卷二《修身》。
② 陈鼓应:《庄子今注今译》,中华书局1983年版,第10页。
③ 陈鼓应:《庄子今注今译》,中华书局1983年版,第393页。
④ 《列子》卷六《力命》。
⑤ 孙作云:《天问研究》,中华书局1989年版,第310页。
⑥ 邱鹤亭注释:《列仙传今注 神仙传今注》,中国社会科学出版社1996年版,第217页。
⑦ 邱鹤亭注释:《列仙传今注 神仙传今注》,中国社会科学出版社1996年版,第216页。

彭祖以清心寡欲思想为指导来善摄养生,"彭祖之法,最其要者"① 在于行气术、服食术、导引术、房中术等养生长寿四术。这是对彭祖养生术的总结,也反映了彭祖之道在江苏社会中的传播与影响。

第一,行气术。彭祖精通行气术,并将之作为成仙术:"人之受气,虽不知方术,但养之得宜,当至百二十岁。"② 据说,彭祖经常从早到晚修炼闭气内息,吐出胸中浊气,吸入清新空气,通过吐故纳新以保持身心健康。每当身体疲乏不适时,彭祖还通过导引行气来攻治患处,通过舒活经络,让身体的各部分气血通畅起来。道教行气术是对流传于上古时期呼吸修炼的总结与发展,彭祖所采用的行气术是其重要来源之一:"彭祖曰:至道不烦,但不思念一切,则心常不劳。又复导引、行气、不息,直尔可得千岁。更服金丹上药,可以毕天不朽。"③ 后来道教将行气术作为修道的基本径路与方法,行气时要采用一定的姿势与动作,让人通过调控呼吸,集中意念,使身心进入松弛"入静"的状态,以达到治百病,祛瘟疫,禁虎蛇,止疮血,甚至使人具有特异功能,或可以居水中,或可以行水上,或可以辟饥渴,或可以延年命。

第二,服食术。彭祖善于食疗补养术,曾为帝尧烧制美味雉羹受到赏识而得以封邑徐州。这碗号称"天下第一羹"流传至今,成为徐州人称之佗("佗"音读"啥")汤的美食。彭祖对食性有深入了解,"服水桂、云母粉、麋鹿角,常有少容"④。云母具有治风痹、止出血、益气力、补虚劳、益血脉、暖腰膝、疗风气等功效,彭祖选用云母做成"云母羹",据说久服之能令人"颜色日少,长生神仙"。彭祖还善于做"水晶饼""乌鸡炖薏"等具有养生延年疗效的食物。徐州饮食中至今还保留着许多以彭祖命名的特色食物。彭祖服食养生的原则,一是阴阳平衡、五味调和;二是顺时养生、遵循自然;三是饮食有节、定时定量;四是重视制作、调和滋味;五是药食同用、合理搭配。⑤ 这是彭祖饮食养生的精髓所在,也是后来道教推崇彭祖服食养生术,江苏文化中将彭祖奉为烹饪之祖的原因。

---

① 王明:《抱朴子内篇校释》,中华书局1985年版,第129页。
② 邱鹤亭注释:《列仙传今注 神仙传今注》,中国社会科学出版社1996年版,第216页。
③ 《枕中记》,《道藏》第18册,第468页。
④ 邱鹤亭注释:《列仙传今注 神仙传今注》,中国社会科学出版社1996年版,第216页。
⑤ 钱峰:《彭祖饮食文化的形成和发展》,《扬州大学烹饪学报》2014年第1期。

第三，房中术。房中术源于原始宗教中的生殖崇拜，也是一种通神治病的巫术，后在先秦方仙道中自成一派，又称"男女合气之术""交接之道""玄素之道""容成阴道""彭祖之道""黄赤之道"，另外还有"合阴阳""阴丹"等数十种异名。《神仙传》说彭祖至殷末世，虽丧四十九妻，失五十四子，但年七百六十岁而不老。于是，殷王派采女向彭祖请教"延年益寿之法"。彭祖认为："采女能养阴阳者也，阴阳之意可推而得，但不思之耳，何足枉问耶？"他从仙道的角度强调：首先当用金丹，其次受精养神，最后"不知交接之道，虽服药无益也"①，将房中术视为成仙之法。"采女具受诸要以教王，王试为之，有验。欲秘之。乃令国中有传祖之道者，诛之。又欲害祖以绝之。祖知之乃去，不知所在。"② 殷王学会彭祖之术，既要杀国中传彭祖之道者，还要害彭祖以绝其道，但彭祖之道依然流传下来。《十问》在马王堆出土时是与《合阴阳》竹简连在一起的。《十问》居内，《合阴阳》居外，这大概是因为它们都是讲房中术。王子巧（乔）父问彭祖曰："人气何是为精乎？"彭祖答曰："人气莫如朘精。朘气菀闭，百脉生疾；朘气不成，不能繁生，故寿尽在朘。"③ 朘是男性器官与性机能的一种代称，也指男孩的性器官，如《说文解字》曰："朘，赤子阴也。"彭祖认为，在人的元气之中，朘精即性机能最为重要，它是人的长寿之本。《十问》中的彭祖之道要点有二，一是说若阴阳不交，就会使精气郁闭，人体周身百脉不通就会招致疾病；二是说未成年者"朘气不成"，若过早性生活，勉强行阴阳交合之事，势必带来"不能繁生"的严重后果，即不仅会损伤自身的健康，而且还不利于日后的生育，由此将早婚早育之危害也揭示出来。李零先生通过对《十问》的分析，认为彭祖之道主要讲保养"朘气"的养阳之方，"可能与《汉书·艺文志》著录的古房中书有一定关系"④。彭祖房中术后经过江南道士的不断开发，到东晋时"房中之法十余家，或以补救伤损，或以攻治众病，或以采阴益阳，或以增年延寿，其大要在于还精补脑之一事耳"⑤。其中包含了一些对性科学与性保健的认识，在一定程度上提高了江

---

① 邱鹤亭注释：《列仙传今注　神仙传今注》，中国社会科学出版社1996年版，第217页。
② 邱鹤亭注释：《列仙传今注　神仙传今注》，中国社会科学出版社1996年版，第219页。
③ 《马王堆汉墓帛书》4，文物出版社1985年版，第148—149页。
④ 李零：《中国方术考》（修订本），东方出版中心2000年版，第404页。
⑤ 王明：《抱朴子内篇校释》，中华书局1985年版，第150页。

苏道教医学的水平。

第四，导引术。彭祖之道宣扬，要想长寿享尽天年，不仅要保养爱护脮精，还要运用导引术来促使它生长。早在《庄子·刻意》中，就把彭祖作为导引养形的代表人物。"吹呴呼吸，吐故纳新，熊经鸟申，为寿而已矣；此导引之士，养形之人，彭祖寿考者之所好也。"彭祖导引术在道教中得到重视与发展，《太清导引养生经》对导引方法做了细致介绍并收有《彭祖导引图》："导引服：解发东向坐，握固不息，一通。举手左右导引，以手掩两耳，以指掐两脉边，五通。令人目明，发黑不白，治头风。"① 道教将导引、呼吸和运动相配合，以祛除百病、延年益寿为目的，所倡导的"欲导引行气，以除百病，令年不老"② 并非全是谬谈，在治疗某些慢性疾病上有特殊疗效，至今还在江苏社会生活中有着广泛的影响。

据《抱朴子内篇·极言》记载，彭祖有弟子——"青衣乌公、黑穴公、秀眉公、白兔公子、离娄公、太足君、高丘子、不肯来七八人，皆历数百岁，在殷而各仙去，况彭祖何肯死哉？"③ 他们为传播彭祖的长寿养生之道做出了积极努力。据说，彭祖平日沉默寡言，既不炫耀自己的养生之道，也不做崇信鬼怪之事，以博取世俗的名誉。彭祖常四处周游，从不乘车马，外周游百日，也不带干粮，回来之后，衣食与平常也没什么两样。《神仙传》借"彭祖曰"来形容仙人："仙人者，或竦身入云，无翅而飞；或驾龙乘云，上造太阶；或化为鸟兽，游浮青云；或潜行江海，翱翔名山；或食元气，或茹芝草，或出入人间，则不可识。"④ 以诗化语言将道教神仙是经过修炼而成，最终能够自由飞升进入天界的情景描述了出来。彭祖既是徐州的始祖，也是江苏道教所信奉的神仙之典范。唐代时，彭祖被道教视为南极仙翁的化身之一。今天在大彭故国建有彭祖庙、彭祖祠、彭祖园等，表达了徐州人民对彭祖的尊敬与纪念。

---

① 《道藏》第18册，第398页。
② 《道藏》第18册，第396页。
③ 王明：《抱朴子内篇校释》，中华书局1985年版，第242页。
④ 邱鹤亭注释：《列仙传今注 神仙传今注》，中国社会科学出版社1996年版，第217页。

第二节　张道陵与江苏沛丰文化

东汉末年，张道陵在巴蜀演道行法，传播五斗米道，一向被认为是中国道教史上的标志性事件，但有关张道陵的生平事迹，至今仍给人以宗教神话与历史记载相交织的印象。存在于史籍中的"张陵"是位历史人物，存在于道书及民间传说的"张道陵"则是颇具神异色彩的教团首领。长期以来，人们既将史书与道经中的不同记载相混使用，更将道书中的张道陵事迹作为信史来对待，导致了各种记载之间歧义频出，仅以张陵籍贯为例，就可见不同说法，主要有沛国丰人、余杭天目山人[①]、关中武阳县人[②]，还有蜀人，但其中"沛国丰人"的影响最大，这与正史的记载有着密切关系。

过去的道教研究往往将张道陵在巴蜀创教作为关注重点，由于张陵是沛国丰人的说法最早出于西晋，故有人还对"张道陵本江苏人而入川建教，并以张陵与张道陵即一人"的观点提出异议，认为"张陵祖在乐山，张陵本蜀人"[③]。若联系文献资料及田野调查的相关情况看，张道陵与东部地区尤其是沛丰文化的关系特别值得关注，因为这反映了其对"青徐数州"长期传播的原始道教进行变革的一段历史。

从正史记载看，陈寿（233—297年）是在西晋初年所作《三国志·张鲁传》因讲述张鲁事迹而追述到张陵的：

> 张鲁，字公祺，沛国丰人也。祖父陵，客蜀，学道鹤鸣山中，造作符书以惑百姓，从受道者出五斗米，故世号米贼。陵死，子衡行其道。衡死，鲁复行之。[④]

[①] 如《历世真仙体道通鉴》卷十八《张天师》曰："东汉光武建武十年甲午正月望日，生于吴地天目山。时黄云覆室，紫气盈庭，室中光气如日月。复闻昔日之香，浃日方散。"（《道藏》第5册，第200页）《汉天师世家》也承袭此说。

[②] 魏峡：《张陵"客蜀"创道新解》，《宗教学研究》2009年第3期。

[③] 王家祐：《张陵五斗米道与西南民族》，《山东师院学报》1987年第6期，第149页。

[④] （晋）陈寿撰，（宋）裴松之注：《三国志》第1册，中华书局1982年版，第263页。

这是有关张陵的籍贯为沛国丰的最早说法，也是沛国丰人张陵入蜀创五斗米道的最早说法，还是"三张"之称的最早说法。张陵学道于蜀鹤鸣山中，又通过"造作符书以惑百姓"而创立教团组织。后来常璩（约291—约361年）撰《华阳国志》延续了陈寿《三国志》中的说法，但增加了三个因素：一是张陵活动时间是"汉末"；二是张陵"自称太清玄元"这一颇有道教文化内涵的称号；三是将"米贼"改称为"米道"。① 再后来，范晔（398—445年）在《后汉书·刘焉传》中介绍张鲁时说"祖父陵，顺帝时客于蜀，学道鹤鸣山中，造作符书，以惑百姓。受其道者辄出米五斗，故谓之'米贼'。陵传子衡，衡传于鲁，鲁遂自号'师君'"。不仅将张陵在蜀传道时间定位于"顺帝时"，而且还说"沛人张鲁，母有恣色，兼挟鬼道，往来焉家"②。这三条有关张陵的资料都是在讲述张鲁事迹时被提及的，又与据说是"张陵撰"《想尔注》中所述的五斗米道有相契之处。在正史记载中，张陵的名中并无"道"字，同时皆没有说张陵入蜀之前的事，明确说张鲁是沛国丰人，然后再推论其祖父张陵也是沛国丰人。这些正史记载影响今世学者，如丁煌认为："陵之籍里沛国丰邑，今世学者尚无任何大疑问"③。从地理位置上看，沛国丰属于东部青徐地区，魏斌依《史记·封禅书》认为，"青徐之东海"在汉代属于东海信仰的范围，"除了海神信仰，早期神仙说也集中于'青徐之东海'"④。

从道书记载看，"张陵，道书讳道陵"⑤，虽然大多在张陵名字中间加上了一个"道"字，如葛洪《神仙传》最早为张道陵立传⑥，开篇即称"天师张道陵"，并明确说他是"沛国丰县人"。张道陵年轻时即博通五经，后由儒生转入学长生之道，在传道中成长为天师。虽然在汉晋道书中，"天师"或是指奉道团体中的首领，或指传达天意的弘道者，如在青徐地区问

---

① （东晋）常璩：《华阳国志校注》，刘琳校注，巴蜀书社1984年版，第114页。
② （宋）范晔：《后汉书》第9册，中华书局1965年版，第2432页。
③ 丁煌：《汉唐道教论集》，中华书局2009年版，第10页。
④ 魏斌："山中"的六朝史，生活·读书·新知三联书店2019年版，第181页。
⑤ 《玄品录》卷二，《道藏》第18册，第110页。
⑥ 由于葛洪在《抱朴子内篇》中并未提及张道陵及天师道，故施舟人认为葛洪并不知道张道陵天师的情况（《道教的清约》，《法国汉学》第7辑，第152页），也有人认为《神仙传》卷五《张道陵》不一定就是葛洪的手笔。

世的《太平经》最早提出"天师"概念:"今天师为太平之气出授道德,以兴无上之皇,上有好道德之君,乃下及愚贱小民,其为恩乃洞于六合,洽于八极,无不包裹。"① 《神仙传·张道陵》最早借用在青徐地区流行的"天师"来特指张道陵。虽然后来的道书仍有直接以"张陵"相称的,如陶弘景《真诰》,但张陵与张道陵在道门中也是通用的。

问题在于,《神仙传》到隋唐时已佚,今本是否为葛洪所撰原本?至今未有定论。今天所见出自《神仙传》并流传至今的《张道陵传》主要有《太平广记》《云笈七签》和《四库全书》② 三个版本,它们之间在内容上略有差异,但均以"张道陵"相称,且都称其为沛国丰县人,其中《四库全书》本的内容较为简要:

> 天师张道陵,字辅汉,沛国丰县人也。本太学书生,博采五经,晚乃叹曰:"此无益于年命!"遂学长生之道,得《黄帝九鼎丹经》,修炼于繁阳山。丹成服之,能坐在立亡,渐渐复少。后于万山石室中,得隐书秘文,及制命山岳众神之术,行之有验。
>
> 初,天师值中国纷乱,在位者多危,退耕于余杭。又汉政陵迟,赋敛无度,难以自安,虽聚徒教授,而文道凋丧,不足以拯危佐世。陵年五十方退身修道,十年之间已成道矣。闻蜀人朴厚可教化,且多名山,乃将弟子入蜀,于鹤鸣山隐居。既遇老君,遂于隐居之所备药物,依法修炼。三年丹成,未敢服饵,谓弟子曰:"神丹已成,若服之,当冲天为真人。然未有大功于世,须为国家除害兴利,以济民庶,然后服丹轻举,臣事三境,庶无愧焉。"③

这篇传记不仅讲述了沛国丰县人张道陵由儒入道、退耕于余杭,后入蜀于鹤鸣山隐居的过程,而且还讲述了神格化的太上老君寻遣清和玉女指导张道陵学道的经历,"教以吐纳清和之法,修行千日,能内见五藏,外集外

---

① 王明编:《太平经合校》,中华书局1960年版,第281页。
② 李剑国在《唐前志怪小说史》中认为,《四库全书》中的《神仙传》来源较古,大约是宋本的一个残本,但也不是最早的本子(人民文学出版社2011年版,第401页)。
③ 邱鹤亭注释:《列仙传今注 神仙传今注》,中国社会科学出版社1996年版,第280—281页。

神。乃行三步九迹，交乾履斗，随罡所指，以摄精邪，战六天魔鬼，夺二十四治，改为福庭，名之化宇，降其帅为阴官"①。通过对张道陵学道弘法、降魔驱鬼事迹的虚构神化，使之表现出道教仙传特有的神异色彩，在道书中得到反复强化，为后世江南民众口头叙述中形成以张道陵为原型的张天师传说提供了素材②，但其中并没有提及张道陵家族成员情况，对张道陵如何在沛国丰活动也记载甚少，这是否与张道陵很早就离开家乡四处求学，名声尚不显有关，还有待于考证。

张道陵在入蜀"于鹤鸣山隐居"后，可能是因受到不同于东部文化的西部巴蜀巫鬼文化的影响，于是自言于鹤鸣山隐居时遇老君，然后才开启了以"正一盟威之道"的创教、弘道、教民、设治的教团建设之新路："先时蜀中魔鬼数万，白昼为市，擅行疫疠，生民久罹其害。自六天大魔推伏之后，陵斥其鬼众，散处西北不毛之地，与之为誓曰：'人主于昼，鬼行于夜，阴阳分别，各有司存，违者正一有法，必加诛戮。'于是幽冥异域，人鬼殊途"③。张道陵以道法制伏六天大魔，"今西蜀青城山有鬼市，并天师誓鬼碑石、天地石日月存焉"④。因此，以张道陵为原型的天师形象往往以骑虎执剑降妖伏魔出现，最后服丹轻举而升仙。今天所见《云笈七签》中的《张道陵》主要围绕着张道陵七试弟子，最后授王长、赵升二人道要而展开。《太平广记》本《张道陵》的内容最为丰富，是得黄帝九鼎丹法的炼丹大师、入蜀住鹤鸣山著道书二十四篇、太上老君"授陵以新出正一明威之道"、最后"陵与升、长三人，皆白日冲天而去"等信息的汇合。三个版本的《张道陵》有关张道陵事迹虽然记载有异，但共同之处则在于凸显了"张道陵"向"张天师"的转变。"从中可以明显看出将各种来自不同源头材料汇聚、整合的一些痕迹，它至少已经是张天师在经教中地位确立以后的事情"⑤。

道书在介绍张道陵时提供的一些东部文化信息：张道陵，字辅汉，据说是为了纪念辅佐汉业的先祖张良，也有说期望辅助汉王朝。年轻时的张道陵

---

① 邱鹤亭注释：《列仙传今注 神仙传今注》，中国社会科学出版社1996年版，第281页。
② 刘守华：《张天师传说汇考》，华中师范大学出版社2009年版。
③ 邱鹤亭注释：《列仙传今注 神仙传今注》，中国社会科学出版社1996年版，第281页。
④ 邱鹤亭注释：《列仙传今注 神仙传今注》，中国社会科学出版社1996年版，第281页。
⑤ 刘屹：《神格与地域：汉唐间道教信仰世界研究》，上海人民出版社2011年版，第614页。

来到汉王朝高等学府——洛阳太学读书，在通达五经后，觉得无益于年命，乃遂学长生之道，特别是在入蜀前已得《黄帝九鼎丹经》，又于万山石室中得隐书秘文，学制命山岳众神之术。

可见张陵在去蜀之前已在江南开始进行炼丹活动。再从《道藏》中还有一些托名张道陵的丹经，如题为"正一天师张道陵序"的《太清金液神丹经》可见，虽然可能是后人托天师之名所作①，但也间接说明江苏东部在张道陵时已是仙道的传播区之一。据陈国符研究，张陵得《黄帝九鼎神丹经》以传弟子王长、赵升，因此"金丹法之可考者，以此为最古"②。施舟人先生研究不同版本的《张道陵传》所描绘的张道陵形象后认为："在江南传统中，张陵最早被看作是炼丹的仙人而非天师。"③ 今天江苏宜兴张公洞还留有张道陵在此炼丹的遗迹④，也可佐证东部地区本有炼丹服食而成仙的文化传统。从时间上看，张道陵到五十岁时，因遇中国纷乱，才退耕于余杭，设立讲堂，聚徒教授，十年之间已成道矣。张道陵入蜀创教之前，在江浙一带修道十年，然后"闻蜀人朴厚可教化"，才于花甲之年率弟子入蜀，于鹤鸣山隐居，由此也展现了张道陵在东部地区的仙道文化传统中成长的经历。

刘屹从《太平广记》中收录的《张道陵传》出发，认为它未见有"天师"之称，对老子不称"老君"而称"柱下史"，与上清派神真"东海小童"一起下降教授张陵"正一盟威之道"，这显然已不尽是汉末蜀中的情况。⑤ 笔者还注意到，《太平广记》本所描述的张道陵的生活环境颇有江南水乡之特色："其所居门前水池，陵常乘舟戏其中。而诸道士宾客，往来盈庭巷，座上常有一陵，与宾客对谈，共食饮，而真陵故在池中也。其治病事，皆采取玄素，但改易其大较，转其首尾，而大途犹同归也。行气服食，

---

① 收于《道藏》中《黄帝九鼎神丹经诀》撰人不详，其卷一《九鼎神丹经》本文，出于汉末。其余十九卷为注诀，约出于魏晋至隋唐，卷三中有"太清诸丹等，张天师诀文"（《道藏》第18册，第803页）。
② 陈国符：《道藏源流考》下册，中华书局1963年版，第275页。
③ 施舟人：《道教的清约》，《法国汉学》第七辑《宗教史专号》，中华书局2002年版，第165页。
④ 《洞灵真经》，《道藏》第11册，第556页。
⑤ 刘屹：《敬天与崇道——中古经教道教形成的思想史背景》，中华书局2005年版，第611页。

故用仙法，亦无以易。"① 张道陵所用行气、服食、导引、房中术等既与彭祖之术相似，也延续了《抱朴子内篇》神仙道教的修道传统，故赞成其观点："张道陵从事炼丹活动与师承上清仙真这两方面的事迹非常有可能是在与江南地区信仰融合后，才加入张天师传说的。《张道陵传》已将作为东部地区仙道传说人物的张道陵，与作为西部巴蜀地区创教教主的张道陵这两种形象紧密结合为一体，也可说是早期道教的东部传统和西部传统融汇的结果"②。进而言之，从史料记载的多样性及后人解读的复杂性中可见，"张陵"成为"张道陵"再成为"张天师"是在六朝江南道教文化的发展中逐渐形成的。

《神仙传》对张道陵入蜀后弘法传道、降魔驱鬼事迹的虚构神化，使之表现出道教仙传特有的神异色彩后在六朝天师道书中得到反复强化，如《三天内解经》卷上：

> 以汉安元年壬午岁五月一日，老君于蜀郡渠亭山石室中，与道士张道陵将诣昆仑大治新出太上。太上谓世人不畏真正而畏邪鬼，因自号为新出老君。即拜张为太玄都正一平气三天之师，付张正一明威之道，新出老君之制，罢废六天三道时事，平正三天，洗除浮华，纳朴还真，承受太上真经制科律。③

虽然老君下降的地点还在蜀地，但通过"新出老君"来"付张正一明威之道，新出老君之制"，将"道士张道陵"转化为天师道首领，并确立了张天师世系的神圣之源。东晋时，天师道在江南传播并吸引了士族子弟，例如，郗愔"事天师道"④，与姐夫王羲之、高士许询并有迈世之风，俱栖心绝谷，共修黄老之术。王羲之次子王凝之又奉张氏五斗米道："王氏世事张氏五斗米道，凝之弥笃"⑤，可见修撰于唐初的《晋书》中"天师道"是与在江南传播的"五斗米道"等同使用的。

---

① （宋）李昉等编：《太平广记》卷八《张道陵》，中华书局 1961 年版，第 48 页。
② 刘屹：《神格与地域：汉唐间道教信仰世界研究》，上海人民出版社 2011 年版，第 126 页。
③ 《道藏》第 28 册，第 414 页。
④ 《晋书》卷六十七《郗愔传》。
⑤ 《晋书》卷八十《王羲之传》。

从道书中有关张道陵的记载看，六朝道教是借助于占据汉中三十年的张鲁的历史事实来神化其祖父张陵的思路前行的，"张道陵，字辅汉，沛国丰人也"之说，经过数百年的持续神化，到唐代时定居于江西龙虎山的张天师家族已是受到皇室关注的奉道世家。唐王悬河编《三洞珠囊》、宋张君房编《云笈七签》都说张道陵是"沛国丰人"，但更注重宣扬其弘道事迹。南宋道士谢守灏编《混元圣纪》在展现太上老君弘道事迹时，以葛洪的《张道陵传》为主干，不仅增添了老君下教张道陵的内容，更称张陵生于"余杭之天目山"。①

随着时间的推移，张道陵传记中出现了更多的内容。元代《历世真仙体道通鉴》卷十八《张天师》是一篇长传记，更是通过宗教与艺术相结合的方式来强化张道陵的神异性。它在延续"张道陵，字辅汉，沛国丰人也"之说后，对张道陵形象也进行了神化描绘："年及冠，身长九尺二寸，庞眉广颡，绿睛朱顶，隆准方颐，目有三角，伏犀贯脑，玉枕峰起，垂手过膝，美须髯，龙踞虎步，丰下锐上，望之俨然，虽亲友见之，肃如也。"张道陵在天目山讲学时，从学者千余人。"天目山南三十里，西北八十里，皆有讲诵之堂，临安神仙观，余杭通仙观，即其地也"②。还增加了张道陵拜巴郡江州令、去西城山筑坛朝真、于蜀地传道，最后七试弟子王长、赵升等故事。尤其是增加张道陵升仙时规定，只有自家子孙才能传天师之位："真人将以盟威都功等诸品秘箓、斩邪二剑、玉册玉印，以授其长子衡，戒之曰：此文总统三五步罡，正一之枢要，世世一子，绍吾之位，非吾家宗亲子孙不传"③。加强了张天师世家自张道陵开始，其子孙按照家族嗣教体制，以张天师为首主持天师道事务的神圣性，至今正一道士仍恪守着江西龙虎山天师府"万法宗坛"授箓的古风。明代第四十二代天师张正常《汉天师世家》及宋濂撰《汉天师世家序》在详细梳理张天师家谱时，提出张道陵本籍沛丰邑人，其父张大顺因修道为"桐梧真人"，故张道陵于"汉建武十年（34年）正月十五夜，生于吴之天目山。"④强调张天师"玄裔相仍"，在正一

---

① 《道藏》第17册，第846页。
② 《历世真仙体道通鉴》卷十八，《道藏》第5册，第200页。
③ 《历世真仙体道通鉴》卷十八，《道藏》第5册，第207页。
④ 《汉天师世家》卷二，《道藏》第34册，第820页。

道中占据着主导地位。

以上道书中出现的有关张道陵的各种传记，在具体事件上的表达虽有不同，但大都记载了张道陵是沛国丰县人，并讲述了他由儒入道、后入蜀于鹤鸣山，在老君指导下创立天师道及降魔驱鬼，治疗疫疬，教化蜀民，炼丹服饵，培养弟子，反映了道教对张道陵创教的神格化："张陵由人而'仙'、由人而'神'的过程，体现了玄之又玄的道教超验性，带有浓厚的东方宗教神学色彩。"①

因历史久远，保留到今天的正史、道书和民间传说中，有关张道陵是否以及如何在江苏活动的记载甚少。早期天师道经典《正一法文》推崇大道，说"老君授与张道陵为天师，至尊至神，而乃为人之师"②，但在江南传播的上清经与灵宝经中，却很少出现太上老君与张道陵这对在汉代就出现的神人组合。过去的道教史研究往往将张道陵在巴蜀创教作为关注重点，然后再探讨张鲁在汉中降曹操后，天师道如何从巴蜀、汉中传到中原及东部滨海地区，天师道士如何以画符念咒的方法为人治病，所代表的"正一盟威之道"如何扎根于民间社会传播而忽略了张道陵家乡沛丰文化。

张道陵出生在丰县阿房村（今宋楼镇费楼村）：宋楼镇位于丰县县城西南12公里处，是一个有着2000多年的历史名镇。"西汉初年，汉高祖刘邦斩蛇起义，灭秦败楚，征服天下，衣锦还乡，应宋楼镇草集村父老之邀，欢宴故里，慷慨高唱《大风歌》。后人在欢宴地筑邀帝城，故宋楼素有邀帝之乡的美誉。被尊称为天师的道教创始人张道陵诞生在宋楼镇费楼村。"③ 由于宋楼镇紧靠邀帝城，其情形如同秦国阿房宫紧靠着都城一样，后更名为阿房村。"道教的创始人张道陵（张良的第八代孙）出生在丰县。沛丰历史上都属于彭城，所以徐州当然是道家文化的起源地了。"④ 而流行于沛国丰一带的黄老思想、神仙信仰和彭祖养生术也培养了张道陵这一创教人物。沛国丰作为张道陵家乡，后人称"天师故里"，现建有张道陵纪念馆。

从地理位置上看，沛国丰属于今天的江苏徐州地区，因地处苏、鲁、豫、皖交界处，自古既是各路兵家必争之地，也是儒、道文化交流之区。徐

---

① 苏宁：《张陵创教的神格化传说谱系内涵研究》，《宗教学研究》2018年第2期。
② 《正一法文天师教戒科经》，《道藏》第18册，第236页。
③ 徐州市史志办公室编：《徐州百镇概览》，方志出版社2006年版，第39页。
④ 张俊之：《道家文化起源于徐州说》，《徐州教育学院学报》1998年第4期。

州有着"彭祖故国、刘邦故里、项羽故都"之称,这里不仅是楚汉文化与齐鲁文化交汇之处,而且也是黄老道家思想及神仙信仰的传播地。《庄子·寓言》中讲述孔子问礼于老子的故事时,就提到老子曾留住沛:"阳子居南之沛,老聃西游于秦,邀于郊,至于梁而遇老子。"[1] 沛当时属于宋国,在齐国之南,孔子来此见老子,故《庄子·天运》中有"孔子行年五十一而不闻道,乃南之沛见老聃"[2] 的记载。孔老在此相会对促进儒道交流和江苏文化的发展都具有非同寻常的意义。

春秋战国时,道家学说在沛国传播,独领风骚而影响广泛。后来汉朝创立者刘邦以及大臣张良、曹参等都曾积极推行道家学说,汉文帝、景帝时,黄老道家倡导的"清静无为"思想一度成为汉初社会意识形态的主流,为后来张道陵创立以黄老道为核心的天师道奠定了思想基础。汉武帝"罢黜百家"后,表面上是儒家思想占统治地位,但实际上黄老道家思想依然影响着汉代社会,如汉明帝时,有楚王刘英在徐州活动:"英少时好游侠,交通宾客,晚节更喜黄老,学为浮屠,斋戒祭祀。"[3] 刘英先欣赏黄老道,后推行佛教的斋戒祭祀。儒生对黄老道、方仙术也接纳与融汇,这从徐州一带出土的汉墓画像中,既有志士仁人以崇尚忠孝节义、重死轻生的英雄主义来表达不朽的汉文化精神,也有崇拜西王母以追求长生不死的仙学精神。

从儒道思想的汇合着眼,可有助于更好地解读东部沿海地区长期流行的那种长生不死的神仙理想。姜生的《汉儒的道教》通过对从西汉中期武帝"独尊儒术"到东汉末年张道陵创天师道的思想历程的梳理而认为:"东汉末年,伴随儒生梦想破灭而出现的一场宗教变革运动,在继承旧道教的神仙理想的基础上,拒绝战国以来'先死后蜕'的信仰结构,追求生人修道、长生不死、即身成仙、白日飞升,而以张道陵为其例;再次地,黄老道占据了精神世界的主导地位。从必死而后仙,变成不死而仙。这就是从儒生的道教到张道陵的道教的转变。"[4] 笔者认为,张道陵从小既学儒家经典,也学《道德经》,奉黄老道家思想,后来以老子为教祖,将道家学说从哲学推向

---

[1] 陈鼓应:《庄子今注今译》,中华书局1983年版,第740页。
[2] 陈鼓应:《庄子今注今译》,中华书局1983年版,第377页。
[3] (宋)范晔:《后汉书》第5册,中华书局1965年版,第1428页。
[4] 姜生:《汉儒的道教》,《儒学第三期的人文精神——杜维明先生八十寿庆文集》,人民出版社2019年版,第361页。

宗教而创立教团。张道陵之所以能对"儒生的道教"进行变革，与其在沛国丰县时受地域及家族文化的熏陶不无关系。

随着地方史研究的深入展开，已有越来越多的学者认识到"徐州作为汉文化的发祥地，早在两千多年前即以其特殊的区位优势，丰厚的文化底蕴吸引各地的文人学士到此传经授道，使其成为儒佛道文化传播的基地。多种文化的碰撞和融通，不仅对中原乃至沿海广大地区产生了辐射效应，而且培育了诸如沛郡桓氏、丰县张道陵等汉文化传播的精英"[1]。那么，张道陵所传的道法中哪些属于在沛国丰流传的道文化传统？张道陵后来云游天下，据说不仅去吴之天目山，还有嵩高山："张天师弃家学道，负经而行，入嵩高山石室，隐斋九年，周流五岳，精思积感，真降道成，号曰天师。"[2] 在周流五岳后落脚在蜀地创道，与他从小在家乡沛国丰县所受到的黄老道家、神仙信仰和服饵炼丹的影响是否有关？

还有，张道陵在家乡是否受东部太平道的影响？从早期道教的传播看，太平道起于燕齐江淮的东部地区，其创立者张角为冀州巨鹿人，"十余年间，众徒数十万，连接郡国，遍布青、徐、幽、冀、荆、扬、兖、豫八州之人，莫不毕应"[3]。张角奉事的黄老道来源于江淮楚地流传的黄老思想。张道陵大约与宫崇、张角是同时代人，其家乡沛国丰既是黄老思想的流行区，也属于太平道的传播区。唐长孺明确说张道陵受到在家乡传播的太平道影响："张道陵是沛国丰人，那里是太平道的传播区，张角领导的起义失败后，青徐黄巾是农民起义军的后劲。张道陵大致与宫崇同时，他创立天师道在入蜀鹤鸣山学道之后，作为黄老道信徒，在他未入蜀前不能不受当地最盛行的太平道影响。"[4] 丁煌认为，"东汉之世，方术极为流行……尤于滨海地域，大所畅行。早期道教成立之初，深受其影响。张陵之籍里沛之丰邑，降生地吴之天目，皆在其域中。故道书所载陵之籍里及出生地，堪称合理。"[5] 以此来呼应陈寅恪根据《三国志·张鲁传》《后汉书·刘焉传》的记载，最早提出天师道出于东部地区之说："天师道起自东方，传于吴会，似为史

---

[1] 汤其领：《汉代徐州地区的宗教传播》，《史学月刊》2002年第7期。
[2] 《三洞珠囊》卷五引南朝马枢《道学传第二》，《道藏》第25册，第325页。
[3] （宋）范晔：《后汉书》第8册，中华书局1965年版，第2299页。
[4] 唐长孺：《太平道与天师道——札记十一则》，《中华文史论丛》2006年第3期。
[5] 丁煌：《汉唐道教论集》，中华书局2009年版，第23页。

实，亦不尽诬妄。是于吉、宫崇皆滨海区域之人，而张角之道术亦传自海滨，显与之有关也。……丰沛又距东海不远，其道术渊源来自东，而不自西，亦可想见。"① 这种"徐州的琅琊为于吉、宫崇的本土，实天师道的发源地"②、"天师道起自东方，传于吴会"之说，对研究张道陵乃至江苏道教的起源意义重大。

张道陵作为东部炼丹仙人的影响随着天师道在江南社会的传播日益增大，约出于南北朝《元始上真众仙记》中收有葛洪《枕中书》，已将张道陵传播仙道活动的背景迁到江南："张道陵为三天法师，统御六虚，数侍金阙，太上之股肱，治在庐山，三师同宅。"③ 明确以"三天法师"来尊称张道陵。到南朝刘宋时，开始对张道陵的天师形象进行塑造，早期天师道经典《三天内解经》在专门论述太上老君授道于张道陵时，已有张道陵是张良玄孙的说法：

> 光武之后，汉世渐衰，太上愍之，故取张良玄孙道陵显明道气，以助汉世，使作洛北邙山，立大法，帝王公臣以下，莫不归宗。当此之时，正气遐布。④

张良（？—前186年）是汉朝的开国大臣，司马迁曾在《史记·留侯世家》中记述张良的事迹。张良，字子房，出身于贵族世家。张良的祖父连任韩国三朝宰相，其父亲亦继任韩国宰相。秦国灭韩后，张良失去了继承父业的机会，家族中还有三百余人被杀，由此萌发了反秦意识并付诸行动。公元前218年，秦始皇东巡时，张良在阳武县博浪沙（今河南原阳县东）埋伏谋刺秦始皇，失败后逃至下邳（今江苏邳州），在圯桥上遇到避秦之乱、隐居下邳的黄石公。黄石公在三试张良后，授与《太公兵法》⑤。据说，

---

① 陈寅恪：《金明馆丛稿初编》，生活·读书·新知三联书店2001年版，第2—3页。
② 万绳楠整理：《陈寅恪魏晋南北朝史讲演录》，贵州人民出版社2007年版，第58页。
③ 《元始上真众仙记》，《道藏》第3册，第271页。
④ 《三天内解经》卷上，《道藏》第28册，第415页。
⑤ 据说《太公兵法》是一部托名姜太公讲述道家韬略的兵书，又称《太公六韬》或《六韬》、《素书》，但以古奥简略的文字表达了唐尧、虞舜、夏禹、文王、周公、老子等人的思想。1972年4月，在山东临沂银雀山西汉古墓中发现了大批竹简，其中就有《六韬》五十多枚，这就证明《六韬》成于战国时代，在西汉时已广泛流传，张良可能受其影响，被后人誉为兵家权谋的始祖。

黄石公最后修道成仙被道教纳入神谱中，称为"圯上老人"或"下邳神人"，《黄石公素书》也被收入明版《道藏》中。

刘邦封张良为留侯。留，即位于今沛县东南，据当地人说，这里是张良初遇汉高祖，也是张道陵少年时生活的地方。葛洪说张良"得黄石公不死之法，不但兵法而已。又云，良本师四皓，甪里先生绮里季之徒，皆仙人也，良悉从受其神方，虽为吕后所强饮食，寻复修行仙道，密自度世，但世人不知，故云其死耳。如孔安国之言，则良为得仙也"①。张良所师"商山四皓"——东园公、绮里季、夏黄公、甪里先生皆仙人，张良也努力修行仙道。苏州穹窿山上真观中有"国师龛，相传为张子房访赤松处"。② 北宋张商英在为《素书》作《序》时说："子房用之，尝弃人间事，从赤松子游矣。"③ 张良崇信黄老道家，隐退后随赤松子学辟谷、导引轻身之术，专心修道养精，静居行气，最终飘然仙去。

从思想传承来看，张道陵远承张良所热衷的黄老道家。在道门中，有关张道陵是张良的第几代孙有不同说法。唐末杜光庭在《本传》中称张陵为张良的六世孙。④《历世真仙体道通鉴》认为张陵是张良的第八世孙："天师真人姓张氏，讳道陵，字辅汉，沛丰邑人，留侯子房八世孙也。"⑤《汉天师世家》则说张良九传至张道陵，"张良见异人黄石公下邳圯上，则其未达之际，固已能交通于神明。至其晚年，名遂功成，乃欲辟谷从赤松子游，实其初志，非曰托之以自逃也。故其九传至汉天师，感慕兴起，学轻举延年之术，祓除阴愍，一以善道化民。"⑥

据民间传说，张良的后代人丁兴旺，他们的居住地扩展到沛县、丰县、铜山、滕州一带。张道陵的祖父张纲携家小居住在沛国丰县，因勤于耕种而成为当地的富户。张纲的儿子名张翳，字大顺，即张陵的父亲。当地流传着张道陵出生的传说：其母林氏夜里做梦，有神人从北斗魁星降临她的床前

---

① 王明：《抱朴子内篇校释》，中华书局1985年版，第113页。
② （清）宋实颖撰：《穹窿山上真观记》，载王稼句编选《苏州山水名胜历代文钞》，生活·读书·新知三联书店2010年版，第278页。
③ （汉）黄石公著，刘泗编译：《素书》，生活·读书·新知三联书店2015年版，第6页。
④ 《三洞群仙录》卷二，《道藏》第32册，第245页。
⑤ 《历世真仙体道通鉴》卷十八，《道藏》第5册，第200页。
⑥ 《汉天师世家》卷一，《道藏》第34册，第817页。

说:"我是奉上天之命降临到你家的。"于是林氏因感应而怀孕,于东汉建武十年(34年)正月十五日于沛丰生下张道陵。道教仙传也延续了这一说法:"母初梦天人自北斗魁星中降至地。"① 另有一说是,张道陵父亲张大顺也好神仙术,自称"桐柏真人",喜欢游历名山寻找仙道,携妻到浙江天目山,妻子在此生下儿子,取名为"陵",大概是希望他能追随先祖之志,登陵而成仙。因此有张道陵是沛国丰人,但生于吴地天目山之说。这些流传于东部地区的民间传说迎合了人们对张道陵出身不凡的想象。张道陵父亲的墓基至今犹在丰县,比周围的地面高出很多,即使大旱之年,仍然湿润而富有生气,被当地人奉为风水宝地。

在丰县的田野调查中,我们还发现当地流传着许多有关张道陵的故事。传说张道陵是一个神童,读经书过目不忘,诸子百家,无不知晓。天文地理,河洛图纬,都能融会贯通。张道陵七岁时遇到一位叫河上公的仙人,得到一部老子《道德经》,经河上公的指点,张道陵读懂并理解这部深奥之书所讲的道理。张道陵从小学习《道德经》,后来创立"五斗米道"时才尊奉老子为教祖。在张道陵出生地江苏丰县费楼村有张道陵旧居——天师府遗址。"由于张道陵用符水咒法给人治病,家乡人凡患有疾病者,笃信其道术,与他有关的一草一木,一砖一瓦也都是带有仙气的圣物,可以治病。因此,患病者到他旧居前撮把土,带回去煎水服用,以为能治百病。"② 久而久之,旧居前被挖成了大坑,人们把此坑称为"药盒子"或"药匣子"。后来黄河泛滥虽多次将此坑淹没,但前来取"神土"的人依然不断。在费楼村西北有北周天和观遗址,据说当时周围共有八座道观,天和观是创建较早的,曾出土北周天和年间的玉造像一尊。唐宋时,天和观曾是天师府的护家道观,也是道教徒祀奉师祖和传教布道的道场,直到元代时因黄河泛滥而被淹没。

张道陵成年后,长相超凡脱俗,并娶有两位夫人——褚氏和孙氏(亦说雍氏)。据丰县当地传说,张道陵家边有一个汛子湖。湖东岸有个深不可测的黑水潭,传说通向东海。张道陵经常在这一带活动,结交了一位住在潭边的褚姓女子,后结为夫妇。褚氏后来被当地人尊称为"黑水圣母"。另一

---

① 《历世真仙体道通鉴》卷十八,《道藏》第5册,第200页。
② 政协丰县委员会文史委编:《丰县风物志》,政协丰县委员会2005年编印,第35页。

位妻子孙氏则跟随张道陵修道。女仙传记《墉城集仙录》卷六列有孙夫人传："夫人者,三天法师张道陵之妻也。……桓帝永寿二年丙申九月九日,与天师于阆中云台化,白日升天,位至上真东岳夫人。子衡,字灵真,继志修炼,世号嗣师。"[1] 相传,张衡之母孙氏后与丈夫张道陵一起白日升天了。

若联系汉末沛国丰的社会环境来探讨天师道在江苏的兴起,就可见张道陵由博采五经儒生转向学长生之道,既与其家乡长期流传黄老思想、神仙信仰和彭祖养生术有关,也与汉武帝倡导"罢黜百家,独尊儒术"后在儒生主导下的汉代思想领域中出现的道仙融合的原始道教思潮相联。"张道陵沛国丰人。而且出生在丰县,长期在丰县活动,宣传道家思想。直到东汉汉安三年(公元144年)自沛丰游蜀。"[2] 张道陵在此一方面继承原始道教对鬼神的崇拜及对死后仙界的向往;另一方面,辗转至巴蜀后,又假托太上老君传授天师之名,期望通过与鬼神订立盟约,劝人于现实世界中修道,最终建立飞升成仙的新信仰。

"张道陵"这个名字代表着南朝道教对东部的仙道文化传统进行变革的一段历史。《三天内解经》《大道家戒令》等对张道陵的神化,佛教徒僧祐所编《弘明集》中收录的释玄光《辨惑论》、甄鸾《笑道论》、释道安《二教论》等对张道陵的丑化,从不同的角度反映了张道陵在江南的社会影响越来越大。随着天师道在江南的流布,新创道书中有关张道陵的故事增多,出现了两个值得注意的现象:

一是宣传张道陵特重太上老君传授的"正一盟威之道",以强调在江南流传的天师道具有"佐时理化,助国扶命"之功。张道陵所创教团有经典、仪式和科戒,以二十四治为传教中心,先活动于巴蜀地区,到张鲁时则以汉中为根据地传播,到南朝时,天师道流播于江东。陶弘景在《洞玄灵宝真灵位业图》更将张道陵列为第四中位左位,称为"正一真人三天法师张讳道陵。"[3]

二是从道教信仰的角度对张道陵事迹进行神仙化。有关张道陵的驱鬼降神的传说故事在丰县民间社会广为流传,如张道陵是神童、张道陵与黑水圣

---

[1] 《墉城集仙录》卷六,《道藏》第18册,第195页。
[2] 张俊之:《道家文化起源于徐州说》,《徐州教育学院学报》1998年第4期。
[3] 《洞玄灵宝真灵位业图》,《道藏》第3册,第276页。

母的情缘、张道陵的药匣子、张道陵与虎头鞋虎头帽等,有的还成为民俗一直流传到今天。

综观江苏历史上有关张道陵的记载,神话与历史相交织,虽然不能简单地作为信史来对待,但也不能忽视其中的一些地域文化信息,张道陵最初可能受东部本有文化影响,流行于"青徐数州"的黄老道家、彭祖文化和神仙信仰等培育了张道陵,"青徐数州,吴会诸郡,实为天师道之传教区。"①促使他入蜀之后,以老子为教祖,奉《道德经》为教典,既用符水咒法为人治病,又用他从小所学习的黄老道家思想来革新在巴蜀流传的巫鬼道。若此,张道陵所创立的天师道应是东部"青徐数州"的仙道文化与巴蜀地区巫鬼道等相结合的产物。从这一意义上说,江苏也是中国道教的发源地之一。

第三节　活跃于江苏的修道者

早在张陵创立道教之前,江苏各地就活跃着各类修道者。句曲山下的雷平山因交通便利,既是原住民的聚集地,也吸引着众多的隐士来此居住并炼丹,"雷平山之东北,良常山之东南,其间有燕口山,三小山相隔故也,一名曰方隅,山下古人曾合九鼎丹于此间也。幽人在世时,心尝乐居焉,今常游此。方隅山下亦有洞室,名曰方源馆,亦有二口常见外也"②。在古人眼中,句曲山山脉蜿蜒犹如多条巨龙潜伏于此,故称"伏龙地"。据《茅山志》记载,早在帝喾时代,"展上公,高辛时人。定录君噫言:展先生昔学道于伏龙地,植李,弥满所住之山。先生今为九宫右保司,其尝向诸仙人云:昔在华阳下食白李,味异美,忆之未久,忽已三千年矣"③。展上公在伏龙地学道,种植的李树遍布山间,又在茅山华阳洞下品尝白李的美味,不觉之中已是三千年过去了。后来当地人称此地为"白李溪"。

---

① 陈寅恪:《金明馆丛稿初编》,生活·读书·新知三联书店2001年版,第3页。
② [日]吉川忠夫、麦谷邦夫编:《真诰校注》,朱越利译,中国社会科学出版社2006年版,第438页。
③ 《茅山志》卷十四,《道藏》第5册,第614页。

姜叔茂在此种植五果及五辛菜以换取丹砂，以便炼丹合药，后来也在句曲山修道有成。"秦巴陵侯姜叔茂，得道于句曲山，种五果、五辛菜，货之以市丹砂。叔茂曾作书与太极官僚云：昔学道于鬼谷，得道于少室，养翮于华阳，待举于逸域，时乘飚车，宴于句曲。"①

周太宾同姜叔茂一同学道于茅山："周太宾有才艺，善鼓琴，昔教麋长生、孙广田。广田即孙登也。独弦能弹而成八音，真奇事也。"②《历世真仙体道通鉴》又作了发挥："周太宾，秦时道士也。同姜叔茂学道，在句曲山，种五果五辛菜，货之以市丹砂。今山间多有韭薤，即其遗种也。二人并得仙。太宾有才艺，善鼓琴，能弹独弦而八音和，以教麋长生、孙广田。"③依陶弘景的说法："孙登即嵇康所谓长啸者，亦云见弹一弦之琴。"④但从时间上看，孙广田似不太可能是那位"向嵇康强调'保身之道'实乃一脉相通"⑤的孙登。

有燕国人郭四朝来到伏龙地修道，"郭四朝真人，燕国人也。兄弟四人，秦时居伏龙之地，并得道。四朝是长兄。真法，其司三官者六百年，无违坐，超迁之。四朝职满，上补九宫左仙公，领玉台执盖郎"⑥。郭四朝在此修道并得道成仙，成为《茅山志》所记载的华阳洞天三宫五府里的"前司三官保命真人"，"后以茅小君代四朝耳"。东晋时，许长史在郭四朝修道地建宅，"宅南一井，即长史所穿。南一塘，郭四朝筑，以壅柳谷，曰公泉"⑦。东晋时，杨羲、二许曾在此接真，被认为上承先秦隐士修道的文化传统，下开上清派"专静山庐，以修上道"的新路径。许长史宅后为玉晨观所在地。宋徽宗时，敕《宣和封杨郭许陶五真人诰》，郭四朝是唯一被敕封为"太微葆光真人"⑧的前上清派修道者。

---

① 《茅山志》卷十四，《道藏》第 5 册，第 614 页。
② 《茅山志》卷十四，《道藏》第 5 册，第 614 页。
③ 《历世真仙体道通鉴》卷四，《道藏》第 5 册，第 142 页。
④ [日] 吉川忠夫、麦谷邦夫编：《真诰校注》，朱越利译，中国社会科学出版社 2006 年版，第 414 页。
⑤ [韩] 崔珍晳：《对于孙登问题的一个浅见》，载陈鼓应主编《道教文化研究》第十九辑，生活·读书·新知三联书店 2002 年版，第 132 页。
⑥ 《茅山志》卷十三，《道藏》第 5 册，第 610 页。
⑦ 《历世真仙体道通鉴》卷二十一，《道藏》第 5 册，第 223 页。
⑧ 《茅山志》卷四，《道藏》第 5 册，第 571 页。

先秦时，茅山清幽秀丽，气候宜人，林木茂盛，水草丰美，吸引了许多修道者前来。李明真人修道于"郁冈山古炼丹院（即今茅山乾元观），合神丹而升仙"①。现今茅山乾元观内的"炼丹井"，据说就是李明真人炼丹合药取水处。这口"炼丹井"至今仍然水清泉冽、味甘质良，被道观信众视为蕴藏"仙水"的"镇观之宝"。

韩崇，字长委，吴郡毗陵（今江苏常州）人，少好道，遇林屋仙人王玮玄授之以流珠丹一法并语之："子行此道，亦可以出身仕宦，无妨仙举也。"韩崇"崇奉而修之，大有验"，深感其灵妙。汉明帝时韩崇任宛陵令，"行仁以为政，用道以抚民。虎狼深避，蝗不集界"②。韩崇在汝南郡积十四年，政绩卓著，后升为太守，年七十四，王玮玄又授以隐解法，得去入大霍山，成为"三宫五府"中的神仙，后为茅山定录府左理中监。

郎宗，年轻时曾任吴县令，"郎宗者，字仲绥，北海安丘人"。郎宗学精道术，占候风气，能预知灾异。一旦有暴风经窗间，占知京师大火，烧大夏门，遣人往验之，果然如此。诸公闻之，拟征郎宗为博士，但郎宗却以占事就职为耻，"夜解印绶，负笈遁去。居华山下，服胡麻丸得道"。他儿子也传父业之道，形成了一个有着学徒数百人的小道团："子顗，字稚元，传父业，研精，学徒常数百人，顺帝阳嘉二年，征诣阙，上书十一事，拜郎中。"③

汉末时，有钱唐人姚俊来茅山修道。姚俊"受业太学，明经术灾异，晚为交趾太守④，汉末弃世入增城山中学道，遇东郭幼平。幼平秦时人，久隐增城得道者也，教俊行九炼精气、辅星在心之术。修之道成，来洞中兼北河司命，主水官之考罚"⑤。姚俊掌握一些法术，能够通晓灾异产生的原因，曾经做过交趾太守，后来辞官弃世学道，得到东郭幼平传授的"九炼精气、辅星在心之术"，修道有成后，来到华阳洞天兼任"北河司命"一职。

汉桓帝时的徐州县令淳于斟，会稽上虞人，"少好道，明术数，服食胡

---

① 潘一德：《茅山道教简史》，上海科学技术出版社2001年版，第4页。
② ［日］吉川忠夫、麦谷邦夫编：《真诰校注》，朱越利译，中国社会科学出版社2006年版，第386页。
③ 《历世真仙体道通鉴》卷十七，《道藏》第5册，第196页。
④ 《罗浮山志会编》卷四称：姚俊，"至太学受业，明轻术灾异，晚为交趾太守"。
⑤ 《茅山志》卷十三，《道藏》第5册，第611页。

麻、黄精饵。后入吴乌目山中隐居,遇仙人慧车子授以虹景丹经,修行得道,职任洞中"①。淳于斟成为华阳洞天"定录府典柄执法郎"②。

吴郡(今苏州)有山有水,景色秀丽,据《神仙传》记载,早在汉代时,不仅有本地人在此修道,还有不少外邑道士来此活动,刘根、沈羲、王远、梅福、蔡经、麻姑等,他们或遁迹山林,修身养性;或烧炼丹药,为民治病;或积极修道,弘扬仙学。聚集在此的好道求仙者甚众,成为江苏道教较早流行的地方。

在太湖西山炼丹修道的刘根,字君安,本是长安人,后来入嵩山学道,会驱鬼术、变化术,并通过辟谷而有延年术,因冬夏不衣,身上长出长毛,故号"毛公"。时颍川大疫,少室庙掾王珍用刘根所教消灾除疫气之术使"病者即愈,疫气登绝,后常用之,有效"。刘根自谓"昔入山精思,无处不到",后入华阴山,遇神人教长生成仙之道。③ 历史文献中有关刘根生活年代、活动区域的说法不一。刘根成仙故事在魏晋时就传播开了,嵇康作《答难养生论》中就提及刘根修炼辟谷术的事迹:"刘根遐寝不食,或谓偶能忍饥。"到唐代时,刘根已成为诗人乐意歌颂的诗歌题材,如唐诗人高适(约704—765年)《同熊少府题卢主簿茅斋》曰:"江山归谢客,神鬼下刘根。"④ 白居易(772—846年)在苏州做刺史时,特别到西山岛访毛公坛时作诗曰:"毛公坛上片云闲,得道何年去不还。千载鹤翎归碧落,五湖空镇万重山。"还有陆龟蒙(?—881年)做苏州刺史幕僚时,隐居松江甫里(今苏州甪直镇)也作《毛公坛》诗云:"古有韩终道,授之刘先生;身如碧凤凰,羽翼披轻轻。"⑤ 唐德宗贞元初年(785年),相传道士周隐遥自称是甪里先生的孙子,"尝居洞庭苞山,不以昼夜更动息,不以寒暑易纤厚,不食而甚力,虽饮而无漏"⑥。他在此曾得异石一方,上刻有虫篆,据说是毛公镇地符,坛旁还有炼丹井、毛公泉等遗迹,苏州西山岛毛公坛成为刘根

---

① 《茅山志》卷十三,《道藏》第5册,第611页。
② 《茅山志》卷十三,《道藏》第5册,第611页。
③ 邱鹤亭注释:《列仙传今注 神仙传今注》,中国社会科学出版社1996年版,第330—331页。
④ 周振甫主编:《唐诗宋词元曲全集·全唐诗》第4册,黄山书社1999年版,第1516页。
⑤ 周振甫主编:《唐诗宋词元曲全集·全唐诗》第12册,黄山书社1999年版,第4621页。
⑥ 《茅山志》卷十六,《道藏》第5册,第620页。

得道处。宋朝范成大撰《吴郡志》卷九《古迹》，认为西山毛公坛为汉代刘根修仙得道之处，并作诗《毛公坛福地》。名人的欣赏提升了毛公坛的社会知名度。毛公坛旁建有仙坛观，初名洞真宫，"毛公坛福地"成为道教七十二福地中的第四十九福地，为江苏道教的圣地之一。

沈羲则是吴郡人，曾学道于蜀中，希望能学会消灾治病之术以救济百姓。虽然沈羲心中怀有"有功于民，心不忘道"的愿望，但因"不知服食药物"，故"寿命不长"。沈羲的"功德感于天，天神识之"。黄老对他甚为怜惜，故遣三位天上仙官下界迎接，拜为碧落侍郎，让他主持"吴越生死之籍"。三位"羽衣持节"的仙人是侍郎薄延、度世君司马生和使者徐福，他们分别乘坐白鹿、青龙、白虎车，在众多侍从的簇拥下，以白玉版青玉介丹玉字的符书授予沈羲。沈羲因积德而成仙，四百年后，又从天界下降人间，讲述初上天界拜见太上老君时的情形。在沈羲眼中，"老君形体略高一丈，披发垂衣，顶项有光，须臾数变"，赐予他们夫妻俩"服之者不死"的神丹。服药之后，老君遣返沈羲重回人间，而且还"以一符及仙方一首赐羲"[1]，后人多得其方术。从这一则故事可见，沈羲所学之道具有如下特点：第一，以太上老君为教主；第二，徐福作为仙人出现；第三，服食神丹以求长生不死；第四，以符文驱除邪恶，救治百姓疾病，反映了江苏道教是在外来的神仙信仰与江南民间本有的鬼神祭祀、巫风习俗的交融中逐渐兴起的。

《神仙传》卷三还讲述了王远与蔡经的成仙故事。东海人王远，字方平，原是一位博学五经、精通河洛的儒学家，后弃官入山修道。王远修成得道，东汉孝桓帝听说后，几次召之进宫，但他始终不出山。后来王远东往括苍山，路过吴中时，见胥门小民蔡经骨相成仙，故住其家，为之讲道，并将尸解术传授给蔡经。据说，蔡经修道蝉脱去后十几年，突然以少壮容貌回家，并对家人说："七月七日王远要到家里来，多作饮食，好招待他及随从官员。"届时，威仪如大将军的王远果然带着十二队五百士，鼓吹皆乘麟，从天而降。王远到家后，见了蔡经的父母兄弟，然后又请来年轻美貌的仙女麻姑。麻姑说："接侍以来，已见东海三为桑田；向到蓬莱，水又浅于往

---

[1] 邱鹤亭注释：《列仙传今注 神仙传今注》，中国社会科学出版社1996年版，第239页。

昔，会将略半也，岂将复还为陵陆乎？"① 这就是著名的"沧海桑田"的故事。

后来，王远又授与蔡经邻人陈尉"地上主者之职"，临去以王君手书及其符传著小箱中与陈尉，告言："此不能令君度世，止能令君竟本寿，寿自出百岁也。可以消灾治病，病者命未终，及无罪犯者，以符到其家，便愈矣。"② 随后王远、麻姑命驾升天而去。后来，陈尉家世代存留王君手书，直到东晋葛洪在江南搜集道书时仍在。据唐代陆广微《吴地记》记载，在吴县西南有蔡经宅，谓蔡经为后汉人，"有道术，炼大丹，服菖蒲，得仙。今蔡仙乡即其隐处也"③。宋元时期出现的《太平广记》卷七、《云笈七签》卷一百九、《历世真仙体道通鉴》卷五中都收有《王远传》，其内容皆出于《神仙传》，但元代《茅山志》卷十《圣师金阙上宰西极西城总真道君》中却将王远与西城王君的事迹合而为一：

总真大君姓王，讳远，字方平。益州西城山，即西极总真之府，领仙官五千人治其所，茅司命之师也。尝降蔡经家会麻姑。汉安元年壬午，从老君降鹤鸣山，嗳天师张道陵经符千卷。降阳洛山，嗳清虚真人《清虚上经》三十三卷。晋代复降阳洛，嗳道于魏夫人，及嗳杨许三真经法。岁以二日，同茅司命游盼华阳，推校学真男女当为真人者。成都、括苍、昆仑皆为总真仙府。王君总司太平下教二十四真人，是为三洞教主。

这里所说的"总真大君"是汉代王远，其仙道事迹经过上清派信仰的长期洗礼，再与天师道传统相整合而成为"总司太平下教二十四真人，是为三洞教主"。

东汉末期，在江苏活动的神仙方士有些是由那些有才德而隐居的处士转化而来，例如，镇江焦山之名与来此修道的处士焦光有关。焦光，字孝然，魏国河东郡人，学问高深，为人贤德，为避乱跋山涉水来到江左，看到江中

---

① 邱鹤亭注释：《列仙传今注　神仙传今注》，中国社会科学出版社1996年版，第249页。
② 邱鹤亭注释：《列仙传今注　神仙传今注》，中国社会科学出版社1996年版，第250页。
③ （唐）陆广微撰：《吴地记》，江苏古籍出版社1999年版，第43页。

有幽僻小山，就隐居洞中住下来，以樵柴为生，因精通医术，为人治病，受到当地人敬仰。汉灵帝，一说汉献帝时天下大乱，征召隐士，慕焦光之名，三度下诏，派钦差官请他去做官，皆被拒绝，故云"轻龙诏"。焦光不应帝诏，饥不苟食，寒不苟衣，相传在此山修道而活了一百多岁，其所居之洞称为"三诏洞"。后来，宋真宗夜梦一位自称焦光的老人，献上几粒龙虎仙丹。宋真宗醒后，下诏敕封焦光为"灵光真人"，将小山改为焦山，并建有内塑焦公像的焦山祠。道光朝大臣陶澍（1779—1839 年）撰《焦山印心石屋图说》并附图，其中曰："汉处士焦光隐此，上有焦仙岭。西麓有三诏洞，其下有钓鱼台。"① 清代光绪三十年（1904 年）修《焦山续志》中还有"汉处士焦光隐此，因名焦山"之说。

这些神仙方士不仅活动于吴会之地，而且还去了苏中地区。1957 年高邮邵家沟出土有汉代神名木简文物、朱书解除文残陶瓶等文物②，其中一件是篆书阳文的"天帝使者"的火烧封泥；另一件是出土朱书符咒木简：

乙巳日，死者鬼名为天光。天帝神师已知汝名，疾去三千里。汝不即去南山，给□令来食汝。急如律令。③

它们是扬州保留至今最早的有关道教的实物证据。王育成认为："天帝使者"的封泥必是用来封缄同出的朱书符咒木简："也许东汉邵家沟遗址的这些道教遗物，就是道人施用该类法术之'祖'。"④ 可见当时的传道方式与五斗米道、太平道相类似，即以符水咒术来为人治病消灾活动而传播。

神仙信仰也流行于古称海陵的泰州，这里曾是江海淮之水交汇处。相传在冲真坊乐真桥之侧有乐子长旧宅，当地还建有"江海会祠"作为神仙方士观江海胜境的游息之地，反映了神仙信仰在泰州对当地人精神生活的引领。这些在江苏流传的早期神仙信仰中内含着"以行善积德为功、清心节苦志为尚"的道德要求。

---

① （清）陶澍：《陶澍全集》，岳麓书社 2010 年版，第 384 页。
② 刘钊：《江苏高邮邵家沟汉代遗址出土木简神名考释》，《东南文化》2003 年第 1 期。
③ 朱江：《江苏高邮邵家沟汉代遗址的清理》，《考古》1960 年第 10 期。
④ 王育成：《考古所见道教简牍考述》，《考古学报》2003 年第 4 期。

第四节　三茅真君来访的传说

有关三茅真君来访的传说，是与北方氏族的南迁及江南人对神仙生活向往联系在一起的。两汉时，西王母作为掌管生死的女神形象已逐渐脱去原始宗教的外衣，通过自下而上的社会运动，成为这个时期信仰世界中具有至上神品格的一种象征。西王母形象不仅进入汉代墓葬画像艺术中，在苏北一带墓中棺椁或者画像石、画像砖上表现出来，而且还受到"好长生之术"的汉武帝的追捧，"孝武皇帝好长生之术，常祭名山大泽，以求神仙"①。三茅真君的修道故事也随着这位帝王心目中的传道女神，从中原经苏北然后跨过长江，传到江南一带，最后在句容与金坛交界处的句曲山驻足。三茅真君信仰在江苏茅山的兴起，成为江苏道教神仙信仰形成的重要标志，但也有一个不断神圣化的过程。

三茅真君在来到江南时，曾在多地驻足，但最后落脚于句容茅山。茅山原名地肺山②，陶弘景解释曰："其地肥良，故曰膏腴。水至则浮，故曰地肺"③。因山形曲折"状如左书已字之形"，原名句曲山，"山形似已，故以句曲为名焉"④，既有高耸山峰，又有句曲洞天的五个便门与外界相通：

> 今以在南最高者为大茅山。中央有三峰，连岑鼎立，以近后最高者为中茅山。近北一岑孤峰，上有聚石者为小茅山。大茅、中茅间名长阿，东出通延陵、曲阿，西出通句容、湖孰，以为连石、积金山、马岭相带，状如埭形。其中茅、小茅间名小阿，东西出亦如此，有一小马岭相连。自小茅山后去，便有雷平、燕口、方嵎、大横、良常诸山，靡迤相属，垂至破罡渎。自大茅南复有韭山、竹吴山、方山，从此迆障，达

---

① 《汉武帝内传》，《道藏》第 5 册，第 47 页。
② 肺，《正统道藏》本《真诰》原作"胏"，陶弘景注为"水至则浮"，当作"肺"为是。
③ ［日］吉川忠夫、麦谷邦夫编：《真诰校注》，朱越利译，中国社会科学出版社 2006 年版，第 345 页。
④ ［日］吉川忠夫、麦谷邦夫编：《真诰校注》，朱越利译，中国社会科学出版社 2006 年版，第 346 页。

于吴兴诸山,至于罗浮,穷于南海也。①

　　句曲山原为江南丘陵地带一座物态丰富、山形优美的自然之山,故有"洞虚之膏腴,句曲之地肺"之称,后来因茅盈、茅固和茅衷三兄弟来此修道成仙而成为具有"养真之福境,成神之灵墟"、"兵水不能加,灾疠所不犯"的宗教圣地,人们感恩三茅真君的功德,在山巅建观,塑像供祀,将句曲山更名为"三茅山",后简称为"茅山"。

　　江苏省境内其实有两座茅山。一座在长江北岸的兴化、东台与姜堰三市交汇处,叫北茅山;另一座位于长江以南的句容与金坛交界处,称南茅山。生活于清代乾隆年间扬州学派代表人物任大椿（1738—1789年）在《过茅山碑记》中说:"北茅山为三茅真君初炼道之地。"他认为,西汉景帝时期,茅盈、茅固、茅衷三兄弟最初是在北茅山修道,因采药炼丹、济世救人而被尊为三茅真人,故此山又称"三茅山"。后来他们又受请往江南句曲山,这样江苏的茅山才有了南、北之分。

　　在西汉时,三茅传说就在江南一带流传,虽然带来了以西王母为传道女神的西部昆仑神话传统,但直到东晋上清派出现,其在当地的影响并不大。例如,最早讲述茅君成仙事迹的是葛洪《神仙传》。葛洪是丹阳句容人,句曲山是其家乡,但其在《抱朴子内篇》中列举江南修道名山时,却未提及句曲山。《神仙传》原本已佚,其中的《茅君传》现有两个版本:一是《太平广记》卷十三所引《茅君》注明出《神仙传》,但其中只称茅君,未明指是茅盈,也未提及句曲山,据说其较为接近原本②;二是《四库全书》本《神仙传·茅君》,明言茅盈"治于句曲山"③,还讲述了茅固、茅衷在句曲山活动的情况,可能是受李遵《太元真人东乡司命茅君内传》的影响而改写的,故有上清派的叙事特点。不同版本的《茅君传》反映了有关三茅传说在句曲山向茅山过渡中逐渐被神圣化为三茅真君。

　　据《神仙传》记载,汉景帝四年（前153年）,陕西咸阳南关人茅盈,

---

① ［日］吉川忠夫、麦谷邦夫编:《真诰校注》,朱越利译,中国社会科学出版社2006年版,第347页。
② 《太平广记》卷十三《茅君》,中华书局1961年版,第87—88页。
③ 吴玉贵、华飞主编:《四库全书精品文存》第30册,团结出版社1997年版,第525页。

字叔申，其高祖茅濛于秦始皇时学道于华山而得道升天。受家庭文化的影响，茅盈饱学不仕，喜爱采药炼丹，探寻修真养性之道。《神仙传》只说"茅君十八岁入恒山学道，积二十年，道成而归"①，但后来《茅山志》卷五《三神纪》对"茅君真胄"即三茅君的家族史作了神话般记述，奉为上清传法世系之始。

三茅君的高祖茅濛，因逆睹周室将衰，不求进于诸侯，乃师鬼谷先生，学道于华山，后乘龙白日升天。其曾祖茅偃、祖茅嘉却从政为官。其父茅祚，"不仕不学，志慕农桑，生三子，长即大司命君也，次子讳固，字季伟，第三子讳衷，字思和"②。《茅山志》中的《三神纪》就将茅盈的学道经历分为三个阶段：

第一阶段是茅盈入恒山学习修道之术的阶段。茅盈"年十八，弃家辞亲，入恒山中，读《道德经》《周易传》，采术服饵，潜景绝崖，积六年。精思诚感"，梦见太玄玉女向他推荐老师："西城有王君，得真道，可为师。君子奚不往寻而受教乎？"这是茅盈日思神仙，潜心修道的阶段。

第二个阶段是茅盈在梦中得太玄玉女指引，拜西城王君为师学道的阶段。茅盈"明晨觉悟，径造西城，心斋三月，沐浴向新，卒见王君驾神虎之軿，控辔神岭，翱翔绣岩"。王君是活动于西城的道教神仙，又称西城真人、太极真人王总真、西极总真君等。茅盈于是投躯越阻，归命道真，"执巾履之役者十七年。王君见君谨密，稍使主领衣书图录复三年"。

第三个阶段是茅盈与王君同诣西王母于青琳宫得修道术的阶段。西王母说："吾昔师元始天王扶桑大帝君遗我要言，所谓玉佩金珰之道、太极玄真之经，实天人之殊珍，上帝之奇秘。汝今日愿闻之耶？"言毕，敕王君解释玄真之经，自敷玉佩金珰之文。复向说："元始天王大帝君言，是太霄二景隐书，又有阴阳二景内真符，与本文相随。"在听聆西王母讲道后，茅盈与王君返还西城，"依承真诀，按而行之。三年，目有神光，面生玉泽。王君赐九转还丹一剂、神方一首，立坛结誓，不许宣泄，乃使君归"③。西王母也成为茅盈的修道之师。

---

① 邱鹤亭注释：《列仙传今注 神仙传今注》，中国社会科学出版社1996年版，第276页。
② 《茅山志》卷五，《道藏》第5册，第576页。
③ 《茅山志》卷五，《道藏》第5册，第576—581页。

与《神仙传》记载相似，《茅山志》讲述了茅盈四十九岁时辞师归乡省亲，父亲对他离家学道的做法并不理解，怒而操杖击之，但茅盈却通过展示起死回生术，以医术使数十人复活而得到父亲认可。十多年后，茅盈的父母寿考而终。茅盈居丧尽礼，停家凡五十三年，直到汉元帝初元五年（前44年），102岁的茅盈才过江来到句曲山华阳洞，"内游洞宫，推拔真仙，外立茅舍于山之北，即今下泊宫"，在当地传道后影响深远，故"吴越之境竞为臣仆，邦人因改名此山为茅君山"。其二弟茅固、三弟茅衷当时都在朝为官，听到兄长在江东修道事迹，"闻兄白日神仙，著于民口，始信仙化可学，神灵可致"，于是各弃官还家，元帝永光五年（前39年）过江寻兄，也来到茅山。

与《神仙传》记载不同，《茅山志》更细致地讲述了三茅兄弟在句曲山修道的事迹。茅盈住句曲山四十三年，145岁时于汉哀帝元寿二年（前1年）八月十八日升仙时，南岳赤真人、西城王君、龟山王母、方诸青君同造君于山中。天皇太帝、太微天帝君、太上大道君派使者送上神玺玉章、八龙锦舆、紫羽华衣、金虎真符、流金之铃等。当使者宣布茅盈从今日起"位为司命上真东岳卿君，都统吴越之神灵，总帅江左之山元"时，五帝君各乘方面色车，从官来下，衔太帝之命，授君九锡册文。茅盈伏受书署后，灵官上真五帝各去。唯师王君、西王母留后，为君大设天厨。宴会结束后，西王母又带着女仙们诣茅固、茅衷二君之宫，"夫人愍二君之向真，惟灵妙之未启，乃敕侍女宋辟非[①]出《三元流珠》《丹景道精》《隐地八术》《太极录景》，凡四经，以传于二君。"并通过上元夫人向王母请教的方式讲解了四经的内容及返老还少之术。宴集受事完成后，西王母、上元夫人各去，唯王君复留。茅盈在与二弟诀别后，与王君共赴赤城玉洞之府。

从有关三茅真君的文献记载和民间传说来看，有两点值得注意：一是茅山道教的源头之一是来自汉文化中的神仙形象；二是茅盈之所以"径之"江南，选择句曲山驻足，又与此地长期流传的神仙信仰相关。

西汉时，上至帝王将相，下至平民百姓将来自昆仑神话中的西王母奉为掌管生死的女神。汉武帝"崇拜太一是与昆仑登天的信仰紧密联系在一起

[①]《墉城集仙录》卷二《上元夫人》写作"宋辟妃"。

的，目的在登天成仙"①。后来西王母也从《山海经》中只有三青鸟为使者，演变为《汉武帝内传》②中侍女成群，再成为昆仑登天的象征性符号，汉武帝"既见王母及上元夫人，乃信天下有神仙之事"③。在这场全民求仙活动中，民间献祥瑞之风大兴，引发人们对西王母的崇拜。西王母形象经常出现在陕西、四川、河南、山东、江苏北部出土的墓葬中的棺椁、壁画、画像石或画像砖上。"这一地区实际是我国汉代画像石最集中的地区。"④ 这些墓葬分布似乎呈现昆仑神话由西向东传入江苏的趋势。小南一郎在考察保留至今的各种汉画像中的西王母形象后认为："西王母的最为古老的画像，是前汉末到后汉初期的产物。"⑤ 西王母的艺术形象也出现于江苏地区的汉代墓葬中，反映了昆仑神话向东部传播时与蓬莱仙话相交汇而出现了一些新特点：

第一，西王母坐像经常被安置在蓬莱仙山上。徐州出土的汉画像石中所刻画的西王母作为一位掌管生命的女神，经常会坐在蓬莱仙话的主题"三神山"之中央，左右各有小羽人，座下有似龟的动物支撑着整个神山。从徐州市铜山区茅村北洞山的《西王母玉山图》、睢宁县张圩的《西王母施药图》、徐州栖山汉墓石棺内壁的《拜见西王母图》等⑥中还可见，西王母从掌管不死之药的女仙向掌管长生成仙的女神转化。这时的西王母犹如帝王般地坐在龙虎座上，旁边有三足乌、九尾狐、玉兔、金蟾等带有灵性的动物作为使者相伴左右。

第二，汉代画像石中龙虎画像以天地方位来表示着阴与阳，既有辟邪的作用，更以阴阳交替来说明生死轮回——人死后进入阴间，通过升仙而获得新生。徐州汉代的一些墓葬石棺上不仅绘有西王母以龙虎为座来展现对旺盛生命力的追求，还有西王母盘足坐在以蛇尾相交结的伏羲女娲之上以喻示生命的起源⑦，这种龙虎画像后成为道教阴阳修炼的象征符号之一，以龙虎为

---

① 王煜：《昆仑、天门、西王母与天帝——试论汉代的"西方信仰"》，《文史哲》2020年第4期。
② 《汉武帝内传》是讲述汉武帝学神仙的道教神话小说，其作者与出版年代不详，但《四库全书总目》认为，当为魏晋间士人所作。
③ 《汉武帝内传》，《道藏》第5册，第56页。
④ 王建中：《汉代画像石通论》，紫禁城出版社2001年版，第47页。
⑤ [日]小南一郎：《中国的神话传说与古小说》，中华书局1993年版，第98页。
⑥ 参见张道一、徐飚《徐州画像石》，江苏人民出版社2014年版，第155—161页。
⑦ 朱存明：《汉画之美：汉画像与中国传统审美观念研究》，商务印书馆2011年版，第335页。

喻在道教内丹修炼中发展出一套系统化的仙学思想与修道实践。

第三，汉画像石上有时还以人对神的崇拜场景来展现西王母的"仙界生活"。1972年出土的江苏沛县栖山一号墓是西汉晚期的夫妻合葬墓，其中一号石椁墓西壁画像是男墓主在人间的生活，其东壁画像则是描绘诸神朝拜西王母的场景[1]，这里的西王母是单一无偶的独尊形象。近年来，虽然也有人提出"一号石椁墓中椁东壁外侧画像中的女子不是西王母，而是女墓主"[2]，但大多数人仍根据"西王母图象的主要标志是戴胜、玉兔（捣药）、蟾蜍、三足乌和九尾狐等。这些均为西王母图象系统中比较普遍和相对稳定的附属物像"，而判定其为西王母："这种男墓主与西王母相对应的构图形式彰显了汉代人对西王母的膜拜和对仙境的渴求心理。"[3]

第四，造出了一位代表东方的男神东王公与西王母相配。从山东、江苏汉画像石中可见，在东王公出现之前与西王母相匹配的神祇尚处变化状态中，有人通过对山东、江苏等地汉画像石的研究，认为在"风伯——西王母""东王公——西王母"这两种东西神祇组合模式之前，至少在鲁南地区曾经出现另一种更早的过渡模式"子路——西王母"。[4]山东微山县文物管理所收藏的汉画像石上，就将孔子的弟子子路作为与西王母相对的东方男神来塑造[5]，"子路与西王母是西汉后绘壁画中先于风伯、东王公同西王母的组合"[6]。问题是，西王母信仰在儒家文化流行区中出现的这一新内容为何犹如昙花一现，在历史上产生影响的却是江南道教神谱中的"东王公—西王母"这个组合？葛洪在《枕中书》中不仅尊元始天王为西王母授道之师，而且称元始天王与太元圣母"生扶桑大帝东王公，号曰元阳父；又生九光玄女，号曰太真西王母"[7]。将居于昆仑瑶池的西王母与居于蓬莱仙岛东王公相配，他们分别掌管着天上天下阴阳三界内外十方男女修仙者，后演化为

---

[1] 徐州市博物馆、沛县文化馆：《江苏沛县栖山汉画像石墓清理简报》，《考古学集刊》第2集，中国社会科学出版社1982年版。
[2] 刘辉：《沛县栖山石椁墓中的"西王母"画像管见》，《四川文物》2010年第1期。
[3] 石红艳、牛天伟：《关于西王母与女墓主形象的辨识问题》，《四川文物》2011年第5期。
[4] 姜生、种法义：《汉画像石所见的子路与西王母组合模式》，《考古》2014年第2期。
[5] 微山县文物管理所：《山东微山县出土的汉画像石》，《文物》2000年第10期。
[6] 姜生、种法义：《汉画像石所见的子路与西王母组合模式》，《考古》2014年第2期。
[7] 《元始上真众仙记》，《道藏》第3册，第269页。

上清派仙真世界的主题之一。

随着三茅君的南迁并在茅山定居，向三茅君传教的西王母在江南道教语境中也脱去昆仑神话人物的外衣，逐渐具有了道教神灵的品质并在上清派神谱中得到进一步强化。"三茅真君"神话故事的核心是西王母等众真通过向三茅传授道书灵诀，引导凡人通过学道而成仙，这不仅为茅山上出现以三茅真君崇拜为核心的茅君派提供了神圣依据，也使茅山成为江南神仙信仰的传播地而吸引着一代代求仙者前来修道。

《茅山志》还记载了一些外来修道者带着各自的神仙信仰在茅山活动所营造出的仙道文化。依魏斌的分析，这些"神仙侨民"南渡的原因主要有两个："其一是流民将所崇奉的神仙带到了江南新居地；其二是神仙知识的传承者和制造者——道士们——的南渡。前一种情况相关记载较少，暂且不论；后一种情况在《抱朴子内篇》《真诰》等文献中均有不少记载。根据这些记载来看，道士群体的南渡，集中在东汉末年和永嘉之乱两个时期。"[①]"神仙侨民"的南渡为上清派在茅山的创立提供了人才。

在《太元真人东岳上卿司命真君传》中，大茅君从咸阳渡江至茅山，俨然成为江南神仙世界的新成员，并用其特异道术佑护着乡里之人："君遂径之江南，治于句曲山，山有洞室，神仙所居，君治之焉。山下之人，为立庙而奉事之。君尝在帐中与人言语，其出入或导引人马，或化为白鹄。人有疾病祈之者，煮鸡子十枚以内帐中，须臾一一掷还，鸡子如旧，归家剖而视之，内无黄者，病人当愈；中有土者，不愈，以此为候焉，鸡子本无开处也。庙中常有天乐异香，奇云瑞气，君或来时，音乐导从，自天而下，或终日乃去。远近居人，赖君之德，无水旱疾疠、蝥蝗之灾，山无刺草毒木及虎狼之厉，时人因呼此山为茅山焉。"[②] 这位大茅君受到当地百姓的热爱，句曲山因此被称为茅山。

后来二弟也过江寻兄相继来到江南。三茅君来到茅山后陆续升仙。汉哀帝元寿二年（前1年），大茅君受太帝之命为司命东卿上真君，有"贾玄道、李叔升、言城生、傅道流，并受司命君之要"，继续在茅山活动。大茅君在离开茅山时约定每年三月十八日、十二月二日要定期来访茅山。中茅

---

① 魏斌：《句容茅山的兴起与南朝社会》，《历史研究》2014年第3期。
② 《云笈七签》卷一百四《太元真人东岳上卿司命真君传》，《道藏》第22册，第710页。

君、小茅君留居茅山，分别为定录真君和保命仙君："二君留治此山，洞内立宫，结构于外，将道著万物，流润苍生，德加鸟兽，各获其情，神验祸福，罪恶必明。内法既融，外教坦平。尔乃风雨以时，五禾熟成，疾疠不起，暴害不行，境无灾眚，邑无贼兵。"① 他们也以自己特殊的显灵降福的佑护能力将茅山治理成人间天堂，成为当地人崇拜的地仙。

据历史记载，当地父老为感谢三茅真君的恩泽，人们不仅"遂乃相率，扶老携幼，挈粮壶浆，共起坛积基，立庙观于山中"，而且还把三茅乘坐白鹄②来到句曲山的三个南北走向的山峰称作大茅峰、中茅峰和小茅峰：

时父老谣歌曰："茅山连金陵，江湖据下流。三神乘白鹄，各治一山头。召雨灌早稻，陆田亦复柔。妻子咸保室，使我百无忧。白鹄翔青天，何时复来游？"三君往曾各乘白鹄集山之三处，时人互有见者，是以发于歌咏矣。乃复因鹄集之处，分句曲之山为大茅君、中茅君、小茅君三山焉。③

三茅君被尊为茅山道教的开山祖师，后来的上清派也尊为祖师，传授三茅君修道之法。据出于南北朝的《元始上真众仙记》中曰："三茅为保命定录司非监，在华阳洞府治北居，栖憩包山有数千，小山亦不减百，皆是神山。今略证仙人之数，足以令子心坚仰慕矣。"④ 北宋时，帝王还多次以形容德行之词来加封三茅真君以示尊崇，茅山道教午朝科仪中也出现了《进三茅表》，"这是茅山上清宗坛有别于其他道派科仪之特点"⑤。民国时多次刊印《三茅帝君宝忏》，直到今天，茅山道教在进行斋醮科仪时，还会诵念《三茅帝君宝忏》，上《进三茅表》⑥，行《九天三茅司命仙灯仪》，"虔诚点

---

① 以上引文来自《茅山志》卷五，《道藏》第5册，第580—581页。
② "白鹄者，是服九转还丹，使能分形之变化也，亦可化作数十白鹄，或可乘之以飞行，而本形故在所止也。"(《茅山志》卷五，《道藏》第5册，第581页)。
③ 《茅山志》卷五，《道藏》第5册，第581页。
④ 《元始上真众仙记》，《道藏》第3册，第271页。
⑤ 杨世华、潘一德编：《茅山道教志》，华中师范大学出版社2007年版，第128页。
⑥ 有关《进三茅表》的演仪程序，参见胡军《茅山道乐研究》，宗教文化出版社2002年版，第75—76页。

照九天三茅司命真君瑞像仙灯。明续三真，光齐二景。道紫阳之妙气，符绛府之冲和。伏愿吐露瑞花，肇嘉祥于此日；圆成道果，膺福寿于今生"①。茅山后来成为上清派的祖庭，以信奉"茅君仙真之灵佑"为特点的文化风格一直延续到今天。

虽然，有关三茅真君的传奇在汉代就显扬于世而得到皇帝的推崇和周边百姓的信仰："明帝永平二年，诏敕郡县，修灵山大泽能兴云雨有益百姓者庙，如陈国老子庙、会稽夏禹庙、丹阳句曲茅真人之庙，长沙湘水黄陵二妃、屈原之庙，有是此之比者，皆德遗黎民，道匠万物。或标圣母之高轨，或范圣贤之灵迹。"②但据陶弘景在《真诰》中记载许谧言，其十余岁时正值两晋之际，在茅山只听老人中传说"故昔有仙人""中仙君一人字"，而未听说有茅氏三兄弟：

> 昔年十余岁时，述虚闲耆宿有见语，茅山上故昔有仙人，乃有市处，早已徙去。后见包公问动静，此君见答："今故在此山非为徙去。此山洞庭之西门，通太湖苞山中，所以仙人在中住也。"唯说中仙君一人字，不言有兄弟三人，不分别长少，不道司命君尊远别治东宫。未见传记，乃知高卑有差降，班次有等级耳，辄敬承诲命，于此而改。③

当然这仅是陶弘景所记载的许谧一人之词，但也反映了有关三茅君修道的神话故事是在南北文化互动中不断累加而成的。如魏斌曾结合着北来江南移民的精神需求而认为："三茅君之所以能得到茅山周边'道俗'的隆重崇拜，一方面得益于其佑护新乡土的'土著化的神仙侨民'身份；另一方面，他们主管着学道者的升仙之路和民众生死问题，这正是南朝'道俗'最关心的问题。"④

梁普通三年（522年），建康崇虚馆主身份兼领道士正，统领道教事务

---

① 《道藏》第3册，第573页。
② 《茅山志》卷五，《道藏》第5册，第580页。
③ [日]吉川忠夫、麦谷邦夫编：《真诰校注》，朱越利译，中国社会科学出版社2006年版，第373页。
④ 魏斌：《"山中"的六朝史》，生活·读书·新知三联书店2019年版，第133—134页。

的三洞弟子吴郡张绎立《九锡真人三茅君碑》："欣圣迹之预闻，慨真颜之不睹，念至德之日道，惧传芳之消歇，故敬携同志，谨镌传录。"[1] 以"茅山道士孙文韬书，袁道与刻字"来讲述三茅君来茅山修道的事迹。从这通碑阴及碑侧刻有一百多位"齐梁诸馆高道姓名"[2] 看，这一立三茅君碑之举成为当时江南道教界集体参与的活动，通过这种立碑纪念的方式来固化记忆，以期三茅君事迹能够在茅山久远流传。

据文献记载，茅盈、茅固、茅衷三兄弟不仅在茅山修道养生，而且还曾到周边地区活动。三茅君句曲升天后，显化于吴中最高峰穹窿山（今江苏苏州），因救死扶伤，积善累德，故"穹窿山为三茅君福地"[3]，山中也有大茅峰、中茅峰、小茅峰，是"三茅真君之玄宫在焉"，受到江南地区包括苏州、无锡、常州、茅山一带人们的爱戴。当地百姓立庙敬拜三茅真君，把风调雨顺、庄稼丰收、生活安乐都归功于三茅真君的护佑。

我们在调查江苏民间有关三茅真君传说时发现，可能是三茅君来到江南后曾在多地驻足，江苏各地的茅君宫观有几十处，如镇江润州道院、大港华阳观、丹徒横山三茅宫、常州小茅山、扬州三茅宫、溧水三茅宫、苏州吴江茅山堂等，有的保留下来，有的只保留了地名，有的只有传说。苏州东渚镇有一个茅山村，建小茅山道院将三茅真君作为东渚的守护神。当地民众中流传着"先有小茅山（道院），后有（穹窿）上真观"的说法。每逢道教诸神诞日或打醮之际，信徒烧香船只挤满河浜，延绵数里，夜间俯视犹如火龙，这就是山下火龙浜村名由此而来的原因。小茅山道院作为上真观的下院，据《吴郡西山访古记》载"下院设有真君殿（供奉三茅真君），有康熙二十六年（1687年）朱珩海造炉一，俞君玉造炉一，康熙甲午（1714年）朱云仲造钟一"[4]。民国三十五年（1946年）小茅山道院被烧毁。2000年，小茅山道院在原址东南麓规划重建。2002年建成后的小茅山道院重新开放。

上真观位于有着"吴中第一峰"之称的穹窿山三茅峰顶，背靠小王山，面向苏州城，东邻灵岩山，南接香山。"山有三茅峰，为真君显化之所，因

---

[1] 《茅山志》卷二十一，《道藏》第5册，第630页。
[2] 《茅山志》卷二十《录金石》，《道藏》第5册，第630—632页。
[3] 《穹窿山志序》，《藏外道书》第33册，巴蜀书社1994年版（本书《藏外道书》皆引自巴蜀书社1994年版，以下出版信息省略），第431页。
[4] 江苏省浒墅关经济开发区编：《阳山文萃》，古吴轩出版社2007年版，第251页。

有上真观以祀焉。"相传三茅真君上山采药，制成丸散膏药丹方，为民治病，"昔三茅真君，童真入道，其源本于黄帝、老子，以清静无为为宗，以虚明应物为用，以慈俭不争为行。句曲升天，穹窿显化，盖千余年未有继者"[①]。据《穹窿山志》记载："苏州府吴县穹窿山秀甲三吴，蔚为名胜。旧建上真观奉祀三茅真君，香火历有年代。"[②] 三吴指江浙的吴郡、吴兴、会稽。另外，无锡惠山上有头茅峰、二茅峰和三茅峰，相传有茅氏三兄弟在此建有三座道观。

南京也曾有三茅宫，始建于东汉，又称三茅冲虚庵，以纪念三茅真君，其位于今天王府大街附近的三茅巷。王府大街作为20世纪90年代新开道路，由铁管巷（北段）、三茅宫（中段）和王府巷（南段）组合而成。与三茅宫垂直的还有一条小巷叫冶山道院，传说是吴王夫差铸造兵器的地方，著名的南京朝天宫就在冶山道院附近。另外，东汉明帝永平二年（59年），南京东郊的栖霞山建有三茅真君庙或三茅宫、秣陵建有仙鹤观。三茅真君就是当地保护神，能够帮助人们消灾解难、逢凶化吉、为人治病、有求必应。当地百姓还把三茅真君作为赏善罚恶、赏识孝子、提携诚信修道之人的神灵。人们在享受三茅真君保佑的同时，也在道德行为上受到无形的监督。这种三茅真君信仰一直在江苏百姓的心中延续下来，成为江苏道教的一种鲜明的文化特征。

第五节　《参同契》与江南金丹道

东汉末年，刚刚兴起的五斗米道与太平道以召神劾鬼、符箓禁咒为人治病作为传教手段，在社会上风起云涌，后人称为"符箓派"，而另外一些事奉黄老道的方士们却活动于江浙一带的山林之中从事养生理论与实践的探索，其中最有影响的就是以魏伯阳为代表的"金丹道"，后人又称"丹鼎派"。魏伯阳，作为东汉炼丹理论家，正史无传，葛洪《神仙传》为之列

---

① （清）宋实颖撰：《穹窿山上真观记》，载王稼句编选《苏州山水名胜历代文钞》，生活·读书·新知三联书店2010年版，第278页。

② 故宫博物院编：《穹窿山志、齐云山志》，海南出版社2001年版，第4页。

传："魏伯阳者，吴人也。本高门之子，而性好道术，不肯仕宦，闲居养性。"① 据说，魏伯阳曾带着徒弟在吴越山林中炼丹，还曾在阳羡山（今宜兴境内）活动，最后丹成而仙。魏伯阳是东汉著名炼丹家，外号云牙子，练长生不老之道，撰《周易参同契》会归"大易""黄老"和"炉火"三家之理，托易象而论炼丹的原理和方法，将积淀在古人潜意识中的"长生久活"的意念物质化、技艺化和哲理化，成为道教最早的系统论述炼丹的经典，被后世奉为"万古丹经王"，在道教中影响甚远。

由于《周易参同契》未署作者名，其作者究竟是谁，从该书问世一直存在争议，有的说是魏伯阳，"汉魏伯阳仿《易》撰《参同契》，本《古文龙虎经》而充越之，以是丹道倡明"②，有的说"魏传徐，又传淳于"，即作者有三人：魏伯阳不知师授谁氏，得《古文龙虎经》，尽获妙旨，乃约《周易》撰《参同契》三篇，后又复作《补塞遗脱》一篇。魏伯阳将《周易参同契》密示青州徐从事，徐隐名而注之。至东汉孝、桓帝时，魏伯阳又复传授与同郡淳于叔通，《参同契》遂行于世。③ 这就给后人留下了讨论的余地。其中两种观点较有影响，且都与江苏道教有关：

一是魏伯阳说。东晋道士葛洪在《神仙传》中说"伯阳作《参同契》、《五相类》，凡三卷，其说似解《周易》，其实假爻象，以论作丹之意"④，认为东汉魏伯阳是《参同契》的作者。然而由于魏伯阳正史无传，其修道事迹主要见于《神仙传》，后《云笈七签》卷一百九《魏伯阳》也依此之说。《神仙传》虽明确提出《周易参同契》为汉代魏伯阳所作，但葛洪《抱朴子内篇·遐览》未收入此书名，只列有《魏伯阳内经》，使《神仙传》与《抱朴子》出现差异，且《神仙传》不同版本之间，字句有所不同，疑非葛洪所作原本。

二是三作者之说。生活于唐玄宗时的绵州昌明县令刘知古著《日月玄枢篇》一方面引葛洪之说，认为魏伯阳作《参同契》《五相类》凡二篇；另一方面，又提出"玄光先生"关于《参同契》是徐从事、魏伯阳、淳于叔

---

① 邱鹤亭注释：《列仙传今注　神仙传今注》，中国社会科学出版社1996年版，第235页。
② 《岘泉集》卷二，《道藏》第33册，第185页。
③ （后蜀）彭晓撰：《周易参同契分章通真义》序，《道藏》第20册，第131页。
④ 邱鹤亭注释：《列仙传今注　神仙传今注》，中国社会科学出版社1996年版，第236页。

通三人所作：

> 抱朴子曰："魏伯阳作《参同契》《五相类》凡二篇，假大易之爻象，以论修丹之旨。"玄光先生曰："徐从事拟龙虎天文而作《参同契》上篇，以传魏君，魏君为作中篇，传于淳于叔通，叔通为制下篇，以表三才之道。《参同契》者，参考三才，取其符契者也。"①

一些注家也持三作者之说的观点，如原题长生阴真人注《周易参同契》三卷《序》言：

> 盖闻《参同契》者，昔是《古龙虎上经》，本出徐真人；徐真人青州从事，北海人也。后因越上虞人魏伯阳造《五相类》以解前篇，遂改为《参同契》。更有淳于叔通，补续其类，取象三才，乃为三卷。叔通亲事徐君，习此经，夜寝不寐，仰观乾象而定阴阳，则以乾坤设其爻位，卦配日月，托《易》象焉。②

秦朝统一后，于吴越之地置会稽郡，今苏州作为其郡治："抑或伯阳本是吴人，后修道于会稽上虞县。"③ 若依此说，与《周易参同契》相关者有三人，即北海徐真人、越上虞人魏伯阳、淳于叔通。《周易参同契》的演变，先有徐真人的《古龙虎上经》；魏伯阳解《龙虎上经》而造《五相类》，因其所解与《古龙虎上经》旨意相合，故而改称《古龙虎上经》为《参同契》；然后，淳于叔通法天、地、人三才，补续其类，托《易》象，乃有《参同契》三卷。值得注意的是，此三位都与江苏有关，对此南朝道士陶弘景在《真诰》卷十二中也有说明：

> 定录府有典柄执法郎，是淳于斟，字叔显，主试有道者。斟，会稽上虞人，汉桓帝时作徐州县令。灵帝时，大将军辟掾，少好道，明术

---

① 《道枢》卷二十六《日月玄枢篇》，《道藏》第 20 册，第 736 页。
② 《道藏》第 20 册，第 63 页。
③ 赵亮、张凤林、负信常：《苏州道教史略》，华文出版社 1994 年版，第 10 页。

数，服食胡麻黄精饵，后入吴乌目山隐居，遇仙人慧车子，授以《虹景丹经》，修行得道，今在洞中为典柄执法郎。①

陶弘景特别指出："吴无乌目山，娄及吴兴并有天目山，或即是也。"陶弘景有关徐从事、淳于叔通身份的说明，有助于我们了解《周易参同契》出现的年代及其在江浙一带的传播。陶弘景还自注云：

《易参同契》云："桓帝时，上虞淳于叔通受术于青州徐从事，仰观乾象以处灾异，数有效验。以知术故，郡举方正，迁洛阳市长。"②

此以淳于斟与淳于叔通为一人，并提及淳于叔通受术于青州徐从事，叔通与叔显其字不同，可能为传写之误。如五代彭晓在《周易参同契分章通真义序》中说：

按《神仙传》，真人魏伯阳者，会稽上虞人也。世袭簪裾，唯公不仕，修真潜默，养志虚无，博赡文词，通诸纬候，恬淡守素，唯道是从，每视轩裳，如糠粃焉。不知师授谁氏，得《古文龙虎经》，尽获妙旨，乃约《周易》撰《参同契》三篇。又云未尽纤微，复作《补塞遗脱》一篇，继演丹经之玄奥。所述多以寓言借事，隐显异文，密示青州徐从事，徐乃隐名而注之。至后汉孝、桓帝时，公复传授与同郡淳于叔通，遂行于世。③

彭晓《序》中提出，魏伯阳有得于《古文龙虎经》之妙旨，乃根据《周易》撰《参同契》三篇；又觉得细微之处还有未说清楚的地方，故复作《补塞遗脱》一篇，如此则成四篇。彭晓认为，魏伯阳所述《周易参同契》虽有其所祖之《古文龙虎经》，但《参同契》四篇皆为魏所作，徐从事、淳

---

① [日]吉川忠夫、麦谷邦夫编：《真诰校注》，朱越利译，中国社会科学出版社2006年版，第388页。

② [日]吉川忠夫、麦谷邦夫编：《真诰校注》，朱越利译，中国社会科学出版社2006年版，第388页。

③ （后蜀）彭晓撰：《周易参同契分章通真义》序，《道藏》第20册，第131页。

于叔通则为《周易参同契》的注解或传经者，因此，他不同意《周易参同契》有"三作者"之说：

> 晓按：诸道书或以《真契》三篇，是魏公与徐从事、淳于叔通三人各述一篇，斯言甚误！且公于此再述《五相类》一篇，云"今更撰录《补塞遗脱》"，则公一人所撰明矣。况唐蜀有真人刘知古者，因述《日月玄枢论》进于玄宗，亦备言之。则从事笺注，淳于传授之说，更复奚疑。①

彭晓从文意上认定《周易参同契》与《补塞遗脱》《五相类》为同一作者。《全唐文》收录刘知古此文，名《日月玄枢论》，其观点与彭晓相似，同意《周易参同契》为魏伯阳作者之说。朱熹也基本认同《周易参同契》为汉代魏伯阳所作："右《周易参同契》，魏伯阳所作；魏君，后汉人。篇题盖放纬书之目，词韵皆古，奥雅难通。"②

综上所述，与《周易参同契》密切相关的魏伯阳、徐从事、淳于叔通等人主要生活在东汉桓帝、灵帝统治时期，当时黄老学与金丹道也在江南地区流行，魏伯阳曾于吴地山林中进行烧炼丹药的活动，汇黄老、炉火与大易为一的《周易参同契》的主体部分大致完成于此时此地。

若追根溯源，道教易学的源头就在《周易参同契》。东晋道士葛洪在《抱朴子内篇》中干脆将《周易参同契》称为《魏伯阳内经》，"'内经'大概是道经的意思。道士将道经尊为内，将非道教的经典非斥为外"③。《周易参同契》三卷今存于《道藏》太玄部，全书六千余字，分上中下三篇，基本上为四字、五字一句的韵文及少数长短不一的散文体和离骚体，表现出汉代文体之特色。作为道教最早的系统论述炼丹的经典，《周易参同契》既承伏羲、周文王和孔子三代圣人之传统，又以易道来探天地之奥秘、丹道之深意："若夫至圣，不过伏羲，始画八卦，效法天地。文王帝之宗，结体演爻辞。夫子庶圣雄，十翼以辅之。三君天所挺，迭兴更御时。优劣有步骤，功

---

① （后蜀）彭晓撰：《周易参同契分章通真义》，《道藏》第20册，第155页。
② （宋）朱熹撰：《周易参同契考异》，《朱子全书》第13册，第565页。
③ 朱越利：《〈周易参同契〉的黄老养性术》，《宗教学研究》2004年第4期。

德不相殊。"① 据此,《周易参同契》最重要的特色是会归"大易""黄老"和"炉火"三家之理,托易道言黄老说炼丹:"大易情性,各如其度;黄老用究,较而可御;炉火之事,真有所据。三道由一,俱出径路。"在江苏社会中产生了深远的影响。

宋末元初,隐居于苏州林屋山自号"石涧道人"的俞琰(1253—1316年)在注释《周易参同契》时说:"参,三也;同,相也;契,类也。谓此书借大易以言黄老之学,而又与炉火之事相类,三者之阴阳造化殆无异也。"② 成为在江浙一带活动的南宗所奉行的经典,如元代文人袁桷(1266—1327年)言:"东南师魏伯阳,其传以不死为宗,本于黄帝韬精炼形,御六气以游夫万物之表。其寿命益长者谓之仙,而所传确有派系。"③

若仔细研究,易道在《周易参同契》各篇章中却有不同的表现,清人董德宁就指出《参同契》"三篇之作,总叙大易、内养、炉火之三道,是以上篇言易道为多,而次之以内养,其炉火则间及之;中篇则内养为多,而易道次之,炉火则又次之;下篇乃炉火为多,而内养为次,易道更为次也。此三篇之中,其三道之详简有不同也如此"④。《周易参同契》三卷的内容虽各有侧重,但通过会三归一,以乾坤为鼎器,以阴阳为堤防,以水火为化机,以五行为辅助,以玄精为丹基来阐明炼丹的道理与方法,则将积淀在古人潜意识中的"长生久活"的意念物质化、技艺化和哲理化,由此而被后世奉为"万古丹经王""万古丹经之祖",在道教中产生了深远的影响。⑤

《周易参同契》还将月体纳甲与十二辟卦作为炼丹采药及火候取象的参照。《周易参同契》的月体纳甲为:乾坤纳甲乙,位于东方;艮兑纳丙丁,位于南方;震巽纳庚辛,位于西方;又离为日,坎为月。日月周行于六合之中,往来浮沉,升降上下,无方位而居中央,故坎属阳卦而纳戊,离属阴卦而纳己。《周易参同契》以八卦来模拟月体在宇宙运行过程中一月之内所

---

① (后蜀)彭晓撰:《周易参同契分章通真义》,《道藏》第20册,第77页。
② (宋)俞琰述:《周易参同契发挥》,《道藏》第20册,第259页。
③ (元)袁桷:《野月观记》,陈垣编纂,陈智超、曾庆瑛校补:《道家金石略》,文献出版社1988年版,第1158页。
④ (清)董德宁注:《周易参同契正义》,丁福保编辑:《道藏精华录》第3册,北京图书馆出版社2005年版,第30页。
⑤ 孙亦平:《从〈周易参同契〉易学在道教中的传播与影响》,《周易研究》2011年第2期。

出现的晦朔弦望之盈虚变化，以说明道教修炼的药物采取与配制，火候进退与节奏、阴阳消长与变化，都应定位于遵循卦爻的变化，依时而动，这就使道教仙学能够以一种可操作性的方式来践行哲学的"天人合一"之道。

《周易参同契》的出现表明了道教易学在江南地区正式诞生。道教易学以修道成仙为目标，倡导人只有通过法天道来行事，才能与天道相合。《周易参同契》用月体纳甲说、十二卦气说，再配上阴阳五行、十二月节气以及五常品德，通过八卦和十进制的"天干"周期之间的密切关系，建立起一个对天道变化进行理性化解释的系统，为道教的生命修炼提供了一种哲学与仙学的参照。

长期以来，人们对《周易参同契》丹道性质的看法一直存在分歧，也牵涉到对早期江苏道教仙道特点的认识。有的认为是讲烧炼金丹以求仙药的外丹说，如王明认为"《参同契》之中心理论只是修炼金丹而已"，并斥责内丹、房中、服符、昼夜运动、祷祀鬼神等为徒劳无功的旁门邪道。① 有的认为是讲内丹的，如胡孚琛认为："东汉魏伯阳著《周易参同契》，是第一部专门论述内丹法诀的仙学著作。……《参同契》的传世标志着内丹学的形成。"② 有的认为是既肯定外丹，又肯定内养，如卿希泰主编《中国道教史》③；有的认为外丹说与内丹说兼而有之，如孟乃昌以《周易参同契》的文体来辨内丹与外丹，认为其中的五言体和骚体多用隐语，主要讲外丹，四言体为直述，以内丹为主，外丹服饵只占配合地位。④ 有的认为是包括外丹与内丹和房中术三种内容。⑤ 争论的关键在于《周易参同契》是否讲内丹？对此，戈国龙在《〈周易参同契〉与内丹学的形成》⑥ 中作了细致辨析，这里不再赘述。

《周易参同契》托易象与黄老论炼丹之旨，主张内以养性，外炼服食，

---

① 王明：《周易参同契考证》，载氏著《道教和道教思想研究》，中国社会科学出版社1984年版，第252页。
② 胡孚琛：《道教与丹学》，中央编译出版社2008年版，第149页。
③ 卿希泰主编：《中国道教史》第1册，四川人民出版社1988年版，第145页。
④ 孟乃昌：《周易参同契考辨》，上海古籍出版社1993年版，第44页。
⑤ 朱越利：《〈周易参同契〉的黄老养性术》，《宗教学研究》2004年第4期。
⑥ 戈国龙：《〈周易参同契〉与内丹学的形成》，《宗教学研究》2004年第2期。

以求安稳长生，甚至变形而仙，在"保性命之真"中，追求的是如何通过修炼来达到形体永固。东汉两晋是道教炼丹术的发展期，《周易参同契》奠定了金丹道的理论基础。金丹道是对炼丹以求长生的各道派的通称，又称丹鼎派，其源于古代神仙家及方仙道。金丹道有外丹与内丹之分，外丹信奉运用炉鼎烧炼丹砂铅汞及药物的炼丹术就可以炼成丹药，人服食丹药就可以长生不死。葛洪《抱朴子内篇》中记载有《魏伯阳内经》之书名，借用了外丹修炼的模式和术语来实践"以后天返先天"的根本旨趣，从丹道性质的角度看，他对《周易参同契》是有所扬弃的。

《周易参同契》中对炼丹的鼎器、药物、火候和服食方法的介绍，反映了江南人在炼丹服食技术上的水平。从炼丹的鼎器看，《周易参同契》中有"鼎器歌"一首，根据易理而把丹鼎看作一个缩小的宇宙，其中包含阴阳交错、万物变化等。从炼丹的药物来看，《周易参同契》以"坎离为药，余者以为火候"。坎卦（☵）是外阴而内阳，离卦（☲）是外阳而内阴。朱砂南方火位，内含汞，阳中有阴，象离；黑铅北方水位，内含银，阴中有阳，象坎，故坎离也称铅汞，是炼丹的主要药物。《抱朴子内篇》没有借《周易》来论炼丹，但在采用的药物和炼丹方法上却有所借鉴。

从炼丹药物的选择看，东汉以后，丹砂在江苏道教炼丹术中的地位日益重要，如《周易参同契》曰："巨胜尚延年，还丹可入口。金性不败朽，故为万物宝。术士伏食之，寿命得长久。土游于四季，守界定规矩。金砂入五内，雾散若风雨。熏蒸达四肢，颜色悦泽好。发白皆变黑，齿落生旧所。老翁复丁壮，耆妪成姹女。改形免世厄，号之曰真人。"[1] 这里所说的金砂是白金与丹砂。丹砂又称朱砂、辰砂，是汞的硫化物（HgS），在道教炼丹术中它有几十种隐异的美称，如日精、真珠、仙砂、赤帝、赤龙、朱鸟、降宫朱儿、太阳汞、光明砂等，因味甘、性寒，具有低毒，若合理使用，是可起到安神解毒功效之药物。《抱朴子内篇·仙药》将丹砂作为五石之一："五石者，丹砂、雄黄、白矾、曾青、慈石也"[2] 并对丹砂的功效作了介绍："凡草木烧之即烬，而丹砂烧之成水银，积变又还成丹砂，其去凡草亦远

---

[1] （后蜀）彭晓撰：《周易参同契分章通真义》序，《道藏》第20册，第141页。
[2] 王明：《抱朴子内篇校释》，中华书局1986年版，第78页。

矣。故能令人长生，神仙独见此理矣。"①《仙药》始终将丹砂作为炼制仙丹的上位药物："仙药之上者丹砂，次则黄金，次则白银，次则诸芝，次则五玉，次则云母，次则明珠，次则雄黄……"②《金丹》则将丹砂作为许多丹法中不可或缺的药物，如在江苏流传的"乐子长丹法，以曾青铅丹合汞及丹砂，著铜筒中，干瓦白滑石封之，于白砂中蒸之，八十日，服如小豆，三年仙矣"③。还有"绮里丹法，先飞取五石玉尘，合以丹砂汞，内大铜器中，煮之百日，五色。服之不死"④，等等。

《周易参同契》已发现金砂的还原性能与丹砂相似，两者调和可炼成金丹："胡粉投火中，色坏还为铅。冰雪得温汤，解释成太玄。金以砂为主，禀和于水银。变化由其真，终始自相因。"⑤ 后来葛洪在《金丹》中将此过程描述为"丹砂烧之成水银，积变又还成丹砂"，这种化学变化便是丹砂能够成为大药的原因。丹砂还具有神妙功效，服之炼人身体，更能令人不老不死。历代炼丹家都对丹砂推崇备至，源于江南人对物质特性深入而精细的认识与实验。

《周易参同契》内涵丰富，言简意赅，在漫长的岁月中受到了人们的重视而保存了下来，但由于它以《周易》卦爻象为象征符号，以天文、律历、图谶乃至房中术语来假借隐喻炉火炼丹之事时，抱着小心翼翼、欲言又罢的慎重心态来写作："窃为贤者谈，曷敢轻为书"、"写情寄竹帛，又恐泄天符"⑥，故全文"词韵皆古，奥雅难通"，使人难明其真意，既有一种江南人小心谨慎的态度，也有一种宗教上不说破之禁忌。

魏晋南北朝时，在江南神仙道教中流行的丹鼎派以外丹烧炼服食为主，虽借《周易》的阴阳之术来论丹道，但改变了《周易参同契》的隐喻式做法，如葛洪延续《周易参同契》的"保肉体之真"的生命理想，以炼制金丹、服药养气为得道成仙的根本方法，在《抱朴子内篇·金丹》中，不仅从理论上说明服食金丹大药是仙道之极，而且还对炼丹的药物（主要为黄

---

① 王明：《抱朴子内篇校释》，中华书局1986年版，第72页。
② 王明：《抱朴子内篇校释》，中华书局1986年版，第196页。
③ 王明：《抱朴子内篇校释》，中华书局1986年版，第80页。
④ 王明：《抱朴子内篇校释》，中华书局1986年版，第81页。
⑤ （后蜀）彭晓撰：《周易参同契分章通真义》序，《道藏》第20册，第141页。
⑥ （后蜀）彭晓撰：《周易参同契分章通真义》序，《道藏》第20册，第142页。

金、水银、铅汞等的化学特性)、鼎器和火候进行详细描述,将神秘丹方经诀向社会公开,在实践上推动了炼丹术的发展。葛洪那经过形上哲学和经验科学洗礼的仙学,不仅为道教的修道实践提供了理论指导,而且也凸显出魏晋时江苏道教仙学追求肉体长存的特点。

第 二 章

三国东吴时的道教文化

　　以太平道为组织形式的黄巾起义加速了汉王朝走向灭亡，历史开始进入魏、蜀、吴三国分立而治时期。公元195年，孙坚的长子孙策（175—200年）率军渡江来到江东后，第二年被东汉朝廷封为"吴侯"。孙策去世之前，希望孙权不要再像自己那样只注重武力征服而导致与江东大族为敌，应通过举贤任能推行文治来收服士族宾客的归心。其弟孙权接掌兵权后，当时的三国之间，魏国强盛而蜀、吴相对衰弱。蜀汉占据益州，偏安一隅，吴国占据尚未完全开发的江南地区，其疆土和人口是蜀国的两倍左右，但国力并不强盛。孙吴的国力远逊于曹魏，魏、吴之间的战事要多于魏、蜀之间，故鲁肃向孙权进言："为将军计，惟有保守江东以观天下之衅耳"[①]，吴国名义上依附于魏国，但却与长江流域的蜀国联盟，在政治军事上对抗黄河流域的魏国，建安十三年（208年）发生的"赤壁之战"就是典型事例。黄初三年（222年）曹丕封孙权为"吴王"。黄龙元年（229年）5月23日，孙权在武昌（今湖北鄂州）称帝，正式建国，国号为"吴"，秋九月，迁都金陵，改称建业。东吴统治时，那些有一技之长的道士如何在统治者的支持下，推进了名称各异的道团在江苏传播？

[①] （北宋）司马光编：《资治通鉴》第5册，中华书局1956年版，第2038页。

第一节　于君道在江东的传播

吴国地处三国之东，以长江为天堑，统治着江南的广大地区："吴初都鄂，后迁建业，传世四。东据江，南尽海，置交、广、荆、郢四州，有郡四十二。"① 从地理上看，长江在今天的安徽芜湖到江苏南京一段，从南而北转向东方流去，吴国所统领的六郡：吴郡、会稽郡、丹阳郡、庐江郡、豫章郡、庐陵郡，都在长江以东地区，故称"江东"。古人以东为左，以西为右，又称这一地区为"江左"。孙吴政权以建业为政治和经济中心在江南地区的崛起，奠定了随之而来的东晋及宋、齐、梁、陈的发展基础，"六朝"延续近四百年的文化繁荣，促进了江苏道教在崇道求仙之风中兴起。

在东吴建国之前，当地还处于"南蛮"分散居住的边地，孙权建国后，通过兴办军民屯田，用"刀耕火种"的原始耕作方式不断地开发处女地，使统治区域也从荆州、建业一直扩展到岭南交州地区。与魏、蜀向中亚内陆方向发展不同，吴国是朝着南方及沿海方向打开了中国向海外发展的道路。正如江南佛教始传于孙权之时，"南下和北上的佛教齐汇吴地，吴都建业遂发展为佛教重镇，成为江南佛教的中心。吴地佛教的兴盛，与支谦和康僧会等人的译经传教活动是联系在一起的"②。来自北方的道团也在此时陆续南下吴国，将道教神仙信仰沿着商贸路线进行流布。

孙吴政权的基业，开创于孙坚、发展于孙策，奠定于孙权。在此过程中，北方士族为躲避战乱带领民众南迁，一些道团也随之而来，在江东地区崇道求仙之风气中得以传播。孙吴政权对道教的态度有一个从戒备到认同再到支持的过程。东吴的历史从孙权称帝开始，历四帝，共持续了52年，直到公元280年亡于西晋，标志着中国汉末三国以来的割据局面结束。但若从公元195年孙策渡江来到江东算起，则有长达85年的历史，也算是三国中历时最久的政权。

各种道团在江东传播与孙氏家族的发迹史有着隐秘的联系。孙氏家族出

---

① （宋）张敦颐撰：《六朝事迹编类》卷一《总叙门》，南京出版社2007年版，第26页。
② 洪修平：《中国佛教文化历程》（增订本），江苏教育出版社2005年版，第49页。

自吴郡富春，本为寒门，属于"孤微发迹"，因缺乏门望，从孙坚的父亲孙钟开始，家族中就流传着自神其族的祥瑞灵异传说："孙坚之祖名钟，家在吴郡富春，独与母居。性至孝。遭岁荒，以种瓜为业。忽有三少年诣钟乞瓜，钟厚待之。三人谓钟曰：'此山下善，可作冢，葬之，当出天子。君可下山百步许，顾见我去，即可葬也'"①。孙钟走出三十步后再反顾，只见三人并乘白鹤而飞去，犹如道教所说的驾鹤飞升。孙钟死后，即葬于此地，孙氏家族从此发达起来。因此无论是孙坚、孙策、孙权的出生，还是孙坚因军功成为长沙太守，孙策向江东发展，孙权在江东建立东吴政权，都利用江南重巫觋之风而有灵异故事相伴，这也是历代出身寒微的统治者惯用的显世方法。在制造神话过程中培养一些精于谶纬、善用方术的道士，为各种道团的传播培育了文化土壤，但孙吴早期统治者对那些外来的民间道团及巫教还是抱着警惕甚至反对的态度。

从文化倾向上看，孙吴统治者起于汉末，眼看汉朝摇摇欲坠，并不积极遵行两汉时"独尊儒术"的文化政策和敬天祭祖的宗教传统，但在推进孙吴政权江东地域化的过程中，他们一方面深知民间道团及巫教曾掀起的巨大风暴对集权统治的威胁和社会安定的破坏，另一方面又从热衷于神仙信仰出发，因而对民间道团及巫教有一个从戒备到逐渐接受的过程。

熹平年间（172—178 年）河北巨鹿人张角奉事黄老道，后利用《太平青领书》所提出的"致太平"的宗教政治思想而兴起太平道。时任下邳丞的孙坚也跟随汉将皇甫嵩、朱儁，招兵买马，积极参与到镇压黄巾军起义的军事行动中，"汉遣车骑将军皇甫嵩、中郎将朱儁将兵讨击之。儁表请坚为佐军司马，乡里少年随在下邳者皆愿从。坚又募诸商旅及淮、泗精兵，合千许人。与儁并力奋击，所向无前"②。孙坚在战斗过程中英勇杀敌，大破黄巾军，官升"别部司马"。

孙坚既亲历了以太平道为组织形式的黄巾起义直接导致了汉王朝的灭亡，也在镇压汉末民间道团及巫教的活动中感受到它们所具有的神奇影响力，于是在自己的军队中也通过"迎呼巫医，祷祀山川"来增强士卒的信心。孙坚在南阳时，太守张咨"既不给军粮，又不肯见坚。坚欲进兵，恐

---

① 《宋书》卷二十七《符瑞上》。
② （晋）陈寿撰，（宋）裴之注：《三国志》第 5 册，中华书局 1982 年版，第 1094 页。

有后患，乃诈得急疾，举军震惶，迎呼巫医，祷祀山川。遣所亲人说咨，言病困，欲以兵付咨"①。孙坚运用巫筮之术，装病而诱杀张咨，夺取了地方军政权力。

孙坚初来江东后，通过铁腕治政来树立权威，对活动于民间的道团采取绝不姑息的打击态度，也影响到后来执政的孙策。在东汉末年南渡道士中，最有名者是左慈和于吉。奉于吉为教主的于君道在孙策时形成道团，注重在上层社会传教，使太平道在江东社会中延续。当时东吴掌权者孙策少年得志，广交朋友，英明神武而颇有名声，"策为人，美姿颜，好笑语，性阔达听受，善于用人，是以士民见者，莫不尽心，乐为致死"②。孙策占领丹阳、吴、会稽三郡后，消灭了东汉江东政权的军事抵抗，"孙策为人明果独断，勇盖天下，以父坚战死，少而合其兵将以报仇，转斗千里，尽有江南之地，诛其名豪，威行邻国"③。在汉末群雄争霸中成长为占据江东一带的军阀，史称"江东小霸王"。孙策在诛杀具有社会影响的"名豪"的同时，也于特定形势下对民间道团采取苛禁政策，其中最有代表性的就是斩杀道士于吉的事件：

> 时有道士琅琊于吉，先寓居东方，往来吴会，立精舍，烧香读道书，制作符水以治病，吴会人多事之。策尝于郡城门楼上，集会诸将宾客，吉乃盛服杖小函，漆画之，名为仙人铧，趋度门下。诸将宾客三分之二下楼迎拜之，掌宾者禁呵不能止。策即令收之。诸事之者，悉使妇女入见策母，请救之。母谓策曰："于先生亦助军作福，医护将士，不可杀之。"策曰："此子妖妄，能幻惑众心，远使诸将不复相顾君臣之礼，尽委策下楼拜之，不可不除也。"诸将复连名通白事陈乞之，策曰："昔南阳张津为交州刺史，舍前圣典训，废汉家法律，尝著绛帕头，鼓琴烧香，读邪俗道书，云以助化，卒为南夷所杀。此甚无益，诸君但未悟耳。今此子已在鬼箓，勿复费纸笔也。"即催斩之，悬首于

---

① （晋）陈寿撰，（宋）裴之注：《三国志》第5册《吴书·孙坚传》注引《吴历》，中华书局1982年版，第1098页。

② （晋）陈寿撰，（宋）裴之注：《三国志》第5册，中华书局1982年版，第1104页。

③ （晋）陈寿撰，（宋）裴之注：《三国志》第5册《吴书·吴主传》注引《傅子》，中华书局1982年版，第1149页。

市。诸事之者，尚不谓其死而云尸解焉，复祭祀求福。①

于吉是琅琊人，一作干吉，先寓居东方，往来吴会，立精舍，烧香读道书，制作符水以治病，延续了太平道的传统："太平道者，师持九节杖为符祝，教病人叩头思过，因以符水饮之，得病或日浅而愈者，则云此人信道，其或不愈，则为不信道。"②当孙策在郡城门楼上宴会诸将宾客时，于吉手杖仙人铧从门下走过，诸将宾客纷纷下楼迎拜之，掌宾者禁呵不能止。这些于吉信徒"不复相顾君臣之礼"的做法让孙策非常警惕。在孙策看来，道士于吉盛服执仙人铧，被吴会人奉之神而多事之，所行"妖术"幻惑众心，犹如南阳张津在交州传播的"读邪俗道书"之教。为防止民间道团在江东兴起，孙策不听众人，甚至自己母亲的劝说，以蛊惑人心为由，毅然将于吉斩杀并悬首于市，但结果并没有平息"诸事之者"对太平道的信仰。从史书记载看，有关于吉其人，主要有两种说法：

第一，于吉是现存最早道书《太平经》的作者，也是生活于汉顺帝时宫崇的老师。据《后汉书·襄楷传》的说法："顺帝时，琅琊宫崇诣阙，上其师于吉于曲阳泉水上所得神书百七十卷，皆缥白素朱介青首朱目，号《太平青领书》。"以于吉为教祖的于君道是由太平道分化而来的民间道团。虞喜在《志林》中讲述孙策杀于吉的故事时，再次点明于吉的身份："顺帝至建安中，五六十岁，于吉是时近已百年，年在耄悼，礼不加刑。又天子巡狩，问百年者，就而见之，敬齿以亲爱，圣王之至教也。吉罪不及死，而暴加酷刑，是乃谬诛，非所以为美也。"③这也是太平道传入江东的最早记载，时间是孙策掌权的建安五年（200 年）。但由于此事发生在距襄楷上书《太平经》五六十年后，宫崇之师于吉是时已年近百岁。"因此有不少学者怀疑孙策所杀的'于吉'，可能并非汉顺帝时的宫崇之师，而是另一民间道士伪

---

① （晋）陈寿撰，（宋）裴之注：《三国志》第 5 册《吴书·孙破虏讨逆传》注引《江表传》，中华书局 1982 年版，第 1110 页。

② （晋）陈寿撰，（宋）裴之注：《三国志》第 1 册《魏书·张鲁传》注引《典略》，中华书局 1982 年版，第 264 页。

③ （晋）陈寿撰，（宋）裴之注：《三国志》第 5 册《吴书·孙破虏讨逆传》注引《志林》，中华书局 1982 年版，第 1110 页。

托其名。"①

第二，于吉是三国时往来吴会的道士。《江表传》所引张津故事，最后其"卒为南夷所杀"，但若对照历史，建安六年（201 年）张津仍为交州牧，他应死于于吉之后，可见《江表传》的记载有误。故有人认为，此人不是顺帝时的于吉，而是托于吉之名使太平道余绪从北方流入江东的传道者。还有人提出，张津可能是张角之误，因为"于吉以符水治病，与张角同，尸解之说，同于李少君，而张津舍前圣典训，废汉家法律，而欲以道书助化，盖亦正如张修、张鲁之所为也。可见其道之杂而多端矣"②。也有人认为，"在张津前头还有一个交州刺史会稽朱符，也同样遭杀而死。上引《江表传》孙策所谓'昔南阳张津'当为'会稽朱符'之误"③。

这两种说法的共同之处都表明，于君道与太平道有关，或为太平道的一个支派流传于汉末吴初的江东。于君道传到江东后，奉行《太平经》，立精舍，烧香读道书，制作符水以治病开展活动，在吴郡、会稽一带百姓中甚得人心。"直到建安五年，吴会太平道仍然流行。如《江表传》所述，此后也仍'祭祀求福'。在道教中，吉一直是被尊敬的神仙。"④ 于吉被孙策杀掉后，奉事他的人并不认为他已死，而称其尸解，仍祭祀求福。后来出现的各种于吉传记，就逐渐将这两个于吉混而为一，而且还增加了一些新内容，如东晋初干宝编撰《搜神记》记载：

> 孙策欲渡江袭许，与于吉俱行。时大旱，所在燻厉。策催诸将士，使速引船。或身自早出督切，见将吏多在吉许。策因此激怒，言："我为不如吉耶，而先趋务之？"便使收吉。至，呵问之曰："天旱不雨，道路艰涩，不时得过，故自早出，而卿不同忧戚，安坐船中，作鬼物态，败吾部伍，今当相除。"令人缚置地上，暴之，使请雨。若能感天，日中雨者，当原赦；不尔，行诛。俄而云气上蒸，肤寸而合，比至日中，大雨总至，溪涧盈溢。将士喜悦，以为吉必见原，并往庆慰。策

---

① 任继愈主编：《中国道教史》，上海人民出版社 1990 年版，第 59 页。
② 吕思勉：《秦汉史》，商务印书馆 2017 年版，第 869 页。
③ 刘九生：《魏晋道教流传变动的一个线索》，《陕西师大学报》1993 年第 1 期。
④ 唐长孺：《太平道与天师道——札记十一则》，《中华文史论丛》2006 年第 3 期，第 58—59 页。

遂杀之。将士哀惜,藏其尸。天夜,忽更兴云覆之。明旦往视,不知所在。策既杀吉,每独坐,仿佛见吉在左右,意深恶之,颇有失常。后治疮方差,而引镜自照,见吉在镜中,顾而弗见。如是再三,扑镜大叫,疮皆崩裂,须臾而死。①

《搜神记》在最后描述了孙策被于吉鬼魂索命,金疮迸裂须臾而死之事,既增加了故事的戏剧性,也揭示了皇权与神权之争:"孙策早在征战江东之初,曾一度与于吉进行合作。……孙策站稳江东之日,即双方合作破裂之时。"② 在孙策看来,于吉以道术祈雨止旱,是妄立鬼神自行祭祀,以道术行奇幻之事,扰乱人心,有碍于自己的统治,才不顾众人反对,据说于丹徒③杀了于吉。由此才能理解,孙策与道士于吉俱行时,为什么军中将吏④多倾向于吉会激怒孙策。

晋宋之际出现的《洞仙传》中的《于吉传》则综合以上各种传记,明确将于吉视为《太平清领书》的作者,还增加了孙策平江东、进袭会稽时,于吉在军中传道,"将士咸崇仰吉,且先拜吉,后朝策"。孙策要于吉求雨,"俄而云兴雨霪,江中漂泛。将士共贺吉,策遂杀之"。孙策杀于吉后,"从此常见吉在其前后"而精神受到刺激,最后自己也被伏客⑤刺伤。孙策死后,"世中犹有事于君道者"⑥,反映继承了太平道传统的于君道在江东的传播。

这些《于吉传》从不同角度展现了于君道在东吴的皇权与神权之争中的生存状况,以及统治者对民间道团的警惕。在孙策占领江东驻扎在吴郡(今苏州)时,当地人陆绩曾为孙策宾客。建安五年(200年),孙策遇刺

---

① (东晋)干宝:《搜神记》,岳麓书社2015年版,第7—8页。
② 朱永清:《汉晋之际神权与皇权之争——以于吉之死为中心蠡测》,《宜春学院学报》2019年第8期。
③ (唐)许嵩:《建康实录》,上海古籍出版社1986年版,第5页。
④ 据研究,当时孙策军队的主力是跟随孙策进入江东的张昭、周瑜、鲁肃等领导的淮泗军事集团,还有江苏扬州"好武习战"的"丹阳兵"(参见方诗铭《"丹阳兵"与"东据吴会"——论丹阳郡在孙策平定江东战争中的地位》,《史林》1989年第11期)。
⑤ 吕振羽认为:"孙策被刺身死——刺客可能为于吉的信徒'太平道'分子。"(《简明中国通史》,民主与建设出版社2018年版,第236页)
⑥ 《云笈七签》卷一百十《洞仙传》,《道藏》第22册,第755页。

身亡后，孙权即位后，任命陆绩为奏曹掾，即主奏议事的长官。陆绩因处事正道，受到众人的尊敬。孙权平定交州后，陆绩又转任郁林太守，加偏将军，统领士兵两千人。但据《后汉书·陆康列传》记载，博学多才的陆绩（187—219年）因幼敦《诗》《书》，长玩《礼》《易》，其人生志向不在为官而是专注将阴阳律历、礼制典章和神仙谶纬之学相结合，曾为《太平经》作注。从陆绩注《太平经》十卷可见①，当时《太平经》已流传到江东，受到社会上层官吏及儒士的注意。

第二节　东吴的崇道求仙之风

孙权即位后，将政治中心从武昌搬到京口（今江苏镇江），再从京口迁至秣陵（今江苏南京）。为显示自己建功立业的伟绩，又将秣陵改为建业，才自立为帝。田余庆先生提出"孙氏霸业稽延，症结盖在于调整与江东大族关系"②，揭示了孙吴政权与江东大族的关系是孙吴建国前后执政时需要协调的社会问题，这也成为道教在东吴传播的社会背景。陈寅恪先生说："盖自汉代学校制度废弛，博士传授之风气止息以后，学术中心移于家族，而家族复限于地域，故魏、晋、南北朝之学术、宗教皆与家族、地域两点不可分离。"③ 在孙权的努力下，东吴在三国鼎立中割据江东，为南京日后成为东晋南朝的"六朝古都"，以江南半壁江山与北方发达地区对峙长达270余年奠定了基础，也推动着道教从民间进入东吴的世家大族。

东吴时的江东士族主要分为本土士族和北方流寓过来的外来士族这两大集团④，已在江东立足的本土士族，按地区又可分成吴地士人与会稽士人两

---

① 《隋书》卷三十五《经籍志》。
② 田余庆：《孙吴建国的道路》，《历史研究》1992年第1期。
③ 陈寅恪：《隋唐制度渊源略论稿》（外二种），河北教育出版社2002年版，第20页。
④ 有关东吴政权与江东世族的关系，唐长孺：《孙吴建国及汉末江南的宗部与山越》（《魏晋南北朝史论丛》，生活·读书·新知三联书店1955年版，第1—29页）、田余庆：《孙吴建国的道路——论孙吴政权的江东化》（《历史研究》1992年第1期）、日本学者川胜义雄：《孙吴政权与江南的开发领主制》（《六朝贵族制社会研究》，上海古籍出版社2007年版，第103—123页）等文从不同角度作了开创性研究。

部分：吴地有顾氏家族、陆氏家族、朱氏家族、张氏家族等；会稽有孔氏家族、魏氏家族、虞氏家族、谢氏家族等，另外还有阳羡周氏家族、吴兴沈氏家族、邱氏家族等。从宗教信仰上看，他们虽然奉行吴、越等不同的文化传统，但都重视江南文化中长期流行的崇尚神明的巫觋旧俗，一是注重祭祀山川神、动物神以求平安；二是建庙舍祠屋，以"房祀"供奉鬼神。从政治上看，他们早先将孙吴政权视为外来的军事侵略集团而对之进行各种抵抗，但随着孙吴政权在政治、经济和军事上控制江南后，本土士族集团又以顺从的态度，积极参与到孙吴政权之中，既借助于皇权使自己从土著世族向豪强世族方向转化，又以自己在乡里社会的根基作为政治支撑来遏制外来士族的发展。

汉末从北方社会流寓过来的外来士族，以鲁肃（172—217年）、周瑜（175—210年）为代表，还包括一些避乱南下的士族，如张昭（156—236年）、诸葛瑾（174—241年）等，其内部也有社会地位与身份的差别，但对孙吴政权都具有依附性。外来士族集团为与本土士族集团在竞争中站稳脚跟，与孙吴政权的关系因人而异且时远时近，但他们却成为传播道教的主力军。一些来自中原或巴蜀的奉道者，通过与士族交往而得以游走于宫廷中，在新环境中各传其教，使东吴道教承原有的民间道团而逐渐丰富起来。

在江东传播的民间道团与皇权政治之间在信仰与文化上虽然有着分歧，但孙吴统治时对民间道团的态度一直在变化——从戒备、利用到逐渐接受。孙权统领孙策部众执掌孙吴政权后，吴国就通过屯田生产大力发展经济，统治区向南一直到伸延到交州东北部。孙权利用道教，但一般不直接控制道教，这就给分散在各地的道团提供了比较宽松的环境。据《抱朴子内篇》卷九《道意》记载，当时蜀中有李阿者，号为"八百岁"，推进了李氏道在吴大帝时盛行于江东：

> 后有一人姓李名宽，到吴而蜀语，能祝水治病颇愈，于是远近翕然，谓宽为李阿，因共呼之为李八百，而实非也。自公卿以下，莫不云集其门，后转骄贵，不复得常见，宾客但拜其外门而退，其怪异如此。于是避役之吏民，依宽为弟子者恒近千人，而升堂入室高业先进者，不

过得祝水及三部符导引日月行气而已。①

葛洪虽然亲见李宽与凡人无异的衰老羸悴样子，但也看到民间道团"或称千岁，假托小术，坐在立亡，变形易貌，诳眩黎庶，纠合群愚，进不以延年益寿为务，退不以消灾治病为业，遂以招集奸党，称合逆乱，不纯自伏其辜，或至残灭良人，或欺诱百姓，以规财利，钱帛山积，富逾王公，纵肆奢淫，侈服玉食，妓妾盈室，管弦成列，刺客死士，为其致用，威倾邦君，势凌有司，亡命逋逃，因为窟薮。皆由官不纠治，以臻斯患"②。葛洪认为因官府不纠治，故以"宽弟子转相教授，布满江表，动有千许"来形容种类繁多的民间道团在江东的流行，并用"诸妖道百余种，皆煞生血食"③来说明这些民间道团依然保留着原始性和巫术性的特点，反过来又影响到统治者的宗教倾向。

孙权作为建立吴国的开国皇帝，虽然继承了父亲孙坚和兄长孙策在群雄割据中打下的江东基业，但时刻面临着曹魏政权希望建立大一统帝国的压力，于是想借助一些特异方法来操控江东士族以加强对吴国的政治统治。孙权当政后，身处巫风盛行的江南地区，以特有的政治敏感积极寻找适合东吴政权需要的新宗教。正如法国历史学家托克维尔所说："在每一种宗教之旁，都有一种因意见一致而与它结合的政治见解。"④ 在世家大族和信道方士的支持参与下，孙权出于政治需要及个人信仰等原因所进行的崇道求仙活动，对江苏道教的发展产生了深远的影响。

孙权作为孙吴历史上在位时间最长、集权程度高的最重要统治者，重视求贤和纳士，在他的影响下，"江东大族和孙氏诸将，多乐意收恤宾客以成名誉"⑤。由于孙权对神仙信仰、术数技巧颇有兴趣，故一些擅长绝技的宾客汇集吴国，其中有名者被称为吴之"八绝"——善占候、知风气的吴范、善画的曹不兴、善相的郑姬、善算的赵达、善弈的严武、善占梦的宋寿、善书的皇象、善天文的刘惇。其中有些是持有道术或方术的"信道之人"或

---

① 王明：《抱朴子内篇校释》，中华书局1985年版，第174页。
② 王明：《抱朴子内篇校释》，中华书局1985年版，第173页。
③ 王明：《抱朴子内篇校释》，中华书局1985年版，第173页。
④ [法]托克维尔：《论美国的民主》，董果良译，商务印书馆2017年版，第367页。
⑤ 田余庆：《孙吴建国的道路》，《历史研究》1992年第1期。

"方术之士",虽不是属于某一道团,但却以"宾客"的身份活动于宫廷及上层社会,反映了吴国道教的传播特点。

东吴官吏吴范,字文则,会稽上虞人,"以治历数,知风气,闻于郡中。举有道,诣京都,世乱不行。会孙权起于东南,范委身服事,每有灾祥,辄推数言状,其术多效,遂以显名"①。吴范善占候、知风气,所秘其术是否属于道教方术不得而知,但因其善于预测,占验明审,被孙权任为骑都尉、领太史令。孙权"数从访问,欲知其决。范秘惜其术,不以至要语权。权由是恨之"。但吴范秘惜其术,并不与孙权言说自己预测之关键。孙权本来还要封其为都亭侯,但因生气而削除其名:"诏临当出,权恚其爱道于己也,削除其名"②。黄武五年(226年),吴范死后,"权追思之,募三州有能举知术数如吴范、赵达者,封千户侯,卒无所得"③。孙权的喜好也带动了方术之风在吴地弥漫。

懂天文的刘惇为平原人,汉末避乱南迁,因知晓天文、占卜而闻名南方:"以明天官达占数显于南土。每有水旱寇贼,皆先时处期,无不中者。"于是孙坚兄长孙羌次子孙辅对刘惇十分器重,特别任命他为军师。"惇于诸术皆善,尤明太乙,皆能推演其事,穷尽要妙,著书百余篇,名儒刁玄称以为奇。惇亦宝爱其术,不以告人,故世莫得而明也。"④ 后来,刘惇归顺孙权,以太乙来进行推演预测。建安年间,孙权在豫章时,有星象变化,以此来询问刘惇。刘惇回答说:"灾难在丹阳郡发生。"孙权问:"情况如何?"刘惇说:"客胜主人,到时会得到讯息。"当时恰好边鸿作乱,杀死丹阳太守、孙权的弟弟孙翊,这些都被刘惇预言到了。后来,孙辅因担心孙权无力保守江东,便遣使者与曹操暗中来往,事情泄露后,孙权将刘惇软禁起来,数年后去世。

善算的赵达为河南人,"治九宫一算之术,究其微旨,是以能应机立成,对问若神,至计飞蝗,射隐伏,无不中效"。赵达善于计算,但其撒豆计数、至计飞蝗之类似乎过于神奇。赵达亦"宝惜其术,自阚泽、殷礼皆

---

① (晋)陈寿撰,(宋)裴之注:《三国志》第5册,中华书局1982年版,第1421页。
② (晋)陈寿撰,(宋)裴之注:《三国志》第5册,中华书局1982年版,第1422页。
③ (晋)陈寿撰,(宋)裴之注:《三国志》第5册,中华书局1982年版,第1423页。
④ (晋)陈寿撰,(宋)裴之注:《三国志》第5册,中华书局1982年版,第1424页。

名儒善士，亲屈节就学，达秘而不告"①。孙权向赵达问其法也得不到回应："初，孙权行师征伐，每令达有所推步，皆如其言。权问其法，达终不语，由此见薄，禄位不至。"②孙权期望将方术用到军政活动中，方士们则自珍其术却秘而不告。

这些来自北方的方士是否就是道士，因资料缺乏还需再研究，但他们多有以善预测计算为能事的一技之长。另外，那些擅长辟谷、隐身、炼丹之士来到吴国后，往往会被吴主孙权召进宫中，以厚礼相待。例如，隐身变化术的鼻祖介象曾于东山学道，后活动于吴国并成为孙权之师。

> 仙人介象，字元则，会稽人，有诸方术。吴主闻之，征象到武昌，甚敬贵之，称为介君，为起宅，以御帐给之，赐遗前后累千金，从象学蔽形之术。试还后宫，及出殿门，莫有见者。又使象作变化，种瓜菜百果，皆立生可食。③

介象有异术，能通过分形法，将自己的身体分成几部分。他尝为吴主种瓜菜百果，种下立刻长成可食。后来介象又在宫殿中钓得海中鲻鱼，还能够通过画符遣人骑竹杖到千里之外买蜀姜。介象会隐身，为了验证其术是否灵验，孙权出入后宫和御殿大门，居然"莫有见者"。介象还会读符："读诸符文如读书，无误谬者。或不信之，取诸杂符，除其注，以示象，象皆一一别之。"④总之，介象的幻法变化多端，不可胜数。就连葛洪也曾听说吴大皇帝孙权随介象学辟五兵之道者："或问辟五兵之道。抱朴子答曰：'吾闻吴大皇帝曾从介先生受要道云，但知书北斗字及日月字，便不畏白刃。帝以试左右数十人，常为先登锋陷阵，皆终身不伤也。'"⑤孙权敬称介象为"介君"，为其立宅，供给御帐，以御姬侍疾，死后还为其立庙并躬祭之等，可见对介象的尊敬。后来介象也被道教列为神仙。

介琰曾跟随他的老师白羊公学习"玄一无为"等道家学说，经过吴国

---

① （晋）陈寿撰，（宋）裴之注：《三国志》第5册，中华书局1982年版，第1424页。
② （晋）陈寿撰，（宋）裴之注：《三国志》第5册，中华书局1982年版，第1425页。
③ （晋）陈寿撰，（宋）裴之注：《三国志》第5册，中华书局1982年版，第1427页。
④ 《历世真仙体道通鉴》卷十五，《道藏》第5册，第190页。
⑤ 王明：《抱朴子内篇校释》，中华书局1985年版，第269—270页。

都城秣陵，与吴大帝孙权相识。《搜神记》卷二载："介琰者，不知何许人也。住建安方山，从其师白羊公杜受玄一无为之道，能变化隐形。尝往来东海，暂过秣陵，与吴主相闻。吴主留琰，乃为琰架宫庙。一日之中，数遣人往问起居。琰或为童子，或为老翁，无所食啖，不受饷遗。吴主欲学其术，琰以吴主多内御，积月不教。吴主怒，敕缚琰，着甲士引弩射之。弩发，而绳缚犹存，不知琰之所之。"① 介琰会变化隐形之术，吴主孙权为挽留住他，特为之建造宫庙。一天之内，多次派人前去照顾其起居。介琰却运用变化隐身术，有时变成小孩，有时变成老头。孙权想学习道术，但介琰却认为孙权的妃嫔太多，不利于修仙，拖延了几个月也没有教他。孙权很生气，下令绑住介琰，让士兵用箭射他。但是，士兵的箭射过去，捆绑介琰的绳子还在，但介琰却不见了。据道书记载，介琰"为孙权所杀，化形而去，往建安方山，寻白羊公"②。

姚光具有入火不热、遇刀不伤之术。《三国志》卷六十三注引《抱朴子》载："又有姚光者，有火术。吴主身临试之，积荻数千束，使光坐其上，又以数千束荻裹之，因猛风而燔之。荻了尽，谓光当以化为烬，而光端坐灰中，振衣而起，把一卷书。吴主取其书视之，不能解也。"③ 据说姚光可以坐在猛火中读书，不仅不伤毫发，而且所读之书也能完好无损。这些活动于孙权周围的有道术者皆被道教奉为神仙。

江东地区自古以来鬼神巫觋之说盛行，故道教在此传播往往借助于"咒法神通"之力。孙权在日常生活中迷信道术。手下大将吕蒙（178—219年）成功夺取荆州，立下大功，孙权要为之封官赐赏，但正式封爵还没有下达前，年富力强的吕蒙却忽然生病了。吕蒙病笃，孙权亲自"临视，命道士于星辰下为之请命"④，但吕蒙最终还是病死于内殿。孙权极其哀痛，但信道之心依然弥笃。

孙权经常在宫廷中讲述神仙方术而引起个别朝臣的不满。本是会稽太守王朗部下的虞翻（164—233年）精通《周易》，投奔孙吴后，成为孙策的

---

① （东晋）干宝：《搜神记》，岳麓书社2015年版，第8页。
② ［日］吉川忠夫、麦谷邦夫编：《真诰校注》，朱越利译，中国社会科学出版社2006年版，第424页。
③ （晋）陈寿撰，（宋）裴之注：《三国志》第5册，中华书局1982年版，第1427页。
④ （晋）陈寿撰，（宋）裴之注：《三国志》第5册，中华书局1982年版，第1280页。

部下，在孙权时又任骑都尉。孙权曾让虞翻将周易预测运用到政治军事的斗争中。关羽战败后，孙权命虞翻用占筮进行预测："关羽既败，权使翻筮之，得兑下坎上，节，五爻变之临，翻曰：'不出二日，必当断头。'果如翻言。权曰：'卿不及伏羲，可与东方朔为比矣。'"孙权对虞翻的预测能力大加赞赏。但虞翻反对神仙之说："翻性疏直，数有酒失。权与张昭论及神仙，翻指昭曰：'彼皆死人，而语神仙，世岂有仙人邪！'权积怒非一，遂徙翻交州。"① 张昭本是一位很严肃的儒学重臣②，孙权因笃好神仙而与之论及神仙，性情疏直的虞翻听着不高兴，以"世岂有仙人"来指责张昭，由此惹怒孙权，遂被流放到交州，可见孙权对神仙之说的兴趣。

孙权与诸方术之士交往，也绝非仅出于好奇，而是内心有着追求长生成仙的愿望，听说秦始皇派徐福带数千童男童女海上寻仙的故事，乃于黄龙二年（230年）春正月：

> 遣将军卫温、诸葛直将甲士万人浮海求夷洲及亶洲。亶洲在海中，长老传言秦始皇帝遣方士徐福将童男童女数千人入海，求蓬莱神山及仙药，止此洲不还。世相承有数万家，其上人民，时有至会稽货布，会稽东县人海行，亦有遭风流移至亶洲者。所在绝远，卒不可得至，但得夷洲数千人还。三年春二月，……卫温、诸葛直皆以违诏无功，下狱诛。③

以往人们谈论孙权遣使浮海夷洲及亶州，或说其为拓展海上交通，或说其为开发台湾岛，或说其意在扩大人口等。其实还有一个原因，就是寻求仙药，以求长生不死。孙权的求仙计划最后落空了，但他对神仙的喜好没有变，导致神仙信仰在国中流行，"吴越及梁益，风气清贞，故多仙人。是以成都之境，丹阳之域，会稽之东南，天路所冲，善宜修尚也。凡此众仙，及命过受书者，巨众不可具记"④。

---

① （晋）陈寿撰，（宋）裴之注：《三国志》第5册，中华书局1982年版，第1320—1321页。
② 李文彬：《东吴名臣张昭的"曲"与"直"》，《文史天地》2020年第8期。
③ （晋）陈寿撰，（宋）裴之注：《三国志》第5册，中华书局1982年版，第1136页。
④ 《元始上真众仙记》，《道藏》第3册，第271页。

孙吴政权对茅山的开发是为了获得更多的自然资源，也不排除孙权为求取丹砂以炼制长生丹药的企图。孙权还派遣道士四处采金炼丹，金陵之名的来源之一就与孙权使人采金说有关。"金陵，古名之为伏龙之地。……传所言二百余年耳，是吴孙权使人采金，屯居伏龙山，因名金陵。"[1] 茅山，原名句曲山，秦时为句金之坛，又称积金山，"山生黄金。汉灵帝时，诏敕郡县，采句曲之金，以充武库。逮孙权时，又遣宿卫人采金常输官，兵帅百家遂屯居伏龙之地，因改为金陵之墟名也。《河图》已得之于昔，可谓绝妙。今大茅山南犹有数深坑大坎，相传呼之为金井，当是孙权时所凿掘也。今此山近东诸处，碎石往往皆有金砂"[2]。孙权命将士在大茅山采金砂，可能也是为了寻仙，在客观上推动了道教传入南方更广大的地区。

在吴国建立的过程中，江东社会中活动着为数众多世家大族，还有一些并非豪族的寒门子弟依靠军功升迁而进入统治集团。由于孙权对道教的好奇态度，不少孙氏宗室、朝臣和将领等也与茅山道教关系甚密。据《真诰》记载，京兆杜陵人杜契等人隐居茅山跟随介琰学道：

> 建安之初，来渡江东，依孙策。入会稽，尝从之，后为孙权作立信校尉。黄武二年，渐学道，遇介琰先生，授之以玄白术，隐居于大茅山之东面也。守玄白者能隐形，亦数见身，出此市里。契与徐宗度、晏贤生合三人，俱在茅山之中，时得入洞耳。[3]

杜契与徐宗度、晏贤生合三人居茅山之东，经常与弟子采伐，货易山场市里，而人不能知之。最后在茅山洞中得仙。徐宗度，"晋陵人，作孙皓左典军吕悌司马。受风谷先生气禁道，故得契俱。晏贤生是步骘外甥，即宗度之弟子也"。步骘是孙权的丞相。杜契有弟子二人：

其一陈世京，是"孙休时侍郎，少好道，数入佛寺中，与契乡里，故

---

[1] ［日］吉川忠夫、麦谷邦夫编：《真诰校注》，朱越利译，中国社会科学出版社2006年版，第346页。

[2] ［日］吉川忠夫、麦谷邦夫编：《真诰校注》，朱越利译，中国社会科学出版社2006年版，第347页。

[3] ［日］吉川忠夫、麦谷邦夫编：《真诰校注》，朱越利译，中国社会科学出版社2006年版，第424页。

晚又授法"。杜契所授的玄白术，以《老子》的知白守黑为理论依据，又称玄白之道，流行于三国时，在当时茅山形成了一种修道传统。"守玄白之道，常旦旦坐卧任意，存泥丸中有黑气，存心中有白气，脐中有黄气，三气俱生，如云以覆身上，因变成火，火又绕身，身通洞彻，内外如此。旦行之，至日向中乃止。于是服气百二十过，都毕。道止如此，使人长生不死，辟却万害。所谓知白守黑，求死不得，知黑守白，万邪消却。尤禁六畜肉及五辛之菜，当别寝静思。尤忌房室，房室即死。"① 陈世京后于茅山修道成仙。

其二是孙贲孙女寒华。孙寒华来自孙氏家族："少时密与契通情。后学道受介琰法，又以法受寒华。……寒华行玄白法而有少容，今尝俱处也。玄白道忌房室，自契受道，不得行此。"② 孙贲，字伯阳，是孙坚的侄子，孙权的堂兄，东汉末随孙坚起兵，常从征战，后又随孙策东渡来到江东，其子孙奚。孙寒华是孙奚之女，《云笈七签》有传："孙寒华者，吴人孙奚之女也。师杜契，受玄白之要，颜容日少，周旋吴越诸山十余年，乃得仙道而去。"③ 从以上记载中可见，三国时，茅山上已汇聚一批修习行气术、玄白术的修仙者。"世京服泽泻，寒华无所服，并已三百余年，正玄白之力也。"④ 孙氏家族与茅山道教关系密切。

东吴时虽有一批道士身兼数技，以自己的道术服务于吴主，但往往以长生成仙术炫耀于世，通过师徒或在家族中传道，尚未建立教团组织，属于以道术显世的"散户"。江南在历次战乱中破坏较小，一些北方道士也南下来到吴国。有许多道士会聚于方台洞修行，其地理位置应当是今天的南京方山："大茅山之西南有四平山，俗中所谓方山者也。其下有洞室，名曰方台。洞有两口，见于山外也。与华阳通，号为别宇幽馆

---

① ［日］吉川忠夫、麦谷邦夫编：《真诰校注》，朱越利译，中国社会科学出版社2006年版，第425页。
② ［日］吉川忠夫、麦谷邦夫编：《真诰校注》，朱越利译，中国社会科学出版社2006年版，第425页。
③ 《云笈七签》卷一百一十五《孙寒华》，《道藏》第22册，第798页。
④ 《茅山志》卷十四，《道藏》第5册，第615页。

矣。得道者处焉。"① 孙吴及东晋政权在江南建立，他们不再像曹魏政权那样严控民间教团的活动，众多的道士或方士活动于江南社会中。孙权特为葛玄在方山建洞玄观，将与茅山华阳洞相通的方山开发为道教圣地，"自三国以来，江南道教的发展逐渐超过中原与巴蜀，成为后来道教复兴的基地"②。茅山及方山活动着众多的修道者，有的是历史上的真实人物：

> 今积金山东（缺字），此树皆能高大，馆中诸道士所资为药也。其中先止者有张祖常、刘平阿、吕子华、蔡天生、龙伯高，并处于方台矣。
>
> 张祖常者，彭城人也，吴时从北来，得入此室，祖常托形堕车而死，故隐身幽馆，而修守一之业，师事上党鲍察者，汉司徒鲍宣五世孙也。察受道于王君。
>
> 刘平阿者，无名姓，名姓不示人也，汉末为九江平阿长，故以为号，行医术，有功德，救人疾病如己之病。行遇仙人周正时，授以隐存之道，托形履帽，而来居此室，常服日月晨气，颜色如玉，似年三十许人。
>
> 吕子华者，山阳人也，阴君弟子，已服虹丹之液，而未读内经，来从东卿受《太霄隐书》而诵之，常以幽隐方台为乐，不愿造于仙位也。
>
> 蔡天生者，上谷人也，小为啸父，卖杂香于野外，以自业赡，情性仁笃，口不言恶，道逢河伯少女，从天生市香。天生知是异人，再拜上一檐香，少女感之，乃教其朝天帝玉皇之法，遂以获仙，托形舃杖，隐存方台，少女今犹往来之也，天生师之。
>
> 龙伯高者，后汉时人。汉伏波将军马援戒其兄子，称此人之佳可法，即其人也。伯高后从仙人刁道林受服胎气之法，又常服青钑方，托形醉亡，隐处方台，师定录君也。③

---

① ［日］吉川忠夫、麦谷邦夫编：《真诰校注》，朱越利译，中国社会科学出版社2006年版，第437页。
② 任继愈主编：《中国道教史》，上海人民出版社1990年版，第57页。
③ ［日］吉川忠夫、麦谷邦夫编：《真诰校注》，朱越利译，中国社会科学出版社2006年版，第437—438页。

《无上秘要》称"此五人乃方山下洞主者"①，可能是因为他们都是汉末时从北南下，隐居于茅山及方山一带的修行者，大多掌握一些独特的修仙术，例如，彭城人张祖常"修守一之业"、刘平阿因遇仙人周正时授"隐存之道"，因常服日月晨气，后尸解而去。吕子华已服"虹丹之液"，蔡天生道逢河伯少女，乃教其"朝天帝玉皇之法"。龙伯高从仙人刁道林受"服胎气之法"，又常服青䭀方。青䭀方，即采摘江南特有的南烛草，古称染菽，俗称"乌饭草"，具有强精气、益肾阴之功效。最好是用那种带有露水的叶和茎皮的南烛草，煮后取汁，用汁浸米，蒸熟后的米饭呈现青碧色，清香可口，这是江南百姓十分喜爱的一种食物，据说有百害不能伤，疾病不能干的功效。这些修仙术经由不同仙人传授，通过北来道士的修炼，才使其功效展现出来。

随着北方战乱日益加剧，民间道团传入江南后，一时"布满江表，动有千许"，以塑造新神灵来吸引普通百姓的信从，江苏的道观日益增多。据地方志记载主要有，扬州府仪征县沙镇大王庙（俗称郭公亮庙）、兴化县华神庙、南京方山洞玄观、江宁府城东郊仙鹤山仙鹤观、镇江府丹徒县华阳观、扬州市邗江区江神庙、苏州府吴县阊门泰伯庙、洞庭西山仙坛观、穹窿山三茅峰上真观等，其最早兴建于汉代末年，但三国时期新建较多，其中有的得到孙吴政权的支持。

孙权追求长生成仙是希望能够永掌政权，这使东吴宫廷生活中一方面充满着血腥的权力争斗，孙权有七位儿子，有的英年早逝，有的被他赐死，还有的被同宗所杀；另一方面，宫廷中又弥漫着鬼神真仙的气氛，连颇为理性的太子孙登（209—241年）也受此影响，推动了道教在吴国的另类发展。

孙登亲自访问孙权崇信的葛玄，学习道术，还拜"兼善内术"的河南人徵崇为师："东宫官僚皆从咨询。太子数访以异闻"②。所谓的"异闻"，恐多与鬼神术数有关。赤乌四年（241年），孙登死前《临终上疏》孙权表达虔诚修仙的愿望："愿陛下弃忘臣身，割下流之恩，修黄老之术，笃养神

---

① 《无上秘要》卷八十三《得鬼官道人名品》，《道藏》第25册，第235页。
② （晋）陈寿撰，（宋）裴之注：《三国志》第5册《吴书·程秉传》注引《吴录》，中华书局1982年版，第1249页。

光，加羞珍膳，广开神明之虑，以定无穷之业，则率土幸赖，臣死无恨也。"① 孙权之后的东吴统治者孙亮、孙休大都崇尚神仙，与方士交往密切。

吴景帝是孙权的第六子孙休（235—264年），他在位执政时，下诏敦促王道教化，推行仁政之道，发扬纯美风俗，重视教育和加强农桑生产，禁止巫觋谶言，但社会上仍有黄龙出现的传言。再加上东吴地偏江东，是一个江东本土士族和北方流寓过来的外来士族联合起来的政权，其军队也由来自各大家族中的豪族武装掌握，士兵不是国家军队的战士，更像是世家豪族的奴隶。外来士族集团比之江东本土士族，他们对孙吴统治者具有强烈的依赖性和寄生性，这直接导致其对孙吴皇权批判性、对抗性的减弱。江东本土士族具有一些反抗性，故孙吴统治者也时常利用外来士族打压江东本土士人，使两大士族集团在合作过程中矛盾和摩擦不断，这是孙吴一代政治斗争的主线。

对于东吴统治者来说，为了凌驾于两大士族集团之上进行统治，往往需要采取鬼神巫术来提升其政治神圣性。孙休崇信有辟谷之术的道士石春，希望寻找到避免"老死"的方法：

> 吴有道士石春，每行气为人治病，辄不食，以须病者之愈，或百日，或一月乃食。吴景帝闻之曰："此但不久，必当饥死也。"乃召取锁闭，令人备守之。春但求三二升水，如此一年余，春颜色更鲜悦，气力如故。景帝问之："可复堪几时？"春言："无限，可数十年，但恐老死耳，不忧饥也。"乃罢遣之。②

但吴春却坦言，可不食而生，却无法避免老死。吴景帝孙休生病后，请道士用巫觋来驱鬼，在宫廷中进行这样的巫术，虽然对号称能以术役使鬼神的道教传播是有利的，但却推进着民间道团向巫觋化方向发展。

孙皓（242—284年）统治时，他在宫中供养了一批巫觋方士，要他们用占卜来参预国家军政决策。孙皓在即位之初，还能通过开仓振贫、减省宫女和放生宫中珍禽异兽来抚恤人民，但不久便显露出残暴骄盈的本色，好酒

---

① 《全上古三秦汉三国六朝文》第3册《三国》，河北教育出版社1997年版，第620页。
② 王明：《抱朴子内篇校释》，中华书局1985年版，第269页。

色，杀家臣，信巫觋之言，为其父孙和平反，建立清庙加以供奉："中使手诏，日夜相继，奉问神灵起居动止。巫觋言见和被服，颜色如平日，皓悲喜涕泪，悉召公卿尚书诣阙门下受赐。"① 孙皓在迁都、北伐等一系列重大军政问题上听从方士之言，"是以上下离心，莫为皓尽力。盖积恶已极，不复堪命故也"②。由于孙皓过度迷信巫觋之言，连其使者都参与伪造谶语，导致孙皓的决策经常失误，引发吴国的统治危机。

南京地区保留至今的最古石碑是《天发神谶碑》，相传是东吴后主孙皓命人刻制的，最初立于断石冈（今南京雨花台），后因在刘宋时折为三段，俗称"三段碑"。立此碑的"起因，是因为有一次在吴郡地方掘出一块长一尺，广三分，上面刻有年月谶语的银锭一块所引起的。上刻有：'上天帝言，天□下步于日月，帝曰：大吴一□万方'等字样，于是东吴末代皇帝孙皓便大肆宣扬'君权神授'，并刻石立碑，说这是天降神谶，上天册封他永久做皇帝"③。这种于江南农耕—宗法社会中出现的谶纬之风，为"神道设教"式的专制政治和原始思维所控制，在神灵信仰上具有了基于"天人感应"而形成的自发性、巫术性和功利性兼容的多神崇拜现象。

一些吴国方士也不满孙皓治政严酷和过度的巫觋迷信。"陈训，字道元，历阳人。少好秘学，天文、算历、阴阳、占候，无不毕综，尤善风角。孙皓以为奉禁都尉，使其占候。皓政严酷，训知其必败而不敢言。时钱塘湖开，或言：'天下当太平，青盖入洛阳'。皓以问训，训曰：'臣止能望气，不能达湖之开塞。'退而告其友曰：'青盖入洛，将有舆榇衔璧之事，非吉祥也。'寻而吴亡。"④ 同书《戴洋传》又载，戴洋乃吴兴长城人，"及长，遂善风角。为人短陋，无风望，然好道术，妙解占候卜数。吴末为台吏，知吴将亡，托病不仕"⑤。就连陈训、戴洋这样的方士都认为孙皓笃信巫觋而必亡国，这对孙皓真是一个极大讽刺。

但也有一些方士利用孙皓迷信巫术的心理，不断假造承天命之兆的谶言，来迎合他想进行北伐战争以统一中原的心理。方士刁玄等人以云气占术

---

① （晋）陈寿撰，（宋）裴之注：《三国志》第5册，中华书局1982年版，第1171页。
② （晋）陈寿撰，（宋）裴之注：《三国志》第5册，中华书局1982年版，第1173页。
③ 南京市博物馆编：《南京考古资料汇编》二，凤凰出版社2013年版，第863页。
④ 《晋书》卷九十五《陈训传》。
⑤ 《晋书》卷九十五《戴洋传》。

编造谶言:"黄旗紫盖,见于斗牛之间,江东有天子气。"① 以说明天上二十八星宿中的斗、牛之间出现"黄旗紫盖"的云气,预示着在荆州、扬州将有天子出世。孙皓闻之大喜,以为天命,于是在春正月就率大军北伐,前往洛阳。

> 初,丹阳刁玄使蜀,得司马徽与刘廙论运命历数事。玄诈增其文,以诳国人曰:"黄旗紫盖见于东南,终有天下者,荆、扬之君乎!"又得中国降人,言寿春下有童谣曰:"吴天子当上。"皓闻之,喜曰:"此天命也。"即载其母妻子及后宫数千人,从牛渚陆道西上,云青盖入洛阳,以顺天命。行遇大雪,道途陷坏,兵士被甲持仗,百人共引一车,寒冻殆死。兵人不堪,皆曰:"若遇敌便当倒戈耳。"皓闻之,乃还。②

黄旗是天子旌旗,青盖则是天子的重要仪仗。当时魏、蜀已灭亡,西晋已建立。西晋武帝司马炎(236—290年)以勤俭之德,平定寰区。灭蜀之后,唯余吴国。西晋军队已对东吴形成包围之势,只是在凤凰元年(272年),吴将陆抗在西陵打败羊祜率领的晋军,这使得孙皓对孙吴的军事实力和天命护卫充满了自信,认为自己最终将于"庚子岁,青盖当入洛阳"③,以夺取天下。然而,孙皓不修政务,却听信"紫盖黄旗见于东南"的谶言,还不顾劝诫,要亲自率军北伐,"孙皓以青盖入洛阳的举动,是基于术数思想的影响。以现在知识的逻辑看似荒诞,但是在当时却是普遍流行的一种观念"④。孙皓最终被晋军打败,没能入洛阳为天子。庚子年(280年),建业被攻陷,孙皓成了晋武帝的俘虏,被晋军押到洛阳,东吴灭亡。

---

① (梁)沈约:《宋书》卷二十七《符瑞上》,中华书局1974年版,第780页。
② (晋)陈寿撰,(宋)裴之注:《三国志》第5册,中华书局1982年版,第1168页。
③ (晋)陈寿撰,(宋)裴之注:《三国志》第5册,中华书局1982年版,第1178页。
④ 孙英刚:《神文时代:谶纬、术数与中古政治研究》,上海古籍出版社2015年版,第67页。

第三节　葛氏家族与江东神仙道

在北方陆续迁来江南的世家大族中，葛氏家族因出了葛玄、葛洪这两位重要人物而对推动江苏道教的发展有着重要贡献。虽然学界有关"二葛"的研究已是汗牛充栋，但从江苏道教的视域看，对葛氏家族所开创的江东神仙道还有一些值得深入探讨之处：

第一，来自山东琅琊的葛氏家族是将其原有信仰带入迁移地江苏句容，还是来到江东后才接受了新信仰？陈寅恪先生在《天师道与滨海地域之关系》中提出，葛氏家族是从山东琅琊迁移来江东的天师道家族："以地域言，丹阳东海皆《隋书·经籍志》所谓'三吴及滨海之际'者也。然葛氏之居丹阳，亦由海滨迁来。其家世信仰盖远有所承受。"[1] 其中专门提及葛氏家族的迁出之地——琅琊是天师道发源地之一。虽然葛氏家族后来在江东也发展成一个信奉道教的世家，但他们在南迁时还是以儒学传家且尚未形成明确的道教信仰。

第二，葛氏作为世代生活于琅琊的世家大族，葛洪在《抱朴子外篇·自叙》[2]中对自己的家族史作了回顾性描述，一直追述到十世曩祖，其中并没有提及其家族有道教信仰。葛洪十世曩祖原为荆州刺史，但因不满于王莽篡国的做法，弃官而归，后又与东郡太守翟义共同起兵，却为王莽军队所败，最后被迫迁往琅琊，称疾隐世。曩祖之子葛浦庐后起兵以辅佐光武帝刘秀，因有大功而封下邳僮县侯，食邑五千户，但葛浦庐却让位于弟弟葛文，自己带领族人南游江左，适丹阳句容，见山水秀丽，风俗淳厚，乃安下家来。后来其他葛氏家族成员也陆续南下，来到句容与葛浦庐"同居"。

第三，葛氏家族在东汉时南迁江苏句容后，仍保持着原有的士族文化传统，子弟躬耕，以典籍自娱，以耕读传家，不显于世，因此有人认为葛洪之父祖辈实际上处于寒门地位[3]，故葛氏八世祖至四世祖中虽然留下葛浦庐、

---

[1] 陈寅恪：《金明馆丛稿初编》，生活·读书·新知三联书店2001年版，第31页。
[2] 王明：《抱朴子内篇校释》，中华书局1985年版，第369页。
[3] 许抗生：《葛洪及其政治观》，《北京教育学院学报》1997年第2期。

葛文等名字，但他们的具体情况却不得详知。葛洪祖父葛奚："学无不涉，究测精微，文艺之高，一时莫伦，有经国之才。仕吴，历宰海盐、临安、山阴三县，入为吏部侍郎、御史中丞、庐陵太守、吏部尚书、太子少傅、中书、大鸿胪、侍中、光禄勋、辅吴将军，封吴寿县侯。"葛洪父亲葛悌："以孝友闻，行为士表，方册所载，罔不穷览。仕吴五官郎，中正，建城、南昌二县令，中书郎、廷尉平、中护军、拜会稽太守未辞，而晋军顺流，西境不守。……君以故官赴除郎中……迁邵陵太守，卒于官。"[①] 葛悌夙承家门儒风，以孝友闻，行为士表，是一位清廉且敢于"举善弹枉"的正直官员。葛洪十三岁时，父亲去世，家道中落。

第四，葛洪的从祖葛玄向左慈学道，才开葛氏家族由儒入道之风。葛氏家族本以儒家孝悌纲常立家，以入仕为官作为弟子的安身之本。葛玄通过向左慈学道，才将所学之道在家族中传授，并推进了以金丹派或丹鼎派为特征的神仙道教在江东逐渐显世。在茅山道教语境中，左慈曾在茅山传道，如《玄品录》中曰："在建安末，慈尝渡江寻茅山，仍得入洞。又乞丹砂合九华丹，即李仲甫弟子、葛玄之师也"[②]。李仲甫既与句曲茅盈相交，又在左慈建安年渡江来到茅山后授予其七变神法，并教左慈如何炼丹，这其中虽有虚构成分，但却符合道教仙传的叙事方式，由此将左慈看作是推动道教在葛氏家族中传播者。

但在灵宝派道书中，又宣扬太上派遣三真人向葛玄传道："至吴，有句曲葛玄访道会稽郡，祈真上虞山，遇太极诰使之驾，降灵宝众经之帙，斯为上品，最先唉焉。"[③] 葛玄在天台山学道时，因得到太上派遣三真人下降传授灵宝经，其道术才得到跃升。《历世真仙体道通鉴》对这次降经的时间、真人、经书作了具体说明：汉灵帝光和二年（179年）正月朔，太上老君遣三圣真人下降天台山，"出《洞玄大洞灵宝经》，凡三十六部，以授仙人葛玄，及上清斋法二等，并三箓七品斋法"[④]。葛玄受经后稽首拜谢，三真人腾空而去。据说天台山桐柏观建有法轮院，那就是三圣真人的降经处。葛玄

---

① 王明：《抱朴子内篇校释》，中华书局1985年版，第370页。
② 《玄品录》卷二，《道藏》第18册，第110页。
③ 《度人经集注序》，《道藏》第2册，第187页。
④ 《历世真仙体道通鉴》卷二十三，《道藏》第5册，第229页。

在天台山精心研习所得经书，终于掌握辟谷行气之法、金丹服食之道、分形万化和灵感应变之术。葛玄仙道渐成后，辞别天台，外出云游，沿途弘扬灵宝道法，这也是后来葛玄被作为灵宝派始祖的原因。

吴主孙权好道，崇信神仙，结交方士，仰慕葛玄之名，赤乌二年（239年）召请，待之以礼，从之问道，所以葛玄经常往来于吴国都会，传播神仙道教。孙权曾下诏在天台山建造桐柏观，命葛仙翁居之。葛玄不仅是桐柏观的开山祖师，也推动了茅山道教的兴起：

> 吴主孙权于天台山造桐柏观，命葛玄居之；于富春建崇福观，以奉亲也；建业造兴国观，茅山造景阳观，都造观三十九所，度道士八百人。①

另据《三国志》记载，孙权好道术，葛玄尝与之游，孙权特于方山为葛玄立洞玄观，反映了葛玄在道教中的地位。

相传葛玄在世时即闻名遐迩，四方道徒，闻风而至，亲受秘诀的多至500余人，后形成以传授灵宝经为主的道派，其最有名的弟子是郑隐。吴大帝赤乌七年（244年），葛玄在天台山立坛授道时对弟子郑隐说："吾昔从左元放先生于赤城山受五岳图及金丹经，今付与汝。"并嘱付郑隐，待自己仙逝后，将我所授上清、三洞、灵宝、中盟诸品经箓付阁皂宗坛及吾家门弟子。是年八月望日，葛玄令人帮助穿戴好衣冠，端坐室内，众弟子焚香环立。传说此时大风骤起，声势凌厉。大风过去，众闻半天仙乐悠扬，抬头一看，见旌幢蔽天，仙翁稳坐八景琅舆，仙童玉女左右卫迎，在祥云百鹤缭绕中冉冉飞升。吴国人知道后，从此改称其为葛仙公。

郑隐（？—302年），字思远，少为书生，学习儒家《礼记》《尚书》，"郑君不徒明五经、知仙道而已，兼综九宫三奇、推步天文、河洛谶记，莫不精研"②。更是通过葛玄而得以阅读到更多的道书。郑隐也擅长神仙方术："晚师葛孝先，受《正一法文》《三皇内文》《五岳真形图》《太清金液经》

---

① （唐）杜光庭撰：《历代崇道记》，《道藏》第11册，第1页。
② 王明：《抱朴子内篇校释》，中华书局1985年版，第338页。

《洞玄五符》。入庐江马迹山居,仁及鸟兽。"① 马迹山上还流传着郑隐饲虎负经书的动人故事:"所住山虎生二子,山下人格得虎母,虎父惊逸,虎子未能得食。思远见之,将还山舍养饲。虎父寻还,又依思远。后思远每出行,乘骑虎父,二虎子负经书衣药以从。"② 郑隐当时已有年寿,仍体力充沛、健步如飞,先发鬓班白,数年间又黑,颜色丰悦,能引强弩射百步,步行日数百里,饮酒二斗不醉:"郑君本大儒博士也,晚而好道,由以《礼记》《尚书》教授不绝。其体望高亮,风格方整,接见之者皆肃然。每有谘问,常待其温颜,不敢轻锐也。"③

郑隐所收弟子众多,身边常年有50余位弟子,其中包括葛玄的从孙葛洪。为防止初学未成者出现种种弊端,郑隐只将道书传给葛洪这样的"有甄事之才"的"可教"之徒。葛洪作为"郑君门人"而由此得见郑隐的藏书:"余晚充郑君门人,请见方书,告余曰:'要道不过尺素,上足以度世,不用多也。然博涉之后,远胜于不见矣。既悟人意,又可得浅近之术,以防初学未成者诸患也。'乃先以道家训教戒书不要者近百卷,稍稍示余。"④ 葛洪原来就读过一些道书,又存有一些疑问,在读书过程中不断向郑隐请益。郑隐告诉葛洪,道书的内涵十分丰富,现在所见只是一小部分。郑隐将自己认为的"佳书相示也",这成为葛洪后来编《遐览》的基础。"太安元年(302年),知季世之乱,江南将鼎沸,乃负笈持仙药之朴,将入室弟子,东投霍山,莫知所在。"⑤ 郑隐在世八十余年,西晋末为躲避兵祸隐入霍山,世人莫知所终。

葛洪未与郑隐同行,而是在家乡募集数百人组成队伍,参加镇压进攻扬州的石冰起义军,战后虽因功升迁为波伏将军,但没有被朝廷重用,于是在京师洛阳搜集异书,不久遇"八王之乱",只好周旋徐荆等地并到达广州,拜南海太守鲍靓为师,娶鲍姑为妻,又得《三皇文》,后隐居罗浮山,开始《抱朴子》写作。晋愍帝建兴二年(314年)与岳父鲍靓等一起回家乡句容。晋元帝即位建康,改元建武(317年),据说葛洪在这年完成了《抱朴

---

① 《历世真仙体道通鉴》卷二十四,《道藏》第5册,第236页。
② 《云笈七签》卷一百十《郑思远》,《道藏》第22册,第751页。
③ 王明:《抱朴子内篇校释》,中华书局1985年版,第332页。
④ 王明:《抱朴子内篇校释》,中华书局1985年版,第332页。
⑤ 王明:《抱朴子内篇校释》,中华书局1985年版,第338页。

子》的写作。

从史料记载看，葛氏家族的仙道来自左慈传授给葛玄的金丹道，宣扬"服神丹令人寿无穷已"，但炼丹的过程却有很多讲究："合丹当于名山之中，无人之地，结伴不过三人，先斋百日，沐浴五香，致加精洁，勿近秽污，及与俗人往来，又不令不信道者知之，谤毁神药，药不成矣"①。金丹的传授要辅以斋戒、拜神、清静、口诀、隐语等各种要素，否则即使知道丹方也无法奏效。当时葛氏家族内部十分注意依据仙道信仰、秉承师说、依照丹方、精心烧炼的丹道传统。故人们多将丹阳葛氏家族的道统归为"金丹派"或"丹鼎派"，但日本学者则称为"葛氏道"。如福井康顺在《葛氏道的研究》②中最先用"葛氏道"一词来概括以葛玄、葛洪为代表的以服药、行气和房中为仙术的道派。对于"金丹派""丹鼎派""葛氏道"能否算作严格意义上的道团还有不同的看法，但至少可以确信的是，葛氏家族"迁入江苏后，以葛玄、葛洪、葛巢甫为代表的家族成员通过自身努力以及融合师承、姻亲和官宦等各种社会关系建立起广泛的道脉关系网络"③。

后来，小林正美在用"道流"来指称在江南地区传播的天师道、葛氏道、上清派时，更将"葛氏道"这一以家族姓氏命名的道派凸显出来，"所谓的葛氏道，是指江南葛玄和葛洪的道流。葛玄和葛洪，在史书中时常被合称为'二葛'，为了方便起见，由此将二人所属的道流称为'葛氏道'"④。他还指出了葛氏道的地域特征："这样的小团体在吴地分散活动。通过以金丹法为中心的一定的仙经和神仙术由师父传给弟子，他们共有相同倾向的神仙思想和神仙术。这样的一群人形成了被称为葛氏道的道流。其核心人物，是从左慈到葛洪的数人。"⑤ 日本学者倾向于用家族姓氏来冠名一个修道团体，展现了神仙信仰经过葛氏家族成员代代努力而发展为江南社会中一股独特的"道流"。

到目前为止，学界对"葛氏道"这一提法仍有不同的看法：第一，这个道团始于三国时由魏国来到吴国活动的左慈，其成员并不全是葛姓；第

---

① 王明：《抱朴子内篇校释》，中华书局1985年版，第74页。
② 载［日］津田左右吉编《东洋思想研究》第5册，岩波书店1953年版，第44—86页。
③ 韩玉胜：《从地域文化看葛氏家族对江苏道教的贡献》，《云南社会科学》2013年第6期。
④ ［日］小林正美：《中国的道教》，王皓月译，齐鲁书社2010年版，第34页。
⑤ ［日］小林正美：《中国的道教》，王皓月译，齐鲁书社2010年版，第35页。

二,这个道团成员并非"共同尊尚特定的道典"而是各有所好。例如,左慈、葛玄最尊尚的可能是"金丹仙经",葛洪在《抱朴子》中最推崇金丹术;郑隐最看重《三皇内文》与《五岳真形图》这些符谶图文。后来葛巢甫造作的灵宝经主要是《灵宝赤书五篇真文》,可能还有为上述"真文"作解说的《灵宝赤书玉诀妙经》。第三,在实践上形成不同的趋向,左慈、葛玄、郑隐、葛洪等都以自身的努力来实践长生成仙术,从葛巢甫所造构的道书看,他更强调《灵宝赤书五篇真文》作为仪式和符咒的威力,寻求对外在神力的依傍以获得拯救:"《灵宝赤书五篇真文》,篇镇一方,皆元始自然之书,五老以五帝侍卫五方,灵官掌录,禁限一年三开,众仙庆真"①,以技术为特点的长生成仙之术重在"自力",而《五篇真文》的成仙之术则重在"他力",通过符咒斋醮将神灵安镇于人的五脏六腑中,以远离鬼魔,救度亡灵,劫末大灾时得到神灵的护佑。"在灵宝经群最早的经典中,较之救度一切而言,更为强调的是修行给个人和家族所带来的好处。"② 左慈、葛玄、郑隐、葛洪等实践的成仙术基本上是个体性、实验性的,而葛巢甫倡导斋醮之道在很大程度上超乎个人范围,是群体性、仪式性的,表现出为众生做道场来"无量度人"的普世性。笔者认为,无论"葛氏道"之名是否成立,但葛氏家族为推动江苏道教发展做出了重要贡献:

第一,葛氏家族促进了道教神仙信仰在家族子弟中代代传承。从家族内部来看,葛玄、葛洪在论证神仙信仰、寻求成仙之道以及提升道教精神气质等方面进行的探索,成为这个家族道教情结的表征。值得注意的是,葛氏家族所面对的各种道派在江东的相遇现象:"葛玄是在汉末遇左慈,杨、许等则在西晋末始得魏华存授道。东晋时期的句容,道教诸派的冲突与调停,均对葛、许二奉道世家有所影响,这是早期道教史上正统与异端之间相互对立与融摄的现象。"③ 面对诸道派的流行,葛氏家族将神仙信仰与家传、师承、姻亲关系结合起来。左慈、鲍靓是通过师承关系进入葛氏家族的,葛洪延续了这种风尚,既是郑隐的弟子,又娶了鲍靓的女儿为妻,在延续家族道脉中

---

① 《太上洞玄灵宝赤书玉诀妙经》卷下,《道藏》第6册,第200页。
② [美]柏夷:《早期灵宝经与道教寺院主义的起源》,《道教研究论集》,中西书局2015年版,第65页。
③ 李丰楙编著:《不死的探求——抱朴子》,中国友谊出版公司2013年版,第41页。

起到了承上启下的关键作用。据《真诰》卷二十记载，许迈、许谧二人均曾师承于葛洪岳父鲍靓，许黄民妻为葛洪重孙葛万安之女，而许氏家族又与陶氏、华氏等奉道之家累世通婚。葛氏家族通过各种关系，在京师建康及茅山形成了以世家大族为主体的奉道集团。胡孚琛先生在《魏晋神仙道教》中还指出："葛洪的道团，其中包括子侄辈的家庭成员，如葛望、葛世等。他还有弟子，如滕升和黄野人等。"① 葛氏家族通过联姻而传承神仙信仰。上清宗师杨羲会书写画符，其抄写的有着图绘符文秘篆的一些道书也通过葛氏家族传承下来：

> 杨书《灵宝五符》一卷，本在句容葛粲间。泰始某年，葛以示陆先生。陆既敷述《真文赤书》、《人鸟五符》等，教授施行已广，不欲复显出奇迹，因以绢物与葛请取，甚加隐闭。顾公闻而苦求一看，遂不令见，唯以传东阳孙游岳及女弟子梅令文。……杨书《王君传》一卷，本在句容葛永真间，中又在王文清家，后属茅山道士葛景仙。②

杨羲从魏华存之子刘璞处所得《灵宝五符》一卷，传到了句容葛粲以及葛永真、葛景仙那里。泰始年间，陆修静在金陵整理三洞经书时，葛粲曾将此书出示给陆先生。陆修静敷述《真文赤书》《人鸟五符》等，这些重要经书通过整理保留下来。至于葛粲、葛永真、葛景仙在葛氏家族中的关系，因年代久远已很难考证，但葛氏家族成员通过阅读传授道书，尊崇家族所信奉的神灵促进了道教在江苏的传播。

第二，葛氏家族促进江苏道教信仰向士族化方向发展。汉末魏晋时，江南地区存在着各种名目的民间道教组织，其组织成员常采用符水、驱鬼、请神等形式进行布道传教、治病救人，缺乏统一的组织和领导，呈现出"人人称教"的散乱格局。有时，这些民间道教组织还会与农民起义相牵连，故常被统治者视为左道、妖道而加以禁止。随着士族人士皈依道门，以社会主流意识儒家伦理来促进道教走上士族化的道路。如葛洪强调若要长生成仙

---

① 胡孚琛：《魏晋神仙道教》，人民出版社1989年版，第141页。
② ［日］吉川忠夫、麦谷邦夫编：《真诰校注》，朱越利译，中国社会科学出版社2006年版，第581页。

就必须遵循儒家倡导的忠孝道德:"欲求仙者,要当以忠孝和顺仁信为本。若德行不修,而但务方术,皆不得长生也。"① 葛洪将道教的神仙方术与儒家的纲常名教相结合,所建立的一套长生成仙的理论体系,以维护社会伦理纲常的做法,为道教逐步向社会上层传播打开了大门,使道教慢慢地脱离了地方性、反叛性以及与统治者不合作的态度,成为统治者进行社会教化、维护统治秩序的工具。后来,葛巢甫所构造的灵宝经进一步从内容上满足了贵族化的需求,为神仙道教的持续发展奠定了理论基础。

第三,葛氏家族使金丹道成为家族文化的重要标识。东汉以来出现的各种金丹经主要通过葛氏家族及弟子徒众进行传承。据《抱朴子内篇·金丹》记述,金丹经传播江南的契机是左慈于汉末乱世避地渡来江东,"江东先无此书,书出于左元放,元放以授余从祖,从祖以授郑君,郑君以授余,故他道士了无知者也。然余受之已二十余年矣,资无担石,无以为之,但有长叹耳"②。葛玄从左元放受金丹诸经,后又传授给郑隐,郑隐再传给葛洪。葛洪在接受郑隐传授的《太清丹经》《九鼎丹经》《金液丹经》时,曾在马迹山中立坛盟誓,并将服食金丹大药作为仙道之极。"抱朴子曰:余考览养性之书,鸠集久视之方,曾所披涉篇卷,以千计矣,莫不皆以还丹金液为大要者焉。然则此二事,盖仙道之极也。服此而不仙,则古来无仙矣。……余周旋徐豫荆襄江广数州之间,阅见流移俗道士数百人矣。或有素闻其名,乃在云日之表者。然率相似如一,其所知见,深浅有无,不足以相倾也。虽各有数十卷书,亦未能悉解之也,为写蓄之耳。"③ 葛洪强调,他在周旋徐豫荆襄江广数州时,曾接触过一些杂散道士,他们积极走贵人之门,或是神仙信仰的传播者,但并不真正知晓所谓的金丹术。葛洪称"余问诸道士以神丹金液之事,及《三皇内文》召天神地祇之法,了无一人知之者"④,这可能有夸大其词,但也从一个侧面可见,很多道士为了吸引江南民众信仰道教,经常借用自己也未能悉解的神丹金液之事来自神其教。葛氏家族以神仙信仰为中心,在金丹经及金丹术的传承方面改变了早期道教关注社会问题的倾

---

① 王明:《抱朴子内篇校释》,中华书局1985年版,第53页。
② 王明:《抱朴子内篇校释》,中华书局1985年版,第71页。
③ 王明:《抱朴子内篇校释》,中华书局1985年版,第70页。
④ 王明:《抱朴子内篇校释》,中华书局1985年版,第70页。

向，转而关注人的生命成长，特别符合江南士人的精神需求和价值趋向，这又为后来上清派、灵宝派的兴起奠定了基础。

第四，葛氏家族是通过造作道书来不断提升江南道教文化水平的。魏晋时期，葛氏家族通过家族子弟的师承、亲友、官宦、婚姻关系形成了较为稳固的奉道集团，努力将江南道士、道经和道术整合起来，实现了神仙道教资源的流转与共享。从地域文化来看，葛氏家族以江苏句容为中心形成的人际关系网带动了当地奉道与弘道的文化氛围。葛玄升仙后一百多年，葛洪的从孙葛巢甫再次增修灵宝经，随着灵宝派的盛行，葛玄成为葛仙公，并被奉为灵宝派祖师。

如果把葛氏家族对道教的贡献放在整个江苏道教史中进行考量，就可见作为江苏最著名的奉道世家，葛氏家族对推动江南道教的勃兴充当了重要角色，延续了东汉以来的神仙信仰，针对社会上有关成仙的种种质疑，通过创作道书对成仙可能性和必要性进行了论证。葛洪一方面批评早期民间道教的粗陋方术，另一方面对在综合前人修道实践的基础上对道教修道术进行整理和说明，提出服食金丹才是成仙的可靠路径。后来葛巢甫为了应对来自上清派以及佛教的挑战，又通过弱化难以验证的金丹术，强化斋醮科仪的作用。葛氏家族在整合各种道教资源基础上经过不断综合创新，促进了道教理论与实践在江南地区的演进和发展，对江苏道教以后的发展走势产生了深刻影响，从这个意义上来说，也可将这个以家族为中心发展出的新教派称为"葛氏道"。

第四节 塑造新神灵与修建新道观

孙权立国后，对传入江东的道教及民间信仰比较重视，这与当时儒家礼乐文化的缺失，宫廷中巫筮之风，佛教借助于神仙方术而流传[1]有关。在孙权之前，江南民间血食祭祀比较盛行，而血食祭祀的神灵多是败军死将，死后阴气不散而成鬼，民众为社神立祠，倾财竭产进行祭祀。这种巫筮之风的流行不仅扰乱了人民的日常生活，有时也达不到庇护信徒的目的。孙吴政权

---

[1] 洪修平：《中国佛教文化历程》（增订本），江苏教育出版社2005年版，第33页。

权依恃随着世家大族传入江南的天师道,通过塑造新神灵来降服以"血食"为特点的淫邪之鬼。

在这场悄无声息的"伐庙杀鬼"运动中,天师道期望通过重塑地方神来契合孙吴政权的统治要求时,就需要处理两个问题:一是如何将原先参与江南民间血食祭祀鬼神活动的民众转换为信仰天师道的道民?二是如何处置原先的社庙的地址?是保留建筑而重塑新神灵,还是摧毁原有的社庙而另盖修道精舍?有人认为:"天师道是通过把地方基层社神纳入道教神谱进行收编,而佛教却对地方社神与社庙进行'伐社',这两种迥异做法凸显了两种宗教进入地方社会的不同策略。"① 进入江南的天师道士往往打着太上授予"天师正一盟威之道"的旗号,通过揭示那些被俗人奉若神明的鬼神本质、取缔那些在民间社庙开展的鬼神祭祀,通过宣扬"背俗入道",以天师道信仰来降服以"血食"为特点的民间俗神崇拜,但在客观上却使天师道神灵信仰更为复杂多样。

为了更好地进行政治统治,孙吴政权既对促进天师道的"江东化"予以支持,也通过塑造地方神来达到神道设教的目的,最突出例子就是以当时吴国中流传的有关蒋子文的神异故事为依据,将蒋子文作为"守护没有城墙的村子或部落的现世或来世之神"② 来加以崇拜,如东晋文学家干宝撰《搜神记》卷六"蒋子文"条记载:

> 蒋子文者,广陵人也。嗜酒好色,挑达无度。常自谓己骨清,死当为神。汉末为秣陵尉,逐贼至钟山下,贼击伤额,因解绶缚之,有顷遂死。及吴先主之初,其故吏见文于道,乘白马,执白羽,侍从如平生。见者惊走,文追之,谓曰:"我当为此土地神,以福尔下民。尔可宣告百姓,为我立祠。不尔,将有大咎。"是岁夏,大疫,百姓窃相恐动,颇有窃祠之者矣。③

---

① 吴真:《从六朝故事看道教与佛教进入地方社会的不同策略》,《黄河科技大学学报》2007年第3期。
② [日]窪德忠:《道教史》,萧坤华译,上海译文出版社1987年版,第99页。
③ (东晋)干宝:《搜神记》,岳麓书社2015年版,第40页。

广陵人蒋子文,在汉末任秣陵尉时,因逐贼来到钟山(即今南京紫金山)脚下,被贼击伤额头而死去。但到孙吴初年,其旧部却看到蒋子文骑在白马上,手执白羽扇,被侍者卫护着在大道上行走。据说蒋子文还说自己是为民造福的"土地神",要旧部们宣告百姓并为之立祠,不然社会上就会灾祸频发。当时恰好是夏天,瘟疫流行起来,又有女巫宣称神灵附体,预言要发生火灾。果然"是岁,火灾大发,一日数十处。火及公宫。议者以为鬼有所归,乃不为厉,宜有以抚之。于是使使者封子文为中都侯,次弟子绪为长水校尉,皆加印绶,为立庙堂,转号钟山为蒋山,今建康东北蒋山是也。自是灾厉止息,百姓遂大事之"①。火灾频发,一日数十处,不但百姓"窃相恐动",大火还烧到了皇宫附近。

孙权素来信巫语,以此为借口,将汉秣陵尉蒋子文封爵为侯:"蒋子文,汉秣陵尉,逐贼至钟山,伤额而死。吴先主时,其故吏遇之于途。子文曰:'我当为此土地神',又附巫语:'当大启孙氏'。吴主乃为立庙,封中都侯。"②败军死将会转变为厉鬼,凶死者会变为瘟神,它们在阴界可以率领鬼卒将领于人间作祟,这使人们在心理上既敬畏又害怕而产生一种恐怖情绪。可能是受这种鬼神观的影响,孙权为了制止火灾蔓延,乃将蒋子文封为中都侯,奉为保佑风调雨顺的社神,在钟山立庙进行祭祀,据说灾祸很快就消失了。后来,为避孙权祖父名钟之讳,将钟山改称为蒋山。

蒋山所在地在东汉三国时期属于丹阳郡,自古以来流行的泛神论在江南人神鬼不别的原始信仰中推动着新神灵登场,查看《六朝事迹编类》卷十二《庙宇门》"蒋帝庙"条注引《金陵图经》称:孙权"帝乃立庙于钟山,封子文为蒋公。权避祖讳,因改钟山曰蒋山。"③朱偰先生在《金陵古迹图考》中介绍蒋子文祠时指出:"蒋子文之庙,始兴于吴,崇于晋,大于南齐,而衰于明。子文功业,虽无足道,然其神话势力之大,直足以风靡六朝甚至追崇帝号,亦犹关羽之于后世也。"④孙权以蒋子文为神,从蒋子文"嗜酒好色,挑达无度"的率真品格,以及"汉末为秣陵尉,逐贼至钟山

---

① (东晋)干宝:《搜神记》,岳麓书社2015年版,第40页。
② (清)赵翼:《陔余丛考》,河北人民出版社1990年版,第619页。
③ (宋)张敦颐:《六朝事迹编类》卷十二《庙宇门》,南京出版社2007年版,第114页。
④ 朱偰:《金陵古迹图考》,中华书局2006年,第75页。

下"的任职情况看，其出身、任职与孙坚早年的经历十分相似。蒋神信仰在三国时得以确立，与孙吴政权在重视门第的社会背景下，有为出身寒门的父亲孙坚进行正名的意味，但在江南民间淫祀巫风盛行的背景下，蒋神又被统治者不断增饰附会而塑造成造福一方的道教神灵。鲁迅先生曾以蒋王为例，说明这是一种"随时可生新神"[1]，代表着人鬼转为新神的典型例证。

近年来，对蒋神崇拜的研究也受到学术界的重视，例如，梁满仓《论蒋神在六朝地位的巩固与提高》[2]、林富士《中国六朝时期的蒋子文信仰》提出：蒋子文信仰"是从三国吴开始流行于今天南京及其附近地区的一种民间巫觋鬼神崇拜"[3]。刘雅萍《中国古代民间神灵的兴衰更替：以南京蒋子文祠为例》则认为"蒋子文是南京地区历史上著名的神灵之一。东晋之后是其发展的黄金时期曾被南朝齐政府册封为'灵帝'。之后随着佛教的传入与盛行加之当地政权对于神灵体系的整合，蒋子文祠逐渐衰落"[4]。姚潇鸫《蒋子文信仰与六朝政治》认为："蒋子文信仰在六朝300多年的历史中，受历朝统治者的极端推崇，为六朝历史中极特殊的宗教现象，历来受到学者重视。作为一种和统治者紧密结合的信仰蒋子文信仰的产生、发展、兴盛、衰弱都和六朝的政治发展紧密相关，将蒋子文信仰放在六朝政治史的框架内分析，为蒋子文信仰研究提供了新诠释。"[5]

这些研究成果从不同的角度展示了蒋神从民间鬼神发展为江苏道教所崇拜的地方神灵，其源头虽在孙权的崇奉，但随着天师道在江南的传播，蒋神信仰不仅融入道教及佛教元素，而且也受到六朝统治者的重视。相传东晋末年，孙恩、卢循起义到达离建康不远的京口（江苏镇江）时，面对来势汹涌的起义军，司马元显（382—402年）却躲在蒋侯庙里开展厌胜之术以求蒋神保佑："会孙恩至京口，元显栅断石头，率兵距战，频不利。道子无他

---

[1] 鲁迅：《中国小说史略》，中国书籍出版社2020年版，第15页。
[2] 梁满仓：《论蒋神在六朝地位的巩固与提高》，《世界宗教研究》1991年第3期。
[3] 林富士、傅飞岚主编：《遗迹崇拜与圣者崇拜》，台北允晨文化出版公司2000年版，第170页。
[4] 刘雅萍：《中国古代民间神灵的兴衰更替：以南京蒋子文祠为例》，《世界宗教研究》2011年第4期。
[5] 姚潇鸫：《蒋子文信仰与六朝政治》，《学术研究》2009年第11期。

谋略，唯日祷蒋侯庙为厌胜之术"①。到刘宋孝武帝时，册封蒋子文为钟山王。齐永明年间再封以帝号，这就使原来带有厉鬼气息的蒋子文逐渐转化为官方认可的"蒋王"，或"蒋神"。

蒋神崇拜的形成发展还与建康城的建设发展有关，"自孙吴时期在钟山建蒋子文庙以后，历经东晋至南朝的发展，这一地区逐渐从林野之地演变为《郊居赋》所描述的汇聚礼仪活动、寺院、道馆、祠庙、皇室和士族官僚园宅、墓葬等多元景观的地理空间"②。据民间传说，蒋子文后被改封到阴间，成为十殿阎罗的第一殿秦广王，成为保佑风调雨顺、早生贵子的灵验大神。于是，上至帝王将相，下至平民百姓，纷纷到蒋王庙祭祀求福。

蒋神崇拜随着孙权的"江东化"政策而兴起，东晋时得以盛行，至南朝宋、齐、梁、陈在社会中不时地显灵："宋高帝永初二年，诏禁淫祠，自蒋子文以下皆绝之，加至相国大都督中外诸军事，封蒋王。齐永明中，崔慧景之难，迎神还台，以求福助，事平乃进帝号。"后来"梁武帝常祠而不应，遣使以焚其庙，未及中途忽风雨大作振动宫殿。帝惧，祠之乃止"③。此事也被记入《南史》卷五十五《曹景宗传》中，天监六年（507年）天大旱，梁武帝"诏祈蒋帝神求雨，十旬不降。帝怒，命载荻欲焚蒋庙并神影。尔日开朗，欲起火，当神上忽有云如伞，倏忽骤雨如泻，台中宫殿皆自振动。帝惧，驰诏追停，少时还静。自此帝畏信遂深。自践阼以来，未尝躬自到庙，于是备法驾将朝臣修谒。是时，魏军攻围钟离，蒋帝神报敕，必许扶助。既而无雨水长，遂挫敌人，亦神之力焉"④。唐代后蒋神崇拜逐渐沉寂。宋代时，蒋神虽还保持"帝"号，但显灵事迹已少有记载。明朝定都南京后，蒋王庙又受到特别的重视，"若国朝之蒋庙及历代功臣等庙，皆遣使降香，特令应天府官代祀"⑤。蒋神崇拜在南京流传长达一千多年，白马村、蒋王庙作为南京的地名保留至今。

与蒋神崇拜相似的是随后兴起的苏侯神崇拜。苏峻（？—328年）在永

---

① 《晋书》卷六十四《简文三子》。
② 魏斌：《南朝建康的东郊》，《中国史研究》2016年第3期。
③ 《搜神记》卷四《蒋庄武帝》，《道藏》第36册，第275页。
④ 《南史》卷五十五《曹景宗传》。
⑤ （明）徐一夔等撰：《明集礼》，《景印文渊阁四库全书》第649册，台湾商务印书馆1986年版，第335页。

嘉之乱后成为流民统帅，也是天师道的忠实信徒。咸和三年（328年），苏峻率众聚集广陵（今江苏扬州），以讨伐庾亮为名，攻入当时京城建康，凶残地烧杀戮掠。苏峻"与王师战，频捷，遂据蒋陵覆舟山，率众因风放火，台省及诸营寺署一时荡尽。遂陷宫城，纵兵大掠，侵逼六宫，穷凶极暴，残酷无道。驱役百官，光禄勋王彬等皆被捶挞，逼令担负登蒋山。裸剥士女，皆以坏席苫草自障，无草者坐地以土自覆，哀号之声震动内外"[1]。苏峻的军队骁勇善战又残酷无道，后来苏峻也像蒋子文一样暴死，被民众奉为苏侯神加以崇拜，可谓"惟迎蒋子文及苏侯神于州厅上，祀以求福。则蒋、苏二神，流播及于荆郢矣"[2]。

孙权晚年听命于神，于是"伪设符命，求福妖邪"，还对活动于临海罗阳县的隐形神人王表十分重视。太元元年（251年）"初临海罗阳县有神，自称王表。周旋民间，语言饮食，与人无异，然不见其形"[3]。相传，王表的言语、饮食虽与常人无异，但却不见其形，于是人们称之为"隐形神人"。王表的特长在于预测"水旱小事，往往有验"。孙权听说后，专门派遣中书郎李崇等官员前去迎之。对此，东晋史家孙盛评论说："盛闻国将兴，听于民；国将亡，听于神。权年老志衰，谗臣在侧，废嫡立庶，以妾为妻，可谓多凉德矣。而伪设符命，求福妖邪，将亡之兆，不亦显乎！"[4] 在孙盛看来，孙权晚年恩宠王表，听信谗臣之言，废嫡立庶，以妾为妻，都是本为求福，实为"凉德"，是政治衰败的一种表现。事实上，王表利用孙权崇尚道士而大行骗术，当孙权病重时，"诸将吏数诣王表请福，表亡去"[5]。

孙吴时，道观已在江苏各地出现，有些来源于汉代祠庙，有些是三国吴时新建的，在历史上留下了一些脍炙人口的神仙传说与道教景观：

（1）洞玄观，位于南京市江宁区方山南侧，是江苏第一座由帝王下令兴建的道观，始建于东吴赤乌二年（239年），是吴大帝孙权为葛玄敕建的，又称洞元观，据说是葛玄白日飞升之处，"玄后白日上升，山上至今犹有坛

---

[1]《晋书》卷七十《苏峻传》。
[2]《南史》卷三十二《张冲传》。
[3]（晋）陈寿撰，（宋）裴之注：《三国志》第5册，中华书局1982年版，第1148页。
[4]（晋）陈寿撰，（宋）裴之注：《三国志》第5册，中华书局1982年版，第1148页。
[5]（晋）陈寿撰，（宋）裴之注：《三国志》第5册，中华书局1982年版，第1149页。

宇"①。后有郑隐、葛洪等道士云游来此炼丹修道,留下描写仙翁洗药池的诗:"洞阴泠泠,风佩清清。仙居永劫,花木长荣。"② 还有炼丹井、药臼等遗迹。南朝刘宋时,宋明帝为陆修静(406—477 年)在方山筑崇虚馆研习道经,在帝王的支持下完成对天师道的改革。唐贞观六年(632 年),方山洞玄观将栖岩观合并而扩大规模。宋代改名崇真观。元至元二年(1336 年)洞玄观因战乱而遭到焚烧破坏,独存葛玄遗像。明洪武年间重修后的洞玄观归朝天宫管辖,据说其中有一座龟蛇玄武青铜像还被张三丰带到武当山。明朝成化、万历年间洞玄观又得以重修,建有山门、三清殿、仙公殿等。仙公殿供奉着葛仙公像。明正统十二年(1447 年),曾受赐《道藏》一部。民国时,因无道士看守,洞玄观废毁,但炼丹井、洗药池尚存。今天的洞玄观是在遗址上复建的。

(2)东海庙,位于连云港市海州区孔望山,相传秦始皇所立,名之秦东门阙,建于汉桓帝年间,奉祀黄帝和老子,有全国第一座道观之称。据《汉东海庙碑阴》记载,东汉桓帝永寿年间(155—158 年)至灵帝熹平年间(172—178 年),东海相桓君、满君和任恭都曾对东海庙进行过修缮③,可见东海庙有可能是郡立的神庙。

(3)江阴君山东岳庙,坐落于江阴市君山之西麓。君山立于长江畔,原名"瞰江山",江阴自古即是"三吴襟带之邦,百越舟车之会"之地。生活于战国后期的楚相春申君黄歇就葬于此,后人建有春申君庙。江阴东岳庙始建于三国东吴赤乌年间(238—251 年)。明太祖朱元璋曾登上君山东岳庙去朝拜东岳大帝。④ 明正德四年(1509 年)所立的《重修东岳庙记》碑保留至今,其中记载君山东岳庙在历史上的兴废情况,为 2006 年重新修建君山东岳庙奠定了基础。

(4)宜兴张公洞,位于宜兴市湖㳇镇张阳村。相传春秋战国时,老子的弟子庚桑楚隐居于此潜心修道,著有《洞灵真经》九篇,最后成仙而去,故名庚桑洞。汉代时,张道陵曾在此修道,三国吴赤乌年间建张公洞。唐初

---

① (宋)张敦颐撰:《六朝事迹编类》卷十《神仙门》,南京出版社 2007 年版,第 101 页。
② (明)葛寅亮撰:《金陵玄观志》第八卷,南京出版社 2011 年版,第 88 页。
③ (清)叶奕苞:《金石录补》卷三,上海古籍出版社 2020 年版,第 64 页。
④ 张秉忠编著:《江阴览胜》,中国民族摄影艺术出版社 2010 年版,第 282 页。

张果老在此隐居，后曾改为佛寺。开元元年（713年），罗公远、叶法善的弟子万惠昭在此投龙简，奏复为道观，唐玄宗赐额"洞灵观"。相传，唐末道门领袖杜光庭曾作洞天福地考，将庚桑洞列为天下七十二福地中的"第五十九福地"。唐末时，张公洞毁于兵火。南唐保大三年（945年）洞灵观道士周敬微绘图奏请，南唐皇帝下诏重建洞灵观。南宋乾道六年（1170年）赐额天申万寿宫。明洪武二年（1369年）道士陈清源复建，后又废毁。清康熙三十三年（1694年），道士潘朝阳重建后改名为朝阳道院。

（5）丹阳黄堂观，位于丹阳郡南郊，相传为谌母炼丹飞升地。三国时，吴人谌母，姓谌，字婴，又称婴姆，在吴时修道，在晋时成仙。据《太上灵宝净明宗教录》称，谌母居丹阳郡黄堂，潜修至道，童颜鹤发，时人称为婴姆，遇自称孝道明王的仙童授以修真之诀、大洞真经、豁落七元、太上隐玄之道。谌母密修大法，积数十年，人莫知之。后来许逊（239—374年）闻其有道，来丹阳请授大法，谌母乃授许君以孝道明王之法。黄堂丹井为"云阳八景"之一，也是谌母掷仙茅及许逊找到仙茅之处，号称"飞茅福地"，至今还保留着谌母修炼的窖经墩、瘗剑函、炼丹井、无字碑等，成为当地重要的道教景观。许逊得道于谌母，后被奉为道教"净明忠孝派"的教祖。

（6）靖江紫微宫，建于三国吴赤乌元年（238年），位于今靖江市衙前港西，传有三国古碑记载此事。明景泰三年（1452年）改为元真观。明正德十年（1515年）重修，后又坍毁。明万历初年（1573年）迁于草观音庵西南重建。

（7）海陵县乐真观，泰州古时称海陵，在秦汉时就有神仙家在此活动。《神仙传》中就有如皋人乐子长传："乐子长者，齐人也。少好道，因到霍林山，遇仙人，授以服巨胜赤松散方。仙人告之曰：'蛇服此药，化为龙，人服此药，老成童，又能升云上下，改人形容。崇气益精，起死养生。子能服之，可以度世。'子长服之，年一百八十，色如少女。妻子九人，皆服其药，老者还少，少者不老。乃入海，登劳盛山而仙去也。"[1] 据讲述灵宝经出世源流及《度人经》要旨的《太上洞玄灵宝大纲钞》中记载："仙人韩众，传乐子长灵宝法，是此源流。子长修行，得道者九人。海陵县乐真观即

---

[1] 邱鹤亭注释：《列仙传今注　神仙传今注》，中国社会科学出版社1996年版，第233页。

是旧宅。"①

（8）如皋灵威观，创建于东汉，相传也与乐子长有关。据说，乐子长原是天上的黄眉仙翁，因触犯天规而被谪降人间，原住古石桩村，后被大水淹没而举家来到古运盐河北岸如皋村，并建立了第一座道观，隋代之前称祖师观。唐贞观年间，这里成为名将尉迟恭（585—658年）的行馆，唐太宗御驾东征高丽，尉迟恭勇武善战，军队得胜回朝后，尉迟恭奏请唐太宗为行馆赐额"仁威"并新修观舍，由此更名仁威观。尉迟恭后被民间尊为驱鬼辟邪、祈福求安的门神，后又更名为"灵威观"。如皋灵威观曾有房屋200余间，殿堂、宫轩、祠坛等处所35个，主神像124尊，小神像不计其数。②明正统五年（1440年），道会周源中重建灵威观，其中设有道会司。清代时当地官员、士绅与道士多次重修灵威观："康熙五年（1666年）知县范承先修，乾隆二十九年（1764年）吴兰坡重修。三十五年（1770年）道士曹合宜募、邑绅徐观光重建元天门，徐观政重修大殿。嘉庆二年（1797年）曹合真捐资修雷祖殿、痘神祠。"③ 如皋灵威观成为苏北地区的道观之首，后与苏州玄妙观、句容茅山道院并列为江苏省三大道观。

（9）蕃釐观，扬州府甘泉县大东门外，相传建于西汉元延二年（前11年），初为供奉主管万物生长的后土女神的后土祠，又称后土庙。因观内有一株琼花，而易名琼花观。相传隋炀帝为观看琼花，身死扬州，隋朝亦亡，故有"一朵奇香换国家，蕃釐观里出名葩"之句。唐中和二年（882年），又改称唐昌观。宋政和年间大概是依据汉代《郊祀歌》"惟泰元尊，媪神蕃釐"④之意，以地神多福而赐额"蕃釐观"，又称蕃厘观。其中的三清殿及琼花台保留到今天。

据调查，建于三国时期的道观还有扬州府宝应县安宜镇崇胜院、常州府靖江县元真观、江宁府上方门外玉虚观、江宁府高淳县三元观等，为后来江苏道教的发展奠定了基础。

---

① 《太上洞玄灵宝大纲钞》，《道藏》第6册，第376页。
② 刘桂江主编：《走进寿乡——如皋》，湖北科学技术出版社2010年版，第26页。
③ 马汝舟等：《如皋县志》卷三，台湾成文出版社1970年版，第308页。
④ （汉）班固撰：《汉书》第4册，中华书局1962年版，第1057页。

第 三 章

两晋道教与世家大族

从江苏道教史上看,两晋包括西晋(265—316年)与东晋(317—420年),既是中国政治文化由北向南转移的时期,也是道教在世家大族带领下由北方进入南方、由社会下层逐渐向社会上层传播的时期。北方门阀士族南迁,如何在为江东带来各种先进的中原文化的同时,也将以"道陵经法"为核心教义的天师道信仰带到长江以南地区?江南社会中出现了哪些交融着南北文化因素的道团组织和活动场所,由此推动江苏道教进入一个创立新道派的时期?我们以世家大族的南迁为线索,来探讨道教如何成为促进江苏文化发展的重要力量。

第一节 世家大族南迁与江苏道教

在曹魏末年,随着集政治权力、经济豪强和知识传递为一体的世家大族在地方社会的崛起,门阀政治的社会影响一度超过帝王,由此才能理解公元265年司马炎可以逼迫曹操的孙子魏元帝曹奂"禅位",轻而易举地取代曹魏政权而自立为王,称武帝,改国号"晋",定都洛阳,史称"西晋"。西晋是接续着曹魏而来,故历史上以"魏晋"相称。晋武帝司马炎建国后,以泰始(265—274年)为年号,希望借鉴曹魏亡国之鉴,凭借自己的政治威望,开创出新的社会发展格局,于是通过分封同姓诸侯王,使那些地方上的世家大族成为维护王朝统治的重要力量。刘屹从借鉴前贤研究出发,而对传统的"汉末的五斗米道从巴蜀汉中迁徙到中原,永嘉之乱时再从中原迁徙到江南地区，汉末五斗米道与晋宋天师道是一源单线的传承"提出质疑。这些疑问其实也在提醒我们在研究世家大族南迁与江苏道教发展时要关注江南本有的文化传统与外来文化的互动关系。

门阀政治的一大特点即是通过入仕、通婚、职业选择等出现士庶分别。"士"是指门阀士族，"庶"指寒门庶族，这使门阀士族以高贵身份从寒门庶族及屯田、部曲等平民百姓中凸显出来。西晋的门阀士族以土地私有制而建立的庄园经济为基础来维持家族门第的政治地位，不仅以经济手段对皇权予以制约，更以家教门风的文化优势来维持家族精神的延续，以至于在西晋时出现"上品无寒门，下品无势族"的社会现象。从经济上看，士族可以免除徭役；从婚姻关系看，士族内部还分成高门、普通等不同档次，不同级别不能进行通婚，"至于士庶之际，实自天隔"①，使婚姻论门第成为社会风尚。从官制上看，按门第高下选拔任用官吏，因此各郡县的现任官吏往往由高门大姓或世家子弟来担任，出现官位垄断并世袭的现象。这些做法既为门阀士族提供了制度保障，也更加推进了社会分层的固化局面。在江南社会生活的士族子弟既有高门与寒门之分，也有侨姓与吴姓之别，还因信仰不同而有儒学世家、天师道世家或佛教世家之异。士族与江南社会政治体制、君权更替、宗教信仰形成了动态的复杂关系。

西晋时，门阀士族政治腐败，宗族诸王拥军自重，北方社会动荡，不仅导致士人归隐山林，而且江南地区成为士人的主要归隐地，与此相关的是，门阀士族信奉五斗米道的人数大大增加。唐代释玄嶷《甄正论》曰："晋武帝平吴以后，道陵经法流到江左。"认为天师道传入江苏的时间可能在西晋统一后，要早于"永嘉南渡"。但实际上，自张鲁降曹、天师道团散乱、三国孙权崇道以来，一些天师道徒就伴随着流民潮而"往来吴地"。虽然大多数天师道徒的社会身份也只是流民，但还是有些教团领袖可以在上层社会走动。

从文化倾向上看，如果说汉代的门阀士族主要以儒学为立家之本，那么，魏晋时随着以《老子》《庄子》《周易》这"三玄"作为知识话语和政治话语支撑的玄学思潮兴起，儒道融合成为引领时代的主流思想。门阀士族南迁后，在六朝时期成为江东社会中最活跃、最有影响的社会阶层，在多乱

---

① 《宋书》卷四十二《王弘传》。

动荡的政治环境中,那些玄学名士在立身行事上往往遵循"内圣外王之道",也为道教进入世家大族的信仰世界打开了大门。

据清朝乾隆年间修编的《长洲县志》记载:西晋武帝咸宁二年(276年),苏州城中已建有"真庆道院"。东晋明帝司马绍(299—325年)信仰道教,于太宁二年(324年)因梦又下敕改建为"上真道院":

> 明帝梦三清道祖命乘云路至吴郡锦帆泾驻跸,天真交集扈从,帝稽首道祖前,矢愿兴道保国,道祖嘉悦。帝觉而异。即敕改建上真道院,周围纡回,选高行道士李知常等焚修,永免徭役。①

"上真道院"就是延续至今、名满天下的苏州玄妙观的前身。

太熙元年(290年)晋武帝去世,晋惠帝司马衷(259—307年)继位,因缺乏维系统一的政治权威,从第二年开始,司马氏统治集团中的八位宗室王族因争夺皇位在洛阳相互厮杀。门阀士族在政治斗争中经常听取天师道士的意见,有的还在家族推行天师道信仰,这使西晋统治者、门阀士族与道教形成的"剪不断,理还乱"的复杂关系直接影响到江苏道教的发展。

首先,西晋统治者对门阀士族中的江东士族采取了歧视态度。咸宁五年(279年),西晋名将王浚(206—286年)平定东吴后,一些江东世家子弟,如陆机、陆云兄弟、顾荣等先后来到中原,希望能够在新天地中展示自己的政治抱负,但中原士族却将他们视为"亡国之余",在诸多领域加以设防,这种对江东世家子弟不认同的做法,使中原士族、江东士族从此貌合神离。当时江南的门阀士族主要可分成三个阶层:一是来自北方中原的政治豪族;二是土生土长的江东士族;三是政治经济地位较低的中小氏族。中原士族南迁后造成原有江东士族在政治仕途上失势,大多数只能充任低级官吏而转为寒门,他们因悒悒不得志而转向天师道,通过寄情于山水,追求超世脱俗来化解心理压力。一些吴姓士族在东汉末及西晋前期南下,居住在今苏州及丹阳、晋陵一带地区,如丹阳葛氏、陶氏、许氏、晋陵华氏、吴郡朱氏、张氏、顾氏、陆氏及孙吴后裔等,东晋后期,逐渐向会稽、东阳等浙东地区扩散。一些江东士族因世代信奉道教,彼此通婚,结成相互联系的地方势力。

---

① 《玄妙观志》卷一,《藏外道书》第20册,第458页。

尤其是那些出身于世家大族的子弟在离东晋都城建康不远的镇江句容附近安家，逐渐将茅山打造成道教圣地。

其次，西晋统治者还延续着三国曹魏政权对道教的双重态度。大量北方士族涌入江南后，不仅给江南士族的生活与仕途带来了许多意想不到的生活压力，而且也带来了不同的宗教信仰。西晋时，江南百姓多参与带有反叛性质的李家道，江南士族多信奉于君道、帛家道或师事左慈者的神仙道，推进着江东地区天师道在次等士族中深度传播。西晋统治者一方面以反巫教淫祀为由而禁止道教在民间传播，如晋武帝司马炎即位之初就下诏禁止民间私自开展淫祀："昔圣帝明王修五岳四渎、名山川泽，各有定制，所以报阴阳之功而当幽冥之道故也。然以道莅天下者，其鬼不神，其神不伤人也，故祝史荐而无愧词，是以其人敬慎幽冥而淫祀不作"①。另一方面，西晋统治者又因各种原因而崇尚道教，皇帝及宗室或追求服食炼养以求长生成仙，或以符箓斋醮以求祛病消灾，或借助道士的预测术来进行争权夺利以巩固政治权力，或用道教神灵来论证皇权的合法性和至上性，以达到收买人心、安定天下的治世目的。

最后，西晋的赵王司马伦在"八王之乱"中借助于道教法术来追逐权力。赵王伦是宣帝司马懿第九子，本是惠帝司马衷皇后贾后的亲信，在将五斗米道徒孙秀收作自己的谋士后，"伦素庸下，无智策，复受制于秀，秀之威权振于朝廷，天下皆事秀而无求于伦。秀起自琅琊小史，累官于赵国，以谄媚自达。既执机衡，遂恣其奸谋，多杀忠良，以逞私欲"②。作为赵王伦心腹宠臣的孙秀利用道教法术诈为宣帝神语，将贾后废愍怀太子之事揭露出来："伦、秀并惑巫鬼，听妖邪之说。秀使牙门赵奉诈为宣帝神语，命伦早入西宫。又言宣帝于北芒为赵王佐助，于是别立宣帝庙于芒山。谓逆谋可成"③。孙秀通过制造舆论，运用道教之谋略帮助赵王伦废贾后而篡夺帝位。在篡夺帝位后遭到讨伐时，孙秀为安抚部众又利用厌胜之文和巫祝之术，"拜道士胡沃为太平将军，以招福佑。秀家日为淫祀，作厌胜之文，使巫祝选择战日。又令近亲于嵩山著羽衣，诈称仙人王乔，作神仙书，述伦祚长久

---

① 《宋书》卷十七《礼志》。
② 《晋书》卷五十九《赵王伦传》。
③ 《晋书》卷五十九《赵王伦传》。

以惑众"①。这种将道教之术运用到政治中的做法，随着西晋出现"八王之乱"而凸显出来。

"八王之乱"历时十六年之久，引发的战争使许多城镇被焚毁，死亡人数多达十几万人，中国社会又一次陷入分裂之中。这场持久战最后以东海王司马越（？—311年）夺取大权而宣告结束。司马越毒死晋惠帝后，立太弟司马炽（284—313年）为晋怀帝，改年号为"永嘉"。永嘉年间（307—313年）北方匈奴、羯、鲜卑、氐、羌等少数民族建立自己的政权并趁西晋内乱而入侵中原，北方地区又陷入"五胡乱华"更为分裂混战的局面中，相继出现了后汉、赵、燕、凉、大夏、汉等"十六国"割据政权。这些北方少数民族一方面对汉族文化十分向往，崇儒读经渐成风尚；另一方面擅长弓马刀兵、重武轻文，迫使着北人随司马氏大批南迁。据谭其骧《晋永嘉丧乱后之民族迁徙》估计："当时北方诸州，包括淮河以北地区共有140万户，约700余万口。南渡的90万口占其八分之一强。换言之，即北方八个人中有一人南徙，而南方六个人中有一人为北来侨民。北来的侨民主要集中在淮阴、扬州、南京、镇江、常州一带为最多，并在此设了大批侨州郡县。"②但据葛剑雄的研究，南渡人口当在200万左右③。在江苏境内侨寓者就有26万之多，定居在南徐州（今江苏镇江）一州就有侨民22万余。值得研究的是，那些出身于天师世家而独慕神仙之学的侨民，与土著吴姓士族在信仰上存在着差异，他们的到来对江苏道教的发展有何影响？

公元311年，刘聪（？—318年）率领匈奴军队攻占了西晋的都城洛阳，俘获晋怀帝。西晋军队在长安拥立晋愍帝司马邺（300年—318年），以延续西晋政权。中原汉人为躲避战乱又开始向南方大迁移，当时"洛京倾覆，中州士女避乱江左者十六七"④。316年，前赵国君刘曜（？—329年）又率领匈奴军围攻长安，晋愍帝献城投降。西晋结束时，琅琊王司马睿（276—323年）与率领中原汉族中的林、陈、黄、郑、詹、邱、何、胡等八姓臣民南渡，据说，司马睿与西阳王司马羕、汝南王司马佑、彭城王司

---

① 《晋书》卷五十九《赵王伦传》。
② 谭其骧：《晋永嘉丧乱后之民族迁徙》，载《长水集》上册，人民出版社1987年版，第221页。
③ 葛剑雄：《中国移民史》第2卷，福建人民出版社1997年版，第334页。
④ 《晋书》卷六十五《王导传》。

马绲、南顿王司马宗，"五马渡江"来到南京幕府山北江边时，司马睿所乘之马化龙飞升，成为其称帝前的"吉兆"。建武元年（317年），司马睿在江东的建康（今江苏南京）称元帝，续建晋朝，史称"东晋"。

西晋灭亡后，门阀士族中的高官显贵先后南下，在建康拥立司马睿建立起东晋王朝。东晋是由江东本地吴姓士族和来自北方的侨姓士族共建的，那些南渡来的侨姓士族，如琅琊王氏、陈郡谢氏、太原王氏、颍川庾氏、谯郡桓氏等先后掌握政权，再加上济阳蔡氏、河南褚氏、高平郗氏、陈留阮氏、高阳阮氏、鲁国孔氏等，他们都选择离京城不远的气候温润、资源丰富、风景秀丽地区占山封泽而安居下来。"组成东晋政权统治核心的是河南诸州的侨姓高门和三吴地区的吴姓高门，他们都是魏晋、孙吴时期的旧门阀，居于士族的最高层。"[①] 顾陆朱张四姓作为环太湖地区的吴姓豪族，他们推动着道教在吴郡的发展，与侨姓士族在政治权力、文化取向与经济权益上的矛盾，以及世家大族与低级士族的矛盾贯穿于东晋始终，也影响到江苏的社会文化环境。

东晋在江南立国后，又吸引了大批北方士人举家南下，可谓"中原冠带，随晋过江者百余家"[②]。"自晋咸、洛不守，龟鼎南迁，江左为礼乐之乡，金陵实图书之府，故其俗犹能语存规检，言喜风流，颠沛造次，不忘经籍。"[③] 肇始于永嘉年间，一直持续到南朝宋元嘉年间的移民南渡活动，时间长达150年之久，其中出现了四次迁徙高潮[④]。"永嘉南渡"这一中国历史上规模最大的北人南迁潮，主要是以门阀士族为单位进行的。从文化的角度看，使华夏古代文明免遭"五胡"入侵而灭亡的悲剧，江南文化也在南北文化的全方位的震荡与交融中迎来了由尚武好勇向崇文重教的转变。从道教的角度看，大批北方世家大族带领流民南下避难，他们给南方带去北方先进的政治制度、思想文化和生产技术的同时，也促进了早期道教以天师道为名由北向南地传播，使名称各异的新道团依附于世家大族在江苏社会上传播。

---

① 唐长孺：《魏晋南北朝隋唐史三论》，武汉大学出版社2013年版，第127页。
② 《北齐书》卷四十五《颜之推传》。
③ 《北齐书》卷三十七《魏收传》。
④ 谭其骧：《晋永嘉丧乱后之民族迁徙》，载《长水集》上册，人民出版社1987年版，第221页。

当时门阀士族移民南迁的路线主要有东、中、西三线："在东线，移民循邗沟和淮河流域东南向的支流，向东南方向迁移，因此处于邗沟南端的今江苏扬州及长江南岸的镇江、常州一带成为山东和苏北移民的集合地。长江两岸集中了大量来自北方的流民，东晋建立的第一个侨县——怀德县，就在建康附近，目的是安置从琅琊南迁的近千户北方移民。河南人也大多向东南迁入安徽。西线是指关中移民沿陆路从金牛道（南栈道）进入四川。另外，部分来自关中地区和洛阳一带的居民沿汉水南下，进入今陕西汉中和湖北襄樊一带，形成中线。"① 来到江苏的东线移民主要是以王导、王敦为代表的琅琊王氏、以庾亮为代表的颍川庾氏、以祖逖为代表的范阳祖氏、以郗鉴为代表的高平郗氏、以谢安为代表的陈郡谢氏、以桓彝为代表的谯郡桓氏等北方大姓巨族。唐长孺认为，东晋时期传入江南的天师道有两条路线，一是来自蜀中，但无确切证据；二是琅琊王氏等侨姓大族从北方南渡带来。"三吴地区之有天师道，很可能是永嘉乱后随着南渡士庶传入的。"②

东晋虽是司马氏政权的延续，但整个朝廷都由门阀士族把持，先是出身琅琊王氏的王导（276—339年）、王敦（266—324年）掌握政权，形成以侨族为主的"王与马，共天下"的政治格局③，后又有陈郡谢氏的谢安、谢玄等把持朝政。东晋政权建立初始就对吴姓世族颇存疑忌，这不仅给江南土著士族的生活与仕途带来许多意想不到的压力，也带来了不同的宗教信仰，这对江南原有的道团组织、神仙思想、传教方式都产生了哪些影响？

自古以来，江南民俗喜鬼神，好淫祀，宫川尚志在《民间の巫祝道と祠庙の信仰》指出，六朝时的宗教活动是相当繁盛的，巫祝活动不因当时逐渐成为主流的佛、道信仰而中断，反而相互激荡，并行不悖。④ 同时，江南地区在东吴时已有"移俗道士数百人"在传播零星的天师道信仰，正是在这样的宗教环境中，许多北方的奉道世家带着自己的信仰举家南渡成为侨姓士族后，所面对的江南土著士族，他们中既有天师道信徒，也常会站在江南本有的宗教传统之上对外来的天师道信仰抱有抵触情绪。

---

① 葛剑雄等：《中国移民史》第2卷，福建人民出版社1997年版，第338—340页。
② 唐长孺：《唐长孺社会文化史论丛》，武汉大学出版社2001年版，第157页。
③ 如《晋书》卷八十八《王敦传》云："帝初镇江东，威名未著，敦与从弟导等同心翼戴，以隆中兴。时人为之语曰：'王与马，共天下'。"
④ ［日］宫川尚志：《六朝宗教史》，东京国书刊行会1974年版，第214页。

北方世家大族的南迁既促使东晋进入门阀政治时代，也促进江南土著士族通过相互激荡各种文化因素，以造作新道书来传播的仙道信仰，推进道教文化在江苏的更新发展。"江南地区在永嘉之前，只有巫鬼和俗神信仰。'大道'信仰对于江南地区无疑是一种新的宗教因素，而北方移民的到来正是'大道'信仰在江南出现的重要契机。所以，将'大道'信仰归于北方移民所带来，而非江南地区信仰世界自发产生，应该是合理的结论。"① 从名为"南朝刘宋天师道士徐氏"撰《三天内解经》看，这些江南人对"大道"的认识和理解，有时还停留在"神不饮食，师不受钱""服符首罪，改行章奏"②等层面上。例如，南朝齐开国将领王敬则（435—498年）作为侨民定居晋陵（今江苏常州）后，因其母是女巫，在生活中遇难决之事时会去"诣道士卜"③，后来王敬则任暨阳（今江苏江阴）令时，"县有一部劫，逃入山中为民患。敬则遣人致意劫帅"，自己还去神庙"引神为誓"，以解劫帅之疑，百姓悦之。可见侨姓士族有时也会站在江南民间习俗上去理解并奉行"大道"。

随着东晋政权的稳固，南北士族在文化交融中心理差距也随之缩短，生活环境的安逸也使他们的心境平静下来，偏安心态不仅使清谈玄风得以继续，而且也使政治上受到北方南渡大族的排挤的江南土著士族也吸收天师道因素来创立他们所理想的新宗教。天师道在江苏出现了多面向发展，活跃于两晋时的天师道世家大致可分为两类：

一类是普通士族，其中有的在汉末时就迁徙到江东地区。如《列仙传》记载，齐人乐子长，少好道，因到霍林山，遇仙人，授以服巨胜赤松散方。于是他带领"妻子九人，皆服其药，老者返少，小者不老。乃入海，登劳盛山而仙去也"④。今天泰州市海陵南路小八字桥即是乐子长合家升仙之处。⑤ 海陵县（今江苏泰州）还有乐真观，据说是南朝昭明太子萧统当年游览海陵时，将乐子长故居改建成道观以祀奉乐真人的。陶弘景在《真诰》

---

① 刘屹：《论东晋南朝江东天师道的历史渊源——以"大道"信仰为中心》，《文史》2018年第1辑，第97页。
② 《道藏》第24册，第779页。
③ 《南史》卷四十五《王敬则传》。
④ 邱鹤亭注释：《列仙传今注 神仙传今注》，中国社会科学出版社1996年版，第233页。
⑤ 张葛珊编：《泰州道教》，宗教文化出版社2013年版，第33页。

中记载了太元真人向许长史讲述乐子长修仙之事:"我尝见南阳乐子长,淳朴之人,不师不受,顺天任命,亦不知修生之方。行不犯恶,德合自然,虽不得延年度世,死登福堂,练神受气,名宾帝录,遂得补修门郎,位亚仙次。缘天资有分,亦由先世积德,流庆所陶。若使其粗知有摄生之理,兼得太上一言之诀,如此求道,无往不举矣。"① 值得注意的是,在"太元真人告许长史"后有衍文"此后非真说"。这些民间传说反映了神仙信仰在当时的传播方式。

另一类是高门士族,如琅琊王氏、高平郗氏、陈郡殷氏、颍川庾氏、阳夏谢氏、会稽孔氏等,他们同为侨姓士族,迁居到江南后则面临着一个或儒或道或佛或兼而有之的文化选择问题。这些南下的高门士族通过相互通婚使家族文化具有了相似性,其特点是既信仰佛教,也爱好老庄思想,有的家族子弟与道士交往密切,奉行天师道上章、首过、符水之术以治疗疾病。

从历史文献记录可见,天师道在向南迁移的过程中,其名称及内涵在江南文化中也变得多样及杂乱起来。虽然直到东晋时还有用"五斗米道"来称呼从北方传到南方且具有犯上作乱性质的孙恩、卢循领导的教团,但"天师道"之名逐渐替代"五斗米道"而在江南社会中传播。"当五斗米道演化为天师道,在两晋传入上层世家大族,在南北朝又演化为上层南北天师道以后,道士们迫于历史事实,不得不承认天师道来自五斗米道,又要千方百计掩饰五斗米道的民众性和非正统性。"② 这一看法较为明晰地概括了五斗米道向天师道的转化发生在由北向南、由下层民众向上层士族传播时期,表现出内在成分的复杂性和外在认知的多元性。"天师道"成为对奉天师为教主的教团的泛称,其信徒也不再仅是那些原来处于社会底层和边缘地区的百姓,而有了越来越多的世家子弟参加进来。

过去一般认为,北方天师道随门阀士族向江南迁徙,逐渐在江南社会中扎下根来,快速地向上层社会传播,不断地提升着东晋道教的品位而发展为当地人信奉的一种文化传统。近年来随着道教研究的深入,也有人对天师道来源于北方中原或巴蜀汉中的五斗米道的传统观点提出疑问:"琅琊王氏等

---

① [日] 吉川忠夫、麦谷邦夫编:《真诰校注》,朱越利译,中国社会科学出版社 2006 年版,第 263 页。

② 任继愈主编:《中国道教史》,上海人民出版社 1990 年版,第 37 页。

高门本就处在仙道信仰发源地的东部滨海地区,高门士族为何会转而奉事起自巴蜀汉中、由夷汉边民信奉的五斗米道?"刘屹通过研究而提出新解:"永嘉南渡传到江东地区的道教信仰,其实是来自江北的青徐之地,而这很可能是与西部五斗米道不同的'东部传统'。"① 这种由青徐之地南渡而带来的"大道信仰"就是"东部传统"的看法,有助于我们对江苏道教来源及性质的思考。

从地缘文化看,江苏北部距太平道发源地琅琊郡相去不远:"琅琊为于吉、宫崇之本土,实天师道之发源地。"② 在陈寅恪先生眼中,琅琊实天师道之发源地。当地的一些世家大族如琅琊王氏"世事张氏五斗米道"。赵王伦的军师孙秀、大将张林都出于信奉天师道的家族。他们的信仰还影响到苏北地区的庶族平民。"两晋天师道信徒属于士大夫阶级者固不少,但其大多数仍是庶族平民。"③ 据《太平御览》记载:"郁州道祭酒徐诞常以治席为事,有吴人姓夏侯来师诞,忽暴病死。"④ 郁州,旧属东海郡(今江苏连云港),当时天师道在江苏东北部郁州流行,就有吴人拜北方祭酒为师进行修炼活动,却因断谷或服食而导致"暴病死"之事。

据当时天师道规定,祭酒这一领导道民的道官其神职是世袭的,如出于南北朝末年的《玄都律文》中说:"制道士、女官、道民、箓生、百姓所奉属师者,父亡子继,兄没弟绍,非嫡不得继"⑤。祭酒自身的品格素质对道团的发展就有着至关重要的影响,因此,在天师道向江南传播的过程中,如何用戒律法规来对治祭酒道官的好色贪财、骄恣淫祀等腐败堕落现象就成为亟须解决的问题。

虽然吴地士族在政治上与侨姓士族有矛盾,但他们因转向信奉天师道以寻求精神安慰时,彼此之间也有交往。传统中国是一个以宗法制度为基础的

---

① 刘屹:《论东晋南朝江东天师道的历史渊源——以"大道"信仰为中心》,《文史》2018 年第 1 辑。
② 陈寅恪:《天师道与滨海地域之关系》,《金明馆丛稿初编》,生活·读书·新知三联书店 2001 年版,第 4 页。
③ 陈寅恪:《崔浩与寇谦之》,《金明馆丛稿初编》,生活·读书·新知三联书店 2001 年版,第 135 页。
④ (北宋)李昉编纂:《太平御览》第六卷,河北教育出版社 1994 年版,第 580 页。
⑤ 《道藏》第 3 册,第 459 页。

国家，显赫的世家、庞大的宗族左右着社会各个领域。世家望族的根基既由天然的血缘关系来确定嫡庶亲疏的等级关系，也有根据婚姻、师承、军功、孝廉等来调整人的社会身份的制度。在两晋社会政治动荡时期，世家子弟若掌握政权和兵权，向上可以成为帝王将相，若一旦失去权势，下可以成为平民百姓。在中国，宗教依托于宗法制的传统由来已久，其中道教的发展与传播亦不例外。事实上，两晋道教依托于世家望族而获得更大发展空间，所出现的天师道世家影响到上至帝王，中至士族，下至平民的精神文化，主要从三个方面开拓了江苏道教发展新动向：

第一，供修道者活动的道馆、隐舍大量出现。以风景优美著称的建康东郊钟山为例，早在东吴时钟山上就建有蒋神庙。东晋太元年间，蒋山道士朱应子于山居修道时，遭遇蚁虫之害，"蒋山道士朱应子，令以沸汤烧所入处，寂不复出。因掘之，有斛许大蚁死在窟中"①。山居修道虽有清新空气和自然风光，但也需要面对葛洪于《登涉》中所描述的不太适宜人居的生存环境。"梁吏部尚书何敬容，夏患疟疾，寄在蒋山道士馆。时忽见一人，玄衣大帽，立在帐侧，自称杨胡灵，将瓜四枚，云与公。少时言讫，因不见。后数月，敬容以罪免官。"②宋孝武帝时重修蒋庙，又建钟山通天台，《宋书》卷三十四《五行志》：大明七年（463年）京邑刮大风，"风吹初宁陵隧口左标折。钟山通天台新成，飞倒，散落山涧"。此台后来是否复建则语焉不详，但钟山上的道馆、隐舍大多建于刘宋后。宋文帝为雷次宗"筑室于钟山西岩下，谓之招隐馆，使为皇太子、诸王讲《丧服经》"③。雷次宗去世后，招隐馆仍以其隐逸文化见于诗歌中。汝南周颙"于钟山西立隐舍，休沐则归之"。钟山中也建有供山民修道者活动的馆舍，与早期天师道称活动场所为"治""化"不同，江南道士多称为"馆""坛"等，如天监十一年（512年）梁武帝于钟山筑西静坛。这些有关钟山道馆的点滴资料，从一个侧面展示了随着道流集居江南，道馆建设在六朝时进入发展期。

第二，新道派的大量涌现。东晋时，在世家大族子弟的积极参与下，天

---

① （北宋）李昉编纂：《太平御览》第八卷，河北教育出版社1994年版，第601页。
② （北宋）李昉编纂：《太平御览》第八卷，河北教育出版社1994年版，第838页。
③ 《南史》卷七十五《雷次宗》。

师道在江南传播的同时,上清派、灵宝派、三皇派也在江苏兴起。这些新道派的创立者与永嘉南渡后门阀士族促进天师道在江南的传播有关。"吴地居民本多天师道信徒,许氏既世居丹阳,想其宗教信仰之遗传必已甚久。"[①]这些新道派大多为吴地土著士族所创,"虽同为道教,但教义、活动方式、信徒的阶层和地区性等各不相同"[②],在江东社会中活动的诸多道团之间可能会有师承或姻亲关系,但不同的世家大族结成不同的道团,高门士族与次等士族的奉道修道活动也有着明显的差异。随着新道派大量涌现,东晋江南社会只存在着某些以追求长生成仙为旗号的松散组织或名称各异的教团,而并不存在一个由某个人或某个家族领导的信仰明确、科戒完备、组织严密的"道教",反映了面对北方强势士族集团的压迫,吴地土著士族往往将对现实社会的不满转移到道教信仰和教义的建构中,所吸引的信众主体和所形成的宗教认同成为一种抗争意识的委婉表达。

第三,东晋帝王对道教的支持。从帝王的宗教信仰看,东晋时出现的那些信奉道教的帝王贵族起着引领社会文化风气的作用。《晋书·哀帝纪》称:晋哀帝司马丕"雅好黄老,断谷,饵长生药。服食过多,遂中毒,不识万机"。晋简文帝司马昱(320—372 年)及其子司马道子都是天师道徒。简文帝司马昱一生历经元、明、成、康、穆、哀、废帝七朝,先后封琅琊王、会稽王。晋穆帝时,司马昱升任抚军大将军、录尚书六条事,与何充共同辅政。何充逝世后,司马昱总理朝政,为对抗位高权重的桓温,又引名士殷浩等辅政,结果殷浩被桓温废除。晋废帝即位后,司马昱再次徙封琅琊王,又进位丞相等位。司马昱身处严酷的政治斗争中,为粉饰自己的政治野心,平时"清虚寡欲,尤善玄言"[③],既好清谈玄学,又崇信佛教与道教,推进了东晋道教与玄佛合流且兴盛发展。

简文帝即位后,清水道流行于楚、越之地。清水道属五斗米道支派,托

---

① 陈寅恪:《天师道与滨海地域之关系》,《金明馆丛稿初编》,生活·读书·新知三联书店 2001 年版,第 35 页。
② [日]都筑晶子:《关于南人寒门、寒士的宗教想象力——围绕〈真诰〉谈起》,刘俊文主编:《日本青年学者论中国史》六朝隋唐卷,上海古籍出版社 1995 年,第 204 页。
③ 《晋书》卷九《简文帝纪》。

为张天师家奴所创，乃以清水为人治病。① 吴羽在《晋南朝"清水道"研究》一文中指出，清水道是随琅琊王司马睿渡江而传到江南地区的："由于邙山张母墓开，在洛阳一带逐渐形成一个颇有影响的地方信仰——清水道。清水道起初未必有严密的组织，也不可能有精密的理论，更与五斗米道、太平道无关。清水道随司马睿渡江而流传到江南。"② 吴郡地处楚、越之间。据释宝唱《比丘尼传》载："简文帝先事清水道师，道师即京都王濮阳也。第内为立道舍，容亟开导，未之从也。"③ 清水道徒王濮阳曾来到都城，以清水为人治病，后来还为简文帝求嗣，使李太后怀上孝武帝。这大概是简文帝信奉清水道的主要原因。据《三天内解经》记载，清水道以"清水"为信仰对象，托为张天师家奴所创，乃以清水为人治病作为行道方式：

  有奉清水道者，亦非正法。云天师有奴，不知书注，难以文化。天师应当升天，愍其敬心，敕一井水，给其使用，治病疗疾，不应杂用澡洗、饮食。承此井水治病，无不愈者，手下立效。奴后归形太阴，井水枯竭。天师以此水给奴身，后人不解，遂相承奉事者，自谓清水之道。其清明求愿之日，无有道屋、厨覆、章符、贶仪，惟向一瓮清水而烧香礼拜，谓道在水中。此皆不然也。自奉道，不操五斗米者，便非三天正一盟威之道也。④

葛洪在《抱朴子内篇》卷九《道意》曰："有人卖洛西古墓中水，以为有神，可以治病，后来遭官禁绝。"不知是否与清水道有关？杨联陞先生又在佛典中找到有关清水道的记载："关于清水道，《法苑珠林》卷四十九引《述征记》曰：'北荒（疑邙）有张母墓。旧说是王氏妻，葬有年载。后开

---

① 一般认为，清水道属五斗米道支派（参见任继愈主编《中国道教史》，上海人民出版社1990年版，第57—58页）。但也有人认为，清水道兴起之初与五斗米道、太平道等道教派别和法术无关。（参见吴羽《晋南朝"清水道"研究》，载权家玉主编《中国中古史集刊》第一辑，商务印书馆2015年版，第8页）

② 吴羽：《晋南朝"清水道"研究》，载权家玉主编《中国中古史集刊》第一辑，商务印书馆2015年版，第7页。

③ （梁）释宝唱、王孺童校注：《比丘尼传校注》，中华书局2006年版，第28页。

④ 《道藏》第28册，第415页。

墓而香火犹然。其家奉之，称清水道。'与《抱朴子》所记不同，也许不止一派。"① 他认为这一记载与《抱朴子》所记有所不同，由此推测当时传播的清水道也许不止一派。

东晋时，除了那些民间道团继续传播之外，新道团亦蜂拥而起，江南道教进入了爆发式的增长期，有以葛玄、葛洪、葛巢甫为代表的葛氏家族创立灵宝派；有以"一杨二许"为代表的杨氏家族、华氏家族、许氏家族创立的上清派。当时的江南士族有贵族与寒门之分，这些新道团的创立者，大多出身于吴地士族中的寒门阶层，又受北方及巴蜀南下天师道徒的影响。例如，杨羲曾随天师道女祭酒魏华存的儿子刘璞学道，许迈出身于著名的奉道世家丹阳许氏，曾向葛洪的岳父、东海太守鲍靓学道法，又与王羲之过从甚密，故《晋书》的作者把他附于王羲之传之后。

东晋时，长期生活于吴地的葛氏家族、许氏家族、华氏家族、杨氏家族、王氏家族、陶氏家族等，大都教育子弟将天师道的修道成仙作为人生理想，这种做法逐渐在江南地区形成一股社会风气，也推进了北来天师道在江南世家大族中传播。正如陈寅恪所说："他时代姑不置论，就渊明所生之东晋、南北朝诸士大夫而言，江右琅琊王氏及河北清河崔氏本皆天师道世家，亦为儒学世家，斯其显证。然此等天师道世家中多有出入佛教之人，惟皆为对于其家传信仰不能独具胜解者也。"② 当时在江苏传播的天师道教团因组织瓦解而内部秩序出现混乱，多有自称祭酒者自立其教，家族或个人也是根据自身的处境和兴趣来进行选择，基本上是跟从亲近的天师道祭酒进行宗教活动。琅琊王氏是由北方迁居而来的天师道世家。1965 年以来，南京市博物馆在南京北郊的象山发掘出了 11 座东晋王氏家族的墓葬，从墓志中发现墓主的名字中大多有"之"或"子"，如《王兴之、宋和之夫妇墓志》正面记载，王兴之有"长子闽之，女字稚容，次子嗣之，出养第二伯，次子咸之，次子预之"。背面记载，王兴之妻宋和之有"弟延之，字兴祖"③。据考，王兴之是王彬之子，王导从侄，与王羲之为从兄弟。在王兴之的姐姐王

---

① [美]杨联陞：《杨联陞论文集》，中国社会科学出版社 1992 年，第 60 页。
② 陈寅恪：《陶渊明之思想与清谈之关系》，《金明馆丛稿初编》，生活·读书·新知三联书店 2001 年版，第 219 页。
③ 张学锋：《汉唐考古与历史研究》，生活·读书·新知三联书店 2013 年版，第 357 页。

丹虎的墓中还发现 200 多粒丹药。1998 年，又陆续发掘了 8 号至 11 号墓，新出土了王建之、王仙之、王康之等 7 方墓志。如果六朝世家子孙名字中有"之"的常与其信仰天师道有关，那么，这些墓志是否也从一个侧面展示了天师道在江苏的传播？

虽然在奉道世家中，未必人人都信仰道教，先世奉道，后人也不一定就会继续奉道，但立身行事、言谈著述多少会受到家族奉道传统的影响。陈寅恪先生在《天师道与滨海地域之关系》中根据王羲之与徽之、献之父子的名字，司马道万与道子、道生父子不避家讳的情况而提出问题：为什么"之"、"道"等字不在避讳之列？他使用"推度之法"[①] 而提出："六朝人最重家讳，而'之'、'道'等字则在不避之列，所以然之故虽不能详知，要是与宗教信仰有关。"在《崔浩与寇谦之》中，他又根据姓名中的"之"字来推断寇谦之、陶渊明等人的天师道信仰"如佛教徒之以'昙'或'法'为名者相类。"[②] 这些对信奉天师道的高门士族子弟信仰特征的看法，也为后学广泛关注与认可。

琅琊王氏居住在与吴郡不远的会稽，其中王羲之一系是东晋最有代表性的天师道世家，虽然"世事张氏五斗米"，但来到江南后，他们在交友过程中又接触到许多新文化。"羲之雅好服食养性，不乐在京师，初度浙江，便有终焉之志。会稽有佳山水，名士多居之，谢安未仕时亦居焉。孙绰、李充、许询、支遁等皆以文义冠世，并筑室东土，与羲之同好。"[③] 王羲之（303—361 年，一作 321—379 年）虽然信奉道教，但因交游广泛，与清谈名士、佛教名僧、天师道徒都有交往，因共同向往清谈优游的生活，故追求隐遁山林、服食养性而彼此引为同道。王羲之有七个儿子，皆信奉天师道，与道士交往密切，第七子王献之（344—386 年）有病时，其兄王徽之乞求道士作法，甚至愿意代弟去死："献之遇疾，家人为上章，道家法应首过，问其有何得失。对曰：'不觉余事，惟忆与郗家离婚'"[④]。在家人为他举行

[①] "推度之法"是在史料缺乏的前提下史学家用合理推测的方式来弥补史料与史料之间缺环，从而在整体上能够对历史事实形成较为系统的认识。（参见朱慈恩《论陈寅恪史学考证中的"推度之法"》，《史学史研究》2010 年第 4 期）
[②] 陈寅恪：《金明馆丛稿初编》，生活·读书·新知三联书店 2001 年版，第 121 页。
[③] 《晋书》卷八十《王羲之传》。
[④] 《晋书》卷八十《王献之传》。

天师道的上章首过仪式上，王献之坦白了自己年轻时休妻郗道茂，另娶新安公主时所犯的过失。可见当时在江南传播的天师道之法术主要由恭请神灵、上章首过、符水治病、诵经驱魔、除厄咒鬼法等组成，直接影响到士族子弟对道教法术的认识和运用。

琅琊王氏与高平郗氏世代通婚，王羲之的内弟郗昙、郗愔都奉天师道，郗氏是东晋著名的奉道世家之一，与何充及弟何准信佛教形成鲜明区别，故谢万曰："二郗谄于道，二何佞于佛。"① 反映了两大家族不同的文化倾向。《晋书·郗愔传》曰："会弟昙卒，益无处世意，在郡优游，颇称简默，与姐夫王羲之、高士许询并有迈世之风，俱栖心绝谷，修黄老之术。后以疾去职，乃筑宅章安，有终焉之志。十许年间，人事顿绝。"② 郗愔奉道尤其精勤，"心尚道法，密自遵行，善隶书，与右军相埒。手自起写道经，将盈百卷，于今多有在者"③，展示了他研学道经的认真态度。据记载，郗愔还喜服符水，因饮用过量，使符积聚在腹中而导致肚痛，佛僧于法开专门为之调制汤药，令其下服，最后排出由符结成的拳头大小的块状物。

王羲之去官后，还与道士许迈共修服食，为采药石，不远千里，遍游江东诸郡与名山，一路行走，一路作诗，在他们眼中，秀丽宜人的山水是作为带有灵性的审美对象而存在的。王羲之每造之，未尝不弥日忘归，相与为世外之交。④ "王羲之共有近七百封书信流传于世，其中很多与道教、药方以及服食养生有关。王羲之信奉道教，在其书信中多见'道家''大先师''大贤'等词。"⑤ 王羲之于会稽的兰亭雅集，也带动了江南士人撰写游仙诗、山水诗的兴致。王羲之父子皆为书法名家。王羲之为道士写《道德经》，以《黄庭经》换取白鹅的故事成为历史上的书林佳话。王献之亦写有道教符箓和神咒，据米芾《画史》记载："李公麟云，海州刘先生收王献之画符及神咒小字一卷，五斗米道也。"⑥ 王氏家族综合天师道信仰和江南山水文化传统推进了道教书法在江南的兴起。

---

① 《晋书》卷七十七《何充传》。
② 《晋书》卷六十七《郗愔传》。
③ （北宋）李昉编纂：《太平御览》第六卷，河北教育出版社1994年版，第224页。
④ 《晋书》卷八十《许迈传》。
⑤ ［日］佐藤利行、荣喜朝：《王羲之与道教》，《浙江大学学报》2020年第4期。
⑥ （北宋）米芾：《画史》，中华书局1985年版，第10页。

第二节　民间道团及天师道的南传

东晋时，社会处于分裂状态，这就给传播到江南的道团去自由发展提供了较为宽松的环境。从江南地区看，原先的太平道、天师道并没有销声匿迹，而是在继续传播中，属于太平道支派的有于君道、帛家道等，属于五斗米道支派的有天师道、李家道、清水道等，另外还有一些打着修道旗号的民间道团，"曩者有张角柳根王歆李申之徒，或称千岁，假托小术，坐在立亡，变形易貌，诳眩黎庶，纠合群愚，进不以延年益寿为务，退不以消灾治病为业，遂以招集奸党，称合逆乱"①。在三吴地区还有杜子恭道团，后演化成孙恩、卢循起义。这些活动于江南地区的民间道团，拥有众多的信徒，当与王权政治在信仰与文化上出现分歧时，还经常会利用教团组织发动民众起义来进行反抗。"古代中国，由于皇权垄断了所有的合理性和合法性，使得凡是不符合主流的所有宗教信仰，都要蒙上'妖'、'淫'、'乱'这类名称，不得不渐渐边缘化、秘密化或民间化，退出上层的、精英的思想世界。"② 可见当时在江南传播的民间道团的散乱性与粗俗性。天师道南传后为与原始巫教及民间道团保持区别，不时地以反淫祀的方式出现，"巫教的淫祀和道教的反淫祀"③ 也反映了当时天师道与民间道团的复杂关系。

帛家道本是在太平道基础上发展而来的在魏晋时期比较活跃的一个民间道团，以尊奉仙人帛和为祖师得名，又称帛氏道，原来传播于北方，在太平道被镇压后又流传到吴地，是以祷祀俗神为特色的民间道派。"根据其他一些散件资料推测，这个道派（帛氏道）大约属于太平道，太平道被镇压后，少数信徒在河北、洛中一带活动于民间。东晋时，帛家道流传至江浙一带，并向上层发展。"④ 从保留至今的有关帛家道的零星资料看，其创始人为辽东人帛和：

---

① 王明：《抱朴子内篇校释》，中华书局1985年版，第173页。
② 葛兆光：《屈服史及其他：六朝隋唐道教的思想史研究》，生活·读书·新知三联书店2003年版，第10页。
③ 羊华荣：《道教与巫教之争》，《宗教学研究》1985年第2期。
④ 卿希泰、唐大潮：《道教史》，江苏人民出版2006年版，第45页。

帛和，字仲理，师董先生行气断谷术，又诣西城山师王君。君谓曰："大道之诀，非可卒得，吾暂住瀛洲，汝于此石室中，可熟视石壁，久久当见文字，见则读之，得道矣。"和乃视之，一年了无所见，二年似有文字，三年了然见《太清中经》《神丹方》《三皇文》《五岳图》，和诵之，上口。王君回曰："子得之矣。"乃作神丹，服半剂，延年无极。以半剂作黄金五十斤，救惠贫病也。①

帛和先随董奉学行气断谷术，后又诣西城山师王君学道，获得了《太清中经》等道书。葛洪在《抱朴子内篇》中明确指出帛和为道士："乃复有假托作前世有名之道士者，如白和者，传言已八千七百岁，时出俗间，忽然自去，不知其在。其洛中有道士，已博涉众事，洽炼术数者，以诸疑难谘问和，和皆寻声为论释，皆无疑碍，故为远识。人但不知其年寿，信能近千年不啻耳。后忽去，不知所在。"②此处的"白和"即为帛和。帛和作为修道之士，最后成为传说中的神仙。

帛家道主要在江东土著士族中传播。据说，丹阳句容人许迈早先信奉帛家道，在他即将得道时，有天师道所信仰的三官神诘问之："三官出丹简罪簿，各执一通而问映云：'夫欲学道慕生，上隶真人，玄心栖邈，恭诚高灵者，当得世功相及，祸恶不构，阴德流根，仁心上逮，乃可步真索仙，度名青府耳。'"③你本来是学道慕生，为什么却去学了血食生民的帛家道："汝本属事帛家之道，血食生民，逋忿宿责，列在三官，而越幸网脱，奉隶真气。父子一家，各事师主。同生乖戾，不共祭酒。罪咎之大，阴考方加。有如此积罪，亦无仙者。"听此责问后，许迈"自强长啸，振褐抚发。尔乃整气扉口，叱咤而答曰：'大道不亲，唯善是与。天地无心，随德乃矜。是以坂泉流血，无违龙髯之举。三苗丹野，涿鹿绛草，岂妨大圣灵化，高通上达耶！'"④许迈则坚定地表达了信仰"大道"的决心。

---

① 邱鹤亭注释：《列仙传今注 神仙传今注》，中国社会科学出版社1996年版，第310页。
② 王明：《抱朴子内篇校释》，中华书局1985年版，第350—351页。
③ ［日］吉川忠夫、麦谷邦夫编：《真诰校注》，朱越利译，中国社会科学出版社2006年版，第145页。
④ ［日］吉川忠夫、麦谷邦夫编：《真诰校注》，朱越利译，中国社会科学出版社2006年版，第146页。

陶弘景弟子周子良在自杀前所写的日记中也多次记载了周氏家族有世奉帛家道的传统,"周家本事俗神祷,俗称是帛家道"①。同时周子良的外氏徐家为天师道祭酒,后化导其一家人加入天师道。另外,陶弘景在《真诰》卷二十中有言:"华侨者,晋陵冠族,世事俗祷。"② 出身于晋陵冠族的华侨"背俗入道",后诣丹阳祭酒许治受道。陈国符先生说"此俗祷或即帛家道"③。

帛家道与天师道、太平道有着密切的关系。胡孚琛在《魏晋神仙道教》中说:"葛洪还说帛和曾授于吉《太平经》,亦有人说于吉授帛和《太平经》,总之帛和与《太平经》的承传有关,看来帛家道和天师道也是有联系的。周子良的姨母为帛家道徒,永嘉徐氏为'旧道祭酒','旧道'即是天师道,说明信奉帛家道的人中不少就是原来的天师道徒。天师道本来就有巫术传统,六朝时巫觋流入上层士族社会,便出现了这种由道士托名帛和利用巫俗布道的道派,流行于江浙一带。"④ 但江南士族加入道教后,使道教慢慢地脱离了地方性、反叛性以及与统治者不合作的态度,成为统治者进行社会教化、维护统治秩序的工具,为江苏道教逐步向社会上层传播扫除了障碍。

葛氏家族与太平道同源于东部滨海的琅琊,地缘文化上的相近影响到葛洪的信仰与思想。葛洪对以金丹道为核心的道教仙学推崇备至,虽然在《抱朴子》中未提及天师道,但却提到《太平经》《包元经》,并称于吉、帛和等人为后之知道者:"后之知道者,于吉、容嵩、桂帛诸家,各著千所篇,然率多教诫之言,不肯善为人开显大向之指归也"⑤。唐长孺先生指出,葛洪"对张角是深恶痛绝的。但他对传世《太平经》和流传《太平经》者倒是十分尊重的"⑥。葛洪在《抱朴子》中通过"身国同治"而深化《太平经》提出的"自然而致太平"的理想。

---

① [日] 麦谷邦夫、吉川忠夫编,刘雄峰译:《周氏冥通记》,齐鲁书社2010年版,第47页。
② [日] 吉川忠夫、麦谷邦夫编:《真诰校注》,朱越利译,中国社会科学出版社2006年版,第595页。
③ 陈国符:《道藏源流考》下册,中华书局1963年版,第277页。
④ 胡孚琛:《魏晋神仙道教》,人民出版社1989年版,第57页。
⑤ 王明:《抱朴子内篇校释》,中华书局1985年版,第257页。
⑥ 唐长孺:《太平道与天师道——札记十一则》,《中华文史论丛》2006年第3期,第59页。

到陶弘景时，《太平经》还在江南社会中传播："桓闿，字彦舒，东海丹徒人也。梁初，昆仑山诸平沙中有三古漆笥，内有黄素，写干君所出《太平经》三部。村人惊异，广于经所起静供养，闿因就村人求分一部，还都供养，先呈陶君。陶君云：'此真干君古本。'闿将经至都，便苦劳疟，诸治不愈。陶贞白闻云：'此病非余，恐取经为咎，何不送经还本处。'即乃依旨送，病乃得差耳。"① 干君即是与《太平经》及太平道相关的于君。神塚淑子认为，此暗示了陶弘景身边人对与上清派无关的《太平经》的关注有背离上清派的现象，桓闿有借《太平经》为符瑞而起事的政治目的的意图，后被陶弘景制止。② 但笔者认为，这可能也反映了上清派道士学习《太平经》的情况。据《太平广记》卷十五《桓闿》记载，桓闿先事华阳陶先生，为执役之士，辛勤十余年，性常谨默沉静，因学习《太平经》先行修道成仙而成为陶弘景之师。但元代编《茅山志》却去掉了与《太平经》相关内容而凸显陶弘景及桓法闿对茅山道教的推动作用："桓法闿，字彦舒，东海丹徒人，陶隐居高第弟子也。为梁南平王清远馆主，任事缘多绪，有废研修，乃郁冈山右别筑玄洲精舍。"③

在正史中，早期道教是指从西汉到魏晋这一时期带有原始宗教色彩的道教，常被称为"鬼道""巫道""妖道"，是需要官方用强力加以制裁的"左道"。但这种特色后来在魏晋时期经葛洪等江南道士以儒家伦理来加以改造，剔除早期道教中的鬼道邪术、挟道作乱等内容，强调人应当通过修道来追求生命的超越与永恒，形成了"自救论"的特色，使江南道教在"得道成仙"的理想与现实社会之间梳理出一种相对合理的关系，"这就导致了早期道教的终结，也标志着正统道教、官方道教的出现"④。葛洪对民间道团的态度反映了他是站在"早期道教"与"正统道教"之间的一个标志性人物，力图使道教去掉了反叛性色彩，但直到东晋末年，依然有孙恩、卢循打着天师道旗号在长江下游三吴（吴郡、吴兴、会稽）地区举行反对会稽

---

① （唐）王悬河编撰：《三洞珠囊》卷一《救道品》引《道学传》，《道藏》第25册，第302页。
② ［日］神塚淑子：《六朝时代の上清经と灵宝经》，载［日］吉川忠夫编《六朝道教の研究》，东京春秋社1998年版，第117页。
③ 《茅山志》卷十五，《道藏》第5册，第616页。
④ 孙亦平：《道教文化》，南京大学出版社2009年版，第18页。

王司马道子及司马元显专权暴政的起义活动："及元显纵暴吴会，百姓不安，恩因其骚动，自海攻上虞"①。孙恩、卢循起义从东晋隆安三年（399年）一直延续到义熙七年（411年），引起东晋朝廷的极大震动，对江苏道教的发展方向产生了影响。

自20世纪以来，学术界就孙恩、卢循起义的原因、过程和性质进行了旷日持久的讨论，取得了许多有益的研究成果，但值得研究的问题是，孙恩起义如何在杜子恭道团的基础上打着天师道的旗号发展起来，如何从浙东会稽而波及到东晋都城建康？如何从零碎散乱的相关史料记载中寻找到一条天师道在江苏传播的线索？

其实孙恩、卢循起义有一个酝酿过程，其导火线虽然是浙东社会矛盾的激化所致，但也与五斗米道被瓦解后处于分化传播阶段，再加上江南社会巫觋之风盛行，那些群龙无首的小道团借助通神秘术来传教是分不开的，如唐长孺指出：

> 长江中下游亦即孙吴领域内部看不出有天师道传布的迹象，在这一地域内流行的有属于巫鬼道的于家道（这是太平道的流派）、李家道（这是自蜀传来以李姓为首的流派）、帛家道（这是传自神仙帛和的流派）等，以及属于神仙道的葛玄、郑隐等，具见葛洪《抱朴子》及近人考证，无须赘述。葛洪是西晋末至东晋初人，他所撰《抱朴子》列举孙吴以来道派，却从未谈到天师道。我想三吴地区之有天师道，很可能是永嘉乱后随着南渡士庶传入的。②

在东吴统治区内的江东本来只流传着各种民间道团，永嘉之乱后，孙恩叔父孙泰带领家族南迁，为天师道随着南渡士庶来到江东提供了佐证。

> 孙恩，字灵秀，琅琊人，孙秀之族也。世奉五斗米道。恩叔父泰，字敬远，师事钱唐（塘）杜子恭。而子恭有秘术，尝就人借瓜刀，其

---

① 《晋书》卷一百《孙恩传》。
② 唐长孺：《钱塘杜治与三吴天师道的演变》，《唐长孺社会文化史论丛》，武汉大学出版社2001年版，第157页。

主求之，子恭曰："当即相还耳。"既而刀主行至嘉兴，有鱼跃入船中，破鱼得瓜刀。其为神效往往如此。子恭死，泰传其术。①

孙恩（？—402年）出身的琅琊孙氏家族世代信奉五斗米道。其叔父孙泰因其先祖孙秀作为天师道徒却颇有政治心机，在西晋爆发的"八王之乱"中做过中心人物赵王司马伦的谋士，后与赵王司马伦一同被诛，整个孙氏家族随之衰颓，于是孙氏家族移居三吴，世奉五斗米道。

当时的吴郡钱塘属于"三吴"之一，本是江南比较富裕的地区，侨、吴士族会聚此地后连年混战，土地兼并越加严重，社会矛盾越加尖锐，形成了皇权、官吏与民众、门阀士族与次等士族、侨姓士族和吴姓士族明显对立的复杂关系，即使是南迁的侨姓士族中，还有北府武将、旧族门户中的晚渡者、无缘入仕的"次等士族"等不同类别。② 其实，在孙泰作为永嘉南渡世族中的门等较低的"次等士族"③ 来到吴郡钱塘落脚之前，已有钱塘杜氏家族的杜子恭掌握了通灵秘术而在此活动，并吸引了许多信徒。"钱塘杜氏以家族形态存在并深刻影响了当时的社会生活，实际上已经具备了大族郡望的特点。钱塘杜氏的代表人物有杜子恭、杜该、杜运、杜道鞠、杜京产、杜栖等。"④ 据此，杜子恭也是钱塘杜氏家族的代表人物，孙泰传其术，由此提升了孙氏家族在江南门阀士族中的地位。

史料中有关钱塘杜氏的文献记载很少，因这个家族世代信奉五斗米道，反而是在道书中保留了一些相关资料。南朝史学家马枢（522—581年）曾作《道学传》其中介绍了杜子恭事迹：

---

① 《晋书》卷一百《孙恩传》。
② 武峰在《东晋孙恩、卢循起事的浙东因素》中，将孙恩、卢循起事于浙东的原因归纳为：浙东地区大族与低级士族的矛盾、浙东地区经济的兴盛和东晋政府的苛剥、浙东地区海洋地理环境等（《浙江海洋学院学报》2011年第6期）。
③ 田余庆认为，孙秀在赵王伦时居中书令（三品官），足以使他的家族从寒庶地位上升。（田余庆：《东晋门阀政治》第310页），孙秀被杀后，孙氏家族随之衰颓。可见"孙氏应属东晋侨姓士族集团成员，只是门第较低而已"。（任继愈主编：《中国道教史》上海人民出版社1990年版，第120页）
④ 王力平：《中古杜氏家族的变迁》，商务印书馆2006年版，第105页。

> 杜昺①，字子恭，及壮，识性精勤，宗事正一。少参天师治箓，以之化导，接济周普，行己精洁，虚心拯物，不求信施。遂立治静，广宣救护，莫不立验也。②

杜昺，一写作杜昞。永嘉之乱后，相对安定的江东地区成为天师道活动的主要地域，但当地巫风盛行而导致人鬼殽乱，非正一之气，无以镇之。杜子恭是天师道徒，"少参天师治箓"，壮年之后"宗事正一"，建立宗教场所，积极弘道以化导信众。这里的"正一"大概是天师道的别称。

马枢虽然比杜子恭晚生约200年，但他曾生活于南徐州（今江苏镇江），"博极经史，尤善佛书及《周易》、《老子义》"③，后还隐于茅山，有终焉之志，应对江南道教比较了解，后来《云笈七签》则用寥寥数语说出杜子恭道团传张天师道法的特色。

> 杜昞，字叔恭，吴国钱塘人也。……早孤，事后母至孝，有闻乡郡，三礼命仕，不就。叹曰："方当人鬼殽乱，非正一之气，无以镇之。"于是师余杭陈文子，受治［箓］为正一弟子，救治有效，百姓咸附焉。后夜中有神人降，云："我张镇南也。汝应传吾道法，故来相授诸秘要方，典阳平治。"昞每入静烧香，能见百姓三五世祸福，说之了然。章书符水，应手即验。远近道俗，归化如云。十年之内，操米户数万。④

杜子恭受治箓为正一弟子，于是托张鲁降授传吾道法、授诸秘要，一方面继承了"三张"所创道法，道民以交米为信，推行祭酒统民制度，并仿效"阳平治"建立了"杜治"；另一方面，杜子恭又借助于江南民间巫术而注重以"通灵有道术"的方式以章书符水为人治病。据史料记载，杜子恭升平五年（361年）为王羲之诊病、兴宁三年（365年）吴郡陆纳曾因"患

---

① 杜昺，一说杜昞，字子恭，钱塘（今浙江杭州）人。
② （唐）王悬河编撰：《三洞珠囊》卷一《救道品》引《道学传》，《道藏》第25册，第296页。
③ 《茅山志》卷十五，《道藏》第5册，第616页。
④ 《云笈七签》卷一百十一《杜昞》，《道藏》第22册，第757页。

疮"找到杜子恭,据说"炅为奏章,又与灵飞散"①。杜子恭不仅结交了吴郡陆氏、吴兴沈氏、琅琊王氏等上层世族,而且与东晋名流谢安、王羲之、桓温、谢灵运等都有交往,"人多惑之,敬之如神"②。

杜子恭在社会上名望大增,被那些"东土豪家及都下贵望"的道民弟子称为杜明师:"初,钱唐人杜炅,字子恭,通灵有道术,东土豪家及都下贵望,并事之为弟子,执在三之敬。"③ 南朝文学家沈约(441—513年)是吴兴(今浙江湖州)人,沈氏家族也是天师道世家,沈约在《宋书·自序》中讲述其高祖沈警受杜子恭影响而入道时说:"警累世事道,亦敬事子恭。子恭死,门徒孙泰、泰弟子恩传其业,警复事之。"④ 与传统五斗米道面向社会大众传道不同,杜子恭在向一般信众传道的同时,更注重以神人下降传授神秘道法为人治病,吸引"远近道俗"前来参与,致使江南士族信奉天师道成为一种时尚。

杜子恭正是靠"通灵有道术"为传道方法而为"东土豪家及京邑贵望"所重,带动了东晋时天师道内部的自我改革,也正是这种改革使江南天师道出现了一些与传统五斗米道相异的教法,"杜子恭以天师道最高领袖名义推行米户制度,在一定程度上重建了集权主义的教团体制,让五斗米道在东南沿海的势力达到了巅峰。他带动了汉晋时民间的新宗教运动出现一次新高潮,但也激化了这个运动与主流社会传统秩序的矛盾"⑤。杜子恭的改革,既遭到力求维护五斗米道传统的反对,也受到来自佛教徒的讥讽与批评,释玄光在《辩惑论》中说:"夫五斗米教,出自天师,后生邪浊,复立米民。世人厌畏,是以子明、杜恭,俱困魔蟒"⑥。甄鸾《笑道论》、释道安《二教论》中也有类似的说法。这里的"子明"是指道教神话中的仙人陵阳子明,到南北朝时被改名为"窦子明"。"杜恭"则指杜子恭。蟒蛇是江南民间传说中山神的化身。有意思的是,道书中也有讲述张道陵被蟒蛇吞噬的故

---

① 《三洞珠囊》卷一《救导品》引《道学传》卷四"杜炅"条。
② (唐)许嵩:《建康实录》卷十,中华书局1986年版,第308页。
③ 《南史》卷五十七《沈约传》。
④ 《南史》卷五十七《沈约传》。
⑤ 钟国发:《杜子恭与江东天师道》,《传统中国研究集刊》第五辑,上海人民出版社2008年版,第53页。
⑥ 《弘明集》卷八,《大正藏》第52册,第49页。

事，但未见杜子恭与蟒蛇的故事，佛教徒大概也是借此故事来批评杜子恭与江南地方俗神信仰的关系。杜子恭死后，弟子孙泰似乎并未忠实地遵循其师的既定方针，继续在士族豪家中传道，而是结合着江南社会发展需要，凭借其师积聚的道团力量去挑战现实社会秩序。

孙泰接班成为这个道团的教主后，既会"诳诱百姓"，又因"知养性之方"，在江浙一带积极传教，不仅东晋黄门郎孔道、鄱阳太守桓放之、骠骑谘议周勰等皆敬事孙泰，还使"愚者敬之如神，皆竭财产，进子女，以祈福庆"①。晋孝武听闻孙泰有道术后，特召其当徐州主簿，听任他"犹以道术，眩惑士庶"。

孙泰通过传道，形成了以琅琊孙氏为核心的，上有统治者"会稽世子元显亦数诣泰求其秘术"，下有敬之如神的地方势力和普通民众。朝中大臣虽然惧怕孙泰作乱，但又慑于孙泰与司马元显的关系，而是将孙泰流放到广州。如王皓月所说："通过孙泰的仕途之路，我们也可以发现东晋时期存在的一种现象，那就是下等士族缺乏经济基础和家族背景，一些人转而借助五斗米道的道术扩张势力，建立自己的人脉，使得道教以一种间接的形式对政权产生影响。"② 隆安二年（398年），王恭起兵叛乱。孙泰认为"晋祚将终"，次等士族出头之日已到，乃"扇动百姓，私集徒众，三吴士庶多从之"，因招集士兵数千人参预朝廷内部斗争，激化了道团与维护门阀士族的根本利益的主流社会的矛盾，"于时朝士皆惧泰为乱"，最后为人揭发，孙泰及其六子被会稽王司马道子父子诱斩。孙恩幸免于难，逃入海岛后，乃聚众百余人立志为孙泰复仇。

孙泰有借天师道进行改革社会的意愿，但目标不够明确。孙泰死后，孙恩及其徒众仍宣扬他是"蝉蜕登仙"，将孙泰开始的民间宗教运动推向高潮。隆安三年（399年）孙恩趁民心骚动之际，集众起义，从海岛攻克上虞，乘胜破会稽（今浙江绍兴），旬日之中，会稽八郡数万民众以及会稽谢氏、吴郡陆氏、吴兴丘氏这些地方士族群起响应。孙恩自称"征东将军"，杀各地太守，置立官职，"于是恩据会稽，自号'征东将军'，号其党曰：

---

① 《晋书》卷一百《孙恩传》。
② 王皓月：《东晋末、刘宋时期道教与政权关系问题——以孙恩起事和五斗米道改革为中心》，《魏晋南北朝隋唐史资料》第三十一辑，2015年版，第92页。

'长生人',宣语令诛杀异己,有不同者戮及婴孩,由是死者十七八"①。起义军占领了会稽八郡后,"畿内诸县,盗贼处处蜂起,恩党亦有潜伏在建康者,人情危惧,常虑窃发,于是内外戒严"②。东晋王朝派司马元显、谢琰等率兵讨伐孙恩。

孙恩起义的目标是到东晋都城建康以推翻当朝统治,他们在诉诸政治主题时,又如何将天师道信仰从浙东会稽而波及所到之处呢?学界对孙恩、卢循起义的政治诉求、行军路线与经过地区等已有很多研究,若联系江苏道教的发展来看,有几点值得注意:

第一,孙恩起义以颇具道教信仰特点的"长生人"相号召,并将"仙""神""巫""鬼"等观念始终贯穿于起义过程中。孙泰死后,其徒众仍认定他是"蝉蜕登仙"。元兴元年(402年)三月,桓玄消灭司马道子之势力,执掌朝政,孙恩乘时再度来袭,被临海郡太守辛昺击败,最终投海自尽,其徒党及妻妾多达百人也带着将会成为"水仙"的信念赴海自沉。这种"水仙"信仰的极端性也导致许多有识之士要在道门中推进改革。

第二,孙恩起义是东晋末年次等士族利用民怨借助天师道来反抗门阀士族统治和谋求改变的一种社会反抗运动。起义军的领导者孙恩、卢循都是南迁的北方士族的后代。孙恩是"琅琊人,孙秀之族也"。卢循为范阳大士族卢湛之曾孙。有史可稽的集团骨干成员35人中,在能确定身份的22人中,大多是士族出身。其中既有来自三吴士族之望的吴郡陆氏、吴兴丘氏、会稽谢氏,也有来自北方的世家大族,例如长乐冯嗣之③,参加起义军的大多为天师道信徒,虽然其中也有一些是参加起义军后才入道的,他们一方面加深了天师道与江南巫鬼道的结合,另一方面,在起义过程中要求信徒"竭财产,进子女",所到之处烧杀抢掠,也使道教在民间的声誉受到了影响。

第三,起义军席卷东晋统治的大部分地区,从起义军行进路线看,从浙东到南京要经过苏锡常地区。据说,当孙恩起义军经过今位于上海和苏州之间昆山东北的娄县时,遭到随从刘裕征战的东晋将领蒯恩的奋力抵抗:"蒯

---

① 《晋书》卷一百《孙恩传》。
② (北宋)司马光编著:《资治通鉴》第8册,中华书局1956年版,第3498页。
③ 谢方明"随伯父吴兴太守邈在郡,孙恩寇会稽,东土诸郡响应,吴兴人胡桀、郜骠破东迁县,方明劝邈避之,不从,贼至被害,方明逃免。初,邈舅子长乐冯嗣之及北方学士冯翊仇玄达,俱往吴兴投邈,礼待甚简,二人并忿恨,遂与恩通谋"。(《宋书》卷五十三《谢方明传》)

恩，字道恩，兰陵承人，从武帝征孙恩，战于娄县，箭中左目。"① 孙恩起义军既将天师道信仰传入苏南一带，但蒯恩在娄县力战孙恩起义军之事，也影响着天师道在昆山的传播。

第四，东晋王朝抵御并镇压孙恩起义的一些官吏中也有天师道徒。会稽孔道夫曾经保荐孙泰。陈郡谢氏、孔氏都是世奉天师道的忠实信徒，各个家族奉道的原因并不相同，据丁红旗的研究，谢氏家族有较为严重的遗传病史，谢家的人多因"疾笃"或"多疾"而早逝。从谢安开始"退身东山，以道养寿"，采取以草药疗疾，到谢玄"归诚道门，冀神祇之佑"，再到谢灵运"承未散之全朴，救已颓于道术"，他们乞灵于五斗米教——与钱塘杜子恭交往。然而，这种信仰因孙恩起义而被强行中断。② 同样是面对孙恩起义军进攻，司马道子却整天在蒋侯庙里施行祈求巫术与厌胜巫术："会孙恩至京口，元显栅断石头，率兵距战，频不利。道子无他谋略，唯日祷蒋侯庙为厌胜之术。"③ 王凝之、王献之更是虔诚的天师道徒：

孙恩之攻会稽，僚佐请为之备。凝之不从，方入靖室请祷，出语诸将佐曰："吾已请大道，许鬼兵相助，贼自破矣。"既不设备，遂为孙恩所害。④

身为会稽内史的王凝之面对孙恩起义军，不是积极备战应战，而是在那里请祷，希冀鬼兵相助，最后却被起义军所杀。孙恩起义是门阀衰落、寒人兴起的一个重要标志。

孙恩、卢循起义从根本上动摇了东晋王朝的统治，迫使刘裕在建立宋朝之后采取一些减轻人民负担和抑制豪强大族的措施，从而为刘宋初期江南社会的安宁和经济繁荣创造了有利条件。同时也是汉晋民间以天师道为组织形式进行反叛运动趋于终结的象征。到南朝时，那些士族出身的道士陆修静、宋文明、臧玄静、陶弘景等或援引老庄辞句、或附会佛教教义、或遵循儒家

---

① 李勇先、王会豪、周斌等点校：《宋元珍稀地方志丛刊》乙编三《无锡县志、淳祐玉峰志、至正昆山郡志》，四川大学出版社2009年版，第608页。
② 丁红旗：《东晋南朝谢氏家族病史与道教信仰》，《宗教学研究》2006年第3期。
③ 《晋书》卷六十四《会稽文孝王道子传附子元显传》。
④ 《晋书》卷八十《王羲之传》。

伦理，举出具体措施来改革天师道，使之既与当下社会秩序相适应，又能保持其生命理想和精神关怀。民间道团在江南的活动成为南朝新天师道登场的序曲。

第三节　葛洪倡金丹道促神仙道教

葛洪（283—363 年）①成为东晋道教学者、炼丹家、医药学家以及神仙道教的代表人物，与当时江苏社会中弥漫的养生风尚似有一定的联系。葛洪是丹阳句容人，其故宅在南朝时还修建道观："青元观，在句容县城治西南隅葛洪故宅。梁天监中建。"②此观原系葛仙翁故宅，在明代时成为道会司所在地：道会司"在县治西南隅青元观，洪武十五年开设，道会谈道林始建，至今仍旧。"③据说，葛洪最后也归葬于家乡丹阳。有关葛洪的葬地，孙向中认为："至今葛洪的埋葬地共有三种说法。葛洪虽然卒于罗浮山，但罗浮山只留有葛洪的衣冠冢，他没有真正埋在那里。关于杭州西湖葛岭的抱朴子墓旧闻，源自元代诗人吴莱一首诗中的文学虚构。魏晋时期盛行归葬习俗，葛洪卒后归葬到了家乡句容，因此关于葛洪墓在句容的史料记载最为可信。"④

葛洪一生精研儒道，学贯百家，著述甚丰，其代表作《抱朴子内篇》中对神仙存在的论说，对得道成仙途径与方法的介绍，对炼丹之方的记录和修仙之道的践行，既是对战国时期"方仙道"和汉代神仙方士的传统的继承，也充满着玄学的清谈思辨和养生追求。葛洪为寻找丹砂，行走修道，在江苏、浙江、河南、广东、广西留下他的足迹。江苏句容茅山大茅北连峰又

---

① 《晋书·葛洪传》未记葛洪生卒年，只记其享年八十一岁，故引发后人有关葛洪生卒年的讨论，以太安二年（303 年）石冰之乱，葛洪二十一岁来推论，主要形成了（283—343 年）、（284—344 年）和（283—363 年）等不同看法。笔者依据的是王明先生的说法（王明：《抱朴子内篇校释》，中华书局 1985 年版，《序言》第 3 页）。

② 《乾隆江南通志》卷四十四《舆地志·寺观》，《中国地方志集成·省志辑·江南 4》，凤凰出版社 2011 年版，第 15 页。

③ 句容市史志办公室编：《弘治句容县志》，苏州大学出版社 2018 年版，第 17 页。

④ 孙向中：《葛洪生地葬地新探》，《河南大学学报》2008 年第 1 期。

称抱朴峰，即因纪念葛洪于此修道而命名。茅山乾元观《李真人井铭》据说是葛洪题写："混混井泉，源通渤海。色逾玄圭，甘如沉瀣。注炼金液，保养太和。昔人遐举，饮此余波。"① 南京方山、无锡马山、睢宁葛峄山等地有葛仙井、葛洪井，据说与葛玄、葛洪曾在此炼丹有关。葛洪通过倡导金丹道推动了神仙道教在江苏的发展。

葛洪所著《抱朴子》分内外篇，《抱朴子内篇》"言神仙方药，鬼怪变化，养生延年，禳邪却祸之事，属道家"，《抱朴子外篇》"言人间得失，世事臧否，属儒家"，这反映出葛洪是依照魏晋时期士人所遵行的儒家思想来改造早期道教的，他将儒家的忠孝仁信等纲常名教纳入道教仙学之中，再吸收魏晋玄学中流行的养生思想和神仙方术，建立"内道外儒"的思想体系，在改造旧天师道的基础上，为适应江南士族上层社会需要，使养生成为道教和玄学交汇的领域之一。从宏观来看，一切生命活动过程其实都与养生有密切关系；从微观来看，养生又可分为养神和养形两个方面。葛洪创建以肉体飞升为目标的金丹派，推动道教仙学向贵族化、理论化、技术化的方向发展。

从仙道的理论依据看，葛洪创建的以肉体飞升为目标的金丹派，通过对"玄"的论述出发，从宇宙本体论上为健康养生提供理论依据。葛洪《抱朴子内篇》开篇《畅玄》中就说：

> 玄者，自然之始祖，而万殊之大宗也。眇昧乎其深也，故称微焉。绵邈乎其远也，故称妙焉。其高则冠盖乎九霄，其旷则笼罩乎八隅。光乎日月，迅乎电驰。……胞胎元一，范铸两仪，吐纳大始，鼓冶亿类，……故玄之所在，其乐不穷。玄之所去，器弊神逝。②

"玄"既远离具体事物，但又无所不在，无所不能，无所不为，又所在皆无，具有"超言绝象"的"玄远深奥"之义。葛洪以"玄"为主题范畴来论述道教的"得道成仙"信仰，但按王明先生的看法，葛洪"此所谓玄，

---

① 裴伟选注：《镇江诗文》，苏州大学出版社2007年版，第3页。
② 王明：《抱朴子内篇校释》，中华书局1985年版，第1页。

原自汉代扬雄之《太玄》,非魏晋玄学之玄"①。其实葛洪在论"玄"时,既延续了杨雄之"玄",也借用了魏晋玄学之"玄"。

葛洪延续着扬雄将"玄"描绘为宇宙生发之源、万物存在之本的思路,进一步将"玄"神秘化为"玄道":"夫玄道者,得之乎内,守之者外,用之者神,忘之者器,此思玄道之要言也。"但葛洪神秘主义之"玄"与扬雄之"玄"的最大不同在于,葛洪将宇宙本体之"玄"下贯于天地人来说明人的自然本性,并从人的自然本性来谈养生,既通过玄学的有无之"道"来解"玄",又提出以"玄道"来指导道教的修炼:"道者涵乾括坤,其本无名。论其无,则影响犹为有焉;论其有,则万物尚为无焉。"②"道"是万物的本源,故又称为"一"。"道起于一,其贵无偶,各居一处,以象天地人,故曰三一也。天得一以清,地得一以宁,人得一以生,神得一以灵。"③葛洪所倡导的"玄"虽然无形,但却通过"阴阳而发气"贯穿于天地人之中:"夫玄也者,天道也,地道也,人道也。"④ 人可以根据"玄"的奇妙变化,来推衍天地万物的运行规律,来认识人的生命变化规律。

"玄""道""一"作为名异而实同的概念,既有陶冶万物、范铸二仪、胞胎万类的功能,也是宇宙天地间万物运行的唯一法则,同时还是生命存在的基础,这本是魏晋玄学比较流行的哲学观念,但葛洪的特异之处就在于他以玄解道,以道为神,再将"玄"与人的生命成长相联系,他在《畅玄》中提出了神仙道教的重要命题:"其唯玄道,可与为永",要想使形体永存,就必须修习玄道或守一之道。葛洪从生命存在的角度来强调长生久视是符合"道"的:"若夫仙人,以药物养身,以术数延命,使内疾不生,外患不入,虽久视不死,而旧身不改,苟有其道,无以为难也。"⑤ 由此,神仙形象中就隐含着葛洪希望采用种种技术方法来保全生命,以使自我能在时间上达到永恒,在空间上消除任何束缚,永远过着自由自在、恬静愉快生活的人生理想。

从仙道养生的实用方法看,葛洪不崇尚空谈,从"寿命在我"出发,

---

① 王明:《抱朴子内篇校释》,中华书局1985年版,第4页。
② 王明:《抱朴子内篇校释》,中华书局1985年版,第170页。
③ 王明:《抱朴子内篇校释》,中华书局1985年版,第323页。
④ 扬雄撰,司马光集注,刘韶军点校:《太玄集注》,中华书局1998年版,第221页。
⑤ 王明:《抱朴子内篇校释》,中华书局1986年版,第14页。

身体力行地将健康养生思想与道教医学及修道之术相联系，发明了种类繁多的修仙之术。葛洪宣扬"万物芸芸，何所不有，况列仙之人，盈乎竹素矣。不死之道，曷为无之？"① 关键在于要成仙就须采用特定的方法，"所为术者，内修形神，使延年愈疾；外攘邪恶，使祸害不干"②。

《抱朴子内篇》中的养生方法可谓琳琅满目，有守一、导引、行气、服食、辟谷、存思、注想、内视、房中、拜神、金丹、符箓等，以此来说明修道者根器有异，身体有别，成仙之途亦当有殊，葛洪强调："欲求神仙，唯当得其至要，至要者在于宝精行气，服一大药便足，亦不用多也。然此三事，复有浅深，不值明师，不经勤苦，亦不可仓卒而尽知也"③。其中的行气、服食作为道教仙学中必不可少的重要方法，对现代人的健康养生影响最大。

葛洪强调行气或可以治百病，或可以驱瘟疫，或可以禁虎蛇，或可以止疮血，或可以居水中，或可以行水上，或可以辟饥渴，或可以延年命。葛洪所说的行气术分外息法和内息法两大类，其大要者为胎息。"得胎息者，能不以鼻口嘘吸，如在胞胎之中，则道成矣。"④ 胎息，俗称脐呼吸，主要是通过闭气法，使气下沉丹田，结合存想，如同婴儿在母体之中，不用口鼻而用脐部进行深长柔和的腹式呼吸，以脐通气，自服内气，全精保神，即可与道合真。这也是江南人从生命体验中对古老的行气术的一种发展。

葛洪曾对胎息闭气法做了细致描述："初学行气，鼻中引气而闭之，阴以心数至一百二十，乃以口微吐之，及引之，皆不欲令己耳闻其气出入之声，常令入多出少，以鸿毛著鼻口之上，吐气而鸿毛不动为候也。渐习转增其心数，久久可以至千。"⑤ 胎息闭气法通过调气闭息，使身中内外之气不相混杂，最大限度地减缓生命运动的进程，使身体各器官得到放松休息，以达到延年益寿的效果。后来《道藏》中保留了十多种专门讲述胎息的道书，对道教的胎息之法作了详细的介绍，可见，修习胎息的方法众说纷纭，但主要有胎息闭气法、咽内元气法，存思服气法、多纳少出法等。

---

① 王明：《抱朴子内篇校释》，中华书局1985年版，第12页。
② 王明：《抱朴子内篇校释》，中华书局1985年版，第124页。
③ 王明：《抱朴子内篇校释》，中华书局1985年版，第149页。
④ 王明：《抱朴子内篇校释》，中华书局1985年版，第149页。
⑤ 王明：《抱朴子内篇校释》，中华书局1985年版，第149页。

葛洪所讲的服食内涵十分丰富，主要可分为三大类：食疗、服药和服丹。

第一是食疗。食疗是根据"药食同源"的养生理念来对身体进行有针对性的补养。例如葛洪提出："巨胜一名胡麻，饵服之不老，耐风湿，补衰老也。桃胶以桑灰汁渍，服之百病愈，久服之身轻有光明，在晦夜之地如月出也，多服之则可以断谷。"① 这成为今人健康养生的一种重要的方法。

第二是服药。服药主要是以草木方针对疾病进行治疗。葛洪《肘后备急方》中收录了许多治疗疾病的草木方，如用青蒿治寒热诸疟方、治卒霍乱诸急方、治卒大腹水病方、治目赤痛暗昧刺诸病方、治百病备急丸散膏诸要方等，都是以特殊的药物配方，并伴有细致的说明。例如治卒霍乱诸急方，首先说明生病的原因："凡所以得霍乱者，多起饮食，或饮食生冷杂物，以肥腻酒鲙而当风履湿，薄衣露坐，或夜卧失覆之所致。"然后提出治疗方法：先是取暖驱寒："初得之便务令暖，以炭火布其所卧下，大热减之，又并蒸被絮若衣絮自苞，冷易热者，亦可烧地，令热水沃，敷薄布，席卧其上，厚覆之，亦可作灼灼尔热汤著瓮中，渍足令至膝，并铜器贮汤，以著腹上，衣藉之，冷复易。"这种热熨法是一种物理疗法。如果还不见起色，就采用灸法："如此而不净者，便急灸之。"葛洪对所灸的身体部位也作了细致介绍。然后再服草木方，"服旧方，用理中丸及厚朴大豆豉通脉半夏汤"②。半夏汤来自《黄帝内经·灵枢》，葛洪又作了一些改进，将之与其他药材相配合作为治疗霍乱的药方。

其三是服丹。葛洪认为，要超越生命之局限，既要行气炼养，也要"假求于外物以自坚固"。这个"外物"，就是通过炼制金石药物而制造的一种长生之药——金丹。"知上药之延年，故服其药以求仙。"③ "长生之道，不在祭祀事鬼神也，不在道引与屈伸也，升仙之要，在神丹也。"④ "若金丹一成，则此辈一切不用也。"⑤

如果将葛洪放到江苏道教仙学的历史发展中加以考察，就可见其所倡导

---

① 王明：《抱朴子内篇校释》，中华书局1985年版，第205页。
② 《葛仙翁肘后备急方》卷二，《道藏》第33册，第16页。
③ 王明：《抱朴子内篇校释》，中华书局1985年版，第46页。
④ 王明：《抱朴子内篇校释》，中华书局1985年版，第77页。
⑤ 王明：《抱朴子内篇校释》，中华书局1985年版，第332页。

的神仙道教具有承上启下的作用。道教在创立之初，就力图从哲学上来论证"得道成仙"的可能性与现实性。汉代哲学比较注重对宇宙和生命的起源进行探讨，"道"为万物生成之本，"气"为万物变化之机，这成为汉代宇宙起源论的主要思维模式。受此影响，东汉时的道教经典，如《太平经》《周易参同契》《老子想尔注》等大都从道与气的辩证关系出发，对人如何通过"保性命之真"而成仙的内外根据作了理论上和实践上的探索，促成了道教仙学的形成。葛洪在《抱朴子内篇》中力图从宇宙本体论的理论高度来论证神仙之实存。

葛洪与魏晋玄学都认为人的生命由形神相合而成，但是侧重于"保形"，还是通过"保神"以追求精神的超越与升华，却有着不同的取向。魏晋玄学中虽有贵无、崇有和独化等不同论点，但都以自然为本体，提倡形神俱妙，因此玄学家所说的养生是"顺天和以自然，以道德为师友，玩阴阳之变化，得生长之永久，任自然以托身"①，追求顺应自然来颐养身心，而并不相信人的肉体能够不死。而葛洪作为宗教家，一方面受玄学的影响，也以有与无相统一的"玄道"作为宇宙之本、养生之道；但另一方面，在形神关系上，葛洪则相信肉体能够长生，因而他的养生更侧重于"保形"，强调"形者神之宅也"，"身（形）劳则神散，气竭则命终"，这种"将保持肉体长存作为个体生命超越的先决条件，从而促成了当时道教仙学的重点放在了追求形体长生"②。

葛洪与魏晋玄学虽然在形神关系上有着不同的取向，但两者的养生原则却是一致的。第一，形神相依才能有利于生命的安康。如玄学家嵇康说："修性以保神，安心以全身。爱憎不栖于情，忧喜不留于意，泊然无感而体气和平，又呼吸吐纳，服食养生，使形神相亲，表里俱济也。"③ 只有既内在地"保神"，又外在地"全身"，人的现实生命才是圆满的。葛洪也体会到"形神相依"的重要性，但出于对人死形体即腐朽的恐惧，葛洪极力倡导通过宝精行气，再服食金丹来保持身体长存，以避免"深入九泉之下，

---

① （晋）嵇康：《答难养生论》，夏明钊译注，《嵇康集译注》，黑龙江人民出版社1987年版，第70页。

② 孙亦平：《葛洪与魏晋玄学》，《南京社会科学》2011年第1期。

③ （晋）嵇康：《养生论》，夏明钊译注，《嵇康集译注》，黑龙江人民出版社1987年版，第46页。

长夜罔极，始为蝼蚁之粮，终与尘壤合体"① 的生命悲剧。第二，保持恬淡清静之心是养生大理。嵇康提出："养生有五难：名利不灭，此一难也；喜怒不除，此二难也；声色不去，此三难也；滋味不绝，此四难也；神虚精散，此五难也。五者必存，虽心希难老，口诵至言，咀嚼英华，呼吸太阳，不能不回其操，不夭其年也。五者无于胸中，则信顺日济，玄德日全，不祈喜而有福，不求寿而自延，此养生之大旨也。"② 对现实的人生来说，功名利禄、喜怒之情、声色犬马、酒肉荤腥、神虚精散都会使人劳精费神，最终损害身体，这些都是养生的大碍。葛洪在《论仙》中也认为："仙法欲静寂无为，忘其形骸"、"仙法欲止绝臭腥，休粮清肠"，将"服食养性、修习玄静"作为养生的基本原则。

葛洪基于"玄道"而建立的神仙道教思想与实践推进了江苏道教仙学以及中国古代科学技术的发展。首先，葛洪的行气胎息法成为道教仙学中必不可少的重要方法。其次，葛洪所倡导的烧炼服食金丹的外丹与后来出现的内丹虽然在内容与形式上存在着差异，但内丹仍然是围绕着"得道成仙"的信仰而展开，并采用了外丹的理论和术语。葛洪为研制金丹所进行的自然观察和科学实验，促使以追求形体飞升、不死成仙为目的的道教仙学中生发出科学萌芽，促进了中国古代化学、冶金学、地理学、天文学、医药学、养生学等的发展。最后，葛洪对个体生命的重视，对金丹道的积极践行，也推动了道教以追求生命的超越为特征的仙学在江苏地区的流行。

道教的金丹道包括外丹与内丹的修炼。外丹是由冶炼铸造等化学工艺发展而来的，它将丹砂、药金、水银等矿石，有时还配上动植物药材等在炉鼎中烧炼，希望能制成使人长生不死的丹药。内丹则以人身为鼎炉，以"精、气、神"为药物，通过神思运气而在人体内结丹。东晋时，炉鼎烧炼金丹的外丹术流行也是对仙学思想与实践的发展。

据史料记载，早期道教中的一些重要人物，如张陵、阴长生、左慈、魏伯阳、葛玄等都曾在江南进行过炼丹的活动。由此可见，汉晋时期是炼丹术在江南的发展期，其中对后世影响最大的是魏伯阳与《周易参同契》。

---

① 王明：《抱朴子内篇校释》，中华书局1986年版，第254页。
② （晋）嵇康：《答难养生论》，夏明钊译注，《嵇康集译注》，黑龙江人民出版社1987年版，第75页。

如果说,《周易参同契》将周易学说、图谶之词、黄老之术相融汇,主张内以养性,外炼服食,以求安稳长生,甚至变形而仙,从而奠定了后代丹鼎派的理论基础,那么,葛洪所宣扬的金丹道不仅在理论上,更是在实践上推动了道教丹鼎派的发展。据葛洪《抱朴子内篇·金丹》记述:

> 昔左元放于天柱山中精思,而神人授之金丹仙经。会汉末乱,不遑合作,而避地来渡江东,志欲投名山以修斯道。余从祖仙公(葛玄),又从元放受之。凡受《太清丹经》三卷及《九鼎丹经》一卷、《金液丹经》一卷。余师郑君(郑隐)者,则余从祖仙公之弟子也,又于从祖受之,而家贫无用买药。余亲事之,洒扫积久,乃于马迹山中立坛盟受之,并诸口诀,诀之不书者。江东先无此书,书出于左元放。元放以授余从祖,从祖以授郑君,郑君以授余。①

在葛洪笔下可以看到一条比较清晰的丹经传承:左慈→葛玄→郑隐→葛洪,这也是早期中国道教最重要的三种炼丹经,但它们是由左慈于天柱山中修道时,由神人降授的,汉末时为避乱而带入江东的,其中《黄帝九鼎神丹经》二十卷,因辑录了大量炼丹资料而成为东晋到唐朝道教炼丹的指导性著作。这些丹经的出现与流传为江南道教开展炼丹活动奠定了基础。

葛洪在考览数以千计的养性之书、久视之方的基础上,改变了过去那种以隐喻方式讲述炼丹的做法,在《金丹》《黄白》中,他不仅从理论上说明服食还丹金液是养生之最,仙道之极,而且还对丹药的品种、剂量、比例和炼制方法作了详细的说明,将神秘的丹方经诀向社会公开,希望以有形之"药"来帮助人实现形体长生成仙的生命理想,从而使金丹道成为魏晋道教仙学的核心内容。

葛洪在《金丹》中将服食的丹药分为三类:一为神丹:"服神丹令人寿无穷已,与天地相毕,乘云驾龙,上下太清。"② 二为金液:"金液太乙所服而仙者也,不减九丹矣。……金液入口,则其身皆金色。老子受之于元君。"③

---

① 王明:《抱朴子内篇校释》,中华书局1985年版,第71页。
② 王明:《抱朴子内篇校释》,中华书局1985年版,第74页。
③ 王明:《抱朴子内篇校释》,中华书局1985年版,第82页。

三曰黄金:"为神丹既成,不但长生,又可以作黄金"。"取此丹一斤置火上扇之,化为赤金而流,名曰丹金。以涂刀剑,辟兵万里。以此丹金为盘碗,饮食其中,令人长生。以承日月得液,如方诸之得水也,饮之不死。"[①] 三者之间还可以相互转化:金液及水银合炼成丹,此丹与水银合炼成银;将此丹置火上扇之,化为丹金,以金液和黄土炼之而成黄金;黄金复以火炊之,再化为如小豆般大小的神丹,其中不仅包括探索物质的构成和变化规律的化学实验,而且也包括探索人体生命和宇宙物质之间相互关系的科学认识。

从历史上看,江南道士为了更好地炼丹,还打造丹井、建造专门的丹室。葛洪对丹室的建构作了探讨,或建在人迹罕至、空气清朗的深山,或者建在能够摒绝喧嚣的密室之中。葛洪在《抱朴子内篇》中第一次直接陈述了丹室的建造、丹台上炉鼎、灶器的样式与尺寸,炼丹术所用火法反应的方法,对如何采用运火方法和火候控制以使药物的处理达到最佳效果等作了探讨,对流传于江南的道教炼丹术中积累的化学知识和取得的化学成就作了记载,其中有关丹砂、金、银、铅、汞、砷、矾等的化学反应知识,在炼丹的过程中,道士们还形成了在化学反应中前后质量不灭的朴素观念。这些在炼丹实践中所积累的经验知识虽然裹着宗教神秘主义的包装,但在当时乃至其后的很长一段时间里都走在世界科技发明的前列。从科学发展史来看,将炼丹术视为近代实验化学的先驱在江苏道教文献记载中是有根据的。

活动于江苏的炼丹道士们迷恋于不死成仙,孜孜以求神丹妙药,在这一过程中,不断地积累了人类对自然物质的认识和经验,取得的很多成果在人类科技史上产生过重大影响,也推动着道教仙学理论与实践的不断发展。但由于道士们将长生超脱的愿望寄托在烧炼服食上,所采用的炼丹药物中包含着对人体有毒性的铅、汞、硫、砷一类物质及其化合物,其性亦药亦毒,在实际使用中出现的种种弊端也越加明显,服食金丹不仅不能"假求于外物以自坚固",延长生命,有时反而会损坏肌肉、破坏神经、改变性格,带来的一些副作用甚至还会危及人的生命,因此历代为追求长生不死反被金丹所误的人,包括道教的炼丹家和帝王君主、王公贵族在内,在历史上留下了一个个迷失理性的悲剧。

[①] 王明:《抱朴子内篇校释》,中华书局1985年版,第83页。

第 四 章

上清派在茅山的兴起

东晋时，天师道在世家大族中传播并通过不同的途径来到江南。随着门阀士族不断地涌入道教，他们又对原本天师道所反映的下层平民的反叛意识和浅陋庸俗的科仪教戒颇为不满，于是按照江南人所希望的信仰和思想对之进行扬弃改造，在此过程中，以传播诵习上清经而得名的上清派在离东晋都城建康不远的句容茅山兴起。元代刘大彬编《茅山志》虽以山志为名，实为以神话传说与历史记载相结合的方式展现了上清派在茅山的兴起与发展的原初形态。20世纪以来，有关上清派与上清经的研究已成为国际汉学的研究热点之一，取得了丰富的研究成果，但如何在前人研究的基础上，以江苏文化为基点，既借鉴历史文献、碑铭石刻和道教仙传中所保留的相关资料，又要小心避免落入虚构编造的传说误导中，这成为今天上清派研究过程中必须面对的问题。

第一节　上清派与茅君派关系考

上清派是从天师道分化而来，因造作和遵奉一组据说是来自上清天宫的道经而得名，这几乎已是老生常谈，但从地域文化来看，它与茅山长期流传的三茅真君神话有关，如刘大彬在《茅山志叙录》所说："夏禹巡幸，秦始登崇。汉元寿二年，太帝九锡，茅君白日神仙，其名益大显于天下。及晋宋经道之兴，梁唐尊尚之笃，真人道士代为帝者师，龙文凤札，积如云霞。"① 拥有着"积如云霞"之多的晋宋经道的茅山上清派是北来天师道与东部神仙道教相结合的产物。

茅山上长期流行的是有关三茅真君的信仰。据《茅山志》记载，茅盈最早落脚在下泊宫，"下泊宫，在中茅西。大司命君以汉地节三年，自咸阳升举，径来句曲，外立茅舍，以候二弟处也"②。这里还保留着"茅君丹井"的遗迹。后来茅固、茅衷受大哥茅盈影响，委官弃家，从关中咸阳相继来到句曲山结庐修道，德润百姓。因此，茅山上最先出现的专门祭祀三茅真君的祠庙是与下泊宫相对的中茅峰西侧的白鹤庙，又称鹤顶庙："升元观，旧白鹤庙，司命真君专祠也，在中茅西。"③ 后来上清派以茅山为本山，继承了三茅真君信仰的传统。从此意义上说，"茅君派系则是以茅山为祖庭之上清经箓派的最初胚胎"④。

大茅君从山下的下泊宫中的修道者转变为在山上升元观享受祭祀之神灵——东岳上卿司命真君，展现了人们是借助太上老君敕封来提升三茅君的神圣性的："太上老君命五帝使者持节，以白玉版黄金刻书，加九锡之命，拜君为太元真人东岳上卿司命真君，主吴越生死之籍，方却升天，或治下于潜山。又使使者以紫素策文，拜固为定录君，衷为保命君，皆例上真，故号三茅君焉。其九锡文、紫素策文多不具载，自有别传其后。每十二月二日、三月十八日，三君各乘一白鹤，集于峰顶也。"⑤ 从汉代开始，茅山上就盛传，每年固定的日子，三君各乘一白鹤集于峰顶，以此为时间节点，崇拜者会聚茅山。茅君派应是对茅山上出现的以三茅真君信仰为核心而逐渐形成的群体性崇拜现象的概括。

在民众自发形成的群体性崇拜之外，茅君派的形成与汉代帝王的不断加封也分不开。据《茅山志》记载，王莽地皇三年（22年）派遣章邕携带黄金百镒、铜钟五枚赠与句曲三仙君；东汉建武七年（31年），光武帝刘秀派遣使者吴伦携带黄金玉帛献祭三茅君；东汉永平二年（59年），汉明帝诏令，在句曲上山兴建茅真人庙，以飨百姓。句曲山成为供奉

---

① 《茅山志》卷二十《录金石篇》，《道藏》第 5 册，第 549 页。
② 《茅山志》卷十七，《道藏》第 5 册，第 624 页。
③ 《茅山志》卷十七，《道藏》第 5 册，第 625 页。
④ 宇汝松：《六朝道教上清派研究》，山东文艺出版社 2009 年版，第 35 页。
⑤ 邱鹤亭注释：《列仙传今注　神仙传今注》，中国社会科学出版社 1996 年版，第 278 页。

三茅真君的祖庭而改名茅山,"汉有三茅君,来治其上,时父老又转名茅君之山"①。但茅山作为修道者选择修心养性炼丹飞升的仙山,则是在东晋上清派创立之后。

上清派这个名称是后人的称呼,在东晋中叶初现时,奉其道者自称是"上道",如陶弘景撰《上清真人许长史旧馆坛碑》中说许长史"专静山庐,以修上道"②,延续着江南神仙道教于山林中修道的传统。又如《茅山志》曰:"大茅后,中茅前,相连长阿,中有连石,古时名'积金山'。其处宜人住,可索有水处为屋室静舍,乃佳快。可合丹以修上道。"③ 展现出三茅君在汉代相继来到句曲山,不仅使句曲山从自然之山转化神圣之山,而且在当地逐渐出现以三茅真君信仰为核心的茅君派,民间按其活动区域又称其为茅山派。宫川尚志据唐代李渤编纂的《真系》,以杨、许所传上清经这一系的道士为正统派,并设定为"茅山派"的系谱。④ 前田繁树认为,宫川尚志是最早将"茅山派"这一用语学术化用来指称上清派的先行者。⑤

茅盈在句曲山升仙后,成为"东卿司命监太山之众真,总括吴越之万神,可谓道渊德高,折冲群灵者也。贾玄道、李叔升、言城生、傅道流,往并受东卿君之要也"。此四人因勤奋修道而成为地仙:

> 玄道,河东人,周威王之末年生。叔升,涿郡人,汉元帝时生。道流,北地人,汉灵帝殿中将军也。城生,吴人,后汉刘圣公时,为武当郡尉也。受学至勤,并得真道,今在太山支子小阳山中,此所谓地真者也。⑥

他们受东卿司命委派考察学道者的情况:"四人隶司命,主察试学

---

① [日]吉川忠夫、麦谷邦夫编:《真诰校注》,朱越利译,中国社会科学出版社2006年版,第347页。
② 《茅山志》卷二十《录金石篇》,《道藏》第5册,第633页。
③ 《茅山志》卷六《括神区篇》,《道藏》第5册,第583页。
④ [日]宫川尚志:《茅山派道教の起源と性格》,日本道教学会《東方宗教》創刊號1951年版,第21—27页。
⑤ [日]前田繁樹:《初期道教經典の形成》,東京:汲古書院2005年版,第413页。
⑥ [日]吉川忠夫、麦谷邦夫编:《真诰校注》,朱越利译,中国社会科学出版社2006年版,第384页。

道者。"① 从陶弘景依据"杨书"的记载看，就连上清派创立者之一许谧也受到贾先生的考察："许玄惶恐再拜，诣贾先生。"陶弘景特别注曰："此是长史闻杨宣、周紫阳说贾玄道等主知试校事，故有此书。贾即以呈司命，司命后所答云：'贾生近以此书来'者也。"② 这一记载也反映了汉晋时江南文化虽然落后于北方中原文化，但北方士人陆续南下后通过对南北方道教文化的不断整合，使三茅真君神话不仅成为茅君派的神圣源头，而且也为后来上清派兴起，尊茅盈、茅固、茅衷为"开山祖师"奠定了地域文化基础。

李仲甫与茅盈共同修道并拜西城王君为师："李翼，字仲甫者，京兆人也。与司命君俱事西城王君，仲甫为入室弟子，司命君为北牖弟子，但仲甫所受业异，恒服水玉，有效，能步斗隐形，昼夜行三纲六纪之法，又作白虎七变，百余岁，转更少壮。与司命君同受还丹一剂，服而归家。仲甫相识人相去五百里，常以张罗为业。当晨张罗，获一大鸟，视察之，乃是仲甫。语毕别去，言已，复是日还家，在民间二百五十年。汉灵帝时，入西岳去，亦有迎官如司命君初发时也。受书为西岳副司命，每自叹云：'吾受业少，不如茅叔申，此亦吾之命也。'仲甫曾以七变神法传左元放，元放修之，亦变化万端矣。"③ 李仲甫既与句曲茅盈相交，又授左慈七变神法，后成为"西岳卿副司命"，与茅盈获"东岳上卿司命真君"相对称而地位稍低。

东晋时，三茅真君的传说在江南广为流传，神仙道教代表人物葛洪是句容人，其《神仙传》中有《茅君》，讲述了咸阳茅氏家族世代以修仙而闻名，高祖茅濛曾"学道于华山，丹成，乘赤龙而升天"。西汉时，茅盈"十八岁入恒山学道，积二十年，道成而归"。回到家乡孝养父母时，有一群神仙降临家中，茅盈乃登羽盖车随之而去，"君遂径之江南，治于句曲山，山有洞室，神仙所居，君治之焉。山下之人，为立庙而奉事之。君尝在帐中与人言语，其出入或导引人马，或化为白鹄"④。三茅真君的神话揭开了茅山道教发展的新纪元。

---

① ［日］吉川忠夫、麦谷邦夫编：《真诰校注》，朱越利译，中国社会科学出版社 2006 年版，第 384 页。
② ［日］吉川忠夫、麦谷邦夫编：《真诰校注》，朱越利译，中国社会科学出版社 2006 年版，第 66 页。
③ 《茅山志》卷五《三神纪》，《道藏》第 5 册，第 581 页。
④ 邱鹤亭注释：《列仙传今注　神仙传今注》，中国社会科学出版社 1996 年版，第 278 页。

上清派是天师道南下传播过程中与江南神仙道教相结合的结果，其中三茅真君神话中托西王母降授道书带来的新教义也是促成其兴起的重要动因。由"弟子中候仙人李导字安林撰"介绍茅君事迹的《太元真人东岳上卿司命真君传》①受昆仑神话的影响，与《神仙传·茅君》相比，更增加了茅盈随师西城王君至龟山见王母的情节。西王母在传经时告诉茅盈："夫金珰者，上清之华盖，阴景之内真；玉佩者，太上之隐玄，洞飞之宝章。得其道者，皆上陟霄霞，登遨太极，寝晏高空，游行紫虚也。"②以西王母为代表的昆仑墉城仙真所传《太霄二景隐书》《阴阳二景内真符》等为茅君派所奉行，据此有学者认为"早在汉代，上清经中的篇卷似乎便已传世"③。后来上清派之所以采用仙真降授的创教方式并修行玉佩金珰之道，可能是对三茅真君神话的借鉴，这为上清经的问世提供了一种自神其教的参照。

西王母所得道书灵诀也来自天真大神奉元始天王之命所传："使赍九天金书紫字青金丹皇之文，降授予王母焉。赐号西元九灵上真仙母，封西龟之岳。又授素书一卷，上真始生变化元录，总领仙籍，承统玉清。"④这成为上清派造作道教的神圣来源："在魏晋道教的上清派、灵宝派、天师道各派中，上清派最致力于建构道教神仙谱系，上清派尊崇西王母奠定了道教西王母崇拜的基石。"⑤在东晋南朝上清派创立发展语境中，西王母在上清道书降授活动中完成了先仙后神的神性转换，如李丰楙先生认为："昆仑王母到龟山王母的转化是六朝上清派在传承汉人旧说基础上的创造性转化，汉魏六朝时期，昆仑神话、王母神话的结合发生重要的突破，从增饰到新说，是因应时代变局而成的飞跃性发展。"⑥

陶弘景在《真诰》卷二十中认为，由南朝陆修静敷述《人鸟五符》⑦

---

① 据陶弘景撰《真诰》卷八记载，"李中候名遵，即撰《茅三君传》者"。再从《隋书》《新唐志》《宋志》记载"李遵《三茅君内传》一卷"推论，"李导"或为"李遵"之讹。
② 《云笈七签》卷一百四《太元真人东岳上卿司命真君传》，《道藏》第22册，第708页。
③ 任继愈主编：《中国道教史》，上海人民出版社1990年版，第133页。
④ 《上清元始变化宝真上经九灵太妙龟山玄箓》卷上，《道藏》第34册，第177页。
⑤ 张泽洪：《道教神仙学说与西王母形象的建构》，《华中师范大学学报》2016年第6期。
⑥ 李丰楙：《仙境与游历：神仙世界的想象》，中华书局2006年版，第122页。
⑦ 《人鸟五符》一卷，又名《灵宝五符人鸟经》或《玄览人鸟山经图》，原不题撰人，但陶弘景在《真诰》卷二十中认为是陆修静敷述："陆既敷述《真文赤书》《人鸟五符》等，教授施行已广。"

讲述的就是上清语境中的西王母拜见元始天王的传经故事。人鸟山是元始天王统领众仙真之地,西王母初学道时来此拜见元始天王,造作《玄览人鸟山真形图》以接引后学:"西王母初学道,诣元始天王,三千年道成德就,应还昆仑之山。临去辞元始天王,共刻铭人鸟山上,虚空之中,制作文字。字方一丈,悬在空中,以接后学,于今存焉。"① 因此,修道者若能佩此符图,不仅魔鬼不敢当,而且还能游宴昆仑而升仙:"道士有此山形及书文备者,便得仙度世,游宴昆仑。能读此书万遍,修行不负文言,天帝君即遣使云车羽盖来迎。不须服御丹液,无劳导引屈伸,精之不休,自获升天矣。"② 上清派一方面推动着来自西部的昆仑神话与在东部传播的蓬莱仙话相交汇而丰富了江苏道教的信仰与思想,另一方面,也反映了随着天师道在江南的传播,也为道教神灵信仰中的主神转换提供了依据,"东汉以后西王母及其所代表之仙术地位逐渐下降、老君及其道术地位上升,而且是以老君的自我更新形态'新出老君'来表达"③。

随着士族子弟入道者的增多,上清派道士对本处汉代民间祠庙水平上的西王母信仰进行新诠释,使"兼具民间祠庙信仰与上清经派的道教信仰,两者之间相互影响,因而完成六朝时期的西王母信仰的独特地位"④。陶弘景在《真诰》中,用神话故事和美妙诗歌来仙化、美化西王母,以"西王母称九灵"、"龟山宾,即西王母",使西王母完全去除了早期半人半兽的风格而具有江南美女的形象,从而将带有昆仑神话色彩的西王母改造为上清仙境中的女仙首领。

在上清派语境中,西王母作为容颜美貌,雍容华贵,年轻美丽的天界女仙,与东王公并列成为茅山当地人崇拜的对象,如《真诰》记载:

> 昔汉初有四五小儿,路上画地戏。一儿歌曰:"著青裙,入天门,揖金母,拜木公。"到复是隐言也,时人莫知之。唯张子房知之,乃往

---

① 《玄览人鸟山真形图》,《道藏》第6册,第696页。
② 《道藏》第6册,第696页。
③ 姜生:《汉代列仙图考》,《文史哲》2015年第2期。
④ 李丰楙:《西王母五女传说的形成及其演变》,《东方宗教研究》1987年第1期。本书参见钟来因《长生不死的探求——道经〈真诰〉之谜》附录三收录的该文,文汇出版社1992年版,第280页。

拜之。此乃东王公之玉童也。所谓金母者，西王母也。木公者，东王公也。仙人拜王公，揖王母。①

信仰三茅真君的茅君派在汉代时就在丹阳句曲一带流传，并逐渐影响到周边地区。"尽管茅君派系的修道理论和方法仍然比较粗糙，尚未系统化、理论化，也无心刻意地去迎合上流社会的需要，但是茅君派系多少表现出早期道教企图自觉提升自身素质的一种意向，它至少处于民间道教向理性化、文人化、上层化道教转化的过渡发展时期，从中我们还可以清楚地发现上清派某些教义理论及修行法术之端倪。"②

在上清派建立的女仙世界中，西王母也从"蓬发戴胜"转而被塑造成一位美丽善良、有二十多位女儿的母亲，她收养、培育和保护早夭少女，成为一位具有救赎型特点的女仙首领。虽然西王母还位于西方，但却能与东王木相互配合管理仙界："于西方渺莽之中，分大道醇精之气，结气成形，与东王木公共理二气，而养育天地、陶钧万物矣。体柔顺之本，为极阴之元，位配西方，母养群品，天上、天下、三界、十方女子之登仙得道者，咸所隶焉。"③ 在后来的道教神仙谱系中，女性神仙都占了一定的比例，在《墉城集仙录》中形成了以西王母为首的昆仑山墉城女仙神谱。④ 从龟山王母到造出了一位代表东方的男神东王公与西王母相配，再到《真诰》中西王母身边出现一群女儿组成的女仙团，使三茅真君信仰在上清语境中发生了鲜明的变化。

在《真诰》所叙述的西王母的降真队伍中，还经常有大茅君来接引学仙者、茅二君同降、茅中君授书等记载，三茅真君也被吸收到上清仙真的队伍中：

晋兴宁三年七月四日夜，司命东卿君来降，侍从七人。入户，其一

---

① ［日］吉川忠夫、麦谷邦夫编：《真诰校注》，朱越利译，中国社会科学出版社2006年版，第174页。
② 宇汝松：《六朝道教上清派研究》，山东文艺出版社2009年版，第46页。
③ 《墉城集仙录》卷一，《道藏》第18册，第168页。
④ 孙亦平：《论道教女仙崇拜的特点——从杜光庭〈墉城集仙录〉谈起》，《中国道教》2000年第1期。

人执紫旄之节；其一人执华幡，一名十绝灵幡；一人带绿章囊；其三人捧白牙箱，箱中似书也；其一人握流金铃。侍人并朱衣。司命君形甚少于二弟，著青锦绣裙、紫毛帔，巾芙蓉冠。二弟并同来倚立，命坐乃坐耳。言语良久。①

七月六日夜，司命君又降，大茅君将所书令示许长史，并以"司命君与南岳夫人言"的方式向南岳夫人介绍"许长史欲山居，宗道者贵无邪"的情况，希望女仙们多引导并帮助他：

东卿司命甚知许长史之慈肃。小有天王昨问："此人今何在？修何道。"东卿答曰："是我乡里士也（乡里者，谓句容与茅山同境耳，非言本咸阳人也），内明真正，外混世业，乃良才也，今修上真道也。"②

大茅君曾将许长史看作自己的同境人，是自己作为"东卿司命"管辖范围中向往修仙的良才，故有责任帮助他去"修上真道"。上真道即是早期上清派的自称，此时的大茅君已从茅君派崇拜的得道成仙者发展为上清派视域中引导人"修上真道"的仙真。

上清派将西王母置于诸仙真、宗师之上，通过正式赐号受封程序，赋予其降真传授玄箓的神圣职司。《道藏》中有以"龟山"为名的两部道书《上清元始变化宝真上经九灵太妙龟山玄箓》（简称《九灵太妙龟山玄箓》）和《上清高上龟山玄箓》，皆以"上清"为经名之首，反映了上清经将立于"龟山"的流精紫阁金华琼堂作为西王母的玄箓之所："龟山在天西北角，周回四千万里，高与玉清连界，西王母所封也。玄箓者，九虚上真始生变化大妙之法，记为名箓也。皆刻书龟山，流精紫阁，金华琼堂。其旨隐奥，其音宛妙，盖九天书箓，名题龟山。"③《九灵太妙龟山玄箓》不仅将"龟山"作为西王母藏经和传经的治所，而且还形容上清经来自九天建立之始的灵文

---

① ［日］吉川忠夫、麦谷邦夫编：《真诰校注》，朱越利译，中国社会科学出版社2006年版，第59页。
② ［日］吉川忠夫、麦谷邦夫编：《真诰校注》，朱越利译，中国社会科学出版社2006年版，第47页。
③ 《云笈七签》卷八《三洞经教部·释九灵太妙龟山元箓》，《道藏》第22册，第51页。

天书："上清宝书，以九天建立之始，皆自然而生，与气同存，三景齐明，表见九天之上，太空之中。或结飞玄紫气，以成灵文，天书宛妙，文势曲折，字方一丈，难可寻详。"① 从而赋予这座传说中的"龟山"以上清文化的特殊性："惟六朝上清经派对其创造的龟山有明确的诠释，并将西王母与龟山相结合，形成上清经派特有的龟母说。"② 也反映了昆仑神话中的西王母在东传过程中内涵不断地丰富对上清派形成的影响。

约出于东晋时的早期上清派经典《太上玉佩金珰太极金书上经》讲述了西王母将该经传授给西城王君及大茅君的故事："西城王君受之于西王母，今封一通于西城山中矣。太上下教，以左官辅玉佩，右官辅金珰，有泄灵文，罚以风刀，七祖充责，运石填河，生魂负掠，令自失经。有金名列于上清，精丹感于九天，得见此经，给玉童十二人、玉女十二人，侍卫有经者身，典香降真，禳于飞患也。"③ 西城王君再将西王母所传的玉佩金珰之法传给茅盈，"太元真人茅君，讳盈，师西城王君，受上清玉佩金珰、二景璇玑之道，以汉宣帝地节四年三月升天"④。茅盈不仅因师西城王君，受玉佩金珰、二景璇玑之道，而且也以"太元真人茅君"之名加入上清仙真的行列。

《玉佩金珰》讲述的"玉佩金珰，以登太极"也被视为茅君派特有的"太极玄真之道"。玉佩是魂精帝君，金珰是魄灵帝君，它们于玉清之馆太霄之中结青阳之气，灵照九天，洞照三元，色如青玉，形如圆月。修道者"于是玉佩魂精帝君，披珠绣华帔飞锦青裙，带月衔日首建紫冠，执玉佩立左；金珰魄灵帝君，披紫绣珠帔飞罗丹裙，带月衔日首建华冠，执金珰立右"⑤。在修习的过程中需要按程序进行，"按规定的仪范吞霞、咽气、服御日月之气，行玉佩金珰阴阳二景之符，存思三元九真内神魂魄二帝之尊，以招日月光辉，早晚坐卧，心存目想，九年使可乘空飞行。"⑥ 茅君派以玉佩金珰为标识的"太极玄真之道"后成为上清派的一种修炼方术。上清派强

---

① 《上清元始变化宝真上经九灵太妙龟山玄箓》卷上，《道藏》第34册，第177页。
② 罗燚英：《六朝道教龟山龟母新说再论》，《广东第二师范学院学报》2013年第6期。
③ 《太上玉佩金珰太极金书上经》，《道藏》第1册，第904页。
④ 《云笈七签》卷四《上清源统经目注序》，《道藏》第22册，第18页。
⑤ 《太上玉佩金珰太极金书上经》，《道藏》第1册，第897页。
⑥ 潘一德：《茅山道院简史》，上海科学技术文献出版社2001年版，第12页。

调来自西王母所传的玉佩金珰具有一种特殊的力量:"此玉佩宝文,太极玄真之经也。能修之者,皆飞行太虚,逸遨九清,白简结录,东华书名。西王母今刻书此文于昆仑之山玄圃之室,自非清虚之质,不得窥参。"① 修行者若按玉佩宝文修行皆可得道成仙,若不具备"清虚之质",甚至都不可暗中察看。

随着时间的推移,仙传中所记载的三茅真君神话更突出西王母所降授的道书对上清派的影响。唐代杜光庭在《墉城集仙录》卷二《上元夫人》中更是绘声绘色地描述了龟山王母、上元夫人、西城王君降于句容之山向三茅君降授道经的过程,道经的数量也在不断增加:

> 茅君之师总真王君、西灵王母与夫人降于句容之山金坛之陵华阳天宫,以宴茅君焉。时茅中君名固,字季伟,小茅君名衷,字思和,王母、王君授以灵诀,亦授锡命紫素之册,固为定录君,衷为保命君,亦侍真会。王君告二君曰:"夫人乃三天真皇之母,上元之高尊,统领十方玉童玉女之籍,汝可自陈。"二君下席再拜,求乞长生之要。夫人悯其勤志,命侍女宋辟妃出紫锦之囊,开绿金之笈,以《三元流珠经》《丹景道精经》《隐地八术经》《太极录景经》,凡四部以授二君。王母复敕侍女李方明出丹琼之函,披云珠之笈,出《玉佩金珰经》《太霄隐书经》《洞飞二景内书》,传司命君。各授书毕,王母与夫人告去,千乘万骑,升还太空矣。②

今《道藏》中有《玉佩太霄隐书洞飞宝经》,据说可能是李方明所出经书的合本,其中用隐晦华丽的词语讲述了金珰玉佩之道:

> 欲求长生,宜先取诸身,月华月精,日霞日英,左迴玉佩,右把金珰,二景缠绵,双神安康,上行太极,下造十方,坚存玄真,保固灵根,玄谷华婴,灌映沈珍,漱月咀日,以入天门,金珰仰注,玉佩执

---

① 《玉佩太霄隐书洞飞宝经》,《道藏》第 1 册,第 897 页。
② 《墉城集仙录》卷二,《道藏》第 18 册,第 176 页。

关，青白分明，适我泥丸，宝液闭精，炼柔身神。①

上元夫人尊西王母之命在讲授这些道经所具有的返老还少等妙处后，左手执四部经，右手执受书盟，仰天向二君祝曰后，再让茅固、茅衷拜受灵书。②

《茅山志》卷五《三神纪》所授经书与《墉城集仙录》的记载相同，也将西王母授经的地点移到句曲山：汉哀帝元寿二年（前1年），茅盈已居句曲山43年，时龄145岁。"是岁八月十八日己酉，南岳赤真人、西城王君、龟山王母、方诸青童君同造君于山中"。方诸青童君即是来自上古神话中的东王公，因参与《灵书紫文》的下降，成为《茅山志》卷十《上清经箓圣师七传真系之谱》中第五传圣师："青童大君，一号青盖紫童，一号斗中真人，治东海大方诸宫东华山丹阙黄房之内。乘碧霞流景云舆，带飞青翠羽龙帔，从桑林千真嗳涓子《三元真一经》，嗳太虚赤真人《消魔经》。以晋代降魏夫人家。尝以三月十八日、十二月二日，与茅司命同至句曲，推校学者。"在六朝江南兴起的上清派信仰中，位于东海方诸山的东华宫是方诸青童君的居住地。《真诰》中称青童君为"东宫九微真人金阙上相青童大君"，又称上相青童君、东海青童君等，后被神格化为掌管男仙名籍的东华大神东王公，与西王母共掌仙界。

西王母、南岳魏夫人、茅君之师西城王君等降于句容之茅山，在赐予三茅君各种圣物衣冠后，唯有其师西城王君、西王母留后，为茅盈大设天厨，王母命诸侍女作乐，复歌《玄云之曲》，并引茅固、茅衷二君来见，设厨招待，授予上清经书。西王母应茅山道教发展的需要而成为上清派神谱中最显赫的女神。《茅山志》记载的西王母所授灵书，作为上清派的教义理论与修道实践的依据而保留下来。

三茅真君神话虽然是茅君派的神圣之源，但仅是一种自发的崇拜意识，茅君派还没有形成系统的教义和固定的教团组织，只是以三茅真君神话为核心信仰的弥散性存在，以一种群体性的崇拜活动传播于茅山及周边地区，通过民俗性的茅山香会延续到今天。上清派在历史发展中始终将三茅真君奉为

---

① 《玉佩太霄隐书洞飞宝经》，《道藏》第1册，第897页。
② 《道藏》第5册，第574页。

神纪之始，也崇尚西王母传茅君的以"玉佩金珰"为名的"太极玄真之经"，但通过奉行《上清大洞真经》《黄庭经》等进一步将内修外养相结合，倡导存思、服食、行气、咽津、房中、诵经、念咒等修道术，因此，上清派与茅君派不仅是同在茅山传播的地缘关系，更是因为它们在仙道信仰、所奉道书和修道之术方面都具有一种内在承继关系。

第二节　上清真人与经书传授

上清派形成过程中除茅盈随师西城王君至龟山，见西王母而得到来自天真大神奉元始天王之命而传的道书灵诀外，还有几条比较清晰的发展线索：其一是紫阳真人周君、清灵真人裴君传华侨等事迹；其二是魏华存长子刘璞传道于杨羲；其三是曾任天师道祭酒的魏华存以"降授"的方式传经于杨羲；其四丹阳许氏家族与天师道的关系密切。这几条线索经常交织在一起，最后却归拢为南岳魏夫人传"一杨二许"以建构上清派史而展开。

在梳理上清派历史时，学术界一般将茅山道士陶弘景《真诰》卷十九《真经始末》中所记录的晋哀帝兴宁二年（364年）南岳魏夫人下降，授弟子杨羲道书，然后杨羲以隶字写出，以传许谧、许翙父子，视为上清经问世的开端，"凡上清经，都是杨、许才开始炮制，并非扬、许以前已有"[①]。陈国符先生认为，真人之诰是通过"一杨二许"手书成文在人间流传的："据梁陶弘景《真诰叙录》，上清经乃晋哀帝兴宁年间扶乩降笔。杨羲用隶字写出，以传许谧、许翙。惟是《紫阳真人周君内传》《清灵真人裴君内传》《清虚真人王君内传》《南岳夫人内传》并已先言授经事，则似真经已先行出世，考诸真传实皆出于晋代，且所记真经，撰传时尚未出世，故当从《真诰》之说。"[②] 他称这一特殊的降神法为"扶乩降笔"，其中需要有人扮演通灵的角色，可称作乩手或鸾生。神明附身在乩手身上，让他写出字迹以传达神意，信徒以"灵媒"为中介而与神灵相沟通。但他同时也提出，在"一杨二许"之前，已有紫阳真人、清灵真人等"先言授经事"者，可见他

[①] 刘琳：《杨羲与许谧父子造作上清经考》，《中国文化》1993年第8期。
[②] 陈国符：《道藏源流考》上册，中华书局1963年版，第7页。

已看到有关上清经出世的复杂性。

据东晋时问世的上清真人传记,再参考《道教义枢》卷二《三洞义》讲述上清经出世,其中不仅将上清经视为天宝君禀承自然玄古之道所出,本有"上清宝经三百卷、玉诀九千篇、符图七千章"的内容,而且通过先传玉文付上相青童君、又撰一通以封西城山、再命"太帝君命扶桑大帝旸谷神王撰出三十一卷独立之诀,上经三百首,今独立亦行于世也"来神化其出世过程,后几经周折才下降人间:

> 论其感降之始,序其流化之缘。其洞真是天宝君所出,玉纬引《正一经》云:元始高上玉帝,禀承自然玄古之道,撰出上清宝经三百卷,玉诀九千篇,符图七千章,秘在九天之上,大有之宫。相传玉文以付上相青童君,封于玉华青宫。元景元年,又撰一通,以封西城山中。又,太帝君命扶桑大帝旸谷神王撰出三十一卷独立之诀,上经三百首。今独立亦行于世也。昔襄城小童,以上清飞步天纲蹑行七元六纪之法,降授黄帝,竟无所传。元封元年七月七日,西王母、上元夫人同下降汉武于咸阳宫,授五帝灵飞六甲、上清十二事。明年,天火烧柏梁台,经飞太空,于兹世绝。太元真人茅君讳盈,师西城王君,受上清玉佩金珰三景躔旋之道,以汉宣帝地节四年三月升天。又玄洲上卿苏君讳林,师涓子,受上清三一之法,亦以宣帝神爵二年三月六日登仙,不传于世。起汉孝平皇帝时,西城真人以上清三十一卷,于旸谷之山,授清虚真人小有天王褒。以晋成帝之时,于汲郡修武县,授紫虚元君南岳夫人魏华存,以咸和九年,乘飙轮而升天,以经付其子道脱。又传杨先生羲,晋简文皇帝之师也。羲师南岳夫人,受《上清大洞真经》三十一卷,至晋孝武皇帝太元十三年升仙。①

襄城小童先将上清之法"降授黄帝,竟无所传"。西王母、上元夫人再传经予汉武帝,但汉武帝不从至言、放情怠懈而使"经飞太空,于兹世绝"。后有太元真人茅君师、西城王君王远、苏林师涓子又因登仙而使上清经法"不传于世"。直到西城真人以"上清三十一卷"授清虚真人小有天王

---

① 《道教义枢》卷二,《道藏》第 24 册,第 813 页。

褒。王褒授紫虚元君南岳夫人魏华存。魏华存以经付子刘璞，又传授杨羲后，《上清大洞真经》三十一卷才得以问世。杨立华认为"早期上清派经典在该派的传说中，是在天地未生之前就已经存在了的。而且这一看法，可以代表虔信上清道法的道教徒的观念。因此所谓'出'与'未出'的记录，与道经的成书与否并不完全等同"①。经书传授在上清派语境中起着独特的主导性作用。

后来《云笈七签》在讲述上清源统经目时，虽采用了《道教义枢》的思路，但稍作了一些改动，一是没有说明道君编纂的宝经有多少卷；二是没有太帝君命扶桑大帝旸谷神王撰出三十一卷之说；三是没有出现襄城小童降授黄帝之事；四是在上清真人中又增加了紫阳真人周君、金阙后圣李君在传经中的作用：

> 道君以中皇元年九月一日，于玉天琼房金阙上宫，命东华青宫寻俯仰之格，拣校古文，撰定灵篇，集为宝经。传至汉武帝时得经，起柏梁台以贮之。帝既为神真所降，自云得道，放情息懈，不从王母至言。明年，天火烧柏梁台，经飞还太空，于兹绝迹。太元真人茅君，讳盈，师西城王君，受上清玉佩金珰、二景璇玑之道，以汉宣帝地节四年三月升天。又玄洲上卿苏君，讳林，师涓子，受上清三一之法，以汉神爵二年三月六日登天。又周君、李君、众仙各有所得，并相承经业，多不传世。汉孝平皇帝元始二年九月戊午，西城真人以上清经三十一卷，于阳洛之山授清虚真人小有天王王褒。褒以晋成帝之时，于汲郡修武县授紫虚元君南岳夫人魏华存。华存以咸和九年，岁在甲午，乘飚轮而升天。去世之日，以经付其子道脱，又传杨先生讳羲。羲生有殊分，通灵接真，乃晋简文皇帝之师也。杨君师事南岳魏夫人，受《上清大洞真经》三十一卷。至晋孝武皇帝太元十一年，岁在丙戌升仙。②

以上两个有关上清源统的说法最后都落实到杨羲师事南岳魏夫人，受

---

① 杨立华：《论道教早期〈上清经〉的"出世"及其与〈太平经〉的关系》，《北京大学学报》1999年第1期。
② 《云笈七签》卷一百五《清灵真人裴君传》，《道藏》第22册，第711页。

《上清大洞真经》三十一卷。

《云笈七签》中提到的周君、李君本是历史人物，在上清语境中被神化了。紫阳真人周君和清灵真人裴君成为向晋陵人华侨降授经书的主角："先后教授侨经书，书皆与《五千文》相参，多说道家诫行养性事，亦有谶纬，所受二人经书，皆隐秘不宣。"① 他们将《五千文》及道家诫行养性事教授给华侨，展示了道文真书如何以神仙降授为名由北方传到江南。虽然有学者认为："惟是《紫阳真人周君内传》、《清灵真人裴君内传》、《清虚真人王君内传》、《南岳夫人内传》并已先言授经事，则似真经已先行出世，考诸真传实皆出于晋代，且所记真经，撰传时尚未出世，故当从《真诰》之说。"② 但笔者认为，这些上清真人传记大多出于东晋，但其讲述的传经故事发生在东晋之前，对后世上清派及南天师道的影响却是深远的。

据《真诰》记载，在第一代上清宗师魏华存之前或同时，还活动着一些授受经书的人物，如茅盈、苏林、周义山、裴玄仁、王远、王褒、华侨等，他们出身于北方氏族，后四处云游访道学仙，获得神仙降授的真书后，又在江南传播上清经法，被上清派奉为真人仙君——太元真人茅君、玄洲上卿苏君林、紫阳真人周君、清灵真人裴君、西城王君、清虚真人王君等。《华阳陶隐居内传》中曾对这些上清真人的事迹作简要介绍："《紫阳周君传》云：君尝于市中遇黄泰者，见其眸子正方，乃知是仙人，因求乞长生之术，乃自云是玄洲上卿苏君也。"③ 陶弘景在《真灵位业图》中更是将他们列为神仙。

这些传说中的上清真人的生平事迹，除陶弘景在《真诰》中有所介绍之外，大多通过以《内传》为名的传记保留下来，如谢聪辉认为："'内传'一词意涵，在道教中乃指教派内部的仙真传记，其命名即有意区别于一般修史者为值得作传的历史人物所修撰的史书'传记'（相对称呼即为'外传'）。"④ 笔者认为，用《内传》来概括上清真人的生平事迹是有其特殊用意的，一是从内容上看，上清真人传记因人物事迹与神话传说相混淆而具有

---

① 《紫阳真人内传》，《道藏》第5册，第548页。
② 吴信如主编：《道教精粹》下册，线装书局2016年版，第893页。
③ 《华阳陶隐居内传》，《道藏》第5册，第508页。
④ 谢聪辉：《东晋上清经派仙传叙述内涵与特质析论》，《湖南大学学报》2016年第3期。

宗教启示意义；二是从形式上看，讲述了有文化的上清真人因获得神人降授的道文真书，借此努力修行而最终成仙的故事；三是从活动地区看，上清真人出生于北方，但修道地和活动地却更为广阔，为江南新道教的兴起提供了人才资源。四是从传经时间上看，在南岳魏夫人降授经书之前已先言授经之事，这是否意味着上清经在"一杨二许"手书之前已先行问世？

长期以来，人们以"一杨二许"为重点来探寻上清经的问世及上清派的兴起而忽略了一些活动于他们之前或同时的人物。赵益曾对上清真人的籍贯及传说人物的活动地域作了梳理并据此认为："南方新道教的兴起，主要得力于知识分子的参与，依赖于他们对南方神仙道教因素及外来道教成分的归纳总结与创造发挥。"[①] 笔者也认为，既要研读《真诰》中有关上清经的"杨许手书"相关记载，也要深入到历史文献记载中，通过研读上清真人的传记，拨开实有其人者的神秘面纱，发现更多有关上清经的线索，才能更好地梳理上清派在江苏逐渐形成的历史。

《隋书·经籍志》列有一些上清真人传记的名目，如《太元真人东乡司命茅君内传》一卷（弟子李遵撰）、《清虚真人王君内传》一卷（弟子华存撰）、《清灵真人裴君内传》一卷（弟子邓云子撰）、《南岳夫人内传》一卷、《苏君记》一卷（周季通撰）。后收入《旧唐书》卷四十六《经籍志》上《史录·杂传》、《新唐书》卷五十九《艺文》三《神仙类》、《宋史》卷二百五《艺文》四《神仙类》中，但名称及内容与《隋书·经籍志》有些不同，如《新唐书·艺文志》收有《南岳夫人内传》两个版本：一是范邈《紫虚元君南岳夫人内传》一卷，一是项宗《紫虚元君南岳夫人内传》一卷，另外还增加了《九华真妃内记》一卷、华峤《紫阳真人周君传》一卷等。《茅山志》卷九《众真所著经论篇目》中收录了上述传记的名称，但传记内容则保留在《云笈七签》中。这里主要以《云笈七签》中的上清真人传记为例来探讨他们传承的上清经法对江苏道教的影响。

1. 《玄洲上卿苏君传》

最早介绍苏君事迹的是《苏君记》一卷，见于《隋书·经籍志》，题为周季通撰。《旧唐书》史录杂传类、《新唐书》子录神仙类都收录了"周季通《苏君记》一卷"。后来道教类书《云笈七签》卷一百四纪传部在收录苏

[①] 赵益：《六朝南方神仙道教与文学》，上海古籍出版社2006年版，第93页。

林传记时，将其作为上清真人，故传记标题改为"《玄洲上卿苏君传》一卷，周季通集"。

周义山，字季通，号紫阳真人，是苏林的学生。苏林，字子玄，卫灵公末年生，濮阳曲水人。少禀异操，独逸无伦，访真之志，与日弥笃，早年学习炼身消灾之近术，后又修习服气之法、还神守魂之事。"与《真诰》一样，上清诸真传频繁提到旧方士传统的诸多信仰和方术，是反映上清经既承传又发展旧方士传统的宝贵史料。"[①] 苏林在学道的过程中先后拜了三位老师——琴高先生、仇先生、涓子。

苏林的三位老师都被收入《列仙传》，但生活年代差距很大，仇先生是殷汤人，琴高先生是春秋时赵国人，又是涓子的弟子，"行涓、彭之术，浮游冀州、涿郡间二百余年"，涓子则修道"至三百年乃见于齐"，由此隐喻了因修仙法而长存的神仙时隐时现地活动于人间的神秘性。

苏林"常负担至赵，师琴高先生，时年二十一，受炼气益命之道。琴高初为周康王门下舍人，以内行补精术及丹法，能水游飞行。时已九百岁，唯不死而已，非飞仙也。后乘赤鲤入水，或出入人间，而林托景丹霄，志不终此。后改师华山仙人仇先生"。琴高先生隐遁后，苏林改师华山仙人仇先生，"仇先生者，汤王时木匠也，服胎食之法，还神守魂之事，大得其益。先生曰：'子真人也，当学真道，我迹不足蹑矣！'乃致林于涓子"。仇先生、琴高传给苏林的只是不死之小法而非"真道"，故仇先生后又将苏林推荐给涓子。苏林学涓子所传存守三元真一法才升至太微天。

涓子先教苏林去三尸法。据考，在江南传播的《枕中记》中引用的《三元真一经》比较接近《玄洲上卿苏君传》："《三元真一经》云：涓子告苏林曰：必欲作地上真人，须先服食，去三尸，杀灭谷虫……不去三尸而服食者，谷虽断虫犹存，非益也。又所梦非真，颠倒翻错，邪欲不除，都由虫在其内摇动五神故也。欲求真道长生，当先服制虫丸者，即此方是也。如不知此道，求神仙未之有也。"[②] 涓子然后再将五斗三一法传给苏林："林诣涓子寝静之室，得书一幅，以遗林也。其文曰：'五斗三一，太帝所秘。精思二十年，三一相见，授子书矣！但有三一，长生不灭，况复守之乎！'……

[①] ［法］贺碧来：《〈玄洲上卿苏君传〉解题》，吕鹏志译，《世界宗教文化》2019 年第 6 期。
[②] 《枕中记》，《道藏》第 18 册，第 473 页。

吾饵术精三百年，服气五百年，精思六百年，守三一三百年，守洞房六百年，守玄丹五百年。"涓子传法后与苏林相别："吾其去矣，请从此别。子勤勖之，相望飙室也。"① 存守三元真一法出于《金阙帝君三元真一经》，假托仙人涓子授青童君②，是上清派存思法中的一种，苏林奉经隐居潜心修炼，"守三一为地真，守洞房为真人，守玄丹为太微官也。林谨奉法术，施行道成，周观天下"③。积年之后，苏林于西汉宣帝神爵二年（前60年）三月六日升仙，受命为玄洲真命上卿。

据《紫阳真人内传》描述，周义山为学道"常潜行经过市中"，遇到有位叫黄泰的人在集市卖鞋，"寓在陈留，妇儿无有，单身只立，了无亲戚，人亦不知其所从来"，见此人虽然穿着破烂，但却目光如炬，颇有仙人之相，于是就派人在买鞋时暗中悄悄地给他金银珠宝，几次之后，黄泰终于登门拜访，并告知自己的真实身份乃是中岳仙人苏林。苏林告诉周义山说："我受涓子秘要，善守三一之道，役使鬼神，受太极帝君真印封掌名山，以得不死，亦是金阙帝君真书之首，众妙之大诀。"④ 苏君成仙后下降人间所传的这种"三一之道"为太极金阙帝君所作，又称"三元真一之法""五斗三一法"，是通过精思存真、守三宫、朝一神来达到长生成仙之道，简称为"守一法"，后作为一种苏君倡导的修仙法流传于江南上清派中。

本来有《玄洲上卿苏君传诀》与《玄洲上卿苏君传》连在一起，如《登真隐诀》开篇列有"玄洲上卿苏君传诀"，将苏林视为传承"守一法"的代表，早期上清派修行经诀《上清握中诀》也收有"苏君传行事诀"，对"三一之道"这种颇具江南文化特色的"守一法"进行了说明：

> 守一法，立春日夜半，东向平坐，闭气临目，握固两膝上，先存守寸中，左有绛台，台中有青房，房中有神，著青衣。名正心，字切方。右有黄阙，中有紫户，紫户中有神，著紫衣。名平静，字法王。手并执流金铃，仍三呼其名，微祝曰："紫户青房，有二大神，手把流铃，身

---

① 《云笈七签》卷一百四《玄洲上卿苏君传》，《道藏》第22册，第704页。
② 《金阙帝君三元真一经》，《道藏》第4册，第548页。
③ 《云笈七签》卷一百四《玄洲上卿苏君传》，《道藏》第22册，第705页。
④ 《紫阳真人内传》，《道藏》第5册，第543页。

坐风云,侠卫真道,不听外前,使我思感,通利灵关,出入贞利,上登九门,即见九真,太上之尊。"①

上清派倡导的"守一法"的突出特点是通过静坐、闭气、咽液、存思、内视之术,使修行者的身心思虑都集中到身中神的引导上。"凡守一,旦起皆咽液三十过,存令赤色,又手拭面耳令热。自非应存之日者,唯存三一在三宫中安坐而已,至于玄宫自多存之,勿令脱也。"②汉代道教对神仙的品位已有了区分,上仙可以白日升天,拜为仙官之主;中仙次之,只可通过尸解达成不死,而低品阶的神仙是没有资格成为高品阶神仙师父的,但上清派却提供一种由真人引导的步步向上的成仙方法,如苏林对周义山说:"我受涓子秘要,善守三一之道,……但吾所学少,成地仙人也。子名上金书于方诸之宫,命登青录为字,所谓金间玉名,已定于天曹矣,必能乘云驾龙,上造以紫阳太清,佩金真玉光龙衣虎带,拜为真人。我之道术,可教陆仙尸解之人耳,非子真人所可学也。且我是中仙耳,不足以为子师。然守一炼神,虽非上真之道,亦是中真地仙之好事"③。苏林说自己是不足以"为子师"的"中仙",因为"子名上金书,当为真人,我之道,非子非真人所学也"④,但周季通还是按照徒弟为师父做传记的传统撰有《玄洲上卿苏君传》一卷。

《玄洲上卿苏君传》后在晋代江南社会中流传并为上清宗师"一杨二许"所认真研读。据陶弘景《真诰》卷五《甄命授》记载"杀谷虫方":"经曰'得道者皆隐谷虫之法,而见三尸之术'。夫谷虫死则三尸枯,三尸枯,自然落矣。杀谷虫自有别方,得者秘之。"陶弘景注曰:"此即《苏传》中初神九方也。其余杂法皆不及此也"⑤。在《真诰》卷十《协昌期》中有杨羲论合药后用细字注云:"此周君口诀。此是论合初

---

① 《上清握中诀》卷下,《道藏》第 2 册,第 906 页。
② 《上清握中诀》卷下,《道藏》第 2 册,第 908 页。
③ 《紫阳真人内传》,《道藏》第 5 册,第 543—544 页。
④ 《云笈七签》卷一百六《紫阳真人周君内传》,《道藏》第 22 册,第 723 页。
⑤ [日] 吉川忠夫、麦谷邦夫编:《真诰校注》,朱越利译,中国社会科学出版社 2006 年版,第 184 页。

神丸事。其方在《苏传》中，即周紫阳所撰，故受此诀，是告长史也。"①周君口诀附属于苏林所使用的三一之道存思北斗七星之口诀②，已为上清宗师所研习。同样，上清派宣扬的"真人"处于比《神仙传》中的仙人更高的阶段上，显示它力图超越《抱朴子》及在魏晋时流行一时的神仙术。

2.《清灵真人裴君传》

清灵真人裴君也成为促进上清派兴起的人物。据《清灵真人裴君传》记载，裴君，字玄仁，右扶风夏阳人也，受家族世代奉道的影响，裴玄仁"为人清明，颜仪整素，善于言笑，目有精光，垂臂下膝，声气高彻，呼如钟鸣。家奉佛道，年十余岁，昼夜不寐，精思读经"。裴玄仁在十余岁时遇道人支子元。

支子元授其《神诀》五首及长生内术③的主要内容是：第一教人思存五星，以体象五灵。第二教人当精思远念，于是男女可行长生之道。具体做法是男女并取生气、含养精血，然后"男子守肾，固精炼气，从夹脊溯上泥丸，号曰还元。女子守心，养神炼火，不动，以两乳气下肾，夹脊上行，亦到泥丸，号曰化真。养之丹扃，百日通灵。若久久行之，自然成真，长生住世，不死之道也"。第三教人用《五行紫文》以除三尸。第四教人阴德致神仙之道。第五教人于四季八节日拜神谢罪。这套神秘长生内术将存思、房中、祈禳、驱邪与修德结合在一起，后促进了上清派修道术向综合性方向发展。

裴玄仁年幼时遵循家族文化传统，学习佛道，因遇道人支子元而转向修道，精思奉行，"服食茯苓，饵卉醴华腴。积十一年，夜视有光，常能不息，从旦至中。年二十三，本郡所命为功曹，君不应命"。后又举秀才而学儒入仕，中年之后再辞官转向仙道，"时年四十五，初迎君为主簿，后转别驾，亦知仙道。饮食黄精，积二十余年，身轻，面有华光，数与君俱斋静室

---

① ［日］吉川忠夫、麦谷邦夫编：《真诰校注》，朱越利译，中国社会科学出版社2006年版，第313页。

② 《上清金阙帝君五斗三一图诀》记载："周君口诀：存七人并北斗七星，而共登阳明雁行，我居中央也。"（《道藏》第17册，第218页）

③ 《裴君内传》亦云："佛图道人支子元，裴君授以长生内术。"（《三洞珠囊》卷五，《道藏》第25册，第322页）

中。"①。裴玄仁遇南岳真人赤松子降授道法，才辞官委家，寻求修仙。

后来，裴玄仁又遇五老神授以神芝和道经——东方岁星之大神赐以青华之芝，授《紫微始青道经》一卷、北方辰星之大神赐以苍华之芝，授《苍元上箓北斗真经中命四旋经》四卷、西方太白星之大神赐以白华之芝，授《太素玉箓宝玄真经》三卷、南方荧惑星之大神赐以丹华之芝，授《龙胎太和丹经》二卷、中央镇星之大神赐以黄华之芝，授《四气上枢太元黄书》八卷。五老神乃是五星之精，天之大神。裴玄仁在与五老神的这番交流中道行大增，"服此神芝，读神经。十旬之间，视见万里之外，能日步千里，能隐能彰，役使鬼神，乃游行天下"②。裴玄仁佛道兼修，传弟子34人，其中18人学佛道，16人学仙道。

在学习赤松子降授的道术后，裴玄仁游行天下，东到青丘，遇谷希子青帝君，授以青精日水，饮食青芝。还到太山，遇司命君，授以《上皇金箓》。乃西到流沙滨白水岸，遇太素真人，"太素真人传清灵真人裴君二事，太上郁仪结璘之章，以致日月之精神，上奔日月通天光，飞太空之道也"③。裴君遂留空山上，修二景引日法，诵《太上隐书》。裴玄仁经过长期的修行，太素真人告知："子道已成矣。"

《清灵真人裴君传》特别描绘了裴玄仁乘飞云中辇游太素宫、太极宫、太微宫、上清九宫的情景："三元君以玉玺金真见赐，玉女二十四人，玉童三十二人见侍。乃乘飞云中辇，复北游诣太极宫，见太极四真人。四真人见授神虎符、流金火铃。乃诣太微宫，受书为清灵真人，治青灵宫。佩三华宝衣，乘飞龙景舆，仗青旗、玉钺七色之节，游行上清九宫。"④陶弘景在《真诰》中借南岳魏夫人之口，在讲《宝神经》藏于西王母所治"西宫"之中时"又云：'《宝神经》是裴清灵锦囊中书，侍者常所带者也。裴昔从紫微夫人授此书也。吾亦有，俱如此写。西宫中定本。'问西宫所在。答云：'是玄圃北坛西瑶之上台也。天真珍文，尽藏于此中'"⑤。《真诰》中

---

① 《云笈七签》卷一百五《清灵真人裴君传》，《道藏》第22册，第711页。
② 《云笈七签》卷一百五《清灵真人裴君传》，《道藏》第22册，第713页。
③ 《云笈七签》卷二十三《太素真人受太帝君日月诀法》，《道藏》第22册，第175页。
④ 《云笈七签》卷一百五《清灵真人裴君传》，《道藏》第22册，第714页。
⑤ ［日］吉川忠夫、麦谷邦夫编：《真诰校注》，朱越利译，中国社会科学出版社2006年版，第19页。

还多次提及西王母第二十女、紫微夫人曾降凡人间,将太上宝经授给裴玄仁,并授以修炼之法,使其登仙。① 按神塚淑子的看法:"西宫所在玄圃北坛西瑶之上台应该是昆仑山上西王母的宫殿,也就是连接天下与人间的地方。"② 若此,上清经在问世的过程中也受到昆仑神话中那种追求与日月同辉、与天地并存的影响。

《清灵真人裴君传》还讲述了太素真人教裴君"奔日奔月之道":其一是与五帝日君共载而奔日也:裴君"于是与五帝日君日日而游,此所谓奔日之道也。日中亦有五帝,一曰日君。《太上隐书·中篇》曰:'子欲为真,当存日君,驾龙骖凤,乘天景云,东游希琳,遂入帝门。精思仍得,要道不烦,名上清灵,列位真官,乃执《郁仪文》'"。其二是与五夫人共载而奔月也:"裴君止于空山之上,修行精思。一年之中,仿佛姿容。二年之中,五夫人遂俱乘月形见在君左右。三年之中,并共笑乐言语。五年之中,五帝月夫人遂与君共乘飞龙之车,西到六岭之门、八络之丘、协晨之宫、八景之城,登七灵之台,坐太和之殿。授裴君《流星夜光之章》《十明之符》。食黄琬紫津之饴,饮月华云膏。于是与五夫人夕夕共游,此所谓奔月之道矣。"③ 裴君修习太素真人所传的这种"奔日奔月之道",白日精思对日,存日中五帝君;夜则精思对月,存月中五夫人。五年之中,日月精神并到,共乘飞龙,上游太玄,展现了上清派特有的"仪璘之法"。

在上清派的语境中,奉郁仪以召日,施结璘以摄月,"仪璘之法"就成为因存思而奔日奔月法的别名,又称"二景道",如许长史在世抄记中有:"泰和三年五月行奔二景道。"陶弘景注曰:"此则仪璘之法,虽已有抄事,未见大经"④。其实"二景道"也是《上清大洞真经》的主要内容。这种仪璘之法表达了人通过存思可招引日月之精神,与之相感应,最后上奔日月而升仙的方法。

太素真人还告诉裴君,这种存思日月之术的奥妙在于修道者需要回归内

---

① [日]吉川忠夫、麦谷邦夫编:《真诰校注》,朱越利译,中国社会科学出版社2006年版,第281页。
② [日]神塚淑子:《六朝道教思想の研究》,东京创文社1999年版,第395页。
③ 《云笈七签》卷一百五《清灵真人裴君传》,《道藏》第22册,第716页。
④ [日]吉川忠夫、麦谷邦夫编:《真诰校注》,朱越利译,中国社会科学出版社2006年版,第557页。

心去体验，它是一种基于"精思心尽"的精神会通："若处密室，及日月不见时，但心中存而思之可也，不待见日月。要见视之为至佳。惟精思心尽，无所不通，此言要也。"① 据《登真隐诀》记载，裴君云："欲为道，目想日月，目中常见日月之形，亦兼存左目为日，右目为月也。"② 朱越利先生在《道经中的郁仪和结璘》一文中对"郁仪""结璘"进行了细致的考证，"二词最初用于经名，即用于《太上玉晨郁仪奔日赤景玉文》和《太上玉晨结璘奔月黄景玉章》二经名。这两部经是六朝古上清经《九真中经》的一部分，今收录于《上清太上帝君九真中经》卷下"③，为后来上清派基于江南地区流行的日月崇拜，倡导太上郁仪结璘之章，通过存思、诵念这二部道经上书写的神灵，就可与日月之精神相通，达到上奔日月以升仙的目的提供了经典依据。

据《真诰》记载，裴君可能还降授给杨、许讲授房中术的道经："此有长史、掾各写一本，题目如此，不知当是道家旧书？为降杨时说？其事旨悉与真经相符，疑应是裴君所授。所以尔者，按说《宝神经》云'道曰'，此后云'我之所师，南岳赤松子'。又房中之事，惟裴君少时受行耳。真诰中有'吾昔常恨此，赖解之早耳'。此语亦似是清灵言，故也。"④ 最后，《清灵真人裴君传》还列出了裴君在修道过程中所受真书篇目：

　　《支子元神诀》五首，蒋先生所秘用，咸阳城南佛图中曲室密房受之。

　　青帝君授《紫微始青道经》一卷。
　　苍帝君授《苍元上箓北斗真经中命四旋经》四卷。
　　白帝君授《太素玉箓宝玄经》三卷。
　　赤帝君授《龙胎太和丹经》二卷。
　　黄帝君授《四气上枢太元黄书》八卷。
　　青帝君授《通光阳霞》之符。

---

① 《云笈七签》卷一百五《清灵真人裴君传》，《道藏》第22册，第716页。
② 《登真隐诀》卷下，《道藏》第6册，第618页。
③ 朱越利：《道经中的郁仪和结璘》，载《回首集》，四川大学出版社2014年版，第47页。
④ ［日］吉川忠夫、麦谷邦夫编：《真诰校注》，朱越利译，中国社会科学出版社2006年版，第162页。

苍帝君授《郁真箫凤》之符。
白帝君授《皓灵扶希》之符。
赤帝君授《四明朱碧》之符。
黄帝君授《中元八维玉门》之符。
右十书于太华山西洞玄石室受。
谷希子青帝君授青精日水青华芝，东到青丘受服。
《上皇金箓》，司命君于太山授。
太素真人授《太上郁仪文》，在白水沙洲空山之上授。
太素真人授《太上结璘文》，在白水沙洲空山之上授。
太素真人授《太上隐书》，在白水沙洲空山之上授。
上清三元君授《玉玺金真》，在太素宫金阙下授。
四真人授《神虎符》《流金火铃》，在太极宫授。
日中五帝君授《挥神之章》、《九有之符》、青精日饴、云碧玄腴。
月中五帝夫人授《流星夜光章》、《十明之符》、黄琬紫津之饴、月华云膏。

裴君所受真书主要来自五帝所授的经、符、书和太素真人所授的文、书，其中"裴君乃先密受《太上郁仪文》《太上结璘章》二书，然后斋戒，而得存日月之精尔"[1]。"郁仪""结璘"不仅用于经名，而且在《太上玉晨郁仪结璘奔日月图》中通过图文并茂的方式来说明："郁仪引日精，结璘致月神，得道处上宫，位称大夫真。"[2] 这一仪璘之法也渗透到其他上清经中，例如《黄庭经》云："高奔日月上吾道，郁仪结璘善相保"。梁丘子注引《上清紫文》云："郁仪，奔日之仙。结璘，奔月之仙。"[3] 上清真人传记中所记载的上清经目后成为上清经中的原始及核心部分，既为今天了解并把握上清经的问世、流播的情况提供了一些线索，也有助于从上清真人与真书传授的记载中更深入地梳理上清派在江苏形成的历史渊源。

---

[1] 《云笈七签》卷一百五《清灵真人裴君传》，《道藏》第 22 册，第 717 页。
[2] 《太上玉晨郁仪结璘奔日月图》，《道藏》第 6 册，第 698 页。
[3] 《黄庭内景玉经注》，《道藏》第 6 册，第 534 页。

3.《紫阳真人内传》

《紫阳真人周君传》是被道教奉为紫阳真人的周义山的传记，《新唐书·艺文志》明确记载为"晋华峤撰"，但《云笈七签》卷一百六所列《紫阳真人周君内传》未注撰者。据陈国符先生考证，《真诰》卷十四《稽神枢》在叙述司马季主事时，内有细字注曰："今有华侨撰《周君传》"，按华峤即为华侨[①]。

《道藏》中还有单独成篇的《紫阳真人内传》，其内容比《云笈七签》中的《紫阳真人周君内传》更为丰富一点，传文末有"晋隆安三年太岁己亥正月七日甲子书毕"的字样，可见此传应在东晋时出世。[②] 从时间上推算，此时华侨已不在人世，离杨、许升仙也有三十四年。另据《紫阳真人内传》卷末附《裴周二真叔》记载，在兴宁年间众真降授杨、许前，裴玄仁、周义山二人就时常往来于华侨家靖室中教授经书："唯侨得见，一人姓周，一人姓裴，裴雅重才理，非侨所申，周似不如此。二人先后教授侨经书，书皆与《五千文》相参，多说道家诫行养性事，亦有谶纬。所受二人经书，皆隐秘不宣。周自作传，裴作未成。"[③] 由此推论《紫阳真人内传》可能在华侨原作基础上又经后人修改润色而成的：

> 紫阳真人本姓周，讳义山，字季通，汝阴人也。汉丞相周勃七世之孙。以冠族播流，世居贵宦。……君时年十六，随从在郡，始读《孝经》、《论语》、《周易》。为人沉重，少于言笑，喜怒不形于色。好独坐静处，不结名好。然精思微密，所存必感。常以平旦之后，日出之前，正东向立，漱口咽液，服气百数，向日再拜。旦旦如此，为之经年。[④]

[①] 《紫阳真人周君传》相继收入《旧唐书》卷四十六《经籍志》上《史录·杂传》、《新唐书》卷五十九《艺文》三《神仙类》、《宋史》卷二百五《艺文》四《神仙类》，其中都明确记载为"晋华峤撰"，但陈国符先生认为"按华峤即为华侨"。（陈国符：《道藏源流考》上册，中华书局1963年版，第9页）

[②] 刘师培《读道藏记》中也持此观点，认为"或此书竟出东晋也"。（载《读书随笔，外五种》，广陵书社2016年版，第131页）

[③] 《紫阳真人内传》，《道藏》第5册，第548页。

[④] 《紫阳真人内传》，《道藏》第5册，第542页。

周义山出身于冠族，为人稳重，好独坐静处，受到汉代道教服气养生观的影响，周义山经常在清晨日出之时，面向正东方站立，漱口咽液，服气百数，向日再拜，坚持数年之久而感动中岳仙人苏林下降，授以道术。

周义山宅心仁厚又能广施善行，"是岁大旱，陈留大荒，斗米千钱，路多饥民。君乃倾财竭家，以济其困"①。后遇中岳仙人苏林，"以《守三一之法》、《灵妙小有之书》二百事传子，石菌朱柯若乾芝与子服之，吾道毕矣。子可远索师也。君再拜受教，退而服神芝，五年，目视千里外，日行五百里。遂巡行名山，寻索仙人"②。周义山退而服神芝后，修行五年后，拥有"视见千里之外，身轻能超十丈，日步行五百里。能隐能彰，坐在立亡"③之功夫，遂巡行名山，寻索仙人，获取道经。细细数数，周义山登走过三十多座山，寻道足迹遍布大江南北，在拜师学道的过程中所受真书道经达四十余种，包括经、诀、符、图、法等。

《紫阳真人内传》后还专门列出《周君所受道真书目录》为我们了解早期上清经提供了更为丰富的资料。

《金阙帝君守三元真一法》，东海小童传涓子，涓子传苏子，苏子传周子。

寻栾先生《龙蹻经》于蒙山大洞黄庭之中。

遇衍门子受《龙蹻经》并《三皇内文》，在黄庭之中。

赵他子《芝图》十六首、《五行秘符》，在王屋洞门丹室中。

王先生《黄素神方》《五帝六甲》《左右灵飞》之书及二十四诀，在王屋山中。

上魏君受太素传《左乙混洞东蒙之箓》《右庚素文摄杀之律》，在嶓冢山中。

太和玉女《大有妙经》《太上素灵经》，在丹城铜之内。

沙野帛先生《太清上经》，在白云山中。

宁先生《大丹隐书》八禀十诀，在峨眉山金匮府中。

---

① 《紫阳真人内传》，《道藏》第 5 册，第 542 页。
② 《云笈七签》卷一百六《紫阳真人周君内传》，《道藏》第 22 册，第 723 页。
③ 《紫阳真人内传》，《道藏》第 5 册，第 544 页。

阴先生《九赤班符》，在岷山中。
臧延甫《忧乐曲素诀辞》，在岐山中。
淮南子成《天关三图》，在梁山中。
张子房《太清真经》，在牛首山中。
李氏《幽神经》，在九岳山中。
高丘子《全方》二十七首，在钟山中。
阳安君《金液丹经》《九鼎神图》，在鹤鸣山中。
青精先生《八表黄素传》，在猛山中。
李子耳《隐地八术》，在陆浑山潜入伊川洞室中。
赵伯玄《三九素语》，在峨眉山中。
幼阳君《丹字紫书三五顺行》，在阳洛山中。
司命君《经命青图》《上皇籍》，在大霍山中。
墨翟子受《紫度炎光内视中方》，在鸟鼠山中。
太帝候夜神童《金根之经》，在曜冥山中。
司马季主《石精金光藏景化形法》，在委羽山中。
刘子先《七变神法》，在大庭山中。
谷希子《黄气之法》《泰空之术》《阳精三道之要》，在都广建木山中。
王子乔《素奏丹符》，在桐柏山中。
南岳赤松子《上元真书》，在太华山中。
九老仙都君《黄水月华四真法》，在太冥山中。
皇人《八素真经太上隐书》，在合梨山中。
万先生《九真中经》，在景山黄台中。
玉童子十人、九气丈人得《白羽紫盖黄水月华》，在玄垄羽野。
青真小童君《金书秘字》，在扶广山中。
龚仲阳《仙忌真记》，在朱火丹陆之室。
中央黄老君《大洞真经》三十九篇，在常山中受。
右周君所受诸经书目。

周义山在求道之路上得到了许多仙真下降授予真书道经，从中可得到以下几个信息：一是大多以神仙降授而撰人不详，二是主要出于东晋时，三是属于古上清经,有的还可在《真诰》中可找到对应的书名,尤其是周君在常山中所得《大洞真经》三十九篇,后被上清派视为根本经典之一,故刘咸炘(1896—1932年)曰:"周义山传所受诸经书,皆与上清派合,惟称遍参诸仙,各授一种耳"①。反映了东晋道教中出现的新道书如何推动着上清派在江苏的兴起。

周君与裴君所受经书不同,但它们却相互配合展示了早期上清经的内容,有的还流传下来并收入《道藏》中②,因此在上清真人传记中经常将周、裴二人对举,例如在《紫阳真人内传》后,列有《二真人作诗曰》《周裴二真叙》。在《真诰》中,周君与裴君经常一起活动:"二君各有六僮,裴君从者持青毦之节,一僮带绣囊。周君从者持黄毦之节,无囊。"③他们一起向杨羲传道,④说明了他们对上清派兴起的共同推动作用。

江苏地处南北文化的交会之地,汉晋时北方天师道徒南下传教,在与江南文化交融中促进了新道派在江苏的兴起,在笔者看来,其中最鲜明的转变是以"以鬼道教民"的北方天师道徒来到江南社会后,其社会活动方式转变为以"灵媒"为中介的神真降授凡人的传道活动,上清真人在四方学道的过程中,通过神真降授的方式得到几十种道书。周作明曾将上清经书与可资校勘的经书进行比较,对"上清经流布过程中辗转传抄、相互征引,导致经书之间'新旧浑淆,未易甄别',同一经文或有不同传本,或被它经征引部分文句"⑤的情况进行了整理,他认为《周君所受诸经书目》收录的主要是上清经书。若对照《道藏》书目进行查考,其中有些还完整保留在《道藏》洞真部戒律类中,有些已不可考,有的只在《道藏》中留下经名。

上清经文在传播过程中因相互征引抄写而形成的错综复杂关系,既反映了早期上清经之间的相互影响,也反映了上清真人也是联结早期天师道与上

---

① 刘咸炘:《推十书:增补全本丙辑》第2册,上海科学技术文献出版社2009年版,第662页。
② 参见丁培仁《关于〈上清经〉》,《宗教学研究》2000年第2期。
③ [日]吉川忠夫、麦谷邦夫编:《真诰校注》,朱越利译,中国社会科学出版社2006年版,第49页。
④ [日]吉川忠夫、麦谷邦夫编:《真诰校注》,朱越利译,中国社会科学出版社2006年版,第152页。
⑤ 周作明:《试论早期上清经的传抄及其整理》,《宗教学研究》2011年第1期。

清派的人物。《真诰》卷十七《握真辅第一》中记杨君在梦中，与许玉斧俱座，南岳夫人与紫阳真人周君俱来传守一法：

> 四月二十九日夜半时，梦与许玉斧俱座，不知是何处也。良久，见南岳夫人与紫阳真人周君俱来，坐一床，因见玉斧与真人周君语曰："昔闻先生有守一法，愿乞以见授。"周君曰："寡人先师苏君，往曾见向言曰：以真问仙，不亦迂乎？仆请举此言以相与矣。"玉斧曰："情浅区区，贪慕道德，故欲乞守一法尔。"言未绝，周君又言曰："昔所不以道相受者，直以吴伧之交而有限隔耳。君乃真人也，且已大有所禀，将用守一，何为耶？"言讫，豁然而觉，竟不知在何处。此梦甚分明，故记之。①

许玉斧想向紫阳真人周君请教守一法，但被紫阳真人委婉地拒绝。那些渡来江南的"神仙侨民"被当地土著称为"伧人"。②紫阳真人不肯将"守一法"传授给许谧的一个理由是"吴伧之交而有限隔耳"，可见在当时侨人、吴人之间的道法传授的大致情况。③

从地域文化来看，这些《内传》所记载的上清真人大多是北方人，他们于汉晋时主要活动于北方社会，又比较注重个体生命的修炼。周义山不喜与时尚名流结交："汉侍中蔡咸，陈留高士，亦颇知道。闻君德行，数往诣君，辄辞疾，不欲见之。父乃大怪，怒责之，督切使出。逼不得已，遂出相见。咸大发请问，及论神仙之道、变化之事，君乃凝默内闭，敛神虚静，颔而和之，一不答也。"④从周义山对高士清谈论及神仙之道时的冷漠态度，"可以看出与知识分子神仙议论不同的这部《内传》作者的精神"⑤。上清真人通过"敛神虚静"向内"存思"来寻求隐奥的神人沟通方式后成为在江南兴起的上清派的重要特色。

---

① [日]吉川忠夫、麦谷邦夫编：《真诰校注》，朱越利译，中国社会科学出版社2006年版，第523页。
② 魏斌：《句容茅山的兴起与南朝社会》，《历史研究》2014年第3期。
③ 萧登福：《六朝上清派溯源》，香港《弘道》2007年第1期。
④ 《紫阳真人内传》，《道藏》第5册，第542页。
⑤ [日]小南一郎：《中国的神话传说与古小说》，中华书局1993年版，第355页。

早期上清经在魏华存降经茅山之前就以上清真人传经方式在好道者中流传了。对此，大渊忍尔认为，上清派在当时已成为江南道教的中心，在传授时已经设置了严苛的制约。其传播主要在师徒所形成的小道团中，对宣教未多加考量，其传承的主要在于其血统，而非道团。六朝道教已形成出家和非出家两种并存的形态，但上清派则不以出家生活为前提。[①] 上清派奉行上清真人所传承的道书、神谱和修炼方法，也吸收葛洪神仙道教所代表的江南仙学传统，同时又摄入北方传来的天师道要素，综合魏晋玄学思想和江南佛教文化，最终在东晋时形成上清派的最初样貌。

第三节　魏夫人：上清第一代太师

值得研究的是，《茅山志》卷十《上清经箓圣师七传真系之谱》在讲述上清经的神圣之源及问世过程中建构上清经箓圣师传经谱系时，为什么没有将上述的这些上清真人排列进来？反而将据说是从没有来过茅山、同样是北方人魏华存作为"嗣上清第一代太师"？为什么奉行上清经的上清派没有出现在中原或巴蜀地区而是出现在当时文化相对落后的江南地区？

相传上清经是东晋哀帝兴宁二年（364年）杨羲与许谧、许翙父子在江苏句容托南岳夫人魏华存等众仙真降授而问世的一批道书。正史中没有魏华存传，《晋书》卷四十二《魏舒传》在讲述魏华存父亲魏舒的生平事迹时，也没有提及魏华存。历史上是否确有魏华存其人，历来有不同的说法，也成为道教史上有待解决的一个悬案。

早在东晋时就有托名仙人范邈记述魏华存事迹的《南岳夫人内传》出现。陈国符先生曾在《道藏源流考》中对隋唐至宋代史书及类书中记载的南岳魏夫人传作了梳理：

《隋志》史部杂传类：《南岳夫人内传》一卷，不著撰人。
《旧唐书》史录杂传类：《紫虚元君南岳夫人内传》一卷，范邈撰。
《新唐志》子录神仙类著录同。又项宗《紫虚元君魏夫人内传》

[①] ［日］大渊忍尔：《初期の道教》，東京：創文社1991年版，第351—384页。

一卷。

　　《宋志》神仙类：范邈《南岳魏夫人内传》一卷。
　　《崇文总目》道书类：《南岳魏夫人传》一卷。
　　《通志略》诸子类道家：《紫虚元君南岳夫人内传》一卷，范邈撰。
　　《紫虚元君魏夫人内传》一卷，项宗撰。
　　《太平御览》经史图书纲目：《南真传》，《魏夫人传》，《紫虚南岳魏夫人传》，《南岳夫人传》。是魏华存有范邈、项宗二传，项宗所撰较晚出。①

　　陈国符对照《真诰》中有关范邈的记载，认为"南真传已于晋代出世"，并根据《顾氏文房小说》所收《南岳魏夫人传》而认为此传为项宗所撰，"项宗，盖唐人"。《太平广记》卷五十八《魏夫人传》"与此全同"。陈国符认为："魏华存似确有其人也。"用一个"似"字表达了并不能确定魏华存就是一个历史人物，这一看法长期以来为学界所认同②，但近年来，随着道教研究的展开及江苏考古发现的新成果，倾向于确有其人者也在增多中。

　　今天有关魏华存生平事迹的记载，散见于历史文献、道书仙传和民间传说中，但始终存在着史的述说与仙的塑造这两种方式。从史的述说看，武则天垂拱四年（688年），弘文馆学士路敬淳（？—697年）撰《木涧魏夫人祠碑铭》讲述了魏夫人修仙事迹及大唐怀州河内县地方官建魏夫人祠之事③。唐代颜真卿（709—784年）任抚州刺史时，重修魏夫人修道处，并根据《南岳夫人内传》撰写了《晋紫虚元君领上真司命南岳魏夫人坛碑铭》。从仙的塑造看，唐玄宗崇道，曾命道士蔡伟把魏夫人编入《后仙传》。唐末杜光庭所撰《墉城集仙录》原本十卷，今存六卷中虽没有魏华存传，但据《太平广记》卷五十八《魏夫人》注记载"出集仙录及本传"，推测《墉城集仙录》十卷本是原有魏华存传的。

---

① 陈国符：《道藏源流考》上册，中华书局1963年版，第13页。
② 如卿希泰主编的《中国道教史》延续此说："南岳魏夫人，在晋代似确有其人。"（《中国道教史》第一卷，四川人民出版社1996年版，第338页）
③ 周绍良主编：《全唐文新编》第2部，第1册，吉林文史出版社2000年版，第2905—2907页。

第四章　上清派在茅山的兴起　177

其实，记录魏华存生平事迹的《魏夫人传》最早可追溯到东晋时。葛洪在《神仙传》中曾提及范邈撰《魏夫人传》而将魏华存修仙事迹显扬于世："中候上仙范邈，字度世，旧名冰，服虹景丹得道，撰《魏夫人传》。"① 范邈是清虚真人王褒的弟子，在"哀帝兴宁三年乙丑岁，众真降授道要"② 给杨羲时，范中候与南岳夫人都是这一众真神仙团的成员。范邈所作《魏夫人传》又称《南真传》，全称《紫虚元君南岳夫人内传》，后亡佚，但其内容散见于历史文献与道书仙传中而保留下来，只是文字记载存在着差异。其中《太平御览》本的故事较为完整且收入《道藏》中，在道教中影响较大。

陶弘景在《真诰》中也提及范邈撰《南真传》："范中候邈名，即是撰《南真传》者。"③《洞玄灵宝真灵位业图》在介绍"北牖弟子中候仙人"时还注曰："姓范，讳邈，字度世，曾名永。汉桓帝侍郎，撰《魏夫人传》。"④ 可见在葛洪及陶弘景的著作中皆谓实有魏华存其人，但问题在于，若从历史角度看"汉桓帝侍郎"范邈怎么可能给生活于两晋时的魏华存作传呢？葛洪与魏华存大约是同时代人，而今本《神仙传》中却没有《魏夫人传》？

近年来，随着对上清派研究的深入，也有人提出，"六朝时期的《南岳夫人内传》旧说为范邈所撰，实际上是杨羲造作而托名仙人范邈的一部真传。此传大约于元明之际亡佚，但六朝和唐代的各种道书、类书中保存了不少佚文。"⑤ 例如《真诰》卷十九《真诰叙录》："《南岳夫人传》载青箓文云：岁在甲子，朔日辛亥，先农飨旦，甲寅羽水，起安启年，经乃始传，得道之子，当修玉文"⑥。若翻阅《真诰》，可见其中不仅提及《南岳夫人传》，还多次引用南岳夫人言、南岳夫人语、南岳夫人喻、南岳夫人告许长史等，这说明魏华存在推动江南新宗教创立中的作用，虽并不能证明杨羲作

---

① 《太平御览》道部十一引葛洪《神仙传》，但今本《神仙传》没有"范邈"的内容。
② 《历世真仙体道通鉴》卷二十四，《道藏》第 5 册，第 238 页。
③ [日] 吉川忠夫、麦谷邦夫编：《真诰校注》，朱越利译，中国社会科学出版社 2006 年版，第 236 页。
④ 《道藏》第 3 册，第 274 页。
⑤ 武丽霞、罗宁：《〈南岳夫人内传〉考》，《宗教学研究》2004 年第 1 期。
⑥ [日] 吉川忠夫、麦谷邦夫编：《真诰校注》，朱越利译，中国社会科学出版社 2006 年版，第 565 页。

《南岳夫人传》，但后来的《茅山志》《历世真仙体道通鉴后集》等道书都列入了魏华存传。

与江苏道教文化相关的问题是，魏华存曾任天师道祭酒，从天师道由北向南的传播来看，魏华存对上清派在茅山兴起着怎样的作用？魏华存在世时从未涉足句容茅山，但为什么陶弘景《真灵位业图》将魏华存列入神谱尊之为"紫虚元君领上真司命南岳夫人"？为什么上清派奉之为"嗣上清第一代太师"①？

魏华存（252—334年），字贤安，任城樊（今山东济宁）人，晋司徒魏舒之女。魏舒（209—290年），字阳元，其为人"不修常人之节，不为皎厉之事，每欲容才长物，终不显人之短。性好骑射，著韦衣。入山泽，以渔猎为事"②。作为魏华存之父，魏舒的淡泊性情及文化喜好可能会影响女儿世界观的形成。魏舒曾遭遇"三娶妻皆亡"的人生悲剧③，40多岁才生了魏华存。魏华存自幼好道，学通五经，尤其好老庄，常静居行导引吐纳之术，意欲独身修仙，然其父母不允。"魏华存在出嫁前，绝大部分时间当是在任城郡度过。"④ 魏华存在24岁时嫁太保掾南阳刘文⑤。魏华存的丈夫刘文，字幼彦，曾任修武（今河南境内）县令，魏华存随之而行，后生有二子，长子曰刘璞、次子曰刘遐。魏华存在前半生过着普通人的生活。

魏华存在孩子长大后，因心期幽隐，后别居静室，持斋修道多年，累感真灵，于是"离群独处，不交人事，深托隐疴，还修囊尚，入室百日，所

---

① 《茅山志》卷十《上清品》，《道藏》第5册，第597页。

② 《晋书》卷四十二《魏舒传》未提魏华存，但《茅山志》卷十《上清品》曰："姓魏，讳华存，字贤安，任城人，晋司徒舒之女。"

③ 张芮菱：《魏华存夫人信道原因考》认为："魏舒'三娶妻'，子息不旺的家庭现实，充当了直接的诱因，促成了魏华存对道教的接受和走进。"（《宗教学研究》2007年第4期）

④ 赵芃：《魏华存与山东道教》，《中华文化论坛》2012年第1期。

⑤ 有关魏华存丈夫的名字史籍中不有同记载：(1) 刘文，如颜真卿《晋紫虚元君领上真司命南岳夫人魏夫人仙坛碑铭》（《颜鲁公集》卷九，《景印文渊阁四库全书》第1071册，台湾商务印书馆1986年版，第641页、《太平广记》卷五十八《魏夫人》）；(2) 刘义，如《云笈七签》卷四《上清经述》（《道藏》第22册第20页、顾元庆《阳山顾氏文房小说》所收《南岳魏夫人传》等）、《茅山志》卷十《魏华存》（《道藏》第5册，第597页）、《三洞群仙录》卷五（《道藏》第32册，第266页）等；(3) 刘又，如《历世真仙体道通鉴后集》卷三（《道藏》第5册，第465页）；(4) 刘乂，如《述书赋》注文云："（刘璞）父乂，晋河内修武令。"笔者认为，道教仙传大多用"刘文"，也比较符合中国人取名习惯，其他可能为笔误。

期仙灵，积思希感，尔乃独节应神，丹心潜会，精苦仰彻，天真遐降"①。据说魏华存修斋达三月之久，因获得上乘体验而感动神真，开启了其后半生的修仙之道。

相传西晋太康九年（288年）某天夜半清朗时，忽有众真下降夫人之静室降授上清经，"凡四真人，并年可二十余，容貌伟朗，天资秀颖，同著紫花莲冠，飞锦衣裳，琼蕊宝带，体佩虎文，项有圆光，手把华幡"。他们是太极真人安度明、东华大神方诸青童君、扶桑碧海旸谷景林真人和清虚真人小有仙人王褒。于是夫人匍匐再拜，叩头自抟："不期今日，道君降下，唯乞神仙，长生度世。"②当时刘幼彦就住在隔壁，但据说对四真降临之事全然不知。据《太平御览》卷六七八《南岳魏夫人内传》中说，四位真人见夫人求道心切，清虚真人王褒乃命侍女降授"神真之道"：

清虚真人王君乃命侍女华散条、李明允等，使披云蕴，开玉笈，出太上宝文、八素隐书、大洞真经、灵书八道、紫度炎光、石精玉马、神真虎文、高仙羽玄三十一卷，即手授夫人也。王君昔学道在阳洛山，遇南极夫人、西城王君，授此三十一卷经，行之成真人。今所授者是南极、西城之本经也。③

这些道书是王君昔于阳洛山遇南极真人、西城王君所授，故称"南极、西城之本经"。据说，魏华存将这些经书降授杨羲等人，由此构造了上清经行世的神话。自四仙真降魏夫人静室后，此后又频频来降道经："四真人降魏夫人之静室，教神真之道，授《黄庭》等经，因设酒肴，扶桑神王歌一章：'华存久乐道，遂教高神拟，拔徒三缘外，感会乃文始，相期阳洛宫，道成携魏子'"④。后来景林真人又授夫人《黄庭内景经》，王君又告曰："子若不在山中隐身斋戒，则《大洞真经》不可妄读也。至于虎经龙书八素隐文之属，奇秘玄奥，若不斋戒，绝世不可施行。子今且可诵《黄庭内景

---

① 《云笈七签》卷四《上清经述》，《道藏》第22册，第20页。
② 《云笈七签》卷四《上清经述》，《道藏》第22册，第20页。
③ （北宋）李昉编纂：《太平御览》第六卷，河北教育出版社1994年版，第318页。
④ 《云笈七签》卷九十六《次扶桑神王歌一章》，《道藏》第22册，第658页。

经》，步蹑七元，存五星之神而已，人间行之，亦足感通变化，欲成际会，我有以相迎矣"①。

《黄庭内景经》一名《太上琴心》《大帝金书》《东华玉篇》等②，李养正先生认为："魏华存曾谓清虚真人、景林真人降授多种经书。实际上这些经书乃魏晋间道士依据《河上公老子章句》《太平经》《老子想尔注》与方术所撰作。造作者秘珍其书，传布不广，其后得之者不明撰者为谁，为自尊其教，故一般皆托言神授。魏华存所受或所著经书中，后世传布最广、影响最大的是《黄庭经》"③。其中《黄庭内景经》以三丹田与黄庭宫为中心，以七言诗来讲述存思黄庭，积精累气，炼养丹田，以求长生的仙学理论和修道方法，这种通过存思冥想所展开的形神双修法十分符合江南士族的精神雅好，也成为展示上清派仙学理论最鲜明的实践方法。

后来魏华存遭遇家庭变故，先是丈夫刘幼彦暴疾去世，接着父亲魏舒过世。据说，魏华存继续留在河南，经常去阳洛山二仙洞修炼④。魏华存担任天师道祭酒的说法出现于陶弘景《登真隐诀》中："正一真人三天法师张讳告南岳夫人口诀。天师于阳洛教授此诀也。按夫人于时已就研咏洞经，备行众妙，而方便宣告太清之小术。民间之杂事者，云以夫人在世尝为祭酒故也。然昔虽为祭酒，于今非复所用，何趣言之。此既是天师所掌任，夫人又下教之限，故使演出示世，以训正一之官。"⑤ 张道陵曾在阳洛山向魏夫人授法，故"云以夫人在世尝为祭酒故也"，但这一记录已距魏华存生活年代200年后了，是否真实还有待于进一步考证，但在陶弘景笔下，魏夫人是

---

① （北宋）李昉编纂：《太平御览》第六卷，河北教育出版社1994年版，第318页。

② 20世纪，王明先生的《〈黄庭经〉考》（《道家和道教思想研究》，中国社会科学出版社1984年版，第324—371页）最早对《黄庭经》进行研究，后来有陈国符、李养正、牟钟鉴、杨立华、麦谷邦夫、垣内智之、加藤千惠等中日学者从不同角度对该经进行了研究，但从江苏道教的角度来探讨《黄庭经》还有待于努力。

③ 李养正：《魏华存与〈黄庭经〉》，《中国道教》1988年第1期。

④ 阳洛山上建奉祀魏华存的静应庙，以此为中心而在乡间建有多所魏华存庙，当地村民称魏华存"二仙奶奶"，到北宋时已得到官方的认可（张景华、秦太昌《晋魏华存修道阳洛山考》《中国道教》2001年第1期）。为何当时人称魏华存为"二仙奶奶"？有一种说法认为，此二仙指紫虚、碧霞二位君（李留文：《豫西北与晋东南二仙信仰比较研究——兼论区域文化之间的互动》《世界宗教研究》2010年第5期）。

⑤ 《登真隐诀》卷下，《道藏》第6册，第618页。

"研咏洞经"将天师道与上清派整合起来的人物。后来《紫虚元君魏夫人内传》及《太平广记·魏夫人》也延续陶弘景的说法,说魏华存夫人在世尝为天师道女官祭酒,"领职理民",道陵天师又授明威章奏、存祝吏兵符箓之诀。

西晋惠帝即位时,匈奴人刘渊(?—310年)叛晋称帝,魏华存因真仙默示其兆,预感中原即将荒乱,于是携二子渡江。颜真卿用"超群先觉"来形容魏华存对局势的先见之明。"值天下荒乱,夫人抚养内外,傍救穷乏,超群先觉,乃携细小径来东南。"①史籍中有关魏夫人渡江的时间没有确切记载,但应当先于两晋之际北方士族大规模南渡的永嘉之乱前,魏华存"携二子渡江",其路线是"自洛邑达江南",大概主要活动于京口、建康一带,因其儿子尚未成年,故称"细小"。孩子长大后,长子刘璞为庾亮司马,又为温太真司马,后至安城太守;次子刘遐为陶太尉侃从事中郎将。"夫人自洛邑达江南,盗寇之中,凡所过处,神明保佑,常果元吉。二子位既成立,夫人因得冥心斋静,累感真灵,修真之益,与日俱进。"②魏夫人实为拥有一定信众的天师祭酒,她率子南下后推动了天师道法在江南的传播。

魏华存渡江后又移居江西抚州,置坛修道,后与侍女麻姑于东晋大兴年间(318—321年)来到南岳集贤峰下,结草舍居住,静心修道。魏华存后来去南岳衡山,据说与徐灵期有关。"晋太康八年(287年),吴人徐灵期、新野先生邓郁之,开古王母殿基。晋怀帝永嘉(307—312年)中,赐额为华薮,至梁改为九真观。"③徐灵期是吴人,曾在茅句容山学道,后在南岳创九真观。邓郁之与徐灵期结方外友,随徐灵期学习茅山道教。东晋末,又有邓欲之"隐于南岳洞台。夜诵大洞经,上感魏夫人降告之曰:'君有仙分,特来相访。'一日忽见三青鸟如鹤,鼓舞飞鸣,移时方去。欲之谓弟子曰:'青鸟既来,期会至矣。'遂解化"④。邓欲之可能于梦中见魏夫人下降传授仙道。为了使上清派修炼功法深入人心,魏华存把景林真人所传受的

---

① (唐)颜真卿撰:《南岳魏夫人传》,载(明)汤显祖等原辑《中国古代短篇小说集》上,人民日报出版社2011年版,第62页。
② (宋)李昉等编:《太平广记》卷五十八《魏夫人》,中华书局1961年版,第358页。
③ 《南岳总胜集》,《道藏》第11册,第112页。
④ 《历世真仙体道通鉴》卷三十三,《道藏》第5册,第289页。

《黄庭内景经》加以修订整理后撰为定本，传抄于世。《道藏》中有署名为"女弟子魏华存受、清虚真人诀"的《上清太极真人神仙经》即是早期上清派修行经诀。

魏夫人一生历经曹魏、西晋和东晋三朝。据《南岳魏夫人内传》记载，晋成帝咸和九年（334年），岁在甲午，魏夫人在真人的引领下于南岳天柱峰白日升天：天柱峰"下有魏夫人石坛，或云魏夫人在此处得道"①。或云魏夫人乘云霓飙车"径入阳洛山中"②。据现有史料记载，魏夫人没有去过茅山，但《茅山志》卷十中却有魏夫人成仙后，位为紫虚元君，领南岳上真司命，"诸真乃与元君俱诣天台霍山洞台，便道过句曲金坛，茅叔申宴会二日二夕，迺共适霍山矣。璞后仕至侍中，蒙使传法于司徒琅琊王舍人杨君"，这一传说对茅山上清派的影响却是广泛而深远。

然而，唐代李渤撰写的上清派史《真系》开篇即说"自晋兴宁乙丑岁，众真降授于杨君，杨君授许君，许君授子玄文，玄文付经于马朗"③。他只说"众真降授"而未指明魏华存传经，故有学者认为，凡上清经典，都是杨、许自作而非出自魏华存。对此，笔者认为还需要结合两晋天师道的南下传播史再作研究，这是因为上清派的兴起与天师道由北向南的多面向传播有密切关系，但文献记载对此的描述却是历史与神话相交织，形成的不同说法至今仍给人以扑朔迷离之感：

第一，曾任天师道祭酒的魏华存以"降授"的方式传道杨羲。这条线索影响很大，直接导致了上清派的产生。从《真诰》记载看，魏夫人升仙后三十余年，降真于杨羲传授上清经，这是上清经的出世之源："伏寻上清真经出世之源，始于晋哀帝兴宁二年太岁甲子，紫虚元君上真司命南岳魏夫人下降，授弟子琅琊王司徒公府舍人杨某。"④ 陈国符先生通过对《真诰》及《紫虚元君南岳夫人内传》的研究，以"魏夫人为杨羲之师，故云魏夫

---

① 《南岳小录》，《道藏》第6册，第861页。
② 魏夫人以小有仙人王褒为师。王褒的仙府在王屋山清虚小有洞天，而阳洛山为"清虚之别宫"，因此仙传中才有紫虚元君魏夫人成仙后"径入阳洛山"的说法。
③ 《云笈七签》卷五《经教相承部》，《道藏》第22册，第25页。
④ ［日］吉川忠夫、麦谷邦夫编：《真诰校注》，朱越利译，中国社会科学出版社2006年版，第572页。

人降授。道书述道经出世之源，多谓上真降授"① 来说明魏华存在上清派中具有开创性地位。② 这一观点在学界影响较大。

第二，丹阳许氏家族中的子弟在经历南北方不同信仰后参与创立上清派。《晋书·许迈传》讲述了许迈先受江南原始巫教和方术修炼的影响，后受郭璞筮卦结果"宜学升遐之道"的鼓励学习天师道，再师鲍靓"受中部法及《三皇天文》"而往来茅岭之洞室："时南海太守鲍靓隐迹潜遁，人莫之知。迈乃往候之，探其至要。父母尚存，未忍违亲。谓余杭悬霤山近延陵之茅山，是洞庭西门，潜通五岳，陈安世、茅季伟常所游处，于是立精舍于悬霤，而往来茅岭之洞室，放绝世务，以寻仙馆。"③ 从个人修道的角度反映了北来天师道所面临的江南社会环境与宗教氛围。以许迈为代表的许氏家族，以信仰天师道为主，许谧、许翙父子则奉行以天师道与江南地方信仰结合的上清派为主。

第三，魏华存令其长子刘璞传道于杨羲。东晋时，博学多才的江苏句容人杨羲曾跟魏华存的儿子刘璞学道之事多次出现在道书中。若以近年来南京考古成果发现再配合道书记载，可为了解魏华存儿子在江苏地区的传道活动以及上清派的创立提供一些佐证。

1998年9月至12月，南京市博物馆又在象山发掘了3座东晋王氏家族的墓葬，其中编为9号的夫妻合葬墓保存完好，从中出土了3方墓志，其中的2方为石质墓志，发现于墓室内的死者头部，一为王建之墓志，一为王建之妻刘媚子墓志；还有1方为刘媚子的砖质墓志，发现于墓坑填土中，其内容与石志相同而文字稍简略，估计是"为了日后合葬时便于寻找而有意设置的"④。

王建之其人于史无载，据《王建之墓志》云："晋故振威将军、鄱阳太守、都亭侯，琅耶临沂县都乡南仁里王建之，字荣妣，故散骑常侍、特进、卫将军、尚书左仆射、都亭肃侯彬之孙，故给事黄门侍郎、都亭侯彭之之长子。"⑤ 可知王建之为王彬之的孙子，袭封都亭侯。王建之的妻子刘媚子亦

---

① 陈国符：《道藏源流考》上册，中华书局1963年版，第8页。
② 孙亦平：《论陈国符对道教上清派的研究》，《杭州师院学报》2014年第3期。
③ 《晋书》卷八十《许迈传》。
④ 南京市博物馆撰：《南京象山8号、9号、10号墓发掘简报》，《文物》2000年第7期。
⑤ 韩理洲等辑校：《全三国两晋南北朝文补遗》，三秦出版社2013年版，第96页。

不见于史传，但石质的《刘媚子墓志》记载如下：

  晋振威将军、鄱阳太守、都亭侯，琅耶临沂县都乡南仁里王建之，字荣妣，故夫人南阳涅阳刘氏，字媚子，春秋五十三，泰和六年六月戊戌朔十四日辛亥，薨于郡官舍。夫人修武令乂之孙，光禄勋东昌男璞之长女，年廿来归，生三男三女。二男未识不育。大女玉龟，次女道末，并二岁亡。小女张愿，适济阴卞嗣之，字奉伯。小男纪之，字元万。其年十月丙申朔三日戊戌，丧还都。十一月乙未朔八日壬寅，陪葬于旧墓，在丹杨建康之白石。故刻石为识。①

  周冶在《南岳夫人魏华存新考》中通过对这一考古成果的分析而提出："刘媚子的祖父为修武令乂，与《紫虚元君魏夫人内传》所记魏夫人丈夫的姓名、官职相合；刘媚子的父亲是光禄勋东昌男刘璞，其名与《内传》中魏夫人长子一致，但由于刘璞并非《内传》的传主，故《内传》仅记其官至侍中，与《墓志》稍异。"他再考唐窦臬《述书赋》注云："刘璞，字子成，南阳人，晋光禄勋，即得道南岳魏夫人之子"②，认为此晋光禄勋刘璞即魏夫人之子。他还据《墓志》记载刘氏的籍贯是南阳，而《内传》所言刘乂正出自南阳，认为《内传》与《墓志》所记刘氏父子的基本情况皆相吻合："刘媚子的夫家琅琊王氏与杨羲的主子句容许氏不仅同处江南促狭之地，同为奉道世家，而且实有宗教方面的密切交往。根据《墓志》，媚子卒于泰和六年（371年），则从杨羲撰写《内传》到媚子去世尚有七八年的时间，在此期间，媚子完全有可能知晓《内传》的情况。且琅琊王氏为东晋第一高门，位高权重。从这几点来判断，如果魏夫人与刘氏的关系非实，杨羲断不敢向壁虚构而将魏夫人强行'许配'给刘乂。综上所述，魏夫人为一真实的历史人物，殆无疑义。"③ 以上对考古发现成果的分析，不仅证明魏华存实有其人，而且还认为其子刘璞也在江南传播上清经书，这为我们提供了了解魏夫人所传之道流播于江南的一条线索。

---

  ① 张学锋：《汉唐考古与历史研究》，生活·读书·新知三联书店2013年版，第362页。
  ② 《全唐文》卷四四七《述书赋上》，上海古籍出版社1990年版，第2册，第2021页。
  ③ 周冶：《南岳夫人魏华存新考》，《世界宗教研究》2006年第2期。

再参照《真诰》中有关刘璞的记载：杨羲于"六年庚戌（350 年）又就魏夫人长子刘璞受灵宝五符，时年二十一。"① 若据此资料，杨羲在接受众真降授之前，就从刘璞处得到《灵宝五符》。"璞即魏夫人长子也。君渊沉应感，虚抱自得，若燥湿之引水火，冥默幽欷，相袭无眹矣。"② 杨羲经过 15 年的修习，"兴宁三年（365 年）乙丑岁，众真降嗳，年三十六。真降之所，无正定处，或在京都，或在家舍，或在山馆，山馆犹是雷平山许长史廨，杨恒数来就椽，非自山居也"③。对此，钟来因先生认为，杨羲"首先是与人——刘璞相通，通过'人'这一中介，才认识'神'的思想；虔诚的宗教情绪，自然使他成为与神沟通的人物。因此，与其说是神创造了他，还不如说他创造了神。《真诰》中大量真人的暗示，均是他的笔迹，证明了这一点"④。这一解释可能更为贴近历史，反映了江南士族对北来天师道的一种改造性创新。

南朝时，陶弘景在《真诰》中将魏华存奉为紫虚元君、南岳夫人，更在其所编撰的《真灵位业图》中，将紫虚元君魏华存置于女真之第二高位，其地位仅次于领录众女真的西王母，与西王母共同管理天台山、缑山、王屋山、大霍山和南岳衡山的神仙洞府，在道教神灵仙真中享有崇高地位。唐末杜光庭在《墉城集仙录》中将魏华存列入墉城仙班："紫虚元君魏华存夫人清斋于阳洛隐元之台，西王母与金阙圣君降于台中，乘八景舆，同诣清虚上宫，传《玉清隐书》四卷，以授华存。"⑤ 魏华存接受西王母传《玉清隐书》四卷，自己最后也得道成仙，归入西王母为首的女仙队伍中，形成的上清派特有的仙真系统，是后来上清派在建构经箓圣师传经谱系时的重要来源。

---

① ［日］吉川忠夫、麦谷邦夫编：《真诰校注》，朱越利译，中国社会科学出版社 2006 年版，第 592 页。
② 《历世真仙体道通鉴》卷二十四，《道藏》第 5 册，和 238 页。
③ ［日］吉川忠夫、麦谷邦夫编：《真诰校注》，朱越利译，中国社会科学出版社 2006 年版，第 592 页。
④ 钟来因：《长生不死的探求——道经〈真诰〉之谜》，文汇出版社 1992 年版，第 36 页。
⑤ 《墉城集仙录》卷一，《道藏》第 18 册，第 165 页。

第四节　真人之诰与上清经的问世

陶弘景在编纂《真诰》时就依据"天书"观念来展现上清经是众真降授的"云篆明光之章",如开篇《运象篇》在讲述兴宁三年（365年）六月二十四日夜间紫微王夫人来降茅山,示教时只以"真人之诰"口说神旨而没有下传所书文字,杨羲对此颇有疑惑,于是向紫微夫人请教:"真灵既身降于尘浊之人,而手足犹未尝自有所书,故当是卑高迹邈,未可见乎,敢咨于此,愿诲蒙昧。"紫微夫人则回答说,天上仙真若向地上人间显示书写之迹,就犯了真人的禁戒,"上玷逸真之咏,下亏有隔之禁,亦我等所不行,灵法所不许也",然后讲述了道教的文字观及上清经的特点:

> 今请陈为书之本始也。造文之既肇矣,乃是五色初萌,文章画定之时,秀人民之交,别阴阳之分,则有三元八会群方飞天之书,又有八龙云篆明光之章也。其后逮二皇之世,演八会之文,为龙凤之章,拘省云篆之迹,以为顺形梵书,分破二道,坏真从易,配别本支,乃为六十四种之书也,遂播之于三十六天十方上下也。各各取其篇类,异而用之,音典虽均,蔚迹隔异矣。校而论之,八会之书是书之至真,建文章之祖也,云篆明光是其根宗所起,有书而始也。今三元八会之书,皇上太极高真清仙之所用也,云篆明光之章,今所见神灵符书之字是也。[1]

紫微夫人在道教宇宙自然观的背景下来解释文字的起源。天神真仙所有的"三元八会群方飞天之书"出自宇宙开天辟地"五色初萌,文章画定之时",那些表现为天地自然之美的文字也应运而生,这种以"天书"为众书之源的观念,反映了陶弘景对当时江南奉道文人以具有神圣性的"八龙云篆明光之章"将各种不同文化相融会,用来神化其造作道书做法的一种认识与陈述。后来,文字从最初的"演八会之文"发展出"为龙凤之章",从

---

[1]　[日]吉川忠夫、麦谷邦夫编：《真诰校注》,朱越利译,中国社会科学出版社2006年版,第22页。

"云篆之迹"发展出"顺形梵书",故神塚淑子认为:"将梵书隶属于六种书体第二的'地书'之中。这样安排,可以说是继承了《真诰》对于'梵书'位置的基本看法"①。此后因书体又分化成"六十四种之书"②传播于三十六天十方上下。"三十六天是上清派根据道教宇宙创世论而构想出来的神仙所居天界有三十六重,以区别天师道所宣扬的太上老君的三天说以及灵宝经依据元始天尊信仰所构造出的三十二天以及二十八天说。"③从这一颇具神话性的叙述来看,来自"三元八会"之书为居于天界的皇上太极高真清仙之所用,在问世之前保存于西宫中,"云篆明光之章,是今天所见的神灵符书之字",这些弥纶宇宙的天书灵文与人间俗世使用的文字有着根本的不同。因此真仙"以灵笔真手,初不敢下交于肉人,虽时当有得道之人,而身未超世者,亦故不敢下手陈书墨,以显示于字迹也"④。这需要通过可以沟通神人关系的"灵媒"才能将神灵符书传播于人间。

《洞玄灵宝玄门大义》也引用《真诰》中的紫微夫人之语来言说经教之始:"三元八会之书,太极高真所用。本者,始也,根也。是经教之始,文字之根,又为得理之原,万法之本。"并认为古今文字可分为六种:天书(三元八会之文、八龙云篆之章)、地书(演八会为龙凤之文)、古文(轩辕之时,仓颉傍龙凤之势,采鸟迹为古文)、大篆(周时史籀变古文为大篆)、小篆(秦时李斯变大篆为小篆)、隶书(秦后程邈变小篆为隶书)。天书作为经教之本,又称云篆,为有书之始。在"令经书相传,皆以隶字解天书,相离而行也"⑤。天书下降人间后,经"灵媒"用隶字写出,使天书转为经书或道经而传播于人间,从中也反映了上清派所具有的条理性思维对道书编纂的神圣化。

对照《真诰》的记述,上清经因既究识真字,又能作隶字以解天书的

---

① [日]神塚淑子:《六朝道教思想の研究》,东京创文社1999年版,第431页。
② 谢世维认为:"六十四种书不仅仅是《易》的六十四卦的反映,如《普曜经》等中亚传来的佛经之中就有释迦牟尼年轻时学习六十四种书体的记载。"(《天界之文——魏晋南北朝灵宝经典研究》,台湾商务印书馆2010年版,第90页)
③ 孙亦平:《杜光庭评传》,南京大学出版社2005年版,第299页。
④ [日]吉川忠夫、麦谷邦夫编:《真诰校注》,朱越利译,中国社会科学出版社2006年版,第23页。
⑤ 《道藏》第24册,第734—737页。

"灵媒"杨君而得以问世。赵益将道书视为"天文"与"人文"交合的产物:"道教崇尚文字经籍和注重仪式性书写的传统及其相关文字、文章、语言观念,是其'天书—真文'宗教神学思想的逻辑衍生。"① 据《真诰》记载,杨羲在西宫得到了道书后获得了一种驰骋之力:"君自受书于西宫,从北策景,乘轩东辕,握旄秉钺,专制东蕃,三官奉召,河山启源,天丁献武,四甲卫轮。当此之时,实明君之至贵,真仙之盛观也。""明君"即是杨羲;"西宫"又称"上清西宫"。明君升天后,先拜访上清西宫,故《真诰》接下来说:"三官中常有谚谣云:'杨安大君,董真命神。'正我等之谓耳。盖圣皇之方驾,于今有二十八年也。复二十二年,明君将乘龙驾云,白日升天。先诣上清西宫,北朝玉皇三元,然后乃得东轸执事矣"②。再对照六朝历史,可见上清派的出现与三国孙吴到东晋以建康为中心持续兴建都市文化圈以吸纳各路人才来此开展活动,"在京师附近出现了一个士族奉道集团"③ 有着密切关系。

上清派的创立是由好道者借"真人之诰"造作道书开始的,这从《真诰》主要讲述汉晋时上清真人如何借助"天书"神话的传经故事就可见一斑。"真人之诰"是江南社会自古以来崇拜上天神灵的自然宗教传统,融合北方传来的河图洛书说及佛教的"梵书"而形成的"天书"观念。笔者认为,上清派的"天书"观念,不仅为构想来自天界的众神真降授上清经的传说提供了神圣之源,而且通过"以隶字解天书"也指出六朝道经文字的书写特点。

因此《茅山志》在梳理上清派宗师时,将魏华存夫人奉为第一代太师,将杨羲奉为"上清第二代玄师",许谧父子则被奉为上清第三代真师、第四代宗师,可能与陶弘景《真诰》卷十九中《真经始末》中讲述上清经问世的一段资料有关:

伏寻上清真经出世之源,始于晋哀帝兴宁二年太岁甲子,紫虚元君

---

① 赵益:《"天文"与"人文"的交合——道教"天书—真文"观念的神学内涵及其文学意义》,《学术研究》2017 年第 11 期。
② [日] 吉川忠夫、麦谷邦夫编:《真诰校注》,朱越利译,中国社会科学出版社 2006 年版,第 55 页。
③ 任继愈主编:《中国道教史》,上海人民出版社 1990 年版,第 134 页。

上真司命南岳魏夫人下降，授弟子琅琊王司徒公府舍人杨某，使作隶字写出，以传护军长史句容许某，并弟三息上计掾某某。二许又更起写，修行得道。凡三君手书。今见在世者。经传大小十余篇，多掾写。真噏四十余卷，多杨书。长史、掾立宅在小茅后雷平山西北。掾于宅治写、修用，以泰和五年隐化，长史以泰元元年又去。掾子黄民，时年十七，乃收集所写经符秘箓历岁。于时亦有数卷散出，在诸亲通间，今句容所得者是也。①

上清真经主要是来自天界众真的"真人之诰"，其出世时间始于东晋哀帝兴宁二年太岁甲子的夜晚，"紫虚元君上真司命南岳魏夫人"带着十几位众真下降，将天界的上清经授于以"通灵"且自称弟子的人间求仙者杨羲。杨羲"作隶字写出"众真降授的诰喻，二许又更起写。对于这段叙述背后的历史，学术界一向有着不同的解读：

对于降经的方式。陈国符认为上清经为扶乩降笔之作，在以许谧为坛主、杨羲为乩手的降示仪式中，通过神来之笔形成的"真噏四十余卷"，就是所谓的"一杨二许"书写的上清经，又称"三君手书"，后来李养正著《道教概说》、卿希泰主编《中国道教史》也持"杨、许用扶乩的手法，假托降神"之说。近年来，随着对上清经研究的深入，所谓的"真噏"，即口授之义，有人认为"与后世流行的飞鸾扶箕不同，降授无须凭借沙盘木笔诸器具，而是直接地口授笔录……而且，真灵所授之辞由附体者口述，为有声之音，旁观者皆能听到"②。以强调众真降授的经文"三元八会之书""云篆明光之章"由一杨二许直接地口授笔录下来。

有关降经的时间。"一杨二许"在许家开展的降经活动，时间大约从东晋哀帝兴宁二年（364年）持续到泰和五年（370年）许翙隐化为止。然而从时间上看，魏夫人在晋哀帝兴宁二年时已升仙三十年，如何理解杨羲记下的"真人之诰"的真实性呢？钟来因先生认为有三种可能："一种可能是魏夫人生前，已口授诸弟子（包括其子刘璞），门生加以笔录，至杨羲36岁

---

① ［日］吉川忠夫、麦谷邦夫编：《真诰校注》，朱越利译，中国社会科学出版社2006年版，第572—573页。

② 王家葵：《陶弘景丛考》，齐鲁书社2003年版，第127页。

时，正式公布于众；第二种可能，魏夫人生前已有隶书写本秘藏，至兴宁初，才传播于世；第三种可能是刘璞传法子杨羲时，杨羲加以记录，至兴宁初传播于众。"① 在笔者看来，若将第二种与第三种综合起来考虑，应当是杨羲通过刘璞得到魏夫人的上清经法后，编造了众真降授的神话，与许氏家族中的信道者一起，假托神话来自神其教，共同推动上清经在茅山问世。

上清经其实是"一杨二许"这个三人组所造作的。他们通过托神真以降授的方式而使早期上清经的问世带有了神圣性。一些道教史成果引用这段话时，经常只引到"真唉四十余卷，多杨书"为止，其实后面的内容对于了解众真下降授经后上清经如何在句容茅山传播则更具有实际意义。

位于雷平山的许宅处于茅山下交通便利处，"雷平山，在雷平池上，定录君受言。许长史今所营屋宅"②。位于此处的许长史宅成为上清真人相聚造作经书的地方。许谧去世后，所写经符秘篆归其子许黄民所有，并在诸亲友中流通，可见上清经最初在茅山的传播方式及影响。

"一杨二许"的社会地位相对较高，故《真诰》中收录的一些信函中也反映了东晋中期的一些重大政治事件，如桓温和简文帝司马昱之间的政治较量等对士族文人心态的深刻影响，可见当时生活于京城建康附近的江南士人"身在山林，而心存魏阙"，他们期望在出世与入世之间寻找到一种化解心理纠结的平衡方法，这也是他们不满传统天师道而希望创立能够适合士族精神需要的带有一定文化品位的新宗教的深层原因。

从经书的降授者看，在《真诰》卷一中首先出场的是以南岳夫人魏华存为首的仙真群组，据说这是陶弘景对"杨君草书于纸上"的记录。但从《真诰》内容看，杨君草书于纸上的东西很多，为什么陶弘景要选择描述南岳魏夫人下降作为《真经始末》编年的起点？这大概是因为他对江南民间传说中的众真下降经书的信仰，也与魏华存在江南文化语境中被塑造成得道升仙的典范，再下降人间传道，在信仰天师道的权贵士族文人圈所产生的持续影响有关。在上清真仙神谱中，南岳魏夫人在女仙真中的地位仅次于有着"紫微元灵白玉龟台九灵太真元君"之称的西王母。

陶弘景借南岳魏夫人之口向杨羲介绍出场神仙的次第位号："南岳夫人

---

① 钟来因：《长生不死的探求——道经〈真诰〉》之谜，文汇出版社1992年版，第36页。
② 《茅山志》卷六，《道藏》第5册，第583页。

与弟子言，书识如左。"陶弘景注曰："弟子即杨君自称也。此众真似是集洞宫时，所以司命最在端，当为主人故也，夫人向杨（羲）说次第位号如此，非降杨时也"，特别说明这批神仙以司命君茅盈为首，而非下降杨家时的那批仙真：

> 东岳上真卿司命君。
> 东宫九微真人金阙上相青童大君。
> 蓬莱右仙公贾宝安，郑人。
> 清虚小有天王王子登。
> 桐柏真人右弼王领五岳司侍帝晨王子乔。
> 青盖真人侍帝晨郭世幹，卫人。
> 戎山真人太极右仙公范伯华，幽人。
> 少室真人北台郎刘千寿，沛人。
> 蟠冢真人左禁郎王道宁，常山人。
> 大梁真人魏显仁，长乐人。
> 岷山真人阴友宗。
> 陆浑真人太极监西郭幼度。
> 九嶷山侯张上贵，楚人。
> 岱宗神侯领罗酆右禁司鲍元节，东海人。
> 华山仙伯秦叔隐，冯翊人。
> 葛衍真人周季通。
> 阳洛真人领西归傅淳于太玄，西域人。
> 潜山真伯赵祖阳，涿郡人。
> 勾曲真人定录右禁郎茅季伟。
> 郁绝真人裴玄人。
> 白水仙都朱交甫。
> 三官保命司茅思和。
> 太和真人山世远。
> 右二十三真人坐西起南向东行。
> 太和灵嫔上真左夫人。
> 北海六微玄清夫人。

北汉七灵右夫人。
太极中华右夫人。
紫微左宫王夫人。
沧浪云林右英夫人。
上真司命南岳夫人。
八灵道母西岳蒋夫人。
上真东宫卫夫人。
方丈台昭灵李夫人。
紫清上宫九华安妃。
朱陵北绝台上嫔管妃。
北岳上真山夫人。
西汉夫人。
长陵杜夫人。
右上十五女真东向坐北起南行。①

这次共有38位神仙出场，其中有23位是男仙，15位是女仙。从写出的籍贯看，他们大多是北方人。对神仙属性的设计越来越脱离江南民间社会的巫祝道，其中既没有提及建康社会中流行的带有冤魂性质的蒋神，也没有记载有着香艳传说故事的杜兰香、何参军女等。这些主要是由凡人修道而成的男仙与女仙围成一圈，进行十分热烈的众仙聚会。这种男仙与女仙分东西向排列方式不仅比较符合当时江南社会的伦理秩序，而且为上清经的出世与传递建立了一个神圣的背景。

在上清神话故事中，真人降授经常是在夜间进行，有时是一个仙真，有时是一群仙真，即为"众真"。这些"众真"往往是一群美丽的女仙：

六月三十日夜，九华真妃与紫微王夫人、南岳夫人同降，真妃坐良久，乃命侍女发检囊之中，出二卷书以见付，令写之，题如

---

① [日]吉川忠夫、麦谷邦夫编：《真诰校注》，朱越利译，中国社会科学出版社2006年版，第7—8页。

左：《上清玉霞紫映内观隐书》《上清还晨归童日晖中玄经》。①

对于这二卷名目，陶弘景注曰："此题本应是三元八会之书。杨君既究识真字，今作隶字显出之耳。"九华真妃②与紫微王夫人、南岳魏夫人一同降临，他们客气地称杨羲为杨君。九华真妃命侍女拿出用"三元八会之书"写成的两部以"上清"为名的道书授予杨君，杨君作隶字显出，使上清经于人间问世，在仙真与二许之间起到了上通下达的灵媒作用。"二许虽玄挺高秀"，是才能出众的士人，但由于他们的生活过于世俗，"质挠世迹，故未得接真"③，无法与仙真直接接触，因此需要"灵媒"作为沟通的中介。这说明了促进上清派兴起时的方式之一是用引人入胜的神话故事勾勒出一个特别的神人沟通方式。

再从经书的接受者看，以士族出身并对神仙的信仰一向有着较高品位的文化追求的信仰者居多。

杨羲（330—386 年）于晋成帝咸和五年九月生于句容，字羲和，本吴郡人，后迁至句容。据《晋茅山真人杨君》记载，杨羲"似吴人，洁白美姿容，善言笑，攻书好学，该涉经史。性渊懿沈厚，幼而通灵，与二许早结神明之交"④。杨羲少年时好学，工于书画，广涉经史，博学多才，尤其是他从小具有通灵的特殊才能。永和五年（349 年）杨羲受《中黄制虎豹符》，21 岁时又从魏夫人长子刘璞受《灵宝五符》，成为刘璞的弟子，杨羲早年应该算是天师道的信仰者。宫川尚志认为："茅山派与庶民为主的天师道，特别是以道教为依托进行起义的反政府道派不同，其是知识人进行合理化，在当时的官场作为一种处世指向性的新道教。"⑤

杨羲年长之后，性渊懿沈厚，但在政治上和生活上却要依赖于在当地社

---

① ［日］吉川忠夫、麦谷邦夫编：《真诰校注》，朱越利译，中国社会科学出版社 2006 年版，第 54 页。
② 据《洞玄灵宝真灵位业图》介绍，紫清上宫九华真妃原"姓安，晋朝遁于茅山"。（《道藏》第 3 册，第 274 页）
③ ［日］吉川忠夫、麦谷邦夫编：《真诰校注》，朱越利译，中国社会科学出版社 2006 年版，第 566 页。
④ 《云笈七签》卷五《晋茅山真人杨君》，《道藏》第 22 册，第 26 页。
⑤ ［日］宫川尚志：《茅山派道教の起源と性格》，日本道教学会《东方宗教》创刊号，1951 年版，第 21—27 页。

会地位较高的许氏家族。丹阳许氏家族早在南迁之前就有信仰天师道的传统，南下定居江南后，在江苏句容发展成经济实力雄厚、政治地位较高的大族。杨羲虽比许家兄弟年轻①，但因有共同信仰而与许谧结为神明之交。许谧为护军长史时，曾把杨羲推荐给相王司马昱（后来成为简文帝）作公府舍人。② 舍人在相王公府中是一个闲职，于是杨羲常在京城、句容家中或茅山雷平山中许长史官廨中与许谧在一起活动。杨羲在 36 岁时梦见了南岳魏夫人，然后他用自己擅长的隶书将魏夫人给予的神示、诰语记录下来。通过接受魏夫人等仙真诰语，杨羲的身份发生了变化而成为上清经的造作者和传道者。

保留到今天的各种有关杨羲的传记资料中，没有关于杨羲现实婚姻状况的记载。但在《真诰》中南岳魏夫人却给他介绍了一位女仙九华安妃，鼓励他们一起修炼房中术。故《历世真仙体道通鉴》卷二十四《杨羲传》中说杨君"师魏夫人，俪九华而朋于诸真"。"俪"即有伴侣的含义。《真诰》中多次记述杨羲与安妃人神相恋。他们相识不久，就有了和谐的伉俪生活，如《九华安妃见降口授诗》曰："愿为山泽结，刚柔顺以和。相携双清内，上真道不邪。"③ 以隐语表达了男女同修和谐之道，并作有诗文以颂之。

《真系》在《晋茅山真人杨君》中却通过众真下降讲述了不太一样的传经故事：杨羲"年三十六，以兴宁乙丑岁众真降授，有若上相青童君、太虚真人、……南岳夫人、右英夫人、紫微夫人、九华安妃、昭灵夫人、中候夫人，莫不霓旌暗曳，神辔潜辣，纷纷属乎烟消，沧踪收于俗蹊。宴声金响，于君月无旷日，岁不虚矣。君师魏夫人，俪九华而朋于诸真。"④ 南岳夫人虽只是众真之一，但显然被认为是杨羲之师。

有关杨羲仙逝的时间，道书中有不同的记载，《真诰》记述他的仙逝时间是借用九华安妃初见杨君时的预言来表达的："于今有二十八年也，复二十二年，明君将乘龙驾云，白日升天。先诣上清西宫，北朝玉皇三元，然后

---

① 许谧比杨羲年长二十五、六岁。

② 据顾欢说，杨羲是简文帝的老师或博士，陶弘景在《真诰》卷二十中考证："顾云：'杨乃小简文十岁'，皆恐非实也。"笔者认为，杨羲大概是当时相王所聘的讲道之师。

③ ［日］吉川忠夫、麦谷邦夫编：《真诰校注》，朱越利译，中国社会科学出版社 2006 年版，第 31 页。

④ 《云笈七签》卷五《晋茅山真人杨君》，《道藏》第 22 册，第 26 页。

乃得东轸执事矣"①。其中有几点值得注意：第一，杨君有"夷质虚闲"的仙真资质，这是各道书仙传共有的评价。第二，杨君似五十岁时将"修剑解之道，作告终之术"。第三，杨君升仙后成为"主察阴阳之和气，而加为吴越鬼神之君也"②。《真诰》中二次说杨羲"应以（晋孝武帝）太元十一年丙戌去世"，但《仙鉴》作太元十三年，君乃乘云驾龙。《道教义枢》也作太元十三年升仙。如按《真诰》的推算，杨羲于五十六岁时仙逝。

《真诰》在讲述"三君手书"之事时，主要以杨羲与许氏父子的一系列书信和诗歌为依据，其中杨羲的信主要是笔录神真降授时的口授内容，大多以往来信函和对答诗歌组成，其中注明"已写""在世"等，应该是陶弘景所见的杨许所造之经。"三君手书"成为《真诰》所依赖的第一手资料，也展现了杨羲在仙真和学道者之间所起的中介作用，其身份和推动上清派创立所起的作用就特别值得关注。

小林正美将这些在神真和学道者之间传递信息的中介角色称为"灵媒"，一些学者受其影响，也对上清派建立过程中"灵媒"所起的作用进行了探讨，例如，李硕、董铁柱著《〈真诰〉中的仙人、灵媒与学道者——兼从"灵媒更替事件"论〈真诰〉文本的真实性》将杨羲看作是"仙人指定的'中间人'（灵媒）来传递文书"③。这些研究成果都期望通过《真诰》中所记载的华侨与杨羲之间的灵媒更替事件来了解早期上清经的出世情况。

在杨羲之前，许谧曾与华侨，以假托降神方式制作经典。上清派对灵媒的品格还是有很高要求的。④ 华侨出身于晋陵冠族，属于江南土著"吴姓"氏族，依传统信仰而世代侍奉当地的民间俗神。有一天，他梦见有众多鬼神与他一同游行、饮酒，担心自己被诸鬼所困，于是"背俗入道"，前往祭酒丹阳许治处受道后，群鬼就此消散。华侨"背俗"所入的正是早期天师道，也就是东汉末年张道陵、张鲁等人在今四川一带所创立的五斗米道。"祭

---

① [日]吉川忠夫、麦谷邦夫编：《真诰校注》，朱越利译，中国社会科学出版社2006年版，第55页。

② [日]吉川忠夫、麦谷邦夫编：《真诰校注》，朱越利译，中国社会科学出版社2006年版，第54页。

③ 李硕、董铁柱：《〈真诰〉中的仙人、灵媒与学道者——兼从"灵媒更替事件"论〈真诰〉文本的真实性》，《学术月刊》2016年第3期。

④ 程乐松：《华侨与杨羲："真人之诰"的灵媒考辨》，《中国道教》2010年第1期。

酒"是天师道神职人员,"治"是祭酒管理教区的宗教中心,而"靖室"则是奉道者家中的宗教场所。据《紫阳真人内传》记载:

> 江乘令晋陵华侨,世奉俗神,忽梦见群鬼神与之游行,饮食群鬼所,与侨共饮酒,侨亦至醉,还家辄吐所饮啖之物。数年,诸鬼遂课限侨举才,侨不得已,先后所举十余人,皆至死亡。鬼以侨所举得才,有知人之识,限课转多。若小稽违,便弹治之。侨自惧必为诸鬼所困,于是背俗入道,诣祭酒丹阳许治,受奉道之法。群鬼各便消散,不复来往。奉道数年,忽梦见二人,年可五十,容仪衣服非常。后遂二人见,或一月三十日,时时往来侨家靖室中,唯侨得见。一人姓周,一人姓裴。裴雅重才理,非侨所申,周似不如此。二人先后教授侨经书,书皆与《五千文》相参,多说道家诫行养性事,亦有谶纬。所受二人经书,皆隐秘不宣。①

华侨在奉道修行多年后,忽然梦到有两位年约五十的仙真下降靖室之中,一位是清灵真人裴玄仁,另一位就是紫阳真人周义山,二位真人下降后,先后教授华侨经书,这些书都与《五千文》相参照,主要是道家讲述的诫行养性之事,亦有谶纬的内容。

虽然华侨是处于天师道南下传播的宗教环境中,但是裴清灵、周紫阳二真人的活动则具有明显的上清色彩,这种仙真下降传授经法的行为是上清经箓传承最核心的部分,正是以华侨作为"灵媒"而开始的,"裴作自传未成,有乐序今亦未成,然则作此《内传》,或与华侨有关"②。再参照《真诰》卷一"六月二十二日夜鸡鸣,喻书此,紫阳旨也"这条记载中也提及紫阳真人下降华侨:"昔扉廓天津,采华赤丘,是时声颖灵袂,蒙尘华乔。"③ 此处的"蒙尘华乔"之"乔"旁边虽缺少一个"亻",但陶弘景认为"此即应是说初降华侨事"。《真诰》中也有与《紫阳真人内传》相似的记载:

---

① 《紫阳真人内传》,《道藏》第5册,第548页。
② 潘雨廷:《潘雨廷著作集》11,上海古籍出版社2016年版,第64页。
③ [日]吉川忠夫、麦谷邦夫编:《真诰校注》,朱越利译,中国社会科学出版社2006年版,第14页。

华侨者，晋陵冠族，世事俗祷。侨初颇通神鬼，常梦共同飨醊。每尔辄静寐不觉，醒则醉吐狼藉。俗神恒使其举才用人，前后十数，若有稽违，便坐之为谴。侨忿患，遂入道，于鬼事得息，渐渐真仙来游。始亦止是梦，积年乃夜半形见。裴清灵、周紫阳至，皆使通传旨意于长史，而侨性轻躁，多漏说冥旨被责，仍以杨君代之。侨后为江城县令，家因居焉。今江乘诸华，皆其苗裔也。①

　　这些大概是有关裴清灵、周紫阳初降华侨的较详细记载。陶弘景还特别注曰，华氏与许氏家族之间有婚亲关系，许长史书与裴君也是"殷勤相请"的好友，但与《紫阳真人内传》不同的是，《真诰》中提到华侨因性轻躁，多漏说冥旨，二真人来后，皆使通传旨意于长史，并改为以杨君代之。

　　华侨家族中还有一些好道者，如华团、华西姑，均随华侨参与了早期上清经的传授，但有人因为未能保密而遭受到"水官"等极为严酷的刑罚。华侨自称能"通鬼神"，在接受来自紫阳真人周君和清灵真人裴君的上清道法后，成为早就与华氏家族联姻的当地许氏家族中热衷于进行沟通神灵活动的二许——许谧、许翙的"灵媒"，并改诣丹阳许氏受教，成为早期上清派的创教者之一，但华侨在通神过程中也因不能遵守保密原则，妄泄天机而被削夺名简，逐出道团，由杨羲取而代之，故后来编排的上清经传法世系将华侨排除在外。此后以南岳魏夫人为代表的上清众仙就直接下降给杨羲、许谧、许翙经书诰示。通过"一杨二许"手书汇集后，这些"真人遗迹"②被视为上清经的核心文献。今天的学界一般还是以"三君手书"来代称魏夫人等仙真向杨、许降示的经书，并以陶弘景《真诰叙录》为真迹流传的大致线索③。

---

　　① ［日］吉川忠夫、麦谷邦夫编：《真诰校注》，朱越利译，中国社会科学出版社2006年版，第595页。
　　② 《云笈七签》卷一百七《华阳隐居先生本起录》中在讲述陶弘景假东行浙越广泛搜集上清经时，就将于"诸处宿旧道士"中搜寻"杨许手书真迹"作为主要目标，称为"真人遗迹"。（参见《道藏》第22册，第732页）
　　③ 王家葵依据陶弘景《真诰叙录》，撰"真迹流传表"展现上清经问世及传播的过程（《陶弘景丛考》，齐鲁书社2003年版，第205—207页）。

上清经问世的神话叙事始于众仙真将经书降予品格端正、言语谨慎的杨羲。杨羲再与许谧、许翙父子在句容茅山雷平山中设立乩坛，用扶乩降神的方法，假托"紫虚元君上真司命南岳魏夫人"降授，杨羲用凡人能够读懂的隶书写出，许谧、许翙父子俩又另行抄写，后人将"真人之诰"辗转相授，形成了一个以信奉传授上清经的上清派。但《道藏》中有关上清派的传承谱系却有不同的记载：

第一，《真诰》中首先确立了以上清派奉魏华存为祖师，魏华存通过降授经箓给杨羲而形成代代相传的上清宗师传承系统：

魏华存→杨羲→许谧+许翙→许黄民→马朗+马罕→爻季真→陆修静

陶弘景立足于茅山传教，且离上清经问世时间较近，其所撰《真诰》以神道设教的方式展现上清派初建时的情况，称上清经为南岳夫人魏华存降授弟子杨羲，并在《真诰叙录》中列出魏华存至陆修静九位上清宗师以自神其教。

第二，唐代李渤《真系》，这也是学界引用较多的有关上清派历史的一种参考依据：

自晋兴宁乙丑岁（365年），众真降授于杨君，杨君授许君，许君授子玄文，玄文付经于马朗。景和乙巳岁，敕取经入华林园。明帝登极，爻季真启还私廨。简寂陆君南下立崇虚馆，真经尽归于馆。按黄素方，因缘值经，准法奉修，亦同师授。其陆君之教，杨、许之胄也。陆授孙君，孙君授陶君，陶君搜摭许令之遗经略尽矣。陶授王君，王君又从宗道先生得诸胜诀，云经法秘典大备于王矣。王授潘君，潘君授司马君，司马君授李君，李君至于杨君，十三世矣。

《真系》与《真诰》相比，首先将上清经问世的时间推后一年；其次只提"众真降授"而略去了魏华存，且整个《真系》未提魏华存而将杨羲作为第一代宗师；最后将宗师的传承一直延续到唐代：

杨羲→许翙→许黄民→马朗→马季真→陆修静→孙游岳→陶弘景＋臧玄静→王远知→潘师正→司马承祯→李含光

日本学者前田繁树、小林正美等在20世纪末就对《真系》所记载的宗师传承提出疑义。如前田繁树认为，从李渤的《真系》中可看出宗派观念的萌芽，但"即便《真系》是讲述传授者的系谱，实际上在上清经的教法上，却完全没有触及。在论及茅山派时，并没有进行探讨"[①]。

第三，元代出现的《茅山志》在建构上清宗师传承系谱时，再次将魏华存奉为"嗣上清第一代太师"，并列出茅山道教认可的上清经箓传承道脉系：

魏华存→杨羲→许谧→许翙→马朗→马罕→陆修静→孙游岳→陶弘景→王远知→潘师正→司马承祯→李含光……

《茅山志》卷十至卷十二所录《上清品》还列出了从魏华存直到元代四十五代上清宗师刘大彬的传记。从中可见，直至元代，传承上清经者众多，但能够成为上清宗师者却只是几十位。《真系》和《茅山志》在继承陶氏说法的同时又各依己见而有所修正。如果说，《真系》倾向于依据历史史实来叙述，故去除在降经事件前早已去世的魏华存，而直接以杨羲为上清第一代宗师，那么《茅山志》则依据《真诰》的传统，在将魏华存奉为上清第一代太师的同时，去掉了将上清经带离茅山的许黄民和将上清经送给皇帝的马季真，这可能是为了更突出上清经对茅山上清派的意义与价值。因此，《茅山志》既包含《真系》中的上清宗师，但也有所不同。从以上三个不同的上清经箓传承系统可见，其分歧主要存在于陆修静之前的上清传人，即魏华存、许谧、马罕、许黄民、马季真，谁更有资格担任上清宗师。

第五节　许氏家族与上清经传播

"一杨二许"造作的上清经主要在江南士族中传抄。二许相继去世后，

[①] ［日］前田繁樹：《初期道教經典の形成》，東京：汲古書院2005年版，第415页。

杨羲也于太元十一年（386年）去世①，经书为许翙之子许黄民收藏。东晋末年，战乱纷起，许黄民携上清经而避乱浙东，为当地的天师道世家马家和杜家所收留，从此上清经又从句容茅山流传到浙东地区。这是长期以来学界有关上清经传播的基本认识。

许氏家族对造作上清经活动的参与，以及他们代代相承的家族文化，如何从一个侧面展示了上清派在江南社会中兴起的原因与过程？对于许氏家族，《真诰》卷二十作了介绍，一直追溯到七世祖许敬，并形成了如下的传承世系：

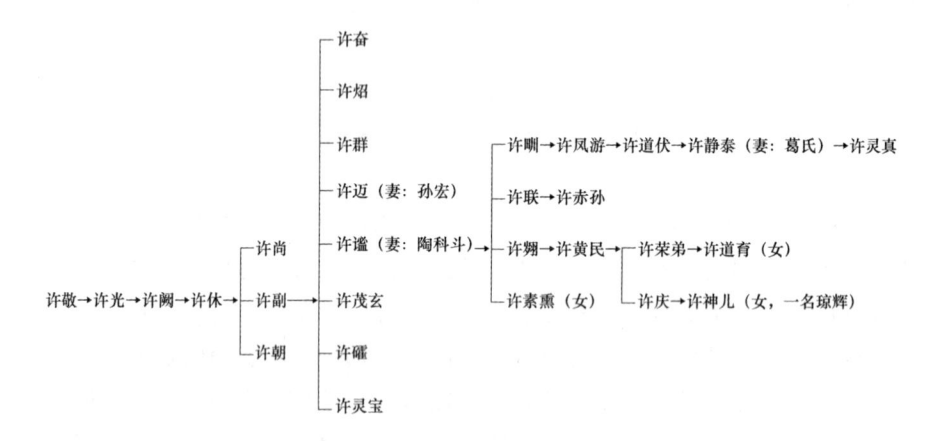

```
                           ┌─ 许奋
                           │
                           ├─ 许炤
                           │
                           ├─ 许群         ┌─ 许翙→许凤游→许道伏→许静泰（妻：葛氏）→许灵真
                           │               │
                           ├─ 许迈（妻：孙宏）├─ 许联→许赤孙
                 ┌─ 许尚   │               │
                 │         ├─ 许谧（妻：陶科斗）┤─ 许翘→许黄民 ─┬─ 许荣弟→许道育（女）
许敬→许光→许阙→许休 ┼─ 许副  │               │                │
                 │         ├─ 许茂玄        └─ 许素熏（女）    └─ 许庆→许神儿（女，一名琼辉）
                 └─ 许朝   │
                           ├─ 许䃂
                           │
                           └─ 许灵宝
```

许氏家族世为胄族，与江苏文化相关，其历史可从东汉顺帝时任司徒的许敬算起，以官宦之家名世。许敬第五子许光因仕吴为光禄勋，于是带家属渡江，定居于丹阳句容县都乡吉杨里，"光来过江，奕世丕承，遂至神仙"。许光第二子许阙仕吴为尚书郎，第三子许休，州辟别驾，不就。许休长子许尚也仕吴为中书郎，其第二子许副为晋元帝安东参军，前妻为晋陵华氏，是御史中丞华琦之妹；后妻应氏，为竟陵太守应彦徽之女，他们共有八男四女。许副第四子即许迈，第五子为许谧。许氏家族虽代代为官，但迁移到江南后又以奉道著称，一直延续到南朝。据说，陶弘景撰写《真诰》时，许灵真尚在世："所承长史（许谧）后如此。今唯有揆（许翙又名揆）玄孙灵

---

① 《真诰》卷二十《翼真检第二》曰："杨君名羲，成帝咸和五年庚寅岁九月生……应以太元十一年丙戌去世。"（[日] 吉川忠夫、麦谷邦夫编：《真诰校注》，朱越利译，中国社会科学出版社2006年版，第592页）

真而已。"① 许谧出身于丹阳有名的奉道世家，是著名道士许迈的弟弟。

许迈（300—349年）字叔玄，小名映，出身于"世为胄族，冠冕相承"的丹阳句容许氏家族，娶吴郡孙宏为妻。许氏家族为吴地士族，自其祖许光"惧祸过江"，仕吴为光禄勋起，家族世代有人于朝中为官，一直居住在丹阳的许氏家族也成为当地望族。从现有的资料来看，许氏家族世代信奉天师道，其家族成员的别名中经常有"玄""道""灵"等字。"映总角好道，潜志幽契。《真诰》云：清虚怀道，遐栖世外，故自改名远游。"② 许迈因好道而改名"远游"。

永昌元年（322年），许迈曾造访文学家及天师道徒郭璞。郭璞擅长以道教术数学预卜先知，为之筮卦时，恰遇《泰》之《大畜》，其上六爻发。于是，郭璞对许迈说："君元吉自天，宜学道。"③ 从此许迈就积极学习各种道法，"年二十三，就其受六甲阴阳行厨符"。后又师鲍靓受中部法及《三皇天文》，"时南海太守鲍靓隐迹潜遁，人莫之知。迈乃往候之，探其至要。父母尚存，未忍违亲。谓余杭悬霤山近延陵之茅山，是洞庭西门，潜通五岳，陈安世、茅季伟常所游处，于是立精舍于悬霤，而往来茅岭之洞室，放绝世务，以寻仙馆，朔望时节还家定省而已。父母既终，乃遣妇孙氏还家，遂携其同志遍游名山焉"④。由此可见天师道、三皇派可能对许迈也有影响。

许迈"一旦辞家，往而不返，东入临安悬霤山中，散发去累，改名远游。服术黄精，渐得其益，注心希微，日夜无间。数年之中，密感玄虚，太元真人定录茅君降授上法。遂善于胎息内观，步斗隐逸，每一感通，将超越云汉。后移临海赤山，遇王世龙、赵道玄、傅太初。映因师世龙，受解束反行之道，服玉液，朝脑精，三年之中，面有童颜"⑤。许迈学习了茅君降授上法，遂善于胎息内观，还选择跟随李东奉习天师道：

有云李东者，许家所常使祭酒，先生亦师之。家在曲阿，东受天师

---

① ［日］吉川忠夫、麦谷邦夫编：《真诰校注》，朱越利译，中国社会科学出版社2006年版，第589页。
② 《历世真仙体道通鉴》卷二十一，《道藏》第5册，第222页。
③ 《茅山志》卷十四，《道藏》第5册，第615页。
④ 《晋书》卷八十《许迈传》。
⑤ 《云笈七签》卷一百六《许迈真人传》，《道藏》第22册，第728页。

吉阳治左领神祭酒。①

李东受天师吉阳治左领神祭酒，家在曲阿（丹阳），拥有一批男女信徒，更为许家专用之祭酒，许迈曾师事之。《真诰》中另有一条有关李东的资料云：

> 地下主者复有三等，鬼帅之号复有三等……李东等今在第一等中。陶弘景注云：李东，曲阿人，乃领户为祭酒。今犹有其章本，亦承用鲍南海法。东才乃凡劣，而心行清直，故得为最下主者使，是许家常所使。②

若依据《真诰》中仅有的二条有关李东的资料，可见，丹阳许氏家族曾以李东为家族常使祭酒，故成为信奉天师道的世家。

许迈以清虚怀道、遐栖世外为生活理想，跟王羲之父子交谊颇深，后世文人称他为许远游。许迈作为一位好道者，对其弟许谧的世界观和宗教观影响甚大。但陶弘景只称许迈为先生，可能是因为在他看来，许迈虽学道有名气，但"先生事迹，未近真阶，尚不宜预在此部"，还没有达到成仙的境界，故未列入上清派创始人中。

陶弘景撰《许长史旧馆坛碑》③是增修许谧旧宅完工后"缮勒碑坛，仰述真轨"之作，其中保存了一些有关许谧父子生平事迹的资料。

许谧（305—376年），东晋时丹阳句容人，年少知名，博学有才章，儒雅清素，与时贤多所交往。陶弘景在《许长史旧馆坛碑》中梳理了许氏家谱：

> 真人姓许，讳穆，世名谧，字思玄，本汝南平舆人。后汉灵帝中平

---

① ［日］吉川忠夫、麦谷邦夫编：《真诰校注》，朱越利译，中国社会科学出版社2006年版，第595页。

② ［日］吉川忠夫、麦谷邦夫编：《真诰校注》，朱越利译，中国社会科学出版社2006年版，第404页。

③ 《许长史旧馆坛碑》，亦称《上清真人许长史旧馆坛碑》，原碑在嘉靖初年为大火所毁，其文存《茅山志》卷二十（《道藏》第22册，第648—650页）。有关此碑的立碑时间、撰者与书者等情况，请参见李静《〈许长史旧馆坛碑〉略考》，《宗教学研究》2008年第3期。

二年，六世祖光，字少张，避许相诛侠，乃来过江，居丹阳句容都乡之吉阳里。后仕吴，为光禄勋，识宇亮拔，奕叶才明。祖尚，字元甫。有文章机见，吴中书郎。父副，字仲先。器度淹通，风格清简，晋剡令，宁朔将军，下邳太守，西城侯。长史，副第五子也，正生。少知名，简文在藩，为世表之交，起家太学博士。朝纲礼肆，儒论所宗，出为余姚令，勤恤民隐，惠被邻邑。征入凯闱，纳言帝侧。①

许谧后出为余姚令，入京为尚书郎、迁郡中正、护军长史、给事中、散骑常侍。许谧虽外混俗务，以为官谋生，在山林与官场徘徊中，大概是受家族奉道文化的影响，又内修真学，密授教记，专静山庐，以修上道。晚年，他上表辞荣，于三茅君得道处建宅，"恒与扬君深神明之契。兴宁中，众真降扬，备令宣谕。龙书云篆，金然遍该。灵谟奥旨，于兹必究。年涉悬车，遵行愈笃。"②

许谧隐居于茅山后，与杨羲一起以假托降神方式制作经典。许谧之妻是同郡陶威女，名科斗，相传于兴宁年间去世后成为女仙。③ 其妻升仙时，许谧已六十岁，《真诰》中多次提及许长史有纳妾之想，有食色之欲，为此还大加渲染云林右英夫人与许谧恋爱的故事，其他仙真也帮助云林右英夫人，通过诗书诰喻，"劝说许谧克服两大缺陷，即要辞官隐居山林，不要纳妾，而与云林共修仙道也"④。许谧通过众仙真的帮助，最终"洗心自励，沐浴思新"，归隐茅山修道，于太元元年（376）升仙，真位上清左卿。梁高祖为其别立祠真馆，他在茅山居住地也成了后世茅山道教名观——紫阳观。

《许长史旧馆坛碑》中说许谧生有三男一女，但主要介绍了其第三子许翙，《真诰》在介绍许氏家族时作了补充："长男名䚵，小名揆，庶生，郡功曹，妻刘氏。少子名凤游，郡主簿。凤游子道伏，字明之。明之少子静泰，字元宝，为海平县令。久居会稽禹井山，颇遵承家法，传受经书，皆摹写而已。静泰妻同郡葛氏。唯有一子，名灵真，戊午生，今犹在会稽，亦敦

---

① 《上清真人许长史旧馆坛碑》，《道藏》第5册，第632页。
② 《上清真人许长史旧馆坛碑》，《道藏》第5册，第633页。
③ 《真诰》曰：说她"入易迁宫"。按道教说法，易迁、含真是女子成道者的墓宫。以此推测，陶弘景认为其最终得道成仙。
④ 钟来因：《长生不死的探求——道经〈真诰〉之谜》，文汇出版社1992年版，第89页。

尚道业，善能符书。自长史后，唯有此六世孙一人而已"①。许谧后人中有许静泰遵承家法，传受经书。许静泰的儿子许灵真"亦敦尚道业，善能符书"，他们继承了上清派及家学文化传统。

中男许联进入仕途："中男名联，字元晖，少名虎牙，正生，敦厚信向。郡主簿、功曹。谢安为护军，又引为功曹，除永康令、卫尉丞、晋康太守，不之官，又为辅国司马。安帝元兴三年，于家去世，年六十八，则成帝咸康三年丁酉岁生也。妻晋陵华琦孙，名子容。子赤孙，字玄真，笃实和隐，郡主簿、功曹，年七十四亡。有四子及孙，并早亡，今无后也。"②

三男许翙跟随父亲一起成为上清派的创立者。许翙（341—370年），字道翔，小名玉斧。父穆，晋护军长史，真位上清左卿。母陶氏，名科斗，入易迁宫。真人幼独标挺，含真渊嶷，长史器异之。许翙"清秀莹洁，糠秕尘务，居雷平山下，修业勤精，恒愿早游洞室，不欲久停人世，遂诣北洞告终，即居方隅山洞方源馆中，常去来四平方台"③。许翙有虔诚向道之心，他常年居住雷平山中父亲官廨精勤修道，成为许家修道成仙的代表。

许翙娶建康令黄演女，即姑娥皇之子，名敬仪。生许黄民，乃遣还家。许翙一心向道，只可惜太和二年（367年）丁卯，疫疠在当地流行，"顷者甚多暴卒"。许翙突染霍乱疾，英年早逝。杨君与长史书亦云："不审方隅幽人，设座于易迁户中。真人化后十六年，当度东华受书，为上清仙公、上相帝晨。"④由于许翙死在父亲和年长的杨羲之前，可能也给他们精神刺激。《真诰》中多次记载，他们两人在梦中频频梦见玉斧的故事。许翙在家族中度世者五人——兄虎牙、子黄民、黄民长子荣弟，黄民二孙女道育、琼辉。

陶弘景在《真诰叙录》中说，"一杨二许"在造作出第一批上清经后相

---

① ［日］吉川忠夫、麦谷邦夫编：《真诰校注》，朱越利译，中国社会科学出版社2006年版，第588页。

② ［日］吉川忠夫、麦谷邦夫编：《真诰校注》，朱越利译，中国社会科学出版社2006年版，第588页。

③ 方源馆，《真诰》有时也写作"方原馆"。［日］吉川忠夫、麦谷邦夫编：《真诰校注》，朱越利译，中国社会科学出版社2006年版，第588页。

④《云笈七签》卷五《经教相承部》，《道藏》第22册，第26页。

继去世，许翙儿子许黄民（361—429 年），字玄文，在成年后，收集"三君"所写经符秘箓，"于时亦有数卷散出，在诸亲通间，今句容所得者是也"①。在许黄民时，上清经就开始在句容亲属间散传。许黄民为躲避战乱，因长史父昔为剡县令，甚有德惠，长史大兄又在剡居，故于东晋元兴三年（404 年），携带许家所传上清经入剡。

> 元兴三年，京畿纷乱，黄民乃奉经入剡。为东闸马朗家所供养。朗同堂弟名罕，共相周给。时人咸知许先生得道，又祖父亦有名称，多加宗敬。钱塘杜道鞠（即居士京产之父），道业富盛，数相招致。于时诸人并未知寻阅经法，止禀奉而已。②

许黄民奉遗经入剡后，由马朗、马罕礼敬供养。但在此后数年中，"唯就马得两三卷真经，颇亦宣泄"③。"道业富盛"的杜道鞠是杜子恭之曾孙、杜京产之父，当时仍然主持着"杜治"，知许先生得道，故多次招许黄民前来，"杜子恭后裔杜道鞠参与了神仙道上清经的流传"④。元嘉六年（429 年），许黄民欲移居钱塘，乃封其真经一厨付予马朗，具体的过程《云笈七签》讲述得更为细致：

> 元嘉六年，欲移居钱塘，乃封其真经一厨付朗。靖中语："此是仙灵之迹，非我自来，纵有书，亦勿与人。"及至杜道鞠家，停少时而终，时年六十九。《真诰》言黄民及伯祖迈、姑婆娥皇、伯联，与黄民子荣弟、孙女琼辉，并得度世。马朗敬经若君父，每有神光灵气，见于堂宇。朗妻数见有青衣玉女空中去来。其家皆保富寿。朗愆何道敬窃书

---

① ［日］吉川忠夫、麦谷邦夫编：《真诰校注》，朱越利译，中国社会科学出版社 2006 年版，第 573 页。
② ［日］吉川忠夫、麦谷邦夫编：《真诰校注》，朱越利译，中国社会科学出版社 2006 年版，第 573 页。《茅山志》卷十中也有类似的记载，参见《道藏》第 5 册，第 598—599 页。
③ ［日］吉川忠夫、麦谷邦夫编：《真诰校注》，朱越利译，中国社会科学出版社 2006 年版，第 576 页。
④ 唐长孺：《唐长孺社会文化史论丛》，武汉大学出版社 2001 年版，第 164 页。

泄意，乃洋铜灌厨钥，敕家人不得复开。①

许黄民先将上清经存放在马朗家靖室经橱中，并吩咐唯须我自来取，不许分付他人。后来许黄民"乃分持经传及杂书十数卷自随，来至杜家。停数月，疾患，虑恐不差，遣人取经。朗既惜书，兼执先旨，近亲受教敕，岂敢轻付，遂不与信。（俄）而许便过世，所赍者因留杜间，即今世上诸经书悉是也"②。许黄民不久即在杜道鞠家去世，他所携带的一部分上清经还保留在剡县马家。马家中因有收藏上清经的经橱而宣称经文的合法性，也吸引了一些求经者前来，例如"许丞长子荣弟，迎丧还乡，服阕后，上剡就马求经。马善料理，不与其经，许既惭戢，不复苦索，仍停剡住"③。许黄民是上清经由江苏传向浙江的第一人，后被奉为上清派第四代宗师。

马朗是浙东富族，"家素饶财，履信行义，为乡里所宗。闻茅山杨、许得道，盛传南真上清经法，以其居接金庭天台，咫尺仙府，弥加崇慕。元兴三年，许丞黄民载经避乱，君躬迎道左，延止其家，礼敬供养。元嘉六年，许丞还钱塘，封其先世真经一橱子，留君静室之中，且云'此经并是仙灵之迹，唯须我自来取，纵有书疏，慎勿与之。'唯分十数卷自随。"④ 马朗与其弟马罕非常崇敬这些经宝，以至于"敬经若君父"，他们被列为上清派第五代宗师及第六代宗师。

据《真诰》记载，许黄民所携上清经受到各方人士的关注。东晋末，"葛巢甫造构《灵宝》，风教大行"，为"才思绮拔，志规敷道"的王灵期"深所忿嫉"，这是继杨、许之后再次出现的造经活动：

> 有王灵期者，才思绮拔，志规敷道，见葛巢甫造构《灵宝》，风教大行，深所忿嫉。于是诣许丞（许黄民）求受上经，丞不相允。王冻露霜雪，几至性命。许感其诚到，遂复受之。王得经欣跃，退还寻究。

---

① 《云笈七签》卷五《经教相承部》，《道藏》第22册，第27页。
② ［日］吉川忠夫、麦谷邦夫编：《真诰校注》，朱越利译，中国社会科学出版社2006年版，第576页。
③ ［日］吉川忠夫、麦谷邦夫编：《真诰校注》，朱越利译，中国社会科学出版社2006年版，第576页。
④ 《茅山志》卷十，《道藏》第5册，第599页。

知至法不可宣行，要言难以显泄，乃窃加损益，盛其藻丽，依王、魏诸传题目，张开造制，以备其录。并增重诡信，崇贵其道。凡五十余篇。趋竞之徒，闻其丰博，互来宗禀。传写既广，枝叶繁杂，新旧浑淆，未易甄别。自非已见真经，实难证辨。[1]

促成富有才气的王灵期整理上清经的原因有：一是受到同在江南的葛巢甫造构《灵宝》，风教大行的影响；二是看到"自灵期已前，上经已往舛杂。弘农杨洗，隆安四年（400年）庚子岁，于海陵再遇隐盟上经二十余篇，有数卷非真"；三是听说许翙儿子许黄民家中藏有祖传的上清经三十多卷，于是立刻前往求经。许黄民恪守家规，拒不传经，王灵期就站在许宅门外的严寒雪地里，"冻露霜雪，几至性命"，三日不离，许黄民深感其诚意，就将家传的上清经授给王灵期。王灵期向许黄民求经后，回去仔细研究，遂在所得几卷经书基础上，以"崇贵其道"为名，窃加损益，盛其藻丽，再次造撰，改编成五十余篇。

这也反映了早期的上清宗师大多士族家庭出身，有较高的文化水平，他们加入道教后造作道书，在客观上却使古老的上清经新旧杂陈："王既独擅新奇，举世崇奉，遂托云真授，非复先本。许见卷衮华广，诡信丰厚，门徒殷盛，金帛充积，亦复莫测其然，乃鄙闭自有之书，而更就王求写。于是合迹俱宣，同声相赞，故致许王齐辔，真伪比踪，承流向风，千里而至。"[2]因有重金利诱，连奉有祖传真经的许黄民也参与到造作新经的队伍中。许黄民与王灵期所造之经使上清经真伪比踪，但传播浙东后影响却越来越大。

许黄民保管的上清经抄本后传给鲁国孔默。"至义熙中，鲁国孔默崇信道教，为晋安太守，罢职还至钱塘，闻有许郎，先人得道，经书具存，乃往诣许。许不与相见，孔膝行稽颡，积有旬月，兼献奉殷勤，用情甚至，许不获已，始乃传之。"[3]另外，浙东还有栾买、马朗、陈雷等欲得经书："后又有栾买者，

---

[1] ［日］吉川忠夫、麦谷邦夫编：《真诰校注》，朱越利译，中国社会科学出版社2006年版，第575页。

[2] ［日］吉川忠夫、麦谷邦夫编：《真诰校注》，朱越利译，中国社会科学出版社2006年版，第575页。

[3] ［日］吉川忠夫、麦谷邦夫编：《真诰校注》，朱越利译，中国社会科学出版社2006年版，第573页。

亦从许受得此十数卷，颇兼真本，分张传受，其迹不复具存。菜买善行下道之教，于上经不甚流传也。马朗既见许所传王经卷目增多，复欲更受。"①

还有位"山阴何道敬，志向专素，颇工书画，少游剡山，为马家所供侍，经书法事，皆以委之"。据陶弘景记载，何道敬获得真书后进行摹写，并将自己的摹写本替换了经橱里的真本。"见此符迹炳焕，异于世文，以元嘉十一年（434年）稍就摹写。马罕既在别宅，兼令何为起数篇，所以二录合本，仍留罕间。何后多换取真书，出还剡东墅青坛山住，乃记说真经之事，可有两三纸。但何性鄙滞，不能精修高业，后多致散失，犹余数卷，今在其女弟子始丰后堂山张玉景间。"② 在"孔璨贼时，杜居士京产将诸经书，往剡南墅大墟住，始与顾欢、戚景玄、朱僧摽等数人，共相料视。顾先已写在楼间经，粗识真书，于是分别选出。凡有经传四五卷，真噯七八篇，今犹在杜家"③。后听闻何道敬有上清经之事，顾欢乃前往寻请："闻其得经，故往诣寻请。正遇见荷锄外还，顾谓是奴仆，因问何公在否？何答'不知'，于是还里，永不相见。顾留停累日，请苦备至，遂不接之。"但当顾欢看到肩扛锄头的何道敬时，误认为是奴仆，相见而不相识，故未能得到真经。马朗非常忿恨何道敬这种"窃书泄意"的做法，"何既分将经去，又泄说其意，马朗忿恨，乃洋铜灌厨钥，约敕家人，不得复开"④。于是马朗就将放经的橱柜封锁起来，并吩咐家人不得打开。马朗去世之后，其子马罕和殳季真共同看守经橱。

许黄民长子许豫之于元嘉十二年（435年）临终时封藏"上清宝经，三洞妙文"⑤，他是一位将王灵期造作的道经窜入"杨许手书"中使后人真伪

---

① ［日］吉川忠夫、麦谷邦夫编：《真诰校注》，朱越利译，中国社会科学出版社2006年版，第575页。

② ［日］吉川忠夫、麦谷邦夫编：《真诰校注》，朱越利译，中国社会科学出版社2006年版，第578页。

③ ［日］吉川忠夫、麦谷邦夫编：《真诰校注》，朱越利译，中国社会科学出版社2006年版，第580页。

④ ［日］吉川忠夫、麦谷邦夫编：《真诰校注》，朱越利译，中国社会科学出版社2006年版，第578页。

⑤ 许豫之在《真诰·真胄世谱》记为许荣弟，是许黄民长子，"一名预之。宋元嘉十二年亡，不知年几"。（［日］吉川忠夫、麦谷邦夫编：《真诰校注》，朱越利译，中国社会科学出版社2006年版，第589页）

难辨的关键人物。"玉斧子黄民,民子豫之,以宋元嘉十二年(435年),隐剡之小白山,以上清灵宝经三洞妙文寄剡县马朗之家。宋有道士娄化,以宋明皇帝太始之末,潜因后堂。道士殳季真,密启明帝,逼取经还。帝使开看,忽有五色紫光,洞焕眼前。"① 但据《真诰》记载,娄化看到景和帝刘子业猖狂,谓上经不可出世:

> 大明七年,三吴饥馑,剡县得熟。楼居士惠明者,先以在剡,乃复携女师盐官钟义山眷属数人,就食此境。楼既善于章符,五行宿命,亦皆开解,马洪又复宗事,出入堂静,备睹经厨。先已见何所记,意甚贪乐,而有鐍严固,观览无方。景和元年乃出都,令嘉兴殳季真启敕封取。景和(指宋前废帝刘子业)既猖狂,楼谓上经不可出世,乃料简取真经真传及杂噯十余篇,乃留置钟间,唯以《豁落符》及真噯二十许小篇,并何公所摹二录等将至都。殳即以呈景和。于华林暂开,仍以付后堂道士。泰始初,殳乃启将出私解。②

楼惠明又称娄化、娄惠明,南朝宋、齐时人,字智远,立性贞固,有道术,居金华山,宋明帝、齐高帝征召均不至,文惠太子在东宫,苦延方至,仍又辞归。③ 楼惠明是东阳(今浙江金华)人,定期拜访马家,对于经书之事颇为通晓,也是上清经的传播者之一。"安康有道士娄化者,常憩马氏舍。究悉经源,苦求开看。马氏固执,竟不从命,结踬无方。是时宋明皇帝崇敬大法,招集道士,供养后堂。娄化乃因后堂道士季真密启之。帝即命使逼取至京,乃拜礼开之。忽有五色紫光洞焕眼前。"④ 娄化定期拜访马家,想看上清经,但却遇到马氏的拒绝。景和元年(465年),他从殳季真于马家启敕封取得上清经。殳季真善道术,据说将部分真经奉呈于宋前废帝刘子业(449—465年),暂藏于华林园时,后又献于崇奉道教的宋明帝刘彧。在帝王的参与下,这些流传到浙江的上

---

① 《道教义枢》卷二,《道藏》第24册,第813页。
② [日]吉川忠夫、麦谷邦夫编:《真诰校注》,朱越利译,中国社会科学出版社2006年版,第578页。
③ 《南史》卷七十五《楼惠明》。
④ 《云笈七签》卷四《上清源统经目注序》,《道藏》第22册,第19页。

清经又回到了江苏。

泰始三年（467年），宋明帝仍敕北郊天印山立崇虚馆，建传经宗坛，供陆修静弘扬道法，"《经》亦归于馆。何神真巧运，既闭于马，又发于殳，终授于陆君。殳、马犹巾几负籍幂之荣，而无容入其妙焉"①。由许黄民带入浙江的上清经通过何道敬、马朗、殳季真等又重返江苏，从民间流传到归入帝王收藏。

据《真诰》记载，陆修静曾积极去搜集上清经："右四条别一手书，陆修静后于东阳所得，不与诸迹同，辞事伪陋，不类真旨，疑是后人所作。"②但陆修静于东阳所得上清经是否为杨许真迹还需要仔细甄别。陆修静因搜集并整理上清经成为上清派第七代宗师。

陆修静重回京城为崇虚馆主后，孙游岳从之学习。孙游岳是三国吴孙氏的后裔，早年拜陆修静为师。陆修静仙逝后，孙游岳于浙江缙云山中隐居修道四十七年，与那些传抄上清经的道士褚伯玉、朱僧摽、章灵民多有交往。"先生姓孙名游岳，字颖达，东阳人，吴之裔也。幼而恭，长而和。其静如渊，其气如春。甄汰凡流，潜神希微。尝步赤松涧缙云堂，卜终焉之地。宋文帝太初中，简寂先生至自庐岳，乃执籍事之，遂授三洞经法及杨许二真人墨迹。其后茹芝却粒，又专服谷仙丸。六十七年，颜色精爽，久而愈少。暨简寂羽化，还旧隐，研味真趣。"③齐武帝永明二年（484年），诏孙游岳主兴世馆，代师掌教，继陆修静成为上清派第八代宗师。

从许黄民将上清经东传浙江，再到宋明帝收藏殳季真所献经并诏请陆修静前来建康整理经书，上清经在江南的传播范围不断扩大。陆修静在升仙之前，又将上清经传之于兴世馆主孙游岳。陆修静"凡撰记论议，百有余篇，并行于世。门徒得道者，孙游岳、李果之最著称首"④。陆修静升仙后，归葬庐山时，上清经又被弟子带到江西：

陆（修静）亡，随还庐山。徐叔摽后将下都，及徐亡，仍在陆兄

---

① 《云笈七签》卷五《经教相承部》，《道藏》第22册，第27页。
② [日]吉川忠夫、麦谷邦夫编：《真诰校注》，朱越利译，中国社会科学出版社2006年版，第264页。
③ 《历世真仙体道通鉴》卷二十四，《道藏》第5册，第240页。
④ 《历世真仙体道通鉴》卷二十四，《道藏》第5册，第239页。

子璩文间（此中有三君所书真噯，后人糊连装擔，分为二十四篇）。建元三年，敕董仲民往庐山营功德，董欲求神异，徐因分杨书一篇为两篇与董，还上高帝，高帝以付五经典书戴庆。戴庆出外，仍将自随。徐因亡后，弟子李果之又取一篇及《豁落》以去，所余惟二十一篇，悉以还封昭台也。①

另外，南朝宋齐时道士陈慧度，颍川（今河南省许昌市）人，他初居茅山学习上清法箓，后又至南岳，修道炼丹于玉清观，成为著名的南岳九真人之一。相传，陈慧度在山上炼丹时，为鬼所扰，三捣丹炉，运石摧压。于是他坐石上诵《黄庭经》，其志愈恪，感通神仙。② 张昙要是南齐道士，南岳九真人之一，隐居南岳，建招仙观修道。张昙要融上清派之长，内外兼修，精思不懈，感通天真。③ 这些不仅为后来唐代上清派在茅山宗一系之外另开南岳天台一系奠定了基础④，而且展示了上清派在南朝时影响范围就不断在扩大。

孙游岳后传法于陶弘景："据陆修静传记可知，上清派逐渐完善了教团的仪式，信徒不断增加，但茅山尚未成为本山。因此，从陆修静到陶弘景之间的这段时间可以看作上清派的实际形成期。"⑤ 陶弘景后隐居茅山修道，搜集上清经，弘扬上清经法，成为上清派第九代宗师。

从东晋"众真降授"至上清经问世，到陶弘景搜集整理一杨二许"三君手书"，这一百多年间，杨、许手书在江南流传范围甚广，先在茅山，后到江浙一带，上清经在流传过程中，经历了不断散失，不断收集，又不断有人进行传写增删。在陶弘景之前，就有生活于浙江的南朝宋齐道士顾欢在搜集"三君手书"的真迹。据说，他得到杨、许手书的上清经真迹后，连同相关的修行记录和来往书信进行整理加工，后编纂成《真迹经》，一名《道迹经》，谓为"真人之手迹也"。陶弘景对此做法进行评论说：

---

① ［日］吉川忠夫、麦谷邦夫编：《真诰校注》，朱越利译，中国社会科学出版社2006年版，第579页。
② 《南岳总胜集》，《道藏》第11册，第119页。
③ 《南岳九真人传》，《道藏》第6册，第860页。
④ 孙亦平：《杜光庭与天台山道教》，《浙江社会科学》2003年第6期。
⑤ ［日］窪德忠：《道教史》，萧坤华译，上海译文出版社1987年版，第143页。

真诰者，真人口嗳之诰也，犹如佛经皆言佛说，而顾玄平（顾欢）谓为"真迹"，当言真人之手书迹也，亦可言真人之所行事迹也。若以手书为言，真人不得为隶字。若以事迹为目，则此迹不在真人尔。且书此之时，未得称真，既于义无旨，故不宜为号。①

"真人之诰"是通过"三君手书"真人口嗳之诰而下降人间并在茅山传播，但顾欢所谓的"真迹"是言真人之手书迹及所行事迹，两者性质是不同的。这才有生活于浙江的顾欢先撰《真迹经》，之后才有陶弘景去江浙一带搜集"杨许手书"之事。虽然顾欢编纂《真迹经》的问题尚在讨论中，但陶弘景期望通过编纂《真诰》对上清派的历史作系统梳理，在信仰层面上对参文献来讲述历史，为上清派继续发展奠定文化基础则是其真实目的。

陶弘景认为，上清派所奉行的上清经是由众多道书组成的，在魏华存时已有一部分问世，这些道书后通过刘璞为杨羲所得。杨羲用凡人能够读懂的隶书写出神真降授的口授内容，陶弘景所搜集的上清经是以"三君手书"为核心而展开的。《真诰》以"真人口授之诰"而命名，从魏夫人等仙真下降，会见杨羲、许谧、许翙三君，劝导他们修道行学的事迹起笔，以神话诗歌的方式来展示"上道"的信仰、思想与道术。《真诰》以"包括万象，体具幽明"为特点，被称为"早期上清派各类资料之综集"，其篇目仿《庄子》内七篇的形式：《运题象》四卷、《甄命授》四卷、《协昌期》二卷、《稽神枢》四卷、《阐幽微》二卷、《握真辅》二卷、《翼真检》二卷，皆以三字为题，又分为二十卷。一般认为，前五篇（卷一至十六）即为杨羲、许谧托言真人口授之作；第六篇（卷十七、卷十八）为杨、许书疏；第七篇（卷十九、卷二十）为陶弘景假托"三君在世，自所记录及书疏往来"来讲述上清派在茅山的兴起与发展的历史过程。

陶弘景在《真诰》中记录"三君手书"时还引用了一些上清经名，有的经名后还标注出"未出世"与"在世"等字样。这些"三君手书"记载

---

① ［日］吉川忠夫、麦谷邦夫编：《真诰校注》，朱越利译，中国社会科学出版社2006年版，第565页。

了上清经诀、诸仙真传记和修道方法等内容,展示着上清派信仰与思想在句容茅山的传播方式。三君先后去世之后,经卷传到许黄民手中。据文献记载,许黄民在句容时,"于时亦有数卷散出,在诸亲通间,今句容所得者是也"①。陶弘景在句容搜到散出经卷,又称为"句容散本"。

陶弘景早在归隐茅山之前,不仅在茅山搜寻散落的上清经,而且还追寻上清道士的传道足迹,又遍访江浙名山,会见隐逸道士,四处搜求散失的杨羲、许谧、许翙手书的上清经诀真迹:

> 戊辰年(488年)始往茅山,便得杨许手书真迹,欣然感激。至庚午年(490年)又启假东行浙越,处处寻求灵异。至会稽大洪山,谒居士娄慧明。又到余姚太平山,谒居士杜京产。又到始宁朓山,谒法师钟义山。又到始丰天台山,谒诸僧摽及诸处宿旧道士,并得真人遗迹十余卷。游历山水二百余日乃还。爱及东阳长山、吴兴天目山、于潜、临海、安固诸名山,无不毕践。②

《华阳陶隐居内传》记载,陶弘景归隐茅山后,于天监七年(508年)四月,改服易衣,携从者二人,离开茅山,又前往浙东去搜集上清经。"初欲入剡,或度天台,至浙江,值潮波甚恶,乃上东阳,仍停长山。闻南路有海掠不可行,稍进赤岩,宿瞿溪石室。"此次东行浙江,正逢当地年景不好,"此土居人合把稻,旦旦捣舂,以给日用",后入楠溪青嶂山,爱其稻田,乃居。会荒俭连岁不谐兼寇掠充斥,生活艰辛,但"先生足蹑真境,心注玄关,大有灵应感对,事秘不书。亦人稀田寡,复以无糠为患"。天监十一年(512年)六月,陶弘景一行乘海船还永嘉木溜屿,"八月至木溜,见其可居,始上岸起屋。十月司徒慧明至,于时愿得且停木溜,与慧明商榷,往复积日,永不敢许,于是相随而还也。道中书敕相望,仍欲先生至都下。先生至晋陵,辞以疾,乃还华阳。"③陶弘景在梁武帝书敕的催促下返

---

① [日]吉川忠夫、麦谷邦夫编:《真诰校注》,朱越利译,中国社会科学出版社2006年版,第573页。
② 《云笈七签》卷一百七引陶翙《华阳隐居先生本起录》,《道藏》第22册,第732页。
③ 《华阳陶隐居内传》卷中,《道藏》第5册,第507页。

回茅山。

据《华阳隐居先生本起录》介绍，陶弘景搜访真迹的工作大约是从甲子岁（484年）至壬申岁（492年）进行的，通过搜寻上清经的遗迹，并依顾欢的《真迹经》进行整理与注释，最后编成一部专门记述道教上清派早期历史、教义和道术的重要著作——《真诰》二十卷。从陶弘景所记载的有关"三君手书"的传抄材料看，他去浙江搜集并整理的上清经主要来源于以下几个方面：

一是许黄民所携带的许氏家族中所持有的上清经。这部分经卷在东晋元兴三年（404年）被黄民带到浙江剡县，由崇信道教的孔默获得后，交给晋安郡吏王兴缮写，是为孔默、王兴抄本。王灵期也从许黄民处获得部分上清经。这部分经王灵期"窃加损益""托为真诰"，业已真伪参半，后复传给许黄民子许荣弟。许荣弟以其为写真本向道民传授。

二是马氏家族所受部分上清经。马罕之子马智最后又将何道敬为其父缮写的道经数十卷送给钟义山，此部分内容在楼惠明所受者之外，后传至戚景玄。"马智晚为众僧所说，改事佛法，悉以道经数十卷送与钟，皆是何公先为其父写者，亦有王灵期杂经，唯四五篇并真诰六七篇是真手，不关楼所得者。"[①] 此部分"真诰"的数量比较多，许荣弟到马家求经，只索要到二、三卷真经，大部分由楼惠明通过爰季真献给了宋朝廷。

三是杜氏家族所受部分上清经。陶弘景"谒楼惠明于大洪山，遇杜京产于太平山，寻钟义山于兕山，谒朱僧摽于天台，又获真人手迹十余卷。"[②] 此部分"经书""真诰"数量参半，由顾欢同杜京产、戚景玄、朱僧摽"共相料视"，"分别选出"经传四五卷、真诰七八篇。

从《真诰叙录》所载上清经资料的散失与收集，其中既有陶弘景在茅山所获"真迹"，也有他通过其他途径收集散失于民间的手抄上清经文，在整理时还发现顾欢仅将散落的"三君手书"编起来，故《真迹经》存在着真伪混杂及漏失错谬之弊，因此，陶弘景在编撰《真诰》时，既以《真迹经》为底本，又通过一系列点校工作，首先通过校对抄本笔迹来确定手稿

---

① ［日］吉川忠夫、麦谷邦夫编：《真诰校注》，朱越利译，中国社会科学出版社2006年版，第580页。

② 《茅山志》卷十，《道藏》第5册，第600页。

的书写人，然后再对那些单篇零散、次序混乱的手稿进行编排，无法确定时间的则按内容来进行分类，最后通过文献编纂、辨伪、校勘等，对上清经的降授、传抄、散分、伪造的过程进行了研究说明。

《真诰》也是陶弘景整理道教文献、校勘道教经文的成果，体现着他在道教文献学方面的成就。陶弘景以不同的方式呈现"杨许手书"，五纸三纸、一纸一片；书写方式有紫书、墨书、朱书、大字、细字，所用词汇主要是东晋南朝茅山当地人使用的口语、俗语，与六朝通行语言有所不同。翻开《真诰》就可见陶弘景寻找并考订"三君手书"的态度认真、方法严谨，开卷第一行的校勘是："此一字被墨浓黶，不复可识。正中抽一脚出下，似是羊字，其人名权。"[①] 书中在辨认"三君手书"的真伪时常有这样的校记：

右三条，杨君草书于纸上。
右一条，杨书，又有长史写。
右一条，杨书，后被割不尽。
右八条，杨书，又有掾（许翙）写。

陶弘景对所搜集的"三君手书"做了详细整理、注释、校对，对顾欢所撰进行了一些修正，以尽可能地展现他所见的"三君手书"的原貌："又按三君手书，今既不摹，则混写无由分别，故各注条下。若有未见真手，不知是何君书者，注云某书。又有四五异手书，未辨为同时使写、为后人更写，既无姓名，不证真伪，今并撰录，注其条下，以甲乙丙丁各甄别之。"[②] 这种回归原貌的编校文献资料方法是江南人重义理、重条理、重细节的思维方式的具体体现。陶弘景编纂的《真诰》成为展示茅山上清派的经典文献，其中也记载着许氏家族的精神追求对江苏道教所产生的深远影响。

[①] ［日］吉川忠夫、麦谷邦夫编：《真诰校注》，朱越利译，中国社会科学出版社2006年版，第1页。
[②] ［日］吉川忠夫、麦谷邦夫编：《真诰校注》，朱越利译，中国社会科学出版社2006年版，第569页。

第六节　陶弘景创立上清派茅山宗

上清派经过一百多年的传承，到南朝陶弘景归隐茅山，创立上清派茅山宗，才将茅山建设成了江南道教中极具影响力的圣地。此后茅山宗高道辈出，在唐宋时鼎盛发展，经历元明清而一直延续下来，至今仍然是江苏道教的中心。有关陶弘景的生平事迹，正史《梁书》《南史》与道书仙传都有记载，影响较大的还有谢瀹《陶先生小传》、陶翊《华阳隐居先生本起录》、李渤《梁茅山贞白先生传》、贾嵩《华阳陶隐居内传》、傅霄《华阳陶隐居集》等。有关陶弘景与上清派茅山宗的研究时至今日已取得丰硕成果①，但将陶弘景放到江苏文化中加以考察方面还可进一步深入。

陶弘景（456—536 年）②，字通明，自号华阳隐者，谥贞白先生，丹阳秣陵人（今江苏南京）。陶氏家族"本冀州平阳人"，十三世祖陶超为避东汉末年之乱，举家南徙渡江，定居丹阳后，与创立上清派的许氏家族、创立灵宝派的葛氏家族成为同郡的奉道世家，而且还有着姻亲关系。许谧之祖许尚娶陶弘景的七世祖陶浚的女儿为妻："休长子名尚，字元甫，有才学令闻，吴凤凰三年为中书郎，年五十亡。妻同郡陶氏，即荆州刺史陶浚女。"③许谧"儒雅清素，博学有才章"，又娶了同郡的陶威女为妻："妻同郡陶威

---

① 仅日本学者就有，石井昌子在《道教学の研究——陶弘景を中心に》（东京：国书刊行会 1980 年版，第 27—119 页）中对陶弘景传记的考察、砂山稔《隋唐道教思想史研究》（东京：平河出版社 1990 年版，第 93—122 页）中，将陶弘景仙道理论分成幽明论、尸解论、形神论、应报论和位业论五个方面进行研究、大形徹《茅山派道教大成者本草学研究》（桥本高胜编《中国思想流（上）两汉、六朝》，京都：晃洋书房 1996 年版，第 245—253 页）、坂出祥伸《中国思想研究：医药养生·科学思想篇》中有关内容（大阪：关西大学出版部 1999 年版，第 113—176 页）。中国学者钟国发《陶弘景评传》、刘永霞《茅山宗师陶弘景的道与术》、王家葵《陶弘景丛考》等都是专门研究陶弘景的著作。

② 有关陶弘景生卒年，史料中有不同说法，如生年就有 451 年、452 年、456 年等说。程喜霖：《论陶弘景生卒年与遁入道门的原因》对陶弘景生卒年进行讨论后认为："陶弘景生卒年当为刘宋孝建三年（456 年）至萧梁大同二年（536 年），享年 81 岁。"（《学术研究》1994 年第 1 期）笔者采用此说。

③ ［日］吉川忠夫、麦谷邦夫编：《真诰校注》，朱越利译，中国社会科学出版社 2006 年版，第 586 页。

女,名科斗。兴宁中亡,即入易迁宫受学。"① 据《茅山志》之《仙曹署》记载,茅山华阳洞天中有三宫五府,其中的易迁宫是女子成道者所居之处:"曰易迁宫、含真宫、萧闲宫,曰太元府、定录府、保命府、童初府、灵虚府。其太元、定录、保命,为三茅君所治。易迁、含真,则女子成道者居之。余宫府皆男真也。"② 陶科斗最后在此修道成仙:"长史妇,陶威女,虽入易迁,恐此自承陶家福耳。"③ 以茅山为中心的周边地区一直流行着崇仙修道的文化传统,陶氏家族也是奉道世家。

陶弘景的父亲陶贞宝,博涉文史,擅长书法,为江东名人,曾任司徒建安王刘休仁侍郎,后迁南台侍御史,除江夏孝昌相。其母东海郝夫人,讳智湛,精心佛法④,其觉有娠时,仍梦见一小青龙,忽从身中出,直东向而升天。明日谓人曰:"当生非凡男,然必无后。"或对曰:"无乃为仙乎?"⑤ 以此说明陶弘景生而非凡。《华阳隐居先生本起录》却记载,东海郝夫人梦后"密语比丘尼,云:'弟子必当生男儿,应出非凡人,而恐无后。'尼问其故,以所梦答。尼云:'将出家?'"⑥ 可能暗示陶弘景受其母的影响,生来也有信佛的倾向。

陶弘景自幼学习儒家经典,五经子史皆悉详究,颇以属文为意,"陶弘景治学的倾向,保持着东汉经学家的风格,善稽古,尤长于铨正讹谬,而不好自立新义"⑦。这为他后来注解经典、撰写道书打下了学术基础。陶弘景在十岁时得葛洪《神仙传》,爱不释手,心向往之,遂有学道修仙之念。在当时人眼中,这位陶郎长得特别有神仙气质。⑧ 陶弘景"年十二时,于渠阁法书中见郗愔以黄素写太清诸丹法,乃忻然有志"⑨。十五岁时作《寻山

---

① [日]吉川忠夫、麦谷邦夫编:《真诰校注》,朱越利译,中国社会科学出版社2006年版,第588页。
② 《茅山志》卷十三,《道藏》第5册,第610页。
③ [日]吉川忠夫、麦谷邦夫编:《真诰校注》,朱越利译,中国社会科学出版社2006年版,第594页。
④ 陶弘景从小受母亲影响,对佛教有一定认识与好感。
⑤ 《华阳陶隐居内传》卷上,《道藏》第5册,第501页。
⑥ 《云笈七签》卷一百七《华阳隐居先生本起录》,《道藏》第22册,第731页。
⑦ 王明:《道家和道教思想研究》,中国社会科学出版社1984年版,第84页。
⑧ 《华阳陶隐居内传》卷上,《道藏》第5册,第501页。
⑨ 《南史》卷七十六《陶弘景》。

志》,第一句就是"倦世情之易扰,乃杖策而寻山",寻山的目的是为"长超忽乎尘埃",表达了对神仙的仰慕。为了更好地修仙,陶弘景学习阴阳五行,风角气候,太一遁甲,星历算术,山川地理,方国所产及医方香药分剂,虫鸟草木等知识,他曾自述"读书万余卷,一事不知,以为深耻"①,这为他日后成长为道教史上百科全书式的人物奠定了基础。

陶弘景成年之后,"既冠而不肯婚。先生澡洁去嗜欲,盖一生全不近于声色也"②。《南史》则讲述了其不婚的原因:"父为妾所害,弘景终身不娶。及长,身长七尺七寸,神仪明秀,朗目疏眉,细形长额耸耳,耳孔各有十余毛出外二寸许,右膝有数十黑子作七星文。"③在描绘长大后的陶弘景形象时,又突出其具有神仙家之相貌。

陶弘景后被引为诸王侍读,伴吏部尚书刘秉的儿子刘俣读书,当时萧道成为骠骑将军,选刘俣等人俱入侍宋帝。陶弘景因有才学,又与"江敩、褚炫、刘俣为宋升明四友",时号为"天子四友"。陶弘景跟随主人刘秉参与袁粲反萧道成的石头城起义,本想躬身实践儒家的修齐治平之道,也尽门客之义,却因参与袁粲建事而遭遇打击:"先生年二十二,随刘丹阳入石头城,就袁粲建事,先生与韩贲、糜淡同掌文檄,及事败城溃,即得奔出。俣及弟俊为沙门以逃,为人所获,建康狱死,人莫敢视。先生躬自收殡瘗葬,查硎旧墓,营理都毕,自此弃世,寻山而止。"④萧道成勒兵攻破石头城后,独掌朝政,刘俣在建康狱死。陶弘景安葬刘俣后,自此对政治抱有若即若离的态度。

经过宋齐朝代更替的政治动荡,陶弘景更有弃世寻山之思:"先生自石头出,仍欲弃世寻山,而正值宋齐之际,物情未安,既世结刘乐,恒怀忧惕。乃因纪真求见于新亭,大相推爱,俾居帐内。沈攸之平,从还东府,仍为其子侍读。"⑤一年后,萧道成替宋建立齐朝,称齐高帝,入主朝政。陶弘景"侍从高祖登极,还台住殿内,除太尉豫章王侍郎"。陶弘景从小学习儒家思想,本想在仕途上大有作为,但在齐朝一直得不到重任,虽然做

---

① 《历世真仙体道通鉴》卷二十四,《道藏》第5册,第241页。
② 《华阳陶隐居内传》卷上,《道藏》第5册,第501页。
③ 《南史》卷七十六《陶弘景》。
④ 《云笈七签》卷一百七《华阳隐居先生本起录》,《道藏》第22册,第731页。
⑤ 《华阳陶隐居内传》卷上,《道藏》第5册,第502页。

"奉朝请"伴随在诸王左右,但都是闲职之位,还要看王公贵族争权夺利。这对陶弘景这样一个从小熟读儒书,才华横溢的人来说很是失意,故在艰难的仕途中常怛怀忧惕,"年二十八服阕,召拜左卫殿中将军,颇郁时望"①。因宫廷政治斗争的复杂与残酷,陶弘景精神一直处于紧张状态中,"年二十九时,于石头城忽得病,不知人事,而不服药,不饮食。经七日乃豁然自差,说多有所睹见事。从此容色瘦瘁,言音亦跌宕闸缓,遂至今不得复常"②。陶弘景在病中出现的幻觉可能是日常所见的人与事的演绎,据说也是他日后遁入道门的动因之一:"史实说明陶弘景虽然皈依道教,但他对萧齐满腔怨恨,既以图谶助梁复兴,又以文翰涉政,他是南朝不脱离政治的奇特道士。这亦给陶弘景因石头城政治斗争的惨败,而导致遁入道门提供了佐证。"③

永明二年(484年),齐武帝诏命孙游岳继陆修静任京城兴世馆主,陶弘景拜孙游岳为师。"是岁,东阳孙游岳始授先生道家符图,虽云相承真本,而历经摹写,意所未惬。明年游茅山。"④据《茅山志》说,孙游岳做兴世馆主时,京城建康士族文人争相趋赴:

> 至齐武帝永明二年,诏主兴世馆。由是奇逸之士,争相趋赴,若孔德璋、刘孝标辈,皆结方外之好。虽常以病求归,诏命未允。以七年五月中,忽沐浴安坐而终。门弟子数百人,惟陶弘景为入室。以三洞经及杨许墨迹,竭箧相付。后弘景因撰《真诰》行于世。⑤

陶弘景也来到孙游岳身边学习:"先生以甲子、乙丑、丙寅三年之中,就兴世馆主东阳孙游岳,咨禀道家符图经法。虽相承皆是真本,而经历摹写,意所未惬者。于是更博访远近以正之。"⑥当时,孙游岳有"服膺受业者常数百人",唯有陶弘景特受赏识,成为入室弟子,以三洞经及杨许墨

---

① 《云笈七签》卷一百七《华阳隐居先生本起录》,《道藏》第 22 册,第 732 页。
② 《云笈七签》卷一百七《华阳隐居先生本起录》,《道藏》第 22 册,第 733 页。
③ 程喜霖:《陶弘景生卒年与遁入道门的原因》,《学术研究》1994 年第 1 期。
④ 《华阳陶隐居内传》卷上,《道藏》第 5 册,第 502 页。
⑤ 《历世真仙体道通鉴》卷二十四,《道藏》第 5 册,第 240 页。
⑥ 《云笈七签》卷一〇七《华阳隐居先生本起录》,《道藏》第 22 册,第 732 页。

迹，悉相传授。

陶弘景从孙游岳受道家符图经法后，却觉得这些上清经因经历后人的摹写，意所未惬。于是更博访远近而正之。戊辰年（488年）始往茅山，便得杨许手书真迹，欣然感激。至庚午年（490年）又假东行浙越，拜会隐逸之士，处处寻求灵异，得真人遗迹十余卷。可见陶弘景在未归隐茅山之前就开始学习并搜集上清经了。

陶弘景走上修道之路是由多种原因促成的，其中既有家族世代奉道文化的影响，也是规避政坛斗争和喜好清静的性格所致，还有上清派在茅山崛起后所产生的社会影响，更有以整理上清经为己任的责任感。永明年间，陶弘景对萧齐王朝已无兴趣，隐居林泉的意愿日益强烈。据《本起录》记载：陶弘景遍访江浙后"三年还都，方除奉朝请，拜竟，怏怏。与从兄书云：'昔仕宦应以体中打断，必期四十左右作尚书郎，出为浙东一好名县，粗得山水，便投簪高迈。宿昔之志，谓言指掌。今年三十六矣，方作奉朝请，此头颅可知矣！不如早去，无自劳辱。'"① 陶弘景初隐时，本不欲辞省亲友，在脱朝服，挂神武门，鹿巾径出东亭时，他还对旁边人说："勿令人知尔"。但在与王晏语别时，听从王晏的劝说"主上性至严治，不许人作高奇事"，才上《隐居解官表》向齐武帝萧赜请辞的：

> 臣闻尧风冲天，颍阳振饮河之谈。汉德括地，商阴峻餐芝之气。臣栖迟早日，簪带久年。仕岂留荣，学非待禄。恒思悬缨象阙，孤耕垄下。席月涧门，横琴云际。始奉中恩，得遂丘壑。今便灭影桂庭，神交松友。一出东关，故乡就望。眷言兴念，临波泻泪。臣舟栝已遄，无缘躬诣。不任攀恋之诚，谨奉表以闻。②

华丽用词之下却表达了"吾本为身不为名"的人生理想。齐武帝尊崇道教，为曾来金陵传播上清经，后回浙江丰安的楼惠明"敕为立馆"，故没有责怪陶弘景，反而成全其志。据《齐武帝答陶隐居入山诏》记载：齐武帝为嘉其志，"赐帛十疋，烛二十铤。又别敕月给上茯苓五斤、白蜜二斗，

---

① 《云笈七签》卷一百七，《道藏》第22册，第732页。
② 《茅山志》卷一，《道藏》第5册，第551页。

以供服饵。"① 陶弘景即遂命，理舳东下，止于句容之句曲山，江苏道教从此多了一位杰出道士。

关于陶弘景入茅山的时间，史料中有不同记载：第一，《南史》说永明十年（492年），《华阳陶隐居内传》也说"永明十年脱朝服挂神虎门，上表辞禄"。《本起录》云："壬申年，时年三十七。"第二，《仙鉴》说永明十一年（493年），陶弘景三十八岁。笔者依据"弟子华阳隐居陶弘景谨造"的《上清真人许长史旧馆坛碑》以及贾嵩撰《华阳陶隐居传序》的时间："齐永明十年，谢詹事瀹自吴兴闻先生弃官隐华阳，乃于道中作《传》"② 而赞同第一种说法。

陶弘景一生经历南朝宋、齐、梁三个朝代，以弃官隐居茅山为界，分为入仕的前半生和修道的后半生。陶弘景到茅山后，尊奉三茅真君为祖师，弘扬上清经法，努力修建道馆，在"我命在我不在天"的思想指导下宣扬"神仙可学"的思想，在茅山四十多年的弘道生涯中创立上清派茅山宗。

《上清真人许长史旧馆坛碑》立于梁普通三年（522年），其《碑阴记》中记载有陶弘景入茅山后的行迹，因为是陶弘景生前造作，故真实地展示了他自己在茅山上的活动经历：

> 永明十年壬申岁，投绂棲山，住中茅岭上，立为华阳馆。至梁天监四年，移居积金东涧。七年，往永嘉楠江青嶂山。十年，涉海诣霍山。十一年夏，还木溜屿。其年十月，奉敕迎还旧山。十三年正月，至茅山，入住东涧。十四年冬，徙来此馆。十五年，移郁冈斋室静斋。③

陶弘景初入茅山时，"亲旧书驿，远近参同，盖未能抑绝"，而华阳馆正好处于大茅岭和中茅岭之间的积金岭，交通比较便利，故于此立馆："初先生以大茅、中茅间有积金岭，其地可修上道"④。于是一切书信往来的落款均为"华阳陶隐居"："此是第八洞天，名金坛华阳之天。乃立馆，自号

---

① 《茅山志》卷一，《道藏》第5册，第551页。
② （唐）贾嵩：《华阳陶隐居传序》，《道藏》第5册，第499页。
③ 《茅山志》卷十，《道藏》第5册，第634页。
④ 《华阳陶隐居内传》卷中，《道藏》第5册，第504页。

华阳陶隐居。"① 此处原是句容许长史的家宅。宋初,长沙景王就其地之东起道士精舍。"齐初,乃敕句容人王文清仍此立馆,号为崇元,开置堂宇厢廊,殊为方副。常有七八道士,皆资俸力。"②

华阳馆本有上馆与下馆,"上馆以研虚守真,下馆以炼丹治药"③。但据《茅山志》记载,"陶真人丹井,在华阳上馆前石桥之东。水甘冷,遇旱不竭。"④ 但此地处近水口的风景佳地,"远近男女互来依约,周流数里,廨舍十余坊,而学上道者甚寡,不过修灵宝斋及章符而已。近有一女人来洞口住,勤于洒扫,自称洞吏,颇作巫师占卜,多杂浮假"⑤。可见当时在茅山修"上道"的人少,在固定时节来做灵宝唱赞的人多,还有"自称洞吏"的以"巫师占卜"的方式来吸引民众。陶弘景并不喜好这些会集群众进行灵宝唱赞以求世俗志向的灵宝派,同时还嫌此处人声嘈杂。依神塚淑子的看法,"陶弘景对上清派倾注大量心力的原因之一是为了与在茅山上传播的灵宝派的势力进行抗争"⑥。但笔者认为,陶弘景在对上清经的搜集与整理中形成的弘道精神才是他传播上清派的动力。

也许是为了静心地编纂《真诰》,陶弘景"乃于上馆更建层楼。永元初,乃登楼长静"⑦,开始编纂工作。这样,陶弘景在山南大洞之西便门口修建了东西走向的华阳上、中、下三馆,"岭西立华阳三馆,上馆建层楼,身居其上,弟子居中,接宾于下"⑧。陶弘景住华阳上馆楼上,有女道士钱氏侍奉;中层供弟子,宾客住在下层。"隐居炼丹炉迹,在华阳上馆。其地以水巽试之,逡巡地乾,如月晕然。"⑨

---

① 《梁书》卷五十一《陶弘景传》。
② [日] 吉川忠夫、麦谷邦夫编:《真诰校注》,朱越利译,中国社会科学出版社2006年版,第366页。
③ 《华阳陶隐居内传》卷中,《道藏》第5册,第504页。
④ 《茅山志》卷八,《道藏》第5册,第590页。
⑤ [日] 吉川忠夫、麦谷邦夫编:《真诰校注》,朱越利译,中国社会科学出版社2006年版,第366页。
⑥ [日] 神塚淑子:《六朝时代の上清经と灵宝经》,[日] 吉川忠夫编《六朝道教の研究》,东京春秋社1998年版,第114页。
⑦ 《华阳陶隐居内传》卷中,《道藏》第5册,第504页。
⑧ 《茅山志》卷十,《道藏》第5册,第600页。
⑨ 《茅山志》卷八,《道藏》第5册,第591页。

几年后，齐朝衰颓，萧衍伐齐时，陶弘景审视形势，决定站在萧衍这边。萧衍（464—549 年），字叔达，小字练儿①，是兰陵（今江苏武进）萧氏的世家子弟，但出生在秣陵（今南京），其父萧顺之是齐高帝萧道成的族弟，官至丹阳尹。萧衍在永明年间不仅与天师道信徒有来往，更与上清道士陶弘景交往密切。当萧衍在雍州（今湖北襄阳市）起兵，兵至石头城（今南京西南）准备夺齐政权时，远在茅山的陶弘景"遣弟子戴猛之假道传送"②。从派遣弟子送上贺表可见，隐居于茅山的陶弘景仍然关心着人间事务，坚决支持萧衍革命的态度，这也为后来上清派茅山宗的兴起奠定了良好的政治基础。

南齐中兴二年（502 年），齐和帝萧宝融只当了一年皇帝，就被迫禅位于萧衍。据《南史》记载，梁武帝平定建康后，议国号未定。

> 义师平建康，闻议禅代，弘景援引图谶，数处皆成"梁"字，令弟子进之。③

陶弘景乃援引图谶"水丑木骨（一说水刀木）"，认为"梁"是应运之符，将之作为新王朝的国号。萧衍登基，号梁武帝。梁武帝在位时间长达 48 年，列南朝诸帝中的第一位。

梁武帝在夺取齐朝政权、登基前后的一系列决策都向陶景弘请教，故深知陶景弘的政治才能："帝既早与之游，及即位后，恩礼弥笃，书问不绝，冠盖相望。"④ 梁武帝想让陶景弘出山为官，辅佐朝政，故虔诚礼聘，但陶弘景却画了一幅图呈上，其中有两只牛，一牛散放于水草之间，一牛头带金络头，人执绳以杖驱之。梁武帝阅后便知其意，笑曰："此人无所求，欲效曳尾龟，岂有可致之理耶？"只好时常将国家大事写成信件，派人送到茅山向陶弘景请教。陶弘景身在茅山，却与朝廷出谋划策，书信不断，参与朝廷大事的商讨。《南史》曰："国家每有吉凶征讨大事，无不前以咨询。月中

---

① 周一良先生在《论梁武帝及其时代》中认为，萧衍的小字"练儿"正表明其家族世代信奉道教（《魏晋南北朝史论集》，北京大学出版社，第 319 页）。
② 《华阳陶隐居内传》卷中，《道藏》第 5 册，第 505 页。
③ 《南史》卷七十六《陶弘景传》。
④ 《历世真仙体道通鉴》卷二十四，《道藏》第 5 册，第 243 页。

常有数信,时人谓为'山中宰相'。"《仙鉴》说:"帝每得其书,烧香虔受。帝使造年历,……后屡加礼聘。"① 陶弘景虽身在方外,却成了朝廷的决策人物,故被称为"山中宰相",但这种君臣关系很快就发生了变化。

天监三年(504年),梁武帝既命陶弘景炼制丹药,又下《舍道归佛诏》,表达自己信佛的态度,从此因积极弘扬佛教而成为中国历史上著名的崇佛皇帝:"愿使未来世中,童男出家,广弘经教,化度含识,同共成佛。宁在正法(指佛教)之中,长沦恶道,不乐依老子教,暂得生天。"② 梁武帝的这一诏书也对陶弘景及茅山道教产生了潜在的影响。

陶弘景在远离京城的茅山隐居修炼,采撷前代道书中的诸真传诀及各家养生术,为梁武帝精心炼制丹药,"乃命弟子陆逸冲、潘渊文开积金岭东以为转炼之所,凿石通涧水东流矣。先生以谓丹品,盖多黄帝九鼎九丹"③。虽炼出三十多种丹,但"皆泰清中小法,非上清太极"。于是,陶弘景让王明法守华阳上馆,陆逸冲居华阳下馆,自己则于天监四年(505年)搬迁到积金东涧,苦苦寻求高真上法:"四年春,先生出居岭东,使王法明守上馆,陆逸冲居下馆,潘渊文、许灵真、杨超远从焉。是岁有事于炉燧。明年元日,开鼎无成。"④ 陶弘景在天监四年、五年多次开炉炼丹,但丹药皆未成。陶弘景担心朝廷怪罪,以炼丹为由,将弟子们分派到茅山上的不同道馆。

据贾嵩《华阳陶隐居内传》记载,陶弘景从天监七年(508年)四月改服易衣,携从者二人,离开茅山,前往浙东,据说此行目的,一是为梁武帝寻找炼丹的药材;二是搜寻散落于民间的上清经书。陶弘景前往东阳、永嘉等处,寻找许翙之子许黄民带到浙东后散落的"一杨二许"手书。陶弘景住楠江青嶂山大若岩时间最长,直到天监十年(511年)才"涉海诣霍

---

① 《历世真仙体道通鉴》卷二十四,《道藏》第5册,第243页。
② 《舍道事佛疏文》,载(明)张溥、(清)吴汝纶编《汉魏六朝百三家集选》,吉林人民出版社1998年版,第454页。佛教文献记录的梁武帝天监三年发菩提心"舍道"一事,因时间、人物等衔接问题引发诸多争议。谭洁《梁武帝天监三年发菩提心"舍道"真伪考辨》从文献记载及流传情况着手,结合分析梁初佛、道二教之争,指出梁武帝天监三年发菩提心"舍道",是佛、道二教斗争的结果(《世界宗教研究》2010年第3期)。
③ 《华阳陶隐居内传》卷中,《道藏》第5册,第505页。
④ 《华阳陶隐居内传》卷中,《道藏》第5册,第505页。

山"。第二年，陶弘景才从浙东返回茅山，"复自海道还永嘉，至木溜，形势殊好。"会上使司徒慧明迎还旧岭，"道中书敕相望，仍欲先生至都下。先生至晋陵，辞以疾，乃还华阳。"① 对此次行程，《华阳陶隐居内传》《隐居贞白先生陶君碑》《许长史旧馆坛碑·碑阴记》《周氏冥通记》都有记载。

陶弘景花了六年时间在江浙一带奔走，天监十三年（514年）正月，才回到茅山，入住积金东涧。积金东涧是大茅峰与积金峰之间形成的一条东西走向的相对平缓的山谷，相传楚威王游历茅山时曾于谷里溪水边休憩，当地人称"楚王涧"。据《乾隆句容县志》记载："楚王东西二涧在茅山乡大茅峰，二涧合华阳西洞，三水合流直至崇禧宫，前昔楚威王常憩息游其上故名。"华阳洞的五便门之西便门即位于此。"句曲之洞宫有五门，南两便门，东西便门，北大便门，凡合五便门也。"② 据说此为洞天之入门处。

梁武帝敕买"从来空废，无敢居者"的许长史故宅供其居住："甲午年，敕买故许长史宅、宋长沙馆，仍使潘渊文与材官师匠营起朱阳馆。自于馆东建药屋静院，云蹑玄洲之迹。"③ 天监十四年（515年）正月次年，陶弘景移居朱阳馆，又在李明真人炼丹郁冈峰下修建了斋室。天监十五年（516年）陶弘景在小茅山北部的朱阳馆建佛教菩提白塔，让弟子周子良专住朱阳馆："师后别居东山，便专住西馆，掌理外任，应接道俗，莫不爱敬。"④ 他自己迁到东边郁冈斋室，因在那里发现"昔李明于此下合九鼎丹，以外玄洲发掘基址，屡得破瓦器，乃其旧用"，陶弘景隐居于此以期静心炼丹，但炼丹之事进展并不顺利，"自南霍还，鼎事累营，皆不谐。乃非都无仿佛，每开鼎，皆获霜华。"⑤ 门人谓此已成，但陶弘景验丹家说而认为未成。据昭明太子撰《墓志铭》记载，陶弘景从37岁到81岁，前期在华阳馆，后来转到朱阳馆、郁冈斋室，在茅山度过了40多年隐居林泉的生涯，

---

① 《华阳陶隐居内传》卷中，《道藏》第5册，第507页。
② ［日］吉川忠夫、麦谷邦夫编：《真诰校注》，朱越利译，中国社会科学出版社2006年版，第356页。
③ 《华阳陶隐居内传》卷中，《道藏》第5册，第507页。
④ 《周氏冥通记》卷一，《道藏》第5册，第518页。
⑤ 《华阳陶隐居内传》卷中，《道藏》第5册，第507页。

大同二年（536年），"华阳洞陶先生蝉蜕于茅山朱阳馆"①，葬于朱阳馆东南约二百米的雷平山。② 陶弘景对推动上清派发展的贡献主要表现在：

第一，以"道"为核心，为上清派茅山派建立起富有江南文化特点的仙学理论。《真诰》中引用仙真谈"道"的语录："君曰：道者混然，是生元气，元气成，然后有太极，太极则天地之父母，道之奥也。"③ "道"本身乃是一种先天的虚无混然状态，但"元气""太极"都是由"道"中衍化出来的，"道"生元气，元气成然后有"太极"。"太极"虽然源于儒家易学，以说明最原始的混沌之气经过太极运动而分化出阴阳，再由阴阳两仪产生四象变化，继而出现各种自然现象，故为天地之父母，但在《真诰》中，"太极"既为"道之奥"，更为人的修道设立了一个"同于道"的大方向。陶弘景在引裴清灵《道授》的"见而谓之妙，成而谓之道，用而谓之性。性与道之体，体好至道，道使之然也"时专门作注说："此说人体自然，与道气合。所以天命谓性，率性谓道，修道谓教。今以道教使性成真，则同于道矣。"④ 从表面上看，这些是借用儒家《中庸》语录而形成的非常典型的道性论，其中在借鉴佛教中观学说来诠道性、显道体时，并没有放弃自己本有的道生万物及道体遍在实有的观念，因此又与佛性论有着根本的区别。陶弘景正是以"道"为基点而又会通儒佛，上清派才建立起了自己的太极学说。窪德忠明确说："上清派的教义是由《真诰》作者陶弘景最后完成的。"⑤ 陶弘景归隐茅山后，所撰讲述上清派历史与经法的《真诰》后成为江苏道教最重要的道书之一。

第二，陶弘景撰成在道教史上影响深远的《洞玄灵宝真灵位业图》，为江苏道教建立统一有序的神仙信仰提供了神圣依据。陶弘景为化解道教与儒、佛之间的冲突，使道教获得更好的发展和更强的竞争力，以适应并服务于当时的社会民众，"仰镜玄精，睹景耀之巨细；俯昒平区，见岩海之崇

---

① 《华阳陶隐居内传》卷下，《道藏》第 5 册，第 512 页。
② 陈世华：《陶弘景书墓砖铭文发现及考证》，《东南文化》1987 年第 3 期。
③ ［日］吉川忠夫、麦谷邦夫编：《真诰校注》，朱越利译，中国社会科学出版社 2006 年版，第 162 页。
④ ［日］吉川忠夫、麦谷邦夫编：《真诰校注》，朱越利译，中国社会科学出版社 2006 年版，第 162 页。
⑤ ［日］窪德忠：《道教史》，萧坤华译，上海译文出版社 1987 年版，第 144 页。

深；搜访人纲，究朝班之品序；研综天经，测真灵之阶业"，把道教所信奉的庞杂凌乱的各路仙真进行分级序化，按业定位。这种将仙真世界官僚体制化的做法，可能是受到汉代尚书诸曹制度的影响。如果说，"位"是仙界中的位阶、序次；那么，"业"讲究的是该仙真的功业德行，由于"阶业"与仙真的品位及功德密不可分，人在世时若能立功、立言、立德，对社稷人民有贡献，升仙后才会被奉祀为神。"虽同号真人，真品乃有数；俱目仙人，仙亦有等级千亿"，因此，仙真果位需要由功业德行为指导来"精委条领，略识宗源"。于是，陶弘景将《真诰》《元始上真众仙记》《元始高上玉检大箓》等上清派道书中出现的近七百名神仙圣鬼，按照茅山宗的观点，分为玉清、上清、太极、太清、九宫、洞天、酆都七大等级。每个等级列有处于中位的主神，两边还分别列有左位、右位、散仙位和女真位等分司专职的辅佐神。

在道教史上，《真灵位业图》第一次对众神的序位进行初步整理，排定座次。它为道教建构了上至天境、中至人伦、下至地府，等级有序和统属分明的庞大神仙谱系，被誉为道教史上的"曼荼罗"①。《真灵位业图》还反映出以陶弘景为代表的茅山道教的一些思想倾向：在教内重视信仰元始天尊和太上大道君的上清派，轻视信仰太上老君的民间道教；在三教关系上，以尊道融儒、佛为基调。陶弘景不仅把儒家的圣贤尧舜直至颜回、普受敬仰的古代帝王，收入道教仙班行列，而且还借鉴外来佛教的成果来发展道教。例如，《真灵位业图》的"按业定位"就受到了佛教因缘业报说的启发，甚至可以说就是对佛教的直接模仿；若将之与《太平经》"神系六等"及葛洪"仙有三等"进行比较，就可发现，陶弘景在道教神仙谱系中增添了"酆都"一阶。《真灵位业图》中的第二阶位还专门设立了"女真位"②，排列出几十位女真仙的名号，这是依据上清派女仙群而建立的神谱，为后来唐代道教中出现专门记录女仙的神谱——《墉城集仙录》奠定了基础。③《真灵位业图》的出现标志着道教由早期派别林立、各自为营的散杂凌乱状况朝

---

① 常盘大定称《真灵位业图》为道教曼荼罗，认为它同密教的曼荼罗有类似之处。（[日]福井康顺等监修：《道教》第一卷，朱越利等译，上海古籍出版社1992年版，第108页）

② 《洞玄灵宝真灵位业图》，《道藏》第3册，第274页。

③ 孙亦平：《论道教女仙崇拜的特点——从杜光庭〈墉城集仙录〉谈起》，《中国道教》2000年第1期。

着诸宗归一的成熟形态发展，使得道教庞杂的神仙谱系具有了尊卑有序的格局，为南朝道教稳步走进上层社会的信仰世界以及繁盛发展奠定了坚实的基础。

第三，陶弘景总结道教在炼形养神方面的经验，以形神双修的养生观奠定了上清派仙学发展的基础。在陶弘景看来，学道求仙的具体表现就是养生。如果"学道者常不能慎事，尚自致百疴"①，则根本修不成道。《养性延命录》收集道书中的养生保健知识，《真诰》中也强调形神结合才可以成仙。对此，陶弘景在《答朝士访仙佛两法体相书》中有精妙绝伦的论述：

> 凡质象所结，不过形神。形神合时，则是人是物；形神若离，则是灵是鬼。其非离非合，佛法所摄；亦离亦合，仙道所依。今问以何能而致此？仙是铸炼之事极，感变之理通也，当埏埴以为器之时，是土而异于土，虽燥未烧，遭湿犹坏。烧而未熟，不久尚毁。火力既足，表里坚固，河山可尽，此形无灭。②

陶弘景将修仙看作是一个全方位的"铸炼"过程，这就如同烧瓷一样，只有达到一定火候，才能使瓷器表里坚固，此形无灭。仙凡的区别就在于，仙者通过金丹大药以固其形，以精灵莹其神，以和气濯其品质，以善德来消其束缚，达到养生之极致，才能乘云驾龙离欲而升仙。陶弘景对"形神双修"要旨的论述，对推动道教仙学的发展起到了促进作用，后来唐代上清派正是循此发展为上乘之道的。

第四，陶弘景接续着江南文化中重理性的传统对道教养生理论与实践进行探索。《养性延命录》二卷，又作《养生延命录》③，上卷叙教诫、食诫、杂诫，下卷述服气疗病、导引按摩、房中术，表达了上清派的养生思想。陶弘景引《仙经》曰："我命在我不在于天，但愚人不能知此。道为生命之要，所以致百病风邪者，皆由恣意极情，不知自惜，故虚损生也。"又引张

---

① ［日］吉川忠夫、麦谷邦夫编：《真诰校注》，朱越利译，中国社会科学出版社2006年版，第240页。

② 《道藏》第23册，第646页。

③ 该书的序最后中有"或云此书孙思邈所集"（《道藏》第18册，第474页）的小字，但一般认为是陶弘景所集。

湛《养生集叙》曰:"养生大要,一曰啬神,二曰爱气,三曰养形,四曰导引,五曰言语,六曰饮食,七曰房室,八曰反俗,九曰医药,十曰禁忌。过此以往,义可略焉。"[1] 炼形则要饮食有节,起居有度,避免过度辛劳和放纵淫乐,辅以导引、行气之术,方能延年益寿,长生久视。陶弘景曾在茅山上从事烧炼金丹的理论与实践探索,不仅著有《集金丹黄白方》一卷,《太清玉石丹药集要》三卷、《合丹药诸法式节度》一卷等丹书,而且还曾依照丹方一直在进行炼丹实践,以期制出有功效的丹药。陶弘景也重视符箓祈禳禁咒之术,在巫医不分的古代江南社会中,以符水治病也被人们视为一种有效的防病治病的方法,其中不仅包含心理治疗,而且一些用符的方式也是根据施治的病情、对象而有所不同,体现了辨病施符的特征。陶弘景还强调神仙之事,绝非积学可求,可通过存思之术来"证自我心",展现了茅山上清派讲究内在超越的修炼思想。调养神当修善积德、少思寡欲,"游心虚静,息虑无为",调节喜怒哀乐情绪,防止劳神伤心,突出了对心性修炼的要求。陶弘景所总结的南朝上清派的养生延命的理论与方法,虽具有经验与想象相混杂、科学与信仰相交织的特点,但作为上清派养生思想之集大成者在后来的理论与实践中被发扬光大。

第五,陶弘景为上清派茅山宗培养了一批有信仰、有文化的上清传人。据《南史·陶弘景传》记载,陶弘景著述"唯弟子得之","共秘密不传",得陶弘景所授经法的人有三千多人,其中有名弟子主要有陆敬游、潘渊文、桓法闿、周子良、许灵真、杨超远、孙文韬、王郎、王远知及女弟子钱妙真等,他们对推动上清派茅山宗的发展做出自己的努力。陆逸冲,字敬游,吴郡海盐(今浙江嘉兴)人,他在陶弘景尚未隐居茅山前就已拜其为师了,后跟随陶弘景隐居茅山,又为茅山建设尽心尽力,陶弘景本来是要将上清宗师传给他,可惜陆敬游过早去世。出生于丹阳世家的周子良,12岁就开始跟随陶弘景修道。"玄人周子良,字符和,茅山陶隐居之弟子也。本豫州汝南郡汝南县都乡吉迁里人,寓居丹阳建康西乡清化里,世为胄族,江左有闻。"[2] 年轻的周子良因自怀愁虑,经常在梦幻中游历仙境,与仙真对话,在不足二十岁时服丹药离世。陶弘景将周子良的书信整理成《周氏冥通

---

[1] 《养性延命录》,《道藏》第18册,第477页。
[2] 《周氏冥通记》卷一,《道藏》第5册,第518页。

记》，从中可读到以陶弘景为代表的上清派茅山宗的一些鲜活样态。

陶弘景一生交游甚广，不仅有王公贵族、士族儒者，而且在游历名山、寻访真书的过程中，又拜访高道、交游高僧、三教九流。贾嵩《华阳陶隐居内传》卷中云：

> 齐梁间侯王公卿从先生授业者数百人，一皆拒绝，唯徐勉、江祐、丘迟、范云、江淹、任昉、萧子云、沈约、谢瀹、谢览、谢举等，在世日早申拥篲之礼，绝迹之后，提引不已。①

陶弘景曾一度成为梁武帝的"山中宰相"，两人在政治与宗教上都有密切联系，当时梁武帝借陶弘景倡隐退之风，敦劝士人静心问学，其早年还信仰道教，对萧氏家族弟子影响颇大。相传，梁武帝萧衍长子昭明太子萧统（501—531年）曾向陶弘景问学；还有萧铿（477—494年）等向陶弘景请教。陶弘景仙逝后，萧纲、萧绎、萧纶等皆为之撰写碑铭。入唐之后，上清派延续着陶弘景所开创的茅山宗传统而兴盛发展。

上清派之所以能够在南朝时广为流传，举世崇奉，与历代上清宗师依经法传授是分不开的，尤其是第九代宗师陶弘景："自居茅山以来，开道教之茅山宗。所传经箓，自陆修静即总括三洞。但陶弘景搜访杨许上清经箓，据以纂《真诰》及《登真隐诀》。故此宗仍主《上清经》说。"② 陶弘景与弟子们经过数十年努力建设宫观，使茅山成为上清派的大本营，上清派也被称为"茅山宗"。

陶弘景之后，上清派主要以茅山为基地，依附于南朝贵族支持的茅山宗传播着上清经法。有了固定的宗教活动基地，上清派得到了迅速发展，此后高道辈出，经论迭起。"上清经以丰富的内容适应了人们多方面的精神需要，其存思术与诵经术看起来简单易行，其实却具有神秘色彩和浓郁的宗教韵味，反映了人们希望借助神真之力来排除种种鬼魅对生命的干扰，以达到长生久视的理想目标。"③ 从齐梁到北宋，上清派鼎

---

① 《华阳陶隐居内传》卷中，《道藏》第5册，第509页。
② 陈国符：《道藏源流考》上册，中华书局1963年版，第28—29页。
③ 孙亦平：《从〈上清大洞真经〉看上清派的特色》，《中国道教》1999年第3期。

盛数百年，社会影响很大，不仅在唐宋时期成为中国道教的主流，而且随着历史的发展一直传播到今天，由此可见，文化创造才是一种宗教能够得到持续发展的内在动力。

第七节　上清经对江苏道教的影响

上清派所奉行的上清经是"一组数目可观、经不同时期多人之手制作、改窜的众经"①，从我们前面依据上清真人传记所载经书目录看，上清经中的某些篇卷似乎在汉代便已传世，如茅盈师事西城真人王君，后与之一起拜见西王母，得《太霄隐书》《玉佩金珰》二篇。到东晋时，清虚真人王褒在汲郡修武县将三十一卷经降授弟子魏夫人，还有景林真人授魏夫人《黄庭经》等，但由于这些神仙传记大多是东晋道士编造的，上清经大多没有署撰者名及年代，其在传播过程中神仙信仰与民间传说相交织，故复杂程度远远超乎常人的想象。与江苏道教发展相关的问题是，东晋时"一杨二许"托众真降授而用隶字写下的、在茅山问世的"古上清经"究竟包含了哪些道书？这些道书以怎样的方式传播并对江苏道教产生着实际影响？

有关上清经的问世，陶弘景《真诰·真诰叙录》、李渤《真系》、《云笈七签》卷四《上清源统经目注序》及《上清经述》都作了陈述，按陶弘景的看法，"一杨二许"书写的早期上清经，主要有许谧写的十余篇上清经和真人传，还有杨羲写的四十余卷真人口咬语录。陶弘景《真诰》编纂于南朝时，引用了正史、早期道经与《四十二章经》等佛教文献②，但"最后成书并开始在社会上流传可能要到唐代中期，其中还经历了从七卷、十卷，再到明《正统道藏》二十卷的过程"③。《隋书·经籍志》记载《登真隐诀》，

---

① 丁培仁：《关于〈上清经〉》，《宗教学研究》2000 年第 2 期。
② 例如，胡适找出《真诰》中有十三条（其实是十二条）全抄《四十二章经》，把佛言都改作了道教高真的话，文字也有了极微细的改动（《陶弘景的〈真诰〉考》，载钟来因《长生不死的探求——道经〈真诰〉之谜》，文汇出版社 1992 年版，第 264—267 页），但笔者认为，这恰恰反映了陶弘景期望通过对佛教的学习与借鉴来提升南朝道教的教义水平。
③ 王家葵：《陶弘景丛考》，齐鲁书社 2003 年版，第 78 页。

但未提到《真诰》。唐初编撰《南史》时,在陶弘景传中记载了他撰写各种书籍,其中也没有提到《真诰》。中唐之后,随着茅山宗的社会影响日显,《真诰》在文学作品中被广为征引,才使记载茅山上清派教义、神话、仪式、宗师传承谱系的上清经等公之于众。

今天看到的上清经主要是 15 世纪编撰《正统道藏》时所见的抄本,换言之,"古上清经"在问世后的岁月中经历了不断地被修编,其古貌已是模糊不清了,以至于陈国符在列出《洞玄灵宝三洞奉道科戒营始》卷五《上清大洞真经目》后说:"上清经三十四卷,今大部尚存于世,但多误入《正一部》。"① 20 世纪以来,内容丰富的上清经一直是道教研究的热点之一,学者们从不同角度对上清经做了专门的研究。他们大多认为现存的上清经是经过了后世编修的文本,由此来提醒人们注意上清经内涵的复杂性。

上清经作为一组在茅山问世并在江南传播的道书,往往强调自己有着古老而神圣的来源。清虚真人王君"学道华阴山,感太极真人降嗳上法,总真大君授上经三十一卷,遂为盟传之师"②,然后传授南真。这些被视为超越于一般道书的"上经",在东晋时,由南岳魏夫人等众真降授杨羲而在句容茅山问世:"杨君师事南岳魏夫人,受《上清大洞真经》三十一卷"③。这"三十一卷经"后来被认为是最早出现的"古上清经",因来自于"王君昔学道在阳洛山,遇南极夫人、西城王君,授此三十一卷经,行之,成真人"④,又称"南极、西城之本经"。

这些托众真降授而造作的"南极、西城之本经"主要通过一杨二许"三君手书"在句容茅山世家大族子弟中传播,到南朝时传播的地域扩大到京师及江东,如《真诰》卷十九记载:"今世中相传流布,京师及江东数郡,略无人不有,但江外尚未多尔。"⑤ 元代刘大彬修《茅山志》时在《序》中接续传统而言上清经的地域文化特征:"上清经法下教出世,始晋兴宁二年,紫虚魏元君降嗳琅琊王公府舍人杨君,作隶字写出,以传护军长

---

① 陈国符:《道藏源流考》上册,中华书局 1963 年版,第 16 页。
② 《茅山志》卷十,《道藏》第 5 册,第 597 页。
③ 《云笈七签》卷四《上清源统经目注序》,《道藏》第 22 册,第 18 页。
④ (北宋)李昉编纂:《太平御览》第六卷,河北教育出版社 1994 年版,第 318 页。
⑤ [日]吉川忠夫、麦谷邦夫编:《真诰校注》,朱越利译,中国社会科学出版社 2006 年版,第 575 页。

史许君父子。其图箓秘，非盟跪不传。"① 这些在茅山问世的道经大多冠以"上清"之名，其中也有如《黄庭经》等没有标上"上清"的，但因思想与道术的相似性而始终被上清派奉为经典，由此也反映了历史记载中的上清经来源的多样性及内容的含混性。

这批"古上清经"究竟有哪些内容？南朝梁编纂的《太真玉帝四极明科经》中多次提及"上清宝经三十一卷"，并指出其具体内容："高上《大洞真经三十九章》《素灵大有妙经》《雌一玉检五老宝经》《金华洞房紫书上文》《龟山元箓》《青箓白简金根上经》《太霄琅书琼文帝章》，上宫宝篇，凡三十一卷，此独立之诀，乃高玉玄映之道。洞天玉清宝文，授于已成真人，有金骨玉藏，名书帝简，录札紫庭，得见此文。"② 这些来自"上宫宝篇"的七种经其实并不够三十一卷之数，但在该经卷三《太玄都左宫女青四极明科律文》中又详细列出以《大洞真经三十九章》为首的三十一部道经的内容提要，其经名与上述七种有同有异："同"在都以《大洞真经三十九章》为首；"异"在后者列出"上清宝经三十一卷，独立之诀"时，既说明它们来自哪位神灵降授，也简述了具体的修道方法，反映了上清经在传播中内容逐渐丰满起来。尾崎正治认为，虽然这些道书并没有都冠以"上清"之名，但也"表明六朝时期已将'上清经三十一卷'被另外区别出来"，以供学人存思修行、明慎奉行之用。因此"《四极明科经》卷三所列三十一部经典是'古上清经'"。③ 王家葵通过对《太真玉帝四极明科经》记载《上清大洞经目》名称的考察而认为："'上清大洞经目'所出这三十部经书之多数与《真诰》卷五二许父子所写裴君'道授'有关。"④ 以说明这些上清经以一种特殊方式在江苏茅山问世。

唐代《洞玄灵宝三洞奉道科戒营始》列出的《上清大洞真经目》被日本学者广濑直记认为是"道士实用的传授目录"，根据其中"三十四卷玉清、紫清、太清、大洞经限，是王君授南真"⑤ 的说法，推论出清虚真人王

---

① 《茅山志叙录》，《道藏》第 5 册，第 550 页。
② 《太真玉帝四极明科经》卷一，《道藏》3 册，第 419 页。
③ ［日］尾崎正治：《道教经典》，载［日］福井康顺等监修《道教史》第一卷，朱越利译，上海古籍出版社 1990 年版，第 83、85 页。
④ 王家葵：《陶弘景丛考》，齐鲁书社 2003 年版，第 139 页。
⑤ 《洞玄灵宝三洞奉道科戒营始》卷五，《道藏》第 24 册，第 760 页。

君授魏夫人的"南极、西城之本经"是"三十四卷"。这个经目"应该是按《魏夫人传》的经典目录编辑的",其中可能包括王灵期所作"窃加损益"后的"伪经"①。那么,"古上清经"是"三十一卷",还是"三十四卷",这仅是各道书的不同记载吗?

  陈国符最早将《上清大洞真经目》与《云笈七签》卷四《上清源统经目注序》及《上清经述》的内容进行比对,指出"《上清大洞真经》三十一卷,当即王君所授也。但此云三十四卷,盖其二卷三卷诸经,或本为一卷,后析成二三卷,故总数由三十一卷,增至三十四卷耳。至此诸经为杨许真经,抑或王灵期伪造,已不可考"②。同时他也指出:"杨羲所出上清经,当即此《上清大洞真经》,凡三十一卷。但陶弘景目内当尚有其他杨许经传真唉"③,以提示杨羲所出上清经即为《上清大洞真经》凡三十一卷,陶弘景著作中还保留着一些"一杨二许"手书的"真唉"。长期以来将"三十一卷"视为"古上清经"就成为比较通行的看法。

  上清经的出现展现了因士族的参与而推动着江南道教向精英化方向的发展,这也是上清派能够在不长的时间里崛起并在江南地区得以传播,成为江苏道教主流的重要原因。陆修静所撰上清经目迄今未见,但在《云笈七签》卷四《上清源统经目注序》收录了几十种没有署名的道书目录,只说"谨以鄙思,寻校众经,为《上清目义》。非敢有裨大乘,聊自记而已"④。有人推测,这或是陆修静所撰上清经目,或是南朝顾欢所撰。虽然这是编撰者"聊自记"以备考用,但也可见南朝时上清经已粗具规模。北周武帝天和年间(566—572年)甄鸾上《笑道论》记载:"玄都道士所上经目,取宋人陆修静所撰者。目云:上清经一百八十六卷,一百二十七卷已行。"⑤反映了南朝时好道者争相传抄、修习经法,使真伪交杂、新旧混淆的上清经在江南一带流传开来,经文卷帙也在逐渐增多,为佛教徒所关注并记录下来。

  陶弘景《真诰》中记载的魏华存等众真降授而问世的道经主要有《上

---

  ① [日]广濑直记:《〈紫度炎光经〉的成书——上清经典的真伪问题》,载方立天主编《宗教研究》,宗教文化出版社2013年版,第133页。
  ② 陈国符:《道藏源流考》上册,中华书局1963年版,第16页。
  ③ 陈国符:《道藏源流考》上册,中华书局1963年版,第15页。
  ④ 《云笈七签》卷四《上清源统经目注序》,《道藏》第22册,第18页。
  ⑤ 《广弘明集》卷九《笑道论》,《大正藏》第52卷,第151页。

清大洞真经》《黄庭经》《七元星图》《灵宝五符》《飞步经》《西岳公禁山符》《中黄制虎豹符》等，但所记载的上清经名仅是很少一部分。由于《真诰》有关上清经诸篇章的抄写时间非常集中，涉及的仙真大多属于西王母为首的墉城仙界以及南岳魏夫人为首的上清真人，涉及的人物以句容"一杨二许"为首。"一杨二许"究竟造作了哪些上清经？刘琳依据陶弘景《真诰》和《登真隐诀》中所录的"真噫"和所写的"真经"，认为杨羲与许谧父子造作的上清经至少有 30 余种。① 这些"古上清经"也以《大洞真经》为首，与陶弘景《真诰》中的"仙道有大洞真经三十九篇，在世"② 相符合。

其实上清经所包含的内容可能更为丰富。日本学者福井康顺根据道教典籍中的记载，提出上清经的指涉有三种：一是三百卷本，但这三百卷的具体内容不明；二是"三十一卷"本；三是《上清大洞真经三十九章》一卷。他认为"二，三可说是狭义的上清经。一般认为，上清经大多数情况是指'三十一卷'。'三十一卷'在整个上清经中被认为是最早出现的，因而被称为'古上清经'，以与其它经相区别。"③ 反映了上清经在道教历史发展中因被不断编纂而内涵处于动态演变之中。

虽然有关上清经的篇目及内容至今仍有不同说法，但道书中将《上清大洞真经三十九章》《雌一玉检五老宝经》《太上素灵洞玄大有妙经》并称为"道者三奇"，作为上清经的核心经典。法国学者贺碧来（Isabelle Robinet）曾分析 140 多种上清经，考出因众真降授出世的上清经原始篇目及陶弘景所记载的上清经情况而认为"这些标记为'三奇'的文本是后来才加入或整合进上清经系的，然而它假定了一种形制并采用了一个术语使之精确对应'上清派'中的其他作品。它们的内容（如观想、符咒、丹诀、启请

---

① 具体经目请参见刘琳《杨羲与许谧父子造作〈上清经〉考》，《中国文化》第 8 期，第 105—110 页。
② ［日］吉川忠夫、麦谷邦夫编：《真诰校注》，朱越利译，中国社会科学出版社 2006 年版，第 575 页。
③ ［日］尾崎正治：《道教经典》，载［日］福井康顺等监修《道教史》第一卷，朱越利译，上海古籍出版社 1990 年版，第 82 页。

等）同上清运动中的其他文本完美协调"①。笔者认为，《上清大洞真经》作为东晋时出世的"古上清经"之一，在其后的岁月中内容上可能会出现变化，但它与《黄庭经》始终是江苏道教中最具有代表性的经典。

在江南传播的上清经"此传已成真人，不传于始学也"②，它们的传播对象不是普通民众，而是有文化的修上清之道而有所成就者。上清宗师托神造经，对道教教义进行文化创新，在修炼方法上，上清派不主金丹术，而专主行气存思术，通过存养神气、吟诵宝章之法来调整人的身心活动，沟通人与神的联系，辅以咽津、念咒、佩符等道术，推动以符箓为主的天师道逐渐向注重个人内修方向发展的趋势，这一做法在当时受到了江南王公贵族们的欢迎，尤其是上清经排除早期道教反映普通民众的愿望和为社会改良建言的内容，奉元始天王、太上大道君、太微天帝君、后圣金阙帝君、太上老君等神灵，吸收儒家倡导的仁义孝悌等伦理纲常，强调个体生命修炼，多言养生之道而适合江南士族的精神需要，其中将《上清大洞真经》视为"古上清经"之首："以《上清大洞真经》最为精妙。……故上清经以《大洞真经》为首，且又称《上清大洞真经》"③。

《上清大洞真经》全称《上清大洞真经三十九章》，简称为《洞经》，原来只有一卷，分为三十九章，又称《三十九章经》《三天龙书》《大洞玉经》《九天太真道经》，为生活在东晋时期的杨羲等人托"南岳魏夫人"降授造作的，是"古上清经"之首经，因受到士人的重视，在南北朝时就出现了多种传本。茅山上清派将《上清大洞真经》视为"道者三奇"之首经，如茅山上清二十三代宗师朱自英述《上清大洞真经序》曰："夫道有三奇，第一之奇《大洞真经三十九章》，第二之奇《五老雌一宝经》，第三之奇《素灵大有妙经》。故三十九章者，乃九天之奇诀，上元太素君金书之首经也"④。反映了东晋时魏夫人等上清仙真降授杨羲上清经书后，《上清大洞真经》一直是茅山上清派奉行的主要道书。

《上清大洞真经》在传播中形成了多种传本，陶弘景说："按《登真隐

---

① 转引自张超然、裴玄铮《道书与福音：早期道教与基督教经典之比较》，载游斌主编《比较经学》第 7 辑，宗教文化出版社 2017 年版，第 39 页。
② 《洞真太上素灵洞元大有妙经》，《道藏》第 33 册，第 414 页。
③ 陈国符：《道藏源流考》上册，中华书局 1963 年版，第 17 页。
④ （宋）朱自英述：《上清大洞真经序》，《道藏》第 1 册，第 512 页。

诀》第二《经传条例》云:《大洞真经》今世中有两本,一则大卷,前有徊风混合之道,而辞旨假附,多是浮伪;一本唯有三十九章,其中乃有数语与右英(即右英夫人)所说者同,而互相混糅,不可分别,唯须亲见真本,乃可遵用。又闻有得杨、许三十九章者,与世中小本不殊,自既未眼见,不测是非,且宜缮写,以补品目。又有《玉注》一卷,即是略释《洞经》中旨,亦可录也。"① 陶弘景提到《大洞真经》有大卷本和小卷本之分,认为茅山宗坛传本即是由"一杨二许"所传的小卷本,其还指出《玉注》是《洞经》的注释本。陈国符先生认为:"疑今《道藏》本《上清大洞真经》出自小本。其大本已亡佚。"② 此说可参考。《上清大洞真经》在历史发展中受到人们的重视,明《道藏》中收录了多种传本:

1. 茅山宗坛传本:《上清大洞真经》六卷,前有上清派第二十三代宗师朱自英序,后有南宋程公端、明初四十三代天师张宇初的后序。各卷首都题有"茅山上清三十八代宗师蒋宗瑛校勘"。

2. 北宋校释本:《上清大洞真经玉诀音义》一卷,题为"大洞三景弟子真靖大师赐紫陈景元撰",经首有《灭魔神慧玉清隐书内祝隐文》摘取经中的字、词进行音义注释,然后列出三十九章经文。陈景元是北宋人,曾师高邮道士韩知止为师,他摘取《上清大洞真经》经文中的单字或词句,注释读音词义,校勘文字。

3. 宋元传本:《大洞玉经》二卷,题为"宋元间道士赵真人等撰,龚德同抄录并序"。经文亦分为三十九章,后附《太玄真人咒》《大洞内炼玉章》《玉清大洞内炼玉经》等。全书虽然也倡导存思诵经之法,但篇章经文、祝词符图与茅山宗坛本多有不同。

4. 南宋传本:《太上无极总真文昌大洞仙经》五卷,又名《文昌大洞仙经》共三十八章。此经假托文昌帝君于南宋孝宗乾道戊子年(1168年)降授道士刘安胜。该经删去《大洞真经》所倡导的存思之法,而大倡济生度死,消灾却祸,将设斋诵经,行善积德作为修仙之要,类似于劝善书。

5. 蜀本:《玉清无极总真文昌大洞仙经注》十卷。题为"元期道士卫

---

① 现存的《登真隐诀》没有这段文字。此文存于《上清大洞真经玉诀音义》,参见《道藏》第2册,第710页。

② 陈国符:《道藏源流考》上册,中华书局1963年版,第19页。

琪撰",是《太上无极总真文昌大洞仙经》的注本,卷一有三十八代天师张与材序。

在众多的版本中,茅山宗坛本《上清大洞真经》六卷是比较通行的本子,反映了上清派在茅山传播的经典依据。第一卷《诵经玉诀》概述了修炼的要诀,要修炼者依经诵章思神,召神灵真气下降,入布人身,与身中诸神混合,达到镇神固精,以至性命长存的功效。卷二至卷六依次收经文三十九章,以示"上清三十九帝皇迴真下映,入兆身中三十九户。于是各由其所贯之户,著经一章。其辞幽奥,以用领括百神,招真辟非,所谓'庆云开生门,祥烟塞死户'者,此欤。故中央黄老元素道君,总彼列圣之奥旨,集成大洞之真经,故曰《三十九章经》也"①。每章有《五言韵文》一首,以及思神法、存思图、咒语、祝文和符图等,最后附有《徊风混合帝一秘诀》一篇。

《上清大洞真经》通过介绍众神的名号与功能,来讲述人怎样通过冥想来与神交流的指导性文字。因此在修炼方法上,上清派不主金丹术,而专主行气存思术,如《上清大洞真经》以"存心养性以事天,聚精会神而合道"② 为宗旨,倡导以存思神真,吟诵宝章为主,同时辅以服食金丹、导引行气、召神伏魔、遁甲隐景、踏罡步斗、高奔日月、吸云餐露等道术,这与当时流行的以葛洪为代表的神仙道教丹鼎派和天师道奉行的符水禁咒为人治病的道术都有所不同,表达了一种通过自我修炼以获得生命长存的追求。"这样的存思法需要高度的精神境界,并非任何人都可以轻易施行的。可以认为,正是这个难点,使得上清派的信奉者被局限在部分知识分子阶层。"③上清派开发出种类繁多的存思法,陈国符通过对《上清大洞真经》的研究,也指出"上清经法,以存想为主,并用符咒",这反映了"上清派关注个人的内面性,重视在冥想中沟通人与神的直接联系"④ 等特点。虽然通过虚构夸张的说法来展示上清经所倡导的身体观与修道观等内容,但对江苏道教产生的实际影响却是不可低估的。

---

① (宋)朱自英述:《上清大洞真经序》,《道藏》第 1 册,第 512 页。
② 《上清大洞真经》卷六,《道藏》第 1 册,第 554 页。
③ [日]小林正美:《中国的道教》,王皓月译,齐鲁书社 2010 年版,第 49 页。
④ [日]神塚淑子:《六朝道教思想の研究》,东京创文社 1999 年版,第 286 页。

从齐梁到北宋，上清派能够鼎盛数百年，不仅在唐宋元时期成为中国道教的主流，而且随着历史的发展一直保持着自身的特色延续下来。为什么上清派能够具有如此强盛的生命力？原因是多方面的，但一种文化要得到持续不断的发展，必须要有一定的理论内涵。以《上清大洞真经》为代表的上清经所蕴含的文化意涵，为上清派的持续发展提供了丰富的文化养料。

首先，《上清大洞真经》表达了独特的成仙思想，使上清派对道教终极理想的阐释富有特色。道教倡导"得道成仙"，这是它为人类设计的最具有魅力的目标之一。为了实现这一理想目标，道教发明了种种道术，鼓励道士通过修炼来巧夺天地造化之功，达到与天地之道共存的境界。《真诰》中赞之曰："若得《大洞真经》者，复不须金丹之道也，读之万过，毕便仙也。"[1] 同时再辅以其他道术，这与当时流行的丹鼎派和符箓派奉行的道术都有所不同，不仅内容丰富，适应了人们多方面的需要，而且存思术与诵经术既简单易行，又具有神秘色彩和浓郁的宗教韵味，反映了人们希望借助神真之力来排除种种鬼魅对生命的干扰，以达到长生久视的理想目标。

其次，《上清大洞真经》所构想的身中之神，使上清派在一定程度上满足了人们自我拯救的需要。《上清大洞真经》从天人合一的思维方式出发，认为既然宇宙大天地中存在着无数的神灵，那么，人体内部也应该有与之相对应的各种神灵，从而构想出形形色色的身中之神。身中之神遍在全身各处，"二十四真，回入黄庭，口吐黄气，二十四星，灌我命门，百神受灵，体充骨强，魂魄安宁，五脏受符，天地无倾"[2]。这些身中之神各有姓字、服色，他们掌管着人体的不同器官。《上清大洞真经》宣称，学道者若能守一存真，思神诵经，佩符念咒，即可使身中各种神灵安然守护着身体的各个部位，开生门，塞死户，从而使五脏六腑安康，五官七窍清明，最终达到延生益寿，长生不死的目的。《上清大洞真经》还设计了种种与身中之神相沟通的方法，"平坐诵经，存帝一尊君对兆面前，空玄中坐，尊君之口，正对兆口，听兆所读真经"[3]。通过存养神气，吟咏真经，使天真下降，与兆身

---

[1] ［日］吉川忠夫、麦谷邦夫编：《真诰校注》，朱越利译，中国社会科学出版社2006年版，第184页。

[2] 《上清大洞真经》卷一，《道藏》第1册，第519页。

[3] 《上清大洞真经》卷一，《道藏》第1册，第519页。

中神气混融，在一定程度上满足了人们希望能够自我拯救的需要，因而得到了人们的喜爱。

第三，《上清大洞真经》将"存思诵经"作为主要的修炼方法，表达了上清派对个人身心修炼的重视。存思，又称存想，即要求修炼者闭目静坐，控制呼息，内观某一物体或神真的形貌、特征、活动等，以期达到去除杂念，集中思想，最终进入与存思对象融为一体的境界。这是一种主客不分"纯粹经验"的状态，由此反映了上清派通过存思方式而获得的觉悟，不是以思维为基础而获得的抽象知识，也不是迷信的情感，而是自己悟得存在心灵深入的与道合一的精神境界。对于修道者来说，存思之始，"先于室外秉简，当心临目，扣齿三通，存室内有紫云之气遍满，又郁郁来冠兆身。存玉童玉女侍经左右，三光宝芝，洞焕室内。存思毕，扣齿三通，念入户咒"①。上清派从存思之所的布置，到存思仪程、所存神真，都是在"天人合一"思想指导下而形成的一种简单易行的修炼方法，故"此法每日行住坐卧，皆可修之"。《上清大洞真经》构想了丰富的存思神灵来满足人们自我拯救的需要，使上清派在向理论化方向发展的同时，也更以关注人的生命存在而切入江南人的日常生活中。

最后，在《上清大洞真经》中，因所存神真不同，存思法也有多种：存思五方之气法、存思日月法、存思二十四星宿法、存思身中之神法。如存思二十四星宿法的具体做法是：

> 毕，口吸二十四星，一息气，咽津二十四过，时觉吞一星从口中径至脐中，又觉星光映照于一腹之内，洞彻五脏，又存星光化为二十四真人，并口吐黄气如烟，以布脐中，郁郁然洞彻内外，良久，用呼字吐息。心拜三十九过，次思兆身三十九户，逐一分明，各有神真，严固守之，存三十九君各降真气，来灌兆身三十九户。②

《上清大洞真经》认为，若在存思法中再配合请神、思神、诵经、呼吸、服气、咽津、叩齿、佩符等一系列动作，才可进入与神沟通的理想状

---

① 《上清大洞真经》卷一，《道藏》第1册，第513页。
② 《上清大洞真经》卷一，《道藏》第1册，第519页。

态。上清派还将《上清大洞真经》奉之为"仙道之至经",宣称"大洞之道,至精至妙,是无英守素真人之经,其读之者,无不乘云驾龙"[①]。认为只要奉诵《上清大洞真经》即可乘云驾雾,登上清之仙境:"读经万遍,云驾来迎,携宴五帝,日月九君,得为仙公,上清真人。"[②] 这对一般人来说是具有多么大的吸引力啊!故《上清大洞真经》被奉为上清经系的诸经之首,历代传衍不绝。

从表面上看,《上清大洞真经》是一部修真之书,经中反复说"臣今入室焚香,披咏《上清大洞真经三十九章》""臣今入室焚香,讽读《上清大洞真经三十九章》""臣今入室诵咏《上清大洞真经三十九章》,愿晨晖焕发,映照臣身,腑藏荣华,灾祸消散,七祖返胎,同驾云舆"[③]。因此四十三代天师张宇初在后序中说:"《大洞真经》凡三十九章,皆修炼之旨。"[④] 以今人目光来看,其中所包含的对终极目标的设立,对神人关系的构想,对修真方法的阐述,展示了上清派思想与实践的鲜明特色。上清派在后来的发展中,以《上清大洞真经》为奉行经典而聚集了许多具有一定文化素质的道士,他们对经教科仪的重视,对成仙之道所进行的理论阐释,使道教逐渐脱去了民间宗教的外衣而从内容到形式都越来越丰满成熟。[⑤] 以《上清大洞真经》为主要理论依据的上清派,因拥有丰厚的理论,到唐代时又发展成为道教中最上乘的道派,为其在唐宋时期的持续发展奠定了基础。

[①] [日]吉川忠夫、麦谷邦夫编:《真诰校注》,朱越利译,中国社会科学出版社2006年版,第174页。
[②] 《上清大洞真经》卷六,《道藏》第1册,第553页。
[③] 《上清大洞真经》卷一,《道藏》第1册,第515页。
[④] 《上清大洞真经》卷六,《道藏》第1册,第555页。
[⑤] 孙亦平:《从〈上清大洞真经〉看上清派的特点》,《中国道教》1999年第2期。

第 五 章

灵宝经与三洞经书

在上清派在句容茅山兴起的同时，江南吴地还出现了一个以传授灵宝经为名的灵宝派，"至吴有句曲葛玄，访道会稽郡，祈真上虞山，遇太极诰使之驾，降灵宝众经之帙，斯为上品，最先噯焉"[①]。灵宝经作为另一组新道书，主要由丹阳葛氏家族代代传承，形成的灵宝派在当时产生了广泛的影响，后成为道教史上影响深远的经箓派之一。迄今为止，国际汉学界对灵宝经与灵宝派进行了旷日持久的讨论，取得了许多富有创意的新成果。从历史上看，灵宝经的问世是历史与神话相交织，为什么会被分为古灵宝经、今灵宝经？它们各有哪些名目、经卷和内容相传于世？灵宝经如何在江南社会中经过增删而不断丰富发展？灵宝派在南朝三教冲突与融合的文化环境中，借鉴了哪些佛教教义和修行法门而推动道教的更新？三洞经书编纂体系为什么会在建康出现，对江苏道教的发展产生了哪些影响？

第一节　灵宝经在吴地的问世

从文献记载看，灵宝经与上清经降世方式不同，最早问世于江南吴地的《灵宝五符经》借助于神话传说，在描写神人传授时又借鉴了佛经文体且有不同的表达，引出的传经故事随时代发展也越加丰富，成为江苏道教文化中的重要内容。环太湖地区自古是吴越人的聚集地，有关灵宝五符来历的故

[①]　（宋）陈景元撰：《度人经集注序》，《道藏》第 2 册，第 187 页。

事，据说来自东汉袁康《越绝书》：

> 禹治洪水，至牧德之山，见神人焉。谓禹曰："劳子之形，役子之虑，以治洪水，无乃怠乎？"禹知其神人，再拜请诲。神人曰："我有《灵宝五符》，以役蛟龙水豹，子能得之，不日而就。"因授禹而诫之曰："事毕，可秘之于灵山。"禹成功后，乃藏之于洞庭包山之穴。①

大禹治水时，遇见神人传授灵宝五符，用于制伏蛟龙水豹的作怪。查阅今本《越绝书》，其中并没有这个故事，只看到借大禹后代越王无余之口说大禹治水时在江浙一带巡游的事迹："禹始也，忧民救水，到大越，上茅山②，大会计，爵有德，封有功，更名茅山曰会稽"③。大禹治水成功后，便将有关治水的"素书"藏于洞庭包山（今太湖洞庭西山）的林屋洞中。"素书"即指用白绢写成的灵宝五符。据此传说，清代学者俞樾题写"灵威丈人得大禹素书处"十个篆书大字，至今还刻在"林屋古洞"入口处的石壁上。

《越绝书》以吴越争霸的历史事实为主干，从时间上看，上溯夏禹、中至春秋战国，下迄两汉。这部被誉为"地方志鼻祖"的《越绝书》因详细记载吴越交战、越王勾践卧薪尝胆，最后兴越灭吴，逐鹿中原的历史经过，故被有些学者称为"复仇之书"，其中尤以春秋战国时吴、越政权国事为记述对象，再旁及诸侯列国。李步嘉认为《越绝书》成书在袁术时代，今本的面貌大致定型于西晋初期。④ 从空间上看，《越绝书》以吴越地方为叙事的空间框架，虽然书中所言"吴地"与"越地"并无明确的边界，但其中对今天江苏南部，古称"吴地"的山泽古迹、城池建置、郡县沿革、掌故杂谈的记载，也为了解灵宝派在江苏的兴起及传播提供了文化基盘。

有关灵宝五符的降授、传承和功用，在民间传说、道书、史书和儒书中的记载存在着些许差异，但以江苏太湖包山为地点而讲述灵宝五符的传经故

---

① 明代孙毂在《古微书》卷三十二《河图绛象》中说的这段话出自《越绝书》（参见（明）孙毂著录《古微书》，齐鲁书社2001年版，第662页）。
② 《水经注·渐江水》："会稽山，古防山也，亦谓之为茅山，又曰栋山。"
③ 张仲清译注：《越绝书》，中华书局2020年版，第147页。
④ 李步嘉：《〈越绝书〉研究》，上海古籍出版社2003年版，第176页。

事,最早表达的洞天藏经的道教思想,在吴地却演化成为灵宝经问世的一种方式,反映了江南人对道书来源的神话叙述和历史认识的奇异结合。

从儒书记载来看,到吴王阖闾时,有龙威丈人得《灵宝五符》进献。吴王将之遍示群臣,皆莫能识,乃令使者携符书去向孔子请教。孔子才讲出此经的来历:"'禹治洪水于牧德之山,遇神人授以《灵宝五符》,后藏于洞庭之包山。君王所得,无乃是乎?赤乌之事,某所未详。'使者反白,阖闾乃尊事之。先是江左童谣云:'禹治洪水得五符,藏之洞庭之包山湖。龙威丈人窃禹书,得吾者,伤国庐。'寻而吴果灭。"① 从谶纬的角度讲述了吴国灭亡的原因。

从道书记载来看,有关《灵宝五符》的由来及出世的传说,最早见于魏晋时的《太上灵宝五符序》。其中讲述了《灵宝五符》始自玄元,经三皇五帝而传至吴王阖闾的经历。帝喾"既执中而尸天下",于是九天真王、三天真皇,并执八光之节,佩景云之符,到于牧德之台,授帝喾以九天真灵经、三天真宝符。帝喾乃祭天帝北河之坛,藏于钟山之峰,封以青玉之匮,以期后圣有功德者令施。后来,大禹治土平济,大水既消,尔乃巡狩于钟山,祀上帝于玉阙,得灵宝五符天文藏于玄台之中。吴王阖闾十二年孟春正月,命槥江湖,耀旗蛟龙,观兵于敌国,解带乎包山,在此遇包山隐居,号曰龙威丈人,得《灵宝五符》。②

有关灵宝经出世的传说在江南社会传播中内涵越来越丰富,尤其是在道教语境中发展出新的情节和思想,如葛洪在《抱朴子内篇》中多次引用《灵宝经》时也提及吴王伐石得紫文金简之书的故事:

《灵宝经》有《正机》《平衡》《飞龟授袟》凡三篇,皆仙术也。吴王伐石以治宫室,而于合石之中,得紫文金简之书,不能读之。使使者持以问仲尼,而欺仲尼曰:"吴王闲居,有赤雀衔书以置殿上,不知其义,故远谘呈。"仲尼以视之,曰:"此乃灵宝之方,长生之法,禹之所服,隐在水邦,年齐天地,朝于紫庭者也。禹将仙化,封之名山石

---

① 《纬书集成》上引《越绝书》,上海古籍出版社 1994 年版,第 358 页。
② 《太上洞玄灵宝五符序》卷上,《道藏》第 6 册,第 315—317 页。

函之中，乃今赤雀衔之，殆天授也。"①

吴王将此书遍示群臣，皆莫能识，乃令使者送去向孔子请教。孔子看后，认为此经就是"灵宝之方，长生之法"，这不同于儒书中的说法而贴近道教对灵宝经性质的认识。

就吴王所得灵宝经凡三篇《正机》《平衡》《飞龟授袟》的来源，据《神仙传》记载：秦汉时，华子期从其师汉初隐士"商山四皓"之一的甪里先生得受"隐仙灵宝方"，"华子期者，淮南人也。师禄里先生，受隐仙灵宝方。一曰伊洛飞龟袟，二曰伯禹正机，三曰平衡方。按合服之，日以还少，一日能行五百里，力举千斤，一岁十二易其形。后乃仙去"②。甪里先生，又作禄里先生，曾隐居江南水乡修道，这也是今天苏州甪直镇名的来历。《太上洞玄灵宝五符序》卷上也记载了甪里先生传授给华子期三种隐仙灵宝之仙方："华子期者，九江人也。少好仙道，入山隐迹，采服草药，栖身林阜二十余年。忽遇甪里先生，乃授之仙隐灵宝方：一曰河图隐存符，二曰伊洛飞龟，三曰平衡。案合服之，日更少壮，色如少女，一日行五百里，能举千斤，一岁十易皮。乃入潜山中，而白日升天矣。"③ 华子期按照这三种药方配制了仙药，服下后，日渐恢复青春，一天能走五百里路，一次能力举千斤，一岁十次易皮而保持年轻肌肤，可见灵宝仙方之效果。华子期后隐于八公山（今安徽淮南）洞中修炼，最后得道成仙而去，当地人称此洞为"子期洞"。传说，三茅兄弟曾来此洞从事修仙活动，此洞后以茅仙洞为名在淮南传扬开来，可见灵宝经初传范围主要在吴越，后来又扩大到淮南。

灵宝经中宣扬的是灵宝之文来自天尊降授人间，这在陆修静所撰《灵宝经目序》也有记述："灵宝之文，始于龙汉。……上皇元年，元始下教，大法流行，众圣演畅，修集杂要，以备十部三十六帙，引导后学，救度天人。上皇之后，六天运行。众圣幽升，经还大罗。自兹以来，回绝元法。虽高辛招云舆之校，大禹获钟山之书。老君降真于天师，仙公授文于天台。斯

---

① 王明：《抱朴子内篇校释》，中华书局1985年版，第229页。
② 邱鹤亭注释：《列仙传今注　神仙传今注》，中国社会科学出版社1996年版，第232页。
③ 《道藏》第6册，第318页。

皆由勋感太上，指成圣业。"① 陆修静指出灵宝之文由"老君降真于天师，仙公授文于天台"，以神道设教的方式来提升天师道法师在传经中的地位，正如柏夷指出："在5世纪早期灵宝运动的诸多创新中，对道门领袖角色的再定义即是其一：为取代天师道的祭酒，灵宝运动中发展出'法师'一职，指称'有资格举行灵宝斋'者"。②

在《道教义枢》卷二《三洞义》中勾勒了一个传经系统，提出灵宝经是由灵宝君所出，高上大圣所撰，然后通过元始天王告西王母，形成了灵宝真文篇目，十部妙经，合三十六卷，成为修仙之宝典，再通过葛氏家族相传于世：

> 洞玄是灵宝君所出，高上大圣所撰，今依元始天王告西王母，太上紫微宫中金格玉书，灵宝真文篇目，十部妙经，合三十六卷。按《太玄都四极明科》曰：洞玄经，万劫一出。今封一通于太山，一通于劳盛山。昔黄帝登峨眉山，诣天真皇人，请受此法，驾龙升天。帝营之时，九天真王驾九龙之舆，降牧德之台，授帝此法。帝后封之于北钟山。夏禹所感之经，出没有异。③

大概是为了强调灵宝经有着神圣之源和悠长的传经之序，其中对灵宝经下传的地点却有改变："今传灵宝经者，则是天真皇人于峨眉山授与轩辕黄帝，又天真皇人授帝喾于牧德之台，夏禹感降于钟山，阖闾窃窥于句曲。其后有葛孝先之类，郑思远之徒，师资相承，蝉联不绝。"④ 特别提及"夏禹感降于钟山，阖闾窃窥于句曲"以说明灵宝经曾在帝王支持下传播到江南，后通过葛玄传弟子郑思远（即郑隐），以师资相承的方式使更多的士族子弟得以传阅。

陶弘景在《真诰》中也记载了夏禹的传经故事："夏禹诣钟山，啖紫

---

① 《云笈七签》卷四《灵宝经目序》，《道藏》第22册，第19页。
② ［美］柏夷：《早期灵宝经与道教寺院主义的起源》，《道教研究论集》，中西书局2015年版，第40页。
③ 《道教义枢》卷二，《道藏》第24册，第814页。
④ 《元始无量度人上品妙经内义》，《道藏》第2册，第337页。

奈，醉金酒，服灵宝，行九真而犹葬于会稽。此事亦出《五符》中。"① 在《真灵位业图》中，夏禹因受江南道教神话中的钟山真人灵宝法，治水有功，得到钟山真人"乃口诀以长生之道，示以真宝服御之方"，被列为道教神谱中第三等级左位的仙真②。

宋代《云笈七签》卷三《灵宝略纪》综合以上各种说法对《灵宝五符》的问世作了详细的叙述，其开篇即强调"元始天尊，以灵宝教化"："经一亿劫，天地乃开，劫名赤明，有大圣出世，号曰元始天尊，以灵宝教化，其法兴显。"经若干劫，太上大道君降诞，"及其长，乃启悟道真，期心高道。坐于枯桑之下，精思百日，而元始天尊下降，授道君灵宝大乘之法十部妙经"。道君即为广宣经箓，传乎万世。又遣三天真皇赍《灵宝五篇真文》以授帝喾：

> 帝喾时，太上遣三天真皇赍《灵宝五篇真文》以授帝喾，帝喾将仙，乃封之于钟山。至夏禹登位，乃登名山巡狩，度弱水，登钟山，遂得帝喾所封《灵宝真文》。禹未仙之前，乃复封之，镇乎北岳及包山洞庭之室。③

这里不仅说明夏禹将《灵宝真文》镇乎太湖流域的包山洞庭之室，而且更引出以葛玄为代表的葛氏家族对传播灵宝经的贡献。吴王阖闾"侈性慢易，不能遵奉道科，而真文乃飞上天，不知所在。后其子夫差嗣位，乃登劳山复得之，奉崇供养，自尔相承，世世录传。至三国时，吴主孙权赤乌之年，有琅琊葛玄，字孝先。孝先乃葛尚书之子。尚书名孝儒，年八十乃诞玄。玄多灵应，年十三，好慕道德，纯粹忠信。举孝廉不就。弃荣辞禄，志尚山水。入天台山学道，精思遐彻，未周一年，感通太上遣三圣真人下降，以灵宝经授之。……三真未降之前，太上又命太极真人徐来勒，为孝先作三洞法师。孝先凡所受经二十三卷，并语禀、请问十卷，合三十三卷"④。葛

---

① ［日］吉川忠夫、麦谷邦夫编：《真诰校注》，朱越利译，中国社会科学出版社 2006 年版，第 459 页。
② 《洞玄灵宝真灵位业图》，《道藏》第 3 册，第 276 页。
③ 《云笈七签》卷三《灵宝略纪》，《道藏》第 22 册，第 15 页。
④ 《云笈七签》卷三《灵宝略记》，《道藏》第 22 册，第 15 页。

玄因在天台山学道，感通太上遣三圣真人下降，以灵宝经授之，由此引出在道教史上灵宝经通过葛氏家族在江南传播的说法。

对此，小林正美认为，灵宝经是"持有相同思想的一群人"根据传说编造了托神降授的传经神话："仙公系灵宝经在传承方面，被认为是三国吴之时由太极真人徐来勒向葛仙公（葛玄）传授的灵宝经，但实际上其是一定的历史时期由持有相同思想的一群人所编纂的。仙公系灵宝经之中记载了道教史上许多重要的事情，所以如果能确定其编纂时期和编纂者的话，对于复原道教史是非常有用的。"① 若联系江苏道教史来看，从太极真人徐来勒等三真向葛玄下降灵宝经始，葛氏家族就走上了在江南地区传授灵宝经之路。

> 徐来勒等三真，以己卯年正月一日日中时，于会稽上虞山传仙公葛玄。玄字孝先，于天台山传郑思远、吴主孙权等。仙公升天，合以所得三洞真经，一通传弟子，一通藏名山，一通付家门子孙。与从弟少传奚，奚子护军悌，悌子洪，洪又于马迹山诣思远盟受。洪号抱朴子，以晋建元二年三月三日，于罗浮山付弟子海安君望世等。至从孙巢甫，以晋隆安之末，传道士任延庆、徐灵期之徒，相传于世，于今不绝。②

敦煌文书 P. 2452《太上灵宝威仪洞玄真一自然经诀》也有相似的记载，但扩大了传授人群的范围："太极真人称徐来勒，以己卯年正月一日日中时，于会稽上虞山传太极左仙公葛玄，字孝先。玄于天台山传弟子郑思远、沙门竺法兰、释道微、吴先主孙权。"③ 神塚淑子将敦煌文书 P. 2452 与《道教义枢》及《云笈七签》的记述进行综合、整理，以《灵宝经目》中言及葛仙公的 10 部灵宝系道经为例，勾勒出灵宝派的传经次序：

---

① ［日］小林正美：《新范式道教史的构建》，齐鲁书社 2014 年版，第 129 页。
② 《道教义枢》卷二，《道藏》第 24 册，第 814 页。
③ 李德范编：《敦煌道藏》，全国图书馆文献微缩复制中心 1999 年版，第 5 册，第 2449 页。

```
太极真人徐来勒 ──→ 太极左仙公葛玄 ──→ 葛奚 ──→ 葛悌
                        │
                        ├──→ 郑隐 ──→ 葛洪 ──→ 海安君望世 ──→ 葛巢甫 ┬─ 任延庆
                        │                                              └─ 徐灵期
                        ├──→ 沙门竺法兰
                        ├──→ 释道微
                        └──→ 吴主孙权
```

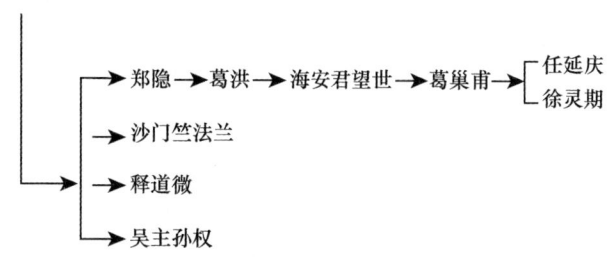

神塚淑子提出，从上述谱系中可看出，在灵宝经传授关系中，太极左仙公葛玄（葛仙公）正位于灵宝经从天界传向人间的接点上。"在这些道经中，葛仙公不仅是道经解说者，还成了道经中（道经构成上）一个不可缺少的人物（角色）。不过，在这些道经中，太极真人仍是主角，葛仙公仅是随从和配角。与此相对，在第10《太上洞玄灵宝本行因缘经》中，太极真人没有出现，葛仙公成了主角，葛仙公接受下位仙人的提问，并阐述了自己的教说。这样的道经，应该说是专为葛仙公造构（撰写）的。"① 这样的分析也帮助我们了解并把握以葛仙公传授为名的灵宝经性质以及对江南道教的影响。

从时间上看，孙吴时期支谦所译大乘佛经流传于江南，对促成灵宝经在江南传播有着不可忽略的影响。孙权于黄龙元年（229年）称帝，迁都建业。月氏僧人支谦则于汉末建安年间，由北方避乱至吴地。因支谦聪明超群，时人称其为"智囊"。"孙权闻其才慧，召见悦之，拜为博士，使辅导东宫，与韦曜诸人共尽匡益。"② 东宫者，或指太子孙登。赤乌四年（241年）五月，"太子登位卒，（支谦）遂隐于穹隘山③，不交世务。从竺法兰道人更练五戒。凡所游从，皆沙门而已。后卒于山中，春秋六十"。作为葛玄弟子的"沙门竺法兰"与支谦隐遁穹窿山后所拜"竺法兰道人"不知是否为同一人？支谦辅导东宫的时间虽不确切，但受到孙权尊崇葛玄的影响，很可能与葛玄在孙吴太子东宫中有过交往。如果葛玄与竺法兰、支谦三人之间有着联系，那么，他们在传经过程中进行思想交流应是大概率之事。《仙

---

① ［日］神塚淑子：《六朝灵宝经中的葛仙公》上，《宗教学研究》2007年第3期。
② 《高僧传》卷一《康僧会传》附《支谦传》，《大正藏》50册，第325页。
③ 即穹窿山，参见《出三藏记集》卷十三，《大正藏》第55册，第97页。

人请问本行因缘众圣难经》中有葛玄讲述自己前世经历,发愿来生为隐士,其侍臣释道微、竺法兰、郑思远和张泰等发愿为道士的故事。灵宝经中出现这样的叙事是出于神化葛玄的目的,但客观上却可以包容外来佛教的精妙之处而建构自己的文化传统。

从内容上看,有关灵宝经问世的种种说法历史与神话虚实相交,反映了灵宝经作为一组道书是陆续问世的,在时间上的先后而有古、今之分,在来源上也有"元始旧经"与"仙公所禀"之别:

> 伏寻灵宝大法,下世度人,玄科旧目,三十六卷。符图则自然空生,赞说皆上真注笔,仙圣之所由,历劫之筌范。文则奇丽尊贵,事则真要密妙,辞则清虚玄雅,理则幽微睿远。标明罪福,权便应适,戒律轨仪,导达群方。灵音八振,聋盲开豁,法门四达,巨细获所,洋洋大化,无量法桥。但正教始兴,天书宝重,大有之蕴,不尽显行。然即今见出元始旧经并仙公所禀,臣据信者,合三十五卷。根末表里,足相辅成;大乘之体,备用不少。①

其一是所谓"元始旧经"。陆修静撰《元始旧经紫微金格目》认为,在天上紫微宫保存着一份关于灵宝经十部三十六卷的天宫目录。这是元始天尊"始于龙汉"针对"龙汉劫"而说教的经典。敦煌写本 P.2861、P.2256 号为宋文明《灵宝经义疏》,其中有一份古灵宝经的目录,很可能是陆修静在泰始七年(471 年)编制《三洞经书目录》时对灵宝经进行第二次甄别整理后的结果②。陆修静认定,所谓"旧目所载"的灵宝经"玄科旧目,三十六卷",实际出世的只有二十一卷,未出的有十五卷。③ 据研究,这份目录反映了"元始旧经"的情况。

其二是所谓"仙公所禀"。这些以葛仙公为名所造作或传承的灵宝经

---

① 《太上洞玄灵宝授度仪》,《道藏》第 9 册,第 839 页。
② 王承文:《古灵宝经"元始旧经"和"新经"出世先后考释——兼对刘屹博士系列质疑的回复》,《中山大学学报》2013 年第 2 期。
③ 《云笈七签》卷六《三洞并序》在记载了一系列三洞经书目录后也说:"元始天王告西王母曰:太上紫微宫中,金格玉书,灵宝真文篇目有十部妙经,合三十六卷,是灵宝君所出,高上大圣所撰。具如灵宝疏释,有二十一卷已现于世,十五卷未出。"(《道藏》第 22 册,第 34 页)

书——"仙公所禀,臣据信者,合三十五卷",故又称"仙公新经"。"元始旧经"是由天界下降于人间的神书,可对于生活在世间的修道者来说,那些讲述具体修道方法的教戒诀要可能更加重要。据刘屹研究,所谓"仙公新经",陆氏和敦煌本目录都强调是"仙公所授"或"葛仙公所受教戒诀要及说行业新经","即指以葛仙公为传承的中心人物所造作的一批灵宝经。构成这组经典的基本人物关系结构,或者是比葛仙公更高的神真下降,传授给其教戒诀要;或者是葛仙公来解答比他更低的求仙者关于修道行业的疑问。而且仙公新经以太上大道君为最高主神,还没有元始天尊的观念。因此,有葛仙公而无元始天尊。是仙公新经在神格体系方面最重要的特征"[1]。尊奉葛仙公,这也是在江苏传播的灵宝经的重要特色。

小林正美依据所奉经典、所崇神灵和撰纂者所分属的道派,认为"元始系成于葛氏道之手,仙公系则是由天师道所编纂的"[2],故仙公系灵宝经特别尊重张道陵和老子五千文。[3] 由于太上老君在古灵宝经中的地位不显,因此,张道陵通常不是作为太上老君弟子而是作为正一真人或三天法师出现的。

灵宝经中的"元始旧经"与"仙公新经"之别,成为 21 世纪以来学术界讨论的热点及难点问题。一般认为,"元始旧经"出世的时间先于"仙公新经",但也有人提出:"新经"显然没有遵从"旧经"确立的这种对灵宝经神圣地位的界定。这不仅因为在"新经"中几乎看不到"旧经"所宣扬的这一套"灵宝天文创世"神话,而且"新经"也并没有像"旧经"一样把灵宝经放在"至尊无二"的位置。[4]

与灵宝经的出世及分类问题的讨论相关,我们更关注奉行灵宝经,在江南地区逐渐形成的灵宝派对江苏道教发展的影响。葛玄作为灵宝经的传承者,其之前的有关灵宝经的记述多神话色彩,其之后的记述多归于历史记载。葛玄升仙前,将灵宝经传给道士郑思远时,也传给了沙门竺法兰、释道

---

[1] 刘屹:《敦煌道经与中古道教》,甘肃教育出版社 2013 年版,第 165 页。
[2] [日] 小林正美:《六朝道教史研究》,李庆译,四川人民出版社 2001 年版,第 168 页。
[3] [日] 小林正美:《六朝道教史研究》,李庆译,四川人民出版社 2001 年版,第 164—165 页。
[4] 刘屹:《"元始旧经"与"仙公新经"的先后问题——以"篇章所见"的古灵宝经为中心》,《首都师范大学学报》2009 年第 3 期。

微和吴先主孙权。郑思远后于马迹山再传葛仙公之从孙葛洪，使灵宝经从此又回到葛氏家族手中。《洞玄灵宝玉京山步虚经》也从郑思远的角度进行印证：

> 太极左仙公葛真人，讳玄，字孝先，于天台山授弟子郑思远、沙门竺法兰、释道微、吴时先主孙权。后思远于马迹山中，授葛洪。洪乃葛仙公之从孙，号抱朴子，著内外书典。郑君于时说仙师仙公告曰："我所授上清三洞太真道经，吾去世之日，一通付名山洞台，一通付弟子，一通付吾家门子弟，世世录传。至人若但务吾经，驰骋世业，则不堪任录传，可悉付名山五岳，不可轻传非其人也。有其人者，宜传之，勿闭天道也。"①

后来葛巢甫造作灵宝经时，勾画出一个上自元始天尊，下至葛玄及其后嗣的传经谱系，所出的"仙公新经"，以太极左仙公葛玄"语禀""请问"的形式来展开，如《太上洞玄灵宝本行宿缘经》，又名为《太极左仙公请问经》；《太上洞玄灵宝本行因缘经》，又名为《仙人请问本行因缘众圣难经》，足见太极左仙公葛玄在灵宝派中的重要地位。后来在江南传播的灵宝派尊奉的最高神是元始天尊，祖师是三国吴道士葛玄。

也有学者提出，葛玄于天台山得灵宝经三十三卷，亦为造经者的依托。其理由是葛玄乃葛洪从祖，葛洪所撰《抱朴子》《神仙传》以及《道藏》所引《抱朴子》佚文，皆未记载其事，仅提到葛玄、郑思远等传授《太清丹经》及《三皇文》。原题为"青元观谭嗣先造"的《太极葛仙公传》录有陶弘景《吴太极左仙公葛公碑》②也未记其事。因此，陈国符先生在《道藏源流考》说："盖本无其事，因六朝吴会间，盛传葛玄神迹，故造经者依托之耳。"③

从江苏道教的视域看，如果灵宝经在三国时已在江南流行，那么，葛玄传授其中的某些部分也是可能的。在托名葛仙公所传诸经中，有的是与

---

① 《洞玄灵宝玉京山步虚经》，《道藏》第 34 册，第 627 页。
② 《道藏》第 6 册，第 845 页。
③ 陈国符：《道藏源流考》上册，中华书局 1963 年版，第 67 页。

《道德经》一起出现的，如古灵宝经《上清太极隐注玉经宝诀》云："执读大洞洞玄、道德尊经、八素隐篇、金真玉光、消魔散灵、招仙步虚、飞行羽经、清音霄畅，万真降庭"①。其后依次介绍"授道德经法""授大洞真经法""授太上灵宝洞玄经法""授太上三皇天文"等的注意事项，其中不仅对上清、灵宝、三皇经各自特点进行介绍，而且认为"此三洞经符，道之纲纪，太虚之玄宗，上真之首经矣"，就反映了各道派之间的密切联系。

因不同道派传播地区的共在性，灵宝经在创制过程中与上清经有较为密切的关系，无论是仙公新经，还是元始旧经，多少都受到上清经的影响，如《洞玄灵宝玉京山步虚经》最后就讲述了从葛玄经郑隐再到葛洪都在传授"上清太真道经"。仙公所造"新经"比较强调《大洞真经》为首的几种上清经，将上清、灵宝和三皇诸经组成一个整体，"道德上下经，及洞真、洞玄经、三皇天文、上清众篇咏等"皆是"太上故撰而为文也"②，以此强调所传的三洞诸经都可永存不灭。"早期灵宝经虽然比较多地受到了上清经的影响，但灵宝经在中古道教中的受众面要比上清经广泛得多。"③上清派在影响灵宝派的同时，也吸收灵宝斋法，以茅山为传教弘道的基地，其在江苏社会的影响要大于奉行灵宝经的道派。

第二节 灵宝派在江南的传承

灵宝派在江南的传承是与灵宝经联系在一起的。东晋末年，葛洪的侄孙葛巢甫根据有关神话故事引申附会，编造了葛氏家族世代传授经书的谱系，造出了更多标名"灵宝"的道经。

葛巢甫造作灵宝经书的时间，在杨羲、许谧造上清经之后，到其以经书传弟子任延庆、徐灵期之前，大约在晋安帝隆安（397—401年）末年。据《云笈七签》卷三《灵宝略纪》称，葛巢甫在隆安之末，将灵宝经"传道士任延庆、徐灵期等，世世录传，支流分散，孳孕非一"。然而，灵宝经是一

---

① 《上清太极隐注玉经宝诀》，《道藏》第6册，第642页。
② 《太上洞玄灵宝本行宿缘经》，《道藏》第24册，第669页。
③ 刘屹：《敦煌道经与中古道教》，甘肃教育出版社2013年版，第122页。

组内容丰富、经义含混的道经，再加上有关葛巢甫的生平事迹以及参与了哪些灵宝经的"造构"，历史记载语焉不详，这大概也与隆安末年出现的社会动荡相关。"小林和大渊虽然在灵宝经形成的时间和作者等具体问题上的看法不同，但他们的共同点在于：对葛巢甫一个人能否作出全部的灵宝经，都表示出强烈的怀疑。"[1] 认为晋宋时所见的灵宝经如果都是葛巢甫一个人所作，其实是不太现实的。

葛巢甫的传经故事意在说明灵宝经是一部源远流长的神书。从晋末到南朝时所出的灵宝经大多假元始天尊所说，再加上左仙公葛玄以"语禀""请问"的形式加以印证。正如陶弘景在《真诰》卷十九中说："隆安末年……葛巢甫造构灵宝，风教大行。"到葛巢甫时，才在江南地区形成了一个尊奉和传承灵宝经的新道派。

据此，灵宝经内容繁多，因问世年代的早晚而有古经与今经之分。古灵宝经主要《灵宝五符经》《灵宝赤书五篇真文》等；今灵宝经主要以《灵宝无量度人上品妙经》（简称《度人经》）为代表，但实际上的区分并不是那么泾渭分明，例如，王承文认为，它们都是把《灵宝赤书五篇真文》尊奉为最根本的经典。[2]

今灵宝经是东晋末年葛巢甫等在古灵宝经基础上大加增饰创构形成，后经陆修静增删经文、制定科仪，灵宝之教受大乘佛教思想的影响，宣扬三世轮回，善恶报应等思想，导致江苏道教教义发生了一些变化，从追求肉体不死，即世成仙，转变为积累功德，死后升仙或来世成仙；从注重个人的修道养生，变为强调行善济世，救度众生。《度人经》就将个人养生与济世度人相结合，使灵宝派所说的"济世"与早期道教的救世说有了根本区别，去除了其中的"挟道乱世"的成分，从劝善度人出发，表达了对个体生命的关怀和对现时社会秩序的认同，使灵宝思想与灵宝斋法在江苏风行于世。

《度人经》又称是托元始天尊所说的"天书"，故全称《太上洞玄灵宝无量度人上品妙经》。明版《道藏》中的《度人经》有六十一卷，卷一为本经，只有五千多字，约出于东晋时，又称"古本"，其他六十卷皆以"品"

---

[1] 刘屹：《敦煌道经与中古道教》，甘肃教育出版社2013年版，第144页。
[2] 王承文：《汉晋道教仪式与古灵宝经研究》，中国社会科学出版社2017年版，第461页。

来命名，一般认为"为后人增益，出于北宋末神霄道士之手"①。《度人经》能够成为灵宝经中最重要的经典，并非在于它是《道藏》中最长的道经②，而在于其借元始天尊演说经教，宣扬"仙道贵生，无量度人"的思想，通过伴随着音乐、赞颂以敬拜元始天尊等诸神的仪式活动，以关注人的生命成长和国安民丰为双向维度。这大概也是明代编纂《正统道藏》时，将古本《度人经》列在新增衍的六十卷之前③，再将六十一卷《度人经》置于"群经之首，万法之宗"的原因吧。

从灵宝经的传承看，葛巢甫曾传给道士任延庆、徐灵期。任延庆的事迹不详，但《南岳九真人传》《南岳小录》《南岳总胜集》对徐灵期都有一些记载。南岳上清宫道士徐灵期（？—474 年），吴人也，遇神人，授以玄丹之要，含日晖之法，守泥丸之道，故得周游海岳，采访山洞岩壑，后隐衡岳上清宫修行，作《衡岳记》，叙其洞府灵异。④《南岳总胜集·衡岳观》描述了南岳天柱峰下有石室，室中保存着香炉、臼杵和丹灶等遗物，还有来自江苏的道士于此建造道观的事迹："衡岳观在紫盖峰南，下紫霄峰前。晋太康八年，吴人徐灵期、新野先生邓郁之，开古王母殿基。晋怀帝元嘉中，赐额为华薮，至梁改为九真观。"⑤ 徐灵期有异术，能制伏虎豹。"宋元徽二年甲寅（474 年）九月九日于上清宫白日升举"⑥，成为南岳九真人之一。但从时间上看，传灵宝经的徐灵期与在南岳活动的徐灵期是否为同一人，还有待于进一步研究。

陆修静与天师道、上清派、灵宝派皆有渊源，故自称"三洞弟子"，对改造旧天师道、建立江南士族奉行的新道教有很大的贡献。元嘉十四年（437 年），陆修静对当时真伪混杂的灵宝经进行了鉴别，撰成《灵

---

① 张继禹主编：《中华道藏》第 34 册，华夏出版社 2004 年版，第 315 页。
② ［美］司马虚（Michel Strickmann）认为，通过"揭开这部最长道经（《度人经》）的神秘面纱，我希望更多的学者可以应对《道藏》中其他谜团所引出的挑战"（司马虚：《最长的道经》，刘屹译，《法国汉学》第七辑，中华书局 2002 年版，第 201—202 页）。
③ 李政阳著《宋本〈度人经〉研究》将魏晋时期一卷本《度人经》称为古本《度人经》，将北宋末新出世的《度人经》称作宋本《度人经》，认为宋本是对古本的延续，呈现出一种"一生二"的论述架构，表达了宋代道教的信仰与思想（中国社会科学出版社 2019 年版，第 1、27 页）。
④ （明）张昶：《吴中人物志》卷十一，台北：学生出版社 1969 年版，第 422 页。
⑤ 《南岳总胜集》，《道藏》第 11 册，第 113 页。
⑥ 《南岳九真人传》，《道藏》第 6 册，第 860 页。

宝经目》①，将所见真经和伪经共五十五卷，分为新旧两组。敦煌经卷中有唐人抄写宋文明《灵宝经义疏》（通门论），其中的灵宝经目录为陆先生所出《元始旧经紫微金格目》。如何看待陆修静和灵宝派之关系成为近年来学界研究的热点问题之一。刘屹《古灵宝经出世论——以葛巢甫和陆修静为中心》②、王承文著《陆修静道教信仰从天师道向灵宝经的转变——以陆修静所撰〈道门科略〉为基础的考察》③、谢世维的《天界之文：魏晋南北朝灵宝经典研究》④等，对陆修静与灵宝经关系的讨论为研究灵宝派在江苏的传播提供了依据。

陆修静曾在京城建康弘道，故有"金陵道士"之称，在他之后，京城还活动着一些学者型道士。据《道学传》云："孟智周，丹阳建业人也。宋朝于崇虚馆讲说，作《十方忏文》。"⑤《道学传》又云："孟智周，梁武帝时人，多所该通。梁静惠王抚临神忮，请智周讲。光宅寺僧法云来赴，发讲，法云渊解独步，甚相凌忽。及交往复盛其词辩，智周敷释焕然，僧众叹服之也。"⑥孟智周生于陆修静后，陶弘景前，略和孙游岳同时，他在京城积极参与佛道之争。梁武帝时还有道正孟景翼，时人皆尊称为孟法师，又称"大孟"。孟智周则号"小孟"。

宋文同，字文明，南朝吴郡人。据《太平御览》卷六六六《道部》引《老氏圣纪》曰："梁简文时，文明以道家诸经莫不敷释，撰《灵宝经义疏》，题目谓之《通门》。又作大义，名曰《义渊》。学者宗赖，四方延请。长于著撰，讷于口辞。"在佛教徒的眼中，宋文明是一位生活于6世纪的传

---

① 陆修静撰《灵宝经目》本来已佚，但在20世纪敦煌遗书中发现，"敦煌本《灵宝经目》亦证明，在公元437年陆修静整理古灵宝经之前，所有古灵宝经均已出世。"（王承文：《敦煌本〈灵宝经目〉与古灵宝经出世论考（下篇）——兼对古灵宝经出世时间下限的考定》，《敦煌学辑刊》2016年第3期）

② 刘屹：《古灵宝经出世论——以葛巢甫和陆修静为中心》，《敦煌吐鲁番研究》第12卷，上海古籍出版社2011年版。

③ 王承文：《陆修静道教信仰从天师道向灵宝经的转变（上）——以陆修静所撰〈道门科略〉为基础的考察》，《宗教学研究》2014年第2期。王承文：《陆修静道教信仰从天师道向灵宝经的转变（下）——以陆修静所撰〈道门科略〉为基础的考察》，《中山大学学报》2014年第4期。

④ 台湾商务印书馆2010年版。

⑤ （唐）王悬河编：《上清道类事相》卷一《仙观品》，《道藏》第24册，第877页。

⑥ 《三洞珠囊》卷二，《道藏》第25册，第306页。

承灵宝经法的道士，依据灵宝经而注重斋仪科箓："葛玄又伪造道经，自称太极左仙公。目所造经云《仙公请问经》，宋文明等更增其法，造九等斋仪七部科箓，修朝礼上香之文，行道坛纂服之式。衣服冠履之制，跪拜折旋之容。行其道者，始断婚娶、禁荤辛。又伪造灵宝等经数千卷。"① 由此形成了与上清派宗师陶弘景不一般的传教趣尚。清代学者沈曾植如是说："文明与陶隐居同时。隐居不喜灵宝，而文明宣明灵宝，趣尚不同，要其为道家大师一也。《隋书》独举隐居，文明之业，乃转赖法琳、玄嶷抨击以传。"② 他通过比较宋、陶二人的差异，展现了宋文明"长于著撰，讷于口辞"，是一位著述甚丰的道士学者，道教类书《道教义枢》《三洞珠囊》《云笈七签》都留下其传道事迹。

宋文明生活于佛教兴盛于南朝的时期，一方面汲取佛教的宗教生活理想，倡导弟子出家禁欲修行，另一方面，作为灵宝经的传承者，"宋文明等为元始立天尊"③，突出了元始天尊在灵宝派及道教神灵中的主神地位。"宋文明等生长江滨，不谙西域"④，"望风伪造"化胡说等经论的做法受到了佛教徒，如玄嶷在《甄正论》中的点名批评，又在佛教史籍中留名。宋文明既重视灵宝经倡导的斋仪科箓，也重视阐发《道德经》义涵，杜光庭在《道德真经广圣义·序》中说："法师宋文明作《义泉》五卷"。这里，杜光庭为避唐高祖李渊之讳，而改《义渊》为《义泉》。据大渊忍尔介绍，在敦煌道书中发现题名宋文明的4种道书，其中敦煌经卷中S1438号《道教义》为宋文明的《道德义渊》卷上之残文，敦煌经卷P2256号和P2861号为《通门论》卷下之残文。"《通门论》又是根据南朝宋陆修静《灵宝经目序》和《灵宝经目》而撰成的。"⑤ 从保留至今的残卷看，宋文明的《道教义渊》通过注释《道德经》，表达了其双遣兼忘、非形非心的重玄学思想，"敦煌本的《道教义渊》文本中每一'科'的论证，都探取四层次推进的论

---

① 《甄正论》卷下，《大正藏》第52册，第568页。
② （清）沈曾植撰：《海日楼札丛（外一种）》，上海古籍出版社2009年版，第243—244页。
③ 《甄正论》卷下，《大正藏》第52册，第563页。
④ 《甄正论》卷下，《大正藏》第52册，第564页。
⑤ ［日］大渊忍尔：《论古灵宝经》，陈鼓应主编：《道家文化研究》第十三辑，生活·读书·新知三联书店1998年版，第485页。

法，可以称为'四重'论式"①，其中还汲取了《真诰》中的"天命谓性，率性谓道"与佛教的空观、无心等思想。宋文明作为灵宝经的传承者受到当时"学者宗赖，四方延请"的待遇，"这客观上反映了宋文明作为道教领袖所具有的影响力"②。

虽然灵宝经内容繁多，新经旧经交织呈现，但它们具有的一些共同的信仰和教义，使在江南地区传播的灵宝派具有了鲜明的派别特征：

第一，崇拜对象：灵宝派尊元始天尊为最高神，并确立起道教三清尊神信仰。道教在创建之初，就把老子尊为"太上老君"，奉为道教的教祖和至上神，同时也以天、地、水三官为尊神。随着道教在江南的传播，大约出现在晋代的《枕中书》假托葛洪之口，叙述他于罗浮山夜遇玄都太真王下降授之以《真书》的事。《枕中书》中的创世之神是元始天王而非太上老君，这反映了六朝江南道教在信仰上的新特点。葛洪在传教过程中，不仅要面对江南原有的方士传统，更面临着来自北方天师道的竞争与挑战，如何在众多道团中脱颖而出，葛洪在《枕中书》中用"元始天王"替换"太上老君"，这独树一帜的新神格首先受到上清派的重视③。早先，元始天尊与元始天王并非同神异名，其实为各自独立的两位尊神，但随着元始天尊的地位逐渐抬升，元始天尊作为生于混沌之前、元气之始的最高神就位及三尊之首了。如《度人经》曰："元者，初也。始者，首也。言元始天尊建万化之初，为众道之首，居玉清上元之境，统大罗玄都之域，植天地之根，生万物之母"④陶弘景在《真灵位业图》中将元始天尊列为第一神阶正中位的最高神，后来的道书中往往尊奉元始天尊，而少见元始天王的踪影了，因此推导出此二神已合而为一。这为道教确立"三清"为最高神奠定了基础。江苏道教既继承太上老君的信仰，又将元始天尊视为道气之根本。随上清派、灵宝派而显名于世，陆修静依据江南人所擅长的"三一为体"的系统化思维方式，

---

① 姜伯勤：《敦煌本宋文明道教佚书研究》，载潘重规等《庆祝吴其昱先生八秩华诞·敦煌学特刊》，文津出版社2000年版，第77页。
② 高兴福：《南朝梁宋文明著作考辨》，《中国道教》2018年第3期。
③ 据王卡《元始天王与盘古氏开天辟地》研究，"在《正统道藏》所收六朝上清派经典中，提到元始天王的就有约二十种，大多属于《上清大洞真经》三十一卷"（《道教经史论丛》巴蜀书社2007年版，第82页）。
④ 《元始元量度人上品妙经四注》卷一，《道藏》第2册，第187页。

率先将三清尊神与三清妙境、三洞真经糅合起来:"但知洞真法天宝君,住玉清境,洞玄法灵宝君,住上清境,洞神法神宝君,住太清境。此为三清妙境,乃三洞之根源,三宝之所立也。"① 最终通过"一气化三清"将三清尊神之间的序列关系确定下来,建立起道教特殊的信仰体系。

第二,立教宗旨:灵宝派以尊神、养生、度人、劝善为立教宗旨,崇拜元始天尊,认为十方有度人不死之神,还有三界、五帝、三十二天帝、地府酆都诸鬼神,构成一个贯穿天上、人间和地下的神灵系统,并宣称诸飞天大神时刻在冥冥之中监视人们的行为,故人们应当齐心修斋,六时行香,言无华绮,口无恶声,奉道守戒,最终进入"齐同慈爱,异骨成亲,国安民丰,欣乐太平"② 的美好境界,特别迎合了江南人对幸福生活的追求。灵宝派强调劝善度人,与天师道、上清派在立教宗旨上有所不同的是,它吸收了大乘佛教的救度众生精神,既强调斋醮拜神以获得十方神灵拯救,又强调自我向善修行而自度度人,《度人经》将此概括为"仙道贵生、无量度人"。在佛教徒看来,灵宝派深受佛教因果论的影响,如"宋文明等为元始立天尊,自知无据,为佛经说释迦弃储后之位,出家修道,证得佛果,遂伪立乐静信修道证得天尊,兼说经教具信因果等事"③。但其实正好反映了灵宝派通过借鉴外来佛教而推进了自身的发展。

第三,修炼方法:起初灵宝派是以道士的个人修炼以获长生为目标,受上清派的影响,重视行气思神、叩齿咽津,诵经念咒,后发展为通过修斋、烧香、诵经来召神役鬼,呼求外界神灵来保佑自己。何为外界之神?灵宝经信奉元始天尊,天地间有无数神灵,尤其是五方帝君,即东西南北中五方之神,它们以气与人相通,例如《太上洞玄灵宝五符序》中列举的仙人挹服五方诸天气经,强调五方之气各有不同,于是以五方帝君名义颁布的经文法箓,要人通过礼拜、呼唤五帝来保佑自己,消灾除病,"遵大法者,即便收对群神,摄召万灵,斩截凶魔,佩五文于肘间,招仙真于九霄,秘灵宝于五方,非同契而永幽"④,通过五帝上达天神,保佑修道者名登仙籍。

---

① 《道教义枢》卷二《三洞义》即有此说法,但《云笈七签》卷六《三洞并序》更为详细,《道藏》22 册,第 32 页。
② 《灵宝无量度人上品妙经》卷一,《道藏》第 1 册,第 1 页。
③ 《甄正论》卷中,《大正藏》第 52 册,第 563 页。
④ 《太上洞玄灵宝五符序》卷上,《道藏》第 6 册,第 320 页。

第四，斋醮科仪：灵宝派吸收了儒家重视祭祀鬼神和敬拜祖先的传统，又通过借鉴佛教仪式而使道教斋醮科仪程式化。如葛巢甫说："夫学真仙白日飞升之道，皆以斋戒为立德之本矣。"① 保留到今天的道教斋醮科仪之书大多出自灵宝派道士之手。斋醮科仪在江苏道教中也占有重要位置，道士若要想成为高道，步入三洞法师的行列，必须先学习灵宝道法，学会如何做道场，然后再学习上清经法，掌握高深的教理。陆修静也说："斋直是求道之本"②，他以灵宝经为基础，撰写了大批斋醮科仪书，以江南道教的实际需要为依据，借鉴佛教的"十日斋""八王日斋"建立定期斋戒制度，例如"月十斋"就是在每月的一日、八日、十四日、十五日、十八日、二十三日、二十四日、二十八日、二十九日、三十日进行定期斋戒，并将烧香、赞诵、音乐等贯穿于斋醮科仪中，由此将"道教定期斋戒制度与道教作为一种'制度性的宗教'的形成和发展紧密相关"③。其目的是通过斋醮科仪让道徒懂得，要通过礼拜神灵、唱经诵念来净化身心，以防做出各种恶事，犯下罪业。灵宝派以斋醮科仪著称，到南朝时逐渐为上清派所融汇，后发展为江苏道教斋醮科仪的主体。

第五，仙学精神：灵宝派通过汲取佛教教义而为道教教义注入新因素。那些以"太上洞玄灵宝"为名的道经中经常出现因果报应、三世轮回、涅槃解脱、三界、灭度、轮回、空、劫等词语，如《诸天内音经》假托天真皇人现身说法，叙述他经过六道轮回、九灭九生之后，才"凌超三界，位登天真"。这种要经过几死几生、若干轮回之后才能成仙的思想悄然改变着南朝道教仙学的发展方向。东晋葛洪倡导的神仙道教追求肉身长存，服食金丹大药以成仙的修道方法虽然在江南社会中流传，但也因实践失灵而遭受到许多质疑。佛教提倡的"佛法以有生为空幻，故忘身以济物"的思想与道教提倡的"道法以吾我为真实，故服饵以养生"④的爱身养生的宗旨本来是大异其趣的，但灵宝派从"三世皆空"出发而表达了"唯道是爱"的思想："当知三界之中，三世皆空；知三

---

① 《太极真人敷灵宝斋戒威仪诸经要诀》，《道藏》第9册，第867页。
② 《洞玄灵宝斋说光烛戒罚灯祝愿仪》，《道藏》第9册，第824页。
③ 王承文：《汉晋道教仪式与古灵宝经研究》，中国社会科学出版社2017年版，第361页。
④ 《广弘明集》卷八《二教论》，《大正藏》第52册，第139页。

世空，虽有我身，皆应归空。明归空理，便能忘身。能忘身者，岂复爱身？身既不爱，便能一切都无所爱，唯道是爱。能爱道者，道亦爱之。得道爱者，始是反真。"① 这不仅使道教教义染上了佛学色彩，而且以"身既不爱"逐渐改变了神仙道教追求的肉体不死、即身成仙的观念。如《九天生神章经》云："夫学上道，希慕神仙，及得尸解，灭度转轮，终归仙道。形与神同，不相远离，俱入道真。"② 宣扬积功累德，或死后升入仙界，或来世成仙，或经过多次轮回，累世积德后才成高仙，是对神仙道教肉体成仙说的一种修正。

从灵宝经的传承及对江苏道教的实际影响看，如果说，太极法师徐来勒传授灵宝诸法并传法于葛玄还有神话成分，那么，陆修静"更加增修，立成仪轨。于是灵宝之教，大行于世"基本上是史实。陆修静所立成仪轨的灵宝斋法，重视推行章符拜神、灵宝唱赞，不仅有乐子长、韩众等承袭此教，传灵宝法，还直接影响了茅山道教。据陶弘景《真诰》记载：在南朝齐初，茅山每年"三月十八日，公私云集，车有数百乘，人将四五千，道俗男女状如都市之众。看人唯共登山，作灵宝唱赞，事讫便散，岂有深诚密契，愿睹神真者乎！"③ 从齐到梁，作为上清派祖庭的茅山，信众感兴趣的是行灵宝斋醮，通过"愿睹神真"以表达对神灵的崇拜，上清经箓反而不被信众特别重视，这大概是陆修静整理弘扬灵宝斋法的结果。

茅山上清派将灵宝斋法吸收后发扬光大，使灵宝派失去了个性而融入上清派之中，在江苏道教中的传承渐渐不明，同时这可能也与在陆修静后，灵宝派逐渐向南迁徙有关。葛玄早期居天台山修道，后选择江西阁皂山建庵传道。灵宝派就以阁皂山为本山，注重符箓斋醮科仪，到北宋时继续传播灵宝经箓，被称为阁皂宗，曾一度盛况空前。元代时，阁皂山成为南方正一道中与龙虎山、茅山并列的"三山符箓"之一。

---

① 《太上洞玄灵宝智慧定志通微经》，《道藏》第 5 册，第 889 页。
② 《洞玄灵宝自然九天生神章经注》，《道藏》第 6 册，第 465 页。
③ ［日］吉川忠夫、麦谷邦夫编：《真诰校注》，朱越利译，中国社会科学出版社 2006 年版，第 364 页。

第三节　从《遐览》看三皇经

东晋在历史上存在的时间并不长，但却是江苏道教文化创新性发展的关键期。当时江南经济发展，社会相对安定，北方天师道南下后，江南地区出现了一些以世家大族为核心的修道团体，他们着重于道书创作、收集与整理，推动了江苏道教进入建构教义学的时代，也带动了道观及私家藏书的兴起。

随着江南佛教译经事业的兴盛，一些道士也开始假托神仙降授来制作新道书，在此过程中，或借鉴佛经，或改编前代黄老道家经典，或利用医药方技、符箓谶纬等，使种类各异的新道书在江南民间社会不断涌现，如葛洪所言："道书之出于黄老者，盖少许耳，率多后世之好事者，各以所知见而滋长，遂令篇卷至于山积"[1]。新出道书与官府藏书相互配合，不仅对南方新道派的创立起到了促进作用，而且为江苏道教发展提供了持续的文化动力。

葛洪《抱朴子内篇》卷十九取名《遐览》就表达了令好道者广泛阅览道书之义："遐览者，欲令好道者知异书之名目也。"[2] 葛洪在《遐览》开篇即通过设问介绍了自己有幸遇明师郑隐，随之读经、受经、写经的情况，并记下在郑隐处"积年之中，合集所见，当出二百许卷"的道书篇目，以让"后生好书者，可以广索也"[3]。

《遐览》将"郑隐藏书"[4]分为两大类：第一类为道经，这些道经大致按经、图、记、录、法、律、集的顺序依次排列，葛洪特别注明说："凡有不言卷者，皆为一卷也。"第二类为诸符，"郑君言符出于老君，皆天文也。老君能通于神明，符皆神明所授。今人用之少验者，由于出来历久，传写之多误故也。又信心不笃，施用之亦不行"[5]。所谓"天文"，在江南道教中又

---

[1] 王明：《抱朴子内篇校释》，中华书局1985年版，第151页。
[2] 王明：《抱朴子内篇校释》，中华书局1985年版，第338页。
[3] 王明：《抱朴子内篇校释》，中华书局1985年版，第332、333页。
[4] 有关"郑隐藏书"的具体经名，参见王明《抱朴子内篇校释》，中华书局1985年版，第333—335页。
[5] 王明：《抱朴子内篇校释》，中华书局1985年版，第335页。

称真文、天书、本文，既是宇宙本体之"道"的文字形式，也是道教传达神灵旨意的方式，故为道书经法科教的神圣之源。郑隐以"符出于老君，皆天文"，既表达了对道书诸符的敬畏，也展示了江南道教以符文传教的特点。

葛洪《遐览》著录的"近百卷道家训教戒书和各类小符，郑隐的藏书至少在1400卷以上"①，其中并不包括《抱朴子内篇》中所引的道书，也不包括郑隐在让葛洪披阅秘笈前，"先以道家训教戒书不要者近百卷"稍示于葛洪的道书。虽然《遐览》为道教目录学的产生初奠基础，但由于道士们自珍道书，一般不轻易示人，因此这些道书主要在教内或世家大族子弟中流传。

葛洪编撰《遐览》的动机是登记其师郑隐所藏道经，为好道者提供一份读经书目，依今天的学术眼光看，他只是将道经分为经、符两大类，简略记载道经名称，既没有提出自己对道书目录学的设想，也没有根据道经内容提出自己的分类法，更没有对道经内容做出题解，但正如陈国符先生说："东晋葛洪撰《抱朴子》，尚未有三洞之称。至刘宋陆修静总括三洞，三洞经之名，实昉于此"②。但不可否认的是《遐览》开整理江南道教流传道书之先例，对南朝出现"三洞四辅"这种道经特有的分类法有着启发性的影响。

《遐览》所著道书在历史长河中大多亡佚了，保留到今天的只有十来种，但通过《遐览》所记载的道书目录，可见东晋道书具有以下特点：第一，当时的道教根据世家大族的需要创作了内容丰富的道书；第二，一些新出道书反映了江南道教重视符、图、咒的倾向；第三，葛洪立足于战国以来神仙家理论，期望通过整理归类道书而建立自己的神仙道教理论；第四，葛洪将《三皇文》作为道书之首，为今天了解三皇经及三皇派提供了参考资料。

查阅《道藏》，可见其中并无"三皇派"一词。三皇派是今人对历史上那些奉行《三皇经》的道团的概括。"三皇"是指"大有之祖气"化生而

---

① 任继愈主编：《中国藏书楼》，辽宁人民出版社2001年版，第58页。
② 陈国符：《三洞四辅经之渊源及传授》，《道藏源流考》上册，中华书局1963年版，第1页。

成三洞之尊神——天皇、地皇、人皇：

> 大洞之气，则天皇是矣。洞玄之气，则地皇是矣。洞神之气，则人皇是矣。天皇主气，地皇主神，人皇主生。三合成德，万物化焉。①

因"三元凝变，号曰三洞"，王承文据此提出："三洞"一词的最初出现与《三皇经》有关，其哲学思想的基础是汉代以来早期道教对"元气"论和"三一"理论的发展，但在《三皇经》中"三洞尊神"尚未与中古道教中具有关键意义的"三洞经书"联系起来。②《三皇经》是《天皇文》《地皇文》《人皇文》的合称，亦称《三皇文》或《三皇内文》，其主要内容是"召天神地祇之法"的符图及存思神仙"真形"之术③，以符箓驱鬼辟邪的方式服务于民众，道教通过宣扬《三皇文》的种种神迹确立了它在道书中的地位。

保留到今天的六朝道书大多是东晋时在江南地区造作的，其中就有《三皇内文》和《五岳真形图》。葛洪说："余闻郑君言，道书之重者，莫过于《三皇内文》《五岳真形图》也。……家有《三皇文》，辟邪恶鬼，瘟疫气，横殃飞祸。若有困病垂死，其信道心至者，以此书与持之，必不死也。"④《三皇文》在生活中具有独特的辟邪恶鬼的作用。陈国符先生认为，有关《三皇文》问世的两种说法都与葛氏家族在江南传授道法有着密切关系：

其一，郑隐、葛洪传授帛和所得的《三皇文》。此说法出于东晋时《洞神八帝妙精经》，汉末时，帛和入西城山师事仙人王君，王君授予西城要诀三皇天文内大字。"西城仙人施用立成，隐之玄丘之阴。帛公记录。天汉元年（前100年）正月三日受。"⑤ 其中说，在西城王君讲述三皇天文内大字的内涵后，帛和乃说："前汉太初二年（前103年），王君明授余大道之诀，

---

① 《无上秘要》卷六《帝王品》引《三皇经》，《道藏》第25册，第19页。
② 王承文：《道教"三洞"学说的思想渊源》，《中国哲学史》2002年第4期。
③ 《真诰》卷五《甄命授》中亦有云："仙道有《三皇内文》以召天地神灵。"依此可以大体了解《三皇内文》的主要内容是敕召鬼神、符图及存思之术。
④ 王明：《抱朴子内篇校释》，中华书局1985年版，第336页。
⑤ 《洞神八帝妙精经》，《道藏》第11册，第389页。

使烧香清斋三日三夜，乃见告。"① 帛和于石室中精思，视壁三年，乃见古人所刻三皇天文大字。据此说法，《三皇文》原刻于石壁上，只有修炼者方能见之。《神仙传》中也有西城王君授帛和大道之诀的说法。② 陈国符先生认为"《三皇文》，三国帛和所得者为最古"③。他在《帛和与帛家道》中提出："帛和得《三皇文》，葛洪以为道之重者，莫过于《三皇文》《五岳真形图》。葛洪从郑君受《三皇内文》。疑郑君葛洪皆奉帛家道。"④ 郑隐、葛洪传授帛和所得《三皇文》，也是帛家道的传人。

其二，鲍靓将所得《三皇文》授予许迈、葛洪。《云笈七签》卷四《三皇经说》记载，"晋武皇帝时，有晋陵鲍靓，官至南海太守，少好仙道。以晋元康二年（292年）二月二日登嵩高山，入石室清斋，忽见古《三皇文》，皆刻石为字。尔时未有师。靓乃依法以四百尺绢为信，自盟而受。后传葛稚川，枝孕相传，至于今日"⑤。鲍靓也是通过石室清斋视壁的方式而得《三皇文》⑥，只不过地点由西城山换成了嵩高山。也有说是南海太守鲍靓师事左慈得《三皇文》："靓学明经术纬候，师左元放，受中部法及三皇五岳劾召之要，行之神验，得能役使鬼神，封山制魔。"⑦ 然后再授予许迈。"鲍靓因隐迹潜遁，人莫之知。许迈乃往候之，探其至要。"⑧ 虽然道书中有许迈"初师鲍靓，受中部之法及《三皇天文》"⑨之说，但从年龄上看，许迈生于晋惠帝永康元年（300年），据《广弘明集·二教论》记载"晋元康中，鲍靓造《三皇经》被诛"，北周释道安认为，鲍靓在晋元康中（291—

---

① 《洞神八帝妙精经》，《道藏》第11册，第389页。《云笈七签》卷六《三洞经教部》也据此来说明三皇经的源起。

② 樊光春据《正统道藏》记录研究，西城王君有三位弟子：茅盈、帛和、王褒。帛和得到《三皇文》后，到林虑山（在今河南林县，又名隆虑山）隐居修行，并将《三皇文》传给世人，后来经葛洪之手广为流传。但道书上的"西城王君"实为两人：一是清虚真人王褒，二是他的老师总真王君或西城真人。（樊光春：《西城洞天考》，《中国道教》2016年第4期）

③ 陈国符：《道藏源流考》上册，中华书局1963年版，第71页。

④ 陈国符：《道藏源流考》下册，中华书局，1963年版，第277页。

⑤ 《云笈七签》卷四《三皇经说》，《道藏》第22册，第21页。

⑥ 甄鸾《笑道论》中也说《三皇文》系鲍靓所造。

⑦ 《云笈七签》卷一百六《许迈真人传》，《道藏》第22册，第34页。

⑧ 马晓坤：《东晋的名士和道术——许迈与鲍靓交游考论》，《西南民族大学学报》2007年第4期。

⑨ 《云笈七签》卷一百六《许迈真人传》，《道藏》第22册，第34页。

299年）就因造《三皇经》被诛杀，两人似不存在交集，但据《云笈七签》记载，鲍靓从南海回到江苏是在"东晋元帝大兴元年戊寅，靓于蒋山，遇真人阴长生，授刀解之术"。鲍靓于大兴元年（318年）暂住江东，曾于蒋山北道遇真人阴长生，最后鲍靓"还丹阳，卒，葬于石子岗（今南京）"①。《三皇文》也经过葛洪得以在茅山传播。

从江苏道教视域看，《三皇文》主要有两种，一为帛和所传的来自小有之天、王府之中《小有三皇文》，亦称《小有经》；二为鲍靓所授之据说是曾秘藏在大有宫之中的《大有三皇文》，亦称《大有经》②。葛洪《神仙传》中也有关于二经来源的传说。《大有》《小有》可能是当时《三皇文》的两种传本。有关两文之间的关系，《三洞经教部序目》认为："《小有三皇文》本出《大有》，皆上古三皇所受之书也。《天皇》一卷，《地皇》一卷，《人皇》一卷，凡三卷，……作字似符文，又似篆文，又似古书。各有字数。"③这两种有关《三皇文》说法的主角虽不同，但他们都是通过石室中精思、视壁而得，最后都传到葛洪那里。

丁培仁先生认为："《三皇文》传至葛洪有三条来路，一是帛和所得天文大字一卷本，二是葛玄—郑隐—葛洪这一传承的《三皇内文天地人》三卷本，三是鲍靓所得、葛洪兼受的'与世不同'的本子。杨羲等人也传三皇经，陆修静、陶弘景皆得之于此，可能与鲍靓本有关。"④从中可见三皇经的起源比较复杂，传说与信史相交杂，但以葛氏家族为主导在江苏形成了三皇派的传授系统。

据史料记载，有关鲍靓的传经有两种说法：其一是鲍靓在茅山居住期间，将《三皇文》传吴猛及丁义。《太平广记》卷十四引唐代胡惠超撰《十二真君传》⑤：吴猛"及长，事南海太守鲍靖，因语至道，将游钟陵"。北宋道士贾善翔《高道传》卷一亦载：吴猛"年四十，得至人丁义神方，继师南海太守鲍靓，复得秘法"。其二是鲍靓授葛洪，葛洪再传丁义，丁义再授

---

① 《云笈七签》卷一百十五《鲍姑》，《道藏》第22册，第797页。
② 《云笈七签》卷六《三洞品格》，《道藏》第22册，第34页。
③ 《云笈七签》卷六《三洞并序》，《道藏》第22册，第35页。
④ 丁培仁：《三皇经新考》，《宗教学研究》2012年第4期。
⑤ 有关胡惠超与《十二真君传》，可参见杨敬民《〈十二真君传〉撰者胡惠超考证》，《社会科学战线》2014年第9期。

吴猛。《终南山太极门历代宗师录》称鲍靓为葛洪的岳父，鲍靓作有《大有三皇文》，后传于葛洪。葛洪又由郑隐处获授《小有三皇文》。吴猛得授的三皇经是直接来自鲍靓，还是鲍靓授葛洪，葛洪再传丁义，丁义再传给吴猛的？

《晋书》卷九十五《吴猛传》载："吴猛，豫章人也。少有孝行，夏日常手不驱蚊，惧其去己而噬亲也。年四十，邑人丁义始授其神方。因还豫章，江波甚急，猛不假舟楫，以白羽扇画水而渡，观者异之。庾亮为江州刺史，尝遇疾，闻猛神异，乃引之，问己疾何如。猛辞以算尽，请具棺服。旬日而死，形状如生。未及大殓，遂失其尸。识者以为亮不祥之征。亮疾果不起。"这段文字至少说明了三个问题：一是吴猛当时已非常有名，二是他有孝行和神异法术，三是师承丁义。丁义后传法于吴猛。有关讲述吴猛的神异法术、传承孝道行为的事迹主要散见于《搜神后记》《北堂书抄》《三洞珠囊》《太平御览》《太平广记》等书中。

那么，丁义的法术又是由谁传授的呢？据《历世真仙体道通鉴》记载，丁义的法术由路大安所授。"真人姓路名光，又名大安，西蜀大宁军内黄县人也，后徙居婺州，乃汉路温舒九世孙。于顺帝汉安元年九月十五日子时诞生，神清骨秀，发疏眼青。袭世箕裘，博通经史。"[1] 这一记载可能有虚构的成分，因为据《历世真仙体道通鉴》中许逊传的记载，路大安为许逊和郭璞的师父，因为许逊"闻西安吴猛得至人丁义神方，乃往师之，悉传其秘。遂与郭璞访名山，求善地，为栖真之所。得西山之阳逍遥山金氏宅，遂徙居之，今逍遥福地玉隆万寿宫是也"[2]。若对照历史，许逊的地位超过吴猛与郭璞相并列，应当是在中唐以后的事情。

据葛洪说，他在老师郑隐处看过《三皇内文》："然弟子五十余人，唯余见受金丹之经及《三皇内文》《枕中五行记》，其余人乃有不得一观此书之首题者矣"[3]，以强调三皇经的神秘性及重要性。葛洪认为三皇经是仅次于金丹经的重要符书，对它十分重视，在《抱朴子》《神仙传》中就多次介绍三皇经蕴含着有益于人生安宁的灵验妙用，如《遐览》中称"家有

---

[1] 《历世真仙体道通鉴》卷二十一，《道藏》第5册，第219页。
[2] 《历世真仙体道通鉴》卷二十六，《道藏》第5册，第248页。
[3] 王明：《抱朴子内篇校释》，中华书局1985年版，第333页。

《三皇文》，辟邪恶鬼，瘟疫气，横殃飞祸"；被病魔所困而气息奄奄者，一旦拥有此经，就能起死回生："若有困病垂死，其信道心至者，以此书与持之，必不死也"；难产将要断气的孕妇有了此经，就能平安产下婴儿；"道士欲求长生，持此书入山，辟虎狼山精，五毒百邪，皆不敢近人。可以涉江海，却蛟龙，止风波"①，甚至连立新宅及冢墓而求得吉祥富昌都离不开它。

从江苏道教发展来看，葛氏家族对三皇经的问世及传播起着重要的推动作用。三皇经在最初的《三皇内文》和《五岳真形图》的基础上，经道士们不断改编、增益内容逐渐丰富起来。后来，上清宗师杨羲也得到三皇经。陆修静以天皇、地皇、人皇为基础奠定了后世三洞经书分类收藏的基础。南朝时出现的《太上洞神三皇仪》宣扬三皇经对人的护佑作用："天皇主气，地皇主神，人皇主生，万灵卫身，使我飞仙，得见皇君，上升仙都，九者之门。"还记载了传授三皇经券的读经活动："弟子开三皇文，伏看之，师依音读授弟子。弟子随师口道之。"② 弟子随师读讫后，将三皇经券方一寸，纳囊中，以起护身之用。

南朝道教还为葛洪于郑隐处所得《三皇文》立成威仪形成传授洞神三皇经及契券科仪的三皇仪，包括三皇斋仪、三皇朝仪、三皇传授仪③。凡信奉并传三皇经者，即为"洞神三皇内景弟子"④，凡信奉三皇经的道团被称为三皇派。三皇道士依据《洞神三皇经》的教义还设计了自己的法服：

> 《洞神三皇经》：受道之身改易世衣者，身之章号为法服，人或有衣玄青及白三色为科，存甲子、甲寅、甲申之气，固身形也。玄冠乌巾，青缥单衣，白芒草屦，谓为法服。得道升天，文衣自至。⑤

据说，陆修静将三皇经传孙游岳，孙游岳又传陶弘景。在传承三皇经的过程中，因经文繁衍不一，内容颇为混乱，陶弘景还专门整理编定成《洞

---

① 王明：《抱朴子内篇校释》，中华书局1985年版，第336—337页。
② 《太上洞神三皇仪》，《道藏》第18册，第303页。
③ 《太上洞神三皇仪》，《道藏》第18册，第302页。
④ 《太上洞神三皇传授仪》，《道藏》第32册，第648页。
⑤ 《无上秘要》卷四十三《修道冠服品》，《道藏》第25册，第144页。

神三皇经》十四卷。《道藏》中保留的《太上洞神三皇仪》及《太上洞神三皇传授仪》相传出于南朝，是专门传授洞神三皇经的科仪书。

从郑隐的藏书以及葛洪的记载来看，三皇经在东晋道教中极受重视，但由于三皇经包含的符箓经咒隐语等内容极为神秘，史书中有关三皇派的记载也是时隐时现，故在南朝社会中一直流传不广。长期以来，学界对三皇经与三皇派的研究一直不兴。刘仲宇先生曾通过翻阅《道藏》发现"《三皇文》本文三卷，实际并未亡佚，只是没有单行本传世，故而在各种存书目录中觅不到它们的踪迹。但它们仍在《道藏》中，只是跻身在宁全真授、林灵真编三百二十卷的《灵宝领教济度金书》之中"①。他的研究成果也为我们重新认识《三皇文》的特征以及在江苏道教中的影响带来了新思路。

第四节　三洞经书在金陵汇集

江苏道教的发展离不开教义思想建设，而教义思想往往需要通过经书才能传承下来。在葛洪撰《遐览》之后，道教内部自发地开展了造作道书和修编书目的活动，仅从江苏看，就出现了上清经、灵宝经和三皇经三个经系，上千卷新道书，形成了以造作、传授道书为首务的经箓派。金陵道士陆修静从教义理论到斋醮科仪所进行的改革，尤其是编纂《三洞经书目录》为后来"三洞四辅"这一道经分类法在金陵形成，为后来《道藏》的编纂提供了基础。

随着北方世家大族南迁，南朝被视为汉文化衣冠礼乐的"正朔所在"②，再加上南朝都城建康成为当时南北文化交往的中心，道教经书也通过不同途径汇集于此。从文化建设的层面来看，南朝的一些帝王很注意各类图书的搜集与保存，系统地编纂道教经书也成为官方支持的一项文化工程，这是基于在南北朝分裂的社会现实中对如何传承"汉文化"问题的一种回答，整理编纂道教书目也成为他们保护汉文化传统的一种方式。

---

① 刘仲宇：《〈三皇文〉新探》，《中国道教》1993年第2期。
② 北齐神武帝高欢评价梁武帝曰："江东复有吴翁萧衍，专事衣冠礼乐，中原士大夫望之以为正朔所在。"［（北宋）司马光编：《资治通鉴》第11册，中华书局1956年版，第4881页。］

宋明帝在获得一些"一杨二许"手书上清经后，曾将它们存放于京城建康华林园中，并招致陆修静前来进行整理编目的工作。道教在造作众多道书的同时，也面临着一个如何建构经教体系的问题。由于各派道士为自神其教，在传经时相互隐秘，使众多的道书分散在各处，互无统属。同时，在道书传播的过程中，某些道士伪造增益，又使新出的道书卷帙孳乳、真伪混淆。这些问题在客观上也影响了统一的经教体系的确立。如何使道书系统化、规范化，以便人们诵读、查找和使用？

陆修静在著述道书的同时，还在所搜集的各类道书的基础上编撰了《三洞经书目录》。虽然这部目录早已佚失，它究竟收录了多少道书现已无从确知，但据北周甄鸾《笑道论》和唐代释道世编《法苑珠林》记载：陆修静编《三洞经书目录》时"道家经书并药方符图等，总一千二百二十八卷云。一千九十卷已行于世，一百三十八卷犹在天宫"①。其中既有一些葛洪在《遐览》中提到的道书，也有经箓派造作的新道书。道书中有关陆修静的传记很多，其中大都提及先生"总括三洞，为世宗师"。陆修静因四处参访而开阔眼界，提升道品，宋明帝才诏其整理上清经法。

陆修静在建康进行的道书整理工作是从灵宝经入手的："先是，洞真之部真伪混淆，先生刊而正之，泾渭乃判。故斋戒仪范，为将来典式。"② 宋文帝元嘉十四年（437年），陆修静编撰的《灵宝经目》问世，此为第一部道经目录。陆修静在编撰时已看到南朝道教出现了不同系列的道经，呈现出杂乱无章的状态：

> 但经始兴，未尽显行，十部旧目，出者三分。虽玄蕴未倾，然法轮已遍于八方。自非时交运会，孰能若斯之盛哉？顷者以来，经文纷互，似非相乱。或是旧目所载，或自篇章所见，新旧五十五卷。学士宗竟，鲜有甄别。余先未悉，亦是求者一人。既加寻觅，甫悟参差。或删破上清，或采搏余经，或造立序说，或回换篇目，裨益章句，作其符图。或以充旧典，或别置盟戒，文字僻左，音韵不属，辞趣烦猥，义味浅鄙，

---

① 《大正藏》第53卷，第704页。
② 《历世真仙体道通鉴》卷二十四，《道藏》第5册，第239页。

颠倒舛错,事无次序……上则损辱于灵囿,下则耻累于学者。①

这是只有亲身经历搜集道书并充分了解并把握道书现状的人才会发表如此专业的意见,其中仅灵宝经新旧交错的混乱状况已对灵宝派的发展不利,更何况是整个南朝道教。

从史料记载看,陆修静编有两部目录——《灵宝经目》和《三洞经书目录》,这与他个人的弘道愿望和南朝帝王重视道教经书都有联系。陆修静在《灵宝经目序》中说:"三洞弟子陆修静敬示诸道流,相与同法,弘修文业,赞扬妙化,兴世隆福。"② 自称"三洞道士"的陆修静并不拘于一家一派,而是以开放心态广泛学习:

第一,期望运用一种行之有效的方法对杂乱的道书进行分类整理,重新建立适应道教发展的经教体系。陆修静至京城后,宋明帝专门为他在天印山建造崇虚馆。陆修静在弘道过程中感到道经真伪混淆,诠释不清,乃广为搜集道书加以整理甄别,将内容比较接近的道书归为一类进行编纂,这"反映出江南道士已具有小规模的某种连带观、同类意识"③。陆修静根据道教中出现的不同类别道书,提出用"总括三洞"来进行分类整理时,借鉴了从三国帛和至东晋鲍靓时已在江南地区传播的《三皇经》中提出的"三元凝变,号曰三洞"④ 的思想。此时以皇帝权力为背景所整理的三洞道经,虽然并不代表道教的一切经,而只是对在江南流传的"三皇""上清""灵宝"三组道经进行整理,但因官方认可,其所在的崇虚馆也成为南京道教的"传经宗坛"。

第二,受上清派道士搜集散落的上清经编撰目录的影响。宋明帝思弘道教,将嘉兴殳季真于马家逼取来的上清经交与陆修静。据说"此中有三君所书真咉,后人糊连装撿,分为二十四篇"⑤。陆修静以寻校上清经目为契

---

① 《云笈七签》卷四《灵宝经目序》,《道藏》第22册,第19页。
② 《云笈七签》卷四《灵宝经目序》,《道藏》第22册,第19页。
③ [日]尾崎正治:《道教经典》,载[日]福井康顺等监修《道教史》第一卷,朱越利译,上海古籍出版社1990年版,第67页。
④ 《无上秘要》卷六《帝王品》引《三皇经》,《道藏》第25册,第19页。
⑤ [日]吉川忠夫、麦谷邦夫编:《真诰校注》,朱越利译,中国社会科学出版社2006年版,第579页。

机整理三洞经书时,似依据《上清大洞真经》以"洞真部"之名来概括上清经,并将上清经置于三洞经书的最上位,因此尾崎正治认为:"这种三洞说是从依托上清经的上清派(后茅山派)的立场出发,所作的发明,是该派提倡的"①。

第三,以古灵宝经书中出现的"三洞玄经"作为整理道经的思路与方法。若查阅《道藏》,可见早期上清经中的三洞经观念并不显著,反而是灵宝经用"三洞玄经"来指称道经,例如出于东晋的《太上洞玄灵宝本行宿缘经》中有:"宗三洞玄经,谓之大乘之士,先度人,后度身,坐起卧息,常慈心一切"②。只有奉行三洞玄经,才能成为品位比较高的大乘之士。另外《洞玄灵宝自然九天生神章经》也出现了以"天宝君者,则大洞之尊神""灵宝君者,则洞玄之尊神""神宝君者,则洞神之尊神"为中心的三洞经书思想:"九天生神章,乃三洞飞玄之气,三合成音,结成灵文,混合百神,隐韵内名,生气结形,自然之章"③,表达了"早期灵宝派试图以对'三洞尊神'的崇拜为基础,通过'元气说'和'三一论'的理论将在江南地区传播的三组道经联合起来,希望通过道书的系统化来建立统一的教义体系"④。陆修静正是以灵宝派的这种理论为指导,以"总括三洞"来建立统一的经教体系的。

第四,受南朝佛教译经著述及编撰经书目录的影响。陆修静曾在庐山修道,与东林寺慧远大师友好,其编撰《三洞经书目录》也可能受到慧远弟子编纂《一切经目录》的影响。再联系南朝建康佛教来看,宋明帝诏陆修静至建康编撰道书时,当时南朝佛教律学大师僧祐(445—518年)受其师法颖的影响,先后在京城建初寺和钟山定林上寺营建般若台,造立经藏,编制的《出三藏记集》十五卷是中国现存最古的佛教经录。陆修静生活于儒佛道三教交融竞争的京城,为了展现道教文化的成就,将自己所见的众多道教经书依"三洞"进行整理时也可能会受到"佛经三藏"的影响。唐代僧人玄嶷著《甄正论》曾指出:"三洞之名,还拟佛经三藏。三洞者,一曰洞

---

① [日]尾崎正治:《道教经典》,载[日]福井康顺等监修《道教史》第一卷,朱越利译,上海古籍出版社1990年版,第67页。
② 《道藏》第24册,第667页。
③ 《道藏》第5册,第844页。
④ 王承文:《道教"三洞"学说的思想渊源》,《中国哲学史》2002年第4期。

真（上清），二曰洞玄（灵宝），三曰洞神（三皇），此之谓三洞。"① 认为道教的"三洞"之名"还拟佛经三藏"。玄嶷早年任道徒之统领，曾经身体力行地修行道教，后来武则天兴佛，他离道入佛，并对道教进行批评。但陈国符先生不同意玄嶷的看法："按释子未尝详检《道藏》，辄论三洞经来源，以是所述率误谬不可据。"② 尾崎正治也认为"有人以佛教的三藏去理解三洞，这是绝对错误的"③。但随着近年来对三教关系研究的深入展开，在"三洞"建立过程中，"也受到了当时佛教势力在江南地区扩展的影响"④的观点受到越来越多的关注。王承文指出："陆修静总括三洞应该是对明帝所收集的道经按照之前三洞观念进行整理。而且三洞的观念形成于5世纪前半叶，其形成受到了佛教影响。这一影响可以说即有三乘观念的学说上的启发，也有联合各自独立道教团体以对抗佛教的宗教意图。"⑤ 展现了陆修静站在道教立场上去借鉴"佛经三藏"时而通过一番脱胎换骨之功而促进了"三洞"观念的形成。

陆修静以三洞总括一切道经的做法意义重大，但有关"三洞"一词是否为陆修静首次使用在对道书的分类上，学界还有不同的看法，有人认为，"三洞"来自江南道教为建立统一经教体系时的自创，其最初含义及用法较为混乱，只是以所谓的洞真经、洞玄经、洞神经对道书加以分类。吉冈义丰认为，"三洞"学说形成在《抱朴子内篇》至陆修静期间，即大致在公元320年到420年的一百年间，陆修静则是集三洞说之大成者。⑥ 笔者比较赞同尾崎正治的看法："陆修静同三洞说关系很深，是三洞说的首倡者。"⑦

若联系道教在江南的发展来看，"三洞"起先并不是对一切道经的

---

① 《大正藏》第52卷，第561页。
② 陈国符：《道藏源流考》上册，中华书局1963年版，第1—2页。
③ ［日］尾崎正治：《道教经典》，载［日］福井康顺等监修《道教史》第一卷，朱越利译，上海古籍出版社1990年版，第66页。
④ 王承文：《道教"三洞"学说的思想渊源》，《中国哲学史》2002年第4期。
⑤ 王承文：《敦煌古灵宝经与道教"三洞经书"和"三乘"考论》，《敦煌学辑刊》2003年第1期。
⑥ ［日］吉冈义丰：《道教经典史论》，东京道教刊行会1955年版，第25—28页。
⑦ ［日］尾崎正治：《道教经典》，载［日］福井康顺等监修《道教史》第一卷，朱越利译，上海古籍出版社1990年版，第67页。

总括，而是对出现于江南地区的三组道经的总括，"陆先生解三才，谓之三元"①。反映出自称"三洞弟子"的陆修静综合中国传统的天地人三才思想和江南人所具有的条理性思维。"洞真"是说通向真仙之道，类似于佛教的大乘经典。"洞玄"的意思是通向玄妙之道，指的是中乘。"洞神"是通于神灵，能够召制鬼神之法，这是小乘。"洞者，其卷数题目，具如陆先生《三洞经书目录》。"②陆修静在编撰目录时，不仅明确提出"三洞"——洞真、洞玄、洞神的经书分类法，而且还将灵宝派《元始旧经》划分为十二类，开始了系统的道书分类工作。

陆修静首倡的按经书来源进行分类的思想，并按"三洞"分类法撰成的中国道教史上第一部经书目录《三洞经书目录》，在泰始七年（471年）上呈宋明帝后，一直收藏于华林园中，后被道门奉为学习大道应持之"正经"，如隋唐之际问世的《太玄真一本际妙经》借元始天尊之口说："若有经文具十二印，应三洞者，是名正经。自此之外，皆名邪法，不可受持"③。这种以"正经"对三洞经书性质的评判，可能成为唐玄宗时修编《开元道藏》的依据，在中国道教经书发展史上具有开创性的意义，这也是江苏道教的一项文化贡献。

陆修静"三洞"分类法的不足之处在于，只是对在江南传播的上清、灵宝、三皇等三组道经做了甄别真伪的工作，而没有概括当时所有道派的一切道书，如天师道的经书、太平道的经书不在收录之列，被道教奉作根本经典的《道德经》及先秦道家著作也没有收录进来。同时，《三洞经书目录》亦没有能够反映出阅读进阶和修道层次，因此它还没有形成一个完整的道教经教理论体系。

南朝其他道士接续着陆修静的工作，很快提出了"四辅"分类法作为补充。大约出于南朝刘宋的《正一法文经图科戒品》最早提出了"四辅"思想："《太清经》辅洞神部，金丹已下仙品；《太平经》辅洞玄部，甲乙十部已下真业；《太玄经》辅洞真部，五千文已下圣业；《正一法文》宗道德，

---

① 《洞玄灵宝玄门大义》，《道藏》第24册，第736页。
② 《道教义枢》卷二，《道藏》第24册，第812页。
③ 《道藏》第24册，第658页。

崇三洞，遍陈三乘。"① 此经中所说的"金丹已下仙品"，指神仙家之书；"甲乙十部"指于吉的《太平经》，也包括《太平洞极之经》；"五千文已下圣业"指《道德经》和阐释《道德经》的著作：《正一法文》指的是天师道系统的经典。可见"四辅"中的许多经典要早于"三洞"出现："四辅也如同三洞，相当于大乘，中乘和小乘三乘。这当然是与其辅佐的三洞的等级相对应的。"②

对于"四辅"起于何时，其实也有不同的说法：有陆修静说，南宋金允中在《上清灵宝大法·总序》中说："宋简寂先生陆君修静，分三洞之源，列四辅之目，述科定制，渐见端绪。至唐广成先生杜君光庭，遂按经诰，修成《黄箓斋科》四十卷，由是科条大备，典格具彰，跨古越今，以成轨范"③。还有孟法师说，在陆修静之后，又有南朝道士孟法师编撰《玉纬七部经书目》明确提出"四辅"作为对"三洞"的补充或辅助。还有陶弘景说，如茅山都道正傅霄提出："梁有陶隐居，追寻其迹，而建昭真台，纂集三洞四辅灵文"④。总之，在六朝时期，通过江南道士的不断努力才确立了七部道书的经教体系。

> 七部者，今依《正一经》次，一者洞神部，二者洞玄部，三者洞真部，四者太清部，五者太平部，六者太玄部，七者正一部。正一部前之三部，具如三洞义。⑤

《玉纬七部经书目》不仅对七部书目的卷数、存佚情况作了说明，而且还论述了各部的宗旨及其经书的出处。洞真部主要收录上清经，其为玉清境洞真教主天宝君所出。太玄部辅洞真部，主要收录《道德经》及注释《道德经》的道书。洞玄部主要收录灵宝经，其为上清境洞玄教主灵宝君所出。太平部辅洞玄部，主要收录《太平经》等道书。洞神部主要收录三皇经，

---

① 《正一法文经图科戒品》，收录于《道教义枢》卷二，《道藏》第24册，第814页。
② [日]尾崎正治：《道教经典》，载[日]福井康顺等监修《道教史》第一卷，朱越利译，上海古籍出版社1990年版，第68页。
③ 《上清灵宝大法总序》，《道藏》第30册，第650页。
④ 《太上太清天童护命妙经》，《道藏》第11册，第370页。
⑤ 《道教义枢》卷二，《道藏》第24册，第814页。

其为太清境洞神教主神宝君所出。太清部辅洞神部，主要收录金丹诸经。正一部辅上述六部，主要收录"正一法文"，即汉魏六朝天师道的经戒法箓，以道德为宗，贯通三洞，遍陈上中下三乘之义，是对各部各派道法的概括总结，以说明各派学说殊途而同归，最终融通为一。这种以"四辅"补充"三洞"而形成的七部道书体系也有一个逐渐完善的过程。

"三洞四辅"七部道书主要是根据道经的来源加以分类的，反映了江南人对事物的分类条析加以概括的思维方式："七部者，应迹垂文，随机演教，括囊众法，普被群生。若能游此妙门，则得自然悬解"①。这种分类法既反映了道书的实际内容，也反映了各道书之间的传授关系，其中还包含着这样一种神学思想，即"三洞"和"三太"经书有不同的内容与层次："三洞虽三，兼而该之，一乘道也。太玄为大乘，太平为中乘，太清为小乘，正一通于三乘也"②。道士若依次修行，可由人而仙而真而圣，但最终必归宗于"正一"。这大概也是称参与"三洞四辅"建设的陆修静为天师道士的原因之一。由此可见"三洞四辅"七部道书的分类法与道教神学理论及修道阶次也有着密切的关系。

后来，为了使道书更加条理化，道教又在"三洞"之下各分十二部："第一本文，第二神符，第三玉诀，第四灵图，第五谱录，第六戒律，第七威仪，第八方法，第九众术，第十传记，第十一赞颂，第十二章表奏。"③十二部义通于三乘，总计为三十六部，其内容在《洞玄灵宝玄门大义》及《道教义枢》中得以确立，并成为后世《道藏》修编的基本范式。

"三洞四辅十二类"能够在南朝京城建康问世且不断完善，既与南朝帝王的支持有关，也是南朝道教发展为成熟宗教的标志。小林正美曾从地域文化的角度来审视南朝道教的变迁，在此之前没有形成统一的道教，只有宗教信仰和组织形式相似的道团，如太平道、五斗米道，有教义可以相通的道派，如上清派、灵宝派、三皇派等，但"三洞四辅十二类"将不同道派的经书统一起来，使那些本来独立的道派也相互联系构成了一个整体而可以称为"道教"了。他认为，这是通过陆修静的改革，将各种道流教说纳入道

---

① 《道教义枢》卷二，《道藏》第 24 册，第 814 页。
② 《道教义枢》卷二，《道藏》第 24 册，第 815 页。
③ 《道教义枢》卷二，《道藏》第 24 册，第 814 页。

书的分类体制中，因此"'道教'即指建立在三洞十二类或三洞四辅为分类法而编排的道书之上的宗教"①。他主张的由天师道来涵盖所有道流而形成了"道教"的说法虽引起争议，但展现了建立"三洞四辅十二类"可能要比创立某个道团更为重要，因为具体的道团会在历史发展中消长变化，但只要有道书在，各教团中那些通晓经教的高道法师，就能以此为纽带将分散的道团连成一个整体，由此保持道教文化发展的持续性。

---

① ［日］小林正美：《三洞四辅与"道教"的成立》，载陈鼓应主编《道家文化研究》第十六辑，第11页。

第六章

南朝道教文化的新发展

南朝是东晋之后建都于建康（今江苏南京）的宋（420—479年）、齐（479—502年）、梁（502—557年）、陈（557—589年）四个朝代的总称，因与北方（先有拓跋氏的北魏政权，后分裂为东魏和西魏，继之则又有北齐代东魏，北周代西魏）政权南北对峙，史家统称南北朝。南朝历时近170年，四个朝代中最长的不过60年，最短的只有20多年。朝代更替有一个共同特点，就是由王朝宗室之间互相残杀而导致内乱，然后有一手握重兵的大将在镇压朝廷叛乱的过程中崛起，掌握朝政后，废黜末代君王而自立为王，建立一个新的朝代。这一朝代更替频仍的时期，随着儒学的政治化与宗教化，其倡导的"三纲五常"的道德伦理始终是支配着南朝人生活的主要思想和教化内容。在王公贵族的推动下，儒家学说在京城建康成为庙堂之上的主导思想。佛教因在帝王的直接支持下，寺院和僧尼激增，僧官制度得到了确立，寺院经济有了很大的发展，随着大量佛教经论的进一步译出，中国僧人对佛典的研究也日益深入，逐渐形成了一些以弘传某一部经论为主的不同学派[1]，并以一种独特的信仰方式在南朝社会各阶层传播。从南朝道教来看，"刘宋中期，由天师道形成了'道教'。'道教'的信奉者们追求肉体的不死，构筑了儒教和佛教所不具备的独特的世界观和人生观，创造了与众不同的修道法。中国文化因'道教'的出现而更加丰富多彩"[2]。南朝道教在帝王的支持下通过"三洞四辅"道书体制的整合，虽然传播到社会各阶层

---

[1] 洪修平：《中国佛教文化历程》（增订本），江苏教育出版社2005年版，第89页。
[2] ［日］小林正美：《中国的道教》，王皓月译，齐鲁书社2010年版，第238页。

中，但此时的道教自身也面临着一系列亟待解决的问题：第一，道教的教理教义比较粗糙简单，斋醮科仪戒规不健全，随着东晋新道派相继出现、传统天师道团各自为政，组织制度上的不统一影响到道教的整体发展。第二，道教与统治者的关系仍然比较紧张。道教产生在民间，在一定程度上反映了老百姓对社会现实的不满和要求改革不公平社会的愿望，因此它经常成为农民起义的组织形式，直到南朝道教时，教义中还充斥着终末论、灾异论、劫运论，流传着"刘氏复起，李氏为辅"、"老君当治，李弘应出"等谶语，以天师道为组织形式来号召民众进行反抗统治者的起义"岁岁有之"，"称刘举者甚多，称李弘者亦复不少"①，使南朝道教与统治者也经常处于紧张的对立之中。第三，佛道之争对道教的挑战。佛教传入中土后，经过不断地中国化，到南朝时，以理论上和信仰上的优势已在中土扎根，这就在客观上对道教形成了挑战之势。因此，只有将南朝道教放到三教关系的思想背景和江苏地域文化的历史语境中去考察，才能更准确把握其如何通过吸收儒、佛而进行自我改革，综合不同教派在理论与实践上不断完善起来的。

第一节　以建康为中心的三教对话

随着建康成为六朝之都，政治意识形态、军事政变频繁和多元宗教文化在此汇聚碰撞，又为道教的传播提供了一个不一样的社会环境。南朝帝王出于现实的政治需要，往往以儒学为主导而崇佛尚道，"一般对儒道仍加以利用，儒佛道三教皆有助于王化的思想在南朝基本上占主导地位"②。在南朝文献中，"三教"之"教"为"教化"之义，而非现代西方宗教学所说的"宗教"（religion）。"道教"在先秦至南朝初期为诸子百家所共用，"起初是意为'符合道的伟大之教'的普通名词，有时就是指儒、佛二教"③。南朝中期在建康开展的三教对话中，通过对三教的异同之辨析，道教逐渐成为

---

① 《道藏》第 18 册，第 211 页。
② 洪修平：《儒佛道三教比较研究若干问题的思考》，《哲学研究》2013 年第 1 期。
③ ［日］福井文雅：《汉字文化圈的思想与宗教——儒教、佛教、道教》，武汉大学出版社 2010 年版，第 190 页。

以得道成仙为信仰的各类教团之专称。

出身寒门的刘裕（363—422年）是靠镇压孙恩、卢循起义和平定桓玄叛乱起家的，在此后十多年中他相继平定南燕、西蜀、后秦等诸侯王国，418年，当他以胜利者的姿态回到建康后，利用东晋宫廷的内乱，废黜末代晋恭帝而自立为王。刘裕以建康为政治、经济、文化和军事中心，建立起刘宋王朝后，采取了一些抑制门阀士族势力的措施，如政治上为削弱强藩而严厉推进中央集权制，通过将权力收归朝廷，提升寒门庶族出身者的社会政治地位；在经济上通过整顿户籍，厉行土断之法，使侨民户口编入所在郡县，并实行与民休养生息的政策，以期推进江南社会经济的发展。

刘裕在位只有三年即病逝于建康，可谓壮志未酬，但他的执政方式却影响到南朝的历史发展。这主要表现在，刘裕结束了东晋时门阀与皇帝"共天下"的执政局面，既是起着"定乱代兴"作用的"南朝第一帝"，也是南朝频繁出现的以新王杀旧王来实现朝代更替的始作俑者，对萧道成（427—482年）建立齐朝、萧衍（464—549年）起兵杀东昏侯、废齐和帝建立梁朝、陈霸先（503—559年）利用侯景之乱崛起，废掉梁敬帝建立陈朝都起着示范作用。宋齐梁陈在血雨腥风的朝代更替中所形成的政治生态为儒佛道三教的发展提供了特殊机遇。

从儒家文化的角度看，北方汉民族在世家大族的带领下迁居江南后，仍然保存着华夏文化的正朔和礼制。"在南朝，南方终于不再是相对于黄河流域中原地区而言的边缘地带。南朝的统治者，尤其是梁武帝，将自己视为汉文化传统的继承者，与落入北部'戎狄'之手的北方相区别。这一时期，南北两方在政治和军事上的竞争也被反映到两地文化形象的对立上：北方被描写为强悍而阳刚，南方被表现为感性而阴柔。这样的形象已经在中国的文化想象中定型化，然而它们不过是一种文化建构，将原本非常复杂的真实的南方和北方简化成单纯的画面，以服务于政治和文化的目的。"[①] 东晋到南朝，不断修建的建康城将儒家礼教制度与龙盘虎踞的自然山水有机地结合起来，在有着三重宫墙包围的方圆四十里的城中，以房屋建筑的位置与样式来体现社会的尊卑等级秩序。皇家宫苑建在都城东北处，王公贵族的豪宅多分

[①] 孙康宜、宇文所安主编：《剑桥中国文学史》上卷，刘倩等译，生活·读书·新知三联书店2013年版，第304页。

布在城东青溪河附近，城南秦淮河北岸乌衣巷是东晋贵族王、谢家族累世居住地，普通居民主要依御道两侧和秦淮河南岸长干里一带居住。建康城的城市格局也反映了在帝王的支持下，社会生活中以遵循儒家的"礼教"为时尚，并以"礼教"对佛、道两教加以整合。

从江南佛教的发展看，建康作为都城，三国东吴时在帝王的支持下就开始兴建佛寺庙宇。到南朝时，已是佛寺遍布城内外，故有"南朝四百八十寺，多少楼台烟雨中"之诗句，其实当时建康城里大小寺庙还不止此数。这些"都下佛寺"的出现与南朝诸帝大都崇信并提倡佛教有关，同时南朝佛教也在帝王的支持下在教义思想上进一步中国化："汉代译经对中国传统思想观念的依附和对传统固有的名词概念的借用，为汉魏间格义佛教的流行创造了条件。所谓'格义'，就是引用中国固有的思想或概念来比附解释佛教义理，以使人们更易理解并接受佛教"[1]。随着佛教在中土扎根，自身的主体意识渐渐成形，以建构更加系统和深邃的教义思想而捕获中国人心时，"格义"的做法逐渐遭到摒弃，在排斥依附神仙方术和黄老思想的同时，对儒家的伦理规范表示认同，通过以佛教的"五戒"与儒家的"五常"相类比，以说明儒佛并不相违，佛教这种对儒家伦理认同的做法，也影响到南朝道教的教义思想建构。

从南朝道教的情况看，南朝帝王推行实施"神道助教""坐致太平"的宗教政策，大多对道教抱有支持和宽容的态度，如宋文帝刘义隆、宋明帝刘彧、齐明帝萧鸾、梁武帝萧衍、梁简文帝萧纲、梁元帝萧绎、陈武帝陈霸先、陈宣帝陈顼等。另外还有一些皇子，他们中有的推崇道教，有的佛道并重，有的先崇道后信佛，故南朝信佛崇道者代不乏人。一些奉道世家南迁后活动于江苏，如刘宋时中散大夫羊欣："素好黄老，常手自书章，有病不服药，饮符水而已"[2]。普通士族爱好神仙者更是不计其数，以至于"梁朝全盛之时，贵游子弟，多无学术。无不熏衣剃面，傅粉施朱，驾长檐车，跟高齿屐，坐棋子方褥，凭斑丝隐囊，列器玩于左右，从容出入，望若神仙"[3]。道教因得到帝王贵族的支持，跻身到社会上层，成为王公贵族信仰的宗教。

---

[1] 洪修平：《中国佛教文化历程》（增订本），江苏教育出版社2005年版，第40页。
[2] 《宋书》卷六十二《羊欣传》。
[3] （北齐）颜之推：《颜氏家训译注》，颜迈译注，商务印书馆2016年版，第62页。

道教也在宋朝帝王的支持下完成了由民间向社会上层传播并进行自我改革，与儒学、佛教形成了三教鼎立的格局，但为争传播阵地和思想控制权在建康城中的斗争却日益激化，尤其是外来佛教与本土儒、道之间出现的夷夏之辨愈加激烈。从表面上看，三教之争是围绕着人死是否神灭、三世是否有轮回、佛性是否存在、缘起与自然关系等教义问题，以及沙门是否应敬王者、沙门是否应当袒服等礼俗问题而展开，但深层原因却是三教的教义水平之高下和三教地位之先后的问题。

虽然南朝儒士、佛徒和道士从不同的角度都提出三教一致论、三教融合论，如晋宋之际的隐士宗炳（375—443年）著《明佛论》提出："孔、老、如来，虽三训殊路，而习善共辙也"①，从社会作用的相同提出三教一致论。针对当时佛道之间的争论比较激烈，张融所著的《门律》也指出："道也与佛，逗极无二，寂然不动，致本则同，感而遂通，逢迹成异"，认为佛与道"殊时故不同其风，异世故不一其义"②，两者本同而迹异，故不应相互攻击。但从总体上看，儒佛道三教为了扩大各自的社会影响，占领意识形态的主导地位，建康城里儒佛道三教之间的争论从未间断过，在陆修静、陶弘景时还出现了争论的高潮，直接影响到江苏道教的发展。

陆修静能够推进南朝道教在建康的发展并参与三教之争，与宋文帝刘义隆（407—453年）的支持密切相关。宋文帝是一位勤政皇帝，"上时务在本业，劝课耕桑，使宫内皆蚕，欲以讽励天下"③。其在位时间长达三十年，使刘宋出现了安定繁荣的小康局面，史称"元嘉之治"："内清外晏，四海谧如也。昔汉氏东京常称建武、永平故事，自兹厥后，亦每以元嘉为言，斯固盛也。"④ 宋文帝十分重视意识形态的文化建设，于元嘉年间（424—453年）在京城鸡笼山中设立"儒学馆"，召雷次宗立儒学，何尚之立玄学，后来太子率又令何承天立史学，谢元立文学，以儒、玄、史、文为官学，总称为"四学"⑤，在将儒学列为传统"四学"之首的同时，也确立了以老庄思

---

① 《弘明集》卷二，《大正藏》第52册，第13页。
② 《弘明集》卷六，《大正藏》第52册，第38页。
③ 《宋书》卷九十九《二凶传》。
④ 《宋书》卷五《文帝纪》。
⑤ 《宋书》卷七十五《雷次宗传》："上留心艺术，使丹阳尹何尚之立玄学，太子率更令何承天立史学，司徒参军谢元立文学，凡四学并建。"

想为代表的玄学地位。

宋文帝受身边辅佐大臣和皇亲国戚崇信佛教的影响,对佛教也产生了特殊的兴趣。刘裕第四子彭城王刘义康、侍中范泰、尚书令何尚之等虔信佛法,文学家谢灵运、颜延之是佛教居士,他们的崇佛活动推进了佛教在都城的发展,但其中也有人信仰过道教,如谢灵运从小因体弱,被家人送到信奉天师道的杜氏家族中寄养:"初,钱塘杜明师夜梦东南有人来入其馆。是夕,即灵运生于会稽。旬日而谢玄亡,其家以子孙难得,送灵运于杜治养之。十五方还都,故名'客儿'"①。谢灵运在杜子恭靖室中长大,以颇有道教意蕴的"灵运"为名,到十五岁时才回家。"谢家之所以选择杜子恭的五斗米教,不是王灵期的上清派、葛巢甫的灵宝派,除去同乡、地域近等偶然的因素外,其以信道来救治痼疾,'冀神祇之佑',恐怕是一个重要的原因。"②不过谢灵运长大之后却由道转佛,成为虔诚的佛教徒,不仅著《辨宗论》述竺道生的顿悟义,而且与慧远、法流、慧琳等高僧相友善。谢灵运由道而佛的信仰转变在当时的士族中非常具有代表性。

南朝佛教的兴盛发展,导致了佛道之争的展开。宋文帝在位时,丹阳尹萧摩之上奏称:"佛化被于中国已历四代,塔寺形像所在千计。进可以系心,退足以招劝"③。于是,宋文帝对侍中何尚之说:

> 吾不读经,比复无暇。三世因果,未辨致怀,而复不敢立异者,正以前达及卿辈时秀,率皆敬信故也。范泰、谢灵运每云:"六经典文本在济俗为治耳,必求性灵真奥,岂得不以佛经为指南耶。"颜延年之折《达性》。宗少文之难《白黑》。明佛法汪汪,尤为名理,并足开奖人意。若使率土之滨皆纯此化,则吾坐致太平,夫复何事?④

元嘉年间,佛教在建康日益兴盛,塔寺与出家僧人日渐增多,也引起了不信佛法者的质疑。为此,何尚之撰文宣扬佛教在维系世道人心、辅助现实

---

① (南朝梁)钟嵘:《诗品集注》,上海古籍出版社2011年版,第201页。
② 丁红旗:《东晋南朝谢氏家族病史与道教信仰》,《宗教学研究》2006年第3期。
③ 《弘明集》卷十一,《大正藏》第52册,第69页。
④ 《弘明集》卷十一,《大正藏》第52册,第69页。

政治中的社会功能，因言简意赅，契理契机，在当时调整人们对佛教的认识上起着导向作用，成为后世佛法辅政论之发端，也在一定程度上消弭了统治者对外来佛教的种种疑虑。宋文帝认为，佛教的"三世因果"之说也具有很好的安定人心的作用，"若使率土之滨皆纯此化"，自己就可以"坐致太平"，这实际上又打破了以儒学为代表的传统"四学"在思想界占主导地位的状况，为佛教在南朝的兴盛发展营造了良好氛围，也为道教营造了一个较为宽松的发展空间。

宋文帝在崇佛的同时也关注道教，元嘉十三年（436年），任命何尚之为丹阳尹。何尚之到任后，曾在建康南城外建造宅院，设置玄学校，聚徒讲学，一时四方名士纷纷仰慕而前来游学，世人谓之"南学"。元嘉二十二年（445年），宋文帝建造玄武湖时，准备于湖中建方丈、蓬莱、瀛洲三神山以显扬道教的神仙信仰，何尚之以劳民伤财为由而力劝之。后来国子学建成后，宋文帝让何尚之领国子祭酒。何尚之虽然宣扬佛教具有维系世道人心、辅助现实政治中的作用，但也经常以道家的清静无为思想劝进帝王与民休息。

元嘉末年，陆修静入京师建康卖药，宋文帝听说后，诏他前来入宫讲论道法。陆修静在宫中讲道不舍昼夜，孜孜不倦地以慈悲度人的胸怀，勉励其发向道之心。宋文帝既佩服又尊敬，就连王太后亦请陆修静为其讲道，雅信黄老，执门徒礼。陆修静虽然深得帝王的欢心，但他也看到宋文帝身边已是政治危机暗伏。果然不久，宋文帝太子刘劭、刘濬及长女东阳公主（其丈夫是王导的玄孙王僧绰）等，敬事号曰"天师"的严道育。严道育"本吴兴人，自言通灵，能役使鬼物"①，自称拥有辟谷、服食、役使鬼物的法术，于是在府中设巫蛊之术诅咒宋文帝，准备逆谋篡位。② 事发后，他们又掩护严道育逃亡。宋文帝因此欲废刘劭、刘濬，于是二人遂杀父篡位。

在这场史称"太初之难"的宫廷之变后，刘劭、严道育等人被杀，宋初"元嘉之兴"的小康局面从此由盛转衰。当时民间流传着一首歌谣："遥望建康城，小江逆流萦，前见子杀父，后见弟杀兄。"③ 以此来形容皇室内

---

① 《宋书》卷九十九《二凶传》。
② 严道育刻刘义隆的玉石雕像，埋入宫中含章殿前，诅咒刘义隆早死。
③ 《魏书》卷九七《岛夷刘裕传》。

部不断出现内讧和互相残杀的现象。陈寅恪先生将这一"巫蛊之事"视为是宋文帝诸子以信道教来进行夺权的结果:"文帝诸子信道教,并用它来进行夺权斗争,深受明帝刘彧谴责。但刘彧指责的是其兄弟以道谋位的行径,对于道教本身他是深信不疑的。"[1] 史书上大多称严道育为"女巫",将"太初之难"视为"女巫作祟"而导致的宫廷政变,"与其说他们以道谋位,不如说他们以巫谋位;与其说他们对道教深信不疑,不如说他们对巫术深信不疑"[2]。笔者也认为,就这一事件本身来看,"以巫谋位"可能比"以道谋位"的看法更贴近史实。

陆修静本希望通过宋文帝来推广道教,但入宫不久就遇上了这么一场残酷的宫廷政变,他没有参与其中而是对朝廷政治倍感失望,为避难告辞京城,远走庐山去修道:

> 宋元嘉末,因市药京邑,文帝味其风而邀之,先生不顾。及太初难作,人心骇疑,遂泝江南游,嗜匡阜之胜概,爰构精庐。澡雪风波之思,沐浴浩气,挹漱元精。[3]

陆修静在庐山瀑布岩构筑精庐,居处修道,是为太虚观,即现在的简寂观。陆修静在此研经传道授徒长达七年之久,与东林寺佛教高僧慧远、儒家学者陶渊明交好,故倡导三教对话。后人还据此编造了一个"虎溪三笑"的传说。唐英(1682—1756年)作《三笑图》曰:"桥跨虎溪,三教三源流,三人三笑语;莲开僧舍,一花一世界,一叶一菩提。"说慧远平日潜心佛学,送客不过寺前虎溪桥,但每当陶渊明和陆修静来访,宾主相聚,言谈甚欢,慧远送客时边走边谈,不知不觉已过虎溪。此时,寺中驯养的老虎便吼叫警告,于是三人听到后,相视大笑,欣然而别。陶渊明出身于天师道世家[4],其顺乎自然、委运任化的人生态度与陆修静相通相契。其实,陆修静

---

[1] 陈寅恪:《天师道与滨海地域之关系》,《金明馆丛稿初编》,生活·读书·新知三联书店 2001 年版,第 9—11 页。
[2] 吴成国:《六朝巫术与社会研究》,武汉出版社 2007 年版,第 145 页。
[3] 《云笈七签》卷五《宋庐山简寂陆先生》,《道藏》第 22 册,第 27 页。
[4] 陈寅恪:《陶渊明思想与清谈之关系》曰:"渊明为人,实外儒而内道,舍释迦而宗天师者也。"(《金明馆丛稿初编》,生活·读书·新知三联书店 2001 版,第 227 页)。

于大明五年（461年）来庐山时，慧远、陶渊明都已去世几十年了。这一传说表达了建立儒、佛、道三教相互理解与融通的关系的一种愿望，也为陆修静后来在建康开展宗教对话提供了可能。

宋明帝刘彧（439—472年）即位后，因弑前废帝刘子业登基，大概是因为心中不安，"末年好鬼神，多忌讳，言语文书，有祸败凶丧及疑似言应回避者，数百千品，犯者必加罪戮"①，于是思弘道教，广求名德，希望以道教来驱除流行于江南的巫术。宋明帝很欣赏陆修静的道德学问，"宋明皇帝袭轩皇淳风，欲稽古化俗，虚诚致礼，至于再三。先生固称幽忧之疾，曾莫降昒。天子乃退斋筑馆，恭肃以迟之，不得已而莅焉。于是顺风问道，妙沃帝心"②。据说宋明帝于泰始三年（467年）派江州刺史王景宗礼请陆修静到京师：

> 宋明帝思弘道教，广求名德。悦先生之风，遣招引。泰始三年三月，乃诏江州刺史王景宗以礼敦劝，发遣下都。先生辞之以疾。

陆修静先是推辞："主上聪明，远览至不肖，猥见采拾，仰惟洪眷，俯深惭惕。老子尚委王官以辅周室，仙公替金锡佐吴朝。得道高真，犹且屈己，余亦何人，宁可独善乎？"③ 然后表达了以老子作周守藏史为榜样，意欲在远离京城的庐山独善其身的愿望。保存于《道藏》中的陆修静传，都有宋明帝命江州刺史王景宗再三以礼敦劝，陆修静才从庐山回到建康的记载。

陆修静从庐山下来时，只带了一位名叫陈飘之的徒弟，但当他在京城讲道后，朝野之士如潮水般地涌来。陆修静在崇虚馆居住，宋明帝既令将道士殳季真从剡县马朗家所得茅山"上清经法"放入馆内，敕付其研校，又请陆修静一方面整理道书、修编道藏，另一方面大敞法门，深弘典奥，为王公士族讲解道教，分析源流，才使道教在南朝兴盛起来：

---

① 《宋书》卷八《明帝纪》。
② 《云笈七签》卷五《宋庐山简寂陆先生》，《道藏》第22册，第27页。
③ 《三洞珠囊》卷二引《道学传》，《道藏》第25册，第305页。

宋帝乃于北郊筑崇虚馆以礼之，盛兴造物，广延胜侣。先生乃大敞法门，深弘典奥，朝野注意，道俗归心。道教之兴，于斯为盛也。①

这里正式使用"道教"一词，说明陆修静所建传经宗坛，已涵盖了天师道、上清派、灵宝派等宣扬的道法，通过"大敞法门"推动南朝道教日益兴盛起来。宋明帝有脚疾，召陆修静修斋醮疗疾，并为国祈祷。陆修静遂于天印山经坛为他请事涂炭之斋②，既表达了他对宋明帝知遇之恩的报答之情，也宣扬了道教的经法威仪，朝野震动，所谓"朝野识真之夫，若水奔壑，如风应虎，其谁能御之？先生拨雾开日，汰沙引金，指方以倒之。中人以上，皆自盈其分，司徒袁粲之流是也"③。当时京城建康活动着三教九流各种有本事的人，朝臣中信仰各种宗教的人也为数不少，一听庐山道士陆修静被皇家请来，都有心向之问难请教。南朝第一次佛道之争，就发生在宋明帝时的庄严寺。

陆修静在建康大敞道门时，宋明帝想亲自验证一下他的真才实学，遂命司徒袁粲召集王公大臣和沙门学者会聚，组织儒佛道三家学者进行辩论。袁粲（420—477年），是东晋丹阳尹袁豹之孙，太尉袁淑之侄，受"儒玄双修"的家庭文化影响，"少笃学，博通五经。聚徒教授，常有数十人"④。袁粲还信仰佛教。陆修静到达到金陵后，宋明帝刘彧让袁粲参与在金陵庄严佛寺举办的佛道会谈："天子乃命司徒建安王、尚书令袁粲设广宴之礼，置招贤座，盛延朝彦，广集时英，会于庄严佛寺。时玄言之士，飞辩河注；硕学沙门，抗论锋出；掎角李释，竞相诘难。先生标理约辞，解纷挫锐。王公嗟抃，遐迩悦服。坐毕，奏议于人主。"⑤ 当时佛道二教人士围绕着老子河上公注展开讨论，在众人争执不下时，陆修静以庄子的"方生方死"来解读佛教的生死轮回的观念，以强调佛道之间有相通性，虽教理有异，但宗旨为一，故倡导三教殊途同归论。佛道二教王公大臣听他如此阐述，无不悦服赞叹！

---

① 《三洞珠囊》卷二引《道学传》，《道藏》第25册，第306页。
② 《三洞珠囊》卷二引《道学传》，《道藏》第25册，第306页。
③ 《云笈七签》卷五《宋庐山简寂陆先生》，《道藏》第22册，第27页。
④ 《南齐书》卷三十九《刘瓛传》。
⑤ 《三洞珠囊》卷二引《道学传》，《道藏》第25册，第306页。

后来，陆修静在宋明帝出席的华林园集会上，进一步阐发道教的教义，解答各种各样的疑问，有人借用佛教的"三世轮回"教义提出诘问："都不闻道家说三世"。陆修静答曰："经云：'吾不知谁之子，象帝之先。'既已有先，居然有后；既有先后，居然有中。《庄子》云：'方生方死'。此并明三世，但言约理玄，世人未能悟耳。"① 其实"三世轮回"非佛教所独有，只不过"世人未能悟"而已。陆修静在争议中标理约辞，解纠挫锐，推进了建康儒佛道三教之间的对话与理解。

唐代法琳所撰《辩正论》中，至今保留着题名为陆修静的《必然论》《荣隐论》《遂通论》《归根论》《明法论》《自然因缘论》《五符论》《三门论》等，在《破邪论》中还记载有道士陆修静作《对沙门记》，由此也可见佛教徒对陆修静道教思想的重视。

从南朝道教的角度看，倡导儒佛道三教合一似乎是一种共识，但若仔细研究，就可见在三教如何合一上，还存在着不同观点，除了陆修静倡导的"三教殊途同归论"，还有顾欢（420—483 年）发表《夷夏论》，辨析两教的是非同异、高下优劣，所倡导的"三教质同末异论"也在京城建康传播。

曾为南朝齐大臣的顾欢，20 岁从豫章雷次宗学习玄儒之学，后至天台山隐居，精研道学，开馆授徒，受业者近百人，所著《夷夏论》② 提出"佛非东华之道，道非西夷之法"，认为老子之教是中华正教、佛教为西夷异法，中夏之性与西戎之法存在着诸多差异："今以中夏之性，效西戎之法，既不全同，又不全异。下弃妻孥，上绝宗祀。嗜欲之物，皆以礼伸，孝敬之典，独以法屈。悖礼犯顺，曾莫之觉"③。由此提出佛道二教"各出彼俗，自相聆解"的观点。顾欢的"夷夏之辨"强调佛教是夷狄之教，因华夷之间种族不同、地域不同、文化不同，故应当排拒佛教在中国的传播。《夷夏论》一出，这种尊道贬佛论立即在京城引起轩然大波。袁粲又托名道人（这是当时佛教徒的自称）著文反驳，认为"孔老治世为本，释氏出世为宗，发轸既殊，其归亦异"，认为佛先于道也优于道。顾欢也奋起反击，强调道先于佛，并以"权便之说"来解释"神仙有死"，认为"夷人风俗恶，

---

① 《三洞珠囊》卷二引《道学传》，《道藏》第 25 册，第 306 页。
② 《夷夏论》被收录到《隋书》《旧唐书》《新唐书》中，可见其在当时的社会影响。
③ 《南史》卷七十五《顾欢传》。

因此流行佛教，而中华善，所以行正教道教"①。

当时的京城建康既是佛教流行之地，也是三教人士会集之地。在顾、袁他们争论正酣时，又有佛教徒出来，明僧绍著《正二教论》、谢镇之著《折夷夏论》、朱昭之著《难夷夏论》、释惠通著《驳夷夏论》、释僧愍著《戎华论》等，他们一方面参与驳斥顾欢的《夷夏论》，另一方面又称道教的"老子化胡"是伪作，宣称"佛派三弟子入华教化说"，将老子、孔子、颜渊都列为佛门弟子，使"夷夏之辨"牵涉到了佛道二教的信仰问题。

吴郡士族张融（444—497年），弱冠有名，曾任中书郎等官职，他既崇信佛教，又与太子仆周颙并善《老子》《周易》，相遇辄言玄理，弥日不倦，并与同郡道士陆修静交好。张融平日"玄义无师法，而神解过人，高谈鲜能抗拒"，是名重一时的文学家，故有人托张融之名作《三破论》② 批评佛教崇拜偶像、剃度出家是有悖于中华礼教人伦，佛教是"入国破国、入家破家、入身破身"之教，信之无益，并说老子因"胡人粗犷，欲断其恶种，故令男不娶妻，女不嫁夫，一国伏法，自然灭尽"。传以教理是为让夷人自然灭尽。佛教徒当然不能容受《三破论》的说法。释玄光撰《辩惑论》、释僧顺撰《析三破论》等，再次激烈反抗，批评道教，于是佛、道二教依各自信仰，既相互攻讦，又相互借鉴，在此过程中，儒家出于民族文化立场，基本上站在道教一边不时给予援助。如刘宋年间何承天写《报应问》批判佛教的因果报应说，后来佛教徒宗炳又作《答何衡阳书》等予以辩解。

萧齐帝室中，以齐武帝和竟陵王萧子良（460—494年）最为崇佛。南齐武帝永明年间（483—493年），竟陵王萧子良对佛教"敬信尤笃"，他任司徒后移居鸡笼山西邸，在"集学士抄五经、百家"的同时，还与文惠太子常"招致名僧，讲论佛法，造经呗新声，道俗之盛，江左未有也"③。《南齐书》说萧子良还在私宅邸园中与好佛者开展讲疏佛书、研讨佛理的集会活动，使佛教在建康士人文化圈中广播开来："又与文惠太子同好释氏，甚

---

① 《南史》卷七十五《顾欢传》。
② 释僧顺《析三破论》题注："答道士假称张融三破论。"（《弘明集》卷八，《大正藏》第52卷，第51页）
③ 《南齐书》卷四十《竟陵文宣王子良传》。

相友悌。子良敬信尤笃，数于邸园营斋戒，大集朝臣众僧，至于赋食行水，或躬亲其事，世颇以为失宰相体。劝人为善，未尝厌倦，以此终致盛名。"① 萧子良大概是想借助佛学这种外来的新思潮，来抬高佛教在建康士族文化圈中的地位。邸园也成为当时士人心目中开展宗教对话的文化中心。为了表示对佛教的崇奉，萧子良还亲自撰文弘扬佛法，所著宣扬佛教的文字曾集为十六帙，一百十六卷，另有沈约记录的《齐竟陵王发讲疏》等。建康佛教的兴盛与萧子良的大力提倡与护持有莫大的关系。

正是这位"精信释教"的萧子良，最早发动了对"盛称无佛"的范缜的围攻，召集众僧非难范缜，但不愿"卖论取官"的范缜"退论其理"，撰写《神灭论》系统阐述自己的无神论思想，并尖锐地批评了佛教给南朝社会带来的各种危害，把反佛斗争推向了高潮。从江苏思想文化发展上看，神灭与神不灭曾是南朝思想界的一次深远意义的大论战，不仅对佛教有很大影响，而且也直接促进了南朝道士重新思考道教仙学的理论基础——形神关系。自范缜对佛教"神不灭论"给予批评后，"以此为契机，中国佛教理论逐渐转向了对心性本体论的阐发而不再停留在形神等问题上"②，南朝道教也致力于通过对心性问题的讨论而促进了道教仙学的转型。③

从表面上看，在建康所展开的三教之争似乎已到了白炽化的地步，但实际上三教之间的相互斗争、借鉴和融合也促使"三教均善均圣论"的观点显露出来。朱广之在《疑夷夏论咨顾道士》中现身说法，劝导双方不可各执己见，"蹄网双张，义无偏取，各随晓入，唯心所安耳"④。南朝道士孟景翼作《正一论》则明确说："老、释未始于尝分，迷者分之而未合。亿善遍修，修遍成圣。"⑤ 正是这种"三教均善均圣论"的流行，与道士陆修静为友的张融虽作《三破论》，但临终前留下遗命："左手执《孝经》《老子》，右手执《小品》《法华经》"⑥，表明他坚持三教并重的思想。茅山道士陶弘景更将这种儒佛道"三教均善均圣论"贯彻到生活中，思想上"崇教惟善，

---

① 《南齐书》卷四十《竟陵文宣王子良传》。
② 洪修平：《中国佛教文化历程》（增订本），江苏教育出版社2005年版，第91页。
③ 孙亦平：《论道教仙学两次转型的哲学基础》，《南京大学学报》1998年第4期。
④ 《弘明集》卷七《疑夷夏论咨顾道士》，《大正藏》第52册，第44页。
⑤ （清）严可均辑，许少峰、史建桥审订：《全齐文》，商务印书馆1999年版，第284页。
⑥ 《南齐书》卷四十一《张融传》。

法无偏执"①，由此才能理解他"在茅山中立佛道二堂，隔日朝礼"②的行为。

在南朝京城建康，儒佛道三教之间逐渐形成了这样一种基本格局："儒家在吸取佛教思想的同时，常以佛教不合传统礼教等为由，激烈地排斥佛教，而佛教对儒家却总是以妥协调和为主；佛道之间虽然互相吸收利用，特别是道教模仿佛教的地方甚多，从宗教理论到修持方式，乃至宗教仪礼规范等，都从佛教那里吸收了不少东西，但佛道之间的斗争却一直很激烈。"③由于佛教势力的扩大而与世俗帝王的政治、经济利益及传统文化习俗等发生了矛盾与冲突，南朝虽然出现沙汰僧尼、限制建寺造像和排佛的言论，例如宋"孝武大明二年，有昙标道人与羌人高阇谋反。上因是下诏：所在精加沙汰，后有违犯，严其诛坐。于是设诸条禁，自非戒行精苦，并使还俗"④。但从总体上看，以建康为中心展开的宗教对话主要还是儒佛道三教之间的义理之争，没有出现大规模的毁佛事件，沙汰僧尼的诏令往往未得实行，各种排佛论没有能够阻止佛教的进一步发展，同时也使南朝道教能够更深入地了解佛教及儒学而促进自身的改革与发展。

第二节　南朝天师道新道书考

东晋南朝时，天师道在江南社会的发展面临着教派竞争的环境，产生于江南的上清派、灵宝派因得到帝王的支持迅速发展。佛教在传入中国后，由早期依附于道教和儒家而渐渐成熟，通过中国化的途径与方法建立起了中国佛教的教义理论体系。南朝帝王对佛教的大力支持，推动了佛教在社会各阶层广泛流传。随着天师道向南传播并得到江南世家大族世代信仰，用江南文化中出现的"三天正法"的思想对"旧法"进行扬弃，南朝道教中出现了一批以"正一"命名且撰人不详的新道书：

---

① 《华阳陶隐居集》卷上《授陆敬游十赉文》，《道藏》第 23 册，第 643 页。
② 《辩正论》卷八，《大正藏》第 52 卷，第 547 页。
③ 洪修平：《中国儒佛道三教关系研究》，中国社会科学出版社 2011 年版，第 11—12 页。
④ 《南史》卷七十八《夷貊上·中天竺传》。

1. 《正一法文法箓部仪》一卷
2. 《太上正一法文经》一卷
3. 《正一法文天师教戒科经》一卷
4. 《正一法文修真旨要》一卷
5. 《正一法文太上外箓仪》一卷
6. 《正一法文经护国醮海品》一卷
7. 《正一法文传都功版仪》一卷
8. 《正一法文经章官品》四卷，又名《千二百官章经》
9. 《太上正一咒鬼经》一卷

这些可能是早期天师道书《正一法文》的残本，因为从内容上看，它们大多坚持汉魏以来天师道的传统，奉太上老君为最高神灵，不仅将太上老君视为大道之本和宇宙之源，而且假托正一真人张陵告诸祭酒弟子，将人所面临的一切灾害疾病，看作是精鬼作祟，或恶逆之人为之，必须去治所请神下降治之。例如《正一法文太上外箓仪》开篇曰："凡男女师皆立治所，贵贱拜敬，进止依科，自往教之轻道，明来学之重真。其间小师，未能立治，履历民间，行化自效。"① 例如《正一法文经章官品》全篇都在讲，人若遇灾病，如何请对应的某天官下降治之的方法。"若久病著家，请须臾君官将一百二十人令治之，赤天食气君官将一百二十人，主收家恶鬼为祟害者。"② 然后宣扬人们需要通过受箓来进行自我保护，尤其是"五种女人（即处女、出家女、嫁妇、寡妇和归居女）受要箓""下人四夷受要箓""受箓后三日谢恩章"等，继承早期天师道受箓、首过、敬拜、谢恩的传统，在江南通过降神驱鬼的法术来为民"灭罪兴福"的做法。

《太上正一法文经》则假托张道陵向太上请问，如何解除世间人民所受的"众苦危难"。太上告张道陵，只有令人归善道，持斋礼拜行道，才能消灾获福：

太上告道陵曰：皆由人民不信宿命，罪福因缘，轻师慢道，破斋犯

---

① 《道藏》第32册，第206页。
② 《道藏》第28册，第535页。

第六章 南朝道教文化的新发展　293

戒，违负天地日月星辰，攻根伐本，背正入邪，欺凌贫贱，咒诅鬼神，秽辱三尊，不忠不孝，兄弟不睦，父子不慈，夫妇不和，男女不顺，更相残害，矫诈百端，杀生偷盗，邪淫嫉妒，悭贪愚痴，恶口两舌，绮妄不真，饮酒食肉，秽污天真，恃强凌弱，倚官挟势，为君无道，为臣不忠，罔上欺下，损伤百姓，枉害忠良，纵放无度，致遭病苦，厄难相逢，……若持斋礼拜行道，诵经烧香散花，受诫忏悔布施，发愿救济贫穷，放赎生命，修营灵观，建立精舍，玄坛法宇，广造福田，作诸功德，即得免其灾厄，度脱危苦。①

天师道始于民间，发展到南朝时，一方面继承传统天师道的信仰、教义和教法，另一方面，又接受儒家伦理来对治"破斋犯戒""背正入邪""不忠不孝"等行为。这些新道书通过对旧的教理、教义、科仪等进行改造，使其与民间宗教区别开来，以期赢得统治者的支持和士族百姓的拥护来促进自身的发展。

刘宋朝的创立者刘裕是镇压孙恩、卢循之乱而登上帝位的寒门人物，他的逆袭成功，给传统天师道带来了举行教团活动会不会被禁止、会不会受到镇压的危惧感。《三天内解经》卷上赞颂"宋帝刘氏是汉之苗胄，恒使与道结缘，宋国有道多矣"②，增加预言刘裕称帝的内容，并且将之与灵宝经的出世相联系，既适应新皇权政治的统治需要，反映了期望新政权能够维护张天师子孙权力地位、推动天师道在江南发展的意愿。"《三天内解经》非常迅速赞美刘裕受命，就是天师道教徒向刘裕表示忠诚和顺服，以迎合其意。"③ 尤其是天师道通过吸纳东晋新出的上清经和灵宝经等新道书，一方面以"三天正法"来批判旧天师道，逐渐去除其中的"犯上作乱"的成分；另一方面，通过建立教团制度以引导信徒在道官的指导下去追求个人的神秘体验和生命超越。

5世纪出现的《大道家令戒》《三天内解经》等，都表达太上老君授予张天师"三天正法"来提升其神圣性与合法性，以此为中心来建立适应当

---

① 《太上正一法文经》，《道藏》第28册，第410页。
② 《三天内解经》卷上，《道藏》第28册，第415页。
③ [日]小林正美：《六朝道教史研究》，李庆译，四川人民出版社2001年版，第197页。

时天师道发展需要的新教义。值得注意的是,"三天正法"的概念出于托名"清虚小有天王撰集"《上清除六天之文三天正法》,该经约出于东晋时,简称《太上三天正法经》,那么,这是否是天师道在南传过程中吸收上清派思想而形成的新概念?

王皓月根据《云笈七签》卷四《上清源统经目注序》的记载"谧有三子,其第三子名玉斧,长名翱,字道翔。道德淳莹,绝世无伦。师杨先生,授《上清三天正法》、《曲素凤文》三十一卷",而认为《除六天之文三天正法》很可能是许谧亲自编撰的:"在《上清经》的降授过程之中,作为灵媒的杨羲有时不过是许谧的傀儡,而许翱年纪尚小,所以许谧是主要的作者,很可能亲自编撰了《除六天之文三天正法》。"① 作为早期上清派经典的《太上三天正法经》由"终末论"的预言和一些化解灾异的符箓构成,借助上清真人之口来讲述,太上大道君传教后圣帝君、上相青童君、西城王君,以说明"三天正法"的来历与作用:"三天正法,以九天真王、元始天王受气之初,于空玄之中所授。到六天立治之法,授于太上。至黄帝兴治,太上以付后圣帝君、上相青童君、西城王君,使付诸为真人者。以六天之气,由三天之法,得者神仙。"②《太上三天正法经》将天师道信仰与上清经相联结,其功用在于"三天正法除六天之文,施用宝诀祝说投祭法度,以付二君,使教后学。诸为真人者,以制六天,收戮群凶"③。反映了早期上清宗师在动荡的江南社会中以"三天正法"为名帮助解除民生疾苦的努力,如陶弘景在《真诰》卷五中曰:"道有《除六天之文三天正法》,在世"④。天师道新道书通过弘扬"三天正法",也表现出迎合上清派以改革旧道教的倾向。

一般认为《三天内解经》出于刘宋时期,其撰作时间在永初元年(420年)前后。有关作者"三天弟子徐氏",依杨联陞的看法:"这位三天弟子徐氏,我还没有考出来是谁。曾经猜想过可能是南岳道士徐灵期"⑤。徐灵

---

① 王皓月:《三天正法经的成书和演变》,《世界宗教文化》2013年第6期。
② 《太上三天正法经》,《道藏》第28册,第407页。
③ 《太上三天正法经》,《道藏》第28册,第408页。
④ [日]吉川忠夫、麦谷邦夫编:《真诰校注》,朱越利译,中国社会科学出版社2006年版,第163页。
⑤ [美]杨联陞:《杨联陞论文集》,中国社会科学出版社1992年,第61页。

期是吴郡（今江苏宜兴）人，幼遇异人授以玄丹之要，含日晖之法，守泥丸之道，服胡麻饭。后隐衡岳上清宫修行。后来杨联陞在给胡适的信中则说："这位三天弟子徐氏是谁，尚未考出。但大体应是陆修静一流有志清整的人物。好像后来陆氏'三洞'之说大行，'三天'之说就不大听见了。"[①] 20世纪以来，随着对道教研究的深入，《三天内解经》这部南朝天师道经也受到学者们较为广泛的关注，他们通过对《三天内解经》进行研究，以解读南朝天师道出现了哪些新特点，所引起的一些争议也有助于我们对南朝道教的发展进行深入的了解。

《三天内解经》卷上主要讲述了道源本起"道中之尊"的道德丈人的神创故事，特别具有天师道的经典风格：

> 道源本起，出于无先，溟涬鸿濛，无有所因，虚生自然，变化生成。道德丈人者，生于元气之先，是道中之尊，故为道德丈人也。因此而有太清玄元无上三天无极大道、太上老君、太上丈人、天帝君、九老仙都君、九气丈人等，百千万重道气，千二百官君，太清玉陛下。今世人上章书太清，正谓此诸天真也。从此之后，幽冥之中，生乎空洞。空洞之中，生乎太无。太无变化玄气、元气、始气，三气混沌相因，而化生玄妙玉女。玉女生后，混气凝结，化生老子，从玄妙玉女左腋而生，生而白首，故号为老子。[②]

但《三天内解经》更通过宣扬"三天正法"来关注南朝天师道发展所面临的多种宗教的竞争问题："中国阳气纯正，使奉无为大道。外胡国八十一域，阴气强盛，使奉佛道，禁诫甚严，以抑阴气。楚越阴阳气薄，使奉清约大道。此时六天治兴，三道教行，老子帝帝出为国师。"[③] 在"六天治兴"时，中国奉无为大道指天师道，胡国奉佛道指佛教，楚越奉清约大道则指太平道，这是《三天内解经》语境中的"三道教行"。

---

① 胡适纪念馆编：《论学谈诗二十年：胡适杨联陞往来书札》，安徽教育出版社2001年版，第294页。
② 《三天内解经》卷上，《道藏》第28册，第413页。
③ 《三天内解经》卷上，《道藏》第28册，第413页。

太平道后因"下古僣薄,妖恶转兴,酌祭巫鬼,真伪不分。太上于琅琊以《太平道经》付于吉、蜀郡李微等,使助六天检正邪气"①。汉明帝因梦见自称是佛的金人,乃派遣使者入西域,写取佛经,兴建塔寺,佛教遂布流中国,在南朝兴盛发展。从表面上看,它们与天师道形成"同根而异支"的"三道":"汉时已有前谟,学士不可不勤之哉。盖三道同根而异支者,无为大道、清约大道、佛道。此三道同是太上老君之法,而教化不同,大归于真道"②。但实际上,《三天内解经》深受魏晋以来老子化胡说的影响,表现出抬高天师道的倾向,通过讲述天师道的历史、佛教传入及清水道、巫教的传播等,来展示南朝天师道所遇到的新问题。为在信仰市场上吸引更多的信众,《三天内解经》认为只有不断改革的天师道才能适合需要:

> 自从三师升度之后,杂治祭酒,传授道法。受者皆应跪受经书,还则拜送,使必是三天正法。人多不尔者,趣得一卷经书,便言是道经,更相传付,或是六天故事,致有错乱。承用弥久,至今难可分别。③

当三师升度之后,各教团祭酒互奉异法而导致戒律松弛、组织涣散的散乱局面,尤其是面对江南流传的彼此之间教化不同的各种宗教,如何通过确立神学观念的明确意义使之整合成一个教义思想体系,是当时道教面临的最为重要的理论建构问题。

《三天内解经》作为"一个天师道徒的信仰和记录"④,其下卷主要针对天师道从北向南迁徙中所面临的问题而提出的修道理论。"老子教化,唯使守其根,固其本。人皆由道气而生,失道气则死。故使思真念道,坚固根本,不失其源,则可长生不死。"⑤ 追求"长生不死"是道教不同于其他宗教的独特之处,为达到这一目标,修道者从自身出发进行修炼,首先在精神上要抱着"道在己身,不由他人"的态度努力修行。其次,学道不在于多

---

① 《三天内解经》卷上,《道藏》第 28 册,第 414 页。
② 《三天内解经》卷上,《道藏》第 28 册,第 415 页。
③ 《三天内解经》卷上,《道藏》第 28 册,第 414—415 页。
④ 柳存仁:《〈老子化胡经〉卷八的成立年代》,载项楚、郑阿财主编《新世纪敦煌学论集》,巴蜀书社 2003 年版,第 190 页。
⑤ 《三天内解经》卷下,《道藏》第 28 册,第 416 页。

佩符箓，关键在于要明了"斋直应是学道之首"，只有不犯禁戒，保持向善之心与向道之行，外则不染尘垢，内则五藏清虚，才能降真致神，与道合居。第三，学道时要分辨大乘与小乘之品位差别："小乘之学，叩齿冥而求灵应，此自是教化之道，使人修善除罪改过，非是治身延年益寿求飞升之法。"它们因修道方法的不同而导致最终目标的差异："道士大乘学者，则常思身中真神形象，衣服彩色，导引往来，如对神君，无暂时有辍，则外想不入，神真来降，心无多事。"大乘之道采用江南上清派中流行的存思导引法，因此"大乘、小乘，其路不同，了不相似也"①。随着江南人对身体认识的深入，《三天内解经》不再看重肉身不死、肉体成仙，反而强调"无身"、"不生不死"。

《三天内解经》坚守以《道德经》来教化民众，"故圣人教化，使民慈心于众生，生可贵也。夫有心者，可熟案《五千文》。此经皆使守道长存，不有生死。道之宗本，在乎斯经也"②。既通过激烈批评杀牲酌酒来祭祀鬼神的仪式活动，认为这是导致疾病、灾祸发生的根本原因，以否定其他传统的野蛮祭祀行为；又吸收了佛教戒律观，遵行防非止恶之戒法，将为善成仙放在重要位置，尤其是通过宣扬"不劳身神，求真于内，然后通玄，念与道合"、"身与无合，故无有体影"等思想，在客观上淡化了在江南地区传播的神仙道教所追求的肉体成仙信仰，以强调奉行太上老君之法的天师道的优越性，也反映出南朝天师道教义改革的新动向：

第一，打出"新出老君"的旗号进行教团制度的改革。强调太上老君与张道陵是师徒关系，认为老君出乎于幽冥空洞之境，布散三气、辟天地、列万类、设国家、施教化，由此将太上老君神化为带有造物功能的至上神，以"新出老君"为名来规定天师道的科条章文："永用三天正法，不得禁固天民。民不妄淫祀他鬼神，使鬼不饮食，师不受钱，不得淫盗，治病疗疾，不得饮酒食肉。民人唯听五腊吉日，祠家亲宗祖父母，二月八月祠祀社灶。自非三天正法，诸天真道，皆为故气。疾病者，但令从年七岁有识以来，首谢所犯罪过，立诸跪仪章符，救疗久病困疾，医所不能治者，归首则差。立二十四治，置男女官祭酒，统领三天正法，化民受户，以五斗米为信。化

---

① 《三天内解经》卷下，《道藏》第 28 册，第 417 页。
② 《三天内解经》卷上，《道藏》第 28 册，第 416 页。

民百日，万户人来如云。制作科条章文万通，付子孙传世为国师"①。

第二，以"三天"替代"六天"来区分正道与邪道。所谓的"三天"，本指清微天、禹余天、大赤天，但发展到南朝时，在特定的语境中成为一个与"六天"相对的观念。人们对"六天"有不同的解释：有的暗指儒教的祭祀传统。这个概念源出东汉经学家郑玄提出的"六天"说。有的指道教、佛教及民间宗教的祭祀，如《三天内解经》将出现"师胤微弱，百姓杂治，祭酒互奉异法"现象的"五斗米道""无为之道""幡花之道及佛道"等统称为"六天故事"。有的指与"正道"相对的"邪道"，如小林正美认为，如果以"六天"和"三天"为焦点对《三天内解经》进行整理，"三天"属于正道，"六天"属于邪道。自太古伏羲、女娲的时代以来的很长一段时间之中，鬼神界的支配者是"六天"，汉顺帝之时，由于"六天故气"作祟，天师道的教理与仪礼变得混乱，顺帝末年的汉安元年，"新出老君"授予张道陵太玄都正一平气三天之师和正一盟威之道，是取代"六天"统治时代的旧的三道（无为大道、佛道、清约大道）的新道，因为其是"三天"统治下的真道，所以被称为"三天正法"。"张陵被认为是从太上老君那里授得正一盟威之道的真人，是肩负任务的法师，要协助取代六天而新确立的三天。"② 根据这一解释，"三天"思想其实是道教为加强太上老君授天师道教祖张道陵——"正一盟威之道"的特异性、优越性而论说的，也成为刘宋以降天师道的最鲜明、最根本的教理。换言之，有无"三天"思想是把天师道分为刘宋之前与之后的一个教理上的标记。

第三，从教义学的角度对"三天"进行了新诠释。何谓"三天"？在江南道教神学体系中，所谓神仙居所"三天"是延续了汉代以来的宇宙生成论而建构的一种神话式的命名。尽管在《三天内解经》中，"三天"的理论构造尚不成体系，但其作为太上老君授予张天师"正一盟威之道"的依据，则成为刘宋以降天师道的重要教理，"将三天和太上大道看作是同级或是同一神格"，取代"六天"的"三天"，就是"大道"。③ 在《三天内解经》作者的眼中，"三天"是活的、有品格的，在时空上与人形成了无垠的联系，

---

① 《三天内解经》卷上，《道藏》第28册，第414页。
② ［日］小林正美：《中国的道教》，王皓月译，齐鲁书社2010年版，第55页。
③ ［日］小林正美：《中国的道教》，王皓月译，齐鲁书社2010年版，第55、56页。

以"大道"为旨,建构起天、地、人、神四重结构的道教教义学,反映了江南人想象的丰富性和思想的条理性。

第四,《三天内解经》突出张道陵升仙后,其子孙相继为天师之事迹。晋宋时的正史,在记载汉末巴蜀地区五斗米道时,有提及"陵死,子衡行其道。衡死,子鲁传其业"、张鲁在汉中传道之事:"鲁自在汉川垂三十年,闻曹操征之,至阳平,欲举汉中降"①,但没有提及张道陵弟子王长、赵升传袭教法的事迹。《三天内解经》以太上老君授张道陵,并以张氏家族的传承来统一天师道散乱的传播史:"张(道陵)遂白日升天,亲受天师之任也。天师之子张衡,孙张鲁夫妇俱尸解升天,故有三师并夫人"②。这里不仅有"三师并夫人"的说法,而且还将"三天正法"作为代代相传的凭证:"自从三师升度之后,杂治祭酒,传授道法。受者皆应跪受经书,还则拜送,使必是三天正法"③。施舟人曾将《画云台山记》所体现的张道陵与王长、赵升的故事认作是"南方传统",意即北方天师道之外的江南地区道教文化传统。刘屹则通过对《画云台山记》与东晋张道陵传说的考察而提出"不如将其看作是与西部巴蜀五斗米道传统不同的东部仙道传统"④。笔者认为,这是天师道经过从西部巴蜀向北方汉中,再南下迁徙到东部之后,作为天师道祖师的"张道陵"经过江南道教神仙文化的洗礼,再经过累加层叠的诠释后出现的新景象。这种天师道传承的神圣性后成为江南正一道的核心价值,并在历史发展中保留了下来。

第三节 陆修静改革南朝道教

陆修静于《陆先生道门科仪》所提出的改革天师道的倡议和措施,对江苏道教的发展方向有着深远的影响。陆修静(406—477年),字符德,号简寂,出身于吴兴东迁(浙江吴兴)的世家大族,是三国时吴国丞相陆凯

---

① (宋)范晔:《后汉书》第九册,中华书局1965年版,第2437页。
② 《三天内解经》卷上,《道藏》第28册,第414页。
③ 《三天内解经》卷上,《道藏》第28册,第414页。
④ 刘屹:《神格与地域:汉唐间道教信仰世界研究》,上海人民出版社2011年版,第113页。

（198—269年）的后代。其父陆琳看到当时社会混乱动荡不宁，所以不愿出仕而静心隐居，这为陆修静从小能够习宗儒道，博通坟籍，而旁究象纬洛谶河图提供了条件。成年后，陆修静弃家学道①，"好方外游，南诣衡湘九嶷，访南真之遗迹。西至峨眉西城，寻清虚之高躅。宋元嘉末，因市药京邑，文帝召，不往。乃友陶渊明、僧慧远于庐山。明帝泰始三年，诏江州刺史王景宗礼聘来朝，敕住后堂。真人不乐，乃授馆于外。又敕会于华林延贤之馆，王公毕集。真人鹿巾谒帝而升，帝肃然加敬，遂以殳季真取到上清经法敕付真人。总括三洞，为世宗师。仍敕北郊天印山立崇虚馆，建传经宗坛，教法大备矣"②。

关于陆修静的生平事迹，除《宋书》、《南史》和马枢《道学传》中有传记外，还有一些碑铭保留至今，如梁代沈璇《简寂观碑》、唐代吴筠《简寂先生陆君碑》等。道教神仙传记《历世真仙体道通鉴》、《玄品录》也有陆修静的记载，可见其地位与影响。《道藏》中保留着一些陆修静的著作，既反映了陆修静对南朝道教发展的贡献，也是江苏道教重要的文化成果。

陆修静既是天师道士，也因对灵宝大法深有研究而成为灵宝派的重要传人，还被上清派列为第七代宗师，"上清派形成宗教教团或具备宗派形式的时代，无论如何是从陆修静开始的，在他之前可以看成上清派的萌芽时期。当上清派确立明显的教团体制之后，或许为了夸耀其悠久传统才把具有相似倾向的道士作为历代教主"③。这也是长期以来人们对陆修静道派归宿有争议的原因。

陆修静所学不囿于一家，在广泛学习各种道法的基础上，道学日进，名望益著，晚年受到了宋文帝和宋明帝的重视，来到京城建康后，将在江南传播的各道派汇聚起来，"祖述三张，弘衍二葛"，通过整顿与改革，意在创

---

① 陆修静出家修道的态度十分决绝，据马枢《道学传》记载：陆修静"家本奥室，早涉婚宦。虽外混世务，内守贞朴。少已习断谷，别床独处。尝谓同僚曰：'时难再得。'乃遗弃妻子，脱落营务，专精教法，不舍寤寐。隐云梦山，修道，暂下寻药。进过故乡，停家数日。女忽暴病，命在晷刻，家人固请救治。先生叹曰：'我本委绝妻子，托身玄极。今之过家，事同逆旅，岂复有爱著之心。'于是拂衣而出，直逝不顾，去后一日，女病即愈也。"（陈国符：《道藏源流考》下册，中华书局1963年版，第466页）陆修静拂衣而出后，其女病却自然痊愈了，这正是道书要宣扬的奇迹。
② 《茅山志》卷十《上清品》，《道藏》第18册，第599页。
③ ［日］窪德忠：《道教史》，萧坤华译，上海译文出版社1987年版，第142页。

立一种为王者尊奉的新道教,故道教史上一般都将陆修静视为改革南天师道的代表人物。

《陆先生道门科略》是陆修静的早年著作①,这篇短短的经文,在"唐宋史籍无著录,然内容、语言皆隋唐以前文字"②,其开篇即描述了南朝天师道组织混乱、科律废弛的局面,展示了已有三百年历史的天师道在南朝传播时所面临的"三五失统,人鬼错乱"等问题时,仿《三天内解经》打出"太上老君"的旗号,以"天师正一盟威之道"为依据,提出一系列改革的具体措施:"太上患其若此,授天师正一盟威之道,禁戒科律,检示万民逆顺祸福功过,令知好恶。置二十四治,三十六靖庐,内外道士二千四百人。下千二百官章文万通,诛符伐庙,杀鬼生人,荡涤宇宙,明正三五,周天匝地,不得复有淫邪之鬼。罢诸禁心,清约治民,神不饮食,师不受钱。使民内修慈孝,外行敬让,佐时理化,助国扶命。"③南朝天师道不同于北方寇谦之的"清整道教",主要是一种"罢诸禁心,清约治民"式的道教制度文化建设:

第一,反对天师道中盛行的淫祀之风。江南民间自古流行崇尚巫鬼的风气,"唯天子祭天,三公祭五岳,诸侯祭山川,民人五腊吉时祠先人。二月八月祭社灶,自此以外,不得有所祭。若非五腊吉日而祠先人,非春秋社日而祭社灶,皆犯淫祀。"④当地流传的那些以血食祭祀、巫术咒诅的方式试图操纵和征服神灵的做法属于"淫祀",缺乏对神灵的敬畏感:"祭祀鬼神,祈求福祚,谓之邪;称鬼神语,占察吉凶,谓之祅;非师老科教而妄作忌讳,谓之巫。"⑤况且,江南民间信仰中的邪、祅、巫等活动所祭祀的鬼神多是败军死将,死后阴气不散而以鬼神语来扰乱民众心智。这种立祠祭祀鬼神的费用动辄万计,不仅令民众倾财竭产,而且还会徒令民众枉死横夭。天师道南迁进入还保留着"好淫祀"传统的荒蛮之地后,认为这些背真向伪的邪教之法,不是奉老君三师之"正教"的做法:"千精万灵,一切神祇,

---

① 唐长孺先生《钱塘杜治与三吴天师道的演变》、小林正美《六朝道教史研究》都持此观点。
② 任继愈主编:《道藏提要》(修订版),中国社会科学出版社1991年版,第875页。
③ 《陆先生道门科略》,《道藏》第24册,第779页。
④ 《道藏》第24册,第779页。
⑤ 《道藏》第24册,第782页。

皆所废弃，临奉老君三师，谓之正教。"① 凡是违背"新出老君"之命的种种做法，即使打着天师道的旗号也都是必须予以禁绝的"邪教"。陆修静在孙恩、卢循之乱之后，以"新出老君"之道为"正教"对江南天师道"淫祀"进行批判，对传统道教进行清整，以期获得上层社会的认可，一方面体现了南朝道教期望遵循以祭祀活动的分层化以展现社会尊卑等级次序，以表达对政治权力和儒家礼仪的认同。"天师道之所以能够超越一般民间巫鬼道而发展成为全国性的宗教，恰恰在于其创教之初即具有一般民间鬼神祭祀和巫术所不具备的特征。"② 另一方面，陆修静通过对巫鬼道的批判，在客观上削弱了江南文化中本有的尚武精神，促使南朝社会中重文风气在道教中盛行，更推进江南上清派以存思法而趋向于注重个体内在的身体修行，使宗教性格也逐渐变得柔弱而细腻。

第二，作为南朝天师道的宗教手册，通过"清约"来建立道门规范。早期道教以符水为人治病作为传教方式，在江南传播的天师道依然延续了这一传统："若疾病之人不胜汤药针灸，惟服符饮水，及首生年以来所犯罪过，罪应死者皆为原赦，积疾困病莫不生全。故上德神仙，中德倍寿，下德延年。而今之奉道，是事颠倒，无事不反。"③ 天师道官通过为人治病而收取钱财，造成不良的社会影响。刘宋天师道士徐氏撰《三天内解经》针对此提出："楚越阴阳气薄，使奉清约大道"④，《陆先生道门科略》更明确说明"清约"的内涵是："师不受钱，神不饮食，谓之清约"⑤。期望通过订立约束道官行为的清约来重建人与神之间的神圣性。施舟人先生认为，"清约"还有一些附属的条例，不过它的主要内容是："不可以用食品供养鬼神，更不可以用牺牲的形式与之沟通。同时，道士们也不可以收受薪水。这两件事应该是有关联的。"⑥ 通过建立"清约之正教"而"使民内修慈孝，

---

① 《道藏》第 24 册，第 782 页。
② 王承文：《东晋南朝之际道教对民间巫道的批判——以天师道和古灵宝经为中心》，《中山大学学报》2001 年 4 期。
③ 《道藏》第 24 册，第 779 页。
④ 《三天内解经》卷上，《道藏》第 28 册，第 413 页。
⑤ 《道藏》第 24 册，第 782 页。
⑥ 施舟人：《道教的清约》，《法国汉学》第七辑《宗教史专号》，中华书局 2002 年版，第 149 页。

外行敬让，佐时理化，助国扶命"①。

第三，重视培养信徒对大道的恭敬之心。早期五斗米道的祭酒制度作为旧制已不能适应南朝道教发展的要求，由此出现了组织混乱、科律废弛的局面。当时许多道民不赴师治参加集会，不报户籍，不交租米命信。"今人奉道，多不赴会，或以道远为辞，或以此门不往，舍背本师，越诣他治。唯高尚酒食，更相炫诱。明科正教，废不复宣，法典旧章，于是沦坠。元纲既弛，则万目乱溃，不知科宪，唯信跪是亲。道民不识逆顺，但肴馔是闻。上下俱失，无复依承。"② 一些道官"或有师无籍（谓虽有师主，三会不到治，命信不上，天曹削籍，所以为无）或虽有师籍而无德，于时受箓之日，越诣他官，既不归本，又不缘阶，妄相置署，不择其人，佩箓惟多，受治惟多，受治惟大，争先竞胜，更相高上，遂乃身受下治，署人上品"③，造成了道士受箓制和道官委任制的混乱。于是陆修静以张天师所制之名，建立设靖立治以统道民的宅录制度，重新设立道官祭酒与道民的统属关系，通过"立治置职"，制定三会日、宅录和缴纳命信等制度，让道官祭酒通过"领户化民"，以科禁威仪来培养道众信徒的向道之心，以使道化宣流，家国太平。"刘宋中期时祭酒的权威降低，教团的实权被男官、女官道士所掌握"④，反映了经过陆修静的改革，天师道在组织形式上的重大变化主要是祭酒制度的衰落和道官制度的兴起，江南天师道发展为能够让南朝统治者认可的宗教组织。

第四，禁止道官自行署职，实行按级晋升的授箓制度。《陆先生道门科略》提出，民众须有功德，才能受箓为道民；道民受箓之后，有功者才能升迁。经过由下而上的道阶，其最高者"能明炼道气，救济一切，消灭鬼气，使万姓归伏"，才能拜署上八治中的阳平、鹿堂、鹤鸣三治道职。陆修静按"祖述三张（张陵、张衡、张鲁），弘衍二葛（葛玄、葛洪）"的思路，强调"采求职署，勿以人负官，勿以官负人"的组织措施，通过建立适应江南道教需要的规章制度及道官制度来取代五斗米道的祭酒制度。皈依

---

① 《道藏》第24册，第779页。
② 《道藏》第24册，第780页。
③ 《道藏》第24册，第781页。
④ ［日］小林正美：《中国的道教》，王皓月译，齐鲁书社2010年版，第101页。

道门者只有经过拜师盟誓的授箓仪式后，依法化受三皈五戒，才能拥有道士神职，因此"授箓是入道弘法名登道册的凭证"①。南朝以后，原来单传独受的师徒关系转变为以讲经授法为特点的授箓关系。

第五，用"道科宅录"制度来加强基层组织对道民的管理。建立"三会日"制度，即在正月七日上会、七月七日中会、十月十五日下会的三个日子里，要求每个道民到本地教团进行宗教活动；道官则利用"三会日"向道民讲解科戒，考核道民的行为，传布指令，通过加强道官与道民之间的联系，由此建立起基层宫观教会制度。为健全三会日制度，他重申，三会日"民各投集本治，师当改治录籍，落死上生，隐实口数，正定名簿。三宣五令，令民知法。其日，天官地神咸会师治，对校文书。师民皆当清静肃然，不得饮酒食肉，喧哗言笑。会竟，民还家，当以闻科禁威仪，教敕大小，务共奉行"②。同时，还针对"宅录"制度严重混乱的状况，规定每年三会日之最后一日，作为登记、审核宅录的最后期限。其日，每个道民都须拿着宅录到本治所，由本师给以注籍，以便道官"领户化民"。

    道科宅录，此是民之副籍。男女口数，悉应注上。守宅之官，以之为正，人口动止，皆当营卫，三时迁言，事有常典。若口数增减，皆应改籍。若生男满月，赍纸一百、笔一双，设上厨十人。生女满月，赍扫帚、粪箕各一枚，席一领，设中厨五人。娶妇，设上厨十人，籍主皆赍宅录诣本治，更相承录，以注正命籍。三会之日，三官万神，更相拣当。若增口不上，天曹无名；减口不除，则名簿不实。③

对于道民来说，"师"还是道官。道官凭"道科宅录"向天曹启告，请天神守宅之官保护道民家口安全，禳灾却祸。

第六，奉道之家须建立静室，将心诚祭祀作为斋仪之根本。在天师道南传之后，因科条败坏，于民家所设的靖室往往缺乏与世俗生活相异的神圣性：

---

① 杨世华、潘一德：《茅山道教志》，华中师范大学出版社2007年版，第147页。
② 《道藏》第24册，第780页。
③ 《道藏》第24册，第780页。

奉道之家，靖室是致诚之所，其外别绝，不连他屋；其中清虚，不杂余物。开闭门户，不妄触突。洒扫精肃，常若神居。唯置香炉、香灯、章案、书刀四物而已。必其素净，政可堪百余钱耳。比杂俗之家，床座形像幡盖众饰，不亦有繁简之殊，华素之异耶？而今奉道者，多无静室，或标栏一地为治坛，未曾修除，草莽刺天；或虽立屋宇，无有门户，六畜游处，粪秽没膝；或名为静室，而藏家什物，唐突出入，鼠犬栖止。以此祈尊妙之道，不亦远耶？①

在陆修静看来，靖室又称静室，是道民致诚之处，其内供奉着神灵，因此不仅要保持室内清洁，还要设香炉、香灯、章案、书刀等物品，使人出入静室时心存敬畏。如吉川忠夫认为"静室"最早源于西汉时期具有"藉罪"性质的"请室"，东晋后则成为江南道教徒向神灵祈祷、忏悔以及实修某种道术的宗教设施。②但陆修静看到，当时一些设立在民家的静室中堆放着杂物，与其他屋子相连，无有门户，会出现六畜游处、鼠犬栖止、粪秽没膝等污秽景象，影响教民于此"祈尊妙之道"的作用，于是在《陆先生道门科略》中提出一些建立静室的具体规定，以使之真正成为"致诚之所"。

第七，通过建立"威神侍卫"的法服制度，来营造出江南道教斋仪的神圣性。陆修静针对当时道士随意穿衣拜神的情况而提出法师与弟子在太上洞玄灵宝授度仪式中要严装法服："三师五保，严装法服，弟子皆玄冠黄褐，执简齐肃，香花赞引，悉皆如法。"③陆修静对道士服饰上的设计，是参照官场上朝仪式而来，如果不同的朝服代表着官位的品阶，那么，道士在斋醮科仪上不仅要布置法场，还要穿上不同品秩的法服，"道家法服，犹世朝服，公侯士庶，各有品秩，五等之制，以别贵贱"④。在诵读经书时，不同位阶道士也应注重服饰的穿着："太上真人读经法服，披离罗九光锦帔，丹罗宝曜之巾，足下狮子文履。今道士读经，勤苦于法事，粗其帔服。后得

---

① 《道藏》第24册，第780页。
② [日]吉川忠夫著、许洋译《静室考》，载刘俊文主编《日本学者研究中国史论著选译》第7卷《思想宗教》，中华书局1993年版，第446页。
③ 《太上洞玄灵宝授度仪》，《道藏》第9册，第842页。
④ 《道藏》第24册，第781页。

道之日，天帝授子离罗九光之帔，天宝璎络飞仙法服，以酬往德也。"① 如果法服"制作不得法，则鬼神罚人"②，陆修静对道士服饰的注重推进了南朝天师道向着如律如仪的方向发展。

第八，陆修静十分重视道教斋仪的作用。斋醮科仪既是道教进行宗教活动的重要方式，也是吸引道众的重要手段，因此而有"道家所先，莫近乎斋"的说法。在道馆中供斋醮神是道教特有的一种求福免灾仪式。陆修静曾对灵宝经进行系统整理，辨别真伪，刊正谬误，不仅编出《灵宝经目》，而且通过讲述灵宝斋仪的源流，期望在当下"更加增修，立成仪轨，于是灵宝之教，大行于世"③，推动灵宝斋仪在江苏道教中传播。

陆修静推行灵宝斋仪的深层原因是看到人性的局限："身为杀盗淫动，故役之以礼拜；口有恶言，绮妄两舌，故课之以诵经；心有贪欲嗔恚之念，故使之以思神。用此三法，洗心净行，心行精至，斋之义也"④，故提出"道以斋戒为立德之根本，寻真之门户。学道求仙之人，祈福希庆祚之家，万不由之"⑤。他在改革传统道教时，倡导内持斋戒，外持威仪，一生致力于建立系统化的道教斋戒仪范，为此陆修静"著斋戒仪范百余卷"，现存于《道藏》中的主要有：《太上洞玄灵宝众简文》《洞玄灵宝五感文》《太上洞玄灵宝授度仪》《洞玄灵宝斋说光烛戒罚灯祝愿仪》等。陆修静通过"疏列科条，校迁斋法"而将斋醮科仪分为"大体九等，斋各有法，凡十二法"：

> 洞真上清之斋，有二法：其一法绝群离偶，以无为为业；其二法孤影夷豁。
>
> 洞玄灵宝之斋，有九法，以有为为宗：
> 其一法金箓斋，调和阴阳，救度国正；
> 其二法黄箓斋，拔九祖罪根；
> 其三法明真斋，学士自拔亿曾万祖九幽之魂；
> 其四法三元斋，学士一年三过，自谢涉学犯戒之罪；

---

① 《上清太极隐注玉经宝诀》，《道藏》第6册，第643页。
② 《道藏》第24册，第781页。
③ 《太上洞玄灵宝大纲钞》，《道藏》第6册，第376页。
④ 《洞玄灵宝斋说光烛戒罚灯祝愿仪》，《道藏》第9册，第821页。
⑤ 《洞玄灵宝五感文》，《道藏》第32册，第619页。

其五法八节斋，学士一年八过，谢七玄及己身宿世今生之罪；

其六法自然斋，普济之法，内以修身，外以救物，消灾祈福，适意所宜。

其七法洞神三皇之斋，以精简为上；

其八法太一之斋，以恭敬为首；

其九法指教之斋，以清素为贵。

三元涂炭之斋，以苦节为功，有一法。①

陆修静在《洞玄灵宝五感文》中公开主张，修道者须洗心洁行，用礼拜、诵经、思神的方法促使自我渐达天道，于是系统地总结了天师道以来的各种斋仪，以灵宝斋为主体，参照儒家的礼法规范，汲取佛教的身口意"三业清净"的思想的宗教仪式，制定出"九等斋十二法"，即上清斋二法，灵宝斋九法，涂炭斋一法，通过宣扬"道士修六斋之法，皆出三洞大经"，从而将斋醮科仪的程序系统化、规范化。

当时江南地区不同的教派具有不同的斋法，每一种斋法都有其特殊的功能和使用范围。在陆修静笔下，三皇斋以精简为上；太一斋以恭敬为首，指教之斋以清素为贵，涂炭斋以苦节为功。虽然"九等斋十二法"中还包括了古老的涂炭斋，但道教用"涂炭"来形容处于"严寒切肌"绝望中的不幸者，为消除罪愆、以求长生而实行的一种"以苦节为功"的忏悔仪式，"法于露地立坛，安拦格，斋人皆结同气，贤者悉以黄土泥额，被发系着拦格，反手自缚，口中衔璧，覆卧于地，开两脚，相去三尺，叩头忏谢，昼三时向西，夜三时向北"②。这也是古代江南信巫鬼习俗在道教中的反映。"尽管参与者自缚其身，这个动作的象征，与其说是对罪犯的模仿，倒不如说更像是对亡者的模仿：黄泥涂额，还有意义极其明显的口中衔璧，都是模仿墓葬中亡者的状态，出现在中国故事中的鬼魂也是披头散发的。"③但陆修静仍然将涂炭斋纳入"九等斋十二法"中。

---

① 《洞玄灵宝五感文》，《道藏》第32册，第620页。

② 《洞玄灵宝五感文》，《道藏》第32册，第620页。

③ [美]柏夷：《麻布与灰——涂炭斋中的自我与家族》，载氏著《道教研究论集》，中西书局2015年版，第267页。

陆修静所行古法曾被非议,但读《洞玄灵宝五感文》可见他又赋予三元涂炭斋之新意——五种感恩之情——感父母养我之恩、感父母为育我受三涂苦之恩、感有幸归命三宝之恩、感太上众真开化之恩、感师父开度之恩。陆修静以五感之心来提升涂炭斋的精神层次,也促使传统的斋醮科仪在不断走向文明的江南文化中逐渐从粗犷变得文雅、由简单动作变成复杂仪式,在理论上更加丰富完备,在仪式上也因如律如仪而庄严隆重,标志着南朝道教已从原始宗教中脱胎而出并逐步走向成熟。

陆修静对南天师道的改革往往被认为是受到佛教的影响而对早期道教及民间巫道的一种摒弃,但也有人认为,陆修静对民间巫道的批判,也并非像一些学者所描述的那样有进步和积极的意义,"这一变革实际也削弱了南方尚武之风的精神支柱,使得南朝后期社会风气变得羸弱不堪"①。但这也从一个侧面反映了南朝社会风气在道教中的影响。

南朝道教的斋醮仪式经过陆修静的改革已形成了复杂程序,以让受道之人在仪式化的礼拜活动中增强信仰的神圣性:"夫受道之人,内执戒律,外持威仪,依科避禁,遵承教令。"②整个仪式隆重肃穆,其目的在于通过集体性的崇拜活动来表达对道教信仰对象的感情,希望得到神的佑护而禳灾祈福,兼利天下。依美国学者伯夷的看法,陆修静创作的灵宝授度仪式"是一场人神互惠的表演"③。陆修静改革后的教团主要活动于江南地区,后世称为"南天师道"。

经过陆修静的改革,"道教"一词才被用来概括指称以"道"为最高信仰的各类教团,为南朝道教的持续发展奠定了基础。陆修静也获得了较高的声誉,其升仙后有诏谥"简寂先生"。到北宋时,崇道的宋徽宗下《宣和封陆简寂真人诰》:"简寂先生陆修静,真精内得,遗经垂范,而脱然超世",特封"丹元真人"④。

---

① 曹文柱:《六朝时期江南社会风气的变迁》,《历史研究》1988 年第 2 期。
② 《道藏》第 24 册,第 780 页。
③ [美]柏夷:《早期灵宝经与道教寺院主义的起源》,载氏著《道教研究论集》,中西书局 2015 年版,第 46 页。
④ 《茅山志》卷四《诰副墨》,《道藏》第 5 册,第 571 页。

第四节　南朝重玄学与摄山三论学

南朝既是道教重玄学构建经教理论体系的时期，也是佛教摄山三论学传承流播的时期，在江南地区佛道日趋交融的氛围中，鸠摩罗什译出的三论典籍，经僧肇、僧叡等人的继承发扬形成的"关中之学"，到南朝时由建康（今南京）郊外摄山栖霞寺的僧朗、僧诠、法朗依次相承，形成的"摄岭相承"的新三论学派，以中观般若学为指导而倡"明二谛以中道为体"，不仅为吉藏创立佛教三论宗奠定了基础，而且也促进了重玄学在江南道教中逐渐兴起，开启了唐代道教重玄学之先声。

一般认为，道教重玄学延续着魏晋玄学的有无之辨，借鉴吸收佛教中观般若学"双遣双非"的思维方式，通过阐释《老子》第一章"玄之又玄，众妙之门"，在南朝造就了道教哲学中一支独特的学术思潮。到了唐代，重玄学在道教学者成玄英、李荣、王玄览、司马承祯、吴筠、杜光庭等人那里被纯熟地运用着，成为道教追求精神超越的一种理论依据，以清静之心修道成仙，推进了其后宋代道教内丹心性学的理论与实践的新发展。今天，对道教重玄学的研究已取得众多的成果，但值得进一步研究的是，重玄学为何会在南朝道教中逐渐兴起？如果南朝既是摄山新三论学传承流播的时期，也是道教重玄学构建经教体系的时期，那么，从江南地区佛道日趋交融的氛围中来考察摄岭三论学对江南道教的影响，是否可以寻找到一条新的研究思路，既加深对南朝佛道关系的了解，也更好地揭示道教重玄学在江苏的源起发展及其理论内涵？

摄山三论学的传承可追溯到后秦鸠摩罗什（344—413年，一说350—409年）所代表的"关中之学"，同时，鸠摩罗什所译介的佛教中观般若学的中道实相论也是道教重玄学的理论之源。生活于晚唐的"道门领袖"杜光庭（850—933年）在《道德真经广圣义》中对汉唐道教老学进行梳理时，就注意到佛教僧人的注老著作："沙门罗什（本西胡人，苻坚时自玉门关入中国，注二卷），沙门图澄（后赵时西国胡僧也，注上下二卷），沙门僧肇（晋时人，注四卷）"①。开重玄学研究之先河的当代学者蒙文通（1894—1968年）依成玄英"晋世孙登云'托重玄以寄宗'"②一语，认为重玄学虽肇始于孙登③，但其致思方式"实始乎罗什"："重玄之妙，虽肇乎孙登，而三翻之式，实始乎罗什，言老之别开一面，穷源乎此也"④。流行于关中的佛教三论学如何流传到江南并影响南朝道教？

从佛教方面看，鸠摩罗什在长安逍遥园西明阁传译印度大乘中观学派龙树《中论》《十二门论》和提婆《百论》三部论典，第一个把三论学系统地介绍到中国，经其弟子僧肇、僧叡、竺道生等人弘传，一度成为显学。如僧肇以般若学"诸法性空"为理论基础，熟练地运用"非有非无"的遮诠方法来论证"一切皆空"的观点，在"空"的世俗虚假世界之中"显"佛教之"真实境界"，并将之运用于注释《老子》而提出"重玄之域"："夫群有虽众，然其量有涯。正使智犹身子，辩若满愿，穷才极虑，莫窥其畔。况乎虚无之数，重玄之域，其道无涯，欲之顿尽耶？书不云乎，为学者日益，为道者日损。为道者，为于无为者也。为于无为而曰日损，此岂顿得之谓？要损之又损之，以至于无损也"⑤。僧肇通过"双遣双非"的"三翻之式"，对世俗一切事物和现象的真实性作了最彻底的否定后，又用"重玄之域"、"无涯之道"来形容修持者在致思中能够达到的最高境界，故后来三论宗创始人吉藏称僧肇为"玄宗之始"。三论学在关中盛行一时，并由高句丽辽东人僧朗传入江南。

僧朗大约是活动于5世纪时的高句丽佛教学僧，他于刘宋时入关研习三论：

摄山高丽朗大师，本是辽东城人。从北土远习罗什师义，来入南

---

① 《道德真经广圣义·序》，《道藏》第20册，第568页。
② 敦煌经卷P2353号成玄英《道德经开题序诀义疏》，黄永武主编：《敦煌宝藏》，第119册，台湾新文丰出版公司，第546页。
③ 由于缺少资料佐证，学术界有关隐士孙登的生活年代至今仍有争议。（［韩］崔珍晳：《对于孙登问题的一个浅见》，载陈鼓应主编《道教文化研究》第十九辑，生活·读书·新知三联书店2002年版）
④ 蒙文通：《校理〈老子成玄英疏〉叙录》，《道书辑校十种》，巴蜀书社1987年版，第361页。
⑤ 僧肇撰：《涅槃无名论》，《大正藏》第45册，第160页。

土,住钟山草堂寺,值隐士周颙。周颙因就师学。次梁武帝敬信三宝,闻大师来,遣僧正智寂十师,往山受学。梁武天子得师意,舍本成论,依大乘作章疏。①

因刘裕军入关破姚秦军,关中相继沦陷,名僧四散,僧朗也于南朝齐梁年间南下来到建康(今江苏南京)。僧朗刚来江南时,因什、肇寂后,众多弟子"务博为归",兼综《法华》《成实》《涅槃》,三论学已趋于沉寂,成实正在盛行。但僧朗通过"难成实师"而大弘三论之学:"宋朝已来,三论相承,其师非一,并禀罗什,但年代淹久,文疏零落,至齐朝已来,玄纲殆绝。江南咸弘《成实》,河北偏尚《毗昙》。于时高丽朗公,至齐建武来至江南,难成实师,结舌无对,因兹朗公,自弘《三论》。"②僧朗先住钟山草堂,向隐士周颙传授三论玄义。周颙著《三宗论》倡"明二谛以中道为体"。在智琳法师的鼓励下,周颙将《三宗论》发表出来,梁武帝得而为之作疏。

关于周颙,吉藏《大乘玄论》卷一和《中论疏》都有记载:"次周颙明三宗二谛,一不空假,二空假,三假空。"③尤其是《中论疏》专门介绍周颙为"齐隐士"④。隐士是摇曳于江南山林间的一种崇尚自然之道的生命风景。隐而不仕者虽或儒或道或佛,但往往都有避世倾向,喜好辨析有无、崇尚玄谈,佛教三论学与江南隐士的旨趣爱好相契合,就有可能受到关注并进而通过隐士群体进一步影响南朝道教。摄山位于建康东郊,"山多草药,可以摄养,故以摄为名焉"。这里本是民间祭祀鬼神的地方,山顶旧有周江乘庙,山的西南隅还有"外道馆地",后因疫疠流行,"三清遗法,未明五怖之灾;万善开宗,遂变四禅之境"⑤。南齐隐士明征君舍宅为寺,为僧朗在

---

① 《大乘玄论》卷一,《大正藏》第45册,第19页。
② 《法华玄义释签》卷十九,《大正藏》第33册,第951页。
③ 《大乘玄论》卷一,《大正藏》第45册,第25页。
④ 虽然周颙是否属于隐士尚有争议,如南朝齐骈文家孔稚圭在《北山移文》中批评周颙表面上隐居"钟山之英,草堂之灵",自命清高,实则心系官场,醉心利禄,故称之为"假隐士"。汤用彤则认为周颙"实非隐士":"周颙受学,作《三宗论》,恐系虚构。周颙虽于钟山西立有隐舍,然实非隐士。其作《三宗论》,正宦于建业。"但他们都没有否认周颙曾隐居钟山。
⑤ (南朝陈)江总持:《摄山栖霞寺碑铭》,(明)葛寅亮撰《金陵梵刹志》上,南京出版社2011年版,第189页。

摄山传播三论学提供了条件，也导致摄山上信仰由外道而向佛教变迁。

僧朗能够扎根摄山弘扬三论学也与法度的接纳有关。永明七年（489年），法度以明僧绍所捐的住宅基础，正式创立了栖霞寺①。僧朗因"为性广学，思力该普，凡厥经律，皆能讲说"②，尤擅《华严》《三论》而受到了法度的青睐，驻足栖霞精舍后，开创了僧朗、僧诠、法朗依次相承的摄岭三论学派，吸引了众多学人前来学习。汤用彤曾特别肯定了僧朗作为三论学在江南传播的开拓者的地位："欲示三论之学，南国所无，故言周颙作论，梁武造疏，均得之僧朗，以明斯学为摄山统系所独得。"③

关于三论宗的谱系，从鸠摩罗什、僧肇到僧朗之间的传承历来说法不一，但僧朗之后，直到吉藏（549—623年）创宗，却有着清晰的脉络，④这说明僧朗上接续着鸠摩罗什传僧肇、僧叡的"关中之学"的传统，下开富有江南文化气息的摄山三论学，为三论宗的创立奠定了基础，被誉为"南方三论之祖"⑤。

在僧朗来到摄山传播三论学之前，江南佛教主要盛行着古印度诃梨跋摩著、鸠摩罗什译《成实论》，三论学一度被湮没在成实学中。"成实"意为成立"四谛"的真实道理。其宣扬"人法两空"的思想，人空如瓶中无水，法空如瓶体无实，以"人法皆无自性"来反对说一切有部"诸法实有"的观点，这与三论学倡导的空无、二谛等学说相近。"成实论被认为是由小乘向大乘空宗过渡的重要著作，也有人称此论为'小乘空宗'的论典。鸠摩罗什为助初学佛者而译出此论后，其门下刘宋僧导和北魏僧嵩对此深加研究

---

① 法度为黄龙人，少出家，游学北土，备综众经，而专以苦节成务，宋末游于京师，正逢南齐隐士明僧绍（？—483年）不愿为官，遁迹摄山，结构茅茨，廿余年不事人世，人称明征君。法度尝于山舍讲《无量寿经》，中夜忽见金光照室，光中如有台馆形像。明征君遂"舍所居山，为栖霞精舍，请度居之"。也有说永明二年（484年）明僧绍去世后，他的儿子明仲璋舍宅，请法度居之。

② 《高僧传》卷八《释法度传》，《大正藏》50册，第380页。

③ 汤用彤：《摄山之三论宗史略考》，《儒学·佛学·玄学》，江苏文艺出版社2009年版，第145页。

④ 有关三论宗谱系有不同说法，参见黄忏华《图释中国佛教史》，吉林出版集团有限责任公司2010年版，第173页。

⑤ 陶希圣：《佛教与佛教的改革运动》，《中国政治思想史》第三册，上海书店1948年版，第193页。

并作注疏,此论遂成为南北朝时期最流行的佛典之一。"① 直到南朝齐梁年间,僧朗"至齐建武来至江南,难成实师,结舌无对,因兹朗公,自弘三论"②。从佛教方面看,促使了三论学在江南的复兴和成实学的衰退;从道教方面看,三论学倡导以"有无双遣"来破除执著,从"非有非无"中来把握"毕竟空"义,也成为在南朝道教中逐渐兴起的重玄学的基本路数。

如果说,"关河旧说"是在融摄老子有无思想和中观般若学去执遣滞的意义上来展现"重玄之域",那么,僧朗倡导的"明二谛以中道为体"则是以破邪显正来明了中道之妙教,既批驳执著于有、无为"两执",又排斥只认定"空"的偏见,从而将有、无、亦有亦无、非有非无等"四句"作为泯除众生执著于有、无对待的迷执邪见的致思方式,以凸显真谛的不可言说性,使"关河旧说"在江南逐渐敷演为"三论新说",为南朝道教重玄学的兴起提供了理论资源。

佛教在江南的发展以及能够影响道教,与帝王的支持密切相关。宋明帝即位,"思弘道教,广求名德,悦先生之风,遣招引"。陆修静乃于泰始三年(467年)奉诏再至京都。陆修静到达到金陵后,参与在金陵庄严佛寺举办的佛道会谈,往往借老庄来解读佛教,以强调佛道之间有相通性,因标理约辞,解纷挫锐而使众人悦服。南朝道士在道馆居住修行,开展弘道、编书和斋醮科仪活动,营造道教文化氛围,以至于梁武帝萧衍早年也信奉老子、崇尚道教,后因出入齐竟陵王萧子良的西邸与名僧交游才"舍道归佛"。

梁武帝的崇佛不仅促进了摄山三论学发展,而且也增进了佛道之间的交流。梁武帝即位后,一方面继续尊奉道教,将具有独到政治智慧的茅山道士陶弘景敬为"国师",服食陶弘景烧炼的丹药,并置"大小道正"统领道教。中央为"大道正",地方为"小道正"。孟景翼"时为大正,屡为国讲说",成为名重一时的道门领袖。此时,摄岭三论学可能就已传播到距之不远的江南道教重镇茅山了。因为当僧朗在摄山弘传三论学时,上清派茅山宗师陶弘景就在号为"养生之福地,成神之灵墟"的句容茅山中修道,值得注意的是,陶弘景一改上清派的传统,而是进行佛道双修,在其编著的《真诰》中出现了一些颇有摄山三论学"明二谛以中道为体"风格的重玄思

---

① 洪修平:《中国佛教文化历程》(增订本),江苏教育出版社2005年版,第113页。
② 《法华玄义释签》卷十九,《大正藏》第33册,第951页。

想。例如，卷十三中讲述了喜好玄谈的张玄宾善论有无，常执"空无之理"：

> 无者大有之宅，小有所以生焉。积小有以养小无，见大有以本大无。有有亦无无焉，无无亦有有焉。所以我目都不见物，物亦不见无。寄有以成无，寄无以得无。于是无则无宅也，太空亦宅无矣。我未生时，天下皆无无也。

陶弘景对此评价说："此论空无之理，乃殊得无宗，而玄玄固难可曲核矣。"① 认为张玄宾绕来绕去地谈有说无，这种有有亦无无、无无亦有有看似很玄，但因执著于有无，故停留在"论空无之理"的层次。陶弘景认为，只有摒弃有无之滞，才能通过超越对有无的执著而直探"玄玄"（重玄）之境。陶弘景从"得道成仙"的信仰出发，通过评判张玄宾固守玄谈而表达了自己的思想："宅无乃生有，在有则还空。灵构不待匠，虚形自成功"②，由此来解决道教修仙理想中存在的无限之道与有限之肉体的矛盾，为人实现生命超越提供理论思路。

另一方面，梁武帝更是大力弘扬佛法，下诏舍道归佛。听闻僧朗弘传的三论学，梁武帝受感化，由信《成实》和《毗昙》而改为崇《三论》，希望复兴关中三论学。天监十一年（512年）梁武帝专门派遣僧怀、慧令、僧诠、智辩、慧勇、慧布等十人前往摄山止观寺学习。"至梁武帝敕十人止观诠等，令学三论。九人但为儿戏，唯止观诠，习学成就。"③ 这十人中只有僧诠因"玄旨所明，惟存中观"而成为僧朗的传法弟子。

> 初摄山僧诠受业朗公，玄旨所明，惟存中观，自非心会析理，何能契此清言，而顿迹幽林，禅味相得。及后四公往赴，三业资承，爰初誓

---

① ［日］吉川忠夫、麦谷邦夫编：《真诰校注》，朱越利译，中国社会科学出版社2006年版，第420页。
② 《道藏》第20册，第568页。
③ 《法华玄义释签》卷十九，《大正藏》第33册，第951页。据汤用彤先生研究，"此言僧诠受学在天监十一年。然此段自据吉藏所传，而更有附益，非必事实。按据《高僧传》，法度卒于齐永元二年（或建武四年），僧朗继纲山寺，僧诠受业，当在此后，即齐末梁初也。"（《儒学·佛学·玄学》，江苏文艺出版社2009年版，第151页）是说可参考。

不涉言，及久乃为敷演。故诠公命曰：此法精妙，识者能行，无使出房，辄有开示。①

僧诠一生隐遁摄山止观寺，以般若智慧来"明三种二谛"之理，用"惟存中观"来延续三论学传统时，又加入了南朝文化重心悟体证、顿迹幽林、保养真性之特色。"于时摄山诠尚，直辔一乘，横行出世。"② 僧诠因讲学有成，名动金陵，吸引了众多学子前来学习，时人称之为"止观诠"。吉藏在《二谛义》中评价僧诠说："所以山门相承兴皇祖述明三种二谛。"③ 为与"摄岭师"僧朗相区别，又称僧诠为"山中师"。

南朝时，中国僧人倾心于对佛教义理的探究，讲习经论之风盛行。僧诠门下有弟子数百人，其中法朗、慧勇、慧辩、慧布等因对三论学各有独到智解，时有"四句朗、领悟辩、文章勇、得意布，最为高也"④ 之说，人称"诠公四友"。法朗（507—581年）曾学宗禅、律、成实、毗昙各家学说，然深感"鹫山妙法，群唱罕弘，龙树道风，宗师不辍"，乃拜僧诠为师学习三论：

> 释法朗，俗姓周氏。徐州沛郡沛人也。……梁大通二年（528年）二月二日，于青州入道。游学扬都，就大明寺宝志禅师受诸禅法，兼听此寺象律师讲律本文，又受业南涧寺仙师《成论》、竹涧寺靖公《毗昙》，当时誉动京畿，神高学众。⑤

法朗到摄山从僧诠学习《大智度论》《中论》《百论》《十二门论》及《华严》《大品》等经教后，顿感之前所学不过是佛学的枝叶而已，唯有龙树开创、罗什诠释的三论学才是佛门正宗。于是，法朗精进用功，作《中论疏》，又名《山门玄义》发扬三论学传统。僧诠在世时，因担心人们难以理解三论学"明三种二谛"之妙法，故以顿迹幽林，"常乐坐禅，远离嚣

---

① 《续高僧传》卷七《释法朗传》，《大正藏》第50册，第477页。
② 《续高僧传》卷七《释慧勇传》，《大正藏》第50册，第478页。
③ 《大正藏》第45册，第90页。
④ 《续高僧传》卷七《释慧布传》，《大正藏》第50册，第480页。
⑤ 《续高僧传》卷七《释法朗传》，《大正藏》第50册，第477页。

扰，誓不讲说，护持为务"①。僧诠圆寂后，其弟子"诠公四友"发扬佛教讲习经论的传统，除慧布继续留在摄山外，法朗住扬都兴皇寺，慧勇住大禅众寺。智辩住长干寺，大开讲席，自此三论学出山林而入京邑，得以在江南社会广播。

法朗于陈永定二年（558年）十一月奉敕入京，住兴皇寺开讲："常众千余，福慧弥广。所以听侣云会，挥汗屈膝。法衣千领，积散恒结。每一上座，辄易一衣，阐前经论，各二十余遍。二十五载，流润不绝。"②法朗弘扬三论学二十五载，讲人所不敢讲，发人所不敢发，斥外道，批毗昙，排成实，呵大乘，抉择同异，忘身而弘道，忤俗以通教，人称"伏虎"。法朗以不可一世之气魄，"誉动京畿，神高学众"，使摄岭三论学从山林寺院传入都市文坛，流行于江南，盛况空前。法朗门下知名者有吉藏、罗云、法安、慧哲、法澄、道庄、智矩、慧觉、真观、明法师、小明法师、旷法师等"朗门二十五哲"。其中的吉藏创立了三论宗，明法师则将摄山三论学传入南朝道教。明法师是法朗临终前提名的嗣法人。③

隋开皇元年（581年），法朗即将圆寂，虽有徒侣将千，却推荐默默无闻的"明公"为嗣法者，众人不解。法朗说，每当我开讲时，他就恭敬地端坐在我座位的东面，"不移八载"。他因为"口无谈述，身无妄涉"，故许多人称他为"痴明"。法朗很清楚大家的想法，于是他命明法师登上法座，向众僧表个态。可是大明却"泣涕固让"。法朗命几个少年僧人将明法师抬上法座后，郑重地对大家说："在我的祖师所译《问论》中，藏有十科深意，当初我还未曾言及，明公就已领悟了。不妨请他为大家讲述一下！"明法师见无法推脱，就深入浅出地进行了剖析。

明法师的回答使"大众慊服"。值得注意是，道教之祖老子曾当过周朝柱下史，法郎特称明法师为"柱下明"，不知是否与明法师来自茅山有关？再进一步，是否与明法师也是一位佛道双修者有关？明法师"性质谦让，不沽名于世"④，颇有一种隐士风范。他本可由此继承摄山法脉，但当下辞

---

① 《续高僧传》卷七《释法朗传》，《大正藏》第50册，第477页。
② 《续高僧传》卷七《释法朗传》，《大正藏》第50册，第477页。
③ 《续高僧传》卷十五《释法敏传》，《大正藏》第50册，第538页。
④ 蒋维乔：《中国佛教史》，湘潭大学出版社2010年版，第88页。

别法朗，带领门人去道教上清派发源地茅山研习和传播"三论"，终生不出。

据《高僧传》记载，其门人有慧嵩、法敏、慧棱等。"在唐初三论师之知名者，颇多出其门下。"① 慧嵩（547—633年），安陆（属今湖北省）人，幼年出家，初习佛法，对《大品经》非常崇敬，博闻略究，但有疑团不能化解，听说茅山明法师是兴皇遗属，世称郢匠，通国瞻仰，就前往茅山从其学三论，到而立之年就能登座说法。② "释法敏（579—645年），姓孙氏，丹阳人。八岁出家，事英禅师为弟子。入茅山，听明法师三论。明即兴皇之遗属也。"③ 慧棱（576—640年），西隆（属湖北襄阳）人，年幼时随母亲到长干寺听智辩弟子襄阳智润法师讲三论。十六岁到茅山明法师门下听法三年，习"不有，有也"的中观思想。另有江南牛头禅创始人法融（594—657年），十九岁时便入茅山依明法师④出家。"《法融传》中提及的'三论之匠'旻法师可能就是此明法师。"⑤ 明法师承兴皇遗嘱，弘传三论学，"终身住在茅山，茅山成为摄山精神的继承者"⑥。摄山三论学传入茅山，显然有助于促进佛道之间的交流，推动佛教三论学对道教的影响，从而成为重玄学在南朝道教中兴起的助力。

从南朝道教的发展看，自东晋元帝司马睿率中原士族南渡，建都南京后，江南文化就成为中国文化的重心。随着世袭各种政治经济文化特权的门阀士族大量信仰道教，南朝道教中出现了一些新道派及构建道教经教体系的思潮：以葛玄、葛洪为代表的神仙道教；以造作道书、传授经法为首务的上清派、灵宝派和三皇派等；以陆修静《三洞经书目录》、孟景翼《正一经》为代表的道书分类体制；以顾欢、孟景翼、孟智周、臧玄静、宋文明为代表的注老学，以陶弘景为代表的上清派茅山宗。它们既自成体系，又与南朝儒、佛文化在竞争中交错影响。

---

① 汤用彤：《汉魏两晋南北朝佛教史》，中华书局1983年版，第549页。
② 《续高僧传》卷十三《释慧嵩传》，《大正藏》第50册，第522页。
③ 《续高僧传》卷十五《释法敏传》，《大正藏》第50册，第538页。
④ 据唐惠详《弘赞法华传》卷三记载，三论大师兴皇法朗的门下有位旻法师，一说即为传法朗衣钵的"大明法师"。
⑤ 董群：《中国三论宗通史》，凤凰出版社2008年版，第299页。
⑥ 印顺：《中国禅宗史》，湘潭大学出版社2010年版，第66页。

尤其是南朝道士中的那些注老学者，他们与摄山栖霞寺僧朗、僧诠和法朗三代相承大约同时，主要活动于建康、扬州、茅山一带，既参与当时的佛道之争，也著有诠释老子《道德经》的著作，如顾欢《老子义纲》《老子义疏》，陆修静《道德经杂说》一卷，陶弘景《老子注》四卷，孟景翼《道德经义》，孟智周《道德经注》《道德玄义》，宋文明《道德义渊》，臧玄静《道德经疏》等。虽然这些道书大多亡佚，但从保存至今的零星资料可见，他们通过重读老庄道家的著作，研习在南朝传播的佛教经典，首探大道之源，次讲人生之理，后探修道之径，依循着有无之道来重构道教教义学体系，在客观上促进了重玄学在南朝道教中兴起。

重玄学不仅成为南朝道教教义学的组成部分，而且也成为道士参与佛道之争的一个理论利器，而在佛道争论的过程中，又往往能加深与佛教的互摄。从南齐到梁初，吴兴道士孟景翼在都城建康讲道二十余年，经常面对来自于各方的论战。例如，南齐时，文惠太子、竟陵王子良并好佛法，孟景翼应文惠太子"召入玄圃，众僧大会"，竟陵王子良"使景翼礼佛，景翼不肯"。萧子良"送《十地经》与之，景翼造《正一论》"比较佛道异同：

> 《宝积》云："佛以一音广说法"。《老子》云："圣人抱一以为天下式"。一之为妙，空玄绝于有境，神化赡于无穷。为万物而无为，处一数而无数。莫之能名，强号为一。在佛曰"实相"，在道曰"玄牝"。道之大象，即佛之法身。以不守之守守法身，以不执之执执大象。但物有八万四千行，说有八万四千法。法乃至于无数，行亦达于无央，等级随缘，须导归一。归一曰回向，向正即无邪。邪观既遣，亿善日新。三五四六，随用而施，独立不改，绝学无忧。旷劫诸圣，共遵斯一。老、释未始于尝分，迷者分之而未合。亿善遍修，修遍成圣，虽十号千称，终不能尽。终不能尽，岂可思议。①

孟景翼造《正一论》可能是为平缓顾欢《夷夏论》引发的佛道之争而作，其文虽然已佚，但"等级随缘，须导归一"等话语却由《南齐书·顾欢传》保留下来，可见孟景翼是站在道教立场上，以重玄学的论辨方式来

---

① 《南史》卷七十五《孟景翼》。

说明佛道二教名异实同。另据《三洞群仙录》载:"齐竟陵王盛洪释典,广集群僧,与景翼对辨二教邪正。景翼随事剖析,辞理无滞,虽蔺生拒嬴,来公折隗①,蔑以加焉。"②孟景翼与佛教群僧论辨"二教邪正"时,表现出"随事剖析,辞理无滞"的学识,颇有重玄学之风格。梁武帝在即位第二年置"大小道正"统领道教。孟景翼因精于道教教义并善于讲说而成为名重一时的道门领袖,时人称之为"大孟"。

南朝道士虽然借用"明二谛以中道为体"的致思方式,但仍然以老子《道德经》为宗来阐发重玄之道。齐梁间道士孟智周是丹阳建业人,时人称之为"小孟",曾在陆修静所立崇虚馆讲说《十方忏文》。孟智周知识渊博,"多所该通",曾作《老子经通题目》,又作《老子义疏》五卷(或称四卷)、《道德玄义》三十三卷,成为南朝道士中重要的注老学者,与佛僧多有交往,梁静惠王请智周讲道。"光宅寺僧法云来赴,发讲,法云渊解独步,甚相凌忽。及交往复盛其词辩。智周敷释焕然,僧众叹伏之也"③。梁朝时,佛教成实宗南北二系会聚建康,人才济济。光宅寺僧法云是《成实论》三师之一,著述之外尤善讲议,故在智周讲道时"甚相凌忽",但每次都被孟智周"盛其词辩"而化解。孟智周如何"敷释焕然"而使僧众叹伏之,因资料缺乏而无法确知,但从孟智周的注老著述中可见,其倡导"有无体用"之说,认为"道"的妙无之理与妙有之气相待,形成了一种"非有非无"的"体用"关系,推进道教从注重探索、实践形而下之术,转到建构形而上之道。杜光庭评价孟智周"明重玄之道",是否与其采用"明二谛以中道为体"的致思方式来发挥老子"玄之又玄"的思想,既回应当时佛教对道教执著于肉体长生的批评,也促进了道教从人的内在心性中去开拓生命超越的新理路有关?

生活于南朝梁陈之际的臧玄静著有《道德经疏》四卷④,深得帝王礼重。臧玄静,亦名臧矜、臧靖、臧竞,字道宗,号宗道先生、玄靖法师,曾为梁武帝的"国师":"时有国师宗道先生,识洞幽微,智深玄妙,宣风黄

---

① 这里以蔺相如不惧秦皇嬴政的威胁,东汉将军来歙破隗嚣于落门之事,来形容孟景翼坚持自己的信仰。
② 《三洞群仙录》卷十六,《道藏》第32册,第339页。
③ 《三洞珠囊》卷二《道藏》第25册,第306页。
④ 《茅山志》卷二十二,《道藏》第5册,第639页。

道，作训紫宸，九重致礼，百工兴敬，摄斋撰履，妙简英奇。"① 陈宣帝（569—582年在位）曾在建康建玄贞观，亦称玄真观迎宗道先生居之。杜光庭认为，各家解注《老子》都有自己的宗趣指归，"臧玄静以道德为宗"②。臧玄静将《道德经》《妙真经》《西升经》称为《太玄》三部，其理由是，这些经文言旨，不落言诠，只有借助"有无双遣"才能发明其中的奥义。这不仅促进了道教重玄学将所依据的经典从《道德经》扩展到《妙真经》《西升经》《庄子》等，而且还促进了隋唐道教造作出《本际经》《玄门大义》《海空经》《清静经》等既富含重玄思想，又具有浓厚佛教色彩的道书。"重玄学成为隋唐道教思想的主流，从宗承南朝方面看，由臧矜奠定基础。"③ 南朝道教中出现的以"重玄之道"注疏《道德经》的思潮，到初唐时很快进入了高潮。

从重玄学在南朝道教的发展来看，如果说，陶弘景从"玄玄"的角度来论述有无，似有佛教三论学的风格，那么，孟智周、孟景翼、臧玄静等在注释《道德经》时更注重对"双遣双非"的发挥。"老教亦辨双非，我国的玄儒但有有无的二句，原无非有非无、亦有亦无的辩证法。如果说，那就是盗用佛教的了。"④ 道教原本孕育的重玄学因子，在南朝佛道之争的刺激下逐渐成长起来。重玄学之关键是用"非有非无"的"三翻之式"来遣除偏执，既不执著于有，也不执著于无，最终连不执著于有无也要遣除，才能达到玄道自至的境界。当然，道教重玄学虽然借用了摄山三论学的致思方式，但仍然是以老子思想为宗来阐发道教义理，其中还包括《庄子》"坐忘""无心"等思想，魏晋玄学有无之辨的哲学精神，同时，它的形成还与道教灵宝派及太玄部经典有关。

文化创造是一种宗教能够得到持续发展的内在动力，它往往需要借助于不同文化之间的冲突、交流与融合来获得创新。南朝时，摄山三论学与道教重玄学大约同时出现于江南，都采用"有无双遣"的致思方式，但两者的立足点和理想目标却仍然有着鲜明差异。摄山三论学通过"明二谛以中道

---

① 《茅山志》卷二十二，《道藏》第5册，第639页。
② 《道德真经广圣义》卷五，《道藏》第14册，第341页。
③ 卢国龙：《中国重玄学》，人民中国出版社1993年版，第54页。
④ 杨白衣：《三论玄认通释举隅》，载张曼涛主编《三论典籍研究》，大乘文化出版社1979年版，第341页。

为体"来"明事理因果之道",以说明佛教的最高真理是超言绝相的,若能了悟诸法性空之实相,去无明烦恼,除颠倒妄想,显自身本有佛性,众生也就成佛了。南朝道教则运用重玄学来"明理身之道",通过泯除众生执著于有、无对待的迷执邪见,来说明个体生命与永恒大道之间的悲剧性冲突问题。因此,道教所说的"重玄"一词是运用"有无双遣"的思维方式来阐释《老子》第一章"玄之又玄"的句义时,所形成的一个内蕴极为丰富的术语,以此来形容"道"的玄妙和幽深,以及道与天地万物的微妙关系,为道教"得道成仙"的信仰与实践提供一种富有思辨性的理论依据。如果说,东晋出现的上清派比较重视拜神、存思、通灵等道术,具有神秘的巫觋之气,那么,南朝道教通过借鉴与吸收摄山三论学派提倡的"明二谛以中道为体"来形容"道"的幽冥玄远,再通过对有无体用的哲学辩证,逐渐建立起包含着道体论和道性论以及"双遣兼忘"的修道方法的重玄学新理路。

首先,从有无体用上看,南朝道教借鉴佛教空宗的般若中观学,通过对有无的辩证来形容"道"的玄妙与幽深,为重玄学提供理论基础。《道教义枢·有无义》中引述了南朝重玄家对有无之名能否成立的四种观点:

> 一者,有有名,无无名。名本召体,有体可召,所以有名。无体可召,所以无名。二者,无有名,有无名。有是假伪,未足可名。无是真实,始是可名。故《本际经》云:"无无曰道"。三者,具如孟法师释,亦是有无之名,相待故有。四者,体了有无,毕竟清净。俱不思议,故并无名。近顺物情,如第三句也。[1]

第一种说法是从有名或无名来论证有体或无体,这里的"体"指实体,这种说法与龙树《回诤论》中用佛教空宗批判佛教说一切有部的论点:"诸法若无体,无体不得名;有自体有名,唯名云何名"[2] 相似。第二种说法来自佛教三论学倡导的"诸法性空"之说,以有为"假伪",以无为"真实"。《本际经》因循此说而倡"无无曰道"。《道教义枢》更赞成南朝重玄

---

[1] 《道教义枢》卷十,《道藏》第 24 册,第 835 页。
[2] 龙树造,毘目智仙等译:《回诤论》,《大正藏》第 32 册,第 13 页。

学家孟法师的"有无相待"的观点,认为妙无(道之理)与妙有(道之气)相待故有,在其之上还有超越了"相待"的终极之"道"。相对于"道"而言,"原其实致,究竟皆空。故以有无为假,非有非无为真"①。第四种认为第三种看法更"近顺物情",由于有无都是非实在,故又引入修道体验,强调只有通过"非有非无"的心灵智慧才能真正体悟"毕竟清净"之"道"。这四种看法虽各具特点,但都从不同的角度说明,有无是反映"道"之体用关系的范畴,离开有无也就无所谓"道",更枉谈"重玄",如"老子经教云:道无不在。有即妙有,无即妙无。以此为论,岂离有无别复有道?"②南朝道教重玄学虽然借鉴了摄山三论学的思想与方法,但其立足点仍然是道教所崇尚的那个既具有普遍性,又具有超越性的"道"。

其次,从生命观上看,南朝道教从注重生命修炼出发,将摄山三论学倡导的"明二谛以中道为体"与道教的"三一论"联系起来,用来解说构成人的生命的精气神,使"重玄"既是一种"有无双遣"的修道方法,也是一种通过修道所达到的生命境界。孟法师曰:"混三为一,三则不三;分一为三,一则不一。不三而三,不一而一,斯则三是不三之三,一是不一之一。不三之三,非直非三,亦非非三;不一之一,非止非一,亦非非一,此合重玄之致也。"③孟法师用三一说来论述体用问题,认为作为本体的"一"与作为发用的"三"之间是一种"不一不异"的辩证关系。"宋法师解云:有总有别。总体三一,即精、神、气也;别体者,精有三智,谓道、实、权;神有三宫,谓上、中、下;气有三别,谓玄、元、始。今谓此判三一之殊,非定三一之体。"④宋法师认为,三一是综合性概念,虽然包括了丰富内容,但有总别之分。总起来看,精、气、神三位一体,统一于"道"。如果把它们分解开来,精、气、神又各具自己的特殊功能。精代表了人的认识能力,它具有道、实、权三方面的内容,神指人精神活动的生理基础,有上、中、下三丹田,人的一切精神活动都受到生理机能的控制。宇宙的运动变化,万事万物的生起消亡,都是气的凝聚与消解,故以玄、元、始来概括

---

① 《道教义枢》卷十,《道藏》第24册,第836页。
② 《道教义枢》卷十,《道藏》第24册,第836页。
③ 《云笈七签》卷四十九《玄门大论·三一诀》,《道藏》第22册,第342页。
④ 《云笈七签》卷四十九《玄门大论·三一诀》,《道藏》第22册,第343页。

这种不断动荡绵延流逝的过程。只有明了总括精、气、神的妙道常在，三一圆融，不始不终，才能使生命契合于"道"而长存。南朝道教将精气神学说纳入重玄思辨中，所倡导的修仙路径也就通过"有无双遣"而落实到复归于从心性上了悟"湛寂清静"之道上来，推动了南朝道教生命观的新发展。

最后，从修道体证的经验上看，南朝道教提出"智慧为道体，神通为道用"，突出了"智慧"在重玄体道过程中的"神通"之用。"玄靖法师以智慧为道体，神通为道用。又云：道德一体，而其二义。一而不一，二而不二。不可说其有体有用，无体无用。盖是无体为体，体而无体；无用为用，用而无用。然则无一法非其体，无一义非其功也。"① 道与德乃一个事物的两个方面，道之在我谓之德。"道"是绝乎言的，若执著于有，故需修空观以破除有。在破除有之后，因还执著于无，故需进一步破除有无双执。在有无双执皆除时，还需再进一步以智慧为道体，使心中彻底无所执著，才能达到重玄之境。因此，悟道修仙的关键在于运用"无用为用，用而无用"的"智慧"去排遣种种外在的追求，通过"双遣兼忘"使人心保持虚静无为的自然状态。南朝重玄学通过"智慧为道体，神通为道用"来倡导修道体证的经验，逐渐改变了道教仙学对肉体不死的执著，使南朝道教走出一条修仙新路径，并推进了其后宋代道教内丹心性学的理论与实践的新发展，这显然又不是对摄山三论学的简单吸收。

从道教重玄学的发展来看，王远知为唐代上清派第十代宗师。据《旧唐书》记载，上清派王远知初入茅山，师事陶弘景，后又师事宗道先生臧矜②。杜光庭在梳理重玄学的发展时将臧矜即臧玄静作为弘扬重玄之道的学者："梁朝道士孟智周、臧玄静、陈朝道士诸糅、隋朝道士刘进喜、唐朝道士成玄英、蔡子晃、黄玄赜、李荣、车玄弼、张惠超、黎元兴，皆明重玄之道。"③ 王远知接续了臧玄静"玄业"的传统。王远知曾为楼观道士王轨等人讲说《道德经》《西升经》等，又将重玄学传至关中长安地区。唐代道教

---

① 《道教义枢》卷一，《道藏》第 24 册，第 805 页。
② 《云笈七签》卷五《经教相承部》曰："王远知，陈扬州刺史昙首之子。……年十五，入华阳事贞白先生（陶弘景），授三洞法。又从宗道先生臧矜，传诸秘诀。"
③ 《道德真经广圣义·序》，《道藏》第 20 册，第 568 页。

重玄学的代表人物成玄英、李荣、孟安排、杜光庭等都曾活动于长安,并将道教重玄学发展至极盛。王远知还传法于潘师正,后潘师正又传司马承祯、吴筠等,使上清经箓成为唐代道教的主流思想。在唐代上清派宗师著述中的"有无双遣""坐忘无心"等重玄思想中仍然隐含着摄山三论学的致思方式,但坚持老庄之道的传统,不放弃本有的"道生万物"及"道体遍在实有"的观念和追求生命获得永存的神仙信仰,则是道教重玄学与摄山三论学的鲜明区别之所在。[1]

第五节 南朝道馆建筑的兴起

南朝之前,江苏道教中虽出现一些帝王敕建的道观,但道馆大多是师徒相伴的小型修道场所,即以一个师父为核心加上若干弟子或三两道友结茅岩居者,如流播于江南的于君道称为"精舍",上清派宗师许迈建"精舍"于余杭悬雷山而往来于茅山,"放绝世务,以寻仙馆"[2];李宽"所奉道室,名之为庐"[3],还有称"精庐"或"靖庐":"民家曰靖,师家曰治"[4]。南朝天师道改革后,有规模有计划的道馆建设开始兴起。

南朝道馆建筑既继承了传统天师道"治"的宗教功能,但由于地处江南、气候温湿等环境因素,其建筑式样也出现了一些地方化的特色。道馆既是道众进行宗教活动的场所,也是供奉道教神像的圣地,同时还是天上仙境在人间的体现,因此建筑样式在以顺应自然为特色时也越来越规范化和艺术化。如《要修科仪戒律钞》卷十中说:"立天师治,地方八十一步,法九九之数,唯升阳之气。治正中央名崇虚堂,一区七架六间十二丈,开起堂屋,上当中央二间上作一层崇玄台。当台中央安大香炉,高五尺,恒焚香,开东西南三户,户边安窗,两头马道。"[5] 道馆中央一般为供奉神灵的殿堂,有

---

[1] 孙亦平:《摄山三论学派与道教重玄学初探》,《中国哲学史》2014年第1期。
[2] 《晋书》卷八十《许迈传》。
[3] 王明:《抱朴子内篇校释》,中华书局1985年版,第174页。
[4] (唐)王悬河编:《上清道类事相》卷一《仙观品》,《道藏》第24册,第877页,后来唐代道士朱法满在《要修科仪戒律钞》卷十中也有这一说法,参见《道藏》第6册,第966页。
[5] 《要修科仪戒律钞》卷十,《道藏》第6册,第966页。

的还建有斋醮祈禳的坛台，另外还建有讲经诵经之室和道士居住之屋。

由于江南人对神灵信仰的尊崇，"道民入化，家家各立靖室，在西向东，安一香火西壁下。天师为道治之主，入靖，先向西香火，存师再拜，三上香，启愿"①。道民在道馆中所开展的祈福禳灾、上章首过、符箓治病等仪式活动，都建立在与神灵沟通的基础上。

为了更好地修身养性，南朝道馆一般建在风景秀丽的清静之处，"南朝各地，多建立道馆，但'治馆'二字，可以互用"②。尤其是山居道士将静室、精舍、靖庐建于名山大泽无人之野处，其造屋的式样、建材与尺寸都有讲究：

> 所谓静室者，一曰茅屋，二曰方溜室，三曰环堵。制屋之法，用四柱三桁二梁，取同种材。屋东西首长一丈九尺，成中一丈二尺，二头各余三尺，后溜余三尺五寸，前南溜余三尺。栋去地九尺六寸，二边桁去地七尺二寸。东南开户，高六尺五寸，广二尺四寸，用材为户扇，务令茂密，无使有隙。南面开牖，名曰通光，长一尺七寸，高一尺五寸。在室中坐，令平眉。中有板床，高一尺二寸，长九尺六寸，广六尺五寸。荐席随时寒暑，又随月建周旋转首。壁墙泥令一尺厚，好摩治之。此法在名山大泽无人之野，不宜人间。入室，春秋四时皆有法，然此盖本道相承，道家之一事耳，不足为异也。③

南朝道馆是由山居静室逐渐发展而来的，"不宜人间"的择地原则也是道馆大多建在山水清秀、林壑幽胜之处的重要原因。

南朝道馆分官立和私立，数量较多但规模有限。据《真诰》的记载，晋永嘉中，有道士任敦于茅山石室修道，立洞天馆；许迈曾于悬霤山立精舍，并在茅山建有修道的宅舍和洞室。许迈之子许翙在雷平山建有洞室修道，曾居方隅山洞方源馆中。如陈国符先生所言："是时山居修道者皆居山

---

① 《要修科仪戒律钞》卷十，《道藏》第6册，第967页。
② 陈国符：《道藏源流考》下册，中华书局1963年版，第336页。
③ ［日］吉川忠夫、麦谷邦夫编：《真诰校注》，朱越利译，中国社会科学出版社2006年版，第550页。

洞（张天师诸治，亦多在山中），即于其旁筑有馆舍。此即后世道馆之始。"① 这一类简易道馆的人数一般都很少，多半依赖于王公贵族或富家官僚的供养。据陶弘景《真诰》和陈国符所辑《道学传》所作粗略统计，南朝有名可查的道馆就有59座。茅山是江苏道教道馆建筑的集聚地。《茅山志》卷十五《采真游》中所录梁代道馆名则有68座②，据此推测江苏各地的道馆数量可能有上百所。

从陈垣编《道家金石略》中收录的历代道教碑刻看，从南朝始，大部分是以道馆或神庙为内容的碑铭，这可能与当时道教有个人修行或教团活动，但没有形成统一的组织有关。例如扬州司徒庙，始建于陈朝，供奉着为民除害的茅、许、祝、姜、吴五位异姓兄弟的神像。这些道馆或神庙主要分布在长江中下游的城市和山林之间，还有一些道馆建于山中，是由山中修道者所居住的窟穴或山洞发展而来，其目的是为"静隔人物，修习至道"，故又称"山馆"③。从总体上看南朝道馆在规模上难以与官方支持的佛教寺院相媲美。

南朝时，道教内部进行了改革，促进了道教向官方化、上层化的方向发展。官立道馆在京城建康及附近地区陆续出现。今天，南京市白下区朝天宫北侧有一条"冶山道院"的小巷子，虽然走遍这条巷子，一是看不到冶炼，二是看不到山丘，三是看不到道观，但却是"冶山道院"的旧址。"冶山道院"来源历史悠久，有两种说法都与吴国有关。

第一个是春秋时期吴王夫差的吴国。据说吴王夫差北上伐齐时，曾在此地设立冶铸之所打造兵器，因此被称为"冶山"或"冶城"；第二个是三国时吴大帝孙权建立的东吴国。孙权也曾在这里设立官方的冶铸作坊。道教奉行阴阳五行思想，打造兵器属于炼金。

据《六朝事迹类编》记载，晋元帝大兴初年，掌握朝政大权的丞相王导就住在冶山附近，但不知什么原因生了一场重病，就请方士戴洋前来考察。戴洋看后对王导说："君本命在申，而申地有冶，金火相烁，不利。"④

---

① 陈国符：《道藏源流考》下册，中华书局1963年版，第267页。
② 《茅山志》卷十五《采真游篇》，《道藏》第5册，第617—618页。
③ [日] 都筑晶子：《六朝后期道馆的形成——山中修道》，付晨译，魏斌校，《魏晋南北朝隋唐史数据》第25辑，武汉大学出版社2009年版，第228页。
④ （宋）张敦颐撰：《六朝事迹编类》卷三《城阙门》，南京出版社2007年版，第50页。

其意是说，冶山一直是冶铸作坊，全是火，火克金，所以您的病才一直治不好。王导听信了方士的说法，遂移冶城于石头城东，"晋改西园，又为西州，建冶亭其上"①，在原址上建了一座园林，取名为"西园"。南朝时，刘宋明帝泰始六年（470年）在冶山建立起南方最早的社会科学研究机构"总明观"，分设文、史、儒、道、阴阳五部学。总明观废后，改为道士观，"后观废，道家者流以儒观之名，为道士观"。五代杨吴时建紫极宫、宋代时先为祥符宫、后改为天庆宫，元代又称玄妙观，明代时"国朝赐额朝天宫"，其显赫名声一直到今天。

南朝刘宋皇帝在京城为陆修静修建崇虚馆。崇虚馆在梁代设立道正制度时，成为道正省的所在地，崇虚馆馆主兼道正。陆修静曾在崇虚馆中整理道书，成为推动南朝道教发展传播的关键人物。天水道士隗静是一位追求"单景独栖，励志此室"的隐修者，他于南齐建元元年（479年）离开阆中，南下来到建康后，"先生以齐□□元年暂下京师，住崇虚馆中，咨受经文，法事□悉"②。当时陆修静已去世两年，但隗静仍在崇虚馆中"咨受经文，法事□悉"，学习新兴的灵宝经法。③

私立道馆往往以贵族舍宅为观或民众自立为观。"俗人受治立治，堂舍靖庐，皆令齐整，内外清严，分别出入，在宅西南，供养经。"④ 例如长沙景王刘道邻的妻子檀太妃信仰茅山上清派，于是为陈道士在雷平山许谧修道处建道士廨。"至宋初，长沙景王檀太妃供养道士姓陈，为立道士廨于雷平西北，即是今北廨也。"⑤ 这些道馆大多散立于名山胜地或城镇乡村中，在接受王公贵族供养之外，往往还要求道徒从事农业劳动以维持生计。葛洪曾随师父郑隐在山中修道，"他弟子皆亲仆使之役，采薪耕田，惟余尪羸，不

---

① （明）葛寅亮撰：《金陵玄观志》第一卷，南京出版社2011年版，第1页。
② 蒋晓春等：《论四川阆中南齐〈隗先生铭〉》，《中国国家博物馆馆刊》2013年第4期。
③ 有关天水道士隗静及《隗先生铭》的研究成果可参见宗鸣安《新见南朝大明年〈隗先生铭〉》（《收藏》2009年第11期）；蒋晓春等：《论四川阆中南齐〈隗先生铭〉》（《中国国家博物馆馆刊》2013年第4期）；孙华：《阆中石室观〈隗先生石室记〉》（《文物》2014年第8期）。孙齐：《南齐〈隗先生铭〉与南朝道馆的兴起》（《魏晋南北朝隋唐史资料》第31辑）。
④ 《要修科仪戒律钞》卷十，《道藏》第6册，第967页。
⑤ ［日］吉川忠夫、麦谷邦夫编：《真诰校注》，朱越利译，中国社会科学出版社2006年版，第430页。

堪他劳，然无以自效，常亲扫除，拂拭床几，磨墨执烛"①。对于郑隐及其弟子们来说，砍柴、耕田这样的劳作是最为平常的工作，也是维持道团日常用度的必需。

我们通过调查还找到一些南朝道馆的遗迹：镇江府丹徒县大悲乡马迹山紫府观建于刘宋永初二年（421年）。齐朝京城建有兴世馆，孙游岳为馆主，吸引了建康士族文人前来参学。梁武帝早年"先受道法，及即位，犹自上章。朝士受道者众，三吴及边海之际信之愈甚。陈武世居吴兴，故亦信焉"②，他们推进了道教在苏南地区的传播。例如，梁武帝"雅相钦赏"的建康崇虚馆主吴郡张绎，封其为"三洞弟子领道士正"。崇虚馆本是宋明帝劝立于潮沟，供养大法师陆修静的道馆。齐武帝永明年间敕改迁蒋陵里，梁代陶弘景再次兴修。另外，还有江宁府溧水县寻仙观、镇江府丹徒县上善观、镇江府丹阳县延昌观、苏州府西洞庭龙头山上真宫等都建于梁朝。这些道观主要分布在苏南的建康、吴郡和茅山一带，为南朝道教从山林进入都邑发展提供了活动场所。

南朝时，道教在统治者支持下在江南传播，太守王僧达尊崇道教，听说吴郡钱塘人褚伯玉与上清派有联系而隐居剡县瀑布山，乃前去请教。齐高帝萧道成继位后，下诏令吴、会稽二郡"以礼迎遣"褚伯玉，见"伯玉好读《太平经》，兼修其道，故为馆名也"③。褚伯玉以疾相辞，但"上不欲违其志，敕于剡白石山立太平馆居之"④。齐高帝还礼遇陆修静弟子孙游岳。齐武帝萧赜永明二年（484年）诏命孙游岳代其师陆修静任京城兴世馆主。齐明帝萧鸾"信道术，用计数，每出行幸，先占利害"。疾笃，"身衣绛衣，服饰皆赤，以为厌胜"⑤。京城的道馆成为帝王供养道士的住所。

常熟虞山招真馆由张陵十二代孙张道裕于梁天监年间所建，据梁简文帝撰《招真馆碑》记载，"道士沛郡张君，讳道裕，字弘真，即汉朝天师陵十二代孙。天监二年，来至此岫，栖遁十有余载。夜忽梦见圣祖云：'峰下之

---

① 王明：《抱朴子内篇校释》，中华书局1980年版，第332页。
② 《隋书》卷三十五《经籍志》，中华书局1973年版，第1093页。
③ 《上清道类事相》卷一《仙观品》，《道藏》第24册，第877页。
④ 《吴郡图经续记》卷中《宫观》说此碑为"昭明太子为之撰碑"，实为"梁简文帝萧纲"。参见朱长文《吴郡图经续记》，江苏古籍出版社1999年版，第29页。
⑤ 《南史》卷五《齐本纪》下第五《明帝》。

地，面势闲寂，宜立馆宇，可以卜居.'"于是托圣祖之旨"以梦中所指峰下之地"建馆。虞山招真馆建成后"高堂迥立，有类玉台之山；长廊宛转，还如步廊之岫"，在当地影响很大，甚至有"仙治之美，此焉为最"① 之称。张道裕被奉为常熟道教之祖。虽然马枢《道学传》中已有天师十二代孙张裕在虞山建招真馆的记载②，但也有人认为此碑以老子为"圣祖"的说法可能是唐代的产物。

茅山道教最初起于对外来神"三茅君"的崇拜，当地民间自汉代时就建庙进行奉祀。陶弘景还特别描绘了茅山中的村民自发地造庙祭祀三茅真君的情景：

> 三君初得道，乘白鹄在山头时，诸村邑人互见，兼祈祷灵验，因共立庙于山东，号曰白鹄庙。每飨祀之时，或闻言语，或见白鹄在帐中，或闻伎乐声，于是竞各供侍。此庙今犹在山东平阿村中，有女子姓尹为祝。逮山西诸村，各各造庙，大茅西为吴墟庙，中茅后山上为述墟庙，并岁事鼓舞，同乎血祀。③

祭祀三茅真君的白鹄庙坐落于茅山④，当地人还通过在山中到处造庙，大茅西为吴墟庙，中茅后山上为述墟庙等，使祭祀三茅真君发展成带有茅山当地文化特点的"岁事鼓舞，同乎血祀"的崇拜活动。上清派也接受"三茅真君"信仰，特别尊重大茅君茅盈，将他们作为主神来加以崇拜，为茅君派和上清派所共有，后成为唐代官方祭祀三茅真君的场所，这成为江苏道教在信仰上的鲜明特色。

因南朝统治者的支持，上清派在江苏茅山也得到快速发展。《茅山志》卷十五《采真游》记载了吴绰、薛彪之、冯法先、马枢、戴胜、褚雅、桓法闿、孙文韬、钱妙真等9位茅山道士的生平事迹。他们主要是茅山周边地

---

① 陈垣编纂，陈智超、曾庆瑛校补：《道家金石略》，文献出版社1988年版，第28—29页。
② 陈国符：《道学传辑佚》，载《道藏源流考》下册，中华书局1963年版，第499页。
③ [日]吉川忠夫、麦谷邦夫编：《真诰校注》，朱越利译，中国社会科学出版社2006年版，第361页。
④ 据陶金实地考察：此白鹄庙当为"陶弘景所指者为中茅峰西侧的鹤顶庙"。(《茅山神圣空间历史发展脉络的初步探索》，《世界宗教文化》2015年第3期)

区晋陵人、东海丹徒人、吴郡钱塘人、会稽剡县人等，来到茅山采访真秘时，也参与了道馆建设，他们中有专修道教者："薛彪之，晋陵人也。少不狎俗，无羡荣秩。齐建武二年，停东川，采访真秘，三年乃反，启敕于大茅山东岭洞天馆行道，松餐涧饮，弥历年岁也。馆即晋任真人于此成道，坛灶犹存，殊有灵验，先生是以访古求真而即地焉。"① 也有佛道兼修者，如陶弘景弟子桓法闿；还有女道士："钱妙真，晋陵女子也。辞家学道于隐居，普通年中，独处幽岩，诵《黄庭经》，时年十九，所居燕口洞，积三十年而仙。将去，手裁书并诗七首与隐居别，一日，佩白练隐形入洞，敕其地为燕洞宫。至今女官奉祠。"②

《采真游》还有一通立于梁普通三年（522 年）五月十五日的《九锡真人三茅君碑》，"碑阴及两旁遍刻齐梁诸馆高道姓名"，所记载的 103 名南朝茅山道士名录，他们的身份各有不同，主要是某某馆主、上清道士、精舍女官，还有天师几世孙，既反映了上清派在茅山的传播，也反映了上清派对张天师、女真的接纳，这些馆主身份展现了茅山上道馆林立且共奉三茅真君的实际情况：

> 上清道士丹阳葛景宣，仙公之胤。
> 太中兰陵萧世颢，解缨帝室，服道山林。
> 平昌幸修之，精进勤修，古宿所推。
> 兰陵邵元泰，道化弘远。
> 东海徐伯迁，德教俱洽。
> 菩提白塔行禅比丘会稽释智渊，业总五乘，义该两教。
> 陪真馆主，义兴蒋负刍，去来茅山，有志栖托。齐建元二年，敕请于宗阳馆行道，练纳修备，风骨异俗。年过眉寿，沐浴迁神。
> 前华阳馆主，吴郡陆逸冲。
> 前华阳馆主，太原王法明。此二先生并以志远栖逸，不群众馆。
> 崇元馆主，嘉兴张元之，建武中敕为馆主。又于菌山涧上筑台以居，时有白鹤来止，遂名"鹤台"。

---

① 《茅山志》卷十五《采真游篇》，《道藏》第 5 册，第 616 页。
② 《茅山志》卷十五《采真游篇》，《道藏》第 5 册，第 617 页。

朱阳馆主，上清道士潘渊文。隐居奉三茅二许经宝，以天监十三年启敕所建。

嗣真馆主，丹阳句容许灵真。馆主晋世许真人六世孙也。天监三年启敕所立。

崇虚馆主，道士正吴郡张绎。馆本宋明帝敕立于潮沟，供养大法师陆修静。齐永明敕立于蒋陵里，陶先生再兴焉。

宗真馆主，曲阿徐公休。善有道素，德望温真。

天师九世孙，张玄真，道兼三洞，德流四远。

天师十世孙，张景邈，容行识业，秀挺超群。

天师十世孙，蜀郡张智明。

天师十世孙，蜀郡张子华。

天师十世孙，张锵。

天师十世孙，张晔。

天师十世孙，张楷。

天师十世孙，张胄。

崇元馆主，丹阳永世谢天立。

华阳馆主，北郡傅卓。

宗玄馆主，吴郡张玄宗。

崇真馆主，曲阿汤法宜。

延真馆主，义兴吴迈之。

宗明馆主，建康俞万达。

建善馆主，建康罗法仙。

上善馆主，吴兴孟慧普。

鹄鸣馆主，琅琊卫灵符。

妙门馆主，余杭暨天禄。

福林馆主，博昌任彦净。

栖真馆主，建康陈法明。

洞玄馆主，盐官朱法永。

含真馆主，曲阿弘法清。

昭仙馆主，会稽伍玄则。

青阳馆主，建康张昙要。

仙灵馆主，盐官朱法景。
张求馆主，延陵张道存。
玄圃馆主，延陵钱法慧。
开真馆主，延陵王彦冈。
龙阿馆主，曲阿陈绍先。
福乡馆主，晋陵刘湛之。
金陵馆主，嘉兴殳遵祖。
招真馆主，高阳许叔存。
方隅馆主，延陵钟文胄。
龙泉馆主，义兴周景冲。
宗真馆主，延陵尹法静。
玉泉馆主，曲阿左文举。
修真馆主，句容毕文和。
天市馆主，延陵韦尼子。
北洞馆主，句容王法休。
招灵馆主，吴郡丁奉之。
阳明馆主，永世于天慧。
金刚馆主，延陵谢法先。
龙阳馆主，晋陵薛延之。
曲林馆主，兰陵缪法兴。
黄曾馆主，曲阿陈石鸿。
洞阳馆主，义兴张方成。
茅真馆主，钱唐俞僧瑶。
通微馆主，兰陵许灵庆。
洞清馆主，兰陵车灵晚。
兴齐馆主，曲阿陈师度。
齐乡馆主，曲阿刘僧明。
方玄馆主，湖孰戴令待。
正范馆主，晋陵王希弟。
降真馆主，延陵陈耀云。
林屋馆主，剡县杨超远。

帝乡馆主，兰陵鞠遂。
龙安馆主，延陵陈恬。
清玄馆主女官，延陵潘令翘。
宗灵馆主女官，延陵王明珠。
昭台馆主女官，晋陵钱密妃。
处静馆主女官，吴郡刘妙云。
万椿馆主女官，延陵王玉盈。
仁静馆主女官，丹阳杨净音。
梵明馆主女官，溧阳万妙妃。
宝梵馆主女官，溧阳万妙娥。
天师十世孙女，张子台。
天师十世孙女，张季妃。
太素精舍女官，曲阿张妙容。
上明精舍女官，晋陵薛要罗。
太文精舍女官，丹阳汤明辉。
腾胜精舍女官，彭城韩霜妃。
郁单精舍女官，延陵朱灵妃。
妙寂精舍女官，延陵潘妙向。
寻真精舍女官，延陵唐僧妃。
宗标精舍女官，曲阿陈僧淑。
永福精舍女官，延陵间丘灵桂。
服食道士女官，暨阳徐灵翠。
招真道士，句容严浩耀。
凤台道士，兰陵桓方开。
山居道士，句容张法真。
三洞法师，曲阿殷灵养。
三洞法师，永世于玄明。
二洞法师，鲁郡周显明。
宗元逻主，吴郡陆僧回。
神州邑主，法身薄九真。
建真邑主，法身韩休明。

朝宰法身，延陵曹玄明。
治令法身，彭城郑休之。
治丞法身，山阴董道盖。①

此九锡碑以"石柱篆刻"的样态立于大茅山华阳南洞口，又称南洞碑。陶弘景的弟子陆敬游、潘渊文、许灵真、杨超远、孙文韬参与此次立碑活动。陶弘景归隐于离建康不远的茅山后，出于"君子不独居其荣，仁人必与物同泰"的理念，以道馆的建设来带动茅山道教的发展，也吸引了来自周边的修道者，主要是晋陵郡、丹阳郡人士，其身份既有侨民，也有旧民② 来参与道馆建设。茅山宗道士有出家弟子和俗家弟子，出家弟子以住道馆修行为主，又称"上清弟子"。茅山上建成的一个个新道馆，主要由陶弘景弟子们居住修道并担任馆主，其中还有 8 位天师孙及 2 位天师孙女在茅山修道，与馆主、女官等并列，显得特别亮眼，表明张天师传统已在茅山道教中产生了影响。同时这些道馆以茅山为中心而向外分布，从方玄馆、正范馆、降真馆、林屋馆、帝乡馆、龙安馆的地理位置看，南朝茅山道教影响已延伸到江浙环太湖地区。

当时在茅山上建筑道馆是一项十分艰巨的工程，茅山道士靠着肩挑重担，徒石开基，花了七年时间辛苦劳作才建成华阳馆。华阳馆建成后，陶弘景特别作《授弟子陆敬游十赉文》："隐居先生，遣总事弟子戴坦，秉策执简，膝授前学弟子吴郡陆敬游，建连石之邑，为栖静处士。"以"十赉"来表达对弟子们尽心尽力、努力修道的十种赏赐，其中第一条就叙述了他们修建茅山道馆时的艰苦情景：

咨尔敬游：昔我纤绂帝闱，侍笏梁席。虽迹混教途，而心标逸境。芝田之想，无忘晓夜。濠颖之志，岁月已深。至德有邻，风云相会。尔之来矣，爰移两春。于是褫带青墀，挂冠朱阙，携手东驱，创居兹岭。脉润通水，徒石开基。登崖斫干，越垄负卉。筋力尽于登筑，气血疲乎

---

① 《茅山志》卷十五《采真游篇》，《道藏》第 5 册，第 617—619 页。
② 魏斌撰《三茅君碑题名统计表》对参与这次活动中的 91 人身份进行了统计。(魏斌：《"山中"的六朝史》，生活·读书·新知三联书店 2019 年版，第 103—105 页)

趋走。肌色憔悴，不以暴露为苦。心魂空慊，宁顾饥寒之弊。栋宇既立，载罹霜暑。于时七稔，经始甫讫。今日之安，尔有勤焉。君子不独居其荣，仁人必与物同泰。是用邑尔，长阿北阪，积金山连石之乡，方七十步，涧水属焉。茂尔嘉业。永为华阳上宾，尔其茙之。①

华阳馆建成后，先分上、中、下三馆，主要呈东西向分布于楚王涧一带。下馆用来研虚守真，即今天被水库所淹没的崇禧万寿宫；中馆位于华阳洞入口之一西便门附近；上馆当时是炼丹治药之所，其东至今还保留着陆敬游题字的"陶隐居丹井"的井栏，时间为梁天监三年（504年）八月十五日，后成为茅山道士墓地华阳基。陶弘景在华阳馆住了十余年，自称"华阳隐居"，完成了《真诰》等道书的编纂。后来，陶弘景弟子陆敬游、王法明、丁景达等相继担任华阳馆的馆主。当陶弘景隐居茅山后，陆敬游在建造华阳馆的过程中积极努力。陶弘景为了表彰陆敬游，又在积金岭为他建造了积金山道靖。直到梁武帝天监四年（505年），陶弘景为寻找炼丹的水源也搬到积金岭东涧的积金山道靖居住。

陶弘景除了茅山上新建道馆之外，还对一些旧馆进行重修扩建。天监七年（508年）陶弘景外出寻找炼丹之所。天监十三年（514年）归来后回茅山还在东涧居住。位于雷平山西北的朱阳馆原为许谧的故宅，宋朝初年，长沙景王在宅东建长沙馆。天监十三年梁武帝买下了长沙馆地基，为陶弘景建造了朱阳馆，第二年就建成了，但陶弘景不愿去住。他跟梁武帝说想回到积金山道靖去住，梁武帝不准，陶弘景只好在天监十四年（515年）奉命搬到了梁武帝所敕建的朱阳馆住下，由其弟子潘渊文担任馆主。为了方便炼丹，陶弘景还在朱阳馆建造了静院和药室。后来馆内还建立昭真台，专门收藏"杨、许手书"等上清经文。同年，陶弘景在三茅峰之东建郁冈玄洲斋室，利用李明真人的炼丹井进行炼丹活动。陶弘景在此搜集"一杨二许"手迹和历代先人文集，整理编撰道书，后改名为乾元观，成为茅山著名的五观之一，直到抗日战争时才被日军焚毁。

据道书记载，在陶弘景的带领下相继在茅山中修建了华阳馆、积金山道靖、朱阳馆、郁冈玄洲斋室、嗣真馆、燕洞宫、林屋馆、清远馆、崇元馆

---

① 《茅山志》卷二十一《录金石篇》，《道藏》第5册，第635页。

等。这些道馆大多由陶弘景弟子任馆主，吸引了众多信徒入馆修道，有的大道馆中的信徒甚至多达千人。茅山成为江苏最大的道馆建筑群，与陶弘景归隐茅山后，披荆斩棘开展兴建道馆的活动是分不开的。"从5世纪中叶开始，道馆制度在茅山逐渐普及起来，经过代代上清宗师的努力在唐代之后推行到全国，成为道教最主要的组织形式。"①

至南朝时期，修道弘道新方式也促进了新道馆建立。深受佛教寺院宗教生活模式的影响，出家修道成为新的修道风尚，道教徒也在努力开创一种新的修道和弘道方式，于是一大批仿照寺院格局的道馆开始兴建起来。虽然很多道馆的规模还难以同当时发达的佛教寺院相媲美，但"院落式的格局、殿堂式的建筑以及供奉尊像、作为修道诵经兼居住的功能等，则与中土的佛教寺院大体一致。而且仅从建筑名目就可以知道，道馆经济在当时也已经具有一定规模。就是说，大型道馆同时又是经济实体。这些都大体同于佛教"②。官方敕建的道馆栋宇华丽，供养精奇，所有殿堂、造像、园林乃至产业一应俱全，据《洞玄灵宝三洞奉道科戒营始》"置观品"所描述的大型道馆，有各种用途的建筑空间，有药圃果园，名木奇草，清池芳花，种种营葺，以用供养。依柳存仁先生看法，其科戒营始依据"正一法文"的传统。③ 从其内容上看，这可能是一本南朝天师道士的出家生活指南：

  置兹灵观，既为福地，即是仙居，布设方所，各有轨制，凡有六种：一者山门，二者城郭，三者官掖，四者村落，五者孤迥，六者依人。皆须帝王营护，宰臣修创，度道士女冠，住持供养，最进善之先首，不可思议者也。造天尊殿、天尊讲经堂、说法院、经楼、钟阁、师房、步廊、轩廊、门楼、门屋、玄坛、斋堂、斋厨、写经坊、校经堂、演经堂、熏经堂、浴堂、烧香院、升退院、受道院、精思院、净人坊、骡马坊、车牛坊、俗客坊、十方客坊、碾硙坊、寻真台、炼气台、祈真台、吸景台、散华台、望仙台、承露台、九清台、游仙阁、凝灵阁、乘

---

 ① ［日］都筑晶子：《六朝后期道馆的形成——山中修道》，付晨译，魏斌校，《魏晋南北朝隋唐史资料》第25辑，武汉大学出版社2009年版，第237页。
 ② 孙昌武：《中国佛教文化史》第2册，中华书局2010年版，第78页。
 ③ 柳存仁：《和风堂新文集》，新文丰出版公司1997年版，第375页。

云阁、飞鸾阁、延灵阁、迎风阁、九仙楼、延真楼、舞凤楼、逍遥楼、静念楼、迎风楼、九真楼、焚香楼、合药堂等，皆在时修建，大小宽窄，壮丽质朴，各任力所营。药圃果园，名木奇草，清池芳花，种种营葺，以用供养，称为福地，亦曰净居，永敕住持，勿使废替，得福无量，功德第一。①

当然，这是当时道经所描绘的一个理想道馆的空间形态，它不仅是一个以灵观、福地、仙居为名的修道和传道的中心，而且包含了一些维持日常生活的经济功能，像净人坊、骡马坊、车牛坊、碾硙坊这样仅在大型佛教寺院才能见到的设施。张崇富通过研读而认为"《洞玄灵宝三洞奉道科戒营始》'置观品'中提到了五种'院'，即说法院、烧香院、升遐院、受道院和精思院。其中仅受道院和精思院跟我们讨论的道院有关"②。其实在南朝很少有道馆或道院能达到如此齐全的建筑规模，即使是陶弘景在茅山新建的诸道馆也未见如此的排场。《真诰》所描绘的茅山道馆才更接近现实生活，有些大型道馆也可居住上千人，房舍、田产和山林颇多，但经济来源主要依赖于官方或私人的赞助、农业生产和斋醮法事，其中接受的捐赠和田产收入占较大比例。

大部分南朝道馆设有馆主、法师、监斋等职位以统领道馆事务，许多出家道士还有官吏或者士族给予稳定供养，他们所居住的道馆与皇室、官员、士族保持着各种各样的关系，如"宋初有女道士徐漂女，为广州刺史陆徽所供养，在洞口前住，积年亡"③。作为"山中宰相"的陶弘景虽活动于远离朝廷的山馆，但也接受梁武帝和其他王公的布施。据《华阳陶隐居内传》记载，陶弘景离京去茅山时，齐宜都王以裘镜九种赠别，另外还赠给其所在道馆"吏役数人，长给在山，触事管理，书驿旬朔"，武陵王、桂阳王、鄱阳王等亦"各赠诗并诸致遗人力经纪"。

能够拥有稳定的供养固然有赖于道馆主人的影响力，但那些居住在山馆

---

① 《洞玄灵宝三洞奉道科戒营始》，《道藏》第24册，第745页。
② 张崇富：《龙虎山法派考》，《宗教学研究》2016年第4期。
③ ［日］吉川忠夫、麦谷邦夫编：《真诰校注》，朱越利译，中国社会科学出版社2006年版，第366页。

的修道者更愿意过自给自足的简单生活。在与尘俗社会保持一定的距离时，从事垦荒种植这样的农业劳作就成为第一选择。农业生产既能够获得日常及修道所需的物资，也是一种"农道并作"的修行方式，这甚至成为茅山道教所推崇的宗教生活模式。陶弘景在茅山修道时与弟子门人一同务农自养，曾于道馆附近的赤石田修筑水塘灌溉附近水田四十余顷，"隐居馆中门人亦于此随水播植，常愿修复此塘，以追远迹，兼为百姓之惠也"①。肥沃的土地和充足的水源促进了农业收成，维持了道馆的日用所需。

茅山道馆的庄田除道士们开垦的荒田外，还有一部分来自官方或者私人的赏赐或布施，这些田产一般都是被免除赋税的。例如，位于华阳洞南洞门的崇寿观，是元嘉十一年（434年）路太后在茅山建立的坛宇。泰始年间，庐陵太守鲁国孔嗣之在此重建坛宇，以供养曲阿道士华文贤。南齐建元二年（480年），齐高祖为王文清敕立崇元馆，时为太子的武帝萧赜亦尝临幸。道馆是道士修道和培养弟子的地方，往往建在僻静山林中，属于比较内秘的部分。那些拥有不少良田山林产业的道馆，逐渐形成了能够自给自足的庄园经济模式。

茅山在陶弘景时进入道馆建设的兴盛期。华阳馆建成时，茅山上只有六所道馆，到梁武帝天监年间，茅山道馆在皇帝所"敕"下越建越多。虽然这些"敕"立的道馆平时或有信众供养，或有法事收入，有的还有朝廷的"俸""力"的支持，但道馆道士平时依然需要占田耕地以自养。陶弘景在中茅山西部占田有十余顷之多。蒋负刍就立田舍于许长史旧宅附近的岗山之下。在像茅山这样有影响的修道中心，更有不少慕名而来的善男信女同来依止道士，"远近男女互来依约，周流数里，廨舍十余坊"。还有的慕道者自愿承担道馆的杂役等，如茅山崇元馆"近有一女人来洞口住，勤于洒扫，自称洞吏"②。当道馆中的道士已不能胜任繁杂的庄田劳作时，那些连同庄田一同赏赐的馆户就成为道馆庄园主要的劳动力。

道馆拥有如此众多的庄田和馆民，已同士族大姓的奢华庄园无异。道馆

---

① ［日］吉川忠夫、麦谷邦夫编：《真诰校注》，朱越利译，中国社会科学出版社2006年版，第376页。

② ［日］吉川忠夫、麦谷邦夫编：《真诰校注》，朱越利译，中国社会科学出版社2006年版，第366页。

庄园经济模式与士族所期望的社会秩序是一致的,并融入了士族庄园经济形态之中。正如都筑晶子所指出的那样,"就这一意义而言,似乎可以认为,道馆是根据独自的秩序而组织起来的一种社会集团。换言之,只有当内部容纳这样的集团时,六朝贵族制社会才能保持其整体性,因为'宗教'是不可能脱离于社会的"[1]。依托这些道馆,在陶弘景时茅山道教逐渐形成了自己的传承法派。

道观中最初是不供奉神像的,仅列有神位或壁画。南北朝时受佛教的影响,道教才开始塑造神像。[2] 据《三教论》中说:"近世道士,取活无方,欲人归信,乃学佛家制作形像。假号天尊及左右二真人,置之道堂,以凭衣食。宋陆修静亦为此形。"[3] 可见,在南朝宋陆修静时,道教已于道堂中造天尊像,但这种做法在当时并不流行,因为生活于南朝梁代的陶弘景曾"在茅山中立佛道二堂,隔日朝礼。佛堂有像,道堂无像"[4]。

在佛教的影响下,南朝时期以元始天尊、太上老君为主神像的道教造像也开始出现。这些道教造像主要是安放于道观神庙的单躯造像,或是刻在石碑上,因南方气候潮湿,砖木结构的屋宇容易焚毁坍塌,因此南朝道教造像遗留下来的远不及北朝道教造像多,这从日本学者神塚淑子在《六朝时代的道教造像》中记载的 65 例道教造像主要来自北朝就可见一斑[5]。南朝道教所塑神像在外形上与佛像比较接近,后随着造像技艺的提高,才逐渐依据道教信仰而形成了自己的艺术风格。道教既追求得道成仙,又不主张放弃现世的幸福,故宣扬先成人道,再成仙道。这种融成仙于当下生活之中的思想反映在道教神像的塑造中,就使江苏道教所塑造的神像逐渐形成了一种在玄妙威严中又透露出世俗生活气息的仙道气质,既体现了中国人对生命的独特感悟和对永恒的追求,又使人感到亲切平易。

---

[1] [日] 都筑晶子:《六朝后期道馆的形成——山中修道》,付晨晨译,魏斌校,《魏晋南北朝隋唐史数据》第 25 辑,武汉大学出版社 2009 年版,第 229 页。
[2] [日] 神塚淑子:《六朝道教思想の研究》,东京创文社 1999 年版,第 524 页。
[3] 《辩正论》,《大正藏》第 52 册,第 171 页。
[4] 《辩正论》卷八,《大正藏》第 52 卷,第 547 页。
[5] [日] 神塚淑子:《六朝道教思想の研究》,东京创文社 1999 年版,第 469—480 页。

第七章

隋帝在江南开展崇道活动

北周的隋国公杨坚（541—604年）于大定元年（581年），受北周静帝禅让帝位，改元开皇，这可能来自灵宝经中"开皇五劫之初"[①] 的启发，宣扬元始天尊降临说法，将之作为新朝代的开始和无尽的福佑到来。隋朝建立后，杨坚宣布大赦天下，然后带兵挥戈南下，消灭了盘踞在长江南岸的陈朝后，通过军事手段结束了长期分裂对峙的南北朝，将中国重新统一起来。公元589年，隋灭陈后，为了更好地进行统治，将政治中心北迁，新建大兴城（后称长安）为京师、以洛阳为陪都，实行东西两京制，建康逐渐成了一座寂寞空虚的"废都"，中国道教发展的重心也向北方迁移。隋朝的历史很短，三代帝王隋文帝杨坚、隋炀帝杨广和隋恭帝杨侑相继统治不到四十年，但隋文帝建立三省六部制，通过科举考试选拔人才，地方官员由中央任免的制度，依据法典建立社会管理制度，实行以人口分配土地的"均田制"，为发展生产而开通大运河将黄河和长江联系起来，实行儒佛道三教并举的文化政策，这些措施巩固了中央集权制，也为唐朝重铸中华民族的辉煌奠定了基础。

隋朝是中国历史上的一个由分裂走向统一并迈步走向辉煌的转折时代，在隋文帝时一度出现的国泰民安、经济繁荣、文化昌盛的盛世景象，历史上誉为"开皇之治"。隋文帝在统一南北朝的过程中曾来到南方，坐镇江都

[①] 《灵宝无量度人上品妙经》卷二："以无量度人灵宝上品之法，众真监度，以授于我。当此之时，喜庆难言，法事粗悉，诸天复位。即于开皇五劫之初，玄龙升度天关之时，再降太丹流焰之天。"（《道藏》第1册，第8页）

(今江苏扬州)谋求统一全国。隋炀帝更是在江都生活了多年。从江苏道教视域看:"从某种意义上可以说隋朝的道教是南北朝时代的延续,同时又是为唐代的道教得以发展的准备期。"① 若依漥德忠先生的看法,隋朝道教起着承上启下的作用。隋朝道教如何在帝王和道士的共同努力下在江苏继续发展,又为唐朝道教在江苏的兴盛奠定了怎样的基础?

第一节　隋文帝推行三教并用政策

政治上的统一需要思想文化上的统一,隋朝帝王在带领国家走向统一的社会治理过程中,在宗教文化政策上重点考虑的是如何利用儒学和南北朝时期兴盛起来的佛教和道教。虽然不同的帝王在具体对待三教的态度上又有所不同,但对儒佛道采取三教并用的政策,给予了南朝以来一直兴盛发展的道教与儒、佛并列的空间。

首先,恢复儒学在国家意识形态中的主导地位。魏晋南北朝以来,诸侯争战,疆土分裂,儒学又被魏晋玄学和南北朝佛教思潮遮掩着得不到发展,已丧失了两汉儒学的独尊地位,长期处于萧条状态。每谈及此,隋文帝都不无伤感,因为在他看来,对于一个国家来说,有儒学则兴,无儒学则亡。因此隋朝建立后,隋文帝提出"建国重道,莫先于学,尊主庇民,莫先于礼"②,将恢复儒学在国家思想意识形态中的正统地位就成为首要大事。"帝王作法,仁信为先。"隋文帝不仅将儒家倡导的孝悌之"礼"奉之为本朝的思想支柱,视为治国之法宝,而且还下诏书曰:"儒学之道,训教生人,识父子君臣之义,知尊卑长幼之序,升之于朝,任之以职,故能赞理时务,弘益风范"③。期望以儒家的君臣父子之道来更好地维护现实的统治,并教育广大百姓:"君子立身,虽云百行,唯诚与孝,最为其首"④。希望百姓遵"礼"循"仁"来修身,以"诚与孝"来治家,由此达到改善社会风气的

---

① [日]漥德忠:《道教史》,萧坤华译,上海译文出版社1987年版,第152页。
② 《隋书》卷四十七《柳昂传》。
③ 《隋书》卷二《高祖下》。
④ 《隋书》卷二《高祖下》。

目的。隋朝在建国后虽然采取了一些恢复儒学的措施，但因在建国过程中得到过佛教和道教的具体帮助，因此，隋朝帝王也十分重视佛道二教。隋代学者李士谦针对有客问三教优劣而发表了这样的看法："佛，日也；道，月也；儒，五星也。"佛教位列"三教"之首，道教位于第二，儒教则被放在第三，这种排列次序其实也反映了三教在隋文帝时的实际地位。

其次，给予佛教特别的支持和格外的重视，置于三教之首。据史籍记载，出生在佛教寺院里的隋文帝在统一了南北分裂的局面后，对佛教的扶持是不遗余力的，其中大概也有个人感情上的原因。"后周承魏，崇奉道法。每帝受箓，如魏之旧。寻与佛法俱灭，开皇初又兴。高祖雅信佛法，于道士蔑如也。"① 隋文帝在称帝后就改变了北周武帝的灭佛政策，下诏重修佛寺造佛像，任听天下人出家为僧："周朝废寺，咸与修营；境内之人，任听出家，仍令户口出钱，建立经像。"② 故隋文帝一代，全国修建的佛寺有四五千所，度僧尼五十多万，写经三万余卷，佛教在全国很快就得到了恢复发展。隋文帝为了表示对佛教的虔诚，还亲受菩萨戒，大行布施，开皇年间，他一次就敕给僧人昙崇所在的寺院"绢一万四千匹，布五千端，绵一千屯，绫二百匹，锦二十张，五色上米前后千石"③。后来隋炀帝也对佛教大力支持，在做晋王时就与天台宗创始人智𫖮深相结纳，拜其为师。

最后，隋朝实行儒佛道并崇的政策，推动了道教的发展。在崇尚佛教的同时，隋文帝也下令修建宫观，普度道士，修编道书，还设崇玄署专门管理道教事务，由此将道教纳入官方认可的宗教中。隋文帝杨坚在任随州刺史时，听说女道士孟静素（542—638 年）自幼钻研道家经典，"夫金简玉字之余论，玄牝道枢之妙旨，三皇内文，九鼎丹法，莫不究其条贯"。高祖文皇帝闻风而悦，于开皇八年（588 年）下旨将孟静素征赴京师，居至德观香花奉养。孟静素"亦既来仪，居于至德之观。公卿虚己，士女翘心。于是高视神州，广开众妙，悬明镜于讲肆，陈鸿钟于灵坛。著箓之侣，升堂者比迹；问道之客，及门者成群。虽列星之仰天津，众山之宗地

---

① 《隋书》卷三十五《经籍志》四。
② 《续高僧传》卷二十六《道密传》。
③ 《续高僧传》卷十七《昙崇传》。

轴，未足以喻也"①。在隋文帝杨坚夺取皇权、建立隋朝的过程中，道士张宾、焦子顺等人曾密告受命之符，提供了一些实际的帮助，这也是隋文帝登上帝位后，为新政权取了一个具有道教意蕴的"开皇"年号。

隋文帝即位后，不仅在老子家乡亳州修建宫观："隋文帝皆崇修宫庙，命文臣刊碑以旌道德"②，而且还置玄都观让道士王延主持："至隋文帝禅位，置玄都观，诏延主之。开皇六年丙午，特召见于大兴殿。上斋诚受智慧大戒，于是祥风景云，罗覆坛所，因职以道门威仪"③。据考，坐落于连云港南城镇东凤凰山上的玉皇宫"隋开皇五年（585 年）建，宋景定三年（1262 年）张安抚重建，坐凤凰山东山绝顶，悬崖万仞，鸟道岩岩，俯瞰井邑营庐，遥览沧溟岛屿，空如楸枰，螺髻至轻烟晚炊，丹翠流空，又有不可尽状者"④，展现了玉皇宫依山傍海的胜景。据说玉皇宫供奉着玉皇大帝及其天兵天将，原有山门、前殿、中殿、后殿、东西厢房 300 多间，占地 4000 平方米，至今已有 1500 多年历史的玉皇宫，还保留着的"蓬莱仙境"、"惟天为大"和"凤集灵山"三块石刻，讲述着玉皇宫的历史与文化。1997 年在旧址上重建的玉皇宫开放，由玉皇殿、财神殿、山门等建筑构成，成为苏北地区规模宏大的道观建筑群。

隋朝帝王欲借道教为政治统治效力，故无论是隋文帝，还是隋炀帝，在江苏活动时都十分注意并想方设法拉拢招揽高道，给予他们较高的政治地位，期望既能调解缓和道佛关系，又能获得来自道教方面的特殊支持。但由于隋文帝杨坚在位时坚持"关中本位"的政策，灭陈之后，对江南宗教采用限制性的过激政策，使一些本来愿为隋朝服务的道教领袖后来也对杨坚采取了不合作的态度，这也成为南方地区尤其是原来陈朝旧境反隋情绪未止的因素之一，所出现的江南尽叛、寺塔烧尽的情况，使南方宗教又受到了严重的打击。

开皇九年（589 年）杨坚消灭陈朝后，一方面下诏行太平之法："往以

---

① 唐代书法家褚遂良敬佩孟静素的学识涵养，特书《至德观主孟法师碑》，于贞观十六年（642 年）刻成石碑，后石碑佚失，但有清代李宗瀚藏唐拓本保存至今，载陈垣编纂，陈智超、曾庆瑛校补《道家金石略》，文物出版社 1988 年版，第 54—55 页。
② 《道德真经广圣义》卷二，《道藏》第 14 册，第 321 页。
③ 《历世真仙体道通鉴》卷三十，《道藏》第 5 册，第 273 页。
④ （清）崔应阶编：《云台山志》（1—2），台湾成文出版社 1983 年版，第 151 页。

吴越之野，群黎涂炭，干戈方用，积习未宁。今率土大同，含生遂性，太平之法，方可流行。凡我臣僚，澡身浴德，开通耳目，宜从兹始"[1]。但另一方面，隋文帝采纳大臣建议，"诏建康城邑宫室，并平荡耕垦，更于石头置蒋州"[2]。建康城宫殿城邑全部毁掉，佛教、道教的寺庙宫观均受到毁坏，繁华的"六朝古都"夷为平地后耕种粮食，只留下石头城作为蒋州治所。终于在平陈不到二年时间里，激起了故陈境内江南人的全面反叛。590年，江南社会中一时之间"寇贼交横、寺塔烧尽"。于是，隋文帝派杨素率军平叛，派裴矩巡抚岭南，特别是派晋王杨广移居江都，延请三吴极有名望的吴郡望族名士陆知命（548—614年）向叛者晓谕，结果有十七城的叛者投诚，渠帅陈正绪、萧思行等300多人被招抚，由此才平息了南方的暴乱。

隋朝在平定江南后，隋文帝在金陵城西石头城置蒋州，在江北新建江都为扬州总管府，以"关中本位"政策实施多种严厉的统治措施来管理江南社会，首先通过检括户口来剥夺世族的特权，削弱了江南豪强的势力。其次加强思想控制，强迫江南人不分老幼悉诵父义、母慈、兄友、弟恭、子孝之"五教"，致使"士民嗟怨"。然后在行政管理上，原陈朝地方官一律革除，改为关陇人士为总管，收缴南方人所有的武器，对江南人实行严刑峻法。最后对南方宗教实行管控政策，一个州只准有"佛寺二所"存在，"隋朝克定江表，宪令惟新，一州之内止置佛寺二所，数外伽蓝，皆从屏废"[3]。

由于茅山道教远离都市，在隋朝初年动荡的江南社会中依然延续着山林道教的传统，但也有一些道士走出山林，活动于民间社会。例如，苏元朗尝学道于句曲，得司命真秘，遂成地仙。据《罗浮山志》记载，苏元朗于"隋开皇中来居罗浮，年已三百余岁矣。居青霞谷修炼大丹，自号'青霞子'。作《太清石壁记》及所授茅君歌"。今《茅山志》卷九有《授茅君歌》一卷题为"晋太康时人苏元明撰"[4]。苏元朗发明太易丹道，为《宝藏论》。后乃著《旨道篇》示之，自此道徒始知内丹矣。苏元朗将茅山上清派所倡导的以存思内修为主的修炼术推向"归神丹于心炼"的内丹道，对唐

---

[1] 《隋书》卷二《高祖下》。
[2] （北宋）司马光编：《资治通鉴》第12册，中华书局1956年版，第5516页。
[3] 《续高僧传》卷一二《隋江都慧日道场释慧觉传》。
[4] 疑"苏元明"为"苏元朗"之误。《茅山志》卷九《众真所著经论篇目》，《道藏》第5册，第595页。

宋道教仙学的转型产生了深远的影响。

第二节　隋炀帝坐镇江都崇尚道教

从地理上看，扬州是古"九州"之一，与句容茅山隔江相望，自东晋到南朝以来一直是天师道及茅山上清派的主要传播地，不仅活动着一些有影响的道士，还流传着各种修道成仙的传说。一些江南世家豪族居此代代信奉天师道，时而会兴起挟道作乱之事，这引起隋文帝的警惕。开皇九年（589年）隋文帝灭陈后，结束了自东晋以来长期形成的南北分割局面，将隋朝政治军事统治南移到长江以南地区，为削弱江南地区士族豪强的势力，下诏将六朝都城所有的宫苑城池夷为平地，并对州名进行改革。扬州地处长江北岸，乃军事及文化重镇，故置总管府进行管理，辖吴州七县和平陈后复立的江都县。

隋文帝不太了解江南人的宗教信仰及文化心理，更不了解南朝与北朝文化之间的差异，而以"关中本位"采取了一系列整肃江南文化的措施。开皇十年（590年）隋文帝在江南新定地区推进的以"孝治"为核心的思想运动，其实是想用政治教化来收复并规范人心："江表自东晋已来，刑法疏缓，世族陵驾寒门；平陈之后，牧民者尽更变之。苏威复作《五教》，使民无长幼悉诵之，士民嗟怨。"[1] 这种宣扬儒家"三纲五常"的思想统一运动，既侵犯到江南士族比较看重的文化自由，也因"长幼悉诵"的形式主义导致了当地"士民嗟怨"，最终江南世家豪族集结举兵，导致"陈之故境，大抵皆反，大者有众数万，小者数千，共相影响"[2]。据王光照研究："开皇十年江南豪族之乱或有一个道教的背景，或曰起事的江南豪族中或有杂糅道教信仰的人士。"[3] 展现出江南道教所隐含的政治颠覆性。

正是在这一背景下，开皇十年末，隋文帝派了解江南文化的晋王杨广（569—618年）赴江南战地，"俄而江南高智慧等相聚作乱，徙上为扬州总

---

[1] （北宋）司马光编：《资治通鉴》第12册，中华书局1956年版，第5529页。
[2] （北宋）司马光编：《资治通鉴》第12册，中华书局1956年版，第5530页。
[3] 王光照：《隋炀帝与茅山宗》，《学术月刊》2000年第4期。

管，镇江都，每岁一朝"①。当时杨广正值年轻有为，在"昆弟之中，独著声绩"。杨广以"扬州总管"之权来平息江南豪族叛乱后，为了稳定江南，维护全国的统一，逐渐调整隋文帝以"关中本位"对佛教、道教进行严格管理的过激做法而采取"江南本位"的文化新政，通过宣扬"息武兴文"，以更为怀柔的德化文治方针，倡导"儒学为先、佛学为次、道学为末"三教次序，通过发挥佛教和道教的劝善化民、稳定统治的特殊功能来收拢江南人的归心，以稳定江南社会和繁荣江南文化发展来达到维护国家统一的局面，仅用了一年多时间，江南社会中对北方政权的抱怨不满情绪就慢慢平息了下来。

本来杨广在内心深处是崇信佛教的，到江都后与南方佛教交往也十分密切，尤其与天台宗创始人智𫖮（538—597年）深相结纳。智𫖮给了他一个"总持菩萨"的法号，他则尊称智𫖮为"智者"，并为智𫖮创立天台宗提供了各种有利条件。②开皇十一年（591年）十一月，杨广在接受佛教天台宗的"菩萨戒"后宣说："孔老释门，咸资镕铸"③，这也是从"关中本位"到"江南本位"立场转换后而着手实施的文化战略之一，即将三教并容的宗教文化政策告白于南方社会。

杨广在坐镇江都时，对茅山道教也十分重视，"作为新任扬州总管、南方45州最高军政长官，他深知联引南方道教的政治意义，以及借此构建自己新政治势力的价值"④。杨广在江都设置慧日、法云、玉清、金洞四道场，招致一批道士来扬州开展道教活动，"盛集英髦，慧日、法云道场兴号，玉清、金洞玄坛著名。四海搜扬，总归晋邸，四事供给，三业依凭，礼以家僧，不属州省，迄于终历，征访莫穷"⑤。其中慧日、法云是佛教法场；玉清、金洞是道教玄坛，表现了他对江南佛教与道教并尊扶持的政策，使江苏道教在全国性的影响日益隆盛。

虽然一般认为，"隋炀帝对于道教并无坚定而深刻的信仰（这与他崇信

---

① 《隋书》卷三《炀帝上》。
② 洪修平：《中国佛教文化历程》（增订本），江苏教育出版社2005年版，第138页。
③ 《国清百录》卷二《王受菩萨戒疏》第二十六，《大正藏》第46册，第800页。
④ 王光照：《隋炀帝与茅山宗》，《学术月刊》2000年第4期。
⑤ 《集古今佛道论衡》卷乙，《大正藏》第52卷，第379页。

佛教不同），多半是抱着功利主义目的"①，但从政治稳定和养生健体的双重需要出发，又对道教抱有为我所用的态度，这从杨广诏请81岁高龄的天台山名道徐则到扬州传授道法就可见一斑。据《隋书》记载："徐则，东海郯人也。幼沈静，寡嗜欲。受业于周弘正，善三玄，精于议论"，故产生了一定的社会影响。"陈太建时（569—582年），应召来憩于至真观。期月，又辞入天台山，因绝谷养性，所资唯松水而已。"徐则曾受到陈朝礼遇，后因隋文帝对江南宗教的限制政策而隐居天台山。据说杨广写了一封情真意切、充满敬意的信将徐则比作"商山四皓"，并说"导凡述圣，非先生而谁？"在信中既表达了对道教玄理的了解，又以真挚感情说"希能屈己，伫望披云"，希望徐则能前来扬州，为自己出谋划策实现"夺宗"的政治野心。徐则接到杨广的手书后，对其门人说："吾今年八十一，王来召我，徐君之旨，信而有征"。徐则到达江都后，受到晋王杨广的热忱接待，并请其传授道法，但徐则却"以时日不便"相辞。不料，徐则当晚就于殿中升仙了。杨广闻知徐则"寂然返真"后，深表遗憾，著文颂扬徐则"卓矣仙才，飘然胜气，千寻万顷，莫测其涯"。下令送徐则还天台山安葬，丧葬费用由政府"随须供给"，又"遣画工图其状貌，令柳䛒为之赞"，将赞词与画像一起，置于玉清玄坛供人瞻仰②。

杨广在坐镇江都时，"在南方的任务是多方面的和复杂的：缓和南方的怨恨与怀疑，在军事占领后推行合理的行政，打破阻碍南人成为忠于隋室臣民的许多政治和文化隔阂"③，便成为其主攻的治理方向。为了更好地利用道教，杨广建立玉清、金洞玄坛，还招聘了一批具有才艺素质的江南道士女冠前来参与弘道工作，道教在杨广的扶持下开始兴起，"这是扬州既有道观又有道士的最早记载"④。当建安道士宋玉泉、会稽道士孔道茂等专程来江都时，也受到杨广的礼遇。"建安宋玉泉、会稽孔道茂、丹阳王远知等，亦行辟谷，以松水自给，皆为炀帝所重。"⑤ 招待道士们的开支都由官府供给。据初唐希玄观三洞道士江旻《唐国师升真先生王法主真人立观碑》说："隋

---

① 李刚：《隋炀帝与道教》，《世界宗教研究》2006年第1期。
② 《隋书》卷七十七《徐则传》。
③ 崔瑞德主编：《剑桥中国隋唐史》，中国社会科学出版社2016年版，第115页。
④ 《扬州文史资料》第19辑《扬州宗教》，《江苏文史资料》编辑部1999年版，第24页。
⑤ 《隋书》卷七十七《徐则传》。

开皇十二年，晋王分陕维扬，尊崇至教。"① 以示杨广在平息江南豪族叛乱、镇守维扬后，开始尊崇至教，以厚礼特派王子相、柳顾言二人，召道士王远知至扬州谒见，并让他主持玉清玄坛的法事。

王远知是上清派茅山宗开创者陶弘景的高足，上清宗师的正统传人，"远知，陶隐居之弟子。初，隋炀帝为晋王，镇扬州，起玉清玄坛以处之"②。据《新唐书》本传载，杨广邀见王远知时还是晋王："隋炀帝为晋王，镇扬州，使人介以邀见"，王远知第一次面见杨广时，就展现出瞬间改变头发颜色的异象，令杨广惊奇不已。《旧唐书》称："斯须而须发变白，晋王惧而遣之，少顷又复其旧。"《新唐书》也称："少选发白，俄复鬒，帝惧，遣之。"王远知是方外之人，但对政治时局却有自己的独到见解，杨广"每申谈对，法主豪墨所至，必罄今古，辞义所该，殆无遗逸。幽尚有本，固请还山。晋王重违所守，遣使将送"③。不知是王远知看透了杨广的人品，还是并不看好隋朝的前景，在与杨广会谈后，以"固请还山"表达了对归隐山林修行的渴望。杨广难以违背王远知的意愿，遣使将其送归茅山。

相传开皇十三年（593年）正月七日夜，王远知端坐精思，感觉有朱衣羽人握节进入房间。王远知受到仙人点化，于是出山弘法讲学，在扬州主持当时江南地区最大的道场——玉清玄坛，招收学生三千余人。王远知不负晋王杨广重望，通过稳定江南道教来吸引江南道众以重建社会秩序，将道教信仰作为其安定民心的文化战略的一部分，使江苏道教在朝代更替的动荡时期提供出一种政治支持。王远知扩大了道教在社会中的影响，遂成为隋朝及唐初江苏道教的领袖人物。

开皇十九年（599年），晋王杨广敕使郑子腾送书询问，钦尚殷勤，诚深下辇，派遣崔凤迎请王远知在涿郡临朔宫会面时，亲执弟子礼，向王远知请教神仙之事。隋炀帝回顾之前看到王远知头发变色的异象感慨地说："朕昔在扬州，师已素发。今兹重睹，更有童颜。岂非道固存焉，养之得理者。"④ 后来杨广要离开京城前往扬州，王远知进谏不宜远去京国，但他没

---

① 但王光照《隋炀帝与茅山宗》认为："将杨广往镇扬州的时间系于开皇十二年，有误。"（《学术月刊》2000年第4期）

② （宋）谢守灏编：《混元圣纪》卷八，《道藏》第17册，第856页。

③ 《茅山志》，《道藏》第5册，第640页。

④ 《茅山志》，《道藏》第5册，第639页。

有听从。

开皇二十年（600年），杨广以藩王身份进为太子，后继位称帝，年号大业。隋炀帝登基为帝后，把都城从长安迁到东都洛阳，专门建道观，以度道士，据《历代崇道记》记载："炀帝迁都洛阳，复于城内及畿甸造观二十四所，度道士一千一百人"①。虽与当时建造的佛教寺庙相比，道观只占少数，如《长安志》卷七统计：长安在"隋大业初，有寺一百二十，谓之道场；有道观十，谓之玄坛"。但隋炀帝还依照当年在江都设立道场的做法，在东都宫廷中也修建四个道场，又称"内道场"，作为全国道教崇拜中心。"只是道教的金洞玄坛变成了通真玄坛。玉清玄坛仍是道教的核心道场。上清道教首领第十代宗师王远知也从扬州来到东都宫延玉清玄坛主持道教事务。"② 隋炀帝一方面将道教作为官方认可的宗教，期望道教能够为隋朝的稳定发展多做贡献，另一方面，在崇道的同时又心怀猜忌，大业元年（605年）特于新建成的东都城中置"道术坊"，凡五行、占候、卜占、医药者皆迫集东都，遣使检查，不许任意出入。

东都玉清玄坛中活动着不少知名道士，嵩山道士刘爱道带着潘师正来洛阳，在此还拜见了王远知。刘进喜以"重玄"为宗注疏《老子》，到唐代时还在内道场中与佛教徒展开学理上的争论，不仅推进了道教理论的发展，还汲取佛教教义造《太玄真一本际妙经》。隋炀帝时，道士讲经"以《老子》为本，次讲《庄子》及《灵宝》、《升玄》之属。其余众经，或言传之神人，篇卷非一"③。除以《老子》为本外，还把《庄子》明确地奉为道教的主要经典，这也是隋炀帝首开其端。重玄学以解释老子"玄之又玄"所建构的经教体系，将南方的茅山道教与北方道教联系起来，对唐代以后的道教产生了重大影响。

大业中，"天下承平日久"，隋炀帝享受心理日益滋生，追求道教所宣扬的神仙般生活而崇重道教，下令在洛阳宫中修造三神山，据《隋炀帝海山记上》记载，隋炀帝为表达对神仙境界的追求，曾让人"湖中积土石为山，构亭殿，曲屈盘旋广袤数千间，皆穷极人间华丽。又凿北海，周环四十

---

① 《历代崇道记》，《道藏》第18册，第2页。
② 韩隆福：《论隋炀帝的道教政策》，《湖南省社会主义学院学报》2003年第6期。
③ 《隋书》卷三十五《经籍四》。

里。中有三山，效蓬莱、方丈、瀛洲，上皆台榭回廊。水深数丈，开沟通五湖四海。沟尽通行龙凤舸，帝常泛东湖。帝因制《湖上曲·望江南》八阕"①。园林建筑的设计风格也围绕着三神山而展开，这些都必然要利用道士为之效力。隋炀帝在宫内建有供经像的玄靖殿，设有惠日、法云二道场，通真、玉真二玄坛，将道士薛颐引入内道场、马赜引入玉清观召令其章醮，又造有仿照仙山琼阁的"西苑"，设置了所谓"神仙境"，其所用道士不止于这些有名有姓者。

隋炀帝对道教的金丹服食十分有兴趣，引嵩山道士潘诞入宫廷为帝合炼金丹，期望借助道教方术来辅助其日益荒唐的私生活。在隋炀帝身边的道士中，"其术业优者，行诸符禁，往往神验。而金丹玉液长生之事，历代糜费，不可胜纪，竟无效焉"②。隋大业七年（611年）炀帝召王远知至洛阳。王远知在预测天下即将大乱的形势下，他并不积极前去觐见，反而是隋炀帝优礼王远知，接引他从南方到北方进行传道活动。但王远知即使成为帝王师，依然心系茅山，在隋炀帝支持下来推动道教在江苏地区发展。

隋炀帝为追求个人享受曾三次下江南"幸扬州"，王远知却认为隋炀帝远离帝都是丧失人心之举，会导致政局不稳，因此李刚认为，隋炀帝"关注道教，一是他欲借助于道教为其政权效力，他想方设法拉拢延揽高道，给予其较高的政治地位，又调解缓和道佛关系，使道教不至于在政治上特别地感到压抑，然而他对道教的利用最终是失败的，道教中人积极参加了隋末改朝换代的政治活动，为其政权的崩溃作了大量的舆论宣传"③。由于隋炀帝的荒淫残暴，多数明智道士皆弃他而去，甚至站到其对立面。在隋末改朝换代之时，王远知就转而支持李渊，为推翻隋朝政权作了许多舆论宣传。正是依靠帝王的支持，以王远知为代表的上清派茅山宗才能够跨越大江南北，传播到北方，为成为唐代道教主流派打下了坚实的基础。

---

① 鲁迅校录，王中立译注：《唐宋传奇集》，天津古籍出版社2002年版，第335页。
② 《隋书》卷三十五《经籍四》。
③ 李刚：《隋炀帝与道教》，《世界宗教研究》2006年第1期。

第三节　王远知对江苏道教的贡献

上清派第十代宗师茅山道士王远知（？—635年）生活于朝代更替时期，但他却以敏锐的政治意识和出色的组织能力促进了茅山上清派在唐代走向鼎盛。保留至今最早的有关王远知的资料是道士江旻所撰《唐国师升真先生王法主真人立观碑》，此碑由其弟子徐硕隶书后立于茅山，时间是贞观十六年（642年）二月。值得研究的是，有着显赫地位的王远知如何以"道"的智慧来洞察时事，在王朝更替的历史机遇中，借助于帝王的支持，又如何既推动了以江苏茅山为本山的上清派的跨时代发展，也为唐代道教成为"皇族宗教"做出了独特贡献？

王远知，《旧唐书》又作王远智，字广德，琅琊临沂人（今山东临沂），出身于东晋南朝时就排在"王谢袁萧"四大门阀世族盛门之首的琅琊王氏。琅琊王氏在西晋末年迁居江南，到南朝后期走向衰微，但家族中依然人才辈出且散居各地。《新唐书》认为王远知是扬州人，出身于江南名流世家，曾著有《易总》十五卷，今已不存。由于年代久远，史焉不详，因此至今有关王远知的生卒年、家世和师承关系的讨论仍在进行中[①]。

陈国符先生在《三洞四辅经之渊源及传授》中，对历史文献中记载的王远知资料作了综述："根据《茅山志》卷二十二有贞观十六年王旻[②]撰《升真先生王法主真人立观碑》，又见《旧唐书》卷一百九十二《隐逸列传》，《新唐书》卷二百四《方技列传》，《太平广记》卷二十三引《谈宝录》，《茅山志》卷十，《云笈七签》卷五（《仙鉴》卷二十五同），《玄品

[①] 严振非在《两个王远知》中提出，隋唐之际，有两个高道均名王远知，他们的生平业绩均入史志。一个是茅山的"升玄先生"王远知；另一个是台州人王远知，师从"青丘元老"的高道，精研《易经》十余年，著《易总》十五卷。唐光宅元年（684年），武则天召至长安，求其道法，住持玉清观，授予金紫光禄大夫。但后人往往将两人误为一人，张冠李戴，谬误流传，如清代和民国的《台州府志》载："唐王远知，系本琅琊，后为扬州人。……则天临朝追赠金紫光禄大夫。或曰远知尝为天台道士。"（《中国道教》1991年第4期）。联系江苏道教，本书主要讨论的是茅山王远知。

[②] 王旻，在《茅山志》卷二十二所收《唐国师升真先生王法主真人立观碑》中记为江旻。

录》卷四,《三洞群仙录》卷十一引《旧唐书·隐逸列传》,又卷二十引《异人录》。《康熙镇江府志》卷四十,兹节录《王旻碑》刻,更以他书增补。"① 另外,存于《道藏》中的李渤《真系》也记载了王远知的事迹。

近年来,还发现一些有关王远知的碑文,如果说在古代文字记载的实迹中"金石为最可宝之史料"②,那么,唐代墓志中有两方王远知家庭成员的墓志——《王硕度墓志》和《王绍文墓志》在解读王远知事迹时就显得十分重要了。雷闻在《茅山宗师王远知的家族谱系——以新刊唐代墓志为中心》中对这两方墓志进行了详细考证,为了解王远知的家族及生平事迹提供了新的资料。③

所列各种有关王远知传中,江旻于贞观十六年(642年)所撰《唐国师升真先生王法主真人立观碑》出现最早,但《旧唐书》中的《王远知传》的记载更为详细:

> 道士王远知,琅琊人也。祖景贤,梁江州刺史。父昙选,陈扬州刺史。远知母,梁驾部郎中丁超女也。尝昼寝,梦灵凤集其身,因而有娠,又闻腹中啼声,沙门宝志谓昙选曰:"生子当为神仙之宗伯也。"远知少聪敏,博综群书。初入茅山,师事陶弘景,传其道法。后又师事宗道先生臧兢。陈主闻其名,召入重阳殿,令讲论,甚见嗟赏。及隋炀帝为晋王,镇扬州,使王子相、柳顾言相次召之。远知乃来谒见,斯须而须发变白,晋王惧而遣之,少顷又复其旧。炀帝幸涿郡,遣员外郎崔凤举就邀之,远知见于临朔宫,炀帝亲执弟子之礼,敕都城起玉清玄坛以处之。及幸扬州,远知谏不宜远去京国,炀帝不从。高祖之龙潜也,远知尝密传符命。武德中,太宗平王世充,与房玄龄微服以谒之。远知迎谓曰:"此中有圣人,得非秦王乎?"太宗因以实告。远知曰:"方作太平天子,愿自惜也。"太宗登极,将加重位,固请归山。至贞观九年,敕润州于茅山置太受观,并度道士二十七人。降玺书曰:"先生操

---

① 陈国符:《道藏源流考》上册,中华书局1963年版,第47页。
② 这是梁启超在《中国历史研究法》第四章"说史料"所言。(东方出版社1996年版,第66页)
③ 雷闻:《茅山宗师王远知的家族谱系——以新刊唐代墓志为中心》,载黄正建主编《隋唐辽宋金元史论丛》第四辑,上海古籍出版社2014年版。

履夷简，德业冲粹，屏弃尘杂，栖志虚玄，吐故纳新，食芝饵术，念众妙于三清之表，返华发于百龄之外，道迈前烈，声高自古。非夫得秘诀于金坛，受幽文于玉笈者，其孰能与此乎！朕昔在藩朝，早获问道，眷言风范，无忘寤寐。近览来奏，请归旧山，已有别敕，不违高志，并许置观，用表宿心。未知先生早晚已届江外，所营栋宇，何当就功？伫闻委曲，副兹引领。近已令太史薛颐等往诣，令宣朕意。"其年，远知谓弟子潘师正曰："吾见仙格，以吾小时误损一童子吻，不得白日升天。见署少室伯，将行在即。"翌日，沐浴，加冠衣，焚香而寝。卒，年一百二十六岁。调露二年，追赠远知太中大夫，谥曰升真先生。则天临朝，追赠金紫光禄大夫。天授二年，改谥曰升玄先生。

从王远知与帝王的关系看，相比较而言，《旧唐书》的记述比《新唐书》更为具体翔实，例如陈后主如何对王远知礼遇有加，"陈主闻其名，召入重阳殿，令讲论，甚见嗟赏"①。杨坚建立隋朝，杨广为晋王如何厚礼敕见王远知，"隋炀帝为晋王，镇扬州，使王子相、柳顾言相次召之"②。杨广成为隋炀帝，更是多次召见王远知，并且亲执弟子礼，"炀帝幸涿郡，遣员外郎崔凤举就邀之，远知见于临朔宫，炀帝亲执弟子之礼，敕都城起玉清玄坛以处之"③。唐太宗也敬重王远知，贞观九年（635年），因王远知固请归茅山，唐太宗"敕润州于茅山置太受观（应为太平观），并度道士二十七人"④。润州是镇江的古称，茅山当时即属其行政管辖。

与《旧唐书》的记载相比，《历世真仙体道通鉴》卷二十五《王远知》对其家世生平事迹的介绍大致相同，但时间记述更为细致，"年七岁，日览万言，博览群书，心冥至道。年十五，入华阳事陶贞白先生，授三洞法。"其中还穿插了一些神异故事，如陈宣帝时有神人邀王远知游天台、王远知给唐高宗左相窦德玄算命预言等。《茅山志》则收录了唐太宗所降玺书对王远知给予的高度表扬，其中还用诗文展现王远知在茅山羽化飞升时的意境：

---

① 《旧唐书》卷一百九十二《隐逸传·王远知》。
② 《旧唐书》卷一百九十二《隐逸传·王远知》。
③ 《旧唐书》卷一百九十二《隐逸传·王远知》。
④ 但《茅山志》中有关度道士人数有不同说法，《历世真仙体道通鉴》卷二十五则记载为："敕置太平观，度道士四十九人。"（《道藏》第5册，第244页）

"鹤寿松龄过百期，两朝轮作帝王师。唐皇令下茅山观，只奉淮南王远知。"① 王远知升仙后，历代唐帝多有诏封，唐高宗调露二年（680 年）追赠王远知为"太中大夫"，谥号"升真先生"；嗣圣元年（684 年）武则天追赠王远知为"金紫光禄大夫"，后改谥"升玄先生"。由于史籍中的《王远知传》记载不一，故学界有关其生平事迹多有争议：

第一，有关王远知的家世。据江旻记载，王远知出身于官宦之家。祖父王景贤在梁朝时任征北将军、江州刺史。父亲王昙选在陈朝时任"车骑将军、扬州刺史、建安郡公，食邑三千户，鼓吹一部，班剑二十人"②，展现了政治世家的显赫身份。吉川忠夫在《王远知传》中提出，《王远知碑》中出现的其祖王景贤、其父王昙选的官位在正史中并未记载，同时碑文中还出现了王远知的几位远祖，例如王乔、王符、王粲等人的郡望并非是琅琊，故推测王远知可能是假托琅琊王氏。③ 但雷闻通过对藏于西安大唐西市博物馆《王硕度墓志》的研究，认为"我们推测江旻所记的王远知身世应该是可信的"④。

第二，有关王远知的仙缘。王远知母亲济阳丁夫人是梁驾部郎中丁超之女，《王法主真人立观碑》说王远知母亲曾梦见彩云灵凤集聚在她的身上因而有孕："阴祇降嫔，柔德垂美，夙有神明之契，先禀祯祥之符。尝因昼寝，梦身为飞凤所集。既寤，见赤光贯乳，遂感而娠。七日便啼，声闻于外"⑤。《旧唐书》则说王远知生为仙种："沙门宝志谓昙选曰：'生子当为神仙之宗伯也。'"后来才成为茅山道教上清宗师的。

第三，有关王远知的生卒年。元代道书《玄品录》明确说出王远知的生卒年："远知生于梁大通二年……贞观九年敕润州于茅山置太平观，并度道士，……其年八月十四日谓弟子潘师正曰：'吾见仙格……'，即整冠而

---

① 李坦：《扬州历代名贤录》，江苏人民出版社 2014 年版，第 26 页。
② 陈垣编纂，陈智超、曾庆瑛校补：《道家金石略》，文物出版社 1988 年版，第 52 页。
③ ［日］吉川忠夫：《王远知传》，《东方学报》第 62 号，1990 年，第 71—73 页。
④ 雷闻：《茅山宗师王远知的家族谱系——以新刊唐代墓志为中心》，载黄正建主编《隋唐辽宋金元史论丛》第四辑，上海古籍出版社 2014 年版，第 144 页。
⑤ 陈垣编纂，陈智超、曾庆瑛校补：《道家金石略》，文物出版社 1988 年版，第 52 页。

化，年一百二十六岁。"①《茅山志》也持此说②。其他各种传记都未记王远知生年，只说王远知活到一百二十六岁就告化升仙，如唐代李渤《真系》记载："翌日，（王远知）沐浴加冠衣，焚香而寐。告化时年一百二十六岁"。只有《历世真仙体道通鉴》说王远知在茅山羽化飞升，"时年一百二十一岁"③。1977年，日本学者宫内淳平发表《关于道士王远知》对其生卒年进行检讨，认为若按年代记载推算，王远知出生于梁大通二年（528年），贞观九年（635年）八月升仙，当为108岁，而不是各传记等所载的126岁。④ 雷闻认为："宫内淳平先生前引文认为126岁过于夸张，故认为后者更为合理。不过，他也只是推测而没有确凿的证据。事实上，后一种说法所据文献均为晚出，我们在没有确切反证之时，还是相信唐代的早期材料更为妥当。"⑤ 笔者赞同雷闻提出的"早出的资料尤其是碑文可能更接近传主的生活岁月最好依据"的观点，同时也认为，王远知作为上清宗师，一生大部分时间在茅山度过，来自茅山道教的《茅山志》、《玄品录》中所记载传记及有关王法主的生卒年是值得重视的。

第四，有关王远知的师承问题，史籍记载不一，但却反映了南朝至唐代上清派的传承。王远知少年时，聪明好学，博览群书，十五岁入茅山拜陶弘景为师。对此，《新唐书》、《旧唐书》中的《王远知传》以及《真系》⑥、《历世真仙体道通鉴》⑦、《茅山志》⑧ 都有记载。王远知早先师从茅山道士

---

① 《玄品录》卷四，《道藏》第18册，第124页。
② 《茅山志》卷十，《道藏》第5册，第600页。
③ 《道藏》第5册，第243页。
④ ［日］宫内淳平：《道士王远知について》，《社会文化史学》第14辑，1977年，第74—76页。
⑤ 雷闻：《茅山宗师王远知的家族谱系——以新刊唐代墓志为中心》，载黄正建主编《隋唐辽宋金元史论丛》第四辑，上海古籍出版社2014年，第144页。
⑥ 王远知"年十五，入华阳事贞白先生，授三洞法"（《云笈七签》卷五《真系》，《道藏》第22册，第29页）。
⑦ 《历世真仙体道通鉴》卷二十五《王远知》："年十五，入华阳事陶贞白先生，授三洞法"（《道藏》第5册，第244页）。
⑧ 《茅山志》卷二十三《王轨传》："轨师事升玄先生王远知，远知师事华阳隐居陶弘景"（《道藏》第5册，第648页）。

陶弘景，学习三洞经法，后又师事国师宗道先生臧兢（即臧矜）学得诸秘诀。① 王远知在游历天下后，归隐茅山，专习辟谷休粮之道法。然而据《玄品录》记载，王远知先师事宗道先生臧矜，后师从陶弘景："初师宗道先生臧矜，后入茅山嗣修陶隐居经法"②。只有《王法主真人立观碑》只提王远知师从宗道先生臧矜："时有国师宗道先生，识洞幽微，智深玄妙，宣风黄道，作训紫宸，九重致礼，百工兴敬。摄斋撰履，妙简英奇。法主以体二沐玄风，知十升堂奥，握照庑于荆蓝之下，抱烛乘于随合之滨。宅空成性，智之所渐。沿无致学，惟几必彰。理诣希微，忘所言而知道；情遗径庭，就日损以为德。爰在冠年，虔修上法。"③ "上法"即茅山当地人对上清派的俗称，但未提及王远知师事陶弘景一事。钟国发认为：这与国师宗道先生"臧兢（即臧矜）在民众中的名气远不如陶弘景响亮，因此王远知门下许多人宁肯强调他修的是'陶隐居经法'，以至后来不少道书都说王远知是陶弘景的门徒"④。笔者认为，王远知既受教于天师道徒臧矜，又在冠年"虔修上法"，他在历史上也是茅山道教公认的上清宗师，并通过师承学习促进了上清派与天师道在唐初的相融发展。

第五，有关王远知与陶弘景的师承关系。陶弘景生卒年（456—536年）的记载是确定的。小林正美在《中国的道教》中，根据《茅山志》与《玄品录》的记载，以陶弘景与王远知的生卒年为依据而否认两人有师承关系。他认为，王远知生于528年，而陶弘景卒于536年。陶弘景去世时，王远知年方8岁，不可能师从陶弘景，两人不可能存在师承关系，并从为学师承上来判断王远知不是上清派的传人，由此作为唐代上清派不存在的证据。笔者认为，对于王远知卒于贞观九年（635年）这一说法，学界尚无异议，但从其时年一百二十六岁推论，王远知的生年应为梁天监九年（510年）。小林正美似乎也意识到这一问题，他在后来出版的《唐代的道教与天师道》中也指出王远知生卒年为510年或528年至635年。⑤ 这恰好为王远知年15就

---

① 《旧唐书》卷二百二十《王远知》："远知少聪敏，博综群书。初入茅山，师事陶弘景，传其道法。后又师事宗道先生臧兢。"
② 《玄品录》卷四，《道藏》第18册，第124页。
③ 陈垣编纂，陈智超、曾庆瑛校补：《道家金石略》，文物出版社1988年版，第52页。
④ 钟国发：《陶弘景评传》，南京大学出版社2011年版，第171页。
⑤ [日]小林正美：《唐代的道教与天师道》，王皓月、李之美译，齐鲁书社2013年版，第22页。

追随陶弘景学习上清道法提供了依据。

综上所述，王远知年少聪敏，博综群书。初入茅山，师事陶弘景，传其道法，又从臧矜游。臧矜与陶弘景主要传承上清经箓不同，他是研习老子《道德经》的重玄学者，故也有人据此认为"臧矜应该就是天师道的道士"①。因此，王远知成为上清宗师后，努力综合上清派与天师道两个不同道统。王远知居住的华阳观静室中，收藏洞真部的上清经，还保留了洞玄部灵宝经、洞神部三皇经和符图秘宝，朝散大夫江宁县令河南于敬之撰《桐柏真人茅山华阳观王先生碑铭并序》中曰：

> 太平观法主王远知，践三清之隩隅，游六学之津要。翘心丹诀，警虑玄波。既毁网于迷途，乃分灯于暗室。清规素论，一代伟人。②

王远知在继承茅山宗上清派传统的同时，也将三洞教法传到茅山，促进了上清经箓与正一之法的相整合。

王远知在茅山修炼时，既以道行精湛而闻名江南，又善于洞察窥测政治风向的变化。陈后主闻王远知大名，召入重阳殿，对之礼敬有加，令其讲经。隋炀帝为晋王时，受命镇守扬州，听闻王远知大名，派遣王子相、柳顾言相次邀请。隋炀帝归朝后，敕江都起玉清玄坛供其居住。

大业七年（611年），隋炀帝在涿州临朔宫召见王远知，亲执弟子礼，询问仙道事。隋炀帝虽礼遇王远知，但王远知见他荒淫无度，知其帝位不稳，帝国厄运将至。早在唐高祖龙潜时，就秘密投靠晋王李渊，密告符命，坚其决心，在李渊建立唐王朝的过程中立下了汗马功劳。唐高祖登基之后，王远知因预言高祖受符命有功，于唐武德三年（620年），被授朝散大夫，赐金镂冠、紫丝霞帔。王远知在京城自由出入宫廷、建醮传道、备受礼遇，开创了唐代上清派道士积极参政之先例，又将茅山宗的上清法箓由江南传播到了北方。

王远知生活的年代正值隋末唐初社会动乱，各路英雄竞起之时，大多会利用道教符谶制造政治预言。唐朝立国后，以高僧法琳为首的佛教拥护李渊

---

① ［日］小林正美：《中国的道教》，王皓月译，齐鲁书社2010年版，第205页。
② 《茅山志》卷二十二《桐柏真人茅山华阳观王先生碑铭并序》，《道藏》第5册，第642页。

长子李建成，王远知以道教领袖身份拥护李世民，助其夺得皇位。武德年中，唐太宗为秦王时，平定王世充后，与房玄龄微服赴茅山，拜会王远知。当李世民与房玄龄来到了曲林馆时，王远知迎之说道："此中有圣人，得非秦王乎？"王远知因表现出极高预见能力和政治眼光，故李世民以实情相告。王远知劝导曰："方作太平天子，愿自惜也。"如果你想作太平天子，就要注意当下自己的言行。李世民听后肃然起敬，从此"眷言风范，无忘寤寐"①，对王远知特优礼之，王远知也为他亲授三洞法箓。

根据这段记载，李世民是来到茅山，在曲林馆初次拜见王远知。但若联系《旧唐书·王远知》记载，可见王远知在隋大业七年（611 年）就离开茅山，先到涿州，后到洛阳。李世民正是在平定王世宗后，想到王远知向其父亲密知符命之事，才在房玄龄陪同下到洛阳去见王远知并获得"远知预言"的。杜光庭所撰《历代崇道记》中也言："武德三年，诏晋阳道士王远知授朝散大夫，并赐缕金冠子紫丝霞被，以预言高祖受命之徵也。太宗又加远知银青光禄大夫，并远知预言之故也。羽衣人赐紫衣，自兹始也。"② 唐太宗登基后，又召王远知前去京城长安，要加重其位，但王远知又以疾固辞还山，要返归江苏茅山。唐贞观九年（635 年），王远知再次请求还山获准，回到茅山，居华阳观，与弟子王轨一起致力于复兴茅山道教。不久王远知将茅山道法付予弟子王轨，于 126 岁时升仙。

王远知作为推动唐代上清派走向辉煌的人物，生长于江苏，活动于茅山，一生历经陈、隋、唐三朝，受到陈后主、隋炀帝、唐高祖、唐太宗的尊敬，多次因帝王征召而北上，提升了茅山上清派在江南乃至全国的影响，尤其辅佐李氏二代，为道教在唐代成为"皇族宗教"奠定了重要基础。王远知在隋唐王朝更替的历史转折时期，拉紧了唐王朝与茅山道教的关系，为江苏道教营造出了一个适宜的政治和宗教环境，后功成身退，固辞还居茅山，又推进了江苏道教进入历史发展的鼎盛时期。

---

① 《赐王远知玺书》，载李希泌主编、毛华轩等编《唐大诏令集补编》下册，上海古籍出版社 2003 年版，第 1363 页。

② （唐）杜光庭撰：《历代崇道记》卷一，《道藏》第 11 册，第 2 页。另外，《犹龙传》卷五也有相类似的说法。

第 八 章

唐代江苏道教的繁荣兴盛

唐代是江苏道教发展的繁荣期。此时的道教在帝王的支持下，成为唐王朝的皇族宗教，社会地位大大提高，尤其是唐代上清派代代传承"茅山为天下道学之所宗"。近年来，学术界在唐代道教研究中提出一些新看法：其一，日本学者小林正美在《唐代的道教与天师道》一书中，对道教组织、道士位阶制度、天师道的受法教程与道士法位之间的关系进行考察后，对唐代道教主流是上清派的传统看法提出异议："唐代的道教是天师道的出家道士和在家信徒所信奉的天师道的'道教'，唐代的道教教团只是由天师道的道观和道士构成，唐代道士的法位都基于天师道道士的位阶制度，天师道的'道教'在唐代遍及中国各地等"[①]。其二，葛兆光先生指出唐代道教中一个值得注意的特点："虽然门派的界限已经不很严格，但是道教的家族性依然延续。大凡研究道教的人都知道，唐代道教有一种很明显的传统，即道教的世家传续，有不少著名的道士，都是世世以此为业的。"[②] 对此，笔者将对照着唐代道教在江苏传播的情况作一分析，以回答随着唐朝政治中心的北移，江苏道教如何在帝王的支持下在教义理论、神灵信仰、教团制度和宫观建设上得到不断发展？江苏道教出现了哪些富有特色的新道书？江苏道教如何既延续着南朝时与家族文化密切相连的传统，也以教派或教团为中心在地方社会传播？上清派如何在传承中出现从家族向教团过渡的现象？"安史之

[①] 齐鲁书社2013年版，第47页。
[②] 葛兆光：《屈服史及其他：六朝隋唐道教的思想史研究》，生活·读书·新知三联书店2003年版，第115页。

乱"后，随着北方士族再次有规模地迁徙南下，江南地区一时间出现的人才彬彬之盛的局面对江苏道教产生了哪些影响？唐代上清派所倡导仙学思想如何推动了唐宋道教的转型？

第一节　唐代上清派的传承道脉

上清派进入唐代遂形成鼎盛之势，这不仅与道教自身发展以及与儒、佛在相互冲突与融合中形成的格局有着千丝万缕的联系，也与李唐王朝的高度重视和积极扶持有关。但若进行个案研究，就可见唐代帝王对道教的态度是因人、因时而宜的。唐高祖在取得政权的过程中得益于岐晖、王远知等道士制造的神话般谶语的政治舆论。也正因为如此，唐初统治者对道士们开展的谶纬活动并不放心，奉老子为祖先，尊崇道教其实也是为了利用道教更好地进行政治统治。汪桂平以"唐玄宗与茅山道的密切交往为主线，分析了他们之间尊崇与顺从、控制与反控制的关系，揭示了唐代统治者对待道教利用与控制的策略"[①]，但其实上清宗师对帝王也抱有双重态度——既提供一些政治谋划和养生服务，又尽量地保持自己方外之人的身份。

这使唐代上清派的社会政治思想，有别于同时代的其他道派以及早期上清派而有着自身的时代特征。上清宗师如何将传道行法与经邦治国的参政活动联系起来，既为上清派的发展谋求利益，又能在复杂政局中保全自身？从历史记载来看，有造诣的上清宗师高道大多熟谙政治，王远知、潘师正、吴筠、司马承祯、李含光等不仅有着敏锐的政治洞察力和较强的政治活动力，在波谲云诡的政局中，他们努力地从政治上为帝王献计献策，或从养生保健方面为帝王提供特殊的咨询与服务，或从斋醮科仪方面为帝王提供更具条理化的祭祀仪式，或从道教思想方面向帝王提供上清派特有的清静智慧。在此过程中，唐代的上清派宗师一方面以存神服气为主，辅以诵经、修行功德，另一方面兼及符箓、斋醮与炼丹，贬斥房中术，通过改革传统而推进上清派在江南快速传播，成为道门中的最上乘道派，受到唐王朝的青睐，势力达到鼎盛。

---

① 汪桂平：《唐玄宗与茅山道》，《世界宗教研究》1995年第2期。

上清宗师高道还从"无为而无不为"的原则出发，将道教教义体系中"清静无为"的修身养性理论应用于治国之道，将理身与治国一体同构起来，发挥了上清派在经邦济世中的政治作用，故始终能与唐代皇室保持着紧密联系，进而为自身的发展赢得了优越而稳定的社会政治环境。从《全唐文》收录的诏书赐封与表彰文件中可见一些茅山上清宗师受到唐朝皇帝的高度重视：

唐高宗：《赠王远知太中大夫诏》（卷十三）
唐中宗：《赠王远知金紫光禄大夫诏》（卷十六）
唐睿宗：《赠司马承祯银青光禄大夫制》（卷二十二）
唐睿宗：《赐司马承祯敕》（卷三十六）

《茅山志》卷二《诰副墨·唐诏诰》中也收录了唐代帝王给茅山上清宗师的诏诰，如《太宗赐王法主诏》《高宗赠王法主诰》《武后加赠王法主诰》《玄宗赐李玄静先生敕书凡二十四通》《肃宗赐玄静先生敕书》等。从中可见唐代帝王对茅山道教格外垂青，多次诏请上清派高道入京，探玄问道，给予各种赏赐，王远知、潘师正、吴筠、司马承祯、李含光、吴法通等均被尊为帝师，王轨、薛季昌、应夷节、冯惟良等也与皇室交往密切。这些上清派高道带着耀眼的政治光环，在京城出入宫廷、建醮传道、备受礼遇的同时，以江苏句容茅山为本山的上清派，也将上清经传到了北岳嵩山、南岳衡山、天台山、王屋山、青城山、庐山、九嶷山等地，形成南岳天台派等具有地域文化特点的支派①，大大提高了上清派的社会声望，也扩大了江苏道教的社会影响。

唐代上清派正是在这种大历史背景下，通过上清经策代代相承的宗师制度发展和鼎盛起来。然而，小林正美曾对唐代上清派存在的合法性提出质疑："唐代的道教教团只是由天师道的道观和道士构成，唐代道士的法位也都基于天师道道士的位阶制度。……唐代的道教中不存在上清派（茅山派）、灵宝派、三皇派、高玄派、重玄派等教派，而且唐代也明显不存在上

---

① 孙亦平：《杜光庭与天台山道教》，《浙江社会科学》2003年第6期。

清派（茅山派）道教。"[1] 但若对照传世文献资料中有关上清派的记载，就可见上清派宗师不仅在唐代社会生活中十分活跃，而且因得到帝王的支持而形成了一条清晰的传承脉络，推进了上清派的代代相传。

李渤《真系》及《茅山志》都将自上清派第十代宗师王远知作为入唐第一代宗师，但《真系》构建的上清宗师传承到李含光为止，《茅山志》却将从王远知直至唐末王栖霞形成的十代法嗣作为唐代上清派的传承道脉：

第十代上清宗师：王远知——入唐第一代宗师
↓
第十一代上清宗师：潘师正——唐代第二代宗师
↓
第十二代上清宗师：司马承祯——唐代第三代宗师
↓
第十三代上清宗师：李含光——唐代第四代宗师
↓
第十四代上清宗师：韦景昭——唐代第五代宗师
↓
第十五代上清宗师：黄洞元——唐代第六代宗师
↓
第十六代上清宗师：孙智清——唐代第七代宗师
↓
第十七代上清宗师：吴法通——唐代第八代宗师
↓
第十八代上清宗师：刘得常——唐代第九代宗师
↓
第十九代上清宗师：王栖霞——唐代第十代宗师

从《茅山志》的记载看，唐代上清派道脉传承有五个支撑点：一是从师徒传承的角度；二是经箓传授的路径；三是教义思想的展开；四是上清道

---

[1] ［日］小林正美：《唐代的道教与天师道》，王皓月、李之美译，齐鲁书社2013年版，第10页。

士的传道区域；五是上清派的修炼方法。唐代上清派以茅山宗为主脉，在向外扩散传播中形成了一条主脉，两大支脉：主脉茅山宗一系创自南朝陶弘景，经初唐王远知传承后主要分为两支，潘师正一支和王轨一支，出现了王轨在祖庭茅山传道，却非上清宗师，潘师正开嵩山支脉，远离茅山，却成为第十一代上清宗师的现象。上清派在茅山主脉之外出现了令人注目的两大支脉：一是以潘师正为代表的嵩山派；二是司马承祯开创南岳天台派，后在王屋山传播上清经法。李含光随司马承祯在王屋山学道后返归茅山，成为第十三代上清宗师重扬茅山宗主脉，其弟子韦景昭接续第十四代上清宗师后，力图以茅山宗为主脉将上清派各支脉重新整合起来。司马承祯开创的南岳天台派，后分为冯惟良、徐灵符和闾丘方远各开一支，到第十九代宗师王栖霞又将茅山宗与南岳天台派重新合二为一。据《茅山志》记载，唐代上清派在200多年的历史发展中，围绕着上清宗师出现了错综复杂的传法系谱，展现出"道由人弘"的特点：

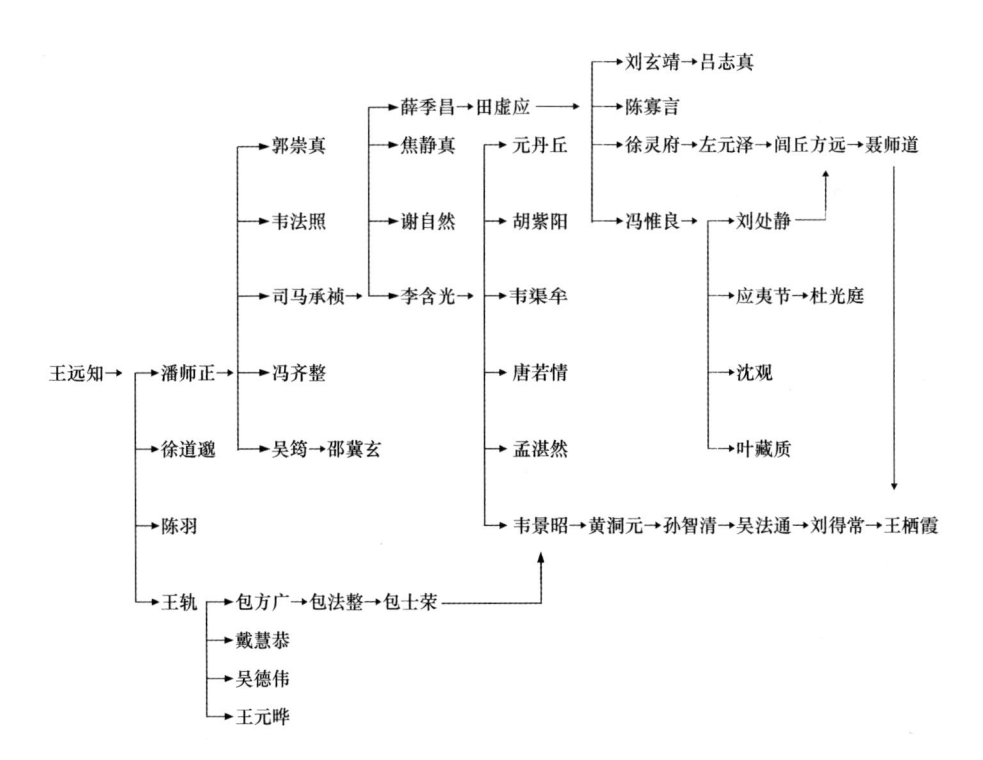

```
王远知→┬→潘师正→┬→郭崇真
        │         ├→韦法照
        │         ├→司马承祯→┬→薛季昌→田虚应→┬→刘玄靖→吕志真
        │         │           │                 ├→陈寡言
        │         │           │                 └→徐灵府→左元泽→闾丘方远→聂师道
        │         │           ├→焦静真
        │         │           ├→谢自然
        │         │           ├→李含光→┬→元丹丘
        │         │           │         ├→胡紫阳
        │         │           │         ├→韦渠牟
        │         │           │         ├→唐若情
        │         │           │         ├→孟湛然
        │         │           │         └→韦景昭→黄洞元→孙智清→吴法通→刘得常→王栖霞
        │         │           └→冯惟良→┬→刘处静
        │         │                     ├→应夷节→杜光庭
        │         │                     ├→沈观
        │         │                     └→叶藏质
        │         ├→冯齐整
        │         └→吴筠→邵冀玄
        ├→徐道邈
        ├→陈羽
        └→王轨→┬→包方广→包法整→包士荣→(韦景昭)
                ├→戴慧恭
                ├→吴德伟
                └→王元晔
```

一　第十代上清宗师王远知

王远知是推动唐代上清派走向辉煌的人物，其弟子有潘师正、王轨、徐道邈、陈羽等人，其中潘师正一系和王轨一系影响较大。"潘师正、徐道邈同得秘诀，为入室弟子。陈羽、王轨次之。其余各栖洞府，终身无替。"① 王远知的四大弟子，关于陈羽的生平事迹只在《唐国师升真先生王法主真人立观碑》有简要介绍："弟子陈羽，弱年服道，暮齿不疲。禀洞神之言，得入微之致。平昔应徵，已当付嘱，今兹综理，复隆堂构。"② 潘师正、徐道邈、王轨都成为推动上清派持续发展的重要人物。

潘师正随王远知出家，成为上清弟子，得授三洞隐诀真文，而且还学到如何与帝王相处之道。当潘师正想随王远知去茅山时，王远知却推荐潘师正去中岳嵩阳修道，大概是考虑那里离唐朝二都长安与洛阳更近，希望将上清经法传到北方。《茅山志》卷十一云："时王法主为炀帝所尊礼，每入禁中躬荐松水以祈福。爱道曰：'吾甚欲子相从，然成就功道，非法主不可。'由是师事法主，同还茅山。一日，谓先生曰：'嵩阳乃汝修真之地，当亟往无疑。'先生遂入双泉中岭间，居十许年，复深入逍遥谷，邈与世绝。"③ 潘师正原本在嵩山修道，当时王远知为隋炀帝所尊礼，名博天下，潘师正慕名王远知，在刘爱道的推举之下师从王远知，并与其一同归茅山，但王远知却说："嵩山是你的修道之地，你应当毫不迟疑地回去。"潘师正遂回到嵩山，不仅在嵩山传习上清经法，而且始终保持着与唐代最高统治者的往来。潘师正时期，上清派的传道地域扩大至嵩山。

徐道邈，句曲（今江苏句容）人，他是与潘师正一起"同得秘诀"，成为王远知的入室弟子的。徐道邈所著《西升经注》二卷，因北宋道士陈景元在《西升经集注》中引韦处玄、徐道邈、冲玄子、李荣、刘仁会五家注而留存至今。从《西升经注》内容来看，徐道邈以道佛融合的方式发挥老子的"道"论，成一家之说。

---

① 《历世真仙体道通鉴》卷二十五，《道藏》第 5 册，第 245 页。
② 《茅山志》卷二十二，《道藏》第 5 册，第 641 页。
③ 《茅山志》卷十一，《道藏》第 5 册，第 602 页。

茅山宗师王远知后，唐代上清派法脉主要分化为茅山王轨一支和嵩山潘师正一支，它们地处一南一北，展示唐代上清派以茅山为祖庭而向北方传播的发展态势。在南北两支的流传中，北方的潘师正因与帝王交往密切，其地位在历史上被凸显出来，一直在南方茅山传道的华阳观道士王轨反而被淡化了。其实王轨弟子众多，使茅山主脉一直传承不断，直到出自李含光门下的茅山第十四代宗师韦景昭时，南北两支才又合为一系在茅山发展。

王轨（579？—667年），字洪范，一字道模，琅琊临沂（今山东临沂）人，出身于地位显赫的王氏家族，曾祖父王筠，梁朝任散骑常侍、太府卿等官职。祖父王铦在南朝梁、陈两朝任官："晨趋鹤禁，夕侍龙楼；出入两朝，声猷缨侣；从容二代，誉掩珩流。"父亲王瑜在陈朝时任著作佐郎、潘阳国常侍。王轨8岁时，父亲辞世，有赖乎祖父故人担养，寄诸包氏家生活五年，从此走上了与祖辈不同的人生之路。

据于敬之撰《桐柏真人茅山华阳观王先生碑铭并序》记载，王轨"先生业契自然，道通悬解，贞心粹质，有符天纵"。13岁时于茅山太平观出家为道士，追随王远知学习上清经法。"爰及冠年，虔受经法，养谷神于玄牝，游浩气于黄庭。初在法主座下听《老子》《西升》《灵宝》《南华真人论》，退席之际，即为人讲说。五行俱览，一字无遗，辩若建瓴，词同炙輠。法主叹而言曰：'吾道东矣，何独康成。'"王轨深得王远知赞赏。隋朝建立后，王远知被召至京城，"先生此辰从游京洛，朝陪琐闼，夕侍铜池，出入两宫，声华四部。若匪体符真智，志叶虚舟，岂可应彼弓旌，允兹纶召？当时奉敕玉清玄坛行道。丰厨厚膳，既馔玉而浆金，供帐芳华，亦铺霞而藉锦。隋后主薄伐玄兔，先生扈从黄龙，车驾凯旋，陪还洛邑"。王轨20岁就跟随王远知，执巾侍奉，积极弘扬上清道法。"先生年二十，事王法主，为巾瓶弟子积十六年，从法主际遇隋、唐二代。"① 大业十一年（615年），隋炀帝"有诏特委先生于河南二十四郡博访缣素，有道术、异能、杂技、德行、讲说灼然堪供养者，及精通兵道法之徒，并具状追送驾所"。但王轨预见当时形势有变，"以兹衔命，言归旧庐"。王轨回归茅山后不久，战乱再起，于是避难于浙东地区，"黄巾赤眉之侣，蚁聚挺妖；绿林青犊之

---

① 《茅山志》卷十五，《道藏》第5册，第619页。

俦，蠡蟊肆蛊。关河路绝，因即避乱名山，遂历天台、赤城、四明、桐柏、金庭、蔡隩、缙云、若耶。……日月居诸，复淹十载"。唐朝建立后，王轨才返归茅山。

贞观年间，王轨奉敕重修梁武帝为陶弘景于许真人旧宅所建朱阳馆，改名为"华阳"，敬造正殿，三间两庑，并及讲堂坛靖，房宇门廊等。又于内殿奉造元始天尊像一躯，左右真人夹侍，神仪肃穆，法相希微。王轨善长饵术餐松，服气炼养，回茅山后，以搜集、抄写上清经为主要工作，不仅将摹写的上清经法、洞玄洞神符图秘宝等封于静室，永镇山门，而且"平生斋讲传授，所有信施，并入功德，赒救贫无"[①]，表现出茅山道士的慈心弘道精神，成为实际推进唐代上清派茅山宗发展的关键人物。唐高宗乾封二年（667 年），王轨羽化飞升，春秋八十有八。葬于华阳观雷平山西陶贞白墓右。王轨有弟子千余人，知名者有包方广、戴慧恭、吴德伟、王元畔等人，但生平事迹大都难以详考。只有王轨传法于包方广后，包方广传包法整，包法整传包士荣，包士荣又传韦景昭，韦景昭再传黄洞元，才使茅山宗持续传承下来。

二　第十一代上清宗师潘师正及其弟子

关于潘师正的生平事迹，《旧唐书》卷一百九十二《隐逸列传》、《新唐书》卷一百九十六《隐逸列传》、《云笈七签》卷五、《茅山志》卷十一、《玄品录》卷四、《仙鉴》卷二十五、《三洞群仙录》卷二十中皆有记载。

潘师正（584—682 年，一说 586—684 年），字子真，赵州赞皇（今河北赵县）人，一说贝州宗城人。潘师正出身于世宦之家。祖父潘居常，任楚州刺史。父亲潘置，隋时任通州刺史；母鲁氏，善理名言，口授潘师正《道德经》。潘师正"生有仙骨，幼无童心。足蹈龟文，手垂过膝。风仪盅秀，操履幽贞。年十二，通《春秋》及《礼》，见黄老之旨，薄儒墨之言"[②]。13 岁时，母亲去世，潘师正结庐于墓侧，以孝闻名于乡里。隋大业

---

① 以上引文均见《茅山志》卷二十二《桐柏真人茅山华阳观王先生碑铭并序》，《道藏》第 5 册，第 642—644 页。
② 《全唐文》卷二八二《体元先生潘尊师谒》，上海古籍出版社 1990 年版，第三册，第 2855 页。

中，嵩山道士刘爱道见潘师正而器之，推荐于王远知。王远知度潘师正为道士后，向他传授上清经法和三洞真诀。潘师正受王远知嘱托，又前往嵩山与刘爱道在逍遥谷潜心修道，将上清经法传入嵩山。唐高宗李治于上元三年（676年）驾临洛阳，召见潘师正，请作符书，坚辞不解。调露元年（679年），唐高宗再次临幸嵩山，迎请潘师正入嵩阳观。调露二年（680年），唐高宗"以步辇致先生于洛城西宫"，敕改嵩阳观为奉天宫。唐高宗礼敬潘师正"每手诏具弟子姓名咨白"。帝在洛阳，复召对，然潘师正却不愿与帝王往来，曰："吾实无用，接见帝王，惊扰灵岳。汝等学道，不厌深眇，则无累矣"。唐永淳元年（682年）六月十四日，潘师正羽化飞升，时年98岁。唐高宗追思不已，赠太中大夫，谥号"体玄先生"。潘师正一生述而不作，其道法思想主要集中于《道门经法相承次序》中。

目前学界对于潘师正所传之法还存在着一些争议，有学者认为，潘师正的思想源流来自陆修静、孟景翼以及宋文明、臧矜一派学者所传正一之法。如卢国龙指出，"从《道门经法相承次》看，潘师正虽有所因习于陶弘景甄别整理的上清经法，但不外乎洞宫及神仙谱系等内容。他所得传的，主要是《正一法》创例的七部经法，其述道书道教源起等，盖与《玄门大义》同一渊源"①。也有学者通过史料分析而提出不同看法，认为潘师正所传的经法主要陶弘景一系的上清经箓，只是同时他兼传正一之法而已。② 因此，不能简单地从潘师正的所受正一之法而否定其传承上清经箓的身份。

潘师正作为上清派的传人，有弟子十八人，其中以司马承祯、冯齐整、郭崇真、吴筠、韦法昭最为著名。值得注意的是，《云笈七签》卷五指出：潘师正"先生神标仙骨，雅似隐居。夫阶真韬冥，练景游化者，其有类乎？弟子十八人，并皆殊秀。然鸾姿凤态，眇映云松者，有韦法昭、司马子微、郭崇真（一说郭嵩真），皆禀训瑶庭，密受琼室，专玉清之业，遗下仙之俦矣"③。将韦法昭、郭崇真与司马承祯相并列，而没有提及冯齐整、吴筠。④

从推动茅山上清派思想来看，潘师正的弟子中以司马承祯和吴筠的学术

---

① 卢国龙：《中国重玄学》，人民中国出版社1993年版，第356页。
② 张敬梅：《正一之法与上清之法——兼论唐代道经与道派的关系》，《理论学刊》2004年第5期。
③ 《云笈七签》卷五《中岳体玄潘先生》，《道藏》第22册，第30页。
④ 有关吴筠与潘师正的关系，可参见下文对吴筠的研究。

影响最大。尤其是司马承祯传承上清法嗣并推动上清派在茅山之外传播中，开创了南岳天台派。吴筠传法于邵冀玄等人后，法脉则中断了。

从文献记载看，有关冯齐整、韦法昭、郭崇真等人的生平事迹都记载甚少，但为什么郭崇真后来被列入"茅山七真"？唐代文学家陆龟蒙是长洲（今苏州）人，先活动于离茅山不远的润州，后任湖州、苏州刺史幕僚，因经常泛舟往来于太湖，自称江湖散人、天随子、甫里先生。陆龟蒙与进士张贲、诗人皮日休成为以诗相会的好友。唐宣宗时，寓于吴中的皮日休想起还在茅山中修道的张贲而作诗《金陵道中酬怀茅山广文南阳博士三首》，陆龟蒙读之而触发诗兴而奉和之："一片轻帆背夕阳，望三峰拜七真堂。天寒夜漱云芽净，雪坏晴梳石发香。自拂烟霞安笔格。独开封检试砂床。莫言洞府能招隐，会辗飙轮见玉皇。"其在"七真堂"后自注曰："三茅、杨、郭、二许。"① 当时茅山上建有七真堂，供奉的是于茅山得道升仙的"茅山七真"，其中的"郭"即是郭崇真。

在上清派的形成与发展中，杰出道士层出不穷，其中最著名者莫过于陶弘景，其也于茅山升仙，地位远超于郭崇真，为什么没有入选"茅山七真"呢？这可能与李含光从王屋山"东还句曲"，回到茅山上清派祖庭后，得到师叔郭崇真的支持与帮助相关。"在8世纪下半叶到9世纪中叶，活跃在社会上的道教徒却并不只是属于李含光一系的传人，即使是茅山一系，也绝不仅仅是从王远知到李含光这一系单传。"② 郭崇真在茅山仙逝后，李含光可能为了报恩，也可能是为了在有着悠久历史和复杂派系关系的茅山道教中站稳脚跟，更好地确立自己的上清宗师地位，才将郭崇真与汉代茅盈、茅固、茅衷三兄弟，东晋杨羲、许谧、许翙并列为"七真"，在茅山上建七真堂加以供奉。

吴筠（？—778年）虽然没有被列入第几代上清宗师，但据《旧唐书》记载他曾"南游金陵，访道茅山"③，一生交游广泛，著述甚丰，在道教理论上的建树远超于王远知和潘师正，为推动唐代上清派的发展做出了重要贡献，笔者将对他的生平事迹作专门讨论。

---

① 《茅山志》卷二十八，《道藏》第5册，第682页。
② 葛兆光：《中国思想史》第2卷，复旦大学出版社2001年版，第146页。
③ 《旧唐书》卷一百九十二《吴筠传》。

三 第十二代上清宗师司马承祯及其弟子

司马承祯（647？—735 年），字子微，法号道隐，河内温（今河南温县）人，其祖父辈皆为官宦。司马承祯年少时就对老、庄、杨、许之学情有独钟，或默而识之，或引而伸之，极尽精微，发挥光大。因笃学好道，无心于官宦仕途。二十岁时，他服巾褐入道，师事嵩阳道士潘师正，学习上清经法以及导引服饵诸术，受到潘师正的特别赏识。后来司马承祯云游天下名山，见天台山风景优美，气候宜人，利于修道，就隐居于天台山桐柏玉霄峰，自号"白云道士"或"天台白云子"。司马承祯道行高操，才情绮丽，其为人学识深得时人的景仰。一代名流陈子昂、宋之问、卢藏用、王适、毕构、孟浩然、李白、王维、贺知章等都争相来到天台山与之交游，称为"仙踪十友"，并受到武则天与唐玄宗恩宠，司马承祯没有长住江浙，但保留下来的丰富著述却展示了唐代上清派思想与实践的新发展。

司马承祯有弟子数百人，其中李含光、薛季昌、谢自然、焦静真等最为著名。"先生门徒甚众，唯李含光、焦静真得其道焉。静真虽禀女质，灵识自然。"[①] 李含光直接传其法嗣，主要立足于茅山弘道传法。焦静真与谢自然为女真，追随司马承祯修道。薛季昌则留在天台山继续传法，使得上清派在天台山一系法脉传承不绝。

焦静真，其事迹主要附于司马承祯传中。唐代诗人李白（701—762 年）在《赠嵩山焦炼师并序》中描述了一位叫作焦炼师的女道士："嵩丘有神人焦炼师者，不知何许妇人也。又云生于齐、梁时，其年貌可称五六十。常胎息绝谷，居少室庐，游行若飞，倏忽万里。世或传其入东海，登蓬莱，竟莫能测其往也。余访道少室，尽登三十六峰，闻风有寄，洒翰遥赠。"[②] 查《全唐文》可见，还有唐代诗人李颀、王昌龄、王维也作有寄赠焦炼师的诗歌[③]，可见其在当时社会中的影响。直到《历世真仙体道通鉴后集》才为其

[①] 《云笈七签》卷五《茅山玄静李先生》，《道藏》第 22 册，第 30 页。

[②] 王琦编：《李太白全集》，中华书局 1977 年版，第 508 页。

[③] 例如，王维《赠东岳焦炼师》、李颀《寄焦炼师》、王昌龄《谒焦炼师》，参见周振甫主编《唐诗宋词元曲全集·全唐诗》第 3 册，黄山书社 1999 年版，第 900、934、1000 页。

立传:"唐女真焦静真,因精思间,有人导至方丈山,遇二仙女,谓曰:'子欲为真官,可谒东华青童道君,受三皇法。'请名氏,则司马承祯也。归而诣承祯求度,未几升天。尝降谓薛季昌曰:'先生得道,高于陶都水之任,当为东华上清真人。'"其传记内容主要来自李渤撰《王屋山贞一司马先生》,强调焦静真"虽禀女质,灵识自然"的性格,后遇司马承祯欣然授之上清经法,但对她的活动范围却没有详细记载。

另据创作于唐天宝二年(743年)的《玉真公主受道灵坛祥应记》记载:唐玄宗妹妹玉真公主曾随上清羽人焦静真在嵩山中修道,玉真公主"息驾太室,扪日阙,步玄门,挹上清羽人焦真静于中峰绝顶,访以空同吹万之始,丹田守一之妙"①。此处的焦真静可能是焦静真的书写笔误。唐代李渤《真系》明确记载焦静真是一位女道士,为司马承祯的高足,与李含光是同门②。焦静真得上清经法,其传道的事迹在道教仙传中保留了下来。据日本学者土屋昌明的研究:"李白以及其他诗人们访问赠诗的女道士名叫焦静真,是当时道教领袖司马承祯两位得意弟子之一,她的道术从四川天师道入手,后得到上清经法,跟玉真公主等皇族有宗教方面的交往,当时已经有关于其的神秘的修道故事。"③焦静真师司马承祯学道,后成为唐玄宗妹妹玉真公主的师父。

谢自然(?—794年),蜀华阳女真,与焦静真同样是唐代著名的入道女冠。④笔者查阅《道藏》,其中有关谢自然的传记可分为二种,主要区别在于其是否师事司马承祯:

一是南唐沈汾《续仙传》卷上记载,谢自然"幼而入道,其师以黄老仙经示之,一览皆如旧读,再览诵之不忘。及长,神情清爽,言谈迥高。好琴阮,善笔札,能属文"。"常鄙卓文君之为人,每焚修瞻祷王母、麻姑,慕南岳魏夫人之节操。"四十岁时,谢自然出游青城大面峨眉三十六靖庐、

---

① 陈垣编纂,陈智超、曾庆瑛校补:《道家金石略》,文物出版社1988年版,第139页。
② 《云笈七签》卷五《真录》,《道藏》第22册,第30页。
③ [日]土屋昌明:《李白之创作与道士及上清经》,《四川大学学报》2006年第5期。
④ 有关谢自然的研究成果,主要有日本学者深泽一幸:《仙女谢自然的诞生》(《兴膳教授退官纪念中国文学论集》,日本汲古书院2000年版,第411—429页)、《仙女谢自然的展开》(大阪大学编《言语文化研究》第27卷,2001年版,第233—253页)、杨丽容、王颋:《自然披髮——唐代女冠谢自然传奇考索》(《贵州大学学报》2012年第3期)。

二十四治。不久以后，谢自然离开蜀中，历经京师、洛阳，游抵江淮，凡有名山洞府灵迹之所，无不辛勤历览。后闻天台山道士司马承祯居玉霄峰，有道孤高，遂诣焉。师事承祯三年，别居山野，但日采樵，为承祯执爨而归。又持香果，专切问道。承祯讶其坚苦曰："我无道德，何以胜此？然尔竟何所欲？"谢自然曰："万里之外，向师得度世之道，故来求受上法以度耳，非他求也。"司马承祯以女真罕传上法，恐泄慢大道，但唯诺而已。后见其长期修道意志坚定，司马承祯才在天台山择日升坛以度①，向谢自然传授上清法。谢自然在学习上清经法后，又返归蜀中。有关谢自然向司马承祯学上清经法之事，宋代邵博撰《闻见后录》卷十六中就指出其误："按子微以开元十五年死于王屋山，自然生于大历五年，至贞元十年仙去。是子微死四十三年，自然始生，乃云自然授道于子微，亦误也。"② 从两人的生卒年看，司马承祯于唐玄宗开元十五年（727年）升仙时，谢自然尚未出生。即使如《茅山志》所说，十二代宗师司马承祯于"开元乙亥岁（735年）六月十八日"上升，但从时间上看，谢自然师事司马承祯依然不太可能，虽然在唐宋文人著述及道经仙传中经常引述谢自然师事司马承祯这一带有传奇色彩的仙道故事。之所以会出现这种说法，可能是将女真焦静真之传杂入，误作谢自然的结果，因而出现抵牾。③

二是在四川果州传上清法的谢自然。大约在唐德宗时期，上清派法脉因四川果州道士程太虚（？—809年）及其徒弟谢自然都习上清法，授三洞箓而将上清派传入巴蜀地区。唐代文学家韩愈因听闻"果州谢真人上升，在金泉山。贞元十年十一月十二日，白昼轻举，州人尽见。时郡守李坚以状闻，且为之传，上赐诏褒谕"之事，乃作《谢自然诗》，但未提及谢自然学道于司马承祯之事：

　　果州南充县，寒女谢自然。童騃无所识，但闻有神仙。轻生学其

---

① （南唐）沈汾：《续仙传》卷上，《道藏》第5册，第83页。
② （宋）邵博：《邵氏闻见后录》卷十六，上海书店1990年版，第179—180页。
③ 《四库全书总目》针对《续仙传》中二位女真焦静真、谢自然归师司马承祯之事曰：二女真"惟泛海遇仙使、归师司马承祯事，上卷以为女真谢自然，下卷又以为女真焦静真，不应二人同时均有此异。是其虚构之词，偶忘其自相矛盾者矣。"（程国赋编：《隋唐五代小说研究资料》，上海古籍出版社2005年版，第339页）

术，乃在金泉山。繁华荣慕绝，父母慈爱捐。凝心感魑魅，慌惚难具言。一朝坐空室，云雾生其间……①

韩愈以华美辞藻描述了修道成仙的殊胜，虽引发了后世文人的广泛关注，但对作为不问鬼神事的儒家学者韩愈欣赏"须臾自轻举，飘若风中烟"的做法历来褒贬不一："韩愈所作《谢自然诗》的含义，早在宋代就已经评价不一，真所谓仁者见仁、智者见智"②。北宋李昉、李穆、徐铉等编《太平御览》道部四《谢自然》也延续了韩愈的说法，未提师从司马承祯学习之事，只说谢自然诵《道德经》《黄庭内篇》之事：

> 谢自然，女道士也，果州人。词气高异，其家在大方山下，顶有古像，老君其形。自然因拜礼，不愿下山。母从之，乃迁居山顶。自此常诵《道德经》、《黄庭内篇》，于开元观受紫虚宝箓，于金泉山居之。山有石坛，烟箩修竹。一十三年，昼夜不寐，两膝上忽有印，似小于人间官印，四墙若朱，有古篆六字，粲如白玉。忽于金泉道场有云气遮匝，一川散慢弥久，仙去。其《金泉碑略》曰：天上有白玉堂，壁上列高仙、真仙之名，如人间壁记。时有朱书注其字下曰：降世为某官某职。又自然于所居堂东壁上书数字，皆道德之意，真迹有焉。③

《云笈七签》卷五《王屋山贞一司马先生》传中有"先生门徒甚众，唯李含光、焦静真得其道焉"的记载，也未提及谢自然学道司马承祯。从江苏道教文化视域看，有位果州道士谢自然传承上清道法，并将之西传到蜀地，却是值得注意的唐代上清文化的传播现象。

四　第十三代上清宗师李含光及其弟子

李含光（682—769年），广陵江都人，据《茅山志》卷十一所载，原

---

① （唐）韩愈：《韩昌黎全集》上册，北京燕山出版社2009年版，第35页。
② 杨丽容、王颋：《自然披髮——唐代女冠谢自然传奇考索》，《贵州大学学报》2012年第3期。
③ （北宋）李昉编：《太平御览》第六卷，河北教育出版社1994年版，第199页。

本姓弘，后避李弘之讳，改姓李氏。李含光出身于奉道世家，祖父李师龛，隐居以求其志。柳识撰碑文，说其父李孝威，"家本醇儒"，但"年十三，辞家奉道，端视清受，慈向蠢动，暗室之中，如对君亲，时人见之，情性皆敛。……所撰《仙学传记》，阙遗备载。又论三玄异同，著《真经》及《本草音义》，而皆精详祛惑，穷理于学，如钟蕴声"①。颜真卿所撰碑文更为详细，说其父"博学好古，雅修彭聃之道，与天台司马练师子微为方外友"。其母琅琊王氏，贤明有德行。李含光年少时，受家庭文化影响，好读异经，喜静独处。"年十八，志求道妙，遂师事同邑李先生，游艺数年。神龙初，以清行度为道士，居龙兴观，尤精《老》《庄》《周易》之深趣。"②

唐中宗神龙（705—706 年）初，李含光度为道士，居龙兴观。开元十七年（729 年），李含光师从司马承祯于王屋山，并得到唐玄宗特别的礼敬和尊崇：

  开元十七年，从司马炼师于王屋山传授大法。灵文金记，一览无遗，综覈古今，该明奥旨。玄宗知先生偏得子微之道，乃诏先生居王屋山阳台观以继之。岁余，请归茅山，纂修经法。频征，皆谢病不出。天宝四载冬，乃命中官赍玺书征之。既至，延入禁中，每欲咨禀，必先斋沐。他日请传道法，先生辞以足疾不任科仪者数焉，玄宗知不可强而止。先生尝以茅山灵迹寖焉将坠，真经秘箓亦多散落，请归修葺。乃特诏于杨、许旧居紫阳以宅之，仍赐绢二百匹、法衣两副、香炉一具、御制诗及序以饯之。又禁于山侧采捕渔猎，食荤血者不得辄入，公私祈祷，咸绝牲牢。先生以六载秋到山，是岁诏书三至，渥泽频繁，辉映崖谷。③

后来，唐玄宗得到杨羲、许谧以及陶弘景所写上清经之手迹，但经文阙十三纸，于是令李含光书写补全。天宝四年（745 年），唐玄宗又诏请李含

---

① （唐）柳识：《唐茅山紫阳观玄静先生碑》，《茅山志》卷二十三，《道藏》第 5 册，第 645 页。
② （唐）颜真卿：《有唐茅山玄静先生广陵李君碑铭》，《茅山志》卷二十三，《道藏》第 5 册，第 646 页。
③ （唐）颜真卿：《有唐茅山玄静先生广陵李君碑铭》，《茅山志》卷二十三，《道藏》第 5 册，第 646 页。

光入宫中弘传道法，以之为师，居于紫阳观。天宝六年（747年），李含光返回茅山。同年，唐玄宗三次下诏，以资供养。天宝七年（748年），唐玄宗又拜李含光为师，赐号"玄静先生"。同年七月，李含光再次被召入京师。天宝九年（750年），李含光请辞，返归茅山。同年冬，唐玄宗又征召李含光，促进其上清派首领地位的确立。天宝十年（751年），李含光恳辞告老，才返回茅山。有人将李含光称为"唐帝国的最后一个道教大师"[1] 可能并不准确，但上清派茅山宗传至李含光时，因受到皇室的礼遇和尊崇，使"茅山为天下学道之所宗"[2] 则是事实。

李含光与当时的社会名流和文人学士关系密切，他们之间或有诗歌往来，或来茅山随李含光修道，例如诗人顾况及儿子顾非熊都曾到茅山修道受箓："顾著作山房，在菖蒲潭石墨池上。唐顾况，自号华阳真逸，撰焦山《瘗鹤铭》者。况为韩滉判官，历江南郡丞，校书郎、著作郎，累岁脱靡，无复北意，结屋居山中。子非熊登进士第，累佐使府，大中时历盱眙簿"[3]。在李含光的领导下，茅山成为当时南方道教的中心。大历四年（769年）十一月，李含光卒于茅山紫阳别院，时年87岁，赠正议大夫。李含光博学多才，著有《周易义略》三篇、《老庄学记》三篇、《本草音义》二卷、《内学记》二篇、《三玄异同论》、《道学传》二十卷等，皆已不存。今仅存《表奏十三通》以及《太上慈悲道场消灾九幽忏序》。后来，皇甫冉在大历三年（768年）秋回到家乡润州，在《秋日东郊作》诗中说："庐岳高僧留偈别，茅山道士寄书来"[4]，将李含光作为茅山道教的象征与庐山佛教慧远大师相提并论。

《旧唐书》和《新唐书》里都没有李含光的传记，他的生平事迹主要载于颜真卿《茅山玄靖先生广陵李君碑铭并序》、柳识《唐茅山紫阳观玄静先生碑》，这两通碑是研究李含光及唐代道教历史的珍贵的实物资料。秘书郎

---

[1] J. Russell Kirkland：《唐帝国的最后一个道教大师：李含光与唐玄宗》（*The Last Taoist Grand Master at the Tang Imperial Court: LiHn—kung and TangHsun—tsung*），载《唐研究》（*Tang Studies*）pp. 443-675，1986。

[2] （唐）颜真卿：《有唐茅山玄静先生广陵李君碑铭》，《茅山志》卷二十三，《道藏》第5册，第647页。

[3] 《茅山志》卷十八，《道藏》第5册，第627页。

[4] 彭定求等：《全唐诗》5，延边人民出版社2004年版，第1533页。

河东柳识之碑刻于唐代宗大历七年（772年）八月十四日，碑石原立于江苏句容茅山玉晨观。柳识在碑中称李含光为"道门华阳，亦儒门洙泗，盖玄化振于此也"[1]，将茅山上清派作为道教正宗发源地，是唐代道教中的上乘道派，以至于当时有名的文人学士大都与茅山道教有交往，有的还成为上清经箓的奉行者。该碑在明世宗明嘉靖三年（1524年）毁于大火，碑文则通过《全唐文》及《茅山志》保留了下来。此碑记载了唐朝茅山紫阳观道士李含光一生的弘道事迹。现保存于上海图书馆的藏本《张从申李玄靖碑》为宋拓本，因由柳识撰文、张从申书写、李阳冰篆额而被称为"三绝碑"："张从申书学二王，兼具李邕笔意，书风秀逸闲雅，集唐风、晋韵于一身"[2]。我们今天依然能从柳识文章中看到李含光努力弘道的风采。

颜真卿对茅山上清派颇为欣慕，与吴筠、李含光多有交往，与李含光门人韦景昭、韦渠牟尝接采真之游，所撰《茅山玄靖先生广陵李君碑铭并序》原立于茅山玉晨观，其中介绍了李含光在王屋山向司马炼师学道及在茅山弘道的事迹，称之为"王者之师"。宋绍兴七年（1137年）五月十四日，该碑被大风折断后由沈作舟重树，明嘉靖三年（1524年）又遭雷火，毁为碎块。清乾隆、咸丰年间经多人收访，至同治时，残石仅存600多字。有关李含光的两块碑都为名家所作，长久立于茅山福地，在江苏道教史上成为千古佳话。

李含光有门人弟子数千人，其中以韦景昭、元丹丘、唐若情、孟湛然、韦渠牟、胡紫阳等人最为著名，有的接续成为上清宗师，有的还受到文人的尊敬，据《茅山志》卷二十四收录陇西李白撰《唐汉东紫阳先生碑铭》记载，李白曾为胡紫阳写墓志铭[3]，可见李含光及其弟子们与当时文人的交往。

五 茅山第十四代宗师到第十九代宗师

《茅山志》卷十一简要介绍了唐代上清宗师的生平事迹，从中可见上清

---

[1] 《全唐文》卷三七七，上海古籍出版社1990年版，第二册，第1694页。
[2] 上海图书馆编：《张从申李玄靖碑》，上海古籍出版社2014年版，第3页。
[3] 《茅山志》卷二十四，《道藏》第5册，第656页。元初书法家赵孟頫著《隆道冲真崇道真人杜公碑》亦曾记载太白为紫阳铭墓之事"。（赵孟頫：《松雪斋集》，西泠印社出版社2010年版，第242页）

经法在唐代形成的代代相承的文化传统，既受到远在北方长安帝王们的关注，也受到生活于江南的士绅官吏的信奉。李含光虽多次奉诏北上，但仍致力于南下回祖庭茅山，通过整合南北不同道派，讲学弘道，培养弟子，带动了唐代上清派重归主脉茅山宗。

第十四代宗师韦景昭（693—785年），丹阳延陵（今江苏丹阳）人，出身于世家，吴司空慎十六代孙。韦景昭虽精于儒术，但不肯取科名，独慕神仙之学。韦景昭初度于延陵之寻真观，师事包士荣，又接续着王远知的法脉："士荣师崇玄观包法整，法整师包方广，方广师王轨，轨之师升真王法主也"。后居长安肃明观，惟习灵宝经法。天宝（742—756年）中，韦景昭奉唐玄宗诏令，侍奉玄静先生李含光归茅山，敕建紫阳观居住。次年，李含光"先生奉诏，与门人韦景昭等，于紫阳之东郁冈山别建斋院，立心诚肃"。大历初，韦景昭受李含光先生上清经箓正传。"肃、代以来，天下丧乱，师独以道为己任"[1]，上编仙箓，旁契道枢，传授的弟子除黄洞元外，还有"苏州龙兴观道士皋洞虚，得冲虚之妙用，蹑上真之玄踪。梁市之客胥来，华阳之人间出矣。道士韦崇询，主修斋醮祭，俯仰节度。道士朱惠明，掌法箓经书、修真秘诀"[2]，他们推动了茅山宗持续发展。贞元元年（785年）十一月，韦景昭羽化飞升，时年92岁，敕封为上清仙伯大洞贞元先生。朝议大夫陆长源撰《华阳三洞景昭大法师碑》，由唐代书法家窦臮书并篆额。贞元三年（787年），太平观道士徐元沼、许长久为之立碑。

第十五代宗师黄洞元（697—792年），南岳（今湖南衡阳）人。据《茅山志》所载，黄洞元早年游历茅山华阳洞天，与玄静先生李含光为师友。尝受行中黄服日之法，后入居武陵，住桃源观，世称桃源黄先生。有一瞿童子，名为柏庭，师事黄洞元甚谨。大历八年（773年），童子辞别黄洞元，相约后当于句曲山相见。越明年，黄洞元迁居庐山紫霄峰，潜心修道凡十载，后回到茅山，隐居下泊宫，日诵《大洞经》，嗣韦景昭宗师学上清经法，又八载。后来，瞿童子果然来到茅山，"师适曳杖有出，柏庭亦不留。及归，闻姓名，大骇，遂易服焚香，望空拜

---

[1] 《茅山志》卷十一，《道藏》第5册，第602页。
[2] 《茅山志》卷二十三，《道藏》第5册，第648页。

伏，久之，凝立而化，举体唯空衣耳"①。黄洞元世寿95岁。唐德宗慕其高名，赠号"洞真先生"。

第十六代宗师孙智清（生卒年不详）。孙智清年轻时就辞别离家，入茅山师事洞真先生黄洞元。大和六年（832年），孙智清正式受法，任山门威仪。大和七年（833年），孙智清奏请唐文宗重禁采捕、四时祭祀咸绝牲牢，以保护茅山的生态环境。同年，奉敕书，立石紫阳观。李德裕尊之为师。唐武宗会昌元年（841年）召修生神斋，敕建九层宝坛行道②，赐号"明玄先生"。据说孙智清解化时，众人见风雨中有大鱼，金鳞玉鬣，师乘之凌大峰而上，羽化飞升。

第十七代宗师吴法通（生卒年不详），润州丹阳人。吴法通素有文采，科举不第后入茅山，明玄先生孙智清度为道士，尽授上清经法。不久，孙智清于风雨中化形，吴法通恍然大悟。乾符二年（875年），唐僖宗遣使受大洞经箓，遥尊称为度师，赐号"唐国师希微先生"。天祐四年（907年），年八十三时，预知世行有变，遂潜入岩洞，不知所往。

第十八代宗师刘得常（生卒年不详），金陵人。刘得常十七岁作《大道歌》，见吴宗师。吴法通观其气骨有飘然出尘之态，乃曰："贤者能饮茅山泉一月，当十倍今日聪明，一年特生光慧，十年闻仙道矣"。刘得常听后，乃作《冷泉吟》。吴法通又曰："吾有玉经妙旨，子若敛华归实，可以混合天人，离情理识。"③ 于是，刘得常拜入吴法通门下，执弟子之礼，得其道。刘得常居茅山紫阳观二十年，不逾户阈，可见其修道心之坚定。解化成道后，世称"洞微元静先生"。

第十九代宗师王栖霞（882—943年），一名敬真，字玄隐，生于齐而长于鲁。七岁时神童及第，而仙才灵气禀于自然。天祐四年，天下战乱再起，为避战乱南渡，来到寿春，从问政山聂师道传道法。后又来到茅山华阳，跟从威仪邓启遐受《大洞经诀》。王栖霞曾在茅山与孙智清一起建灵宝院："灵宝院，在玉晨观，隐居昭真台故基。唐宗师孙智清、王栖霞重建，奉灵

---

① 《茅山志》卷十一，《道藏》第5册，第603页。
② 《茅山志》卷十一，《道藏》第5册，第603页。
③ 《茅山志》卷十一，《道藏》第5册，第603页。

宝天尊像，额曰灵宝。内有老君瑞像。"① 灵宝院的重建得到了当地官员、道士及民众的支持②。南唐建立后，烈祖李昇诏至金陵，敕建玄真观，深加礼重，"圣历中兴，恩礼殊重，加金印紫绶，号玄博大师"。王栖霞上表请求回茅山，诏令不许，又加"贞素先生"号，复赠"洞微元静"之称。保大元年（943年）四月，王栖霞隐化于玄真观，"春秋六十有二，赙钱二十万，奉冠剑归葬雷平山"③。

除上述上清宗师之外，《茅山志》卷十五还记载了一些有着较大社会影响的茅山上清派道士：

王旻，有术解，居洛阳青萝山。乡里见之已数百岁，常有少容。开元中，征至京师，玄宗见其童颜鬓发，颇加恩礼。时玄宗于茅山得杨、许众真及陶贞白所写上清诸经真迹，其经阙文十三纸，使王旻赍玺书信币诣紫阳观，请玄静先生补书之。据说，王旻到山之日，灵鹤翔鸣，玄静书经之时，神人降其室，皆精诚所应也。

吴筠，鲁中儒，入嵩山依宗师潘师正为道士，传上清之法，苦心钻仰，乃尽通其术。开元中，南游金陵，访道茅山。久之，东游天台。吴筠尤善著述，玄宗闻其名，征之，与语甚悦，令待诏翰林。未几，求还茅山，许之。既而中原大乱，江淮多盗，吴筠乃东游会稽、天台，与李白、孔巢父诗篇酬和，逍遥泉石，竟终于越中。

崔希真，客钟陵，舍于郡西，善鼓琴，工绘事，兼好修炼之术。大历二年（767年）十月朔，夜大雪，希真晨启门，见一老人衣蓑戴笠，避雪门下，崔希真异之，延入。老人脱去蓑笠，神色毛骨非常。崔希真益敬之，问曰："家有大麦面，聊以充饥，公能食乎？"老父曰："大麦受四时气，谷之善者也。沃以豉汁，弥佳。"崔希真命家人具之，其间又献松花酒，老父曰："花涩无味，野人有物，能令其醇美。"乃探怀中丸药，色黄而坚，以石叩之，置少许酒中，甘香顿异。仍以余药遗希真。崔希真入宅，从窗缝窥

---

① 《茅山志》卷十八，《道藏》第5册，第627页。
② 这从王栖霞大和三年（829年）灵宝院开光时撰《灵宝院记》，为感谢为重建做出贡献者，在文章开头有"吴诸道副都统镇海军节度使检校太尉守中书令东海徐公重建"，在文末有"银青光禄大夫、检校左散骑常侍、行句容县令、知镇事黄鸾，虔奉台旨，周备成仁。勾当道士经若虚、朱怀德、云水道士吕子元书并篆额。正一弟子沈德谦尽心助善"（《道藏》第5册，第655页）。
③ 《茅山志》卷十一，《道藏》第5册，第603页。

之,"见老父于帏幄前所帧画,素上如有所图,瞬息而罢。"崔希真追出,已失老父。遂践雪迹,逐之数里,至江,入芦洲中,见一大舫,舫中数人,状貌皆奇。其人顾笑曰:"葛三乃见逼于伊人。"乃谓崔希真曰:"遵道严师之礼,不必然也。"崔希真拜而谢之,归视幄中,得图焉。有三人、二树、一白鹿、一药笈。其二人盖方外之状,手执玄芝,一似采药者。二树似松柏,皆幽岩为风雨所败枯朽之状,根相连属,非常意所及。后携图并丸药来山诣李含光天师。天师曰:"此真人葛洪第三子所画也。"李君又曰:"写神人形状于朽木之下,意若得道者寿过松柏也,其药乃千岁松胶也。"

崔芊,处士,隐居茅山。贞元十二年(796年),右谏议大夫韦渠牟荐之唐德宗,征至阙下。

龚道者,逸其名,居东海蓬莱观,服食十余年,唐咸通中,得入华阳洞,大有灵异。[①] 另外,还有夏侯隐、周隐遥等在唐末时来茅山修道。

唐代上清派宗师和著名道士并不局限于茅山弘道,有的宗师甚至没有来过茅山,但他们以上清经箓为依持,积极向社会各界上至帝王大臣,中至文人学士,下至平民百姓传道,既扩大了上清经箓的社会影响,也为茅山接纳天师道信仰敞开了大门。曾任唐朝大臣的顾况是苏州人,至德二年(757年)进士,后来在朝廷遭嫉,自号"华阳真逸",归茅山修道,炼丹拜斗。吏部侍郎韦夏卿撰《送顾况归茅山》诗中说:"圣代为迁客,虚皇作近臣。法尊称大洞,学浅忝初真。鸾凤文章丽,烟霞翰墨新。羡君寻句曲,白鹄是三神。"[②] 他说顾况在修道之路上已达到掌握上清大洞的等级,自己还在初受正一的水平。

初唐上清派作为上乘道派有着较大的社会影响,凡与道教有关涉的士大夫,大多是茅山宗的信仰者,如书法家颜真卿、诗人李白等。"因为对李白而言,一如对所有其他唐代诗人一样,'道教'意味着在上清和灵宝传统的宗教范畴内所包含的神圣经书、庄严实践及神圣奥义。"[③] 但经历了8世纪中叶的"安史之乱",到大历四年(769年)李含光升仙,再到贞元元年(785年)韦景昭去世,之后的上清宗师的政治影响力逐渐衰退,但因上清

---

① 以上引文来自《茅山志》卷十五,《道藏》第5册,第619页。
② 周振甫主编:《唐诗宋词元曲全集·全唐诗》第5册,黄山书社1999年版,第2025页。
③ [美]柯睿:《李白与中古宗教文学研究》,白照杰译,齐鲁书社2017年版,第3页。

派有着漫长的文化传统，经过代代上清宗师的努力，唐代的茅山仍然是上清派的大本营。上清派具有重视道教经箓传授，重视炼气养生之道和符箓召神驱鬼之术等特点，其生命关怀中表现出的圆融精神和隐逸精神，推动了江苏道教思想和实践的发展。到中晚唐时，茅山道教在士人心目中，仍然是正宗道教的象征；在民众心目中，依然是天眷遐临的道教圣地。

第二节　江苏道教的兴盛发展

唐朝建都于长安（今陕西西安）后，六朝古都建康（今江苏南京）已不再是政治中心，但仍是江南文化中心。唐代江苏道教兴建的道观以在句容茅山为中心的环太湖的"三吴"①地区最为集中，这与唐代帝王和上清宗师的密切交往有关。茅山道士王远知、王轨、潘师正、李含光、吴筠等北上弘扬上清经法，活动于朝廷，成为唐朝帝师，不仅使茅山道教得到皇室的大力扶持而名扬天下，而且也使斋醮科仪被广泛地运用到道教活动的各个方面，凡道士诵经、书符、合药、炼丹、存思、礼拜、济度等都必须先行斋醮，为使上清派的斋醮科仪更加如律如仪地展开，在帝王崇道政策的大力支持、地方官员的推波助澜、信奉道教的文人骤增和普通百姓的积极参与下，江苏各地出现了兴建道观，在道观开展崇道活动的热潮。

《茅山志》保留了一些唐代帝王赐茅山道士的敕书，从中可见他们对茅山道教的支持。唐太宗在平定王世充后，曾与房玄龄专门去拜访王远知，获益良多，登基后为感谢王远知的指点而"将加重位"，但王远知却固请归山。唐太宗为了照顾王远知在茅山的生活，"贞观九年（635年），敕建太平观，赐田度道士七七人为侍者"②。敕建的太平观在"华阳下馆"（又称陶隐居"曲林馆"的旧址上），不定期地派人送香油、金龙玉璧等到茅山供山中法事。从经济上看，初唐实行均田制，规定了道士、女冠也可与百姓一样

---

① 唐代史学家杜佑（735—812年）在《通典》中将环太湖地区苏州、湖州和润州称为"三吴"。

② 《茅山志》卷十，《道藏》第5册，第600页。有关此次度道士人数，《茅山志》中就有七人、二十七人、七十七人等有不同说法。

分得口分田："凡道士给田三十亩，女冠二十亩，僧尼亦如之。"① 这个新制度为唐代道观经济的建立奠定了基础。② 唐太宗除了给茅山道士口分田，还经常赏赐田地、财物和奴婢给一些著名的宫观："唐贞观九年，赐太平观，即崇禧宫田地、山塘七十四顷二十四亩七分。"③ 唐中后期随着均田制的瓦解，茅山道士、女冠享有的"口分田"后逐渐转化为"常住田"而成为道观的恒产。道观的土地除皇室官府赏赐和公卿士庶施舍之外，还可以通过土地兼并买卖来征得，这深刻地反映了唐代社会经济结构的变化对茅山道教宫观建设的影响。

唐玄宗与李含光更是交往密切。"玄宗知先生偏得子微之道，乃诏先生居王屋山阳台观以继之。岁余，请归茅山，篆修经法。频征，皆谢病不出。"④ 天宝四载（745年）冬，唐玄宗又把李含光接到长安，请其传道。李含光对唐玄宗说茅山灵迹荒芜，真经秘篆散落很多，请求回茅山修葺。天宝六年（747年）秋李含光再回茅山后，从《玄宗赐李玄静先生敕书凡二十四通》可见，唐玄宗称李含光为"紫府烟霞士，玄宗道德师"，多次敕书当地官员——丹阳郡太守林洋、晋陵郡太守董琬，要他们对上清宗师保持礼俗并崇敬之："固望秩之礼，虽有典常，而崇敬之心，宜增精洁。"并强调以保护茅山生态环境的神圣性，"茅山神秀，华阳洞天，法教之所源，群仙之所宅"，要求当地官员为维持茅山仙境而下令禁山，"自今以后，茅山中令断采捕及渔猎，四远百姓有吃荤血者，不须令入。如有事式申祈祷，当以香药珍馐，亦不得以牲牢等物"⑤。如《玄宗赐李玄静先生敕书》曰：

敕丹阳郡太守林洋及道俗父老百姓等：朕远遵玄妙，载想灵仙。眷兹茅山，是为天洞。瑶坛旧观，余址尚存。道要真经，散落将尽。永言法宝，良用怃然。今为黎元，大崇道本。故令清修之士，建立真仪，访迹灵山，以新观宇，庶使玄宗再阐，瞻奉知归。降福寰瀛，致之仁寿

---

① （唐）张九龄等原著，袁文兴、潘寅生主编：《唐六典全译》，甘肃人民出版社1997年版，第100页。
② 有关唐代道观经济，可参见张泽洪《唐代道观经济》，《四川大学学报》1993年第4期。
③ 《茅山全志》卷十，《藏外道书》第19册，第902页。
④ 《茅山志》卷二十三，《道藏》第5册，第646页。
⑤ 《茅山志》卷二《玄宗赐李玄静先生敕书凡二十四通》，《道藏》第5册，第555页。

也。又比年以来，每遵清静。官吏有修良之美，农桑属丰稔之期。百姓之间，庶无乏绝也。微寒，卿及道俗父老百姓等并平安好。遣书，指不多及。①

唐玄宗表达了期望地方官、茅山道士和道俗父老百姓共同努力，将茅山建设成人间灵山美地。茅山成为朝廷认定的南方道教活动中心，宫观建设进入发展的快车道。

唐玄宗与李含光书信往来频繁："先生以六载秋到山，是岁诏书三至，渥泽频繁，辉映崖谷。"第二年春天，"玄宗又欲受三洞真经，以其春之三月，中官赍玺书云：'其月十八日，尅受经诰。'是日，于大同殿洁修其事，遂遥礼先生为度师，并赐衣一袭，以申师资之礼。因以'玄静'为先生之嘉号焉，仍诏刻石华阳洞宫以志之"②。唐玄宗不仅赐李含光之嘉号，而且还特为之在茅山敕建栖真堂及会真、候仙、道德、迎恩、拜表五亭。③ 从《茅山志》卷十七、卷十八《楼观部篇》可见，到中唐时，各式道观已遍布茅山，辉映崖谷。茅山成为江苏道观最集中、影响最广的道教圣地。

为了防止道观田地的散失和被人侵占，唐王朝还曾下令对一些道教名山宫观予以保护。唐代宗大历十二年（777 年）"诏天下仙洞灵迹之处禁樵苏"，但地处江南的茅山宫观仍然受到当地村民樵采弋猎的破坏。唐文宗大和年间，茅山道士孙智清上疏表达"先奉恩旨"，继续执行朝廷颁敕的在宫观所在地"禁断弋猎樵苏，秋冬放火，四时祭祀，咸绝牲牢"的禁令："自经艰难，失去原敕。百姓不遵旧命，侵占转深，采伐山林，妄称久业"④。这是因为当时茅山上依然存在田猎、樵采活动，在民间激烈的土地兼并活动中还侵占到宫观田产。据五代徐铉撰《复禁山碑》曰：天祐丁丑岁，贞素先生王君栖霞始来到茅山时，"由良常洞至雷平山十里而近，入于萌隶者，尽购赎之。刍荛不得辄至，墟墓不得杂处"⑤。以期在当地政府的管理下，茅山道观占田的合法性受到保护，宫观的神圣性不受侵犯。

---

① 《茅山志》卷二，《道藏》第 5 册，第 555 页。
② 《茅山志》卷二十三《茅山玄静先生广陵李君碑铭并序》，《道藏》第 5 册，第 646 页。
③ 《茅山志》卷十七《楼观部篇》，《道藏》第 5 册，第 625 页。
④ 《茅山志》卷二《大和禁山敕牒》，《道藏》第 5 册，第 560 页。
⑤ 《茅山志》卷二十四《复禁山碑》，《道藏》第 5 册，第 654 页。

根据江苏地方志的相关记载，唐代江苏道教宫观在数量上增长很快，道士的人数也有所增长。为适应百姓的信仰需要，在道士和信徒的努力下，江苏道教以茅山为中心，主要在环太湖流域并沿着运河及长江沿岸一带传播，茅山上一些古道观因得到帝王重视而得以扩建：

表8-1　　　　　　　　　　唐代茅山宫观表

旧宫观名	地址	创建年代	唐代重修	唐代宫观名	今宫观名
华阳下馆	丁公山	南朝	贞观九年，唐太宗为王法主建	太平观	崇禧万寿宫
朱阳馆	雷平山	东晋	唐太宗为桐柏先生敕建华阳观。天宝七年，唐玄宗为玄静先生敕改紫阳观	华阳观、紫阳观	玉晨观
晋真人故宅	大茅山	南朝	贞观初，敕改崇元观	崇元观	崇寿观
茅盈故宅	中茅山	汉代	贞观十一年重立碑	下泊宫	下泊宫
隐居上馆	积金山西	南朝	天宝七年玄静先生重修	华阳宫	华阳宫
郁冈斋室	积金山	南朝	天宝中，玄静先生居之	敕建栖真堂、会真、候仙、道德、迎恩、拜表五亭	乾元观
燕洞宫	燕口洞	南朝	天宝七年，敕修赐宫额	燕洞宫	燕洞宫
梁昭明太子故宅，古名鸿禧院，一名福乡馆	大茅山	南朝	李德裕奉老子、孔子、尹真人三圣像	崇元圣祖院	华阳观
陶隐居创	积金山	南朝	贞观间，王法主庵居。肃宗至德中，赐名火浣宫	火浣宫	天圣观
隐居中馆	积金山	南朝	桃源黄尊师所居		栖真观
白鹤庙	中茅山	汉代	天宝间，语修祠宇，度道士焚修，列于祀典	白鹤庙	升元观

随着中国社会经济重心由北向南转移,到唐代时以"三吴"为核心的南方经济的总体实力逐渐超过北方,但江南社会中仍然保留着一些原始的神祠旧俗,一些官员来此任职后,试图用行政手段来改变当地百姓的淫祀之风,如"高宗时,狄仁杰为监察御史。江岭神祠,焚烧略尽"①。狄仁杰(630—700年)为江南安抚使时对宗教及民间淫祀加强管理,"吴楚之俗多淫祠,仁杰奏毁一千七百所,唯留夏禹、吴太伯、季札、伍员四祠"②。只留下那些纪念曾在当地活动、死后被江南百姓敬之为神的历史人物的神庙:"狄内史仁杰,始为江南安抚使,以周赧王、楚王项羽、吴王夫差、越王勾践、吴夫概王、春申君、赵佗、马援、吴桓王等神庙(一千)七百余所,有害于人,悉除之。唯夏禹、吴太伯、季札、伍胥四庙存焉。"③ 从而将江南民间淫祀纳入朝廷的管理之下,在客观上也为江苏道教的发展补充了一些新因素。

据《吴中人物志》记载,一些道士在社会上进行弘道活动,例如,周生在唐大和年间活动于洞庭山,以道术济人。柳条青在唐大中末,乞食于苏州市中,击筑踏歌得钱,惟市酒饮耳,其歌词中往往述方外长生事。张志和,号玄真子,"擢进士第,守真养气,卧雪不冷,入水不濡,名山胜水,多所浏览"。常熟元阳观道士单以清"大历中尝往嘉兴,同载中闻异香,见船头坐一人,仪表颇殊,单君与之并席,香气弥甚。因询问之",由此得知此人因病入山修行,遇一老人以长生药令饵之。此人"既饵药,不饥渴,身日以轻,疾已差矣"。单以清问其姓名,得知是唐初卫公李靖。④ 从这些记载可见,江苏道教在魏晋时就流行的服食丹药、守真养气等成仙术到唐代时依然在传播。

扬州在唐代也是道教的传播地,尤其是以女冠闻名天下,从西汉武帝时建后土祠,到东汉东陵圣母杜姜,晋代广陵茶姥。唐代时,扬州女道姑康紫霞在修成东陵圣母庙后成仙,当地人又建仙女庙加以供奉。扬州地区的道观也在增多,贞观二年(628年)宝应建北寿安院、开元年间(713—741年)

---

① (宋)李昉等编:《太平广记》,中华书局1961年版,第2371页。
② 《旧唐书》卷八十九《狄仁杰传》。
③ (唐)刘𬭎:《隋唐嘉话》,《唐五代笔记小说大观》上册,上海古籍出版社2000年版,第38页。
④ (明)张昶:《吴中人物志》卷十一,台北:学生出版社1969年版,第424—426页。

江都建真武庙，晚唐时，淮南节度使高骈（821—887年）镇守扬州，因重用道士吕用之、张守一等，而深信道教，将重建后土祠改为唐昌观供其开展斋醮活动。据说，吕用之常穿羽服骑在木鹤上作法，在获取高骈的信任后，引导高骈日夕斋醮，花费巨万计来烧炼金丹。新罗人崔致远（857年—？）也受高骈的影响而撰写了许多道教斋词①。崔致远回朝鲜半岛后，依然重视发挥道教斋醮科仪的社会功能，并"推进了内丹道在异域文化中开出东亚道教新的仙脉法统之精神动力"②。

翻阅《历世真仙体道通鉴》，可见有些修道者前来江苏修道，还有些茅山道士将上清经箓传播到各地，扩大了江苏道教在唐代的社会影响。

杨泰明，本儒生，事父母极孝，时呼为杨孝子。尝为汾阳王郭子仪幕客，性恬淡，不贪爵禄，出为长安令。唐代宗永泰元年（765年），乃易道士衣，弃官潜遁。初隐茅山，以其浅近，遂来庐山峰顶结庵，造青精饭，服以辟谷。造松柏为香，祷于九天使者真王，求长生之道，积十四年。杨泰明在庐山修道，因秉心清苦，精持道行，诚达九天，玉清太素三元君派神人下降，授《高上大洞经三十九章》，一号《九天太真道经》。杨泰明因依上清经行持，屏迹尘世，凡三十六年后乘云升腾而去。③

刘商，彭城人，家于长安。好学，强记攻文。进士擢第，历台省为郎中。性耽道术，逢道士即师资之，炼丹服气，靡不勤切。每叹光景甚促，筋骸渐衰，朝驰暮止，但自劳苦，浮荣世宦，何益于己。古贤皆弃官以求道，多得度世，幸毕婚嫁，不为俗累，岂劣于许远游哉。是以托病，免官入道。游及广陵，于城街逢一道士卖药，劝其无事到扬州，并赠刘商一小药囊。刘商打开重重纸裹一葫芦，得如麻子般的九粒药。依道士口诀吞之，顿觉神爽不饥，身轻飘然。过江游茅山，久之，复往宜兴张公洞。④

谭峭岩，茅山道士，唐敬宗宝历中（825—826年），游天台江浙间，年貌如二十许人。人亦不知其有道，务以阴功救物，常遗金于途，以拯贫乏，有"神丹以化瓦砾，符箓以制鬼神"的本领。弟子邓甲久事之，授以丹诀

---

① ［新罗］崔致远：《桂苑笔耕录》卷十五就收有"斋词一十五首"，载［新罗］崔致远著、李时人、詹绪左编校《崔致远全集》，上海古籍出版社2018年版，第336—357页。
② 孙亦平：《东亚道教研究》，人民出版社2014年版，第220页。
③ 《历世真仙体道通鉴》卷三十七，《道藏》第5册，第317页。
④ 《历世真仙体道通鉴》卷三十八，《道藏》第5册，第319页。

符术，则不能尽其妙，但陆擒咒虎，水缚蛟螭而已。峭岩谓曰："人赋分有定，水石能致其热，火不能致其寒，虽尽吾之道，而汝则止是矣。"文宗开成中，轻举于南岳矣。①

聂绍元，金陵道士，从小即雅好书史，尤精老庄文列。"一日诣金陵，师道士高朗昭，受戒箓。是夕梦入一城，官府甚严肃，中有朱衣者凭几谓绍元曰：'此司禄之所也，可自阅籍。'籍云：'聂绍元十八入道。二十授上清毕法，二十六又往南岳。'遂掩卷而寤。久之，自金陵还问政山，筑室以居。不偶世俗，自号无名子，作《无名子草堂记》，世多以练师称之。"②

谭紫霄（823—973年），一云子雷，"生于金陵，骨法魁梧，神识秀丽，龟形鹤步，圆目方喙。"因通识秘典灵书，谭紫霄"南之玉笥山为道士，后遇异人授以魁罡斗极观灯飞符之术，行之灵验。自是名倾江湖，依之如流。遂入闽中，闽主王审知礼加勤厚，一命洞玄天师，再命左街道门威仪贞一先生。""闽亡，归金陵，南唐烈祖闻之，遣使劳问，旁午于道召见，应对锋辩。上悦服，乃授左街道门威仪及锡命服，加真曜先生。""保大中，又赐金门羽客。紫霄素爱庐山胜概，于是卜白云峰之栖隐洞，即梁昭明太子书堂，今栖隐观是也。后主久钦其高风，复召至金陵，未几还山"③。谭紫霄于宋太祖开宝六年（973年）端坐而逝，春秋一百五十。该传还特别提及《南唐列传》的记载，说谭紫霄是泉州人，幼为道士。有道士陈守元"尝锄地得木札数十，贮铜盎中，皆张道陵符箓"，以授谭紫霄。谭紫霄尽能通之，遂自言得道陵天心正法，劾鬼魅、治产病多效。因此"今言天心正法者，皆祖于紫霄。"④谭紫霄曾在江苏传播天心正法。

另外，还有洞渊派道士也在江苏活动。在杜光庭著述中有两个与道士王纂有关的马迹山：其一舒州马迹山，"马迹山，在舒州，王先生修洞渊法处"⑤。其二是金坛马迹山，位于太湖边，西晋时，北方流民渡江后汇集于此安家。葛洪曾在马迹山立盟设坛。故杜光庭在《太上洞渊神咒经序》中特称金坛马迹山道士王纂于静室之中飞章告天，感太上道君降临，以《神

---

① 《历世真仙体道通鉴》卷三十九，《道藏》第5册，第321页。
② 《历世真仙体道通鉴》卷四十二，《道藏》第5册，第341页。
③ 《历世真仙体道通鉴》卷四十三，《道藏》第5册，第348页。
④ 《历世真仙体道通鉴》卷四十三，《道藏》第5册，第349页。
⑤ （唐）杜光庭撰：《洞天福地岳渎名山记》，《道藏》第11册，第59页。

咒经》及三五大斋之诀授之，命其按而行之，以阴功济物，拯护万民，于是，受感动的太上道君，"以神咒化经，复授于子，按而行之，以拯护万民也"①。所倡导的乱世思治论与东晋中叶上清派提出的"终末论"② 相一致，都是对当时江南社会现实的一种曲折反映。洞渊派作为道教经箓派中的一个派别，将王纂作为此派的创始人，以洞渊三昧法箓相传授。洞渊派道士以此上辟飞天之魔，中治五气，下绝万妖，以展现洞渊神咒的特殊威力。

唐代时，黄元赜、韩元最、韦善俊、叶法善、尹愔、赵元阳、范仙舟、何子玉、刘玄元等皆为洞渊派道士③，他们的活动范围虽然较广，但其中一些洞渊道士对推动江苏道教的发展也做出了努力。例如，生于道教世家的叶法善继洞渊道统并光大之。叶法善"少传符箓，尤能厌劾鬼神"④。自十三岁起就"凡名山胜地，自江汉之南，无不经历"，尤其是15岁那年因中毒将死时梦见青童君告以句曲仙人飞印相救，于是远访句曲山茅君。丁煌先生认为，叶法善15岁那年中毒获救后，"游茅山得遇茅君，当系神话。所遇者，必为依托茅君开教之上清茅山宗道士，唯确遇何人，今已无从考证矣，以年推之，王远知、王轨、潘师正、魏隆诸人，皆有可能"⑤。因此，叶法善最初的师父应该是"上清派道士"，后师事豫章万法师，求炼丹辟谷、导引胎息之法，又入西蜀"于青城赵元阳受遁甲步玄之术。嵩高韦善俊传八史云蹻之道。后入蒙山，访求隐术"⑥。赵元阳也是洞渊派高道，韦善俊所传叶法善的"八史"⑦ 可能来自江南道教中流行的通过八卦之精来通灵感圣以厌劾鬼佐之道术，如《抱朴子内篇·杂应》所说："八史者，八卦之精也，亦足以预识未形矣"。叶法善精洁修持，通过融会上清、正一道法，使以斋咒为人治病的洞渊派在江南地区兴盛一时。

江苏在唐代远离北方政治中心，从地方志记载的道观分布情况看，道教

---

① 《太上洞渊神咒经》卷一，《道藏》第6册，第1页。
② 有关道教的"终末论"（eschatolgy），可参见 [日] 小林正美《东晋时期道教的终末论》，《世界宗教研究》1995年第4期。
③ 李远国：《道教"北极驱邪院印"考辨》，《道学研究》2003年第1期。
④ 《旧唐书》卷一百九十《方伎传》第一百四十一《叶法善传》。
⑤ 丁煌：《汉唐道教论集》，中华书局2009年版，第172页。
⑥ 《唐叶真人传》，《道藏》第18册，第80页。
⑦ 《历世真仙体道通鉴》卷三十九，《道藏》第5册，第321页。

在江苏呈现出苏南兴盛、苏北较弱的格局。但跟随着唐王朝的宗教政策，散在全国诸州府宫观中规模最为宏伟的是那些被皇帝敕封的、供奉太上老君神像的太清宫、紫极宫、开元观，江苏道教也不例外。据说，开元观的建立与唐玄宗梦到玄元皇帝有关①。唐玄宗崇拜老子，利用道教，利用此梦，宣扬玄元之教，家国是资，于是下诏天下各州郡广建开元观，又将一些古老道观改为玄元观，有些记载为"开元宫"，专门供奉道教神像。唐玄宗为表达王权之神圣，还下敕在各地开玄观中树等身像，天宝"三载三月，两京及天下诸郡于开元观、开元寺，以金铜铸玄宗等身天尊及佛各一躯"②，期望用道教信仰来提升王权的神圣性，"唐玄宗制作自己等身像与加强中央集权制有关"③。包艳著《唐代长江流域开元造像考》搜索出长江流域新建开元观22所，其中与江苏道教有关的只有2所——扬州府兴化县开元观和苏州开元观。但其实数量还远不止此，我们在调查中看到的还有：

（1）镇江玄妙观，俗呼东观，唐时称为紫极宫老子祠："玄妙观在石桥西北，即唐紫极宫老子祠也……唐以老子为祖，乃建宫奉之，长安曰太清，洛阳曰太微，诸郡曰紫极"④。

（2）常州府江阴县的通玄观，是唐代兴建的专奉"玄元真容"的官方宫观。据《通玄观铜钟铭》记载：唐开元十五年（727年），"常州江阴县通玄观道士缪行崇等，炼众宝以成神钟，其火朵盘龙，掘千钧而驻迴，花开明月，衔五音而照空。威警三天，声搏八极，员渊偶韵，夜息焚烧，紫府聆音，昼飞真气，鸿因严备，乃记铭云。"⑤这座开元观展现了唐代江苏道教宫观建筑的时代特色。

（3）扬州府兴化府开元观，其前身是唐贞观三年（629年）兴建的玉虚观，因附近是盐场，故专供水神。据说"这是可以查阅的兴化境内最早

---

① （宋）司马光编：《资治通鉴》第15册，中华书局1956年版，第6843—6844页。
② 《旧唐书》志第四《礼仪四》。
③ ［日］那波利贞：《唐代社会文化史研究》，东京创文社1974年版，第47—53页。近年来有关供奉玄宗等身像的原因及寺观的研究成果还有：肥田路美《唐代皇帝肖像雕刻的意义与制作意图的一个侧面》（韩国中国史学会编《中国史研究》第35辑，2005年版）、雷闻《论唐代的皇帝图象和祭祀》（《唐研究》第9卷，北京大学出版社2003年版）、聂顺新：《唐玄宗御容铜像广布天下寺观考辨》（《唐史论丛》2015年第2期）等。
④ 《至顺镇江志》卷十《道观》。
⑤ 《全唐文》卷三百五十四，上海古籍出版社1990年版，第2册，第1586页。

的一座道观"①。依据唐玄宗敕令：开元"二十六年（738年）六月一日，敕每州各以郭下定形胜观寺，改以'开元'为额"②的要求，此处既属于城外近郊的"郭下"，也是当地的一座"形胜观寺"，故改名为开元观。兴化府开元观后成为当地道教活动中心，直到清代才遭毁坏。

（4）苏州玄妙观富丽堂皇，在唐代江苏所建的崇拜老子的宫观中影响最大，从唐开元年间至五代时一直称为开元观，如范成大《吴郡志》中记载："天庆观，在长洲县西南，即唐开元观也。兵火前，栋宇最为宏丽"③。最引人注目的是，据朱长文撰《吴郡图经续记》中有苏州玄妙观中供奉着"金铜玄宗圣容"的记载：

> 开元中，诏天下置开元寺，遂改名开元，金书额以赐之。寺中有金铜玄宗御容。当天下升平，富商大贾远以财施，日或有数千缗。至于梁柱栾楹之间，皆缀珠玑，饰金玉，莲房藻井，悉皆宝玩，光明相辉，若星辰相罗列也。④

经过唐末大顺二年（891年）孙儒焚苏州、宋建炎四年（1130年）金兀术火烧平江这二次兵祸战火，苏州玄妙观中的"金铜玄元真容"还是保存了下来。传到南宋理宗时，上清大洞道士冯大同认为碑刻更易保存，于是在玄妙观内殿宇重新修葺时，将唐代画家吴道子所绘老子像、唐玄宗御赞、书法家颜真卿的书写汇刻为"老子像碑"，请张允迪摹刻于石碑上，立于三清殿中。⑤《吴道子画老君像碑》今存于玄妙观三清殿西壁，碑侧有跋文："老子圣像，吴道子笔。斯本久矣，不敢珍藏，谨捐命工刊石，以广其传。宝庆初元民岁腊日，姑苏天庆观大同道士冯大同⑥恭题，张允迪摹刻。"⑦这

---

① 张葛珊编：《泰州道教》，宗教文化出版社2013年版，第39页。
② （宋）王溥：《唐会要》上册，上海古籍出版社2006年版，第1029页。
③ （宋）范成大：《吴郡志》卷三十一《宫观》。
④ （宋）朱长文：《吴郡图经续记》卷中《寺院》。
⑤ （清）顾震涛撰：《吴门表隐》卷五也有记载："宋宝庆初元道士冯大同题，张允迪勒石。"（江苏古籍出版社1999年版，第61—62页）
⑥ 亦称马大同，如《苏州府志》一百四十一《金石》二《长洲县唐下》："玄宗太上玄元皇帝像赞碑，吴道子画，颜真卿书。宝历初元道士马大同刊。"
⑦ 转引张晓旭《苏州碑刻》，苏州大学出版社2000年版，第113页。

就是三位作者都生活在唐代，然像碑却勒于南宋的原因。宋代改开元观为天庆观，观主冯大同集御赞、名画和书法于一碑，世称"三绝碑"。又因刻石高手张允迪摹刻又称"四绝碑"。虽然饶宗颐在《吴县玄妙观石础画迹》中依据白玉蟾《诏建三清殿记》而提出"此文记宋时玄妙观营建始末最为详悉，前后历五十载，终由马大同完成，时当宝庆初年。因其刻吴道子画老子像，故石础各画，后人附会为吴道子笔，实无证据"①。但苏州道教及当地百姓仍称此碑为"三绝碑"。

另外，唐王朝还在江苏敕建了一些新道观，海安市佑圣观为纪念西河县尉王旭光所建，唐显庆元年（656年），敕封为祖师观；常州府武进县的含辉观敕建于唐乾封元年（666年）；苏州府西洞庭林屋洞旁的灵祐观建于乾封二年（667年），至今仍在；吴江县衍庆昭灵观唐开元元年（713年）敕建；苏州盘门外的修和观是唐进士毕诚舍宅而建，五代时改称太和宫；苏州府吴县洞庭西山毛公坛侧的洞真宫建于唐至德二年（757年），后改名仙坛观。宜兴市张公洞，旧称洞灵观，开元元年（713年）万惠昭天师投龙至此，奏复为观，唐玄宗赐额的天申万寿宫等。

与茅山道教相近的太湖流域及苏南地区，也是道教信仰的传播地，当时的宫观中有一些是前朝建造而持续到唐朝的，有些是捐宅而建的，有的是唐代新建的，每个道观都有自己特有的历史和故事，如苏州的洞庭宫、上真观、林屋洞天、致道观等，常州的洞阳观、妙觉观、通真观，常熟的致道观、元阳观。另外还有扬州的槐古道院，来自唐代传奇小说《南柯太守传》，主人游侠淳于棼在家中古槐树下醉梦，流传出"南柯一梦"的传奇故事，他也因感人生虚幻乃出家为道士，并舍宅为道观。

从江苏地区看，那些由皇帝下令修建敕封宫观，占尽湖山之景色，往往被建筑得"如王者之居"，有的表现出富丽堂皇的皇家气派，形成了一种较为固定的建筑格局。这些宫观一般由供奉神灵的殿堂、斋醮祈禳的坛台、讲经诵经的房间、道士生活的居室等组成。"唐代以后，受到佛教寺院的规范化影响，中国宫观建筑的程式更为严格。据道经记载，当时的宫观格局大致为位于南北中轴线上的观门、坛、天尊殿（堂）、讲经堂等主要建筑与中轴线东、西两翼的若干院、房、楼、阁等供道士女冠焚香静念、修道斋戒的附

---

① 《中央研究院历史语言研究所集刊》第45本，第2分册，1974年，第274页。

属建筑。"① 从此"宫观"成为道士祭神和居所的专有名称。那些规模较小的道馆，依神而建，有的延续传统仍称道院、庵、庙、祠，还有的称为精舍，江苏道教宫观因此呈现出不同的规模和等级。

第三节 吴筠与上清派关系考

在今人著作中经常将唐代著名道士吴筠（？—778年）称为"上清派茅山宗高道"、"茅山派宗师"，但令人困惑的是，据《旧唐书》记载，吴筠早年"乃入嵩山，依潘师正为道士，传正一之法，苦心钻仰，乃尽通其术。开元中，南游金陵，访道茅山"②。但《新唐书》只说吴筠"入嵩山依潘师正，究其术"而回避了他学习何派道法。《茅山志》中却说："吴筠，鲁中儒，入嵩山依宗师潘师正为道士，传上清之法，苦心钻仰，乃尽通其术。开元中，南游金陵，访道茅山，久之东，游天台。"③ 正史与道书的不同记载，引起今人对吴筠的籍贯、生年、经历、师承、著作有着不同说法，连带对其学道经历、所属教派、思想倾向也是争议不断。

到目前为止，最早对吴筠的生平事迹进行介绍的是唐朝礼部侍郎权德舆④。有着中唐文坛"宗匠"之称的权德舆（759—818年），字载之，其生活时间与吴筠同时而稍后。出生于仕宦世家的权德舆虽然是天水略阳（今甘肃秦安）人，但由于其父在安史之乱爆发后，"两京蹂于胡骑，士君子多以家渡江东"⑤之时，也流寓江东，"迁徙润州丹徒"（今江苏镇江）⑥。权德舆七岁居父丧，后又随母迁居丹阳练塘（今江苏丹阳），此地与上清派祖庭茅山相距不远。权德舆"未冠，以文章称诸儒间"，后游历江湖，读书交友，增长阅历。《茅山志》卷二十八中收有权德舆三首参访茅山的诗词，如《题崔山人草堂》："竹径茅堂接洞天，闲持尘尾漱春泉。世人车马不知处，

---

① 段玉明：《中国寺庙文化》，上海人民出版社1994年版，第145页。
② 《旧唐书》卷一百九十二《吴筠传》。
③ 《茅山志》卷十五，《道藏》第5册，第619页。
④ 《新唐书》卷一百六十五《权德舆传》。
⑤ 《旧唐书》卷一百四十八《权德舆传》。
⑥ 《新唐书》卷一百九十四《卓行传》："权皋，字士繇，秦州略阳人，徙润州丹徒。"

时有归云到枕前。"① 可见权德舆与茅山道教的交往。"德宗闻其材，召为太常博士，改左补阙。"② 权德舆到京都长安后，历任兵部侍郎，后又自太常卿拜礼部尚书、同中书门下平章事等职。

吴筠升仙后，权德舆受吴筠弟子邵冀玄之请，为其整理诗文，今天《道藏》中有署名权德舆撰《宗玄先生文集序》和《吴尊师传》都是介绍吴筠生平事迹的。还有元代张天雨编《玄品录》中曰：吴筠"东游天台剡中，与李白、孔巢父为方外交。有文集二十卷，权德舆为序，其《玄纲》三篇、《神仙可学论》等，为达识之士所称"③。但辛文房《唐才子传》中却言：吴筠"善为诗，有集十卷，权德舆序之"④。无论是十卷还是二十卷，都说明吴筠的著述甚丰，而且还都与权德舆有关。

另外《旧唐书》卷一百九十二《吴筠传》、《新唐书》卷一百六十五《吴筠传》、高似孙《剡录》卷三、陈葆光《三洞通仙录》卷六、陈耆卿《嘉定赤城志》卷三十五、辛文房《唐才子传》卷一，以及《历世真仙体道通鉴》《玄品录》《茅山志》等中均收有吴筠传记。据日本学者麦谷邦夫研究，"《新唐书》中的相关记载应该来源于权《序》，《旧唐书》的记载源自何处目前无法得知"⑤。笔者通过比对后发现，《新唐书》与《宗玄先生文集序》相似，《旧唐书》与《吴尊师传》除个别字句外，其内容基本相同。据郁贤皓《吴筠荐李白说辨疑》的考证，"吴筠死的时候，权德舆已经二十岁。此《序》是权德舆受吴筠的门生邵冀玄请托而写的，吴筠的事迹当是邵冀玄亲口所说，因此，《序》中的记载当然是可靠的"⑥。为什么同题为"唐礼部尚书权德舆撰"的《宗玄先生文集序》（简称《序》）和《吴尊师传》（简称《传》）同收入《宗玄先生玄纲论》中，一处开篇，一处结尾，但对吴筠的籍贯、学历、师承、交游等却有不同的说法，由此导致了新旧唐书等文史记载中有关吴筠的生平事迹颇有抵牾。

---

① 《柳谷汧故居》《春游茅山酬杜评事见寄》《题崔山人草堂》等，《茅山志》卷二十八，《道藏》第5册，第680—681页。
② 《新唐书》卷一百六十五《权德舆传》。
③ 《道藏》第18册，第129页。
④ （元）辛文房：《唐才子传》，古典文学出版社1957年版，第14页。
⑤ ［日］麦谷邦夫：《吴筠事迹考》，京都大学《东方学报》2010年，第243—270页。
⑥ 郁贤皓：《吴筠荐李白说辨疑》，《南京师大学报》1981年第1期。

对此历来有两种解释：其一是这篇《吴尊师传》就是《旧唐书》中的《吴筠传》。因为权德舆曾写过《中岳宗元先生吴尊师集序》，后人在嘉庆年间辑刻《权载之集》时，将此文编入其中，后来编纂《道藏》时，有人就将《吴尊师传》误署为"权德舆撰"。其二是此文原是道士编的吴筠传，后收入《道藏》中，《旧唐书》的《吴筠传》是从《道藏》中转抄而成。郁贤皓认为"《吴尊师传》与《吴尊师集序》所记吴筠生平事迹出入极大，不可能同出一人之手"[①]。故《吴尊师传》非权德舆所作。但李生龙不赞同这种将《吴尊师传》视为"殆出于依托"，"不可信从"之说。他认为"这篇《吴尊师传》除个别地方文句上有增删外，几乎与《旧唐书》吴筠本传完全相同。"[②] 并推测有两种可能性：一是《吴尊师传》抄《旧唐书》，权德舆之名为后人误署；二是《旧唐书》从当时的《道藏》转抄而成。至于《序》与《传》为何同收入《宗玄先生玄纲论》中，"这只有一种可能，即《道藏》编集《宗玄先生文集》时，既见到权《序》，又见到《旧唐书》吴筠本传，未作考证，姑两存之。所以，《吴尊师传》的作者即是《旧唐书》的作者，无疑为张昭远、贾纬等人采录旧史写成"[③]。若从内容上看，《吴尊师传》比《宗玄先生文集序》更为简练，它的鲜明特征是依据古代正统史学观，不仅记述了吴筠的生平事迹，更是为了有利于帝王的"治道"而将吴筠塑造成宣扬儒家"名教世务"的道士，因此说它来自《旧唐书》也是有道理的。

《宗玄先生文集序》是权德舆受吴筠弟子邵冀玄之托，"自（吴筠）先生化去二十五岁"，即唐德宗贞元十九年（803年）时撰写的，其中对吴筠的生平事迹著述都作了介绍：

> 先生讳筠，字贞节。华阴人也。年十五笃志于道，与同术者隐于南阳倚帝山，阅览古先，迥蹈物表，芝耕云卧，声利不入。天宝初，玄纁鹤板，征至京师，用希夷启沃，吻合玄圣，请度为道士。宅居于嵩阳

[①] 郁贤皓：《吴筠荐李白说辨疑》，《南京师大学报》1981年第1期。
[②] 李生龙：《李白与吴筠究竟有无交往》，《李白研究论丛》第2辑，巴蜀书社1990年版，第251页。
[③] 李生龙：《李白与吴筠究竟有无交往》，《李白研究论丛》第2辑，巴蜀书社1990年版，第252页。

丘，乃就冯尊师齐整受正一之法。初，梁贞白陶君（弘景）以此道授升玄王君（远知），王君授体玄潘君（师正），潘君授冯君。自陶君至于先生（吴筠）凡五代矣。皆以阴功救物，为王者师。（天宝）十三年，召入大同殿，寻又诏居翰林。明皇在宥，天下顺风祈向，乃献《玄纲》三篇，优诏嘉纳，志在退举，累章乞还。……大历十三岁，岁直鹑首，止于宣城道观，焚香返真于虚室之中。门弟子有邵冀玄者，率吁其徒宁神于天柱西麓，从其命也。①

《序》对吴筠的生平事迹及著述作了较为细致的介绍，此文后以《中岳宗元先生吴尊师集序》（简称《吴尊师集序》）为题收入《全唐文》卷四百八十九，也收录在权德舆的《权载之集》卷三十三中。虽然有人认为："《旧唐书·吴筠传》中的记载，错误很多，不但与权《序》不合，而且与吴筠自己诗文中的记载也不合，说明这篇传记不足信从。我们研究吴筠的事迹，当以权德舆的《序》为可靠资料。"② 但是细读《序》，它也没有明确说明吴筠是否到过茅山，如何传承上清经法，而且与《旧唐书·吴筠传》及《吴尊师传》对吴筠的生平事迹记载也不甚相同，这就需要我们再参考吴筠的相关资料进行考证分析。

相关史料在讲述"吴筠"这一个人时存在着差异甚至矛盾，这种不同又通过新旧唐书而不断扩展其社会影响，因此导致人们长期以来在吴筠是否举进士不第、是否与李白有交往、是否到过江苏茅山、是否属于上清派等问题上一直存在着争议。与江苏道教的发展相联系，我们主要通过吴筠的行历、师承及思想来考察其与茅山上清派的关系。

第一，什么原因促使年轻的吴筠去修道呢？吴筠是自幼笃志于道，还是因为"举进士不第"而走入道门呢？《宗玄先生文集序》说吴筠"年十五笃志于道，与同术者隐于南阳倚帝山"，没有提及他参加科举之事。《旧唐书·吴筠传》和《吴尊师传》都认为吴筠本为"鲁中之儒士也"，后参加科

---

① 《道藏》第 23 册，第 653 页。
② 郁贤皓：《吴筠荐李白说辨疑》，《南京师大学报》1981 年第 1 期。

举，落第不中①，才入嵩山，由学儒转为修道的，依体玄先生潘师正为道士，授正一之法，但未说明具体的时间。到"开元中"，玄宗闻吴筠之名，才遣使征之入京的。《新唐书》则含糊地说："通经谊，美文辞，举进士不中。"参考吴筠《高士咏》的诗句："予自弱年，窃尚真隐，远览先达，实怡我心。"② 可见吴筠弱年时即有好道之倾向。《宗玄先生文集序》认为吴筠求取功名失败后由学儒而转为隐于南阳倚帝山（河南镇平县）修道，对此宋代罗泌撰《路史》也提供了佐证："《山海经》有倚帝之山。唐吴筠下第，遂居南阳倚帝山即此。"③ 笔者查阅《道藏》未见将倚帝山列为道教名山，只是在介绍吴筠时才特别提及，倚帝山似乎成为吴筠隐居之地的特殊标签。有人从《全唐诗》中的吴筠《游倚帝山二首》的"山间非吾心，物表翼所托"、《秋日望倚帝山》的"竭来从隐沦，式保羡门计"之句中，推测吴筠显然有不欲久住此山之意。④ 也有人认为"吴筠在天宝元年以前一直隐居在南阳倚帝山，天宝元年从倚帝山进京，接着就入嵩山为道士，天宝十三载又一次进京，献《元纲论》，供奉翰林，后又回嵩山"⑤。但《旧唐书·吴筠传》和《吴尊师传》却说吴筠先学儒学，在科举不第后，转向带有自然主义特点的道教，但依然像大多数士人那样坚持儒学，故评价吴筠"近古游方外而言六义者，先生实主盟焉"。笔者认为，吴筠的先儒后道反映了大多数士人的学习经历。由此才能理解，为什么吴筠在励志修道后，又以儒道兼修而著称。为什么吴筠在将老子五千言作为"道法之精"向帝王推荐时，又多谈"名教世务"而不重道教所倡"神仙修炼之事"。由此也才能理解，为什么唐玄宗会对吴筠深加礼重，赐号为"宗玄先生"。

第二，吴筠在被征召至京城前是否到过茅山？《宗玄先生文集序》曰："天宝初，玄纁鹤板，征至京师。"吴筠因诗文俱佳，在天宝初年被征召进

---

① 但傅璇琮在校笺《唐才子传》中"吴筠"条目时说："考唐人应举不第而隐居入道者颇众，权《序》所云，亦不能遽定其未曾中举。"（傅璇琮主编：《唐才子传校笺》第 1 册，中华书局 1987 年版，第 150 页）。

② 《宗玄先生文集》卷下，《道藏》第 23 册，第 669 页。

③ （宋）罗泌：《路史》卷三，中华书局 1985 年版，第 78 页。

④ 《全唐诗》卷八百八十八。许嘉甫认为："吴筠隐居南阳倚帝山当始于开元十六年前后，入嵩山为道士从冯齐整受正一之法当始于开元十八年稍后，南游必在开元二十年之际，东游则在开元末也。"（许嘉甫：《吴筠荐李白说征补》，《临沂师专学报》1995 年第 4 期）

⑤ 郁贤皓：《吴筠荐李白说辨疑》，《南京师大学报》1981 年第 1 期。

京。诗人李白"生平志慕神仙，学宗老氏"①，与吴筠交好。"天宝初，客游会稽，与道士吴筠隐于剡中。既而玄宗诏吴筠赴京师，筠荐之于朝，遣使召之，与筠俱待诏翰林。"②新旧唐书《李白传》都说李白是由吴筠推荐进京，两人"俱待诏翰林"。③但《吴尊师传》中却明确说：吴筠"开元中，南游金陵，访道茅山，久之东游天台。筠尤善著述，在剡与越中文士为诗酒之会，所著歌篇传于京师。玄宗闻其名，遣使征之"④。有关吴筠与李白的关系，曾引起学者们的热烈讨论⑤。美国学者宇文所安认为："吴筠奉召，带了李白一起入宫，两位诗人都被授予翰林院的职位。他们都为权势熏天的宦官高力士所敌视，李白在宫中的问题，看来可能产生自他与吴筠的关系。在安禄山反叛前某年，也可能早在 744 年，吴筠退出宫廷，以道教隐士的身份在东南地区度过其后的生涯。"⑥笔者参考吴筠撰《宗玄先生玄纲论》，其开篇是"道士臣筠言《进玄纲论表》"，文末署名为："天宝十三载六月十一日，中岳嵩阳观道士臣筠表上"。另外，《道门通教必用集》卷一《历代宗师略传》在介绍吴筠时也说："天宝初，召至京师，请隶道士籍，依潘师正先生究其道。"⑦另据《历世真仙体道通鉴》载："天宝三载甲申，白与吴筠善，筠待诏翰林，白亦至长安。"⑧明确说是天宝三年（744 年）。吴筠在天宝十三年（754 年）之后写文章，如《简寂先生陆君碑》才署名"翰林供

---

① 《历世真仙体道通鉴》卷三十七，《道藏》第 5 册，第 313 页。

② 《旧唐书》卷一百九十《李白传》。

③ 但李白的诗文中从未提及吴筠的推荐，却强调自己"名动京师"，如《为宋中承自荐表》说："前翰林供奉李白，年五十有七。天宝初，五府交辟，不求闻达。亦由子真谷口，名动京师。上皇闻而悦之，召入禁掖"。（转引自李长之《李白传》，浙江文艺出版社 2019 年版，第 189 页）学术界多认为李白是在天宝元年奉诏进京的，但是否为吴筠的推荐尚有争议。

④ 郁贤皓认为，吴筠到会稽"在剡与越中文士为诗酒之会"是在安史之乱以后，而不是什么在"开元中"。（其著《吴筠荐李白说辨疑》，《南京师大学报》1981 年第 1 期）

⑤ 请参见李宝均《吴筠荐举李白入长安辨》，《文史哲》1981 年第 1 期、郁贤皓《吴筠荐李白说辨疑》，《南京师大学报》1981 年第 1 期、许嘉甫《吴筠荐李白说征补》，《临沂师专学报》1995 年第 4 期、李生龙《李白与吴筠究竟有无交往》，李白研究学会编《李白研究论丛》第 2 辑，巴蜀书社 1990 年版。

⑥ [美]宇文所安：《盛唐诗》，贾晋华译，生活·读书·新知三联书店 2014 年版，第 174 页。

⑦ 《道藏》第 32 册，第 7 页。

⑧ 《历世真仙体道通鉴》卷三十七，《道藏》第 5 册，第 313 页。

奉"①。从时间上看，吴筠在天宝初年入京师前，于开元中，南游金陵，访道茅山是比较符合历史实际的。②

第三，吴筠的师承关系如何？主要有两说：一是依潘师正说。吴筠因其论道颇合玄圣，乃"请度为道士。宅居于嵩阳丘"。《吴尊师传》认为吴筠"依体玄先生潘师正为道士，传正一之法"。《新唐书》也延续依潘师正说："天宝初，召至京师，请隶道士籍，乃入嵩山依潘师正，究其术。"③ 但有人提出："吴筠本传只说'依潘师正'，一个'依'字，就表明吴筠只是潘师正的门下再传弟子，可见是有分寸的。"④ 确实，从潘师正与吴筠两人的生卒年来看，将吴筠作为潘师正的弟子还是需要谨慎的。因为潘师正卒于唐高宗永淳元年（682年），一说嗣圣元年（684年），吴筠则生年不详，卒于大历十三年（778年）。从吴筠诗《元日言怀因以自励诒诸同志》中"驰光无时憩，加我五十年，知非慕伯玉，读易宗文宣"⑤ 可知，天寅十四年（755年）吴筠正好50岁，由此可推算他生于唐中宗神龙元年（705年）。也就是说，潘师正仙逝时，吴筠还没有出生，潘师正怎么能成为吴筠的度师呢？查考《历世真仙体道通鉴》《三洞群仙录》等道教仙传，其中均未说吴筠"传正一之法"，只说他曾入嵩山依潘师正究其术："唐明皇天宝初，召至京师，隶为道士籍。入嵩山依潘师正究其术，南游天台，观沧海。与有名士相娱乐，文辞传京师，明皇遣使召见大同殿，与语甚悦，敕待诏翰林，献《玄纲论》三篇"⑥。

二是师承冯齐整说。《宗玄先生文集序》说吴筠是在天宝初年与唐玄宗相见之后，"请度为道士"，后师承"冯尊师齐整受正一之法"⑦，教其"正一之法"的老师不是"潘君"而是"冯君"，并展示了"冯君"之法的传授次第：

---

① 《全唐文》卷九百二十六，上海古籍出版社1990年版，第4册，第4283页。
② 卿希泰主编：《中国道教》第一卷《吴筠》中也持此说法。（《中国道教》第一卷，东方出版中心1994年版，第277页）
③ 《新唐书》卷一百九十六《吴筠传》。
④ 李生龙：《李白与吴筠究竟有无交往》，《李白研究论丛》第2辑，巴蜀书社1990年版，第254页。
⑤ 周振甫主编：《唐诗宋词元曲全集·全唐诗》第4册，黄山书社1999年版，第6273页。
⑥ 《历世真仙体道通鉴》卷三十七，《道藏》第5册，第313页。
⑦ 崔曙：《高山寻冯炼师不遇》，载《全唐诗》卷一百五十五，可知当时嵩山上确有冯尊师。

初，梁贞白陶君以此道授升玄王君，王君授体玄潘君，潘君授冯君。自陶君至于先生，凡五代矣。皆以阴功救物，为王者师。①

在这一传授次第中，吴筠是通过冯齐整而成为潘师正的二传弟子。对吴筠的师承关系有不同说法，詹石窗认为："吴筠度为道士与学'正一之法'当非出于同时，而师承亦不一。他的真正度师应是潘师正，所以，受度为道士的时间至迟当在嗣圣元年，也就是公元684年，而'正一之法'则又是由'冯君'传授的"②。笔者认为，吴筠在云游中广泛学习，但接续着潘师正思想弘传上清之法始终是重点。

吴筠与茅山上清派的关系，在各种文献中有不同的说法。《宗玄先生文集序》只说吴筠就冯齐整而传承了陶弘景、王远知、潘师正一系的道法。天宝（742—756年）年间，在京城的吴筠看到朝廷纲纪败坏，预知天下将乱，坚求返还嵩山，累次上表而不被允许。不久安史之乱爆发，战火蔓延至京师，吴筠再次要求返还茅山，许之。《旧唐书·吴筠传》中也有相同的叙述：

天宝中，李林甫、杨国忠用事，纲纪日紊。筠知天下将乱，坚求还嵩山。累表不许，乃诏于岳观别立道院。禄山将乱，求还茅山，许之。既而中原大乱，江淮多盗，乃东游会稽。尝于天台剡中往来，与诗人李白、孔巢父诗篇酬和，逍遥泉石，人多从之。竟终于越中。

这里有两点值得注意：一是吴筠在开元末年从京城出来后，与李白等同隐于天台剡中："尝于天台剡中往来，与诗人李白、孔巢父诗篇酬和"，而非在去京城之前就与李白有交往。据此有人认为："说明权德舆《序》中的记载是完全正确的，而《旧唐书·吴筠传》说他在'开元中'南游金陵、访道茅山、东游天台'在剡与越中文士为诗酒之会'，都是没有根据的。"③二是吴筠在到京城之前已到过茅山，安史之乱爆发后，要求归还茅山而获

---

① 《道藏》第23册，第246页。
② 詹石窗：《吴筠师承考》，《中国道教》1994年第1期。
③ 郁贤皓：《吴筠荐李白说辨疑》，《南京师大学报》1981年第1期。

准,但因江淮多盗,他从京城出来到南方后,栖匡庐,登会稽,似乎绕过茅山而直接去了会稽。

我们再参照《道藏》中的相关记载作一探讨。《茅山志》延续《旧唐书·吴筠传》的记载:"既而中原大乱,江淮多盗,乃东游会稽天台,与李白、孔巢父诗篇酬和,逍遥泉石,竟终于越中。"① 保留至今的吴筠诗文因散失太多,其中竟未能发现一篇有关于茅山的作品。笔者认为,吴筠虽然没有立足于茅山传道,但他通过云游弘道使上清派越出江南道门,走向诗席文坛,进入长安宫廷,其"泊然以微妙"的精神也为社会各阶层所接受。

再以吴筠撰写的《简寂先生陆君碑》来看,吴筠是在躲避"安史之乱"的过程中投迹江南的,他曾在上元二年(761年)栖居庐山,在山上住了六年,然后再顺长江而下,经过当涂、南京直奔茅山,后又东游会稽。途经南京时,吴筠还撰《建业怀古》诗:"皇家一区域,玄化通无垠。常言宇宙泰,忽遭云雷屯。极目梁宋郊,茫茫晦妖氛。安得倚天剑,斩兹横海鳞。"② 字里行间表达对"安史之乱"的强烈否定。大历七年(772年),吴筠与颜真卿、刘全白在湖州交游时,刘全白的妹妹还曾拜吴筠为师。③ 颜真卿《登岘山观李左相石樽联句》中提及"道士吴筠"④。僧人皎然作《奉同颜使君真卿清风楼赋得洞庭歌,送吴炼师归林屋洞》诗中也说:"吴兴太守道者流,仙师远放清风楼"⑤。这个吴炼师即吴筠,吴兴太守即颜真卿。

我们再参照《南统大君内丹九章经》对吴筠与茅山上清派的关系作一探讨。存于《道藏》中《南统大君内丹九章经》由前序、正文和后序组成,虽未标作者,但其前、后序都题为"吴筠序"。篇首序是讲述吴筠学道及遇李谪仙获得此经的经历:

予于开元中著《玄纲论》及《养形论》行于世,诏授江州刺史,

---

① 《茅山志》卷十五,《道藏》第5册,第619页。
② 周振甫主编:《唐诗宋词元曲全集·全唐诗》第16册,黄山书社1999年版,第6266页。
③ (唐)赵璘:《因话录》卷三记载:"刑部郎中元沛妻刘氏,全白之妹,贤而有文学,著《女仪》一篇,亦曰《直训》。夫人既寡居,奉玄元之教,受道箓于吴筠先生,精苦寿考。"(赵璘撰:《因话录》,中华书局1985年版,第20—21页)
④ 《全唐诗》卷七百八十八。
⑤ 《全唐诗》卷八百二十一。

辞而不受，晦迹隐于骊山养胎息。至元和中游淮西，遇王师讨蔡贼吴元济，避乱东之于岳，遇李谪仙以斯术授予曰："此南统大君之生门也，入其门则我命在我。九章象阳之爻数也，其文略，其事简，实学道之渐阶，为求生之真路也。"又曰："内丹者，即此也。吾今授汝，慎勿泄无器识謟神灵之徒，否则雁灾矣。九章之旨，许度后人，但不授中下之才者尔。"①

前序末署有"故录为之序引。唐元和戊戌吴筠序"。唐元和戊戌即公元818年，此时离吴筠去世已有40年了，再参照文中隐于骊山、遇王师讨蔡贼吴元济等与吴筠行历不合，故一般认为"序文显系伪造"②，有的还进一步认为《南统大君内丹九章经》也是伪托吴筠之作。

但朱越利先生在《吴筠于茅山受〈南统大君内丹九章经〉考》中对前、后序进行了细致考证，他认为"该经的正文、后序为吴筠作，前序原是王虚无作，后人妄改为吴筠作"。"王虚无写下自己的经历和降授的神话，置于卷前为'前《序》'。"③笔者认为，若从前序的内容上看，其中作《玄纲论》及《养形论》行于世与吴筠的经历相合，是否可看作是王虚无于唐元和戊戌年录吴筠语而成的？后序则是吴筠以第一人称的口吻讲述了在茅山修道得内丹神诀的经过：

> 予四十年方遂一第，既知命寡，遂慕寻真，讨究仙经，莫得生理，因南访茅君修真之迹，登茅巅，入石室，先得《元道真经》，即太上道君归根复本号而不嘎之理也。乃执其理十余年，惟攻胎息，续用既劳，嗟乎非眼前之睫也。后再游，逢老叟曰："汝欲学仙乎？学仙者从尘入真，如炼矿而镕金也，何不先求命术，以延其生，后修阴德，登其渐阶乎？……昔茅君上升，留《大君命术》藏于山巅石室，俾吾守之，盖欲传于夙分者也。汝格孤气清，必有仙骨。"乃出此九章，授予而去。

---

① 《道藏》第23册，第683页。
② 任继愈主编：《道藏提要》，中国社会科学出版社1991年版，第800页。
③ 朱越利：《吴筠于茅山受〈南统大君内丹九章经〉考》，《道教考信集》，齐鲁书社2014年版，第62—65页。

嘱曰："此即所求之鱼兔也,道非身外,宝之!宝之!"乃录其言为序以纪之,仍目之曰内丹神诀矣。吴筠序。①

《大君命术》可能即《南统大君内丹九章经》,该经共九章,倡导修炼有九步骤,又名《内丹九章经》:修内丹之始首先要明了"贤愚异实"的道理,然后再通过神光、朝斗、庚申、修阳德、导引元阳、阴忌、习近则生、七曜感通等方法使"学仙者从尘入真",从中可见吴筠沿着上清派注重个体内修来讲述以集神存思为特征的"内丹神诀",从理论与实践上推进了倡导存思、导引、胎息的上清道法逐渐向以修炼精气神为内涵的"性命双修"的内丹道转型。这可能也是吴筠在天宝初年就能够在道教界小有名气的原因之一。

《吴尊师传》中记载了吴筠"开元中,南游金陵,访道茅山,久之东游天台"的经历。吴筠自言在茅山"惟攻胎息"并实践"先求命术,以延其生,后修阴德,登其渐阶"的上清道法。因此土屋昌明认为"诗人李白受吴筠的影响所受道法就属于茅山一系上清派"②。

有关吴筠所传道法之内容,是"传正一之法"还是"传上清之法"?在不同记载中有不同说法。《记》说吴筠"乃就冯尊师齐整受正一之法",《传》说吴筠"依体玄先生潘师正为道士,传正一之法"。虽然吴筠的师从不同,但"传正一之法"则是《传》与《记》中一致的表述。《旧唐书》说,吴筠"乃入嵩山,依潘师正为道士,传正一之法,苦心钻仰,乃尽通其术"③。《新唐书》说吴筠"入嵩山依潘师正,究其术"而回避了他学习何派道法。但《茅山志》则明确说"吴筠,鲁中儒,入嵩山依宗师潘师正为道士,传上清之法,苦心钻仰,乃尽通其术"④。潘师正是上清宗师,吴筠所在的嵩山嵩阳观是传播上清派的大本营。对《旧唐书》的说法,学界也有不同的解释:

其一,这是将"上清之法"误当作"正一之法"的结果。如陈国符先

---

① 《道藏》第23册,第684页。
② [日]土屋昌明:《李白之创作与道士及上清经》,《四川大学学报》2006年第5期。
③ (唐)权德舆撰:《吴尊师传》,《道藏》第23册,第682页。
④ 《茅山志》卷十五,《道藏》第5册,第619页。

生认为:"据《旧唐书》,本作正一之法,盖误,当作上清法。"① 以此推理,潘师正所传吴筠"正一之法"实为"上清经法"。

其二,认为《旧唐书》的说法是事实而非误。如卢国龙认为,作为王远知的弟子,潘师正"他所得传的,主要是《正一经》创例的七部经法,其述道书道教源起等,盖与《玄门大义》同一渊源,其书卷下并列有七部名目及卷数,此法无疑自臧矜、王远知传授而来,至于他条列诸名数以申述教义,更是宋文明、臧矜重玄一派的学术遗风"。因此"潘师正授学司马承祯时称传'正一之法',盖是实非误"②。

其三,认为潘师正、司马承祯等人不是上清派道士,而是接受了"上清经箓"的天师道道士。因此这些上清宗师既是"上清经箓"的传授者,也是"正一之法"的传承者。③ 小林正美提出,唐代李渤《真系》和元代刘大彬《茅山志》中所述"上清经箓传授次第"并非原样不动地意味着"上清派谱系"④。唐代道教的道士只有天师道的道士,不存在天师道之外的其他教派。

笔者认为,回答吴筠所属教派问题的关键是,如何看待唐代道教中的"上清经箓"与"正一之法"的关系问题?由此引申出的相关问题是,唐代上清派与六朝上清派相比出现了哪些新变化?唐代上清派作为一个教派其独特性何在?

对此,我们先从潘师正的相关记载再来作些考察。唐代文学家陈子昂撰《体玄先生潘尊师碑颂》,既记载了潘师正受箓于上清派茅山宗,也讲述了从南朝至唐的上清派茅山宗的传承情况:

> 尊师有弟子十人,并仙阶之秀,然鸾姿凤骨、眇爱云松者,唯颍川韩法昭、河内司马子微,皆禀命瑶庭,密受琼室,专太清之业,遗下仙之俦,谷汲芝耕,服勤于我,盖历岁纪也。始,尊师受箓于茅山升玄王君。王君受道于华阳隐居陶公。陶公至子微,二百岁矣,而玄标仙骨,

---

① 陈国符:《道藏源流考》上册,中华书局1963年版,第53页。
② 卢国龙:《中国重玄学》,人民中国出版社1993年版,第356页。
③ 张敬梅:《上清之法与正一之法——兼论唐代道经与道派的关系》,《理论学刊》2004年第5期。
④ [日]小林正美:《中国的道教》,王皓月译,齐鲁书社2010年版,第203页。

雅似华阳。①

潘师正弟子十人中这里只提及韩法昭②、司马承祯"专太清之业",即正一之法,但既未提冯齐整,也未提吴筠。道教仙传中已有司马承祯"事潘师正,传辟谷导引术,无不通,师正异之,曰:'我得陶隐居正一法,逮汝四世矣'"③,以强调从陶弘景开始,上清派茅山宗就既传上清经法,也传正一之法。潘师正弟子中司马承祯的学术影响最大,不仅推动了上清派在茅山之外传播,而且还开创了南岳天台一系的上清派;吴筠作为潘师正的再传弟子,在传法于邵冀玄等人后,法脉就中断了。

再从吴筠与唐朝文人的交往来看,"迄今的唐代文学研究者,将与诗人李白交往的司马承祯、吴筠、李含光等都看作上清派的道士,而事实上他们都拥有'天师'的称号,是著名的天师道道士"④。更进一步说,由于天师道之中也进行上清经箓的传授,因此唐代道教的道士都是天师道的道士。小林正美的观点不一定就符合唐代道教的实际,但却从一个侧面印证了唐代上清派茅山宗努力打破门户之见,兼收并蓄上清、正一等各道派学说而具有的开放性。

唐代上清派与之前的上清派相比出现了一些新变化,其中的一些上清宗师既是"上清经箓"的传授者,也是"正一之法"的传承者,这也在吴筠与茅山上清派的关系中体现出来。⑤ 笔者认为,吴筠虽没有长期立足于茅山传道,但他在云游生涯中,积极传播上清经法,通过著述弘扬上清派所宣扬的服气、胎息、存思以守道的仙学思想,如《形神可固论》曰:"今守道者,取虚无自然,正真之一。服气者,知两半之前,胎息之妙,绵绵若存尔"⑥。若要想长生成仙,不仅要在精神上守静去躁、恬淡无为、惩忿止欲,而且还须注重精气神的修炼。吴筠虽然不是上清宗师,但在道教理论上的建

---

① 《茅山志》卷二十四,《道藏》第5册,第655页。
② 韩法昭,颍川(今河南许昌市)人,与田游岩、宋之问为方外友。
③ 《历世真仙体道通鉴》卷二十五,《道藏》第5册,第329页。
④ [日]小林正美:《唐代的道教与天师道》,王皓月、李之美译,齐鲁书社2013年版,第214页。
⑤ 孙亦平:《吴筠与茅山上清派关系新考》,《世界宗教研究》2022年第3期。
⑥ 《道藏》第23册,第663页。

树远超于王远知和潘师正,为推动唐代上清派的发展做出了重要贡献。

第四节　上清经箓与正一之法

从南朝陶弘景开始,特别是进入唐代后,史书与道经中经常有上清派宗师学习与传授"正一之法"的记载,如《旧唐书》中,潘师正曾对司马承祯说:"我自陶隐居传正一之法,至汝四叶矣"。还有唐礼部侍郎权德舆为吴筠作《吴尊师传》时也说:吴筠"性高洁,不伍流俗,乃入嵩山,依体玄先生潘师正为道士,传正一之法,苦心钻仰,尽通其术"。唐代上清派与六朝上清派相比出现了哪些新变化?唐代上清派作为一个独立教派是否还存在?

一般认为,上清派的产生与天师道有着重要关联,是从天师道分化而来的。"从上清派创始人的情况可见,上清派与天师道有着密切的关系。像魏华存本人就是天师道徒,还担任过祭酒。杨、许都出身于奉道世家,深受天师道文化的熏染。"[1] 上清派的创始人大都是士族出身,受过良好的文化教育,具有较高文化素养,因此上清派从创立之初就在文化背景上接近于上层贵族,通过造作经书和传授上清经箓具有较高宗教文化品位,又不同于接近下层民众的天师道。对于陶弘景而言,编注和文本考辨并不仅是对上清经的整理,更是期望通过整理来展现上清信仰,尤其是通过托神言教的方式使上清信仰更为贴近江南贵族的心灵需要。[2] 上清派虽然是从天师道分化而来,但它不是简单地继承天师道传统,而是一些江南士族通过扬弃旧天师道,将魏晋玄学的老庄思潮、士林贵族的社会心理、江南的地域文化与神仙道教结合起来而产生的新道派。

对于唐代道教中是否存在上清派?学界至今依然有不同的看法:大部分学者认为,唐代道教中有天师道、上清派(茅山宗)、灵宝派(洞玄派)、三皇派(洞神派)、高玄派(太玄派)、洞渊派等派别,并将上清派茅山宗

---

[1] 孙亦平:《从〈上清大洞真经〉看上清派的特点》,《中国道教》1999 年第 3 期。
[2] [日]宫川尚志、安倍道子译:《茅山における启示:道教と贵族社会》,载酒井忠夫编《道教の综合的研究》,东京国书刊行会 1977 年版,第 333—369 页。

看作唐代道教中的正统道派及主流道派。如宫川尚志于20世纪50年代所著《六朝宗教史》对上清派进行的开创性研究,被誉为是"日本上清派研究的发端"①,在其所撰写的《唐室的创业与茅山派道教》和《茅山派道教的起源与性格》中都将上清派视为唐代道教的主流②。王明先生认为,"上清派是唐代道教的一大宗派,师徒传授分明,影响深远"③。任继愈先生主编的《中国道教史》指出:"上清派是唐代道教中的主要流派,受到隋唐统治者的尊崇。"④ 笔者也曾通过研究《上清大洞真经》而提出:"上清派是唐代道教中最上乘的道派。"⑤ 但是也应当看到,唐代道教各派在相互交流中,"原来似乎清楚的派别的系谱,已经变得相当混乱。本来在南北朝时依靠方法、符箓、仪式等等,以及宗教信仰者的活动区域可以互相划出边界的正一、灵宝、上清等,在九世纪已经不再是道教各种派别的清楚界限,也已经没有了过去相对清晰的活动地域,而更多地成了师弟传授的不同的法位阶梯"⑥。唐代上清派与之前的上清派相比的确出现了一些新变化。

到20世纪末,有一些学者对将唐代上清派作为一个独立教派的观点提出了挑战。1998年,小林正美在《中国的道教》中首次对唐代上清派的存在提出质疑:"上清派到了梁代陶弘景及其弟子时走向消亡。之后《上清经》的传授在天师道内部进行,由天师道道士的洞真法师、大洞三景弟子,或者三洞法师授上清经箓。"⑦ 其理由如下:

> 全世界的道教学者多数将上清派看作唐代道教的流派中的主流,其最大的原因在于错误解释了唐代李渤《真系》和元代刘大彬《茅山志》

---

① [日]小林正美:《唐代的道教与天师道》,王皓月、李之美译,齐鲁书社2013年版,第5页。
② [日]宫川尚志:《唐室の創業と茅山派道教》,见《佛教史学》第一卷第三号,1950年版、[日]宫川尚志:《茅山派道教の起源と性格》,见日本道教学会《东方宗教》创刊号,1951年版。
③ 王明:《道家与道教文化研究》,中国社会科学出版社1995版,第293页。
④ 任继愈主编:《中国道教史》,上海人民出版社1990年版,第380页。
⑤ 孙亦平:《从〈上清大洞真经〉看上清派的特点》,《中国道教》1999年第2期。
⑥ 葛兆光:《中国思想史》第二卷《七世纪至十九世纪中国的知识、思想与信仰》,复旦大学出版社2001年版,第251页。
⑦ [日]小林正美:《中国的道教》,王皓月译,齐鲁书社2010年版,第49页。

中所述"上清经箓传授次第"的意义。《真系》记述了从东晋杨羲至唐代李含光的"上清经箓传授次第",但是这被误解为在论述"上清派内上清经箓之传授系谱"。还有《茅山志》自卷十至卷十二的《上清品》依次记载了自上清第一代太师魏华存至第四十五代宗师刘大彬等继承上清经箓的宗师们,而这也被误解为在论述"上清派的谱系"。所以现在的道教学者,多数根据这两个文献,认定上清派这个道流在东晋的魏华存、杨羲以来,到元代的刘大彬之时,或者到更晚的时代,其活动持续不断。但是,"上清经箓传授次第"并非原样不动地意味着"上清派谱系"。①

小林正美认为,从唐代李渤《真系》和元代刘大彬《茅山志》所记载的是传授上清经箓的宗师们,其实是天师道"正一之法"的传承者,"《真系》和《茅山志》之中不但有刘宋天师道的道士陆修静,潘师正和司马承祯也被描述为授得陆修静正法之人,所以他们应该是作为天师道的道士而从三洞部中修得并传授上清经箓的。这样来看,《茅山志·上清品》的宗师们也有是天师道道士的可能。"②

2003年,小林正美在出版的《唐代的道教与天师道》更从三洞、法位、经箓传承的角度详细阐述了唐代道教只有天师道一派存在,并指出学界普遍认为的唐代上清派的位阶和经箓传承制度,其实就是天师道自南朝梁代就有的位阶制度和受法教程,进而论证了唐代根本不存在上清派等教派,通常所认识的上清派其实就是天师道,唐代道士也都是天师道士。

唐代的天师道道士要依次承习正一部、太玄部、洞神、洞玄、洞真(包括上清经)经箓,人们之所以会认为唐代有一个上清派存在,是由于对于道士的位阶制度与上清经箓传授的传统误解所导致,产生误解的原因则是将唐代李渤《真系》与元代刘大彬《茅山志》中上清经箓的传授谱系误读为上清派谱系。"陶弘景之后的王远知、潘师正、司马承祯、李含光都被误解成上清派的道士,导致唐代道教的主流也被误解为是上清派。但是,王远

---

① [日] 小林正美:《中国的道教》,王皓月译,齐鲁书社2010年版,第203页。
② [日] 小林正美:《中国的道教》,王皓月译,齐鲁书社2010年版,第204页。

知、潘师正、司马承祯、李含光是得到上清经箓的天师道士。"① 这就是为什么《旧唐书》中会记载潘师正传给司马承祯的是"正一之法"而不是"上清之法"。

小林正美提出的质疑是发人深省的，同时也促进我们在研究江苏道教时重新思考"正一之法"在唐代道教经箓传授中的地位与作用，以及与之相关的唐代道教位阶制度和受法教程，由此来回答以下问题：接受了上清经箓传授的是否就一定是上清派道士？"上清经箓传授次第"与"上清派谱系"究竟是什么关系？为什么上清宗师也传"正一之法"？为什么宣扬三洞说的天师道道士也会进行"上清经箓"的传授？

从江苏道教的视域看，道教的位阶制度和受法教程是为教育居住于道馆中进行修行的道士而设置的，它与经、戒、符的传授相联，尤其与南朝时在"三洞四辅"学说的基础上出现的七部经书体制有关。道士学习修行的阶位，首先接受正一部的经箓，得到正一道士的法位；接着被传授太玄部的经箓，得到高玄道士的法位；再随着修行的进展，被传授洞神部的经箓，得到洞神道士的法位；然后被传授洞玄部的经箓，得到洞玄道士的法位；进而被传授洞真部的经箓，得到洞真道士的法位。在唐代天师道道士的位阶中又新加入了受"五法"和"河图"的道士位阶，作为"大洞法师"、"上清法师"，也作为"洞真法师"的别称使用。道士、女冠参受经戒法箓，须依此次第名位。道教法位制度的最高阶段也与奉行上清经有关，如《洞玄灵宝三洞奉道科戒营始》卷五所列道教法位：

  上清经总一百五十卷，
  上清太素交带，
  上清玄都交带，
  上清白纹交带，上清紫纹交带，一曰回车交带，亦谓毕道券，又名元始大券。
  右受，称上清玄都大洞三景弟子、无上三洞法师。

---

① ［日］小林正美：《唐代的道教与天师道》，王皓月、李之美译，齐鲁书社2013年版，第10页。

随着道士学习修行的进展，被授予不同名称、颜色且带有符箓图文的交带，这是完成某一阶段学习的凭证。"上清紫纹交带"是道士完成"上清大洞真经目"的各项学习后在传授仪式上获得的最高等级的传法凭证，这一"回车交带"又称"毕道券"，以道教崇尚的紫色来标示，是"上清玄都大洞三景弟子、无上三洞法师"称号的标志物，既展现了南朝道教经过三洞经教整合后，在教内形成的培养道士的系统化学习径路，也展现了唐代道教特有的，将根据道士受法而掌握的经箓多少作为晋升不同神职位阶的依据，这不仅打破了各道派之间原有的边界，而且也将来自不同道派、奉行不同道经的道士整合到一个经箓授受系列中。

最高位的是能够奉行道教全部经箓的三洞道士，故有"宗三洞玄经，谓之大乘之士"之说。"唐代道士位阶制度中最高的两个法位是无上洞真师和上清玄都大洞三景弟子、无上三洞法师，都要通过受习全部150卷之多的上清经教仪法而得来。"① 在这个序列中，形成了由正一道士、高玄道士、洞神道士、洞玄道士、洞真道士、三洞道士排列成的六大经箓系统。"道士、女冠，参受经戒法箓，须依此次第名位。"② 刘仲宇先生指出："在南北朝以后逐步形成洞渊、升玄、高玄、洞神、洞玄、洞真法箓后，正一的次序被排在最初的地位，如果由低向高数，正一法处于垫底的位置。"③ 唐代道教去掉了洞渊，然后将不同道派的经箓进行整合，排列出一个能够为各派道士遵行的由低向高进阶的统一标准，"正一之法"的"垫底"恰恰反映了其所处的基础性位置。这也是小林正美突出天师道的位阶制度和受法教程中的地位的重要理由。

唐代道教承认各道派的合法性，在将各派经书法箓汇集起来时，又将各教派整合到一个体系中，根据其内容排出先后次序。道士的位阶是根据受法教程的内容而确定的，其中既有符箓，又有经戒。在唐代茅山道教中，经箓传授也是修道者皈依道门后修习阶次的神圣依据。就唐代上清派的位阶制度和受法教程而言，其法位位阶本身要高于天师道，天师道法位只是上清派道士受法过程中的一个位阶而已。因此，若结合上清道士的传承与行事来看，

---

① 刘屹：《敦煌道经与中古道教》，甘肃教育出版社2013年版，第106页。
② 《洞玄灵宝三洞奉道科戒营始》卷五，《道藏》第24册，第760页。
③ 刘仲宇：《道教授箓制度研究》，中国社会科学出版社2014年版，第91页。

就不能简单地认为，上清派道士曾经接受过天师道的受法教程，传"正一之法"就一定是天师道士。

再看唐代道士的受法教程，虽从梁代一直延续下来，但经过唐代道士张万福对道教戒律科仪的整理与重新编排，与唐朝大一统的中央集权制社会相适应而出现了以综合性为特点的时代性。在唐代道教经箓传授中，受法教程是指道士入门之后在教团中接受教育时，按照修行的阶段，从宗师那里得到相应的道经与符箓的种类，对此《洞玄灵宝三洞奉道科戒营始》有比较详细的记载，展示了道士所受经箓与传授经、戒、符是连在一起的，其位阶的高下也表明道士所受法箓制度与受法教程之间的对应关系。

但小林正美将这一观点推向极致，由此而否定唐代道教上清派的存在，其主要论据归纳如下：第一，《真系》与《茅山志》中所记载的"上清经箓传授次第"并不等于是"上清派谱系"，因此不能据此来判断唐代上清派的存在。第二，从陶弘景和王远知生卒年来看，陶弘景去世时，王远知年仅八岁，两人基本上不具备传授上清经的时间可能，因此陶弘景之后上清派法脉就中断了。第三，从道教的位阶制度和受法教程来看，唐代上清派道士的法位基于天师道的位阶制度，上清经箓只在天师道士中传授，故唐代不存在上清派，这一看法是值得商榷的。

对照江苏道教的相关资料，陆修静因尊"三洞真经"为"正经"，故上清、灵宝、天师道都尊他为祖师。洞真道士主要奉习《上清大洞真经》，洞神道士主要修行三皇经，他们不得复与黄赤道士杂处，这种以奉习经典作为对道士进行分派依据的做法，显示出陆修静是倾向于根据所修习的经典来对道教徒进行分派的。将"三洞真经"视为"正经"的做法也为后来历代上清宗师所重视，逐渐形成了以上清经为主，同时兼及"三洞经法"的传统。

从《茅山志》所记载的王远知至王栖霞一系"凡传十代"的宗师传承中，从唐代帝王对上清派宗师的崇奉中，都可见唐代上清派不仅存在，而且在政治及宗教领域中十分活跃。唐代上清派既是"上清经箓"的传授者，也是"正一之法"的传承者；既承继了六朝上清派的传统，又在特定时空中根据茅山道教的发展需要而在延续中不断创新。

第一，早期上清派是以仙真降授与造作经箓为特点的道教流派，唐代上清派在传授三洞法的过程促进了"上清经箓"与"正一之法"相汇通。李渤《真系》明确提到陶弘景曾向王远知传授三洞法："年十五，入华阳事贞白先生（陶弘景），授三洞法（洞玄、洞神、洞真）。又从宗道先生臧矜，传诸秘诀。"王远知还从注有《老子道德经》的臧矜那里学到了诸多秘诀。如此，将三洞经法引入培养上清派道士的教育中是由陶弘景开启先河，后在唐代上清宗师中形成了传统。据《有唐茅山玄静先生广陵李君碑铭并序》曰："初，隐居先生（陶弘景）以三洞真经传升玄先生（王远知），升玄付体玄先生（潘师正），体玄付正一先生（司马承祯），正一付先生（李含光）。自先生距于隐居凡五叶矣。皆总袭妙门大正真法，所以茅山为天下学道之所宗矣。"①

第二，唐代上清派是对早期上清派思想的继承和发展。唐代上清派的道性学说以及倡导的"修道即修心"的思想是对陶弘景的"天命谓性，率性谓道，修道谓教。今以道教使性成真，则同于道矣"②之说的延续。上清宗师司马承祯曾悉心研究陶弘景的著述，其撰《茅山贞白先生碑阴记》曰："睹先生写貌之像，则道存目击；览先生著述之义，则情见乎辞。纵逾千载，亦可得之一朝矣！至于思神密感之妙，炼形化度之术，非我不知，理难详据。敬以修身德业，受书道备"③。司马承祯倡导的服气精义论，是对陶弘景气论的发展。到唐代道教时，"尽管各种流派的师弟子可以互相传授，过去那种派别与技术的界限越发混淆，尽管每一个道教信仰者都可能学习过各种知识，例如初入道者常常学习了正一法术，可能长于召考符咒驱鬼降神，而进一步者则可能精研灵宝，又可能通晓斋醮仪式，而受上清法箓的人，则可能习得养精保身或内外丹法。但是，由于要在公开场合赢得士人的崇敬，道士可能更愿意隐藏他们的出身而以上清的面目出现"④。

第三，唐代上清派通过自身的努力，在道教众多经箓传授体系中确立了上清经箓在道教经法中的上品地位。"上清派对灵宝经'三洞经书'思想的吸收大致始于南朝初年。而上清经直接以'三乘'区分'三洞经书'，以建立自己的判教体系。特别是南朝后期至隋唐茅山派势力发展及其与中央皇权

---

① 《道藏》第5册，第647页。
② ［日］吉川忠夫、麦谷邦夫编：《真诰校注》，朱越利译，中国社会科学出版社2006年版，第162页。
③ 《全唐文》卷九二四，上海古籍出版社1990年版，第四册，第4271页。
④ 葛兆光：《中国思想史》第二卷《七世纪至十九世纪中国的知识、思想与信仰》，复旦大学出版社2001年版，第253页。

的密切关系，上清经最终确立了自己在道教经法中至高无上的地位。"① 这种对经典的崇奉也是唐代上清派对早期上清派传统的继承，如《桐柏真人茅山华阳观王先生碑铭并序》中记载王轨融汇上清经箓与正一之法来推进唐代上清派发展所做的努力：

> 法师往于名山福地，感遇真经。晚居华阳，又摹写上清尊法、《洞玄》、《洞神》符图秘宝，并竭钟（钟繇）、魏（魏华存）之模楷，尽班倕之剞劂。缄封静室，永镇山门。②

王轨将三洞经书带到茅山，晚年还在居住的华阳观静室中认真摹写。作为王远知入室弟子的潘师正更是向弟子吴筠传授"正一之法"：吴筠"乃入嵩山，依潘师正为道士，传正一之法。苦心钻仰，乃尽通其术"。由此才能理解，在《道门经法相承次序》里，唐高宗会称潘师正为"尊师"或"天师"。

唐玄宗对第十三代上清宗师李含光特别礼遇，认为"尊师上清真修，下弘仙教"③，几次邀请他来京讲法弘道。后来李含光请求回山时，唐玄宗认为"道要真经，散落将尽"，于是命他搜寻杨许三君的手迹以及陶弘景自写经法，这些都是茅山道教奉为上清经的传世之宝，也是历代上清宗师嗣承的最重要部分。李含光出于营建茅山道教的考虑，将寻到的上清经手迹献给了唐玄宗。《茅山志》卷二收有《玄宗赐李玄静先生敕书凡二十四通》，其中记载了唐玄宗接受上清经箓后，遥礼李含光为度师，依戒旨摹写经，投于华阳洞天的事迹。"尊师体道之要，含光之和，清简无为，与予合志。请为弟子以前件词及贶信，投茅山华阳洞天金坛灵府，以为明信，用证勤精。"④唐玄宗入道受法，受的都是上清经箓。这样，即使没有李含光的亲自传授，唐玄宗通过依戒旨摹写经，自称弟子，也算是上清传人了。

与现在多数学者认为唐代道教主流就是上清派的观点不同，小林正美认

---

① 王承文：《敦煌古灵宝经与晋唐道教》，中华书局2002年版，第209页。
② 《茅山志》卷二十二，《道藏》第5册，第643页。
③ 《茅山志》卷二，《道藏》第5册，第557页。
④ 《茅山志》卷二，《道藏》第5册，第556页。

为，南北朝时期出现的正一、灵宝、上清仅仅是作为位阶制度或者受箓阶梯的受法教程，更重要的是，"上清经箓的传授者之中包括了众多的天师道士"，同时，"天师道之中也进行上清经箓的传授"①，基于上述理由，他提出唐代的"道教"的流派是天师道。其实也从一个角度展现出唐代道教的发展景象，即道教经过魏晋南北朝新道派的创立而分化发展，又因陆修静对三洞经书的分类和对斋醮科仪的整理，到隋唐时各道派之间呈现出你中有我，我中有你的情况，促进唐代道教出现了融合发展的态势，这既与魏晋南北朝行政区域分裂转变为隋唐全国大一统的政治局面有关，也与唐代道教对道士的位阶制度和受法教程经过整理而系统化相连。

"上清经箓传授次第"并非是原样不动的"上清派谱系"，它牵涉唐代道教的法位制度与依"三洞四辅"而形成的经箓传授次第以及实际道派之间是否存在着对应关系等问题。若对照南北朝道教所列经箓，唐代道教经箓出现了一些时代性的变化：一是《正一修真略仪》将唐代道教经箓概括为正一、洞神、洞玄和上清四种，这反映了"唐代有七等箓，但一部分人已渐不重视全部的七等箓"②的情况；二是对太上三五正一盟威宝箓二十四阶与上清箓二十四阶的具体名目和内容作了重点介绍，但与《三洞奉道科戒营始》所列 37 种上清经箓③相比，这里只列有 24 种，精简了 13 种④。

唐代帝王笃信老子，将道教视为本家或同族宗教的时代背景下，本来依据各自奉行道书、崇拜神灵、修道方法和斋醮科仪，尤其是信仰者的活动区域可以互相划出边界的各道派在日益密切的交流中，通过将整合过的三洞经典作为各个道派共同的理论基础，唐代道教出现了共同认可的修道阶次，初入道者学习的是正一符咒驱鬼降神的法术，然后学习灵宝斋醮科仪的内容，更进一步才会学习上清的服气炼养与内丹心性修炼方法，由此促进了道教各派经论之间相互的融合，以"正一遍陈三乘"为主干而以上清经为高端的授箓制度，"当时的道教中人，都会追求获得上清法箓，都会宣称自己是上清一系，同时宣称自己掌握着上清的知识和思想，愿意更多地在公开场合表

---

① ［日］小林正美：《唐代的道教与天师道》，王皓月、李之美译，齐鲁书社 2013 年版，第 203 页。
② 刘仲宇：《道教授箓制度研究》，中国社会科学出版社 2014 年版，第 94 页。
③ 《道藏》第 24 册，第 758—759 页。
④ 《正一修真略仪》，《道藏》第 32 册，第 180—181 页。

现自己掌握的清修实践和高深理论。其实，在这一取向的背后却暗示着，在那个时代，即使是道教中人也不能不承认，道教的最高境界是那些看上去深奥的理论、清净的生活和高雅的言谈"①。这也是长期以来上清派被视为唐代道教的主流道派的原因之一。

因此唐代道士在公开场合为了显示自己已经获得了道教中最高法位的上清经箓，以证明自己已经掌握了道教最高层的知识与思想，更愿意对别人说自己是上清派道士，而不是天师道士或者灵宝道士。正是在这样的背景下，江苏道教中出现了一个有趣的现象，唐代的那些知名道士：王远知、潘师正、吴筠、司马承祯、李含光、韦景昭、黄洞元、孙智清、吴法通、刘得常、王栖霞，还有薛季昌、田虚应、刘玄靖、应夷节、杜光庭等人，无论他们是否活动于茅山，在历史记载中往往被归类为传授"上清经箓"的上清派道士，但他们中的许多人往往也被说成又传"正一之法"，由此才导致了今天学界出现唐代的"道教"主流派别究竟是天师道抑或上清派的争议。

对《旧唐书》中所记载"我（潘师正）自陶隐居传正一之法，至汝四叶矣"②的说法，主要有两种解释：

其一，可能是司马承祯初入道时，潘师正即向他传播了陶弘景所传的正一之法。陶弘景隐居茅山后，上清派在对正一法的借鉴过程中演化为茅山宗："自陶弘景以来到唐代，正一法一直是茅山宗传授经教的内容之一。正一法已融入茅山宗。茅山宗与天师道本有割不断的联系，且从早期上清派开始，便与天师道有密切关系，故其传正一之法亦是合乎情理的。陶弘景力主三教合一，对道教内部各派系更不存门户之见，其弟子融汇道教各派正是这一传统的发扬。"③

其二，"正一之法"原本就是对"七部经书"的总括，到唐代时并不仅仅是天师道经书，也为上清派所奉行。通过七部经书之间的辅益关系、层次结构展现了道教的修道阶次最终在《正一法文》中会归为一。潘师正所习经法主要是对"正一之法"总括的七部经法，虽然与陶弘景所整理的上清

---

① 葛兆光：《中国思想史》第二卷《七世纪至十九世纪中国的知识、思想与信仰》，复旦大学出版社2001年版，第253页。
② 《旧唐书》卷二百二十《司马承祯》。
③ 卿希泰：《中国道教史》第2卷，四川人民出版社1992年版，第121页。

经法有所不同，但上清经法包括在七部之中，也就是包含在"正一之法"之中。卢国龙指出，"《正一部》是对各部各派道法的总结和概括，也是各家派学说殊流同归的终极目的"①。天师道为抬高自身，附会假托，说张陵受太上老君传授"正一新出道法"，因此人们普遍认为天师道与正一之法的密不可分的关系其实是托张陵之名构造的。

若这个"正一之法"不是天师道所专有的，那么，根据《旧唐书》中记载的"自陶隐居传正一之法，致汝四叶矣"来判定潘师正和司马承祯都是正一天师道士，也是难以令人信服。这是因为潘师正所说的"正一"并非原来意义上的正一之法，如刘仲宇先生认为唐代的"正一之法"有新旧一义：旧义是依据天师道的正一盟威法箓；"潘师正讲了正一，则为新义，指的是他们心目中的全部上乘道法"②。若此，潘师正所传的正一之法，则为新义，表达的是全体道门心中对于自己法脉的认同，也可概称为"一切法箓"。正因为"正一之法"在唐代道教经箓中的基础性地位，由此才能理解为什么一些上清宗师也会被称为"天师"或"三洞法师"，但这不能成为否定唐代道教上清派的存在的理由。

从《茅山志》中可见，上清派通过经箓传授在唐代不仅是存在的，而且是江苏道教的主流道派，这一方面是因为它思想的开放性，兼容儒释道三教，并迎合了当时江南士族对早期道教特别是五斗米道的批判，为道教开辟了一条新的成仙之路，也为后世道教的发展提供了广阔的思想空间，由此"上清经箓"才能被置于唐代道教经箓授受的顶端；另一方面是因为上清派传人大都出身于世家大族，具有较高的文化素养和较强的政治活动能力，通过不断融合"正一之法"，将"上清经箓"解读为"从凡入圣之门，助国治身之业"，使茅山上清派在唐代获得了最高统治者的扶持。正是基于这些内外原因，唐代上清派才能在代代相承的上清宗师带领下，以江苏茅山为本山向全国辐射，成为唐代道教的主流道派。

---

① 卢国龙：《〈道藏〉七部分类法源考》，《中国道教》1991年第3期。
② 刘仲宇：《道教授箓制度研究》，中国社会科学出版社2014年版，第92页。

第五节　洞天福地与江苏道教宫观

　　杜光庭在《洞天福地岳渎名山记》中系统地介绍了道教仙境在地理空间上的分布和变化，从一个侧面揭示了"洞天福地岳渎名山"是道教构想的神仙所居住的名山胜境，它既是道教所宣扬的"通天之境"，也是道教理想的仙境在人间的生动体现，杜光庭引经据典地将神仙居住之地分为几类："太史公云：大荒之内，名山五千，其间五岳作镇，十山为佐。又《龟山玉经》云：大天之内，有洞天三十六，别有日月星辰灵仙宫阙，主御罪福，典录死生，有高真所居，仙王所理。又有海外五岳，三岛十洲，三十六靖庐，七十二福地，二十四化，四镇诸山"①。在杜光庭看来，天上仙山、海上仙岛、地上名山、洞天福地皆由道气所化，高真所居，仙王所理，因所禀道气清浊之不同而呈现出差别性，但它们上下有别，纵横交织，相互感通，共同构成了多姿多彩的神仙世界。《洞天福地岳渎名山记》中有许多宗教性的幻想，但如果拨开其神秘面纱，也可帮助我们更好地了解唐代道教宫观圣地在地理空间上的分布，以及在对推动江苏道教传播中所独具的作用。

　　早在杜光庭之前，江苏道教中就已经有许多以"洞天福地"来描绘神仙所居之地的说法。"洞"有"通"的意思，古人曾用"洞"来表示仙人喜好山居，以为山洞可以通达上天，故"洞天"也就有了"通天"之意。陶弘景在《真诰》中就提出了"洞天"的概念，认为"大天之内有地中之洞天三十六所，其第八是句曲山之洞"②，并对茅山句曲洞天在石灰岩的地质条件下形成的溶洞、山貌作了细致的描绘。道教所描绘的神仙往往就居住或活动在风景秀丽的岳渎名山的洞府之中。"福地"则意谓得福之地。此地有真人主宰，修道者居此可受福祉，修成地仙。岳渎名山虽然有着优美的自然环境，但它成为道教的"洞天福地"，则还有赖于茅山上清派道士从天人合一的角度所进行的开发。法国学者傅飞岚也曾认为，洞天的概念起源于茅

---

①　《道藏》第 11 册，第 55 页。
②　[日] 吉川忠夫、麦谷邦夫编：《真诰校注》，朱越利译，中国社会科学出版社 2006 年版，第 355 页。

山上清派有关人身之中有一小宇宙的观念，对洞天的存思成为上清派内化观念的一部分，这种内化观念起初以上清派的存思为特征，最终产生了以人体为炉灶炼精气神的"内丹"及内察于身心的"内观"等修身之道①。

道教在其发展中，逐渐将人间仙境具体描绘为"十大洞天""三十六小洞天"和"七十二福地"，并据此而在所谓的"洞天福地"建立了众多的宗教活动场所。司马承祯在《洞天福地·天地宫府图》中曾详细记录了十大洞天、三十六小洞天、七十二福地的具体名称和地理位置。②后经过杜光庭《洞天福地岳渎名山记》的整理才逐渐系统化。只有联系道教的洞天福地，才能更好地把握江苏道教宫观的地理分布与信仰特征。

1. 十大洞天

《茅山志》借真人曰来说"洞"："天无，谓之空，山无，谓之洞，人无，谓之房。山腹中空虚谓洞庭，人头中空虚谓洞房，是以真人处天、处山、处人，所谓出入无间。盖天地之有山洞，犹人身之有腧穴，神气之所行焉。"③道教将"洞天"作为隐于山中的修炼之地和通天之径，既神奇又壮丽，给人神圣感和神秘感，因而被奉为由神仙所统辖的圣地。在杜光庭记载的"十大洞天"中，第八洞天和第九洞天在江苏：

第八句曲洞金坛华阳天，广百五十里，茅君所理，在润州句容县。
第九林屋洞左神幽墟天，广四百里，龙威丈人所理，在苏州吴县。④

杜光庭不仅记载了它们的地理位置，而且还说明了其大致的占地面积。这就为我们今天了解江苏道教圣地茅山的地理详情提供了依据。

茅山本称句曲山，地处江南，东望太湖，西接金陵，以其山清水秀、幽远寂静的风景来展现仙境之美好，故自古就有"养生之福境，成神之灵墟"之称。茅山虽与太湖有段距离，但在富于想象力的江南人看来，"句曲洞

---

① [法]傅飞岚：《超越的内在性：道教仪式与宇宙论中的洞天》，载《法国汉学》第二辑，清华大学出版社1997年版，第59页。
② 《云笈七签》卷二十七《洞天福地·天地宫府图》，《道藏》第22册，第198—204页。
③ 《茅山志》卷六，《道藏》第5册，第582页。
④ （唐）杜光庭：《洞天福地岳渎名山记》，《道藏》第11册，第56—57页。

天，东通林屋，北通岱宗，西通峨眉，南通罗浮，皆大道也"。山水之间因"众洞相通"而四方交达，"神灵往来，相推校生死，如地上之官家矣"。句曲洞天正是这一与"地上之官家"形成对应的"洞天神宫"之中心。这种来自当地原住民对"洞天神宫，灵妙无方"①的认识，在道教上清派语境中逐渐发展出于自然山水建构圣地的"洞天福地"思想。司马承祯《天地宫府图》、杜光庭《洞天福地岳渎名山记》又将茅山视为道教的第八洞天、第一福地。

参照《茅山志》记载，茅山在唐代属于润州："句曲从山岭分界，西及北属句容，东及南属延陵。山去石头江水步道一百五六十里。句容，延陵，唐并属润州"。茅山的"华阳洞天"就在"山形似已"的山水景观及各种神仙传说逐渐形成，后因茅君从北方来此驻足传道而句曲山改名为茅山。"江水之东，金陵之左右，间有小泽，泽东有句曲之山。此山洞虚内观，内有灵府，洞庭四开，穴岫长连，古人谓为金坛之虚台，天后之便阙，清虚之东窗，林屋之隔沓。众洞相通，阴路所适，七涂九源，四方交达，真洞仙馆也。山形似已字，故以句曲为号焉。又曰句曲山。源曲而有所容，故号为句容里。周时名其源泽为曲水之穴，秦时名为句金之坛，以洞天内有金坛百丈，因以致名也。外又有积金山，亦因积金为坛号矣。汉有三茅君来治其上，时父老又转名茅君之山。三君往，乘白鹄，各集山之三处。时人互有见者，是以发于歌谣，乃复因鹄集之处，分为大茅君、中茅君、小茅君三山焉。统而言之，尽是句曲之一山耳。"②

茅山上洞穴众多，其有小径杂路相通，呈现出洞中有洞、众洞相通的景观，尤其是"句曲之洞宫有五门：南两便门，东西便门，北大便门，合五门也"③，其中的"华阳洞天在神圣空间上的意义极大，但似乎因为隐蔽的特征，只有西便门最为知名，历史上常作为金箓大斋投龙简的场所"④。与此相关，茅山上还有许多与第八句曲洞天相关联的"洞"，兹列举如下：

---

① ［日］吉川忠夫、麦谷邦夫编：《真诰校注》，朱越利译，中国社会科学出版社2006年版，第357页。
② 《茅山志》卷六《括神区篇》，《道藏》第5册，第581页。
③ 《茅山志》卷六《括神区篇》，《道藏》第5册，第585页。
④ 陶金：《茅山神圣空间历史发展脉络的初步探索》，《世界宗教文化》2015年第3期。

表8-2　　　　　　　　　茅山洞府表

洞名	地点	仙迹
华阳南洞	在大茅山下柏枝垄中	唐越州刺史裴肃，字中明，造松子石案，用以朝真。
茅洞	在元阳观石坛下，即华阳洞天南面之西便门	定录君噯言："大茅山有小穴在南，谓之南便门，但精洁斋心，向于司命，又常以二日望山，延迎请祝，自然得见吾也。"
华阳东洞	中茅山东便门	定录君噯言："中茅山东有小穴，才如狗窦，劣容人入耳，愈入愈阔，外以磐石掩塞穴口，故余小穿如杯大，使山灵守卫之。……自非已成仙人，不得其门而入也。"
华阳西洞	在积金山东岭下，即西便门	隐居所谓积金山洞飕飕有风者是也。累朝金箓，投龙简于此，即西便门也。
良常洞	华阳北大便门	是为保命君所治。
罗姑洞	在金菌山西	即九疑山女仙人罗郁也。
高居洞	与罗姑洞并，石限界之	
玉柱洞	在华阳西洞南	中积石乳，四面仅容人行。
华姥洞	在华姥山	以孙寒华得名。
酆都洞	在紫阳观	
小青龙洞	在小茅西朱砂泉上	
天窗洞	在积金山	
碧岩洞	在崇寿观后	洞顶为嵌崟亭，古木危基存焉。
女仙洞	在碧岩洞东三十步	穴口下视如瞽井然。相传任真人女得道，变遁于此。
柏枝洞	在金牛穴南	昔人探入，闻太湖风涛鼓楫之声。
庆云洞	在海江山下	
黑虎洞	在华阳南洞九锡碑之左	
黄龙洞	在九锡碑之右	
南斗洞	在三角山女官妙法庵	
海泉洞	在皇甫峪，泉源深不可测	

续表

洞名	地点	仙迹
水龙洞	在白云峰下	
燕口洞	在方隅山南，有洞室	女仙人钱妙真遁化其中。
方隅洞	在方隅山上	《真诰》："方隅洞有二门，其一即燕口洞也，洞名'方源馆'。南通大茅南之方山，亦有二洞口见于外。"
夫子洞	在良常对山	孔子未尝入吴，不知何以得名。
方台洞	在方山下	有洞室，两口见外，与华阳通，号为"别宇幽馆"，得道者处焉，世人呼为"白石洞"。
青龙洞	在帕帻山，去方山十余里。帕帻山，今人呼为丫头山，在溧阳州界	隐居曰："有大口见外，昔有人深入，见一大青蛇，因相与呼为'青龙洞'。其洞宏廊深委，凡迹可至也。"

第九林屋洞位于苏州吴县西南太湖中的西山岛上，今金庭镇东部湖滨，方圆有四百里，古时称苞山洞、毛公洞等，"今太湖中洞庭山林屋洞天，即禹藏真文之所"[①]。据说与句曲华阳洞相通。古代仙人灵威丈人曾隐居于此，灵威又称龙威，吴王阖闾曾派遣龙威丈人入洞庭湖取禹书一卷付之。这个由龙威丈人所理的"天下第九洞"，面积很大，据说龙威丈人入洞秉烛夜行七十日也未能穷其游。其洞口面对太湖，洞内广如大厦，立石成林，顶平如屋，故称林屋。林屋洞有六个洞厅，洞洞相连，幽深曲折，时而狭窄，时而开阔，因其洞体似龙，亦称"龙洞"。

林屋洞因拥有丰富的神话传说逐渐发展为道教圣地，作为"仙府"后成为帝王投送金龙玉简之处。1982年整修该洞的天沟时，挖出了梁天监二年（503年）二十名道士隐居洞中修道记事的石碑、五代吴越王为祭祷洞仙水府而投放的神像、金龙、玉简，其中有一枚大玉简上刻有："玉清昭应宫太初殿命道士二十一人"的字迹还清晰可见。梁代道士题名碑和五代神像

---

① 《历世真仙体道通鉴》卷二，《道藏》第5册，第113页。

仍保留在林屋洞景区，其余文物一直保存在苏州博物馆。① 它们以实物形式展示了这些文物都是信奉道教的皇帝为祈福消灾而派使者进洞投放的。唐代时，林屋洞外曾建有灵祐观，又称神景宫，俗称岳庙，如《吴郡志》卷三十一曰："灵祐观在洞庭山林屋洞傍，旧名神景宫。唐乾符二年建，内有林屋洞"。林屋洞口的石壁上镌刻着明代文渊阁大学士苏州人王鏊（1450—1524年）书写的"天下第九洞天"，赞誉林屋洞为人间仙境。

2. 三十六洞天

"三十六洞天"也称"三十六小洞天"。杜光庭从"地中有三十六洞天，亦与上天相应"的思想出发，提出太上老君不仅运道化气创造了"三十六天"，而且还相应地在人间创造了"三十六洞天"。杜光庭在《洞天福地岳渎名山记》中既记载了"三十六洞天"的地名和面积，也记载了其所在的地理位置及仙人事迹。如果将他的记载与司马承祯的《天地宫符图·三十六小洞天》相比照，就可见两者既有许多相同之处，但在排列顺序上又不完全一致，有些地名也存在一些微小的差别。这也是唐代上清派道士持续努力所做出的一项特殊贡献。在杜光庭所记载的"三十六洞天"中，只有第三十二钟山朱湖太生洞天和三十三良常山良常方会洞天在江苏②。

钟山朱湖太生洞天位于润州上元县，周回一百里，名曰朱日太生天，属龚真人所治。一说位于升州上元县（今南京江宁）："钟山，周回一百里，名朱湖太生之天，即马明生所治，在升州上元县。"③ 因洞口瀑布飞流常有紫霞环绕，又称紫霞洞，后有隐修者在此建紫霞道院。今天，紫霞道院的所在地紫霞湖仍然是南京著名的风景区。

良常方会洞天位于茅山北，也是华阳洞北大便门："茅山北垂洞口一山名良常山，本亦句曲相连，都一名耳。"④ 良常山周回三十里，属李真人所治。据《真诰》记载，秦始皇东游登句曲北垂山时，曾在此入地七尺埋藏白璧一双，上有秦朝政治家李斯（前284—前208年）刻书，"其文曰：'始

---

① 程义、姚晨辰、严建蔚：《苏州林屋洞出土道教遗物》，《东南文化》2010年第1期。
② 《道藏》第11册，第57—58页。
③ 《洞渊集》卷二，《道藏》第23册，第840页。
④ [日]吉川忠夫、麦谷邦夫编：《真诰校注》，朱越利译，中国社会科学出版社2006年版，第360页。

皇圣德，章平山河，巡狩苍川，勒铭素璧"①。秦始皇感叹地说："巡狩之乐，莫过于山海，自今已往，良为常也。"尔乃群臣并称寿，唤曰'良为常'矣。又鸣大鼓，击大钟，万声齐唱，洞骇山泽，赞乐吉兆。大小咸善，乃改句曲北垂曰良常之山也。良常之意，从此而名。"②陶弘景在《真诰》中对此事还进行过考证：

> 检外书，始皇三十七年正月，出游云梦、丹阳、浙江，上会稽祭夏禹，望南海，刻石纪功，还。过吴，渡江来，并北海，至琅琊，至平原得病，七月丙寅崩于沙丘，九月葬骊山。如此之时，皆未有渎，即是从延陵步道，上取句容江来路仍过停飨设耳。非必故诣句曲，所以止住山北边下处，遂不进前岭。且于时亦未验此山之灵奇，祀璧之意者，为通是望山设，所以中君云："所履山川，皆祀以玉璧也。"③

秦始皇来东方寻仙时，路过句曲山北边下处而没有进前岭，乃因"于时亦未验此山之灵奇"。此后良常山上的神仙传说才越来越多，"良常山，周回三十里，名良常方会之天，即茅衷为保命真君所治，许长史、杨羲真人全家得道，在润州茅山北"④。相传良常山为小茅君茅衷所居："受书为三官保命司，治良常山带北洞口，镇阴宫门，总括岱宗，领死记生，劝导童蒙，治法百鬼。"⑤故《茅山志》在记载了李斯故事后"又曰：'良常山西南垂有可住处，是司命君往时别宅处也，亦可合丹'"⑥。良常洞天与华阳洞天相并列："茅山华阳，良常洞天，地肺福地，神庭仙馆。"⑦元代画家黄公望（1269—1354年）是江苏常熟人，字子久，中年时皈依全真教，号大痴道

---

① ［日］吉川忠夫、麦谷邦夫编：《真诰校注》，朱越利译，中国社会科学出版社2006年版，第359页。
② ［日］吉川忠夫、麦谷邦夫编：《真诰校注》，朱越利译，中国社会科学出版社2006年版，第360页。
③ ［日］吉川忠夫、麦谷邦夫编：《真诰校注》，朱越利译，中国社会科学出版社2006年版，第360页。
④《洞渊集》卷二，《道藏》第23册，第840页。
⑤《无上秘要》卷八十三《得鬼官道人名品》，《道藏》第25册，第238页。
⑥《茅山志》卷六《括神区篇》，《道藏》第5册，第583页。
⑦《上清灵宝大法》卷三十一，《道藏》第30册，第550页。

人、一峰道人①，与莫月鼎等江南道士交往甚密，其所绘《良常山馆图》原画已佚，但有两个临本传世②，展现了茅山良常山洞天之风貌。

3. 七十二福地

杜光庭所说的"七十二福地"是处于大地名山之间，由上帝命真人治理的"福寿之地"，与洞天相比，其所包含的内容要更广泛一些，在《洞天福地岳渎名山记》中，既记载了山洞、泉水、溪流等自然景观，也记载了丹井、法坛、宫观及升仙地等道教景观。杜光庭虽标为"七十二福地"，但实际上却只记了"七十一福地"。如果再将它与司马承祯的《天地宫府图·七十二福地》相比较，就可见两者之间也存在一些差异，这一方面表现在七十二福地的排列顺序有所不同，另一方面也表现在具体内容上有一些差异，例如名称与地点都不相同的就有二十多处，名称相同而地点不同的又有十多处，而名称不同地点相同的大约也有十多处。③ 从"洞天福地"的名称和地点的歧义可以推知，道教的传播地域和地理分布十分广泛，大部分在东南沿海地区，人们对它的记载各有不同的侧重，据《天地宫府图·七十二福地》记载，其中有九个福地在江苏：

> 第一地肺山，在江宁府句容县界，昔陶隐居幽栖之处，真人谢允治之。
> 第六南田山，在东海东，舟船往来可到，属刘真人治之。
> 第七玉溜山，在东海近蓬莱岛上，多真仙居之，属地仙许迈治之。
> 第八清屿山，在东海之西，与扶桑相接，真人刘子光治之。
> 第四十钵池山，在楚州王乔得道之处。
> 第四十一论山，在润州丹徒县，是终真人治之。
> 第四十二毛公坛，在苏州长洲县，属庄仙人修道之所。
> 第五十九张公洞，在常州宜兴县，真人康桑治之。

---

① 饶宗颐在《黄公望事迹摭佚》中认为，黄公望师承全真道丘处机、李志常、李月溪一系的金志扬（金蓬头），实属全真道徒。(《二十世纪学术文集》卷一三，中国人民大学出版社2009年版，第638页)。
② 杨旸：《黄公望〈良常山馆图〉的两个临本》，《文物天地》2015年第8期。
③ 孙亦平：《杜光庭评传》，南京大学出版社2005年版，第330页。

第七十二东海山，在海州东二十五里，属王真人治之。①

江苏茅山是"第八洞天"，并以"第一地福"之名在洞天福地中占有突出的位置。南田山、玉瑠山和青屿山位于东海上，据潘雨廷研究应属于"江苏连云港外之岛屿"②。钵池山在江苏淮安，论山在江苏丹阳，毛公坛在江苏苏州，张公洞地江苏宜兴，东海山在江苏连云港。

江苏东北部的连云港古称海州、郁州，与之邻近的齐国琅琊是流行一时的阴阳五行说的发源地，也是早期道教太平道的传播地之一。赣榆则是徐福以寻找"三神山"为目标的海上求仙活动的出发地之一，带动了西王母信仰的传播。到唐代时连云港云台山就成为江苏道教的传播地。陕州人（今河南省三门峡市陕州区）成玄英曾隐居东海山。东海山又称云台山。贞观五年（631年），唐太宗听闻成玄英大名而诏至京师，加号"西华法师"。唐高宗永徽（650—655年）年间，据说成玄英著《周易流演》"推国家之吉凶"而获罪③，又被流放到郁州，他在此注疏《老》《庄》，成为唐代重要的思想家。

4. 三十六靖庐

关于道教的"三十六靖庐"，虽然《陆先生道门科略》和《汉天师世家》都认为其为张道陵所定，但陈国符先生在《道藏源流考》中却认为"三十六靖庐说，渊源待考"④。也有学者认为，三十六靖庐"大概为南北朝时期所定"⑤。杜光庭在《洞天福地岳渎名山记》中对"三十六靖庐"的名称与地点作了比较具体的介绍，这是目前所能见到的有关"三十六靖庐"的最详细资料，为我们进一步了解唐五代以前道教活动的地理分布提供了重要参考，其中与江苏道教有关的是：

得一庐，在润州鹿迹观。

---

① 《云笈七签》卷二十七《洞天福地》，《道藏》第22册，第201—204页。
② 潘雨廷：《道教史发微》，张文江整理，上海古籍出版社2017年版，第252页。
③ 魏冬：《成玄英》，陕西师范大学出版社总社2017年版，第18页。
④ 陈国符：《南北朝天师道考长编》，载《道藏源流考》下册，中华书局1963年版，第337页。
⑤ 卿希泰主编：《中国道教史》第二卷，四川人民出版社1996年版，第451页。

元阳庐，在苏州常熟县张道裕宅。

东蒙庐，在徐州蒙山。①

靖庐是早期道教对道观的一种称呼。到唐代时江苏各地都建有道观，但能列入"三十六靖庐"的则很少。得一庐，这可能是润州（今江苏镇江）最早的道教场所，但鹿迹观在润州何处？并不清楚。②《真诰·稽神枢》提及有鹿迹洞地处南徐州界（今江苏镇江），有道士住其中修道，其地理位置正对茅山："鹿迹山中有绝洞。绝洞者，才有一二亩空地，无所通达，故为绝洞。洞室四面皆有青白石，亦以自然光明，……东北有小口，才劣容人入，入二三百步，乃得洞室，初入口甚急，愈入愈宽大也，口外南面有三积石，积石下有洴，索即可得也。亦或以一小石掩穴口，穴口大小俱如华阳三便门。便门亦用小石塞其口，自非清斋久洁，索不可得。鹿迹洞子亦尔，不受秽气故也。"陶弘景注曰："此山今属南徐州界，正对茅山，北望见之，亦有道士住，鹿迹在石上，故仍以为名"③。

元阳庐为在苏州常熟县活动的张道裕舍宅所建，供奉的东海扶桑大帝，又名"元阳父"，反映了传入江南的天师道在信仰上的新变化。靖庐是天师道士的修道场所，据史籍记载，天师张道陵十二代孙张道裕在梁武帝天监二年（503年）建招真观，梁简文帝撰《招真馆碑》曰：

道士沛郡张君，讳道裕，字弘真。即汉朝天师陵十二代孙。天监二年，来至此岫，栖遁十有余载。夜忽梦见圣祖云："峰下之地，面势闲寂，宜立馆宇，可以卜居。"裕师潘洪，隐始宁四明山。无何，有人耳长发短，云从虞山招真治来，言讫，忽然不见。潘驰信报君，君因辞山旧居，而以梦中所指峰下之地，即以为治，故号招真。④

---

① 《道藏》第11册，第57页。

② 丹徒县政协学习文史委员会、中共丹徒县委统战部编：《丹徒文史资料》第16辑《丹徒寺观》，第3页。

③ ［日］吉川忠夫、麦谷邦夫编：《真诰校注》，朱越利译，中国社会科学出版社2006年版，第441页。

④ 陈垣编纂，陈智超、曾志瑛校补：《道家金石略》，文物出版社1988年版，第28—29页。

招真馆位于虞山南岭下，是张道裕在此传道十多年后因感圣祖梦而兴建的。杜光庭《神仙感遇传》曰："梁武初未知道教，先生渐悟之。后诣张天师道裕，建立玄坛三百所，皆先生之资也。"① 张道裕在茅山宗师陶弘景的支持下，为弘扬道法而建玄坛三百所，使道教宫观在江南形成一定势力，故受到南朝梁代皇帝的恩宠。梁简文帝不仅为招真观立碑撰文，而且还"曾赐玉案一面、钟一口，并撰写碑记。该碑记为常熟迄今尚存年代最早的文献之一"②。民间相传，张道裕羽化升仙时，还曾瘗法剑于虞山之西麓。招真观后改名乾元宫，北宋时改为致道观。

东蒙庐，在徐州附近的蒙山，今天蒙山已归属山东，此地流传着老君东游，还赤城、蒙山的故事，还有"衍门子今在蒙山大洞黄金之庭，受书为中元仙卿"③，并传紫阳真人周义山："衍门子得道尸解，墓在渔阳潞县，见在蒙山大洞黄金之庭，受书为中元仙卿。衍门即羡门也。紫阳真人周义山闻有药，先生得道在蒙山，能读《龙蹻经》，乃追寻之蒙山，遇羡门子乘白鹤，执羽盖，佩青毛之节，侍从十余玉女。义山乃再拜叩头，乞长生要诀。羡门子曰：'名在丹台玉室之中，何忧不仙？远越江河来登此，何索。'"④

处于大地名山之中的"洞天福地"既是道教信仰的一种表达，也是道教地理学的重要内容，当道教在将天下实存的名山洞穴称为与天上仙境相对应的人间仙境——"洞天福地"时，这些"洞天福地"在客观上就成为道教信仰的具体表现和道教流播的地域分布图。茅山因三茅真君在汉代时来此隐居修道而闻名，后南朝时陶弘景又在此创立上清派茅山宗，唐代道教将其列为第一福地、第八洞天，茅山道教成为名扬天下的道教圣地。这些都是我们了解道教在江苏传播与发展的重要资料。

---

① （宋）李昉编纂：《太平御览》第六卷，河北教育出版社1994年版，第68页。
② 郁永龙：《苏州百座寺观教堂》，宗教文化出版社2014年版，第283页。
③ ［日］吉川忠夫、麦谷邦夫编：《真诰校注》，朱越利译，中国社会科学出版社2006年版，第459页。出于唐代的《上清众经诸真圣秘》也认同《真诰》的说法。
④ 《历世真仙体道通鉴》卷四，《道藏》第5册，第130页。

第六节　李德裕与中晚唐茅山道教

唐代是儒佛道三教鼎立的时期，被梁启超等人称为中国六大政治家之一①的李德裕（787—849年）②曾任翰林学士、浙西观察使等职，在唐文宗、唐武宗时两度任宰相，为巩固中央集权制采取了一系列治理措施，使晚唐内忧外患的局面得到暂时缓解，其间也形成了自己的儒佛道三教观。过去学界的研究比较注重李德裕"身居高位，关心社稷"，在治政领域如何"佐武中兴"，对他的三教观少关注不够。从傅璇琮先生所著的《李德裕年谱》和《李德裕文集校笺》③中可见，李德裕与儒佛道三教人士多有交往，其思想内涵具有多元性与复杂性。李德裕既以儒家"修齐治平"思想为立身之本，又在任浙西观察使时与茅山道教交往密切，自称"上清玄都大洞三景弟子"，但他对道教的长生成仙信仰却保留着自己的看法；他既奉行佛教，曾修建镇江甘露寺，又协助唐武宗于会昌年间开展禁佛活动。李德裕对儒佛道三教，在不同时期有不同的思想倾向，有时还表现出前后矛盾的情况。值得研究的是，李德裕与中晚唐茅山道教的关系如何影响到他的个人仕途、治政实践和家庭生活？他倡导的以儒统佛道的思想又如何影响了唐宋之际儒佛道三教关系的发展走向？

唐朝建立后，茅山道教就受到帝王特别的重视，上清宗师王远知、潘师正、李含光、司马承祯都与帝王交往密切。"安史之乱"后，随着藩镇割据的加剧和社会阶层的变化，一些北方人带着先进的生产技术和文化成果南

---

① 梁启超等人曾将李德裕与管仲、商鞅、诸葛亮、王安石、张居正并列为中国六大政治家（请参阅梁启超等编《中国六大政治家》，中华书局，2014年版）。

② 李德裕，字文饶，赵郡（今河北赞皇县）人，有关其生卒年，新、旧唐书《李德裕传》记载相同，其生于贞元三年（787年），卒于宣宗大中三年（849年）二月，年六十三。清史学家王鸣盛：《李德裕贬死年月》，考其卒于宣宗大中四年（850年），应为"年六十四"［（清）王鸣盛：《十七史商榷》下册，上海古籍出版社2013年版，第1357页］，但陈寅恪《李德裕贬死年月及归葬传说辨证》论证王鸣盛之误（《陈寅恪文集》之三，《金明馆丛稿二编》，上海古籍出版社1980年版，第11页）。

③ 请参见傅璇琮《李德裕年谱》，齐鲁书社1984年版；傅璇琮、周建国校笺：《李德裕文集校笺》，河北教育出版社2000年版。

渡，在促进江南经济文化发展的同时，倡导山林修道的茅山道教因承继上清派注重内修的文化传统也受到官吏及文人的热情关注。李德裕就是在出任浙西观察使镇守润州（今江苏镇江）时成为茅山道教弟子的。

李德裕出身于官宦世家，祖父李栖筠在唐代宗时任御史大夫。父亲李吉甫好学能文，以门荫入仕，为唐宪宗所倚重，曾官居宰相之位。李德裕"幼有壮志，苦心力学，不喜科试。既冠，卓荦有大节"①，从小受家庭影响接受儒学教育，后来才逐渐接触到道教与佛教。元和三年（808年），李吉甫入相后因"党争"②被驱离京城，出镇扬州，任淮南节度使。"李德裕时亦随父在淮南，与王起交游，曾同游汴州列子庙。时德裕仍未入仕"③，但也逐渐了解了当地的民情。元和六年（811年），李吉甫再次被唐宪宗从淮南召回任相。此次入相，李吉甫的声誉更高："吉甫初为相，颇洽时情；及淮南再征，中外延望风采。"④李德裕也随父回京，因"不喜与诸生试有司，以荫补校书郎"，但不久又因其父居于相位，为避嫌就辞职了。元和九年（814年）十月，李吉甫在宰相位上暴病去世，这影响了李德裕的仕途发展及思想倾向。

不久，唐宪宗也改变了早期择贤任能、兼听纳谏、关心民间疾苦的执政态度，开始偏宠宦官，热衷于求神拜佛，服食仙丹，追求长生不老，导致宦官在朝廷中的势力急剧膨胀。元和十五年（820年）正月，唐宪宗被宦官陈弘志等人所杀，唐穆宗即位，李德裕被召入翰林充学士："帝在东官，素闻吉甫之名，既见德裕，尤重之。禁中书诏，大手笔多诏德裕草之。是月，召对思政殿，赐金紫之服。逾月，改屯田员外郎"⑤。因受到权臣李逢吉的排挤，李德裕于长庆二年（822年）九月出任润州刺史、浙西观察使等职。浙西观察使的治所在润州（今江苏镇江），统领金坛、丹阳、丹徒、延陵四县，其中包括茅山。

---

① 《旧唐书》卷一百七十四《李德裕传》。
② 有关牛李党争的相关研究，可参见王炎平《牛李党争始因辨析》（《四川大学学报》1985年第3期）、周建国《关于唐代牛李党争的几个问题》（《复旦学报》1983年第6期）、卞孝萱《"牛李党争"正名》（《中国史研究》1993年第3期）、黄日初《再论唐代文宗朝党争问题》（《山西大学学报》2015年第3期），等等。
③ 傅璇琮：《李德裕年谱》，河北教育出版社2001年版，第62页。
④ 《旧唐书》卷一百四十八《李吉甫传》。
⑤ 《旧唐书》卷一百七十四《李德裕传》。

李德裕离开京城长安，镇守润州，"锐于布政，凡旧俗之害民者，悉革其弊"。当时浙西一带巫俗鬼怪之风盛行。为了移风易俗，李德裕上任后一方面以儒家"务民之义，敬鬼神而远之"① 为指导对百姓进行教化；另一方面，只保留纪念名臣贤后的祠庙，其余淫祠、私邑山房一律拆毁："属州非经祠者，毁千余所，撤私邑山房千四百舍"②。《旧唐书》则记载，长庆三年（823 年）"十二月，浙西观察使李德裕奏去管内淫祠一千一十五所"③，几年之间使当地的习俗大变，人乐其政。李德裕也于此时接触到茅山道教。

从流传至今的李德裕诗文看，他与茅山道士往来密切，其中具名者有孙炼师、松阳子、清远道士。"孙炼师"名孙智清，是"茅山三观威仪道士"④。据《茅山志》记载："十六代宗师，明玄先生，姓孙，讳智清，……辞家入山，师洞真先生。大和六年，为山门威仪。……李卫公尊师之，尝有诗赠。"李德裕别称李卫公，在镇守润州时曾拜孙智清为师，从受法箓，并作《寄华阳孙炼师》表达自己对茅山"华阳第八天"的向往：

何地最翛然，华阳第八天。松风清有露，萝月净无烟。
乍警瑶坛鹤，时嘶玉树蝉。欲驰千里恋，惟有凤门泉。⑤

大和七年（833 年），任山门威仪的孙智清奏请唐文宗，重禁采捕，四时祭祀咸绝牲牢。同年又奉敕书在茅山立紫阳观。唐武宗在会昌元年（841年）诏修生辰斋，在紫阳观敕建九层宝坛行道。据第十九代上清宗师王栖霞撰《灵宝院记》记载，李德裕曾资助孙智清在茅山上建灵宝院："及唐大和中，太尉赞皇李公，每瞻遗躅，屡构退缘，门师道士孙智清，复讨前址，再建是院，寻诸旧号，额曰'灵宝'"⑥。会昌二年（842 年），孙智清去世后，李德裕撰《遥伤茅山县孙尊师三首》以表达自己的心情，据说此诗于

---

① 《论语·雍也》。
② 《新唐书》卷一百八十《李德裕传》。
③ 《旧唐书》卷十六《穆宗本纪》。
④ 《茅山志》卷二，《道藏》第 5 册，第 560 页。
⑤ 《茅山志》卷二十八，《道藏》第 5 册，第 680 页。
⑥ 《茅山志》卷二十四，《道藏》第 5 册，第 655 页。

会昌三年（843年）刻于茅山①：

  其一：蝉蜕遗虚白，蜕飞入上清。同人悲剑解，旧友觉衣轻。
     黄鹄遥将举，斑麟俨未行。惟应鲍靓室，中夜识琴声。
  其二：金格期初至，飙轮去不停。山摧武担石，天隙少微星。
     弟子悲徐甲，门人泣蔡经。空闻留玉舄，犹在阜乡亭。
  其三：空宇留丹灶，层霄被羽衣。旧山闻鹤化，遗舄尚凫飞。
     数日奇香在，何年白鹄归。想君游下泊，方叹里间非。

在这些诗文中，李德裕均自称为"弟子"，可见其对孙智清的感情还是很深厚的。同年，李德裕还作诗表达对孙智清的老师黄洞元，十五代上清宗师桃源黄先生的尊敬。据《茅山志》记载："十五代宗师，洞真先生，姓黄，讳洞元，南岳人。早游华阳，与玄静先生为师友，尝受行中黄服日之法。后入武陵，住桃源观。"②后来，李德裕到黄洞元曾居住过的旧馆参观时还写赋纪念：

  后学方成市，吾师又上宾。洞天应不夜，源树只如春。
  棋客留童子，山精避直神。无因握石髓，分与养生人。③

李德裕特别在"后学方成市"句后注出："今茅山宫观道士并是先生弟子也"，说明黄洞元在茅山道教中的影响。

开成元年（836年），李德裕在庐山"因怀远公（释慧远）、陆先生（陆修静），怅然成赋"所作的《望匡庐赋》中说："余受法于茅山，元师（陆修静）则传法祖师也。"④可见他认为自己师从孙智清，所得教法既来自茅山上清派的传统，也来自陆修静的三洞教法。陆修静既是天师道士，也传

---

① （宋）欧阳棐《集古录目》卷十记载："李德裕《遥伤孙尊师》诗三首，《寄题黄先生旧馆》诗一首，附试秘书省校书郎裴大质八分书。李德裕时为司空平章事。以会昌三年刻在茅山。"（转引自傅璇琮《李德裕年谱》，河北教育出版社2001年版，第353页）
② 《茅山志》卷十一，《道藏》第5册，第603页。
③ 《茅山志》卷二十八，《道藏》第5册，第680页。
④ （唐）李德裕：《会昌一品集》，上海古籍出版社1994年版，第150页。

承上清经和灵宝经等，曾在庐山修道多年，后在南朝都城建康（今江苏南京）整理道书，总汇三洞，弘传道教。中唐之后，道教各派颇有融汇现象，故李德裕在此诗中提及陆修静，也是为了表达自己学综多门。

李德裕不仅曾陪同清远道士和太师颜公同游苏州虎丘寺，而且还曾与松阳子不止一次地共处同游，写下许多唱和诗，例如《怀山居邀松阳子同作》《思归赤松村呈松阳子》《重忆山居六首》等，可见他们是交情颇深的朋友。李德裕还将自己思归赤松村的想法告知松阳子：

> 昔人思避世，惟恐不深幽。禽庆潜名岳，鸱夷漾钓舟。
> 顾余知止足，所乐在归休。不似寻山者，忘家恣远游。①

赤松村地属东都洛阳，传说是古代仙人赤松子修炼之地，李德裕曾在此修建平泉别墅："置平泉别墅，清流翠篠，树石幽奇。初未仕时，讲学其中。及从官藩服，出将入相，三十年不复重游，而题寄歌诗，皆铭之于石"②。李德裕身处朝廷政治动荡中，借东汉隐士禽庆忘家远游、隐居而终之事，来映衬自己的归休之思，表达了对隐逸修道的向往。

对于李德裕与道教的关系，学界已有一些研究。③ 近年来还有学者根据唐代石刻文献梳理出了一些有关李德裕的资料④，为我们研究李德裕个人的立身行事、文化倾向以及与中晚唐茅山道教的关系提供了更多的参考。

例如，从李德裕为其妻妾撰写的墓志铭可见其家庭与茅山道教的密切关系。李德裕因奉行茅山道教，自己"不喜饮酒，后房无声色娱"⑤，其妻刘氏、妾徐氏，也是虔诚的茅山道教信徒。李德裕刚任浙西观察使时，娶妾徐氏，名盼，字正定，润州丹徒县人。徐氏因"疾亟入道，改名天福"，后跟随

---

① （唐）李德裕：《会昌一品集》，上海古籍出版社1994年版，第190页。
② 《旧唐书》卷一百七十四《李德裕传》。
③ 例如，[日]砂山稔：《李德裕与道教》，《隋唐道教思想史研究》，东京平河出版社1990年版，第389—415页；王永平：《李德裕与道教》，《文史》2000年第1期，等等。
④ 据胡可先《新出土石刻史料与李德裕相关问题探索》考证："涉及李德裕的石刻文献在唐代石刻文献当中数量是可观的"，他列出的直接的资料与间接的资料有25处，"涉及李德裕的家世、生平、交游，及其与党争、与宗教、与文学的关系等"，弥补了传世文献有关李德裕世系、生平和交游记载的不足。（《河南社会科学》2017年第5期）
⑤ 《新唐书》卷一百八十《李德裕传》。

李德裕到滑州后，成为瑶台观女真，大和三年（829年）卒于滑州官舍时，年仅二十三岁。李德裕心痛无比，撰《滑州瑶台观女真徐氏（盼）墓志铭》云："长庆壬寅岁，余自御史丞出镇金陵，徐氏年十六，以才惠归我。长育二子，勤劳八年。惟尔有绝代之姿，掩于群萃；有因心之孝，合于礼经。"李德裕用离骚体描述了徐氏的"绝代之姿"之貌，并表达了对女真徐氏因信仰道教而具有"仪静体闲，神清意远，固不与时芳并艳，俗态争妍"① 的欣赏。

李德裕撰写的《唐茅山燕洞官大洞炼师彭城刘氏墓志铭》更展现了其妻刘致柔在茅山学道的情况：

> 炼师道名致柔，临淮郡人也。不知其氏族所兴，和顺在中，光英发外，婉嬺有度，柔明好仁，中年于茅山燕洞官传上清法箓，悦诗书之义理，造次不渝，宝老氏之慈俭，珍华不御，言行无玷，淑慎其身，四十一年于兹矣。②

炼师是道教对那些掌握养生及炼丹术道士的尊称。刘致柔随李德裕来到润州后，于茅山燕洞宫传上清法箓，崇尚老子的慈俭之道，"刘氏传箓的时间大约在唐敬宗宝历二年前后"③。茅山燕洞宫是南朝梁时女冠钱妙真立祠之处，唐代时成为茅山女冠的修道处。刘致柔在茅山燕洞宫修道后终身奉行道教。大中年间，刘致柔伴随着被贬官的李德裕来到崖州（今海南三亚），因旅途劳顿，"无名医上药可以尽年"而去世。李德裕为妻妾撰写的墓志铭，既反映了"唐代信奉道教的妇女主要来自社会中上层"④，也从一个侧面反映了茅山道教曾为李德裕一家在困顿生活中提供了精神安慰。

从《茅山志》中可见，中晚唐茅山道教通过"上清经箓"与"正一之法"的融合促进了教义思想和修道实践的发展。虽然"在九世纪的时候，

---

① 周绍良编：《唐代墓志汇编》，上海古籍出版社1992年版，第2114页。
② 周绍良编：《唐代墓志汇编》，上海古籍出版社1992年，第2303—2304页。
③ 董理：《试论李德裕与道教》，载成建正主编《陕西历史博物馆馆刊》第15辑，三秦出版社2008年版，第138页。
④ 赵娟宁、焦杰：《从墓志看唐代妇女的道教信仰》，载樊英峰主编《乾陵文化研究》第2册，三秦出版社2006年版，第191页。

茅山上清一系已经不能独占道教在皇室朝廷的优先地位了"①，但此时中晚唐茅山道教还在有文化的士人心中占据着重要位置，并在文人学士和普通民众的支持下持续发展。唐代诗人与茅山道士诗词唱和往来频繁，到茅山学道求仙者也日渐增多，如《句曲山朝真词》云："岁十二月二日，句曲山道士朝真于大茅峰上，学神仙，有至自千万里者"②。这一趋向也反映了中晚唐茅山道教由帝王关注的官方道教逐渐向文人道教、民众道教转型。

李德裕一方面欣赏茅山道士"闲倚松窗望翠微"的生活方式，学习茅山道教的养生术，甚至还"精于天文卜筮之术"，他在《方士论》中认为"大抵方士皆习静者为之，隐身岩穴，不求闻达，如山鹿野麋，是其志也"；另一方面，对那些出入宫掖的两街道士赵归真、罗浮山道士邓元起、衡山道士刘玄靖之流持批评态度，认为他们出入宫掖，以不死之术对帝王进行蛊惑，是"自衒其术，面欺明主者"③。

从李德裕撰写的《三圣记》及其上书唐敬宗之事也可见其对道教的态度。唐敬宗宝历二年（826年），李德裕以"上清玄都大洞三景弟子"及自己的官职为名，为茅山崇元观南老君殿院中塑造的老子、孔子、尹真人三圣像撰写《三圣记》：

> 有唐宝历二年，岁次丙午，八月庚戌，上清玄都大洞三景弟子、正议大夫、使持节润州诸军事、润州刺史兼御史大夫、充浙西道都团练观察处置等使、上柱国、赞皇县开国男、食邑三百户、赐紫金鱼袋李德裕，上为九庙圣主，次为七代先灵，下为一切含识，于茅山崇元观南敬造老君殿院，及造老君、孔子、尹真人像三躯。④

李德裕撰写《三圣记》的背景是唐敬宗要他在茅山崇元观供养太玄周先生。崇元观本为"华阳观，梁昭明太子故宅，古名鸿禧院，一名福乡馆，在崇寿观西。宝历二年，奉敕置，改号宝历崇元圣祖院。时赞皇李德裕奉老

---

① 葛兆光：《中国思想史》第2卷，复旦大学出版社2001年版，第146页。
② 《茅山志》卷二十八，《道藏》第5册，第685页。
③ （唐）李德裕：《会昌一品集》，上海古籍出版社1994年版，第219页。
④ 《茅山志》卷二十三，《道藏》第5册，第650页。

子、孔子、尹真人三像,供养太玄周先生于此"①。这位太玄周先生,即润州隐士周息元。唐敬宗喜好神仙长生之术,既有两街道士赵归真等推波助澜,也有僧人的大力推荐,还有山人杜景先上奏,请求到江南寻访"异人"。唐敬宗听说润州有隐士周息元,自称已有百岁,但身体仍然很健康,便派中使前去迎接周息元入京:

> 敬宗为两街道士赵归真说以神仙之术,宜访求异人以师其道;僧惟贞、齐贤、正简说以祠祷修福,以致长年。四人皆出入禁中,日进邪说。山人杜景先进状,请于江南求访异人。至浙西,言有隐士周息元寿数百岁,帝即令高品、薛季棱往润州迎之,仍诏德裕给公乘遣之。德裕因中使还,献疏曰:"……臣所虑赴召者,必迂怪之士,苟合之徒,使物浑冰,以为小术,炫耀邪僻,蔽欺聪明。……以臣微见,倘陛下睿虑精求,必致真隐,唯问保和之术,不求饵药之功,纵使必成黄金,止可充于玩好。"②

当时李德裕正在润州刺史任上,多次接到唐敬宗的诏书,但他了解当地的民情风俗,也在一定程度上了解道教,在他看来,杜景先之言不可信,就将此事拖延下来。后来,唐敬宗又派人到润州,要迎周息元入宫。李德裕作为地方长官,当然不能公开抗命,他一方面支持在茅山建造崇元圣祖院并塑三圣像以张扬道教的祖风;另一方面,又将自己了解的情况写成《谏敬宗搜访道士疏》,强调与道士交往应保持清醒,可以向道士询问"保和之术"的养生方法,却不能相信他们所说的"饵药之功"。李德裕对迂怪之士宣扬的长生不死之说持置疑态度,其上书直言的做法,连政治对手牛僧孺、李宗闵也颇为敬佩。

但整日沉湎于声色犬马中的唐敬宗求道心切,依然将周息元迎入内宫:"息元至京,帝馆之于山亭,问以道术。自言识张果、叶静能,诏写真待诏李士昉问其形状,图之以进。息元山野常人,本无道学,言事诞妄,不近人

---

① 《茅山志》卷十七,《道藏》第5册,第625页。
② 《旧唐书》卷一百七十四《李德裕传》。

情。及昭愍遇盗而殂，文宗放还江左。德裕深识守正，皆此类也"①。周息元信口开河，唐敬宗也信以为真。周息元入京不久，唐敬宗便遇弑身亡。唐文宗登基后，将唐敬宗身边的那些道士驱逐出京。

李德裕在润州任职期间，多次去茅山参访后奉行道教，但作为朝廷命官又是以儒家思想作为自己建功立业的人生理想，这在他《述梦诗四十韵》中有明确的表达。这首长诗写于唐敬宗宝历元年（825年）年底，当时李德裕仍为浙西观察使，他既表达了"君当尧舜日，官接凤凰曹""著书同陆贾，待诏比王褒"的愿望，渴望能够遇到尧舜那样的明君圣主，以便自己能够大展身手；也因宦海浮沉、身心俱疲而流露出"聚散俄成昔，悲愁益自熬。每怀仙驾远，更望茂陵号"②的避世思想。这首长诗写成后，李德裕把它分别寄给自己的好友元稹、刘禹锡等人。元稹和刘禹锡在唱和诗中，对李德裕的功业给予充分肯定，更对其中所表达的超然意境给予了赞誉，如元稹说："庄蝶玄言秘，罗禽藻思高"③，刘禹锡更指出"羽化如乘鲤，楼居旧冠鳌"④ 也是一种人生理想。

李德裕在从政生涯中始终被"党争"左右，"中晚唐社会政治的主要问题，一般概括为宦官、藩镇、朋党，这三者是互相制约而又互相联系渗透的，研究三者之一，就一定要牵动其他两点。而在朋党方面，从宪宗元和年间起，直到宣宗大中时期，这近半个世纪，就是历史上所谓的牛李党争。牛李党争一直使研究者感到头疼，认为是非曲直，各有各的说法，很难界清"⑤。李德裕、郑覃为代表的"李党"成员大多是高官豪门子弟，以牛僧孺、李宗闵为代表的"牛党"成员则大多为科举入仕者，他们的政治主张大致相同，但因出身差异而执政方式不同。据新、旧唐书记载，这一始于李吉甫做宰相，终于李德裕相下台，持续40年之久的激烈"党争"，更多的是在特定环境中为维护集团利益所进行的意气之争。傅璇琮先生认为："牛

---

① 《旧唐书》卷一百七十四《李德裕传》。
② （唐）李德裕：《会昌一品集》，上海古籍出版社1994年版，第154页。
③ （唐）元稹：《奉和浙西大夫李德裕述梦四十韵》，载（唐）李德裕《会昌一品集》，上海古籍出版社1994年版，第156页。
④ （唐）刘禹锡：《浙西李大夫述梦四十韵，并浙东元相公酬和，斐然继声，本韵次用》，载（唐）李德裕《会昌一品集》，上海古籍出版社1994年版，第156页。
⑤ 傅璇琮：《李德裕年谱》，河北教育出版社2001年版，第2页。

李党争中，核心人物是李德裕。"

李德裕作为李党首领，其思想核心是儒家而非道教或佛教，他渴望建功立业，时刻想着有所作为，"只恨无功书史籍，岂悲临老事戎轩"正是这种思想与心情的真实写照，但因长期面对朝廷中朋党联结，明争暗斗，导致自己升迁不定，其自言"人生不如意，十乃居七八"[1]，故喜好用茅山道教倡导的清心寡欲、自然无为，从精神上来调整自己的心态。

李德裕因被贬润州而在《奉和山亭书怀》中这样写道："东山有归志，方接赤松游"，期望能够像谢安那样先建功立业，后归隐东山，与赤松子同游。"儒家要人尽人道，道家则强调法自然。无论是道家还是道教，都想在现实的社会之外另觅仙境，另求逍遥的人生。这样，进可儒，退可道，儒道相合，现实的人生可谓能进退自如了。"[2] 李德裕在诗文中一再表达对道教神仙自由自在精神的欣赏，如《忆金门旧游奉寄江西沈大夫》云："思君远寄西山药，岁暮相期向赤松。"有时还表现出一种飘飘欲仙的精神，如《鹿迹山铭》中写道：

> 不动者山，不死者仙。山在仙存，真决不传。猗欤先生，耽道体玄。腾驾素鹿，遨游紫烟。时憩蓬壶，下视桑田。一往兹山，于今几年。兹山岑寂，先生是宅。清泉绿萝，独与世隔。我居洞宫，人见崖壁。空留鹿迹，永存幽石。[3]

李德裕希望自己能够像神仙那样遨游紫烟，通过"耽道体玄"来调节自己的紧张心情。

同时，李德裕也学习茅山道教的养生术。由于长期操劳政事，因激烈党争导致宦海沉浮，更因其妾去世的刺激，李德裕的身体健康状况一直不太好，如《秋日登郡楼望赞皇山感而成咏》所云："越吟因病感，潘鬓入秋悲"。此诗写于唐文宗大和四年（830年）八月，其时李德裕远离朝廷，在滑州刺史、义成节度使任上，渐入老年的他也认识到道教和医学有密切关

---

[1] （唐）李德裕：《会昌一品集》，上海古籍出版社1994年版，第189页。
[2] 洪修平：《中国儒佛道三教关系研究》，中国社会科学出版社2011年版，第30页。
[3] （唐）李德裕：《会昌一品集》，上海古籍出版社1994年版，第182页。

系，故不能将道教所倡导的身体调养或治病愈疾尽数斥为妖法邪术。在日常生活中，李德裕很重视养生，受茅山道教影响还服食饵药，如《雨后净望河西连山怆然成咏》云："唯怀药饵蠲衰病，为惜余年报主恩"[1]。但李德裕服药只是为了养身健体，这与唐武宗追求长生不死又有着根本区别。

李德裕从政后，历仕宪、穆、敬、文、武诸朝，他希望通过加强相权来强化儒家的大一统的政治思想；但同时也看到帝王笃信道教、佛教所引发的弊端及导致的一系列社会问题，故期望以儒家思想为指导来对待道教与佛教。

李德裕始终倡导以儒统佛道的三教观，他对佛教、道教的私人感情总体上是服从于"修齐治平"的执政需要。他在任浙西观察使时与茅山道教交往密切，但对道教宣扬的长生不死却保留着自己的看法，其对道教抱有双重态度，与一生以儒家思想为立身之本有关。李德裕有学识与才干，但因党派之争而多次被排挤外调；他在外心恋朝廷，一心想回京师任职，但回京之路却一波三折，异常艰辛。李德裕"三在浙西，出入十年"[2]，在尊儒信道的同时，对佛教也是崇敬的。

李德裕在镇守润州时，不仅去茅山道教参与活动，而且还在北固山上扩建了佛教甘露寺，如《嘉定镇江志》卷八曰："甘露寺，在北固山。唐宝历中李德裕建，以资穆宗冥福，时甘露降此山，因名"。1960年，在镇江甘露寺铁塔塔基中发现了李德裕重瘗长干寺阿育王塔舍利的金棺银椁以及相关的碑文石刻等[3]，可见李德裕对佛教的崇敬。北宋郭若虚《图画见闻志》卷五《会昌废壁》曰："唐李德裕镇浙西日，于润州建功德佛宇，曰甘露寺。当会昌废毁之际，奏请独存。因尽取管内废寺中名贤画壁，置之甘露，乃晋顾恺之、戴安道、宋谢灵运、陆探微、梁张僧繇、隋展子虔、唐韩幹、吴道子画。"[4] 据考，"李德裕建甘露寺收容的幸免于（法）难的壁画共有15幅"[5]。北宋画家米芾在《画史》中说，经过会昌法难，甘露寺中壁画仍有所保存，

---

[1] （唐）李德裕：《会昌一品集》，上海古籍出版社1994年版，第182页。
[2] 《新唐书》卷一百八十《李德裕传》。
[3] 郑金星、刘受农、杨荣春等：《江苏镇江甘露寺铁塔塔基发掘记》，《考古》1961年第6期。
[4] （北宋）郭若虚、邓椿撰：《图画见闻志》，浙江人民美术出版社2013年版，第157页。
[5] 张箭：《佛教造型艺术品在三武一宗法难中的被毁和幸存考》，载刘复生主编《川大史学》第2辑《中国古代史卷》，四川大学出版社2016年版，第313页。

直到北宋元符（1098—1100年）末年才为大火所焚。①

李德裕对佛教的重视，还可从日本求学僧圆仁所著《入唐求法巡礼行记》找到一些记述。圆仁（793—864年）曾于唐文宗开成末年到唐武宗会昌年间到中国求法，足迹先后到达扬州、江苏北部、胶东半岛、五台山及长安等地。圆仁到扬州时，李德裕正在此主政，曾多次到开元寺看望圆仁。圆仁看到李德裕不仅到佛寺烧香拜佛，而且对辖区内的佛寺进行修缮管理："相公为修理开元寺瑞象阁，设讲募缘，始自正月一日，至于今月八日讲毕。以五百贯买木，曳置寺庭，且勾当令整削之"②。李德裕还号召向佛寺施舍："从今月初五日，为国并得钱修开元寺旃檀瑞象阁，寄孝感寺，令讲经募缘。请本国和尚特到听讲，兼催本国诸官等结缘舍钱者。"③ 为筹集整修开元寺的资金，李德裕曾主持"讲经募缘"并带头捐款，下令在开元寺画佛像以供民众礼拜。"李德裕对于佛教并非真心抵触，对于真正修行的僧人是敬佩的，对于佛教教义也有着较为精深的理解，我们认为这才是李德裕对佛教的真实态度。"④

李德裕在唐文宗、唐武宗时两次居于宰相之位，如何在"尊王攘夷"旗号下通过削夺藩镇和宦官之权，革除朝政的种种弊端，对财政制度和腐败现象进行整顿，重建国家权威是其执政时考虑的头等大事。自"安史之乱"后，中国社会阶层发生了深刻的变化，唐初往往以出身的"贵"与"贱"为标准来划分出社会身份等级，到中晚唐时，社会中原有的"四民"——士农工商之间的界限日渐模糊，出现了以活动于城市空间的主体人群即"市民"，进而形成独特的市民"新阶层"。随着"市民阶层"的兴起，"市籍制终结，坊市制被打破，两税法在制度上承认贫富分化，财富占有量成为划分人群的标准，城市社会重心下移，富民阶层兴起"⑤。"富民"既占有一

---

① 于安澜编：《画品丛书》，上海人民美术出版社1982年版，第197页。
② ［日］圆仁：《入唐求法巡礼行校注》，［日］小野胜年校注，白化文等修订校注，花山文艺出版社1992年版，第107页。
③ ［日］圆仁：《入唐求法巡礼行校注》，［日］小野胜年校注，白化文等修订校注，花山文艺出版社1992年版，第94页。
④ 李文才：《半夜邀僧至孤吟对竹烹——李德裕与佛教及"会昌毁佛"的关系》，载成建正主编《陕西历史博物馆馆刊》第15辑，三秦出版社2008年版，第133页。
⑤ 廖靖靖：《唐代城市社会阶层体系再审视》，《中国社会科学报》2018年10月9日。

定的社会财富，又具有良好的文化教育基础，犹如我们今天所说的中产阶级。他们人数多、分布广，虽然没有世袭的特权，但利用经济手段获取财富，与其他社会群体有了明显区别，也使他们能够在经济生活中发挥出重要作用。这一新的社会阶层在"安史之乱"后的中国南方社会中逐渐兴起，并成为推动唐宋社会变革或转型的社会力量。① 李德裕在镇守浙西时作《丹扆箴》，派遣使者上呈唐敬宗，期望他能够通过勤朝政、正衣冠、少出游、纳忠言、远小人、亲贤者等来改良政治环境，并通过整顿军旅，实行推动经济发展的举措，使浙西地区的富民阶层受益其政。李德裕在会昌朝执政时，为巩固中央集权制，采取削弱藩镇、发展经济、平定回鹘、安抚边疆、裁汰冗官、发展经济、平衡三教等一系列措施，显示出杰出的政治和军事才能，使晚唐内忧外患的局面得到暂时缓解。

会昌朝是李党全面得势的时期，李德裕位居宰相，一些禁佛措施也陆续颁布。汤用彤先生据圆仁所述而认为："会昌二年三月三日，因宰相李德裕奏，敕下发遣保外无名僧，又不许置童子沙弥，是毁法已见其端倪。"② 导致"会昌灭佛"的原因，目前学界主要有五种观点，经济原因、政治改革、道教与佛教的斗争、皇室的内部斗争、华夷之辨的结果。③

一些学者从佛道之争的角度，或认为唐武宗灭佛是从重用赵归真、刘玄靖等道士开始的。"道教利用政治上的优势排斥佛教，是武宗灭佛的直接原因。"④ 唐武宗在尚未登上皇帝宝座之前就笃信道教，"颇好道术修摄之事"，即位之初，便"召道士赵归真等八十一人入禁中，于三殿修金箓道场"，还前往道场"亲受法箓"。唐武宗在崇奉道教的同时，又下令限制佛教，"时帝志学神仙，师归真。归真乘宠，每对，排毁释氏，言非中国之教，蠹耗生灵，尽宜除去。帝颇信之"⑤。会昌灭佛除了经济与政治方面的原因外，与武宗本人崇尚道教的长生成仙术以及两街道士赵归真、刘玄靖的鼓动也有直接的关系。或认为，李德裕辅佐唐武宗进行禁佛活动，是因为其

---

① 孙亦平：《唐宋道教的转型》，中华书局2018年版，第2页。
② 汤用彤：《隋唐佛教史稿》，中华书局1982年版，第41页。
③ 毛朝晖、潘普文、丁忆雅：《华夷之辨与会昌毁佛关系检论》，《唐都学刊》2016年第5期。
④ 牛致功：《试论唐武宗灭佛的原因》，载史念海主编《唐史论丛》第7集，陕西师范大学出版社1998年版，第65页。
⑤ 《旧唐书》卷十八上《武宗本纪》。

在宗教取向上崇道抑佛所致。如汤用彤先生曾引五代何光远《鉴戒录》记载，说卫公信道教，常冠褐，修房中术，求茅君点化，沙汰缁徒，超升术士，认为"武宗信道毁佛，卫公亦不喜释氏，宜其毁法至酷烈也"①。李德裕"不喜释氏"而导致唐武宗信道毁佛的观点，近年来也引起一些反思与讨论②。

笔者认为，若从"知人论世"的角度看，导致"会昌灭佛"应当是多种原因相交织在特定的社会环境中形成的结果。从政治上看，宫廷内部的王权斗争与佛教发生了牵连。据亲历"会昌灭佛"事件的圆仁讲述，当时社会上流传着"黑衣天子"将要得位的谶语就是由道士传入宫内的。"道士奏云：'孔子说云：李氏十八子昌运方尽，便有黑衣天子理国。'臣等窃惟黑衣者，是僧人也。"③ 这促使唐武宗下决心采取灭佛措施。从经济上看，中晚唐社会上出现的奉佛现象导致了僧尼人数渐多，伪滥现象也日趋严重，寺院经济膨胀，使劳动力减少，影响了国家的税收和经济的发展，这也是唐武宗"恶僧尼耗蠹天下，欲去之"④ 的重要原因。但作为"用事大臣"的李德裕对佛教、道教的态度不同于唐武宗，他一直坚守以儒统佛道的三教观，认为"释氏之教，出于西夷，弃五常之典，绝三纲之常，殚竭财力，蠹耗生人，黜其异端，以正王度，庶可复古"⑤，故才有"请以废寺材复修太庙"⑥ 的举动。

记载李德裕会昌年间功业事迹的《会昌一品集》反映了李德裕在会昌灭佛的过程中不能置之度外，不时受到唐武宗的制约和一些朝臣的反对，在朝廷中一度陷入"四海之内，孤独一身"的困境。从《会昌五年六月二十九日就宅宣并谢恩问疾表状》《谢恩问疾状》可见，李德裕还因"抱疾岁久"而在家休息。但唐武宗笃志灭佛，会昌五年（845年）七月在全国范围内掀起一场灭佛毁寺运动，对佛教的打击确实十分沉重："其天下所拆寺四

---

① 汤用彤：《隋唐佛教史稿》，中华书局1982年版，第47页。
② 袁刚：《会昌毁佛和李德裕的政治改革》，《中国史研究》1988年第4期。
③ ［日］圆仁：《入唐求法巡礼行校注》，［日］小野胜年校注，白化文等修订校注，花山文艺出版社1992年版，第440页。
④ 《资治通鉴》第17册，中华书局1956年版，第8015页。
⑤ （唐）李德裕：《会昌一品集》，上海古籍出版社1994年版，第132页。
⑥ 《资治通鉴》第17册，中华书局1956年版，第8017页。

千六百余所，还俗僧尼二十六万五百人，收充两税户，拆招提、兰若四万余所，收膏腴上田数千万顷，收奴婢为两税户十五万人"①。成为"三武一宗灭佛"中规模最大的一次。

据《旧唐书》记载，李德裕并不完全赞同唐武宗彻底毁寺灭佛的主张，他曾借中书门下上疏，希望以国忌日官吏行香为名，对佛寺与僧人有所保留。②近年来的研究也表明："在唐武宗拆寺毁佛的过程中，武宗最终敕许诸节度使、观察使治所及战略要地同、华、商、汝四州合计50州府各保留寺院一所，这些准敕保留的50所寺院应即各州之开元官寺。在宣宗恢复佛教的过程中，上述50州府之外的多数地方州府的开元官寺均得以及时恢复重建，并迅速成为各州佛教复兴开始的标志。"③因此有人认为："李德裕由于受到政治处境、文化观念和身体状况等诸种因素的限制，没有能够起到关键性的决策作用。"④也有人认为："若论会昌灭佛有功，其功不在德裕；若论会昌灭佛有过，其过不在德裕。"⑤

对照历史来看，唐武宗在灭佛后不久即去世了。唐宣宗大中元年（847年）即位后，因忌惮李德裕功高震主⑥，在亲政次日就下诏免去其宰相之职，充荆南节度使，加授检校司徒、同平章事⑦，结束了持续日久的牛李党争，诛杀了那些活动于朝廷、蛊惑皇帝的道士，又下敕恢复佛教。佛教虽然

---

① 《旧唐书》卷十八上《武宗本纪》。

② "会昌五年，秋七月庚子，敕并省天下佛寺。中书门下条疏闻奏：'据令式，诸上州国忌日官吏行香于寺，其上州望各留寺一所，有列圣尊容，便令移于寺内。其下州寺并废。其上都、东都两街请留十寺，寺僧十人。'"（《旧唐书》卷十八上《武宗本纪》）

③ 聂顺新：《会昌毁佛前后唐代地方州府佛教官寺的分布与变迁》，《中国历史地理论丛》2018年第4期。

④ 封野：《论李德裕与会昌灭佛之关系》，《江苏社会科学》1998年第3期。

⑤ 杨发鹏：《论李德裕在会昌灭佛中的作用》，《宗教学研究》2011年第1期。

⑥ 《资治通鉴》卷二百四十八曰："宣宗素恶李德裕之专，即位之日，德裕奉册；既罢，谓左右曰：'适近我者非太尉邪？每顾我，使我毛发洒淅。'"（《资治通鉴》第17册，中华书局，1956年版，第8023页）北宋孙甫撰《唐史论断》卷下《贬李德裕》的评说更为全面："李德裕以杰才为武宗经论夷夏，屡成大功，振举法令，致朝廷之治，诚贤相矣。但宣宗久不得位，又不为武宗所礼，旧怨已深，德裕是用事大臣，自不容矣。"（中华书局1985年版，第63页）

⑦ 《全唐文》卷七十九收有《授李德裕荆南节度平章事制》《贬李德裕潮州司马制》《再贬李德裕崖州司户参军制》三篇诏令，可见李德裕被贬出的过程。大中三年，李德裕在崖州病逝，终年六十三岁。

继续在社会上流行,但从此"佛道之争乃至儒佛道三教之争却不再像过去那么激烈和频繁了"①。李德裕所坚持的以儒统佛道的思想,对唐代三教鼎立转向宋代以儒为本位的三教合一起到了促进作用。

---

① 洪修平:《中国儒佛道三教关系研究》,中国社会科学出版社2011年版,第18页。

第九章

五代北宋江苏道教的持续

经历了北方地区发生的安史之乱、黄巢起义、五代纷争、北宋靖康之变等一系列民族纷争和战乱动荡后，随着政治中心由长安到开封再到临安这样的从北向南的地域转换，人们为避乱相继由北方迁入相对安定的江南，也将他们的宗教信仰、生活习俗和文化价值带到新居住地，在江南地区形成了一种南北交融的文化空间分布，促进了地方文化多元共生的兴盛发展，也为以士绅为代表的新文化在南方道教中兴起提供了可能。唐末五代时，社会分裂，战乱动荡，"五季之衰，道教微弱，星弁霓襟，逃难解散，经籍亡逸，宫宇摧颓，俨然独存者，唯亳州太清宫矣"①。当朝政动荡、南北分裂时，历代帝王对道教的态度也有了时代性的变化。从宋代道教在南方传播的情况看，传统道派和新出道派各行其道，这些的道派大致可分为四类：一是张天师世家领导的龙虎宗以江西龙虎山为基地而在天师道中异军突起，与茅山道教来往频繁。二是由东晋六朝时期上清派和灵宝派衍化而来的茅山宗和阁皂宗依然流行。三是以张伯端为祖师、倡导内丹修炼的南宗代代相承。四是一些士绅进入道门后，打破门户之见，通过创宗立派使新道派纷纷登场。北帝派起于唐代，天心派、东华派、神霄派起于北宋，清微派②、净明派起于南

---

① 《三洞修道仪》，《道藏》第32册，第166页。
② 清微派虽奉生活于唐末的广西零陵人祖舒为开派初祖，但也有人认为祖舒是一个虚构的神话人物，或是一个在民间活动的女道士，故《历世真仙体道通鉴》将其编入女仙传中。据《清微仙谱》记载，祖舒所传清微雷法，得到休端、郭玉隆、傅央焴、姚庄、高奭、华英、朱洞元、李少微、南毕道等九代宗师的继承，形成了一个跨越两宋而自成一体的传承法脉。一般认为，南毕道传黄舜申为第十代宗师。擅长雷法的黄舜申闻名京师，受宋理宗召见，清微派在南宋时才得以显世并传播到江苏。

宋，原本也是地方性的小道团，它们发展于宋金辽国家分裂、民族纷争的形势下，流播于地方社会中，代表了南方道教发展的新走向。笔者认为，这四类道派反映了随着皇权政治对道教的疏远，在与民间神庙、宗庙祠堂、文化书院共存、共享的处境中，以宫观为本位的传统道教趋于衰落。南方道教在"地方化转向"过程中，一些新道派采用不受传统道派教门规范约束的修道方式，以地方政权所在城镇为中心开展传教活动，从而形成了与传统道教以洞天福地为活动区域并存的多元化格局，有的局限于某个地方传播很快就消失了，有的到宋代时被主流道派整合，有的以新道派名义保留了下来。这些保留下来的新道派后因壮大起来，方才留名史册。这不仅对促进唐宋道教的转型意义重大，而且也促进了江苏道教在持续发展中又进入了一个兴盛时期，兴盛的主要标志就是众多的新道派活跃于江南社会中。值得研究的是，随着传统符箓道教日趋衰落，倡导以内丹融合符箓的新符箓派的不断涌现，借助于民间社会流行的巫术与超自然力量相接触，通过倡导"雷法"，如何推动了融合新旧符箓派的正一道的兴起？又如何在新的时代条件下通过信仰、思想与实践的变革而推进了唐宋道教的转型走向终结？

第一节　五代南方政权与道教

唐朝灭亡后，中原大地上继续着诸侯纷争的局面，连绵的天灾人祸，四起的兵荒马乱，尖锐的民族矛盾，相继而来的五代十国[①]是中国历史上最动荡、最分裂的时期，也是上承唐朝余韵，下启宋朝风范的过渡时期。北宋欧阳修在修五代史时慨叹曰："呜呼，五代之乱极矣！五十三年之间，易五姓十三君，而亡国者被弑者八，长不过十余岁，甚者三四岁而亡。"最令人难过的是人心的败坏而导致社会伦常失范："五代之乱，君不君，臣不臣，父不父，子不子，至于兄弟、夫妇人伦之际，无不大坏，而天理几乎其灭矣。"最典型的事例就是"臣弑其君，子弑其父，而搢绅之士安其禄而立其

[①] 五代十国是相继出现后梁、后唐、后晋、后汉、后周五个更迭政权，称为五代。五代之外相继出现的十个割据政权：前蜀、后蜀、吴、南唐、吴越、闽、楚、南汉、南平（即荆南）、北汉，称为十国。

朝，充然无复廉耻之色者皆是也"①。政治混乱又与经济下滑同行，五代十国为了维护政权统治，需要收取大量的赋税，百姓不堪忍受而逃避，或背井离乡，或遁入庙门。佛教寺院往往成为那些不满社会现实，又不愿承担捐税者的躲避之处，再加上佛教信徒中风行烧身、炼指等自残行为，既降低了社会劳动力的人数，也有违社会伦理道德规范，因此，各政权对佛教大都采取了限制政策而对道教比较宽容。道教经过五代而在两宋时期的江南地区得到持续发展。

据史料记载，五代帝王中崇尚道教者主要有，后唐庄宗李存勖、后晋高祖石敬瑭、后周世宗柴荣。十国帝王中的前蜀主王建、吴王杨行密、吴越王钱镠、闽主王延钧、南唐主李昪也欣赏道教。这些帝王除炼丹求药以求长生之外，特别通过修建道观、礼重道士，造像铸钟、建醮投龙、抄写道经等方式来广修功德，既求长寿无穷，更祈内外归心、社稷久安，使道教在分裂动荡的社会中仍然活跃。

随着五代政治的多中心化，经济和文化发展重心逐渐向南方迁移，长安也不再是全国道教活动的中心。"五代道教的最大特点是，流传各地的道教由于同地方各色各样的民间信仰相接触，逐渐庶民化了。唐代国家道教摇身一变，将教法的重点移向了依靠咒法谋求治病、驱邪、除灾、役鬼等现世利益。在这一时代，闽（福建）地道士谭紫霄等人异常活跃，他们通过体验掌握了张天师的'天心正法'，画符驱使鬼神和为人治病。此外，专门济生利民的玉皇、许真君、吕（洞宾）祖等成为有势力的神，成为宋代以后庶民信仰的对象，渐渐崭露头角。"② 在社会动荡的年代，人们心中普遍存在着焦虑和不安，道教的神奇法术和斋醮科仪所具备的教化功能，对于统治者重建地方秩序，帮助民众走出战争的阴影都具有特别的作用。这不仅为唐宋道教的转型提供了社会心理基础，而且也促进了道教向地方社会传播且与民间信仰交融发展。

无论是五代政权，还是散在各地的十国割据势力，在权力的角逐中，其政治统治的合法性往往需要借助宗教来为之提供神圣性论证。南方的吴扬、

---

① （北宋）欧阳修：《欧阳修全集》第三册，中华书局2001年版，第862页。
② ［日］秋月观暎：《道教史》，载福井康顺等监修《道教》第一卷，朱越利译，上海古籍出版社1990年版，第49页。

吴越、后蜀、南唐等统治者大多热心佛教，但对道教也表现出相当的关心，有的为道士修建道观，有的亲自为道经作注疏。再加上"五季之乱，避世宜多"，流民问题日益严重，南方社会因相对安定，也吸引了人们前来定居。一些道士在求得修身自保的同时，还积极为统治者建言献策。罗隐（833—910年）曾与《太平经钞》的作者闾丘方远（？—902年）一起讨论"致太平"之策，后以黄老思想为指导而著《谗书》①、《太平两同书》②等，既批判社会现实，又希望能够为处于乱世中的统治者提供一套"太平匡济术"。

黄巢起义爆发后，罗隐避乱隐居九华山，直到55岁才出山，归依吴越王钱镠，历任钱塘令等官职。后来的吴越王钱元瓘、钱俶也继承了这种既尊佛教、亦奉道教、优礼道士的做法，带动了一些士大夫与道士交往，他们甚至舍身入道、舍宅为观，使道教在南方民间社会得到广泛流传。但还是有一些士人在唐朝灭亡后，选择与新朝廷不合作。据《嘉泰吴兴志》卷十八《事物杂志》"三仙石壁"条记载："五代时高士韩必、吴崧有道，能炼金丹，钱王遣罗隐招之，二人隐入石壁中。"③时任镇海节度使的吴越王钱镠，急于招徕有道之才，不仅招道士钱朗"师事之"④，还派遣罗隐招韩必、吴崧前来，但他们坚持山林修炼，不事王侯，高尚其事，保持了道士隐居修道的传统。

闾丘方远依然坚持上清派的文化传统。闾丘方远（？—902年），字大方，舒州宿松（今安徽宿松）人，年幼时，有辩慧。十六岁时，通晓经史，

---

① 鲁迅在《小品文的危机》中称："唐末诗风衰落，而小品放了光辉。但罗隐的《谗书》，几乎全部是抗争和愤激之谈。"（鲁迅：《南腔北调集》，译林出版社2014年版，第143页）可见罗隐对现实社会的强烈不满。

② 《宋史》卷二〇五《艺文志》有"罗隐《两同书》二卷"，同书同卷又有"吴筠《两同书》二卷"，可见两书乃是异书同名。《郡斋读书志》卷一二收录罗隐《两同书》云："隐谓老子养生，孔子训世，因本之著内外篇各五，其曰《两同书》者，取两者同出而异名之意也。"[（宋）晁公武撰、孙猛校证：《郡斋读书志校证》上，上海古籍出版社1990年版，第524页]

③ 浙江省地方志编纂委员会编：《宋元浙江方志集成》第6册，杭州出版社2009年版，第2808页。

④ 据《历世真仙体道通鉴》卷四十五记载：道士钱朗"归隐庐山，情澹好道，师东岳道士徐钧，得补脑还元服炼长生之术。昭宗世，钱塘彭城王钱镠，慕朗得道长年，乃迎就钱塘，师事之。时朗已一百五十余岁，童颜轻健"（《道藏》第5册，第360页）。

学《易》于庐山陈元晤。29 岁时，问道于徐灵府弟子左元泽。左元泽对他说："子不闻老子云：'吾有大患，为吾有身。'盖身从无为而生有为，今却反本，是曰无为。夫无为者，言无即著空，言有则成碍，执有无即成滞，但于有无一致，泯然无心，则庶几乎道。且释氏以此为禅宗，颜子以此为坐忘。《易》云：'无思也，无为也，寂然不动，感而遂通天下之故'，其归一揆。又经云：'迎之不见其首，随之不见其后。'是何物也，子若默契神证，又何求焉。所惜者，子之才器高迈，可为真门之标表也。"① 听后，闾丘方远稽首致谢而去。后又师事刘处静，学习修真出世之术。闾丘方远在 34 岁时，受法箓于天台山玉霄宫叶藏质，学习真文秘诀。闾丘方远常常自言，他以葛洪、陶弘景为师友，还专门校定了梁道士陶弘景所撰上清派诸仙真谱录的《洞玄灵宝真灵位业图》②，以弘扬上清派的神灵信仰，并在唐末五代乱世中重新诠释古老道书，"铨《太平经》为三十篇，备尽枢要，其声名愈播于江淮间"③。

唐昭宗景福二年（893 年），钱塘彭城王钱镠（852—932 年）推行崇奉道教的政策，深慕在余杭大涤玄盖洞天修道的闾丘方远。大涤山上原有"天柱观，四维壁封，千步禁樵采，为长生之林"。"中宗朝赐观庄一所，后有朱法师改北向。乾宁二年（895 年），钱武肃王与闾丘先生相度山势，复改为南向，今宫基是"，建天柱宫。宋真宗祥符五年（1012 年），因陈文惠公尧佐奏，改洞霄宫。④ 后来杭州洞霄宫在南宋被称为"天下宫观之首"，"与唐末五代时期吴越王钱镠延请天台山著名高道闾丘方远以及重修天柱观有关"⑤。唐末时，唐昭宗屡次征召极具政治眼光的闾丘方远，但他"以天文推寻，秦地将欲荆榛，唐祚必当革易，伴之园、绮，不出山林，竟不赴召"⑥。唐昭宗却降诏赐号妙有大师、玄同先生。天复二年（902 年）二月十四日，闾丘方远沐浴焚香，端拱而化，弟子葬之于大涤洞傍白鹿山。保留

---

① 《历世真仙体道通鉴》卷四十，《道藏》第 5 册，第 331 页。
② 《道藏》第 3 册，第 272 页。
③ 《历世真仙体道通鉴》卷四十，《道藏》第 5 册，第 331 页。
④ 《大涤洞天图记》卷上，《道藏》第 18 册，第 142 页。
⑤ 刘凯：《唐末五代杭州天柱观与江南道教发展论考——以钱镠所撰〈天柱观记〉为中心》，《中山大学学报》2014 年第 2 期。
⑥ 《历世真仙体道通鉴》卷四十，《道藏》第 5 册，第 331 页。

至今的《太平经钞》凡十卷，每卷相当于原经一部十七卷，是节钞《太平经》而成，期望为世人提供一种致太平之术。闾丘方远还撰《太上洞玄灵宝大纲钞》讲述灵宝经出世源流及《灵宝度人经》之要旨在于"皆演说科仪斋法、教戒缘起，宗于自然天书"①。闾丘方远一生致力于"阐扬圣化，启发蒙昧，真灵事迹，显闻吴楚"，故弟子门人甚众："由是从而学者无远不至，弟子二百余人，会稽夏隐言、谯国戴隐虞、荥阳郑隐瑶、吴郡陵隐周、广陵盛隐林、武都章隐之，皆传道要而升堂奥者也。广平程紫霄应召于秦宫，新安聂师道行教于吴国，安定胡谦光、鲁国孔宗鲁十人，皆受思真炼神之妙旨。其余游于圣迹，藏于名山"②。弟子们大多在江浙带传法弘道，加强了江苏茅山道教与浙江天台山、余杭大涤山道教的联系。

聂师道，字通微，新安歙（今安徽歙县）人。天生聪慧，淳朴耿直，言行举止，谦虚谨慎。侍奉双亲，以孝闻名，深为乡里所敬。年少时，师事道士于方外，即德海之从兄也。"德海乃于郡之东山选胜地，构室宇以居之，目为问政山房。而师道事之，辛勤十余年，传法箓修真之要。"③《历世真仙体道通鉴》的叙述更为详细，聂师道十三岁时，披戴冠裳。十五岁时，传法箓修真之要，"后出游绩溪山，自言尝览内传，见服松脂法，乃与道侣上百丈山采松脂"。其与道伴在山中采灵药的过程中还"遽闻仙乐"，成为其后游归南岳，礼玉清及光天二坛的动因。后来，聂师道又泊招仙观，入洞灵源。游止玉笥山清虚观，据称遇异人谢通修，授以《素书》。之后以亲老思归，回问政山，居二十余年。吴太祖杨行秘居江淮期间，闻聂师道声名，冀其道德，护于军庶，乃于广陵（江苏扬州）建玄元宫以居之，每升坛祈恩祷福，水旱无不应，致感动天地，庆云呈祥，乃降褒美为逍遥大师、问政先生。聂师道的弟子"门人有邹得匡、王处讷、杨匡翼、汪用真、程守朴、曾景霄、王可儒、崔繟然、杜崇真、邓启遐、吴知古、范可保、刘日祥、康可久、王栖霞等，皆为入室弟子，传上清法，散于诸州府，袭真风而行教，朝廷皆命以紫衣，光其玄门"④。据说，聂师道居广陵三十余年，有弟子五

---

① 《太上洞玄灵宝大纲钞》，《道藏》第6册，第376页。
② 《历世真仙体道通鉴》卷四十，《道藏》第5册，第331—332页。
③ 《云笈七签》卷一百一十三下《聂师道》，《道藏》第22册，第786页。
④ 《历世真仙体道通鉴》卷四十一，《道藏》第5册，第334页。

百余人，推进了上清经法的传播。

对江苏道教发展有着直接影响的先是杨吴政权（902—937年），后是李昪在江南建立的南唐政权（937—975年）。天复二年（902年），唐朝封淮南节度使杨行密为吴王。武义元年（919年）吴王利用自己在淮南争霸中的有利条件，以金陵府（今南京）为西都，江都府（今扬州）为东都，正式建立吴国，又称杨吴。今天的江苏省成为杨吴的主要统治地区。武义二年（920年）杨吴为佑护新政权，将唐朝建于金陵府治山上的太极宫改名为紫极宫，利用道教信仰来宣扬"君权神授"思想。到第四代吴帝杨溥时，天祚三年（937年）禅位于徐知诰，杨吴传承四帝，立国三十五年而亡。

南唐既替代吴国而成为新统治者，又承袭李唐政权之名，定都江宁（今南京）后，占有南方的富庶之地，在十国中版图最大，是势力较强的国家，但当时中原政权一向以正统自居，将南唐视为南方的割据政权，一直没有放弃与之为敌的态度，通过支持处于南唐两翼的吴越和马楚政权，借以牵制南唐的发展，这使南唐始终处于南北政权不可调和的冲突之中。南唐虽期望通过与契丹的修好，以对中原形成夹击之势，但因北方周世宗改革的成效、自身内部面临的各种问题、后来伐闽与伐楚相继失利，宋太祖建立新政权后又表现出咄咄逼人之势，故南唐只传承三帝，持续三十九年。

南唐表面上的歌舞升平，实则在深怀亡国的忧虑中醉生梦死，上至皇家，下及百姓，信奉道士，迷信道术，虽然经过朝代更替，许多宫观遭到毁坏而凋敝，道士星散零落，但从《茅山志》卷二十四收有赐紫道士王栖霞撰《灵宝院记》中可见，茅山道士仍在重修宫观，"足使真风永布，灵致恒芬，配天地而齐寿，总山川而介福，噩噩烈烈，可久可大"。茅山宫观中经年终日香火缭绕，也推进了崇道之风在南唐社会中的盛行。

吴淑（947—1002年）撰《江淮异人录》二卷，记载了25位唐及南唐的道士事迹，其中在江苏活动的有钱处士、聂师道、潘扆、润州处士、建康贫者、张训妻、虔州少年等，他们往往以神异道术来展示道教信仰，故被称为"异人"。"钱处士，天祐末游于江淮。尝止于金陵杨某家。初，吴朝以金陵为州，筑城西抛江，东至潮沟。钱指城西里余荒秽之地，劝杨买之。杨从其言。及建为都邑，而杨氏所买地正在繁会之处，乃构层楼为酒肆焉。尝宿于杨家，中夜忽起，谓人曰：'地下兵马喧阗，云接令公，聒我不得眠。'人皆莫之测也。明日，义祖自京口至金陵，时人无有预知者。……后烈祖复取之入宫，陈于内寝焉。又每为谶语，说方来事。"①

清代吴任臣撰《十国春秋》则记载了一些在金陵活动的道士，如孙智永、孙智清、王栖霞、史守冲、潘扆、邓匡图和魏进忠等出入宫廷与帝王相交之事。例如，本为齐王的徐知诰，此人即创建南唐的李昪（888—943年），他早年驻镇金陵时就招纳道士，修建宫观，尝将聂师道弟子王栖霞召至金陵，询问为政之道，并让其"馆于元真观"。②太和五年（933年）封东岳三郎为雄武将军，建庙祭祀，推动了金陵道教的发展。937年徐知诰建立齐国，改元"昇元"。939年，徐知诰自称是唐宪宗之子建王李恪的四世孙，恢复李姓，改名为昪，又改国号为"唐"，以接续唐朝正统自许，史称"南唐"。

由于李唐王朝追祖老子，推崇道教，因此李昪在推崇佛教的同时，对道教也尊敬有加，倡导"崇清静之教，则务在于化人，饰元元之祠，则义存于尊祖"，③除雄武将军庙和元真观之外，李昪在金陵还新建了炳灵公庙、紫阳观和宝华宫，重修了玄真观、永乐观和洞神宫，还将紫极宫作为道士炼丹之所，在其中"建司命真君之殿于宫之艮维"④。南唐主李昪还向茅山道士王栖霞询问治国之道：

> 唐主问道士王栖霞："何道可致太平？"对曰："王者治心治身，乃治家国。今陛下尚未能去饥嗔饱喜，何论太平！"宋后自帘中称叹，以为至言。凡唐主所赐予，栖霞皆不受。栖霞常为人奏章，唐主欲为之筑坛。辞曰："国用方乏，何暇及此！俟焚章不化，乃当奏请耳。"⑤

此文后有注者评说："史言王栖霞异乎挟术以干宠利者。"王栖霞这一事迹也收录于《江南余载》中，但讲述得更为细致："烈祖夜坐南熏阁，召见道士王栖霞，问何术可致太平？栖霞对曰：'治身治心，乃治家国之本。

---

① 《道藏》第11册，第13页。
② （清）吴任臣：《十国春秋》卷三十四《王栖霞传》，中华书局1983年版，第473页。
③ 《全唐文》卷八七七《真风观碑并序》，上海古籍出版社1990年版，第4068页。
④ （北宋）徐铉：《紫极宫新建司命真君殿记》，载曾枣庄、刘琳主编《全宋文》第1册，巴蜀书社1988年版，第410页。
⑤ （北宋）司马光编：《资治通鉴》第19册，中华书局1956年版，第9244页。

今陛下饥嗔饱喜，尚不能节，何以福及苍生？'是时元宗母宋后在帘中听之，叹为至语，赐以金帛，栖霞皆不受。所居元真观，西北陂泽中有高树，栖霞尝于其上焚拜奏章。烈祖欲为之建坛，栖霞曰：'建国之初，经用不足，不宜营此闲务。'"① 可见，王栖霞将治身治心作为治家治国之本的政见而获得烈祖李昪及元宗母宋后的敬重，得以在金陵广宣道法。

烈祖李昪还经常邀道士进宫一起讨论道法，后来"元真观主朱怀德名先入室，道极严师。首座孙仲之、章表大德刘德光参受经法、预闻玄秘"②。元真观，又称玄真观，本为陈宣帝为臧矜先生所建，到南唐时，殿堂岑寂，于是重新修整后，为金陵道士的弘道之所。李昪还喜食丹药，昪元年中，史守冲和潘扆进献丹方，"烈祖皆神之，以为仙人，使炼金石为丹，服之，多暴怒"③。大臣徐玠听说道士魏进忠有飞炼之术，报告烈祖李昪："徐玠称其有飞炼之术，上闻于烈祖，俄擢为延英殿使，宠锡甚厚，诏以延英殿为飞炼所"④。于是，李昪在昪元四年（941年）十一月，将召集群臣议论国事和接待宴请外国使者的崇英殿改为"延英殿"，作为魏进忠的修炼场所。魏进忠因得到帝王恩宠，在宫城东边建起自己的豪宅："造宅于皇城之东，广致妓乐，托结贵近。出入导从，拟于王者，或赠人金帛，动盈千百，士人多附之"。⑤ 道士谭峭也被"后主召至建康，赐之道号，阶以紫金"⑥。李昪痴迷道教，服用史守冲等道士所炼金石药后"会疽发背"，至死才悟其虚妄，临终前叮嘱李璟说："吾饵金石，始欲益寿，乃更伤生，汝宜戒之！"⑦ 后来，明代江苏思想家李贽在记述唐主好道士服食丹药而伤生之事后评价说："饵

---

① 《江南余载》卷下，载朱易安、傅璇琮主编《全宋笔记》第一编（二），大象出版社2003年版，第238页。
② 《全唐文》卷八八五《唐故道门威仪元博大师贞素先生王君碑》，上海古籍出版社1990年版，第4100页。
③ （清）吴任臣：《十国春秋》卷三十四《史守冲传》，中华书局1983年版，第474页。
④ 《江南余载》卷下，朱易安、傅璇琮主编：《全宋笔记》第一编（二），大象出版社2003年版，第253页。
⑤ 《江南余载》卷下，朱易安、傅璇琮主编：《全宋笔记》第一编（二），大象出版社2003年版，第253页。
⑥ 《南唐书》卷二十四《方术传》，《五代史书汇编》第9册，杭州出版社2004年版，第5415—5416页。
⑦ （北宋）司马光编：《资治通鉴》第15册，中华书局1956年版，第7197页。

金石而伤生，比比皆是。可怜，可怜。"①

帝王倡于上，大臣效于下，道教在金陵得以快速发展而至兴盛。一些大臣也崇信道教、服丹药，如司徒徐玠（868—943年）"性本好神仙，颇修服饵之术，然乃以贱价市丹砂之下者，以充其用"。② 中书舍人江文蔚（901—952年）"雅好玄理，有方外之期"，还有"谏议大夫张义方，命道士陈友者合还丹于牛头山，频年未就。会义方遘疾将卒，恨不成九转之功。一旦，命子弟发丹炉，灶下有巨虺，火吻锦鳞，蜿蜒其间，若为神物护持，乃取丹自饵一粒，喑痖而终。当时识者以为气未尽，服之阴者不寿也"③，出现了服药期长生却不寿的悲剧。

元宗李璟（916—961年）道、佛二教并崇，即位之初，一方面秉承了崇信道教的传统，经常道服见诸学士，还下诏在金陵重修道观，如钟山蒋帝庙、修真观等，并册蒋帝为庄武帝，"于是乎名山福地，胜境灵踪，坏室颓垣，荒坛废址，咸期完葺，式表兴隆"④；另一方面，他以烈祖服丹导致生命终结的悲剧为教训，不再提倡服食金石丹药。

但元宗对女冠特别宠信，将修真观改为女冠观，在宫中建别院，让"明于道术，能拘制鬼魅，通于黄白之术"⑤ 的女冠耿先生入住其中。"女冠耿先生，鸟爪玉貌，宛然神仙。保大中，游金陵，以道术修炼为事。"元宗尝购真珠数升，欲得圆者，耿先生"取小麦淘洗，以银釜炒之，匀圆皆成蚌胎"，居然得到元宗的信任与支持。元宗召见耿先生，"悦之，常止于卧内"⑥。一些道士也以神奇道术来吸引人，庐山女冠杨保宗有名，元宗"特召赴阙，延入禁中，命妃嫔乐道者见之，舍金钱千万，令新其宇，仍赐观额，敕尚书郎韩熙载撰记。又赐保宗紫衣，诏臣下作诗送之"⑦。还设"仙官"专道教之事。元宗爱子庆王李茂死时，其左右大臣还以《仙经》所言

---

① 张建业主编：《李贽文集》第六卷，社会科学文献出版社2000年版，第421页。
② 《钓矶立谈》，朱易安、傅璇琮主编：《全宋笔记》第一编（四），大象出版社2003年版，第231页。
③ 《南唐近事》，朱易安、傅璇琮主编：《全宋笔记》第一编（二），大象出版社2003年版，第217页。
④ 《全唐文》卷八七七《真风观碑并序》，上海古籍出版社1990年版，第4068页。
⑤ （清）吴任臣：《十国春秋》卷三十四《杨保宗传》，中华书局1983年版，第480页。
⑥ （北宋）马令撰：《南唐书》第1—2册，中华书局1985年版，第164页。
⑦ （清）吴任臣：《十国春秋》卷三十四《杨保宗传》，中华书局1983年版，第480页。

加以劝慰。

后主李煜（937—978年）生于深宫之中、长于妇人之手，精通各种艺术，也是道、佛并崇。吕洞宾的成仙及救世故事受到人们的喜爱，吕洞宾画像也在社会上流传，李煜还派画家访求真本。随着政治地位的升降，李煜对道教和佛教的态度也有所变化："如果说青少年李煜把道佛视为一种与儒家有别的学问，中青年李煜把道佛视为御敌工具，那么被幽禁起来的李煜已开始视它们为汲取精神营养的土壤。"[1] 从总体上看，"后主酷好浮屠学，黄冠辈多落须发以趣之"[2]。李后主对推行佛教更为积极："常召募有道士为僧者，与之二金，往往贪苟而为者。"[3] 李后主还于金陵广修佛寺，"元宗、后主皆佞佛，而后主尤酷信之，庄严施舍，斋设持诵，月无虚日。宫中造寺十余，都城建塔创寺几满，广出金钱，募民为僧，所供养逾万人，悉取于县官，不计耗竭。上下狂惑，国事日非"[4]。金陵道教在崇佛的社会环境中受到贬抑，南唐道教也由兴盛而逐渐衰落。

第二节　谭峭《化书》在南唐

五代道士谭峭与陈抟是好友，因早年在终南山著《化书》来探讨万物的变化之道而名扬天下，后曾因慕茅君之道来到建康，《化书》得以在南唐传播：

> 谭峭，字景升，唐国子司业洙之子。幼而聪明，及长，颇涉经史，强记，问无不知，属文清丽。洙训以进士为业，而峭不然，迥好黄老诸子，及周穆、汉武、茅君、列仙内传，靡不精究。一旦，告父出游终南山，父以南山近京都，许之。自经终南、太白、太行、王屋、嵩、华、泰岳，迤逦游历名山，不复归宁。父驰书责之，复谢曰："茅君昔为人

---

[1] 李珺平：《论李煜兼好道佛的文学思想》，《青海社会科学》2014年第3期。
[2] （清）吴任臣：《十国春秋》卷三十四《杨保宗传》，中华书局1983年版，第478页。
[3] （宋）龙衮：《江南野史》，《金陵全书》乙编史料类6，南京出版社2012年版，第174页。
[4] （清）吴任臣：《十国春秋》卷二十五《王焕传》，中华书局1983年版，第357页。

子，亦辞父学仙。今峭慕之，冀其有益于父母。"父母以其坚心求道，不以世事拘之，乃听其所从。而峭师于嵩山道士十余年，得辟谷养气之术。惟以酒为乐，常醉腾腾，周游无所不之。①

谭峭不乐仕途，曾云游各地，访仙修道，"师于嵩山道士十余年，得辟谷养气之术"，后"居南岳，炼丹成，服之，入水不濡，入火不灼，亦能隐化，复入青城山去也"②。后来谭峭慕茅君而辞父学仙，在游历建康时，将此书授予南唐宰相宋齐丘。宋齐丘也是道教爱好者，曾于茅山中建山房："宋齐丘山房，在海眼泉上"③。因喜欢《化书》而将之占为己有，故《化书》在南唐初行于世时名为《齐丘子》，世人皆以为此书是南唐宋齐丘所作。如五代沈汾撰《续仙传》在介绍谭峭时，也没有写其著《化书》一事④。宋代书目《宋史·艺文志》也记载："齐丘子《化书》六卷"。

宋代道士陈景元"博识多闻，藏书数万卷，士大夫乐从之游"⑤，因酷爱读书藏书而了解当时的学术动态。陈景元在作《化书后序》时借希夷先生陈抟所言，揭露了宋齐丘欺世盗名，窃书为己有的剽窃行径，才为谭峭正名。

> 峭尝作《化书》，南唐宋齐丘窃其名为己作，见行世。宋仁宗嘉祐五年夏四月，碧虚子题《化书后序》云：鸿蒙君曰："吾尝问希夷先生，诵此书至《稚子篇》，掩册而语吾曰：'吾师友谭景升，始于终南山著《化书》，因游三茅，经历建康。见宋齐丘有仙风道骨，虽溺机智，而异乎黄埃稠人，遂引此篇云：稚子弄影，不知为影所弄，狂夫侮像，不知为像所侮，化家者不知为家所化，化国者不知为国所化。醉者负醉，疥者疗疥，其势弥颠，其病弥笃，而无反者也。'齐丘终不悟，景升乃出《化书》授齐丘，曰：'是书之化，其化无穷，愿子序之，流

---

① 《历世真仙体道通鉴》卷三十九，《道藏》第5册，第326页。
② （南唐）沈汾：《续仙传》卷下，《道藏》第5册，第97页。
③ 《茅山志》卷十八，《道藏》第5册，第628页。
④ （南唐）沈汾：《续仙传》卷下，《道藏》第5册，第97页。
⑤ （宋）叶梦得：《避暑录话》卷三，载《石林燕语》，上海古籍出版社2012年版，第137页。

于后世。'于是杖屦而去，齐丘夺为己有而序之耳。"噫，昔向秀述南华解义，未传而死，郭象偷改成注，诚罪人也。今谭君名刻于白简，身不老于人间，齐丘敢纵其盗心，蔽其仙迹，其罪大者也。果不得其死，宜乎哉。①

其实五代宋初道士陈抟就指出："吾师友谭景升始于终南山著《化书》。"宋代僧人释志盘在《佛祖统纪》卷四十二中也说：后周世宗显德四年（957年）"隐士谭景升居终南山，与陈抟为之友，著《化书》百十篇，穷括化原，久之仙去。尝游三茅山，至建业，见宋齐丘，谓其有仙风道骨，出书示之。属为序以传世。齐丘乃窃以自名。然未尝悟道蕴也"②。因此元代赵道一在《历世真仙体道通鉴》中为谭峭列传时，也将陈景元《化书后序》列出，再次将齐丘盗书之事公布于世。此后有关谭峭与《化书》的记载大都会提及宋齐丘窃《化书》为己作之事，几成定论。

《化书》有多种版本，今《道藏》本作六卷，分为道化、术化、德化、仁化、食化、俭化，共一百一十章。《化书》以"化"为题，不仅从哲学的角度对宇宙、社会、人生的规律作了探讨，而且从事物生生不息的变化中来阐扬修道成仙的思想，认为"道之委也，虚化神，神化气，气化形，形生而万物所以塞也。道之用也，形化气，气化神，神化虚，虚明而万物所以通也。是以古圣人穷通塞之端，得造化之源，忘形以养气，忘气以养神，忘神以养虚，虚实相通，是谓大同"③，以此说明宇宙万物包括人都是凭借着"道"和"气"而处于由虚化成，又复归于虚的循环往复之中，并以"生死"为例强调了这种循环往复的不间断："虚化神，神化气，气化血，血化形，形化婴，婴化童，童化少，少化壮，壮化老，老化死。死复化为虚，虚复化为神，神复化为气，气复化为物。化化不间，由环之无穷"④。《化书》的这种思想可概括为：

---

① 《历世真仙体道通鉴》卷三十九，《道藏》第5册，第326页。
② 《大正藏》第49册，第392页。
③ 《化书》卷一，《道藏》第23册，第589页。
④ 《化书》卷二，《道藏》第23册，第592页。

顺而行之生人：道（虚）→神→气→形

逆而行之成仙：形→气→神→道（虚）

对照后来道教内丹修炼的模式，《化书》中所提出的这一顺道气则生物成人，逆道气则返虚复本的思想，除了少一个"精"字，已大致构成了道教内丹修炼的基本思路。《化书》的思想后来受到道教界的高度重视。

生活于五代宋初的著名道士陈抟（871—989年），称谭峭为"吾师友"，他虽没有来过江苏，但曾潜心研习《化书》，并明确提出了"精"的概念而将《化书》中的"忘形以养气，忘气以养神，忘神以养虚"凝炼为炼精化气，炼气化神，炼神还虚，以作为内丹修炼的三个基本步骤，对推动道教仙学的发展产生了深远影响。陈抟说："夫道化少，少化老，老化病，病化死，死化神，神化万物，气化生灵，精化成形，神气精三化，炼成真仙。"①陈抟将《化书》中"顺化""逆反"的思想与《周易》的天地变化、阴阳消长的模式相结合，以道与气为基点，通过无极而太极的变化，构造了对道教内丹学影响甚大的《无极图》。《无极图》"其图自下而上，以明逆则成丹之法"②，按照宇宙生化的模式，自下逆行而上，揭示了顺逆、阴阳、坎离、五行、水火交媾及其与人体窍穴的关系，通过确立内丹修炼的五个阶段，建立起一个完整的内丹修炼模式：玄牝之门（得窍）→炼精化气、炼气化神（炼己）→五气朝元（和合）→取坎填离（得药）→炼神还虚（脱胎），复归于无极。这成为道教内丹修炼中的丹法次第，而推动这五个阶段层层递进发展的却是以道气生化为基点的性命双修。这样，道气在内丹学中就成为生命修炼的动力。

陈抟还将《化书》及自己的丹法传给张无梦，使内丹修炼术得到了推广。张无梦，陕西凤翔人，号鸿蒙子，性好清虚，喜读《老子》《周易》，曾入华山，与刘海蟾、种放结为方外之友，师事陈抟，多得其微旨③。张无

---

① 《陈希夷胎息诀》，参见《诸真圣胎神用诀》，《道藏》第18册，第436页。

② （清）黄宗炎：《太极图辨》，《宋元学案》卷十二《濂溪学案下》，中华书局1986年版，第515页。

③ 《历世真仙体道通鉴》卷四十八，《道藏》第5册，第375页。

梦后来到江南后，游天台，登赤城，居琼台观，行内丹修炼之法。他曾将自己修炼内丹的体验用诗歌的形式表现出来，作《还元篇》① 诗百首，传陈抟丹道，主张修炼就应"静之复静，以至于一"，宣扬"归根复朴，返魂还元"的思想。宋真宗闻其名，诏张无梦为其讲解还元之道，宋真宗听后十分欣赏，不仅赐饮，还送之金帛，并赐"处士畅玄先生"号，但张无梦皆不接受，后归隐于终南山鹤池。

张无梦在《学仙辨真诀》中将老与易相融合，并以道与气的变化来阐述内丹修炼，他说："古之人所以假易象而为经者，谓至道与天地配，如太上始分一气为二仪，二仪判然后有三才"。"剖一气以法天象地，自有为合于无为者也。"② 他认为，内丹修炼中所谓的"牝牡""金水""土木""龙虎""情性"等，都是"仿像之名"，虽异名而同出，其实都不过是一气的变化，体现的都是道的效用而已，因此，修仙者应明了"元气者，人之根本也，三一之道，修情合性，则可以归根复朴"③。张无梦精研道教内丹修炼术，据说后南下来到江苏传道，九十九岁时在金陵保宁寿宁佛舍升化而仙。张无梦又将自己的道教思想传给陈景元。

陈景元，江西建昌南城人，字太初，号碧虚子。早年勤学，即有方外之志。"庆历二年（1042年），即高邮天庆观礼崇道大师韩知止为师，三年，试经度为道士，十八负笈游名山，抵天台，阅《三洞经》，遇高士张无梦，得老庄微旨尔。后隐逸于江淮间，以琴书自娱。"宋神宗时，由礼部尚书王琪推荐，陈景元入京讲述老庄，"时公卿大夫无不欲争识者"。宋神宗闻其名，召入宫内，问道家之事，"以该通奏，赐紫衣"，后又"赐真靖之号"。熙宁五年（1072年）陈景元向宋真宗进呈自己所注的《道德经》，因书中从心性论的角度发挥老子"致虚极，守静笃"的"归根复命"思想，主张用清静无为之道治国，以去欲归静之道成仙。宋真宗读后极为赞赏，"陈景元所进经，剖玄析微，贯穿百氏，厥旨详备，诚可取也"，"特充右街都监同签书教门公事，羽服中一时之荣，鲜有其比"④。陈景元一生虽数任道官，

---

① 该书现已不存，但（宋）曾慥编《道枢》卷十三《鸿蒙子》中摘录了《还元诗》中的十二首诗。（参见《道藏》第20册，第675页）
② 《学仙辨真诀》，《道藏》第2册，第894页。
③ 《学仙辨真诀》，《道藏》第2册，第894页。
④ （元）薛致玄述：《道德真经藏室纂微篇开题科文疏》，《道藏》第13册，第730页。

但最为倾心的仍然是探究道德玄旨。"大臣王安石、王珪喜与之游。"① 陈景元博学多闻,藏书数千卷,且"采摭藏室之奥典,纂集前贤之微旨,将以证解于道德也"②,以注经的方式撰述了众多的著作③。

宋仁宗嘉祐五年（1060年）陈景元通过作《化书后序》将齐丘子盗谭峭《化书》之名的事情说出。时人赞其"有唐司马子微之坐忘,吴贞节之文章,杜光庭之扶教,三公虽异时杰出,而先生兼而有之"④。陈景元以老庄思想为本,在继承唐代道教理论的基础上,提出了"道者虚无之体,德者自然之用,道体虚无,运动而生物,物从道受气,故曰生之"⑤的思想,以道、气为基点阐发了"静心悟道""炼形长生""神合常道"的仙学思想,其倡导的"归乎虚静之本,则可以复其性命之原"⑥的内丹修炼切合着传统上清派的内修精神而推动了宋代内丹心性学在江南的发展。

从谭峭《化书》在南唐的传播可见,五代宋初的一些道教思想家在建立比较系统的、具有可操作性的内丹修炼的进路和方法时,都发挥了有关道气的思想,偏重用道生气化来指导内丹实践。也就是说,在内丹所具有的"道"与"术"的两个层面上,五代宋初的思想家们则更加注重"术",力图通过一些具体的可操作的方法将道生气化的思想贯彻于内丹修炼的实践之中。《化书》所倡导的"术"实际上是以"道"为指导的,为后来的内丹道以"性命双修"为主要标识,将道气贯通于修炼中起着推进作用,特别贴切江南人条理化的思维方式。从历史上看,金元全真道兴起,一方面仍然把《化书》奉为全真道士的传习讲论之书⑦,另一方面又以道气论为基点来建构内丹心性学,正是通过综合重道和重术两种不同的倾向而又突出心性的

---

① 《历世真仙体道通鉴》卷四十九,《道藏》第5册,第381页。
② （元）薛致玄述:《道德真经藏室纂微开题科文疏》卷一,《道藏》第13册,第732页。
③ 陈景元著述甚丰,今《道藏》中保留有《道德真经藏室纂微篇》十卷、《南华真经章句音义》十四卷、《章句余事》一卷、《余事杂录》二卷、《冲虚至德真经释文补遗》二卷、《西升经集注》六卷、《上清大洞真经玉诀音义》一卷、《元始无量度人上品妙经四注》四卷等。
④ （元）薛致玄述:《道德真经藏室纂微开题科文疏》卷一,《道藏》第13册,第731页。
⑤ 《道藏》第13册,第702页。
⑥ 《道藏》第13册,第672页。
⑦ 武理真:《全真道教十方丛林之规制》说:"丛林内每年冬季讲学《阴符经》、《道德经》、《文始经》、《南华经》、《冲虚经》、谭子《化书》。"（卿希泰主编:《中国道教史》第二卷,四川人民出版社1996年版,第484页）

修炼，建立起了系统的内丹道的理论与实践。

第三节　北宋帝王与江苏道教

五代入宋，中国社会经历了一场换血式的大变动后，北宋王朝在战火中建立起统一的王权政治，结束了唐末五代四分五裂的政治局面，使中国又归于统一。由于燕云十六州被后晋皇帝石敬瑭割让给辽国后，对宋朝防御北方游牧民族南下造成了极大的被动。宋朝建立伊始，面对内忧外患的社会现实，尤其是尖锐复杂的民族矛盾来寻求治国良方时，往往以唐朝盛世为样本，举凡礼仪、朝会、职官、选举、边防、外交，乃至宗教政策，无不引唐朝为典据，以求兴致太平。宋朝统治者积极弘扬道教也是承袭唐制的一种表现，但有宋代社会的特定内涵。宋太宗认为"国家若无外忧，必有内患，外忧不过边事，皆可预防，惟奸邪无状，若为内患，深可惧也"①，将宋朝治国原则概括为"守内虚外"，不仅导致了宋初政治体制和外交政策的根本性变革，也影响着宋代江南道教的发展走向。

北宋科举考试一改唐代主要是测试人品和才艺水平的做法，而是作为培养官吏的主要途径，通过科举入仕的白衣秀才成为国家政治的知识精英和中坚力量，"其升入政治上层者，皆由白衣秀才平地拔起，更无古代封建贵族及门第传统的遗存。故就宋代而言之，政治经济、社会人生，较之前代莫不有变"②。科举制培养了一批忠诚且温顺的士大夫："宋代以后的新贵族士大夫阶级，有如羊一样顺从天子，避免了中世那种因有力的大臣篡夺皇位所引起的政局混乱。"③ 士大夫社会地位不断提高，成为社会主体——士农工商四个阶层之首，不仅导致宋代社会阶层出现了新变化，也使社会群体大致分为两个阶层：一是由士农工商组成的人数众多的平民阶层。二是以获取功名

---

① （宋）李焘：《续资治通鉴长编》第 2 册，中华书局 1979 年版，第 719 页。
② 钱穆：《理学与艺术》，载罗联添编《国学论文选集》（第三版），台湾学生书局 1985 年版，第 395 页。
③ ［日］宫崎市定：《东洋的近世》，载《日本学者研究中国史论著选译》，中华书局 1992 年版，第 197 页。

的士绅或官僚为代表的精英阶层。只有那些身家清白的读书人①，才能参加朝廷举办的考试，考取后即可从政为官，通过"学而优则仕"，打破阶层壁垒而成为参与国家事务管理的社会精英。宋代是一个以寒门知识分子为主体的士绅阶层崛起的时代，故宋人"多不复以氏族为事"，更表现在"婚姻不求门阀"的婚姻观已成社会风尚，改变了唐代的门阀政治格局和固化的社会分层结构，这使士庶子弟有了公平竞争的机会，在客观上也促进了宋代社会结构，从东汉延续至唐末五代以世家大族为主体的门第社会，转变为由这些"知识＋权力"的社会精英为主导的科举社会。

精英阶层通过科举考试可以不断吸收平民阶层中的卓越人才，发展出一个以士绅为支撑、渗透于朝野且具有很大流动性的官僚集团。换言之，宋代帝王运用科举制度作为选拔官吏的主要途径，导致了士绅阶层出现。士绅可上通朝廷，下达地方社会，他们建构地方城镇文化，既为朝廷找到管理地方的方法，也为地方文化更多地融入国家的整体生活方式开通了道路。士绅这一特殊社会群体在所谓的"地方化转向"②中，承担着宋王朝与平民社会联系的中介角色，维系着朝廷与地方的城镇乡村在文化上的统一性。皇帝掌握中央进行最后裁决的最高权力，如宫崎市定指出："中国近世的君主独裁是指君主做最后裁决的政治形式，所有的政务由官僚反复斟酌草案，其后由大臣反复审查，最后拿到天子处请求裁决批准"③。其下的官僚集团包括朝廷的宰相大臣、地方的官僚权贵和因地方自治兴起而散布于各地的知识精英，这一具有特定时代内涵的新社会群体的形成，使宋代形成了所谓的帝王与士

---

① 钱穆先生对此曾作解释："所谓读书人，必须是身家清白者方得应考，工商子弟在摒除之列，因为工人商人是谋利的，农民的子弟则可以参加，因为农民是谋生的。读书人考取从政以后，仍然不许经商业办工厂，须专心为国服务，不得谋利；从政退休以后，或耕种或教读。所以科举社会是耕读传家，士农打成一片的社会……这种社会也可以说是平民社会，大家一律平等，要为个人谋利的便为个人谋利，不为个人谋利的便读书应考。"（钱穆：《唐宋时代文化》，载宋史座谈会编辑《宋史研究集》第三辑，台北中华丛书编审委员会1966年版，第2页）

② 陈雯怡认为："北宋到南宋有一'地方化'（localized）的转变，成为近二十余年来宋史领域中影响颇著的'变革'理论。尽管学者对于是否真有一'地方化'的现象，或此一'地方化'的实际历史意义尚有争议，大体上仍承认南宋有一愈来愈庞大的地方士人群体（精英阶层），以及愈来愈大量与地方相关的记载。"（《"吾婺文献之懿"：元代一个乡里传统的建构及其意义》，《新史学》第20卷第2期，2009年6月版，第46—47页）

③ ［日］宫崎市定：《东洋的近世》，载《日本学者研究中国史论著选译》，中华书局1992年版，第168页。

绅共治天下的政治格局也影响到江南道教的发展。

从宋太祖利用道士的符命来神化自己为真命天子，到宋太宗幽州之败后广建道观、度化道士、设立道场、优待道士女冠，掀起了一次次的崇道狂潮，再到宋真宗因"澶渊之盟"与辽国纳币屈辱求和后，又借道教频频假造天书下降，行封禅之事，又亲赴亳州太清宫，祭祀道教教祖的老子，并加封为"太上老君混元皇帝"以期镇服四海，夸示戎狄，甚至仿效唐王朝奉老子为先祖的做法，另立九天司命天神赵玄朗为赵宋皇族的始祖，故有"宋初崇道，始于宋太宗，盛于宋真宗时"[1]的说法。北宋崇信道教的深层原因是长期以来形成的"天无二日、国无二主"的大一统的中华天下观在"澶渊之盟"后受到了强烈冲击。在全新的东亚世界格局中，尤其是面对着辽国也以继承秦汉文化传统来建构自己的政治合法性，要再像唐朝那样设定建立世界帝国的政治目标已行不通了。

在国家意识形态危机日益加深的情况下，宋真宗于咸平四年（1001年）4月13日发表《试贤良方正制策》："须自李唐既往，朱梁已还，经五代之乱离，见历朝之陵替。岂以时运之所系，教化之未孚耶？或者为皇家之驱除，开我朝之基祚耶？"[2] 他听从大臣的建言，效仿秦皇、汉武泰山封禅的做法，通过不断开展国家级的"东封西祀"运动，既以"文化竞争"来"夸示外国"以缓解外交上的紧张关系，又用重塑富有民族色彩的道教神灵来提升本国臣民的忠诚之心，在宋辽之争中恢复或强化赵宋政权统治中国的权威性与合法性[3]。道教作为中国传统宗教的代表成为北宋政权进行"神教设教"的有力工具之一。

全国道教的中心由唐朝长安转移到宋朝开封后，宋太宗曾禁止民间私建宫观，开封府的道教宫观是由朝廷指导修建，其政治意义要大于宗教意义，展示了宋代道教所特有的官方道教气派。后来为了加强宋王朝在江南社会的影响，又支持道教团体及民间力量修建神庙道观。从道教传播的区域看，在宋真宗统治时期，南方因远离战区，相对安定，北方道教开始向江南扩散。

---

[1] 任继愈主编：《中国道教史》，上海人民出版社1990年版，第464页。
[2] 曾枣庄、刘琳主编：《全宋文》第11册，上海辞书出版社2006年版，第21页。
[3] 有关北宋的"东封西祀"运动与澶渊之盟的关系，可参见何平立《宋真宗"东封西祀"略论》（《学术月刊》2005年第2期），北宋的政治方略和外交政策对唐宋道教转型的影响是值得深入研究的课题。

据《宋会要辑稿》记载，宋真宗天禧五年（1021年），道士19606人、女冠731人，其中东京道士、女冠959人，京东560人，京西397人，河北364人，河东229人，陕西467人，淮南691人，江南3557人，两浙2547人，荆湖1716人，福建569人，川陕4653人，广南3079人。① 这里使用的具体数字不一定准确，但南方道士的人数明显要多于北方道士，反映了宋代道教活动中心从中原逐渐向江南转移，为江苏道教的发展提供了人才条件。

宋代的南京也新建了一些道观，例如，宋安抚使叶再遇故宅建起乾元万寿宫、宋将仕郎仲宗孟舍宅建迎仙观，另外还建有洞神宫、斗姥宫、二郎庙等。据元代李孝光撰《洞神宫记》曰，洞神宫又名老子之宫，姚希得因居守建业作官久不得归故乡，乃建庙，让道士王道立守之。这所由姚希得建于宋景定四年（1263年）的洞神宫"在都城内，中城淮清桥。去所统朝天宫三里。宋建。正德间重修"。按《金陵志》载："景定诸志，旧在蒋山太平兴国寺东。宋景定四年，制使姚希得创蜀三神庙于青溪侧，旁盖道宫，为祈报禳禬之所，因以洞神旧额加之。旧有溪光山色。亭后改青溪堂，今废。"②

宋朝还将一些古道观改建成带有官方色彩的道观，例如，苏州天庆观、常州天庆观、镇江玄妙观等。镇江玄妙观，俗称东观，原是唐朝紫极宫老子祠，北宋大中祥符二年（1009年）改称天庆观，以庆祝"天书下降"之意。后来，宋徽宗又特赐"永镇福地"金牌。

从道派的发展来看，正一道在江苏的影响逐渐增大。如柳诒徵言："唐、宋而降，张寇之绪盛，而葛陶之风微。江左玄宗，遂为江右所掩。茅山一脉，亦龙虎之支流耳。"③ 茅山是有着悠久历史的上清派祖庭，宋代帝王对这一江南道教圣地也给予了特别的关心，在宋观复大师谢守灏编《混元圣纪》中出现了太上老君乘白马驾祥云降于茅山的传说："政和二年（1112年）壬辰，老君乘白马驾祥云，降于茅山玉晨观，授梁光映《加句天童经》。其余降现事迹，纪传不系时代者不迷。与夫放光见瑞、示梦传言、灵验等事，非化身下降者，亦复载于谱也"④。梁光映，即三茅山道者梁悟

---

① 舒大刚总编纂：《宋会要辑稿》第16册，上海世纪出版社股份有限公司、上海古籍出版社2014年版，第9979页。

② （明）葛寅亮撰：《金陵玄观志》第一卷，南京出版社2011年版，第63页。

③ （明）葛寅亮撰：《金陵玄观志》第一卷，南京出版社2011年版，第127页。

④ （宋）谢守灏编：《混元圣纪》卷一，《道藏》17册，第793页。

真，本为建康府乡民，"久患癫疾，其家人畏其传染而弃之。乃于茅山玉晨观舍身，逐日担水以给道众，夜则睡于三门外龙虎君之下。如是者数载，一日给水之际，忽一人皓首素衣，乘白马而朱鬃，紫烟弥覆其上，身放光明，照映山川。前有二人持节，叱梁曰：'太上老君来。'梁再拜叩头，老君曰：'吾有《天童护命妙经》流传于世久矣，汝闻之乎。'曰：'不识'。老君曰：'吾今授汝，汝可记之，诵以咒水沐浴，则汝疾当愈，亦可以济人也。'乃诵经。今世上《天童护命妙经》是也"①。《天童经》全名为《太上太清天童护命妙经》，撰人不详，大约出于唐代，此经宣扬太上老君的神圣力量："夫太上者，玄元之王，万圣之师，至上无尊，至高无位。上则包罗众象，中则普济群生，下则长养万物。生生化化，受气于太始之中，物物头头，禀道在虚无之内，千变万化，无不太上矣"②。故得到宋真宗的推崇。宋真宗还曾御制《天童护命妙经序》③。该经展示了老君乘白马驾祥云，降临茅山玉晨观，授经梁光映后，灵验之事不可胜数的情况：

> 吾居太清境上，偶降灵坛，怜汝服役勤劳，有志于道，而一无所遇，今授汝《加句天童护命妙经》，当专心诵之，立功行于世，道将为汝得矣。梁拜受慈训，仰睹圣真，复乘马嘶鸣凌虚而去。是岁，其地产芝草，一本数茎，梁自此却粒，神观顿异，平时庸愚，未尝识字，至是能书诵经，靡不通晓，示人灾福，历历如神，而梁仙去前三日，书二十四符投池中，凡有疾之人，入山求水，服而愈者，不可胜数，奉道之士，晨夕崇奉，凡有所求，虔心祈祷，无不感应。④

绍兴甲子（1144 年），茅山都道正明真通微大师傅霄专门为《太上太清天童护命妙经》作跋文曰："尝读《混元圣纪》，故录示像之因，并显应之迹，以告来者。"⑤《茅山志》也以神话传说的方式来提升太上老君在茅山道教神灵的地位。

---

① （宋）谢守灏编：《混元圣纪》卷九，《道藏》17 册，第 881 页。
② 《太上太清天童护命妙经注序》，《道藏》17 册，第 209 页。
③ 《云笈七签》卷一百二十二《道教灵验记》，《道藏》第 22 册，第 849 页。
④ 《太上太清天童护命妙经》，《道藏》第 11 册，第 370 页。
⑤ 《太上太清天童护命妙经》，《道藏》第 11 册，第 370 页。

第九章　五代北宋江苏道教的持续

苏州玄妙观更是受到了宋朝特别的重视。宋太宗时，因方士楚先兰上言，宋太宗下诏建"太乙宫"，太平兴国六年（981年）建成，宋太宗至道年间（995—997年）又诏敕"玉清道院"观额。大中祥符二年（1009年），宋真宗诏改太乙宫为"天庆观"，"敕该观道士李志升为'左阶道录司'，又拨款兴建东西南北四庑，增建净乐宫、八仙堂、灵宝院、东岳殿等殿宇，修缮玉皇、天医、高真、三茅传藏、酆都十王等殿"[1]。据说宋真宗还颁敕"金字牌"永镇观内，并聘请画师作"三天天宫胜景"巨幅壁画以展现道教仙境。宋仁宗皇祐年间（1049—1054年），新建山门与三清主殿南北相对，玄妙观以三清殿为主体形成宏大的宫观建筑群，同时也是一座专门建有八仙殿供奉八仙的宫观，最盛时观中有道官300名，无牒道童千余人。宋徽宗时，最受宠信的道士林灵素、王文卿多次巡历苏州玄妙观，使之成为江南最著名的"地上天堂"。

1982年整修位于苏州西南太湖中西山岛林屋洞时，出土了梁天监二年（503年）道士修道记事碑、五代神像，包括8条金龙，3枚玉简，3枚金钮，6件瓷器，涵盖了投龙最为盛行的唐代、五代、宋代，尤其是出土了一套完整的宋真宗天禧二年（1018年）投龙遗物，包括金龙1件，金钮3枚，玉简一枚。林屋洞投龙遗物是目前考古发现时间最早、组合最完整的道教投龙遗物，其中一枚大玉简（编号1160—19）的拓片正面写着：

嗣天子臣恒。上为宗庙，下为群生，请福祈恩，消灾散咎。谨就
玉清昭应宫太初殿，命道士二十一人开启金箓大斋，二七日伏奠，和天安地，保国宁民，恭祷
嘉灵，别陈大□，今以告祈已毕，斋事周圆。谨依旧式诣
苏州林屋□□□□金龙玉简。愿神愿仙，飞行上清。五岳真人，至圣至真，鉴此丹悃，上闻□（九）天，□□□□，金龙驿传。
天□（禧）二年岁次戊□（午）。九月庚申朔十日乙巳斋□内告文。
背面：入内内侍省内西头供奉官臣王从政。[2]

---

[1]　赵亮、张凤林、负信常：《苏州道教史略》，华文出版社1994年版，第60页。
[2]　陈小三：《苏州林屋洞出土玉简铭文初探》《东南文化》2010年第4期。

简文中的"天子臣恒"是宋真宗赵恒。投龙仪式的目的"上为宗庙，下为群生，请福祈恩，消灾散咎"。这次仪式的准确时间是这枚玉简正面第六行文字中的"天□二年岁次戊□"。据考，宋真宗在位期间，涉及到"戊"的干支纪年有戊申（1008 年）、戊午（1018 年）两个年份。戊申年为宋真宗大中祥符一年，戊午年为天禧二年，因此这次投龙仪式应是天禧二年岁次戊午（1018 年）举行的。从简文最末一句为"九月庚申朔十日乙巳斋□内告文"，再参照《宋史·本纪第八》中记载：天禧二年"九月丁卯，册皇太子"。金箓斋本是为册命太子而举行的道家仪式。① 由此推测，这次投龙告天的时间正好在宋真宗天禧二年册命太子的活动结束之后。这枚玉简是有着准确纪年的道教投龙实物，从一个侧面展示了宋代江苏道教的情况。

玉皇大帝在诸神中的地位逐渐提高，成为仅次于三清尊神，总执天道的天界大神，反映了宋代道教神灵的官僚化倾向。玉皇殿也成为江南道观中的重要部分。大中祥符七年（1014 年），宋真宗封之为"太上开天执符御历含真体道玉皇大天帝"。玉皇大帝的出现，使道教神谱又出现了新变化："元始为三教之首，玉帝为万法之宗。"② 玉皇大帝也从"四御"③ 凸显出来。道观中供奉的玉皇大帝的神像，身着九章法服，头戴十二行珠冠冕旒，手持玉笏，体态饱满，气宇轩昂，端坐在"灵霄宝殿"上，接受各方的朝拜，这显然是将人间帝王的形象搬到了神仙世界。道教宣扬玉皇大帝掌管着神俗两界的事务，宋代以后，民间百姓对之既敬且畏。玉皇大帝在民间享有着最高神的威信，在社会上更是受到了善男信女的崇拜。宋哲宗时，茅山早期兴建的崇禧万寿宫④因"岁月因循，屋颠而不持，榱故而不革，圯废而不兴，垣颓而不作"，据《江宁府茅山崇禧观碑铭》记载，在准备重修崇禧万寿宫时，当宝文待制何公君将图纸给北宋丞相张商英看时，张商英（1043—1121 年）依据宋代道教信仰对宫观格局进行调整：

---

① 程义、姚晨辰、严建蔚：《苏州林屋洞出土道教遗物》，《东南文化》2010 年第 1 期。
② 《皇经集注》卷一，《道藏》第 34 册，第 631 页。
③ "四御"是昊天玉皇大帝、中天紫微北极大帝、勾陈上宫皇大帝和后土皇地祇。这四位天帝中，居于首位的玉皇大帝最受崇奉。
④ 崇禧万寿宫初建于南朝梁，名曲林馆，后为陶弘景所住的华阳下馆。如《茅山志》卷十七载："崇禧万寿宫在丁公山前。隐居（陶弘景）华阳下馆。"

商英视图，南面三门则道俗出入之所由也。三清、北极、本命三殿相直，而玉皇殿乃在东隅。商英谨按《老子》之书曰："天法道，道法自然。"自然者，清气之始也，其天为清微，其境为玉清，其天尊为元始，其帝为玉皇。所谓道者，气之纯清也，其天为禹余，其境为上清，其太上为大道玉晨君，其帝为天皇。所谓天者，气之积清也，其天为太赤，其境为太清，其太上为老君，其帝为北极。本命者，支干之神，以统于北极者也。北极者，中天之枢，以承玉皇者也。今以北极次三清，以本命次北极。而玉皇居左，非道之序也，神而来格，亦莫安于其位矣。请先玉皇而后北极，而左本命。三门者，神灵之所由也，非祠醮则阖之。东建道院，西设宾馆，如此则尊卑不相乱，道俗不相淆，人神不相杂矣。"①

张商英以《老子》"天法道，道法自然"为立论依据，阐述了宋代道教以三清为尊，再请玉皇的宫观格局。玉皇大帝进入茅山道教宫观中，被尊为掌管"中天之枢"的玉皇天尊。这也是宋代道教神灵谱系逐渐成熟后，玉皇大帝的崇高地位在茅山道教中的生动体现。

宋代道教对玉皇的敬拜，在帝王主导下，士绅支持和民众参与下，江苏道观中建起玉皇殿专奉玉皇神像，还在各地建有玉皇庙、玉皇观、玉皇阁等用来祭拜玉皇大帝。道教把农历正月初九这个极尊的吉日定为"玉皇诞"，作为道教的节日，以"九"指"天地之至数"来凸显玉皇大帝在道教神灵中的至尊地位。这种由皇权主导的敬神拜神很快从社会政治领域蔓延到了社会日常生活领域。玉皇诞日，道教的活动场所大都要举行盛大的祝寿道场，金箓醮仪，诵经礼忏，祈福禳灾，敬拜玉皇，俗称"斋天"。另据民间传说，每年农历十二月二十五日是玉皇大帝巡视三界、考察人间祸福得失的出巡日，道教的活动场所也要举行隆重的迎接玉皇大帝御驾的宗教仪式，逐渐演化成一种热闹的民俗活动。

经过宋代皇帝竞相加封，在唐五代时并没有受到朝廷或民间的特别祭祀的玄武被尊奉为北方之神，在道教神灵中的地位快速提高。"朱雀、玄武、青龙、白虎为四方之神。祥符间，避圣祖讳，始改玄武为真武。……后兴醴

---

① 《茅山志》卷二十五，《道藏》第5册，第663页。

泉观，得龟蛇。道士以为真武现，绘其像为北方之神。被发黑衣，仗剑蹈龟蛇，从者执黑旗。自后奉祀益严，加号镇天佑圣。"① 到大中祥符年间，宋真宗为避圣祖赵玄朗之名讳，诏令天下，凡带"玄"字者皆改成"真"字，玄武也改称真武。宋真宗天禧二年（1018年）封之为"真武灵应真君"，并诏令建祠塑像崇祀，开始在全国大力推崇真武大帝。

各地纷纷修建真武庙，其中以武当山、建康、临安等地区修建的真武庙规模大、数量多，形成了崇祭真武的三大中心。"围绕这三个中心，朝廷、道教或民间进行了多种崇祀活动，而这三个区域之所以成为中心，则因为它或者被附会为真武的发祥地，或者为皇帝行在所，或者是当朝都城，或者是经济文化的发展中心，具有凝聚封建王朝的向心力和举足轻重的地理位置。"②

宋真宗久无子嗣，江苏扬州道士傅鸿以真武降言的方式成功地向皇帝预报太子赵祯降临之事。傅鸿"一生戒行，供养真武三十余年。所作所为，常行方便，人人称誉。贤士大夫，俱以歌诗文墨赠鸿，门前轿马如市。傅鸿思之，如此应物，甚妨道业，乃弃家云游，至陕西终南山上清太平宫，求一庵寮出家。知宫张守真，见鸿形貌清古，遂留于本观，为修真上士，别治一室延之。在观三年，修奉上真，香火虔敬恭恪"③。赵祯践祚后，对真武十分崇敬。宋徽宗大观二年（1108年）又赐真武尊号："佑圣真武灵应真君"。在北宋灭亡之际，宋钦宗又封真武为"佑圣助顺真武灵应真君"。这样，真武经过皇帝的加封，由神话传说中的北方之神上升成为官方钦定的护国神。

宋真宗的崇道犹如开展一场全民性的文化运动，这使皇权在造就天庆观及树立道教新神祇的过程中起着引导性作用。除投龙仪式外，宋真宗还以"天书"下降事件为契机，制定了一些具有宋朝文化特点的道教节日，如三月三日为庆祝"天书"下降的天庆节，"大中祥符二年（1009年）十月，诏诸路、州、府、军、监、关、县择官地建道观，并以'天庆'为额，民有愿舍地备材创盖者亦听。先是，道教之行，时罕习尚，惟江西、剑南人素

---

① （宋）赵彦卫：《云麓漫钞》卷九，上海古典文学出版社1957年版，第121页。
② 周晓薇：《宋元明时期真武庙的地域分布中心及其历史因素》，《中国历史地理论丛》2004年9月版，第19卷第3辑。
③ 《玄天上帝启圣录》卷三，《道藏》第19册，第588页。

崇重。及是，天下始遍有道像矣"①。宋真宗下诏建玉清昭应宫以奉"天书"，并要求全国各地也择地修建道观。供奉天书的道观统一以"天庆"为额，故称天庆观。在天庆观中修建宝符阁、玉皇殿、圣祖正殿并在安圣殿②中塑造神像，安放天书，有的还在安放刻玉天书的供案旁，竖起冠服整齐、恭敬侍立于一旁的真宗塑像。另外，四月一日"天书"降于皇宫为天祯节、六月六日"天书"降于泰山为天贶节、七月一日圣祖初降为先天节、十月二十四日圣祖降延恩殿为降圣节。宋王朝通过加封神号、敕造道观的方法，对一些原先的地方神祇进行道教化的改造，通过开展神道设教的活动，这些来自民间信仰的新神祇的形象被不断重塑，其权能被不断神化，拉入道教神谱后地位也不断上升，既丰富了宋代江苏道教神灵信仰的内涵，也扩大了道教神灵在地方社会上的影响。

江苏的南京、苏州、镇江、常州、通州等城市也建有天庆观，有的是新建，有的是由旧道观改名而来："金陵之天庆，盖晋冶城故地，杨氏之吴建为紫极宫。籍田二十顷，在常之晋陵、无锡间。暨为天庆，田亦因之。熙宁间，始敕免税役。建炎初，金虏犯江，兵火之祸故迹尽矣。其徒结茅居，奉香火，垂二十年。晁公谦之守是邦，乃请于朝，一切鼎新"③。金陵之天庆观建在冶城故地，因具有官方宫观的性质，朝廷还给予田亩及免税役的优惠。

宋真宗还特别下令保护茅山道教圣地的生态环境，大中祥符二年下《敕禁山》不许砍伐、焚烧茅山的林木："访闻茅山界内祠宇宫观之侧树木，多有诸色，不顾修法，擅行樵采，及放野火焚烧山林，须议专行指挥。国家方延景贶，以佑蒸民。……今下润州、升州，候宣命到，于茅山四面立定界止，严行指挥，断绝诸色人并本山宫观祠宇主首以下，自今后不得辄有樵采斫伐及放野火焚爇。"④ 宋徽宗崇宁元年（1102 年）下《加封三茅君诰》以提升在江南地区广传的三茅真君地位。正是在宋代帝王的不断支持下，茅山道教具有了皇家宫观圣地的风采，在北宋时形成了第二十代至第二十五代上清宗师的传承谱系：

---

① （宋）李焘撰：《续资治通鉴长编》第 6 册，中华书局 1979 年版，第 1637 页。
② 圣祖正殿安放圣祖神像，安圣殿则是为宋真宗死后安放其"御容"准备的。
③ （明）葛寅亮撰：《金陵玄观志》第一卷，南京出版社 2011 年版，第 12 页。
④ 《茅山志》卷三，《道藏》第 5 册，第 561 页。

成延昭→蒋元吉→万保冲→朱自英→毛奉柔→刘混康

第二十代宗师成延昭（？—990年），字怀玉，润州金坛人。气禀纯素，不染世尘。初诣紫阳观王栖霞先生，伏节为弟子。宋开宝八年（975年）平江南后，刑部郎中知升州杨克让，请师为茅山威仪兼升州道正。未几，辞还居紫阳旧居，门人受学甚众。淳化元年（990年）四月十四日，无疾从容观化，年七十九岁。敕封紫阳冲虚先生。

第二十一代上清宗师蒋元吉（？—998年），字吉甫，号碧虚子，常州义兴人。元吉少时丰标绝尘，喜读书，尤长于诗，师从成延昭习上清道法，后从冲虚先生应诏居京师。久之，同还归茅山紫阳观，极论上清之学，奉扬大教，屡有祯祥。咸平元年（998年）以经箓授弟子万保冲，不久仙去，敕封洞虚先生。

第二十二代上清宗师万保冲（生卒年不详），字用玄，常州武进人。年轻时遂诣腾仙观，后至茅山，师事蒋元吉。咸平元年（998年）始传上道，专善采服日霞之法。景德年间，奉诏请祷，大应，玺书敕号，后退隐黑虎谷中，年九十二解脱而仙，敕封冲素先生。

地处南方的茅山道教也积极为帝王服务。活动于宋太祖至宋仁宗时期的张绍英，丹阳人，早年弃家隐入茅山为道士，不入城府，专心苦练上清道法，成为上清派修炼高深的炼师。"仁宗思接方外之论，先生与友朱自英偕应诏，朱既治行，先生辞以疾。明年，丞相丁谓、王钦若同奏于上，再召。后二年使车再至，俱称疾不起。遣中贵人任珪赍诰于山，赐号'明真先生'，仍敕所居庵为天圣观。"[①]

第二十三代上清宗师朱自英（976—1029年）曾为宋真宗祈神赐子，生下仁宗后，受到了特别诏封："华阳道士朱自英，通丹经，真宗诏封观妙先生，厚礼聘之"[②]。朱自英，字隐芝，句曲朱阳里（今江苏句容）人，幼从玉晨观道士朱文吉（一说朱元吉）学道，年长后又随张绍英修炼上清道法。至道年间，朱自英跟随张绍英隐于积金峰炼服气却谷术，"餐沆瀣，奔三

---

① 《茅山志》卷十六，《道藏》第5册，第620页。
② 《历世真仙体道通鉴》卷四十八，《道藏》第5册，第378页。

景，修仪璘珰佩之法，以速轻举"①。这种特异的修炼之事在当地不胫而走，茅山周边人争相上山目睹上清道士的修炼奇迹，于是朱自英遂思远游，离开茅山至襄阳，遇异人陈铁脚后，朱自英又礼天师于青城山。朱自英虽在青城山修道，授得"金鼎九转，飞精剑法"，道法骤进，但复思三茅山《道藏》缺伪，乃载游濑乡，校雠太清宫古本，奇遇水星童子武抱一，游河中府后，行止神变。"武抱一，建康人也。始从茅山道士为僮。……宋太祖建隆中，忽遇至人，乃得道，去来不可测，人因谓之仙童。"②武抱一授予"九老仙都君印"，让朱自英还茅山，济人不倦。景德元年（1004年），29岁的朱自英嗣教，执掌茅山道教。景德四年（1007年），宋真宗因无子嗣，遣使祈胤，朱自英设醮奏章。第二年，仁宗降生，朱自英奉旨住持玉清昭应宫，敕建乾元、天圣两观，赐号"国师"，从此宋真宗和宋仁宗都对他十分尊崇。今天，茅山古镇中的南镇街还保留着一条长500多米，宽4米的青石板路，这条当年人们上茅山进香必经之路，又称"香火街"，相传是朱自英时所建。道路两旁有四座券库，街上有饭店、客栈、商铺，最多的是卖香火、香草的商店，还有一座水质清澈的水井——白玉泉，旁边有乾隆皇帝的题字"白鹤泉"③，因有"天下第八泉"之美称而保留至今，反映了朱自英时期茅山道教在江南地区的影响。

宋仁宗（1010—1063年）亲政后，对道教的态度出现转变。宋仁宗在位几十年间，宽厚待民，知人善用，促进了国家经济繁荣，社会安宁，科学技术和文化事业都得到很大的发展，崇道狂热暂时消停。宋代虽然继承唐制，但"唐代之两税，是资产税。宋代之二税，是土地税。两者虽均夏秋二季征收，形式上相同，而性质则不同"④。随着两税法实施，江南各地的佃农如要移居他处，必须经田主同意并出具证明才算合法。宋仁宗天圣五年

---

① 《茅山志》卷二十五，《道藏》第5册，第660页。
② 《历世真仙体道通鉴》卷四十八，《道藏》第5册，第378页。
③ 句容市地方志办公室编：《句容茅山志》，黄山书社1998年版，第245页。
④ 陈安仁：《中国近世文化史》，上海古籍出版社2014年版，第42页。

（1027年）颁布准许南方佃农退佃迁移的法令，又称天圣令①，提供了佃户退佃和迁居的自由，这不仅推进了货币交易及商品经济的发展，使私有财产权得到确立，而且使平民从束缚在土地上的制度下解放出来而可自由迁移，由此也带动了江苏道教在民间社会的传播。

《茅山志》卷二十五收有朱自英撰《宋天圣皇太后受上清箓记》，记载了宋天圣元年（1023年），仁宗诏至京师，请他授上清经戒法箓予母后刘氏之事。天圣二年（1024年），刘太后欲踵紫虚元君魏华存，"祈授毕法"，遥尊朱自英与张绍英为度保师，遣中使赍诰上山，赐朱自英为观妙先生，赐张绍英为明真先生，各敕建乾元观、天圣观，以旌师资。四月，朱自英与张绍英等高道在华阳洞天设坛开醮。宋仁宗天圣三年（1025年），茅山道士张绍英、朱自英应请为天圣皇太后授上清箓，受箓地点在茅山崇禧宫。太后没有亲自赴坛，但委派了八位大臣携带青词、黄素代表她到茅山去，自己则在宫中静默存思朱自英为度师、张绍英为保举师。因为是为皇后受上清箓，茅山崇禧观开建上清黄坛，做了七昼夜的玉箓道场，并举行了向茅山洞府中投送金龙玉简、金环玉鱼的投龙简仪：

> 先遣中使赍密词诣南岳，致告于紫虚元君，默允冥旨。续命入内内侍省西头供奉官臣康从政，入内内侍省内侍殿头、勾当御药院臣江德用，并诏右街副道录、知玉清昭应宫事、同管勾左右街教门公事、冲真大师、赐紫臣李知损，左街都监、寿宁观住持、明真大师臣石知章，玉清昭应宫副直岁、宣教大师、赐紫臣周遂良，玉清昭应宫住持、冲妙大师、赐紫臣皇甫希及，玉清昭应宫同住持、冲秘大师、赐紫臣薛清和等，同赍青词、黄素，一行礼信，就江宁府茅山崇禧观开建上清黄坛，预启玉箓道场七昼夜。散日，设醮三百六十分位，依科传度。讫，别设谢恩道场三昼夜，设阖山道士、女冠大斋一，中投送金龙玉简、金环玉鱼于华阳洞、燕洞、金山水府，于以告盟七圣，于以致诚九清，伸授受

---

① "江、淮、两浙、荆湖、福建、广南州军，旧条，私下分田客非时不得起移。如主人发遣，给与凭由，方许别住。多被主人抑勒，不放起移。自今后客户起移，更不取主人凭由，须每田（年）收田毕日，商量去住，各许稳便，即不得非时衷私起移。如是主人非理拦占，许经县论详。"（《宋会要辑稿》食货一之二四《农田杂录》）

之仪，罄师资之礼。①

朱自英为明肃太后传大洞毕法后，复赐号"观妙先生"。宋仁宗希望朱自英能一直留在宫中，但朱自英却累次上表求归，宋仁宗只好诏送他还山。朱自英回到茅山后，收到武抱一从蜀中寄来的书信，"忽接仙童书，殷勤诲谕，意警先生，韬光晦迹，世不耀名"。劝告朱自英不要过多介入世俗事务，因为"轻举行修，长生道在，多是逍遥于云水，未尝暴露于天机"②。据说，"先生执书，泣数行下，弟子莫测所以"③。朱自英怕再次被召入京，自此就称疾不起。天圣七年（1029年），大丹成，鼎辄覆。十一月，朱自英危坐，手执所赐祥符如意，顶生圆光，玉体汗浃，坐化升仙，享年53岁。通过上清宗师张绍英、朱自英与宋王朝两代帝王及皇后的关系，可见当时茅山道教还处于皇家道观的地位。

第二十四代上清宗师毛奉柔（？—1063年），建康句容人。尝侍父入茅山天市坛，遇黑虎，父终无所见，先生近视之，虎拜其前。观妙宗师闻而异之，谓其父曰："华阳之道，在君子矣。"遂留山中师事观妙。毛奉柔谨朴忠厚，有长老风，结庐积金山，慕隐居道靖之地居焉，苦志在于轻举。嘉祐八年（1063）十二月大雪，中庵前木犀骤花，先生心异之。少顷，有道士刘混康者，自常州泰和观来，先生感其诚恳，且嘉瑞应一时，授以经法。未几，解化。崇宁元年（1102），敕封通真明元先生。

当宋王朝发展到鼎盛时，动乱的苗头也悄然萌芽，改革的呼声日益高涨。科举制既给宋代士人出仕为官、获得功名的机会，也造成官僚队伍的繁冗丛沓，官场上腐败现象日益严重。宝元二年（1039年），宋夏战争爆发，外患日益严重，到庆历二年（1042年）时，北宋朝廷为旷日持久的战争耗去了大量的兵力物力，财政上的困难日显。范仲淹在《答手诏条陈十事》中针对社会上出现的乱象而提出建立新政的设想："我国家革五代之乱，富有四海，垂八十年，纲纪制度，日削月侵，官壅于下，民困于外，夷狄骄

---

① 《茅山志》卷二十五，《道藏》第5册，第658页。
② 此信收录于《茅山志》卷二十五《武仙童书碑》中，《道藏》第5册，第662页。
③ 《茅山志》卷二十五，《道藏》第5册，第661页。

盛，寇盗横炽，不可不更张以救之。"①

这年，北宋史上轰动一时的"庆历新政"在范仲淹的领导下开始付诸实施。他们以天下为己任，以期通过再振"祖宗之法"而进行的锐意改革放弃了太宗、真宗"复兴唐代贵族文化"的社会理想。内藤湖南曾选取君主、贵族和人民这三个不同的社会阶层作为分析"唐宋变革"的基本因素。他认为，从君主层面看，宋仁宗以后，放弃太宗、真宗"复兴唐代贵族文化"的企图，而致力于推进唐朝中期开始萌芽的以士族为代表的新文化走向成熟。②这不仅有了一年四个月"庆历新政"，也构成后来宋神宗时"王安石变法"的思想背景。

"庆历新政"最后因朋党之争而夭折，但这段时间却成为后世士人心目中的思想之"盛世"，更推动了宋朝中期开始萌芽的新文化走向成熟。最典型的是欧阳修（1007—1072年）领导的新古文运动，上承中唐韩愈、柳宗元倡导的回归汉唐质朴文风的古文运动，下批晚唐五代宋初出现的浮艳文风，将范仲淹倡导的政治经济上的革新精神带进文学创作领域，不仅扭转了当时文坛的不良风气，而且随着宋朝政治上向外追寻建立世界帝国的理想被抛弃，提倡走内省道路，促进了北宋的学术范式从汉唐之学向宋代理学的转型，最终形成了一场影响深远的文化变革运动。

北宋中期出现的改革思潮看似与道教很远，但实际上却成为促进唐宋道教转型的一种思想力量。当北宋新政、变法相继失败后，归隐道教也成为宋代士人的一种人生选择。例如，"唐宋八大家"之一的苏轼（1037—1101年）从小就深受家乡四川眉州道教文化的熏染，八岁入小学，以道士张易简为师，曾在眉山天庆观读书三年。嘉祐二年（1057年）苏轼与苏辙同登进士后，其文深得欧阳修的赏识，成为新古文运动的积极实践者。苏轼一生经历的仁宗、英宗、神宗、哲宗、徽宗五朝，正是北宋朝廷因社会文化繁荣的背后隐藏着政治经济军事危机而进行变法之时，其在官场的升降浮沉中不仅遭遇着人生的坎坷，更感受到民众的日常生活和信仰世界。宋神宗熙定二年（1069年），支持新任宰相王安石变法，苏轼因与王安石政见不合而自请外任，相继去杭州、密州、徐州等地任职，因深入民间了解百姓疾苦后，又

---

① 丁守和主编：《中国历代治国策选粹》，高等教育出版社1994年版，第339页。
② ［日］内藤湖南：《中国史通论》上册，社会科学文献出版社2004年版，第394—398页。

转而赞同一些新变法条例。

即使是提出"天变不足畏,祖宗不足法,人言不足恤"的改革精神的政治家、思想家王安石(1021—1086年),对老庄道家和神仙道教也是情有独钟。他对《老子》和《庄子》都有注解,读过《神仙传》,与道士陈景元是同乡好友,二人的来往诗酬颇多,对茅山道教也有浓厚兴趣,游茅山时作《登大茅山顶》《登中茅山》《中茅峰石上徐锴篆字题名》《登小茅峰》四首诗。王安石将老庄道家清静无为思想与儒家的政治伦理相结合,通过儒道兼综的方法,既在人生态度上依循道家的天道无为观,又在治世理念上发扬儒家的人道有为论,将两者相整合作为的变法理论基础,以"富国强兵"为目标而提出一系列具体的改革措施。因守旧派反对变法,熙宁七年(1074年)王安石被罢相。一年之后,宋神宗再次起用王安石,旋又被罢相,保守派得势,新法皆废。经过反复折腾的王安石退居他一生二任知府的江宁(今江苏南京),在南京半山园安度晚年,号半山居士。

据《弘道录》记载,苏轼因有才华而得到宋仁宗及宋神宗的赏识:"苏轼与弟辙同登进士,又同策制举。仁宗读策,退而喜曰:'朕今日为子孙得两宰相矣。'神宗尤爱其文,宫中读之,膳进忘食,称为天下奇才。"① 元丰六年(1083年)苏轼调入汴京,因宰相司马光的重用而得到快速升迁,但又因与司马光政见不一,被视为属王安石变法派而遭受各种政治压力。苏轼受父亲苏洵、弟弟苏辙等家人的影响②,曾潜心阅读《道藏》,修炼道教气功。在汴京期间,苏轼多次在诗文中表达了崇尚道教,希望隐居山中隐修的思想:"先君昔爱洛城居,我今亦过嵩山麓。水南卜筑吾岂敢,试向伊川买修竹。"③ 不久苏轼又自求外放,相继去杭州、颍州、扬州、定州任知州,由此在江南访道问师。其间为诗友杨康功作诗《杨康功有石状如醉道士为赋此诗》中曰:"楚山固多猿,青者黠而寿。化为狂道士,山谷恣腾踩。误入华阳洞,窃饮茅君酒。"通过描写茅山青猿,既表达了自己心中的郁闷,也称赞了友人"杨公海中仙,世俗那得友。海边逢姑射,一笑微俯首"④ 的

---

① 《弘道录》卷二十四,《道藏》第35册,第167页。
② 钟来因认为:"苏辙学道教气功,早于苏轼,他是苏轼的气功教师。(钟来因:《苏轼与道家道教》,台湾学生书局1990年版,第10页)
③ 张春林编:《苏轼全集》下册,中国文史出版社1999年版,第1409页。
④ 张春林编:《苏轼全集》上册,中国文史出版社1999年版,第223页。

胸怀。元丰七年（1084年），苏轼因反对变法而被贬黄州，路过江宁时，来拜会王安石。王安石听说苏轼要来非常高兴，骑着毛驴到江边迎接，"王文公在金陵，东坡自黄北迁，日与公游，尽论古昔文字，闲即俱味禅悦。公叹息语人曰：'不知更几百年，方有如此人物'"①，表达了两人共有的好道喜禅的倾向。

北宋中期后，山中的隐逸者和修道者人数激增，反映了当时的社会精英来道教中寻求安身立命之道，这不仅为道教的发展提供了知识性人才，也将儒学重视内省与心念的文化观带到了道教之中。今天，位于茅山元符宫东南处林间山崖间的华阳洞，其洞口上端石刻的"华阳洞"三个约一米见方的大字，相传为苏轼的手迹。王水照先生曾说："宋代士人的身份有一个与唐代不同的特点，即大都是集官僚、文士、学者位于一身的复合型人才。"②宋代士人中出身于地方社会普通家庭，经过科举考试，以才华能力而受到北宋统治者封官加爵，做大官人数较多，他们大多以儒学为安身立命之本，又出入于佛老之间，在旧法与新法的政治斗争而导致的官场沉浮，使他们更易于用道教的自然无为精神和延年长生的修道术来调整自己。

第二十五代上清宗师刘混康（1036—1108年），常州晋陵人，十三岁就跟从当地泰和观道士汤含象学道。宋仁宗嘉祐五年（1060年），"试经为道士，脱略世故，日阅道书，而于洞经妙旨，独心得之。患世无明师，乃散发登坛，以天为宗。已而闻三茅道士毛奉柔者有道行，名闻一时，遂往依焉"③。毛奉柔悉授以大洞经箓，乃庵居积金峰，人称"华阳先生"。

刘混康在茅山上每以上清符水疗治众病，在宋神宗时已闻名朝廷。据资政殿大学士蔡卞奉敕撰《茅山元符万宁宫记》记载："熙宁初，常州道士刘混康者，始诛茅结庵于山之积金峰。……先生躬有妙行而济之以常善救物之心。每以上清符水疗治众病，服之辄愈，由是远近辐凑，而先生之名益著矣。"④刘混康因道术高超而受朝廷重视，《皇宋通鉴长编纪事本末》记载

---

① 王兆鹏、黄崇浩编选：《王安石集》，凤凰出版社2014年版，第248页。
② 王水照：《宋代文学通论》，河南大学出版社1997年版，第27页。
③ 《茅山志》卷二十六《录金石篇》，《道藏》第5册，第669页。
④ 《茅山志》卷二十六《录金石篇》，《道藏》第5册，第667页。

"混康有节行，颇为神宗所敬重，故上礼信之"①。刘混康后应召为宋哲宗皇后孟氏治病，又受到恩宠。宋哲宗绍圣四年（1097年）召刘混康到京城开封主持上清储祥宫，赐号洞元通妙大师。

宋哲宗"绍圣四年，敕江宁府，即所居潜神庵为元符观，别敕江宁府句容县三茅山经箓宗坛，与信州龙虎山、临江军阁皂山，三山鼎峙，辅化皇图"②。"绍圣"是北宋哲宗的第二个年号。这是有关"三山符箓"的最早提法。第二年刘混康才复归茅山。朱越利先生根据《茅山志》的这一记载，认为"三山符箓"的出现始于宋哲宗时期③，似更符合历史。宋哲宗的这道敕令非常重要，它说明当时南方道教在帝王的支持下已初具"三山符箓"的局面。后来茅山道士黄澄曾向宋徽宗上书，提出"混一三山经箓"以扩大上清经法的传播要求，"初，三山经箓，龙虎正一、阁皂灵宝、茅山大洞，各嗣其本宗，先生请混一之。今龙虎、阁皂之传上清毕法，盖始于此"④。黄澄提出将"三山经箓"融混起来，反映了他期望以上清派茅山宗来统领三山，使天师、灵宝两派也传习上清毕法。这种以道教圣地为中心的南北道派融合的主张虽然获得了皇帝批准，但随着北宋灭亡，此事并没有落实下来。若仔细推敲，可见北宋时说的是"三山经箓"，而南宋则明确说"三山符箓"，经与符虽一字之差，却反映了道门中人还是看到了茅山上清与龙虎正一之间的根本区别，但统治者提出"三山符箓"却将种差异消弭了，在客观上也淡化了上清派作为注重以造作道书而注重教义思想和经典传承的经箓派特色。到南宋时，以龙虎山"正一宗坛"、茅山"上清宗坛"和阁皂山"元始宗坛"三山鼎立，南方道教呈现着"符箓遍天下，受之者亦各著称谓"⑤的局面。

以风流天子著称的宋徽宗即位后，对茅山道士也特别关注，《茅山志》卷三中收录"徽宗赐刘（混康）宗师敕书并诗，崇宁凡四十一通、大观凡

---

① （宋）杨仲良撰：《皇宋通鉴长编纪事本末》第四册，黑龙江人民出版社2006年版，第2142页。
② 《茅山志》卷十一《上清品》，《道藏》第5册，第605页。
③ 朱越利：《读〈茅山志〉札记五则》，《世界宗教研究》1998年第4期。
④ 《茅山志》卷十六《采真游篇》，《道藏》第5册，第621页。
⑤ （宋）岳珂：《桯史》，吴企明点校，中华书局1981年版，第94页。

三十一通",自谓"小大之事,常所访问"①,所问的问题涉及道教的各个方面,曾多次下诏令茅山道士进京,对刘混康更为尊崇。鲍慎辞撰《茅山元符观颂碑》记载了宋徽宗在元符元年(1098年),敕命江宁府改建刘混康在茅山旧居,赐名为元符观。在元符宫落成前,宋徽宗还"诏刻九老仙都君玉印及白玉念珠、烧香简、红罗龙扇诸物,又亲御毫楮,为书《度人》、《清静》、《六甲神符》三经以宠赍之,皆惊世骇目不可名之宝"②。据记载,宋徽宗曾赐给刘混康八件珍宝,其中四宝——玉印、玉圭、玉符、哈砚保留至今,成为茅山道教的镇山之宝。蔡卞奉敕撰《茅山元符万宁宫记》还记载了元符宫落成前,"皇帝又为书《道藏经》数卷及亲画老子像赐之,以荣其归"③之事。蔡卞(1048—1117年)是北宋大臣蔡京之弟,王安石之婿,宋徽宗登基后,诏以资政殿大学士知江宁府。蔡卞还于大观二年(1108年)奉敕撰《茅山华阳先生解化之碑》,言元符观将要落成时,刘混康请求朝见以谢上恩,宋徽宗召见于宣和殿,"赐御书画。于是增改观名曰'元符万宁宫'"。

茅山宗因得到帝王的支持而兴盛发展,以至于"其徒倚为奸利,夺民苇场,强市庐舍,词讼到(江宁)府,吏观望不敢治,静悉抵于法"④。在刘混康升仙之前,宋徽宗还特诏其来京师:

> 大观二年春,诏华阳先生来朝京师。夏四月丁亥,先生至自茅山,上命道士二百人具威仪导迎,馆于上清储祥宫新作元符之别观。先生病,不能朝,劳问之使不绝于途。是月十日,车驾幸储祥宫,因召见先生,与语久之。前两夕,先生梦侍天帝所,相论说《大洞真经》,觉而异之。及见上,乃以平日所宝《大洞经》以献。上览之动色曰:"朕洁斋书此经甫毕,及亲绘三茅真君像,适欲以授先生。"是日,遂并赐之。先生既授经,与上意合,则释然以喜。车驾将还宫,复召见先生,所以抚存之甚厚。后七日丁酉,有司以先生解化

---

① 《茅山志》卷三,《道藏》第5册,第562页。
② 《茅山志》卷二十六《录金石篇》,《道藏》第5册,第664页。
③ 《茅山志》卷二十六《录金石篇》,《道藏》第5册,第667页。
④ 《宋史》卷三百五十六《刘混康传》。

闻，上震悼，命中贵人赐金营丧，特赠太中大夫，使使护其柩以还。葬有日，诏臣卞作为墓碑①，以诏无穷。②

鲍慎辞和蔡卞所记此事都在元符万宁宫落成一两年后，尤其是蔡卞对宋徽宗与刘混康最后交往的细致描述，比后人编撰的《刘混康传》更为准确。刘混康受到宋神宗、哲宗和徽宗三代帝王的尊崇，死后追赠为"葆真观妙冲和先生"，可见北宋时期茅山道教的皇家气息。除刘混康之外，还有一些茅山道士被载入《茅山志》：

张绍英，丹阳人，自为道士，不入城府。仁宗思接方外之论，先生与友朱自英，偕应诏，朱既治行，先生辞以疾。明年，丞相丁谓、王钦若同奏于上，再召。后二年，使车再至，俱称疾不起。遣中贵人任珪赍诰于山，赐号"明真先生"，仍敕所居庵为天圣观。年七十五，一日清旦，沐浴更衣，升坛拜于四方上下，扃户而坐。弟子异之，启户，已蜕化矣。

王筌，字子真，岐下平阳人。父锡，殿中丞，母司马氏。兄弟皆从科举，筌独学道。因郊行，憩瓜圃间，有鬓妇从乞瓜，视其乳齐于腹，异之，遗以瓜。妇食之，以其余啖筌。筌食之，妇喜曰："可教矣，吾萧三娘也，神仙海蟾子居此。"诘旦，与俱见，遂授丹诀。白尔奉三清尊像，朝夕礼谒，诵《黄庭经》，累月不出户。后远游名山，西至成都。富郑公慕之，馆于门下八年。丞相吕公尤敬之，近臣欲举种放故事，以谏议大夫起之，宰相以筌无为人意，乃止。元丰中，复举于朝，赐号"冲照处士"。族弟柄守台州，欲往台，未至而柄卒。因来茅山，从刘混康先生，受上清经箓。传度之夕，雷起中茅峰上，华阳洞天便门忽开，仙乐闻于空中。一日昼寝，梦二天人引入便门，至洞宫，见茅君，告曰："已敕汝司命府丞。"赐以金尺。乃觉，遂预言逝日，投山下道民葛冲家，端坐而蜕，年六十一。

汤用明，字晦之，钟陵道士也。神锋凌迈，通经博物，专内炼坐忘之学。元祐初，年方壮，闻刘先生之道，不远千里，参受经法。与卢必强、汤道原、冯悦道、鲍炼师、王景山数人为友。刘先生被召，欲师与道原偕行，

---

① 1970年9月15日，位于茅山东南的刘混康墓被毁，但墓碑保留下来，墓碑所记内容，请参见冯可珠《刘混康墓志识略》，《中国道教》1991年第2期。
② 《茅山志》卷二十六《录金石篇》，《道藏》第5册，第668页。

俱辞不往。结庵金菌山高居洞之侧，不交外物，衣弊履穿，无愧人之色。大观初，无疾化去。

冯太申，字悦道，池州人。为道士，结友十人来居山，会连岁歉，九人去，独太申藜藿不给，终守初志。居祠宇久，为道俗所归。有卢先生者，建观璨山，未成，闻召而解去。其徒积逋数千缗，不敢归，请太申主其观，斋施所入，尽偿之，复还祠宇，旋化于山舍。弟子邵次山、葛真一皆恬漠自守，人敬爱之。

陈希微，字彦真，姑苏人，先名伯雄。父之才，朝奉郎，监江宁府粮料院。元祐中，伯雄得伏，连疾已困，诣刘先生，乞符水治之，疾良愈。妻门下侍郎薛昂夫人之妹，会先卒，遂山居为道士，改名希微，筑室柳汧泉上。徽宗闻其名，累召不起，乃敕所居为抱元观，赐号"洞微法师"，宣和中，为人拜章，诘旦解去。

黄澄，毗陵人，隶业丹阳之仙台观。崇宁初，有敕改玉晨观为崇宁万寿宫，先生充住持。未几，徽宗玺书召赴阙，敕差住持金山神霄万寿宫。累授太素大夫、冲素静一先生，领玉堂高士、左右街都道录兼管教门公事，食实封一千二百户，赐紫金方符。请老还山，告逝于玉晨所建东庵。

杨希真，字元道。世为仪真米商，积阴德。元道生建中靖国元年（1101年），六岁始能言，稍长，知敬事四圣真君像。一夕，梦神人告曰："吾为北方天辅上帅，悯子勤志，哀子尸浊，期于华阳仙府与子换骨，当授以神书。"君自是数通冥感，若有心疾，狂走失所在。宣和二年（1120年）庚子岁，入华阳洞不返。明年自洞出，比还，乡邻皆讶之。宋徽宗索异人，进上《九灵》《玉婴》《神变》等经及《灵虚秘旨》，敕黄冕校定，录付《道藏》。特授丹台郎、冲和妙一法师，视朝请大夫。年二十四，尸解，越三日，复起，手书辞谢门状，投笔坐逝，甲辰（1124年）三月十七日也。

沈若济，字子舟。远祖当吴越钱氏时，为谋主，遂为钱唐人，宗族盛大。师年十许岁，便不乐尘埃中事，诣本郡元真观出家。元祐庚午，试经为道士，年始十三。取《道藏》书读，旁采释典外书与其学之同者参焉，上下贯穿，无不该洽，尤长于医。游山，客崇禧观。政和末，延康殿学士王公汉之因论内外丹有契，载与俱归。公帅建康，乃葺山中洞阳馆以处师，俾炼大药，且广施药，以已四方疾者。徽宗再召，强起，馆于龙德宫数月，赐号

"洞元大师"，命之道官，辞以疾，赐金方符，送还山。绍兴初，服丹尸解，年六十二。

汤友成，字道原，桐川人。兄景仁，登进士第。熙宁丙辰岁，与弟友直同试经为道士。友成事徐神翁于泰州。翁天机深妙，不与物接，唯时与友成语。居岁余，遂辞翁。翁遣诣刘先生，受经法，与友直修鹤庙居。王公汉之邀治丹炉，又从王谪居濠梁。王得还，复归鹤庙。宣和，召索异人，友成兄弟晦迹山庐，恒恐人知。建炎盗起，汤友直逃入深岩不返，友成居山五十余载。绍兴癸亥，预言去世日，以其年六月五日，汲寒水沐浴，问日早晏，正午而逝，年八十四。

李珏，广陵江阳人。贩籴自业，人有籴者，即授以升斗，俾自量，年八十余，不改其业。适李珏节制淮南，李珏以同姓名，改名宽。李珏下车数月，修道斋次，夜梦入洞府，见石壁金书"李珏"，字长尺余，李珏视之极喜，自谓生于明代，又升宰辅，今洞府有名，我仙人也。方喜之际，二青衣自石壁左右出，李珏问："此何所也？"曰："华阳洞天，此姓名非相公也。"李珏惊，复问："非珏何人也？"青衣曰："此相公江阳部民也。"李珏晓，益自惊叹，乃令城府求访同姓名者，得李宽旧名珏。迎置静室，拜为道兄。宽素恬澹，道貌秀异，须长尺余，皓然可爱。年六十时，有道士教其胎息，亦久不食。李珏愈敬之，泊问道术，李宽辞以愚民不知所修，以贩籴对。李珏咨嗟曰："此常人之难事，阴功不可及也。"果然李宽百余岁，轻健异常，忽一夕卒，三日棺裂，视之如蝉蜕矣。[1]

以上茅山道士既有当地人，如张绍英，但大多从周边地区来茅山学道，他们有的学《道藏》，有的行道术，有的炼丹药，最后在茅山得道成仙。这些茅山道士的传记也反映了当时南方社会长期浸淫在巫觋之风中，源于以造作道书、传授经戒法箓为首务的上清派也以擅长符箓道法、画符念咒、长于道医而闻名于世，其中张绍英、陈希微、黄澄、沈若济等因道学造诣和道术高超而受到宋徽宗的关注，因对王权政治的依附，使茅山道教贵盛一时。与唐代道教相比，北宋时的江苏道教缺乏教义思想的创新，但因注重以符箓斋醮活动于地方社会，依然在有所变革中持续发展。靖康之难后，北宋失国，统治者崇信道教与所造成的负面影响也引起后人的反思，南宋极力将道教纳

---

[1] 以上引文来自《茅山志》卷十六，《道藏》第 5 册，第 621—622 页。

入官方的管理之下。

第四节　张伯端在江苏修道考

就在北宋统治者采用各种方法期望将道教打造成本朝的官方宗教时，一些有文化或有官职又活动于朝野的士绅进入道教后，他们中有的活动于江苏并开始依照自己的理想进行创教活动。

北宋著名道士张伯端虽然不是江苏人，但他曾在镇江西津渡生活过。西津渡是长江边上的码头，唐五代时称蒜山渡，因南来北往的人员交集，既是新思想交汇之地，也是道教与佛教共存之地。张伯端曾来到西津渡，据说是选择了一个无人居住的山洞结靖修丹，还修改《悟真篇》："金丹派南宗始祖张伯端在镇江西津渡对他那部不朽的著作——《悟真篇》进行了最后的完善，并在西津渡留下了他结庐人境求真悟道的遗迹所在——紫阳洞"[1]。张伯端受佛教禅学的影响，所撰写的《悟真篇》以"道禅合一"为基点创立了富有特色的内丹学理论。张伯端离开镇江后又到常州生活了三年，完成了《悟真篇》后叙，在书后还专门列有《禅宗歌颂诗曲杂言》一卷，表达了他对"道禅合一"境界之理悟[2]。值得研究的是，镇江与茅山相去不远，茅山道教对张伯端思想是否产生了影响？

---

[1] 董晨鹏：《西津渡道教研究》，上海文艺出版社 2007 年版，第 113 页。
[2] 孙亦平：《张伯端"道禅合一"思想述评》，《中国哲学史研究》2000 年第 1 期。

第九章　五代北宋江苏道教的持续　481

张伯端（984—1082年）[①]是浙江天台人[②]，自谓"幼亲善道，涉猎三教经书，以至刑法书算、医卜战阵、天文地理、吉凶死生之术，靡不留心详究。惟金丹一法，阅尽群经及诸家歌诗论契"[③]。张伯端的家乡是中国佛教创立最早的宗派天台宗的主要活动地，直到宋代，那里的佛教依然盛行。张伯端自幼博学多才，无所不学，在精通诸学的基础上，尤好金丹之学，这就为他后来融汇三教而独钟道教的"性命双修"奠定了基础。青少年时期虽然受到天台佛教文化熏陶，但张伯端并没有接受佛教信仰，而是像当时中国大多数士人一样"少业进士"，后为府吏，进入仕途，生活安定。

直到晚年，据《临海县志》记载，张伯端因嗜鱼并疑其婢女窃鱼，导致"婢自经死"，而心存愧念，遂有看破人生，隐遁山林的念头。他曾赋诗云："刀笔随身四十年，是非非是万千千，一家温饱千家怨，半世功名百世愆。紫绶金章今已矣，芒鞋竹杖任悠然。有人问我蓬莱路，云在青山月在天。"赋毕，"纵火将所署案卷悉焚之"，因此"按火烧文书律遣戍"，被遣往岭南[④]，从此仕途受阻，被贬官后才远走他乡。张伯端后期的主要活动路径是成都、陕西、徐州、镇江、杭州等。

张伯端大约在北宋治平年（1064—1067年）间充军岭南。当时龙图阁学士陆诜驻守桂林，张伯端置帐下，典机事，并随之而行动。人生的坎坷，

[①] 关于张伯端的生年，有不同的说法。本文据《历世真仙体道通鉴》卷四十九《张用成传》中"元丰五年（1082年）三月十五日趺坐而化，住世99岁"的说法，推论其为当生于北宋太平兴国九年（984年）。另据翁葆光所撰《悟真篇直指详说三乘秘要》记载，张伯端卒于北宋元丰五年，年96岁，则其生年应为北宋雍熙四年（987年）。现代学者柳存仁《张伯端与悟真篇》（《和风堂文集》中册，上海古籍出版社1991年版）推测张伯端约生于宋神宗熙宁九年（1076年）左右，卒于宋高宗绍兴二十五年（1155年）左右。朱越利《金丹派南宗形成考论》（《道韵》第6辑，中华大道出版社2000年版）对柳存仁的推测做了修改，推定张伯端生于庆历六年（1046年），卒于绍兴十五年（1145年）。现代学者将张伯端的生卒年推后，与史传中记载的张伯端活动有了出入，故笔者仍以《历世真仙体道通鉴》为基准，再参考历史记载，对张伯端的生平进行分析考证。

[②] 有关张伯端的籍贯有"天台说"与"临海说"，其争议延续至今。可参见郑为一《张伯端籍贯考辨的几个关键问题》，《宗教学研究》2013年第4期。但笔者认为，若根据《悟真篇序》云："时皇宋熙宁乙卯岁旦，天台张伯端平叔序。"从古人习惯在自称前加上地名，以明确自己是哪里人看，张伯端应是天台县人，后来曾到临海生活。

[③]《历世真仙体道通鉴》卷四十九，《道藏》第5册，第382页。

[④]《悟真篇序》中说："张平叔先生者，天台人，少业进士，坐累谪岭南兵籍。"《道藏》第2册，第914页。

心中的愧疚，仕途的波折，不能不促使张伯端进一步思考人生的意义问题。这时，已步入老年的他感到"百岁光阴石火烁，一生身世水泡浮，只贪利禄求荣显，不觉形容暗瘁枯"①，人生苦短，光阴似箭，即使仕途通达而获得了荣华富贵，但物质享受毕竟是暂时的，人最终难免一死。怎样才能使生命更加有意义？人生的解脱之境究竟何在？对人生问题的思考成为他转向宗教的重要契机。熙宁二年（1069年），张伯端随陆诜移居成都，遇异人②授予金液还丹诀，"其言甚简，其要不繁"。张伯端之前并未了悟金丹大道，到蜀地后，方得异人传授钟吕金丹道之要领，"校之仙经，若合符契"，乃改名"用成"，号"紫阳"，以示笃信道教。张伯端"修炼功成，作《悟真篇》行于世"③。张伯端于何时何地撰写《悟真篇》，史载有不同说法：

第一，熙宁三年（1070年）陆诜去世④，张伯端失去了依附，听说司农少卿转运使马默（1020—1100年）在河东，于是张伯端经秦陇前往投靠时任河东转运使的马默时写作《悟真篇》。"紫阳转徙秦陇。久之，事扶风马默处厚于河东。处厚被召，临行，紫阳以《悟真篇》授之，曰：'平生所学，尽在是矣，愿公流布此书，当有因书而会意者。'后处厚出为广南漕，紫阳复从之游。"⑤但也有人认为："陆彦孚把马默当时的官职搞错了，张伯端找马默时，马默当在知徐州的任上。"⑥马默于熙宁四年（1071年）调任司农少卿进京，年逾七十的张伯端不便跟随前往，只好在分手时以书相赠。但薛式撰《悟真篇记》中在"当有因书而会意者"后却说："默为司农少卿，南阳张公履坦夫为寺主簿，坦夫曰：'吾龙图公之子婿也。'默意坦夫能知其术，遂以书传之坦夫"。马默事后并没有把张伯端所赠之书加以刊布，而是通过授陆诜子婿坦夫，坦夫授陆诜儿子陆师闵，陆师闵再传其子陆彦孚而流传于世的。⑦张伯端原寄望于马默推展自己新著的愿望并没有得到

---

① 《悟真篇》，《道藏》第2册，第915页。
② 《历世真仙体道通鉴》说："遂遇刘海蟾授金液还丹火修之诀"，明确指出此异人为刘海蟾。留元长的《海琼问道集·序》中则说："张得于刘海蟾，刘得于吕洞宾"，这样，张伯端的丹道又是承绪钟吕金丹道而来。
③ 《历世真仙体道通鉴》卷四十九，《道藏》第5册，第382页。
④ 《宋史·陆诜传》记载："熙宁三年卒，年五十九。"
⑤ 《历世真仙体道通鉴》卷四十九，《道藏》第5册，第383页。
⑥ 董晨鹏：《西津渡道教研究》，上海文艺出版社2007年版，第118页。
⑦ 《紫阳真人悟真篇三注》，《道藏》第2册，第968页。

第九章　五代北宋江苏道教的持续　483

实现，反而又遇到一些曲折。因此，马默可能是张伯端所认为的所传的非人了。后来，张伯端转徙于秦陇一带，因所传丹法引起当地太守的反感，借故处罚其充军，放逐邠州（今陕西彬县），在那里遇到石泰。石泰通过熟人，将张伯端护送出境。张伯端感恩石泰的帮助而谓之曰："此恩不报，岂人也哉。子平生学道，无所得闻，今将丹法用传于子。"① 石泰（1022—1158年）②是常州（今江苏常州）人，以行医、缝纫为业，常以医药济人，却不受人谢，只要求病人植一棵杏树为酬，久而久之，自号"杏林"，一号"翠玄子"。石泰"素慕真宗，遍游胜境，参传正法，愿以济世为心。专一存三，尤以养生为重"。石泰遇张伯端，得金丹之道。张伯端在临别时，把《悟真篇》交托给石泰，称其平生所学金丹之道尽在其中，望好友可以将此书刊行于世。石泰听张伯端讲述的仙道也十分受益："昔年于驿中遇先师紫阳张真人，以简易之语，不过半句，其证验之效，只在片时。知仙之可学，私自生欢喜。及其金液交结，圣胎圆成。"③ 后来，石泰作《还源篇》以阐释张伯端丹道之正脉，成为南宗的重要经典。

第二，张伯端在熙宁四年（1071年）来到江苏，在镇江、常州一带活动，创作或修改《悟真篇》。据说张伯端撰著完成《悟真篇》后，曾怀揣《悟真篇》于镇江西津渡的山崖之下结靖修丹，也曾于常州红梅阁修改《悟真篇》。最后，张伯端可能是带着失望离开了西津渡，也可能是在西津渡终老④。后来常州的道观中还出现祭祀张平叔的现象："常州全真庵，在新坊桥南，洪武二年，知县舒裕民撤晋陵县治废材建，一名紫阳观。"⑤ 这座建于明洪武二年（1369年）紫阳观以祀张平叔为名。吴亚魁认为"此庵直称'全真'，且专祀南宗祖师张紫阳，可据此推定它的全真道教身份"⑥。镇江离茅山不远，深受茅山道教的影响。张伯端生活在镇江西津渡时，有许多文

---

① 《历世真仙体道通鉴》卷四十九，《道藏》第5册，第384页。
② 据《历世真仙体道通鉴》卷四十九记载：石泰"寿一百三十七，于宋高宗绍兴二十八年（1158年）八月十五日尸解"。推算其生于1022年。
③ 《历世真仙体道通鉴》卷四十九，《道藏》第5册，第384页。另《还源篇序》，《道藏》第24册，第212页也有相同的记载。
④ 有人推测"我们不知道张伯端最后是在何处羽化的，他很可能与柳永一样，最后的归宿也是在西津渡"。（董晨鹏：《西津渡道教研究》，上海文艺出版社2007年版，第113页）
⑤ （明）朱昱撰：《重修毗陵志》，《中国方志丛书》，台湾成文出版社1983年版，第423页。
⑥ 吴亚魁：《江南全真道教》修订版，上海古籍出版社2012年版，第123页。

化名人也在镇江活动,他们在此促进了思想界的活跃,也为张伯端创建道教新思想提供了一块高地。据明代《正德丹徒县志》记载,崇道的明武宗朱厚照(1491—1521年)还专门来西津渡考察:"紫阳洞在西津银山,岁庚辰(1520年)闰八月十八日,皇上尝幸"。不久,紫阳洞中又专门设立了张伯端像供人敬拜。另据明嘉靖十八年(1539年),日本访华使节策彦周良(1501—1579年)游镇江金山寺,在路过西津渡时,亲眼看到金山"隔岸有小岗,岗上有小堂宇,曰玉山寺。归路,山侧有石洞,洞口揭'紫阳洞'三大字。又洞里按紫阳君像,像前有香灯之设"①。

第三,张伯端返回家乡修道,著书立说,撰《悟真篇》。一说张伯端回临海旧居写书:"悟真坊,在州东北二百五十步。庆元三年,叶守籈以张平叔居此著《悟真篇》名,今有祠。"② 一说张伯端到天台桐柏宫修道著述,此地后为道教南宗的祖庭。熙宁八年(1075年)"罄所得成律诗九九八十一首,号曰《悟真篇》"③。《悟真篇自序》末句云:"时皇宋熙宁乙卯岁(1075年)旦,天台张伯端平叔序。"张伯端在完成了《悟真篇》之后,并没有停止对解脱理论的探讨。他对禅宗明心见性、顿悟成佛的修道方法与理想境界十分推崇,曾声称"仆得达磨、六祖最上一乘之妙旨,可因一言而悟万法也"④,并借佛教禅学来阐发道教的内丹修性之旨。他认为《悟真篇》有所不足,"其中惟谈养命固形之术,而于本源真觉之性有所未究",于是,他"遂玩佛书及《传灯录》,至于祖师有击竹而悟者,乃形于歌颂诗曲杂言三十二首",并将这三十二首诗歌附于《悟真篇》卷末,认为"庶几达本明性之道,尽于此矣",希望他的同道"览之,则见末而悟本,舍妄以从真"⑤。这个原名为《禅宗歌颂诗曲杂言》,也就是今天《道藏》中的《紫阳真人悟真篇拾遗》一卷。这一卷诗歌集特别反映了张伯端"道禅合一"思想的基本特点。《悟真篇再序》最后两句是:"时元丰改元戊午岁(1078

---

① [日]策彦周良:《初渡集》嘉靖十八年十二月三日条,《大日本佛教全书·游方传丛书四》,名著普及会1978年版,第220页。
② (清)宋世荣辑:《台州丛书》乙集一,上海古籍出版社2013年版,第18页。
③ 《悟真篇》,《道藏》第2册,第915页。
④ 《道藏》第2册,第924页。
⑤ 《道藏》第2册,第936页。

年）仲夏月戊寅日，天台张伯端再序。"①

当时禅宗云门宗正在沿京师和两浙路传播，张伯端在江浙的活动区域基本上与云门宗代表人物的活动区域相重叠。据现有资料看：张伯端似特别欣赏云门宗的雪窦重显禅师（980—1052年）的禅学。据《佛祖统记》中说，张伯端"尝遍参禅门，大有省发。后读雪窦《祖英集》，顿明心地，作歌偈以申其旨。且言独修金丹而不悟佛理者，即同楞严十仙，散入诸趣之报"②。云门宗是形成于五代时期的禅宗南宗五家禅中的一派，其创始人是石头希迁门下天皇道悟的四世法孙文偃（864—949年），因其住在韶州云门山而得名。云门宗以强调山水自然，即事而真，一切现成，无心解脱为特色，形成了"孤危耸峻，人难凑泊"的宗风。云门宗不仅以棒喝接引学人，而且还常以非常简短的片言只语来应答，例如以"云门三句"来启发学人开悟，一时影响很大。到北宋时，文偃的三世法孙雪窦重显禅师先在四川成都行禅，后于明州雪窦山资圣寺（今浙江奉化）弘道三十一年，他的《颂古百则》不仅成为当时禅僧的必读之书，而且还受到许多好禅爱道的教外人士欢迎，从而使云门宗在北宋盛极一时。《佛祖历代通载》称"迁明之雪窦，宗风大振，天下龙蟠凤逸，衲子争集，号云门中兴"。以至于张伯端也在《读雪窦禅师〈祖英集〉偈》中，亲切地称雪窦为"吾师"，盛赞"吾师道高言语畅，留在世间为榜样"③。

如果仔细研究张伯端一生的学术经历，可见其学术兴趣曾发生过转移变化，形成了由儒入道，由道入禅，以道为本，道禅合一的发展线索。这条线索的终端最终在《悟真篇》中落实在"道禅合一"上，与张伯端的生活经历以及他对人生理想境界的理悟不无关联。据说，张伯端完成《悟真篇》后，前来求学者众多："既成，而求学者凑然而来，观其意勤，心不忍吝，乃择而授之"④。他一度收了许多弟子，但这些弟子既没有给他财力资助，也没有给他带来显赫名声，在他遭遇祸患时，也不给他提供任何保护。其中还有人认为《悟真篇》在体例上有模仿雪窦重显《颂古百则》的痕迹，却

---

① 有些版本没有"天台"两字。
② 《佛祖统记》卷四十五，《大正藏》第49册，第417页。
③ 《道藏》第2册，第1033页。
④ 《悟真篇后序》，《道藏》第2册，第968页。

缺少"颂古"的诗意和禅境。

这可能是因为张伯端虽然欣赏以"明心见性"为特点的禅学，但他最终并没有以佛为本，也没有放弃或转移得道成仙的思想目标，而是力图以道教的修炼性命之说来会通儒佛道三教，特别是沿着刚刚兴起的钟吕金丹道的理路，通过融合道、禅来革新传统道教，使之既能够在一定程度上适应现实之人对生命的关爱，又促进了道教理论的更新发展。这也是后来道教推崇张伯端，将其奉为"紫阳真人"的重要原因。张伯端是北宋时道教丹学的集大成者，他的丹学理论虽承传统道教的理路以追求生命的长存为本，但同时也深受禅宗心性论的影响，特别是在修道方法上对传统道教有所革新，也促进了宋代江苏道教的新发展。

在修道方法上，张伯端既不倡服食丹药，也不用符箓科仪。他认为这些传统道教的修道方法都执著于某一极端，故非正道。人们若依这些极端的方法勤苦修道，最终还是难以达到长生成仙的目的。对此，他在《悟真篇序》中作了特别的说明，他说："今人以道门尚于修命，而不知修命之法，理出两端，有易遇而难成者，有难遇而易成者"。那么，哪些方法是"易遇而难成者"呢？张伯端认为，"如炼五芽之气，服七曜之光，注想按摩，纳清吐浊，念经持咒，噀水叱符，叩齿集神，休妻绝粒，存神闭息，运眉间之思，补脑还精，习房中之术，以致服炼金石草之类，皆易遇而难成"。难成的原因何在？张伯端认为，在以上种种修道方法中，"惟闭息一法，如能忘机绝虑，即与二乘坐禅颇同。若勤而行之，可以入定出神。奈何精神属阴，宅舍难固，不免常用迁徙之法，既未得金汞还返之道，又岂能回阳换骨，白日而升天哉？"[①] 闭息的方法虽然能够达到与佛教坐禅一样的"忘机绝虑"之功效，但由于没有修命的功夫，肉体不能长久。命之不存，还妄谈什么"忘机绝虑""白日升天"呢？因此，以上种种方法虽然下手易，但从完整的生命应是由肉体和精神两者有机构成这一格局上说，这些方法都是无法助人达到得道成仙之理想目标的。

至于那些"难遇而易成"的方法，张伯端认为"须要洞晓阴阳，深达造化，方能追二气于黄道，会三性于元宫，攒簇五行，和合四象，龙吟虎啸，夫唱妇随，玉鼎汤煎，金炉火炽，始得玄珠成象，太乙归真，都来片晌

---

① 《悟真篇序》，《道藏》第 2 册，第 915 页。

工夫，永保无穷逸乐"①。修道应于修命处入手。然而这种修命之法，并非魏晋时期流行的以金银铅汞等为原料的外丹修炼。张伯端认为，外丹采用的丹药都是一些外在于人的三黄（雄黄、雌黄和硫黄）、四神（铅银汞砂）等物，如炼制不当，不但不能使人永保生命，反而会损害人的肉体乃至精神。因此他谆谆告诫人们"休炼三黄及四神，若寻众草更非真"，努力扭转传统道教那种向外追求长生成仙的方法，而将注意力转向了人本身。张伯端反复强调"人人本有长生药，自是迷途枉摆抛"②；"要知金液还丹法，须向家园下种栽。不假吹嘘并着力，自然丹熟脱灵胎"③；"丹熟自然金满屋，何须寻草学烧茅"④。他所说的"长生药"其实就是人体内部的精气神。张伯端认为，精气神是人的成仙之基，可是人们常忽视了它的存在而向外寻求，以至于走上了向外求索的迷途。因此，他要人回归自身，努力修炼以精气神为内炼药物的内丹术，一旦达到"一粒灵丹吞入腹，始知我命不由天"⑤。

张伯端认为，内丹修炼就是属于"难遇而易成"的方法。之所以"难遇"，就在于修道者不识从何处下手，"有取铅汞为二气，指脏腑为五行，分心肾为坎离，以肝肺为龙虎，用神气为子母，执津液为铅汞，不识浮沉，宁分主客"。最终"皆日月失道，铅汞异炉，欲结还丹，不亦难乎！"而之所以"易成"，则是由于一旦修道者掌握了正确的方法，就可以循着炼精化气，炼气化神，炼神还虚的途径，直了性源之境。张伯端强调，"世之学仙者，十有八九，而达真要者，未闻一二"⑥。因而他才将自己所"遇真诠"，作《悟真篇》，以让学道者"可以寻文解义，岂须仆区区授之矣"⑦。《悟真篇》就是以"见末而悟本，舍妄以从真"为宗旨，以诗歌的形式阐发了"难遇而易成"的内丹法。

其实，在张伯端生活的时代，道教的内丹修炼术已开始流行，其方法多达十几种，但大同小异，都以"性命"二字为根本宗旨，性指神，命指精

---

① 《悟真篇序》，《道藏》第 2 册，第 914 页。
② 《道藏》第 2 册，第 924 页。
③ 《道藏》第 2 册，第 940 页。
④ 《道藏》第 2 册，第 924 页。
⑤ 《道藏》第 2 册，第 936 页。
⑥ 《悟真篇序》，《道藏》第 2 册，第 915 页。
⑦ 《悟真篇后序》，《道藏》第 2 册，第 968 页。

气。因而如何通过修炼精气神而达到性命双修的功效,也成为张伯端所着力思考的问题。值得注意的是,张伯端对修丹功效问题的思考是建立在比较儒佛道三教的生命观之异同的基础上的。他正是汲取了禅宗的"顿悟圆通"等思想来发展道教内丹术的,如他在《悟真篇序》中说:

> 释氏以空寂为宗,若顿悟圆通,则直超彼岸,如有习漏未尽,则尚徇于有生;老氏以炼养为真,若得其要枢,则立跻圣位,如其未明本性,则犹滞于幻形;其次,《周易》有穷理尽性至命之辞,《鲁语》有毋意、必、固、我之说,此又仲尼极臻乎性命之奥也。

他以一种理性的态度,分析了三教性命学说各自的特点与相互的差异,然后特别指出:"教虽分三,道乃归一,奈何后世黄缁之流,各自专门,互相非是,致使三家宗要迷没邪歧,不能混一而同归矣。"① 在张伯端看来,儒佛道三教在性命修炼上虽各有特点,但其根本宗旨却是一致的,而人们偏执于一方,相互攻击,致使三家宗要迷没邪歧。于是,他超越狭隘的门户之见,在圆融三教的基础上,提出了"三关"修道术:"先以神仙命脉诱其修炼,次以诸佛妙用广其神通,终以真如觉性遣其幻妄,而归于究竟空寂之本源矣。"② 张伯端首先以道教的养命固形之术为"初关",在"命功"有成之后,又引入佛教的神通妙用为"中关",强调还应进一步修炼"性功",最后以佛教禅宗的"空寂之本源"作为修道的"上关",从而将三教圆融最终落实在"道禅合一"的性命双修之上。张伯端强调,只有通过这样的"三关"修炼,才能使"神气精者,与天地同其根,与万物同其体"③,达到一种永恒之境。这种永恒之境既基于道教的养性固命之术,又体现了佛教禅宗的超越精神。传说,张伯端晚年曾出家为僧,其荼毗时,留下了许多大如芡实的舍利子④。这种说法与他在生前修炼内功,又出道入佛显然有关。

---

① 《悟真篇序》,《道藏》第 2 册,第 914 页。
② 《紫阳真人悟真篇拾遗》,《道藏》第 2 册,第 1030 页。
③ 《金丹四百字》,《道藏》第 24 册,第 161 页。
④ 《紫阳真人悟真直指详说三乘秘要》,《道藏》第 2 册,第 1024 页。

张伯端的"三关"修道术既是其内丹学的核心,也充分体现了其"道禅合一"的思想特色。受禅宗心性论的影响,张伯端所宣扬的性命双修是以道教的肉体修炼为基,以南宗禅的"明心见性"为旨,形成了先命后性的渐修顿悟的修道进路。这种修道进路的形成与张伯端从"达本明性"的角度对精气神三者的关系进行的分析以及对心神、性命的诠释是分不开的。

张伯端认为,在精气神三者中,"神者,精气之主",神又以心为载体,"心者,神之舍也",神在精气神三者中起着主导作用。"神为重,金丹之道始终以神而用精气也。"然而,占主导地位的神本身又有先天之元神和后天之欲神之分,"夫神者,有元神焉,有欲神焉。元神者,乃先天以来一点灵光也。欲神者,气质之性也。元神者,先天之性也。形而后有气质之性。善返之,则天地之性存焉"①。神的这种区别,为修道的路径应以精神上回归人的先天之元神为目标提供了理论依据。

张伯端在接受禅宗心性论注重从人的精神上寻求超越之境的同时,并没有放弃道教追求生命长存的理想,而是力图在先命后性的修道次第上,将道禅有机地融合起来,以达到"以命取性"的效果。这是他在分析了佛教禅宗心性论与传统道教修仙之学的优劣之后做出的一种理论创新。张伯端认为,道与禅的最高境界是相通的,"见了真空空不空,圆明何处不圆通,根尘心法都无物,妙用方知与佛同"②,但这种最高境界的体现却有所不同。佛教禅宗摒弃肉体,注重的是人的精神如何超越肉体的束缚而获得解脱,而传统道教则是将肉体不死作为解决人生问题的基点,这是道与禅的差别之所在。张伯端站在道教的立场上,认为道优于禅,因为道教注重性命双修。据《历世真仙体道通鉴》卷四十九《张用成传》记载,张伯端功法高强,曾与一名"修戒定慧,自以为得最上乘禅旨"的禅师斗法。由于张伯端既注重性功,又注重命功,故功法略胜一筹。这其中固然有道教自我夸张、自我神化的成分,但这也从一个侧面说明张伯端已认识到佛教"欲速见功,不复

---

① 张伯端所说的"形而后有气质之性。善反之,则天地之性存焉",对后来宋明理学家张载的思想产生了深刻的影响。张载在《正蒙·诚明》中第一次提出以"天地之性"和"气质之性",并用来规定人性的善恶,成为宋明理学的重要思想,即是受张伯端影响的结果。请参见胡孚琛、吕锡琛《道学通论》,社会科学文献出版社1999年版,第225页。

② 《紫阳真人悟真篇拾遗》,《道藏》第2册,第1030页。

修命，直修性宗"所带来的局限性，故常说："道家以命宗立教，故详言命而略言性"①。若命之不存，性将焉存？

在《悟真篇》中，张伯端运用了大量的外丹术语：铅汞、龙虎、三黄、四神、黄芽、白雪等来解说内丹修炼之道，特别是"劝君穷取生身处，返本还源是药王"②，强调人要通过修炼自身体内固有的精气神，以达到"群阴剥尽丹成熟，跳出樊笼寿万年"③。但他又进一步指出，传统道教的"学道之人，不通性理，独修金丹。如此，既性命之道未修，则运心不普，物我难齐，又焉能究竟圆通，迥超三界"④。光修命而不修性，仅执著于肉体的长生也是难以达到一种超越之境的。

据此，张伯端在引禅宗的"明心见性"时，提出了先命后性的渐修顿悟法，将道禅融而为一。这不仅使他的性命双修具有了浓重的禅化色彩，而且也使他所说的成仙之境已不再是传统道教的肉体飞升，而是"以命取性"，偏重于在精神上达到"无为妙觉之道"。这种以"道禅合一"为理论特色的性命双修进一步促进了道教由倾向于服食丹药的外丹修炼而过渡到以内炼精气神的内丹修炼，特别是为道教从心性上寻求超越之道开辟了新思路。

张伯端在《悟真篇》中提出"人人本有长生药"，倡导"金丹之道，性命兼修，是为最上乘法"⑤的修炼理论。宋代以后，道教中出现了专门注疏《悟真篇》的系列道书。《悟真篇》具有如此之魅力，从某种意义上说，与张伯端在外丹迅速地衰落下去，内丹逐渐成熟与完善起来的时候，融禅于道进行理论创新，推动了宋代以后中国道教发展的新走向。

从生活方式上看，张伯端受惠能南宗禅"随缘任运"思想的影响，强调道就存在于事事物物之中，修炼者不必注重修炼形式，而要去体悟事事物物之中存在的道。既然"行住坐卧皆是道"，那么日常生活也就是体道悟道的过程。这样，种种外在的戒规，繁琐的读经研道，定时的斋戒拜神活动，以及出家禁欲修行等，在南宗看来似乎都成为多余，"须知大隐居尘市，何

---

① 《历世真仙体道通鉴》卷四十九，《道藏》第5册，第383页。
② 《悟真篇》，《道藏》第2册，第918页。
③ 《悟真篇》，《道藏》第2册，第928页。
④ 《紫阳真人悟真篇拾遗》，《道藏》第2册，第1030页。
⑤ 《历世真仙体道通鉴》卷四十九，《道藏》第5册，第383页。

必深山守静孤"。张伯端作为一名修道者，倡导的修道者与其远离社会，到深山老林中去独修，还不如就隐居于尘市之中，不避世俗之事，不拘一格地自由自在地生活，饥来吃饭困来睡。"有志之士若能精勤修炼，初无贵贱之别，在朝不妨为治平天下之事，在市不失为士农工商之业。"① 即使是居于朝廷之上，做治国平天下之事，只要一心向道，精勤修炼，照样可以获得解脱，引导着江苏道教的出世而不离入世的精神。

张伯端很想建立自己的教派，也期望能够得到有"巨势强力能持危拯溺、慷慨特达、能仁明道之士"来支持他，然而传道过程中困难重重，张伯端"于元丰五年（1082年）三月十五日，趺坐而化，住世九十九岁"②。张伯端在弘道岁月中"度弟子不一"，樊光春认为，张伯端传道世系共有7人，并对他们的事迹进行了考证③，其中与江苏道教有关的是：

一是刘奉真。张伯端"弟子白龙洞刘道人，名奉真，白日飞升，即建康府刘斗子也"④。刘奉真是建康（今江苏南京）人，不仅随张伯端学习丹法，他们也广宣佛法："元丰间，与刘奉真之徒广宣佛法，以无生留偈入寂。奉真之徒焚其蜕，获舍利千百，其大如荠。后七年，奉真之徒到王屋山，复会仙翁如故，此又示其形神俱妙，性命两全之玄也"⑤。可算是张伯端宣扬的"道禅合一"丹道思想的践行者。

一是石泰。石泰是常州人，居陕西扶风行医，约在熙宁十年（1077年）至元丰二年（1079年）间在邠州得张伯端《悟真篇》，成为道士。石泰后将《悟真篇》传给薛道光，再传陈楠，再传白玉蟾。康熙《常州府志》有南宗祖师张伯端、石泰、薛道光传，其中张伯端传记载："紫阳尝至常州，与薛道光遇于荐福寺，遂阐发真诠，为律诗八十一首，名曰《悟真篇》。红梅阁废址，即其著书处也"⑥。张伯端在回家乡的途中在常州红梅阁创作《悟真篇》，后被奉为南宗的祖师，其丹法主要流传于江浙一带。吴亚魁据

---

① （南宋）夏元鼎撰：《悟真篇讲义》卷六，《道藏》第3册，第57页。
② 《历世真仙体道通鉴》卷四十九，《道藏》第5册，第383页。
③ 樊光春：《张伯端生平考辨》，《中国道教》1991年第4期。
④ 《历世真仙体道通鉴》卷四十九，《道藏》第5册，第383页。
⑤ （南宋）翁葆光《悟真篇注释序》，《道藏》第3册，第1页。
⑥ 苏晋仁、萧炼子选辑：《历代释道人物志》，巴蜀书社1998年版，第309页。

此认为："常州几可以称为金丹派南宗的张本之地"①，南宗传到五祖白玉蟾时才建立教团。

南宗的实际创始人是生活于宋宁宗时期白玉蟾（1194年—？），他来到江南后，读《悟真篇》大受启发，将其中的修炼者应从钟吕金丹道的传统丹法出发，由修炼精气入手，循着炼精化气，炼气化神，炼神还虚，逐渐前进的思想发扬光大。它既强调了命功在修身养性中的基础性作用，又将精神的超越作为修道的最高境界，尤其是在具体说明炼丹时，又吸收了佛教禅宗的思想，大谈识心见性，力图通过聚气凝神的气功命术，达到"心中无心，念中无念，纯清绝点，谓之纯阳"②的虚静空灵之状态。并将这种方法称为"以命取胜"，形成了先修命后修性的特征。白玉蟾行为放荡不羁，才华能力出众，以书画文章活动于江南，将出世而不离入世的精神发扬光大，在社会上获得了比张伯端更响亮的名声，南宗与全真道北宗所主张的先修性后修命的修道方法呈现出同源而异流的态势一直延续到元代。

元朝时，北方全真道受到朝廷的重视，也导致中国道教逐渐形成正一与全真南北并峙之新格局。"江南道教诸派虽传承各异、学说有别，但在共存之中，不免互相交参、互相影响，乃至互相融合而形成新派。不仅全真与正一两大派互相交参影响，即符箓诸派之间，亦多交融之迹。如金丹派南宗徒裔入元后多合流于全真，形成全真派中的南宗。"③ 南宗的徒众多合流到势力强大的全真门下，在江苏活动的主要有李道纯、李钰等。

李道纯，字元素，号清庵，别号"莹蟾子"，是白玉蟾门人王金蟾的弟子，其书皆撰于元初，自称其宗曰"全真"。据《扬州府志》卷十九记载：李道纯"住仪真长生观，世传其得道飞升，号所居观曰飞仙，今观虽废，常有鹤翔其处"。李道纯的《中和集》中有《全真活法》，在《三五指南图局说》中通过弘扬张伯端《悟真篇》的"三五一都三个字，古今明者实然稀"，来讲述深奥的"身心意合，即三家相见结婴儿也"④的丹学思想，故被称为"道纯全真派也"⑤。李道纯倡导中和思想，认为"中"即是玄关一

---

① 吴亚魁：《江南全真道教》，上海古籍出版社2012年版，第51页。
② （南宋）白玉蟾：《谢张紫阳书》，《修真十书》卷六，《道藏》第4册，第625页。
③ 陈兵：《道教修炼养生学》，陕西师范大学出版总社有限公司2015年版，第280页。
④ 《中和集》卷二，《道藏》第4册，第489页。
⑤ （清）陈铭珪：《长春道教源流》卷七，《藏外道书》第31册，第125页。

窍，为人性命之根，创立了以"守中"为修道要诀的中派。李道纯死后，其徒弟蔡志颐以李道纯所居静室"中和庵"为名，把他的著述编成《中和集》，并请茅山道士杜道坚作序，不仅扩大了张伯端丹学思想在江苏道教中的影响，而且促使南宗与全真道北宗在江南的合流。

李道纯曾收一位茅山道士柴元皋做徒弟。柴元皋，字嘿庵，号广蟾子。自幼业儒，壮爱谈空，编撰《清庵莹蟾子语录》记载李道纯的道教思想，并作《序》讲述了自己在茅山上拜李道纯为师的经过："一日归茅山，旧隐清庵莹蟾子李君来访。座未温，发数语，字字无烟火气。继而讲羲皇未画以前易，透祖师过不切底关，把三教纸上语，扫得赤洒洒，将我辈瞎漠眼，点出圆陀陀。清气袭人，和光满座，恍不知移蟾窟于予身中耶？抑予潜身入蟾窟中耶？是夜惊喜万倍，整心虑，爇心香，拜于床下曰：'真我师也，真作家也。师不我弃，愿加警诲。'是后从师日久，问答颇多，集成一编，时为展敬"①。柴元皋推动了以张伯端为代表的南宗传入茅山道教。柴元皋有关《道德经》的注释，还被收入元代常德路玄妙观提点观事刘惟永编集的《道德真经集义》之中。

第五节　茅山道教宫观的鼎盛

两宋时期，道教的宫、观、殿、阁、院林立于茅山之中，多达几百座，数千名道士会聚在此修道，其中规模较大的元符万宁宫、崇禧万寿宫、乾元观、玉晨观、崇寿观都被帝王作为国家的"降福之场"，各种赐封加赏不胜枚举，展现出茅山道教"秦汉神仙府、梁唐宰相家"的特殊地位。茅山上的道教宫观更是达到鼎盛，我们以《茅山志》卷十七、卷十八《楼观部篇》为线索，以茅山上清派的历史发展为背景，再参照地方志及史传资料对茅山道教宫观的分布、特点及影响作一探索。

元符万宁宫，简称元符宫，在大茅峰以北的积金山。"陶隐居道靖故基，刘先生混康庵居其上。先生以道遇哲宗，诏以所居为元符观，崇宁五年秋落成，徽宗御题额曰'元符万宁宫'。"当年，宋哲宗皇后孟氏误吞尖针

---

① 《道藏》第23册，第733页。

留于喉中，医莫能治，刘混康闻之，飘然进京入宫，用茅山道教特有的秘传符箓与丹药催吐，使孟太后吐出尖针。哲宗皇帝龙颜大悦，赐刘混康号为"洞元通妙法师"，并赐建元符观。该观始建于绍圣四年（1097年），直到崇宁五年（1106年）才落成。元符观兴盛起来后，又复于上清储祥宫之侧建元符别观，为刘混康入朝寓直之所。"今宫旧制，其初登山为通仙桥，直元符万宁宫门，左官厅，右浴室。第二门曰玉华之门。正殿祠三茅真君，曰天宁万福殿，左玉册殿，右九锡殿。东庑景福万年殿，西庑飞天法轮殿，左钟楼，右经阁。天宁殿后为大有堂，东库堂，西云堂。云堂后为宝箓殿。景福殿后为云厨。大有堂后曰众妙堂。左知宫位三素堂，右副知宫位九真堂。北极阁在宝箓殿后。众妙堂后曰震灵堂。"[①] 在堂后还有第二十五代宗师刘混康结茅所建潜神庵。南宋建炎四年（1130年）元符万宁宫为盗焚毁。绍兴戊寅（1158年），高宗赐金重建，御书宫额。理宗时再敕修缮，并在观中建坛，御书"上清宗坛""圣德仁祐之殿"二榜。元符万宁宫保留到今天有两座宫殿和一座道院，还有观看星斗与气象风云的睹星门和石牌坊。牌坊的东西两侧各有一米见方的四个石刻大字"第一福地"和"第八洞天"，据说这八个大字为宋代苏东坡所书，成为茅山道教的标志性建筑。宫殿的东侧有一幅用青砖砌成的八卦阵图，上面塑有青龙、白虎、南北二斗及护法神像。

崇禧万寿宫，在丁公山前，俗称红庙，原为陶隐居的华阳下馆，又称陶隐居曲林馆。贞观九年（635年），唐太宗为王远知建，号太平观。天宝七年（748年），唐玄宗敕李玄静取侧近百姓一百户，并免租税、科徭，长充修葺洒扫。赵孟頫书并篆题《崇禧万寿宫记》载："今之崇禧观，隐居曲林馆也。唐贞观间，太宗以升真王真人有潜藩之旧，且尝师事隐居，遂建太平观以居之，赐田与山，赡其学者，飧钱铺粟用给，所辖宫观十有二。"[②] 唐末中和年间，宫观为盗火所焚。北宋天祐间，邓启遐重建。宋改赐"崇禧观"额。此观在茅山道观中的地位凸显。张商英撰《江宁府茅山崇禧观碑铭》："东南之望曰句曲山，盖华阳洞天，地肺福地，易迁、含真之所宅，司命、童初之所治。晋宋以来得道之士，二许、杨、陶遗坛故宅犹有存者。

---

① 《茅山志》卷十七，《道藏》第5册，第624页。
② 《茅山志》卷二十七，《道藏》第5册，第576页。

宫观十二，崇禧总之。"① 南宋建炎复遭火，秦桧再造。宋宁宗赐高士易如刚"止堂""方丈"二御书榜。茅山祐圣观虚白斋高士司徒师坦又数次上表请求加封茅山道教特别崇拜的三茅真君，期望依凭帝王的加持来树立崇禧万寿宫在茅山道观中祭祀三茅真君的特殊地位。淳祐九年（1249年）三月朝廷正式加封。② 元延祐六年（1319年）茅山道士陈志新为茅山崇禧观请额③，得到玄教大师张留孙、玄教嗣师吴全节的支持："建康路三茅山崇禧观，可准玄教嗣师掌教真人吴全节所请，赐号曰崇禧万寿宫"④。吴全节奏请元仁宗，敕改观号"崇禧万寿宫"。

玉晨观，在雷平山北。高辛时展上公、周有郭四朝真人、秦巴陵侯姜叔茂、汉杜广平、东晋杨真人、许长史父子，并于此得道。"许长史井，在玉晨观。"⑤ 此井两口共一水源，冬季气分寒燠，故曰"阴阳井"。"左纽桧，晋许长史手植，在玉晨观。"⑥ 宋泰始中，道士王举为长沙景王雅所推重，就长史宅东起长沙馆。梁天监十三年（514年），在此立精舍为朱阳馆，陶真人住止，立昭真台，供养杨、许三真人真迹、经诰。唐太宗为桐柏先生王轨敕建华阳观。天宝七年（748年），唐玄宗为玄静先生敕改"紫阳观"，仍敕取侧近百姓二百户，并免租徭，永充修葺。玉晨观东南的雷平山"前有郭真人养龙池，醮坛、丹井俱在"⑦。南唐王贞素⑧继居之，于此得道，还在雷平顶建有礼师坛。⑨ "宋大中祥符元年（1008年），敕改'玉晨观'。定录君嘫言：'近所标静舍地，此金乡至室，若非许长史父子，岂得居之？后

---

① 《茅山志》卷二十五，《道藏》第5册，第562页。
② 《三茅真君加封事典》卷上，《道藏》第3册，第334页。
③ 《崇禧万寿宫敕并道士陈志新谢表》，陈垣编纂，陈智超、曾庆瑛校补：《道家金石略》，文物出版社1988年版，第905页。
④ 《茅山志》卷四，《道藏》第5册，第575页。《建康路三茅崇禧万寿宫记》，《道家金石略》，第906页。
⑤ 《茅山志》卷八，《道藏》第5册，第590页。
⑥ 《茅山志》卷十九，《道藏》第5册，第630页。
⑦ （宋）张敦颐撰：《六朝事迹编类》卷十《神仙门》，南京出版社2007年版，第102页。
⑧ 王贞素，名栖霞，字玄隐，天祐中避乱南来，保大十年（952年）卒于金陵玄真观。南唐烈祖封为玄博大师。中主时加封贞素先生。徐铉撰《唐故道门威仪元博大师贞素先生王君碑》曾立于江苏茅山，现碑文载于《全唐文》，可知贞素先生即王栖霞，是南唐著名道士、茅山上清派第十九代宗师。（《全唐文》卷八八五，上海古籍出版社1990年版，第4册，第4100页）
⑨ 《茅山志》卷七，《道藏》第5册，第588页。

世当有赤子贤者,乃得居此乡耳。'正此金陵地肺福地也。"① 玉晨观内原有崇真、灵宝、天枢、紫阳、瑞像、雷平、三茅、太玄八房道院。崇宁初年,有敕,改玉晨观为崇宁万寿宫,由黄澄担任住持。玉晨观内原有石牌坊一座,上刻"高辛道场",第一进为灵宫殿,殿后有章台,最后为三清殿,在宋代时形成了一定的规模。其观左有明代嘉靖十三年(1534年)建造的"无梁殿"。

崇寿观,在大茅山下华阳洞南便门之前,晋真人任敦成道之故宅也。"任真人,名敦、字尚朴,乐安博昌人。少学道罗浮山,晋永嘉初游岱宗,后居华阳南洞,修步斗道及洞玄五符,能役鬼召神,隐身分形。饮酒,服术,黄精饵。凿地入七尺,取赤埴土,状如赤石脂,日吞九丸。时复出入人间,手执经科,教示愚人,远近穆然从化。"② 据《茅山志》卷十七记载:"宋元嘉十一年,路太后始建坛宇。泰始中,庐陵太守鲁国孔嗣之重立,供养道士曲阿华文贤。齐建元二年,敕立崇元馆,太子武帝临幸,馆主王文清开置室宇厢廊,殊为方副。唐贞观初,敕改崇元观。天宝七年,玄静先生奉敕重修,仍取侧近百姓一百户,蠲免租徭,长充修护。宋大中祥符七年,敕赐今名。"③ 崇元馆始于南齐建元二年(480年)齐高祖敕句容人王文清仍此立馆,号为崇元,时为太子的齐武帝萧赜(440—493年)曾亲临幸该馆。据陶弘景记载称:"句容人王文清仍此立馆,号为崇元,开置堂宇厢廊,殊为方副。常有七八道士,皆资俸力。自二十许年,远近男女互来依约,周流数里,廨舍十余坊,而学上道者甚寡,不过修灵宝斋及章符而已。"④ 崇元馆中常有七八名道士居住,吸引了周边信众过来"修灵宝斋及章符"。唐太极元年立《润州茅山崇元观碑》,由左拾遗孙处玄文,杨幽经书,余字漫不可识。⑤ 此观的名称也在变化中:"齐建元敕立崇元馆,唐贞观敕号崇元观,宋大中祥符敕改崇寿观。"⑥ 崇寿观太元殿前有经台柏,相传为宋末所植:

---

① 《茅山志》卷十七,《道藏》第5册,第624页。
② 《茅山志》卷十四,《道藏》第5册,第615页。
③ 《茅山志》卷十七,《道藏》第5册,第624页。
④ [日]吉川忠夫、麦谷邦夫编:《真诰校注》,朱越利译,中国社会科学出版社2006年版,第366页。
⑤ 《茅山志》卷二十四,《道藏》第5册,第657页。
⑥ 《茅山志》卷二十三,《道藏》第5册,第650页。

"经台柏，在崇寿观太元殿前。宋末有道人自咸阳老君说经台移本植此。檀栾翠碧，非凡木也。"[1] 大元泰定元年（1324年），承德郎国子司业蜀郡虞集（1272—1348年）重撰崇寿观碑文，隶刻于太极碑阴。[2]

下泊宫，在中茅西，大司命君茅盈以汉地节三年（前67年）自咸阳升举，南渡来句曲山修道，外立茅舍以候二弟处也。陶隐居云："父老相传，乃言大茅之西北平地，棠梨树间，名下泊处，言是司命故宅是矣。"[3] 也有从交通的角度来解读其宫名："茅山的下泊宫位于秦淮河上游的一个支流源头，因能泊船而得名。"[4] 三国时开凿的古运河破岗渎可由句容茅山通航达京口、丹阳。有"茅君丹井，在下泊宫"[5]。唐贞观十一年（637年）重立碑，桃源黄先生文，和州卢使君书。今刻非旧，唐御史大夫王公纬尝修是宫，此记之所作也。[6] 上清十五代宗师洞真先生黄洞元曾"来山住下泊宫，日诵《大洞经》，嗣韦宗师之学，又八载"[7]。桃源黄洞元撰《下泊宫记》[8]。王师简撰《下泊宫三茅君素像记》认为，大茅、二茅真君为追求"腾迹三清"而建下泊宫以吸引学道者："茅真君伯氏仲氏，虔奉元枢，退然若丧。脱履万类，腾迹三清。学宗其门者，绵代不绝。时谓朝山之月，肩驾击毂，白鹤紫气，必应其晨。或者诡说，则曰真君长往，亦以绾吴越司命籍。人寰生死吾不知，故阙书。且尝遗一亩之宫于山之阳，去而复返，其号下泊之治。"[9] 北宋时，与王安石雅相友善的诗人陈辅是丹阳人，曾作诗《下泊宫》："咸阳龙虎此飞升，二弟东山道亦成。不见棠梨司命宅，空余丹井一泓清。"[10] 形象地描绘了下泊宫由一个自然民居发展为神圣道观的历史

---

[1] 《茅山志》卷十九，《道藏》第5册，第630页。
[2] 《茅山志》卷十七，《道藏》第5册，第624页。
[3] 《茅山志》卷十七，《道藏》第5册，第625页。
[4] 中国人民政治协商会议江苏省句容县委员会文史资料研究委员会编：《句容文史资料》第8辑，1990年版，第131页。
[5] 《茅山志》卷八，《道藏》第5册，第590页。
[6] 《茅山志》卷十七，《道藏》第5册，第625页。
[7] 《茅山志》卷十一，《道藏》第5册，第603页。
[8] 《茅山志》卷二十四，《道藏》第5册，第657页。
[9] 《全唐文》卷七一六，上海古籍出版社1990年版，第4册，第3262页。
[10] （元）陈世隆编，徐敏霞校点：《宋诗拾遗》第一册，辽宁教育出版社2000年版，第67页。

过程。

华阳宫，在积金山西陶隐居上馆。天宝七年（748年）三月，唐玄宗从玄静先生受上清经箓，敕度道士焚修，后毁于兵。宋政和中，道正庄慎质重建。隐居丹井楼基在焉。

乾元观，在积金山麓，定录君哎言："大横山下有泉水，昔李明于此合神丹而升玄洲"。天监十四年（515年），陶隐居创郁冈斋室，以追玄洲之踪。天宝中，玄静先生居之，敕建栖真堂、会真、候仙、道德、迎恩、拜表五亭。大中祥符二年（1009年），观妙先生朱自英筑九层坛行道。天圣三年（1025年），赐名集虚庵，续敕改今额"乾元观"①。

燕洞宫，在燕口洞。女仙人钱妙真遁化立祠之所。燕洞宫是女官修道场所。梁邵陵王为记《燕洞宫碑》，不存。天宝七年，敕修，赐宫额，度女道士三人奉香火。元祐甲辰，为野燎所焚，迁立句容县。绍兴二十年（1150年），复建故基祠宇，宫在中茅西，与鹤庙邻。敕在庙下立精舍，度道士焚修，奉三茅君道祖香火。

华阳观，梁昭明太子故宅，古名鸿禧院，一名福乡馆，在崇寿观西。贞观年间，王轨奉敕改建华阳观。宝历二年（826年），奉敕置，改号"宝历崇元圣祖院"。时赞皇李德裕奉老子、孔子、尹真人三像，留有碑刻。后供养太玄周先生于此。治平中，宋英宗赐名鸿禧观。宋徽宗宣和年间改赐今额。②

天圣观，在积金山上。天监初，陶隐居创小沼，养雷平池龙子。"蓁龙池，在天圣观，碧玉池，在天圣观碧玉天帝殿前。"③ 贞观年间，王法主庵居，遇法本仙人。唐肃宗至德中，赐名"火浣宫"。唐末遂废。大中祥符年间，宋真宗劝取龙子，御制《观龙歌》送还山。景德三年（1006年），明真先生张绍英结庐其处。张明真与朱观妙为明肃太后传箓、保度二师。天圣三年（1025年）九月，宋仁宗赐所居为"延真庵"，五年（1027年）改赐"延真观"额。

栖真观，在大茅峰下，华阳宫之西，崇禧宫之东。本名玉霄庵，陶隐居

---

① 《茅山志》卷十七，《道藏》第5册，第625页。
② 《茅山志》卷十七，《道藏》第5册，第625页。
③ 《茅山志》卷七，《道藏》第5册，第587页。

之中馆，桃源黄尊师所居。和州卢士牟撰《玉霄庵碑》，不存。宣和中，宋徽宗赐额。

五云观，在茅山南麓五云峰下。天圣年间，丞相王钦若花费巨资在此建观，其去世后，许国夫人请于朝，此观成为王公的栖神之所，因赐观额。景祐四年（1037年）宋仁宗赐名"五云观"。庆历二年（1042年），文学家晏殊（991—1055年）撰《茅山五云观记》讲述建观始末："丞相冀文穆公即世之明年，其小君许国夫人闻于内朝，请建道馆于茅山之南麓，以为公栖神之所。圣上追念大臣，哀怜时思，特命郡守旧相李公迪主其营缮，又敕公门下吏、右侍禁张得一董其力役。后十四年，夫人以制度之未备，申命公之犹子右班殿直士颢往增葺焉，始赐名曰'五云观'。僝工于天圣之丙寅（1026年），已事于康定之庚辰（1040年）。"① 后该碑被雷击碎，道观也不复存在。

清真观，在大罗源。政和中，道人吴德清结庵以待云水之众，宋徽宗赐以观额。每岁三月十八日，四方道人毕集，礼谒茅君。斋时，多有白鹤翔绕，因传谓"鹤会"焉。清真观侧有卧龙松。

白云崇福观，在白云峰下。宋绍兴年间，华阳宫知宫王景温退居于是。王景温"以其名闻德寿宫，敕赐观额，累迁道职，遭遇四朝。宁宗皇孙时，尝从受戒法，即位，赐号虚静真人"②。《白云崇福观记》讲述修建始末："绍兴中，华阳道士王景温披榛棘，凿岩崖，室于峰之下。俄以行志修洁闻，乃即其居锡'崇福观'额，暨白金、庄田饶益之，俾展其成。于是甓坛场、班像设，有门鼎峙，有亭翚飞，堂皇深密，廊庑袤延，重楼杰阁，云层巍峨。前辟端逵，松杉行列，如盖如幢。"③ 白云崇福观不仅处于山景秀美之地，而且在道士周观复、王景温高弟的带领下延续茅隐、二许、杨、陶之遗④，保持了上清派的修仙传统。

凝神庵，在茅山黑虎谷。绍兴庚午，祠宇宫道士张椿龄所创。张初名达道。高宗岁遣使降香山中。乙亥岁，中使以达道名闻于上，累召对德寿殿，

---

① 《茅山志》卷二十五，《道藏》第5册，第658页。
② 《茅山志》卷十七，《道藏》第5册，第625页。
③ 《茅山志》卷二十六，《道藏》第5册，第672页。
④ 《茅山志》卷二十六，《道藏》第5册，第673页。

赐摩衲帔、水精环、紫石茶磨、御书《阴符》、《清静》二经，且命图其形于神仙阁。据《茅山凝神庵记》："绍兴癸亥，祠宇宫道士张椿龄与其徒相攸于中峰之下，诛茅结庵，摆落世纷，怡神葆光，为物外之游。性真内融，道腴外丰，秀骨山峙，神锋玉举，望之，真蓬莱方壶中人。学者稍趋归之。声闻帝聪，有诏召对，控辞弗获。既见，上顾劳甚宠，解御服以赐，且命图形于神仙阁。固请还山。先生起草莱，受知圣明，前后六至阙下，壬午视师，亦赐对于行在所，每见加厚。初，太上皇欲易庵为观，先生辞以有观额则事烦，非幽居之宜，故止赐今名，实乙亥六月也。庚辰岁，建三清殿，像设供具皆上方所制。其后以行宫赐银建天祥阁，奉藏宸翰，又为层屋，置内府赐钟。"[1]

升元观，旧白鹤庙，司命真君专祠也，在中茅西。这是茅山上最早祭祀三茅真君的祠庙，位于中茅峰西侧的鹤庙顶，"鹤庙顶，在中茅西"[2]，从地理位置上看，它与山下的下泊宫形成了由下而上的对应关系，展现了茅君由人成仙时的飞升路径，故称升元观。据《茅山志·采真游》记载，刘至孝曾在此三遇灵桃。天宝年间，诏修祠宇，度道士焚修，列于祀典。唐代仍作为官方祭祀三茅真君的场所。政和八年（1118年），建康守臣俞栗奏赐今额。建炎三年（1129年），为盗焚毁。绍兴十四年（1144年），道士茅宗白重建于故基之南。

抱元观，在柳汧泉上，旧名柳谷庵。政和八年，姑苏陈希微从刘先生学道居此。徽宗闻其名，累召不起，乃敕其所居为抱元观。南宋庆元年间，王元纲重建。

元阳观，在茅洞之上。隆兴初，吴兴道人沈善智者穴居，自称洞主。遇蕲王韩夫人茅氏，为创殿宇，初名冲虚庵，庆元年间请额为元阳观。上清三十九代宗师景元范，曾"以元阳观为外靖居焉"[3]。

藏真观，静一刘宗师墓庐也，在叠玉峰南，大观中，奉敕建，为二十五代上清宗师刘混康墓之祠宇。

紫阳观，旧名洞云庵。杨许故宅，天宝年间，玄静先生李含光请求还茅

---

[1] 《茅山志》卷二十六，《道藏》第5册，第671页。
[2] 《茅山志》卷七，《道藏》第5册，第625页。
[3] 《茅山志》卷十二，《道藏》第5册，第609页。

山，唐玄宗"乃特敕杨、许故宅紫阳观以居之，御制诗饯别，又禁山中采捕渔猎，食荤血者不得入"①。建炎中，河北博州道人王若宁者来山，独居丁公山东岩下，夜梦神人指岩穴曰："此酆都考讯之所，可去洞百步居焉"。秦桧死后，秦夫人王氏拜茅山李宗师，"至秦桧殁，夫人王氏纯素诣靖真李宗师，乞拜章，知桧系此酆山狱中。王命其子熺即洞口建太乙殿，以求冥释"②。相传"酆都洞，在紫阳观"③，所施幡与石记存焉。大元至元癸未（1283年）岁，奉玺书为观，存古额也。

崇元观，茅山镇南岗，绍兴末，桐川石先生，名元朴，从杨宣甲学道，结庵常宁镇之南冈，以医济人。日织草履一双，兼钱十文，悬于户外之树，使行者自取之，寒暑弗渝也。年八十八，无疾而逝。漫塘刘宰为文祭之。大元丙子（1276年）岁，奉玺书，以古额为观，其徒嗣守药室。

圣祐观，在大茅山顶，茅氏三兄弟得道飞升之后，人们在此建坛造屋，供奉并祭祀三茅真君。齐梁时建殿宇。延祐三年（1316年）七月，皇帝圣旨奉制书赐额，加封大茅君真应真君。据《延祐加号三君立观三峰诰》记载，赐茅山一峰"圣祐观"，特加封大茅君"东岳上卿太元妙道冲虚圣祐真应真君"。赐茅山二峰"德祐观"，特加封二茅君"定录右禁至道冲静德祐妙应真君"。赐茅山三峰"仁祐观"，特加封三茅君"三官保命微妙冲惠仁祐神应真君"。④ 位于大茅山顶的圣祐观是九霄万福宫的前身。明万历年间敕建殿宇，并赐名"九霄万福宫"，又称"顶宫"，是今天茅山道教中影响最大的标志性建筑。

德祐观，在中茅山顶。同前奉制书赐额，加封中君"妙应真君"。

仁祐观，在小茅山顶。同前奉制书赐额，加封小君"神应真君"。

三茅真君庙，据《太元内传》曰："汉明帝永明二年，敕郡县修丹阳句曲真人之庙"。隐居云："此庙今犹在。山东及山西诸村，并各造庙。大茅西为吴墟庙，中茅后山下为述墟庙。"今并废。惟升元观本名"鹤庙"，在祠宇之上。绍兴间，奉皇后之旨重建，丹光发于故基。道士吕云为记，

---

① 《茅山志》卷十一，《道藏》第5册，第602页。
② 《茅山志》卷十七，《道藏》第5册，第626页。
③ 《茅山志》卷六，《道藏》第5册，第585页。
④ 《茅山志》卷四，《道藏》第5册，第575页。

不存。

广济庙，天圣观龙祠也。绍兴，赐额。淳熙、绍熙、淳祐，三封神龙为"敷泽广应利济侯"。淳祐四年（1244年），宋理宗《淳祐加封广济庙龙神诰》："惟龙，质无体而神无方，矧茅山至人所居，彼其吐吞夫丹灶之日月，犹足依凭而为灵乎？有司上功，雨旸曰时，其御灾也。实应祭义，申衍侯号，用侈褒章。金陵，予陪都，其职而幽，以服而侯甸之职，可特封'敷泽广应利济侯'。"①

元符万宁宫神祠，封护圣侯庙。元符宫二使者祠，封灵祐、灵护侯庙。

茅司徒庙，在乾元观东。南临姜巴路，昔有人痁疾卧道边，夜半有导从乘马者至，呵问之，其人告以疾作，乘马者与之丸药，且曰："我茅司徒也"。旦而疾愈，因立庙其地。建康溧阳东门外一里亦有祠。②

另外，茅山上还林立着一些小型的"山房庵院"，可分为以下几类：

第一，原为山中修道者的家宅、山房，后发展成道教宫观。从汉代开始，风景秀丽的茅山就成为修道者结庐隐修首选佳地，如东晋上清派创始人许长史的故宅，到唐代时发展为"五观"之一的玉晨观。隐居云："长史宅自湮没之后，无人的知处。至长沙景王檀太妃供养道士姓陈，为立廨于雷平西北，即今北廨也。句容王文清后为此廨主，见传记，知许长史于此立宅，因博访耆宿。至大明七年，有述墟父老徐偶云其先祖伏事许长史，相传识此宅。"③ 也有一些荒芜的山房后来再开发成小型庵院。如郄尊师庵，"在八卦台南数十步。尊师不知名，亦不知何时居此。累甓为垣，凿石为臼，才方丈余，遗灶尚在，久为荆莽所蔽。西清陈公绍兴间筑庵，始见之"④。抱朴山庵在茅山抱朴峰，"许长史孙黄民娶稚川孙女，相传山居其处。还有一些官吏名士在茅山中建造的山房，如唐若山庵，在郭千塘东。若山，唐开元中，润州刺史弃官来山。又居太湖苞山。今林屋有碑，残缺矣"⑤。还如顾况的山房建在白鹤庙附近，如韦夏卿《送顾况归茅山》诗曰：

---

① 《茅山志》卷四，《道藏》第5册，第572页。
② 《茅山志》卷十八，《道藏》第5册，第626页。
③ 《茅山志》卷十八，《道藏》第5册，第627页。
④ 《茅山志》卷十八，《道藏》第5册，第627页。
⑤ 《茅山志》卷十八，《道藏》第5册，第627页。

圣代为迁客，虚皇作近臣。法尊称大洞（著作已受上清毕法），学浅忝初真（夏卿初受正一）。鸾凤文章丽，烟霞翰墨新。羡君寻句曲，白鹄是三神。①

第二，在已毁宫观基地上新建造的庵院，如灵宝院，在玉晨观隐居昭真台故基。"灵宝院者，梁天监岁贞白陶先生弘景所创也，始本昭真其号焉。紫阳观，即长史宅界于东，小茅岭雷平山列于南，钟山西朝焉，良常北徹焉。"后来时移代厦，瓦木之功寝泯。唐宗师孙智清、王栖霞重建。"及唐太和中，太尉赞皇李公，每瞻遗躅，屡构遐缘，门师道士孙智清，复讨前址，再建是院，寻诸旧号，额曰'灵宝'。而后既偶兵焰，灵致煨烬，荆棘相森，凡材围长，狐兔往焉，刍荛往焉，弗芟弗薙，历五十载矣。"王栖霞再在旧殿地基上"造正殿三间，中塑灵宝天尊景从，砌坛三级，三门三间，环绕廊庑一十六间，并葺坏整颓。降真堂续连于内，重新沼沚，再筑垣墙。东北隅即忠义太保（公之季弟），先于旧阁基建瑞像殿三间两厦，中塑羊角山应现老君。西南隅向曰'三官堂'三间，塑像岌岌其状，亭亭其势，金碧其饰，轮奂其映"②。新建造的灵宝院规模更加宏大。

第三，一些官吏在茅山中选择自己钟爱的风景处建山房，主要有：

宋齐丘山房，在海眼泉上。

郑尚书、裴太师、杨尚书山房，并在海眼泉。

赵书记、杨侍郎、周侍郎山房，并在中茅西南。

李侍郎、高校书山房，在柏枝垄。

刘侍郎、裴侍郎山房，在中茅前。

雷郎中、张拾遗、何先生山房，并在龙尾山。

崔徵君、员炼师、王炼师山房，并在雷平山。崔定言见《抒情》诗。

窦炼师、侯仙姑、严炼师、唐炼师、金山人山房，并在南洞。

宋张文简公山房，华阳宫之深秀轩。公名纲，绍兴参知政事，读书

---

① 《茅山志》卷二十八，《道藏》第5册，第679页。
② 南唐赐紫道士王栖霞撰：《灵宝院记》，载《茅山志》卷二十四，《道藏》第5册，第655页。

山中，有《华阳老人集》四十卷。

齐云庵，在中茅、小茅之西玉沙泉上，刘莎衣先生之居。

天信庵，在飚轮峰下，杨亶甲先生之居。

洞阳馆，在南洞华阳观之西。政和间，延康殿学士王公汉之重创，供养高士沈子舟炼大药其处。①

第四，一些隐居修道者的苦行场所。"圆锡庵，绍兴间，毗陵道者虞慧聪所创。虞蓬头苦行，先栖大罗源，日织草履二双以易粟，每夕拜斗。一夕，感黑虎伏其旁。高宗知名，召见德寿宫，赐以斋米，对曰：'野人无用，留作军需。'上一笑，放还山，遂徙居龙尾山前。"② 虞慧聪本是常州籍道士来到茅山大罗源，建了圆锡庵，后将此庵迁至茅山的龙尾山。他在茅山自创了"慧聪蓬头"派。每日编织草鞋两双以换米度日，又参拜星斗来表达自己的信仰。有只黑虎被其感化后，常伏在他的身旁听他讲道。宋高宗听说这一异事后，特地在德寿宫召见了他，还赐给他若干斋米。致力于苦行的虞蓬头说："我是个野人，留着这些米无用，陛下请留作军需吧。"高宗哈哈一笑，将他放回了茅山。

第五，附属于大宫观的小道院。主要有：

东天宁院，在镇江丹阳县。

西天宁院，在建康句容县，并元符庄，崇宁五年奉敕赐额。

栖白庵，华文阁学士秦熺建，元符知官张洞元主之，在丁公山，岩壁秀绝。

玄洲精舍，在鹤台涧上。大元至元间，玉海蒋宗师所立斋室，存郁冈，古名也。至治壬戌岁，刘宗师请贞居建外靖于紫轩仙人火解处。

华阳道院，在积金山东。大德间，牧斋王宗师建。西偏有奇石，翰林学士元明善撰碑。

三茅道院，大德间，元符道士姜大珪建。

---

① 《茅山志》卷十八，《道藏》第 5 册，第 628 页。
② 《茅山志》卷十八，《道藏》第 5 册，第 627 页。

崇真院、归真馆、迎真馆、鹤台庵、常静庵、石堂庵、超然庵、万松庵、俱妙庵、朝阳庵、思真庵（自天宁院凡十七所，隶元符宫）、云谷庵、积金山庵、玉泉庵、集圣庵、崇真庵、奉真庵、静真庵、澄真庵、喜客泉庵（自积金山庵凡九所，隶崇禧宫）。①

第六，茅山南北还建有名称各异的道庵，主要有：庆和庵、上善庵、守柔庵、灵宝庵、抱朴庵、秀云庵、青龙庵、真兴庵、志和庵、素华庵、和福庵、仙台庵、玉液庵（有二）、丹谷庵、宁真庵、翛然庵、见素庵（有二）、靖虚庵、靖真庵、通泉庵、太和庵、致柔庵、潜神庵、善庆庵、崇真庵、静真庵、朝斗庵（有二）、妙法庵（女官）、迎真庵（有二）、颐真庵、如常庵、灵泉庵、回仙庵、洞阳庵（女官）、通灵庵、洪福庵、玄德庵、全真庵、黄宁庵、冲庆庵、崇德庵、玉虚庵、九锡庵、草堂庵、三华庵、宁寿庵、清静庵、朝阳庵、老寿庵、观妙庵、洞清庵、东华庵、延真庵（有二）、悟真庵、庆云庵（有二）、高灵庵、圆庆庵、朝真庵、隐深庵、谷神庵、抱阳庵、和真庵、瑞云庵（有二）、仁和庵、抱元庵、集禧庵、至圣庵、养神庵、潜真庵、正一庵、拱极庵、养素庵、碧虚庵、居静庵、济阳庵、朝元庵、百丈庵、体纯庵、玄真庵、扶虞庵、凝云庵、宁静庵、明真庵、居常庵、澄虚庵、静隐庵、凝熙庵、清虚庵、柔和庵、澄神庵、守一庵、常应庵、德善庵、熙真庵、洞仙庵、养拙庵、玄通庵、德润庵、洞玄庵。②值得注意的是，这一百多个道庵中有一些是同名的，还有一些是专门供女冠修道的场所。

通过整理《茅山志》中的宫观记载可见，两宋时期茅山上已有宫、观、庵、院几百座，成为江南地区最大的道教宫观群，为后来茅山形成"三宫五观七十二庵"的宏大规模奠定了基础。在道教文化的强大引力下，茅山附近的村镇为追求时尚和吉祥，多以神仙、降真、承仙、玉真、茅庄来命名，通过地名上的道教因素，可从社会心态的角度来看茅山道教所营造的宗教氛围以及周边地区民众的心理状态和精神信仰。

---

① 《茅山志》卷十八，《道藏》第5册，第628页。
② 《茅山志》卷十八，《道藏》第5册，第628页。

本书为国家哲学社会科学基金重点项目
"江苏道教文化史"（12AZJ002）结项成果

江苏道教文化史（下）

孙亦平 著

中国社会科学出版社

目 录
（下卷）

第十章　南宋江苏道教的地方化 ……………………………………（507）
　第一节　临安建都对江苏道教的影响 ……………………………（508）
　第二节　道教神灵信仰的江南化 …………………………………（514）
　第三节　茅山道教的传承与发展 …………………………………（521）
　第四节　宋理宗与茅山道教 ………………………………………（535）

第十一章　元代道教新格局在江苏形成 ……………………………（542）
　第一节　正一道主领江南道教 ……………………………………（542）
　第二节　茅山宗延续上清法箓 ……………………………………（550）
　第三节　杜道坚推动茅山宗传播 …………………………………（558）
　第四节　句曲外史张雨的诗情书意 ………………………………（571）
　第五节　《茅山志》与茅山道教 …………………………………（576）
　第六节　全真道龙门派向江南传播 ………………………………（585）

第十二章　明代江苏道教：从中心到边缘 …………………………（593）
　第一节　定都南京对道教的影响 …………………………………（594）
　第二节　正一道在江苏的传道活动 ………………………………（605）
　第三节　明初吴地道教的曲折发展 ………………………………（611）
　第四节　朝天宫祭祀及朝天宫道士 ………………………………（625）
　第五节　刘渊然及弟子在南京道录司 ……………………………（632）
　第六节　神乐观中的乐舞生 ………………………………………（644）

  第七节 以陆西星为代表的东派 …………………………………… (660)
  第八节 茅山道秩传承及设醮活动 ………………………………… (669)
  第九节 全真道阎祖派与茅山乾元观 ……………………………… (678)

第十三章 江苏道教在清代的延续 ……………………………………… (695)
  第一节 王常月在江苏传全真道 …………………………………… (696)
  第二节 施道渊在姑苏弘道 ………………………………………… (705)
  第三节 笪重光新编《茅山全志》 ………………………………… (715)
  第四节 冠山道团在苏州的传播 …………………………………… (724)
  第五节 道教神灵信仰的人间化 …………………………………… (731)
  第六节 无锡北塘香灯与惠山庙会 ………………………………… (742)

第十四章 民国时期的江苏道教文化 ……………………………………… (748)
  第一节 建立现代性的道教组织 …………………………………… (749)
  第二节 近代化进程中的道教宫观 ………………………………… (756)
  第三节 江苏东岳庙与东岳文化 …………………………………… (764)
  第四节 江苏城隍庙与庙会活动 …………………………………… (771)
  第五节 散居道士与道教的民间化 ………………………………… (782)
  第六节 生命科学与江苏道教仙学 ………………………………… (797)

参考文献 ……………………………………………………………………… (804)

附录 江苏道教宫观一览表 ……………………………………………… (811)

后 记 ………………………………………………………………… (971)

下　卷

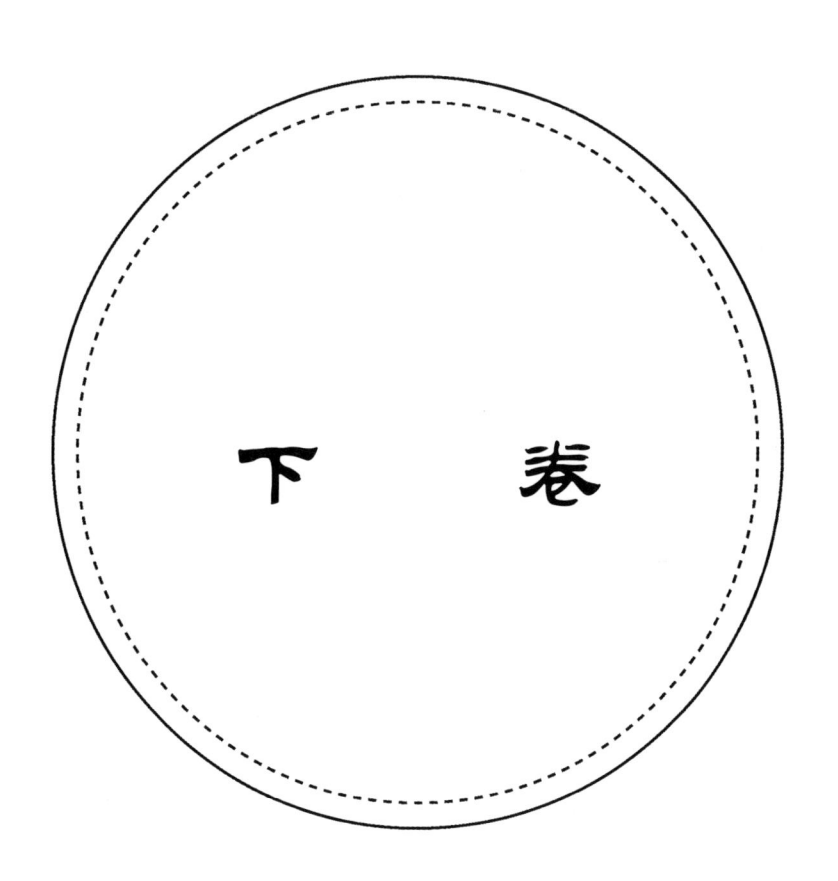

第十章

南宋江苏道教的地方化

　　文化是维系民族的纽带，每一种宗教文化都有其民族的归属，当一个族群发生迁徙时，其文化会随之产生空间上的移动。靖康之变后，宋徽宗的第九子赵构在应天府（河南商丘）即位，改元建炎，是为宋高宗。当时北方地区自女真族首领金太祖完颜阿骨打（1068—1123年）统一女真诸部，于1115年建大金王朝，先后于1125年灭辽，于1127年灭北宋，然后迁都中都燕京（今北京市），占领北方广大地区后，靠铁马兵戈称霸一时，但由于文化落后，更缺乏统治经验，金军对黄河以北地区进行武力征服，以至于"自京师至黄河数百里间，井邑萧然，无复烟爨，尸骸之属，不可胜数"①，北方社会成为一个动荡的战场。南方社会远离战乱，宋高宗即位后就带领宋朝君臣向南方迁移，先到江苏徐州，然后到扬州，"王侯之族，婉冶之姿，尽流异域。官府案牍，悉为煨烬，片纸不留。上至乘舆服御，尽皆委弃。两府侍从之家，或身死兵刃，或父母妻子离散，兄弟不相保。自古及今，未有此境界"②。建炎三年（1129年），宋高宗来到建康（今江苏南京），但金军随之渡江，于是迁往浙江，以原为地方政权吴越国（907—978年）的临安（今浙江杭州）为都城，扩建原有宫殿，增建礼制坛庙，建立南方政权，史称"南宋"。

　　随着中国政治中心由长安到开封再到临安这样的从北向南的地域转换，人们为避乱相继由北方迁入相对安定的江南，也将他们的宗教信仰、生活习

---

① （南宋）徐梦莘编：《三朝北盟会编》卷三十六《靖康中帙十一》。
② 《建炎维扬遗录》，商务印书馆1939年版，第2页。

俗和文化价值带到新居住地，以太湖流域为中心形成一种南北交融的文化空间分布，促进了地方文化多元共生兴盛发展，也为以士绅为代表的新文化在南方道教中兴起提供了可能。严复曾说："若研究人心、政俗之变，则赵宋一代历史，最宜究心。中国所以成为今日现象者，为善为恶，姑不具论，而为宋人之所造就，什八九可断言也。"[①] 南宋统治者一方面吸取了宋徽宗崇道误国的深刻教训，对道教加强管理，另一方面，又必须面对南宋与北方的辽、金对峙而立，民族矛盾与社会矛盾纷繁交织，引发的朝政动荡、南北分裂。与北宋的崇道相比，南宋帝王对道教的态度与管理方式有了哪些时代性的变化？随着经箓道教日趋衰落，倡导以内丹融合符箓的新符箓派在南方社会中流行起来，在推动茅山道教由官方道教向百姓信仰的民众道教的过渡中，使处于南宋统治领域中的江苏道教又出现了哪些地方性的新特征？

第一节　临安建都对江苏道教的影响

南宋（1127—1279年）建都临安后偏安江南，其疆土面积只有北宋的五分之三，与西夏、金、辽、大理并峙，早期面临北方金朝的威胁，与金朝东沿淮水（今淮河），西以大散关为界，形成了继南北朝之后中国历史上又一次南北分治的局面，后期则有蒙元军队的不断袭扰。在这种民族矛盾十分尖锐的形势下，南宋却维持了153年的统治，这与统治者在政治、经济、科技和文化方面进行的改革相联。宫崎市定曾用"民族—国家"视野中出现的"资本主义精神"来阐释宋代所具有的"近世"特征，提出中国是世界上最早进入现代化的国家。中国由中古向近世的转化，发生在唐宋之际："宋承五代，政治的统一同时也是经济上国内市场的再统一。……五代各国的国都虽然失去作为政治中心都市的意义，却作为商业都市继续存在，特别是唐代以来运河沿线出现的商业都市，更进一步发展，用蓄积财富的方法，促使近世的文化发达。这种事态，必然导致宋代社会不得不倾向于走向一种

---

① 王栻主编：《严复集》第三册，中华书局1986年版，第668页。

资本主义的统治。"① 尤其是通过疏浚河湖,开设道路,提升农业技术,发展商业和手工业等,使南宋成为中国历史上经济发达、文化繁荣、科技发展、对外开放程度较高的一个王朝。

中国政治、经济和文化的南移不仅影响到江南文化,也影响到江苏道教的发展。宋高宗南渡后,不久,金熙宗即位(1135年),带领金军南下,遭到南宋主战派岳飞率领军队的顽强抵抗。在取得节节胜利时,南宋高宗却听从了宰相秦桧主和派的主张,十二道金牌召回岳飞,后将其处死,并通过与金朝议和,结束了长达20年的宋金战争,从此北方地区归金人统治。南宋虽然一直抱有收复中原之心,但经济和军事实力较弱、政治上较为无能,又不断受到金人和蒙古人的侵袭,使南宋朝廷中主战和主和这两端的情绪,在岳飞被杀后转向悲观失望、消极颓唐。这使南宋统治者一方面希望利用道教神灵来振奋民族精神,另一方面也认同道教的柔弱不争的隐逸之道,一心偏安于江南。江南美丽的自然环境和温湿的气候条件,可谓"山外青山楼外楼,西湖歌舞几时休。暖风熏得游人醉,直把杭州作汴州",也培养着皇亲贵族、文人学士追求于自然中陶冶性情、享受生活的人生态度。南宋人在江南温柔乡中醉生梦死,但心头时刻笼罩着由恐惧与抑郁编织的阴影,于是借着神灵信仰来壮胆,靠着道术或法术来撑腰,道教仍然受到重视。但宋高宗吸取北宋崇道而灭亡的教训,不再像真宗、徽宗那样狂热崇道,只求消灾免难,保国延祚。

在远离战区的南宋都城临安府,御前宫观与民间道观都得到迅速发展,吸引了许多道士相继前来进行传道活动,使全国道教的活动中心转换到江南地区。据《咸淳临安志》卷十三《行在所录·宫观》记载,当时临安有十大御前宫观:太乙宫、西太乙宫、万寿观、佑圣观、开元宫、龙翔宫、宗阳宫、四圣延祥观、宁寿观、显应观。② 御前宫观是直接由皇家派人管理的祭祀皇家先祖或道教神仙的宫观,具有显赫的皇家文化气质。

南宋建都临安后又通过建立复杂而有条理的宫观、道冠职官管理体系,

---

① [日]宫崎市定:《东洋的近世》,载《日本学者研究中国史论著选译》,中华书局1992年版,第168页。

② 王国平总主编:《杭州全书·杭州文献集成》第41册,《咸淳临安志》上,浙江古籍出版社2017年版,第150—156页。有关十大御前宫观,史料记载不同,可能是一种统称。

严格限制道士出家，尤其是接续北宋的传统，重设"宫观官"来加强对道教的管理。宋代官制中有一种管理道教宫观事务的祠禄官，祠禄官又分内祠（在京宫观）与外祠（在外诸州府宫观岳庙）。在北宋时，朝廷专以首相兼玉清昭应宫使，此为设宫观官之始。其后，又将宫观官分为提举、提点、管勾（南宋称主管）三等，这些本无官品，又无职事，由于未到退休年龄，平时居家中，仍可优享俸禄祠禄。在北宋前期，大多由那些从宰相、执政、从官、内侍及武臣等官职上退下的人来兼任，称为宫观使、宫观副使、判官、都监等。宋神宗在熙宁年间（1068—1077年）进行改革，安排一些持不同政见的官员来担任祠禄官，表面上是"养贤优老"，实际上则有点贬黜的意味。到南宋时，江南地区的民间道观也在不断增多，离临安不远的江苏也出现了许多崇尚关帝、真武、城隍、东岳等神灵的道观庙祠。从道观的建筑空间格局、宗教物品摆设、神像艺术风格以及道士的生活方式已更具有当时南方文化的新特点。民间道观的管理模式进入皇家宫观中，促进了皇家宫观向民间道观的转变。

南宋江苏道教的发展却是一波三折。南宋初年，宋高宗一方面延揽羽流，常去宫观参拜道教神灵，还于绍兴年间（1131—1162年）数次召见茅山凝神庵道士张椿龄，以示对茅山道教的重视①；另一方面，南宋王朝为了筹措军费而大量滥卖度牒、紫衣和师号。绍兴八年（1138年），南宋定都临安后，更是通过大卖度牒来解决财政问题："绍兴中，军旅之兴，急于用度，度牒之出无节。上户和籴所得，减价至二三十千。时有'无路不逢僧'之语。"② 在道士人数由此大量增多后，朝廷在进行管理中又停颁度牒近二十年，并征收僧道免丁税。据礼部见注籍之数的统计，到绍兴二十七年（1157年）"僧二十万，道士才万人"。道士人数与北宋末年相比大大减少，也影响江苏道教，尤其是茅山道教的发展。南宋道教在宋理宗后失去朝廷势力的鼎力支持，走上了于民间社会发展的道路。

在南北对峙的局面下，南宋道教虽得到统治者的扶持，仍然得以继续发展，但与北宋道教相比又有明显的不同。"宋代的道教，在北宋和南宋之间有很明显的区别。北宋的道教基本上是沿袭隋唐以来的旧传统，以道法为主

---

① 《茅山志》卷十七《楼观部篇》，《道藏》第5册，第625页。
② （宋）赵彦卫：《云麓漫钞》卷四，上海古典文学出版社1957年版，第52页。

体；南宋以后，旧道教有所衰落，以炼养为主的全真道和南宗等新道派相继产生，使道教的发展出现了丰富多彩的局面。"[1] 尤其是新道派的涌现显示了南宋道教相当快速地适应了江南社会的变化。

南宋是平民崛起的时代，道教中出现诸多的新道派，虽然在对"道"的内涵的理解上和修道方法上存在着种种差异，但既强调通过个体生命修炼以得道成仙，更强调用各种道术来护国安民。南宋道教通过融摄道教诸派道法，而且还借用佛教禅法、儒家纲常伦理以及周易象数之学，倡导"三教合一"而与民众生活更加紧密地联系起来，促成了南方道教中又一新道派——净明道的兴起也影响到江苏道教。

南宋绍兴（1131—1162年）年间，在地方精英的主导下，江西南昌西山玉隆万寿宫道士何守证（净明道信徒称为"何真公"）鉴于"兵祸煽结，民物涂炭"[2] 的社会状况，乃假托许逊降授而造作了《净明忠孝大法》等一批经典，倡"太上灵宝净明"大法，特别将"忠孝净明"相提并论，作为修道之基。"吾之忠孝净明者，以之为相，举天下之民跻于仁寿，措四海而归于大平，使君上安而民自阜，万物莫不自然；以之为将，举三军之众而归于不战以屈人之兵，则吾之兵常胜之兵也；以吾之忠，教不忠之人尽变为忠；以吾之孝，教不孝之人尽变为孝，其功可胜计哉！"[3] 这个奉许逊为祖师、以神仙信仰为基点，不但热切地奉行儒家的忠孝观，而且还汲取了佛教的修行解脱论。作为在特定的历史条件下出现的儒佛道相融汇的新道派[4]，有着既适应了统治者在战争烽火四起的社会中的需要，也唱响了道教倡导三教合一的主基调。净明道的活动中心虽是江西南昌西山万寿宫，但随着江右商帮的信仰，他们走到哪里，将万寿宫建到哪里，也使江苏道教具有了更丰富的地域化色彩。

神霄派支派衍生，有称传自王文卿者，有称传自张继先者，有称传自林灵素者，其中萨守坚、白玉蟾两系在南宋的传播影响较大，反映了新符箓派与在江浙一带流行的以张伯端为首的南宗相互借鉴共同发展。以张伯端为首

---

[1] 任继愈主编：《中国道教史》，上海人民出版社1990年版，第464页。
[2] 《净明忠孝全书》卷一，《道藏》第24册，第629页。
[3] 《净明忠孝全书》卷五，《道藏》第24册，第646页。
[4] 孙亦平：《从三教融合看净明道的特点》，《世界宗教研究》2001年第2期。

的南宗派金丹,以《悟真篇》为理论依据,形成了自己的内丹修炼体系和师徒传承法脉。南宋时,南四祖陈楠就兼修雷法,到南五祖白玉蟾时形成教团,更是提倡内丹与符箓并重。"该派主要传承张伯端一系内丹,重在内炼,其内丹学远较神霄派发达,故其符箓道法进一步与内丹融合,建立了较神霄派雷法更深化一层的理论。"① 白玉蟾祖籍是福建闽清,出生于琼州（今海南省海口市）,但年轻时就开始云游四方,其活动区域主要在江西、福建,但由于江浙一带是南宋的统治中心,他也曾来到江苏弘道。② 白玉蟾于嘉定十四年（1221年）云游到江苏,弘传道教,其自言"臣小舣长桥（今江苏宜兴）,将如虎丘（今江苏苏州）,过自祖庭,目其正殿雄伟,为诸郡冠,诘其所自,知为诏建之也,自祥符中额此观矣,建炎戎烬之余"③。白玉蟾在此停留,曾于姑苏山作《结座云》讲述姑苏民众因崇拜吕祖而共结纯阳会,修炼钟吕内丹道:

  皇宋嘉定十四年,秀薆纪月清和天。湖山已还武林债,风月复结姑苏缘。姑苏其月十有四,四众共结纯阳会。纯阳真人此日生,漂滩旧有仙游记。④

  直到第二年正月上元节白玉蟾才应友人邀请,从江苏再到浙江,然后"自浙而闽",又回福建福州。白玉蟾还宣扬"内炼成丹,外用成法",曾作诗对王文卿、林灵素赞赏有加⑤,不仅倡导内丹与外丹合修,而且将内炼丹功与外用符箓雷法合修。
  据《先天雷晶隐书》记载,无论是神霄派还是清微派都将白玉蟾奉为

---

① 卿希泰主编:《中国道教史》第三卷,四川人民出版社1993年版,第124页。
② 白玉蟾具体的活动区域,请参见[日]横手裕《白玉蟾と南宋江南道教》（日本道教学会编《东方宗教》1985年,第65号）;黄永锋、方宝璋:《白玉蟾活动区域考》（《世界宗教研究》2012年第6期）。
③ 《白真人集》卷二《诏建三清殿记》,（南宋）白玉蟾著,盖建民辑校:《白玉蟾文集新编》,社会科学文献出版社2013年版,第227页。
④ 《海琼白真人语录》卷三《平江鹤会升堂》,《道藏》第33册,第130页。
⑤ 《冲虚侍宸王文卿像赞》《天师侍晨追封妙济真人林灵素像赞》,《海琼白真人全集》卷七,《道藏精华》第十集之二,台湾自由出版社1956年,第984页。

第十章 南宋江苏道教的地方化 513

本宗的传人。① 题为海琼白真人注的《九天应元雷声普化天尊玉枢宝经集注》中,对雷法种类、雷部诸神、雷霆机制进行了说明②,并将雷法之术作为南宗修道传教的法门,这不仅为新符箓派融入传统的茅山道教打开了大门,而且也将茅山上清五雷诸法传入湖北武当山。据《武当福地总真集》记载,南宋茅山道士孙寂然,名元政,号寂然子,先嗣业茅山清真观,得上清五雷诸法之妙,云游名山福地,遍礼福庭。"时汴湖龙去,江汉罹金兵之厄,武当殿宇为之一空。绍兴辛酉(1141年),首登武当,兴复五龙,开辟基绪,以符水禳禬为民除疾,众皆归之"③。孙寂然将茅山上清五雷诸法传入武当山,其弟子邓真官"尽得其师上清五雷诸法之妙"④,并将之在武当山道教中推展开来。

另外,天心派"五季之后,有谭先生(紫霄)、饶先生(洞天),相继祖述而成书"。谭紫霄曾在金陵、茅山活动,传天心正法。饶洞天以托神降授、掘地得书等方式编撰《天心正法》,确立教义教规,推进了天心派在宋代发展并传播于江苏茅山。据后来传教者路时中自述:宣和庚子上元夜天官赐福之时,自己于星坛奏香回,入室存真。异香降,回首见祖师于金光梵气中对他说,自己在临升仙时,将秘书藏于江南句曲山三茅大山之顶。数年后,路时中"被命通守金陵,专谒峰顶。夜半,神光亘天,入深开掘,可三丈许,得石函一,帛书一卷,约长六七丈,杂以蓬莱细沙。余得之,因厘为二十四品,以传世云。靖康丙午冬,余寓止毗陵,遂承玉旨传记"⑤。据说路时中夜里登上大茅峰,掘地获得道经秘符,南宋初根据教派发展需要再编天心正法。路时中以符箓治鬼著称,"朝散郎路时中行天正法,于驱邪尤有功,俗呼路真官"⑥,但自号"上清大洞三景法师"。

南宋末年,元军南下,一些在江苏活动的道士一方面积极弘道,另一方

---

① 《道法会元》卷八十三《先天雷晶隐书》,《道藏》第29册,第330、354页。
② 《道藏》第2册,第569—587页。
③ (明)任自垣、卢重华原著,杨立志点校:《明代武当山志二种》,湖北人民出版社1999年版,第124页。
④ (明)任自垣、卢重华原著,杨立志点校:《明代武当山志二种》,湖北人民出版社1999年版,第124页。
⑤ (宋)路时中:《无上玄元三天玉堂大法》卷一,《道藏》第4册,第3页。
⑥ (宋)方勺:《泊宅编》卷七,中华书局1983年版,第42页。

面，也力图在兵乱时保护道教文化的成果。当时道教宫观较少有收藏道经的风气，常州天庆观道士徐道明（？—1275年）以"忠义"之名保护道经的事迹而载入史册。据《宋史》卷四五五《徐道明传》记载："徐道明，常州天庆观道士也。为管辖，赐紫。德祐元年，北兵围城，道明谒郡守姚訔请曰：'事急矣，君侯计将安出？'訔曰：'内无食，外无援，死守而已。'道明唖还，慨然告其徒曰：'姚公誓与城俱亡，吾属亦不失为义士。'乃取观之文籍置石函，藏坎中。兵屠城，道明危坐炳香，读《老子》书。兵使之拜，不顾，诵声琅然，以刃胁之，不为动，遂死焉。"徐道明在元军破常州屠城时，将道观中收藏的道经隐藏于石坎中，自己危坐其上，焚香而读《老子》书，拒不投降，最后被元军杀害，展现了江苏道士对道经的重视之情。

第二节　道教神灵信仰的江南化

历史的车轮进入宋代后，北宋道教也秉持唐代道教神灵信仰的文化传统，直接将"三清"奉为道教众神中的至上神，这与统治者延续唐代尊信三清尊神、崇拜太上老君的做法相关。宋真宗称老子为"真元皇帝"，大中祥符六年（1013年）又下诏加号为"太上老君混元上德皇帝"，并于第二年亲至亳州朝谒太清宫，推崇备至。由于北宋在开国之初即受到来自北方辽国的压力、后来南宋又有金国以及蒙古国的威胁，面对着内忧外患的社会现实，特别是尖锐复杂的民族矛盾，希望借助于道教神灵之威，或要求人民通过忠君孝亲而团结一致、保家卫国；或注意吸收民间地方信仰中那些具有保护功能的神祇，如关帝、吕祖、妈祖、真武、城隍、文昌等，既立于国家祭祀的立场，通过祭祀神灵来替天行道，辅助帝王维持社会秩序；又通过标榜道士能够使用咒法对抗恶鬼、邪神带来的瘟疫战争等灾难，通过为人治病、驱邪等来满足百姓祈求消灾祛祸、平安幸福的心理需要。那些具有保护神特质的地方神灵在南宋道教中得到崇祀。

成书于南宋理宗年间的《景定建康志》记载了宋代建康地区留存的28座道观的基本情况，其中主要集中于建康及其周边。有城隍庙、东岳庙、江渎佑德庙、真武庙、后湖真武庙、蒋帝庙等。从中可见，宋代道教塑造了一批具有辅佐天子、护国消魔的元帅、武士、战将式的守护神，它们成为南宋特别祈请的神灵，推动着道教神灵的信仰内涵向适应朝廷政治与民众需要的方向扩展。

宋代的建康为当时人文荟萃之地，也是皇帝在南方的行宫。据《宋史》卷八十五《地理志》记载，建炎三年（1129年）闰八月，高宗将京城建在临安，以州治为行宫。为了提振江南社会抵御来自北方金兵的入侵，朝廷助长民间对真武北帝的狂热信奉，江南各地莫不重修或兴建真武庙，崇拜真武的香火也在建康弥漫开来。位于建康城北后湖的真武庙也在当地官员倡导下重新修建："后湖真武庙，本吴赤乌玄武观，后毁于兵。国朝嘉泰中，王运使补之，亲即其地，祷雨而应，遂建真武庙。取土得龟蛇。嘉定间，胡运使槩增创前殿。宝庆初，丘大卿寿迈又增两廊三门。"[1] 另外，南京宫城西北还有一座真武庙，南宋初，金人火烧建康时，这座真武庙能够于战火中独存被认为是真武大帝护佑："建炎四年（1130年）金人烧建康，凡官舍民居寺观神祠无不荡尽，惟此庙独存"[2]。

南宋在江南建立后，不仅与金朝、西辽、大理国、西夏、吐蕃及正在兴起的蒙古国并存，而且始终与金朝相邻为界，在长期的军事对峙中，既刺激了南宋的农业生产、经济贸易、手工业、武器制造等的快速发展，也使道教信仰领域中出现了威风凛凛的英雄神、多才多艺的行业神，保佑风调雨顺的自然神。这批来自民间的俗神，有些经帝王认定，建庙祭祀，变成道教尊奉的正神，如关帝、真武、文昌等，都被称为"大帝"。有的被引入道教神谱后，专建道观进行供奉，如财神殿、雷神殿、文昌殿、东岳庙、城隍庙、龙王庙等。

南宋时，面对来自北方的政治军事压力，皇室对真武依然是大力推崇，使真武信仰逐渐从社会政治经济领域蔓延到民众日常生活领域。这是因为真武大帝本为北方司水之神，具有镇北方、主风雨、辟邪恶的威力，民间称为玄天上帝、黑帝等，这让性格温和的南方人对龟蛇合体的真武大帝产生一种依赖感和崇敬感，称其为北帝。再加上江南地区商品经济及手工业的发展，北帝神司水，水能灭火，冶炼、陶瓷和纺织等这些与水火有关的行业，往往

---

[1] （宋）周应合纂：《景定建康志》第4册，南京出版社2009年版，第1084页。
[2] （宋）周应合纂：《景定建康志》第4册，南京出版社2009年版，第1084页。

将之奉为行业保护神。南宋都城临安成为全国崇奉真武的中心，有宋孝宗舍宅而建的"佑圣观，孝宗旧邸也。……淳熙三年初十二月落成，盖建以奉佑圣真武灵应真君者也。内塑真武像，盖肖上之御容也"①。随着江南工商业的发展，真武又成为一些新兴手工业的保护神，苏南地区到处建有真武观，流传着种种真武大帝显灵的神话。每年三月三日的真武诞节，在道观前开展丰富多彩的演戏酬神活动，有的地方还抬出真武神像巡游，这种弥散性的信仰模式与乡社组织、宗族制度、庆典节日交织起来，逐渐发展成一种富有道教信仰文化色彩的江南民俗活动，并传播到更为广大的地区。

南宋帝王出于"神道设教"的政治需要，还以加封赐号的方式为江南道教设立许多新神灵，其中既有道教中的高道仙真，如三茅真君、张道陵、陶弘景等；也有麻姑、妈祖、文昌等地方神；还有药王、财神、灶神等行业神；城隍、真武、东岳、土地、门神等守护神；岳渎、山川、龙王、江河等自然神，尤其是那些带有忠义色彩的地方神祇，成为南宋道教根据现实政治需要整合、造就新神祇的文化资源。

南宋理宗淳祐九年（1249年）正月初一日，为茅山佑圣观虚白斋高士司徒师坦②颁降劝黄一道："虚白斋高士洞微先生司徒师坦特转左街道录，主管教门公事"③。师坦在上《辞免道录表》感恩请辞不许后，又数次上表请求加封茅山道教特别崇拜的三茅真君："窃以茅氏之宗，仙源甚远。大茅君盈，次固，次衷，兄弟三人，岩栖谷隐，精练道真，累功积行。得道之后，领括旱仙，受事太极，司命岳府，考校乎吴越之境，留治乎赤城之山"。有鉴于三茅真君在吴越一带的社会影响，师坦写道："以臣三年祈祷，感应微劳，乞回降恩命，加封三茅真君。奏可"④。期望通过"特加祖师徽称，式彰三君护国之灵休，昭示皇朝报功之盛典"⑤。三月朝廷正式加封时，宋理宗还御书"玉气凝润、鹤情超辽"八字，并宝珠林牓，赐司徒师坦。

---

① （宋）李心传撰：《建炎以来朝野杂记》（甲集卷二），中华书局2006年版，第80页。
② 师坦是未能正式成为上清四十一代宗师朱知常的弟子。（《金华赤松山志》，《道藏》第11册，第75页）
③ 《三茅真君加封事典》卷上，《道藏》第3册，第333页。此表也收录于《茅山志》卷四，《道藏》第5册，第573页。
④ 《三茅真君加封事典》卷上，《道藏》第3册，第333页。
⑤ 《三茅真君加封事典》卷上，《道藏》第3册，第334页。

记载此次隆重加封仪式《淳祐加封三茅真君诰》后被刻石立碑于茅山。其碑现已不存，但拓片《加封三茅真君诰》现藏于北京大学图书馆中。不久，师坦仙逝，张大淳继其事，任茅山山门道正，将师坦上表请加封三茅君之事始末及加封时的祭祀文书汇集起来，编成《三茅真君加封事典》，从中可见"上表之反复，加封之严肃，谢表之隆重，皆可见当时王者利用宗教之具体形象"①。

关帝的原型是三国时蜀汉将领关羽，因至忠至义而成为刘备最信任的将领之一。到宋代时，沉默了八百多年的关羽，随着其忠义将军身份和在天师道驱魔仪式中地位的提升，受到历代朝廷褒封，尤其是在宋徽宗时得到连升三级的褒奖：先封"忠惠公"，然后封"崇宁真君"，再封"昭烈武安王"和"义勇武安王"，关羽被戴上"武圣"的桂冠，并修建武圣关公庙进行祭祀。这一带有皇帝推荐和国家标记的封号，使关羽从民间陪祭神上升为具有独立神格的"关帝"而进入道教神灵谱系。君王、士人和道士都将"关帝"作为忠义的象征进行神化，这场造神运动极大地刺激了地方神祇的神格提升和道教俗神崇拜的泛滥，关帝庙在各地修建起来。笔者对江苏道教宫观调查时发现，江苏有史籍可查的关帝庙有20多所，其中苏州关帝庙建于南宋孝宗淳熙元年（1174年），位于察院场，今已无存。②

"职司文武爵禄科举之本"的文昌帝君又称梓潼帝君、文曲星，受到江南读书人的特别崇拜。北宋叶梦得《岩下放言》、南宋吴自牧《梦粱录》等都记载了文昌帝君显灵保佑士人中举的灵验故事。每年农历二月初三文昌帝君圣诞，供奉文昌帝君的宫观香火鼎盛。姑苏城中旧时崇拜文昌，"虽贫者亦备分香烛，纷集殿庭，谓之文昌会"。到明万历三十二年（1604年），里人张宏德、张宏谟、张宏祚三兄弟捐款巨万兴建的浒墅关文昌阁，就位于有着"江南要冲、吴中码头"之称的浒墅关运河边的山丘上，高十余米，四面环水，形似"青螺"。这里是贯串大运河的繁华关口，古代文人上京赶考的必经之地③，进京赶考船只经过此地时皆靠岸，准备参加科举的人登阁参拜"文曲星君"以求好运。道教正是不断从民间信仰、佛教信仰中吸收新

---

① 潘雨廷：《潘雨廷著作集》第11册，上海古籍出版社2016年版，第127页。
② 王謇、张维明：《宋平江城坊考》，江苏古籍出版社1986年版，第177—178页。
③ 柯继承等编纂：《苏州老街志》，广陵书社2011年版，第225页。

神来充实自己的神谱，才使各种道观神庙林立于江苏的城镇乡村。

两宋是道教神灵谱系的定型期。江苏各地出现的带有地方化色彩的新神仙，在民众中的影响越来越大，既反映了百里不同俗的文化图景，也使道教神灵信仰模式由唐朝官方钦定逐渐转为在朝廷视线之外由地方道教主导。那些具有独立神格且具有地方性色彩的神明使道教信仰变得更为丰富而复杂。面对道教的众多神灵，为了醮神的需要，北宋帝王命令大臣、道士整理道教斋醮科仪，"编排三界圣位"，其中影响较大的是大臣王钦若（962—1025年）遵宋真宗之命撰著的《列宿万灵朝真图》《罗天大醮仪》①，林灵素则遵宋徽宗之旨"修正一黄箓青醮科仪，编排三界圣位，校正丹经子书"②，对道教神灵谱系的定型起到了促进作用。南宋时，有留用光传授、蒋叔舆编撰《无上黄箓大斋立成仪》、宁全真授、林灵真编《灵宝领教济度金书》、金允中编《上清灵宝大法》等，虽所载神灵数量不尽相同，但从整体上看神灵的名号和品次差别不大，其中金允中"经师高君，自京南渡绍兴之初，化行江淮间，所行《上清灵宝大法》，乃古书也"③，延续江南道教的信仰传统，其法则主于《度人》一经，其斋则遵杜光庭的广成之科，考镜斋醮的源流嬗变，收集了三百六十位神灵仙真，按其神性与权能，由上而下分为十一个等阶建立起有序的道教神灵谱系作为"黄箓大斋醮谢真灵三百六十位"的依据：

  第一阶，三清、四御等；
  第二阶，南极长生大帝、东极救苦天尊、木公道君、金母元君及三十二天帝等；
  第三阶，十位太一真君、五方星君、北斗星君、南斗星君、二十八宿星君等；
  第四阶，五帝、三官、四圣等；
  第五阶，历代传经真君等；
  第六阶，魔王、神王、仙官等；

---

① 《宋史》卷二八三《王钦若传》。
② 《历世真仙体道通鉴》卷五十三，《道藏》第5册，第408页。
③ 《上清灵宝大法》卷十七，《道藏》第5册，第442页。

第七阶，五岳及酆都地府诸神等；
第八阶，扶桑大帝及水府诸神等；
第九阶，天枢院、驱邪院、雷府等部主宰及诸神等；
第十阶，各种功曹使者、金童玉女、香官役吏等；
第十一阶，城隍、土地及所属兵马神众等。①

在《上清灵宝大法》的神灵谱系中，神灵地位的高低、神职权能的大小以及神灵之间的隶属关系都是模仿宋朝官僚体制而设计的。天界神高于地界神，五帝三官高于地府诸神，雷府诸神高于功曹使者，最下一层是城隍、土地这些守护神。每一个阶位扩展开来，还有许多神性相似的诸神位列其中。道教神灵虽然众多庞杂，每个神灵都有属于自己的精彩故事，但最终都归拢在三清尊神这一至上神之下。这条崇拜主线使得道教的多神信仰杂多而不乱。这部堪称两宋道教神灵谱系的集大成者，是江南道门学者在国家正统观念和地方社会信仰文化的互动中，对道教历史上庞杂凌乱的神灵仙真队伍进行梳理，形成了一个以三清四御为核心，囊括了众多的先天尊神、后天仙真、星君、地祇、人鬼、幽冥官吏以及新符箓派所崇拜的雷部诸神将帅役吏等，以本宗为主、兼综儒佛，为各道派认可的比较稳固而有序的神灵谱系。

这一南宋时期确立的道教神灵谱系历经元明清一直延续至今。但从道教神灵信仰内涵和数量增减之嬗变来看，似遵循着以更贴近江苏人的生存样态和精神追求的方向一直在发生着悄然变化。苏州玄妙观中的通神殿，是宋孝宗于淳熙三年（1176年）为在苏州活动的神仙——何蓑衣修建的。据《夷坚志》记载：何蓑衣道人，淮阳朐山（今江苏省东海县）人，祖父何执礼，官朝议大夫，家素富盛，为鼎族。北宋末年，为避乱举家渡江，来到苏州定居，其父主簿为近郭翁通判馆客。其父去世后，何蓑衣与母及乳媪入城中僦居。因举进士不第，何蓑衣精神黯然，"一日，自外归，倏若狂疾，久而益甚。家人知不可疗，且畏其生事累人，潜避他邑。何游行暮返，则室庐已空。亦不问，但求丐度日，衣裾漫漫不整，只以蓑笠蔽身，处葑门城隅土窟中，人窃窥之，唯见大蟒踞坐。继迁于社坛，又为守兵斥还，自是无定

---

① 《上清灵宝大法》卷三十九，《道藏》第5册，第609—616页。

迹"。后渐出语说灾祥之事，吴人传其得道。其因"历三四十年，一蓑一笠，不披寸缕"，人称平江何蓑衣，也称蓑衣真人。

何蓑衣"夏不驱蚊，春不除蚤，冬寒敲冰涤蓑，披之以出，归则解挂于树，气出如蒸露，坐之处，雪不凝积。士俗来焚香请问，略不接纳，往往秽骂，且发其隐慝，人以是益敬畏之"①。他先在天庆观真武堂（今玄妙观），后在龙王堂中修道，"昼夜不寐，专气致柔"，以诗歌来预测吉凶，人与之钱，或受或掷。凡病者乞治疗，何蓑衣就在蓑衣上拔一根衣草给他，煎服后，病即痊愈。若他不肯给衣草，那就一定是不治之症了。何蓑衣道人还以诗歌来表达自己的仙道思想，如撰有《临江仙》："在世为仙须有分，不须素食持斋。寸丝不着挂形骸。蓑衣为伴侣，箬笠作家怀。行满三千上界，奉敕宣至金台。传言问汝有何哉。人生长富贵，阴骘种将来。"②宋孝宗时，因梦到何蓑衣光脚前来吊唁而惊醒，不久夏皇后和太子相继去世，于是派人赐其十件蓑衣并召其前来，但何蓑衣屡屡推辞，只提出希望朝廷帮助修建天庆观的请求。南宋淳熙六年（1179年）开建修观，耗时八年完成，宋孝宗御笔赐书殿额"金阙寥阳宝殿"，并赐号通神先生。何蓑衣于宋光宗庆元六年（1200年）坐化升仙。人们在其屋中发现宋高宗、宋孝宗的御书二通，另有宋孝宗的一首诗赞和御赐的"通神先生"的牙牌。于是，就将其肉身涂金，于其住所通神庵中供奉。从保留至今的苏州玄妙观中的胡寅撰《通神先生何蓑衣事实》碑③可见，何蓑衣真人被当时苏州人奉为神仙，这种封神活动既融合地方俗神于国家认可的道教神灵谱系中，又突出了士绅阶层在道教发展中所扮演的重要角色。

由于道教本身的杂而多端以及派别林立，一向又十分重视神灵信仰，随着时代的发展和传播的需要，吸收、造构和淘汰神灵的活动从来就没有停止过，因此道教的神灵谱系不可能是一个静止的、僵化的、封闭的体系，也不可能有一个完全一致的固定模式。这使道教的神灵谱系始终处于一个动态的、变化的、开放的状态，随着时代的进步而不断发展，但总的趋势是由纷

---

① 李宏主编：《夷坚志》第六册《蓑衣先生》，北京燕山出版社1997年版，第3246页。
② 周振甫主编：《唐诗宋词元曲全集·全唐诗》第7册，黄山书社1999年版，第2505页。
③ 《通神先生何蓑衣事实》碑，高155厘米，宽108厘米，厚20厘米。立于南宋庆元三年（1197年）。碑额为宋孝宗赵昚手书"通神庵"三大字。碑文由胡寅撰，共680余字，正书，载蓑衣何真人（何道人）之生平事迹。（张晓旭：《苏州碑刻》，苏州大学出版社2000年版，第112页）

杂无序向比较井然有序的方向迈进，虽然道教神灵在随顺历史发展和江南社会因时因地制宜地处于"变"中，但变中不变之"道"则是以三清尊神为最高神，为江苏道教持续发展提供了信仰参照。

第三节 茅山道教的传承与发展

南宋时，茅山上清派虽然不如在唐至北宋时受到帝王青睐而具有那种显赫，但据《茅山志》记载，十六代上清宗师相承掌教，形成了自成体系、传承清晰的组织体系，以符箓斋醮道法为帝王和百姓服务，居诸道派之显要地位，其中的一些宗师因具有高超道行而受到皇帝的重视：

笪净之→徐希和→蒋景彻→李景合→李景瑛→徐守经→秦汝达→邢汝嘉→薛汝积→任元阜→鲍志真→汤志道→蒋宗瑛→景元范→刘宗昶→王志心

第二十六代上清宗师笪净之（1068—1113年，亦称笪静之、笪靖之[①]），字清远，金陵人[②]，其父得一好道术，乡里呼为笪翁。笪净之受家庭文化影响，"幼与群儿戏，辄画地为道家像"。有一天，其父携之游茅山，当时静一先生刘混康结茅积金峰，"父携之来山，刘先生见而奇之曰：'是子他日人天师也。'师喜跃，誓不复归，父亦欣然从之。"刘先生示之轻举之法，笪净之跃而大喜，愿留师事，誓不复归，父亦欣然许之。笪净之服勤左右累年，名闻渐起，"王安石闲居金陵，闻静一高行，遣书致礼邀之。先生奉杖履以从，试与之语，率皆造理，屡称善焉"，受到闲居金陵的王安石的称赞。"先生志益精笃。静一悉以三洞经箓畀之。书符咒水以弭疾除邪，率多验。盖累年之间，尽得静一之道。深居山林之幽，而声名暴著一时。"[③] 元

[①] 曾召南认为："在派字中将此'净'改为'靖'，是唯一一个有改动者。"（《明清茅山宗寻踪》，《宗教学研究》1997年第4期。

[②] 据考，实为江苏句容笪家塬人。

[③] 《茅山志》卷二十六《冲隐先生墓志铭》，《道藏》第5册，第670页。

祐年间（1086—1093年），"哲宗皇帝在宥天下，搜求道术之士，首召静一来朝京师"。笪净之从师入见，哲宗皇帝顾其貌异焉，锡师名以宠之。"先生被旨住持上清储祥宫，以师归主元符宫事。"① 笪净之主持元符宫后，宋哲宗召见，并赐号"守静凝和真人"。《冲隐先生墓志铭》对笪净之的弘道事迹作了更为详细的介绍：

  元符初，赐所庐为观，号"元符"。今天子躬体妙道，以临万邦，命守臣敦遣静一造朝，勿听其有所辞。先生与之俱来，礼遇尤至，敕有司大新厥宇，亲书宫名以赐，更号"守静法师"，领住持事。又明年，复召入朝，暨进见，弟子从行者皆有恩数及之。久之，得请还山，又加号"凝和"，赐御书画，以宠其行。大观四年，复至自茅山，天子命即所馆建坛席，俾倡其教，以示学者，遣中使赉之，缙绅士大夫多从听受。复固辞还山，上更以御书及画静一遗像付之。先是，九幽、黄箓久废，世罕道者，先生发明之，二科仪式方大显于时。凡深山绝峤，学者栖处其间，时或淫雨积雪，径路阻绝，先生必亟往饷之。岁稍不登，辄令减田租之入，以糜粥食饥者，不幸殣殍，衣衾瘗之。②

大观改元（1107年），宋徽宗屡召刘混康，先生固辞，许之。"于是有旨，命其传箓弟子守静凝和法师笪净之入见，喻德意焉。"③ 大观四年（1110年），宋徽宗又命其在茅山建坛度传道。笪净之美髯长身，丰骨异俗，书符咒水，弭疾驱邪，无不显应，至其发明湮废经箓，营救无告饥寒百姓，不仅受到宋哲宗和宋徽宗的恩宠，也得到缙绅士大夫的广泛尊敬。"1110年，刘混康去世后，笪净之从茅山来到京城。徽宗安排他在京城的一座道观中宣讲道法，据说吸引了大批士大夫前往。笪净之返回茅山前向徽宗辞行，徽宗赐他一些自己的书法作品，一幅刘混康的画像，似乎还有亲笔所书的一篇道教文章，笪净之后来将其刻于茅山的石碑之上。此文名曰《化道文》，

---

 ① 《茅山志》卷十一，《道藏》第5册，第605页。
 ② 《茅山志》卷二十六《冲隐先生墓志铭》，《道藏》第5册，第670页。
 ③ 《茅山志》卷十一，《道藏》第5册，第605页。

描述了理解道教本质的必要性，并感叹普通人在这方面的无知。"① 笪净之将这些赠物交弟子俞希隐保存。

笪净之在临终前还致信宋徽宗表达"更愿陛下重念先师扶教宣道之心"②，继续关心茅山道教。政和三年（1113年）七月三日，笪净之召弟子曰："吾今四十有六岁，昔先生尝授记，以为过叨朝廷厚恩，寿当不逾于此。"遂索笔书遗表，盥沐更衣，泊然而逝。表闻，天子嗟悼，诏赠冲隐先生，爵及父母。葬藏真观之山。③《宋会要》中也记载，政和三年八月二十日诏茅山元符万宁宫法箓道士笪净之特赠"冲隐先生"。④ 笪净之的受业弟子数十人，入室弟子有傅希列、俞希隐、徐希和。傅希列被召为左右街都监。徐希和得旨嗣传印剑，宗华阳之道。俞希隐入青城山，则先生之道流广远矣，"今蜀人得闻洞法上道，俞公之行化也"⑤，使江南上清"洞法上道"传入蜀地。

岳飞在南宋建炎三年（1129年）金兵渡江占领建康时，曾率兵退至建康附近的蒋山，"岳飞留建康，见帝数论恢复之略"⑥，表达了逐鹿中原，消灭金兵，社稷长久之计，受到宋高宗的认可。据考，岳飞再退至句容东阳镇而来到茅山驻军时，受到第二十六代上清宗师笪净之的热情接待。⑦ 岳飞应邀进茅山道观，并写下题名为"征西将军岳飞书"的正楷"墨庄"条幅及草书《吊古战场文》⑧，成为茅山道教的重要珍宝，后来茅山道院还将岳飞塑成了道教护法之神四大元帅之一进行供奉。苏州玄妙观三清殿中则列为

---

① ［美］伊沛霞：《宋徽宗》，广西师范大学出版社2018年版，第127页。
② 《茅山志》卷二十六《冲隐先生遗表碑二通》，《道藏》第5册，第670页。
③ 《茅山志》卷十一，《道藏》第5册，第605页。
④ 刘琳、刁忠民、舒大刚校点：《宋会要辑稿》5，上海古籍出版社2014年版，第2881页。
⑤ 《茅山志》卷十一，《道藏》第5册，第605页。
⑥ （明）邵经邦撰：《弘道录》卷十六《君臣之义》，《道藏》第35册，第112页。
⑦ 王玉超：《读史存疑待商榷》，《江苏道教》2011年第1期。
⑧ 李锋：《茅山为何会有岳飞墨迹》，《句容文史资料》第11辑，中国人民政治协商会议江苏省句容县委员会文史资料委员会1993年编，第52页。

"十二天君"像之一。① 第二年，岳飞率兵从宜兴出发，通过牛首山之役收复了建康，巩固了南宋在江南的统治。但若考之于历史，第一，据《冲隐先生墓志铭》记载，第二十六代上清宗师笪净之于政和三年（1113年）仙逝。第二，现有的"墨庄"影印件上的落款日期是"绍兴丙辰良月"，绍兴丙辰应是公元1136年。第三，从时间上看，岳飞的军队在1129年冬至1130年初驻在茅山，因此岳飞上茅山是有其事，所见道长是否是第二十六代上清宗师笪净之还需要进一步考证。明代周思得撰《上清灵宝大成济度金书》已将岳飞奉为道教普天醮敬拜的"神霄伏魔上将"列入道教神谱中。

第二十七代上清宗师徐希和（？—1127年），字仲和，金陵溧水（江苏溧水）人，号养素观妙先生。其祖父乐施与，其父敬慕笪净之，乃"命师以侍巾舄"。徐希和"尝从入朝。上嘉其道才清素，敕就陛前承恩为道士，冲隐解化，奉御笔嗣宗坛"。徐希和跟随笪净之入朝觐见，宋徽宗嘉其道才清素，敕就陛前承恩为道士。笪净之仙逝后，徐希和奉宋徽宗亲笔之旨嗣传印剑而成为上清宗师。此后两次获得宋徽宗的召命：第一次是"政和四年（1114年），召诣阙，及秋还山，赐丹台郎，转太素大夫、凝神殿校籍"。在获得皇帝赐予的道职后再归还茅山。第二次是"宣和三年（1121年），复被召内廷，建别馆处之；四年（1122年），授前职，请还故山，敕有司礼送"。当他请求归茅山时，皇帝又敕有司礼送。徐希和回归茅山后，仍然经常受到宋徽宗的赏赐。例如，宣和"五年（1123年）三月十八日，降御封香入山，有白鹤天灯之应。每坐大静，接降仙真，侍者窥之，唯闻其语。师预知世，故常若隐忧"。靖康之变导致了曾经繁华的北宋迅速的灭亡，也深深刺痛上清宗师徐希和的心。徐希和感到大难将至，于是闭靖不食。一日集徒众曰："吾仙期已迫，不得见圣人治世也。"② 以建炎元年（1127年）七月二十五日坐忘长往矣。依日本学者洼德忠的看法："在靖康之变时的教主是第二十七代宗师徐希和。也许因为徽宗赐他凝神殿校籍这个道职的缘故，他在靖康之变时绝食，于同年七月死，或许是以死表示对北宋殉职。"③ 其实也反映

---

① 据日本学者研究："在苏州玄妙观三清殿里祭祀的是邓、辛、张、陶、庞、刘、苟、毕、岳、温、殷、朱'十二天君'。"（［日］二阶堂善弘：《元帅神研究》，齐鲁书社2014年版，第270页）

② 《茅山志》卷十二，《道藏》第5册，第606页。

③ ［日］洼德忠：《道教史》，萧坤华译，上海译文出版社1987年版，第244页。

了徐希和对支持上清派发展者的一种感恩心。

第二十八代上清宗师蒋景彻（？—1146年），字通老，金陵句容人，号元观先生。蒋景彻"眉目秀异，面有斗文。十一岁侍冲隐公，及闻三洞。俞先生入蜀，往见于峨眉山。俞嘉其意，益其所学。临别谓师曰：三十五代，我当如阜及山，嗣掌大法"。南宋建炎初年，金兵南下，登上茅山后焚烧元符宫，据说蒋景彻将上清经箓、印剑保存下来。在蒋景彻掌教时，上清派的本山茅山上的宫观在战乱中受到了不同程度的破坏。左街道录傅希烈听说此事后，上奏给宋高宗。"左街道录傅希烈闻于朝，高宗赐金重建宫，师复行化至京师。"据说，宋高宗特赐金重建茅山元符宫，命其嗣教。上清宗师由皇帝任命，这一说法似有可疑之处，但从蒋景彻独保经箓、印剑来看，经箓、印剑在当时是上清宗师权力的一种象征，又是值得特别注意的。《茅山志》中记述蒋景彻生平时还特别提及他的一些神异之事："前一夕，和王杨公存中、夫人赵同梦天尊降其第。明日，师谒王门，王大敬信。今宫山门，王所建者。尝叹曰：'吾以土木事亏损仙业，不得白日升骞。'师有白玉天尊像，甚秘，比至解化，像亦亡去。"① 蒋景彻绍兴十六年（1146年）四月二十九日仙去。

第二十九代宗师李景合（？—1150年），字灵运，句容人，号崇德先生。"幼师元观，该练经法。南渡之后，坛席典仪缺落，赖师润色之。"李景合最主要的贡献是，南渡之后，茅山因遭遇战火，上清坛席典仪缺落很多，他加以整理润色，才得以重新恢复。他的生平事迹中还有与陶弘景相关的神异之事："一日，游雷平山，得古剑一，以献元观，元观曰：'此陶公墓中物也，神物不可泄，合归之故地。'果得隐居墓，卓剑墓上。须臾雷电大风晦冥，明日往视，其剑无有，墓上复得二青李。元观闻之，曰：'剑去李出，予当避席。'即奉师登坛，是日，虎啸鹿鸣，鸾鹤交至。"李景合好施药为人治病，"人一疾安，令投一钱井中，积钱盈井，人呼曰'药钱井'"②，可见其医活的人不计其数。绍兴二十年（1150年）九月十五日，不疾而逝，葬归真山中。

第三十代宗师李景瑛（？—1164年），字灵晖，崇德宗师弟也，号靖真

---

① 《茅山志》卷十二，《道藏》第5册，第606页。
② 《茅山志》卷十二，《道藏》第5册，第606页。

先生。早年丧父，事母至孝，年四十不娶。母卒，从兄著黄冠。崇德公曰："吾昔得二李陶公墓下，子来验矣。"因作二李亭于白李溪。李景暎至性澹泊，深宝慈俭，一入大静，弥月不出。"高宗累召，辞疾不起，即山中赐号'靖真先生'。"绍兴二十五年（1155年）夏旱，留守诣师请雨，大应。守闻之朝，使一再至，师辞疾愈力。明年，为秦夫人王氏拜章，知桧系酆都事。隆兴二年（1164年）正月一日，谓侍者曰："吾将观化矣。"遂闲静危坐不食，至六日午时化。①

第三十一代宗师徐守经（？—1195年），金陵溧水人，号保宁冲妙先生。他因其母梦流星降其室而生，十岁不能言。"有道人言自茅山来，服其丹，遂能言。母乃令入山，师事靖真。"徐守经隐山中修行，守一抱道，不求人知。隆兴二年（1164年），嗣主坛墠，朝廷累召，守靖真之教，确然不起。每有禬禳，遣使即山修事，辄获嘉应。及得江阴秦先生，手印剑付之，退藏于密。庆元元年（1195年）三月九日，辞众而逝。②

第三十二代宗师秦汝达（？—1195年），字通远，江阴人，号明教先生。家贫苦学，常拾废纸遗笔学书，强记过人。访道东南名山，保宁宗师辟馆西洞，以书致之。先生来，与语通夕，明日以印剑奉先生登坛，众望见先生眉宇若神，皆服保宁公择贤之密、知人之明也。绍熙二年（1191年），朝廷遣使封香营金箓斋，有白鹤彩云之异，赐先生号。庆元元年（1195年）十月九日，句容簿沈来谒，比别，至山桥，闻钟声，人曰："秦宗师仙去。"沈大骇，还望先生，趺坐凝然，体犹温泽，因叹曰："相逢茶已罢，一笑便升仙。"可见，三十二代宗师秦汝达随三十一代宗师徐守经同年仙逝。入室弟子邢汝嘉时在京，为太一宫高士、左街道录，是日还山，奉敕嗣教。③

第三十三代宗师邢汝嘉（？—1209年），字子嘉，建康溧水人，号真应先生。邢汝嘉七岁能缀文，善谈名理，身长七尺，手垂过膝。孝宗召为御前高士，师少年寡发，不胜冠，特赐巾裹上殿，并御制诗曰："朕亲命制华阳巾，赐与茅山得道人。戴此不妨朝玉陛，免教五岳受埃尘。"庆元元年（1195年）十月三日，得秦宗师书曰："吾近得真诰，将有回车之期。宗教

---

① 《茅山志》卷十二，《道藏》第5册，第606页。
② 《茅山志》卷十二，《道藏》第5册，第607页。
③ 《茅山志》卷十二，《道藏》第5册，第607页。

甚重，子可速请敕，归领印剑，期以九日至山。"奏闻，上深异之，敕送还山，为嗣宗师。嘉定元年（1208年）重建藏室，获施与金帛数万计。谓门人曰："吾非好此，明年将岁大饥矣。"嘉定二年（1209年）三月二十二日，不疾而化。是岁，秋歉甚，众赖以安。有余济困顿者，活人无算，其存心如此。①

第三十四代宗师薛汝积（？—1214年），字德夫，常州晋陵人，号冲玄明一先生。薛汝积性简俭，学《周易》、《老》、《庄》，与真应先生意甚相得，真应以高士主祠尚方，音问不相涉二十余年，后卒为师友，传其道统。嘉定六年（1213年）癸酉地腊日，宁宗皇后杨氏用明肃太后故事，命左街鉴义上官德钦赍香币，受大洞毕法，遥礼先生为度师，修罗天醮。甘露降，灵芝生，白鹤彩云，嘉瑞非一。高士刘先觉撰《传箓记》。嘉定七年（1214年）十二月十八日，解真。先生初名克昭，字明夫，及传华阳之学，更前名，著其世德之由起也。②

第三十五代宗师任元阜（1176—1239年），字山甫，溧水人，号通灵至道先生。幼负奇质，察理幽深，神貌超然，绰有仙气。薛宗师梦童子揭其坐席曰："俞先生来，子慎避席。"俞即元观，蒋公峨眉山见之，有"三十五代如阜"之语，盖蜀中仙去数十年。薛公尝闻斯语矣。及师入山，薛公曰："华阳再来客也。"即授以玉书，学者骈踵而至。嘉定十六年（1223年），淫雨，宁宗召至阙，修大醮。师敕水至坤隅，向艮户蹑罡，若有禁敕。上亦先梦其地有妖异，人所不知也。因赐号"通灵"。明年，复召祷雨，加"至道"，赐象简冠帔，皇后赐之纨扇，亲书"特赐妙相真人"于上。其他赐予，悉散贫者。上益加敬。嘉熙三年（1239年）三月十八日，建斋罢，告众人曰："吾将佐司命君理忠孝之任，宜珍重焉。"③ 翛然而逝，寿六十四。

第三十六代宗师鲍志真（？—1251年），字淳夫，溧水人，号明微先生。鲍志真家业儒而贫，父道中得遗金，有远吏泣至，问所遗，即归之。夕梦羽人谓父曰："汝有阴德，生子当仙。"父母以岁疫，命入山受道。是年疫，惟鲍氏一门免焉。赵葵开阃东方，请师醮拔滁城战殁之士，羽童鸾鹤见

---

① 《茅山志》卷十二，《道藏》第5册，第607页。
② 《茅山志》卷十二，《道藏》第5册，第607页。
③ 《茅山志》卷十二，《道藏》第5册，第608页。

于云中。葵深敬异之，复于□义家获南岳景震剑。淳祐三年（1243 年），上表解职，居陪真馆，日诵《太丘隐书》。淳祐十一年（1251 年）辛亥，其四月十七日，静一先生解真之日也。烧香作礼，召大众曰："我当从祖师去矣。"是夕蜕去。①

第三十七代宗师汤志道（？—1258 年），镇江丹阳人，号灵宝先生。读书负奇气，鬊髻跣足，坐大茅山顶三十年，誓不出山。赵善湘②帅金陵，访山中高道，一见奇之，使礼明微宗师，始闻大道之要。淳祐三年（1243 年），传印剑。淳祐五年（1245 年）秋，大旱，召赴阙祷雨。师曰："雨不须祷"。上曰："亢旱奈何？"师曰："臣闻民者，天之赤子。陛下忧民若此，雨当旋至。臣行不足格天，臣心有足知天。"是夕果雨。上大悦，民举手曰："汤仙雨"。召住太一宫，力辞还山，赐赍特厚。淳祐十一年（1251 年）四月，上表退席。宝祐六年（1258 年）正月三日，说谒有云："笑入寥天一。"乃一笑辞世。

第三十八代宗师蒋宗瑛（？—1281 年），字大玉，毗陵（今江苏常州）人，号冲妙先生。幼习举子业，长游四方，居越之金庭山二年。尝于石壁间得《登真隐诀》一书，私甚异之，遂挟书来华阳，从汤先生游。一昔梦天门开，见"游玉海仙人"五字。明日传度登坛，因以为号。朝廷行郊祀礼，久雨，召诣阙祷，乃大霁。理宗赐御书"上清宗坛"、"圣德仁祐之殿"、"景福万年之殿"，凡三牓，赐钱十万缗，缮修宫宇。还山，累表乞谢事，不允。开庆改元，托疾游庐山，遇鄂渚之乱，乃过天目山，往来永嘉山水间，注《大洞玉经》十六卷。上闻其高尚不可回，而法主之任不可缺，遂敕高士景元范代之。大元至元十八年（1281 年），世祖皇帝降特诏，便安就道，不得辞。比至燕都，六月二十七日无疾化，弟子奉冠履归葬藏真之山。③

第三十九代宗师景元范（？—1262 年），字仲模，句曲人，号架岩先

---

① 《茅山志》卷十二，《道藏》第 5 册，第 608 页。
② 据《宋史》卷四一三《列传》第一七二《赵善湘》记载："赵善湘，字清臣，濮安懿王五世孙。父武翼郎不陋，从高宗渡江，闻明州多名儒，善湘以恩补保义郎，转成忠郎、监潭州南岳庙，转忠翊郎，又转忠训郎。庆元二年举进士，以近属转秉义郎，换承事郎，调金坛县丞。"大约在此时，赵善湘访茅山中高道，得见第三十七代上清宗师汤志道。
③ 《茅山志》卷十二，《道藏》第 5 册，第 608 页。

生。景元范幼依任宗师为侍者。修髯广颡，如古列仙，生平不知酒肉味。嘉熙间，从任公诣都，出住建康天庆观。开庆改元，召为龙翔宫高士，历左右街鉴义。未几，敕充上清宗师。理宗后谢氏如先朝故事，尊以师礼，受大洞毕法，其词略曰："为天下母，敬持坤顺之符，尊道中师，庸受颐真之箓"。时师以元阳观为外靖居焉。景定壬戌（1262 年）十二月二十五日化。

第四十代宗师刘宗昶（生卒年不详），溧水人，号元静先生。刘宗昶师事玉海蒋公，公弟子数十辈，师年独幼，卑顺自牧，冥心道域。宝祐年间，从蒋公造朝，复从游庐山，宿紫极宫。夜闻呼茅山道士曰："天王校录洞中刘子可归矣。"师心怪之。明日，别蒋公去，至金陵。父卒，终丧乃还句曲。一夕，芝生满山，悒悒不乐，人问之，终不言。明年，北兵破四川，朝廷累征不起，深晦其道，以终天年。

第四十一代宗师王志心（？—1273 年），金坛人，号一空真妙先生。王志心弃家学道，师元符知宫汤元载。唯上清宗坛主其法者，世以甲乙次，盖自静一先生始。时开庆宦者董宋臣私于婺之道士朱知常，挈印剑于赤松宫。据《金华赤松山志》记载，朱知常，字久道，号此山。先生通儒学，明释老，平生茹素，尝曰："功名不足挽我，慨从赤松子游，为黄冠师"。自认为是不计功名的修道者。"相公光祖以檄召主茅山玉晨。未几，司徒高士师坦以先生闻于理庙移镇崇禧。次年蒙恩召主佑圣观，迁左街鉴义。凡遇雨旸，祈祷屡应，上悦，迁凝神斋高士。开庆间鞑虏渡江犯鄂渚，于是上命立坛，借阴兵助战，有验，赐左街道录及象简香合杯盘钱币。至景定四年（1263 年）适茅山上清经箓嗣教宗师阙员，上特御笔以先生名为四十一代宗师。"①朱知常是皇上钦定的第四十一代宗师，但却遭到王志心的强烈反对，"师诣阙上言，暴其恶。诏如旧次，敕取印剑还山。众推登坛，挥手谢之。寒暑一衲而已。每凝坐而起，两袖常拂火光。咸淳癸酉（1273 年）九月二日，说谒解去，大众追礼为复正宗师，以补系代之失"②。王志心成为茅山道教认可的第四十一代宗师。

从南宋时执掌教门的上清宗师的生平事迹看，每个人都有自己独特的弘道之路，但他们也有一些值得注意的共同点：第一，他们都出身于茅山附近

---

① 《金华赤松山志》，《道藏》第 11 册，第 75 页。
② 《茅山志》卷十二，《道藏》第 5 册，第 609 页。

地区，但大多生年不详。第二，他们在少年时就开始学大洞毕法，故有着较高的道术，或祈雨求晴有灵；或能炼丹为人治病，活人无算；或为战死者设醮；或能为皇后修罗天醮。第三，他们因掌握的道法而获得朝廷的重视，大多有皇帝授赐的先生称号，有的还担任朝廷道官，例如，邢汝嘉被"孝宗召为御前高士"，任命为太一宫道士，任左街道录职务。第四，他们大多受到帝王的召见，有的以各种理由推辞不去，例如，李景暎因祈雨有验，高宗屡次召见，皆以疾病推辞；徐守经受朝廷累召，但他"守靖真之教，确然不起"，但第二十八代上清宗师蒋景彻、第三十三代宗师邢汝嘉、第三十五代宗师任元阜、第三十八代宗师蒋宗瑛都接受召见，且受到帝王特别的关照。有学者认为"南宋时代的上清派同帝室无密切联系，也许仅仅以茅山为据点接受老百姓之请而设醮祈福、消灾治病吧"①。其实，南宋时上清宗师不仅将上清经法代代相传，而且通过向帝王及百姓传道，与南宋帝王有着较为密切的联系，宋高宗曾下赐资金予以重建战乱中受到破坏的元符宫，使茅山道教宫观建筑逐渐得以恢复。

清代本《茅山全志》卷三收录《静一刘真人道门传派》列出静一派特有的字辈排列顺序：

混靖希景，守汝玄志，宗道大天，得性自尊，克崇祖德，光绍真应，师宝友嗣，永仁世昌，公存以敬，有子必承，能思继本，端拱一成。②

"静一"是北宋著名茅山道士、上清派第二十五代宗师刘混康的谥号。静一派的四十八派字的第一字"混"即取自刘混康之名，说明这是一个尊刘混康为始传祖师的宗派。之后的上清派宗师基本上是按静一派谱系排辈分的：第二十六代笪净之，亦称笪靖之，其中"静"、"净"皆与"靖"同音，但字有改动，当属第二代；第二十七代徐希和的"希"属第三代；蒋

---

① [日]窪德忠：《道教史》，萧坤华译，上海译文出版社1987年版，第244页。
② （清）笪蟾光审编：《茅山全志》序，《藏外道书》第19册，第755页，此派诗有笔误，如"师宝友词""端供一成"，笔者据1983年茅山元符宫出土的戴绍资于嘉靖己丑（1529年）所立《敕真人传派碑》文（杨世华编著：《茅山道教志》，华中师范大学出版社2007年版，第237页）改之。

景彻、李景合、李景暎三代宗师名字中的"景"属第四代；徐守经属第五代；秦汝达、邢汝嘉属第六代；任元阜、景元范属第七代；鲍志真、汤志道、王志心、翟志颖属第八代；蒋宗瑛、刘宗昶属第九代；元代时，许道杞、王道孟属第十代；刘大彬属第十一代。从上清派第二十五代宗师到第四十五代宗师刘大彬，正好与属于静一派的第一代到第十一代相配。王岗通过对玉晨观本《茅山志》的研究认为"至少在元中叶，崇禧宫已在传承静一法派"①。

但他们在《茅山志》中仍是上清派宗师，由于"刘混康在教内很有名气和影响，后世道士为了抬高教派的身价，才奉他为始祖的。组织教派，订立派字，只能是他之后的事"。曾召南《明清茅山宗寻踪》根据《茅山全志》卷三"静一刘真人道门传派"之末所署"嘉靖己丑孟秋灵官戴绍资立石元符宫宗师祠"推测，静一派"至迟在明嘉靖己丑（八年，1529 年）已出现了以'静一'命名的教派，那时起即按此四十八字进行传派了"②。笔者认为，静一派主要以茅山崇禧万寿宫、元符万宁宫、九霄万福宫为基地形成了较为规范化的传承谱系和传承制度，虽然还是延续着茅山宗的嫡传正宗，但随着"三山符箓"在元代的兴起、在明清时的变化和茅山上多教派并存实态而出现了一些与时俱进的新特点。

南宋时还有一些茅山的道士或隐士，他们因喜爱茅山上清经法来此修道。《茅山志》卷十六《采真游篇》还记载了他们的事迹，展示了当时茅山道士的宗教生活样态，在当时社会中有着较大的影响。

傅霄（？—1159 年），字子昂，晋陵人，博古明经，善书，尤精隶古，由儒入道，隶居常州天庆观。高宗召主太一宫祠，乞还茅山，赐号明真通微先生，领山门都道正，住持玉晨观，建雷平院，往来山中四十年，搜访真秘，拯救穷乏，利益甚深，傅霄认为，陶弘景"先生去世后，久无人编录文集。至陈武（'武'当作'后'）帝贞（当作'祯'）明二年（588 年），敕令尚书令江总，始撰文集。先生以梁大同二年（536 年）解驾，至是五十

---

① 王岗：《明版全本〈茅山志〉与明代》，载（元）刘大彬编，（明）江永年增补《茅山志》上册，王岗点校，上海古籍出版社 2016 年版，第 644 页。
② 曾召南：《明清茅山宗寻踪》，《宗教学研究》1997 年第 4 期。

三载矣。文章颇多散落"①。南宋时，傅霄在陶弘景去世六百多年后，掇拾遗文，重编《隐居集》。保留到今天的《华阳陶隐居集》二卷，署名为梁陶贞白著、昭台弟子傅霄编集、大洞弟子陈桷校勘。傅霄于绍兴二十九年（1159年）正月立春日升化。

杨任丁，字亶甲，河北相州人，气貌雄伟。绍兴三十年（1160年），弃官入山，筑庵飓轮峰下，和王杨公存中遣兵士五百人为筑庵基。庵成，先生曰："吾平生未尝求信于人，惟求信于天"，遂名庵曰"天信"。先生精于"变通之道"，盖真隐者也。太宗淳化二年生，孝宗淳熙五年二月十五日卒，寿一百八十有四。

刘道怀，恩州人，时称"蓑衣先生"，齐云庵是其居也。高宗御笔召先生，留守晁公谦之传上意，具书敦请，强起诣阙。时金海陵炀王完颜亮兵临瓜洲，上惧，询以国事，先生直答云："没事没事，南北两家各换主耳。"俄海陵弑，高宗亦内禅。先生年八十四，坐逝于齐云。

陶源静，曹州人，居山之南，同蓑衣先生被召，上表力辞还山，绍兴十八年（1148年）也。时号"陶刘二公"。

陈桷，京口人，号靖真先生。绍兴间任待制，勇决辞禄，肥遁入林，筑八卦台于茅洞之东。石室、像遗存焉。

刘至孝，失其名，咸通里人也。弱冠丧父母，愿终身麻衣，人呼为至孝。住白鹤庙数年，修奉勤瘁。一日修殿于海石榴树下，有物如桃。以冬月非时，争攀之，且无核，人皆弃去，至孝取食，味异美。是晚，复至前所，得物如拳，内绿外红。明日，得如掌者，色味皆如桃，尤珍美。至孝自是不烟火食，远游名岳，不知所终。

刘商，彭城人，居长安，擢第，历台省为郎。性耽道术，每叹："浮荣世宦，于己何益？古贤皆隳官以求道，多得度世。幸毕婚嫁，不为俗累，岂劣于许远游哉？"遂以病免官，道服东游，及广陵，遇一道士卖药，众中见商，目之相异，乃罢药，携手登酒家楼，谈秦汉间事如目睹。商师敬之，及暮下楼，闪然不见。明日访诸城街，剧谈欢醉，出小药囊赠商，戏吟曰："无事到扬州，相携上酒楼。药囊为赠别，千载复何求"。别后，累求之不得。囊中得药九粒，依诀服之，顿觉神爽不饥，身轻醒然。乃过

---

① 《华阳陶隐居集》卷上《寻山志》，《道藏》第23册，第641页。

江，隐于山中，时往来胡父渚。樵者有遇之者，曰："我刘郎中也"。而不知其所止。

温德成（1144—1216年），字韶叟，自称东蒙子，三山长乐人。与晦庵、象山诸先生游。住持玉晨观三十年，立《道藏》。初受度于吴兴计筹山之升元观。嘉泰年间，归主升元。嘉定丙子（1216年）四月示化，年七十二，葬武康县蛟池之西。后十五年庚寅岁，一日乘肩舆过山中八卦台，守庵见而疑，且曰："往东岳检校江东斋醮文籍，因经故山"。时有双鹤飞鸣，若相迎导，索笔留诗而去。明日，守庵持其诗质于崇禧管辖包守明。包识为故人温讲师真迹，大相叹异。

金元范，凝神庵道士，性朴野，未尝闻道法。宝祐元年（1253年），浙江潮犯钱塘，不能禁。元范梦茅君啑符诀，令治潮。明日忘之，是夕再梦。如是三夕，乃诣阙自白。敕有司往试其法。比潮怒至，元范飞符。厉声喝退，潮势却立，自是水不为害。命之道官，赐金帛，皆不顾，惟乞免庵田税租。时相谢方叔（1201—1272年）有"喝退江潮免税还"之句。送之还山。盖实录也。盛称"金真人"云。①

张椿龄，凝神庵道士，晋陵人（今江苏常州），初名行义，字达道，入道后改为椿龄。南宋绍兴年间率徒在茅山中峰下诛茅结庵后，四方学人纷纷前来问道，著有《蒲衣集》②，故又称"蒲衣道人"。张椿龄北宋末年即有社会影响，据《宋史》记载，四川峨眉山道士皇甫坦受诏来临安为显仁皇后治眼疾，受到宋高宗的器重。因此张椿龄与皇甫坦同被宠眷很可能发生在宋高宗时。据淳熙十年（1183年）九月朔，朝散大夫新权发遣处州军州事赞皇李处全（1134—1189年）记并书《茅山凝神庵记》记载：

> 句曲名山，三茅胜地，灵官阆宇，突兀炳焕，甲于江左数千百里。凝神庵居其间，林樾蔽亏，气象深稳，宜高人逸士之所庐也。绍兴癸亥，祠宇宫道士张椿龄与其徒相攸于中峰之下，诛茅结庵，摆落世纷，怡神葆光，为物外之游。性真内融，道腴外丰，秀骨山峙，神锋玉举，望之，真蓬莱方壶中人。学者稍趋归之。声闻帝聪，有诏召对，控辞弗

---

① 《茅山志》卷十六，《道藏》第5册，第622—623页。
② 曾枣庄、吴洪泽：《宋代文学编年史》三，凤凰出版社2010年版，第1667页。

获。既见，上顾劳甚宠，解御服以赐，且命图形于神仙阁。固请还山。先生起草莱，受知圣明，前后六至阙下。壬午视师，亦赐对于行在所，每见加厚。初，太上皇欲易庵为观，先生辞以有观额则事烦，非幽居之宜，故止赐今名。①

绍兴年间，高宗诏见张椿龄时，因对答如流，高宗以示恩宠，当下"解御服以赐，且命图形以神仙阁"，并命宫廷画师画了一幅写真，挂到神仙阁里，前后"六至阙下"。高宗对张椿龄频频召见，恩宠有加，不仅赐"凝神庵"额，还不断资助张椿龄对凝神庵进行扩建，"庚辰岁，建三清殿，像设供具皆上方所制。其后以行宫赐银建天祥阁，奉藏宸翰。又为层屋，置内府赐钟"②，使凝神庵成为茅山中"与尘世隔"的修道场所。后来，元代诗人萨都剌（1272？—1355年）去茅山访道时，由张伯雨陪同游凝神庵，还亲眼看到宋高宗赐蒲衣道人张达道的白羽扇，因时间长了，扇上的羽毛有的已脱落，故作诗《同伯雨游凝神庵因观宋高宗赐蒲衣道人张达道白羽扇》曰："晴日赤山湖水明，湖中山影一眉青，蒲衣道人无人识，羽扇多年落风翎。"③ 庚辰岁（1160年）张椿龄建三清阁殿，里面的神像、供具等都是皇帝下令做好运来的。后来张椿龄又以在茅山建行宫名义，皇帝赐银建了天祥阁，奉藏宸翰，并建层屋，置内府赐钟。乾道壬辰（1172年）赐田三百三十亩有畸，仍命漕浙除其税。《全宋诗》卷二〇五三收有张椿龄诗三首。

张椿龄曾游方天台，大臣曹勋（1098—1174年）与他还有诗文唱酬，如《和茅山张达道》赞曰："茅岫藏清隐，诗仙秀格春。道真渊有妙，素守峻能循。鹤举秋声远，诗成句法新。遥知游咏乐，下笔更如神"。张椿龄离开天台时，曹勋又作《送凝神张先生还茅山》，其中有"君庵三茅何冲融，暮春旅寓凡圣同。同造胜境瞻真踪，弟兄乘云御飞龙"之句，表达了学道的意向。靖康元年（1126年），曹勋与宋徽宗一起被金兵押解北上，后来受徽宗半臂绢书，自燕山逃归后，向宋高宗上御衣书，请求召募敢死之士由海路北上营救宋徽宗，但宋高宗并不认同，曹勋也因此而得不到迁秩，后来还

---

① 《茅山志》卷二十六《茅山凝神庵记》，《道藏》第5册，第671页。
② 《茅山志》卷二十六《茅山凝神庵记》，《道藏》第5册，第671页。
③ （元）张雨撰：《张雨集》下册，彭尤隆点校，浙江古籍出版社2015年版，第737页。

写《寄张达道》表达自己学道的愿望："颇闻云篆经九试，自应太上传三宝。他年芒屦谒凝神，洗心拱听无上道"。可见茅山道士张椿龄在两宋交替之时，"其被遇两宫，荣宠光显"[1]，在当时社会中的特殊影响。

第四节 宋理宗与茅山道教

宋王朝南渡以后，中国政治中心南移。随着江南地区商品经济的发展和印刷术的出现带来的文化普及，科举考试使士族阶层人数不断扩大。南宋社会也由贵族社会逐渐向平民社会转化。南宋帝王受江南文化的熏陶，在积极推进儒学治国的同时，也推进整个南宋社会在政治、经济、文化方面向地方化转向。

从南宋初年开始，占据着江南地区的南宋朝廷通过支持士绅在民间社会的崇道活动，不时地参与着江苏道教的历史进程。在士绅的带领下，江苏社会各阶层人士虽然有着不同的宗教信仰，但或多或少地会参与到由道士主持的带有地方文化色彩的道教节庆或兼容着儒、道、佛、巫因素的庙会活动中，通过祭祀神、鬼、仙和祖先，以及对气、命、运、风水等神秘力量的信仰来表达对道教文化的认同，甚至还会按照自己所属的宗族、社区、乡村的神统、祭祀和信念去重构道教信仰。因此，除那些皇家赐封的官方宫观外，为祭祀地方神祇而导致名称各异的道观在江苏各地的乡镇村落兴起。

南宋王朝吸取宋徽宗崇道亡国的惨痛教训，对道教基本上采取冷淡化的态度，茅山道士一度与南宋帝王往来渐少，直到宋理宗时才重新加强与茅山道教的联系。宋理宗赵昀（1205—1264年）在宋宁宗逝世后，被大臣史弥远（1164—1233年）等拥立为帝。

> 理宗享国久长，与仁宗同。然仁宗之世，贤相相继。理宗四十年之间，若李宗勉、崔与之、吴潜之贤，皆弗究于用；而史弥远、丁大全、

---

[1] 《茅山志》卷二十六《冲隐先生墓志铭》，《道藏》第5册，第671页。

贾似道窃弄威福，与相始终。治效之不及庆历、嘉祐，宜也。①

宋理宗在位时间长达四十年，前十年是在对外向金屈服妥协、对内向人民疯狂掠夺的史弥远挟制下，完全不过问政务，一直到1233年史弥远死后，宋理宗才亲政。宋理宗在亲政之初，立志中兴，采取了罢黜史党、亲擢台谏、澄清吏治、整顿财政等改革措施，史称"端平更化"。从表面上看，宋理宗通过各种方式来推崇在宋代极为流行的儒家理学，端平二年（1235年）诏议将胡瑗、孙明复、邵雍、欧阳修、周敦颐、司马光、苏轼、张载、程颢、程颐等十人列入从祀孔子的名单②，给予在北宋时受到政治压力而处于边缘的理学以正统地位，并确立了理学"道统"在南宋官方"政统"中的合法性。

宋理宗采取一系列措施来确立理学在正统意识形态中的地位，这种推崇理学的做法虽然被后世誉为有"匡直辅翼之功"，故其谥号为"理"，但宋理宗对理学家还是有区别对待的，例如，他将王安石排除在外，表明了他喜好以程朱理学的所宣扬的"三纲五常"来维持社会秩序，而不愿以变法来富国强兵的心态。正因为这种倾向于以道德教化和保守观念来治国，在宋理宗执政后期，朝政相继落入丁大全、贾似道等奸相手中，国运急衰。1234年南宋联蒙古国灭金。淳祐元年（1241年），宋理宗颁布敕令，又以周敦颐、张载、程颢、程颐和朱熹五人从祀孔子，全面接受程朱理学为正统的意识形态。这一转变的形成，既与程朱理学的哲学体系到南宋时臻于完善有关，也与当时南宋与蒙古对峙的社会政治背景相联。1259年，蒙古攻鄂州时，贾似道以宋理宗名义向蒙古称臣，并将长江以北的土地割让给蒙古，不久南宋灭亡。故后人评价，宋理宗的治国效果不及宋仁宗，关键在于他身边缺少"贤相相继"。

宋理宗出于统治南方的政治需要，也依个人的宗教喜好宠信上清派女冠吴知古，是南宋帝王中最为关注与扶持道教发展的，据《宋史·杨栋传》载：

---

① 《宋史》卷四十五《理宗纪》。
② 《宋史》卷四十五《理宗纪》。

时有女冠出入宫禁，颇通请谒，外廷多有以为言者。栋上疏曰："陛下何惜一女冠，天下所侧目而不亟去之乎？"帝不谓然。栋曰："此人密交小人，甚可虑也。"①

当时有女冠吴知古自由出入宫禁，颇通请谒，引起朝廷大臣议论纷纷，以"天下所侧目"为由，李韶、牟子才、杜范、杨栋等大臣纷纷上书宋理宗进行劝谏。如《宋史·李韶传》中载：李韶"劾女冠吴知古在宫掖招权纳贿，宜出之禁庭。帝怒，韶还笏殿陛乞归。"② 杜范上书理宗说："陛下嗣膺宝位余二十年，灾异遣告，无岁无之，至于今而益甚。"他分析原因而以此劝谏理宗进行自我反省："窃意陛下宵旰忧惧，宁处弗遑。然宫中宴赐未闻有所贬损，左右嬺嬖未闻有所放遣，貂珰近习未闻有所斥远，女冠请谒未闻有所屏绝，朝廷政事未闻有所修饬，庶府积蠹未闻有所搜革。秉国钧者惟私情之徇，主道揆者惟法守之侵，国家大政则相持而不决，司存细务则出意而辄行。命令朝更而夕变，纪纲荡废而不存，无一事之不弊，无一弊之不极。陛下盍亦震惧自省。"③ 杜范特别提及"女冠请谒未闻有所屏绝"，认为吴知古也是导致朝政败坏的一个重要原因。杜范上书的目的是期望宋理宗能够"自省"。另外，《宋史·牟子才传》中也记载了吴知古因自己得宠而为侄子吴子聪谋取官职的事件：

吴子聪之姑知古为女冠得幸，子聪因之以进，得知阁门事。子才缴之曰："子聪依凭城社，势焰熏灼，以官爵为市，搢绅之无耻者辐凑其门，公论素所切齿，不可用。"④

这些因吴知古发生的上书事件，从时间上看，大致是在南宋理宗执政的中期。《宋史·理宗纪》中写道："由其中年嗜欲既多，怠于政事，权移奸臣，经筵性命之讲，徒资虚谈，固无益也。"⑤ 宋理宗人到中年在位已久、

---

① 《宋史》卷四百二十一《杨栋传》。
② 《宋史》卷四百二十三《李韶传》。
③ 《宋史》卷四百七《杜范传》。
④ 《宋史》卷四百一十一《牟子才传》。
⑤ 《宋史》卷四十五《理宗纪》。

嗜欲既多、怠于政事，与崇信女冠吴知古，让其在宫中掌管焚香祝天之事有关，由此造成了不良影响。宋代周密在《齐东野语·优语》表达了人们对吴知古的看法："女官吴知古用事，人皆侧目。内宴日，参军四筵张乐，胥辈请签文书，参军怒曰：'我方听䰾栗，可少缓。'请至三四，其答如前。胥击其首曰：'甚事不被䰾栗坏了。'盖是俗呼黄冠为䰾栗也。"① "䰾栗"是宋代人对黄冠道士的俗称。当时宫廷人在内宴上通过演戏来讽刺吴知古干预朝政，并扩大到对整个黄冠道士群体的贬评。朝廷内外对吴知古的种种贬评，从一个侧面反映了面对当时南宋社会出现的各种危机，朝臣多借吴知古事件来劝谏宋理宗整饬朝政。

然而，吴知古的生平事迹正史上并无详细记载，只是在《历世真仙体道通鉴》卷四十一《聂师道传》中出现了"吴知古"的名字：

> 门人邹得匡、王处讷、杨匡翼、汪用真、程守朴、曾景霄、王可儒、崔绰然、杜崇真、邓启遐、吴知古、范可保、刘日祥、康可久、王栖霞等，皆为入室弟子，传上清法，散于诸州府，袭真风而行教。朝廷皆命以紫衣，光其玄门。②

由此可知，这个吴知古是唐五代上清道士聂师道五百弟子中的一个，与上清宗师"王栖霞"同门，并传上清经法。而与理宗交往的吴知古是南宋人，可见两者并非同一人。另据《南村辍耕录》记载："一山崔嵬，作观堂，为上焚香祝天之所。吴知古掌焚修，每三茅观钟鸣，观堂之钟应之，则驾兴。"由此可以推测，南宋理宗时，宫中后苑中有三茅观，吴知古道士在观中掌管焚香祝天之事，可自由出入宫廷，私下"请谒"宋理宗前后持续至少十年之久。③ 这与宋理宗对道教，尤其是对茅山道教的信奉是会有些影响的。

---

① （宋）周密：《齐东野语》卷十三《优语》，中华书局1983年版，第245页。
② 《历世真仙体道通鉴》卷四十一，《道藏》第5册，第334页。
③ 这是根据李韶、杜范上书时间的推测，在李韶上书之前，吴知古就已经受宠，而李韶上书的时间大约是在端平元年至嘉熙二年（1234—1238年）年间。后来，杜范再次上书的时间大约在嘉熙四年至淳祐二年（1240—1242年）年间。杜范上书之后，吴知古还在受宠，因此，吴知古事件前后持续至少有十年之久。

南宋时，有关茅山道教的记载要少于北宋，虽然有十六代上清宗师相继传承，其中也不乏以道术名世而受到朝廷征召并赐号者，但除第三十八代上清宗师蒋宗瑛校勘《上清大洞真经》，注释《大洞玉经》十六卷之外，少有著述传世，南宋茅山道教在教义思想建设上无甚进展。

蒋宗瑛之所以受到南宋王朝的重视，一是因为其自身的道教修养；二是因为其生活在宋理宗时代。在今天茅山元符宫第七层台上还横躺着一块刻有"宗坛"二字的宋上清宗坛碑。这是南宋理宗皇帝赵昀为褒奖上清宗师蒋宗瑛久雨祈晴有功而御书赠送的。碑身为青石，长2.6米、高1米、厚0.2米，上面原有"上清宗坛"四字，每字大约有一米，笔力遒劲，其字为茅山所有碑刻之最。原碑放置在元符万宁宫最上一层"宗坛祠"上。"宗坛祠"，俗称九层台，上祠上清历代宗师。[①] 宗坛祠毁于清咸丰年间，大概是因为石刻重逾千斤，无法搬运而保留了下来。

从《茅山志》中保留的《宁宗赐号王景温》《宝庆易如刚先生敕牒》《理宗金箓投龙玉简词》《淳祐加封广济庙龙神诰》《淳祐加封三茅真君诰》等诏诰可见，茅山道教仍然很受统治阶层的青睐。据《理宗金箓投龙玉简词》记载，宋理宗时为保延国祚，祈求子嗣，还曾命道士在茅山元符万宁宫建灵宝道场，之后所举行的金箓斋仍谨依旧式，诣上清宗坛、华阳洞天，投送金龙玉简。投龙简仪作为国家祭祀中的重要仪礼，反映了宋理宗与茅山道教的互动关系，也带动了宫中皇后对茅山道教的重视。宋宁宗杨皇后于嘉定六年（1213年），宋理宗谢皇后于开庆元年（1259年），也先后遥礼茅山第三十四代宗师薛汝积、第三十九代宗师景元范为度师而受箓。

1985年秋，茅山道院重新建造九霄万福宫三天门飞升台时，修建工人在清挖台底基石时，在台底的座下1.65米深处挖得一块雕花四方青石板，揭开青石板，发现石板下放有玉简一块，玉简长23.3厘米、宽13.3厘米、厚近1.7厘米，全称为《理宗金箓投龙玉简词》。上面有南宋理宗皇帝御书于"嘉熙元年（1237年）九月"的字样。将玉简埋入茅山大茅峰之巅的飞升台底，宋代前称此为"天市坛"，此是中国古代帝王流行之"埋舆法"，意即告盟天地，诞集嘉祥，祈祷九天，护国安民，使皇图茂延百世而致太

[①] 《茅山志》卷四，《道藏》第5册，第572页。

平。早期道教中即有崇拜天地水三官的信仰：天官赐福、地官赦罪、水官解厄。在举行黄箓斋、金箓斋后，将写有道教符箓的玉简或埋于山顶，或投于洞中，或投于水中，以祈求天地水神灵保护社稷平安、百姓幸福长寿，使天地水三官信仰与洞天观念紧密联系起来①。后来茅山道教历经沧桑，九霄宫三天门飞升台也几易其名，但宋理宗投送的"玉简"却静静地躺在台底不与世事纷争。后经考证，"玉简"文字内容与《茅山志》中所记《理宗金箓投龙玉简词》相似。这些也都反映了南宋时，茅山道教所具有的皇家道场的特殊地位。

宋理宗还在宋哲宗提出的南方道教"三山鼎峙"的基础上，于嘉熙三年（1239年）命第三十五代天师张可大（1209—1263年）提举三山符箓兼御前诸宫观教门公事，主领龙翔宫②，成为统领江南龙虎山正一符箓、茅山上清符箓和阁皂山灵宝符箓的首领，这一做法正式将上清派茅山宗归拢于正一道。虽然在将茅山归入"三山符箓"时，抬高的是张天师领导的"龙虎正一"，但也给予了茅山道教以特别的支持。正一道在朝廷的扶植下成为江南诸派道教之首，还要归功于活动于苏南吴地的一批道士，如陈希微、申元道、戴省甄、易如刚、应锡智、蓑衣先生、呆道僧、孙锴祥、梁亮、程若筠、邓道枢、徐道明等，他们中有的受到帝王重视，有的在地方官吏支持下建造了一些新道观，扩大了正一道在江苏的传播与影响。

宋理宗大力倡导并在社会中推行《太上感应篇》也是值得关注的南宋道教发展的新动向。南宋初年以"祸福无门，惟人自召；善恶之报，如影随形"十六字为纲领的《太上感应篇》已在社会上流传，但直到绍定六年（1233年），临安天一宫道士胡莹微刊印《太上感应篇》并撰《进太上感应篇表》，请求宋理宗以行政权力将该书"推行而传远"。宋理宗阅后颇为欣赏，亲手为其刊本题了"诸恶莫作，众善奉行"八字，命临安太一宫依据旧存《道藏》中的内容进行刻印以推广发行③，才引发了后来道教中陆续出现了《太微仙君功过格》《文昌帝君阴骘文》《关圣帝君觉世真经》等种类繁多的劝善书。这也促进了南宋茅山道教比较注重借鉴儒家的忠孝伦理，吸

---

① 参见［日］宫川尚志《天地水三官と洞天》，日本道教学会编《东方宗教》1991年，第78号。
② 《历世真仙体道通鉴》卷十九，《道藏》第5册，第213页。
③ 《道藏》第27册，第2页。

收禅宗的明心见性,将上清法箓与内丹修炼相融合,通过树立新神灵,开展斋醮科仪活动,既适应帝王的特殊需要,也适应普通民众的精神需要和礼仪风俗,这种"以礼驭俗"的倾向推动了茅山道教向伦理化方向发展,从保留至今的有关茅山道教的文献和实物可见一斑。

第十一章
元代道教新格局在江苏形成

南宋至元朝是江苏道教新格局形成期。南宋末年，在宋理宗的诏命下，第三十五代天师张可大受命提举"三山符箓"，但不久之后，元世祖忽必烈于至元十三年（1276年）灭南宋，建立元朝。元朝定都北京，用儒家《易经》中的"大哉乾元"命名国号，制定了最精确的历法《授时历》，为了更好地统治遥远的南方，同时开通漕运和海运以打通南北交通。忽必烈为了更好地控制远离朝廷的江南地区，敕命第三十六代天师张宗演主领三山符箓。这使原在江南地区传播龙虎山天师道、茅山上清派、阁皂山灵宝派等新老道派呈现出合流的趋势，逐渐归并为共尊张天师为正一教主的正一道，直接影响了茅山道教的发展方向。1295年，元成宗铁木耳（1265—1307年）因欣赏老子的"玄之又玄，众妙之门"的思想而崇信道教，将"玄妙"二字赐给苏州天庆观，改称为苏州玄妙观。玄妙观作为元朝钦定的正一道观后在明清时发展为"江南第一观"。在北方传播的全真道因王重阳的弟子丘处机为成吉思汗讲道，受到了成吉思汗的信赖而迅速崛起。元朝建立后，丘处机被授予主掌天下道教的权力。随着北方全真道在帝王支持下由北方向南方传播，全真道观在江南开始兴建，并推动着江苏道教从上清派茅山宗占主导地位而逐步转变为全真、正一两大道派共存的格局。

第一节 正一道主领江南道教

从江苏道教的发展来看，东晋以来就形成的众多道派，经过南朝隋唐两宋的历史发展，到宋末元初时，一些兴盛，一些衰退，延续下来的各道派大多依山头或都邑而分布。江苏道教依旧以茅山为中心在苏南环太湖地区传播，但张天师以江西龙虎山为中心而嗣教，在江南民间社会中传播，也影响到茅山道教的发展方向。据孙克宽研究，"元代南方道教人物大致分为三类：其一是在朝的也是职业的道士，这是龙虎山天师一系的玄教教徒，和附属他们的'三山'道场的真人高士之流。其二是以江湖道士的姿态出现，修炼仙道讲求炼丹方法，即所谓南宗一派的丹士，与以法术炫耀来祈雨、'平妖'创出五雷一派的法师们。他们或托庇名流大姓，搞丹术，或栖息山林，自高身价，诱人尊奉。其三是挂籍道士，但爱好文学，依附名人，本身有较高的文艺修养，混迹于豪门大族倡导的联吟雅集之中，以高士、山人的姿态活跃在社会上，这就是所谓文学道士一类了"[①]。以张天师为掌教的正一道能够主领江南道教，首先是统治者的持续支持，宋理宗时就诏命第三十五代天师张可大受命提举"三山符箓"，传度正一法箓和开展正一科仪的做法奠定了龙虎山在江南道教中的宗主地位，到元代时得以发扬光大，对茅山上清宗坛开展上清法箓的传度活动意义深远。其次是民间百姓将张天师视为降魔驱鬼的教主而加以崇拜。最后是正一道以符箓斋醮为中心将在南方民间活动的各种新符箓派吸收进来而占有主导地位。在这样的背景下，江苏原有的道派如何在元朝的宗教政策引领下归为正一道？正一道又如何主领江南道教？对正一道与江南地域社会关系进行深度研究，也是突破传统的江苏道教乃至中国道教研究的一个新方向。

　　元世祖忽必烈为了更好地统治远离北方的江南地区，即位当年就召见张宗演（1244—1292年），待以客礼，称其为"嗣汉三十六代天师"，以官方名义正式承认张陵子孙为"天师"，并对他说："昔岁己未，朕次鄂渚，尝令王一清往访卿父，卿父使报朕曰：'后二十年天下当混一。神仙之言，验于今矣'"[②]。于是特赐张宗演玉芙蓉冠、组金无缝服，袭掌三山符箓，赐号"演道灵应冲和真人"，准许其主领江南道教事，可自给牒度人为道士。据《元史·世祖本纪》至元十七年（1280年）七月记载：

[①] 孙克宽：《寒原道论》，联经出版事业公司1977年版，第270页。
[②] 《元史》卷二百二《列传》第八十九《张宗演》，中华书局1976年版，第3027页。

遣中使咬难历江南名山访求高士，且命持香币诣信州龙虎山、临江阁皂山、建康三茅山，皆设醮。①

元世祖之所以尊崇正一道，一方面是因为由天师道发展而来的正一道长期在江南传道，人心悦服，民情融洽，若欲收揽民心，对正一道予以优惠无疑是管理江南的一个方便法门；另一方面，江南百姓素信张天师可以其法力驱鬼治病，这也切合了元代帝王的统治民众、安宁社会的需要。在此之前，张道陵之后的历代嗣教者虽自称"天师"，民间百姓也以此尊称他们，但宋代皇帝仅赐给他们"先生"称号。元世祖忽必烈接见张宗演，正式承认"天师"的称号。此后，从第三十六代天师张宗演到第四十一代天师张正言等历代天师嗣位时皆沿例赐封为"真人"，尊称为"天师"，袭掌三山符箓，"终元之世，江南掌教皆其后裔，而张留孙，吴全节复更迭为大宗师"②。正一道掌江南诸路道教事，获得了前所未有的殊荣。

从民间的宗教认同看，正一道有在家修道的传统，元朝建立后，有一些不想入仕元朝的儒者隐居于江南都邑或山林研习道教，也适应了士绅学道的精神需求。俞琰（1253—1316年），字玉吾，自号全阳子，吴郡人，本是儒家学者，一生熟读经、史、子、集，以词赋著称，人称"石涧先生，吴中老儒也"。宋亡之后，俞琰不复有仕进意，隐居苏州林屋山，因其居所旁有一石涧，故"自号石涧道人，又称林屋洞天真逸"③。俞琰寄迹尘间，刻苦研《易》三十余年，正是抱有这种为学勤奋的态度，《道藏》中收录有俞琰著《周易参同契释疑》《周易参同契发挥》《易外别传》《吕纯阳真人沁园春丹词注解》《黄帝阴符经注》等，展现了以易学来指导修炼神仙还丹之道，故被称为"易学中的道教易"④。俞琰强调"丹法至简至易，但举东方青龙之魂，以合西方白虎之魄，则东西既无间隔，自然龙虎交媾，而魂魄相投产紫金也"⑤。俞琰由儒入道所形成的隐逸之风，为正一道在江南士绅中

---

① 《元史》卷四《世祖本纪》。
② （清）陈铭珪：《长春道教源流》卷七，《藏外道书》第31册，第119页。
③ （清）纳兰信德：《石涧俞氏〈大易集说〉序》，载闵泽平译《纳兰信德全集》第4册，新世界出版社2014年版，第195页。
④ 萧汉明、郭东升：《周易参同契研究》，上海文化出版社2001年版，第215页。
⑤ （宋）俞琰：《周易参同契发挥》卷三，《道藏》第20册，第209页。

传播提供了文化氛围。

　　从元代道教的发展来看，在两宋时兴起的新符箓派也传到江南地区，一些道士创建道观进行传道，在形成自己的传法世系的过程中，不断地与以张天师为代表的正一道相交集。据《元史·释老》《乾隆苏州府志》《吴中人物志》记载，有周文英、邓道枢、古无极、莫月鼎、周详、王可交、张善渊、步宗浩、黄孤山、金善信、周静清、侯顾轩等道士在苏州传道，反映了新符箓派在苏南地区的传播并对正一道发展的影响。

　　周文英，字紫华，号梅隐，据说是宋代理学家周敦颐的后代，有道人幸先生过吴城至紫华家，见紫华读《参同契》曰："少年读此，何为？其有所悟耶？抑有所慕耶？"紫华曰："心有所慕耳，未知所悟。"先生曰："子有夙契，可与语。"然后夜晚留宿其家，教其炼丹术，达旦，留诗别去。从此周文英闭门静坐，修炼内丹，手校道经丹书灵宝诸家斋科，参授雷渊黄真人清微秘旨。最后周文英"敛衽端坐而逝，若委蜕焉"[1]。这些记载从一个侧面说明，正一道较为宽松的戒律和在家修道的方式也得到好道者的认同。

　　邓道枢，本为蜀人，在元朝初年来到吴地后，将自己的栖居之所创建为道观，取名会道观。"邓道枢，字应叔，绵州人，以斋科精严，际遇理、度两朝。端平甲午，随魏了翁出蜀居吴。郡守赵与筹俾住持文昌宫，宋亡得上官氏废圃，于城东为栖息所，名会道观。时浙西按察使阎公子静、徐公子方辈皆与道枢游。道枢工诗，有《东游集》，尤善鼓琴。"[2] 邓道枢擅长道教科仪："昔者邓君斋科精严，朝禁眷委，逮乎高峰之青章，既吁松关之黄头，终突退藏于兹道。"故茅山道士也有来苏州与之交往，如邓道枢《送林道士归茅山》曰："多载事茅君，麻衣与葛巾。眼知人贵贱，心炼己形神。丁甲常为使，王侯不得臣。华阳归洞晚，芝草几回春。"[3] 明成化十二年（1476年）张复淳主持重修会道观。据明代文学家祝允明（祝枝山）撰《会道观修建记》记载，新修后的会真观"有若三清殿，有若玄帝殿，有若山门，有若夹庑，皆一日鼎成，完满弘壮。彩土塑像，玄金铸炉，洎诸法筵供具，

---

[1] （明）张昶：《吴中人物志》卷十一，台北：学生出版社1969年版，第438页。
[2] （明）张昶：《吴中人物志》卷十一，台北：学生出版社1969年版，第437页。
[3] 《茅山志》卷二十九，《道藏》第5册，第688页。

亦复种种严备"①。同时，邓道枢所行的斋醮科仪也通过张复淳及弟子流传下来，踵其席者越二百年："今张师天抱既超，宗授尤异，盖自莫月鼎传之张雷所，张雷所传之步云冈，步云冈传之周鹤林，周鹤林传之郭本中，郭本中传之张秋谷，张秋谷传之郭绍林，师则绍林之上足也"②。有弟子缪德安、杨德铭、孙德钦，孙的再传弟子吴明椿、宋明潮等。他们以符箓科仪服务于当地民众并融入苏州正一道之中："远躅邓君，近武诸祖，祝釐行道，葳事日严，雷霆斗曜，调元化于雨旸，笙鹤龙鸾，接群真于寥廓。俾其良者扬玄风于世外，亚者守弘业于无穷，度几神鉴人钦，以不负昔人事。"③嘉靖二十年（1541年）长洲县令吴世良又捐俸修葺，因道观位于新县学北，势若拱卫，故更名卫道观。卫道观在明清时经多次修缮而保存到今天。

莫月鼎（1226—1291年？）是宋末元初道教神霄派的代表人物之一，《元史》卷二百四十三《释老》有其传："莫起炎，字南仲，湖州人，后更名洞乙，自号为月鼎"。莫月鼎到蜀地青城山修道后回到苏州传道。《吴中人物志》对其学道情况作了解说："莫月鼎，讳起炎，吴兴人，生宋宝庆丙戌，少慕玄学，至青城山见无极徐真卿授以雷术，又闻建昌邹铁壁得王侍宸斩勘法，委身童隶事之。"④但明初宋濂撰《莫月鼎先生传》则说莫月鼎是浙江湖州月河溪人：

> 莫月鼎，讳起炎，湖州月河溪人。高祖俦，宋政和壬辰进士第一。祖庆，父濛，连起为显官。月鼎生而秀朗，肌肤如玉雪，双目有光射人。习科举业，三试于有司，不利，乃绝去世故，从事于禅观之学，胁不沾席者数年。已而，著道士服，更名洞乙，自号为月鼎，入青城山丈人观，见徐无极，受五雷之法。又闻南丰有邹铁壁者，得王侍宸《斩勘雷书》，秘不传。乃亟往求，委身童隶事之。会邹病革，将遣去，月鼎拜且泣，具以实告。邹惊叹，即以其书相授。⑤

宝祐年间，浙河东大旱，马廷鸾方守绍兴，迎致月鼎。月鼎建坛场，瞋

---

① 吴亚魁编：《江南道教碑记》，上海辞书出版社2007年版，第157页。
② 吴亚魁编：《江南道教碑记》，上海辞书出版社2007年版，第157页。
③ 吴亚魁编：《江南道教碑记》，上海辞书出版社2007年版，第158页。
④ （明）张昶：《吴中人物志》卷十一，台北：学生出版社1969年版，第440页。
⑤ （明）宋濂：《宋濂全集》第3册《宋学士文集》2，浙江古籍出版社2014年版，第710页。

目按剑，呼雷神役之。元世祖至元己丑，遣御史中丞崔彧求异人江南，物色获之。莫月鼎以雷法获得帝王赞赏，并让其掌道教事。莫月鼎虽以年耄相辞，但继续在江南传道。

再翻阅《历世真仙体道通鉴续编》，可见有关莫月鼎所学道法的记载更为详细："酷慕道法神仙家之说，乃与同郡西野沈震雷真人同师事铁壁邹真人，得侍宸王真君《九天雷晶隐书》，由是名著当时。至若会稽混融韩公、钱塘杨和玉蟾川诸公，望重当代，为道法所宗，皆炷香座下，由是道法愈重。"① 王侍宸即神霄派创始人王文卿（1087—1153年），其著述甚丰，弟子众多，所传神霄五雷法广播江南。莫月鼎通过铁壁邹真人而得"召雷雨，破鬼魅，动与天合"的神霄五雷法，成为王文卿的再传弟子。

莫月鼎返回吴中后，住苏州城内其弟子王继华家，将呼雷请雨术运用到社会生活中而产生实际影响。元世祖"至元丁亥（1287年）被召赴阙下，符法阐扬，雷雨在指顾之间。一时名动京师，奔走后先者如云如堵。有不远数千里及门而求道者，有奉束修五十缗，师受之。一日，袖之而去，遇酒肆陋者乃入。见贫寒者济之，有老病孤弱者必以物与之。及晡而还，缗皆罄矣"② 但《吴中人物志》与《元史》却记载，莫月鼎是被元世祖遣御使中丞崔彧奉诏江南求异人而召至京师的："至元戊子（1288年）中丞崔彧奉诏江南，起觐京师，祈禧有异验，赐宴光禄，暨命典道教事，力辞南归，抵吴城光荡巷，学者填门。"③ 皇帝命其敕掌道教事，但莫月鼎以年耄辞，佯狂避世，不妄与人交，但却经常助人治病，人称"莫真官"，意谓其能主地上鬼神。元代文学家李孝光（1285—1350年）撰《莫月鼎画像赞》以赞扬莫真人的神异之功。④

明初宋濂撰《莫月鼎先生传》也详细地介绍了莫月鼎在江南传道的事迹，其中特别提及其弟子王继华、潘无涯："月鼎所授侍宸诸书，宝秘一如邹，不轻授人。惟继华及无涯潘氏得其传。余有求者，随其器小大浅深，自撰符箓与之，亦多验。继华授张善渊，善渊授步宗浩，步宗

---

① 《历世真仙体道通鉴续编》卷五，《道藏》第5册，第447页。
② 《历世真仙体道通鉴续编》卷五，《道藏》第5册，第447页。
③ （明）张昶：《吴中人物志》卷十一，台北：学生出版社1969年版，第441页。
④ （元）李孝光：《李孝光集校注》，陈增杰校注，上海社会科学院出版社2005年版，第75页。

浩授周玄真，皆解狎雷致雨云。而玄真尤号伟特，若行醮法，能使群鹤回翔坛上云"①。莫月鼎不轻易授人道法，其弟子王继华、潘无涯之事迹也不详。另外，元代王惟一在《道法心传》中说："余平生参尽雷法，未有若月鼎莫君先生之说如此之明也。"② 可见王惟一亦是莫月鼎的弟子，并将自己所学神霄雷法传播到南宗："王惟一流风所被，道教内丹南宗一系，至四祖陈楠开始，兼传神霄雷法"③。这是值得关注的宗派交融现象。

莫月鼎因人施教，有一些语录、诗词和书符口诀通过门人记录而在宋元符箓派法术集《道法会元》及元代彭致中集《鸣鹤余音》等书④中保留了下来："门人中有道材法器者，辄循循以进之。其于雷霆之奥，发扬底蕴，开示来学者多矣。使者一符形，每授门人，各有不同，是乃真人自立法以证派源。考其玄微，同归一致。自侍宸王真君演道以来，惟真人与西野沈真人二派支流衍迤，盛于西江，昌于东吴。扶教泽民，莫有甚焉"⑤。在元代道教神霄派中，莫月鼎一系因弟子众多，最为昌盛："得其道者，吴下张雷所、王继华、金静隐、马心吾，江东许无心、陈静佳，今传法曰周玄真。玄真得之步云冈，云冈实得之雷所"⑥。莫月鼎及弟子活动于苏州一带，以符箓雷法传道，形成了自己的神霄派传承。

尤其是王继华的弟子张善渊在苏州名声渐著，"张善渊，字深父，号癸复道人。吴之华山人。其伯父崇一始为道士，得易真人如刚灵宝飞步法，称为张雷师。宋尚书包恢荐于朝，命主郡之天庆观。故善渊从其学，辄能捕逐鬼物，呼致雷雨。郡守潜说友举住建德永隆宫，再住平江光孝观。世所谓道法药术，凡四方有一术一法之异，必究极其妙。莫月鼎、侯清谷时为道门所宗，咸异重之而乐授所秘。元至元间，元世祖诏天下举山林有道之士。嗣天师以善渊荐，乃与弟子步进德（步宗浩）入朝。……命为平江道录，住持天庆观。又改绍兴昭瑞宫、镇江道录。吴有水旱，必求拯于善渊，皆出而

---

① （明）宋濂：《宋濂全集》第 3 册《宋学士文集》2，浙江古籍出版社 2014 年版，第 711 页。
② 《道法心传》，《道藏》第 32 册，第 420 页。
③ 李远国：《道教符箓派诸宗概述（二）》，《中国道教》1998 年第 3 期。
④ 有关莫月鼎的具体著述可参见许蔚《〈一气之妙·满江红〉考述暨莫月鼎遗说辑证》，《国学学刊》2020 年第 2 期。
⑤ 《历世真仙体道通鉴续编》卷五，《道藏》第 5 册，第 447 页。
⑥ （明）张昶：《吴中人物志》卷十一，台北：学生出版社 1969 年版，第 442 页。

应，未尝失期，寿九十二而逝"①。张善渊有两大弟子步宗浩、金善信，他们以行神霄雷法扩大了正一道在江南民间社会的影响。

其一步宗浩，字进德，号云冈，早习儒，中岁始慕道，从张雷所于玄妙观授回风混合大洞真诠、上清灵宝三五飞步之秘、碧潭斩勘之书。如有祈祷雨旸，呼召鸾鹤，在乎掌握，驱邪救患，甚多灵迹。延祐间，制授贞元微妙弘教法师，其弟子周玄真、杨中立。②

其二金善信（1273—1331年），字实之，长洲人，本为儒家子，生而雅好老氏之学。当时玄妙观有张雷师能以符箓捕逐鬼物，因事之，乃冠其冠，执弟子礼。及闻莫先生洞一者，嗜酒醉辄诟骂人，呼雷役云，狎亵如儿戏，善信尤尊事之，尽得其不传之秘，遂构仁寿观于城东北隅。日与其徒研核妙旨。"善信受知于嗣天师留国公，起为广德路道录，住仁寿观，闻之于朝，玺书为之加护，畀以体仁守正弘道法师之号。"③ 金善信所师事的嗣天师留国公即第三十八代天师张与材（？—1316年），据《元史》记载：大德"八年，授正一教主，主领三山符箓。武宗即位，来觐，特授金紫光禄大夫，封留国公，锡金印"④。金善信的师承也展现了正一道在苏州的影响。

另据《乾隆苏州府志》记载，普福宫在至元年间由第三十六代天师张宗演弟子周静清创建。周静清本名周隆孙，常熟双凤（今江苏太仓）人，因从小好道，后至龙虎山拜张宗演为师，学成之后，回家乡创建普福观。至元年间敕授"清宁抱一凝妙真人"，尝提点平江路道录。周静清因普福观内"有芝生四十二茎，长二尺许，敷舒间金缘而生"⑤，写信向领江南诸路道教的正一教主张与材天师汇报。张与材特作《玉芝祠记》认为这是周静清因修道而感动玉皇大帝下降灵芝赐以祥瑞，并手书"双凤福地"匾额赠送，可见常熟普福观作为正一道在江南新建宫观中的重要性。周静清将张天师手书"双凤福地"做成横匾挂于普福观的棂星门上，"玉芝祠"的雅号由此名声远

---

① 《乾隆苏州府志》十，《中国地方志荟萃·华东卷》第5辑，九州出版社2017年版，第152页。
② （明）张昶：《吴中人物志》卷十一，台北：学生出版社1969年版，第448页。
③ （明）张昶：《吴中人物志》卷十一，台北：学生出版社1969年版，第450页。明初宋濂撰《体仁守正弘道法师金君碑》对金善信的事迹作了更为详尽的记载（罗月霞主编：《宋濂全集》第1册，浙江古籍出版社1999年版，第149页）。
④ 《元史》卷二百二《释老传》。
⑤ （明）张昶：《吴中人物志》卷十一，台北：学生出版社1969年版，第451页。

播。至大三年（1310年），元武帝特赐额"大玄元普福观"。周静清将手书"敕建普福宫"做成金匾挂于普福宫大门上，并在宫中建凌霄宝殿供奉玉皇大帝，两侧还陪供太白星君、千手观音、托塔天王、二郎神及雷、电、风、雨等天界神灵，又称"神霄万灵阁"。周真人本人，未必是全真道士，但从元代大臣曹元用《周真人道行碑》曰："又建正乙、全真一堂，以接四方云水之士"一句，可知其时苏州（常熟）境内或有全真道士活动的踪迹。[①]

延祐四年（1317年）周静清蜕化，其弟子周应灵主事，嗣周静清提点普福观，"增饰规制，更观为宫，授葆真凝素崇道法师，玺书宠锡"[②]。后来姑苏道士席应珍也曾"主常熟普福宫"。龙虎山正一道在元代时就通过培养弟子，在苏锡常一带新建或重建道观来扩大其在江南的影响。

致道观在常熟县治之西，地处虞山之阳，相传梁天监二年（503年），天师十二代裔孙张道裕在此开始筑观，号曰"招真治"，后成为常熟境内道教圣地。据明代傅玉良撰《（致道观）朗吟亭记》记载："虞山为常熟镇枕于山麓者曰致道观，观有七星桧，嗣汉天师十二代孙张道裕炼丹井之胜，竹树周布，清奇为邑最。"[③] 宋政和七年（1117年）敕赐"致道观"，因门临通衢，上书"虞山福地"，到元代时其声望名气已在白鹤观和灵应宫之上。

通过修建或重新道观，这使得正一道在江南道教中的首领地位日渐巩固，到元代中后期，以张天师为首领的龙虎宗逐渐成为南方道教的重心，唐宋盛极一时的茅山宗因失去了"符箓三山"的主导地位，与江南的新旧符箓派逐渐同化，在元代时形成一个与北方全真道相并列的南方正一道。正一道成为当时南方道教诸派中发展最盛，势力范围最广的一个派别，有着悠久历史的茅山道教也受其影响而归入其中。

第二节　茅山宗延续上清法箓

从朝廷的宗教政策看，根据元世祖的诏命，历代正一天师以正一道为

---

① 吴亚魁：《江南全真道教》，上海古籍出版社2012年版，第310页。
② 《中国地方志集成·江苏府县志辑》第22册《光绪常昭合志稿》，凤凰出版社2008年版，第710页。
③ 吴亚魁编：《江南道教碑记》，上海辞书出版社2007年版，第476页。

名来统括江南符箓派的教务，使原在江南地区传播的龙虎山天师道、茅山上清派、阁皂山灵宝派等逐渐归并为正一道。正一教主领江南道教各派宫观的赐额，道官、道职的任命，以及道官封号的赐予等，皆须经张天师的首肯，大大提升了张天师的社会地位，也使龙虎宗的发展一时超过茅山宗和阁皂宗。历史悠久的茅山宗虽作为江南道教三大符箓派之一归宗龙虎山，但依然延续着自己的上清法箓。从《茅山志》看，元代茅山上清宗师的传承共历五代：

王志心→翟志颖→许道杞→王道孟→刘大彬

第四十一代上清宗师王志心主要活动于南宋时期，元朝建立后不久就仙逝了。

第四十二代上清宗师翟志颖（？—1276年），号观妙先生，字同叔，丹阳人，"年十三，入华阳洞之西便门，遇道士坐石上，指石壁题名谓师曰：'汝姓名在宗师之列。'因顾石壁，失其人。及长，果嗣法主之任"[①]。翟志颖清容慈俭，唯道是从，始自永嘉迎玉海度师还山。翟志颖掌教期间，正值元兵于乙亥岁（1275年）下江南，他将宋徽宗赐予茅山的九老仙都君印、剑等珍宝藏匿起来。第二年即至元十三年（1276年）六月二十四日，翟志颖仙逝。

历史文献中有关王志心、翟志颖的记载都很少，但近年来茅山陆续发现的一些碑刻提供了新资料，例如1992年12月初在马来西亚茅山教五馆总坛的独资捐助下，在破土重建茅山积金峰南的元符宫时，在台基石板下发现了两块有关翟志颖修建元符宫的石碑。据李勇刚的《新发现记载茅山元符宫万寿台历史的两块石碑》研究：

第一块碑是南宋度宗咸淳八年（1272年）十月一日茅山上清经箓第四十二代嗣教宗师观妙大师翟志颖撰文并立碑。其碑高六十厘米，宽七十厘米，厚九厘米，时任茅山元符宫副灵官张天泽用楷书撰写的碑文，字大如枣，自右而左，分十五行整齐排列，共计180字，以工整的书刻记录了茅山元符宫万寿台修建之事：

[①] 《茅山志》卷十二，《道藏》第5册，第609页。

茅山元符宫万寿台为南宋孝宗乾道（1165—1173年）年间，山中知宫道士贺从道舍衣钵所创建，初名祖坛，后不久其坛被毁，至南宋度宗咸淳八年间，茅山上清经箓第四十二代嗣教宗师观妙大师翟志颖管辖元符宫道教事务，故而统领道众募化信缘，用工展拓其地东西十五丈，南北五丈，崇叠基址，连接殿墀，于上重新建立皇坛一座，并疏台侧两池，映带左右，以安镇国祚，朝礼天真，修祝万年景福，伏愿天地清明，阴阳交泰，年谷丰登，宗教兴隆。①

元代时，茅山因自然环境的清幽安宁，远离世俗纷扰，成为人们隐居修道之佳地。位于茅山积金峰南的元符宫，又称元符万宁宫，是茅山道教著名的"三宫"之一，立于元符宫内灵宫殿后的万寿台，为南宋道士贺从道舍衣钵所创建，最早称为"祖坛"，后不久其坛被毁。当翟志颖管辖元符宫道教事务时，统领道众募化信缘，在原有地址上重新修建了一座皇坛，以作安镇国祚、朝礼天真之用，后因历经沧桑而日渐倾毁。查阅元代刘大彬撰《茅山志》卷二十六中有资政殿大学士金紫光禄大夫醴泉观使兼侍读上柱国南阳郡开国公食邑四千户食实封一千户臣蔡卞奉诏撰《茅山元符万宁宫记》，此记于"咸淳七年岁次辛未二月旦日，赐紫观妙大师敕差茅山上清经箓四十二代嗣教宗师、管辖元符万宁宫事　臣翟志颖重立石"②。虽然此记说"咸淳七年"翟志颖重立石，时间早于碑文记载的"咸淳八年"，但所记修建之事则是一样的。

第二块碑文是明神宗万历十九年（1591年）十一月由茅山上清经箓第六十六代宗师、时总辖茅山华阳洞道教事务、身任正灵宫的杨存建所题，住持范友瑚、陆师萃、钱友馀、孙嗣源、冯以荣，道吏丁永玺、许子纲、督工道士王存立同立，石匠沈兰刻造碑文。这通碑高宽均为七十厘米，厚约八厘米，题刻字体大小有异，但全系楷书，从右向左，分十八行刻列，全碑共计239字，碑尾上角刻制一方茅山道教符箓印迹。碑文较为详细地记载了茅山

---

① 李勇刚：《新发现记载茅山元符宫万寿台历史的两块石碑》，《句容文史资料》第11辑，1993年10月版，第49页。

② 《茅山志》卷二十六，《道藏》第5册，第667页。

元符宫万寿台的创建年代与历次修复的经过：

> 祖坛一所系乾道年间知宫贺从道所创立，皇宋咸淳八年四十二代宗师翟志颖建章台一座，逮我大明皇太祖传奉于今，岁深倾圮，因荷征商汪君湛泉讳文明者施金修理，庶几先翁之遗迹，如故我宗之神址重新谨立，旧遗银钱七文新立银钱六文银牌一座，以镇永远，唯祈地久天长，皇图巩固，风调雨顺，民物平康，更愿施主百福并臻，道眷千祥，悉聚元吉在身，庆余后裔云。①

从这两块道教碑文中可知，茅山元符宫内主要的台坛建筑——万寿台，创建于南宋孝宗乾道年间，创建者是茅山知宫道士贺从道，后经历了两毁两修：一在宋咸淳八年（1272年）翟志颖主持元符宫道教事务时修建；二是明万历十九年（1591年）得到信众汪湛泉施金捐助，元符宫道士再次进行修复。这两块碑文就是在修建时被置入台基之下，以期镇之永远。值得注意的是，这两块石碑都提及翟志颖在任茅山宗师期间兴修元符宫万寿台，以期发挥茅山元符宫"皇坛"功能的贡献。

第四十三代上清宗师许道杞（1236—1291年）②，号凝和宣静真应法师，字祖禹，句容人，系上清仙侯许谧之后裔。幼年师事第三十八年宗师蒋宗瑛，性行方矢，不轻然诺。元世祖建立元朝后，下诏龙虎宗统领"三山符箓"时，茅山宗师恰为许道杞。此时的茅山宗也迫于形势压力，逐渐改变

---

① 李勇刚：《新发现记载茅山元符宫万寿台历史的两块石碑》，《句容文史资料》第11辑，1993年10月版，第51页。

② 《元史本纪》说："至元十七年十一月，始召茅山第三十八代许道杞"，可是《元史本纪》同时又称许道杞为"三茅山上清四十三代宗师"。为什么同是许道杞，却有三十八代、四十三代不同的记载呢？其原因主要是南宋理宗、度宗两朝国势受蒙古军队的严重威胁，社会不安。此时的茅山道教可能也受此影响，没有确立正式的掌教宗师，但有代位摄事高道。根据《茅山志》的记载，蒋宗瑛是三十八代宗师。景元范，世称架岩先生，为第三十九代宗师。第四十代宗师是蒋宗瑛的学生刘宗相，世称元静先生。第四十一代宗师是道号一空真妙先生的王志心。第四十二代宗师是道号观妙先生的翟心颖。第四十三代宗师是许道杞。《茅山志》作者，不欲废此"法统承传"，所以全记录了下来。元世祖即位统领南北时，茅山宗上清派宗师是许道杞。自蒋宗瑛至翟志颖，全没有"法定"的地位，即或有之，也是赵宋的末代帝王所为，元朝不予承认。所以就以许道杞为第三十八代宗师，而《茅山志》作者或出于对宋朝有故国之思，或出于尊重蒋宗瑛等原因，没有废弃代位摄事的记录，可能才有了两个世系不同的记录。

传统的隐居服食、清虚修道之传统，转而吸收龙虎山张天师符箓法术的传教方法，应社会各阶层之请而举行斋醮科仪。至元十六年（1279年），许宗师寻得被翟志颖藏匿的法剑，但未找到九老仙都君印。至元十七年（1280年）"世祖以臂疾，召见大都香殿，令试以法，愈。复命祈雪止风，皆奇验。赐宝冠法服，降玺书，大护其教，佩印南还，三茅山悉统隶之"①。据《元史》记载，许道杞因治病求雨，"祈祷有验，命别主道教"，受到颇信巫医道术的元世祖的恩宠，获得封官赐印，为茅山宗主。至元二十八年（1291年）二月三日，许道杞微示疾，握固促召王君道孟，授之经法，谢别而逝，寿年五十六。②元朝帝王的诏书，虽使茅山宗在元代有了合法地位，但仍为"三山符箓"之一归于以张天师为代表正一道主领。

第四十四代上清宗师王道孟（1242—1314年），号养素通真明教真人，字牧斋，句容人。十四岁拜元符万宁宫沈宗绍为师，"不饰伪而行益高，不求誉而名愈出。未四十，人以先辈属焉。比嗣教，朝京师，蒙恩数一如许先生"③。大德二年（1298年）淮南蝗灾，受淮南道宣慰使礼请"两至维扬驱蝗请雨，大验。特赐号称真人"。使茅山道法传到更多的地区，例如，在沙溪南戚浦有延禧万寿观，为延祐五年（1318年）"乡大姓盛景韩氏创"，传茅山四十四代宗师王道孟之法。④

元朝帝王为扩大在江南的影响，由玄教大宗师张留孙奏议设立元代集贤院，然后在各州郡设道录、道正、道判、提点等道官形成一个层层有序的管理地方道教事务的特殊机构，官方设立的玄教通过授予道士封号、紫衣、道官的升迁任免、道观的请额等，直接插手道教管理事务来平衡活动于江南地方的全真道与正一道的势力。"元朝疆域内形成了三个道教事务管理区域，即以全真道掌教主管淮河以北的诸路道教事，玄教大宗师管领江北、淮东、淮西、荆襄道教事，张天师主管江南诸路道教。"⑤ 由此，玄教嗣师吴全节因总摄江淮荆襄等处道教事务而多次到茅山巡视，还有龙虎山道士朱思本

---

① 《茅山志》卷十二，《道藏》第5册，第609页。
② 《茅山志》卷十二，《道藏》第5册，第609页。
③ 《茅山志》卷十二，《道藏》第5册，第610页。
④ （元）俞焯：《延禧万寿观记》，《沙头里志》卷三，第550页。又嘉靖《太仓州志》卷十。《天一阁藏明代方志选刊续编》第20辑，第709页。
⑤ 林巧薇：《试论元代集贤院与地方道教事务管理的关系》，《世界宗教文化》2015年第6期。

（1273—1333年）协助他管理江南道教。元武宗至大三年（1310年）庚戌岁五月三日，上清大洞经无上三洞法师元景真人臣王道孟，钦奉皇帝圣旨，乃行金箓斋，并作《金箓斋词》曰：

> 伏以有国有家，祗荷财成之造，盖高盖厚，敢忘祈谢之诚。緘辞远叩于名山，微福永延于景运。谨遣玄教嗣师、总摄江淮荆襄等处道教所事、崇文弘道玄德真人吴全节，恭奉香币，诣三茅山元符万宁宫上清宗坛，修建金箓宝斋三昼夜，满散祗陈三界众真清醮三百六十分位。伏愿覆育无私，鉴观有赫，天长地久，三宫同康寿之祺；雨顺风调，四海乐雍熙之治。①

吴全节（1269—1346年），十三岁到龙虎山学道，拜雷思齐为师，因儒道兼通，十八岁时被张留孙招至京师，二十九岁被授冲素崇道玄德法师、大都崇真万寿宫提点，三十六岁任总摄江淮荆襄等处道教都提点，后多次来到茅山祭祀，例如延祐元年（1314年）甲寅岁五月二十六日："吴全节，诣元符万宁宫上清宗坛，命宗师王道孟，集法师道士一坛，修建福国裕民金箓宝斋三昼夜。"② 这一方面是因为元朝帝王每年都要派遣集贤院道官去各地行山设醮，通过玄教来管理江南地方道教事务。另一方面，也是吴全节对有着悠久历史并受到民间百姓朝拜而香火鼎盛的茅山道教的重视。保留至今元代肖像画家陈芝田作《吴全节十四画像》③，卷末有清人翁方刚（1733—1818年）题词："元特进上卿元教大宗师、知集贤院道教事吴全节，号闲闲，历事六朝，自号看云道人，所著《看云集》廿六卷，尝有茅山瑞鹤之咏。此其画像，自至元迄于至顺，凡十四幅，赵、虞诸公为之赞"④。从中可见吴

---

① 《茅山志》卷四，《道藏》第5册，第573页。
② 《茅山志》卷四，《道藏》第5册，第573页。
③ 《吴全节十四画像》现存美国波士顿美术馆，其画像内涵可参见洪再新《儒仙新像：元代玄教画像创作的文化情境和视象涵义》（范景中、曹意强主编：《美术史与观念史Ⅰ》，南京师范大学出版社2003年版，第93—180页）、申喜萍：《道教修炼视阈下的〈吴全节十四像并赞卷〉》（《世界宗教研究》2019年第6期）从不同角度的细致研究。
④ 范景中、曹意强主编：《美术史与观念史Ⅰ》，南京师范大学出版社2003年版，第101—102页。

全节对茅山道教的欣赏。吴全节不仅自己身体力行茅山道教的存思内观术等，而且还将茅山道教引入元朝统治者的视野，让第四十四代上清宗师王道孟得以赴元大都朝觐，促进了江南正一道与茅山道教的合作，也促成了元本《茅山志》的编纂。吴全节先希望王道孟能主持编纂《茅山志》，但王道孟"至大辛亥，请老而传，乃命入室弟子刘大彬袭其教。年七十有三，蜕于华阳"①。王道孟传位给刘大彬后，就仙逝了。

第四十五代上清宗师刘大彬，号玉虚子，吴郡钱塘（今杭州市）人。至大四年（1311年），刘大彬接续王道孟而成为茅山宗第四十五代宗师。延祐四年（1317年）刘大彬偶然找到"九老仙都君玉印，有司闻于朝，仁宗皇特旨，还赐宗坛，以传道统"②，故自称"行九老仙都君印职臣刘大彬"③。延祐五年（1318年）元仁宗派遣元成文正中和真人、江淮荆襄等处道教都提点夏文泳④，封香爱至于龙虎、阁皂、三茅等山。他们诣三茅山元符万宁宫上清宗坛后，由刘大彬主持金箓斋："命臣集法师道士一坛，修建福国裕民金箓宝斋三昼夜，满散祇陈三界众真清醮三百六十分位。伏愿皇天眷命，洪范锡畴。九族睦而万邦和，兵寝刑措；六府修而三事治，地久天长。"⑤刘大彬在掌教期间，受吴全节的影响，组织道士、文人搜集各种茅山旧志的基础上进行编集，故《茅山志》各卷篇首都署"嗣上清宗师刘大彬造"。元本《茅山志》排列的上清宗师到第四十五代刘大彬为止，后来清本《茅山志》也是如此。

但据"至正十三年（1353年）十二月初九立石"的《三清阁石星门记》记载，在刘大彬之后还有第四十六代上清宗师王天府。当时元符万宁宫提点储得仪率领道众修复三清阁后刻石树碑，在碑文末有多人署名，其中有"宣授冲素明道贞一真人嗣上清经箓四十六代宗师主领三茅山道教、住持元符万宁宫事王天府。"⑥王天府可能是茅山最后一代上清宗师，因为不

---

① 《茅山志》卷十二，《道藏》第5册，第610页。
② 《茅山志》卷十二，《道藏》第5册，第610页。
③ 《茅山志》卷四，《道藏》第5册，第574页。
④ 此时夏文泳接替吴全节担任总摄江淮荆襄等处道教都提点。
⑤ 《茅山志》卷四，《道藏》第5册，第574页。
⑥ （清）杨世沅：《句容金石志》卷六《三清阁石星门记》，载《石刻史料新编》第二辑《地方类》第9册，台湾新文丰出版社公司1982年版，第6516—6517页。

久明朝就取代了元朝，洪武十五年（1382年）设道录司管领天下道教，并从元符宫道士中选授灵官来掌领茅山华阳教事，由此灵官制取代了流传千年的上清宗师制。

元大德八年（1304年），元成宗为张与材"特加正一教主，兼领三山符箓"①，句容茅山虽归江西龙虎山张天师所主领，但茅山的宗教活动仍保持着上清派传统，出现了一些名留史传的茅山道士，他们住茅山宫观，传授上清经箓，以神异事迹而传世：

杨志隐，字空静，鄂州人。年数岁，不告其家，随木筏至江东。稍长，为道士于元符宫。喜读书，貌甚怪。遇异人嗳召雷雨之术。大元初，以其法事世祖皇帝。每被顾问，奏对朴直，不避时忌，上优容之。未几，乞身还山，奉玺书录三茅山道教，住持乾元观。平生夜至子时，诵《黄庭经》一遍始眠。白发被顶，或以杂彩分小髻。行山泽间，旁若无人。一夕，命所与往来者作灵宝斋，尽出所秘书焚之。明日，偃卧而逝。

林大敷（1237—1298年），号紫轩，自称木通生，永嘉平阳人。玉海蒋宗师游浙东，从入山。至元丙子岁（1276年），许宗师度为徒。嗜酒不羁，行步不疾而速。遍游五岳诸名山，晚就玄洲精舍筑坛，把茅居之。大德戊戌岁（1298年）二月十八日，遍辞交旧，言将东归。明日，坐茅龛中，焚香诵《洞经》，忽大声喝："去！"守庵惊视之，见危坐火光中，经声不绝。顷之，地无遗骨，空有祥云。法所谓火解者，众方叹异，适薛道民者自扬州回，言遇先生于瓜洲，继数出入人间，附信山中，解去时年六十一。② 据说，元代诗人萨都剌（亦称萨都拉）到茅山访问时，还看到道士林大敷留给薛道民的白日坐解遗书刻在当年坐墙旁边的石碑上，感到十分神奇。应道士们请求，萨都剌为遗书题诗一首："白日飞升凌紫烟，灵书犹许道民传。玄洲精舍无多地，夜夜火珠光烛天。"③

茅山归宗正一道后，依然诵读传承《上清大洞真经》《黄庭经》等，经过五代宗师的努力，茅山宗在元代得以继续传播，还出了几位有名的高道，

---

① 《汉天师世家》卷三，《道藏》第34册，第831页。
② 《茅山志》卷十六，《道藏》第5册，第623页。
③ （元）萨都拉：《茅山玄洲精舍有道士号紫轩又号木通生白日坐解遗书其徒许道民者至今坐墙尚存为题其卷》，《雁门集》，上海古籍出版社1982年版，第206页。

杜道坚、刘大彬、张雨等以传播上清派为主旨，而不杂以南宗，却适应时代发展要求兼习正一道，在茅山上与官吏士绅相唱和，从不同的方面获得支持由此推动了茅山宗的发展。

第三节　杜道坚推动茅山宗传播

元朝建立后，为更好地统治江南广大地区，根据元世祖的诏命，以正一天师来统括江南符箓派的教务，使原在江南地区传播的龙虎山天师道、茅山上清派、阁皂山灵宝派等逐渐归并为正一道。有人认为"与非常活跃的正一教相反。在唐代和北宋时代道教史上引人注目的上清派在南宋和元代却消沉下来"[1]。其实，历史悠久的茅山上清派虽列为江南道教三大符箓派之一归宗龙虎山，但所延续的上清文化传统依然吸引着南来北往的文人道士。有"辅教大师"之称的杜道坚作为上清派的传人，通过诠释《道德经》而力倡"皇道帝德""无为而治""性命交养"等思想，并在江浙一带积极传播上清经法，使茅山道教的影响日渐扩大，为推进元初江南社会的恢复安宁做出了特殊的贡献。

杜道坚生活于宋元交替之时，所撰《道德玄经原旨》以"原老圣之意，谆谆以皇道帝德，为当世告者正"[2]，是因为他看到《道德经》言约义丰，但不同时代的注释者在进行阐释时，形成了不同的思想倾向和时代烙印，各为其说时却并未能准确把握到《老子》的本意："汉人注者为汉《老子》，晋人注者为晋《老子》，唐人、宋人注者为唐《老子》、宋《老子》。言清虚无为者有之，言吐纳导引者有之，言性命祸福、兵刑权术者有之，纷纷说铃，家自为法，曾不知道德本旨，内圣外王之为要。由是不能相发，而反以相戾，惜哉"[3]。杜道坚从自己的成长经历和社会实践需要出发，力图拨开"纷纷说铃"而提出将"皇道帝德"作为理解道德本旨的一把钥匙，以期为新建的元王朝提出一种他所期望社会政治理念，不仅通过重释"内圣外王"

---

[1]　[日]窪德忠：《道教史》，萧坤华译，上海译文出版社1987年版，第244页。
[2]　《玄经原旨发挥》卷下，《道藏》第12册，第772页。
[3]　《玄经原旨发挥》卷下，《道藏》第12册，第773页。

而赋予老子思想以时代新义，而且使《道德玄经原旨》成为一部讲述社会治理的资政书。

杜道坚（1237—1318年），原名杜处逸，字道坚，号南谷子，当涂采石（今安徽当涂）人，西晋名士杜预之后。杜道坚少年时即有超凡脱俗之志，"生而神异，幼而超迈。年十四岁得异书于异人，决意为方外游，乃辞母去俗，著道士服，师石山耿先生"①。年十七寄迹郡之天庆观，师蒙庵葛师中。蒙庵师虚白陈元实是陆修静裔孙。杜道坚继而再入茅山升元观作道士并披阅《道藏》："继入茅山，披阅《道藏》，依中峰岩木，葺巢以居。玉海蒋宗师异之，授以大洞经法、回风合景之道。"② 上清派第三十八代宗师蒋宗瑛见杜道坚认真阅读《道藏》，乃授以上清经箓。杜道坚拜入蒋宗瑛门下，加入"静一刘真人道门传派"，成为茅山上清派的嫡传弟子。

杜道坚之师蒋宗瑛为"宗"字辈，杜道坚则为"道"字辈。③ 杜道坚学道不局限于茅山上清派，而是云游东南，广学道法，既学正一，也学全真。当时，丹阳谢真士玄风播扬，杜道坚"曳杖玄门，问道靖室"，不辞辛苦前去问道。杜道坚学综多门，其师承如下：

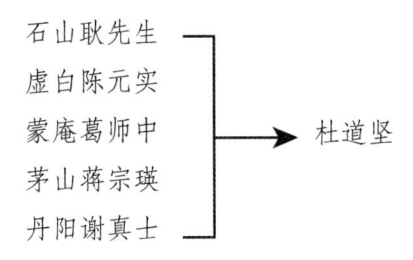

```
石山耿先生  ┐
虚白陈元实  │
蒙庵葛师中  ├──→ 杜道坚
茅山蒋宗瑛  │
丹阳谢真士  ┘
```

杜道坚之后又拂袖远游，广交名士，"蓟丘李衎，吴兴赵孟頫，金华胡

---

① （元）赵孟頫：《松雪斋文集》卷九《隆道冲真崇正真人杜公碑》，李修生主编《全元文》第十九册，江苏古籍出版社2000年版，第277页。
② （元）赵孟頫：《松雪斋文集》卷九《隆道冲真崇正真人杜公碑》，李修生主编《全元文》第十九册，江苏古籍出版社2000年版，第277页。
③ 曾召南：《明清茅山宗寻踪》，《宗教学研究》1997年第4期。

长孺,实与之游,执弟子礼"①。还曾"纳交名释,载参辟历之禅"②。杜道坚正是在这样的环境中,学宗三教,立足道教。

从杜道坚所传承及宗主者看,"如果杜道坚确得全真之传,后来传承其道之谢德模、莫月鼎之辈,已顿失全真本来之风,可知杜道坚'所宗主者'还是正一一脉"③。南宋末年,年富力强的杜道坚"兴玄学,饬轨范",积极从正一道的角度传播上清派道法,使百废俱举,徒众悦服,声名日显。咸淳(1265—1274年)年间,杜道坚游至江苏宜兴后,隐居张公洞三载,辟历以道相契合。后结知达官杨氏之王孙,托友邓侯之内侍。承宣使入内都知邓惟善舍宅建立宗阳宫、纯真观,又请他作主持④,并将他引荐给宋度宗。宋度宗赐号"辅教大师"并赐紫衣。杜道坚因杨氏礼请而入住计筹山升玄报德观。

杜道坚生活于宋衰元兴之际,目睹朝代更转,元兵南下,百姓罹难,故怀抱救助天下的慈悲之心而积极弘道。至元十三年(1276年),元兵南渡长江,屯兵建康,在战争一触即发之时,杜道坚不顾个人安危,冒矢石而叩开军门,谒见太傅淮安忠武王伯颜,披胆陈辞,为民请命,以不杀无辜百姓相请。王伯颜久闻其名,交谈甚欢,接受了杜道坚提出的"王诚不杀,则民归有赖"的建议,马上下令"禁将士下未附者,毋劫掠",制止将士在城中随意掠夺,使当地百姓免于涂炭。

元兵南渡后,王伯颜又偕杜道坚去上都入觐元世祖。据说,杜道坚一见元世祖便"布武升阶,高谈王道",所提出的各种王道之法正合元世祖之意。孙克宽评价说:"南方道教入元后最重要的形态是与政治结缘。虽然是玄教宗师们大显身手,但开始这样使命的却是一位茅山道士杜道坚。"⑤ 此后杜道坚又多次诏对便殿,详陈治国安邦之策,有的被采纳并运用于新王朝的社会治理之中。

江南平定后,元朝皇室对龙虎宗更加尊崇礼遇,上清派茅山宗发展受到

---

① (元)任士林:《松乡集》卷一《杭州路纯真观记》,第36—38页。
② (元)赵孟頫:《松雪斋文集》卷九《隆道冲真崇正真人杜公碑》,西泠印社出版社2010年版,第239页。
③ 吴亚魁:《江南全真道教》,上海古籍出版社2012年版,第59页。
④ (元)任士林:《松乡集》卷一《杭州路纯真观记》,第36—38页。
⑤ 孙克宽:《寒原道论》,联经出版事业公司1977年版,第271页。

影响。杜道坚上疏，言求贤、养贤、用贤之道。元世祖欲委杜道坚官职，但他坚辞不就。至元十七年（1280年）杜道坚被玺书东还，奉诏住持杭州宗阳宫、湖州计筹山之升玄报德观，其中的宗阳宫因杜道坚主持在杭城名声兴起，"宗阳宫是宋元两代杭州著名道观，在元至元到延祐年间，此地一度聚集起一批文人学士，成为杭城有名的文艺沙龙"①。杜道坚也努力使茅山上清派传播于浙江地区。"真人既主宗阳，不忘旧馆，仍领升元观事。先是，宗阳毁于火，真人买山种树，以三十年为期。至是，命工师伐材木，治荒芜，畚瓦砾，正殿讲堂、坛靖廊庑、真馆丈室，以次兴举。"②另外还奉旨改建披云庵为通玄观，"别立通玄观，俾弟子薛志亨、林德芳甲乙主之"③。此处据说是道家文子的旧隐地，杜道坚在此建"览古楼"，收藏道书数万卷，认真研读，著有《通玄真经缵义》（亦称《文子缵义》）十二卷、《道德玄经原旨》四卷、《玄经原旨发挥》二卷、《关尹阐玄》三卷等。

如果说，"《文子缵义》是对道家思想《文子》的铨解，其《缵义》部分实际上是杜道坚本人的思想，他在元朝统一的新时期写作此书，是有其重要的时代和现实意义"④。那么，杜道坚结合元初社会发展需要，既根植道教玄理，又融儒学尤其是理学入道，对《道德经》进行新阐释，提出"老君著《玄经》以道德名者，尊皇道，尚帝德也"⑤，认为《道德经》的原旨在于阐述"皇道帝德"的政治理念：

> 老君之言，纪无始有始开天立极之道，太古上古皇道帝德之风，下至王之功，伯之力，见之五千余文，括囊天下人之道，……可以纲维人极，可以优入圣域，老圣摭古史以著《道德》、孔圣摭鲁史以代《春秋》，一也。⑥

---

① 石勖言：《元代杭州宗阳宫文人群体考述》，《民族文学研究》2017年第6期。
② （元）赵孟頫：《松雪斋文集》卷九《隆道冲真崇正真人杜公碑》，西泠印社出版社2010年版，第240页。
③ （元）赵孟頫：《松雪斋文集》卷九《隆道冲真崇正真人杜公碑》，西泠印社出版社2010年版，第241页。
④ 杨国宜：《杜道坚〈缵义〉义蕴初探》，《古籍研究》1998年第3期。
⑤ 《玄经原旨发挥》卷上，《道藏》第12册，第758页。
⑥ 《道德真经玄德纂疏》卷十八，《道藏》第13册，第518页。

"皇道帝德"并非杜道坚的发明,但他把老子《道德经》与孔子的《春秋》相提并论,通过综合儒家的经世之学和道家的自然之道,又借"老圣之意"来阐述自己的"皇道帝德"思想,"古之君天下者,太上无为,其次有为。是故皇以道化,帝以德教,王以功劝,伯以力率。四者之治,若四时焉。天道流行,固非人力之能强,然则时有可行,道无终否"①。杜道坚通过"皇以道化,帝以德教",来表达期望"致君泽民"的治世思想,使老学思想与儒学相交融以适应元初江南社会重建的现实要求。

大概是受老子思想的影响,杜道坚的治世情怀中带有浓浓的复古意识:"皇道降而为帝德,帝德降而为王之仁义,王之仁义降而为伯之智力,智力降而为战国之诈乱,攘臂相仍,民不堪处。于是玄圣素王者出,《道德》著而理欲分,《春秋》作而名分定,辞虽不同而旨则一焉。大丈夫有志当世,致君泽民,要不拘仕隐,修辞立诚,道在其中矣。"② 杜道坚的社会理想是处于儒家所倡导的三代之前,既与当时宋元之交的社会形成了鲜明的对照,也为奉行与时俱进的政治理念和悲悯百姓的治世情怀提供了一种可资的参照。

杜道坚在《道德玄经原旨》中,从君主统治术的角度,以"无为而治"的处事态度作为"皇道帝德"应遵循的治国方针。"杜道坚在阐发《道德经》思想时,虽无多少创见,只是在元初百废待举时,为了国泰民安的目的,希望统治者在治理国家时应实施道家的'无为而治'的方针。"③ 笔者认为,这正表达了"道际两朝,学探古始"④ 的杜道坚,面对元兵南下、民遇战祸、百废待举的社会现实,收起自己的隐逸之心来积极寻找治世之良策的良苦用心。

杜道坚认为,有识之士要有志当世,既要努力促使身居高位、担任着治国安邦重任的帝王要强加自身的道德修养,因为"知修身,然后知治国。身犹国也,百骸犹众民也,故君子不可以不修身"⑤,也要促使国君制定的方针政策要能够有利于天下百姓。为达到这种"致君泽民"的理想,就需

---

① 《通玄真经缵义序》,《道藏》第 12 册,第 755 页。
② 《道德玄经原旨》卷三,《道藏》第 12 册,第 742 页。
③ 卿希泰:《关于杜道坚以皇道帝德论为中心的政治思想初探》,《诸子学刊》2009 年第 1 期。
④ 《玄经原旨发挥序》,《道藏》第 12 册,第 725 页。
⑤ 《道德玄经原旨》卷一,《道藏》第 12 册,第 730 页。

要让统治者明了"皇道帝德"就是要效仿玄古之君天下所实行的"无为而治"：

> 老圣作《玄经》，所以明皇道帝德也。天下之大，事物之众，可有于天下，不可有于我。上之人，一以我之贤于人者，自尚。货之难得者，自贵。心之可欲者，自见。则下之人，亦将以是三者，为心必争，必盗，必乱。惟其我之不欲，故虽赏之不窃也。是以圣人之治天下也，必先虚吾之心，不为事窒，实吾之腹，不使邪入，弱吾之志，不与物竞，强吾之骨，不以力敌。常使民无越分之知，僭上之欲。虽有智如龙伯大人，六鳌可钓，不敢有一毫越分僭上之为，恶有所谓乱臣贼子者哉。夫玄古之君天下也，为无所为，故无所不治矣。

如果上之人平时抱着自尚、自贵、自见的态度，那么，下之人循此三者，其心必争，必盗，必乱，这是导致天下大乱的心理原因。杜道坚从老子思想出发，强调治世之道在于治心。圣人之治天下，必先虚吾之心，去"悬法设赏"等有为之事：

> 太古之世，巢居穴处，无赋敛征役之为，无礼乐刑法之事，无典谟训诰之言，下知上之有君，上知下之有民，熙熙自然，无为而已。[1]

只有实行与民休息的无为而治，百姓才可生活于"熙熙自然"之中。"当上推帝皇，思复古道，外见纯素，内包淳朴，正己于上，以劝其下，借曰不能无私无欲，庶几少私寡欲。"当上之人推崇帝皇，能做到纯素淳朴，那么，下之民或许能少私寡欲，四民乐业。因此"古之圣人，官天地，府万物，藏精存诚，无形无声，正其道而任物之自然，当是时也，朝无佞臣，野无遗逸，国无游民，干戈不起，劳役不兴，四民乐业，故不待家至人晓而坐致隆平"[2]，从而达到平安无事的社会效果。

杜道坚认为，这就是老子倡导的圣人抱有"无为而治"的处世态度，

---

[1] 《道德玄经原旨》卷一，《道藏》第12册，第732页。
[2] 《道德玄经原旨》卷一，《道藏》第12册，第734页。

"国家怀其仁诚,推其信实,罚不以怨,赏不以私,有不待悬法设赏而民将自化之"①,天下便可不治而太平。因此,"圣人因人性而设教,观风俗以为治,民之所好好之,民之所恶恶之,是以民心归往而无敌于天下矣"②。作为一个山林道士,杜道坚念念不忘治国救民之道,这种忧国忧民精神实难能可贵。

在元初江南社会环境中,杜道坚还将道家的"道德"和儒家的"仁义"有机结合起来:"道德,五常之祖,有祖而无子孙,不可也。有子孙而不知祖,可乎?"③"仁义者,道之孙,德之子。"④杜道坚认为"道"是先天地而生的宇宙万物的本原,具有普遍性和无限性,他通过"援儒以明之"的方式,从以"道"为本出发,索性将儒家的仁、义、礼、智、信之"五常"解释为道家之"五德":"德者,五常之总名。有德之人,五常备焉。仁则慈,礼则敬,智则明,信则实有之,是谓五常,一曰五德。"⑤ 这种调和儒道的做法,为元初统治者宣扬儒家"五常"伦理以重建社会秩序提供了更为广阔的哲学基础,也获得不少儒家学者的称赞,如徐天祐在《序》中说:"南谷杜君之为是学也,不以道家说训老氏书,独援儒以明之,章研句析,而前后相蒙,不喜为破碎,引类比义,悉举五三帝王、孔孟之道,传诸其说"⑥。

杜道坚在注《道德玄经原旨》时,还结合元初社会发展需要,认为老子主道德,反对诈伪,以"无为而治"作为皇道帝德的核心时,也肯定儒家倡导的孝慈忠信应是君主之术的重点:"亲和则孝之名隐,而孝未尝不在也;世治则忠之名晦,而忠未尝不在也"⑦。杜道坚对平定江南社会提出一些具体建议,受到元世祖的赞赏。朝廷曾将《道德玄经原旨》颁行于世,儒学家黎立武、第三十八代天师张与材、隐士牟巘、徐天祐等人分别为之作序加以推广。

---

① 《通玄真经缵义》卷二《精诚篇》,《道藏》第16册,第765页。
② 《通玄真经缵义》卷八,《自然篇》,《道藏》第16册,第797页。
③ 《通玄真经缵义》卷二《缵义》,《道藏》第16册,第763页。
④ 《通玄真经缵义》卷七《微明》,《道藏》第16册,第790页。
⑤ 《通玄真经缵义》卷五《道德篇》,《道藏》第16册,第780页。
⑥ 《道德玄经原旨序》,《道藏》第12册,第726页。
⑦ 《道德玄经原旨》卷一,《道藏》第12册,第733页。

天师张与材在为《道德玄经原旨》作《序》曰："《道德》八十一章，注者三千余家。南谷著《原旨》，首曰《玄经》之旨，本为君上告。又曰老圣作《玄经》，所以明皇道帝德也。大纲大领，开卷甚明。是经之在人间世，舒之弥六合，卷之入微尘，中固不可局一方。"①他认为，如果能准确把握《道德玄经原旨》提出的"皇道帝德"思想，并将"无为而治"的处事态度到社会治理中，那么"得之者当不止汉文之治"，甚至能超过"文景之治"的盛世，可见该书在元初社会生活中的影响。

杜道坚遵循"内圣外王"的人生理想，作为上清派的传承者，他既关注社会治理，也关注人的生命健康，他以"皇道帝德"为理论基础，以"无为而治"为方法，通过倡导性命交养的生命哲学来推进上清派仙学思想的更新，也从修道论的角度为元代老学思想的发展提供了新理路。

杜道坚受陆九渊心学所倡"宇宙便是吾心，吾心即是宇宙"的影响而提出"心先身后"说："吾尝曰，未有吾身，先有天地，未有天地，先有吾心。吾心，此道也。岂惟吾哉，人莫不有是心，心莫不有是道，知此谓之知道，得此谓之得道。"②再通过邵雍的象数学，以老子先天之道统后天象数之学，将吾心视为太极："吾心太极，吾身天地之道，与造化者同流，而未尝生、未尝死也。盖谷虚善应，以况吾心。神静故灵，以喻吾性。观寂然之中，而有感通之妙，乃见不死。然神非气不生，气非神不灵。言神则气在焉。神气混融，乃见玄牝。"③太极，亦即老子所说的"谷神"：

  谷神，太极也。太极中虚，谷神在焉。天此谷神，人此谷神，其为谷也。玄同阴阳，包涵造化，神则妙万物而为言也。惟其不死，故能生化无穷，玄牝阴阳也。门则乾坤其易之门，根则万化之所由生。绵绵若存，今古不息也。用之不勤，出乎自然也。④

既延续着上清派重视心性的传统，又进一步将"心性"与"谷神"相

---

① 《道德玄经原旨序》，《道藏》第12册，第725页。
② 《道德玄经原旨》卷二，《道藏》第12册，第728页。
③ 《道德玄经原旨》卷一，《道藏》第12册，第729页。
④ 《道德玄经原旨》卷一，《道藏》第12册，第729页。

对应，将玄同阴阳的谷神作为宇宙生化之本，人的心性之源："谷虚善应，以况吾心。神静故灵，以喻吾性"。

杜道坚将"心"视为有着无限的认识能力的造化之源，这种对"心"的推崇与强调，也是"皇道帝德"思想在生命修炼的具体运用，"道尊德贵，异名同出，存乎吾心，不从外得"①，据此先明己之性，而后明物之性，即可赞化育参天地："性与欲，固有间矣。人皆然，君惟甚。夫治物不以物以和者，先明己之性，而后明物之性。明物之性，则可以赞化育参天地矣"②。这种从"心"出发的修道论进一步促进了上清派思想的内向性转化："官天地府万物者，心也。心者，道之枢，人莫不有是心，心莫不有是道。惟其冲虚妙用，渊静有容，故能包裹六极，不见其盈。知周万物，不离其宗。"③

在杜道坚看来，如果学道之人不能自究本性，反而问命于人者，就是未明性命之正。由此，他又接续唐宋道教所倡导的修道即是修心的传统，认为"心"具有造化之力，对修身与处世都具有指导意义：

修身有道，处世有术。夫体道之人，守其天常，安其命义，食止充虚，衣止御寒，不苟所得，不弃所有，祸不幸免，福不妄就，达不自骄，穷不易操，乐乎天真，与道同久。④

在这种"心为身本"思想指导下，杜道坚在修持方法上遵循着"人能观天道而修人道，未有不入圣人之域者也"⑤的思路，将上清派一贯宣扬的主静说发展为"习静"为契道之阶、升仙之径。

在身与心的关系上，杜道坚突出"心"的妙用，并通过无心、忘心、正心诚意、心空、心死一步步地将道儒佛三教思想排列起来，以说明修道就是在顺应自然中，既不执著于外物，也不执著于内心，才能进入"心死契道，是为得道"的虚无境界。通过对"反者道之动"的阐述，杜道坚指出

---

① 《通玄真经缵义》，《道藏》第16册，第762页。
② 《通玄真经缵义》，《道藏》第16册，第802页。
③ 《道德玄经原旨》卷一，《道藏》第12册，第728页。
④ 《通玄真经缵义》，《道藏》第16册，第801页。
⑤ 《道德玄经原旨》，《道藏》第12册，第727页。

修道径路在于"各正性命":"天下万物生于有,有生于无。有也,无也,是何物也耶?虚化神,神化气,气化形,凡具形气者皆物,物必有坏,坏则复归于无。有一不坏者存,是何物耶?观其生物者气,则知其气者神,生神者道矣。夫神,性也,气,命也,合曰道。圣人立教,使人修道,各正性命,盖本诸此。"① 以性命所形成的身心关系应是:"身具天地,心具太极。"②

杜道坚受儒家心学的影响,在生命哲学中虽然突出了心性修炼的重要性,但在实际的修道过程中,却根据老子"有无相生"之说,建构了一套性命交相养、内外兼相得而不相害的修持理论。"神依形生,精依气盈,交相养而不失其和者,养生之主也。"③ 这是因为人的生命由形神相合而成,性与命是相辅相成的,故在注释老子"反者道之动"时曰:"老氏言复命而不言性,此言有生于无,性其在矣。尝论性者,吾所固有,命者,天之所赋,生之始也。性不得命,吾无以生。命不得性,天无以赋。性与命交相养,而后尽有生之道也。生之终也。形亡命复,惟性不亡,与道同久,修此谓之修道,得此谓之得道。"④ 杜道坚虽为正一派道士,但并不以符法咒术见称,而是从上清派倡导的"修道即修心"出发,一方面沿着"心为身本"的思路突出养神贵于养形;但另一方面,又从人的生命由身心相合而成,仍坚持形神兼顾的性命交养论,这从他为李道纯的《中和集》所作序中可见一斑。

李道纯因得到南宗五祖白玉蟾弟子王金蟾的传授而精于南宗内丹学,又融合内丹道南北二宗,以"守中"为要诀,成为内丹学"中派"的创立者,被称为"玄门宗匠"。《中和集》是一部典型的融通三教、图文并茂的内丹学著作。蔡志颐将其师李道纯撰《中和集》六卷编成后,交给时于钱塘玄元真馆的杜道坚为之作序:

维扬损庵蔡君志颐,莹蟾子李清庵之门人也。勘破凡尘,笃修仙

---

① 《道德玄经原旨》卷三《道藏》第12册,第742页。
② 《道德玄经原旨》卷一,《道藏》第12册,第727页。
③ 《通玄真经缵义》卷三《九守篇》,《道藏》第16册,第772页。
④ 《道德玄经原旨》卷三《道藏》第12册,第742页。

道，得清庵之残膏剩馥，编次成书，题曰《中和集》，盖取师之静室名也。大德丙午秋，谒余印可，欲寿诸梓，开悟后人。余未启帙，先已知群妄扫空，一真呈露。谓如天付之而为命，人受之而为性，至于先天太极，自然金丹，光照太虚，不假修炼者，漏泄无余矣。可以穷神知变而深根宁极，可以脱胎神化而复归无极也。①

杜道坚很赞赏李道纯的内丹学据"天付之而为命，人受之而为性，至于先天太极"而倡导"形神俱妙，与道合真"，这与他所说的性命交养的修道论相互契合，故后人评价"此序言可云已得《中和集》之要"②。杜道坚博学高行，深谙玄理，在《序》中宣扬儒佛道三教"同工异曲"都是为治国救民。他虽为符箓派道士，但并不以符法咒术见称，也很赞赏李道纯能够"笃修仙道"而倡导的性命双修的内丹学。

杜道坚不仅受到元朝帝王的重视，而且江浙一带达官贵卿也多执弟子礼。据文献记载，杜道坚有着极为广泛的社会交游，其中既有道教师友：葛师中、邓牧、蒋宗瑛、马臻、邓惟善等；也有文人儒士：赵孟頫、王伯颜、张伯淳、柯谦、戴表元、牟巘、胡长孺、倪瓒、顾瑛等。通过杜道坚的努力，在江南文脉中长期传播的道教在元初受到各界人士的广泛关注。

赵孟頫（1254—1322年）字子南，浙江吴兴人，自称"三教弟子"，号松雪道人、水精宫道人，在道经书写时经常自称"太上弟子"，既累官翰林学士承旨、荣禄大夫，更以书、画、诗而闻名于世，特别是"手写释、道书，散之名山甚众"③，其书写的《老子道德经》收录于清代乾隆、嘉庆朝编纂的《秘殿珠林》中④，谓《老子道德经》"词博而义精，虽神仙家语，实切于人伦之用"⑤。据研究，赵孟頫曾用小楷抄写了《道德经》《黄庭经》《阴符经》《灵宝度人经》等道经，"在中国古代著名书法家中，赵

---

① 《中和集叙》，《道藏》第4册，第482页。
② 潘雨廷：《论李道纯及其著作（附：杜道坚、王玠）》，《中国道教》1994年第2期。
③ （元）杨载：《大元故翰林院学士承旨荣禄大夫知制诰兼修国史赵公行状》，李修生主编《全元文》第25册，江苏古籍出版社2001年版，第586页。
④ （元）赵孟頫：《赵孟頫书〈道德经〉》，人民美术出版社2017年版。
⑤ （清）张照等编：《秘殿珠林》3，中国书店2018年版，第16—17页。

孟頫是道教写经作品最多的书法家之一,而且多有真迹保存下来"①。其传世的行书真迹《南谷帖》就是致友人杜道坚的信函。南谷子,即是杜道坚的自号。赵孟頫作《玄元十子图》也是为杜道坚所写道家十子列传的配图。当时,杜道坚看到全真门人路云溪尝以《玄风庆会图》《七真传》求著语,喜其卫道心切,再加上所居升元观常有光怪之事出现,于是想请赵孟頫画"玄元十子",通过宣圣十哲,一是"明老子之道"的传承,二是起镇邪驱魅之效。杜道坚在撰写玄元十子的列传后,请赵孟頫为之绘像。赵孟頫说:

> 南谷先生杜尊师,予自儿时识之,居升元观来十年。升元,盖文子旧隐,其地常有光怪,亦仙灵所栖胜处也。师嘱予作老子及十子像,并采诸家之言为列传。十一传见之,所以明老子之道如此,将藏诸名山,以贻后人。子谓兹事不可以辞,乃神交千古,仿佛此卷,用成斯美。②

这一"集贤学士图写之,教主真人赞扬之"的图文并茂的《玄元十子图》完成后,或被刻于石上,或摹刻于木板。大德九年(1305年),第三十八代天师张与材见到此图后作《序》曰:"玄元十子,笔墨高古。长春路道通寓钱塘,集众缘刻之。既成,以摹本至,稽首为之赞。……赵子神游而寓之笔,使张僧繇惘然若失"③,对赵孟頫书法给予高度赞美,也扩大了《玄元十子图》的社会影响。

赵孟頫的《玄元十子图》刻版"将归亳州太清,以垂永久",后又收入《道藏》才得以保存,但十幅画像中并没有收录老子的画像。这是因为赵孟頫创作的《玄元十子图》及木刻本到元代中期就已难于寻觅④,后来元代画家华祖立根据赵孟頫版本重新创作。⑤ 赵孟頫师从茅山高道杜道坚,又与茅山高道张天雨(即张雨)交往密切,元统甲戌(1334年)春二月清明日太

---

① 刘志:《赵孟頫道教写经的规格、功用与意义》,《世界宗教文化》2018年第5期。
② 《玄元十子图》,《道藏》第3册,第258页。
③ 《玄元十子图》,《道藏》第3册,第257页。
④ 卢仁龙:《赵孟頫〈玄元十子图〉及其他》,《文献》1992年第4期。
⑤ 上海博物馆、辽宁省博物馆编:《世貌风情——中国古代人物画精品集》,上海古籍出版社2008年版,第44页。

上弟子茅山张天雨在华祖立为赵孟頫再画、吴炳书《玄元十子图传》[1] 作跋，加以推荐[2]。

杜道坚一生弘扬道教的成就还表现在他积极传道。杜道坚在奉旨授真人主领道教事后，以弘远器识来吸引有道淑人，达官贵卿多执弟子礼。大德七年（1303年），朝廷授杜道坚杭州路道录教门高士，主持杭州四圣延祥观，又传弟子四十余人，薛志亨、林德芳、姚志恭、赵嗣祺、李拱端、岳榆等在当时江南道教中颇有影响，"以弟子姚志恭为升元提点，师孙孙拱真为提举，俾世世相传，玄玄不绝。"[3] 在诗文交流中，杜道坚通过对老子"无为而治"论证，在江南社会治理中积极推广"皇道帝德"思想，为元代老学思想的发展开拓了新理路。另外，赵嗣祺是嗣杜道坚传茅山宗者。

赵嗣祺（1277—1340年），字虚一，24岁去福建武夷山天游道院学道，先师杜道坚弟子张德懋，后于升玄观师事杜道坚，再随杜道坚去京城，受到玄教大宗师张留孙和嗣师吴全节恩宠而留居京师。延祐元年（1314年）赵嗣祺奉旨南下浙江，先去仙都山（今浙江缙云县）玉虚宫，后兼少微山（今浙江丽水）紫虚观提点焚修。延祐五年（1318年）杜道坚升仙后，赵嗣祺受命住持，兼领本路诸宫观，后住平江白鹤观。泰定（1324—1327年）年间，再受命任金陵玄妙观主持，此观是明代朝天宫之前身。当时元文宗尚未即位，就住在玄妙观附近，多次进观问道赵嗣祺。至顺二年（1331年）赵嗣祺在觐见元文宗时，"求归仙都，不获请，有旨更赐号曰：教门真士，玄明通道虚一先生。"[4] 玄妙观也升格为大元兴永寿宫。

李拱端，据《玄妙观志》记载："南谷杜真人高弟，以道行闻，既得元初授以劾召鬼神之术，寻复受灵宝大法于曹桂孙，会吴越，被兵游魂出为

---

[1] 申喜萍认为，华祖立创作的《玄元十子图传》是以赵孟頫《玄元十子图》作为原件进行描摹，加上老子的图像，共有11人的图像，而非像标题所示为"十子"，实际上是"十一子"像，并认为，二者之间并非单纯的临摹，存在着创作上的不同。请参见《赵孟頫"道教人物画"述略》，《宗教学研究》2016年第1期。

[2] （元）张雨撰，彭尤隆点校：《浙江文集：张雨集》中，浙江古籍出版社2015年版，第464页。

[3] （元）赵孟頫：《松雪斋文集》卷九《隆道冲真崇正真人杜公碑》，西泠印社出版社2010年版，第242页。

[4] （元）虞集：《道园学古录》卷三十八《仙都山新作玉虚宫碑》，引自金兴盛总主编、项一中编《缙云轩辕祭典》，浙江摄影出版社2015年版，第101页。

厉。元初建坛陈醮词,白鹤五十四翔坛上,久而后去。"周玄真在嘉禾紫虚观时,"从李拱端为道士"[①],受劾召鬼神之术。

作为元代江南道教的代表人物,杜道坚博学高行,深谙玄理,跟随唐宋道教仙学转型后重视心性论的潮流,接续着江南文脉中重人事的文化传统,从政治理念、处事态度和生命哲学上开拓元代老学思想发展的新理路,使元代道教在新的历史时期既能够适应江南社会发展,又契合人的生命需求而得以持续发展。

第四节 句曲外史张雨的诗情书意

元代是中国道教各道派交融发展时期,南方新旧符箓道派会归为正一道,北方多数道派合流为全真道,它们以神仙信仰、符箓咒术、内丹修炼等来吸引不同阶层的信众。文人雅士出入佛老,道门中人也倡导"三教合一",江苏道教中出现了许多道法精湛、多闻博学、交游甚广的文人道士,茅山道士张雨就是以诗文俱佳而深受时人的欢迎。明初开国元勋刘基(1311—1375年)撰写《句曲外史张伯雨墓志铭》、监察御史姚绶(1422—1495年)作《句曲外史小传》。《茅山志》卷二十七更是收录了虞集撰并书丹题额的《崇寿观碑》,自认是"与君为方外友"而对张雨生平事迹作了介绍:

> 张君,吴郡人,名天雨,内名嗣真,字伯雨,别号贞居。年二十弃家入道,遍游天台、括苍诸名山。吴人周大静先为许宗师弟子,得杨、许遗书。张君从而以为师,悉受其说,尝从开元王君寿衍入朝,被玺书,赐驿传,显受教门擢任,非其志也,即自誓不希荣进,因从三茅之招,追奉任君而下五君,为文而告之,愿毕力兹宇。所著《外史山世集》三卷、《碧岩玄会录》二卷、又《寻山志》

---

① (清)顾湘舟辑:《玄妙观志》十一,《藏外道书》第20册,第505页。

十五卷，考索极精博云。①

张雨，吴郡人，一说钱塘人，初名泽之，后改为雨，又名天雨，字伯雨，法名嗣真，别号贞居子，又号"句曲外史"，其出身于世家。依刘基的描述，张雨"性狷介，常眇视流俗。悒悒思古道，知弗能与人俯仰，遂挺身戴黄冠为道士，登茅山受大洞经箓，豁有所悟"②。张雨20岁就出家为道士，先遍游浙江天台、括苍等名山，30岁来到茅山修道，拜第四十三代上清宗师许道杞的弟子周大静为师，得睹"一杨二许"手书。不久，张雨又来到杭州开元宫，师玄教道士王寿衍。皇庆二年（1313年），张雨随王寿衍入京，居崇真万寿宫，元仁宗赐号"清容玄一文度法师"，又有了玄教的身份。玄教在元世祖统一江南后，促进江南诸道派相互交融，尤其是把上清派茅山宗融入以龙虎宗为主导的正一道旗帜下，张雨在其中也发挥了推动作用。

延祐初年，张雨离京返归杭州开元宫。至治元年（1321年），开元宫毁于大火。次年（1322年）张雨回到茅山，主持过崇寿观、元符宫、崇禧观。位于大茅峰下的崇寿观有着悠久的历史，泰定元年（1324年），张雨以"上清弟子崇寿观主吴郡张嗣真"之名，为"功德主崇元观上清三洞道士贺思宝，敬造长明灯台于宝殿内"之事撰《唐石灯记》，重为刻治，著铭于石。③张雨信仰道教，且精于诗文书画，尤以游仙诗而享誉元代文坛，一生几乎与元朝相始终，是受到普遍赞赏的文人道士。张雨著有《外史山世集》三卷、《品玄录》五卷等，展现了他所理解的道教信仰与思想。

20世纪70年代，学者孙克宽在《元代的一个文学道士——张雨》一文中对张雨的生卒年进行考订，引起学界的关注，也带动了对张雨籍贯、家世、身份、师承等生平事迹问题的讨论。

第一，有关张雨生年，主要有至元十三年（1276年）、至元十四年

---

① 《茅山志》卷二十七记载，惠宗至元二年（1336年）张雨辞主观事，再次回到杭州开元宫、万寿宫等，日与友人饮酒赋诗以自娱，"不与世事接耳目"，最终羽化于开元宫之斋居。（《道藏》第5册，第676页）

② （明）刘基：《句曲外史张伯雨墓志铭》，《句曲外史居贞先生诗集》，台湾学生书局1960年版，第560页。

③ 《茅山志》卷二十三，《道藏》第5册，第650页。

(1277年)、至元二十年（1283年）、至元二十一年（1284年）四种说法。至元十三年说，孙克宽指出，张雨"生于世祖至元十七年（1280年），即南宋帝显德祐二年丙子"①。但这种说法本身有误，因为至元十七年对应的是1280年，而德祐二年对应的是至元十三年（1276年）。至元十四年说，最早见于清人萨都剌《雁门集》卷十三《梦张天雨》。萨都剌与张雨交往密切，留下了多首与张雨的唱和诗。张雨升仙后，萨都剌因想念而与之梦中相遇，醒后作《梦张天雨》："政恐梅花即是君，一床蝴蝶两床分。邀予悟读玄真子，羡尔偕升太素云。开箧取书银字灭，卷帘呼酒玉笙闻。觉来不省谁同梦，雪影翻窗似水纹。"该诗后有按语曰："此诗当是天雨已殁之作。"其中谓"外史之生当在宋端宗景炎丁丑（1277年）"②，此年即至元十四年。至元二十年说，最早由台湾地区学者张光宾提出③。至元二十一年说，则见于史铁良《金元诗数题》，他依据《句曲外史集》卷下《石室铭》序后"大元癸未岁吴郡张雨造记"而认为是至正三年（1343年），当年张雨60岁，则其生年当在前至元二十一年。④

第二，有关张雨的卒年说法更多，有孙克宽提出的至正二年（1342年）说、清人萨龙光提出的至正六年（1346年）说、清人吴荣光《历代名人年谱》提出的至正八年（1348年）说、徐邦达《历代书画家传记考辨》假定为至正九年（1349年）说，后又在《鉴辨宋元二大家绘画伪造四种件》一文中将张雨卒年定为至正十年（1350年），张光宾也赞同至正十年说、承名世提出的至正十一年（1351年）说⑤，王荣初选注《西湖诗词选》中记为至正十二年（1352年）说⑥，共计七种。王亚伟在《元代道士张雨研究述论》中对张雨生卒年的各种说法作了梳理，⑦ 从中可见，学者对张雨生卒年问题上存在的分歧较大。笔者以刘基《句曲外史张伯雨墓志铭》为主要依

---

① 孙克宽：《寒原道论》，联经出版事业公司1977年版，第292页。
② （元）萨都拉：《雁门集》，上海古籍出版社1982年版，第369页。
③ 张光宾：《元仙儒句曲外史张雨生平考述》，《中华国学杂志》1977年第5期。
④ 史铁良：《金元诗数题》，《株洲师范高等专科学校学报》2004年第4期。
⑤ 承名世：《略论张雨》，《上海博物馆集刊》第4期，上海古籍出版社1987年版，第75页。
⑥ 王荣初选注：《西湖诗词选》，浙江人民出版社1979年版，第169页。
⑦ 王亚伟：《元代道士张雨研究述论——兼谈对元代道教研究的一些启示》，《徐州工程学院学报》2017年第5期。

据，结合张雨多种生平资料及作品①，推算其生卒年约为1283—1350年。

第三，有关张雨的身份，学界也有不同的看法。柯劭忞在《新元史》中将张雨列入文苑附录，视为"隐于黄冠者"的文士②。张光宾在《元儒仙句曲外史张雨生平考述》中对张雨的生平事迹进行了具体考述，基于张雨的墨迹、著录、刻帖、元明人别集以及笔记小说，将张雨的身份定为儒仙。也有人将张雨描写成半是道士、半为儒生，过着半隐半俗的生活③。孙克宽则指出，张雨是"文学道士"，不能算是儒生。笔者认为，张雨二十岁入道，曾主持过茅山崇寿观和崇禧观，是一名博学多才的文人道士。

张雨擅长书法，有《山居即事诗帖》《登南峰诗》《杂诗卷》《送柑二诗》等传世，他与同时代的书法家赵孟頫、杨载为好友，一般认为赵孟頫的字雍容华贵，张雨的字则格调清新。张雨的书法作品中飘逸着一种清闲淡雅的仙道气质却是独具一格的，以自由散漫、无拘无束来表现茅山道教所具有的那种自我意识。据说元本《茅山志》因张雨抄写并赠送友人而不断扩大其影响，"此书由他手书上版，自是精美绝伦"④，以至于道教史上出现了张雨编《茅山志》的说法。张雨在晚年作品上署有"幻仙""樵人""山泽臞者""灵石山人"等名号，反映了他站在文学道士的立场上对古来文人隐士传统及道教神仙信仰的认同。

长期以来，学术界对张雨的研究主要集中在考证其生平事迹和研究书法作品等方面，从道教史的角度对张雨进行研究还很不够。若仔细研读张雨保留至今的诗文著述和书法作品，可见茅山道教的信仰和思想应是他长期奉行的精神准则。

第一，依茅山道教的价值观来编撰《玄品录》。张雨所编《玄品录》五卷分十二品，以道德、道品、道权、道化、道儒、道术、道隐、道默、道言、道质、道华、道阳为条目来概括从尹喜迄于宋代留用光历代一百三十余位道门人物的品行。每品数人，每人单独列传，如"道德品"中主要有尹喜、尹轨、陆通、列子、庄子、范蠡；在"道品"中则介绍了三茅、张陵、

---

① 肖燕翼：《张雨生卒年考——兼谈三件元人作品的辨伪》，《故宫博物院院刊》1998年第1期、程杰：《刘基〈张雨墓志铭〉及相关问题》，《浙江社会科学》2005年第2期。
② （民国）柯劭忞撰：《新元史》卷二百三十八，吉林人民出版社1998年，第3439页。
③ 杨阳、张青主编：《元代历史辞典》，远方出版社2006年版，第330页。
④ 李致忠：《昌平集》，上海古籍出版社2012年版，第483页。

魏伯阳、许迈、杨羲、陶弘景等道士。张雨学习道教人物并进行总结归纳："乃发愤求之于古人,由老子而下,若老子徒者,采其道德文艺而类次之,盖仿佛得其人矣。"① 张雨的视域并不局限于茅山道教,但对上清派宗师情有独钟,介绍得特别细致,大概是他长期在茅山修道对情况比较熟悉,同时也帮助自己树立学道的信心:"皇道家之权舆博大,真人之轨辙兴世立教之法则也。太史公之论定,雨愿学焉"②。通过人物品评,张雨将道门人物的精神气质展现出来。

第二,在茅山上积极以诗文弘法传道。张雨二十岁入茅山,在山上修道三十多年,留下许多歌咏茅山的诗文作品,而且还留下了一些建坛弘道的事迹坛铭。据《茅山志》卷二十七《弘道坛铭》记载:

> 上清真人潘尊师体玄,建弘道坛于嵩之阳。句曲外史,基石仪道,乃复古初,乃奉圣神,永作宪矩。上清宗师刘大彬作篆镇坛,大洞法师倪天奎协诚购石。③

《玄洲唱和并序》则讲述了张雨在茅山郁冈山玄洲精舍中修道,将与赵孟頫唱和交往之事,书使刻石以展现的"山中故事":

> 句曲外史张嗣真学道茅君山,所居玄洲精舍左右多真仙古迹,曰菌山、罗姑洞、霞架海、鹤台、玄洲、桐华源、紫轩、火浣坛、隐居松等。与赵孟頫同赋小诗,以记其处。至治二年壬戌岁四月二十三日,道吴兴溪上,复还句曲,书使刻石,以为山中故事。④

第三,张雨作为书法家,抄录了许多道书。笔者在《道法会元》卷二百一十看到张雨所抄《丹阳祭炼内旨序》,文末有"至正丙申十二月句曲外史张雨书于箕泉小隐"的字样。张雨有近五十件书法作品存世,仅次于赵

---

① 《玄品录序》,《道藏》第18册,第97页。
② 《玄品录序》,《道藏》第18册,第97页。
③ 《茅山志》卷二十七,《道藏》第5册,第675页。
④ 《茅山志》卷三十一,《道藏》第5册,第696页。

孟頫和鲜于枢。张光宾在《元玄儒张雨生平及书法》指出，张雨书学直接承袭了晋唐二王法脉，故能于赵孟頫影响下的元代书坛透露出六朝野逸散卓之气。此文还将张雨书法分为"四十岁以前受赵孟頫影响颇深、四十至六十岁期间融合自立，有独立面貌，以及六十岁后随心应手、收放由性，充分表露性灵抒发三个阶段"①。其实，张雨在四十岁后的书法水平与他修道过程中道法水平的提升是并行而进的。如李日华在《六研斋笔记》所说："伯雨书性极高，人言其请益赵魏公，公授以李泰和《云麾碑》，书顿进，日益雄迈，魏公平日学泰和，得其舒放雍容，而伯雨独得其神骏，所以不同。"② 此"神骏"即是以"健而近佻""虽礼而野"为特征的。

第四，张雨的诗词以"词气清简"的游仙诗为主，深受追求用词用韵达意精准的文人雅士的敬佩。袁桷《和陆龟蒙朝真词二首并序》："往岁在翰苑，尝草三茅君制书。近句曲外史寄示陆鲁望《朝真词》二章。盖每岁大茅君十二月二日相传由天台归茅山，春三月十八日复归。鲁望所制乃十二月，而三月独缺。予不揆，用韵以补。……吕道士过三茅，因书以寄，且为异日朝真之资。外史词气清简，必以予言为陋也。"③ 在元代诗坛上，张雨的诗被认为是没有江湖诗人的纤弱习气，却有着松雪的典雅与从容。张雨的诗词擅长抒写隐居情怀，以清逸超脱、意境清幽、内蕴深沉来表达山中修道精神，代表了元代茅山道士的诗文艺术水平。张雨在与文人雅士、佛教僧人交流往来中，"清声雅调，闻诸馆阁"，以"有道有才"而树立起"茅山道士"的正面形象，以诗情书意扩大了茅山宗在元代社会中的影响。

第五节　《茅山志》与茅山道教

道教在唐代得到繁荣发展，到晚唐时，开始出现一些有关道教名山宫观的山志或方志等。"就目前所掌握的文献典籍来看，道教方志至晚于唐时已

---

① 张光宾：《元玄儒张雨生平及书法》，台湾《故宫丛刊》甲种之十四《元朝书画史研究》。
② （明）李日华：《六研斋笔记·紫桃轩杂缀》，凤凰出版社 2010 年版，第 5 页。
③ 《茅山志》卷十五，《道藏》第 5 册，第 696 页。

经出现"。① 茅山作为汉代就兴起的道教名山，到宋代时陆续出现一些关于茅山的志书，如南宋绍兴二十年（1150年），南丰人曾恂、茅山山门都道正傅霄修《茅山记》四卷，但"所书山水祠宇，粗录名号而已，考古述事，则犹略焉。"② 到元代时，吴全节先以旧志遗失甚多为由，提议王道孟重修茅山新志。至大四年（1311年），王道孟命弟子刘大彬袭其教。延祐元年（1314年）甲寅岁五月二十六日，吴全节奉皇帝圣旨再次来茅山，与王道孟在元符万宁宫上清宗坛共修金箓宝斋三昼夜，为皇帝和太后祈福：

> 王道孟钦奉皇帝圣旨：……是以谨封香币，遣玄教嗣师、总摄江淮荆襄等处道教、崇文弘道玄德真人吴全节，诣元符万宁宫上清宗坛，命宗师王道孟，集法师道士一坛，修建福国裕民金箓宝斋三昼夜，满散祇陈三界众真清醮三百六十分位。伏愿一人有庆，万福攸同，兢业无旷，庶官臻既，醉凫鹥之治，怡愉以奉太后，介未央长乐之春，风雨顺调，民物康阜。③

这次，吴全节又重提修志之事。"至大庚戌，予以祀事至茅山。因阅其山之旧志，遗阙甚多，尝以语之四十四代宗师牧斋王真人。未几，真人传真，山志无所闻。后五年，复祀其山，又以语之嗣宗师刘真人，十又三年为泰定丙寅。天子用故事醮其山，予实代礼，始获睹其成书。凡十有五卷，自汉晋而下及齐梁唐宋之书，搜括无遗。"④ 吴全节曾期望王道孟领导修编《茅山志》的工作。王道孟仙逝后，又支持刘大彬组织收集资料编纂《茅山志》。因此，《茅山志》的署名是"嗣上清宗师刘大彬造"。

从赵世延、吴全节为《茅山志》所作的序中可见，泰定三年（1326年），吴全节受诣再次来茅山祭祀时，看到刘大彬所编十五卷《茅山志》将自汉晋而下及齐梁唐宋之书，搜括无遗，见赵世延为之作序。于是吴全节也欣然作序。若依此记载，《茅山志》是在茅山宗师刘大彬的组织领导下，借

---

① 刘雅萍：《中国道教方志研究概述》，《图书馆理论与实践》2011年第8期。
② 《茅山志叙录》，《道藏》第5册，第549页。
③ 《茅山志》卷四，《道藏》第5册，第573—574页。
④ 《茅山志序》，《道藏》第5册，第549页。

鉴之前的各种茅山志，再由道士、文人共同努力编纂出来的。刘大彬因主持撰集了史料甚为丰富的《茅山志》，成为元代茅山上清宗师中唯一留有著作的。刘大彬之后，茅山上清宗师就不见传录了。

由"上清嗣宗师刘大彬造"的元天历三年（1330年）刻本只有十五卷，明永乐元年（1403年）重刊，收入《正统道藏》时析为三十三卷。元本《茅山志》是否是刘大彬造？20世纪，陈国符先生在《道藏源流考》中较早论及《茅山志》的作者问题：

> 刘大彬志，元原刊本、明永乐及成化重刊本皆为十五卷。吴全节序，刘大彬叙录，胡俨序亦皆云十五卷。《正统道藏》本则析为三十三卷。又胡俨序云元原刊本张伯雨所书。盖此书实即张天雨所修，刘大彬窃取其名而已。此志详审而有条理，非通常道士所能为也。①

陈国符认为，元本《茅山志》实为茅山道士张雨，其名天雨、字伯雨修撰，"刘大彬窃取其名而已"。有关元本《茅山志》的作者一直存在着争议，主要有这几种说法：

一是刘大彬造。有关是刘大彬编集的记载比较多，主要有：泰定元年（1324年）赵世延《茅山志序》、泰定四年（1327年）吴全节《茅山志序》、天历元年（1328年）刘大彬《茅山志叙录》。

二是张雨修。主要有两份相关史料：一是《成化杭州府志》中指出："张天雨，字伯雨，钱塘人。尝屏居修《茅山志》，因号句曲外史。"这段话认为"号句曲外史"的张天雨曾修《茅山志》。二是清史学家钱大昕《元史·艺文志》卷二录有"张天雨《茅山志》十五卷，刘大彬《茅山志》三十三卷"。据此记录，刘大彬、张天雨各编一部《茅山志》。

三是刘大彬编集、张雨书写。这部由刘大彬编集、句曲外史张雨手书，刻之甚精的《茅山志》在元末毁于战火。姚广孝于明朝永乐二十一年（1423年）又重刊，据胡俨撰《序》曰："茅山旧有记，而志则始于嗣宗师刘大彬，故元时所编集也，元末板毁于兵。其故刻则外史张伯雨所书，极清洁。至天朝永乐癸未，姚公得遗刻善本于本山灵官陈得旬，慨然念兹山之文

---

① 陈国符：《道藏源流考》下册，中华书局1963年版，第248页。

献有足征者,乃合同志之士出资命工重锓梓以传,甚盛心也"①。这表明永乐年间重修《茅山志》是依据元朝刘大彬《茅山志》编集、张天雨所书写的《茅山志》刊刻的。明朝初年,江永年也为重刊撰《重修茅山志自序》:"旧志编自前元宗师刘大彬,传于翰林承旨赵孟𫖯,赞于大学士虞集,书于华阳外史张伯雨,世称四绝。"②

虽然陈国符对《茅山志》作者的观点很有影响,后来《道教大辞典》、《道藏提要》都沿用了这一观点,认为元本《茅山志》的作者是张雨而非刘大彬。卿希泰主编《中国道教》也赞同陈国符的观点,认为"'此书实即天雨所修,刘大彬窃取其名而已'不无根据"③。但随着近年来对元代道教研究的深入,也陆续出现了一些不同观点:

第一,刘大彬与张雨二人皆参与修编《茅山志》,但有不同的贡献。卢仁龙认为《茅山志》最初可能是以《寻山志》命名的,"刘大彬并非通常道士,他是茅山四十五代宗师,在元代道教界是一位声名甚著的道士,并与当代文人也多来往,如虞集、倪文光、吕虚灵或与其友善,或拜其为师,赵世延、吴全节特为此书作序,都是出于和刘大彬的交谊"。他还分析了一些人误认为《茅山志》是张天雨所作的原因,一是"《茅山志》的修撰是刘大彬主其事,具体修撰者是张天雨"。二是"《茅山志》是刘大彬主持茅山道务时修成,张天雨为实主其事者。赵孟𫖯、虞集也为此书的完成有过具体的贡献"④。刘大彬与张雨在《茅山志》修编中起到不同的作用。

第二,《茅山志》作者应该是刘大彬。孙王成对陈国符的观点进行了分析,指出其依据有一定的片面性:

一、钱大昕《元史·艺文志》收录有"张天雨《茅山志》十五卷",但这并不代表编撰的意思,而是书写的意思。

二、《成化杭州府志》有张天雨曾经编修过《茅山志》而有"句曲外史"这一称号的。这一称号是他的朋友兼老师赵孟𫖯为他所起。张天雨确实参与了《茅山志》的编撰,赵孟𫖯、虞集等人也同时参加了《茅山志》

---

① 句容市史志办公室编:《弘治句容县志》,苏州大学出版社2018年版,第275页。
② (明)江永年:《重修茅山志自序》,《藏外道书》第19册,巴蜀书社1994年,第704页。
③ 卿希泰主编:《中国道教》第二卷,东方出版中心1996年版,第210页。
④ 卢仁龙:《〈道藏〉本〈茅山志〉研究》,《社会科学战线》1992年第2期。

的编撰，但不能说张天雨就是《茅山志》的作者。

三、胡俨序中有"元原刊本张伯雨所书"。张天雨在书法方面得到过赵孟頫的指导，他所刻写的《茅山志》是典型的赵体字。陈国符和钱大昕错把这个"书"误解成了编撰的意思。张天雨以其精湛的书法技术书写过《茅山志》，并不能武断地认为是张天雨修撰了《茅山志》。

四、《茅山志》详审而有条理，不是一般道士能够编写的。《茅山志》是刘大彬及赵孟頫、虞集、张天雨等众弟子共同合作的结果。张天雨参与了《茅山志》的编撰，但《茅山志》编撰的总体工作是在刘大彬的带动下开始并完成的。孙王成提出，刘大彬同众多弟子经过十多年收集整理，完成《茅山志》的初稿，后来又经过五年时间进行修改和完善，终于在天历元年完成了《茅山志》的编撰工作。处在同一个时代又同为茅山道士的张天雨和刘大彬不可能同时编撰名为《茅山志》的两本书，即使他们同时同地编撰了名为《茅山志》的两本书，也不存在陈国符先生所说的剽窃行为。①

丁雪艳否定了卢仁龙关于"《寻山志》就是后来的《茅山志》"之"大胆的假说"，认为《寻山志》与《茅山志》是当时流传的两种图书，二书本一之说不足立论。同时还否定了"刘大彬请张天雨来茅山修《茅山志》"的说法，认为张天雨来茅山是因为他在杭州的宫观毁于灾难，无可奈何之下才来到茅山，进一步论证了"《茅山志》非张天雨著述，实为刘大彬修撰"的观点。②

吴受琚对各种观点进行评估后认为："刘大彬是《茅山志》的主编者。张天雨只是参与者之一，而且由他抄录了数本《茅山志》，馈赠友人，以至于张天雨书《茅山志》在当时及后来产生很大的影响。后人把'张天雨书《茅山志》'误认为是张天雨编撰《茅山志》。其实，张天雨只是在《茅山志》的编撰过程中起到不小的作用，并且多次抄写、刻印过《茅山志》。《茅山志》是在刘大彬的统筹规划下组织一批文人、道士编撰而成的。"③ 张天雨以其精湛的书法艺术，多次抄写《茅山志》赠送给友人而被误解为编

---

① 孙王成：《元版〈茅山志〉的作者究竟是谁》，《中国道教》2001年第1期。
② 丁雪艳：《〈茅山志〉作者考》，《中国道教》2006年第4期，第39页。
③ 吴受琚：《元江南名道张雨艺文考》，《茅山乾元观与江南全真道国际学术研讨会论文集》，第707页。

撰人。

综观有关《茅山志》作者是谁？众说纷纭，但主要可归为四种观点：一是《茅山志》的真正作者是张天雨而非刘大彬；二是《茅山志》由刘大彬主事，张天雨所修；三是《茅山志》由刘大彬编集，张天雨以其卓越的书法技巧抄写并赠送友人；四是《茅山志》在刘大彬的组织下，由刘大彬、张天雨、赵孟頫、虞集等集体合作编成。

若结合当时茅山道教的发展史和刘大彬的人际交往关系看，笔者比较倾向于第三种看法，《茅山志》是在上清宗师刘大彬主持茅山道教事务时，"嘱诸入室弟子采集成书"①，即刘大彬带领入室弟子们采集资料、编排内容、撰写完成的，故《道藏》每一卷篇首都题有"嗣上清宗师刘大彬造"的字样。当时正在茅山的张天雨出于奉道之心，以其娴熟的书法精心抄写过刘大彬编撰的《茅山志》，故有"张天雨《茅山志》十五卷"的记载。由于《正统道藏》对收入其中的道书的每一卷都有字数限制，元刻本《茅山志》原为十二篇十五卷，收入《正统道藏》时被析为三十三卷，因此流传于世的《茅山志》有十五卷本和三十三卷本两种版本，其实是同一部《茅山志》的两种版本形式，而并非两种《茅山志》。

刘大彬与张天雨、赵孟頫、虞集等人多有交往，为当时茅山道教编撰《茅山志》会聚了许多人才。孙克宽著《元虞集与南方道教》展示了虞集与茅山道士刘大彬、赵嗣祺多有交往，深受茅山道教文化的影响的事迹："南方道教的风貌与北方道教的区别，最大的是他们的文雅化的山林高士姿态"②。据研究，"虞集各类直接涉及道教的作品共有近300篇，这个数字还不包括那些间接涉及道教活动与道教人物的作品"③。从一个侧面反映了茅山道士在编撰《茅山志》时的人文环境。

再从元本《茅山志》前赵世延、吴全节和刘大彬所作的三序中讲述的成书经过，也可见刘大彬在编纂工作中的主导作用。元至大庚戌（1310年），时任玄教宗师、总摄江淮荆襄等地道都提点吴全节到茅山祭祀并考察，翻阅茅山志书资料，发现内容单薄，遂以茅山旧志遗阙甚多为由，建议

---

① 《茅山志叙录》，《道藏》第5册，第549页。
② 孙克宽：《寒原道论》，联经出版事业公司1977年版，第262页。
③ 姬沈育：《一代文宗虞集》，中国社会出版社2008年版，第82页。

第四十四代上清宗师王道孟编纂新的《茅山志》。不久王道孟就把茅山掌教之职让位给了弟子刘大彬。延祐元年（1314年），王道孟于茅山元符宫升仙，《茅山志》的修编工作显然没有多大进展。五年后，吴全节再次来到茅山，重提修志之事。刘大彬才开始着手编纂工作，到泰定甲子年（1324年）完成初稿，于是请"集贤大学士，光禄大夫西秦赵世延"① 为之作序。

据《元史·赵世延列传》介绍，赵世延（1260—1336年）为《茅山志》作《序》的时间是泰定元年（1324年），当时他正好去江南过茅山，刘大彬请他作序。② 他在序中写道，刘大彬"又病夫山志前约而后阙也，乃嘱诸入室弟子，采集成书，来征予序。阅其所载，诏告之隆，仙真之异，洞府之邃，坛箓之传，人物之伟，楼观之盛，山水之清，草木之秀，碑刻之纪，题咏之工，莫不胪分类析，粲然大备。"赵世延看了《茅山志》初稿后，为茅山道教的隆盛历史而鼓舞，"顾山志不可不辑，而丕贶不可无述也"③，乃作序以强调《茅山志》的重要性。

在《茅山志》基本完成时，刘大彬又组织人员对《茅山志》进行校对、润色和完善。经过三年的努力，《茅山志》的内容已相当完备。吴全节于丙寅年（1326年）第三次到茅山祭祀时才得以看到《茅山志》稿，读后极为高兴，觉得此志书所记载的茅山道教发展史，对传承上清道脉、弘扬茅山道教都极为有利，于是欣然为之作序，"平章赵公既为之序，予嘉是书之传有益斯道，而予言之勉成者不徒然也，故为之书。泰定丁卯春正月，特进上卿玄教大宗师吴全节序"④。落款的时间是"泰定丁卯春正月"，即泰定四年（1327年）正月。至此，一部完整的《茅山志》正式定稿。

元本《茅山志》的成书过程，从元至大三年（1310年）吴全节安排王道孟着手编纂茅山志书算起，到元泰定四年（1327年）吴全节为之作《序》为止，历时近二十年。因此，吴全节在《序》中写道"是书前后凡二十年始成"⑤。

在《茅山志》的编写过程中，刘大彬起到组织安排、统筹规划、人员

---

① 《茅山志序》，《道藏》第5册，第549页。
② 《元史》卷一百八十《赵世延列传》。
③ 《茅山志序》，《道藏》第5册，第548页。
④ 《茅山志序》，《道藏》第5册，第549页。
⑤ 《茅山志叙录》，《道藏》第5册，第549页。

调配及文稿部分写作、审阅的作用，相当于今天所说的"主编"。因此《茅山志》每一卷的开头都题有"上清嗣宗师刘大彬造"。刘大彬在《茅山志叙录》中自云："大彬登坛一纪，始克修证，传宗经箓。又五载，而成是书。"[1]"一纪"是十二年，刘大彬自1311年成为茅山道教掌门人以后，继续进行编纂《茅山志》的准备工作，十二年以后，《茅山志》的资料收集整理工作已基本完成。然后，刘大彬又继续组织人力进行统稿、编写、刻印工作，约五年，《茅山志》得以问世。后人评价为"一看便知其体例得当，其内容全面，是茅山有志以来最好的一部志书"[2]。

《茅山志》凡十二篇十五卷，分为诰副墨、三神纪、括神区、稽古迹、道山册、上清品、仙曹署、采真游、楼观部、灵植检、录金石、金薤编。《四库全书提要》评价曰："每门以三字为题，盖仿陶弘景《真诰》例也。"[3]记载了元代以前茅山道教的起源和发展，其内容十分丰富，涉及历代帝王的诏告表奏、三茅真君、茅山景观、修道人物、山川胜迹、道经图箓、上清圣师、宗师传承、修道之士、三宫五府、金石碑刻、文人诗词等，以信仰和文化的方式反映的江苏道教是以茅山道教为中心而展开的。刘大彬编集的《茅山志》将元朝之前的有关茅山道教的神灵信仰、宗师谱系、宫观房院、道经书籍、奇药花木、金石碑文、诗文杂著都收录下来，内容全面、人物众多、记载详尽，在道教山志中极具代表性，既是江南士族文人的精神格局和思维方式的生动反映，也展示了茅山道教至元朝时所产生的广泛的文化影响。

《茅山志》的编撰视野并不局限于茅山，还涉及在茅山学道后又去各地传道的上清三洞法师。例如，"汤用明，字晦之，钟陵道士也。神锋凌迈，通经博物，专内炼坐忘之学。元祐初，年方壮，闻刘先生之道，不远千里，参受经法，与卢必强、汤道原、冯悦道、鲍炼师、王景山数人为友"[4]。刘混康门下弟子众多，其中的卢必强即是北宋时修习上清道法在无锡传道的"梁溪上清三洞法师卢公至柔"。

---

[1] 《茅山志叙录》，《道藏》第5册，第550页。
[2] 李致忠：《昌平集》，上海古籍出版社2012年版，第482页。
[3] （清）永瑢、纪昀主编：《四库全书总目提要》，海南出版社1999年版，第407页。
[4] 《茅山志》卷十六，《道藏》第5册，第676页。

卢至柔在茅山期间做过"道正",相当于宋代道官制度中的管理地方道教的道官。如《茅山志》卷二十九录有北宋著名词人周邦彦所做的《芝术歌》一首,其中开头序言写道:"道正卢至柔得芝一本,生于术间,术生石上,根须连络不可解,遇于白鹄庙之侧,樵斧断取之,犹金石也。邦彦请乞于卢,持寿叔文。"① 卢至柔后离开茅山,来到无锡,先后于洞虚宫、张巡庙、明阳观传道,因以符水为人治病,社会影响越加显著。据现存《常州无锡县璨山明阳观记》②记载,宋崇宁四年(1105年),茅山道士卢至柔来到无锡后,居城中洞虚宫,符水治病,无不活人,受到当地百姓的欢迎:"公之名既彰,于是以疾来告,丐符水治者,罂缶相属于道。其治疾也,令病者以状自言,死生立决。或为妖所凭,容止失常,至其所,脱然去体。家有啸于梁者,或符其门,则泯灭绝迹。病度不可治,必欲得咒水往者,亦不固拒,归发视之,水上激如矢,迸流于地,不复得饮。绿章封事,皆有殊应,人益以为神。旦罢朝真,归休于室,则户外之履满矣。"③卢至柔于是重建洞虚宫,大观初年赐名明阳观。刘混康曾举荐卢至柔给宋徽宗,但敕令诏书于政和元年(1111年)下达时,卢至柔已羽化升仙矣。卢之后有上清三法师许时中,亦著灵异。

赵孟頫是茅山道士杜道坚的弟子,作《上清传真图序》称这些上清宗师为"儒门洙泗",该文被刘大彬列于《茅山志》末尾:

华阳洞天,自汉三茅君飞升于此,魏晋而降,仙者接武,神君仙人之所主治,云裾霞佩之所游集。盖地上之天官,人间之仙境。故昔人谓道门华阳犹儒门洙泗。欲以凡言赞叹,弥觉费辞。上清玉虚真人刘君大彬,命工传写祖师真像,自紫虚元君凡四十五代,俾孟頫又作小传,附书其后,藏之山中,以贻来叶,俾知传授之绪,希心存目注,无坠玄风。④

当刘大彬在弘扬茅山宗时,想请赵孟頫给茅山上清派四十五代宗师画

---

① 《茅山志》卷二十九,《道藏》第5册,第688页。
② 《常州无锡县璨山明阳观记》的碑石,现藏于无锡市碑刻馆。
③ 曾枣庄、刘琳主编:《全宋文》第220册,上海辞书出版社2006年版,第95页。
④ 《茅山志》卷三十三,《道藏》第5册,第703页。

像，并在每幅人物像旁再书写传记，使画像、传记和书法三相合一，期望以图文并茂的方式来表达上清宗师的风貌，故赵孟頫在《上清传真图序》写道："凡学有传，孰大于道？是以古之学道者以得师为急，为师者以得人为难。而况仙者非有求于人，道者初不假于外，唯当爱清爱静，归心归诚，所冀真灵感应耳。"[①] 言简意赅地将上清玄风归纳为"爱清爱静，归心归诚"。

元本《茅山志》编撰出版后获得好评，却多次遭到刻板被毁甚至失传的命运，几经重版，后被收入明《正统道藏》才保存下来。"《茅山志》即据旧志增修编纂而成，于元泰定天历（1324—1329年）间刊行。元末板毁，明永乐元年（1403年）重刊。成化二年（1466年）板复毁，六年重刊。《四库全书总目》地理类存目著录之浙江孙仰曾家藏本，亦十五卷，系嘉靖二十九年（1550年）玉晨观刊本，续入明事，已非元刊本之旧。"[②] 目前可见明代刊刻的《茅山志》主要有四个本子：（1）永乐年间，茅山元符宫刊刻的"永乐本"；（2）正统年间，朝廷修编《道藏》时收录的"道藏本"；（3）成化年间，茅山崇禧宫刊刻的"成化本"；（4）嘉靖年间，茅山玉晨观刊刻的"嘉靖本"，又称"玉晨观本"。笔者认为，这四个刊刻本反映了《茅山志》在明代受到官方与道门共同的重视与爱护，才得以通过不断刊刻保存下来，尤其收入官方敕修的《道藏》中，因易于查找而影响最大。近年来，收藏于中国国家图书馆、日本泽存书库、台北"国家图书馆"的"玉晨观本"也受到关注。据王岗研究，玉晨观刊本有两个特点：一是保存了元刊本《茅山志》的完整性；二是增补了三卷明代资料。[③] 他点校的《茅山志》即是与《道藏》版本稍有差异的玉晨观刊本。这些不同版本的《茅山志》都为了解江苏道教提供了珍贵的素材。

第六节　全真道龙门派向江南传播

宋辽金元时期，道教也进入了一个新道派纷立的时期。就在南方道教以

---

① 《茅山志》卷三十三，《道藏》第5册，第703页。
② 卿希泰：《中国道教》第二卷，东方出版中心1994年版，第210页。
③ （元）刘大彬编，（明）江永年增补：《茅山志》上册，王岗点校，上海古籍出版社2016年版，前言第7—8页。

各种方式如火如荼地在民间社会展开时，在北方金人统治区出现的太一道、真大道、全真道等新道派也与之交相辉映。其中就有王重阳在金世宗大定七年（1167年）于山东半岛创立的全真道，亦谓全真教。随着历史的发展，许多新道派犹如昙花一现，很快消失了，而全真道却因得到了北方广大群众较为普遍的信仰而延续了下来。到元代时，全真道的发展臻于鼎盛，从而与主要活动于南方的正一道并立成为中国后期道教的两大道派。

全真道南传与元朝平定江南的步伐大致同步，但在不长的时间里得到广泛传播。笔者认为，其一是因全真道在信仰和教义上具有新特点[1]，其二是丘处机西觐成吉思汗倡"敬天爱民为本"，为元朝所认可，扩大了全真道的社会影响，其三则与全真道龙门派在江南的传播分不开。如清代全真道士陈铭珪，派字教友（1823—1881年）在《长春道教源流》中说：

> 今世全真教，大抵长春法嗣为多，所谓龙门派也。然询道教中人，云：嗣马丹阳者为遇山派、嗣谭长真者为南无派，嗣刘长生者为随山派，嗣王玉阳者为昆嵛派，嗣郝广宁者为华山派，嗣孙清静者为清静派。考长春及诸真门人，无有以派名者。诸派之兴，其起于明代欤？惟元时北方全真教，长春与诸真递相传授尚可考见，厥后自北而南，地与世相去日远，李道谦后，纂辑无人，世但知为全真教，无有识其渊源者矣。不特此也，当明之世，全真之显著者多出南方而北方无闻焉。岂元末北方大乱，于时宫观残毁，徒众星散，遂尔失传耶？[2]

他认为，在全真教下的各派之中，唯有丘处机（1148—1227年）法嗣为多，称龙门派，其自北向南的传承脉络尚可考见。明代时，全真道中的杰出道士大都"出南方而北方无闻"，于是才有"诸派之兴，其起于明代"以示当时中国道教发展的新走向。

若对照全真道史就可见，在丘处机及其门人时，其实并无龙门派之称，有关龙门派的创派者及创立时间，历来有不同的看法。有的认为，"王嚞死后，由其弟子马钰、谭处端、王处一、刘长生、郝广宁、丘长春、孙不二等

---

[1] 孙亦平：《论早期全真道心性论的理论旨归》，《南京大学学报》1997年第4期。
[2] （清）陈铭珪：《长春道教源流》卷七，《藏外道书》第31册，第119页。

继承其教业。……其中以丘长春（处机）开创的全真龙门派最为盛行，累代不衰"①。也有的认为，全真道的七个支派其实都是由北七真人门下所创，故丘处机并非龙门派的开创者："关于全真正宗，自元代以来，'七真'门下各自开派，分为龙门（丘处机）、随山（刘处玄）、南无（谭处端）、遇山（马钰）、嵛山（王处一）、清静（孙不二）、华山（郝大通）七个支派，以龙门派势力最大。"②据龙门派第七代律师王常月《钵鉴》、清代全真道士闵一得《金盖心灯》、北京白云观藏《龙门传戒谱系》③ 记载，龙门派奉丘处机为祖师，以其门下弟子赵道坚为创始人。这就牵涉到丘处机的生平活动与龙门派创立的问题。④

虽然对龙门山位于何处，龙门派兴于何时，人们也有不同的看法，但《藏外道书》中的《金盖心灯》《龙门正宗觉云本支道统薪传》《长春道教源流》《长春观志》《白云观志》及民国时出版的《道统源流志》⑤ 中都比较详细地记载了龙门派的传承谱系，尤以闵一得撰《金盖心灯》记载的"龙门正宗"影响最大，其中提及丘处机在世时"乃亲传心印，付衣钵，受天仙戒，赠偈四句"⑥，将龙门心法传给其弟子赵道坚（号虚静）。如据此，龙门派似乎在丘处机时就已初步创立了。

《金盖心灯》中还有《龙门正宗流传支派图》，它以纪传体的形式介绍了从第一代龙门律师赵道坚至第十四代律师或宗师们的生平事迹和法脉传承："谓吕仙之道，递传丘长春，长春以不嗜杀人一语感动元世祖。盖本吾儒之说，托之道家以救世者。弟子赵虚静克绍厥学，嗣为龙门派。"⑦ 明确提出龙门派尊丘处机为祖师，以其修道的陇州龙门山为名，奉丘处机的弟子赵道坚为创派宗师，形成了独特的"龙门正宗"的传承体系：

---

① 李养正：《道教概说》，中华书局 1989 年版，第 171—172 页。
② 任继愈主编：《中国道教史》上海人民出版社 1990 年版，第 649 页。
③ 尹志华：《北京白云观藏〈龙门传戒谱系〉初探》，《世界宗教研究》2009 年第 2 期。
④ 孙亦平：《论全真道龙门派在江南地区的传播与影响》，《宗教学研究》2010 年第 3 期。
⑤ 《道统源流》有不同版本，一是庄严编辑、潘本椴、俞合达参订《道统源流》，民铎报社 1929 年版；二是吴兴庄严居士敬辑《道统源流志》，无锡中华印刷局印刷。据王宗昱《吴兴全真道史料》考证："庄严就是吴兴全真道龙门派第十六代传人严合怡。"
⑥ 《藏外道书》卷一，第 31 册，第 176 页。
⑦ 《金盖心灯》序，《藏外道书》第 31 册，第 160 页。

丘处机→赵道坚→张德纯→陈通微→周玄朴→张静定

《金盖心灯》在介绍龙门正宗早期的传承者时,将前四代都称为律师,每代且只有一人,他们的生平事迹都比较简略,其中还有一些模糊甚至虚构的成分。如第二代律师张德纯,号碧芝,跟随赵道坚十八年,受法后隐于陕西华山传道,后于元至正二十七年(1367年)传于陈通微,"遂遐隐,不知所终"[①]。第三代律师陈通微,名致中,号冲夷子,原为正一道士,"学正一驱邪祈祷之法,大著灵异,人争事之。师苦其烦扰",先隐华山,拜张德纯为师,后入四川青城山修道,于明洪武二十年(1387年)以戒法传周大拙。第四代律师周大拙,名玄朴,陕西西安人,原名知生,号大拙,先隐终南山,后避乱去青城山,"皈依陈祖冲夷子,担荷戒法"。其传记中特别写道:"是时元门零落,有志之士皆全身避咎。师隐青城,不履尘世五十余年,面壁内观,不以教相有为之事累心。弟子数人,皆不以阐教为事,律门几至湮没。"周玄朴后将"道戒衣钵"传于天台人张静定,自己"他适,不知所终"。张德纯、陈通微、周玄朴这三位龙门律师都是北方人,都曾在华山或青城山修道[②],都在教内秘传"道戒衣钵"与"性命双修功法",都以隐逸为务,最后都"不知所终"。[③]可见,明初时龙门派在北方已衰落到几近湮没的地步。

与蒙元平定江南的步伐相一致,全真道在元代传布到江南各行省并站稳脚跟。"元时全真道已行江南矣,余希圣、李道纯、杜道坚盖其著者。考其所学则以北宗为主旨,而不杂以南宗,亦笃信之士也。"[④] 元代全真道教在江浙的传播,以浙江杭嘉地区为中心,这与当时临安是南宋都城有关,然后可能从浙江扩展到苏南,有李道纯在仪征(仪真)、杜道坚在茅山、何惟一、余筠谷在苏州、余希圣在江西传播全真道法。苏州玄妙观在宋代称天庆观,元贞元年(1295年)因丘机处之请,改名为玄妙观。据吴亚魁研究,元代吴地有二所全真道观,一是苏州全真道院、二是昆山清真观。[⑤]

---

① 《金盖心灯》卷一,《藏外道书》第31册,第177页。
② 《金盖心灯》卷一,《藏外道书》第31册,第178页。
③ 孙亦平:《论全真道龙门派在江南地区的传播与发展》,《宗教学研究》2010年第3期。
④ (清)陈铭珪:《长春道教源流》卷七,《藏外道书》第31册,第126页。
⑤ 吴亚魁:《江南全真道教》,上海古籍出版社2012年版,第102—105页。

苏州全真道院，有关其创立时间有不同记载。明代《弘治吴江志》卷二记载："全真道院，在黎里镇。元至大二年（1309年），道士何惟一建。元末毁于兵。"清代《同治苏州府志》卷四十四《全真道院》记载为元至元二年（1336年）："全真道院，一名东岳庙，在二十三都黎里镇。元至元二年，道士何惟一建，后废。"① 因未找到道士何惟一的生平事迹记载，故建院的时间无法确定。据吴亚魁考证："元至元，有前至元和后至元两者。这里，全真道院的始建年月，如是前至元二年（1265年），则全真道教在江南的发源之地，就要从杭州北移至苏州。现有的资料和研究显示：杭州是江南六府一州全真道教的发源和集中之地，故断为后至元二年（1336年）。"② 即便全真道院创立于元代，但在江南是否还延续了全真道的传统，其实还需要再深入挖掘资料进行研究。据《吴门表隐》卷七记载，苏州府光福迁里村还有一所全真道院，创立于南宋淳祐初年③，但具体情况不详。

苏州清真观，因在县北一里，亦称昆山清真观。元延祐年间（1314—1320年）道士余筼谷复建，传播长春真人一系的全真道。《姑苏志》卷三十对清真观的修建历史记载得更为详细：

> 清真观，在会仙桥东，即宋放生池也。乾道七年，道士翟守真建真武道院。淳熙元年，移常熟县清真观废额改置。嘉定八年，建昊天阁，陈振记。元大德间毁，延祐间重建，杨维桢记。永乐初重修，归并观二、道院六。④

南宋孝宗乾道七年（1171年）"道士翟守真来自天台，募为真武道院。淳熙初元，迁常熟县故道宫，榜曰'清真'为观额。观有昊天阁，陈振为记"⑤。宋代的清真观主要供奉真武大帝。天台山道士翟守真募建真武道院，

---

① （清）李铭皖修，冯桂芬纂：《同治苏州府志》，《中国地方志集成·江苏府县志辑》第8辑，第324页。
② 吴亚魁：《江南全真道教》，上海古籍出版社2012年版，第102页。
③ （清）顾震涛撰：《吴门表隐》卷七，江苏古籍出版社1999年版，第79页。
④ （明）王鏊等纂修：《姑苏志》卷三十，台湾学生书局1986年版，第422页。
⑤ （宋）凌万顷撰：《玉峰志》，《中国方志丛书》第424号，台湾成文出版社1983年版，第3831页。

时谓龙自马鞍山来,有龟伏蛇蟠之象;又将塑祖师像,得民家樟木,取而锯之,中若天成,供奉院中。淳熙初,增置三清殿、两庑、山门,时守真之徒马拱辰、马得乙协置庄田四百余亩。有孺人边氏舍田,其孙承信郎袁枢发为记。据杨维桢《清真观碑记》记载:"吾昆山清真观者,宋放生池之所也。乾道七年,赐紫道士天台翟守真住其所。守真斥大之建,堂皇其中,位元武像,上以祝釐一人,下以为五方禜禬,得常熟县清真观梁普通时废额用以名。越二十年,观营造十七八,相其力者,嗣师马拱辰、刘道映也。"① 帝王赐道士真人服多用紫色,又称紫衣。"赐紫道士"指出翟守真在当时道门中的地位。淳熙元年（1174年）,清真观移常熟县清真观废额改置。嘉定年间,马拱辰之徒刘道映建昊天阁。

元大德五年（1301年）,昆山有阳侯之变,灾及清真观。重建清真观的余筠谷,疑为余善的字号,如陈铭珪《长春道教源流》注曰:"余善,字复初,玉峰清真观道士。按余筠谷当即其号,系一人"②。这里的"玉峰清真观"即昆山清真观。据明嘉靖《昆山县志》、万历重修《昆山县志》、清道光《昆新两县志》、光绪《苏州府志》、光绪《昆新两县续修合志》等记载,余筠谷在清真观传播全真道时,与茅山道士张雨是道友,又与当时名流郑元祐、顾瑛、杨维桢都有往来。《铁崖逸编》卷二有《桃核杯歌》,其中"引"曰:"道士余筠谷,为余道长春真人（即丘处机）事,世祖皇帝幸长春馆,真人方昼寝,盘桓久之,始寤。上曰:'真人何之'。对曰:'臣赴蟠桃宴。'上曰:'有征乎?'曰:'有'。乃袖出核桃,大如碗。上神之,玩不去手,命左右持去。真人请剖而为杯。一以奉上,而自留其一。上命置万亿库,永为我家镇国之宝。时馆阁先生未有歌咏。筠谷请曰:'此我朝奇事,当得老铁史奇语以传世。'为补赋桃核杯乐府一解。"③ 清真观原属南宗,元代时一度有道士于此参全真道北宗长春真人道法,当属于全真道观,但后来又归并于正一道。

出身于吴地士族"主观事钱益谦更建玉皇、三清殿阁,及治亭池廊庑

---

① （元）杨维桢:《清真观碑记》,吴亚魁编:《江南道教碑记》,上海辞书出版社2007年版,第239页。
② （清）陈铭珪:《长春道教源流》卷八,《藏外道书》第31册,第148页。
③ （元）杨维桢著,邹志方点校:《杨维桢诗集》,浙江古籍出版社1994年版,第313页。

之属，登吕岩仙人所书阁扁无恙"。后来，钱益谦之徒钱日升又继而成之，于元至顺元年（1330年）"创者方丈之室，灵星之阁，修者太乙、二圣、梓潼、祠山之祠，傍及石梁山门，无不完整"。在钱益谦及后继者的努力下，清真观宫观建筑与规制日益完善，"实为仙灵之所都，而吴支邑之所无也"。元至正九年（1349年），钱日升"持观之图，介予友袁华，拜维桢雷湖之上"，在请杨维桢撰《清真观碑记》时说："清真自翟开山，距今凡二十五传矣。乍兴乍废，迄获全盛，历凡三百有余年。而纪载之笔，未有所托，幸得子之文章，书之坚珉，副在典册，以诏我后之人于无穷也"①。另据道光《昆新两县志》卷十内附陈振《清真观昊天阁记》中提及延祐年间（1314—1320年）道士钱益谦主持清真观，到元末时，清真观被兵火毁坏之事。

从镇江真武道院的相关记载中，可见全真道士还保持着以诗传道的方式。真武道院"在市河岸东。宋季道人韩朴庵创。元至元十九（1282年）年，冬大雪，有道人敝衣求宿，因置之厨下，明早莫知所在，但见一盆覆地，启视之，作一圈，圈中有双足迹，迹中各一口字，仍草地为诗曰：'会得青蛇悬妙，识破师门孔窍，价值万两黄金，知音一文不要。'众以为吕洞宾也。故俗呼洞宾庵"②。全真道在江南往往以吕祖信仰而在民间传播。如"郡城中有真武道院，全真道人处之。至元十九年仲冬大雪，有道人迫暮叩门求宿，衣服褴褛。时羽众云集，单位已满，无可容者。道人不肯他去，因宿于庖舍"③，次日清晨在院中则留下吕洞宾足迹。

全真道因崇拜吕祖、真武，追求生命本真而倡导"性命双修"而得到江南文化名流的喜好。卢仁龙认为："除玄教、茅山宗外，赵孟頫还同当时广泛流传在北方的全真道派人物也有往来，可以具体考明的。"④ 赵孟頫曾入松江北道堂事道，其所著《南泾道院记》中记载了张全真传道的事迹："德祐之末毁于兵火，张君全真乃改筑于秀泾之南，所谓南泾者也。既而其

---

① （元）杨维桢：《清真观碑记》，载吴亚魁编《江南道教碑记》，上海辞书出版社2007年版，第240页。
② 《康熙镇江府志》卷二十《寺观》。
③ （元）俞希鲁：《至顺镇江志》卷二十《洞宾足迹》。
④ 卢仁龙：《赵孟頫与道教——兼述宋末元初道教发展的一些特质》，《世界宗教研究》1999年第3期。

妻死，不复娶，辟以为道院，脱儒冠，著道士服，翛然独处，以颐性养神为事"①。南泾道院，中为殿堂，祠玄武神，其背为延真之阁、讲道之堂，展现了元代江南全真道堂的建筑格式。

从总体上看，因为"元时江南为正一掌教，河北为全真掌教"②，江苏道教主要由张天师为首的天师道掌管，如陈兵先生所说："元代江南各省虽几乎无不有全真教徒，但与符箓诸派相较，全真派在江南终究较为弱小，远不及它在北方之繁盛。除武当山外，江南各地全真道院为数不多，规模较小，且多为新建，这与正一诸派之宫观林立、规模宏大也是难以相比的"③。但由于元朝设立集贤院，设立玄教大师来管理江南诸路道教，当时江南道教呈现出不同于北方全真道一枝独大的发展态势，而是以龙虎山为核心的正一派，以及有着悠久历史的茅山道教与全真道制衡发展的局面，因此元代江南全真道在此还处于传播发展时期。

据《金盖心灯》介绍，龙门正宗第五代张静定律师和沈静圆宗师并列为始，江南籍全真教徒逐渐增多。全真道龙门派在江南的传播中既面临着当地的一些世家望族的排斥与挤压；也以他们擅长的文学书写与江南世家大族以及文士精英阶层建立起了广泛关系网络，以文字护教的方式进行募资，获得江南士绅集团及当地官吏的财政扶持，更是通过吸引江南士绅成为皈依弟子，让他们在龙门派中担任宗教职务，再带动有血缘或亲缘关系的家族成员积极参与道教活动，使龙门派能够在江南立足并融入地方文化的发展中，才使茅山乾元观转变为奉行全真道龙门戒律的道场。但真正在江南社会中产生影响还是在明末清初第七代律师王常月南下弘法传戒活动时。④

---

① 任道斌校点：《赵孟頫集》，杭州古籍出版社1986年版，第152页。
② （清）陈铭珪：《长春道教源流》卷六，《藏外道书》第31册，第118页。
③ 陈兵：《道教修炼养生学》，陕西师范大学出版总社有限公司2015年版，第280页。
④ 孙亦平：《论全真道龙门派在江南地区的传播与发展》，《宗教学研究》2010年第3期。

第十二章

明代江苏道教：从中心到边缘

公元1368年，朱元璋在应天府（今江苏南京）称帝，改国号为明，定年号为"洪武"，成为明太祖，开启了一个新朝代对江苏道教发展有着至关重要的影响。明代前期，中国道教主要归拢为正一道和全真道两大道派，随着江南社会的安定，许多兵役、赋役者流入道门，明代初年道士的人数、道观的规模也超过了前代。在明太祖的带头示范作用下，都城南京的朝天宫成为官方祭祀活动场所，所创建的神乐观成为国家祭祀仪典的中心。明代中叶以后，明英宗、代宗、宪宗、孝宗、武宗期望道教神灵保佑，这种对道教崇而不抑的做法到明世宗时达到极致。[①] 明世宗对道教的长生术、祈神驱鬼术十分迷信，身边围绕着众多各持异术的道士，这位集皇帝、教主和天仙于一身的嘉靖皇帝一方面将道教推崇到顶峰，另一方面，自己最后却服丹药中毒而亡，给中国道教的发展带来了负面影响。值得研究的是，明太祖定都南京后，如何吸引各派道士来江苏传教？如何通过制定一系列宗教政策来管理江苏道教？茅山道教如何在道秩传承及设醮活动方面获得进一步发展？随着明朝政治中心北迁，在江苏活动的道士们，如何在南京、茅山、苏州、常熟、泰兴等地积极弘扬道法，撰写各类道书，实践内丹修炼？尤其是明代中后期，随着限制僧道游于士林规定的逐渐松动，道士能够与儒士乡绅、佛教僧人、各级官吏频繁交往，既吸收儒、佛思想来充实道教义理，也促使一些儒士、佛僧转而关注道教，江苏道教又如何推动了道教由官方向民间、由中心

[①] 有关明代道教与帝王关系，可参见曾召南《明代前中期诸帝崇道浅析》（《四川大学学报》1991年第4期），晁中辰：《明朝皇帝的崇道之风》（《文史哲》2004年第4期）等。

向地方化方向发展的?

第一节　定都南京对道教的影响

正如乔尔·科特金所说:"政治,而不是商业,决定着中国城市的命运。"[①] 明朝初期在建都问题上曾进行过相当慎重的讨论,由于种种因素而一度难以抉择,影响了明初的政局变迁。[②] 这是因为作为王朝的政治统治中心,国都的地理位置必须适中,交通便利,靠近经济发达地区,既保证朝廷物资供应的充足,又能充分发挥其君临四方的中枢职能作用。国都还必须兼顾军事国防上的考量,是否有可资凭借的险要山川形势,以保障王朝的长治久安。明太祖建立明朝后,经过慎重考虑,定都金陵(今江苏南京),改称应天府,又称京都。江南富饶丰沃的水土滋养的金陵,不仅是"六朝古都",而且也是南唐都城、宋朝的建康府,长期以来就是南方的政治、经济和文化重镇,也是道教在江苏的重要传播地之一。

明朝定都金陵后,对江苏道教的影响可谓意义重大。古都金陵有长江和秦淮河的环绕,水陆交通发达,是"海上丝绸"之路的必经之地。明太祖朱元璋在此建都后,采纳了谋臣朱升(1299—1370年)提出的"高筑墙,广积粮,缓称王"的建议,于1366年始建范围宏大的明城墙。明城墙打破古都城墙一般取方形或矩形的旧制,而是在金陵山水中蜿蜒盘桓,因地制宜地体现"人穷其谋,地尽其险,天造地设"精神,将沿线的重要地点:皇宫、集市、军事要塞、朝天宫、大报恩寺、宝船厂、明孝陵、明东陵等连成一线,又将外秦淮河、玄武湖作为天然护城河,使都城圈进一步扩大,并有了明确的功能分区。从《金陵玄观志》可见,道教宫观在都城中也占有特殊位置。

从都城建筑布局来看,设在城东的宫殿建筑主要由皇城内宫殿和皇城外宫殿组成。从今日的南京明故宫城遗址,还可见当年皇城宫殿的宏伟气魄。

[①] [美]乔尔·科特金:《全球城市史》,王旭等译,社会科学文献出版社2010年版,第76页。

[②] 雷震:《明朝建都问题探论》,《汉中师院学报》1994年第1期。

明太祖时还建造了南市、北市、来宾、重译、乐民、集贤、鹤鸣等著名的"十六楼",以招待八方来宾,展现平安盛世的繁荣,而名称各异的道教宫观就散落于城中的山水之间,如朝天宫坐落于都城内冶城山上;神乐观在都城外;灵应观在都城西南隅的乌龙潭边。虽然明初建都时间短,当时城内还是南繁北芜,但从总体上看,明初都城具有下列几个特点:"(1)在一般意义上说,它继承发扬了中国文明的全部城市建设传统与技巧;(2)它是一个特殊的地点,其重要性与历史传统一脉相承,须一直追溯到公元前一千年;(3)它是一座建设中的新的大城市,是为了作中华帝国的都城与中国人心目中文明世界的中心而建的。"[1] 后来成祖朱棣迁都北京后,就是以南都金陵为蓝本,重新构筑北京皇宫的,并调用民工对隋代开凿的贯通南北的大运河进行了浚通,来加强对南方的社会治理。明代中期,南都金陵的人口已由明初的47万人增加到120万人,成为具有繁华景象的大都市。题为"实父仇英[2]制"的《南都繁会景物图》[3] 分为三段布局——金陵南郊的乡野景致、在钟山背景下的秦淮河两岸市井商铺及百姓生活景象、雄伟壮观的皇宫及官署,以细致画法形象地展现了"当时金陵社会生产、经济生活和历史风貌的民俗画卷,堪与北宋《清明上河图》相媲美"[4],反映了商品经济的发展推动了明中叶江南地区出现的近代化景象,这个过程虽然是缓慢的,但直接影响到传统道教的发展走向。

明太祖登基后,为了平衡各种政治力量,推行以儒为正统、儒佛道三教并用的文化政策,曾著《三教论》曰:"于斯三教,除仲尼之道,祖尧舜,率三王,删诗制典,万世永赖。其佛仙之幽灵,暗助王纲,益世无穷,惟常是吉。尝闻天下无二道,圣人无两心。三教之立,虽持身荣俭之不同,其所济给之理一,然于斯世之愚人,于斯三教,有不可缺者。"[5] 一般认为,这

---

[1] [美]施坚雅主编:《中华帝国晚期的城市》,叶光庭等译,中华书局2000年版,第112页。
[2] 仇英(1493—1560年)是明代中叶著名四大画家之一,江苏太仓人,与沈周、文徵明和唐寅并称为"明四家"。
[3] 《南都繁会景物图》又称"明代的清明上河图",现藏于中国国家博物馆。全图纵44厘米、横350厘米,图绘人物1200余个,被认为真实反映了明代南京城市生活的面貌。
[4] 周安庆、张宏:《堪与〈清明上河图〉媲美的明代〈南都繁会景物图〉》,《东方收藏》2011年第5期。
[5] 《明太祖文集》卷十《三教论》,《景印文渊阁四库全书》第1233册,台湾商务印书馆1986年版,第107页。

是因为朱元璋从小在佛寺中长大，后来依靠儒生、道士、和尚及三教九流，又利用白莲教的力量登上政治舞台，故坐上皇帝的宝座后，深知宗教的内幕及可能产生的社会力量，对道教采取了控制与利用的两手政策。

明太祖在六朝皇家公园华林园遗址上建立国子监，让数千名大学士在此学习和工作，其中虽建有供奉关帝的武庙，但实际上却以法网密布的政治专制方式树程朱理学为意识形态的主导思想，不仅对从政的江南士人保持警惕，而且也对社会上传播的各种宗教保持警惕。例如，刘基、宋濂虽是尽得为儒者风范的一代名臣，却或精于道，或敬于佛，但最后都因从政而死于非命，故民间有"洪武间，秀才做官，吃多少辛苦，受多少惊怕，与朝廷出多少心力？到头来，小有过犯，轻则充军，重则刑戮，善终者十二三耳。其时士大夫无负国家，国家负士大夫多矣"①之说。这不仅使江南士人带着出世精神去入世，而且也使明初的僧人多读儒书，道人或精于佛，或通于儒。实际上却反映了明初的江南，在帝王的倡导下，三教逐渐打成了一片，以至于"儒衣、僧帽、道人鞋"可集一人之身，这已不是一个文化倾向和宗教信仰的问题，而是江南士人在特定政治文化氛围中形成的一种自我保护的方式。

明太祖对佛道二教的态度，是建立在首尊儒术的前提下的，但他在披览群书的过程中读到《老子》，深受启发，赞叹说："朕虽菲材，惟知斯经乃万物之至根，王者之上师，臣民之极宝"。于是试图将老子的政治智慧运用到治政的具体实践中。明太祖于洪武七年（1374年）御注《老子》来宣扬自己的统治方略，发君术之义，既带动了明朝官员学者注老的热情②，也对奉行《老子》的道教是一个有利的促进，故张宇初认为："钦蒙太祖高皇帝御注道德上下经，立成道门上范，清理道教，崇奖备至"③。明太祖是中国历史上为数不多地为《老子》作注的帝王之一，也为道教在明朝的发展提供了文化依据。

---

① （明）陆容撰，李健莉校点：《历代笔记小说大观·菽园杂记》卷二，上海古籍出版社2012年版，第12页。

② 据各类书目记载，明代注《老》者约有160多家，其中官员身份者有109人，他们大多进士出身，有的官至尚书。（参见涂立贤《明代官员群体老学研究》，华东师范大学2017年博士学位论文"摘要"第1页）

③ （明）张宇初：《道门十规》，《道藏》第32册，第146页。

再从明太祖个人对道教的感情来看，朱元璋在南北征战、取得政权过程中，得到了一些道士的支持，再加上对道教及民间信仰的特殊感情，在安邦治国的过程中，又招揽各路高道，为其出谋划策。一些原来深居山林宫观的道士也行走人间，前来京城弘道，成为满足朝廷和民众的道教信仰需要的神职人员。据《明史》记载，除天师张正常、张宇初外，还有铁冠道人张中、周颠仙[1]、周玄真、冷谦、丘玄清、邓仲修、王道渊、刘渊然、赵宜真等道士先后来到都城，为明朝广设斋醮敬神祀天，以保佑王朝兴盛发展。

明太祖也借道教的符咒、斋醮、服食等来满足自己追求长生的愿望。相传，张三丰所代表的全真道武当派也被明太祖召来应天府传道，明初著名的秦淮巨富沈万三还拜具有"活神仙"之称的张三丰为师，成为其武当三丰派的在家弟子。"沈仲荣名富，吴县人，以行三故呼为沈万三，一名万三秀。张三丰授以炉火术，其富敌国，盆即鼎器也。太祖定都金陵，欲广外城，而府库空乏。万三愿各半以筑，先三日成。"[2] 众多道士活动于京城也影响到朝中大臣刘基、宋濂、姚广孝及散于各地的明朝藩王对道教的特殊兴趣。

明朝开国元勋刘基（1311—1375年），字伯温，年轻时博览群书，既学儒家的义理之学，又学道教的天文地理、兵法数学和奇门遁甲，不仅神机妙算地辅佐朱元璋建立帝业，而且还以道教之术来运筹帷幄地治理天下，使明朝初年能够在百废待兴之时保持了国家的安定与发展。

被明太祖誉为"开国文臣之首"的宋濂（1310—1381年），字景濂，号潜溪，浦江人，既崇尚儒学道统，又受其三位业师吴莱、柳贯、黄溍的影响[3]而喜好修道著书，故别号龙门子、玄真道士、玄真遁叟，以表达对道教的情怀。宋濂从小体弱多病，对道教的治病养生术十分有兴趣。元至正（1341—1368年）年间，元王朝以翰林国史院编修官征，宋濂固辞，以"自度卒难于用世，故舍之而遁"为由，奉老子隐逸法，入华山为道士，修炼吐纳修养，可使久寿之道。宋濂知识渊博，品行高洁，文采斐然，朱元璋攻婺州时任命他为五经师，称帝后又命他为江南儒学提举，为太子朱标讲经。

---

[1] 明太祖撰：《御制周颠仙人传》讲述了周颠仙的神异事迹。参见《御制周颠仙人传及其他三种》，商务印书馆1939年版，第1—14页。

[2] 柴小梵：《梵天庐丛录》（三），山西古籍出版社1999年版，第1278页。

[3] 四库馆臣曰："元末文章，以吴莱、柳贯、黄溍为一朝之后劲。濂初从莱学，既又学于贯与溍，其授受具有源流。"（《四库全书总目》，中华书局1965年版，第1464页）

明朝建立后，朱元璋"崇尚六经，于释老二教亦不废也"①。宋濂体察到明太祖对道教的态度，不仅与高道交往，而且在诗文创作中借道教神仙来表达对自由生活的向往之情。宋濂在洪武十年（1377年）以年老辞官还乡，但最后还是因长孙宋慎牵连胡惟庸案而被杀，整个家族被流放茂州，自己在途中于夔州病逝。

明代帝王来自民间，有信奉道教俗神的传统，明太祖即位后，下令中书省下郡县访求各种应祀神灵，"不但在皇宫内引入了民间信仰的神，对各种神祇的祭祀也十分重视"②。江苏的关帝庙源头虽肇始于北宋，但大多建于明代，这反映了到明代时，关羽被誉为"万世人极"，被赋予财神、武圣、护法神等丰富的神性，封号也越来越长，影响越来越大，以至于成为一种精神象征。在东亚各国乃至世界各地，只要有华人的地方，就修建有关帝庙。③江苏道教中对关帝的崇拜之风历年不衰，甚至佛教寺庙中也建有关帝阁进行供奉。

到嘉靖十五年（1536年）朝廷又放宽了民间设立家庙的限制。"唐宋时期，国家法制不允许民间奉祀四代以上的祖先，因此，地方大族为了祭祖，往往将祖祠设于寺庙之中，或是在祖坟附近设立庙庵。"④在明朝政策放宽之后，一些聚族而居的乡村中，地方家族希望借助神力来保佑家族持续发达，就将祭祖与祭神结合起来，也带动了兴建道教宫观的热潮，例如，吴县乡贤祠、江阴县真武庙、常熟刘太尉庙、常熟虞山真武庙等，都是由江南地方大族控制的地方祭祀，以族群认同的方式促进了家族宗祠与道教信仰相结合，也促进了道教神灵信仰的民间化。

明初统治者在崇奉道教的同时，面对道教内部的正一道和全真道，往往抬高以符箓斋醮传教的正一道。为了加强对道教的管理，明王朝不断地发出种种通谕：第一，规定道馆的建筑规模和建筑样式。据《明会典》卷六十二记载："凡寺观庵院，洪武三年（1370年）令，除殿宇、梁栋、门窗、神座、案桌许用红色。其余僧道自居房舍，并不许起造斗拱、彩画梁栋及僭用

---

① （明）谈迁：《国榷》，中华书局1958年版，第460页。
② 任继愈主编：《中国道教史》，上海人民出版社1990年版，第597页。
③ 孙亦平：《东亚道教研究》，人民出版社2004年版，第557页。
④ 王建：《明清江南地方家族与民间信仰略论——以苏州、松江为例》，《上海师范大学学报》2009年第5期。

红色什物、床榻、椅子。"①洪武五年（1372年），下令清整道团，严禁奢侈秽乱，对江南道教的动向尤其关注。第二，下诏限定全国寺观的数额。第三，规定僧道的人数，府四十名、州三十名、县二十名。第四，实行度牒制度，以防道教势力过度膨胀。这些政策法令对江苏道教的发展产生了复杂的影响。

为了使管理工作常态化，洪武十四年（1381年）又设立僧道管理机构。中央设道录司，左右正一二员，秩正六品，"道录掌天下道士，在外府州县有道纪等司分掌其事"②，府设道纪司，州设道正司，县设道会司，建立起从中央到地方的管理道教的行政机构。在《明会典》中，道录司列于僧录司之后，但有着相似的行政规格：

道录司

国初置玄教院。洪武十五年，改道录司正六品衙门。设左右正一、左右演法、左右至灵、左右玄义，职专道教之事。属礼部。其衙门建于朝天宫，两京同。

凡本司官选用，并不支俸，及行移等项，俱与僧录司同。

凡道士有二等：曰全真，曰正一。在外道士，府属道纪司、州属道正司、县属道会司管领，皆统于本司。

凡道童限年给度牒，各司申送及考试等项，俱与僧录司同。

凡本司官，每月止朝朔望。如遇庆贺颁诏等事行礼，皆预班列于东。

凡在京祭祀，本司官皆不预。在外同。

凡庆成宴，本司官皆预。凡道官道士服色，见礼部仪制司。洪武二十五年令，正一道士许穿靴。

凡内外道官，专一检束天下道士，违者，从本司惩治。若犯与军民相干者，从有司惩治。③

---

① 《明会典》卷六十二《房屋器用等第》。
② 《明史》卷七十二《志》第四十八《职官一》。
③ 《明会典》卷二百二十六《僧录司》。

从国家管理层面看，明太祖依据"重典治国"，注重以严格的法律手段来治理国家。明朝初年以颁布"律令"方式，设置管理机构、明确管理职能、制定处罚条例等来对道教加强管理，既为明初社会经济的恢复发展提供了充足的劳动力，以保证国家赋税的征收，也防止了道教势力的极度膨胀。这些"律令"或"禁令"以国家典章制度的形式收录于明朝法令条例《大明律》、明太祖亲自撰写并发布的刑典《大诰》中，为后来明朝帝王所沿袭并在实施过程中不断补充完善。

江苏道教的宫观也在各级道录司的管理之下。据《明会典》记载，为了加强对僧尼道寇的管理："洪武二十四年（1391年），令清理释道二教，凡各府州县寺观，但存宽大可容众者一所，并居之，不许杂处于外，违者治以重罪，亲故相隐者流，愿还俗者听。又令天下僧道，有并立庵堂寺观，非旧额者，悉毁之。"[1] 但又赐给著名宫观以"庄田、洲地"[2]。当时都城最大的宫观是朝天宫，其制定的《本宫租粮、道规条例》[3] 非常细致，涉及期望通过制定条例来解决宫观内部管理和外部纠纷问题。洪武二十七年（1394年）又下诏，只准僧道在寺内活动而不许奔走于外，混杂于民，以限制道士在民间乡村社会中云游进行传教活动。尽管如此，明初统治者出于宣扬天命神授进行政治统治的需要还是十分推崇道教的[4]，国家重要的祭祀活动主要在朝天宫等道教宫观中举行。神乐观等都成为国家祭祀的宗教场所，祭典所用的科仪、音乐、人员等也都出自道教。但明太祖的道教政策具有浓厚的政治实用性。洪武七年（1374年），明太祖亲自为《道德经》作注解，其中提出"清理道教"的要求，大概是希望道教能够更好地成为明朝的御用宗教。[5]

为了更好地让新政权进行有效的社会控制，明太祖朱元璋还特别提升城隍神的地位。洪武二年（1369年）正月，"上御奉天殿受朝贺，大宴群臣。"然后特别下诏："封京都及天下城隍神。上谓中书及礼官曰：'明有礼

---

[1] 《明会典》卷一百四《艺术》。
[2] （明）葛寅亮撰：《金陵玄观志》第一卷，南京出版社2011年版，第1页。
[3] （明）葛寅亮撰：《金陵玄观志》第一卷，南京出版社2011年版，第30—32页。
[4] 罗卡《明太祖与道教》（《宗教学研究》1988年第1期）、卿希泰《明太祖朱元璋与道教》（《江西社会科学》1999年第1期）等都对此进行了详细的研究。
[5] 朱莉丽：《行观中国：日本使节眼中的明代社会》，复旦大学出版社2013年版，第244页。

乐，幽有鬼神，若城隍神者历代所祀，宜新封爵"①。通过"新封爵"使城隍神从早期的守护神发展为具有多重功能的管理地方社会的神灵，以"幽有鬼神"的角度来配合地方官吏"明有礼乐"的建设。日本学者滨岛敦俊认为，明初的"城隍改制"是明太祖重新塑造明代国家信仰体系的一项重要举措。"此次所定制度有四个方面值得注意：首先这是历史上第一次产生了城隍制度，将城隍祭祀作为一种完整的制度第一次展示在国家的祭祀体系中；其次，城隍神的制度化，是将现世秩序的'礼乐'相应地搬到冥土的'鬼神'上，城隍神不再是单一都市保护神，而是包括周围农村在内的一定区域的守护神或管理者；第三，虽然继承了前代各地原有的城隍神，而且也采取了封爵的形式，但作为人格神的性质仍未改变；最后，将城隍神设定为首都应天府（1）、开封、临濠、太平、和州、滁州（2）、府（3）、州（4）、县（5）五类等级，一方面使城隍神与行政级别相对应，另一方面（2）类的介入又不致形成单纯的序列化。"②洪武三年六月，朝廷改定了岳镇、海渎、城隍的神号，并以"历代忠臣烈士，亦依当时初封，以为实号"③而将其守护神或管理者的神性功能凸显出来。

洪武六年（1373年），中都城隍庙建成，明太祖对大臣宋濂等人说，敬神的目的在于使人人具有敬畏之心："朕立城隍神，使人知畏。人有所畏，则不敢妄为。朕则上畏天，下畏地，中畏人，自朝达暮，恒兢惕以自持。"④在帝王的支持下，为了增强国家的权威，城隍成为江南社会中民众的"总管信仰"，以警戒臣民保持敬畏之心，反映了明太祖通过"城隍改制"，使城隍庙在历史上第一次被纳入国家祭祀体系，并形成天下通制。

为了让国家祭典如律如仪地展开，洪武七年（1374年）十一月二十三日，朱元璋敕命礼部召集朝天宫道士宋宗真、赵允中、傅同虚、邓仲修、周玄真等一起前来商讨编纂《大明玄教立成斋醮仪》事宜，宋濂曾作《傅同

---

① 《明太祖实录》卷三十八"洪武二年春正月丙申朔"条。
② ［日］滨岛敦俊：《朱元璋政权城隍改制考》，《史学集刊》1995年第4期，第7—15页。
③ 《明太祖实录》卷五十三"洪武三年六月癸亥"条："夫礼所以明神人，正名分，不可以僭差。今宜依古定制，凡岳镇、海渎并去其前代所封名号，止以山水本名称其神。郡县城隍神号，一体改正，历代忠臣烈士，亦依当时初封，以为实号，后世溢美之称，皆宜革去。……庶几神人之际，名正言顺，于礼为当，用称朕以礼事神之意。"
④ 《明太祖实录》卷八十"洪武六年三月癸卯朔"条。

虚感遇诗序》讲述了这件事："皇上御东皇阁，以灵宝斋科失于文繁，诏朝天宫道士提点宋宗真纂修，以适厥中，而傅君同虚与焉。上既面授以芝撼之要，复赐之坐，设筵以宴享之。酒半酣，命赋严冬如春暖诗，同虚与邓仲修次第成，跽奏上前，龙颜大悦，且亲御翰墨，成长句一首。内史读示至再，既而留中不下，遂令各沉醉而退。"①

《大明玄教立成斋醮仪》将宋元以来烦琐的灵宝斋科大为简化，去繁就简，立成定规，首列建度亡醮三日节次目录、建醮一昼夜节次目录、建醮一日节次目录、建度亡醮三日节次等。主要是依据黄箓斋而建立，其中比较简单的"建醮一日节次"目录：

发直符，安监坛，诵经，
请师，降神通意，关灯，
召亡沐浴，参礼咒食，设食祭孤传戒，
设醮，献供，祭酒，
读疏，送神，化财满散。

这是比较基本的程序，"建度亡醮三日节次"因为要连续做三天法事，不仅每天的内容更为丰富一些，而且还增加了请神、法事、讽经的环节，所请道经主要是《灵宝度人经》《生神章经》《救苦经》《生天经》等，第三日还有"灵宝设斛科、称扬太一救苦慈尊"，念太一救苦慈尊于此行炼度符法、传戒、三皈依、持九戒、请符牒疏、讽咒、献法事、读疏、送神、化财、满散，整个仪程较宋元道教诸家斋仪大为简化。

在斋仪唱颂中突出"忠孝""持戒""修心"等道德说教，强调"三洞众经，四辅秘典，演说戒法，种种不同。惟无上洞玄灵宝九真妙戒者，诸戒之首"②，立成定规进奏，颁行天下道观，以定天下道门斋醮科仪。据相关碑记记载，明太祖非常重视此书的编纂。有学者认为这并非出于明太祖对道教的信仰，而是由于当时的国家祭祀大典使用的就是道教的斋醮仪范，甚至

---

① 陈垣编纂，陈智超、曾庆瑛校补：《道家金石略》，文物出版社1988年版，第1238页。
② 《大明玄教立成斋醮仪范》，《道藏》第9册，第6页。

祭祀中的乐舞也源于道教。① 朝天宫道士编撰完成后呈上，明太祖又作序曰：

> 朕观释道之教，各有二徒。僧有禅，有教。道有正一，有全真。禅与全真，务以修身养性，独为自己而已。教与正一，专以超脱，特为孝子慈亲之设，益人伦，厚风俗，其功大矣哉。②

明太祖认为，全真道关注修身养性而执著于个体成仙，正一道倡导的"孝子慈亲"，在治国理身、引导世风、教化人伦方面则可发挥出"不教而治"的社会作用。充分肯定正一道的斋醮科仪有助人伦孝悌教化的作用超过儒家伦理和国家法令，"益人伦、厚风俗，其功大矣哉"，恢复正一道在道教中的正统地位。明太祖曾严厉批评了释道两教仪式中存在的问题："释道二教，自汉唐以来，通于民俗，难以尽废。惟严其禁约，毋使滋蔓。"③道教广设科仪，因持时漫长，需要"三五七日夜讽诵经文"，过度烦琐，以致不合道家倡导的"简要"之义，也不符儒家礼乐制度，因此科仪改革的目标就是去繁就简。最后，皇帝亲自下令"敕礼部会僧道，定拟释道科仪格式，遍行诸处，使释道遵守"。④ 宋宗真等道士在上呈明太祖的《序略》中称：宋元时期，道教中出现了多部长达几十卷、几百卷的斋醮科仪之书，导致"自经义隐而失真，致科范传而寖广。百家异户，历代滥觞。唱赞繁，则质实之弗专；昼夜多，则精诚之必懈"。给后人的阅读与奉行带来了麻烦，"喜有圣人之在上，庶几仙道之重新"⑤。

离金陵不远的道教圣地茅山也受到明初统治者的关注。在明太祖看来，作为江南正一道的"三山符箓"之一茅山道教能起到"益人伦、厚风俗"之社会教化作用，可作为明朝礼部开展为国朝懿典的重要场所。洪武十六年（1383年）六月二十一日，明太祖赐茅山元符宫华阳洞灵官邓自名（又作邓自铭）印信，"除授华阳洞灵官，给降印信，前去开设衙门，管领祖传印

---

① 张广保：《明代的国家宫观与国家祭典》，《全真道研究》2011年第2期，第7页。
② 《大明玄教立成斋醮仪范》，《道藏》9册，第1页。
③ 《明会典》卷一百四《僧道》。
④ 《大明玄教立成斋醮仪范》，《道藏》第9册，第1页。
⑤ 《大明玄教立成斋醮仪范》，《道藏》第9册，第1页。

剑，掌行符箓"。又续选崇禧宫道士王允恭，"除授华阳洞副灵官，如遇到任，一同署事"，并下"制命一道"，表达了对茅山道教的看法：

> 道家以清静为宗，至真为务，甚深玄妙。至于吐纳导引、飞符走箓，皆其用之一端。然犹足以辅正除邪、救灾捍患，固治道之一助也。是以其教历代不废焉。朕仿古制，授尔以官，给尔以符。尔其诚心体道，弘阐玄宗。来朝考绩，朕将合焉。①

江苏道教通过官方外交途径，从都城不断向东亚各国传播。明太祖朱元璋经过二十年的征战，建立起北达乌河，西达新疆、西藏，东北至日本海，南及海南诸岛的明朝大帝国。为了扩大中国在周边国家的影响，尤其是期望越南、日本和朝鲜等东亚国家能够在政治上服从明朝，明朝既接受东亚各国人士的来访，也多次派遣使者出访，从而将道教推介到东亚各国。据讲述明代与周边国家状况的著作《殊域周咨录》卷一记载，洪武三年，明太祖派遣南京朝天宫道士阎原到越南祭祀伞山泸水之神，又派朝天宫道士徐师昊赴高丽举行祭祀山川之神的仪式。徐师昊到朝鲜半岛后，设坛于都城南，"祭于高丽首山及诸山之神、首水及诸水之神"②。这些道教祭祀活动因携皇威之势，在当地都产生了一些影响，正如李能和所说：徐师昊赴高丽"其意不在于持传道教而在于宣扬皇威"③，可谓一语中的，也展示江苏道教向东亚社会的传播。

永乐十九年（1421年），明成祖朱棣正式定都北京，由于南京地处东南富庶之地，又是明太祖建都兴国及明孝陵所在，于是明王朝在南京另设有一套与北京相仿的中央机构，南京成为有二十四衙门之名，而守官无具体之事，可谓"水殿之舟楫犹供，陪京之省寺不改"④的陪都。南京成为失势官

---

① （元）刘大彬编，（明）江永年增补：《茅山志》上册，王岗点校，上海古籍出版社2016年版，第3页。

② 严从简：《殊域周咨录》卷一，中华书局1993年版。（吴晗辑：《朝鲜李朝实录中的中国史料》（一），中华书局1980年版，第15页）《高丽史》卷四十二《世家恭愍王》十九年也有相类似的记载。

③ ［朝鲜］李能和：《朝鲜道教史》，孙亦平校注，齐鲁书社2016年版，第74页。

④ （明）顾起元：《客座赘语》，南京出版社2009年版，第32页。

员的"养望之地"①，同时也有应付危局的备选首都之义，相应地以官方名义举行的道教活动也慢慢减少，南京道教由社会中心走向边缘，宗教生活变成民俗生活，道教宫观因供奉地方神灵而向小型化、地方化、民间化方向发展。

第二节　正一道在江苏的传道活动

明朝初年，中国道教虽然主要归拢为正一道和全真道两大道派，但从江苏地区来看，除正一、全真之外，还有清微、神霄、净明等道派在流传。第四十二代天师张正常曾撰《道门十规》进呈明太祖，认为当时道教诸派"其本皆从太上而授。凡符箓经教，斋品道法之传，虽传世之久，各尊所闻，增减去取，或有不同，而源委则一，内而修之，则有内外丹之传"②。在众多的道派中，明太祖朱元璋因个人喜好以及出于维护巩固政权的需要，对以符箓祈禳消灾祈福的正一道给予了特别的扶植，推进了其在江苏的传播。

据《皇明恩命世录》记载，朱元璋在未称帝前为吴王，他因闻道教无为默赞国家之治，在元至正十九年（1359年）乃特命江西等处行中书省访求招聘天师。朱元璋在夺取政权的过程中，曾得到张天师的支持。元末战乱，瘟疫流行，生病而求符水的人太多，至正二十六年（1366年）朱元璋特令张正常普发符箓、普施符水以济民治病。当时京城士庶求符者数以千计，张正常干脆将符箓投于朝天宫井中，据说病人饮之此井水后病即痊愈了，朱元璋闻而嘉之，命人于井上造亭子，称"太乙泉"③。朱元璋在称帝前一年（1367年）又致书张正常，希望借"天师"的特殊地位代为与天庭相"交接"，使自己能够承天命，顺天运而称帝："予近自正月，为国家之事，心所欠者，欲奏闻上帝，奈无人捧词至于天庭，故差人诣天师门下，望天师以彼祖宗之灵，必当诚心差精通道妙之师，捧词达天，以申祈祷之情，

---

① 《明史》卷二百二十一《列传》第一百九。
② 《道藏》第32册，第147页。
③ 《明太祖实录》卷三十四、《汉天师世家》卷三、《皇明恩命世录》卷二等都有记载。

即师之虔意也"①。朱元璋称帝后，洪武元年（1368年）八月，因听说龙虎山遭到抢劫破坏，仍下《招聘榜文》称张正常为"正一教主天师大真人"，通过树立张天师龙虎山宗坛的神圣性，给予龙虎山宫观殿宇以特别保护。

明太祖朱元璋对待道教的态度是复杂多变的。罗卡在《明太祖与道教》中，讲述了明太祖利用御用文人，假借道教的"神力"，通过其母食道士丸药而降生、道士指点当大贵、二紫衣人护理疾病、入佛寺占卜起义，从出生到征战、即位等事迹进行神化，为自己是真命天子制造舆论。②卿希泰先生在《明太祖朱元璋与道教》一文中对朱元璋夺取政权、建立明王朝的过程中对正一道的利用作了研究。张正常曾向朱元璋"遣使者上笺，陈天运有归之符"③，制造朱元璋即将奉天承运，出任"真命天子"的社会舆论。朱元璋见之非常高兴，乃手书赐答，希望张天师能够以自己的特殊道术来"辅国济民"。明太祖既崇道教，又"提出了一整套管理措施以加强对佛道的约束，从而形成一整套对道教既尊崇又抑制的双重政策，目的仍然是使道教不致偏离他所要求的教化'愚人''暗理王纲'的轨道，以维护他的统治"④。有关明太祖与张天师的关系，明初宰相宋濂撰《四十二代天师正一嗣教护国阐祖通诚崇道弘德大真人张公神道碑铭》作了详细的介绍。⑤

朱元璋在登基之后，马上又废除"天师"的称号。据《明史·张正常传》记载，张正常于洪武元年入朝贺太祖继位，赐宴于便殿，"太祖曰：'天有师乎？'乃改授正一嗣教真人，赐银印，秩视二品"。明太祖将元朝所赐"天师"号免去，然后敕令"正一教主"，授张正常大真人称号，又议给其俸禄。张正常奏辞俸禄而祈求专出符箓，明太祖免大上清宫各种徭役："洪武元年，上登大宝位，锡宴于便殿。上顾谕曰：兹授卿以大真人称号，诰命将议给食禄。既而面可辞俸之奏，俾专出符箓如故事，恩免通户及大上清宫各色徭役，永为定例。命给银印，视正二品，设赞教、掌书、佐理等官。"⑥随后，明太祖又发《授四十二代天师大真人诰》，授张正常天师

---

① 《皇明恩命世录》卷二，《道藏》第34册，第789页。
② 罗卡：《明太祖与道教》，《宗教学研究》1988年第1期。
③ 《汉天师世家》卷三，《道藏》第三十四册，第834页。
④ 卿希泰：《明太祖朱元璋与道教》，《江西社会科学》1999年第1期。
⑤ 罗月霞主编：《宋濂全集》第2册，浙江古籍出版社1999年版，第1407页。
⑥ 《皇明恩命世录》卷二，《道藏》第34册，第789页。

"护国阐祖通诚崇道弘德大真人"称号。

洪武二年（1369年）二月，明太祖特召张正常天师入朝，在奉天殿接见并命设宴款待。后在一个月内，朱元璋又四次召见张正常天师，询问有关鬼神祭祀和宗教民俗问题，要张天师帮助其准备在三月十三日举行的祭天大典。明太祖在完成登基大典后，为了表达对于天帝的虔敬之心，更为了通过"敬天法祖"来宣扬新政权的合法性，通过为国祈福、关注民生来收拢人心，于是敕命礼部协调各个部门精心准备，由张正常天师来主持这场盛大的祭天仪式。

在祭天大典的当天，明太祖穿着祭祀专用的衮冕服，伴随太常寺乐手悠扬的奏乐声，在由礼部官员写好的上奏天帝的章表上署名，在行过大礼后，虔诚地将上奏天帝的章表递给旁边的张天师。张正常天师掐指踏罡，口诵念词，然后捧章表到前面的鎏金大鼎焚烧，下面的文武百官在礼仪官的唱和声中列阵跪拜。在这场声势浩大的群臣整齐有序跪拜敬礼的祭天仪式结束后，明太祖论功行赏，特召张正常天师入朝，赐金币，大宴于文楼，各个随行弟子赏赐有差：

> 特召入朝，上御奉天殿赐见，预命设宴待之，是月垂顾问者四。二月十三日，上将通诚于天帝，致斋三日。御衮冕，亲署御名于重，敕太常设乐，手授俾祝而焚之。礼成，赐金币，宴于文楼，群弟子飨于别馆，赏赉有差。①

张天师通过这次隆重的祭天仪式，获得了帝王大臣特别的尊敬，也提升了正一道在新王朝首都应天府的影响。洪武五年（1372年），明太祖发布《加授永掌道教事诰》，敕令张正常"掌天下道教事"：

> 奉天承运，皇帝制曰：朕惟道家者流，本于清静无为，其来尚矣。龙虎山张氏，自汉以下，宗派相继。其四十二代孙正常，存心冲澹，葆德纯和，远绍宗传，以守正一。朕用嘉之，是宜锡以真人之号，尔其益振玄风，永掌其教焉。可授正一嗣教护国阐祖通诚崇道弘德大真人，掌

---

① 《皇明恩命世录》卷二，《道藏》第34册，第789页。

天下道教事。宜令张正常准此。①

正一道宣扬斋醮祈祷有辅国济民、延寿度亡、消灾让祸、祈福谢恩的作用，洪武十一年（1378年）张正常去世时，明太祖亲制祭文一通，诏遣前浙江行省参知、政事安庆诣山致祭：

> 继出世法，统仙度人。御灾捍患，机斡万灵。飞符仗剑，转斗移星。雷神听令，妖魅潜形。道光斯著，貌正精英。何乘鸾之去急，控法印于上清。今遣人祀以牲醴，尔其有知，尚飨。②

明太祖表彰了张正常的"继出世法，统仙度人"有助于王化的功德，还命张正常的长子张宇初"为正一嗣教道合无为阐祖光范真人，领道教事"③，以示继续支持以张天师为代表的正一道掌管天下道教事，使之凌驾于全真道之上。

总之，明帝王之受符箓始于太祖，他曾命张正常、张宇初传太上延禧诸阶法箓，以求延年益寿。此后，明朝常设斋建醮，国家祭祀典礼一度采用正一道的斋醮模式④。明朝对龙虎山张天师的封赠、赏赐、恤典是相当优厚，一些正一道士也被任命为朝官，或授于真人、高士名号，获得封赠、赏赐。张宇初天师于洪武年间频繁主持国家祭典，还为江南那些重修的道观、道院赐观额。正一道通过掌管符箓斋醮之事，为帝王授受符箓、设斋建醮，提供降神驱鬼的仪式服务，张天师成为江南道教官僚体系中的最高权威，江南各地正一道士赴龙虎山受箓逐渐成为道门中的一项文化传统。

但是正一道科仪在明初时已显露出追名逐利之蔽，天师屡次奏请朝廷禁止他人伪造符箓，但各地道士仍私出符箓，以获取民财。由此可见，"出授符箓可得不少财物"⑤。明太祖也斥责正一道有滥设科仪、靡费民财之过，故敕礼部重定道教科仪格式，遍行诸处，令道徒遵守。明代帝王对张天师的

---

① 《皇明恩命世录》卷二，《道藏》第34册，第789页。
② 《皇明恩命世录》卷二，《道藏》第34册，第790页。
③ 《皇明恩命世录》卷三，《道藏》第34册，第791页。
④ 张广保：《明代的国家宫观与国家祭典》，《全真道研究》2011年第2期。
⑤ 庄宏谊：《明代道教正一派》，台湾学生书局1986年版，第96页。

态度是因需而变化的。洪武十六年（1383年）正月，明太祖命张宇初祷雨。二月，张宇初天师奉敕于紫金山建玉箓大斋，并积极在南京传道，期望通过倡导严行戒律，清整道门来提升正一派在江苏道教中的地位和影响。洪武十八年（1385年）明太祖又召张宇初入朝，勉励其修节以格神明，诰封其母包氏为"清虚冲素妙善玄君"，并建斋设醮于南京紫金山和神乐观。后来，其他的正一派道士也被陆续召入京城受到了厚待。建文时因张宇初"坐不法，夺印诰"，明成祖继位后，又恢复其位，命张天师举行了十多次斋醮科仪活动。请正一道士为朝廷斋醮祈福做法，在仁祖、宣宗、英宗、景帝执政时也保留了下来。据张泽洪研究，明代张天师共为国行斋醮84次[①]。张天师通过为帝王传法箓行斋醮，提升了正一道在教内的地位及社会影响。

明王朝对离京城不远、同属于正一道的茅山道教也十分重视。洪武十二年（1379年）天下大旱，明王朝特别派人将收藏于府库中宋徽宗赐给茅山的九老仙都君印及法剑送归茅山，请茅山道士建坛祈雨，从此九老仙都君印因经常用于斋醮科仪而在茅山保留下来，"宋徽宗时，分赐与本山元符宫宗师玉印一颗，上面刊著九老仙都君的篆文，更玉靶法剑一口，是与他代代宗师传度法箓用的，印剑与龙虎山张天师的印剑一般。"[②] 这反映了正一道张天师以印剑作法的传统在茅山道教中的影响。

张天师还通过对道士进行授箓传箓、掌控着地方的封神，如江南的城隍庙、土地庙等大都是由张天师任命的："当这些城隍庙被道士精英掌控的时候，它们就与帝国范围内的道教系统结为一体，特别是与张天师，及天师府治下的神职管理体系发生了千丝万缕的联系。"[③] 城隍神或称城隍爷，往往由当地有影响的历史人物因功德而被封神。据《北齐书》卷二十《慕容俨传》中有记载，北齐文宣帝天保六年（555年），慕容俨镇守郢城，南朝梁军围城，"城中先有神祠一座，俗号城隍神。公私每有祈祷。于是顺士卒之心，乃相率祈请，翼获冥佑"。由此而衍生出以具有守护神意义的城隍信仰。

中村哲夫认为，城隍信仰起源于北方的筑城技术，在南北朝时期沿汉水

---

① 张泽洪：《道教斋醮科仪研究》，巴蜀书社1999年版，第82页。
② 《茅山志》卷三十三《特赐玉印剑还山省劄》，《道藏》第5册，第702页。
③ ［法］高万桑：《清代江南地区的城隍庙、张天师及道教官僚体系》，曹新宇、古胜红译，《清史研究》2010年第1期。

流域南下后，结合南方原本的土俗人格神信仰而形成的带有军事功能的城市守护神。① 唐代时，城隍信仰再通过运河及长江在江南一带扩散开来，查阅江苏地方志，主要城镇大多已建有当地特色的城隍庙，例如，溧阳县城隍庙建于开元十七年（729年）②、苏州城隍庙建于天宝十年（751年）③、润州城隍庙建于天祐二年（905年）④ 等。宋代时，在南方传播的新符箓派中往往会假托有效的咒法来自张天师，如《道法会元》中频繁出现虚靖天师，即第三十代天师张继先："行六阴洞微诸阶之法，无不灵验，凡符法一至，立时而愈"⑤。宣扬"地祇一司之法，实起教于虚靖天师"⑥，这使得民众深信邪神恶鬼最畏惧张天师的看法在南方社会逐渐形成了一种宗教影响力。明代之后，声称掌握神奇法术而代代获朝廷赐号的张天师在江南道教及社会中的影响日益显著，在神仙节日建醮会期所开展的经书神唱、傩戏娱神、师公戏等祭神跳鬼、驱瘟避疫、度亡仪式中，张天师往往成为降魔斗法的主角，迎合了村社百姓祈求平安的心理诉求。

明代道教通过斋醮活动参与到国家祭礼和江苏百姓的宗教生活之中。连云港围屏山下云台乡东磊村原有一古庵，名云台道观。明万历庚辰年（1580年），东磊信士秦宇，号龙泉子，出资将古庵修葺一新，请古峰道人崔礼任主持。据《敕赐护国延福观碑记》记载，天启年间，有四位皇家中官（实为宦官）高晋卿、苏若霖、周通渊、陈云芨⑦，他们奉旨修建，开展斋醮科仪活动，故又名"敕赐护国延福观"。后来还有太监赵真极专门到延福观来修行受到当地士大夫的欢迎："赵真极，北直安平人，明朝内相。游东海，卜居于延福观。竭力修建，道侣因以日繁，且清规严肃，道藏无不读之书。州大夫悉以上宾待之。"⑧ 其中三元宫是万历十五年（1587年）由淮

---

① ［日］中村哲夫：《近代中国社会史研究序说》第三章"从城隍信仰看旧中国的国家与社会"《城隍神信仰からみた旧中国の国家と社会》，法律文化社1984年版，第37—46页。
② 陈思：《宝刻丛编》卷十五《唐溧阳县城隍庙记》，中华书局1985年版，第407页。
③ 陈思：《宝刻丛编》卷十四《唐春申君庙碑》，中华书局1985年版，第365页。
④ （宋）周应合撰：《景定建康志》第4册，南京出版社2009年版，第1089页。
⑤ 《道法会元》卷二百二十七《太一火犀雷府朱将军考附大法》，《道藏》第30册，第412页。
⑥ 《道法会元》卷二百五十三《地祇法》，《道藏》第30册，第556页。
⑦ 但也有说明代"三中官"建延福观，例如清代谢元淮编《云台新志》中《嘉庆海州直隶州志》曰："延福观，赵一琴《续志》，即东磊，创自前明三中官。"
⑧ 朱炳旭：《明海州史小录》，新疆青少年出版社2003年版，第231页。

安商人谢淳舍家独建的,据《嘉庆海州直隶州志》记载:"云台道观以此为盛,观后石屏天成,杂树古藤,宛然画屏。"明末,朝廷矿税太监陈增还奉旨护送明神宗颁赐《大藏经》至三元宫。在延福观中设有皇帝牌位,供奉三元大帝,开展为帝君祈福的斋醮活动,来自皇宫的宦官与云台山道教的关系成为明清时期江苏道教中的一个特殊现象。

地方层次上的公祭活动一般由地方官员主持,祭拜忠臣先贤、地方神灵、厉鬼邪神等,这些公共祭祀往往和地域性崇拜和节庆结合起来,尤其是在民间社会中是在地方大族的主导下自发地进行"圣祖先贤"的公祭仪式,不仅以隐喻的修辞学来模仿帝国的行政方式并渗透国家的仪式权威[1],而且还以正一道斋醮科仪,通过对历史文化符号资源的控制,在国家—地方社会中发挥着精神文化的整合作用。无锡地区在历史上出现过一些有功于国家和人民的英雄人物,例如明代的无锡县令王其勤、刘五纬两位知县,生前为当地人民做了好事,"无锡人民先是为他们建立祠庙,后来就演变成了水仙神"[2]。尽管地方层次的公祭活动大体遵循国家祭祀的仪程,但也有体现地方性知识和神灵信仰的认同环节,例如纪念刘五纬的是西水墩西水仙庙;纪念王其勤的是南水仙庙,因为王其勤是湖北松滋人,当地人又称为松滋王侯庙。祭祀内容所肯定的是超越地方知识的普世性的舍己为民精神,这也是正一道在明代得到士绅百姓重视的文化背景。

第三节 明初吴地道教的曲折发展

吴地在元末时曾是朱元璋与宿敌张士诚对峙搏杀的战场,据《明史》记载:"士诚之据吴地,颇招收知名士,东南士避兵于吴者依焉"[3]。1366年5月,朱元璋派大将徐达、常遇春率师二十万攻打苏州,但直到次年9月才破城,苏州周边的城镇在战乱中遭到严重破坏。朱元璋将久攻苏州不克的原因归于那些崇尚文气风雅的姑苏士绅。明王朝建立后,明太祖因耿耿于

---

[1] 参见 [英] 王斯福《帝国的隐喻》,江苏人民出版社2008年版,第71—76页。
[2] 无锡市政协学习文史委员会编:《文化无锡》,古吴轩出版社2006年版,第239页。
[3] 《明史》卷二百八十五《列传》第一百七十三《顾德辉》。

怀、抱有戒心而采取严酷的管理政策："江南地区税粮极为苛重，尤其是官田'一依租额起粮，每亩四五斗、七八斗，至一石以上'，甚至'亩税有二三石者'。农民不胜负担，逃亡极多。"[1] 朝廷没收一些苏州富豪的田产房舍，并通过征收高额赋税，将他们赶出苏州，昔日繁华的苏州城也出现人去巷空的萧条景象。《明会要》中明文规定不得录取苏州籍的士绅富豪为官，可谓"寰中士夫不为君用，罪至抄割"[2]；但另一方面，从稳定江南社会秩序出发，又重视与利用道教来进行安抚人心的工作。

在明朝的两手政策下，据《吴江志》卷七《寺观》记载，吴地由当地道士或里人建于宋元时期的道观、道院，在元末遭遇兵火的那些道观大多在明代得以重修，成为全真道的活动场所。

表 12-1　　　　　　　　　明代吴地重修道院表

观名	地点	始建	重修
福德道院	在二十三都西上沈村	元至正四年，道士金悟真建。	宣德四年，道士戴克真重建，景泰七年，黄一中加葺。
明真道院	在二十三都西洪里	元至正二年，里人沈玉渊舍地建。	洪武中，道士某重修。
纯阳道院	在江南长桥侧	南宋淳熙二年，道士李子山建。	正统九年，道士沈洞云重修。
灵真道院	在东门内仙里桥南	元至正十三年，里人张玄通慕陈昉仙迹，舍宅建。	永乐十四年，里人吴道荣重建。
仁济道院	在同里镇	南宋淳熙七年，里人金道隆建。	永乐九年，道士俞嗣宗、里人吴道良重建。天顺八年，道士倪守真又建玄穹阁。
奉真道院	在震泽镇	元至大二年，道士陈竹泉建。	洪武十四年，里人吴彦文重修。

---

[1] 王育民：《明代户口初探》，载中国地理学会历史地理专业委员会编《历史地理》第九辑，上海人民出版社1990年版。第149页。

[2] 《明会要》卷六十四《刑》一《律令》。

续表

观名	地点	始建	重修
崇真道院	在县治后	元至大三年，里人沈真静舍宅建。	正统十三年，道士某重修。
玉隆道院	在四都充浦	南宋建炎元年，里人许某舍宅建。	洪武十八年，道士吴惟一重建。
崇福道院	在十九都梅堰	北宋崇宁二年，里人吴野堂、徐孟三舍地建。	洪武十九年，道士吴惟一重建，永乐十三年，花景新重修，正统八年，朱洞明重建，沈希仁置田立碑。
全真道院	在黎里镇	元至大二年，道士何惟一建。元末毁于兵。	崇祯十年，道士李悟晨重建时，里人施洪化舍宅基建三元殿。
清真道院	在平望镇	南宋建炎间，里人陈省元建。	洪武十年，张天师赐今额，正统十年，县丞侯贵建。景泰五年，里人费文进重修，赵兰立碑。
翊灵道院	在同里镇	元皇庆二年，里人张守之建。	正统元年，里人任伯通重建，道士金志坚住持。天顺三年，又建雷尊殿经堂。
佑圣道院	在十四都桃墩	南宋建炎元年，里人吴思贤建。	洪武十一年，天师张宇初扁今额。宣德七年，里人陆钊、道士纽永如重建。

据初步统计，明初的吴地城镇中还有大小道观近二百座，一些道士也在此传教，主要有赵志清、席应珍、周玄真、李德睿、林刚伯、金寰宇、赵宏科、胡道安、杨中立等，其中影响较大的是元末明初的姑苏道士席应珍。

席应珍（1301—1381年），后出文献也有记载为"席应真"的。据《姑苏志》记载：

席应珍，字心斋，号子阳子，常熟人。少辞家学老氏法，真箓丹法，靡不洞晓。兼涉儒籍，尤邃于《易》，释典方术，咸能旁通。奉其母甚，至葬祭，痛哭如初。或谓"亲爱既割，何得徇礼若是过与？"应珍曰："吾法当割爱入道，然世间岂有不孝之神仙也哉？"始提点常熟普福宫，迁郡之白鹤及相城灵应宫，洪武中卒。①

席应珍早年学道，"真箓丹法，靡不洞晓"，有着孝母的品行，不仅兼通儒佛道三教，而且精研《易经》、旁通阴阳术数、兵略、占候，并擅长文辞诗书，展现高道大德应有的学问修养，故受到了文人雅士的敬重，就连贵为宰相的姚广孝（1335—1418 年）也对之执弟子礼："时相城灵应观道士席应真者，读书学道，兼通兵家言，尤深于机事，广孝从之，执弟子礼，于是尽得其学。"②

据《姑苏志》记载，席应珍曾提点常熟普福宫，后又到苏州白鹤观、相城灵应宫，最后在明洪武年间于相城灵应宫升仙，但张昶所撰《吴中人物志》对席应珍的叙述更为详细，增加了席应珍"始提点致道观，后迁郡之白鹤"：

席应珍，字心斋，号子阳子，常熟沙头人。年未冠即辞家学老氏法，兼读儒书，尤邃于《易》，至于释典方术之道，悉能通焉。孝于母，溷髄温清之奉勿少息，死葬如礼，春秋祀享，痛泣如初丧。或谓"亲爱既割，何得徇礼，若是之过耶？"应珍曰："吾法当割爱入道，然世间岂有不孝之神仙也哉？"应珍始提点致道观，后迁郡之白鹤。及居相城灵应宫，一坐二十余年，兵后能中兴其业。洪武十四年三月十日卒，年八十一。沙门道衍多得其传，尝为葬铭。③

苏州府长洲县人张昶于明隆庆庚午年（1570 年）编成的《吴中人物志》以文字简洁，叙事得体，详略得当而著称，其中提到"沙门道衍多得其传，尝为葬铭"等信息。沙门道衍，即是中国历史上著名的"缁衣宰相"姚广孝。

姚广孝（1335—1418 年）也是长洲县人，年轻时在苏州妙智庵出家为僧，字斯道，号逃虚子，先学禅宗，后及净土，法号道衍，然后又拜席应珍

---

① （明）王鏊等纂修：《姑苏志》卷五十八，台湾学生书局1986年版，第865页。
② （明）王鏊等纂修：《姑苏志》卷五十二，台湾学生书局1986年版，第756页。
③ （明）张昶：《吴中人物志》卷十一，台北：学生出版社1969年版，第453—454页。

为师，学习道教法箓及阴阳术数。洪武八年（1375年），姚广孝以通儒僧人的身份被明太祖召入京师。洪武十五年（1382年），又被明太祖挑选去辅佐燕王朱棣，成为朱棣的主要谋士，并协助朱棣顺利夺取南京政权，登基称帝。朱棣成为明成祖后特别崇信玄武大帝，这与姚广孝的引导有关。相传，朱棣起兵之前，一直在问姚广孝何时起兵为好："初，成祖屡问姚广孝师期，姚屡言未可。至举兵先一日，曰：'明日午有天兵应，可也。'及期，众见空中兵甲，其帅玄帝像也，成祖即披发仗剑应之。"① 真武化现天兵相助虽然是后人的神话，但此事出自姚广孝的谋划。姚广孝辅政时宣传以道家清静无为思想来治理天下，后被明代思想家李贽（1527—1602年）评价为："我国家二百余年以来，休养生息，遂至于今。士安于饱暖，人忘其战争，皆我成祖文皇帝与姚少师之力也。"② 姚广孝既是明太祖时的大臣，后来还辅佐燕王朱棣夺取帝位，作为两代帝王师③，不仅影响了明代的政治走向，而且作为《永乐大典》《明太祖实录》的最高编撰官，在明初政治、军事、宗教、文学、科技诸方面都取得亮眼的成就。姚广孝成为宰相后，仍常与诗友一起拜访席应珍，切磋唱和，如《访席炼师》诗：

　　我本浮屠自有师，畴肯崆峒来问道。欲将耳目广见闻，要信心胸尽倾倒。虽然未暇学长生，暂许从游上蓬岛。④

　　从这些仙气飘浮的诗文中可见，姚广孝与席应珍等道士的交往，参与道观活动，对推动吴地道教的发展也具有独特意义。席应珍辞世后不久，姚广孝撰写了《海虞席先生墓铭》⑤，既表达对席应珍的敬意，也从一个侧面反映了明初吴地道教的情况。

---

① （明）高岱：《鸿猷集》卷七，上海古籍出版社1992年版，第151页。
② （明）李贽：《续焚书》卷三《读史汇》，中华书局1961年版，第85页。
③ 何孝荣认为，姚广孝"辅助燕王朱棣发动'靖难'之役，推翻建文帝统治，建立永乐王朝，是'新明朝'的重要缔造者。"（《论姚广孝与"新明朝"的建立》，《史学集刊》2019年第3期）
④ 姚广孝著，乐贵明编：《姚广孝集》第1册，商务印书馆2016年版，第48页。
⑤ 郑永华《姑苏道士席应珍考略》对姚广孝所撰《海虞席先生墓铭》进行研究后认为"这是关于席应珍生平最详细，也最权威的第一手史料，前人迄未引用。"（《世界宗教研究》2012年第1期）

明初是吴地道教发展的重要时期，其显著的标志就是兴建宫观。姚广孝在《海虞席先生墓铭》中，没有明说席应珍是在哪个道院出家的，只说"入乡之某院，从某习老子法"。但其他有关席应珍的记载，都提到席应珍曾住持过三座道观，其中苏州白鹤观、相城灵应宫迄今无疑议，另外还有一座道观，则因记载不同而出现争议，是李塘佑圣道院，还是常熟普福宫、常熟致道观？有人认为"席应珍'主普福宫'、'提点致道观'的说法均与史实有间，其最初主持者，实为李塘佑圣道院"①。我们参照地方志及碑铭记载再作一考察。

李塘佑圣道院，据《姑苏志》记载，常熟州东太仓州城旱泾桥北的佑圣道院原由道士蔡贯一建，后被"江涛所啮"，于是席应珍率众迁址重建。据常熟知州班惟志撰《常熟州东李塘佑圣道院记》，佑圣道院于"至顺二年（1333年），始迁于所居之阴二里而近，中殿以崇像，设殿前后，两旁众屋，绕而周焉。凡为屋若干楹，置田若干亩。择道士有德者馆之，席君实领焉"②。从这通碑记的署名看，佑圣道院是在地方官的支持下迁址重建的，然后请席应珍"实领"院事的。

郡城白鹤观，是席应珍主持修葺的，《平江记事》记载了修建过程中出现的"一白鹤留松上不去"的神异迹象：

> 白鹤观，在吴城东北隅，鹤舞桥之东，宋信安郡王藏春园地。至元间，草石荒凉，井旁大松树独存。云游道人张应元初来，结屋松树下以栖身。丁丑三月朔，有群鹤自东南来，徘徊久之。一白鹤留松上不去，经岁作巢，广若酒家七石缸。性若灵异，清晨俯首长鸣，日必有大檀越至。候之以为常，预备斋供以待。士众皈依，喜舍云集。应元更为应鹤，欲创立道观以焚修，不久物故，弟子集应真承其业，缘募十方，卒成其事。观成，鹤乃飞去，遂名为白鹤观。③

此处原本是宋信安郡王藏春园地，到元代时早已荒芜，只有大松树独

---

① 郑永华：《姑苏道士席应珍考略》，《世界宗教研究》2012年第1期。
② 沈秋农、曹培根主编：《常熟乡镇旧志集成》，广陵书社2007年版，第643页。
③ 王稼句编：《苏州文献丛抄初编》，古吴轩出版社2005年版，第151页。

存。云游道人张应元,亦作张应玄,来此树下栖身,群鹤自东南来徘徊久之。一白鹤留松上不去,经岁作巢,张应玄斋供以待。鹤是道教喜爱的灵鸟,因士众饭依,故以鹤为名创立道观,但建后不久又毁。席应珍为实现师父遗愿,缘募十方,重新修建,并以白鹤来其栖身之松树下,更名白鹤观。《白鹤观张伯颜祠堂记》更对席应珍如何建观作了较为细致的记载:

> 道士张应玄始庐其下,遂有群鹤自东南来,盘旋于空。久之,一鹤下峙于松弗去,经岁作巢其颠,大如斗盎。每晨长鸣,屡获奇验。张既羽化,复请括苍赵贞士知微、鄱阳萧炼师玄中,皆克修虚净玄妙之学而行之,为人所重,而公(张世昌)益礼之,俾相继主席,仍割腴田若干亩饭其徒。赵与萧状其事于朝,乞更道院为白鹤观,当宁可之,请降玺书护焉,由是白鹤观之名著于吴中矣。未几公捐馆舍,赵与萧亦以次委蜕。张弟子席应真博通玄典,兼读儒书,踵构馆宇,轮奂一新。仍即观东为祠堂,以祀公及清河伯以下凡几主。每遇讳日节序,用玄教荐享之。①

其中有些信息反映了当时吴地道教的状况,值得重视:第一,张应玄先建一小道观,去世后,又请括苍赵知微、鄱阳萧玄中来观中主持工作。第二,白鹤观之名是在张应玄去世后,张世昌捐献观田以供养道观徒众,再由主观道士赵知微、萧玄中等请于当局,才将道院更名为白鹤观的。第三,改名白鹤观后,又"请降玺书护焉"。玺书应是以泥封加印的官方文书。正是得到朝廷认可,白鹤观之名才很快著于吴中,成为当地缙绅乡党宗戚交游及拜神祭祀的场所。第四,赵、萧两人"亦以次委蜕"后,席应珍才主持白鹤观,通过再次修建,使"踵构馆宇,轮奂一新",又在观东建立张世昌祠堂,每遇讳日节序,用玄教科仪荐享之。席应珍直到晚年才迁主相城灵应宫。

相城灵应宫,位于苏州市相城区湘城镇观桥头,由道士赵志清奉敕建于宋咸淳二年(1266年),初名为灵应道院。因观前的小河,东接阳澄湖,西

---

① (元)佚名:《白鹤观张伯颜祠堂记》,《相城小志》卷六,《中国方志丛书》第412号,台北文成出版社1983年版,第276页。

达济民塘,在当时是一条重要的水路交通干道,人流较多。元朝延祐年间(1314—1320年),道士苏斗南主持重建后,改名相城灵应观,其中建有雷祖殿、三观殿、玉皇殿、三清殿等殿堂。席应珍从白鹤观迁至相城灵应宫后,与当地人建立起了融洽的关系并受到尊敬,故姚广孝在墓志中称赞席应珍"友于兄弟,睦于宗戚,和于乡党。接物之际,温温如春风袭人,故髦丈韶童,皆知敬爱"①。如此"温温如春风袭人"的人品才使道观日显兴旺。姚广孝称席应珍"惟灵应一坐二十余稔,兵后,能中兴其业,人咸誉之也"。张昶也沿其说,称席应珍"居相城灵应宫,一坐二十余年,兵后能中兴其业"。从明洪武十四年(1381年)上推20年,应为元至正二十一年(1361年),当时席应珍已年迈花甲,与"老归"之说相契,这可能也是席应珍从白鹤观迁往灵应宫的时间。据载,明洪武初灵应观归并玄妙观,明清时多次重建重修,其中的玉皇殿一直保留到今天。

  以上只是席应珍主持过的三座道观,其实明初吴地还有许多大小道观,与《吴江志》记载不同,据《乾隆江南通志》卷四十四《寺观》记载,其中影响较大的道观有:

表12-2 明代吴地道观表

观名	地址	创建年代	历史沿革
上真观	穹隆山三茅峰	汉初平中建	北宋天禧年间重建,元毁,明初重建。
丹霞观	府吴山东	唐建	唐称朝天道院,元至大年间重建,明初道士郭鹤坡重修。
希夷观	灵岩山下	南宋绍兴十三年	明初归并玄妙观。
灵祐观/神景宫	西洞庭林屋洞旁	唐乾封二年建	北宋天禧五年重建。
仙坛观	毛公坛侧	唐至德二年建	初名洞真宫,北宋宣和年间改仙坛观,即毛公福地。

---

  ① 《海虞席先生墓铭》,载(明)姚广孝著,乐贵明编《姚广孝集》第1册,商务印书馆2016年版,第230页。

第十二章　明代江苏道教：从中心到边缘　619

续表

观名	地址	创建年代	历史沿革
玄妙观 （元妙观）	苏州府城东	西晋咸宁二年	初名真庆道院，东晋泰宁二年重修，改名上真道院，唐开元二年扩建，赐名开元宫，北宋至道二年改名玉清道观，大中祥符五年敕改天庆观，元至正元年始名玄妙观，明洪武四年重建。
清真观	在玄妙观东	元皇庆元年	至正年间始赐今额。
白鹤观	府城鹤舞桥东	元	初名报恩道院，道士张应元得修改白鹤观，明洪武初归并玄妙观。
卫道观	府元和县东北	南宋景定	元初，邓道枢扩建，名会道观。明洪武初归并玄妙观。嘉靖二十年重修，易名卫道观。
灵应观	府长洲县相城	南宋咸淳二年	元延祐年间重建，明洪武初归并玄妙观，隆庆二年重建，天启三年重修。
真如观	府昆山县南	南宋庆元	明洪武初归并清真观，永乐十四年重建，弘治三年创三贤祠于内。
致道观	府常熟虞山南岭	南朝梁天监二年	张道裕建招真治。简文帝时改名乾元宫，又名乾元观。北宋政和七年改致道观，明洪武初周玄真募修三官殿，清咸丰年间毁于战火。
至和观/致和观	府常熟县治西	南宋咸淳七年	初为至和道院，元大德年间改至和观，洪武初归并致道观，永乐初道士张仁静重建。
衍庆昭灵观	府吴江县东北	唐先天二年敕建	初名曹王庙，元大德三年改今额。明洪武初改建城隍庙，仍用衍庆昭灵观。
乐真观	府吴江县东北	元至大三年	
洞真观	府吴江县同里镇	南宋嘉定十三年	
瑞云观	府吴江县韩墅村	元泰定中	明洪武初归并衍庆昭灵观，后废。

这些道观大多创建于唐宋元时期，主要传播以符箓斋醮传道的正一道。

另外还有一些全真道观，据吴亚魁研究："元、明、清三代，苏州府境内所立全真道观依次有：吴江全真道院、清真观、佑圣道院、福济观、丹霞观、纯阳道院、回真道院、朗吟谷、小桃源、女贞观、老君堂、吴县全真道院、太微律院、来鹤道院、无锡长春宫、无锡正气庵、装嫁桥斗姥阁等17座，华云坛、望云坛、青云坛等道坛3处。"①

其实，这些道观创建的年代大多在宋代之前，到明初时，因各种机缘尤其是全真道南传姑苏而得到重修，这需要我们对每个道观的历史及在其中的传道者情况进行具体研究。纯阳道院位于江南长桥侧，宋淳熙二年（1175年）道士李子山建，正统九年（1444年）道士沈洞云重修。② 位天吴山东麓的丹霞观，据徐有贞《重建丹霞观记略》："丹霞观，旧名朝天道院，由道士陆应祥建于唐代，设云水斋于此，感会纯阳仙授以神方。到元代至大年间由道士叶薇生重建，请观额为丹霞。明初时被毁后，由卧云炼师郭鹤坡重修，中建玄天之殿，为祝釐之所。"③ 丹霞观与福济观有着相同的道脉，也有人将它们视为一座道观。由于丹霞观供奉吕祖、北七真、南五祖等，又被视为全真道观。

据《吴中人物志》介绍，明初活动于吴地的道士大多兼嗣正一与全真之法，依陈耀庭先生的看法，他们是以奇行异迹、立观和放戒作为全真道士合法性认可及自我身份认同的标志和传教策略，这成为促进全真道弘传的三个重要举措。④

李德睿（1342—1413年），字士明，嘉定人⑤，幼颖悟，出家郡之宁真观（亦说迎真观）。李德睿入道后，既学道："师礼赵中父习玄学。及长为道士，凡三皇内文，九鼎丹法，延龄卫生之术，醮章炼度之书，罔不该博。

---

① 吴亚魁：《江南全真道教》，上海古籍出版社2012年版，第308页。
② （明）莫旦修：《弘治吴江志》，台湾学生书局1987年版，第290页。
③ （清）李铭皖修，冯桂芬纂：《同治苏州府志》，《中国地方志集成·江苏府县志辑》第8辑，江苏凤凰出版社2008年版，第259页。
④ 陈耀庭：《全真弘传三论》，载《全真弘道集：全真道——传承与开创国际学术研讨会论文集》，香港青松出版社2004年版，第6—7页。
⑤ 《嘉靖昆山县志》卷十三《杂志》认为其是昆山人："李德睿，字士明，号鹤瓢道人，明昆山人。"

后从庄子正游，黄帝、岐伯之书，先贤治证之论，悉造其奥"。又学医："旁通于医，遇樵人李清隐授窦太师飞腾针法，故以医鸣。"李德睿因医道而名声显著："洪武初，召见至京，德睿力辞，归。"李德睿回来后，因兼通儒学孝友律身，缙绅大夫多与之游，尝携一瓢卖药吴市，瓢小而类鹤，因号"鹤瓢道士"。① 李德睿活跃于元末明初之际的苏州，"洪武癸巳，年七十二，无疾而逝"②。姚广孝撰《迎真道院住持士明李先生碑铭》以示怀念③。

林刚伯，常熟人，博学能文，词寄迹老子法中。永乐初举，往龙虎山校勘道书，嗣天师张宇初甚器重之，尝预修永乐大典④，与正一道的交往密切。

周玄真（1328年—?），字玄初，世居嘉禾，后迁于姑苏。周玄真的父亲通阴阳家言，虽然早逝，但使周玄真从小就与道教结下了缘分。入道后初师嘉禾紫虚观李拱端为道士。李拱端，又称李太无，是杜道坚的弟子，周玄真从其"得授劾召鬼神之术"。至正戊子（1348年）周玄真来苏之城东葑门外黄泥坡丹霞里报恩道院，因以符箓召鹤，名所居曰"来鹤轩"，自号"鹤林先生"。有人据周玄真"绍清净玄妙之学，其修炼祭醮"，认为"其于全真之学当有所得"⑤，但据《吴中人物志》记载，周玄真从曹桂孙（曹谷神）受灵宝经法，又因玄妙高士顾养浩受五雷秘文，通过神霄派传人步宗浩而接续莫月鼎→王继华→张雷所→步宗浩之道，传习雷法。元末明初，周玄真主要在苏州丹霞道院及常熟致常观，以行呼召风雷、驱除鬼物等法术而在江南一带有很高声誉。明朝建立后，周玄真被调入南京朝天宫，受到明太祖多次召见，或问"鬼神情状"，或问"雷霆所以神之故"，周玄真从"天人相孚"的角度进行解答而使"上悦"。周玄真在洪武年间主持了几次祈雨法事，获得特殊灵验，宋濂也曾从之问道。⑥ 洪武十二年（1379年）曾主

---

① （明）张昶：《吴中人物志》卷十一，台北：学生出版社1969年版，第454页。
② 《昆新两县续补合志》1，《中国地方志集成·江苏府县志辑》第16册，江苏凤凰出版社2008年版，第606页。
③ （明）姚广孝：《姚广孝全集》第3册，安徽师范大学出版社2019年版，第548页。
④ （明）张昶：《吴中人物志》卷十一，台北：学生出版社1969年版，第455页。
⑤ 吴亚魁：《江南全真道教》，上海古籍出版社2012年版，第311页。
⑥ （明）宋濂：《周尊师小传》，（明）葛寅亮撰《金陵玄观志》第一卷，南京出版社2011年版，第18页。

持神乐观事，但周玄真主要在苏州道院活动，"己未，授领神乐观事，玄真尝修建安里桥于通衢及主报恩道院，尝一新其祠宇，继主常熟致道观，复修丹井，其泽物之功类此。"① 卒后葬于莫月鼎墓旁。

郭守源，字本中，幼从白羊山人张仲简学诗，时闻玄妙观周玄真道行守源，事之得其所秘。洪武初应选居神乐观，后荐其名官于天坛奉祀。凡朝廷祀事建太坛场。敕副四十三代天师无为真人，故眷渥日隆，赐与有加，永乐元年，擢道录司左至灵，佐领天下玄教，住持朝天宫。后终，皇储制文谕祭。②

胡道安，原名胡安谷，松陵人，从玄妙观计玄老为道士。不事华饰，笃志于法。"晚遇至人，授青城太乙雷书及斩勘魍魔秘旨。洪武末，郡中秋旱，太守率僚属致祷，道安登坛，醉酒诟骂，怒发冲冠，令下，阴云四合，雷雨大作，守为称异性佯狂人，呼为胡风子。"③ 胡安谷则欣欣然而诺应。"洪武辛未（1391年），钦依清理道教，每丛林设一班首，率众焚修。安谷首应是选，住持观事，从升道纪、都纪。在任数年致仕，壬午岁解化于观之清口院，寿七十有四矣。"④

杨中立，字玄微，入玄妙观，嗣步云冈为太极五雷坛正宗。志尚朴素，甘分林泉，取漆园吏之言，扁所居曰：一枝巢。遂昌郑元祐为之记。洪武壬戌（1382年）掌道纪司。⑤

薛朝阳，字鸣凤，先居龙虎山上清宫，号洞玄冲靖广道大真人，有斋粮田庄在昆山淀湖上，因筑观堂，游息于此。薛朝阳曾通过扶乩召仙，获萨真人降笔："玉堂侍御久思凡，谪向人间九十三；此去更能修大德，青毡依旧列仙班。"⑥ 于是潜心道术，锐志修行，最后于洪武二年（1369年）寓居江湾报恩宫仙化，时年九十三岁。

陈铭珪撰《长春道教源流》曰："全真之教，行于北方，其始至南方

---

① （明）张昶：《吴中人物志》卷十一，台北：学生出版社1969年版，第455页。
② （明）张昶：《吴中人物志》卷十一，台北：学生出版社1969年版，第457页。
③ （明）张昶：《吴中人物志》卷十一，台北：学生出版社1969年版，第457页。
④ 沈卫新主编：《嘉靖吴江县志》卷二十七，广陵书社2013年版，第379页。
⑤ （明）张昶：《吴中人物志》卷十一，台北：学生出版社1969年版，第458页。
⑥ （明）张昶：《吴中人物志》卷十一，台北：学生出版社1969年版，第458页。

者，武当一派也。"① 熊建伟则明确说，在吴地传播的全真道主要有两支："一支是三丰在家一系，所以在明代吴地尚无出现专祀全真之庙堂"。全真武当派张三丰弟子秦淮首富沈万三明初时在南京活动，资助朱元璋巨额银饷，后在家乡传道，扩大了全真武当派在吴地富豪中的影响；"另有一支全真道教在吴地传播颇广的是清初全真诸派中呈中兴之象的龙门派"②。

当时还有一些全真道士以崇奉吕祖之名在社会上进行传道活动，尹真人，名从龙，华州人，"元世祖时，为天庆观道士，其度牒，缀之羊皮，久而尚存。成化间，游南都，发累岁忘栉，而自不团结，南都人呼为'尹蓬头'"③。尹蓬头从北方南下，弘治年间"尝游金陵，毗陵之间"，所行之路依次是江苏的南都（金陵）、毗陵（常州）、无锡、苏州，然后去浙江嘉善等地，他经常以"出阳神"等奇异道术为人看病，人称"尹蓬头"，金陵城内多传其事迹：

> 囊有宋理宗时度牒。弘正间至金陵，成国朱公供养之甚虔，能出阳神，分身数处赴斋。朱公问尹曰："我欲一见洞宾吕祖，可乎？"尹曰："可。"公于朔日出水西门外刘公庙拈香，当约洞宾来一会，及拈香归，寂无所见。乃责尹以说谎，尹曰："公曾见路上一道人醉枕酒瓶而睡者乎？"公曰："有之。"尹曰："道人枕瓶，两口相对，分明吕字也。公自不悟，那敢说谎。"复遣人四路觅之，皆云才去未远耳。④

尹蓬头擅长以气法内功为人治病，经常使用"祖师秘传混元丹，专治大人、小儿诸虚百损、五劳七伤、小儿百病"⑤。南京的隐仙庵是清代文人游赏胜地居，明初冷铁脚、尹蓬头均曾来游此庵。⑥ 有道书《尹真人东华正脉皇极阖辟证道仙经》讲述尹真人的修仙术。闵一得在该经《序》中说：

---

① （清）陈铭珪：《长春道教源流》卷七，《藏外道书》第31册，第122页。
② 熊建伟：《全真道在吴中地区的传播和影响》，《江苏道教》2007年第4期。
③ （明）彭辂：《尹山人传》，（明）葛寅亮撰《金陵玄观志》第一卷，南京出版社2011年版，第23页。
④ （清）褚人获辑撰：《坚瓠集》，上海古籍出版社2012年版，第244页。
⑤ （明）龚廷贤撰：《龚廷贤医学全书》，山西科学技术出版社2016年版，第390页。
⑥ 尹志华：《清代文人与南京隐仙庵》，《全真道研究》第六辑，齐鲁书社2017年版。

"尹真人于元明时姓尹,世所称尹蓬头是也。于东汉时姓屈,讳祯,道号无我。阅千数百年,盖屡易姓名,以隐于尘世者。"① 明清以来的文史资料及地方志中则留下了许多有关"尹蓬头"的传道故事:"入我明,仅传张邋遢、冷子敬、尹蓬头三数公,一何寥寂也,张、冷迹无可稽,而南都人能历历道尹遗事,故论著焉。"② 时人将尹蓬头视为活神仙,这也展现明代道士经常以个体身份在社会上活动传道的现象。

其实早在元代时,吴地已出现了一些全真道龙门派的道观。苏州佑圣道院在阊门南濠,元至正三年(1343年)由道士杨道常创建,后失修而毁。明洪武年间,道纪倪玄素重建,后又毁。万历年间,道士金玄真葺。万历二十二年(1594年)商人崔希龙等建龙王殿、关帝殿。清顺治十一年(1654年)道士祖羽扬又建斗姆阁、三元阁。康熙六十一年(1722年)失火,雍正三年(1725年)道士许大锡募化重建玄帝殿。乾隆八年(1743年)重修关帝殿③。之后的佑圣道院名声渐大,香火极盛。从明代重建佑圣的道院的道纪倪玄素所属的道派看,他"从全真家,明心见性,坐寰炼丹。出金蓬头一派。至元间,避寇至吴,于白莲泾畔栖止,建佑圣道院"。道纪倪玄素"出金蓬头一派",应是全真龙门派道士,佑圣道院大概也属于全真道院。值得注意的是,地方志中还有倪玄素为崇拜三茅真君建三茅观的记载:"三茅观,在中街仁风坊。宋淳熙中,道士倪玄素开山,崇奉三茅君。元天历二祀,住持葛仙岩重葺,奏赐额,元末毁。"④ 但从时间上看,此宋代"道士倪玄素"与明代"道纪倪玄素"应该不是同一个人。

明初受全真道龙门派南传的影响,一些姑苏道士的弘道方式也有了全真意蕴。例如,在全真教道书中,就将吴地道士邓羽、华伯翔等视为全真道士,如陈铭珪《长春道教源流》卷七有邓羽传:"邓羽,南海人,明初青阳令,后为道士,隐武当之南岩。永乐中,不知所往,人以为仙去"。其注

---

① (清)闵一得:《尹真人东华正脉皇极阖辟证道仙经序》,《藏外道书》第10册,第838页。
② (明)彭辂:《尹山人传》,载顾起元《客座赘语》,南京出版社2009年版,第225页。
③ (民国)吴秀之等修,曹允源等纂:《吴县志》,载《中国地方志集成·江苏府县志辑》第11册,凤凰出版社2008年版,第570页。
④ (明)牛若麟修,王焕如纂:《吴县志》,载《天一阁藏明代地方志选刊续编》第17册,上海书店1990年版,第603页。

曰："洪武初，吴中多有识之者。"并明确指出："邓羽亦全真派道士也。"①

《道统源流志》中有华伯翔传："华伯翔，名伯翀，原名焘，字伯翔。吴兴籍，世居吴江。诚礼北斗，母病得痊，遂归龙门"，将华伯翔列为全真龙门第六代沈季荣律师所传弟子。沈季荣，名真寅，原名贵，字季荣，乌程人，是明初富豪沈万三之弟，曾遁隐终南山，遇师全真龙门第五代律师张无我得度，最后不知所终。②从这些点滴记载中可见，到明初时，全真在吴地的活动已蔚然成风。

第四节 朝天宫祭祀及朝天宫道士

明代时，风雅流韵的"十里秦淮"河畔民居稠密，商铺栉比，画舫凌波，是闻名于世的政治商贸文化游览之地。位于城东南秦淮河畔的朝天宫是当时江南地区规模最大的一组宫观建筑群。有关朝天宫的研究，学界已取得众多有益成果，但将之置于江苏道教的发展中加以考察，探讨朝天宫在明初京城的政治、宗教和文化中的复杂关系和特殊地位还有待于进一步深入展开。

洪武元年正月，立玄教院，以道士经善悦为"真人"，总领全国道教事③。玄教院乃是明朝设立的全国道教事务的最高管理机构。皇帝将冶城山西麓的永寿观改名为朝天宫，作为玄教院的办事处所。此处原是冶山道院的遗址，"洪武十七年七月，建朝天宫，其地即吴冶城、晋西州故址。南朝时始置总明观，唐建紫极宫。宋真宗大中祥符间改祥符宫，后改天庆观。元元贞时改玄妙观，文宗时又改永寿宫。至是重建，赐名朝天宫，设道录司于内"④。唐代徐铭在紫极宫西新建武烈帝庙。北宋雍熙年间又建文宣王庙，不久先改名为天庆观，后又改为祥符宫。元朝改为玄妙观，后又改为永寿宫。明洪武十七年（1384年），朱元璋下诏改建这座道院，将之作为皇室贵

---

① （清）陈铭珪：《长春道教源流》卷七，《藏外道书》第31册，第127页。
② 吴兴庄严居士辑：《道统源流志》下，无锡中华印刷局印刷，第2页。
③ 《明太祖实录》卷二十九"洪武元年正月庚子"条。
④ （清）顾炎武撰，戴扬本校点：《建康古今记（外八种）》，上海古籍出版社2012年版，第61页。

族焚香祈福的道场，国家开展祭天活动的场所。

> 都城内冶城山，西城地，吴王夫差冶铸处，遂名冶城。今山后有铸剑池见存。晋改西园，又为西州，建冶亭其上。杨吴就建紫极宫。南唐徐铉记："冶城峻址，西州旧宅，卞贞公之遗垄，郭文举之故台"，载志可考。宋祥符间，改祥符宫。续改天庆观。建炎兵火。淳祐间，制守别公之杰重建。元元贞间，改玄妙观。又改永寿宫，冶亭改为飞龙亭。国朝赐额朝天宫。百僚朝贺，于此习仪。天顺辛巳，延燹。成化庚寅，礼部尚书邹干奏举右玄义李靖观住持，集材鸠工，闻于上，命工部出给琉璃、木植，军夫、工匠协助落成。①

在明初百废待兴的京城，为何朝廷很快就将修建朝天宫作为官方的一项重要文化工程？明朝开国皇帝明太祖朱元璋"以聪明神武之资，抱济世安民之志，乘时应运，豪杰景从，戮乱摧强，十五载而成帝业"②，在登基为帝后，"谓南京兴王之地，根本所系，百官有司之治，宗社神灵之奉，一循旧典。矧朝天为宫，大礼伊始，众庶具瞻，可使鞠为瓦砾而弗加之兴建乎"③，期望在定鼎金陵后，"辨方正位，宏建都邑。首开明堂，以朝诸侯。寻饰琳宇，以崇上帝"，以期通过重建皇家宫观开展祭天活动来提升明王朝的威仪。

据《明太祖实录》记载，洪武十七年（1384年）七月，明太祖专门下诏："重建朝天宫成。先是建是宫，凡正旦、圣节、冬至，群臣习朝贺礼于其中。"④ 并赐名为"朝天宫"，取"朝拜上天""朝见天子"之意。朝天宫作为当时明朝都城中最大的道观，既是皇室贵族焚香祈福的道场，也是国家在正旦、圣节、冬至等节日时开展祭天活动的地方，还是文武百官演习朝拜天子礼仪的场所，"国朝赐额朝天宫。百僚朝贺，于此习仪"⑤，还一度成为中国道教的中心，充分显示了朝天宫具有官方祭祀文化与道教建筑风格相结

---

① （明）葛寅亮撰：《金陵玄观志》第一卷，南京出版社2011年版，第1页。
② 《明史》卷三《太祖纪》。
③ （明）葛寅亮撰：《金陵玄观志》第一卷，南京出版社2011年版，第16页。
④ 《明太祖实录》二百四十三"重建朝天宫"条。
⑤ （明）葛寅亮撰：《金陵玄观志》第一卷，南京出版社2011年版，第1页。

合的皇家宫观之气派。读《金陵玄观志》中收录的有关朝天宫的各种敕文，可见明太祖重建朝天宫是有其各种考量的：

首先，期望通过朝天宫树立新王朝的权威性。从历史上看，朝天宫的初兴可从吴王夫差在此冶铸算起，至明初已有一千多年的漫长历史。明太祖从个人信仰爱好出发，赐名重建的宫观为"朝天宫"："朝天之额，则太祖所赐者"，通过百官大臣礼朝"天子"的仪式，以崇拜皇权来提升君权神授的合法性，故"明代朝拜天子礼仪共有 30 多道程序，参加人员众多，整个朝拜礼仪归纳为六场：驾兴、进表、传制、番使进见、乐舞、还宫[1]"，从制度上树立大明帝国中央集权的威风并为后代诸帝树立楷模。这种仪式上的御用性是明代江苏道教不同于宋元的特点。

其次，期望以规模宏大建筑来展现皇家道教宫观的气派。明朝初建的朝天宫时已有超越元朝永寿宫的规模，后来于英宗天顺辛巳（1461 年）毁于大火。文渊阁大学士商辂（1414—1486 年）于成化十五年（1479 年）撰《奉敕重建朝天宫碑》记载了朝天宫于洪武年间兴建后，延续八十多年后，在遭遇大火后，又在道录司右玄义李靖观领札住持后花了六年时间重新修建的事迹：

> 若朝天宫者，实百官遇节朝贺，先期习仪之所。视他宫观，制度尤异。盖洪武甲子，即皇城之西冶城山建。其地在宋为天庆观，在元为永寿宫。而朝天之额，则太祖所赐者也。列圣相承，时加修葺，几八十年。天顺辛巳，弗戒于火，殿宇延爇殆尽。成化庚寅，礼部尚书邹干等奏举道录司右玄义李靖观领札住持，图惟兴建。靖观等奉行惟谨，因以本宫所积斋粮，并岁收芦场诸物，变易钱货，市材鸠工，择明年辛卯闰九月吉日，告神蒇事，而具实以闻。上命南京工部出给黑绿琉璃砖瓦三十余万，及木植等料，差拨军夫、工匠，协助斯役。[2]

重建后的朝天宫更具有道教宫观的风格："山前，前三清宝殿七间，以奉三清圣像。后建大通明宝殿七间，参奉玉皇圣像。前神君殿五间。又前，

---

[1] 吴阗、顾苏宁：《明代朝拜天子礼仪趣谈》，《紫金岁月》1996 年第 2 期。
[2] （明）葛寅亮撰：《金陵玄观志》第一卷，南京出版社 2011 年版，第 15 页。

中山门三间，外山门三间，东、西小门二间。门之北，左、右经阁二，碑亭二，钟、鼓各一。东，景德、普济、显应三殿；西，宝藏、总制、威灵三殿，皆绿琉璃缘边，通脊吻兽。廊庑八十四间。又东，道录司、斋堂、神厨、真官堂；西，卞公庙、神库、仓房、土地堂。山后，全真堂，东、西方丈，两旁弘化、育真二角门，周围墙垣。宫之前，牌楼二，南扁'朝天宫'，北'蓬莱真境'。是役也，规制悉遵于旧，而仑奂有加于前。"①从建筑布局看，朝天宫是以"天人合一"思想为指导建立的四合院式的江南道教宫观。朝天宫最高处为冶山顶上的万岁殿，登上殿堂俯可看瑶坛仙境。万岁殿前为大通明殿，其前是极其雄伟的三清宝殿。再前面是华丽宽敞的供奉神灵的各种殿堂。朝天宫东面有道录司，西面有明朝初年皇帝敕建西山道院。再西边还有卞忠贞公墓、卞公庙。山后有全真堂。从殿堂布局看，主要由朝天宫道院、全真堂、西山道院和道录司四个单位而组成。宏伟壮观的格局，金碧辉煌的殿堂、富有意蕴的牌楼、匾额使朝天宫具有皇家宫观的特点。

第三，在朝天宫中设立道录司作为明朝管理全国道教的机构。明太祖崇道的目的是希望有"助王纲"，因此要把道教也纳入"王纲"范围内进行管理。洪武元年（1368年），太祖登基伊始就立玄教院作为管理道教的机构，以道士经善悦为真人，总领全国道教事。玄教院乃是明朝设立的全国道教事务的最高管理机构。但玄教院成立不久，根据明代道教的内容与组织又有所调整，到洪武十四年（1381年）十二月，又革去玄教院。洪武十五年（1382年），为与明朝中央集权制相适应，明太祖成立道录司作为管理道教的最高机构，并下《敕右正一薛明道》曰：

> 教有正一之名，官有正一之职。非悟道登真者，不能膺是任也。尔薛明道斋心受箓，服气炼形，有守有为，不凡不俗，久居清净之地，能无裁制之宜？选众见推，乃授是位。宜悉心力，以化道侣，务使学道之徒，咸能归一，而无道外之失，则予一人汝嘉。今特授尔道录司右正一。②

---

① （明）葛寅亮撰：《金陵玄观志》第一卷，南京出版社2011年版，第2页。
② （明）葛寅亮撰：《金陵玄观志》第一卷，南京出版社2011年版，第6页。

在朝天宫内设置的道录司分为全真、正一两部分，各自分设左、右正一各一人，正六品；左、右演法各一人，从六品；左、右至灵各一人，正八品；左、右玄义各一人，从八品。在地方上，府设道纪司，都纪一名，从九品，副都纪一名。州设道正司，道正一名。县设道会司，道会一名，分别掌管各府、州、县道教事。它们隶属于礼部，俱选精通经典、戒行端洁的道士，担任各机构的道官，依品支俸。朝天宫内的道录司有"大门：三楹。正厅：三楹。左侧基地：五楹。门前基地：七楹"①。敕文中提到的道录司右正一薛明道，是浙江鄞县人，官至朝天宫提举。据清本《茅山全志》卷十四《道秩考》记载，他来自茅山华阳洞灵官系统，故为"右正一"。道录司道官的工作是编制道士的户籍，任命各地道观的住持，发放度牒，管理道士的日常生活等。"旧有拖租，道士徐用和追出道房。改作道录司衙门。"②道录司还成为调解道观与民众之间关系的办事机构。

第四，期望通过在朝天宫中重建全真堂来宣扬老子思想。元朝永寿宫中"旧有全真堂，久废。今于后山耸秀处重建。云林丛蔚中，居然松坛芝府云。公学复设于神君殿之傍东、西两庑"③。明初立国后，明太祖为《御注道德经》作序时曰："斯经乃万物之至根，王者之上师，臣民之极宝，非金丹之术也。"④ 为了更好地表达其对老子思想的崇敬，在朝天宫中重建全真堂："宫观率宗祖老氏教，而朝天宫尤为定鼎时首创。宫内旧有全真堂，在山之阴。"后来，成化己亥再次修葺时"今堂废不知何年，其耆宿犹能传述，谓当日之盛。黄冠白羽，群至如归，栖以丹室，课以金书。或闭关面壁，吐故纳新，各习其业。而参方之侣，亦谓京师白云观习静修真，不失遗制。乃留都丰镐地，五方瞻仰，堂辄一废不振，宫之人其何以矜式哉？"⑤

万历年间任南京祠部郎中的葛寅亮为清理南京及周边佛教寺产而撰写《金陵梵刹志》的同时也编撰了《金陵玄观志》，收录有以应天府及附郭之上元、江宁二县的69所道教宫观祠庙的地理位置，并对历史沿革、殿堂分

---

① （明）葛寅亮撰：《金陵玄观志》第一卷，南京出版社2011年版，第2页。
② （明）葛寅亮撰：《金陵玄观志》第一卷，南京出版社2011年版，第2页。
③ （明）葛寅亮撰：《金陵玄观志》第一卷，南京出版社2011年版，第1页。
④ 《大明太祖高皇帝御注道德真经序》，《道藏》第11册，第689页。
⑤ （明）葛寅亮撰：《金陵玄观志》第一卷，南京出版社2011年版，第17页。

布、田地公产、山水古迹、名道事迹作了记载，从中可见明初至万历年间南京道观的分布、道士活动及道观经济状况，其中的《本宫租粮》中还记载了田租赋税、道规条例等，从中可见明太祖在位时，给朝天宫以特殊优惠：

第一，从经济上给予资助："国初赐有庄田、洲地"①，但又下令禁止道士买卖土地和田庄。洪武十五年（1382年），"曹国公钦奉圣旨：天下僧、道的田土，法不许买，僧穷寺穷，常住田土，法不许卖。如有似此之人，籍没家产"②。由于采取了上述措施，抑制了元末僧道参与兼并土地的现象，使明代道教中买卖寺观田土的情况有所缓和。

第二，从行政上给予支持：朝天宫内设道录司，以行政方式来管理南京众多的道观。与此相应，《金陵玄观志》设立了以大观统领中观、小观的层级书写模式，是万历年间葛寅亮在南京的独创③，既展现了这部官修志书所内含的朝廷意识，也反映明初南京佛教对道教的影响。

第三，在宗教上给予他们领导权：朝天宫作为南京道教的大观，还管理着十一座中观，分别是都城内的灵应观、卢龙观、洞神宫，郭城内的清源观，郭城外的仙鹤观、朝真观、洞玄观、玉虚观、祠山庙、移忠观、佑圣观。④每个中观又领许多小庙，例如洞神宫"所领小庙，曰通灵观、翔鸾庙、玉宸道院、三官堂、三清庙、真武庙、二郎庙、关王庙、炳灵公庙、四圣堂、荧燫庙、九天庙、骁骑萧公庙"⑤。神乐观则直接领导五个中观和五个小观。大、中、小道观的等级差异主要源于都城和乡村地理位置而导致寺观庙产经济上的区别。

由于道教的斋醮科仪有着辅国济民、延寿度亡、消灾让祸、祈福谢恩的作用，金陵玄观在朝廷管理下形成了以朝天宫和神乐观为首的两个大观系统，共有大观二所、中观十六所，小观五十一所：

---

① （明）葛寅亮撰：《金陵玄观志》第一卷，南京出版社2011年版，第1页。
② （明）葛寅亮撰：《金陵梵刹志》下册，南京出版社2011年版，第840页。
③ 依何孝荣的看法，这一独创是根据葛寅亮先撰《金陵梵刹志》五十三卷所创南京佛寺以大寺统次大寺、中寺、中寺统小寺三级统属体制而来："《金陵玄观志》赖以编撰的宫观祠庙三级统属体制，亦非当时全国通例，而是葛寅亮的南京佛教和佛寺统属改革在南京道教、观庙中的移植。"（《金陵玄观志》导读，南京出版社2011年版，第2页）
④ （明）葛寅亮撰：《金陵玄观志》第一卷，南京出版社2011年版，第1—2页。
⑤ （明）葛寅亮撰：《金陵玄观志》第一卷，南京出版社2011年版，第63页。

表 12-3　　　　　　　　　　明代南京道观表

大观	中观	小观
朝天宫	灵应观	火星庙、土地庙、修真庵、玄帝庙
	卢龙观	五显庙、龙王庙、神策门祠山庙、碧霞庙、晏公庙、三官庙、真武庙
	洞神宫	通灵观、翔鸾庙、玉宸道院、三官堂、三清庙、真武庙、二郎庙、关王庙、炳灵公庙、四圣堂、荧燬庙、九天庙、骁骑萧公庙
	清源观	上清院
	仙鹤观	东流神庙、沧波门萧公庙、沧波门瘟司庙、孝陵卫萧公庙
	朝真观	灵济道院、湖塾祠山庙
	洞玄观	
	玉虚观	龙都东岳庙
	祠山庙	太玄庵、敬思庵、杨塘庵
	移忠观	园林庵、板桥祠山庙、眼香庙、梁塘庵
	佑圣观	天妃庙、水府庙、玄帝庙、荧燬庙、五显庙、火星庙、大胜关天妃庙
神乐观	龙江天妃宫	
	北极真武庙	
	都城隍庙	
	祠山广惠庙	
	五显灵顺庙	驯象街五显庙、玄真观、黄鹿观、天王庙、玄帝祠

这张图表简明地展示了《金陵玄观志》中所列的明代南京道教宫观，其中最早的仙鹤观出现于汉代，受来自句容茅山的三茅真君信仰的影响，有着悠久的历史，大观与中观中有些是明初定都南京后新建的，除了《金陵玄观志》的记录外，明代京城中还有一些道观，例如，文昌宫、龙神庙等，展现了道教在地方社会中的影响。明成祖北迁后，南京作为陪都而远离政治，但那些有着皇家宫观特点的道观大多在明清时延续下来，其中朝天宫的影响最大。

明初来京城传道的高道众多，依托于朝天宫形成了一个与神乐观不同的高道文化圈。有周玄真、张公修、邓仲修、薛明道、杨宗玄、傅若霖、黄裳吉、刘渊然、邵以正、喻道纯、尹山人、禹贵璜、孙碧云在朝天宫传教,其中既有正一道士,也有净明道士,还有全真武当派道士,有的还担任道录司左、右正一等职,展现了明初在京城活动的高道广学道法,促进各道派融合的努力。也使明初朝廷高官虽以儒学为安身立命之本,但又可自由地出入儒道之间。

如果说神乐观是一个培养乐舞生的机构,那么,朝天宫则因是掌管全国道教的道录司所在地而具有更多的政治色彩。明代的朝天宫是朝廷举行盛典前练习礼仪,以及官僚子弟袭封前学习朝见天子礼仪的地方。从《金陵玄观志》收录的宋濂为周玄真、张公修、邓仲修所作碑文可见,作为明朝大臣因管理朝廷政务与道士多有交往,尤其是与正一道士有密切关系。朝天宫提点大多由皇帝任命,如明太祖《御制命朝天宫道士杨宗玄住持万寿宫说》曰:

> 洪武十年,有司奏朕:"北平万寿宫急缺住持。"朕命朝天宫提点,于群道中择超者,使往焚修焉。明日,提点将至住持者,朕谓曰:"尔姓名何?"对曰:"臣蝼蚁之称杨宗玄是也。"朕观斯人,玉楼银海相应,颔下道髯如线,其于寿也不为不高矣。然朕目斯道,颜如三春之夭桃,色若红杏初芳,必交梨火枣之尝吞,霞瀣之久服。非若此,安能如是?故敕往而兴教,必称职焉。①

明朝也不断敕封道士来担任道录司管理者,例如,洪武十五年五月二十四日《敕右正一薛明道》、洪熙元年正月初四日《敕真人刘渊然》、天顺二年五月二十五日《敕左正一邵以正》等,其中刘渊然在南京的影响比较大。

第五节 刘渊然及弟子在南京道录司

刘渊然(1351—1432年),道号体玄子,徐之萧县(安徽萧县)人,后遂家迁江西赣县,幼为祥符宫道士,后拜师江西于都紫阳观原阳赵真人

---

① 《明太祖文集》卷十五收录该文时的标题是《道士杨宗玄住持万寿宫说》。

（赵宜真？—1382年）。他们在元明政权交替、政教互动格局下，经历"由儒入道"的心路转变，以事功抉择与著述精义而推动了江南道教的发展①，如陈铭珪撰《长春道教源流》中所说："全真之教遍天下，盖与元相终始。明兴而其道始小屈，以刘渊然之见祟，不能尽复其盛也。渊然为宜真弟子，然则宜真、渊然全真派也"②。赵宜真传授予刘渊然"玉清宗教社令烈雷玉宸黄箓玉箓等书，及金火返还大丹之诀"③，刘渊然后以行施呼召风雷，役活鬼物、济拔幽显的雷法而闻名于世。"洪武时，马太后病渴思雪，六月祈雪进之。"④明太祖朱元璋慕刘渊然名，洪武二十五年（1392年）召至京城，赐号"高道"，命其建金箓大斋，深得朱元璋的宠信，朝天宫西有西山道院，是明朝初年皇帝敕建，与刘渊然真人安居。⑤刘渊然又在京城道录司活动，传授了一批弟子。

刘渊然以道录司官员身份参与到明初皇权更替的朝政中。岳涌根据在南京发现的刘渊然墓志，再依据明大学士杨荣撰《长春刘真人传略》的记载，认为明太祖在去世前一个月，还幸驾朝天宫内的西山道院与刘渊然面谈⑥："戊寅（1398年）夏五月朔，驾幸朝天宫，至道院，面加抚慰。命随入内廷，赐坐右顺门，咨询移时方退。翌日，遣中贵人赍手诏，命其游名山洞府，求谒神人，以神其神"。他们面谈的内容是什么，检索文献未得而知，若参照历史，大概与朱元璋忧虑接班人的问题相关。明太祖自感"寿年久近，国祚短长，子孙贤否？惟简在帝心，为生民福"⑦。十分忧心明朝江山谁来接班，朱元璋找刘渊然可能有希望他扶佐新王之意。不久，明太祖驾崩，建文帝马上将刘渊然召回主持丧事。刘渊然回京城后，升道录司右正一，建金箓斋超度亡灵，按道教斋醮科仪来举行符合新帝要求的葬礼。

据明史记载，建文帝即位之日即是明太祖出殡之时，但他下令要求驻守

---

① 黄吉宏：《赵原阳、刘渊然道脉研究》，宗教文化出版社2018年版，摘要第1页。
② （清）陈铭珪：《长春道教源流》卷七，《藏外道书》第31册，第128页。
③ （明）王直：《长春刘真人祠堂》，《抑庵文后集》卷五，《景印文渊阁四库全书》第1241册，台湾商务印书馆1986年版，第427页。
④ （明）周晖撰：《金陵琐事·续金陵琐事·二续金陵琐事》，南京出版社2007年版，第137页。
⑤ （明）葛寅亮撰：《金陵玄观志》第一卷，南京出版社2011年版，第8页。
⑥ 岳涌：《明长春真人刘渊然墓志考》，《中国道教》2012年第2期。
⑦ 《明太祖实录》卷二百五十七"洪武十五年"条。

各地的藩王们于本国哭灵,禁止他们回京城奔丧。当时,南京城内十三个城门,同时发丧出殡,"各门下葬",其中葬于钟山之阳明孝陵的影响最大,但民间也有传说,认为明孝陵仅是衣冠冢,朝天宫三清殿下才是明太祖的葬身处,如全祖望《从朝天宫谒孝陵》诗曰"钟阜衣冠是与非,朝天弓剑更传疑",有注云:"世传高皇龙蜕在是宫,不在陵也"①。这可能与刘渊然的安排有关?

建文帝即位后,面对势力日益膨胀的藩王,一方面实行"诏行宽政",特别是通过"均江浙田赋",使每"亩毋踰一斗",来减轻过重的赋税和对江南人的政治歧视,由此赢得了江南人的支持与拥护,"有力地说明了江南士人对建文帝的支持和忠实,实际上已成为一种集体行动,其背后隐藏着非常深刻的经济的和政治的动机"②;另一方面为树立中央的权威,又与大臣共谋实行以"废削五王"为核心的一系列削藩政策,导致朱棣于建文元年(1399年)打着"举兵诛讨,以清君侧"的口号起兵反抗,史称"靖难之役"。朱棣随后即挥师南下,经过几年的南北战争,于建文四年(1402年)攻下应天府,建文帝在战乱中下落不明,朱棣即位,成为明成祖。据《朝天宫刘渊然醮坛篆符碣跋》记载,明成祖登基后,又马上召道士刘渊然在朝天宫中建醮:

> 明成祖命道士刘渊然建醮朝天宫,渊然刻石为小碣,篆符于其阴,犹称洪武三十五年十月,其时成祖甫入,革除建文年号也。碣藏玉皇像座中,五百年来人无知者。道光十三年十二月初九日乙巳重修朝天宫像,得之,复加整理,藏入焉。③

刘渊然还奉皇旨在钟山开展祭祀朱元璋、马皇后的活动,为纪念此次活动乃刻石为碣,藏朝天宫玉皇像座中。但从《刘渊然钟山朱湖洞天告行碣》中可见,其留下"《告天文石刻》凡二通,一书洪武三十五年,一书永乐四

---

① (民国)胡祥翰撰:《金陵胜迹志》,南京出版社2012年版,第100页。

② 程念棋:《明代心学主体性与江南地区的社会氛围》,载张荣明主编《道佛儒思想与中国传统文化》,上海人民出版社1994年版,第152页。

③ (清)陶澍:《陶澍全集·文集》,岳麓书社2010年版,第216页。

年，皆朝天宫道士刘渊然于钟山朱湖洞天告行，系前明追荐设醮祈福之文，埋石山顶"①，讲述明成祖替代建文帝理由。刘渊然在永乐四年的祭祀活动中还继承道教的传统，通过设醮、埋石山顶，将改朝换代之事以告上天，希望上天保佑新王朝风调雨顺。"道士刘渊然在此埋石告天。后石篆为人掘得，归于朝天宫。道光壬辰，陶宫保重修，有题跋刻于原石之上，亦金陵金石之一也。"② 在明初权力交接过程中，燕王摧残骨肉，杀戮忠良，致使出现流血成河之惨状。明成祖登基后，又需要借助道教斋醮科仪来加以粉饰，这即是朝天宫道士刘渊然又受到明成祖重视的深层原因，客观上为明代江苏道教的继续发展营造了一种社会氛围。

明成祖迁都后，刘渊然也随往北京。然而翻检史料文献，发现其中对刘渊然在永乐年间的经历记载较略。如户部尚书陈循撰《龙泉观长春真人祠记》载："永乐初年，迁左正一，建金大斋，致有醴泉、甘露、鸾鹤之瑞，大见信宠。未几，被谪龙虎山，寻移滇南。"③ 从这一后来的追述中可见，刘渊然在永乐初年所受礼遇甚厚，由道录司右正一升任左正一，但不久又因素性耿介，不合于人，因得罪朝中权贵，先谪置龙虎山，又因刘渊然"仍守全真之学。正一之术，系所兼习，非以是为宗主者"④。可能是信仰上的差异，刘渊然与龙虎山张天师张宇初的关系也有点儿紧张。刘渊然于永乐七年（1409年）又被谪至云南，在昆明真武祠和黑龙潭龙泉道院传教，以施行符箓、驱邪消魔、医术治病为特点，著有道教医书《济急仙方》："永乐时，谪往云南三载。沐王宫中，白日群鬼迷人索命，众不能制，渊然驱之，鬼即号泣去。"⑤ 刘渊然创立的全真道长春派迅速发展，后与以吕洞宾为祖师的天仙派、以丘处机为祖师的龙门派并列为明清云南道教的三大教派。⑥ 刘渊然在云南期间，广收徒众，其中以邵以正、芮道材、蒋日和等最为有

---

① （清）陈文述撰：《秣陵集》，南京出版社2009年版，第252页。
② （民国）王焕镳撰：《明孝陵志》，南京出版社2006年版，第5页。
③ （明）陈循撰：《龙泉观长春刘真人祠记》，载方国瑜编《云南史料丛刊》第六卷，云南大学出版社2000年版，第501页。
④ （清）陈铭珪：《长春道教源流》卷七，《藏外道书》第31册，第128页。
⑤ （明）周晖：《金陵琐事·续金陵琐事·二续金陵琐事》，南京出版社2007年版，第137页。
⑥ 萧霁虹：《刘渊然与云南道教》，《云南社会科学》2008年第4期。

名，还因"凡滇民有大灾患者，咸往求济，无不得所愿欲"①，受到当地民众的敬仰，推动了道教在中国西南地区的发展，被敬为长春派始祖。

永乐十八年（1420年）明成祖出于社会治理和个人喜好而重佛轻道，在厘定佛典编藏的同时，要求收缴有谤佛言论的道书时，刘渊然因肃经态度不积极又触怒皇帝②。明仁宗洪熙元年（1425年），刘渊然奉召还京，受封"冲虚至道玄妙无为光范演教庄静普济长春真人"，领天下道教事。明宣宗宣德年间，刘渊然又奏请立云南、大理、金齿三地道纪司，对当地道教宫观进行管理。宣德七年（1432年），刘渊然告老乞归，仁宗亲作《山水图》赐之③，让刘渊然回南京旧住西山道院养老。不久，刘渊然于"宣德七年八月八日昧爽，沐浴更衣，集其徒告曰：'吾将逝矣。'日中，遂引手作一圈曰：'呵呵。'趺坐而化。讣闻敕赐祭葬，封长春真人。"④ 刘渊然于其住处金陵朝天宫西山道院趺坐而化后，明宣宗遣官致祭，并命工部治坟茔。

后来，邵以正命其弟子李希祖在朝天宫内修建长春刘真人祠堂，并请时任礼部尚书的王直（1379—1462年）作《长春刘真人祠堂记》，其中写道："上遣官赐祭，工部为治茔域，葬于江宁安德乡之石子冈。所居西山道院，赐名栖真庵，正统间，改赐名栖真观"⑤。"栖真"可能是对刘渊然追求的精神境界的一种概括。王景彰撰《龙泉山道院记》曰，刘渊然谪云南所居龙泉观，原名龙泉山道院，"院之东堂曰栖真，宾游之所也；西轩曰超玄，休偃之所也；北为重堂以奉天师像"⑥。

栖真观位于西山道院？因文献记载有出入而有不同说法：一是明代礼部左侍郎陈琏（1370－1454年）撰《长春刘真人祠堂记》认为，刘渊然墓在南京"城南大库山原"，但"道录司左玄义胡文圭与其嗣法徒弟黄一中等，

---

① 方国瑜编：《云南史料丛刊》第六卷，云南大学出版社2000年版，第500页。
② 《解惑篇·后明护法集》，《嘉兴藏》第35册，第467页。
③ 《御制〈山水图〉歌，赐长春真人有序》，（明）葛寅亮撰《金陵玄观志》第一卷，南京出版社2011年版，第9页。
④ （明）周晖：《金陵琐事·续金陵琐事·二续金陵琐事》，南京出版社2007年版，第138页。
⑤ （明）王直：《长春刘真人祠堂记》，《抑庵文后集》卷五，《景印文渊阁四库全书》第1241册，台湾商务印书馆1986年版，第427页。
⑥ 陈垣编纂，陈智超、曾庆瑛校补：《道家金石略》，文物出版社1988年版，第1248页。

念公真风纯行弗置,遂以宫左祖师堂为栖神所,合前代祖师祀焉。"① 可见在朝天宫旧住道院为刘渊然建栖神所,也是供奉前代祖师的祠堂。二是王直提出刘渊然"所居西山道院,赐名栖真庵",后于正统年间又改赐名"栖真观"的说法。三是岳涌在《〈长春刘真人祠堂记〉与栖真观》一文中,通过查阅明清文献中有关栖真观的记载有:《正德江宁县志》卷六记:"栖真观在县南安德乡,正统八年建,赐额"、清代修《江南通志》卷四十三载"栖真观在府南安德乡,明正统间建赐额",认为栖真观应是正统年间建于刘渊然墓前以供守墓之用,属坟寺类道观,与明代官宦在墓前建佛寺以守其墓相类似,"栖真观位于安德乡,距府城凤台门三十里,长春真人刘渊然葬于该观;栖真观不是源于朝天宫西山道院改赐而是建于刘渊然墓前,先有栖真庵之名,后于正统间赐名栖真观"②。这也是对近年南京地区发现的刘渊然墓葬的一种有说服力的解释。

2010年12月17日在南京市雨花台区西善桥梅山村发现一座明代砖石古墓,一共出土了9件随葬器物。尤其是在封门附近有一块墓志,上面有"此子有道气""长春真人""道衣""道孙道录司左玄义李明善"以及"鸿胪寺"等铭文,志盖上还能看出"□□□冲虚至/□□□无为光/□□教庄静普/□□春真人渊□□公墓志铭"等字。③ 据《金陵玄观志》记载,刘渊然曾受封为"冲虚至道玄妙无为光范演教庄静普济长春真人"④,经参与考古的学者考定,此墓主是明代道教领袖长春真人刘渊然。虽然墓志的字迹大多模糊,但保留下来的余字仍为了解墓主的家世、生平和道法提供了一些有用的信息。由此可见,"长春真人刘渊然在明代早期道教史中地位显赫、贡献卓著,其墓葬的发现对研究明代道教葬俗、道教历史传承等有重要意义"⑤。这一重要的道教考古发现也丰富了明代江苏道教的内容。

---

① (明)陈琏:《琴轩集注释》上册,陈发枝、冯锡祺译注,百花洲文艺出版社2018年版,第628页。

② 据岳涌《〈长春刘真人祠堂记〉与栖真观》考证,"栖真观一名,最早见于明王直撰《长春刘真人祠堂记》,亦可见于《大明一统志》《正德江宁县志》《江南通志》及《金陵琐事》等文献。后三篇文献均记栖真观位于府城外安德乡,与《长春刘真人祠堂记》所载大相径庭。"(《中国道教》2017年第2期)

③ 南京市博物馆:《南京西善桥明代长春真人刘渊然墓》,《文物》2012年第3期。

④ (明)葛寅亮撰:《金陵玄观志》第一卷,南京出版社2011年版,第7页。

⑤ 岳涌:《明长春真人刘渊然墓志考》,《中国道教》2012年第2期。

作为明初道门领袖，刘渊然"有道术，为人清静自守，故为累朝所礼"①，经历了明初太祖、建文帝、成祖、仁宗、宣宗五朝，又被净明道尊为第六代嗣师。窪德忠认为，"赵宜真、刘渊然一系出入各派，兼传全真、正一及净明教法"②。对此，郭武作了细致的说明："赵宜真等人既传净明、清微之法，也承全真、正一之道，甚至还多采佛教密宗之说。或许正是由于这一系统博采众家的特点，其法裔邵以正才得被朝廷委以主编广涉诸派之《正统道藏》的重任；而邵氏之编成《正统道藏》，则又可谓是对各家道派的一次大融合。这种广泛的融合，曾令赵宜真、刘渊然这系传承一度失去了自身的显著特征，而这种特征则可谓是一个道派的'旗帜'，具体包括派名、派谱、祖师、经典、理论学说及行为方式等，实是一个教团得以凝聚和延续之至关重要的东西。赵、刘系统之所以在后世湮没无闻，应非传承断绝，而是与其缺乏凝聚信众的'旗帜'、以致法裔融入其他道派有关。"③ 刘渊然有弟子郭宗衡、邵以正、蒋日和等，再传弟子喻道纯、胡守法、芮道材、汤如愚等，除蒋日和、芮道材④之外，其他几位都曾在江苏弘道，也推动了明代江苏道教中正一、全真、净明、清微诸道派之融合。

郭宗衡，生活于正统年间，吴中福济观住持。据徐有贞撰《福济观新建祠宇记》曰："宗衡出自玉峰士族，而学道冶城西山，初师朝天提举陈渊默，继师长春真人刘渊然，得清微、灵宝、净明、神霄诸法之传。"⑤ 郭宗衡拜刘渊然为师后，又游居两京，侍祠行宫，久之来到苏州，领掌福济观。据《吴县志》记载，福济观在皋桥东，每年农历四月十四吕洞宾生日，苏州民众来此烧香祈福"轧神仙"，相习成俗，俗称神仙庙。宋淳熙（1174—1189 年）间，道士陆道坚建，旧名为岩天道院。陆道坚尝与王大猷设云水斋于此，感会吕仙翁授以神方。大猷子孙，至今传以济世。元至大

---

① 《明史》卷二百九十九《列传》第一百八十七《刘渊然传》。
② [日]窪德忠：《老子八十一化圖說についこ》，载《東洋文化研究所紀要》第四十六册（1968 年），第 30—32 页。
③ 郭武：《赵宜真、刘渊然与明清净明道》，《世界宗教研究》2011 年第 1 期。
④ 蒋日和虽出生于世家江宁，自幼投礼朝天宫提点谢无为，但后拜长春真人刘渊然为师，并跟随刘渊然去云南，住持昆明真庆观（参见《真庆观兴造记》，载陈垣编纂，陈智超、曾庆瑛校补《道家金石略》，文物出版社 1988 年版，第 1256—1257 页），与大理府道纪司都纪芮道材、邵以正和徐日暹一起在云南继续传刘渊然道法，形成了以宫观为基地的云南长春派。
⑤ 吴亚魁：《江南道教碑记》，上海辞书出版社 2007 年版，第 141 页。

(1308—1311年)间,道士叶竹居奏赐今额,元至正末兵毁。明正统(1436—1449年)年间,道士郭宗衡来到后,不忍福济观"蔽蔽若是",遂"鸠工庀材,以渐经营,中建玄天之殿,为祝釐所。旁作二翼宇,一祠纯阳及南五祖、北七真,一祠长春诸师"①。福济观不仅形成了以玄天殿为中心的建筑布局,而且还归并了分属于不同道派的二观(三茅观、朝真观)和七道院(清微道院、安稳道院、一清道院、元和道院、太初道院、太微道院、佑圣道院)。郭宗衡以"吾之观谓之福济"来会集各道派之道观,依全真道信仰进行整合重建,反映了明代江南道教各道派之间的融汇。其中佑圣道院属全真道的依据是根据《续吴郡志》中的记载:"福济观,始于元至大辛亥(1311年)年间,祖师叶竹居杓已盖造。在本朝洪武二十四年(1391年),为全真丛林也。"②郭宗衡继承其师长春真人刘渊然的全真道传统,又得清微、灵宝、净明、神霄诸法之传而综合汇通,促进了全真道长春派在江南的传播。

邵以正(约1368—1463年),号承康子,别号止止道人,先世家姑苏(江苏吴县),后随父母迁徙滇南后离家入道,初从高道王云松。王云松见之不凡,因逊避之。永乐末年,刘渊然于云南传道,邵以正遂往师之。刘渊然嘉其勤恳,悉以道秘相授。真人研几极微,一一领解。"刘渊然、邵以正,亦何尝不兼通正一之学,要其所宗主者全真也。"③洪熙元年(1425年),刘渊然奉召还京,领天下道教,又荐举邵以正赴京为道录司右至灵,历右演法、左正一,进"守玄冲静高士"。宣德初年,邵以正进大真人,领天下道教事。"凡朝廷有大修建、大禳祈,必命真人主之。"④英宗正统(1436—1449年)年间,诏令邵以正主持编修《道藏》的工作,于是邵以正"感激知遇,每斋洁尽诚,肃恭将事",率弟子喻道纯等搜集道经,整理编目,完成了工程浩大的《正统道藏》。英宗天顺二年(1458年)五月二十日撰《敕左正一邵以正》,称其"守真抱一,专气致柔,衍教皇都,游心养素,奥则传夫道秘,妙则契乎仙玄,宜加眷注之隆,庸举褒旌之典。兹特

---

① 陈垣编纂,陈智超、曾庆瑛校补:《道家金石略》,文物出版社1988年版,第1254页。
② (明)李诩:《续吴郡志》,台湾成文出版社1983年版,第131页。
③ (清)陈铭珪:《长春道教源流》卷七,《藏外道书》第31册,第129页。
④ 陈垣编纂,陈智超、曾庆瑛校补:《道家金石略》,文物出版社1988年版,第1266页。

封尔为悟玄养素凝神冲默阐微振法通妙真人，领道教事"①。天顺四年（1460年）邵以正因掌天下道教事，还资助茅山崇禧万寿宫重修三清殿。邵以正医道兼通，著有的道教医书《青囊杂纂》收录了八种医方书，并介绍了一些临床方剂的配伍、用法与疗效。

喻道纯，长沙清浏人，邵以正在京师领道教事时，他遂前往诣邵以正而受其法。周洪谟撰《普济喻真人志略》对其生平事迹作了详细介绍：喻道纯"闻通妙邵真人在京师领道教事，天下学道者皆云集，遂诣谒。邵见而奇之，授以清微诸阶符法，净明观斗，禳星炼度，玉清混元，五云金箓，火符之秘，无不晓畅"②。在系统掌握了道法的基础上，正统九年（1444年），邵以正奉诏督校大藏经典，喻道纯和茅山崇禧宫道士汤希文都参与校雠，由是所学者以博洽。明代宗"景泰壬申春，拜道录司右玄义。丙子，进左玄义。顷之，升右正一、天师。改元，朝廷赐邵（以正）法剑、银印，且问之曰：'朕所赐卿者，日后付之何人？'对曰：'臣固无似。臣徒虽多，而可托者，喻道纯耳。'"③邵以正特别推荐喻道纯。喻道纯虽以祈雨术的灵验而得到帝王的重视，但却向帝王宣传道教之本在于能清净人心：

> 成化丁亥（1467年）、壬辰（1472年），京师夏暵旱，上命祷之，皆雨。癸巳，赐法冠三、玉简一。凡大醮事，必命主行。尝召，问以大道。对曰："大道本于心，人能清净其心，则天地鬼神，无感不通，况于人乎？彼吐纳导引，烧炼金石，皆妄为耳。"上纳此言。④

成化十年（1474年）赐诰封喻道纯为"体玄守道安恬养素冲虚湛默演法翊化普济真人"，仍领道教事。"乙未春，赐银印并敕命，赠其父母，从子曰昱、曰经，皆以为中书舍人。"喻道纯成为帝王赐号的道官，"领道教事，既而命代郊祭，赐二品银印"⑤。据此记载，所赏赐的是二品银印。作

---

① （明）葛寅亮撰：《金陵玄观志》第一卷，南京出版社2011年版，第6页。
② （明）葛寅亮撰：《金陵玄观志》第一卷，南京出版社2011年版，第22页。
③ （明）葛寅亮撰：《金陵玄观志》第一卷，南京出版社2011年版，第23页。
④ （明）葛寅亮撰：《金陵玄观志》第一卷，南京出版社2011年版，第23页。
⑤ 江西雩都县志编纂委员会办公室校注：《雩都县志·同治版》，雩都县印刷厂1986年版，第534页。

为领道教事的道官，喻道纯上书皇帝，刘渊然当年居住的南京朝天宫西山道院及都城西昭应观，皆圮且芜，请求重构之事。成化十三年（1477年）九月十二日，明宪宗下诏《敕护西山道院》：普济真人喻道纯谨奏为乞恩焚修事，于是"令南京道录司右玄义徐永谦看守，俾朝夕焚修，上为国家祝釐，下为生民祈福。凡官员、军民诸色人等，毋得仍前侵占，以沮其教。敢有不遵朕命者，有司须论以法。"①另据《龙泉观通妙真人祠堂记》记载，喻道纯在成化十二年（1476年）还在昆明黑龙潭龙泉观三清殿侧为邵以正修建通妙真人祠堂②。癸卯（1483年），明宪宗"赐玉带、图书及御制《山水图》诗"。从保留至今的记载来看，与御制《山水图》相配的还有《赐普济真人有序》："普济真人喻道纯，志存虚静，道乐无为，契妙参玄，精勤笃厚，体愈健而神愈清，年弥高而德弥广，感通著绩，事朕有年，朕甚嘉焉。因绘《山水图》，题诗以赐，寓朕眷顾老成之意云。"③可见明宪宗对喻道纯的尊敬。喻道纯临终时，说偈而逝，享年七十。明宪宗"讣闻，赐赙甚厚，遣官谕祭者再，命工部营葬事"④。喻道纯受到朝廷安排葬礼的待遇。喻道纯虽然主要在京师（今北京）活动，但由于其领全国道教事，其影响也波及江苏道教。

胡守法（1415—1491年），字浩然，号充庵，一号纯和子，苏州府嘉定人。初学儒家之《易》，后因病入道，先从嘉定集仙宫提点孙应元之徒陆炼师学道，后从刘渊然弟子邵以正尽得其道术之妙，再经龙虎山张真人之举，住持京城东岳庙，寻从诏旨，偕天下高道校《道藏经》。在礼部尚书胡公（即胡濙）的举荐下，胡守法任神乐观提点。天顺元年（1457年）又调任道录司任左演法兼朝天宫住持，后迁左正一。成化十年（1474年）受封为"冲虚静默悟法从道凝诚衍范显教真人"，"弘治元年（1488年）宣授左正一，特命掌道录事"⑤。据《明史》记载："（张宇初）与（刘）渊然不协，相诋评，人轻之。"作为刘渊然三传弟子的胡守法，却由张天师推举成为京城东岳庙的主持，成为缓解张天师系和刘渊然系两派之间"不协"的一位

---

① （明）葛寅亮撰：《金陵玄观志》第一卷，南京出版社2011年版，第8页。
② 陈垣编纂，陈智超、曾庆瑛校补：《道家金石略》，文物出版社1988年版，第1266页。
③ （明）葛寅亮撰：《金陵玄观志》第一卷，南京出版社2011年版，第10页。
④ （明）葛寅亮撰：《金陵玄观志》第一卷，南京出版社2011年版，第23页。
⑤ （清）傅维鳞：《明书》第一百六十卷《胡守法传》。

关键人物。刘渊然自洪武二十六年（1393年）住朝天宫后，朝廷对之恩宠并加，赐号"高道"。永乐前期刘渊然尚主持斋醮，但在永乐中期突因"得罪权贵"先被谪贬龙虎山，后被谪贬云南，这是否与张宇初有关？史料未详记载，但从《重修龙虎山志》特为刘渊然等立传来看，刘、张两派之间的"不协"在邵以正羽化之前似已消失，这可能与胡守法从中的调停有关。胡守法善祈祷，求雨皆应，明宪宗常召入殿中询问天人相通之道，其所在北京东岳庙与江苏道教关系较为密切。

汤如愚（1411年—？），名与庆，生于永乐九年，先在茅山学道，"从季父前灵官道录正乙复古真人学道于崇禧万寿宫，既又受通妙邵真人清微秘法，又玉虚都提点管君授以五雷秘法，用是声益起，住持万寿宫以膺今命"①。汤如愚住持崇禧万寿宫后，"故宫久而弊甚，如愚志图兴复"，期望复加修饰，极力新之。通过努力，修整之后"宫之内，若威仪院、复古堂、三清、太乙诸殿。宫之外，其栱楔为蓬莱真境，其桥梁为楚王涧，为陶唐咸，次第构葺，赫然倍于旧观。而常宁街洞岭冈路崎岖者，修筑以便人行，其功实多"②，重振了当年的辉煌。汤如愚在茅山传道时，作为茅山之灵官，乃能恪敦宗风，力新所居，以裨后之人，并努力将清微秘法、五雷秘法融入传统的上清经箓中，通过"寓道于法"来宣扬法术的灵验性："他若祷雨而雨降，驱虎而虎殒，则如愚之贤，播在人口，而感灵昭贶，亦不可诬也。"③由此展现了明代茅山道教期望通过整合上清经箓、正一道法与清微秘法以推动道术创新的趋势。

从上可见，掌道录司事者，皆是明代有名道士，他们在朝廷的支持下，在传承的各道派统绪的基础上，促进斋醮仪式的规范化和表演化，深得官方的重视。需要说明的是，明成祖下诏迁都后，永乐四年（1406年）十一月庚申，征天下道士咸至京师，朝廷以遵祖制，为国家修建金箓大斋为由，将南京朝天宫、神乐观的模式也搬到北京。明宣宗宣德八年（1433年）为开展百官大朝行庆贺礼的做法，在京师皇城西北又建朝天宫。据《大明一统志》卷一记载："朝天宫，在府西，宣德间建。凡行庆贺礼，百官习仪于

---

① 陈垣编纂，陈智超、曾庆瑛校补：《道家金石略》，文物出版社1988年版，第1271页。
② 陈垣编纂，陈智超、曾庆瑛校补：《道家金石略》，文物出版社1988年版，第1271页。
③ 陈垣编纂，陈智超、曾庆瑛校补：《道家金石略》，文物出版社1988年版，第1271页。

此，道录司在焉。"① 它仿照南京朝天宫式样，在宫内建有三清殿、通明殿以及普济、景德、总制、宝藏、佑圣、靖应、崇真、文昌、玄应九殿，以奉诸神，在东西两厢建具服殿，以备皇帝临幸。② 宏大的建筑格局使之成当时北京最大的道教宫观。更为重要的是，北京朝天宫延续南京朝天宫的传统，既是明代道录司所在地，也是国家祭礼的重要坛场。道教祭祀仪礼成为明朝国家祭礼的主流一直保留下来。

南京朝天宫依然是培养道士的场所："卧云炼师郭宗衡，产昆邑，学道冶城，初师朝天提举陈渊默，继师长春真人刘渊然，游居两京，侍祠行宫，久之乃领是观"③，郭宗衡继刘渊然法脉成为综合清微、灵宝、净明、神霄诸法的传人。至明代末年，南京朝天宫中依然收藏一部《道藏》，据黄宗羲（1610—1695年）在《丹山图咏序》中回忆："忆岁辛巳，在金陵，从朝天宫翻《道藏》，自易学以外，干涉山川者，皆手抄之，矻矻穷日，此卷亦在其中。"崇祯十四年（1641年），黄宗羲在南京朝天宫翻阅《道藏》，在手抄的过程中，发现《丹山图咏》"以明山名胜制为道调，而托之木玄虚撰，贺知章注。其图为祠宇观所刻，与元道士毛永贞《石田山房诗》合为一卷，则此咏此注亦永贞之徒所为"④。此图将自己家乡浙江四明山作为道教圣地"丹山赤水第九洞天"，记有道教的玄圣游化、宫观仙窟和神话传说等，但因"原图不传，在《余姚县志》者复多谬误"，况且四明山只是道教福地之一，故黄宗羲写道："当余手抄《道藏》之时，方欲遍游天下名山，四明不过从此发迹"⑤。这一记载，既说明大儒黄宗羲"是明代少数读过《道藏》的学者，而且读得很仔细，他对易学象数的理解显然得力于此，对方志和地理学的掌握，也与此有密切之关系"⑥，也反映了明末朝天宫依然是江苏道教中藏有《道藏》的重要宫观。

---

① （明）李贤等：《大明一统志》，巴蜀书社2017年版，第29页。
② （明）刘侗、于奕正：《帝京景物略》，紫禁城出版社2013年版，第151页。
③ 陈垣编纂，陈智超、曾庆瑛校补：《道家金石略》，文物出版社1988年版，第1254页。
④ （明）黄宗羲：《黄宗羲全集》第二册，浙江古籍出版社2012年版，第367页。
⑤ （明）黄宗羲：《黄宗羲全集》第二册，浙江古籍出版社2012年版，第369页。
⑥ 龚鹏程：《黄宗羲与道教》，载《晚明思潮》，商务印书馆2005年版，第307页。

第六节　神乐观中的乐舞生

在明朝建立之前，朱元璋为吴王时就曾期望以儒家礼仪来重振社会秩序，早在龙凤十年（1364年）即命选道童作乐舞生，一日，"太祖御戟门，召学士朱升、范权引乐舞生入见，阅试之。太祖亲击石磬，命升辨五音。升不能审，以宫音为徵音。太祖哂其误，命乐生登歌一曲而罢"①。儒士中真正掌握祭祀礼仪者很少，"当时的学士尚且不懂五音，可见儒家典礼的丧失程度，只有保存文化传统较好的道教才能承担起恢复礼乐制度的大任"②。

明太祖定都南京后，为巩固中央集权制的君主独尊政治，推行了一系列促进社会发展的措施，更重视对各种宗教的控制和利用，由此引导宗教走上了政治化和世俗化的道路。明朝在利用道教的过程中也积极倡导和促使道教科仪规范化，为更好教化民众而倡导敬神礼乐："古先圣王，治定功成而作乐，以合天地之性，类万物之情。天神格而民志协。盖乐者，心声也。君心和，六合之内无不和矣。是以乐作于上，民化于下。秦、汉而降，斯理浸微，声音之道与政治不相通，而民之风俗日趋于靡曼。明兴，太祖锐志雅乐。是时，儒臣冷谦、陶凯、詹同、宋濂、乐韶凤辈皆知声律，相与究切厘定。"③ 于是，明太祖汇集擅长声律的臣下进行切磋，如何以雅乐来提升郊庙乐章之内涵。

明太祖好雅乐是为了国家的郊社之祭："太祖初克金陵，即立典乐官。其明年置雅乐，以供郊社之祭。吴元年，命自今朝贺，不用女乐。先是命选道童充乐舞生，至是始集。"④ 洪武初年置掌管祭祀礼乐之事的太常寺，其主要官员有"太常寺卿一人（正三品），少卿二人（正四品），寺丞二人（正六品）。其属，典簿厅，典簿二人（正七品），博士二人（正七品），协律郎二人（正八品）"⑤。太常寺"掌祭祀礼乐之事，总其官属，籍其政令，

---

① 《明史》卷六十一《志》第三十七《乐一》。
② 卢国龙、汪桂平：《道教科仪研究》，方志出版社2009年版，第127页。
③ 《明史》卷六十一《志》第三十七《乐一》。
④ 《明史》卷六十一《志》第三十七《乐一》。
⑤ 《明史》卷七十四《志》第五十《职官志三》。

以听于礼部",成为神乐观的领导机构。

　　正一道是中国道教中历史最悠久的教派，道士们创建了伴有赞诵、音乐等艺术形式的斋醮科仪。整个仪式隆重肃穆，其目的在于通过集体性的崇拜活动来表达对道教信仰对象的感情，希望得到神的佑护而禳灾祈福，兼利天下。但正一道科仪音乐在民间盛行，常因营利而滥施科仪，于是明太祖下旨设神乐观："洪武十二年，置神乐观，设提点、知观，专管乐舞生，以供祀事。属之太常寺云。凡乐舞生，洪武初，选用道童，后乐生用道童，舞生以军民俊秀子弟为之。"① 神乐观专祀国典，掌祭祀天地、神祇及宗庙、社稷时乐舞。这也是明太祖让正一道士们考之于礼乐制度，来编撰《大明玄教立成斋醮仪范》，使道教音乐日趋规范，而与之相应在南京建立神乐观来培养乐舞生的工作也应运而生。这为后来明成祖重新删定，增加祭颂真武大帝的乐章，编成《御制大明玄教乐章》颁布全国道教斋醮场所奠定了基础。

　　神乐观作为朝廷为开展国家祭礼仪式而专门培养乐舞生的机构，道教在神乐观中起着什么样的作用呢？有关道教与神乐观的关系，日本学者滋贺高义在20世纪六、七十年代就发表了《明初の神乐观と道教》②、《明代神乐观考》③，指出明初道教与神乐观有着复杂关系。但刘永华认为，滋贺对神乐观的研究中仍有几个关键问题尚需进行进一步的探讨。其一，滋贺考察了明初神乐观与道教的关系，但神乐观职员的道教背景，舞生与道教的关系，他没有进行考证。其二，对神乐观在王朝祭祀礼仪中扮演的角色，滋贺基本上没有触及，而这是在讨论神乐观时必须面对的问题。其三，由于滋贺的讨论侧重明初，他没有讨论到明清士大夫对神乐观的态度，也没有分析乾隆七年的神乐观改革。因此，其文《明清时期的神乐观与王朝礼仪——道教与王朝礼仪互动的一个侧面》④又对明清时期道教与王朝礼仪之间关系进行了讨论。以上的研究成果给我们研究明初南京神乐观与江苏道教的关系带来一些启发。

　　从神乐观职员的道教背景看，擅长音乐的道士对明初道教音乐进入官方

---

① 《明会典》卷二百二十六《僧录司》。
② 《大谷学报》第43卷，1966年第2号，第32—45页。
③ 《大谷学报》第57卷，1977年第2号，第15—25页。
④ 《世界宗教研究》2008年第3期。

的郊庙乐章起到了积极作用：

> 元末有冷谦者，知音，善鼓瑟，以黄冠隐吴山。召为协律郎，令协乐章声谱，俾乐生习之。取石灵壁以制磬，采桐梓湖州以制琴瑟。乃考正四庙雅乐，命谦较定音律及编钟、编磬等器，遂定乐舞之制。乐生仍用道童，舞生改用军民俊秀子弟。又置教坊司，掌宴会大乐。设大使、副使、和声郎，左右韶乐，左右司乐，皆以乐工为之。后改和声郎为奉銮。①

冷谦，字启敬，号龙阳子，武陵人，一云钱塘人，初为僧人，后为儒生，再修道教养生功法，自称黄冠道人。冷谦曾著有《修龄要旨》一卷，宣扬阐释道教长生术，相传有托名张三丰的道士为冷谦撰《蓬莱仙奕图》作跋。据说冷谦"遇异人淮阳，授以中黄大丹。元末，则百余岁矣。高帝时，诏授乐律郎，定郊庙乐章"②。冷谦善音律，著有琴谱《太古遗音》已佚，但《琴声十六法》却保留下来。明太祖召江南道士冷谦为协律郎，掌管祭祀活动和指导乐舞生练习，不少郊庙乐章，大都由他撰定，道教乐舞由此也被引入国家祭祀。

洪武十二年（1379年）二月，明太祖在南京郊祀坛西，修建神乐观，以掌祭祀天地、神祇及宗庙、社稷时的乐舞仪式等事宜，人员主要有提点、知观、乐舞生等，归太常寺领导。利用道教神灵信仰和斋醮科仪来为新政权服务，用歌舞乐章来提升斋醮科仪的水平。

> 神乐观：在都城外，天坛西，东城地。去洪武门一里许。国初，举郊庙之祀，合用大乐，乃就坛近地设观，选乐舞生，习教其中，名神乐观。后皇舆既北，郊庙行于京师，观所存，止祀先师孔子。岁大祭，奉常先日集宗伯官僚，至观试乐。朱干绛节，白羽黄冠，犹列两阶，而陈九奏焉。……额设提点一员、知观一员，领观事。③

---

① 《明史》卷六十一《志》第三十七《乐一》。
② （清）丁丙：《武林坊巷志》第3册，浙江人民出版社1987年版，第235页。
③ （明）葛寅亮撰：《金陵玄观志》第十三卷，南京出版社2011年版，第98页。

神乐观位于去洪武门一里许的正阳门外（今南京光华门），其基址方圆四里，东至天地坛，西至山川坛，南至官河，北至城河，为举行郊庙之祀而建有祭祀天地山川的"大祀坛""天地坛""山川坛"等。据说，神乐观就位于大祀坛与山川坛之间。举行郊庙之祀，需要用乐队来合奏大乐，于是"乃就坛近地设观，选乐舞生，习教其中，名神乐观"。神乐观提点等职皆由精通乐舞的道士主领，乐舞生主要从江南的道童中选调，进行培养，这一制度历经朝代更迭，延至清代依然保留下来。

神乐观殿堂森列齐肃且尊严壮丽，主要有"山门：三楹。两边角门：各四楹。高真大殿：五楹。两边画廊：各一十七楹。殿外两边祠堂：共七楹。会食堂：七楹。醴泉大门：三楹。铜云板房：三楹。仓房并内公廨厅：共一十三楹。东岳殿：三楹。两廊十王廊房：各六楹。后住房：五楹。提点公廨：三楹。住房：七楹。道院一百四十七房：食粮乐舞生二百七十名，候缺道童二百七十名。基址四里（亩）：东至天地坛，南至官河，西至山川坛，北至城河"①。可见神乐观规模宏大，功能齐全，既包括崇拜神灵的高真大殿、东岳庙，也有划分神俗二界的山门，还有仓库、住房、会食堂等供乐舞生生活的地方。这成为明代江苏道教在发展中出现的新内容。

明太祖特别指出成立神乐观的目的，"朕设神乐观，备乐以享上下神祇。所以拨钱粮若干，以供乐舞生，非效前代帝王求长生之法而施之"，而是"朕起寒微，而君宇内，法古之道，依时以奉上下神祇"，以便"上帝皇祇悦赐，天下安和，生民康泰"。②这表达了他期望通过隆重祭礼以获得上天佑护的愿望。

在朱元璋还是吴王时，他就深信"务为清净"的道士才能与上天交往，就开始选用年少俊秀的道童作为雅乐生，参与到王朝礼仪之中："吴元年（1367年）七月，命选道童年少俊秀者充雅乐生。洪武初，命选道童为乐舞生"③。十月，又对乐生、舞生的人选进行了具体分工："癸亥，定乐舞之制。乐生用道童如故，舞生以军民俊秀子弟为之，文武各六十四人。"乐生由道童充任，而舞生由世俗之人充任，据《太常续考》记载其中还有文舞

---

① （明）葛寅亮撰：《金陵玄观志》第十三卷，南京出版社2011年版，第98页。
② （明）葛寅亮撰：《金陵玄观志》第十三卷，南京出版社2011年版，第99页。
③ 《太常续考》卷七"神乐观"。

生和武舞生之分：

> 洪武初，命选道童为乐舞生，后以古制，文武生俱用公卿子弟，乃令乐生用道童，文舞生于教官学生内，武舞生于军职舍人内选用。十二年，诏神乐观道士许养徒弟，其余庵观不许。十三年，又诏公侯及诸武臣子弟习乐舞生之事。又令礼部拣选乐舞生，有过者、疾病者放归为民。后又有旨："凡民间聪俊儿男，多替我收养些，是我朝廷供祀急用的，与天下宫观道士不同，钦此。"遂额设乐舞生六百名。①

这里的"洪武初"可能为吴元年之误，因为选拔乐舞生的规定是在吴元年出台的。"额设乐舞生六百名"也反映了神乐观的规模。据《本观粮额》记载："吴元年，选用乐舞生，计六百名。至永乐十八年，随驾三百名去讫，存留三百名。"② 文舞生来自文官系统子弟，武舞生来自武官系统。③ 其实，明太祖区分乐生与舞生的做法，可能并没有维持多久。因为清代学者已指出，从永乐年间开始，乐生与舞生都由道士充任了："其太常乐舞，以宫观道士充之，则自永乐中始。"④ 因此，在明中叶以后的文献中就没有对乐生与舞生作特别的区分，而是统称为"乐舞生"，他们大多来自江南道教。

明太祖在洪武二年（1369年）请张天师来京城主持王朝祭祀，这种将道教斋醮仪式引入国家祭祀典礼做法的依据从表面上看是"上以道家者流务为清净，祭祀皆用以执事，宜有以居之，乃命建神乐观于郊祀坛西"⑤，但实际上，斋醮作为道教的一种集体性的祭祀神灵的崇拜仪式，需要一队道士以音乐歌颂配合完成。因此，明太祖才再命建神乐观，收养聪俊儿男，将

---

① 《太常续考》卷七，另外《明会典》卷二百二十六《南京道录司》神乐观八月："洪武初，命选道童为乐舞生、额设六百名。专备大祀、宗庙、社稷、山川、孔子及各山陵供祀之用"中也有相似的记载。

② （明）葛寅亮撰：《金陵玄观志》第十三卷，南京出版社2011年版，第106页。

③ 刘永华：《明清时期的神乐观与王朝礼仪——道教与王朝礼仪互动的一个侧面》，《世界宗教研究》2008年第3期。

④ （清）张安茂：《頖宫礼乐全书》卷十六，《四库全书存目丛书》史部第271册，齐鲁书社1996年版，第570页。

⑤ 《明太祖实录》卷一百二十二"洪武十二年二月戊申"条。

他们培养成乐舞生。明太祖还将扶持道教的行为延伸到文坛，还带头创作一些宣扬道教的诗文，如《题神乐观道士》曰：

　　仙翁调鹤欲扶穹，万里风头浩气雄。翎背稳乘空廊外，丹光横驾宇寰中。飞符到处雷神集，役剑长驱疠鬼穷。见说黄芽心地转，更于何趣觅仙宗。①

此诗展现了神乐观道士歌舞祭神，飞符集神，长剑驱鬼，趣觅仙宗的宗教仪式。通过引领文人创作道教诗文，来扩大道教斋醮科仪的社会影响，这为正一道在明代的继续传播奠定了基础。

从政治上看，明太祖所期望的国家祭祀更像是美国人类学家克利福德·格尔茨（Clifford Geertz）所描绘的"剧场国家"②。皇帝通过祭祀仪式中的各种符号与表演来体现天子是诸种美德的化身，具有与上天沟通的崇高的地位，从而在新王朝建立时来维护其统治的正统地位。神乐观在建设过程中之所以要借鉴道教的斋醮科仪，乃是因为道教创立后就注重以祭神为中心来开展弘道活动，随着南北朝道教神灵谱系的系统化，陆修静在改革传统道教时，倡导内持斋戒，外持威仪，收集和整理了道教斋醮科仪著作一百余卷。道教斋醮科仪经过唐代高道张万福、杜光庭的不断整理，日臻成熟和完善，到宋代时，卷帙众多的科仪道书和如律如仪的道场仪式，为明朝的国家祭祀典礼引入道教斋醮科仪提供了依据。

洪武十五年（1382年）礼部尚书刘仲质奏言指出："神乐观职掌乐舞，以备大祀天地神祇及宗庙社稷之祭"。③ 道教复杂而有序的斋醮仪式，大致为设坛、上供、祝香、升坛、念咒、发炉、降神、迎驾、礼忏、赞颂、复炉、送神等，需要许多道士一起配合进行。在作法过程中，道士先要向神报出自己的生辰和法位，然后才奏乐、散花、踏禹步、唱步虚词、绕香炉转、祈祷拜神等依次进行，为这种"大祀天地神祇及宗庙社稷之祭"提供了一

---

① （明）葛寅亮撰：《金陵玄观志》第十三卷，南京出版社2011年版，第101页。
② ［美］克利福德·格尔茨：《尼加拉：19世纪巴厘剧场国家》，赵丙祥译，上海人民出版社1999年版，第164—165页。
③ 《明太祖实录》卷一百四十五"洪武十五年五月甲子"条。

种具体的仪程。王直在《赠高协律序》中论及神乐观时，着重强调了这一机构是以老子思想为指导来选拔祭祀音乐方面人才的："国朝于祀事为最重，凡殷荐天地、祖考，皆有乐，而作乐者，必谨择其人，以学老子法者清静淳一为可用，于是慎选其徒，处之神乐观，俾专事焉。"① 因此，神乐观最为基本的职能是在王朝祭祀时提供乐舞与赞礼，而道教的"斋醮音乐"，或"道场音乐"恰好可以提供一种参考。

道教为了烘托渲染斋醮科仪活动中的道场气氛，还在汲取古代音乐的基础上，创制出独特的道教音乐与舞蹈。道教舞蹈是以伴随斋醮科仪中的道教音乐而形成的一种舞蹈艺术形式，因为表演者为道士，故也称为"道士舞"。道教舞蹈以肢体语言来效法自然，表达天地大道之玄妙，其重要的舞步"踏罡步斗"，又名"步纲蹑纪"，就是道士在道场上为礼拜星斗召请神灵而按照天上星象图式来行走的步伐，表现出理性、玄妙、端庄的艺术特点。道教舞蹈一般是配合道教音乐进行的。道教音乐简称"道乐"，是道教在进行斋醮仪式活动中使用的音乐。它以音乐的形式来宣扬道教信仰，传播道教教义，表达人们祈盼神仙赐福、降妖驱魔、消灾却祸的感情，并起到使整个斋醮科仪显得更加庄严肃穆神圣的作用。

从神乐观的祭祀仪式看，它借鉴了道教斋醮科仪的内容与形式。举行一个祀天地的仪式，需要有举麾协律郎一员，乐舞生七十二人，文舞生六十四人，引舞二人，武舞生六十四人，引舞二人，执事一百二十三人（其中典仪一人，传赞五人，通赞二人，其余人等一百一十五人），烧香共六十八人，点烛共十二人，以上共从事人员四百零八人。② 因为祀天地是国家祭礼，从总体上看，其仪式规模和所需人数要超过一般道教斋醮科仪。"其参与人员主要分为三类：一是乐舞生，负责奏乐；二是文、武舞生，负责表演礼仪舞蹈；三是所谓执事，负责烧香、点烛。其中最为重要的应是在祭祀仪式中赞礼的典仪、传赞、通赞等人。"③ 这些参与活动的乐舞生，本身就是神乐观的职员。另一些如协律郎等人，尽管是太常寺属官，但也是由神乐观

---

① （明）王直：《抑庵文后集》卷六，《景印文渊阁四库全书》第 1241 册，台湾商务印书馆 1986 年版，第 457 页。

② 《明会典》卷二百二十六《道录司》。

③ 刘永华：《明清时期的神乐观与王朝礼仪——道教与王朝礼仪互动的一个侧面》，《世界宗教研究》2008 年第 3 期。

乐舞生升补的。

郊祀历来是明王朝礼仪中最为重要的活动，也是最为隆重的典礼，一般由皇帝本人亲自担任主祭，每年正月上辛日在圜丘坛举行。从信仰角度看，国家祭祀需要反映该时代天地鬼神的观念，以及皇权在其中的特殊作用。明太祖认为祀神是为"生民祈福"，为自己"保命"，是关乎整个王朝安危福祸之大事，因此祀神必须敬慎。《敕谕神乐观》曰："是以知敬者必有动作，礼义威仪之则，以定命也。"① 因此，在祭祀正日之前，要有斋戒、传制、省牲等仪节。正祭日的仪节分为迎神、奠帛、进俎、初献、亚献、终献、赐福胙、撤馔、送神和望燎十个仪节。在这个仪式过程中，分工是相当清楚的：典仪、内赞在整个仪式中负责引导整个礼仪，主要由道士担任，他们在皇帝与神祇之间起着中介作用；乐生听从典仪的指挥，在各个仪节中奏乐；舞生则在典仪的引导下，在整个仪式中最为核心的是向神表达崇敬的"三献礼"（初献、亚献、终献）。整个郊祀礼仪其实就是在这些熟悉斋醮科仪的道士引导下大家相互配合完成的。

据《大明会典》记载，举凡圜丘、方泽、祈谷、朝日、夕月、星宿、太庙、社稷、先农、先师孔子等坛庙祭祀，均由神乐观乐舞生及乐舞生出身的太常寺协律郎、赞礼郎担任执事。协律郎是掌校正乐律的乐官名。赞礼郎是掌礼仪、庆典赞的官名。到明代时就固定在掌管礼乐祭祀的最高机构太常寺上班，因此神乐观的附观皆是太常所属祠庙。张广保指出，明代有四位礼部尚书即蒋守约、李希安、崔志瑞、徐可成出自神乐观，并认为乐舞生升迁的次序为"乐舞生、赞礼郎、协律郎、太常寺丞、太常寺少卿、太常寺卿、礼部尚书"②。可见乐舞生属于国家培养的特殊人才，在职场上有不断向上升迁的机会。

从《金陵玄观志》中保留的明太祖的敕建文——《敕谕神乐观》《神乐观提点敕》《神乐观知观敕》《御制题神乐观道士》等可见，神乐观作为与朝天宫并列的皇城两大道观之一，在朝天宫举行的王朝祭祀礼仪中扮演着重要角色。如《神乐观提点敕》："朕设神乐观，备五音，奉上下神祇。其敕

---

① （明）葛寅亮撰：《金陵玄观志》第十三卷，南京出版社2011年版，第99页。
② 张广保：《明代的国家宫观与国家祭奠》，《全真道研究》2011年第2期。

居观者，皆慕仙之士。其仙之教也，或云始广成子，流传至汉，曰道士。"①神乐观初建时，设提点及知观各一名，神乐观祭祀的乐舞生归精通乐舞的提点领导，提点由皇帝直接任命，他们有不同的粮额：

> 提点、知观各一员，每员每月支米一石五斗，每年芝麻一石、黄豆一石、小麦四石、盐一石、柴一千五百斤，布绢等项俱无。乐舞生三百名，每名每月支米三斗，每年支黄豆四斗五升、芝麻八升、小麦一石（折银四钱）、柴四百斤。②

提点从六品的品阶隶属于太常寺，负责教授乐舞生演习道教礼仪和音乐，也常兼任太常寺协律郎等职位。洪武十五年（1382年）五月神乐观升为正六品衙门。永乐年间增设一名知观，后于嘉靖三十七年（1558年）裁撤。

相传，明太祖有时也去神乐观视察，据《七修类稿》记载，太祖一日微行，至神乐观，有道士于灯下结网巾。明太祖问曰："此何物也？"对曰："网巾，用以裹头，则万发俱齐。"网巾本是一种以棕丝编制成的可用来束发的网罩。"明日，太祖有旨召道士，命为道官。取巾十三顶，颁于天下，使人无贵贱皆裹之也。"③ 从此，南京的官宦士绅平民也以此巾束发，以"尽收鬓（中）华"的谐音来表达一统天下的寓意，南京地名中至今保留着当年制作买卖发网市场的名称——"网巾市"。

神乐观属于正一道士所领的道教宫观，如明太祖《神乐观提点敕》："特命职格神郎五音都提点正一仙官，领神乐观事"④。神乐观的祭祀道官主要由来自龙虎山、武当山、茅山以及苏州的正一道士担任，主要有周玄真、郭守源、傅同虚、胡守法、陈德星等。"神乐观、道录司及太常寺的道士与江南正一道多有关联，他们所组成的'高道圈'成为正一道影响明代政教两界的重要力量，并与皇室互动密切。"⑤

---

① （明）葛寅亮撰：《金陵玄观志》第十三卷，南京出版社2011年版，第100页。
② （明）葛寅亮撰：《金陵玄观志》第十三卷，南京出版社2011年版，第106页。
③ （明）郎瑛撰：《七修类稿》上，中华书局1959年版，第210页。
④ （明）葛寅亮撰：《金陵玄观志》第十三卷，南京出版社2011年版，第100页。
⑤ 李政阳：《明季神乐观高道圈考略》，《学术探索》2015年第6期。

来自苏州玄妙观的周玄真既是正一道士，也兼上清、灵宝、神霄等多派法术于一身，促进了诸道派的融合。周玄真精熟于符箓招鹤、除妖杀狐、招魂荐亡、祈晴祷雨等道教法术，苏州玄妙观三清殿中供奉着十二天君像，"对这些天君的祭祀，就体现出了与雷法具有很深关系的玄妙观的特色"①，估计也与周玄真的努力有关。当时诸多名人如刘基、姚广孝、宋濂、郑元祐、倪瓒等都为周玄真作传或赞美其道德法术。如宋濂《周尊师传略》讲述了洪武元年，京师大旱，周玄真于南京设坛祈雨时令人惊心动魄的过程：

> 洪武戊申（1368年），京师旱。夏五月至于秋七月，不雨。太师李韩公方秉钧轴，承命左司郎中刘允中迎玄初致雨。是月庚寅，设雷坛于冶城山，研朱书铁符，投扬子江中，波涛遽兴。玄初夜坐斗下，存神窈冥，霓光烨烨，绕身达旦。辛卯，玄初握剑上坛，召风师霆伯誓之。俄，阴云蔽空，大风拔木，雨降如翻盆。韩公曰："此法师雨也。"玄初曰："未也，明日辰时，再降雨，乃足尔。"至期，复果然有黑龙蜿蜒见西方。迨午，始霁。韩公以币赠，玄初弗受，竟拂袖东归。朝绅嘉之，以文辞道其功者，不可悉数。②

周玄真曾领神乐观事。据《周玄初传》记载："己未设神乐观，敕褒授格神郎、五音都提点、正一仙官，领观事，居无何。公以母耄老谒告归省，留丹霞里之报恩道院。母既天年终，公复领观事。"周玄真是孝子，为了照顾母亲，他辞去诸多官职，直至母亲去世后才重新出来，再领神乐观事。周玄真的精湛道术也深受明太祖的赏识。明太祖钦命周玄真领新成立的神乐观事，并指名令其参与《大明玄教立成斋醮仪范》的编写。

建文四年（1402年），朱棣率领燕军与建文帝的南军在南京城外激战时，就令还在苏州侍奉母亲的周玄真祭祀北极真武大帝以保佑自己夺得皇位。明成祖登基后，更是对周玄真恩宠有加，使之任神乐观提点，"永乐改

---

① ［日］二阶堂善弘：《元帅神研究》，齐鲁书社2014年版，第270页。
② （明）葛寅亮撰：《金陵玄观志》第一卷，南京出版社2011年版，第19页。

元以来，法驾祀圜丘先期赴斋宫，公拜迎道傍或非时召见"①。周玄真根据明成祖的要求，为追念明太祖与马皇后举行金箓大斋。据《奉敕撰瑞应醴泉碑》记载，

> 永乐四年（1406年）冬十一月庚申，命道录司合天下道士，建坛于朝天宫、神乐观、洞神宫，蒇事七日夜。皇帝居斋宫，端被一心，敬戒有严。有司百寮，骏奔执事，罔敢戒怠。孝诚昭著，感达天心。明日辛酉，青鸾白鹤，群飞万舞，翱翔裴徊。又明日壬戌，驾幸朝天宫，率百僚行祭祝礼。皇帝服衮冕，秉大珪，对越圣灵，跽俯拜伏，进退旋辟，事亡如存。俨乎见闻，有五色宝盖，旖旎腾空，逾正阳门，冉冉至于宫城，光彩煜烨，辉燿金阙。又明日癸亥，有神人见神乐观，呼声者三。②

在仪式过程中，因参与者至诚敬笃而出现了神人示现、甘露降钟山、日醴泉出等瑞象，这些被视为国运昌盛的吉祥征兆。明成祖听闻后，亲临神乐观，降旨褒奖周玄真，还下令建醴泉亭，建新观宇。周玄真离垢脱俗、蕴道通玄，能行使法术济世利民，可谓明初一代高道。周玄真在神乐观中举行的道教斋醮仪式为明成祖巩固皇权、收拢人心发挥了重要作用。

在周玄真之后，一些苏州道士也奉命去神乐观。张道贤（？—1425年），幼年在苏州玄妙观出家学道，洪武二十八年（1395年）被选拔为神乐观乐舞生，专门从事祭祀天地日月山川祖先神鬼的科仪活动。后来，张道贤又奉命去名山大川采药。永乐十五年（1417年）被钦赐为武当山玄天玉虚宫提点。洪熙元年（1425年）十二月三十日去世，葬于玉虚宫西道院西南隅。

傅同虚（1321—1398年？），字虚堂，号若霖，龙虎山崇元院道士，师从吴性安学洞玄法，擅长祈祷符咒科仪，以道法灵验著称。洪武六年（1373年），傅同虚入京居朝天宫，尝应制赋诗、讲道德经而受到恩宠。洪

---

① （明）宋濂撰：《周尊师小传》，罗月霞主编：《宋濂全集》第1册，浙江古籍出版社1999年版，第614页。

② （明）葛寅亮撰：《金陵玄观志》第十三卷，南京出版社2011年版，第102页。

武七年（1374年）傅同虚奉明太祖之命，与宋宗真、赵允中、邓仲修、周玄真编《大明玄教立成斋醮仪范》，后于洪武十五年（1382年）请老还龙虎山。到洪武十八年（1385年）时，有旨于龙虎、三茅、阁皂三山选道士充神乐观提点，众推之，傅同虚遂应召赴京，"授格神郎五音都提点，左正一仙官，主领神乐观事，掌天地坛"[①]。据说，傅同虚居神乐观十多年，与政教两界关系互动密切，张正常天师撰《汉天师世家》，就是命"上清道士傅同虚"征宋濂为之作序的，以神乐观为活动中心形成了一个高道圈。傅同虚于洪武二十六年（1393年）才重归龙虎山。

陈德星（？—1428年）是茅山元符宫道士，后任茅山华阳洞灵官，再升任为南京神乐观的知观。据陈德星自叙："上之洪武二十有六年春，臣恭由华阳洞灵官知神乐观凡八载，蒙恩授今太常丞职，任黄冠如故。"由此推算，陈德星于洪武二十六年升任为南京神乐观的知观，后又升任太常寺丞。他受到明太祖的接见："皇上以万机之隙，时召至奉天门或便殿，赐座、赐宴者不一。"[②] 笪蟾光所修《茅山全志》卷三中收有三封辽王朱植与陈德星书，希望陈真人帮助借阅道书：其一写于永乐八年（1410年）四月十六日，"辽王致书三茅宗坛领教陈真人，法几曩者，朝天宫曾见未及聆诲，常慕高风，今特差孙行中等到山求请大洞经一部，以为恭奉。闻知真人处所多有丹书，借来一览，幸勿吝惜。如别观有者，亦为访求"。其二写于永乐九年（1411年）正月二十五日，"辽王致书华阳领教宗师德星陈先生，法几久迹，仙范当慕真风，近孙行中来，得所请大洞等经，甚副予崇奉之意，犹玉佩金珰经口诀并符末全副授，岂以真文秘奥不欲易其传乎？兹夏专人赴山，虔请并求丹经等，希一付来，幸勿靳惜"。其三写于永乐九年八月二十五日，"夏初，孙行中还自山，得所付大洞经旧帙及诸局经卷医书之类，勤恪备知，得借三茅君圣像一观，甚副予瞻敬之意"[③]。这些书信较为真实地展示了"好道"的辽王通过陈德星的帮助，经过一年的努力，得到了所要道书，也证实了陈德星身为三茅宗坛领教、华阳领教宗师，以及神乐观知观、道录司右

[①] 龙虎山风景旅游区管理委员会、鹰潭市炎黄文化研究会合编：《龙虎山志》，江西出版集团2007年版，第413页。

[②] 《茅山续志》，载马蓉、陈抗、钟文、乐贵明、张忱石点校《永乐大典方志辑佚》第一册，中华书局2004年版，第553页。

[③] 《藏外道书》第19册，第745页。

正一及太常寺丞等道官身份。

神乐观道官大都属于擅长或拥有各种道法传承的正一道士，这与正一道擅长斋醮科仪，以及正一道士在朝廷中拥有一定影响力有关。正一道士不仅来自江西龙虎山，据记载，广东罗浮山明福观道士徐子明，于洪武二十二年（1389年）入职神乐观供祀达三十余年，永乐十年（1412年）才退任归故里。[1] 永乐年间，出自茅山下泊宫的道士王文礼任南京神乐观天坛奉祀。只要是有才有艺的道士都可以进入神乐观。

神乐观还帮助王府训练乐舞生。洪武十七年（1384年），"命各王府乐舞生，俱于所在儒学生员内选用，仍命神乐观选乐舞生五人，往教习之"[2]。宣德四年（1429年），礼部为郑王、襄王、荆王、淮王、梁王之国奏请"诸国教祭祀乐舞者，例于北京神乐观，选乐舞生五人，所用乐舞生选本处道士、道童，不足则选军余充之"[3]。由于道士在太常寺、神乐观占主导地位，尤其是明太祖在洪武元年命道士冷谦为协律郎，"令协乐章乐谱，俾乐生习之"，然后才下令让道士编纂《大明玄教立成斋醮仪范》，使道教斋醮科仪对明王朝的祭祀音乐和神明崇拜也产生了直接的影响。"全以道士拟定祭祀时音律乐器，以道童担任乐舞生，此制度尚推广到诸道教名山如朝天宫、茅山、武当山、龙虎山、北京东岳庙等道观，明中叶以前道教的科仪音乐可称得上兴旺。"[4] 因开展斋醮科仪活动，明初江苏的道观建设进入高潮期。

神乐观作为金陵的大观之一，其周围有十多个供奉各种道教神灵的"附观"："凡太常所属祠庙，皆附观，曰龙江天妃宫、北极真武庙、都城隍庙、祠山广惠庙、五显灵顺庙、驯象街五显庙、玄真观、黄鹿观、天王庙、玄帝祠。"其中，位于正阳门处的玄真观建于南朝，"有玄真观者，陈宣帝为臧矜先生之所作也。殿堂岑寂，水木清华，游焉息焉。今不详其所。宋末，以旧额建于今址，曰元真观"[5]。明南吏部尚书、东吴钱溥撰《玄真观兴造记》记载，明永乐年间，玄真观受到明成祖的赐封：

---

[1]《古今图书集成·博物汇编·神异典》卷二百八十七《列传五》。
[2]《明太祖实录》卷一百六十五"洪武十七年丁巳"条。
[3]《明宣宗实录》卷五十四"宣德四年五月己未"条。
[4] 蒲亨强：《神圣礼乐——正统道教科仪音乐研究》，巴蜀书社2000年版，第86页。
[5]（明）葛寅亮撰：《金陵玄观志》第十三卷，南京出版社2011年版，第124页。

第十二章　明代江苏道教：从中心到边缘　657

　　玄真观在南京正阳门外，附城西南隅，南通中和桥市。其下水接上坊关，以入秦淮。东对神乐观，西峙凤凰台。泉甘土沃，风气攸聚，而景独胜焉。永乐初，有女真焦奉真结庵守道，皈依者众。太宗文皇帝方重玄元之教，乃于十八年封妙惠仙姑，立玄真堂，崇奉玄天上帝。正统八年，敕赐观额，并道经一藏，护敕本观，而玄风益振。凡四方万里，梯航而过南都者，多驻行李，致礼于观下。至十三年，姑既仙化，堂殿滋毁，迹遂泯没。越二十年，为成化二年，月鹤道人谢元一有志兴复。岁遇水旱，结坛祈祷，累有奇验。仅构中殿一座，余则力未克完。十七年，守备安公凤契道心，捐资兴建三清等殿，严设圣像，观西又建清乐亭。凡观所宜有房舍、垣墉、器用，靡不周备，巍乎焕然，成一栖真集道之所矣。①

玄真观位于南京正阳门外，临水而建，永乐初，有女真焦奉真结庵守道，吸引了众多民众前来皈依。焦姑升仙后，明成祖于永乐十八年（1420年）封之为"妙惠仙姑"，还设立玄真堂，崇奉玄天上帝。正统八年（1443年），《正统道藏》修编完成后，皇帝还专门敕赐观额，并赐道经一部用来护敕玄真观，从而使玄真观的玄风益振，凡是南来北往的船只经过此观时，大多会于观下停住致礼。

这位焦姑出身神奇，相传其母王媪曾"梦一童自空下，言奉大士命来作真侣而姑生。五岁能诵《清净经》。稍长，键户修静业，至夜分，有娓娓与语者，诘之，曰：'大士也。'母窃听之，不甚辨，然大意主真修，信为大士无疑。有请婚者，姑力辞，强之，则绝粒欲死，曰：'儿来度母耳，岂作人家妇耶！'"②其母亲也受焦姑学道的影响，跟从还阳子修炼太阴炼形法，但焦姑先母而升仙。笔记小说《玉光剑气集》中就有焦姑度化其母修道的故事。

若从江苏道教视域看，焦姑不仅是一位修道者，更是受到帝王尊奉的真仙："焦姑，名奉真，家住中和桥南，父以豆腐为业。姑有仙术，能祈阴

---

①　（明）葛寅亮撰：《金陵玄观志》第十三卷，南京出版社2011年版，第125页。
②　白华文总主编，王娟本分典主编：《中华大典·民俗典·口头民俗》一，同心出版社2011年版，第642页。

晴。永乐时召入宫中。数年，建玄真观于中和桥北，以居之。有弟在神乐观为道士。一日召道士曰：'吾不食数日，死期已近。'道士曰：'吾当修醮，与姐禳解。'醮毕，道士来复，姑谓：'醮无用，奏玉帝表文上有汗数点，玉帝未曾见也。'道士惊异，果是有汗，仓忙未及换过。又戒道士曰：'吾死后不用龛与棺，只将芦席卷之，送江浦县定山上，吾愿足矣。'道士如其言，送于定山。忽有雷雨骤作，遂失其尸所在。封妙惠仙姑。"① 这段记载中未提其母，而提其父与弟，焦姑是与其在神乐观为道士的弟弟一起修道，并在永乐年召入宫中，因道术高超，屡有灵验，才受到帝王重视，特赐建玄真观，封妙惠仙姑的。

玄真观是金陵的第二大道观——神乐观的附观之一，但其殿堂排列有序："山门：三楹。碑亭：一座。门楼：一座。真武殿：三楹。玉皇殿：三楹。三清殿：三楹。三官殿：三楹。三茅殿：三楹。真君殿：三楹。三教祠：口楹。东岳殿：三楹。梓潼殿：三楹。清乐厅：三楹。左、右厢房：各三楹。道院：一房。"② 所供奉的神灵众多且具有地方特色。直到明穆宗隆庆朝以后，统治者开始疏远道教，遣神乐观道士代行致祭天下神祇的做法才算告一段落。

从洪武十二年（1379年）创建南京神乐观，到明成祖北上时将南京神乐观既有的乐舞生和礼乐祭祀制度带到北方："吴元年，选用乐舞生，计六百名。至永乐十八年，随驾三百名去讫，存留三百名。"③ 从永乐朝一直到清朝乾隆年间，朝廷对神乐观不断进行改组：

> 永乐十八年都燕，存留三百名于南京，三百名随驾，续添至五百二十七名。嘉靖五年，世庙添二百一十五名。十年建太岁、神祇坛，添二百二十九名。十五年，建九庙，添一千二百二十九名。共二千二百名。二十五年，礼部为去冗食，查革四百四十一名。二十九年，言官题革四百零六名。三十年，言官条陈革二百名，止存一千一百五十三名。隆庆

---

① （明）周晖撰：《金陵琐事·续金陵琐事·二续金陵琐事》，南京出版社2007年版，第138页。
② （明）葛寅亮撰：《金陵玄观志》第十三卷，南京出版社2011年版，第124页。
③ （明）葛寅亮撰：《金陵玄观志》第十三卷，南京出版社2011年版，第106页。

三年，裁减协律郎等官，见裁官二十八员，革为冠带乐舞生。又于一千一百五十三名内应补赞礼郎司乐者二十名，八十一名供事，既以七十七人为额，先补正额，亦许增冠带乐舞生补之。是后，冠带乐舞生以四十八名为额。①

虽然这些都是在远离南京在北京神乐观发生的事情，从表面上看与江苏道教的关系不大，但当清代统治者不再像明朝那样信仰及利用道教时，道士在王朝祭祀中的地位也就不可避免地从中心直接走到边缘。

由一位出身平民的开国皇帝朱元璋创立的由神乐观道士主持王朝祭祀礼仪的新制度，后来又作为"祖制"而被一代代明帝王传承下去，为江苏道教在明代初年获得了一个发展的新机缘。虽然神乐观制度延续到清朝，但南京神乐观的活动及影响主要在明成祖迁都之前。当时神乐观的主要职员是来自江苏各地的正一派道士，"本观道众，选为乐舞生，俱系髫年出家，投师训业，经久其间，有除授官职，或仍本等者。"② 神乐观培养乐舞生，以参与朝天宫上演王朝祭祀活动，金陵两大道观的高道与帝王大臣保持着密切的互动关系，他们虽然掌管着国家礼乐的最高机构太常寺，但并没有促进了明初朝政向道教化方向推进。其原因就在于"神乐观道士不是作为道教神职人员表演道教的科仪，而是作为赞相礼仪的礼生，或是演奏音乐和表演礼仪舞蹈的乐舞生，参加到王朝祭祀礼仪当中，表演属于儒教的祭祀礼仪，并在整个仪式过程中占据了主导的地位"③。道教乐舞是形式，儒家祭祀是内容，也促进明代江苏道教去创作更多的道教乐舞来参与明朝祭祀礼仪活动。明王朝迁都北京，一大部分乐舞生也随之而北上，南京神乐观的职能并没有太大的改变，但当道士引导王朝祭祀礼仪活动不断减少，南京神乐观也逐渐萧条了。

---

① 《太常续考》卷七"神乐观"，《景印文渊阁四库全书》第599册，台湾商务印书馆1986年版，第253页。

② （明）葛寅亮撰：《金陵玄观志》第十三卷，南京出版社2011年版，第107页。

③ 刘永华：《明清时期的神乐观与王朝礼仪——道教与王朝礼仪互动的一个侧面》，《世界宗教研究》2008年第3期。

第七节　以陆西星为代表的东派

明清时，内丹学依然在持续发展，在江苏就出现了以陆西星为代表的东派。陆西星虽然宣扬全真道的"性命双修"的内丹学，但他却不出家受戒，更不受全真道教规约束，生前没有培养弟子，更没有创立宗派，他首倡"阴阳双修"的内丹学说有超出宋元全真道南北二宗的独特意趣，且主要流行于江浙一带，因此后人称为内丹"东派"。到目前为止，学术界对陆西星是否是《封神演义》的作者问题讨论比较多，其中胡适、孙楷第、张政烺、柳存仁等都持陆西星说。柳存仁曾作《陆西星传》《陆西星之参同契测疏》《陆西星、吴承恩事迹补考》来证明《封神演义》的作者为明代道士陆西星，编撰时间约在明嘉靖中。[①] 虽然其中牵涉到道教内丹学，但更是一种对文学作品的考察。随着近年来对明清道教研究的深入，陆西星的著作也陆续被整理出版。笔者力图将陆西星所倡导的内丹学置于江南全真道发展中加以考察，并展现其对道教仙学的推进及对江苏道教文化的影响。

明万历时，扬州兴化陆西星（1520—1606年），号潜虚，博学能文，其早岁业儒，后转而慕道，自称数遇仙人，以吕祖降迹授以丹诀的神异故事来宣扬内炼成仙，后又"谢去亲知，长啸入栖霞山"，隐居栖霞山，撰有等十余种丹书，编为《方壶外史》刊行。陆西星晚年参佛，又撰有《楞严经述旨》《楞伽句义通说》。有关陆西星的生平事迹，清咸丰年间（1851—1861年）梁园隶等纂修《重修兴化县志》的记载较为详尽，从中可见他在江苏接续全真道内丹学传统又多有所发挥的弘道事迹：

> 陆西星，字长庚，生而颖异，有逸才。束发受书，辄悟性与天道之旨。为名诸生，九试不遇，遂弃儒服，冠黄冠，为方外游。数遇异人，授真诀，乃纂述仙释书数十种，其《南华副墨》为近代注《庄》者所不及，西星于书无所不窥，娴文辞，兼工书画，同时宗臣最以才名，而

[①] 柳存仁：《陆西星、吴承恩事迹补考》，《和风堂文集》下册，上海古籍出版社1991年版，第1392—1415页。

著作之富独推西星云。①

陆西星出身于扬州兴化的大族，其父精于易学，以布衣卒终，家境较为清贫，其好友宗臣在作《陆长庚母夫人叙》时说："当是时，余贫，长庚更大贫。至不能张烛启涂，往往错足沟犊，不恨也"②。陆西星侍母尽孝，故从小发奋读书，希望改变家庭生活境遇，这也是后来陆西星积极参加科考的动因，由此也营造了家族中的学习氛围，其弟陆原博"亦才士，宗臣拟之'二陆'，其《楚阳诗选》与西星《南华副墨》并载焦竑《经籍志》中"③。其从子陆律是嘉靖四十三年（1564年）贡生："陆律，字子和，少从宗周受《大戴礼》，颖秀奇拔，日记数千言，饩于庠试辄冠其曹，与从父西星齐名，以嘉靖四十三年贡，为龙游训导，嗜学稽古无虚日，生产不一问也，著《从吾集》，纵横有才士风。"④ 可称书香门第。然而，陆西星九试不遇，乃弃儒为道，入山隐居。

据陆西星撰《金丹就正篇自序》言，嘉靖二十六年（1547年），他在28岁时数次遇异人得受仙道秘诀，即吕洞宾降临其所居住的北海草堂，住二十二日，亲授丹诀，引导他走上道教内丹修炼之路，其实这从一个侧面反映了吕祖信仰在当时江苏民间社会的传播：

> 嘉靖丁未，偶以因缘遭际，得遇法祖吕公于北海之草堂，弥留款洽，赐以玄醴，慰以甘言。⑤

陆西星认为自己深得吕洞宾真传，从此努力钻研道教丹书。嘉靖四十三年（1564年），陆西星《金丹就正篇》成书："复感恩师示梦，去彼挂此，遂大感悟。追忆曩所授语，十得八九。参以契论经歌，反复绅绎，寤寐之

---

① 《重修兴化县志》，台湾成文出版社1970年版，第941—942页。
② 《陆长庚母夫人叙》，蒋凡主编：《古代十大散文流派》第三卷，湖南文艺出版社1997年版，第2443页。
③ 《重修兴化县志》，台湾成文出版社1970年版，第942页。
④ 《重修兴化县志》，台湾成文出版社1970年版，第940页。
⑤ （明）陆西星：《方壶外史·道教东派陆西星内丹修炼典籍》下册，盛克琦编校，宗教文化出版社2010年版，第373页。

间，性灵豁畅，恍若有得，乃作是篇。"① 在经过身体力行地修炼之后，开始著书阐发自己体悟的内丹之旨，所撰《金丹就正篇》是道教内丹学史上最早系统专论阴阳双修问题的著作，开内丹东派。

为了更好地研究内丹学，陆西星又追溯到道书的源头去研读《老子》："若夫溯大道之宗，穷性命之隐，完混沌之朴，复真常之道，则孰先《老子》？"并参考全真道丹经来加以诠释，"参以丹经，质之师授，恍然似有所得其要领者"，由此提出："《老子》者，圣人道德之微言，而性命之极致也"②。陆西星又开始修炼地元外丹，为此后来他还曾研习风律、堪舆地理。嘉靖四十五年（1566年）陆西星历时三个月所撰《老子道德经玄览》以老子所倡导的阴阳之道来解读丹法，展现了他内外兼修的一贯主张。

从《明史》卷九十八《艺文志三》保留的陆西星著作看，他将儒佛道三教思想相融合，因倾向于内丹修炼而提出"性命双修，此本成仙作佛为圣之大旨"的观点，在撰写的多部内丹学著作中，建构了自己的内丹学体系，其所著《方壶外史》八卷，其中包括十五种著述：《无上玉皇心印妙经测疏》《黄帝阴符经测疏》《崔公入药镜测疏》《纯阳吕公百字碑测疏》《紫阳真人金丹四百字测疏》《龙眉子金丹印证诗测疏》《丘长春真人青天歌测疏》《老子道德经玄览》《周易参同契测疏》《周易参同契口义》《悟真篇小序》《玄肤论》《金丹就正篇》《金丹大旨图》《七破论》，反映了陆西星研习道书而形成自己的内丹学意趣的大致历程。

在《方壶外史》中，陆西星继续托名吕祖真传，借"测疏"来解释道教丹经。陆西星认为"《阴符经》，固古之丹经也"。隆庆元年（1567年），撰成《黄帝阴符经测疏》及《玄肤论》二书，系统阐述内丹理论和方法之作，"陆生既闻性命之学于圣师，豁然有契于其衷，乃述所传，为论二十篇，总七千余言，名曰《玄肤》"③。隆庆三年（1569年），陆西星撰《周易参同契测疏》，托名吕祖真传，借"测疏"来阐述其人元阴阳丹法。隆庆四

---

① （明）陆西星：《方壶外史·道教东派陆西星内丹修炼典籍》下册，盛克琦编校，宗教文化出版社2010年版，第374页。

② （明）陆西星：《老子玄览》，《方壶外史·道教东派陆西星内丹修炼典籍》下册，盛克琦编校，宗教文化出版社2010年版，第682页。

③ （明）陆西星：《玄肤论序》，《方壶外史·道教东派陆西星内丹修炼典籍》下册，盛克琦编校，宗教文化出版社2010年版，第352页。

年（1570年）陆西星在《金丹大旨图》中，描绘出"先天无极之图""太极未分之图""太极分阴阳之图""阴阳互藏之图"等八幅内丹图。同年撰《七破论》七篇，述旁门愚见，抨击其他修炼术，推动了全真道内丹学在江南的传播。

陆西星于万历四年（1576年）到万历六年（1578年）著《南华真经副墨》，以《庄子》来论述《老子》，其中又汲取了佛教的"不二法门"，期望以无分别心之平等而无差异之至道将佛、道加以融贯起来。此书之所以成为陆西星从内丹学转向佛学的一个标志，与晚明大乘佛教经典《楞严经》极度盛行的社会文化思潮有关。陆西星在最后20年中将精力主要集中到研习佛学上，这为两次注疏《楞严经》提供了机缘，并撰有《楞严述旨》《楞伽句义通说》《道缘汇录》《终南山人集》《宾翁草堂自记》《觳音漫录》以及《三藏真诠》等著作。如果说，《方壶外史》是可以公开的道书，是为"外"，那么，他晚年所著的著作，则是促进道教与禅学的相融，是"藏之其家"的秘本，是为"内"。这反映了陆西星晚年借佛禅论内丹之归向。

陆西星的《玄肤论》是针对当时社会中所流行的各种乱象——"垄断之夫，纵谈黄白，人元则以闺丹首乱，服食则以金石戕生，学术不明，流祸无极"，在深研《周易参同契》后认为其是用隐晦之语讲述丹法之秘，故著《玄肤论》系统地论述了内丹学的基本理论，诸如三元丹法之相互关系，内外丹之划分，先后天之区别，修性了命的关系等重要的理论问题。虽然他谦虚地说："玄肤者，言玄理肤浅，非精诣也"，但却通过二十篇，每篇一论，系统地论述了丹法原理和功夫次第，其对内丹学的创造性发挥主要表现在：

第一，首次提出以天元、地元、人元为内涵的"三元丹法"，并对此进行了详细论述。

> 丹有三元，皆可了命。三元者，天元、地元、人元之谓也。天元谓之神丹。神丹者，上水下火，炼于神室之中，无质生质，九转数足，而成白雪，三年加炼，化为神符，得而饵之，飘然轻举，乃药化功灵圣神之奇事也。其道则轩辕之《龙虎》、旌阳之《石函》，言之备矣。地元谓之灵丹。灵丹者，点化金石而成至宝，其丹乃银、铅、砂、汞有形之物，但可济世而不可以轻身，九转数足，用其药之至灵妙者铸为神室，而以上接乎天元，乃修道之舟航、学人之资斧也。……人元者，谓之大

丹。大丹者，创鼎于外，炼药于内，取坎填离，盗机逆用之谓也。古者高仙上圣，莫不由之。①

"三元丹法"提出将古来复杂的炼丹术系统化地分类，天元丹法谓神丹，指清修的功夫；地元丹法谓之灵丹，指外丹烧炼；人元丹法谓大丹，指取坎填离的阴阳双修。其他的各种修炼方法都被认为是旁门小术。陆西星这种对丹法分类特别反映了江南人所擅长的对事务的清晰分辨，得到广泛认同而流传很广。"三元丹法"成为明清时江苏道教仙学论述丹法的代表观点，"三元丹法，是道教仙学的重要内涵"②。近代陈撄宁先生在"三元丹法"的基础上发挥为四种："仙家丹法大别为四；天元谓之神丹，言其神妙莫测。地元谓之灵丹，言其夺造化灵气。人元谓之还丹，言其还我固有。黄白谓之金丹，言其点石成金。地元能点金，又能服食。黄白止能点金，不可服食。此乃二者不同之处。"③"三元丹法"的影响持续至今。

第二，在"三元丹法"的基础上，又特别突出"人元丹法"。《玄肤论》在首论之后的十九篇主要围绕着"人元丹法"而展开。以问答的形式，陆西星从内外药论、阴阳互藏论、先天后天论、铅汞论、元精元气元神论、神统论、金液玉液论、性命论、质性论、神室论、河车论、澄神论、养神论、凝神论、真息论、火符论、药火论、抽添论、遗言论等方面，对人元丹法作了探析。书中的内丹以炼神调息为要，神即是性，性定则神自安，神安则精住，精住则气自生。炼神又分澄神、养神、凝神三部，缺一不可。其丹法思想来自南宗的命先性后，但又主以阴阳双修。

第三，从性命双修的角度对人元丹法作了深入探讨。人元丹法之所以谓之大丹，生命为一个由身心、神气有机结合的系统，乃是因为它"创鼎于外，炼药于内，取坎填离，盗机逆用之谓也"。人的生命或是依托于精气神、或是身心、或是形神、或是性命，说法虽有种种不同，但丹家往往采用性命之说。陆西星也认为，"性命双修，此本成仙作佛为圣之大旨"。这是

---

① （明）陆西星：《方壶外史·道教东派陆西星内丹修炼典籍》下册，盛克琦编校，宗教文化出版社2010年版，第354页。
② 胡海牙编：《仙学指南》，中医古籍出版社1998年版，第66页。
③ 陈国符：《道藏源流考》下册，中华书局1963年版，第290页。

因为"性者，万物一源；命者，己所自立。性非命弗彰，命非性弗灵。性命所主也，命性所乘也。今之论者，类以性命分宗，而不知道器相乘，有无相因，虚实相生，有不可歧而二者。故性则神也，命则精与气也；性则无极也，命则太极也。可相离乎？"[①] 因此，人元丹法又称"性命之学"，"夫道者，性命兼修，形神俱妙者也。金液炼形者，了命之谓也。玉液炼己者，了性之谓也"[②]。它通过修炼人身体内部精气神，后天得先天而妙其用，是之谓了命而关乎了性也，以性命双修来达到神形俱妙、出神入化之境为主要特征。

第四，在人元丹法中，从筑基炼己、摄心修性入手而倡导阴阳双修。陆西星在具体的内丹修持方面受南宗阴阳派影响较大，他早年所撰《金丹就正篇》从"顺则生人，逆则成丹"出发，认为"人元大丹"是以模仿男女阴阳交合，精气互施的生人之道为理论基础的：

  金丹之道，必资阴阳相合而成。阴阳者，一男一女也，一离一坎也，一铅一汞也，此大丹之药物也。夫坎之真气谓之铅，离之真精谓之汞，先天之精积于我，先天之气取予彼。何以故？彼，坎也，外阴而内阳，于象为水为月，其于人也为女。我，离也，外阳而内阴，于象为火为日，其于人也为男。故夫男女阴阳之道，顺之而生人，逆之而成丹，其理一焉者也。[③]

人禀天地元气，父精母血而生，先天精气分藏于男女。人元丹法虽然与生人的程序不同，但需以分藏于男女身中的先天之精与先天之气为药物，使之交合为一，取阴补阳。因此他认为炼丹采药，精气合会必须男女双修，而不能在孤阴孤阳身中自修而成。其实内丹修炼都是强调阴阳和合，"丹经篇篇说阴阳，阴阳本是万法王"，陆西星对张伯端到刘永年再到翁葆光这一宋元以

[①]（明）陆西星：《方壶外史·道教东派陆西星内丹修炼典籍》下册，盛克琦编校，宗教文化出版社2010年版，第361页。

[②]（明）陆西星：《方壶外史·道教东派陆西星内丹修炼典籍》下册，盛克琦编校，宗教文化出版社2010年版，第360页。

[③]（明）陆西星：《方壶外史·道教东派陆西星内丹修炼典籍》下册，盛克琦编校，宗教文化出版社2010年版，第375页。

来在南方传播的阴阳双修的理论进一步系统化。如果说，刘永年先打出阴阳双修的旗号，翁葆光是实际践行者，那么，陆西星则承袭此系丹法，明确提出阴阳双修的丹法主张，并对阴阳双修的方法作了具体的描述，认为"金丹之道，必资阴阳相合而成"①，其要旨在于通过男女阴阳之道，以"彼"之气制"我"之精，通过"凝神聚气"以"炼己"作为炼丹之枢要："金丹始终，皆藉于此。故炼药求铅，以己迎之；收火入鼎，以己送之；烹炼沐浴，以己守之；温养脱胎，以己成之。正心诚意，则身修国治而天下平矣。此炼丹之枢要也。"②不仅使之易于人入手修持，而且将之作为儒家所倡导的"修齐治平"之起点，期望以此来消弭道教倡导的阴阳双修的内丹学与儒家伦理道德上的冲突。正是基于此，后世才将陆西星作为内丹学中的阴阳双修派的开创者，又因其倡导的"阴阳双修"主要流传于江浙一带，故又称为"东派"。

若将陆西星的内丹学置于全真道发展中加以考察，就可见出于对性与命在修仙中作用的不同认识，全真道内部出现过不同的流派，一般认为，有主张先修性后修命的北宗，有主张先修命后修性的南宗，有主张个体独自清静修行的清修派，有主张男女同类双修、阴阳配合的阴阳派，还有以"守中"为主要特点的中派，如元代李道纯所著《中和集》在会通儒佛道三教心性思想的基础上，又将内丹修炼的要旨概括为"中和""虚静"四字，认为"中"就是"玄关"，守玄关才能致中和，致中和才能带来身静心虚，因此，将"守中"作为丹法的第一要义，由是而在内丹道中形成了自成体系的中派，又称"虚空阴阳"③。直到明清时期，内丹心性学依然在持续发展，出

---

① （明）陆西星：《方壶外史·道教东派陆西星内丹修炼典籍》下册，盛克琦编校，宗教文化出版社2010年版，第374页。

② （明）陆西星：《方壶外史·道教东派陆西星内丹修炼典籍》下册，盛克琦编校，宗教文化出版社2010年版，第377页。

③ 据胡孚琛先生在《〈道学通论·仙学篇〉补遗——谈内丹学研究中的几个理论和实践问题》中指出："人元大丹乃以人体之精、气、神炼养阴阳的大法门，其中大致可分为修炼自身阴阳、同类阴阳、虚空阴阳三种途径。修炼自身阴阳者，俗称清净丹法，全真道北派多传之，以龙门派丹法为正宗。修炼同类阴阳者，丹家俗呼之为阴阳丹法。内丹学南宗多传此法。至于修炼虚空阴阳的丹法，乃人体和宇宙，心灵和虚空，体道合真的感应法门。丹家中派李道纯讲最上一乘妙道，以太虚为鼎，太极为炉。清净为丹基，无为为丹母，中为玄关，明心为应验，见性为凝结。三元混一为圣胎。性命打成一片为丹成，乃形神俱妙，直超圆顿之功夫。"（詹石窗总主编：《百年道学精华集成》第五辑《道医养生》卷六，巴蜀书社2014年版，第88页）

现了以陆西星为代表的东派，以李西月为代表的西派和以伍宗阳、柳华阳为代表的伍柳派等。虽然众多流派相互竞争，但都以"全真而仙"为最高目标，并通过一些实际可操作的方法来引导人们关注每一个个体生命的存在。

在道教史上，通常会说全真道有南北二宗、东西两派并称之说。南宗有五祖，从张伯端至白玉蟾，其发展承传有文献依据。北宗由王重阳至北七真人，再到丘处机及诸弟子创龙门派，亦有史籍记载。西派起于清代道士李西月（1806—1856年）[1]，有《太上十三经注解》《三车秘旨》《道窍谈》等著作传世。李西月学习陆西星的丹法双修[2]又自成一家，为了不受全真教团的束缚而广泛传教，他推陆西星为道教"东派祖师"[3]，自己的教团以"西道通，大江东，海天空"为传承字辈，因流传于四川而区别于"东派"，世称"西派"，其法脉一直流传至民国。

陆西星在世时虽有"四方之士，有就陆子而参道者"，如赵遵阳、姚更生、郑思成等，"但未闻他有入室弟子，均未著书立说，很可能陆一派之成员不过为同师门弟子若干而已，并无法脉延续"[4]。因为陆西星在世时并没有自立"东派"，陆西星之后也没有什么有关"东派"法脉传承记载，故有一些学者对"东派"是否指陆西星一派提出质疑。笔者认为，暂且不论陆西星是否创派，这个东派是否有清晰的法脉传承，值得注意的是明末到清代时，内丹学还在江浙一带传播，名家辈出，著述不断，其中仇兆鳌和陶素耜都是深受陆西星思想影响的内丹家。

陶素耜（1650—1723年），会稽（今绍兴）人，原名式玉，字尚白，号存斋，清静心居士、通微真人。康熙十五年（1676年）举进士，早年云游四海，来往于霍童洞天，遇方外至人，传以修养秘法，研习丹法要旨，曾

---

[1] 李西月，字涵虚，号长乙山人，在其所著《太上十三经注解》中有《题〈东来正义〉诗》，其落款是"三清总校真函、兼洞天秘藏事、文明普度先生、东派祖师、同仙史馆、愚弟陆西星拜题"。[（清）李涵虚：《圆峤内篇：道教西派李涵虚内丹修炼秘籍》，盛克琦点校，宗教文化出版社2009年版，第75页]

[2] 有关李西月丹法的具体内涵，可参见霍克功《论李西月对内丹双修理论的贡献》，《宗教学研究》2006年第4期。

[3] （东汉）魏伯阳：《参同集注：万古丹经王《〈周易参同契〉注解集成》第2册，周全彬、盛克琦编校宗教文化出版社2013年版，第702页。

[4] 谢正强：《傅金铨内丹思想研究》，巴蜀书社2005年版，第162页。

任两淮都转盐运使司盐运使。康熙二十七年（1688年）被罢官后，钻研道教丹书，后遇仇兆鳌得知陆西星丹法，著有《参同契脉望》《悟真约注》，对陆西星的《玄肤论》《金丹就正篇》进行修订。康熙三十九年（1700年）庚辰，陶素耜在所著《参同契脉望》中谓《参同契》注："自上阳泄于前，潜虚阐于后，深造实诣，二注并传，庶几暗室之巨灯，迷津之宝筏。"[①] 说陆西星接绪上阳子陈致虚而注《参同契》，"二注并传"推动了以性命双修为特征的内丹学在江浙的"越水吴山"一带传播。

仇兆鳌（1638—1717年），字沧柱，号知几子，鄞县（今宁波）人，曾跟随黄宗羲学习，后于清康熙二十四年（1685年）举进士。此后，仇兆鳌利用在京师之便，广搜秘要，始读《参同契》《悟真篇》，乃知道教丹法。五十八岁时回归江南，与知交陶素耜讨论丹法心得，陶素耜始悔孤修之失，遂寻师访道。六十四岁，仇兆鳌为陶素耜《参同契脉望》作序，谓陶素耜"虚心延访，得孙教鸾真人嫡派，遂注《参同》《悟真》，博采诸家，而折中己意，晦者阐之使明，缺者补之使完，凡药物火候、结丹脱胎，口所不能尽吐者，皆隐跃逗露于行墨之间，俾潜心好道之士，流览玩索，知真诠毕萃于斯编矣"[②]。因此"东派"应是对以陆西星为代表的在江浙一带传播内丹学者的概称。东派继承《参同契》《悟真篇》的内丹道传统，表现出一些独特的江南文化特点与意趣：

第一，以吕祖崇拜为信仰特点。全真道初兴时，就构造了东华帝君→钟离权→吕洞宾→刘海蟾→王重阳的传承体系，称为"北五祖"。八仙中的吕洞宾因具有誓愿度尽天下人，然后自己再成仙的精神，深得广大民众的喜爱与尊奉，民间扶乩、解梦、灵签等占卜吉凶祸福的活动往往托之吕祖。全真道龙门派南传后，继承了道教的多神信仰，尤其突出了对吕祖的崇拜，因此，在江南地区全真道观中大多建有吕祖殿、纯阳宫等，与广大民众追求祈福消灾的心理需要相关，吕祖往往成为当地最占香火的神仙，大概是受江南道教文化的影响，陆西星自言其所修丹法也是吕洞宾数次降临亲授丹诀，引

[①] 虽然近年来随着全真道研究的深入，也有学者提出这样的分判不一定符合历史事实，因为内丹修炼中的性命先后问题，在不同的道教思想家那里是循其修炼内容与方式而有着自己独特表达的，这需要具体问题作具体分析。

[②] （清）仇兆鳌撰：《参同悟真注序》，《藏外道书》第10册，第1页。

导他走上了道教内丹修炼之路。

第二，继承文人道教的传统。陆西星本质上属于重视文化传承的江南儒士，但喜读道书，奉行道教信仰与修道实践，又属于文人道士的范畴，其用道教信仰与实践来指导自己的生活。从其保留至今的著述来看，不仅内容广泛，所著内丹著作通过援易入道、援佛入仙，强调丹法步骤应从炼性入手，通过佛仙互释、易道互证，以佛禅来阐发内丹修炼之宗旨，反映了江南文人受仙道文化浸染，以身体力行来实践丹道生活而丰富了明清时期道教内丹修炼的形式与内容。

第三，以散居道士立身。陆西星虽然修炼全真道所倡的"性命双修"之内丹，但形成了与在江南传播的龙门派不一样的修道风格。王重阳在创教之初，就对全真道士的宗教生活提出了带有禁忌性的具体要求，这从《重阳立教十五论》中可见，希望通过倡导戒律，树立全真道之新风，以与旧道教相区别。丘处机则仿照佛教戒律，立全真道的"三坛大戒"。后来，王常月将持戒与修仙相联系，倡导"学道不持戒，无缘登真仙"。江南全真道龙门派奉"以戒为师"的传统，将持戒精严作为道士必须遵守的行为准则。陆西星不受全真道教规戒律的约束，更不出家受戒，犹如江南正一道散居道士，因此，没有认真培养弟子，更没有形成像全真道龙门派一样字辈分明的传承谱系。这也是陆西星能够打破宗派之界限，不仅从道教内部融合全真与正一，而且在其生命的最后二十年中，从内丹学的角度参研佛学，促进了明清道教对佛教的借鉴与融合，也促进了全真道地方化及民间化的发展，这是一个值得关注的地域文化现象。

第八节　茅山道秩传承及设醮活动

茅山道教在南朝时，经过陆修静、陶弘景的不断努力，逐渐建立起自己特有的宗教仪式——茅山上清宗坛斋醮科仪。茅山道士通过布置道场、设坛摆供、焚香祈祷、诵经上章、踏罡步斗、演奏道乐、敬拜神灵来祈福消灾，以求国泰民安、风调雨顺、家庭幸福，同时也通过敬拜三茅真君、奉行上清教义来弘法传戒授箓，吸引民众前来皈依道教。茅山道教斋醮科仪的内涵十分丰富，不仅包括每天日常的早朝科仪、午朝科仪和晚朝科仪①，还有为特殊需要而举行的金箓斋、玉箓斋和黄箓斋等，因此吸引了社会各阶层人士的关注与参与。过去一般认为："明清时期，茅山由全真与正一分治之，三宫（元符宫，崇禧宫，九霄宫）沿传正一，五观（德祐观，仁祐观，玉晨观，白云观，乾元观）习传全真。"②但随着近年来茅山道教研究的持续展开，实际情况的复杂性也展现出来。我们从茅山道秩传承与设醮活动的角度来作一考察。

明洪武初年定都南京后，有着"金陵地肺"之称的道教圣地茅山上的宫观，每年两次要专门为明王朝开展祈求岁丰的设醮活动，茅山道教在国家祀典中的重要地位也由此凸显出来。据《明懿典》卷首记载："洪武初，额设二祭于茅山。每岁惊蛰于元符宫、广济龙王祠。五月五日于句曲山神祠，以祈岁丰。皆命有司亲诣行事。"③由此可见在茅山举行的这两次祭祀，在洪武初年就已成为明代国家祀典中的定制，因在官方"有司"的指导与监督下展开，故有着丰富的祭品名目、祭仪程序和祝文范本。

祭品的具体名目主要有祝板、帛段、猪、羊、栗枣、黍稷稻粱、鳌鱼、形盐、脯醢、芹菹、韭品、酒，都是江南地区特有的食材和祭品。祭仪程序主要是：前四拜、诣香案前、上香、三献酒、读祝、四拜、焚帛。祭服，则是特有的祭龙朝服、山神常服，依所拜神灵而穿着。祝文范本则展示了句容当地官员的参与主持："维大明某年月日，句容县某官，敢昭告于广济龙王之神曰：惟神托迹茅山，扬灵江海。兴云致雨，泽及生民。年谷丰穰，惟神之赐。报功崇德，弗忝褒封。维兹惊蛰，谨遵国典，用伸告祭，冀溥神休。尚飨。"④茅山道教设醮活动的目的是为国祈风调雨顺，五谷丰登，国泰平安，反映了明王朝在江南农耕社会立国之时，因"神道设教"的政治需要而对茅山道教设醮活动的重视，故明朝道录司还参与茅山道士的选任并授予

---

① 据研究，茅山道教中的早朝科仪与午朝科仪流传至今，它仍然保存着有别于其他道派的上清宗坛的特色，统称为《茅山上清宗坛斋醮科仪》。其中，午朝科仪称《上天表》，又称《进三茅表》。（参见杨世华、潘一德编《茅山道教志》，华中师范大学出版社2007年版，第127页）
② 黎遇航、袁志鸿：《茅山道教今昔》，《中国道教》1987年第4期。
③ 《茅山全志》卷十四，《藏外道书》第19册，第749页。
④ （元）刘大彬编，（明）江永年增补：《茅山志》上册，王岗点校，上海古籍出版社2016年版，第2页。

他们官职品位。

洪武十六年（1383年）六月初八，道录司奉承礼部札付，钦选到茅山元符宫道士邓自名"除授华阳洞灵官，给降印信，前去开设衙门，管领祖传印剑，掌行符箓"。又续选到崇禧宫道士王允恭，"除授华阳洞副灵官"[1]。如遇到任，一同署事。不久又任命邓自名为正八品、王允恭为从八品：

> 洪武十六年六月二十一日制命：三茅山元符宫华阳洞正灵官，正八品，给以符，兼总领教事。复除副灵官，从八品，同署教事。[2]

从这一制命可见，茅山上宫观众多，但朝廷只认定由茅山元符万宁宫和崇禧万寿宫来主导国醮事务，"凡有一应事务预申禀者，由道录司转达本部，其本处道纪司不许干预"。句容县道纪司只是一体遵守执行，由此茅山道教中形成了华阳洞灵官和崇禧宫副灵官两条传嗣系统。

到明代时茅山道教以上清宗师代代相承，已形成了一千多年的信仰传统，这种传统的宗师制在明初朝廷主导下改成灵官制后，对已归于正一道"三山符箓"之一的上清宗坛有何影响？茅山道教本来的上清派茅山宗还继续承传吗？对此，我们结合清代笪蟾光编审的《茅山全志》卷十四《道秩考》再作一考察。

在《道秩考》中列有两份表，前一份包括华阳洞灵官、崇禧宫副灵官，截止于明嘉靖二十五年（1546年），后一份包括道流进秩、真人府赞教、明正灵官、崇禧万寿宫副灵官表残，仅有张光福一人，截至清康熙十年（1671年）。这两份表大致展示出元符宫和崇禧宫的承传情况：

第一份是华阳洞灵官的传嗣系统表：洪武十五年（1382年）设道录司管领天下道教，第二年从元符宫道士中选授灵官来掌领茅山华阳教事，"华阳洞灵官，洪武十六年设立，钦给符敕印信，秩正六品，掌领华阳教事。三茅山各宫观统属之，并掌管祖传印剑，主行符箓，例定元符宫道士选授。"[3]

---

[1] （元）刘大彬编，（明）江永年增补：《茅山志》上册，王岗点校，上海古籍出版社2016年版，第3页。

[2] （元）刘大彬编，（明）江永年增补：《茅山志》上册，王岗点校，上海古籍出版社2016年版，第3页。

[3] 《茅山全志》卷十四，《藏外道书》第19册，第962页。

灵官是由朝廷任命的道官，凭借着掌管祖传的印剑，成为统率茅山道教各宫观的主管。华阳洞灵官有十四人，主要由元符宫道士担任，其传嗣系统的相关梗概如下：

邓自名（初赐敕印掌教事者，金坛人）、薛明道（转南京道录右正一、武进人）、陈德星（句容人）、任自垣（镇江人，永乐间升道录司玄义，历太和山玉虚宫提点，至太常寺丞）、王克玄（金坛人，号一初）、吕景阳（溧阳人）、杨震清（金坛人）、支克常（吴县人）、朱崇润（丹阳人，成化间任）、沈祖约（武进人）、蒋德瑄（苏州人，正德间任）、徐祖谏（苏州人，嘉靖间任）、戴绍资（毗陵人，号云峰）、任绍绩（溧阳人，号云山）。

第二份表中有礼部札付所署华阳洞事：文栖云、许华岭、陈及岩、栾奉斋、张玉壶、龚企岩。① 自邓自名为第一代"灵官"，至龚企岩为明末最后一任"华阳洞事"共传二十代。"再加上出土碑文记载万历四十六年，华阳洞灵官周友河为一代灵官，据现有资料记载明朝的灵官有二十一代。"② 再对照清本《茅山全志》卷三收录《静一刘真人道门传派》列出的元符宫静一派的字辈传承来看，以上所列灵官，除薛明道、杨震清的"明"、"震"与静一派的派字不合之外，其余各字皆与静一派的派字相符，可证明灵官道秩传承与元符宫所传的静一派基本相合，也可见明朝是根据元符宫的印掌教事者来敕封灵官的。

第一份表中还有崇禧宫副灵官的传嗣系统："亦洪武十六年设立，秩从六品，同署教事，例定崇禧宫道士选授。"③ 这一传嗣系统共传十二人：

王允恭（初署教事者亦钦选）、杨复阳、许中立（号舜传，永乐间钦命提点太岳太和山静乐宫）、张混然、陈南坞、谢舜咨、汤希文（号复古，溧阳人，曾兼任朝天宫住持："汤希文，永乐间由副灵官。宣德、正统间历授道录，至灵官，钦取修《道藏经》，升左演法。景泰改元，升右正一，兼朝天宫住持。天顺五年，遣应天府丞刘洙赐以谕祭。"）④ 丁与明（天顺初，升道录司右玄义，兼朝天宫住持，四年赐以敕命一道，成化六年卒。圣谕礼部

---

① 《茅山全志》卷十四，《藏外道书》第19册，第963页。
② 杨世华主编，潘一德编著：《第一福地茅山道院》，华夏出版社2013年版，第66页。
③ 《茅山全志》卷十四，《藏外道书》第19册，第962页。
④ （明）江永年：《茅山志后编·道秩考》，另清代笪蟾光审编的《茅山全志》也有相似的记载。

主事凌镐往祭)、汤与庆(号如愚,溧阳人,成化二十年奏请照唐宋元及国初旧例,免本山各宫观道徒县督,凡遇诸节得在山,祝延庆贺,其历代赐田山,照旧蠲减租税,除免一应杂泛差徭,奉里旨依奏给牒,仰该县官吏遵行)、沈清渊、张佑清、金玄礼(嘉靖二十五年,主金箓醮坛)。玉晨观本《茅山志》在"崇禧宫副灵官"中除列出以上以王允恭为首的十二人外,还列有邹心远、洪东涧、刘碧山、徐友云、王太愚、陈玉溪、徐闲远等七人①,共有十九人,并在王允恭之后注上"洪武初领教"。因此这份名单与玉晨观本《茅山志》记载的十九人有出入。

关于茅山华阳洞灵官选授方式,清本《茅山全志》没有详细记述。1998年7月,茅山元符宫在修建老君广场时,在今天露天老子像神台东侧挖出一块题为《应天府句容县为申明》的石碑,碑长1.8米,宽1米,厚0.2米,碑末署名"万历四十六年(1618年)岁次戊午闰四月吉旦,句容县知县罗廷光、华阳洞正灵官周友河、副灵官潘玄栌",还署有上宫主持李永瑄、董子纯等,下宫住持陈玄徵、张思修等。此碑较为详尽地记载了华阳洞灵官的选授仪式是在"不加一毫人力干预"下进行的。先由茅山掌印官率领元符宫住持,并全体道众,一同在祖师殿三茅真君座前,焚化表文,撞鸣钟鼓,当众推举能使道众信服的候选人十名。然后,用拈阄方法,在十名候选道士中阄定四名,然后把阄定四名的名单送至县衙,由知县亲自主持,重摆香案,点燃香烛,再行拈阄之礼,在原先阄定的四名候选道士中阄定一名。随即把阄定的结果,具文送达省府。省府审核后,上报礼吏二部,转呈皇帝御笔批复,新的一任华阳洞灵官方可主持上清宗坛法。②

在第二份表中,一是"道流进秩"表:王宗旦(洪武初,由崇禧宫高道选神乐观供祀,永乐间预修大典,与解学士缙为方外友)、王文礼(永乐间,由下泊宫道士任南京神乐观天坛奉祀)、许祖铭(天顺间,由下泊宫道士符法神验,钦取灵济宫祈祷屡应,升道录司左玄义)、胡德海(成化间,由崇禧宫道士历任太岳太和山紫霄宫提举)。玉晨观本《茅山志》在"进秩"中除以上四人外,还列有任自垣、汤希文、丁与明、董月海,特别记

---

① (元)刘大彬编、(明)江永年增补:《茅山志》上册,王岗点校,上海古籍出版社2016年版,第34—35页。

② 杨世华主编,潘一德编著:《第一福地茅山道院》,华夏出版社2013年版,第65页。

载了他们的灵官身份。若对照清本《茅山全志》，可见任自垣被列入"华阳洞灵官"，丁与明、汤希文被列入"崇禧宫副灵官"，而没有提及董月海，可能是因为董月海"成化间，由崇禧宫道士，历任太岳太和紫霄宫提举"[①]。不同版本《茅山志》中的有关记载虽然相异，但呈现了茅山元符宫和崇禧宫的灵官经常被提升到道录司担任道官，还被派遣到武当山宫观任住持，在客观上扩大了明代茅山道教的影响。

二是真人府赞教：陈应符（元符宫道士）、袁继礼（元符宫道士）、张全恩（维扬人，募建玉晨观无梁殿）、吴永绍、王拱时、史应候。

三是"明正灵官"之名单如下：史怀仙（溧阳人）、张小峰（武进人）、杨勺泉（武进人）、王益泉（句容人）、钱养悟（金坛人）、周继华（宜兴人）、朱振阳（名永铭，武进人）、许抱真（名仁隽，武进人）、钱观如（名公达，溧阳人）。上表皆录诸人之字，有的加注其名，有的则未注，凡加注出名者，其名皆与静一派之派字合。[②]

四是崇禧万寿宫副灵官：张光福（字厚之，溧阳人，顺治十七年任修建三清宝殿、太乙慈尊殿）。[③] 只列出一人，可能是残表。

《道秩考》最后列有清代"华阳洞事"：唐葵阳（名仁泽，武进人）、张承钟（字少林）、杨昌靖（字渭清，溧阳人）、张允中（字玉川，苏州人）、丁昌胤（字卧云，宜兴人，康熙十年任）。[④] 这份表格截止于康熙十年，反映了道官制度在茅山道教中的持续性。崇禧万寿宫既崇奉二茅真君信仰，遵循上清派茅山宗的传统，又不断汲取宋元时兴起的新符箓派中的清微派，据曾召南研究，二茅派的派字与清微派大致重合，"盖可证明崇禧万寿宫所传为清微派。"若走进有着悠久历史的茅山道教，即可见各宫观、各教派之间有着复杂关系。

灵官即道官，是由朝廷任命；宗师是道门中传承法箓的。明清以后，由于受到朝廷道录司的管理，茅山道教以"灵官"为道官，逐渐代替了宗师传承。清本《茅山全志》虽然大致记载了明、清两朝茅山道教"灵官"传

[①] （元）刘大彬编，（明）江永年增补：《茅山志》上册，王岗点校，上海古籍出版社2016年版，第36页。

[②] 曾召南：《明清茅山宗寻踪》，《宗教学研究》1997年第4期。

[③] 《茅山全志》卷十四，《藏外道书》第19册，第964页。

[④] 《茅山全志》卷十四，《藏外道书》第19册，第963—964页。

授道秩，可所记灵官虽然大多只列出姓名、籍贯、任职等信息，但也为我们进一步了解茅山道士的传承情况提供了重要线索。可见明朝对茅山道教的重视，明太祖时确立茅山作为每年两次国家祀典的场所的做法也为后来的帝王所遵循。据清本《茅山全志》记载，明朝帝王在茅山开展的设醮活动还是比较频繁的。

明成祖朱棣在永乐年间多次派遣官吏去茅山："永乐五年等年，遣官钦奉圣旨，凡五赍香帛，修斋醮简于大茅峰、元符宫。十六年十二月初二日，圣驾幸山。"① 在修建了大茅峰及积金峰南的元符宫之后，明成祖还于永乐十六年（1418年）亲自登上茅山祈拜。不久，北京的皇宫及城市配套建成后，永乐十八年（1420年），明成祖下诏正式迁都，称北京为京师，改应天府为南京，在南京虚设了没有实权的六部等中央机构，称南京陪部，无论是远在北京的帝王皇族，还是留在南京的官吏太监，与茅山道教的往来依旧频繁。

明宪宗成化二十年（1484年）八月初四日，"御用监太监梁芳传奉圣旨：著南京守备太监黄赐前去三茅山真君处祭祀。今差锦衣卫副千户梁顺等赍领香烛并办祭官银二十两。祭毕，画本山图样，具本就付梁顺等赴京回话。钦此"②。明宪宗派遣任南京守备的司礼监太监黄赐去三茅山真君处祭祀，如《宪宗祭三茅真君文》中曰："致祭于东岳上卿司命太元妙道冲虚圣祐真应真君、定录右禁至道冲静德祐妙应真君、三官保命凝神冲慧仁祐神应真君。惟神清虚冲澹，秉正存忠，灵妥三茅，功施社稷。朕自即位以来二十年矣，四海奠安，万方宁谧。惟赖神之灵咒，以致于斯。今特谕祭，神其不昧，尚冀鉴之"③，并将此文刻碑立于大茅峰上，以表达他对能够"功施社稷"的三茅真君的重视。可是，当时南京的"内府管理涣散，有权势的宦官趁机通过各种办法将内府藏品中饱私囊。其中以司礼监太监黄赐和他的侄子锦衣卫上骑都尉黄琳，以及太监钱能、钱宁叔侄的收藏最为宏富"④。深

---

① （元）刘大彬编，（明）江永年增补：《茅山志》上册，王岗点校，上海古籍出版社2016年版，第5页。
② （元）刘大彬编，（明）江永年增补：《茅山志》上册，王岗点校，上海古籍出版社2016年版，第8页。
③ 《茅山全志》卷三，《藏外道书》第19册，第746页。
④ 黄朋：《吴门具眼——明代苏州书画鉴藏》，上海书画出版社2015年版，第3页。

得明宪宗宠幸的黄赐为了证明自己曾遵旨而有茅山之行，在祭礼完成后，还专门让人画出茅山图样，具本就付锦衣卫副千户梁顺等赴京回话，是富有深意的行为。

成化二十一年（1485 年）十月朔日，句容大邑，雨泽不降，井泉枯涸，田禾旱伤，民有菜色。于是明宪宗钦差巡抚南直隶都察院右副都御史李嗣，谨具香烛果酒之仪，遣句容县知县李澄，敢告于大茅峰之神："邑有名山，能兴云致雨，以福邑之民"。据此次的《祈雨告文》记载，"于朝山亭祭告毕，是夜，连降甘雨七日"[①]。展现了茅山道教设醮祭拜龙神、山神以祈雨的神奇功效。

明神宗朱翊钧十岁即位，由内阁首辅张居正主持朝政，十年后亲政，曾倡导励精图治的改革之风，开创了明王朝"万历中兴"的新局面，但因改革阻力过大，不久即意志消沉。作为明朝在位时间最长的皇帝，明神宗在后来的三十年中，醉生梦死而疏于朝政，追求长生而宠信道教。万历四十一年（1613 年）四月，为祈求国家太平，明神宗派遣御马监左监丞沈恭来茅山乾元观，命道士李教顺建金箓斋三昼夜，清醮三百六十分。李教顺是在茅山传播全真道的阎希言的徒裔。

晚明大臣李维桢（1547—1626 年）交游甚广，与王世贞关系密切，不仅继承王世贞的复古文学思想，成为继王世贞之后的文坛领袖[②]，而且与茅山道教来往密切，其所作《大泌山房集》卷五十四上有《乾元观供众田记》，其中写道自己去茅山乾元观参观，应知观李教顺的请求专门为乾元观撰写了供田记及茅山游记，从中可见当时全真道阎祖派以乾元观为基点在茅山上扎根传播。

从《茅山全志》卷三中收录的以神宗为名的四篇斋醮词，即《神宗为圣母建金箓斋词》《神宗金箓斋词》《神宗为伏魔大帝建醮词》《神宗三辛忏醮词》可见，其中只有为伏魔大帝建醮是特命全真道士周玄真主持，其余三次都是明神宗委托茅山乾元观道士李教顺在乾元观举行道教斋醮活动。神宗经常委托或派遣道士至茅山乾元观举行各种醮事，其中还提到李教顺是

---

① （元）刘大彬编，（明）江永年增补：《茅山志》上册，王岗点校，上海古籍出版社 2016 年版，第 9 页。

② 金霞：《李维桢与王世贞交游考述》，《社会科学论坛》2018 年第 2 期。

李彻度的弟子，反映了明神宗晚年与茅山道教往来尤为频繁。

万历四十二年（1614年）八月十五日，明神宗颁赐币金，印造《关圣帝君伏魔经忏》安供名山福地，特命全真道士周玄真等奉旨送经至茅山三清大殿。据《神宗为伏魔大帝建醮词》记载：

> 特命全真道士周全真等斋请，前去彼处供安，镇静方隅，肃清中外。关圣帝君，以今万历四十二年八月十五日，位证南方丹天三界伏魔大帝之位。天人共庆，三界推尊，兹建醮典三日，安供圣经，庆贺圣帝。自今伊始，永安帝位，不在将班，鉴观万天，巡游三界，悉清人鬼之妖，全消未萌之患。方方阐教，处处开坛。永昭定乱之神功，安享帝君之尊奉。①

为恭贺《伏魔经忏》安供茅山福地，茅山道士于三清大殿建醮典三日，以表达对伏魔大帝关圣帝君的敬仰。据《神宗为圣母建金箓斋词》记载，十月初一日，明神宗皇帝又为其母在茅山乾元观建金箓斋，特差司设监左少监林潮奉旨前来，也是全真道士李教顺接待的。"特命本山乾元观全真道士李教顺等，只就殿庭启建金箓，叩天请佑，恭祝慈躬，万寿万安，长春永庆，平康吉祥，好事九昼夜，至初九日圆满，修设普天大醮三千六百分。"②

春夏之时，明神宗在茅山上设三辛忏醮。如《神宗三辛忏醮词》记载，万历四十二年的五月初六日辛亥，六月初六日辛巳，七月初六日辛亥，即是三辛逢初六之辰，于是要设三辛忏醮，称名诵宝经，以度厄消灾，故《神宗三辛忏醮词》曰："预取四月初八日良吉，开经为始。特命全真道士李教顺等，只就三茅山乾元观三清大殿，每日炳烛焚香，虔诚讽诵《高上玉皇本行集经》一藏，《九天应元雷声普化天尊玉枢宝经》一藏，《太上洞玄灵宝升玄消灾护命妙经》一藏，《灵宝天尊说禳灾度厄真经》一藏，《太上老君说常清静经》一藏，《梓橦帝君救劫宝章》一藏，《太上三元赐福赦罪解厄消灾延生保命妙经》一藏，《太上玄灵北斗本命延生真经》一藏……；每

---

① 《茅山全志》卷三，《藏外道书》第19册，第747页。
② 《茅山全志》卷三，《藏外道书》第19册，第747页。

日拜礼九天玉枢宝忏、北斗延生法忏。"① 这次醮事活动是从四月初八良辰至七月十五日中元地官赦罪之辰，为期三个月。同时，每日还要启建金箓道场，答报雷祖，祈恩请佑，庆贺三辛，忏愆谢过，解厄消灾，保敕昌运，增延圣寿，福国庇民。这四篇醮词其实具体记载了茅山道教开展的四次设醮活动。

明代在茅山上开展的设醮活动主要是祭三茅真君以保佑国泰民安、祭龙王、山王以祈雨等现实需要，到明末明神宗统治时，茅山道教的设醮活动为各宫观共同参与，由茅山全真道士主持的斋醮祭祀活动渐渐超过了正一道，在由"国醮"向为民祈祷、度厄的"民醮"转变中呈现自己的特色，是这一时期道教活动的重要内容，反映了从北方传播到南方的全真道龙门派在茅山的兴起与传播。

第九节　全真道阎祖派与茅山乾元观

以阎希言和沈常敬为代表的全真龙门派以茅山为依托，立足于有着悠久历史的乾元观，开始收徒传教弘道的活动，标志着全真道龙门派支派——阎祖派的创立，在客观上也打破了正一派独掌茅山的格局，为之后茅山的五观——德祐观、仁祐观、玉晨观、白云观、乾元观逐渐转化为全真道观打下了基础。

乾元观位于江南人文之乡金坛境内，茅山东麓郁冈峰前，是一座有着两千多年历史的道教名观，素有"秦汉神仙府，梁唐宰相家"之美誉。从保留至今的"李真人炼丹井"可知，其源头可追溯到秦代有位李明真人曾来此修道。然而，历经千年风雨以及近代以来的战乱和动荡，乾元观这座古观在抗战时已基本毁废。今天，乾元观经廿载艰辛恢复，仙境重辉，再畅宗风，成为今天江苏道教中的又一个重要的道教圣地，由此让人想起了宗教学家伊利亚德对宗教圣地的阐述："每一个神圣的空间都是一个显圣物"②。虽然人间的风雨可以摧毁"神圣的空间"上的房屋建筑，但它本有的一种宗

---

① 《茅山全志》卷三，《藏外道书》第19册，第748页。
② 孙亦平主编：《西方宗教学名著提要》，江西人民出版社2002年版，第475页。

教文化传统却犹如"显圣物"一样,能够促使后来人再接再厉,采用各种有形或无形的方式将其信仰与文化传承下去。这是因为宗教圣地不仅与某些宗教创始人有极大关系,更在于它是具有历史意义和文化影响之"神圣之地"。以茅山乾元观为例,来展示全真道阎祖派在茅山兴起,由此探讨明清时期江南全真道在江苏道教的独特地位和文化影响,当是一件有意义的事情。

今天的乾元观之名得之于宋代,宋真宗大中祥符间(1008—1016年),上清派第二十三代宗师朱自英因为宋真宗祈嗣,得生宋仁宗,故颇得二帝尊宠,奉旨住持玉清昭应宫①,并在茅山建"九层坛"② 传道行法。宋仁宗天圣三年(1025 年)敕建"集虚庵",后改敕名"乾元观",此名一直沿用到今天。

若回顾历史,乾元观作为江苏道教的圣地之一,从齐梁到北宋,有着不同的名称和规模,上清派在此传播数百年,培育了许多富有宗教情怀的道门领袖,从东晋士人杨羲与许谧、许翙父子创立了在江苏道教史影响深远的上清派,到上清派第九代宗师陶弘景在此修建郁冈玄洲斋室,传上清经法,开上清派茅山宗。陶弘景在茅山隐居 40 年,致力于实践自己得道成仙的生命理想,不仅从教义理论及医药学、化学、生理学和地理学等方面推动了道教的发展,而且以出世心态做入世之事,使乾元观成为著名的"山中宰相府"。

乾元观在唐代时为紫阳观,在此开展传道活动的是上清派第十三代宗师李含光,他在司马承祯去世后,受唐玄宗之命继续留居王屋山阳台观,修补上清诸经真迹。后称疾,乞归茅山,修习上清经法。唐玄宗特下诏赐茅山紫阳观以居之,并赐诸多法物,使乾元观展现出皇家宫观的气象。

南宋时期,中国社会在经历战争动乱、南北分裂的过程中,茅山道教也受到冲击,乾元观曾有的 800 多间房屋逐渐荒废。在传统道派衰落,新道派纷纷崛起中,影响最大、传播最广的就是王重阳所创的全真道。全真道之所

---

① 玉清昭应宫是北宋真宗赵恒(968—1022 年)为收藏"天书",于大中祥符二年(1009 年)在皇城西北天波门外,耗费巨资修建宫观,主要供奉道教的玉皇、圣祖(宋真宗塑造出来的赵氏祖先——赵玄朗)、太祖、太宗的塑像,属于皇家宫观,由此可见朱自英在当时道门中的地位。

② 如《茅山志》卷七记载:"九层坛,有二。其一在乾元观,朱观妙所筑。一为上清宗坛。"(《道藏》第 5 册,第 588 页)

以能够在不长的时间里得到广泛传播，甚至代表了宋元以后中国道教发展的新走向，其一是因它在信仰和教义上具有新特点①，其二是丘处机西觐成吉思汗扩大了全真道的社会影响，其三则与全真道龙门派努力向江南地区的传播是分不开的。明代时，乾元观逐渐成为江南全真道的重要道场之一。

从总体上看，"元时江南为正一掌教，河北为全真掌教"②，茅山为三山（龙虎山、阁皂山、茅山）符箓之一，全真道在江、浙、鄂、闽一带的发展并不兴盛。乾元观是如何成为江南全真道的道场的？据《金盖心灯》介绍，龙门正宗第五代由张静定律师和沈静圆宗师并列，开始向江南地区传播。

张静定（？—1522年），号无我子，浙江余杭人，先于天台山修道，故有记载说他是天台人。张静定精八元阳经及丹诀，著述颇多，因皆不满意而毁弃，后受人指点，乃去四川青城山访道，遇周玄朴。周祖见其向道心诚，遂收为弟子。张静定得戒法后，仍归天台山隐居。沈静圆（？—1465年），号顿空，江苏句容人，先在天台山遇张静定，而有修道之志，后于明正统十三年（1448年）去青城山，"遇大拙周祖，受授宗旨、戒律，改名静定矣"③。明代宗景泰二年（1451年），他南行至天台，居桐伯山。明英宗天顺三年（1459年），沈静圆至金盖山，居书隐楼修道，后传法于赵真嵩、卫真定。

第六代律师赵真嵩又传王常月，第六代宗师卫真定则传沈常敬。"自周律师传张、沈二人，始有律师、宗师之分。"④ 从此，律师与宗师各自传法，使龙门正宗分为两派，且每代都有数人承担，改变了过去"单传秘受，不能广行"的局面，并使龙门派在江苏的传播范围也逐渐扩展，在有着上千年历史的上清派传播地茅山扎根。第七代有律师王常月，他和宗师沈常敬都曾在乾元观活动。然而，在王常月和沈常敬之前，就先有长春真人丘处机第十四代传人阎希言于明嘉靖、万历年间从陕西南下江苏，以茅山乾元观为活动中心，创立了全真龙门岔派"阎祖派"。

---

① 孙亦平：《论早期全真道心性论的理论旨归》，《南京大学学报》1997年第4期。
② （清）陈铭珪：《长春道教源流》卷六，《藏外道书》第31册，第118页。
③ 《金盖心灯》卷一，《藏外道书》第31册，第179页。
④ 《金盖心灯》卷一，《藏外道书》第31册，第166页。

阎希言（1508—1588年），又称阎道人，在来茅山之前云游名山修道，因行踪飘忽，虽生平不详，但行事独特。据《茅山全志》卷九记载："阎道人者，不知何许人也，其投刺，人称希言，人与之书，亦称希言。顶一髻，不巾栉，粗布衫而无袒服，服履而不袜……"阎道人的长相是"疏眉目丰，辅重颔，色正紫，腰腹十围，叩之如铁，重可三百斤，行步健迅，虽少壮不啻也。盛暑赤裸而暴日中不汗，穷冬凿冰而浴。又令人积溺缸中，浴之出使自干，嗅之殊不觉膻臊，以故所至得异之。目为道人，以其不巾栉也。又目之阎蓬头，诸慕道者咸以奢呼矣"[1]。从此小传中大约可知，阎道人曾与李道人在武当山相遇，大约在嘉靖丙申年（1536年）阎道人先来到茅山，看到已经荒废的乾元观，于是游走金陵权贵之门，募资建成殿阁，以乾元观为基地进行收徒传教活动。

参考保留到今天的《乾元观碑》，可帮助我们更好地了解阎祖派在茅山的传播。自刘大彬以后，茅山的上清派宗师已不见传。明初正一派中的龙虎宗因得到帝王的支持，在都城金陵一带广泛传播，到明中期时，以茅山为基地的上清派势力也明显下降，茅山上原有的"三宫五观"，也只有山上的"三宫"还在香火相承，"五观"却是逐渐萧条。这从茅山五观之一的乾元观院内的《乾元观碑》文记载中可见一斑。

《乾元观碑》一直被放倒在地作石桌用，使其成为1938年乾元观遭日寇焚毁后唯一幸存基本完好的历史文物，后来又有幸躲过"文革"一劫。但也因此使石碑正面的字迹风化侵蚀严重，识读难度大于背面。

1993年，乾元观修复后，《乾元观碑》重新立于乾元观大院。《乾元观碑》碑高1.95米（不含底座），宽1.04米，厚0.22米。此碑的殊胜之处是正反两面碑文并非同时镌刻。正面《乾元观记》刻于明万历庚寅（1590年）年；背面《乾元观天心庵碑记》刻于清乾隆乙丑（1745年）年，天心庵是乾元观奉祀香火院。《乾元观记》以行楷作书，少数字为草体，且古异体字较多，个别字太冷僻，疑其独创，虽然字迹模糊不清，但经过专家的辨别，其全文如下：

---

[1] 《茅山全志》卷九，《藏外道书》第19册，第866页。

乾元观记

茅山乾元观，盖有阎蓬头像，云蓬头者即希言道人，以仙化而藏其骨也。其徒李合坤，既请王元美大司寇赞而传之，夫复请余赞。且曰：先生知吾师乎？疏眉目、丰辅、重颔、腹便便。垂见者比于弥勒佛，不巾不栉，人称为蓬头。盛夏暴日，隆冬卧雪，寒暑顿忘。或问：师六十岁乎？曰然。问百岁乎？曰然。二百岁乎？曰然。问贯山西人乎？曰然。问曾为元时总管乎？曰然。大都不言其寿与所自出也。曾过王司寇弇山园中，师言曾有妻室，淫过成疾，遇异人得坐功不死，上记其姓，余俱忘却，王公且信且疑，独见渠文章爱之不置耳。

万历十六年十月二十三日，宿百户毛俊家，三沐登座，诸弟子求遗教。师曰："惟精惟一，允执阙中。"请益。曰："穷理尽性，以至于命。吾去矣。"诸弟子曰："师去乾元观乎？"师曰："太虚我家。何必乾元观乎，其意已属之矣！"且观废，遗碑断而为三。一夕，将毁于火，风雨晦冥，雷大作，碑复立，皆有神异。而师复修之。建钵堂五，左曰香积厨，右曰水云居，堂后小园曰踵息，横列环堂三座，曰妙元、曰若镜、曰若昧。东北有静室，名麟溪庵，盖鸿胪丞高君洧所创也。庵后即郁冈之绝顶，观前有庵曰一真，有池曰洗心，大旱不涸，其字非人间笔。池之步五有古燕洞，八仙石，仙桥屏列其右，名曰微妙洞天。距里许即三吴通衢，行人险阻，乃构茶庵，为远行者憩肩之助，其名曰甘露庵。观之大略如此，愿先生一言以垂永永。

余观三茅所称华阳洞天，金陵地肺，盖天下第一名山，而得道之士，若展上公、魏元君者甚众，独以茅氏三真君得名耳。陶弘景，晋之高士也，梁武帝召之不出，大事必访山中宰相。缘于地灵，前后有李明丹井，李含光集虚庵。而观创于宋时，则因真宗祈胤生仁宗，而主教事者，朱自英也。乾元之设旧矣。其待希言而兴乎！

昔伏羲氏画卦始于乾，仰则观象于天，俯则观法于地，观鸟兽之文与地之宜，近取诸身，远取诸物，而元者善之长也。乾道变化，各正性命，保合太和，乃利贞。天下之动，贞夫一，一者即中也，尧舜之允执是也。道人临终而语"精一"，所谓"穷理尽性，以至于命"是也。悟道一篇，孔门洙泗之教，孟轲氏七篇之旨也。其有得于乾乎？有得于元乎？希言深于《易》者也，儒而道、道而仙，吾安能窥其际哉。王元美比于洪崖毛仙，又进于柱下。假令质希言于蓬岛，然耶？否耶？江本实、李合坤，皆高第弟子，请勒诸石。异代有希言者复出乎，当深感于余言。

万历庚寅秋日

赐进士第通议大夫大理寺卿前应天府尹

敕专管漕务督理卢凤淮扬梁储提督四川学校

沔阳陈文蜀王叔撰、门人蔡拱日书丹

句容县县丞陈嘉诏立石、建业朱时修锡

阎希言羽化于万历十六年（1588年），碑立于万历庚寅年（1590年）秋日，展现了茅山乾元观的振兴与阎祖派创始人阎道人的努力有关。《乾元观记》开篇言："茅山乾元观，盖有阎蓬头像，云蓬头者即希言道人，以仙化而藏其骨也。"① 当年阎希言来茅山乾元观时，此观已成废墟，当时有位舒道人在此结茅而栖，坚心修炼十多年。阎希言自从与舒道人在乾元观相遇后，即立志振兴古乾元观。

再联系《茅山全志》卷九《阎道人》看，阎道人初到茅山乾元观时，当时道观仅存山门两舍，阎道人游说金陵诸多公卿名士，依靠众多的赞助，修复了乾元观殿堂楼阁，并进行收徒传教的活动，将全真道龙门派传入茅山，创立龙门岔支阎祖派。阎道人住茅山50余年，于乾元观中栽植桃杏，美化环境，又引山泉灌溉水田，年获稻米三四十石，使乾元观在经济上自给自足，同时也成为一方清静的修道胜地。

在1584年冬天，时任南京刑部右侍郎的文学家王世贞（1526—1590年）上茅山，与阎道人相见，据王世贞当时的观察，阎希言"颇好作有为功德"，以一种强烈的传教使命感希望能够复兴茅山全真道派的道脉："原先乾元观在句容、金坛两县境内的田产，此时已被势豪侵占。在王世贞等江南士绅的影响之下，南京及茅山附近的公卿大夫'归其侵地'，或自己'归

---

① 《茅山乾元观》编委会编：《茅山乾元观》，第26页。

其侵地',或采取行政手段,使这些田产被归还于乾元观"①。阎希言还通过修路、造林、引水、种田等,重振乾元观。为扩大茅山的社会影响与名声,阎希言还走出茅山,到处寻求并收集社会名流的题字。阎希言到位于太仓弇山园的王世贞老家拜访,拿出一簿册,上面有当时名士的题赠诗文,然后请王世贞题字。王世贞提笔写下"野鹤孤云"四大字,并作诗赠之,同时还嘱咐好友诗人胡应麟(1551—1602年)也写诗赠之。由此可见,阎希言并非仅是山林隐修道者,他通过搜集名人题赠来扩大茅山道教的社会影响的做法,表现出相当的社会活动能力。

阎希言深知王世贞在当时朝廷及文人圈中的影响及左右社会舆论的能力,万历十六年(1588年)阎希言专程到南京请求王世贞为自己写传记。当时王世贞就问他:"名观不名道人,可乎?"即我只写乾元观,不宣扬你阎道人,可以吗?阎希言马上回答:"安可不名道人!吾固赖子传耳。"② 王世贞撰写《阎道人希言传》介绍阎道人学道经历及对振兴乾元观的贡献。《长春道教源流》更将阎道人置于全真道龙门派发展中对其生平事迹进行介绍:

> 阎道人者,名希言,号亦曰希言。不知何许人也,自言家山西,有妻室,生一女。年二十七八时,成瘵几死,遇师诲以坐功,得无恙。嘉靖乙未(1535年)、丙申(1536年)间,去家学道。后从太和山至句曲乾元观时,似六十许人。或曰已百余岁,或曰元时尝为某路总管。希言皆漫应之,终不测其何如人也。顶一髻,不巾栉,人因称为阎蓬头。身著粗布夹衫。……盛暑裸暴日中,不汗,穷冬凿冰而浴。……或叩之以延年冲举之术,不应。唯劝人行阴骘,广施予,勿淫勿杀,勿忧勿患、勿多思而已。乾元观故址,初仅有门及两舍,道人游金陵公卿间汇赀成诸殿阁。山径左右皆植桃李,春时若锦绣,益斥南畔田,引山泉溉之,成稻田数十亩。住观五十余年。③

---

① (元)刘大彬编,(明)江永年增补:《茅山志》上册,王岗点校,上海古籍出版社2016年版,第747页。

② (元)刘大彬编,(明)江永年增补:《茅山志》上册,王岗点校,上海古籍出版社2016年版,第748页。

③ (清)陈铭珪:《长春道教源流》卷七,《藏外道书》第31册,第132页。

閻道人于万历十六年（1588年）在乾元观趺坐而卒，传有弟子舒本住、江本实、王合心等。王世贞对阎道人一生积极传道的贡献评价甚高："道人游行人间者五十余年，灼然著声者垂四十年。出无恒向，诣无恒主，宿无恒夕，忽然而来，忽然而去，无住无主，无恋为本，无相为宗，其真有道者耶。"① 但阎道人在临终遗教却说："穷理尽性，以至于命。齐家治国平天下。"这种以儒家积极入世精神做弘道工作，表现出的亦道亦儒，将出世与入世精神朴实地结合起来，故《乾元观记》篇末写道："希言深于《易》者也，儒而道，道而仙，吾安能窥其际哉。"这又是喻其儒道双修的明证。

后来笪重光编纂《茅山全志》时，对王世贞的《阎道人希言传》多有参考。另外，《江宁府志》中也记载有阎道人传记，从明代出现"四羽士"的说法，可见阎道人在当时当地的社会影响。明代大学者顾起元（1565—1628年）欣赏道教的隐逸文化而在南京修建遁园以修身养性，他在讲述明代南京故事的《客座赘语》中说："余眼所见与耳所闻四羽士，皆三十年来游南都与缙绅往还灼灼有名者也。阎蓬头希言，尝在弇州先生司马署中。"② 在展现阎希言与弟子李彻度、醒神子、彭仙翁与江南缙绅交流传道的景象后评价道："此四羽士，第其品，阎为最，李次之，彭又次之。醒神子人言为社日生，当可信，其品最下，不足信。独怪士之风靡而走其门者何也？嗟乎！以世间心漫求之，彼亦漫应之，即旦暮遇，犹千里矣。世间那有扬州鹤哉。"③ 可见儒士眼中的道士形象。

明嘉靖至万历年间，阎希言在乾元观收徒传教，此时传统的上清派茅山宗的势力已明显衰退，只能维持"三宫"而无暇顾及"五观"了，这正好给了"阎祖派"在茅山兴起并传承的机会。《诸宗总派总簿》卷十八"阎祖派"记载："邱祖复字岔派分支，茅山乾元观。"④ 其宗派传承谱系是："复本合教永，圆明寄象先，修成龙绪业，历代嗣宗传"20字，但据说阎祖派谱系原有40个字，现仅存25字，即在《诸宗总派总簿》所列的20字之后

---

① （明）王世贞：《弇州山人续稿》卷六十九《阎道人希言传》，台湾文海出版社1970年版，第3434页。
② （明）顾起元撰：《客座赘语》，南京出版社2009年版，第226页。
③ （明）顾起元撰：《客座赘语》，南京出版社2009年版，第227页。
④ 《藏外道书》第20册，第576页。

再加上:"童心容易得"。① 起始五辈"复本合教永"恰与龙门派第十四代至第十八代相合,并根据道号而形成的宗派道脉传承,故谓"阎祖派"为龙门派"复"字辈岔支分派。

《道统源流志》中也记载了阎希言是龙门岔支派茅山派第一代祖师:"阎守真律师,名复真,号守真,律名复本。出家茅山乾元观,为龙门岔支派茅山派第一代祖师。"② 但也有人认为该书"把阎希言变成龙门正宗的律师,并给他'复真'、'复本'的法名、律名,这毫无任何明代甚至清初文献的支持,不足为信"③。阎希言是否是龙门正宗的律师还需进一步研究。但从江苏道教的视域看,阎希言的弟子较多,有的还离开茅山到外地去进行传教活动,由此也可见阎祖派在传至三、四代时,得到江南士绅的关注与支持还比较兴盛。笪重光编纂《茅山全志》时主要吸收了王世贞《阎道人希言传》的观点,认为阎希言在乾元观还是培养出了一批道士,其中还收录了舒本住、江本实、王合心、李合坤的生平传记,为今天了解"阎祖派"在茅山的传播提供了十分的宝贵资料。

舒本住,又称"舒道人,晚而慕道,浪迹诸名胜至三茅郁冈之下,见有宋朱真人《幽光显扬碑》仆于荆榛中,土人取石为灰,碎其碑,将负去,忽雷雨晦冥,若见有人矮合立之者,道人异之,乃倚碑结茅而栖,坚意精心,凡十余年。而道人阎希言者,始来自终南,丰腹重颔,不冠不履,舒知其不凡,拜为师。遂相与胼胝,兴复古乾元云。然则舒道人者,其观妙之守孙也,名本住,号一庵,金陵人。与江文谷同为希言高足弟子,享年九十有六。"④ 从这一记载可见,舒道人来到茅山乾元观时,此宫观房舍已成废墟,那块著名的讲述上清派第二十三代宗师朱自英修道历程的《幽光显扬碑》还被当地山民粉碎了以烧石灰用。舒道人倚碑结茅而栖居,坚心修炼十多年,直到遇见从终南山来的阎希言,拜之为师后。阎希言与舒道人一起开始振兴古乾元观,通过修缮宫观、收徒传教等活动,才逐渐创立全真龙门岔支

---

① 《茅山乾元观》编委会编《茅山乾元观》,第14页。
② 吴兴庄严居士辑:《道统源流志》下,无锡中华印刷局印刷,第19页。
③ (元)刘大彬编,(明)江永年增补:《茅山志》上册,王岗点校,上海古籍出版社2016年版,第692页。
④ 《茅山全志》卷九,《藏外道书》第19册,第866页。曹袭先撰《句容县志》(台湾成文出版社1974年版,第347—348页)中也有相似的记载。

"阎祖派"。

王岗在点校《茅山志》时，查阅了李维桢供田记及游记、顾起元《游三茅山记》、邹迪光《游茅山记》及王复礼《武夷九曲志》等，认为其中"分别记载了阎希言徒孙萧合乾（乾阳）、王合中、黄合贤。"① 这几位是接续舒本住而成为阎祖徒孙的，这可能是根据阎祖派的传承谱系"复本合孝"排列下来，乾元观道士黄合贤应是阎希言的徒孙辈，但《武夷山志》则明确提出黄合贤直接师事阎希言："黄合贤，号知白，大梁人。少好道，入三茅山，有阎希言者，三百余岁矣。合贤师事之，获秘授，逾七旬，颜如童子。晚创知白庵于七曲三隐台。万历初，有懿旨，择高真检《道藏》，佥举合贤应召。旋受宠褒，后无疾而化。"② 这里说阎希言修道获长生而有三百余岁，才可能成为黄合贤之师，明显是有神化色彩，但值得注意的是，这段资料中提及黄合贤在万历初年，应"择高真检《道藏》"的懿旨而参与了第五十代天师张国祥奉旨检修《道藏》的工作，可见他也是一位博学有才的高真。

江本实（1545—1606年），又称江道人，名本实，号文谷，蓟州玉田人。早岁弃家学道，万历壬午（1582年）至郁冈师希言。尝言人生未尝无死，有尽形骸，人死未尝无生，当存精气，乃于洗心池旁培小阜祀重阳，因迭石塞牖，趺坐于中。谓其徒：'每日向牖呼之，应则已，不应则入收敛遗蜕。'凡呼之三年，乃不应，启石视之，坐蜕矣。故称为活死人墓。著有《华阳真诲》行于世。"③ 据于孔兼《道人江文谷传》记述，阎希言升仙前将乾元观事务授予江本实管理。江本实成为乾元观第二代住持，在他的领导下，乾元观建立云水居作为云游全真道士挂单修炼的场所，乾元观也发展成江南全真道的十方丛林之一。

王合心，又称"王小颠，道名合心，常州宜兴人。生而慧辨，通儒术。弱冠居金沙，即悦水云之士，作方外游，遍诸名山，访高流，见阎希言，师事之，叩升举事。……先生且学博而才敏，构词用意出人意表"④。王合心

---

① （元）刘大彬编，（明）江永年增补：《茅山志》上册，王岗点校，上海古籍出版社2016年版，第675页。
② （清）董天工修撰，方留章等点校：《武夷山志》，方志出版社1997年版，第597页。
③ 《茅山全志》卷九，《藏外道书》第19册，第867页。
④ 《茅山全志》卷九，《藏外道书》第19册，第867页。

遇阎希言后，阎希言授以秘诀，虽以弟子相待，但在阎希言去世前却将衣钵传给江本实，并命王合心师事江本实，听其教诲，然后要求江本实再传给王合心。这样，王合心在师承排列上就有了"复考文谷而祖希言"的特殊地位。故有"此云师事阎希言，疑当为师事阎希言之徒"之说。

李彻度（1510—1619年），黟县人，本名梦仙，法名一了，嘉靖三十五年（1556年）弃家入道，去武当山修道七年，在那里恰好遇到阎希言，两人一起共证修真。李彻度在来茅山之前有一段丰富的求道经历："李道人，黟县人，父母皆梦一道人入门而生，名梦仙，以正德庚午年生。"李彻度本是有妻有妾的俗人①，后受丘长春十代孙的指点，"弃妻子，云游西粤湘山，楚太和山，散发啸歌，众莫之识。时阎希言在山，独识之，相得甚欢，朝夕修证。阎往茅山，李忽投清凉涧中，捧腹大笑，从此遂不衣，严冬亦然。故以赤肚名，十年游终南，又十年游匡庐，三年始入茅山。而阎先一年尸解矣。"②后来阎希言先离开武当山去了茅山。李彻度以善治病而闻名，求医者络绎不绝，因教授简学易懂的丹法，当地士绅从之如云，在仙传中以"李赤肚"而知名。据明代李日华《六砚斋三笔》卷四记载："李赤肚禁人泄气，遇腹中发动，用意坚忍，甚有十日半月不容走泄，久之则气亦静定，不妄动矣。此气乃谷神所生，与我真气相为联属，留之则真气得其协佐而日壮。轻泄之，真气亦将随之而走。"③钱谦益（1582—1664年）曾为其表兄作《顾行之七十寿叙》，其中在讲述其仲舅学仙之事时还特别将两人并提："仲舅好长生冲举之术，延致阎希言、李赤肚辈，皆百岁以外登真度世之人。"④李彻度在与阎希言分别23年后去茅山寻找阎希言，但阎希言已于一年前（1588年）羽化了，他欲拜江文谷为师，但江道人见李彻度与阎希言之间的这种亦师亦友的关系而不受，李彻度只好"遂拜空而师阎"⑤。这种说法背后隐含着李彻度依据过去在武当山的学仙经历想归入阎祖门下，但江

---

① 据《赤肚李道人传》载，李赤肚，名梦仙，父亲去世时，赤肚年仅十岁。"稍长修父业，收息江湖，辄游酒人声妓之间，挥金无所惜。年四十，挟妓王凤仙居芜湖，病羸，濒死。"后遇高人医治，病愈。从此看破红尘，自弃妻子，出家为道士，云游天下。
② 《茅山全志》卷九，《藏外道书》第19册，第867页。
③ （清）俞樾撰：《茶香室丛钞》第三册，中华书局1995年版，第1077页。
④ （清）钱谦益：《钱牧斋全集》八，上海古籍出版社2003年版，第544页。
⑤ 《茅山全志》卷九，《藏外道书》第19册，第867页。

文谷却不愿以师辈自居的信息。据记载，李彻度到乾元观后，按阎祖派的派字改为李合坤，还是归入江文谷的弟子"合"字辈。因此从保留下来的资料看，有关李彻度的辈分有不同说法：其一是阎希言的弟子，如《乾元观记》记载"希言道人，以仙化而藏其骨也。其徒李合坤，既请王元美大司寇赞而传之"。其二是属于阎祖派三代"合"字辈。李彻度来到茅山后，主持并完成了乾元观的修复工作，并与南京的明朝官吏文人交往密切，如礼部尚书郑汝璧、董其昌、朱谋㙔、焦立等都有诗赠李彻度，形象地描绘了李彻度于茅山修道的状态。例如朱谋㙔《送李彻度师还山》："九十仙真岁月赊，居然福地领烟霞。来骖猨岭峰头鹤，去采华阳洞口花。神守一元观窃妙，心从九转炼丹砂。关门令尹休相托，骑出青牛是故家。"① 李彻度也请名家写《乾元观记》。正是在金陵士绅的支持下乾元观得以重振，并获得明神宗颁赐《道藏》，提升了乾元观在茅山乃至全国道教中的影响。李彻度有弟子李教顺、闵君竹、王我虚、曹熏在史传中留下信息，其中李教顺在万历中后期任乾元观知观。据顾起元《茅山重建乾元观记》记载，李彻度自己最后坐茅山燕口洞三年，于万历己未（1619年）八月，年一百十五岁而化。

李教顺是李彻度的法嗣，阎祖派的第四代。明人李鼎、李维桢、顾起元和明神宗皆记载了李教顺在万历中后期担任乾元观最高的道职"知观"。王世贞在《阎道人希言传》中称，"道人以甲申之冬（1584年）过我弇中，酒间忽谓余，吾家山西，二十七八时行贩燕市足自给，有妻室矣，而淫往往，房帏过度成瘵且死，而遇我师诲之坐功得无恙"②。《茅山全志》卷九也记载了王世贞到茅山访问时，还于梦中见过李道人："王荆石先生宿大茅峰，梦一道人坐斯洞，觉而驰至，遂肃拜焉。"③ 一是酒间，一是梦中，给人以恍惚之感，实际情况究竟如何呢？若依《阎道人希言传》记载，李教顺本是全真道长春派的第十一代传人，但皈依到阎希言门下后，"定名若干字，世以相承，总为一家，无复分异"。他将自己的辈分延后，改为"教"字辈，成为阎希言所传的长春派的第十六代弟子。

---

① 《茅山乾元观》编委会编：《乾元观山志》，第64页。
② （明）王世贞撰：《弇州山人续稿》卷六十九《阎道人希言传》，台湾文海出版社1970年版，第3435页。
③ 《茅山全志》卷九，《藏外道书》第19册，第867页。

为何要等到第四代李教顺时，茅山全真道派才来定辈字呢？对此有人解读为："乾元观全真道原先固然有长春道派的身份认同，也使用龙门字派。但为了尊崇阎希言复兴乾元观及建立茅山全真道派之功，李教顺很有可能定了新的以阎希言为宗师的字派。当然，李教顺和乾元观其他道士都明白他们这一支全真道派渊源于长春道派。把阎希言系茅山全真道派说成是龙门或长春门下'复'字岔支派，是顺理成章的事。这便是阎祖派派诗的来龙去脉。"[1] 李维桢本人去过茅山乾元观，并应李教顺之要求撰写《乾元观供众田记》，他能这样说自然是有其根据的。

另外，据日本学者五十岚贤隆所记《宗派别》，与阎祖有关的道派还有二茅派。从名称上看，二茅派继承了茅山道教的信仰，但在明代时又受乾元观阎祖影响而形成了自己的传承谱系："二茅派：茅山乾元观阎祖。留传：复虚兴道，富德从仁，世理真常，教本可思，克成大业，毕定久昌"[2]。但参考藏于北京白云观的《诸真宗派总簿》所收的二茅派[3]，可见其派诗与五十岚贤隆所记一致，但只是简单地将其归在二茅真君茅固的名下，而并未将其与阎祖相联系。

阎祖及其弟子扎根乾元观进行弘道活动，"在阎祖等人的影响下，茅山道院'三宫五观'中的五观逐渐改习全真，俱尊乾元观为五观之首、全真宗祠，茅山唯一的孙子丛林"[4]，在客观上扩大了全真道在江南地区的社会影响，并改变了上清派统治茅山道教的基本格局，形成了"三宫"传正一与"五观"习全真的景象。这从清本《茅山全志》中所记载的道士看，除了沿袭刘大彬的《茅山志》中的第四十五代宗师外，其余收录的大多是全真道士而少有正一道士，由此即可见明代后期全真派在南传过程中把江南道教名山茅山作为其传道的首选之地。

同时，乾元观的兴盛也与明万历年间明神宗的支持及频繁往来有关。据王锡爵撰《乾元观记》中记载："壬子后，复赐孔雀、玉皇、东岳、玄范诸

---

[1] （元）刘大彬编，（明）江永年增补：《茅山志》上册，王岗点校，上海古籍出版社2016年版，第693页。

[2] ［日］五十岚贤隆：《太清宫志》，郭晓峰、王晶译，齐鲁书社2015年版，第52页。

[3] 《诸真宗派总簿——道教宗派源流》记为"复虚与道"，其中"与"可能是对"兴"的繁体字"興"的误写。参见吴信汝主编《道教精粹》下册，线装书局2016年版，第963页。

[4] 《茅山乾元观》编委会编：《茅山乾元观》，第15页。

经，衮衣绣幢，醮资若干缗"①。"壬子"即万历四十年（1612年），这年，明神宗曾赐给乾元观孔雀、玉皇、东岳、玄范等道经，并提供举行道教斋醮科仪所需的用品和经费。"阎祖派"还以乾元观为基地向周边地区传播。据《武夷九曲志》记载，阎祖派第九代金象鸿明末时入茅山修道，后到罗浮山、武夷山清真道院传道。

从史料记载看，"阎祖派"传承四代，至"教"字辈以后的相关记载就稀少了，但笔者在文献查找和田野调查时发现了一些碑文，可为我们今天了解乾元观如何延续"阎祖派"传承谱系提供了实物证据：

第一，万历三十四年（1606年）所立的《皇明重兴乾元祖文谷姜公墓碑》上有"第五代当家钱永成、都管王永虚立"的题字。此碑至今仍保留在乾元观内的"活死人墓"旁，墓主姜文谷，即江本实，下面的落款时间是"万历三十四年，岁次丙午冬日"②。立碑者是当时的乾元观当家钱永成、都管王永虚，他们是阎祖派第五代"永"字辈。

第二，钱谦益撰《书建玉皇阁疏后》中有张充符在崇祯十七年（1644年）任乾元观住持的相关记载。"乾元观在小茅山西北郁岗山下。自充符张尊师住持，崇饰尊严，殿宇岿然。而玉皇殿阁未就。中常侍李君捐赀缔构，又为文以唱导。充符书来，请余记其后。"③钱谦益所说的"充符"是字而非法名。据考，在龙门字派内，"充"字对应的法名应该是"圆"，是全真道龙门派第十九代，④即乾元观"阎祖派"传承谱系中的第六代。当时正值明末清初，清兵南下，以钱谦益为代表的复明志士在崇祯皇帝自缢后，支持明朝宗室福王朱由崧于崇祯十七年五月在南京登基为皇帝，改元弘光，在南方建立南明政权。张充符作为茅山道士也积极支持，据祁彪佳《祁忠敏公日记》记载，乙酉年（1645年）五月初六日"茅山道士张充符过访，言大司监俱有引退者，而韩内监赞周且削发，时事可慨矣"⑤。后来，张充符在

---

① （清）杨世沅辑：《句容金石记》卷10，《石刻史料新编》第2辑，第9号，台北新文丰出版公司，第6584页。

② 杨世华主编：《茅山道院历代碑铭录》，上海科学技术文献出版社2000年版，第140页。

③ （明）钱谦益：《钱牧斋全集·初学集》，上海古籍出版社2003年版，第761页。

④ （元）刘大彬编，（明）江永年增补：《茅山志》上册，王岗点校，上海古籍出版社2016年版，第676页。

⑤ （明）祁彪佳：《祁彪佳日记》下，浙江古籍出版社2018年版，第823页。

南明监国鲁王朱以海时出任兵部侍郎，他的名字除张充符之外，还有张充甫、张冲甫、张冲符、张仲符、张中符等不同写法，后以"茅山道士"身份潜伏清统治区进行复明活动①，因此而在史书中留名，为我们今天考察阎祖派的传承提供了线索。

第三，清光绪元年（1875年）三月在茅山所立的《龙门阎祖弟子王历功碑》，上有"龙门阎祖分派第十六代羽化先师历功王公之墓"的字样，可见王历功是全真龙门阎祖派第十六代传人，其后还列有从"代"至"童"的五代传人的名字，"立碑人是王历功的徒弟施代铭、严代松；孙严嗣昆、张嗣亨、俞嗣修；曾孙潘宗感、许宗成、张宗泰；元孙曹传恩，元元孙杨童孝。光绪十六年（1890年），杨童孝曾募捐修建松风阁"。② 到20世纪，乾元观主持惠心白是"心"字辈，同辈还有曹心林、谢心禄、李心斗，后经赵容海，再传朱易经、马易芳等，则是第二十四代"易"字辈了。因此从目前收集到的资料来看，茅山阎祖派的传承大致如下：

  第一代—复：阎希言（复真）
  第二代—本：江本实、舒本住
  第三代—合：王合心、李合坤、萧合乾、王合中、黄合贤
  第四代—教：李教顺、闵君竹、曹禹、王我虚
  第五代—永：钱永成、王永虚
  第六代—圆：张充符、阎晓峰
  ……↓
  第九代—象：金象鸿、苏象海
  第十代—先：李先真、王先实
  ……↓
  第十六代—历：王历功
  第十七代—代：施代铭、严代松
  第十八代—嗣：严嗣昆、张嗣亨、俞嗣修
  第十九代—宗：潘宗感、许宗成、张宗泰

---

① 顾诚：《南明史》，中国青年出版社1997年版，第826页。
② 句容市地方志办公室编：《句容茅山志》，黄山书社1998年版，第120页。

第二十代—传：曹传恩

第二十一代—童：杨童孝

第二十二代—心：惠心白、曹心林、谢心禄、李心斗

第二十三代—容：赵容海、赵容山、陈容君、高容亮、陈容富、周容正

第二十四代—易：朱易经、马易芳、李易昌、贺易松、王易法、朱易成

值得注意的是，一是阎祖派在历史传承过程中在第六代、第十代之后两次信息中断；二是从第十六代到第二十一代的传承信息还是从一通出土碑文中发现的。阎祖派从第六代开始传承不兴，可能与龙门派在茅山的传播有关。

龙门派第七代宗师沈常敬来茅山乾元观，与阎祖派传人共执教务，并积极支持龙门派律师王常月来茅山传戒，乾元观出现了"阎祖派"与"龙门派"共存的现象，成为江苏道教中具有特殊地位的一座全真道丛林。在沈常敬来茅山时，"五观"中的其他三观——白云观、玉晨观和德祐观也是一片废墟，经过其弟子们的不断开发，成为全真道龙门派的传播基地。

沈常敬最后升仙于乾元观，其门下有孙玉阳宗师、黄赤阳律师等，共执教务。孙玉阳，名守一，生有神异，"既长，博闻强记且精骑射，自命不凡，然不屑入世，常休金盖之云根。年十九，游金陵，遇太和沈祖于陶谷，慨然以得仙为分内事，遂偕隐茅山，授以秘书三十六种，师则一一精诣其髓。沈祖大悦，授以宗旨，命名守一"[1]。孙玉阳拜与王常月同辈的沈常敬为师，在主持茅山乾元观时，笪重光也隐居于茅山郁冈峰扫叶楼、松风阁，与孙玉阳共弘全真教义。

孙玉阳门下有范太青、周太朗、阎晓峰等。得其宗旨者阎晓峰继守茅山乾元观，皈依孙师，为龙门派第九代传人，门庭亦盛："阎晓峰宗师，名太，号晓峰，为茅山乾元观讲席，其传后人改茅山法派，故无考"[2]。阎晓峰又称"阎蓬头"，曾在茅山乾元观大力传播全真教，也是阎祖派第六代传人。据《金盖心灯·道谱源流图》记载，阎晓峰"继守茅山乾元观，其所

---

[1] 《藏外道书》第31册，第207页。
[2] 吴兴庄严居士辑：《道统源流志》下，无锡中华印刷局印刷，第8页。

传后人改皈茅山法派"[①]。阎晓峰在任乾元观讲席时，先继承全真龙门派教法，后带领门人改习茅山传统的上清经法，促进了全真与正一的融合，但其弟子接任后，又改皈阎祖派。阎祖派及龙门派都以乾元观为基地向周边地区传播。清顺治二年（1645年），范太青（1606—1748年），号青云子，先来茅山乾元观拜孙玉阳为师，为龙门派第九代宗师，后去主持天台山桐伯宫讲席，并奉敕建崇道观，开龙门桐柏观支派。"康熙四年（1665年）遣其门人周太朗之杭之大德观并与宗旨一册，使嗣赤阳黄律师。"据《武夷九曲志》记载，阎祖派第九代金象鸿明末时入茅山修道，后到罗浮山、武夷山清真道院传道。

全真道龙门派传入茅山后，乾元观虽然也受其影响，但还是保留了自己的阎祖派传统。从此，茅山道教呈现出"三宫"传正一道，"五观"中则出现了白云观、玉晨观和德祐观传全真龙门派，乾元观与仁祐观则传全真龙门派岔支阎祖派的独特景象，这大概与阎希言先于王常月来到乾元观有关。从总体上看，经过一代代全真教徒的共同努力，全真道传入茅山后，与山上本有的由上清发展起来的正一派没有发生什么冲突，反而扎根并兴盛起来，这是值得认真研究的文化现象。今天，乾元观这座江苏道教中唯一的坤道宫观，正在继承道教"和顺文化"优良传统，为促使江苏道教与江苏社会文化的繁荣发展而努力。

[①] 《藏外道书》第31册，第169页。

第十三章
江苏道教在清代的延续

　　清代时，顺治、康熙、雍正诸帝从稳固政治统治的立场出发，曾沿袭明制赐封张天师为正一真人，让其掌管天下道箓。但清王朝信奉藏传佛教中的格鲁派（黄教），在国事活动中减少任用道士举行斋醮之事。清军来到江南后，曾用高压的方式逼迫汉人剃发易服。例如顺治二年（1645年）清军进入扬州后屠城，对道教宫观进行破坏，一度激发起当地人的反抗精神，道教又被汉人视为本民族文化传统的象征而在民间继续传播，一些儒生和抗清人士加入道教，一些道士则力图通过阐释教义和教制改革来振兴日益衰落的道教。从总体上看，清代江苏道教形成全真道和正一道并行传播的局面，但因清初皇室不太爱好符箓斋醮，乾隆七年（1742年）下令设乐部，以典乐大臣领之，同时下诏禁太常寺乐员习道教，由此改变了明代国家礼乐祭典由乐舞生（主要是道士）执掌的做法。正一教的社会地位与明代相比有所下降，但由于江苏远离政治统治中心，正一道在民间社会依然得以较为自由地发展。全真教在清初进行了改革，龙门派律师王常月南下传道，尤其是在南京讲经说法，推动了全真道龙门派在江苏传播，不仅与传统正一道形成了相互影响且并行发展的趋势，而且因倡导出家守戒的修道精神，以道观为活动中心而获得了江南士绅及信众的支持。带有江南文化特色的道观经济建立并逐渐渗入到地方社会，成为清代江苏道教依然能够处于发展中的支柱，并受到清王朝一定的扶植。康熙皇帝南下时曾参观茅山道教。苏州玄妙观还因成为乾隆皇帝下江南的行宫而得以修缮。清代江苏道教的一些文化创举和道观经济的组织形态如何影响清末民国道教在近代化过程的生存，是特别值得研究的。

第一节　王常月在江苏传全真道

在全真教内部形成的各派中，唯有丘处机法嗣为多，以其为教主的龙门派最为兴盛。龙门派创于元代北方社会，兴于明代，真正在江苏社会中产生影响还是在清初第七代律师王常月南下进行弘法传戒活动中，因倡导出家守戒的修道精神，以道观为活动中心而获得江南士绅及信众的支持。从保留到今天的《龙门心法》及《碧苑坛经》可见全真道在江苏传播的文化特点。值得研究的是，王常月在南京的讲经说法如何推进了全真道教义的创新发展？如何推动了龙门派在南京、茅山、苏州等地的传播？全真道龙门派在江苏社会中怎样分宗立派与正一道形成了相互影响且并行发展的趋势？

清代初年，江苏远离政治统治中心，全真道在民间社会依然得以较为自由地发展。《金盖心灯》在介绍龙门正宗的传承者时，将前五代都称为律师，每代且只有一人，他们的生平事迹比较简略，其中还有一些模糊甚至虚构的成分[①]，但从北京白云观主持、龙门派第七代律师王常月（？—1680年）[②]在清初南下传道后，内容逐渐多起来。尤其是有全真道"中兴之祖"之称的王常月在南下弘法传戒活动时来到南京碧苑开坛说法，不仅推动了全真道在江南社会中的传播，而且也逐渐改变了江苏道教的内涵。

王常月于康熙二年（1663 年）率詹守椿、邵守善等弟子南下弘法传戒，先在南京"说戒于金陵碧苑"："康熙二年，岁在癸卯，十月之吉，昆阳子说戒于金陵碧苑"[③]。后登上茅山，再去杭州宗阳宫："康熙三年，岁次甲辰三月，国师王真人由京师出驻浙杭之宗阳宫，从者二十余人。"[④] 又去湖州

[①] 孙亦平：《论全真道龙门派在江南地区的传播与影响》，《宗教学研究》2010 年第 3 期。

[②] 《金盖心灯》卷一《王昆阳律师传》中有关王常月的生年有两种说法，一是据范青云《钵鉴续》的记载，认为王常月生于嘉靖壬午年（1522 年）"师年一百三十有四岁"；二是王常月弟子吕云隐所传，认为王常月生于万历甲午年（1594 年）。道门中一般采用范青云说，但据尹志华《清代全真道传戒初探》考证，吕云隐的万历甲午年说，"此说可信程度应该较'嘉靖壬午年'说要高"（赵卫东主编《全真道研究》第 1 辑，齐鲁书社 2011 年版，第 241 页）。

[③] 《碧苑坛经》，《藏外道书》第 10 册，巴蜀书社 1994 年版，第 159 页。

[④] 《金盖心灯》卷二，《藏外道书》第 31 册，第 187 页。

金盖山等地立坛收徒传戒①，演说"龙门心法"，努力"将龙门七代家风，告诸大众"，再到湖北武当山传"龙门三坛大戒"，皈依弟子达万余人。"明年秋，姑苏施法师亮生，吕律师守璞来迎我真人，乃出山之穹窿，詹某等从行。"后来，王常月又因施道渊法师之请去到苏州穹窿山传戒，"与交有云隐、靖庵、赤阳、石庵、明阳、铁竹，辈二十余师，互阐太上宗风"②。此为王常月在江南的大致行历。

王常月在南京碧苑开坛说法，既是对自己树立的弘道理想的实际践行，也加大了全真道在江苏社会的影响。《王昆阳律师传》记载了王常月的生平及学道赵真嵩，于北京白云观传道授戒等事迹。值得注意的是，王常月在白云观针对道门中"颓衰不振，邪教外道，充塞天下，害人心术，坏我教门"的状况，乃继承丘处机仿照佛教沙弥、比丘、菩萨三戒所制定出初真、中极和天仙"三坛大戒"，并改革过去"单传秘授"的旧制，实行公开传戒，希望通过严行戒律来阐扬道教信仰的神圣性，提升道士的道德水准，以恢复早期全真道所倡导的"功行俱全"、积极服务于社会的正面形象。

这种改革的思路一方面顺应了明末清初处于复杂尖锐的民族矛盾之中的人们希望振兴汉民族宗教与文化的愿望；另一方面，这种弘道活动所具有的维系文化共识，凝聚民族和社会群体的功能，也迎合了清王朝希望利用道教来安抚人心、稳定社会的要求，对清初北方地区的社会稳定也起到了一定的促进作用。王常月认为："自七真阐教之后，教相衰微，戒律威仪四百年不显于世。"③ 王常月"丙申（1656年）三月望日，奉旨主讲白云观，赐紫衣，凡三次登坛说戒，度弟子千余人，道风大振"④。他在北京白云观开坛说戒，强调"戒行精严"，使萧条的白云观逐渐恢复了往日的生气，但他并不满足于仅在京城弘道，而是期望到各地通过公开传授"龙门戒法"来提高道士素质，抑制教门腐败，这是王常月南下来到江苏的动因。

清初全真道在南京的发展与王常月南下传道所起的推动作用是分不开

---

① 有关湖州金盖山全真道龙门派，请参见［日］森由利亚《全真道龙门派系谱考——关于〈金盖心灯〉に記された龍門派の系譜に關する問題點について》，《道教文化への展望》，东京：平河出版社1994年版。

② 《金盖心灯》卷二，《藏外道书》第31册，第187页。

③ 《碧苑坛经》，《藏外道书》第10册，第168页。

④ 《昆阳王真人道行碑》，载《白云观志》，《藏外道书》第20册，第592页。

的。王常月到南京后,曾住在城西北虎踞关一侧的隐仙庵,此处地方不大,名气不小,据说因当年陶弘景在南京隐居于此,故名。明嘉靖五年(1526年)崂山道人高玄礼结草,名竹林道院。崇祯三年(1630年)才易今名。王常月来到南京后"尝恢复江宁虎踞关隐仙庵"①,并与此地士绅名流相结交,开坛传戒说法。

王常月的传戒活动之所以能够在短短的时间内在大江南北造成广泛的影响,使全真道在一定程度上得以复兴,这与他持戒弘道的做法有关。陈鼎所编《留溪外传》卷十七《心月道人传》从一个侧面展示了谭守诚遇王常月得"龙门心印"后在南京传道之事迹:

> 谭守诚,道号心月,楚之酃县(今湖南炎陵县)人。明亡,弃家为道士。一日遇王昆阳真人,相见如故,遂契合,偕往武当山中,传秘密精义。操修二十余年,无暑刻少懈。昆阳知其有所得,遂以龙门心印付之。嘱曰:"尔得吾道,当以度人为急。度一人证道,即积无量功德也。"于是守诚游行天下,以救拔为主,委曲劝化,诱人于至道。叮咛告诫,勿使堕落旁门左路也。后至江南,见江左人材济济,有根器者众,乃止于江宁(即南京)城西虎踞山之隐仙庵设教焉。诲人以忠孝为本,以诚静为用。其徒从者几千人。康熙己巳岁(1689年),语诸学人曰:"吾将逝矣,当在某月日也。"至期,沐浴更衣,朝参上帝,说偈曰:"一心静极万缘消,独露真容月正高。自在希夷堪湛寂,龙门法律柏林操。"端坐而化。

陈鼎所编《留溪外传》刊印于康熙三十七年(1698年),距谭守诚仙逝不到十年,所就王常月以龙门心印付予谭守诚,应该是真实的。② 据《金盖心灯》记载,谭守诚是龙门正宗第八代律师,皈依王常月,备受三戒,住北京白云观有年。其弟子詹太林即詹维阳。彭定求在《詹维阳律师塔铭》中也曾提及王常月传戒谭守诚之事:"时当昆阳王律师金陵行道之后,其嗣

---

① (清)陈铭珪撰:《长春道教源流》卷七,《藏外道书》第31册,第134页。
② 尹志华主编:《王常月学案》,齐鲁书社2011年版,第99页。

心月谭律师以先生为入室高弟，付龙门派第九传云。"① 明确将谭守诚视为王常月的法嗣，曾跟随王常月到江浙活动，其中还特别提及王常月在位于南京城西虎踞山之隐仙庵设教传道的事迹，"当时南京隐仙庵在龙门派受戒弟子中享有'祖庭'的声誉"②。谭守诚不仅传演龙门心法于詹维阳，而且与江南道士陶靖庵、黄冲阳、黄虚堂、吕云隐等交往密切，促进了龙门派在江苏的分宗立派。谭守诚最后在南京隐仙庵"端坐而化"，但《金盖心灯》卷二《谭心月律师传》则说他："时游金陵，亦驻冠山。又有年（计二十四年），忽于丁卯岁（1687）不知所之。乾隆甲子（1744），有见于云南太和宫，出其手录戒律，托寄与冠山陶某云。"

另有恒山道士龙起潜在《初真戒律序》中讲述王常月在京都白云观设戒坛，传戒演钵，一时授受弟子千有余人，然后再传戒广演于江浙间，声教四溢，自己在南京隐仙观初识王常月师的经历："昔余识师于江南之隐仙庵，私心已尸祝之矣，因狂心未歇，难遽投拜；今朝谒武当，幸遇师传戒于玉虚宫中，遂发心皈命而受持戒律……康熙十三年，岁次癸丑，恒山持戒弟子龙起潜稽首拜题。"③ 由此可见王常月在当时南京隐仙观传戒之影响。

王常月在南京碧苑开坛弘道说戒的内容，经弟子记录整理后，形成了两个版本：一是《碧苑坛经》：由"大清高士全真演教龙门承律第七代昆阳子王常月演，第八代戒弟子施守平纂，第十一代宗裔闵一得订"④，分为五卷，卷首、卷上、卷中、卷下、卷末，收入《古书隐楼藏书》第一册；二是《龙门心法》：由"第七代律师西晋昆阳子王常月传，弘道阐教法孙维阳子詹太林校，弘道阐教元孙初阳子唐清善演"⑤，分为上、下卷。这两个版本是因不同记录者听讲时所记，文字内容有些微差异，但宗旨相同，都围绕着一个主题："戒行精严四字，降心顺道唤作戒，忍耐行持唤作行，一丝不杂唤作精，一毫不犯唤作严。"⑥ 王常月还撰有《初真戒律》一卷、《钵鉴》

---

① （清）彭定求：《詹维阳律师塔铭》，黄阿明点校，《彭定求诗文集》下册，上海古籍出版社2016年版，第666页。
② 尹志华主编：《王常月学案》，齐鲁书社2011年版，第13页。
③ 《初真戒说》，《藏外道书》第12册，第14页。
④ 《碧苑坛经》，《藏外道书》第10册，第159页。
⑤ 《龙门心法》，《藏外道书》第6册，第729页。
⑥ 《碧苑坛经》，《藏外道书》第10册，第169页。

五卷等，仿效佛教戒律的做法，希望通过"持戒在心""戒律精严"来提升修道者的道德境界，抑制道门中因过度世俗化而导致的传统被遗忘、神圣被消解、思想变浮浅、生活变随意等腐败现象，使全真道由过去的注重性命双修的内丹修炼转为倡导严持戒律，因此，他所"复兴"的龙门派在江南又被称为"龙门律宗"。

詹维阳（1625—1712年），又称詹太林，字晋柏，号维阳子，湖广黄州麻城县人。"慕茅山为仙宗奥府，往寓郁冈之乾元观。检阅藏经凡三载。尝采药过良常洞天，见石函中秘扃《龙门心法》一帙，精思而勤习之，若有神授。"王常月在金陵传戒期间还到茅山访问，曾受到乾元观詹维阳的接待。彭定求撰《詹维阳律师塔铭》记载：康熙四十五年（1706年），彭定求乘暇再重游茅山时，又登上峰顶九霄宫，拜三茅真君后，由曲水亭、喜客泉、绣衣亭而下，经过崇禧宫、下泊赭宫、之茂冈，入乾元观，到茅山乾元观郁冈丈室访詹维阳，两人一见深契："朝真茅山，访先生于郁冈丈室，一见深契。所论者，以御气凝神之功，合于诚意正心之理。视夫世之托符箓以矜异，挟丹术以诱迷者，实相悬殊也。"① 据说，当詹维阳带领彭定求参观茅山时，彭定求想起自己曾于三十年前第一次于月夜游句曲茅山时，见到"山麓结茅为宇，坐三黄冠，道容纯古"，他在得到三黄冠者"饷以饭蔬，皆仙家味"的招待后，恍惚之间，登至茅山高峰之巅，在三茅真君指点下欣赏了金陵美境，由此获得了一种宗教体验。在彭定求看来，詹维阳依然秉持王常月所传龙门派戒律，"外以整肃威仪，内以精研性命"，虽然"年八十有二，与众日啜麦粥，浃旬一饭，略无衰状"②。从中可见龙门派在清代茅山乾元观传播的情况。詹维阳于康熙五十一年（1712年）羽化后，葬于茅山，依其弟子之请，彭定求作《詹维阳律师塔铭》。

清代时，龙门派虽然以北京白云观为中心，但江南地区则是其主要传播地。据《金盖心灯》记载，王常月之下的第八代律师就有十五人——伍守阳、詹怡阳、黄虚堂、程潏山、陶靖庵、黄赤阳、吕云隐、金筑老人、谭守诚、黄冲阳、

---

① （清）彭定求：《詹维阳律师塔铭》，黄阿明点校，《彭定求诗文集》下册，上海古籍出版社2016年版，第666页。
② （清）彭定求：《茅山游记》，黄阿明点校，《彭定求诗文集》下册，上海古籍出版社2016年版，第547页。

程华阳、林茂阳、铁竹道人、江处士、鸡足道者,其中在江苏传道者有:

伍守阳(1574—1644年),字端阳,号冲虚子,少时笃好道德性命之言:"十龄奋志明经学,得遇重阳祖七篇。十三岁初生异志,念念寻真求出世。十六许可批其文,不向桥门争二试。廿龄名利便休心,儒衣敝履幡然弃。"① 伍守阳先师承龙门派道士曹还阳、李虚庵(泥丸)学丹法,后"吉王闻之,罗致而师事之。师恐有祸及,遁至天台之琼台",遇龙门派第六代律师赵复阳(名真嵩)。赵复阳在二十五岁时父母双亡,乃远游武当、茅山及吴越之间。复登天台,皈依张无我门下,授以戒法。赵复阳认为伍守阳是"律门真种子",乃推荐他去王屋山清虚洞天向王常月问道受法。崇祯十二年(1639年)秋,伍守阳在南京弘道:"时大明崇祯十二年己卯秋,邱真人门下第八派分符领节弟子冲虚伍守阳,序于南都(即南京)灯市道隐斋中。"② 第二年,伍守阳回到南昌看母亲,但《金盖心灯·王昆阳律师传》引《钵鉴续》曰,此年王常月"师前于崇正庚辰年(1640年)五月五日于王屋山手录大戒三册,首授江西伍端阳,名守阳,号冲虚律师"③。伍守阳是否在此年去王屋山、是否从王常月受戒,还须考辨④,但据说伍守阳见王常月后,"一见契合,遂皈投,叠受三大戒,得名守阳,字曰端阳",伍守阳成为龙门正宗第八代律师。

詹守椿(?—1700年),字扶摇,号怡阳子,金陵人,性孝,朋友阮大铖(1587—1646年)招之不赴,遂遁之王屋山。岁乙未(1655年)至京师受戒于白云观。清康熙二年(1663年),詹守椿与邵守善一起随王常月率等长途跋涉南下立坛传戒。康熙三年(1664年),詹守椿随昆阳王真人南行驻浙杭之宗阳宫。康熙三十九年(1700年)不知所往。

黄虚堂,名守正,字得一,长洲人,家中世代习儒,十三岁入苏郡学庠,十五岁冠古学,名振吴会,后在闲游灵岩山时遇异人。值逢世运沧桑,黄虚堂遂决意出俗。崇祯十六年(1643年)游茅山,后与吕云隐相交为友。然后再北上燕京,逢王常月说戒白云观,遂执弟子礼,受初真戒,启苏州浒

---

① 《伍真人修仙歌》,载《柳华阳、伍柳仙宗全集》,宗教文化出版社2013年版,第360页。
② 《藏外道书》第5册,第782页。
③ 《藏外道书》第31册,第184页。
④ 卿希泰主编:《中国道教史》(修订本)第四卷,四川人民出版社1996年版,第40页。

墅关太微律院支派。康熙三年（1664年）始晋受中极戒于武林宗阳宫。未几，复受天仙戒。当时吕云隐于吴地开冠山律院，于是黄虚堂前去开演钵堂，受戒弟子众多，最有代表性的是孙碧阳律师。孙碧阳，名太岱，年十七岁皈玄人。后遇黄虚堂而师之，叠受三坛大戒，越一年仙逝去。①

吕云隐（？—1710年），名守璞，其父吕崈，字贞九，吴县人，"髫年补博士弟子员第一，饩于太仓庠，名倾吴会"。明末乱世，社会动荡，吕崈乃弃家为道士，成为清微派第二十三代法师，后在苏州娄门筑小桃源居，取度人之意，故名"桴庵"，卒后即葬于此。王常月在白云观说戒，吕云隐"师闻前谒，真人一见喜曰：'是真法嗣也。'遂授初真戒，旋于武林晋中极戒。此师二十龄及二十四龄也。师二十一龄，父将羽化，预期示兆，师闻驰赴，课葬小桃源"。后来吕云隐舍宅为观，"师修明性地，大阐宗风，建梵天坛，魏元君、刘天君殿暨父塔院于小桃源"②，启苏州冠山支派。吕崈所筑小桃源既是新道派的创立地，后成为苏州著名景点桃花坞。

明末清初，第七代律师龙门正宗有律师王常月和宗师沈常敬（1523—1653年）。与王常月同辈的沈常敬一系，门庭亦盛。沈常敬曾隐居江苏茅山，门下有孙玉阳宗师、黄赤阳律师等。第八代律师黄赤阳（1595—1673年），原名珏，后易名守元，年四十去杭州大德观从陈致虚学道，后潜习于天目山，出游于茅山，拜沈常敬为师，后隐于湖州碧岩，求戒于京城白云观，得龙门正宗。第八代律师孙玉阳尝居茅山乾元观，门下有阎晓峰继守茅山。王常月南下传道时，孙玉阳派门人周明阳前去求戒，后又派周明阳去杭州大德观"使嗣赤阳律师"。黄赤阳从王常月受戒，合王、沈二系传承于一身，他曾住杭州大德观，又下传周明阳。

第九代律师周明阳（1628—1711年）是"茅山乾元观之宗嗣，杭州金鼓洞开山祖，金盖山云巢之宗师"③，他与王永宁共开杭州栖霞岭金鼓洞支派，又称"金鼓堂"，一时影响颇大，从学者千余人，"如果此时全真道教的盛行一时，堪称龙门中兴，则真正将全真龙门发扬光大于江南者，首推周

---

① 《龙门正宗觉云本支道统薪传》，《藏外道书》第31册，第427页。
② 《金盖心灯》卷二，《藏外道书》第31册，第198页。
③ 《龙门正宗觉云本支道统薪传》，《藏外道书》第31册，第214页。

明阳而不是王常月"①。周明阳作为前期江南全真道龙门派的代表人物，其弟子高东篱（1621—1768年），在金鼓洞修道四十多年，作为第十代律师，高东篱晚年又继范青云主持天台桐柏观，门下有方镕阳、沈轻云、闵一得等。方镕阳门下的王崒阳开苏州装嫁桥斗母宫支派，奉周明阳、高东篱为传法祖师。第十一代律师闵一得（1758—1836年）所开金盖山支派门庭最盛，阐述龙门派传承历史的《金盖心灯》即为其所作，成为后期江南全真道龙门派的代表人物。

从《金盖心灯》中可见，王常月之后，其弟子们相继在江南各地开山授徒，杭州金鼓洞、余杭大涤山、湖州金盖山、台州天台山，乃至苏州、无锡、茅山等地一时间出现了许多龙门分支岔派，尤其是"世家望族对江南龙门派的包容与支持主要体现在两个方面：其一，世家望族的成员作为皈依弟子在龙门道团中普遍占有重要的宗教地位；其二，与这些出身世家望族的皈依弟子有血缘或亲缘关系的其他成员积极参与道教的相关活动"②。龙门派以清嘉庆朝之前繁衍传播为最盛，以至于"龙门派"几乎成为全真道的代名词，其传播的盛况可与佛教五家禅中的临济宗相媲美，故世有"临济、龙门半天下"③ 之说。

到道光、咸丰年间，一些来自江苏茅山的全真道士还在江南各地传道，例如，王明真属于全真龙门正宗第二十代传人，他从茅山到杭州显真道院弘道。据《申报》多次报道，因道院在咸丰时被太平军所毁，王明真及弟子徐至成在上海、杭州等地举行立饿七钉关募捐活动，以期筹集资金，修复道观，延续龙门正宗。这些活动也是王明真在上海旧雷祖殿地址上建沪北朝阳楼，徐至成新建全真十方丛林之一海上白云观的缘起。④ 全真龙门派中的一些支派更是流传到近现代，传播到港台以及海外广大地区。

在江南传播的龙门派继承传统，"以清虚自然为宗，而不事神奇，与老

---

① 吴亚魁：《江南全真道教》，上海古籍出版社2012年版，第346页。
② 赖全：《传统社会中家族对道教发展之影响——以闵氏及诸家族与江南龙门派为例》，《江西社会科学》2013年第4期。
③ （清）陈铭珪：《长春道教源流》卷六，《藏外道书》第31册，第113页。
④ 有关王明真的事迹，参见吴亚魁《江南全真道教》，上海古籍出版社2012年版，第290—230页。

聃庄列之说为近，至其原本忠孝，则其指并不悖于圣贤矣"①。以清虚自然为修道之本，倡导以道融汇儒佛、惩忿窒欲、遵行戒律、修炼内丹，以传播"龙门心法"为己任，同时也表现出一些独特的江南文化特点：

第一，以吕祖信仰带动民众道教。龙门派倡"吕仙之道，传丘长春"，并将金盖山视为"吕仙纯阳子化身所游之地"，也推动了清代之后江南各地儒士对吕祖的事迹及《吕祖全书》的关注与认同，引发了一种江南社会文化现象——吕祖乩坛的流行，又带动了道士群体的分化：当时的"道教信徒可归类为三种形式的信仰群体，第一种是宫观出家道士（或是非出家而依附宫观的道士），第二种是民间火居正一派道士，第三种是道士以外的扶乩道坛信仰群体。吕祖乩坛中的主要推动者，即为第三种信徒，他们以在家弟子和信众作为聚合中心，这对于我们理解明末清初以来的道教发展尤为重要"②。由在家弟子和信众所带动的吕祖乩坛也从一个侧面促进了江南的龙门派以民众道教的形式发展。

第二，倡导奉行"以戒为师"的传统。王重阳在创教之初，就撰《重阳立教十五论》，对全真道士的宗教生活提出了带有禁忌性的具体要求，希望通过倡导戒律，树立全真道之新风，以与旧道教相区别。丘处机则仿照佛教戒律，立全真道的"三坛大戒"。后来，王常月将持戒与修仙相联系，在江南倡导"学道不持戒，无缘登真箓"，使戒律精严作为得道成仙的基本要求。江南全真道龙门派将持戒精严作为道士必须遵守的行为准则。由于持戒是对修道者言、行、意的一种约束，其目的是促进修道者为善去恶，以提升道德来严肃道门风气，因此龙门派在当时江南社会中也一度产生了比较积极的影响，但随着时间的推移，在实际修道中是否及如何"以戒为师"却是因人、因观、因派而异的，例如南京隐仙观为吸引士绅文人前来，注重培养道士的诗文琴棋水平，而冠山支派可以在家修道，女贞仙院却主张"规矩森密"，这些都需要具体问题作具体分析。

第三，重视内丹修炼。江南龙门派道士中出现了一批富有成就的内丹家，他们著书立说，促进了道教内丹学的发展。例如，伍守阳通过佛仙互释

---

① 《金盖心灯》序，《藏外道书》第31册，第161页。
② 黎志添：《清代四种〈吕祖全书〉与吕祖扶乩道坛的关系》，台北："中央研究院"中国文哲研究所《中国文哲研究集刊》第42期，第186页。

来阐发仙道之宗旨，著《天仙正理》《仙佛合宗语录》《金丹要诀》等。闵一得所撰《古书隐楼藏书》录有三十八种内丹著作。这些内丹著作往往援佛入仙、援易入道，强调丹法步骤应从炼性入手，通过佛仙互释、易道互证，来阐发仙道之宗旨，大大丰富了明清时期道教内丹修炼的形式与内容。

第四，与正一道相融合。正一道在江南地区有着悠久的传播史，其注重符箓禁咒、斋醮祈禳，以香火道场来传道，在普通民众中有着较大的社会影响。龙门派来到江南之后，自然而然地受到正一道的影响，这不仅表现在龙门派道士中出现了与正一道士相类似的在家修行的情况，这与早期全真道倡导出家修行的传统形成了区别，而且还兼嗣正一教法，将持戒、炼丹与符箓斋醮相结合，甚至开创出带有正一道特色的龙门支派。龙门第八代律师铁竹道人施道渊，本学正一道，善五雷法，驱役百神，为人除祟魅、疗疾苦，不以取利[1]，后启苏州穹窿山法派，又从王常月受初真戒、中极戒，促进了全真道与正一道的会通。第十一代嗣师徐隆岩，本"持三戒出之金盖"，后兼传正一法脉，"师精于法，祷雨祈晴，无不立应"，其徒陈樵云、蒋雨苍、朱春阳、史常哉皆得正一法[2]，行祈禳斋醮，建香火道场。在江南地区传播的龙门派具有了与正一道相融合的文化特点。

第二节　施道渊在姑苏弘道

清朝建立后，"国初，沿明例，以道士充太常寺乐官。乾隆朝，高宗特谕廷臣，释、道二氏异乐，不宜月之。乃令道士改业，别选儒士为乐官"[3]。道教因不受朝廷的重视而逐渐地方化，在江南一些人口较多城镇，如苏州、常熟、无锡等地依然兴盛，一些据称可以掌握神异道术而具有驱役百神能力的道士受到社会各界的关注。据《苏州府志》记载，当时在苏州主要有玄妙观、朝真观、清真观、上真观等道观，有施道渊、李朴、李湛然等高道，其中人称"施大法师"或"施炼师"的施道渊在苏州道教中影响最大。施

---

[1] 《玄妙观志》卷四，《藏外道书》第20册，第467页。
[2] 《金盖心灯》卷四，《藏外道书》第31册，第244页。
[3] （清）徐珂：《清稗类钞》第15册，商务印书馆1920印行，第25页。

道渊的弟子彭定求撰《穹窿亮生施尊师墓表》介绍其生平,《玄妙观志》记载其事迹,《穹窿观志》更是以施道渊为中心而展开。我们以施道渊为个案来展示地方道士如何借助各种社会力量,尤其是通过对道教思想和修道法术的重新诠释来吸引各界人士,由此推进了清代道教的地方化发展。

施道渊(?—1678年)[1],字亮生,别号铁竹道人,苏州府吴县横塘人,出身贫寒,自幼慕道,"五六岁即志乐神仙,十三岁丧母,欲弃家学道,父弗许,师长跪以请,乃从之。入朝真观,从道士沈念常游。独绝荤酒,时时避众兀坐。众辄哂且诮,师弗顾也"[2]。施道渊"童真出家,为朝真观道士",拜方丈沈心庸[3]为师学道。位于苏州城东阊门外义慈巷的朝真观,据说由道士沈道祥在宋景定(1260—1264年)中修建。后来正一道张天师明宣德元年(1426年)派遣龙虎山道士杜文瑞居之,朝真观就成为张天师在苏州的驿站。由此可见,朝真观是与龙虎山正一道有着密切联系的江南宫观之一。

施道渊在朝真观主修"斋醮科仪及六甲五雷诸书炼习既久,龙虎山行法之徒敛手折服。出主醮坛,渐有神效,而师意量弘大,不欲混于流俗。鼎革初,卜筑尧峰山,修炼益力。是时吴中道教凌夷,惟师志行高洁,名闻四方,祈禳辄应"[4]。《苏州府志》则记载:施道渊"少投朝真观,年十七,礼龙虎山道士徐堪凝学五雷法"[5]。施道渊通过勤修苦炼斋醮科仪及六甲五雷诸书而掌握了高超的道法,这位年轻人因"志行高洁"而在当地名声渐起,使走向衰败的吴中道教有了重振的希望,这也是施道渊后来能够"遇异人张信符授以丹诀"的契机,施道渊在十九岁从龙虎山徐演真[6]授五雷法:

---

[1] 施道渊生年不详,据清代彭定求撰《穹窿亮生施尊师墓表》,施道渊于康熙十七年(1678年9月13日)"卒于(苏州)圆妙观方丈,其徒众奉柩还穹窿,厝于上真观左偏,待更卜吉地乃葬",年62岁,推测其生于明万历四十五年(1617年)(黄阿明点校,《彭定求诗文集》下册,上海古籍出版社2016年版,第655页)。

[2] (清)彭定求:《穹窿亮生施尊师墓表》,黄阿明点校,《彭定求诗文集》下册,上海古籍出版社2016年版,第655页。

[3] 据现存的《穹窿山上真观碑记》镌刻的立石人名:"天师府知事黄守规、苏州府道纪司沈心庸、道观值年住持陆守纶和吴守成、朱守昌、朱守贤",施道渊的师父沈心庸曾任苏州府道纪司。

[4] (清)彭定求:《穹窿亮生施尊师墓表》,黄阿明点校,《彭定求诗文集》下册,上海古籍出版社2016年版,第655页。

[5] 参见尹志华《王常月学案》,齐鲁书社2011年版,第97页。

[6] 徐演真,《苏州府志》记为徐堪凝,"演真"为其法名,"堪凝"是其字或号。

施道渊，字亮生，别号铁竹道人。生吴县横塘乡。童真出家，为朝真观道士，遇异人张信符授以丹诀。年十九，从龙虎山徐演真授五雷法，能驱役百神。时为人除祟魅，疗疾苦，不以取利。初筑室尧峰，晨夕修炼，移往穹窿山，即茅君故宫，鸠材修葺，殿堂斋寮以次鼎新。顺治戊戌（1658年），五十三代真人张洪任请于朝，赐额上真观，并赐道渊号"养元抱一宣教演化法师"。①

施道渊遇徐真人后，学习正一道法中能驱役百神的五雷法。高万桑以穹窿山施道渊为例，对清初苏州的道教与民间信仰的关系进行了研究，认为"施道渊常应苏州当地士绅之邀，主持禳灾祛邪的仪式。在这个过程中，他不仅役使经典道教雷法传统上的各类'武神'，同时还将地方神明纳入其神役体系"②。后来，施道渊应张天师的推荐被召入朝廷任职，因与几位皇族关系紧密，还被清顺治帝赐号"养元抱一宣教演化法师"。施道渊正是凭借精湛法术，通过"五通"这类具有"正邪"两面性的地方神明，来呼风唤雨，为民"除祟魅，疗疾苦"，开启了姑苏穹窿山一派。

《穹窿亮生施尊师墓表》没有记载施道渊曾得王常月律师受初真戒和中极戒，学习全真龙门道法之事，但《金盖心灯·道谱源流图》却作了说明：施道渊"姓施名亮生，号铁竹道人，尝受初真戒、中极戒于王昆阳（王常月）。后精于法，改皈正一真人府派，启姑苏穹窿山一派"③，将施道渊列为全真龙门派第八代。施道渊所开创的穹窿山派，将正一道与全真道相融合，又以一种新样态推动了全真龙门派在江南社会的传播。

从这些不同来源的记载可见，施道渊正一、全真兼修，既能持守戒律，是一位独身清修道士④，又具有高深法力，加上所学五雷秘法真传，精通道教法术和斋醮科仪，成为在苏州一带名声响亮的道士。明清之际，社会动荡，吴中道教也受到破坏。

---

① 《玄妙观志》卷四，《藏外道书》第20册，第467页。
② 高万桑著，张安琪译：《清初苏州的道教与民间信仰——穹窿山施道渊的个案》，《清史研究》2015年第1期。
③ 《藏外道书》第31册，第168页。
④ 吴亚魁编：《江南道教碑记资料集》称施道渊"以童贞修道"，上海辞书出版社2007年版，第292—293页。

  鼎革初，卜筑尧峰山，修炼益力。是时吴中道教凌夷，惟师志行高洁，名闻四方，祈禳辄应。我吴西山，莫高于穹窿。旧有茅君行宫三楹，芜废不治。松陵吴氏祷于神，延师入山，披荆锄棘，因缘大集，不数年而丹台绀宇，辉映于巉岩绝壁烟霞缥缈之间，俨然神仙福地也。①

  穹窿山原有供奉三茅君殿堂，但因年久失修而荒芜。清顺治五年（1648年），松陵吴氏请施道渊筑室穹窿山，于是他在山上深居简出，潜心修道的同时，又披荆锄棘修建宫观，几年之后，依山而建的丹台绀宇已是辉映于山岩绝壁烟霞缥缈之间。

  修复穹窿山的动因还有一种说法，即是得到龙虎山正一道的支持。1650年春天，张天师父子路经苏州时，施道渊和名士吴晋锡热情接待并陪同他们一起参观苏州西部诸山。据说，张应京天师看到穹窿山原为三茅真君修道故地，乃指示施道渊努力开发这一神仙福地。据高万桑考证："1650年，施道渊与当地官员，即五十二代天师张应京（？—1651年，在1636年继位）及其子张洪任（1631—1667年，1651年成为五十三代天师）在经过苏州去往北京的路途中，立誓重建穹窿山上供奉三茅真君的宫观。"施道渊最终在穹窿山上建成了一组宏大的宫观群，成为整个江南地区的道教中心。"1658年，张天师再诣京师，顺治皇帝为道观赐上真观额，并且赐施道渊封号。"②由此也展现了张天师为代表的正一道在江南的影响。

  施道渊因道术高超成为康熙哥哥裕亲王福全（1653—1703年）的座上客，其主持的苏州穹窿山也获清廷赐额"上真观"之名号。康熙登基后，再拨帑修建穹窿山。康熙三年（1664年）春，施道渊主持穹窿山，已建成二十六殿及辅房楼阁数千间。后来，乾隆皇帝六次下江南巡视，有四次去了穹窿山上真观，曾留诗赞曰："震泽天连水，洞庭西复东，双眸望无尽，诸虑对宜空；三万六千顷，春风秋月中，五车禀精气，谁诏陆龟蒙。"此诗镌

---

  ① （清）彭定求：《穹窿亮生施尊师墓表》，黄阿明点校，《彭定求诗文集》下册，上海古籍出版社2016年版，第655页。
  ② 高万桑著，张安琪译：《清初苏州的道教与民间信仰——穹窿山施道渊的个案》，《清史研究》2015年第1期。

刻立碑于穹窿望湖亭中。道光、同治年间又经修建，上真观规模空前，"双阙巍峨，琼宫璀璨，危楼杰阁耸插霄汉，遂使兹山名胜甲于吴中"①。施道渊创立穹窿山法派，不仅使江苏道教的道派内容更为丰富，而且还使神霄派在江南延续下来。

江南素为文化繁荣之地，施道渊活跃于苏州地区，但主要还是住在"吴中道院之盛"的苏州穹窿上真观。施道渊是龙虎山正一道授箓官，在后来传道生涯中也与龙虎宗关系密切。他在世时，穹窿山上有着数百位道士，成为江南正一道主要的授箓中心，因山上供奉三茅真君也与茅山上清派关系密切，"道法之盛，一盛于正一盟威，一盛于上清宗坛。正一盟威此我祖天师之法也，上清宗坛此三茅真君之法也"②。施道渊的开创性贡献，使正一盟威与上清宗坛在上真观融合起来。施道渊隐居穹窿山期间，其传道方式有二：

一是常与吴地士绅官吏通过诗文唱和来谈玄论道，通过斋醮科仪、授箓名号来推展道教宫观在民众生活中的影响。常熟人钱谦益，"主文章之坛坫者五十年，几与弇洲③（王世贞）相上下"。他晚年"喜谈鬼神房外，而非事实"，在病革之际，专门请施道渊前来进行法事活动："是时道士施亮生作法事，烧纸，惟'九十'二字不毁。公已八十有五，人言尚余五年，亦有言'九十'乃'卒'字之草也。未几果卒"④。事实上，苏州的一些士绅官吏也是施道渊的私家弟子，他们在碑铭和文章中，常常使用施道渊赐予的授箓名号。例如，宋实颖撰写《朱天君殿碑记》，署名为"受高上大洞文昌紫阳宝箓紫霄玉华上令司文昌内院事弟子宋实颖恭撰"⑤、《送度师归山序》的作者"知文昌内院事弟子"杜蕃科是地方官，他也用授箓名号作文署名。⑥ 施道渊也为俗家信众授箓，不断吸引信众前来参加宫观活动，对促进江南地区道教的发展起到了重要的作用。

---

① （清）吴伟业：《穹窿山志序》，《藏外道书》第33册，第435页。
② 《穹窿山志》卷一，《藏外道书》第33册，第442页。
③ 弇洲，亦作弇州，即明代文学家、史学家王世贞（1526—1590年），字元美，号凤洲，又号弇州山人，苏州太仓人，累官至南京刑部尚书，时为文坛领袖，著有《弇州山人四部稿》《弇山堂别集》。
④ 沈善洪主编：《黄宗羲全集》第一册，浙江古籍出版社2005年版，第377页。
⑤ 《穹窿山志》卷一，《藏外道书》第33册，第446页。
⑥ 《穹窿山志》卷二，《藏外道书》第33册，第455页。

二是以道术为民众消灾解厄，济世度人，以扩大道教法术在地方社会的影响。施道渊主持穹窿山上真观时，当时苏州道教已处于衰落之境，他重视自我的道法修持，据《穹窿山志》称："有羽士施亮生，通秘法，善召鹤，召鬼神，犹昔之栾巴也，道风最著于吴"[1]。施道渊以日渐高深的道法为信众消灾解厄，带领上真观道士为民众驱魔消灾、祈晴祷雨。据说施道渊祈禳祷雨无不灵验，使穹窿山上真观名声大振，成为吴地道教中心，每年吸引了众多的江南百姓前来朝山进香。由于禳灾祈福者众多，朝拜问道者更是不断，因此上真观香火之盛况一直持续下来。

曾任史可法随身秘书的李标（1600—1666年）在明末清初朝代更替之际，离官场而随施道渊在穹窿山上真馆隐居修道，取号"东山逸民"，他不仅撰写了多篇穹窿山的游记文章，而且还撰《上真观缘起记》等文介绍施道渊修复上真观的事迹，后受施道渊委托编写《穹窿山志》[2]。今天所见吴伟业、向球纂修、金之俊鉴定、李标编辑的《穹窿山志》四卷[3]成为著名的道教志书，有关穹窿山的图像穿插其中，为穹窿山和江苏道教留下了极其珍贵的史料。前两卷包含有不同作者所著71篇短文、碑铭以及发生于1644年至1674年间某事的记述，在这些事件中，施道渊起到关键作用；第三卷包含道教仪式和宫观条规、科仪书和道经；第四卷是穹窿山形胜及山上流传的三茅真君显灵的传说。高万桑认为，"与其他道观志相比，《穹窿山志》特点在于在道观中道士以神迹、斋醮仪式来服务于民众，达到与地方社会的互动，以及科仪和经典编撰方面包含了更多信息"[4]。《穹窿山志》为我们今天了解清代江南及苏州道教提供了一个精彩文本。

施道渊既得正一与全真道法，又因精通五雷秘法而成为当时吴中道法功夫最高者，"开神霄派穹窿山支派"[5]，成为清代江苏神霄派的代表人物。

---

[1] 《穹窿山志》卷一，《藏外道书》第33册，第442页。

[2] 有关李标受施道渊委托编写《穹窿山志》的过程，参见李嘉球《穹窿山名胜与名人》，上海书店出版社2015年版，第149页。

[3] 据《四库总目》记载，《穹窿山志》有三种版本：一是施道渊、陆桂馨、李标编纂的稿本；一是康熙十年（1671年）刻印的年吴伟业、向球纂修、金之俊鉴定、李标编辑的原版；一是惠心可于民国三十二年（1943年）重印本。

[4] 高万桑：《清初苏州的道教与民间信仰——穹窿山施道渊的个案》，《清史研究》2015年第1期。

[5] 李远国：《神霄雷法：道教神霄派沿革与思想》，四川人民出版社2003年版，第130页。

1662年，施道渊成为玄妙观住持后，还主持道观重建的事宜："顺治初，三清殿亦圮，里人鲁芳矢愿募建，请穹窿施度师道渊经营成之，并建雷尊殿、天王殿。"① 后来施道渊又复建弥罗宝阁。康熙十四年，阁成巍然云表，其中供奉着天皇后土，星斗岳渎，壮丽毕备，为玄妙观开展斋醮科仪提供了神圣之地。在随后几年中，施道渊还被地方官请去住持斋醮科仪，不仅在江南地区，而且被请到了广东和福建。

施道渊在羽化之前，他返回家乡苏州。苏州道士对施道渊之死有诸多讨论，他们推测他也许是卷入了与清朝官员的争端而被杀。《苏州府志》记载康熙十七年（1678年），施道渊在玄妙观祈雨九昼夜毕，沐浴趺坐，说偈曰："迟钝又迟迈，倏登未际界。惟我识其宗，哂伊守否泰。掷笔而逝。"但彭定求（1645—1719年）在《穹窿亮生施尊师墓表》中认为，施道渊在玄妙观安详地羽化，但又说他在死后十五年才在穹窿山下葬，这是否暗示了一些不寻常的事，还需要资料佐证。

据《玄妙观志》记载，苏州玄妙观从宋代始就是神霄派在江南活动的基地，清代时施道渊的法嗣以此为活动中心，依据"三山滴血派"字辈诗来展现玄妙观方丈系的道派传承。施道渊的法名"金经"即来自正一派中的三山滴血派字谱中的金字辈："羽流世系，北宗三山滴血派，曰武当、曰鹤鸣、曰龙虎，玄妙观字辈三山同。凡天师门下受职者，法名取：守道明仁德，全真复太合。至诚宣玉典，中正演金科。冲汉通玄蕴，高宏鼎大罗。三山裕兴振，福海启洪波。"② 滴血派，又称三山滴血派，以说明道教正一派各宗是嫡亲一家，其字辈诗是授箓弟子排辈分、取道名的依据。第五十三代天师张洪任于清顺治十五年（1658年）所写的《天坛玉格》作为江南正一道箓授职的说明，记载了三山滴血派起源与发展，此字派乃第三十代天师虚靖真君张继先授与正一派萨守坚祖师。萨守坚，号全阳子，他继承了神霄派高道林灵素、王文卿的法脉，作为三山滴血派的第一代弟子，推动了正一道与神霄派的深层融合，在江苏发展为正一万法宗坛："凡有学道者，奏名之初，当依此派循序而取一字于法讳之中可也"。正一道士通过"授箓"，并按《天坛玉格》来取得法名、神职的"法师"才可以代天行法，在苏南一带活动的正

---

① 《玄妙观志》卷一，《藏外道书》第20册，第458页。
② 《玄妙观志》卷十二，《藏外道书》第20册，第511页。

一派道士皆奉此"三山滴血派"的派字为传承依据,凡天师门下受职者或学道者,在奏名之初,当依此派顺序取一字于法讳之中,否则非正一弟子。

施道渊弟子众多,为展现穹窿山道教的特色,又在四十字派诗后又续添十字:"穹窿扬妙法,寰宇证仙都"①,共五十字为行次,记载于苏州穹窿山所奉正一道受箓科仪经典《天坛玉格》②抄本中,使"三山滴血派"在清初颇为活跃。施道渊开穹窿山法派后,另编二十字辈次:"道守得(德)元真,神全体自灵。三山垂救度,四海尽飞升。"③ 既反映了施道渊对穹窿山法派及玄妙观方丈系的重视,又从道派传承的角度表现出会通全真与正一的特色。然而,在苏州道教的实际发展中,由于穹窿山位于苏州郊区,玄妙观位于苏州城中,从施道渊开始,穹窿山法派的弘道重心又向玄妙观转移并代代相传。由是玄妙观方丈系道法传承如下:

施道渊→胡德果→潘元珪→惠远谟→张资理、施神安……

胡德果,号云庐,吴郡人,尽得施道渊所传道术。康熙四十三年(1704年),吴中大旱,中丞宋公擎延胡德果建坛祈雨,德果进谒不拜,中丞笑曰:"如此大法师,定能祈得甘霖。"胡用月勃法,其夜星月皎洁,观者如堵,胡德果登坛仗剑书符念咒,果然黑云四起,雷电大作。胡德果急下坛趋三清殿,雷火霹雳,随之急雨如注。中丞率属跪露台,衣冠尽湿,书"法有师承"四字额,以奖之。④ 自此之后,胡德果在吴中名望越著。胡德果传弟子潘元珪。

潘元珪(?—1735年),字允章,号梧庵,吴郡人,出家玄妙观,成为胡德果高弟,善五雷法。胡德果逝世后,凡吴中有大醮法事,俱延元珪主之,辄有验,名闻京师。应雍正帝召入都,值正大光明殿,为御前值季法官。遇有祈祷,皆称旨,赏赉甚厚,公卿大夫咸敬礼焉。及南归,仍居玄妙

---

① 《玄妙观志》卷十二,《藏外道书》第20册,第511页。
② 王见川、高万桑主编:《近代张天师史料汇编》(台湾博扬文化事业有限公司2013年版)中收有《天坛玉格》三种抄本,反映了"三山滴血派"在江南的传播及影响。
③ 《玄妙观志》卷十二,《藏外道书》第20册,第511页。
④ 《玄妙观志》卷十二,《藏外道书》第20册,第467页。

观。① 潘元珪传弟子惠远谟。

惠远谟（1697—1771 年），字虚中，号澹峰，苏州人，出家玄妙观，受业于潘元珪。后博览儒书，尤潜心《道藏》，通晓精熟。年三十，授道纪司。雍正九年（1731 年），主龙虎山玉华院事。不久，惠远谟被选调进京，师事正一道士娄近垣（1689—1776 年），受其道法。雍正十三年（1735 年）二月，潘元珪逝世，惠远谟闻讣南旋，经办其丧事，继任玄妙观方丈。苏州玄妙观也成为传承正一符箓和神霄雷法的"正一道"在江南的主要道场之一。是年秋，娄近垣以龙虎山缺提点，奏准惠远谟任之。乾隆九年（1744 年），娄近垣以年就衰，招惠远谟入京相助。明年充御前值季法官。遇雨旸愆期，行法辄应。娄近垣重修《龙虎山志》时，惠远谟负责校对考订，出力颇多。惠远谟于乾隆十五年（1750 年）冬南归。乾隆南下巡幸来到玄妙观，惠远谟率众接待，上赐白金三百两。于是置田以供众，建玉华、观音和真庆三阁，扩展玄妙观的殿堂建筑。乾隆三十六年（1771 年）卒，享年七十五岁，著有《学吟稿》传世。

惠远谟弟子张资理（1712—1786 年），字一枝，号友桐，吴邑篁村人，本儒家子，幼聪敏，年十一出家朝真观，为沈坚苍法师之徒。嗜学不倦，由儒家言通五千道德之旨，符箓秘典，靡不洞贯，行法历有应验。雍正十二年（1734 年）被选入都，住正大光明殿，复从惠远谟受法，为御前值季法官。乾隆十四年（1749 年）回苏州，继奉娄近垣真人命，往龙虎山上清宫领迎华院事，第五十七代天师张存义授以五雷正法。乾隆四十一年（1776 年），请假回苏州。次年七月，郡绅士公请主席玄妙观方丈。乾隆四十三年（1778 年）夏，苏郡大旱，奉各宪命，协同李宣仁、李殿扬祈雨有验。乾隆四十五年（1780 年），乾隆帝南游，张资理率道众迎驾，奏对称旨，天颜大悦，获赐白金五百两。张资理淡然寡欲，从不受人钱，平居惟焚香静坐，暇时喜习汉隶，苍劲入妙，片纸流传，人争宝贵。兼善吟咏。乾隆五十一年（1786 年）羽化，享年七十五。②

惠远谟除传张资理外，又传施神安。施神安（1723—1798 年），字箴静。元和人，自幼即喜道家言，出家玄妙观，拜惠远谟为师，称入室弟子。

---

① 《玄妙观志》卷十二，《藏外道书》第 20 册，第 467 页。
② 《玄妙观志》卷十二，《藏外道书》第 20 册，第 468 页。

继复受五雷正法于朝真观沈坚苍法师。乾隆三十六年（1771年），充方丈监院，将师惠远谟所遣吴邑良田二百余亩，悉以归入常住，永供香火，人咸敬服。乾隆五十一年（1786年），主席方丈。嘉庆三年（1798年），苏郡旱虐，奉命祈雨，辄有验，年七十五岁卒。在施神安之后，穹窿山法派传承虽然不太清晰了，但据《玄妙观志》记载，在"神"字辈后，还有"全"、"体"字辈的传承者，他们主要以玄妙观为活动中心。从知名道士的道法传承看，主要与穹窿山法派及玄妙观方丈系有关，他们走出穹窿山，或接任玄妙观方丈，或去江西龙虎山，或由龙虎山派去进京值皇家专用道观大光明殿，又扩大了江苏道教的影响。①

　　施道渊传播穹窿山法派时，在苏州一带传播道教的还有邓起西、黄道渊、苏蓬头、朱太佺、李朴等。李朴与施道渊大约同时在苏州朝真观学道，"入清，法师施道渊、李朴皆居此，相继修葺。"②李朴（？—1670年），字天木，号雪斋，又称紫中道人，吴县人，"幼与施道渊亮生同学，年四十辟谷，昼夜不眠，与人语，随机开示，总期使人了悟"③。李朴曾活动于苏州昆山元白道院，建吴县守中堂，既擅长做正一道的斋醮法事，也精研全真南宗丹法，"所行道法似出全真之门"④。《长洲县志》《苏州府志》《吴县志》等对李朴的生平事迹都有简略记载。李朴"性恬静，居朝真观，静修三十年，得徐洞辉之传，精治坎离之术，善诗画，亦工书法，寄兴挥染，妙绝一时。常往来东湖甫里间，人争筑室以居。年四十辟谷，昼夜不眠，与人语平易近情，累日不倦，士大夫多师之。终于甫里之圆白堂，学者私谥冲白先生"⑤。《吴郡甫里志》称，李朴"幼与施亮生同受异人金丹火候性命宗旨"⑥。后来，李朴著有《火候宗源》《还丹宗旨》等来阐扬内丹学，为康

---

　①　《玄妙观志》卷十二，《藏外道书》第20册，第468页。
　②　（民国）吴秀之等修，曹允源等纂：《吴县志》，载《中国地方志集成·江苏府县志辑》第11册，凤凰出版社2008年版，第586页。
　③　（清）许治修，沈德潜等纂：《元和县志》，载《中国地方志集成·江苏府县志辑》第14册，凤凰出版社2008年版，第365页。
　④　吴亚魁：《江南全真道教》，上海古籍出版社2012年版，第313页。
　⑤　（民国）吴秀之等修，曹允源等纂：《吴县志》，载《中国地方志集成·江苏府县志辑》第11册，凤凰出版社2008年版，第586页。
　⑥　《吴郡甫里志》，《中国地方志集成·乡镇志专辑》（6），江苏古籍出版社1992年，第107页。

熙年间"刊刻的道教内丹学集大成之作——《性命圭旨》撰写序,而康熙刊刻版《性命圭旨》中所收入的《紫中道人答问》一篇,更是出自他之手"[1]。《紫中道人答问》中依精气神三宝倡导内外兼修,既要"接绍三教一源之道统"[2],也反映了在清代苏州道教中全真与正一彼此之间并没有泾渭分明的道派之分。施道渊推进全真道与正一道同在苏州传播,道士们有意兼而修之,以提升自己的道法水平,因而呈现出融合发展的趋势。

总之,施道渊一生致力于弘道兴教,在苏州建宫观名胜170余所,塑神像8720之多:"由是四方征请,凡建名胜一百七十余所,塑像八千七百二十有奇。郡中玄妙观殿宇倾圮,太傅金之俊延道渊主观事,修复三清、雷尊诸殿。建弥罗阁,规模宏整,所费巨万,一钱不私。晚游闽越,探真访道,尤多救济。康熙丙辰(1676年),裕亲王召主醮京师,乞归。"[3] 有关施道渊"为人除祟魅,疗疾苦,不以取利"的各种灵验故事在当地广为流传,他对于苏州道教的发展做出过重要的贡献,至今仍受到苏州道士的尊敬。施道渊的弟子们传承五雷法,主要活跃于清代中期之前,通过祈雨有验、驱邪有效而闻名于世,受到当地民众的信任。张资理后,穹窿山道法传承虽然不太清晰,但《玄妙观志》还简要地记载了李宣仁、沈宗文、尹大麓、陈全莹、李知常、张德诚、丁紫琼、吴守元、顾道士、方希辨、李志升、李若济、朱真猷、冯大同、刘能贞、陈天一、严守柔、严焕文、刘澹然、王继华、许学祖、滕伯淳、陈雷庵、谢竹鹤、张宗继、郭贵谦、韩执中、姚宗源、吕志清、张日新、王惟能、张鹤峰、朱一德、陈之达、顾克复、周逸、宋远绍、周友运、吴丕显、徐东村、徐远遥、叶元晟、李廷铨、张光云、韩铁根、程炳元等一批道士在玄妙观的活动,展现了清代苏州道教持续发展的大致情形。

第三节　笪重光新编《茅山全志》

笪重光(1623—1692年),一说句容望仙乡茅庄村人,一说丹徒人,字

---

[1] 黄新华:《清初苏州道士李朴其人其事》,《中国道教》2016年1期。
[2] 董沛文主编:《玄门宝典》,周全彬、盛克琦校,华夏出版社2017年版,第178—179页。
[3] 《玄妙观志》卷四,《藏外道书》第20册,第467页。

在辛,号君宜,出身于当地的富裕家庭。笪姓在茅庄村是旺族,故村名曾称"笪家塬",但又因地处山岗,古时又称茅冈或茅竹园,后随人口增多,姓氏复杂,遂定名"茅庄"。相传,笪家祖先是西汉高祖刘邦的孙子汉后少帝刘弘的后裔,因刘、吕争国,吕后派人追杀刘姓,于西汉高后八年(前180年)侥幸脱逃至句容,为免遭灭族之祸,才隐刘姓而改姓笪。笪重光从小接受儒学教育,曾到镇江金山、焦山佛寺学习,后受好道的叔父笪金镜常去茅山道观的影响,也学习并接受了道教的信仰与思想。

笪重光于顺治九年(1652年)去北京参加会考,中进士及第,授刑曹晋郎中、关中恤刑。顺治十三年(1656年)为江西巡按。顺治十五年(1658年)升任湖广道监察御史,政迹显著,有"官御史,有直名"之称,后因在江西秉公判案而遭权贵忌惮,得罪当朝权相明珠而遭中伤打击,于是辞官归乡,先回镇江金山寺隐居。顺治十六年(1659年)夏,郑成功、张煌言率军乘船舰从海上入长江,下瓜洲,包围镇江城,笪重光和张九征一起率领当地士绅守城,并冒着生命危险外出求援兵,事平之后,获清廷嘉奖,人称"笪江上",从此自号"江上外史"。

顺治十七年(1660年)笪重光离开镇江去茅山郁冈斋扫叶楼隐居,学导引,读丹书,习书画,因潜心于道教,更名传光、蟾光、始青道人,并自称"郁冈扫叶道人"。笪重光归隐茅山后,主要开展以下几项弘道工作:

第一,努力学习全真教义,以持戒弘道为先。康熙二年(1663年),有全真道"中兴之祖"之称的王常月率弟子詹守椿、邵守善等南下至南京、杭州、湖州、茅山等地立坛传戒。据笪重光说,王常月在金陵时曾摄静于隐仙庵,受四方文人士绅的迎请,在开坛弘法时,皈依弟子达万余人,笪重光也曾随之参学。保留到今天的全真道开坛传戒的《初真戒》虽为王常月撰,但该戒的后序则是笪重光于康熙十二年(1673年)所写,署名为郁冈居士笪重光。笪重光在《初真戒后序》中曰:

> 先生(指王常月)摄静于金陵之隐仙庵,受四方迎请,为阐扬斯义。仆栖拙郁冈时,得待先生几杖。蒙教言不弃,与先生诸弟子游。每述先生内养之道,精通祖诀,只以传戒设教,故秘而不谈,诚有见于学仙之事,非尘世不德之子所易,希冀惟恪守奉戒规,磋磨凡骨,此即筑

基炼己之要道也。①

特别讲到王常月在江南"传戒设教",将持戒置于修仙之首,这对笪重光后来在茅山传播全真道时产生了重要的影响。但有两点值得注意:一是笪重光在《茅山全志》中未提沈常敬这一系驻足于茅山乾元观。二是在《茅山全志》中开列了康熙十年(1671年)茅山各宫观住持捐资助刻名单,其中有茅山正一派各宫观的住持,但没有列出乾元观道士。故有人对笪重光师从王常月以及传承龙门派的身份提出质疑:"该书的后序是笪重光所作之说也就未必可靠。更有甚者,题名为笪重光的该后序暗示王常月于康熙二年(1663年)于南京说戒时,笪重光即成为其弟子。而笪重光《茅山志》成书于康熙八年(1669年)。在其《茅山志》和他的其他著述中,都从未提及他师从王常月以及自己是龙门派弟子。"② 并进而对笪重光与王常月传戒弟子黄守中、陶靖庵、吕云隐、伍守虚、金筑老人等,在苏杭湖各地宫观传经说戒,成为在南方推广全真道龙门派的启派师,甚至是道教龙门派第八代启派师③的说法提出质疑。其理由是,"今人论著皆云出《道统源流志》,此即民国严合怡所著《道统源流》,但查阅1929年上海道统源流编辑处刊印的《道统源流》,并未提及笪重光"④。

但若联系清代江苏全真道文献的零星记载来看,笪重光在龙门派中的知名度有一个从无到有、从低到高的发展过程。在清代王豫(1768—1826年)所辑的《江苏诗征》中收有笪重光师事全真道士朱太侳的诗文《示人》一首,表达了他对道教信仰的向往:"习静歧儒俗,居山异市廛。断斋忘大欲,辟谷想真传。有著成迷妄,无心合圣贤。瘦筇兼野鹤,随境度流年。"⑤朱太侳,字冲阳,昆山人,"尝主江都之琼花观,读书好古,得詹真入法,

---

① 《藏外道书》第12册,第31页。
② (元)刘大彬编,(明)江永年增补:《茅山志》上册,王岗点校,上海古籍出版社2016年版,第671页。
③ 《道统源流志》记载"笪重光系道教龙门第八代启派师"。
④ (元)刘大彬编,(明)江永年增补:《茅山志》上册,王岗点校,上海古籍出版社2016年版,第671页。
⑤ (清)王豫辑:《江苏诗征》卷一百八十三,载(清)陈铭珪《长春道教源流》卷七,《藏外道书》第31册,第135页。

笪在辛诸乾乙乐与之游，事之如师，问飞升黄白之术，即叱曰：'外道也'"①。陈铭珪在《长春道教源流》中也有此记载，并认为"詹真人当即詹太林，以龙门派核之，太仝亦当谭守诚弟子。"②从对笪重光少有记载，到认为他是第八代启派师，这与他弘扬全真教义对茅山道教的贡献是相联系的。

第二，以诗画来弘扬茅山道教文化精神。笪重光做过清朝职官，又崇尚道教，隐居于茅山郁冈峰修建扫叶楼、松风阁后，积极推行全真道的"持戒弘道"思想，其保留到今天的诗画书法作品中也是道气氤氲。康熙二十三年（1684年）十二月二十九日，康熙帝南巡途中，经白兔镇进入茅山时赋诗《句容道上》："渐入茅山境，来当农暇时。但看初日上，未觉朔风吹。碧敛寒塘水，红垂野树枝。江南经几郡，民俗欲周知。"③表达了自己在江南几郡体察民俗、欣赏美景时的轻松心情。笪重光应诏前往迎驾随行，途中路过长巷村时，康熙帝因遇雨夜宿村民邹宗峤家中，是夜鸡犬无声，康熙帝早起龙颜大喜，当下御书"太平庄"三字。笪重光也作诗《恭记驾宿长巷》记下这一景象："句曲城东紫气屯，回銮午夜宿农村。只今四海为家日，不遣儿童避至尊。"④此诗展现了康熙微服访问茅山并夜宿农家的情景。后来村人将康熙题字刻碑立于道路旁以作宣传，长巷村也随之改名为"太平庄"。康熙此次来茅山，也对茅山道教留下了良好印象，据说"位于积金峰附近的华阳洞远近闻名，深不可测，为茅山最大的溶洞。其洞口刻有'华阳洞天'4个大字，乃是清代康熙皇帝亲笔所书"⑤。

笪重光精古文辞，有探索书画理论著作《书筏》《画筌》传世。笪重光工书善画，"书法探源魏晋，尤近苏（轼）、米（芾）楷法，动中规矩而不失天真，笔端飘飘有凌云之意"⑥，表现出一种自然无为的精神，可谓"活

---

① （清）徐珂：《清稗类钞》第35册，商务印书馆1920年印行，第73页。
② （清）陈铭珪：《长春道教源流》卷七，《藏外道书》第31册，第135页。
③ （清）玄晔撰，吴相湘主编：《康熙帝御制文集》一，台湾学生书局1966年版，第546页。
④ 中国人民政治协商会议江苏省句容县委员会文史资料研究委员编：《句容文史资料》第8辑，1990年版，第68页。
⑤ 刘思远编：《淡妆浓抹总相宜·山水卷》，北京工业大学出版社2013年版，第99页。
⑥ 范然：《镇江名人》，苏州大学出版社2007年版，第145页。

泼不猷者其致豁，流通不滞者其机圆，机致相生，变化乃出"①，由此与姜宸英、汪士鋐、何焯并称清代四大家。句容名士王辂到茅山扫叶楼访问笪重光时作《笪重光退隐茅山》曰：

道士住幽谷，欣然汗漫游。陡岩悬老树，横水障虚舟。
细草分残照，孤松立素秋。桂花香冷处，知是读书楼。②

现茅山九霄宫太元宝殿尚存一块由笪重光于康熙九年（1670年）撰书《茅山九霄宫天炉碑记》，完好无缺。笪重光虽然隐居茅山中，但因名气在外而常有诗人画友相约进山访问，例如名重一时的文学家王士禛，书法家王澍等都是他的座上客。戎正中、王辂、骆维持等句容同乡也常进山在松子阁以诗画相聚。如戎正中《过笪江上松子阁》曰："郁冈风景尚依然，手种盆松过屋椽。溪水烟峦留画稿，阁中人已作游仙。"③ 如骆维持《访笪在辛夜话松子阁》形容："老去知交剩有君，评诗把酒做宵分；松风四响月如昼，惊起华阳鸾鹤群。"④ 都生动地描述了他们把酒夜话，对月当歌的情景。笪重光作《松溪清话图》而展现他在茅山学道的心境。此后，笪重光于康熙八年（1669年）创作《茅山春游图》、康熙十一年（1672年）创作《仿元人山水》轴，这些画作都是他离开仕途、归隐茅山后完成的传世名作。

第三，笪重光对茅山道教的一大贡献是修编清本《茅山志》十四卷。这部题名为"郁岗真隐笪蟾光审编"的清本《茅山志》，其内容编排与元本《茅山志》有些不同，主要是增加了一些明清茅山道教的新内容，现收入《藏外道书》第19册中，又称《茅山全志》。

刘大彬编修《茅山志》后，茅山道教经过元末、明代、清初，还在持续发展，出现的很多新资料有待于补充完善。笪重光隐居茅山之后，花费了

---

① 王朝闻总主编，薛永年、蔡星仪分卷主编：《中国美术史·清代卷》上册，齐鲁书社、明天出版社2000年版，第367页。
② 范然：《镇江名人》，苏州大学出版社2007年版，第145页。
③ 句容市政协学习和文史委员会华阳诗词社编：《茅山颂》，《华阳诗词》第七辑，1998年版，第115页。
④ 句容市政协学习和文史委员会华阳诗词社编：《茅山颂》，《华阳诗词》第七辑，1998年版，第116页。

十年时间重新修编《茅山志》时自谓："余之山栖十载而志是山也。曰：'心之所之而结言焉之谓志'"①。卷首编者自序的落款为康熙八年（1669年），但卷之五所收碑铭中记载时间最晚者是康熙十年（1671年），因此《续修四库全书总目提要》推测，该书成稿于康熙八年，刊行于康熙十年，前后又花费了三年时间。

清本《茅山志》卷首还收有明嘉靖二十九年（1550年）徐九思（1495—1580年）的"嘉靖朝重刻茅山志序"中提及茅山玉晨观道士、真人府赞教张全恩募工重刻《茅山志》，但随后江永年增加了"国朝（按即明朝）懿典于前，修建诸文及群公登览诗作于后"，其中提及刘大彬《茅山志》至清初仅存残帙，笪重光在重修《茅山志》时，虽然承刘大彬《茅山志》而紊其条贯，但还是增加了一些新资料，例如收录了嘉靖二十九年玉晨观刊本《茅山志》的两通序文，还汲取了《茅山续志》中有关茅山道教的相关资料。

清本《茅山志》卷首有《庚申记略》，记述茅山于咸丰庚申（1860年）遭遇太平军攻占之事："我茅山国朝以来，宫观之华丽，道众之繁昌，升平气象，何其盛也。咸丰庚申之难，粤匪于闰三月初四日由金坛冲突上山肆行劫略烧毁各处殿宇。在山道众受其荼毒，奔溃四方。余等亦辛苦备尝，犹幸仰赖祖师庇佑，未受其挟制。至十一年八月间，不得已避地江北。上顶下三宫所存之殿宇道房陆续被毁。……"②署名是同治三年（1864年）"三茅山元符宫华阳洞正灵官眭菊人率领道众募刊"。从明朝始，朝廷就设立道录司管理道教，在道官中又设"灵官"一职，如《明史·职官志三》记载："阁皂山、三茅山，各灵官一人（正八品）。"眭菊人作为清代管理茅山道教的灵官将募刊清本《茅山志》作为振兴茅山道教举措之一，故清本《茅山志》卷首《跋》的署名是"华阳洞灵官眭定生谨跋"③，可见其重刊完成已时值光绪四年（1878年）了。

笪重光编《茅山志》包括明版内容，但因他的编辑宗旨在于对刘大彬的元志以及明玉晨观刊本《茅山志》重新整合并加以分类排列，故重点在

---

① 《藏外道书》第19册，第687页。
② 《藏外道书》第19册，第696页。
③ 《藏外道书》第19册，第695页。

清代文献，虽然陈国符先生认为，"是志删节刘志而紊其条贯，除稍增辑明清文献外，无可取者"①。但笔者认为，道教山志属地方志中的史部地理之一，其编纂者大多是学养深厚的文人道士，作为记录茅山道教的历史沿革、仙道人物、宫观古迹、诗文碑刻、地方习俗的资料汇集，因增辑了一些清代茅山道教文献，从而为了解清代茅山道教的发展提供了珍贵的参考资料。

清本《茅山志》记录了茅山道教的起源、发展及沿革至清代的资料。卷首有笪重光的修茅山志自序、茅山全图、元代原序、明永乐重刻本序。卷一是三茅真君历朝诰敕；卷二是历朝真人敕书；卷三是历代真人奏疏书札；卷四是茅山历代真人名臣碑记；卷五是茅山宫观历代名公碑铭；卷六是三茅真君纪系；卷七是洞天职仙传；卷八是上清嗣宗师四十五代传；卷九是茅山高真女仙传；卷十是茅山宫观泉洞异产田亩纪；卷十一是真人著述经忏道书；卷十二是梁唐宋元名人诗记；卷十三是明代名人诗记，卷十四是大清名人诗、附道秩考。②虽然其中《天皇太帝授茅君九锡玉册文》《太上遣赍紫素之书策中君文》《紫素策小君文》在讲述三茅真君故事时，沿用"太上有命，天真书言，咸阳茅固，家于南关，厥字季伟，受名当仙，位为定录，兼统地真，使保举有道，年命相关"③等历史传说，但由于道教山志中文献往往来源于宫观所藏墨迹、名人题壁及石刻碑记，其中不少文献为其他总集、别集所阙载，可作辑佚之用的内容对了解元末至明清的茅山道教却是十分重要的。

清本《茅山志》与元本《茅山志》相比，记载茅山道教事件比较简略，如在记录第二十三代上清宗师朱自英传时省略了"句曲朱阳里人"等重要信息，但也增加了一些明清道教的新内容，如茅山全景图、茅山宫观名泉洞记、明清诗词及道秩考等，补充了元末至明清三百年间茅山道教的历史发展和宗师，尤其是记录了上清派第四十五代宗师之后茅山上清派的传承道秩，明帝王多次向茅山各宫观颁赐《道藏》之事也通过清本《茅山志》保留下来：

---

① 陈国符：《道藏源流考》下册，中华书局1963年版，第250页。
② 《藏外道书》第19册，第706页。
③ 《茅山全志》卷一，《藏外道书》第19册，第708页。

元符宫：据大学士王锡爵撰《乾元观募建藏殿疏》① 记载，明朝的成祖、英宗和神宗都特别重视道经的收集、整理与编纂，经过持续的努力，正统年间《道藏》印制完成。如《明英宗实录》卷一百五十记载：正统十二年（1447年）"刊造道藏经毕，命颁天下道观"，立即颁赐天下名山宫观。② 与此相应，《明英宗颁赐道藏敕》也记载了正统十二年八月初十，明英宗首次颁赐一部《正统道藏》给茅山元符宫（今称中宫或印宫）并下敕曰：

> 朕体天地保民之心，恭成皇曾祖考之志，刊印《道藏》经典，颁赐天下，用广流传，兹以一藏安奉三茅山，由元符宫永充供养，所在道官道士看诵赞扬。上为国家祝釐，下与生民祈福，务须祗奉守护，不许纵容闲杂之人私借观玩，轻慢亵渎，敢有损坏遗失，违者必究治之。③

据陈国符先生在《历代道书目及道之修与镂板》一文中的考证，这是明代茅山第一次获赐《道藏》，是颁赐给元符宫的。④ 明英宗在敕文中，既讲了刊印《道藏》颁赐天下的目的，也要求道官道士认真看诵赞扬，且不许闲杂之人私借观玩，以保证宗教经典的神圣性，但这部《道藏》不久毁于大火。万历二十六年（1598年），当时《万历续道藏》尚未完成，明神宗下诏再次刊印《道藏》颁施名山宫观。万历二十八年（1600年），明神宗又敕谕三茅山元符万宁宫住持及道众人等，特差御马监太监叶忠赍送去一

---

① 据王岗考，此文实为李鼎所作《茅山乾元观敕赐藏经募缘建阁疏》（《李长卿集》卷八，第9—10页）。笪重光编纂的《茅山志》时收录并改名为《乾元观募建藏殿疏》，但撰稿人却为"大学士太原王锡爵撰"。（《藏外道书》第19册，第731—732页）

② 据刘康乐研究，"明清各地庋藏《道藏》可考者已达92部"，他具体介绍了明清各地宫观庋藏的三十部《道藏》，其中有正统十四年（1449年）南京神乐观获赐一部、常州府武进县隋司徒忠佑庙获赐一部（其著《明清各地宫观庋藏〈道藏〉补遗》，《宗教学研究》2021年第2期），可见茅山元符宫、南京玄真观在此之前就获得颁赐。

③ 《茅山全志》卷二《明英宗颁赐道藏敕》，《藏外道书》第19册，第731—732页。陈国符先生在《历代道书目及道之修与镂板》中说，（明）江永年纂《茅山志后编》对此也有相似记载。

④ 陈国符：《道藏源流考》上册，中华书局1963年版，第197页。

部《道藏》在元符万宁宫供安。①

乾元观：王锡爵撰《乾元观记》也记载了乾元观获赠《道藏》之事："万历己亥（1599年），神庙以圣母所印《道藏》四百八十函赐之。"② 乾元观建藏经殿保存之。这部只有四百八十函的《道藏》，应该是《正统道藏》，因为参照明顾起元撰《茅山重建乾元观记》云："希言逝而李一了（李彻度）者来，其道价颇与希言埒，公卿大夫以问真往还者，益盛于希言时。于是，谋举观之旧址一为之新。其事颇流闻禁中，天子为给赐《道藏》全部，俾供奉于观"③。其时，《万历续道藏》尚未完成，故顾起元所谓的"《道藏》全部"可能是指一套完整的《正统道藏》。

九霄宫：据《茅山全志》卷二《藏经敕》记载，明神宗在万历四十一年（1613年）四月，因为皇太后生病，明神宗特命虔洁道众楷书金字《玉皇尊经》一部三卷，颁赐给茅山九霄万福宫，以为皇太后祈福消灾："特命虔洁道众楷书金字玉皇尊经一部三卷，安镇名山，永远供奉，讽诵祝禧，上答皇天之眷佑，恭报父母之慈恩"④。第二年，万历四十二年（1614年）三月，明神宗诚心印造道大藏尊经，敕文《藏经敕》颁施在京及天下名山宫观供奉，其中一部颁赐于茅山九霄宫，"尤祈无疆寿福，民安国泰，天下太平，俾四海八方，同归清静善教"⑤。如果参照《万历续道藏》完成于万历三十五年（1607年），再根据《藏经敕》的记载，那么，这次茅山九霄宫获赐的《道藏》很可能是"正统"加"万历"的完整明版《道藏》。

据《茅山全志》记载，明代修编《道藏》的过程中，明朝皇帝，尤其是英宗与神宗，经常颁赐《道藏》给各地名山宫观。江苏茅山作为道教上清祖庭，曾先后四次获皇帝颁赐《道藏》的殊荣，展现了明代朝廷对茅山道教的重视。茅山元符宫、九霄宫与乾元观因供藏《道藏》也提升了茅山

---

① 《茅山全志》卷二《敕谕三茅山元符万宁宫住持及道众人等》，《藏外道书》第19册，第732页。

② （清）杨世沅辑：《句容金石记》卷10，《石刻史料新编》第2辑，第9号，台北新文丰出版公司，第6584页。

③ （明）顾起元：《懒真草堂集》卷十九，《四库禁毁书丛刊·补编》第69册，北京出版社2005年版，第22—23页。

④ 《明神宗赐九霄宫玉经敕》，《藏外道书》第19册，第732页。

⑤ 《藏经敕》，《藏外道书》第19册，第733页。

道教在天下名山宫观中的地位。

据陈国符先生考察,"茅山所藏的几部《道藏》后来都在战火中遭到焚毁"①。所幸的是,之前有位山东青州府人乡坤任衡文参观茅山,在乾元观看到了这部《道藏》后,不辞辛劳,手抄一部,"任公衡文江外访道茅山,不辞抄录之烦,不惮千里之远,迎经于家,以为珍宝,其趋向可知矣!"②并运至山东老家中收藏,致使乾元观《道藏》抄本传入山东马山③,乾元观本《道藏》的抄本在山东得以保存。笪重光作为清代茅山道教的集大成者,后半生主要在茅山度过,年七十而卒,葬于句容,其对茅山道教的最大贡献是重新编撰了《茅山全志》,其中对明清茅山道教内容的补充显得十分珍贵。

第四节 冠山道团在苏州的传播

据《金盖心灯》记载,全真道龙门派在传播过程中得益于闵氏、吕氏、陶氏、凌氏等世家大族的支持与参与,从江南地区看,吕云隐开苏州"冠山支派"、苏州有黄虚堂的"太微律院支派"、苏州王峄阳创"装嫁桥斗母宫支派"、无锡钱函阳创"长春宫支派"。这些都是以某个家族势力为核心而吸引有血缘或亲缘关系的其他成员积极参与创建的新道团,反映了士绅群体在明清道教龙门派中占据着重要地位。

冠山支派,其实就是以吕云隐家族为核心的主要由家族子弟组成的道团,又称冠山道团。《金盖心灯》卷二、《无锡金匮县志》卷二十九、《锡金志外》卷一都有吕云隐的小传,从其简要介绍中可见其家族在当地既是以"科举之家,功名门弟"显世的文化世家,又是具有一定经济基础的富裕望族。

受家庭的影响,吕云隐十四岁即洗心道奥,持长斋。年十七,辞别妻子江氏,跟随父亲云游访道,广行诸法,济度人鬼。据《锡金志外》曰:

---

① 陈国符:《道藏源流考》上册,中华书局1963年版,第197页。
② (清)李寅宾撰:《马山志》,山东即墨市文化局马山管理处1996年版,第17页。
③ 赵卫东:《茅山乾元观〈道藏〉抄本流传山东考》,《宗教学研究》2013年第1期。

吕道人者，自号云隐。父贞九，明太仓州学廪生。明亡，弃家为道士。云隐年十七，随其父访道终南、武当、金陵，为昆阳王律师法嗣，授以性命元微之理，随传随体，随证随彻。尝主䴢水之东原，玉峰之西乾，车塘之崇恩，最后居鹅湖之正心道院。所至以青律设教，每谓人曰："知道不知律，是名空悟；知律不知道，是名空修。"生平戒律甚严，而胸无纤芥，蔼然春融，人亦乐亲之。又号端虚道人，所著有《心印经注》、《复立山房诗》。华玉淳有《云隐吕道人传》。①

吕云隐受其父亲吕愍的影响创冠山支派，"明末，娄县诸生吕贞九复筑采香庵、小桃源在其中，庵介梅章两家别业"②。明末乱世，吕愍看破红尘，在苏州娄门筑小桃源居而修道。娄门是太湖向东流过形成的重要水道，在经过苏州城西北时又称作娄江，因风景优美而成为文人雅士的聚集地。吕愍将小桃源改为宫观后，在当地的影响日增。

吕愍曾居清真观修道，以施药的方式向民众传道，《木渎小志》卷四称吕贞九"鼎革后，学老氏教，居清真观，祷雨遣祟，施丹设醮，靡不验"。据民国《吴县志》卷三十七记载，"清真观，在玄妙观东。元皇庆元年（1312年）建，初为道院。至正十三年（1353年）赐今额，寻火。明洪武（1368—1398年）初重建，归并玄妙观。宣德（1426—1435年）间增葺，嘉靖（1522—1566年）间复修。清顺治（1644—1661年）间，道人吕愍施药观中，重建三门。咸丰十年（1860年）毁。"③吕愍还重建了三门，使宫观的格局更加整齐庄严。庄严居士作《道统源流志》时将其纳入全真道龙门派，"吕贞九宗师，名常静，江苏长洲人，为吕云隐律师之父，世称贞九翁，兼嗣清微派为二十三代法师"④。认为吕愍促进了江南新符箓派之一清微派与全真道的合流。

顺治十六年（1659年），吕愍"入邓尉妙高峰，筑楼三楹，缄户辟

---

① （清）华湛恩编：《锡金志外》，《中国方志丛书》第427号，台湾成文出版社1983年版，第84—85页。

② 邵忠编：《苏州园墅胜迹录》，上海交通大学出版社1992年版，第32页。

③ （民国）吴秀之等修，曹允源等纂：《吴县志》，《中国地方志集成·江苏府县志辑》，第11册，第581页。

④ 吴兴庄严居士辑：《道统源流志》下，无锡中华印刷局印刷，第2页。

谷，经年不粒食。未几，游于终南，复归吴，筑室灵岩之麓，名曰柽庵。其中多植桃，即所谓小桃源也。谢客静坐，人莫能测"。《苏州府志》和《吴县志》等地方志中，多记载吕甡建小桃源之事。在小桃源谢客静坐的吕甡又被称为"辟谷道人"。甲辰（1664 年）五月，逝于小桃源。《木渎小志》卷五："小桃源在灵岩山下方家村。明诸生吕甡，字贞九，退隐修真处也，自署曰'柽庵'，殁后葬此，今惟存辟谷高士碑（知府吴道煌立）。"① 《吴县志》卷三十六下则称："柽庵，在灵岩山塘南。其村多植桃，名为小桃源。清顺治间，道人吕甡筑室于此，取度人之意，故名柽。后卒，即葬其室。"小桃源是吕甡最后的修道之处，也是吕云隐舍宅为家创立新道派之地。

吕云隐出生于奉道世家，据说还是徐文质的后身②，可能是受家学的影响，少年时的吕云隐就持长斋，十七岁辞家，又随其父去终南、武当、金陵云游访道，十八岁时，辞家栖于浒墅关，后归冠山，成为清微派第二十四代法师。吕云隐继承其父的道门后，听说王常月在北京白云观奉旨说戒，于是前往拜谒，领受中极戒及天仙戒，成为北京白云观主持王常月律师的法嗣，全真道龙门派第八代律师。吕云隐从北方回到江南后，"大开演钵堂于姑苏之冠山。其戒子承化得道者，亦不复少"③。进而正式创立冠山道团，并延续着龙门派而构造了苏州冠山支派的传承谱系：

赵虚静→张碧芝→陈冲夷→周大拙→张无我→赵复阳→王昆阳→吕云隐→吕全阳、鲍三阳、丘寅阳等

吕家作为苏州当地的世家大族，冠山道团名下的宫观殿阁皆为吕云隐及弟子舍家宅而创立。随着江南地区市场经济的出现和城镇功能的更新，家族的地缘力量对龙门派在江南地区的传播产生了两方面的影响，一方面，以家族宗祠为中心而吸收了那些有文化的士绅入道，推动了全真道在江南士绅群

---

① 张壬士：《木渎小志》，台湾成文出版社 1983 年版，第 227 页。
② 后身是龙门派中的一种神秘性的说法，大概是受藏传佛教的活佛转世说的启发，以强调宗师具有不同于普通信众的先天特质。有关闵一得如何受藏传佛教的影响，可参见孙亦平《清代道教龙门西竺心宗初探——兼论云南鸡足山佛教对道教的影响》，《西南民族大学学报》2015 年第 3 期。
③ 《金盖心灯》卷二，《藏外道书》第 31 册，第 199 页。

体中的传播；另一方面，如果家族道团在地方上缺乏有力的政治和经济势力，未能得到皇家或官府支持的话，那么，在与当地世家望族或其他宗教团体发生冲突时，往往会处于弱势境地，对道团的发展又会造成一定的阻碍，这从一个侧面反映了在清代江南社会的政治经济文化中身份认同、族群维系与道教信仰之间的复杂关系。

吕云隐门下有吕全阳、鲍三阳、丘寅阳等弟子，传其律者有数十人。另外还有不少弟子或隐居一地修道或四处传道，在苏州地区形成的传播全真道龙门派的冠山支派具有如下特点：

第一，接续着王常月的龙门派传统，但也融合了其他教派的内容。王常月来江南传道后将返归时专门叮嘱侍者"岁庚申，昆阳真人将返平壶，取平日自用锦囊、如意、源流、拂麈等，印封完密，嘱侍者曰：'姑苏吕守璞来，付之。'时康熙十九年十二月二十五日也"[1]。王常月将自己修道所用之物悉授予吕云隐，意为将其作为龙门派的衣钵传人。虽然"这一以吕守璞为王常月法嗣的说法，与康熙时陈鼎所撰《心月道人传》和彭定求所撰《詹维阳律师塔铭》的记载不符，也未为后来的《白云仙表》和《龙门传戒谱系》所采纳"[2]，但《金盖心灯》中列有《吕云隐律师传》，将吕云隐作为清微派第二十四代、龙门派第八代律师[3]，这与吕云隐开创苏州冠山道团所具有的融合性是分不开的。

第二，倡导奉持戒律，严守清规。吕云隐平时"戒律甚严"，康熙十九年（1680年），吕云隐之所以能得受王常月平日自用的修道之物，与他平时"性功渊朗，胸无纤翳，蔼蔼乎春融，浩浩乎秋空，动为闲云，静为止水。平日一意修持，不求文字藻饰，一旦豁然照灼，则信口拈来，皆妙蒂矣"[4]不无关系。这种平日一意修持的态度也成为冠山道团的一种精神标志。

第三，在家修道与出家居观相结合。早期全真道主张出家住庵清修，龙门派更强调奉持戒律，但传到江南后，受江南正一道在家修道的影响，将道团组织与家族血脉传承结合起来。家族奉道在一定程度上改变了北方早期全

---

[1]《金盖心灯》卷二，《藏外道书》第31册，第199页。
[2] 尹志华：《王常月学案》，齐鲁书社2011年版，第98页。
[3]《金盖心灯》卷二，《藏外道书》第31册，第199页。
[4]《金盖心灯》卷二，《藏外道书》第31册，第199页。

真道出家住庵注重清修的传统，但却加强了冠山道团在苏州的地缘经济和文化上的力量。

吕云隐有《心印经注》《东原语录》《复立山房诗》梓以行世，传其律者有吕全阳等数十人，其妻子江云城也受吕云隐影响，开创全真道龙门派女贞宗一系。《金盖心灯》卷六下《江云城大师传》称："女道士江云城者，名正合，云隐律师之妻也。江南吴江人。年十七归律师，律师志在修真，端坐不卧。江叩以故，律师告以情，请从此别。江笑曰：'子有志，余独无志？'遂亦起坐不得复卧，而相敬如宾焉。已而律师寻父外出，江惟日诵《黄庭》，晓夜不之间，颇有心得。魏夫人为之梦降者三。"反映其对上清派女仙文化的继承。后来，吕云隐奉父归还后，父已得道，喜江云城有出世修道之志，加授《灵飞经》："妻江氏，亦慨然有出世志，遂礼翁为师，取名正合，号云城，筑女贞仙院，修炼其中。"① 此"翁"即指吕悉。江云城创建坤道修炼的女贞宗，拜吕悉为师，所在宫观称女贞仙院，自己"实为近时女贞班首"②。江云城领导的女贞仙院以奉持清修戒律为特点，"出开女贞观于木渎，规矩森密，五尺童子不得独入。数载道成，得王霞栖而授以道，遂白日冲举，隐隐见有南岳夫人前导"。王霞栖接续努力，"又有年，远近闺贞节孝，咸皈附之，女贞宗益振"③。

经过吕云隐和江云城夫妇的共同努力，冠山道团内含的乾坤两宗，在世家大族的支持下，以道观为活动中心得以兴盛传播。带有江南文化特色的道观经济建立并渗入到地方社会，成为清代江苏道教依然处于发展中的支柱，并受到清王朝一定的扶植。

吕全阳是吕守璞的族侄，名太晋，字又岩，姑苏长洲人。十一岁即出家，二十二岁受初真戒，二十五岁进受中极戒，并首受天仙大戒。后来，吕云隐对其侄亦弟子吕全阳谆谆教导：

  予父即尔祖，一脉相承。汝今颇有志行，叠受律戒，为律门弟子，精修勿懈，屏绝旁门。此汝祖积功累行，仙灵不昧，诸子皆贤，可以承

---

① 《金盖心灯》卷二，《藏外道书》第 31 册，第 198 页。
② 《金盖心灯》卷六，《藏外道书》第 31 册，第 291 页。
③ 《金盖心灯》卷六，《藏外道书》第 31 册，第 292 页。

宗祧。复生汝身继此脉，甚慰祖望。今余年迈，恐先师秘旨日后无传，特以大戒，兼附一偈，首授与汝。其文曰："吾道贵修身，戒行毋亏少。放下万缘空，寂尔玄中妙。智灯朗如月，心光澈宵晓。性体湛然明，证果天仙道。"汝其竭力修持，阐扬大道，勿替先志，勉旃毋忽。①

这首偈体现了冠山道团的修道精神，再从吕云隐所说一脉相承、叠受律戒、甚慰祖望、首授与汝，可见道脉传承与吕氏家族之间的密切关系。吕全阳也以持戒精严而著称，闵一得在《金盖心灯》中评价说："当时南北律师数有千计，得如师者，其惟我明阳周祖。周克以无为为用，师则以坐忘为功，不显法力，不尚神通。舍周与师，其谁与归？云隐律师，可谓得传也矣。仙佛有种，信然！"② 吕氏家族所主持的冠山道团，在江南全真道龙门派中因持戒严谨而具有较高的威望。

吕氏家族中道誉隆盛的吕恣开创的龙门支派，由吕云隐在江南市镇中建宫观创立道团进行传播，江云城又开启坤道团体，到吕全阳时接续发展。在吕氏家族一门三代、夫妻二人的共同努力下，通过家族式的传承发展。再加上王常月门下还有不少受戒弟子，或隐居一地修炼，或云游四方传道，或前来江苏传道。例如，詹守椿是金陵名士，因抗清遭到阮大铖的迫害，于是避世入道，不仅去湖州金盖山、杭州栖霞岭，而且还来过苏州穹窿山等名山宫观传道布教，推进了全真道龙门派在苏南地区的传播与影响。因此，冠山道团不仅仅是一个家族道团，它更以全真道龙门派的道风吸引了众多的信众。吕云隐门下除了侄子吕全阳，弟子还有的鲍三阳、樊初阳、翁朝阳、金玉衡、邱寅阳、钱函阳、孙则阳、归南阳、邵悟真、徐鹤岭、潘无尽等。

鲍三阳年十八岁即辞家栖于浒墅关，后开苏州浒墅关太微律院，门下有黄虚堂，派名守正启，开苏州浒墅关太微律院支派，门下有孙碧阳，形成了苏州浒墅关太微律院支派的传承谱系：

赵虚静→张碧芝→陈冲夷→周大拙→张无我→赵复阳→王昆阳→吕云隐→鲍三阳→黄虚堂→孙碧阳

---

① 《金盖心灯》卷三，《藏外道书》第31册，第217页。
② 《金盖心灯》卷三，《藏外道书》第31册，第217页。

龙门第九代弟子钱函阳创无锡长春宫，以无锡为弘道中心而形成了无锡长春宫支派的传承谱系：

赵虚静→张碧芝→陈冲夷→周大拙→张无我→赵复阳→王昆阳→吕云隐→钱函阳

与王常月同辈的沈常敬一系，门庭隆盛，传至王峰阳，依然奉赵虚静为祖师，开苏州装嫁桥斗母宫支派：

赵虚静→张碧芝→陈冲夷→周大拙→张无我→赵复阳→王昆阳、沈敬常→黄赤阳→周明阳→高东篱→方镕阳→顾沧洲→王峰阳→潘雪峰

另外还有一些弟子或隐居，或在某地修炼，或云游传教，扩大了全真道在江南吴地的影响。经过大家的共同努力，在苏南地区建立起一个以冠山来鹤道院为中心，由小桃源枰庵、木渎女贞观、浒墅关太微律院、嘉善长春宫、无锡长春宫等组成的一个覆盖苏南的道教宫观网络。这些道观大多地处苏南经济繁华的市镇中，环绕于江南运河两岸，太微律院位于商旅必经的南北要道、漕运之地以及办理税务所在地浒墅关，来鹤道院处于离浒墅关不远的冠山，女贞观则处在太湖入口的木渎镇，嘉善长春宫则处于苏州、松江和嘉兴三府的交接之处，无锡长春宫更是建在江南交通枢纽处。冠山道派的每个宫观都处于重要的交通要道上，这种宫观布局反映了明清江南道教不再执著于山林修道，而是通过在市镇经济贸易交通要道上建立新道院，展现了一种入世化的倾向。

冠山道派受江南市镇经济的影响而形成了自己的道团宫观的网络化布局，虽然其规模小于浙江金盖山道团，但作为江南仅次于金盖山的道团，不仅推进了全真道龙门派在江苏的传播，而且也加速了清代江苏道教的民间化、地方化和入世化的进程。有关金盖山道团至今已取得众多的研究成果，但对冠山道派的关注尚显不足。

第五节　道教神灵信仰的人间化

明清之际，随着基督教传教士的到来，西方式的现代化在东亚社会持续推进，资本主义萌芽在中国江南社会出现，中华文化在东亚文化圈的中心地位逐渐走向解体，这对中国道教的发展产生了潜移默化的冲击，"康熙六年统计，全国有道士21286人，近僧尼总数的五分之一，道、僧比率较宋元时代增长一倍多。道士人数的增长也扩大了道教的传播范围：一些原来道教影响甚微乃至无道教的地区，如东北、新疆、内蒙古、台湾等地，也都陆续建起了道教的神庙，有了道士"[①]，江苏道教也在江南社会日益现代化的进程中走向人间化。

清代江苏的许多城市，例如南京、苏州、无锡、扬州、镇江等以文化繁荣、商业发达而著称。清代的南京是两江总督所在地，当时称江宁，因处于东西南北交通枢纽和文化交汇中心，经济水平、城市建设反而得到了加强，其"地方性叙事"也融入国家的"宏大叙事"之中。这既反映了当时人们对国家与城市共生关系的理解，也展示了清代社会生活中出现的世俗化现象，其鲜明特点就是追求现实世界的享乐。这种社会风气亦导致人们不再关注那些空泛的说教和缥缈的神仙，而比较注重礼拜那些能够保佑人民当下平安幸福的地方神灵。

从江苏道教外部看，资本主义经济的迅速发展，动摇着传统道教信仰的社会经济基础；在西方文化不断地冲击与影响下，整个东亚社会开始向现代化方向前进，这使道教赖以生存的社会文化土壤出现了"质"的变化。随着各类新式学堂的建立，南京、苏州等城市在清末民初时就成为科学文化知识的传播地。活动于江苏社会中的基督教传教士往往以文明传播者自居，他们仔细学习地方语言、文化习俗和宗教信仰，并用日记、随笔的形式记录自己在传教过程中的观感和收获，在让西方世界了解中国的同时，又积极在传教地区创办学校、医院、收容所等社会福利事业，一方面培养中国人对基督教的信任和好感，另一方面视中国传统宗教为巫术魔法，指使教徒捣毁神

[①] 任继愈主编：《中国道教史》，上海人民出版社1990年版，第644页。

像，改佛寺、道观为教堂。西方基督教在江苏社会中的传播，使人们的信仰日益多元化，江苏道教与近代中国社会的现代化进程相伴而行。

从江苏道教内部看，清代道教中缺乏有才干、有理想的高道来倡导改革，以促进道教能够随顺社会的发展而与时俱进。茅山道士除笪重光、杨承乾等，留名史册者较少。杨承乾（？—1751年），字体元，晋陵人，早年孤苦，后隐居茅山，拜九霄宫赵述先为师。雍正初年，杨承乾成为茅山九霄宫迎旭道院住持，他性情淡泊，和光同尘，不务虚名，以得道冲举为己任，同时又信奉吕祖，经常学习吕祖变换身份，娱情于诗酒，以符箓咒术救人于疾苦，推动吕祖信仰在茅山的传播。道士张我愚来九霄宫见到杨真人后，觉其抱守真道，风骨不凡，遂授其符箓咒法。杨承乾用之救人疾苦，无不应验，受到民众称赞。杨承乾最终道果圆满，被道门奉为真人，但其传道方法依然保留着全真道龙门派传统而未能适应时代发展而有所创新，这在当时江苏道士中是颇具代表性的。

清代江苏道教的教义过分地追求长寿、财富、幸福、多子多孙等世俗享乐而消解了宗教的神圣性；道教法事中充满着巫术气息而被越来越多受民主和科学思想熏陶的国人视之为迷信；道教经典没有得到系统整理与阐释；道团中出现的颓废与腐败现象日益严重，愿意当道士的年轻人越来越少。此时的江苏道教既缺乏一种系统的自我反省意识，也缺乏一种在剧烈的社会变迁的情境下进行自我变革以与时俱进的理念，鼓励民间善款资助进行道观修缮就成为清初地方道观的一项重要工作。

苏州玄妙观在明代就是道纪司所在地，城内的白鹤观、卫道观都属其下院。乾隆十六年（1751年）乾隆皇帝在第一次下江南的过程中亲临玄妙观参观："乾隆十六年，圣驾南巡，诸臣于观中设经坛，祝慈宁万寿，驾亲临观。越六年，再建万法经坛，恩赏香赆金三百两为香火供，赐御书禁匾三：一曰清虚净妙，一曰穆清元始，一曰珠杓朗耀。越五年又南巡，越三年又南巡，礼亦如之。"[1] 据文献记载，从乾隆十六年到乾隆四十九年，乾隆皇帝六次南巡都沿着大运河行走，浏览了淮安、扬州、常州、苏州等江苏城市，前四次都驾临玄妙观，不仅在观中经坛祈福，更是赏赐香火钱和御书了三块

---

[1] 上海书店出版社编：《中国地方志集成·寺观志专辑》4，上海书店出版社2016年版，第512页。

匾额，由此大大提升了玄妙观在苏州及江南道教的地位。

因为皇帝的临幸，苏州玄妙观的修缮也得到官府的大力支持。乾隆三十八年（1773年）冬，玄妙观又不慎失火，于是官府出资进行修整："乾隆三十八年冬，观外居民不戒于火，延及殿门与雷尊殿门，于是巡抚萨公饬诸僚属议修葺，劝输助遴高资者八人董其事，期年告成，计工二万六千有奇，费白金六千二百两有奇，粲然复旧观矣"①。嘉庆十二年（1807年）所立《三茅殿重修斗姆阁记》载：

> 郡城玄妙观有十三院，院各奉斗。三茅殿之有斗姆阁，其来久矣。肇始于乾隆元年丙辰，雪怀施先生为文记之。阅六十余年，住持许端璋增修焉，像设庄严……犹记庚戌辛亥间，火神殿告成，仅隔十年，又有兹阁之役，前此乐助善信，如顾、如施、如彭、如宋诸家，均各有后，复观厥成，非皈命北辰文明验乎？②

十年前，玄妙观就依靠当地乐助善信家族支持修建了火神殿，这次由住持许端璋发起的增修玄妙观斗姆阁之事，又得到当地奉道家族的资助。当时玄妙观还有李宣仁、尹大麓、陈全莹等道士在传道布教，其中玄妙观方丈陈全莹，曾募集资金，花费六年时间整修玄妙观。据熊建伟道长研究，陈全莹受当时苏州道教文化的影响，行正一法又兼习全真之道：苏州"仅玄妙观就有东岳殿道纪司住持陶宏化、蓬柏山房庄椿、水府殿李宣仁、沈崇文、方丈殿陈全莹、神州殿伊大麓等流，皆都行正一法又兼习全真之道"③。正一化全真道在吴地的传播，反映了在清代道教整体衰微的趋势下，苏州道教通过圆融各道派所长，在民间社会仍然得到信众的有力支持而得以持续发展。

据彭启丰撰《重修玄妙观碑》记载，康熙年间苏州道士施道渊等募白金四万两营建玄妙观的大殿宝阁："国朝康熙年间，有施炼师道渊，殚心营

---

① 上海书店出版社编：《中国地方志集成·寺观志专辑》4，上海书店出版社2016年版，第512页。

② 王国平、唐力行：《明清以来苏州社会史碑刻集》，苏州大学出版社1998年版，第412—413页。

③ 熊建伟：《全真道在吴中地区的传播和影响》，《江苏道教》2007年第4期。

建，募白金四万两有奇，大殿宝阁，钜工悉成。越四十余年，法师胡得古重加藻绘，扩方丈而新之，继起绵延，绍承弗失。"① 这次修缮是由施道渊倡议，在民间集资修建完成的。"国朝顺治间，三清殿圮。康熙初，道士施道渊力新之，并建雷尊殿、天王殿，道纪陶宏化募建东岳殿庑，又构五岳楼。十二年布政使慕天颜重建弥罗阁，再募而成，复还旧观。"② 从康熙至乾隆年间，又经过了数十年，道观长期历经风雨侵蚀，已出现各种亟待修缮的问题。于是，道士胡得古又在大殿宝阁建成四十年后，在此基础上重新修整，添加装饰，扩大规模，以供奉日益增多的神灵。

道教俗神庞杂多样，频繁祀神活动的一个显著标志是大大小小的宫观神庙林立于江苏的城镇乡村，其中既有官方敕修的东岳大帝、城隍、真武、吕祖、文昌、关帝、天妃等宫观，例如在苏州有"真武庵在吴江县三里桥北，俗称北天门"③，还有"天妃宫在北寺东，宋元祐间创，元泰定四年海道都漕运万户府奉旨敕建，明嘉靖二十二年又敕赐重建"④。也有民间私建的龙王、火神、山神、土地、财神、花神、送子娘娘等神庙道观，这些大小道观陆续出现于街巷之中。例如，清朝时期，仅虎丘山塘地区就有四座花神庙，为桐桥花神浜花神庙、虎丘试剑石左花神庙、新塘桥南花神庙、西山庙桥南花神庙，密度之大，全国罕见⑤。

与立于乡镇的民间道观相比，南京朝天宫在清初时还是"宫观犹盛，连房栉比"的官方道观，到乾隆年间，皇太后还专门发帑进行重修，其地位在金陵众多道观中十分显耀，成为金陵道观之最。道光年间因遭遇火灾，为辟邪专门将大门朝向从东边移到东南边，但到咸丰年间还是遭到太平天国的战火毁坏。太平天国定都南京后，毁损的朝天宫成为"红粉衙"，专门用来制造和储存火药。清同治五年（1866年），曾国藩在镇压太平天国后，任两江总督，为了凝聚江南社会的人心，大力宣扬儒家思想，于是将重修的朝

---

① 《玄妙观志》卷十，《藏外道书》第20册，第498页。
② 《玄妙观志》卷一，《藏外道书》第20册，第457页。
③ 《乾隆江南通志》卷四十四，《中国地方志集成·省志辑·江南4》，凤凰出版社2011年版，第15页。
④ 《乾隆江南通志》卷四十四，《中国地方志集成·省志辑·江南4》，凤凰出版社2011年版，第16页。
⑤ 施美祥主编：《金阊古建史话》，古吴轩出版社2006年版，第44页。

天宫改为孔庙，并将位于成贤街的江宁府学迁入，朝天宫中形成了中为文庙、东为府学、西为公祠的格局，使道教宫观无立足之地。南京的其他宫观经过清末太平天国、民国抗战，也是所剩无几了。

在清代时，江苏道教作为中国传统文化的象征与代表之一，道教宫观仍然林立于城镇乡村，崇祀多神、扶乩降神还流行于社会中，但道教信仰更加世俗化、功利化。道教的"得道成仙"信仰对于一般民众来说虽是一个可望而不可即的遥远梦想，但往往表现出一种能够抚慰人心，帮助人解决困厄，实现幸福等功利性目的，故更加贴近现实生活。明末清初，扬州女冠李傪，金陵人，才貌双绝，"年二十五而遭国变。相国殉难后，傪誓不再嫁，出家为女道士，居广陵缑笙道院，修炼精微，戒律严整。感南岳魏元君下降，授以丹诀，后入王屋山，不知所终"①。李傪本为史可法之妾，清兵入扬州城后，史可法殉国，她出家扬州缑笙道院，号空云。李傪入道后努力修行，据说得南岳魏元君秘授丹诀，延续着上清派女仙文化的传统。此时的江苏道教通过开展祭神活动来为人祈福消灾。这种幸福观既包括个人的健康长寿和心情愉悦，也包括家庭和家族的平安、富裕、发达和人丁兴旺，对于普通百姓具有很大的吸引力。

清道光咸丰年间，顾禄在撰写的清代苏州习俗及游览胜境的《清嘉录》中介绍了江南民众在财神、玉皇大帝、刘猛将军、三官大帝、金总管、土地神、玄坛神的生日，以及城隍神出巡日举行的拜神活动。如苏州人称正月初九玉皇大帝的生日为"斋天"："九日为玉皇诞辰，玄妙观道侣设道场于弥罗宝阁，名曰斋天。酬愿者骈集，或有赴穹窿上真观烧香者。"② 中村裕一通过展示清代苏州地区道教和岁时节日的关系来说明："道教是民间信仰和民众文化的代表，在显示中国民众生活节序的岁时节日中，当然包含着与道教信仰有密切关系的节令。"③ 道教通过为神灵庆贺诞辰而形成民间庙会活动，吸引了许多百姓去道观参与进香火、献牲果等活动，这种幸福观十分现实，但对江苏人的精神意趣和民情风俗却有着重要的影响。

---

① 谢国桢编：《增订晚明史籍考》，上海古籍出版社1981年版，第1039页。
② （清）顾禄撰《清嘉录》卷一，江苏古籍出版社1999年版，第19页。
③ ［日］中村裕一：《道教和岁时节日》，载［日］福井康顺监修、朱越利等译《道教》第二卷，上海古籍出版社1990年版，第299页。

道教信仰渗透到人们的思想与生活中，广泛地进入各种民间活动中，尤其是随着儒佛道三教融合的加深，在一些官修道观中为民众供奉香火，安放着释迦佛及孔子像，还供奉着佛教的弥勒佛、阿弥陀佛、观音菩萨、地藏菩萨等，而道教的关帝、吕祖、真武、文昌等有时也会成为佛教的护法神，成为善男信女烧香叩求的礼拜对象。凡"有功于民则祀之"大概是民间进行道教祭祀的一条原则，这使道教与民间信仰习俗相混合，经常达到互不能分的地步。例如，淮安惠济祠，位于中国南北分界秦岭——淮河线上，是黄河、淮河、运河交汇之地，兴建于明正德三年（1508年），最初是奉祀碧霞元君（又称泰山女神）的泰山行祠，据《咸丰清河县志》记载："惠济祠在运口，……明正德三年（1508年）建，武宗南巡，驻跸祠下。嘉靖初，章圣皇太后水殿渡河，赐黄香白金，额曰：惠济"。这位碧霞元君，也被人们尊称为齐太太。在惠济祠供奉的齐太太身边站有两个女侍，左为眼光娘娘，右为送子娘娘，都是民间百姓所喜爱的守护幸福的俗神。到清代初年，因运河漕运在国家经济发展战略中的地位日益重要，这从康熙六次南巡必临惠济祠祭祀即可见。清代时惠济祠又增加供奉掌管河海之神妈祖。"祭惠济祠同时供奉碧霞元君与妈祖两位女神。碧霞元君信众主要分布于北方，妈祖信众主要颁布于南方，淮南惠济祠同时供奉南北方女神，体现出淮安作为南北分界线之特点。"① 也表现出将山神与海神合祭的信仰特点。乾隆南巡时，重修建行宫于惠济祠左②，惠济祠祭祀妈祖上升为国家祭礼，这种做法一直持续到清代中叶。与惠济祠相关，周边还出现了淮安东岳庙、车桥碧霞宫、板闸三元宫、盱眙玉皇宫等道观，后因河道变迁，漕运转道，惠祀祠才淡出官方视野，但在民间依然受到香客如云般的祭祀。

保留至今的高淳道教神像画特别展示明清时期道教信仰与仪式的地方化特色。据《高淳县志》记载，从地理上看，高淳因与茅山相距不远，长期流传崇拜三茅真君的文化传统，境内有许多与茅山道教相联系的地名与景观。到明清时，当地还传播着正一道、全真道等道派，为了更好地引导民众

---

① 徐晓明：《淮安惠济祠奉祀主神变迁考》，《中国道教》2018年第3期。
② 《淮阴风土记》曰："乾隆十六年（1751年），高宗南巡，建行宫于祠左，因命重修惠济祠，仿内庭坛庙样式，火珠耀目，飞阁凌空，虽在郊原而有皇居之美。"（民国）张煦侯著，万宏传、方兴波整理《淮安文献丛刻》九，方志出版社2008年版，第368—369页。

信仰，陆续兴建的关王庙、城隍庙、降福殿、东平殿、东岳庙、真武庙、王母娘娘庙、梓潼帝君（文昌帝君）庙等道观，展现了高淳道教多姿多彩的神灵信仰。1988年在淳溪镇居委会拆修旧房时发现的一批神像画也印证了当时高淳道教与民众生活的紧密联系。

这批的神像画是清代高淳县城东平殿、城隍庙二处道观内的遗物，本是道教斋醮科仪时或为超度亡灵、或祈福消灾，或请道士进行"还愿""撑桥""破狱""拜塔"之用。据神像画发现者之一濮阳康京的早期研究："这批神像画经整理，分神和斗牌两种，计320帧。神轴画芯长1.7米，宽0.95米；斗牌，用多层订边纸裱成，中空，地方道观亦称插牌，画芯长0.56米，宽0.33米。二者均为道家斋醮时所用。神像画按背面书款，原系清代县城东平殿和城隆庙二处道观内的遗物，现殿、庙已毁。"[1] 经过近年来的整理、保护与研究，由高淳县博物馆收藏的高淳道教神像画，分神轴和斗牌两种，现共有339帧[2]，经过修复，总体上保存完好。

高淳道教神像画主要为超度亡魂的水陆道场使用，是由民间画师所绘的工笔彩绘，有的神像画背面题有书款。神像画的主神有三清、玉皇、三官、救苦天尊、真武大帝、南斗北斗、西王母、土地神、碧霞元君、三茅真君、酆都大帝、城隍、诸天、降福、电母、值符、财神等。每幅画所绘神像不同[3]，题材也可按类分为：天堂、地狱、星宿神将、天妃女神、洞天福地、城隍土地等，但都以"妙相庄严"来体现道教信仰的神圣性。斗牌神像画以十二时辰神、十殿阎罗、各洞府神为主，展现了明清道教多神崇拜并对当地社会生活习俗的影响。高淳道教神像画作为目前国内保存数量最多的成系统性的道教文化遗产，以实物的方式展现了明清江苏道教神灵的信仰特征及艺术成就。

---

[1] 濮阳康京：《高淳县收集到一批清代道教神像画》，《中国道教》1993年第1期。
[2] 高淳县文化局编：《明清道教神像画》，南京出版社2006年版，第3页。
[3] 随着对高淳神像画研究的深入，有关神祇身份的辨识也引起学者的讨论，以《酆都北阴大帝、判官、城隍和福禄寿三星》为例，就可见有不同的看法，参见赵伟《高淳道教神像画中两组道教神祇身份辨识》（《中国道教》2018年第6期）、于奇赫《高淳道教神像画神祇身份再辨识》（《中国道教》2021年第1期），这种讨论，既可加深对高淳神像画的认识，也可从一个侧面展示道教在高淳传播的鲜活样态。

高淳道教神像画的画面布置以主神为中心而展开。主神端坐中央，面部表情庄严肃穆，盘腿而坐，举止安详，诸神服饰、仪仗各异，以展现不同主神的独特神性，有的还借鉴并吸收了佛教造像中头顶绘有佛光的特色。"多数高淳神像画中的神祇不止一个，但是基本上都是将主尊神祇画得比例大一些，其他的神祇比例画得小一些。主神与其他的神祇基本上都属于一个系统。"① 例如城隍像的主神位于中央，是头戴直脚幞头帽的地方官形象，其面部神态安详，背景祥云环绕，左右两边有护法神陪护。星宿神将则身披鳞甲，左右侍从，一执幡旗，一握兵器，守护两旁。神像画用色十分明艳，有红、黄、绿、赭、朱、墨、蓝、藏青等矿物颜料，再加上金粉，通过平涂和晕染相结合的工笔重彩画技来加强画面的装饰效果。高淳道教神像画的画工精致，逼真形象，衣冠服饰纹样细腻绚彩，都反映了道教信仰与江南民间绘画审美意识的结合。

道教宫观中不仅供奉着种类繁多的道教神灵，而且还直接引导着百姓的节庆活动。明清时，随着吕祖信仰在江南的传播，苏州老百姓相信，每年农历四月十四是吕洞宾的生日，因为吕洞宾喜欢到热闹的地方去，他混迹在人群中挤来挤去，就能使参加庙会活动的人都得到仙气。于是在这天苏州城中要举行"轧神仙"的庙会活动。如沈朝初《忆江南》曰："苏州好，生日庆纯阳。玉洞神仙天上度，青楼脂粉庙中香。花市绕回廊。"② 人们从四面八方赶来"轧神仙"，吃神仙糕，戴神仙帽，买神仙花，希望能沾点仙气，一年都可消灾免祸。

文昌神本是星神，顾名思义是保佑人们的文运昌盛，后与梓潼地方神相合流，逐渐演变为主管科举、文运、官禄之神。江苏的世家大族特别讲究培养子弟读书做官，故一向十分重视科举功名，对掌管"人间禄籍"的文昌神十分敬重，尤其是在有"状元之乡"之称的苏州，读书风气十分兴盛，依托科举考试，从明代万历年间始，每年农历二月初三文昌帝君诞生日都要在供奉文昌神的各个宫观中举行"文昌会"庆祝活动，据《清嘉录》记载："三日为文昌帝君诞，大吏致祭于竹堂寺畔之庙。庙属长洲境，故长邑宰亦祭与此。他邑有其庙者，各邑宰为之主祀。余如道宫、法院、会馆、善堂供

---

① 于奇赫：《高淳道教神像画神祇身份再辨识》，《中国道教》2021 年第 1 期。
② （清）顾禄著，王昌东译：《图说古风俗清嘉录》，气象出版社 2013 年版，第 87 页。

奉帝君之像者，俱修《崇醮录》，谓帝君掌文昌府事，主人间禄籍。士大夫酬答尤虔，虽贫者，亦备分烧香，纷集殿庭，谓之'文昌会'。"① 届时，人们络绎不绝地涌到苏州玄妙观文昌殿烧香祈求，使之逐渐成为一种民俗活动。

江苏各地还建有文昌阁、魁星阁、文星阁、文昌宫、文昌殿等，其中不仅供奉文昌帝君，而且还放有一些以文昌为名的道教劝善书，如《文昌大洞仙经》《文昌帝君阴骘文》《文昌帝君本传》《文昌化书》等，一方面讲述道教之理和儒家之孝；另一方面，宣扬学习知识、敬惜字纸、保护书籍、谨慎用字等文化人应有的美德，从善恶赏罚的角度促进了"功过格"在民间社会的普及，使文昌信仰在读书人中大行其道。

自南宋皇帝出资官刻《太上感应篇》后，明清两朝都曾刻版印刷各种道教劝善书，清顺治皇帝还亲自为《太上感应篇》御制序言。地方政府也捐资道教宫观印刷各种劝善书，然后数千万部道教劝善书通过各地宫观颁布到百姓手中，强调人的道德行为之后有"神明赏罚"及"余庆余殃"的因果报应律，所开启的明清社会的"劝善运动"，使道教伦理与时俱进地在商品经济兴起的江南社会中产生了广泛的影响。

从道教的法事活动看，道士以开展斋醮科仪来参与社会生活，在江苏民间社会的影响颇大。施道渊就是清代少数能以斋醮科仪名世的道士，他在与社会名流的交往中，通过"依科演教"的拜神仪式以及宣扬斋醮科仪的灵验性来吸引信众，同时也积极促进斋醮科仪的规范化。施道渊之后，其弟子胡德果及潘元珪于苏州玄妙观接绪之："凡吴中有大醮法事，俱延元珪主之。"道观以每天必做的早晚坛功课，以及在特殊日子里还举行的接驾、祝寿、进表、祭孤、水火炼度、灯仪等各种法事活动来吸引民众。

清代江苏道教还吸收了佛教的放焰口、打水陆、拜经忏等活动，将之与超荐祖先亡灵、祈福避祸等黄箓斋相融合，作为道教法事活动的主要内容。黄箓斋本是用荐亡魂往生仙界的斋仪，后来吸收佛教的"放焰口"，发展为道教施食科仪，即在鬼节或人死后第三天，斋主设置水陆道场，请道士念咒施法，把水、食物等供品化为醍醐甘露，给亡魂布施，能使死者赎罪，得到超脱，往生天界，永离苦海。这种斋醮科仪以修功德的方式吸引了百姓的参

---

① （清）顾禄撰：《清嘉录》卷二，江苏古籍出版社1999年版，第37页。

与，成为江苏道教的生存之道。

江苏道教圣地茅山在成为江南道教的"三山符箓"之一后，在江浙一带民众中的影响越来越大，每年从农历十二月二十四日的小年开始，到第二年的三月十八日"大茅君回盼日（又称白鹤翔集日）"是著名的茅山香期，附近一带民众组团上山进香，清代时青浦道士刘敏①撰《元旦夜分上茅山上宫进香，候晓望三峰胜景》描绘了他于元旦登茅山上宫，即今天的大茅山顶九霄万福宫进香时的情景：

> 爆竹如雷献岁新，顶宫灯火乱星辰。香蒙地肺留仙杖，云锁山腰隔世尘。极缥缈间投五体，大光明里见三真。瑶阶长跪陈何事，愿乞年丰乐万民。

在爆竹声声除旧迎新的日子，大茅山顶宫呈现出灯火乱星辰的景象，而烧香之烟气又如云雾缭绕于山腰。烧香者更是以五体投地叩拜来表达对呈现于大光明之中的三茅真君的虔诚，希望神灵保佑新年国泰民安。

在明王朝的推崇下，真武信仰在江南苏州地区逐渐盛行起来，形成了以真武信仰为基础的习俗在清代延续下来。新建或扩建了一些专门供奉真武大帝的宫观，一些归于道教教团领导，一些由地方家族势力所掌控。例如，常熟虞山拂水岩真武庙为明正德年间举人褚应韶所建。也有说真武行宫为孙氏所建，"邑中香火悉集于兹"②。明嘉靖时，当地人严讷入相，任武英殿大学士、吏部尚书，明世宗御赐以泥金彩绘斗姥及真武像各一轴。严讷不敢私供于家中，遂就真武庙基建院以奉，敕赐"报国院"额。据万历间张应遴《虞山胜地记略》记载，当时真武庙的规模颇为壮观，正殿奉道教的大罗天，旁边有大士、定光、碧霞、茅君诸神真殿分列于左右。严氏家族利用权势掌控了真武庙的香火。每年三月三为真武大帝诞日，上祖师山烧香成为常熟的一种民间习俗，四方进香者数以万计："远近祈福者褰衣跰族而来，岁

---

① 刘敏，字伴霞，居西城外青浦万寿道院。工书画，善琴，得张幻花先生指授，诗亦佳。[参见（清）蒋宝龄撰《古代书画著作选刊·墨林今话》，上海古籍出版社2015年版，第22页]

② 邵松年：《海虞文征》卷十一孙朝让《三修刘武穆庙》，光绪三十一年鸿文书局石印本。

所收香缗亦千百计"①。他们身穿青白短衫，束带腰间，下身穿黑色纱裙，手持置有经卷的小凳，在旗幡的引导下，吹奏敲击乐器，唱诵拜香偈语，排着队缓步前进，不时地匍匐叩首以表达对真武大帝的虔诚。

这一活动自春迄初夏，大江南北诸郡士女毕集，焚香膜拜。旺盛的香火给严氏家族带去了丰厚经济利益，也引起了当地其他家族的觊觎，可谓"豪姓争收，始构讼纷纷，衅端无已"。据文献记载，严讷儿子严泽不得不做出"毁祠迁神"的姿态，并上疏官府，显见当时地方大姓之间争夺之激烈。不过后来事情却发生了戏剧性变化，据《祖师庙灵感志略》记载，严泽"旋且入都，途次梦神告曰：若移动吾香火，当降汝重谴。无何，旁舍遭回禄，缘此不复议毁议迁，愿以香税入官"②。所谓神灵示警、不愿迁徙的故事当然只是一个借口。故事背后的事实可能是在提出"毁祠迁神"后，严氏家族最终与地方官府达成了某种默契，通过以"香税入官"的方式取得了政府的支持，从而暂时平息了围绕庙宇的争端。③ 报国院在道教宫观中继续由严氏家族掌控，但到清初时已渐衰败。虽经严氏后裔屡为修葺，但不复旧观的盛景，后被佛教藏海寺兼管，成为佛道兼并的场所。1934 年，藏海寺大火，僧舍梵宇化为灰烬，殃及报国院，院内仅剩北极行宫未毁，山门孤立。

苏州玄妙观中东西两路建有供奉着不同神灵的配殿。祖师殿多次重修，还铸造了铜合金的朝北玄帝铜殿，其中有万历二十三年（1595 年）立石的《玄妙观真武殿重修六亭记》，记载了吴县信士钱溥惠在朝武当之前，到玄妙观请求真武大帝保佑，并许愿要重修苏州玄妙观真武殿前面的六座亭子，在朝香路上，经历了大风大浪之后，钱溥惠再次发愿，平安回到苏州后，立即出资将六座亭子修建完工的事迹，反映了明清时真武信仰在江苏传播的人间化特点。

---

① 万历《常熟私志》卷三《叙俗》。
② 《藏海寺志》卷上《建置志》，《中国佛寺志丛刊》第 39 册，广陵书社 2005 年版。
③ 王健：《明清江南地方家族与民间信仰略论——以苏州、松江为例》，载黄仁伟主编《江南与上海：区域中国的现代转型》，上海社会科学院出版社 2016 年版，第 396 页。

第六节　无锡北塘香灯与惠山庙会

　　江苏道教对真武大帝的崇拜由来已久，顾文璧《明代武当山的兴盛和苏州人的大规模武当进香旅行》[1]对明代苏州人大规模去武当山朝拜真武而导致武当山道教的兴盛的情况作了细致研究。至今在武当山上，依然保留有一些有关江南民众朝山的碑刻。如《沉香圣像碑》记载："天下崇真奉善之士，瞻慕武当南岩圣迹，不辞百舍，踵迹而来朝谒者，莫不感上圣覆护之恩，宜其注心之虔切，尊奉之恪也。至元丁丑（1337年）岁春，伏承浙西道平江路昆山州市船居大檀信士沈道升，偕室张氏妙果、妻父张森、妻母李氏妙真、侍父沈文得家眷等，崇真奉善，乐施净贿，收选丰块沉香，命处士雕镂玄帝、圣父、圣母牌座三面，龙凤拥簇，其势飞跃。溯舟而上，来诸名山，入于大顶天柱峰，永充供养。"另外，还有"上海县信士郑道英、昆山州沈道升、陆添祐、陈道俊喜舍钞锭"[2]以赞助碑刻，从元代开始，这些信士以家庭为单位，通过捐造真武像来表达自己对真武的崇信，后成为江苏道教中一种引人注目的崇拜真武的民俗现象。

　　明清时，无锡的北塘香灯与惠山庙会成为在当地影响盛大的道教活动。北塘香灯活动起源于朝拜武当真武大帝的进香活动。明成祖朱棣登基后，因各种原因在湖北武当山大造道观，寻找张三丰，供奉北方水神真武大帝。因为明王朝的大力提倡，从帝王到士庶的普世信奉，有关真武信仰的斋醮科仪和特异法术迅速传播，尤其是从北京到江南的运河两岸更是成为真武信仰的流行区，真武信仰在江南环太湖地区逐渐演化为一种民俗活动。

　　无锡位于太湖边上，古运河又直线穿越无锡城，使之成为江南水乡的中心。当时道观有玉泉观、铁索观、太伯道院、水仙道院、洞灵观等，它们大多靠近运河而建。无锡古运河分南北段，南段是古色古香的临水民居区，展

---

[1]　顾文璧：《明代武当山的兴盛和苏州人的大规模武当进香旅行》，《江汉考古》1989年第1期。
[2]　（明）任自垣纂修：《敕建大岳太和山志》卷十二《录金石第十·沉香圣像碑》，载杨立志点校《明代武当山志二种》，湖北人民出版社1999年版，第167页。

现出"江南水弄堂"的水乡风情。北段的河面最开阔处是三里桥段，在万历年间，苏州、松江、常州等地的善男信女，在真武信仰鼎盛时，逐渐形成了每年春天在此集合，乘坐艨艟巨舰到武当山朝山进香的习俗。这才是"北塘香灯"形成的道教文化背景。每年朝武当山进香的船于北塘齐聚，有时多达"百十艘"，然后选择农历二月中旬的黄道吉日出发。若以每船乘载二十名香客计算，一百多艘船的进香船队，约载香客三千人以上，形成了无锡特有的道教文化风情——"北塘香灯"的景观。

运河三里桥段不仅是热闹非凡的酒楼、米市汇集成的商业区，更有一个无锡人称为"天关"的黄埠墩。从地理位置上看，登上黄埠墩即可远眺惠山苍翠之九峰，"山有九陇，若龙之偃卧然"。唐代陆羽在《惠山寺记》称之为九龙峰。九龙峰之名内涵有道教的宇宙观："鸿濛初开九龙斗，天关崩摧地轴吼，尔时帝怒着九鞭，段叟九龙成九岫。"[1] 因此黄埠墩在无锡人眼中是与地轴即"西水墩"相对的"天关"。黄埠墩上建有文昌阁。号"蠡湖野叟"的无锡人王永积（1600—1660年）在《锡山景物略》中说："旧建文昌阁，环翠楼，水月轩，垂杨掩映，不即不离。登阁九峰环列，风帆片片，时过几案间。"[2] "地轴"是无锡城西大运河与梁溪河的分流处，又称"西水墩"或"西水仙墩"："西水仙墩，名太保墩，原属先太保端敏公别墅，祀明邑侯刘五纬。侯筑芙蓉圩有功，六月十一日神诞，有庙市，俗称晒煞西水仙。"[3] 当地人在此建有水仙祠，因其地形似转轴，又称"窑墩"。黄埠墩在无锡城北为子地，西水墩在无锡城西为酉地，天然形成无锡运河上的"天关地轴"。

龟蛇形象被作为"天关地轴"象征在《太平经》中已出现，宋元时更出现在道教堪舆书中，后逐渐成为一种民间流行的说法，如记载宋时杂事的笔记集《云麓漫钞》中就将龟蛇称为水火二将，是真武大帝的重要侍从和护法，由此将"玄武龟蛇，盘纠相扶"视为真武大帝之变相，一方面，反

---

[1] 阴岭山主编：《滨湖文史资料》第1辑《滨湖名胜》，国际文化出版公司2005年版，第90页。

[2] （明）王永积：《锡山景物略》卷四，载无锡市史志办公室主编《梁溪古园：无锡古典园林史料辑录》，方志出版社2007年版，第183页。

[3] （明）王永积：《锡山风土竹枝词、阳羡风土记、海虞风俗记、锡山景物略》上册，广陵书社2003年版，第10页。

映了无锡当地信众对真武大帝的信奉与尊崇；另一方面，将黄埠墩和西水墩并称为无锡的"天关地轴"，也暗示了真武大帝对无锡信众的庇佑和福泽，这为明代真武大帝信仰在此流行提供了文化依据。

明朝开国后先立都于南京，明成祖朱棣以燕王从北方起兵夺得天下，登基做了皇帝后，认为是北方之神真武大帝感召灵应神佑的结果，以及寻找建文帝、继续控制日益发达的江南等原因，开始了"北修故宫，南修武当"的宫观建设，真武大帝上升到护国神的地位，由此在全国范围内掀起了真武信仰的高潮。在修建主要供奉真武大帝的武当山道教宫观的过程中，据说天柱峰顶金殿的所有构件铸件都是在北京完成，然后通过水路，由运河经长江、汉江运送到古均州，然后再搬运至武当山天柱峰上。在这一水路运输的过程中，大运河无锡段也成为必经之路。真武祖师是北方水神，与运送物资上武当山相联系，明代时江南地区信众也组织了武当朝圣香会，又称"齐帮"。运河之水就成为维系江南"齐帮"与真武大帝信仰的重要渠道。

去武当山进香的船队从无锡出发，由大运河进长江，溯流而上到汉口，再沿汉水上行至均州，全程三千多华里，陆路上武当山金顶还有漫长的山路，往返约需两个月的时间。苏南民众这种大规模的朝觐武当的民俗活动在明代持续了上百年，由于每年接连举办香船活动，故无锡"北塘香灯"水上盛会竟成为一年一度的民俗节日。明万历年间的无锡状元孙继皋（1550—1610年）因泛舟莲蓉湖观赏香船灯的盛况而写下七律一首：

朝玄朝侣集朦艟，灯火春湖乱水蓉，宝烛熏天香袅袅，星桥连岸影重重。遥光闪塔散灵鹫，佛焰波影骇烛龙。镇彭雷喧星吁斗，大江西望是篯峰。①

这里的"朝玄"特指朝拜具有荡魔本领的北方之神玄天上帝、玄武大帝，明代后广称真武大帝。"朝侣"指结伴形成的朝圣队伍。"水蓉"指无锡北塘上的芙蓉湖河段，"北塘古称芙蓉湖，河面宽达近200米，非常适合停泊大船"②。"连岸"指无锡北塘的"三里桥沿岸"。"遥光闪塔"是锡山

---

① 张永初等编著：《无锡野史》，中国社会科学出版社2000年版，第197页。
② 吕锡生主编：《古吴源流胜迹》，社会科学文献出版社2002年版，第106页。

之上龙光塔。"篸峰"即指武当山天柱峰。由此将江南无锡北塘香船朝圣武当山的盛况及背后的道教意象展现出来。

到了清代初年，王永积撰《北塘香灯》对明代江南地区民众准备上武当山朝圣真武祖师前，百十艘悬满香灯的船只汇聚在无锡北塘时的空前盛况进行了细致描述：

> 香灯，他邑未有也。岁二月，无定日；巨舰百十艘，无定数。乃苏人之武当山进香者，蠲吉启行，至北塘，谓之"齐帮"毕集焉。其来以鸣锣为号，自南而东而北，声振林木。邑人士及大家宅眷，闻声遂空园出。其灯贯索于高樯之首，各系灯架，或四方、或八角，空其中而悬于旁。灯灯相续，联属而下，如贯珠，如星桥，其灯以人数为准。每进香一人，人悬一灯，每舟若干人，即悬若干灯。灯光入水，灯灯倒映。每舟悬若干灯，每舟底即映若干灯。悬灯后，花炮四发，烟花入水亦倒映，枝枝朵朵，上下一色。于是，香船百计，看香灯之船千计。香灯悬于樯顶，看香灯船之灯悬于船窗。香灯纯用纸灯，看香灯船之灯间以纱灯、珠灯、水晶羊角灯。香船纯锣声、或木鱼声，看香灯之船，佐以歌声、笑语声、箫鼓声、吹弹丝竹声。人烟如沸，水面通红，至宵分始散。过毗陵，无北塘大水，舟不复聚，灯不再悬矣。香灯，他邑未有也。①

王永积在《北塘香灯》中从"香灯，他邑未有也"一文起笔，以身临其境的方式对香船的数量、形成的规模、悬灯的方式、香灯的数量，以及悬灯花炮相互映照、锣声、木鱼声与欢歌笑语、箫鼓丝竹所交织的热闹进行了细腻入微的描绘，充分展示了当时朝圣规模之宏大，组织之井然，场面之壮观、信仰之虔诚。最后又以"香灯，他邑未有也"结束，两次强调这种乘香灯之船进行朝圣方式是其他地区绝无仅有的。

附近进香民众所乘之船，在约定的时间，以鸣锣为号，经无锡南门、北门、东门，依次停泊到北塘。入夜，各进香船都竖起桅杆，并于船头船尾挂

---

① 王永积撰：《锡山景物略》卷四，载无锡市史志办公室主编《梁溪古园：无锡古典园林史料辑录》，方志出版社2007年版，第183页。

起四方灯、八角灯等各色香灯，一灯代表一位香客，纱灯、珠灯、水晶羊角灯，灯灯相续，船船相接，船上灯火连翩远看似繁星连成的银河。此时无锡的士绅淑女、市井平民倾城而出，从水陆两路涌向北塘，去观赏"香灯"，形成一年一度的"北塘香灯"水上盛会，也推进了真武信仰在江南的传播。这些船只离开北塘，进入长江后，舟不复聚，灯不再悬矣。"北塘香灯"这一江苏文化视域中的带有道教信仰特征的特殊景观持续了一百多年，直到明末时，武当山地位衰落后才随之而消歇了。

如果说，"北塘香灯"是当地水上开展的崇拜道教神灵真武大帝的活动，那么，惠山庙会则是明清以来民间百姓依托于道教宫观开展的崇拜地方神灵的活动，由此展现了当时无锡道教宫观的情况。惠山庙会以十庙最为著名。"所谓十庙就是东岳庙，张巡庙，延圣殿，延寿司殿，张元庵，南水仙庙，西水仙庙，府城隍庙，新、老城隍庙。"[1] 这些庙殿虽有供奉道教三清尊神、玉皇大帝，但从庙名看主要还是供奉地方神或功能神，其中有些是曾为人民做过好事的历史人物，死后慢慢被封神的。[2] 在惠山直街的东岳庙供奉着生活于商朝末年纣王时代的黄飞虎。在《封神榜》中，黄飞虎在灭商兴周之战中，因有威行天下、义重四方、施恩积德等卓越表现，被姜子牙封为总管人间吉凶祸福的"东岳泰山天齐仁圣大帝"，故该庙门匾额上刻有"东岳行宫"的字样，据说他在无锡诸神中神职最高，故又称"圣帝殿"。

无锡十庙中的每庙所供奉的神灵都有自己的生日，这一天就成为该庙特别的庆典活动的理由，例如，农历三月二十八日是神灵地位最高的东岳大帝的生日，典礼最盛。到时，人们将庙中供奉的神像抬到过生日的那个庙去祝贺。这些神灵参照世俗官僚等级进行排列，以仪仗队开道，人们以箫鼓、杂戏来迎神，然后集会酬祭，形成了赛神会，一年中达八九次。以赛神会的方式人为制造的神灵派对，与每个庙的背后都有当地商家店铺做经济后盾有关。清乾隆初年，重修东岳庙，又建五岳庙楼。这天，东岳庙中祭品堆积如山，点满了香烛，把神灵抬在庙门迎接各庙的祝贺。惠山直街是东岳庙所在地。这一天倾城而出的百姓都到西门惠山看会。从城中大市桥、东大街、西大街、出西门经棉花巷、五里街，一路游人如潮；赛神会中仪仗繁复，与官

---

[1] 吕锡生主编：《古吴源流胜迹》，社会科学文献出版社 2002 年版，第 107 页。
[2] 章振华、王佩兴：《无锡传统风俗》，无锡市政协文史资料委员会 1991 年版，第 61 页。

员出行没有多大区别。另外还有抬杠、走高跷、扮戏文、捧祭品等,加上鼓乐喧天,可谓热闹非凡。最后是 20 人抬的轿子,里面坐着庙里的神像。到东岳庙拜神后再抬回去。这时天色已晚,于是沿路扎了灯棚,整条街道点上灯,家家户户也挂灯。①

赛神会由周秦时代腊祭演变而来,最初以祭祀神明为主,在明清江南社会发展成集吃、住、行、游、娱、购、宗教文化于一体的庙会民俗活动。清亡民国兴起后,随着科学、民主思潮的高涨,迎神赛会活动慢慢也就减少举行了。

---

① 吕锡生主编:《古吴源流胜迹》,社会科学文献出版社 2002 年版,第 108 页。

第十四章

民国时期的江苏道教文化

　　江苏道教在民国时期的发展是一个复杂的问题，因为它触及古今变革、中外冲突所导致的社会变迁、东西方文化碰撞和政府管理与法律层面中的多宗教竞争，在这"三千年未有之大变局"中，如何从国家、宫观和信众的相互关系中来观察与理解道教回应时代剧变？1911年，孙中山先生领导的辛亥革命爆发，导致清帝退位，清王朝灭亡，以民主共和国为政体的中华民国临时政府在南京成立。中国历史走完了两千年的皇权帝制的道路，也意味着与帝制系统密切相关的官僚体制和文化形式的剧烈变动，紧密依附于漫长的君主专制传统的宗教——道教也面临着前所未有的冲击，往昔受到的特权支持和保护已经不复存在，加上整个国家和民族面对外来的侵略和内在的忧患，江苏道教的发展受到了极大的阻碍而出现了断崖式的衰落。1912年4月，中华民国临时政府又从南京迁到北京，通称为北洋政府。北洋军阀派系多而复杂，在其统治时期，从全国范围来看，在政治动荡，战火连绵，经济凋敝，民生疾苦的民国社会中，处于名山胜地或都市乡镇中的道教宫观，或因兴学而成为学校，或因战火毁坏、或因殿堂衰颓、田产丧失而道士离散。1927年，南京国民政府成立后，对宗教采取比较严格的管理措施，对江苏道教发展的影响还是比较明显的。虽然学界对于民国道教研究已取得一些成果，但至少存在着两个局限：第一，关注的对象过于狭窄，仅局限在郑观应、陈撄宁等少数几位带有一些现代意识的道士或学者的生平事迹和仙学思想的研究上，常将他们提出的变革道教的蓝图当作实际成效，导致对民国道教性质的基本认识出现了一些偏差；第二，未能从地域史出发，具体分析道教在地方社会或信众群体中扮演的复杂角色，对道教改革遭到抵制乃至失败的原因分析不透。因此，利用社会史、地域史的研究方法，通过解读政府公文、档案材料、地方志、碑铭石刻、道教杂志和时人著述等来呈现民国时期江苏道教的发展状况就是一个既具有理论价值，又具有现实意义的课题了。

第一节　建立现代性的道教组织

在民国政府宗教管理政策的指导下，太平天国运动中受到极大冲击而处于困境中的道教得到了法律保护。江苏人口较多的城市南京、苏州、无锡，仍有道观时常开展斋醮科仪、庙会香会、放戒活动等。从江苏道教的重镇——茅山举行的活动看，主要还是延续着传统，较少表现出适应民国社会发展需要的革新动向。一般认为，民国时江苏道教是伴随着宫观道团的减少以及信众的流失而逐步走向下坡路的。

南京在民国时期是各种思想、文化和宗教的汇集地。新成立的民国政府顺应时代潮流确立了倡导科学精神和宗教信仰自由的原则，将反对迷信习俗、控制宗教作为新政府的重要工作，很快就在现代国家政权建设中，设立宗教管理机构对道教进行严格管理。一些具有思想影响力的知识分子在西学东渐的背景下也对传统道教的落后、保守进行了批评，他们一方面看到道教虽以老子《道德经》为教义之本，但人们很难从其"玄之又玄"的教义中获得明晰的宗教观念，另一方面，认为这种对神灵、神话的信仰以及对鬼怪的恐惧是一种迷信，不能构成引导人走向超越性的宗教。清末以来，外来基督教在华传教，拆毁道观，改建教堂，也与道教发生过激烈冲突。在庙产兴学运动中，江苏道教原有的教产已受到了重创；西方思想传入、在新文化运动倡导的科学、民主、自由等新思想的冲击下，道教作为一种古老而深深植根于大众的民间宗教文化传统还在延续着。

尽管民国政府一般不在财政上给予道教活动以支持，但还是有一些民国政府要人参与道教组织的一些公益慈善活动。一些具有前瞻意识的道士提出通过建立具有现代性组织架构的全国性教团组织，尤其是通过改建教制来促进道教跟上时代的发展步伐。1912 年，北京白云观住持龙门派第二十一代传戒律师陈明霦联合河北承德县太清宫、上海白云观等 18 所全真派宫观，在北京发起成立"中华民国道教会",以"道教为中华固有之国教"的全新姿态来力挽道门颓风,递交《道教会宣言书》《道教会大纲》和《道教会要求民国政府承认条件》等文件,报经民国政府批准予以立案。作为在北京白云观成立的第一个全国性组织,发起者多是北方宫观的全真道士,它的组建经费主要来自各地宫观的赞助。①《道教会宣言书》强调道教具有劝善止恶、净化人心的社会教化功能,"无论何等社会,凡虔诚信仰者,一切贪、嗔、痴、妄、杀、盗、邪、淫诸恶念,顷刻即消,其于相辅之中,尤别具一种统摄超举之力也"②。这里特别提出建立道教会的理由,道教与中华文明同始、道教高于儒教、先于释教等传统观点,还吸收当时社会上的一些新思潮,对道教及老子进行现代性解说,宣称道教"有昌明道德,促进共和之义务"③。中华民国道教会的宗旨是"力挽颓风,表彰道脉,出世入世化而为一,务求国利民福,以铸造优美、高尚、完全无缺之共和为宗旨"④。以除旧布新的现代性思想,明确反对"符箓咒术",以表达古老道教在当代社会仍可发挥其配合道德、政治、法律而通过"务求国利民福"来维护民国新政权的积极作用。中华民国道教会将当时北方宫观中的全真道士视为中国道教未来发展的引导者,以继续吸引"道教信士及一切善男信女",为道教在民国社会政治生活中争取一席之地。

江苏是全真道在江南的主要传播地之一。陈明霦任会长的"中华民国道教会"在北京白云观设立本部、在各行省设总分会,各城镇乡设分会。每个机构为三部:(1)建立部,下设议事会、审查会和宣发机关;(2)行持部,下设演教司、广化司和法务司;(3)监察部,下设纠纪司、评议司和黜陟司,期望以此为组织机构将分散在各地的全真道组织起来,设立"出世间业"与"世间业"两个部在各地开展社会活动。出世间业有演教门和宣律门;世间业则有救济门、劝善门和化恶门。并通过在各行省设总分会,各城镇乡设分会,希望建立一个从中央到地方的道教管理组织,以统一的思想和行动来振兴道教。但从实际情况看,他们提出的道教改革的理论设

---

① 《道教会第一次布告》,《藏外道书》第24册,第478页。
② 《藏外道书》第24册,第472页。
③ 《藏外道书》第24册,第474页。
④ 《藏外道书》第24册,第474页。

计和地方实践存在着落差。民国时期，地方道教依然延续着清代传统，并未表现出明显的新文化起色。"从这个全国道教会的发起人、赞助人以及经费资助人的名单可以看出，它事实上仅仅是道教全真派的全国性教会组织。于是，道教正一派也酝酿成立全国性的教会组织。"① 这也直接影响到江苏道教的发展。

此时的江苏道教主要是以宫观为基地而与社会各界人士共同开展崇道传戒活动，如何在思想理论、组织结构、社会活动形式上开始向现代宗教转型，这也是江苏道教发展遇到的新问题。因此，具有现代社会组织特点的"中国道教总会"的成立意义更加重大。1912年6月，由基督教传教士李佳白、李提摩太和梅殿华等人在上海组织筹建世界宗教会时，从"维护法律、灌输道德"的角度提倡"持大同主义联合儒、释、道、耶、回各教为一大团"，以此为由电邀江西龙虎山第六十二代天师张元旭（1862—1925年，字晓初）来沪参加。张元旭天师抵沪参加世界宗教会时，受到各教人士的欢迎。佛教的寄禅大师会后曾作诗《纪迎龙虎山嗣汉天师张晓初》曰："胜流集如云，欢迎张天师。秋风吹海色，湛如碧琉璃。远闻鸾鹤鸣，同瞻龙虎姿。至理阐微言，宏抱开神飔。俱融水乳交，永忘种族歧。释耶与孔老，相见咸嬉嬉。百川既入海，一味夫何疑？由来宗教会，未有胜于斯。"② 展示了各宗教领袖相聚进行宗教对话的热烈情景。张元旭天师参加世界宗教大会后，还在尚贤堂发表演说，号召道教徒改变思想，适应新时代的现实。这一呼吁也得到了江南正一派道士们的积极响应。

后来，张元旭天师参加"中外教务联合会"活动时，李提摩太还倡言要让道教中的"聪颖弟子"出洋涉游欧美，支持道教办医院、学校和实业等的设想。但也有人认为："在当时中国社会的条件下以及耶、道实力对比下，李提摩太的合并门户的建议，只能是企图控制道教，最后吃掉道教，为其控制中国人民的宗教生活的目的服务。"③ 同年11月，张元旭天师接李提摩太电话，听到他提出"合并门户"的建议后，断然加以拒绝。这从一个

---

① 阮仁泽、高振农：《上海宗教史》，上海人民出版社1992年版，第429页。
② 寄禅大师：《纪迎龙虎山嗣汉天师张晓初》，载《寄禅大师文汇》，华夏出版社2012年版，第416页。
③ 罗竹风主编：《宗教通史简编》，华东师范大学出版社1990年版，第228页。

侧面反映了民国道教面临的基督教积极传教的态势及其在当时世界宗教中的地位。

1913年，以张元旭天师为首的正一派代表，在上海豫园萃秀堂召集上海正一派庙观以及苏州、无锡、常熟、松江、嘉定、镇江、川沙等地的部分正一派代表，共同举行中华民国道教总会发起人会议，以提振中国道教的力量。这次会议不仅受到以上海城隍庙为代表的各地道观的当家住持和旅居上海的各地道众五十五人的署名支持，也受到社会名流以及传教士李提摩太、李佳白、梅殿华、麦士尼、仲田喜治等人的赞助，成立大会有上千人出席。张元旭天师在会上提出"黄老为宗，联络各派，昌明道教，本道德以维持世道，俾人类共跻太和"①的宗旨，发表"中华民国道教总会"的简章，并拟创办学校、医院、实业等，以推进古老道教向现代化转型，但中华民国道教总会因未获得民国政府批准而无法实施，最后只成立了一个区域性的"中华民国道教学会本部上海总机关部"。

在张元旭天师的领导下，不久上海道教公会、苏州道教公会也相继成立。这些陆续成立的道教公会组织都有一定的地域性和教派性，在北方成立的"中华民国道教会"主要以北方的全真道为主，在上海则是龙虎山正一派重建的全国道统一组织。二会都提出了道教复兴计划，但期望通过建立新组织，改革传统道教教义，开展一些道教活动来适应时代发展，做出振兴道教的努力，都因为缺乏民国政府的积极支持和教内道士、普通信众的积极响应，虽然起到开风气之先的作用，但最后却流于形式，既没有在教义上提出适应时代发展的新主张，也没有形成一个全国性的、切实有效的道教组织，更没有开展具有一定影响的活动，虽未能有效地发挥出所设想的作用，但却促进道教在新形势下，持续性地进行自我的更新与发展的努力。抗战胜利后，1946年茅山道教还成立了"茅山道教整理会，旨在发扬道教教义，联络道众及慕道居士，革新道教风气，挽救世道人心"②，展示了江苏道教也在悄然地推动着组织制度的现代转型。

从历史上看，江南地区尤其是无锡、苏州、上海三地经济发展、文化昌盛，是正一道发展的重镇，历来高道辈出。为了更好地促进道教在民国时期

---

① 阮仁泽、高振农：《上海宗教史》，上海人民出版社1992年版，第429页。
② 杨世华、潘一德编：《茅山道教志》，华中师范大学出版社2007年版，第214页。

延续与发展，龙虎山第六十二代天师张元旭以及第六十三代天师张恩溥都曾通过巡游江南，尤其是通过举行各类法事科仪和授箓活动推动正一道的持续发展，扩大道教在民众中的影响。1923年10月，张元旭天师应上海道教界人士邀请来沪共商整顿教规发扬宗风的大计，张恩溥随侍而行。张元旭天师于1925年春在上海羽化。延真观道士朱寿山等上海道教界人士组成治丧委员会，为之举行了颇具规模的正一天师出殡仪式。随后，上海道教界又为张恩溥组织了天师继位仪式，再派专人护送张恩溥天师返归江西贵溪"嗣汉天师府"，推动了龙虎山正一道在民国时期苏南地区的影响。

南京国民政府在1928年元月颁布了《神祠存废标准》，后又颁布废除卜筮星相巫觋堪舆办法。当时南京的道教宫观还有斗姥宫、二郎庙、灵应观、东岳庙、洞神宫、关帝庙、燕子矶三台洞等，在南京的道士主要属于全真道龙门派。时任南京市长的刘纪文"首饬社会局调查全市宫观庙宇，计有380余处（包括一些佛教寺庙），将一些道观当淫祠废，有完美精致之雕刻像品，另造房屋，以资保存，其余一概拆毁，使南京道教受到了很大削弱"[①]。朝天宫一直是南京城里最大最有名的道教宫观，在明清时还占有田产和房产，但在民国时却被改作高等法院，土地和房产都收归国有。1929年1月，民国政府又颁布实施《寺庙管理条例》，同年12月又颁布有关佛教和道教寺庙财产方面的法律。1931年，南京建立中国道教会南京分会，不久就被取消。

再从江苏各地看，在破除封建迷信的活动中毁坏了相当数量的道观神像。比较典型的事例是，民国十七年（1928年）十月，靖江县立初级中学教师金铭武只身去城隍庙斧劈城隍神像，在全县引起轰动。不久，县城的中小学生自发而起，将城隍庙内大小神像尽数捣毁。各乡镇知识青年相继仿效，将多数庙宇改为学校。直到民国二十七年（1938年），伪县公署知事袁鲁臣，发起募捐，纠工修葺城隍庙，使其恢复旧貌。[②] 但即使是在这样的社会环境中，江苏各地的道士、信众也根据当地道教的具体情况，在与各方势力的斡旋中，面对现代性的挑战，来维持他们所认同的道教信仰。出家的全

[①] 付启元、赵德兴：《南京百年城市史1912—2012》8《文化卷》，南京出版社2014年版，第140页。

[②] 张葛珊编：《泰州道教》，宗教文化出版社2013年版，第44页。

真道士，一般都以诵习道经，清静修持为务，自觉跳出红尘之外；正一道的香火道士，一般文化水平较低，以在宫观洒扫、静坐、迎香客为务，通过斋醮仪式、内丹修炼、香会庙会、公益慈善活动等来传播道教，但道士们平时大都不太过问宫观之外的事务。

张恩溥继任天师后，以斋醮科仪积极参与社会治理。1933年因遭遇旱灾，道教的张恩溥天师与佛教的太虚大师由南京国民政府行政院授意，在南京清凉寺共同举行祷雨消灾法会。1943年，张恩溥天师又于苏州玄妙观设坛场进行祷雨法事。苏州道教公会配合举办历时25天的醮坛，每天在坛道士49人，其余道众抬神像，礼拜三清，焚香二表，出行队伍人数成百上千上街巡游，名曰"出会"。据说，这两次法事都非常有灵验，举行后不久天就下起了大雨，既缓解了旱情，也扩大了道教斋醮在市民社会生活中的影响。上层道士与下层道士、信众之间的互动，使江苏地方道教宗教仪式在社会生活中的活跃度依然保持着延续性。

民国时期，地方政府也捐资道教宫观印刷各种劝善书。浸润着道教信仰内容，由道观、坛会刊刻的劝善书，通过道观免费发放而在江苏各地的民间社会中广泛流行。如果说《太上感应篇》主要是以太上信仰为名，从善恶报应的角度要人不要作恶事，说它是戒恶书更为准确，那么，《阴骘文》则主要从正面进行诱导劝化，要人们以文昌帝君为榜样，遵循帝君教导依道德规范行事多做好事。劝善书告诉人们，只有"诸恶莫作，众善奉行"，就会"永无恶曜加临，常有吉神拥护"，从而使"百福骈臻，千祥云集"在身边，而且还会"近报则在自己，远报则在儿孙"。这对于社会各阶层人士渴望消灾免祸而追求福、禄、寿、财、喜的心灵来说，有着十分强烈的诱惑，这也是道教劝善书在民国流行的社会及心理背景。

江苏各地的道教延续着传统，致力于利用道教的神灵在城镇乡村中开展除灾驱害的活动。正一道的宫观宣扬张天师的符箓能防止疫病毒气，钟馗具有辟邪功效，葫芦形的有色纸能将家中毒气吸入其中，于是教人将这些天师符、钟馗像和剪成葫芦形的有色纸贴在门上或屋檐下。每年在道教节庆日开展民俗活动，例如，农历腊月二十三日敦促民众举行送灶王爷仪式，以期灶王升天后向玉皇大帝报告这家人一年中善恶之事时能够起到美言保佑的作用，然后腊月三十日再将新的灶王像请回来。为适应民众的要求，那些擅长符箓祈禳的正一道士不仅信仰道教、弘扬道教义理，而且还以道教科仪法术为世袭的谋生手段。我们在对江苏道教进行田野调查时,从年长道士的回忆中可知,当时还有一些供奉香火的道观,无论规模大小,无论地处城镇乡村,都有自己的经济收入,包括信徒的捐赠、功德资和香火资。为人作斋醮科仪则是道教徒主要的经济来源,他们有的在道观等待来请,有的游街串巷主动登门服务,为当地家庭操办驱邪降福、祈祷超度等仪式,收取一定的报酬。

江苏道教既有隐世修行的思想,也有与邪恶势力作斗争的教义。抗日战争时,不太过问宫观外之事的道教却在国家处于危难的紧要关头,表现出善良质朴、爱国爱民和是非分明的精神,积极参与保卫中华民族和国家安危的斗争。1938年陈毅、粟裕领导的新四军东进抗日,驻扎于句容茅山时,乾元观道士惠心白(1879—1938年)不仅将松风阁捐作新四军司令部,宰相堂作政治处,而且率领众道士医护伤员,提供物资,侦察敌情。后来,日军进犯茅山时,新四军转移,日军逼问道士新四军的去向,惠心白坚持不说,后与十几名道士一起惨遭杀害,乾元观也被大火烧毁。[1] 这一事件成为民国时期江苏道教令人瞩目的爱国义举。曾任中国道教协会会长的黎遇航(1916—2002年)是江苏金坛人,年幼时就随父亲到元符宫西斋道院,拜耿云清为师学道,因积极努力在1935年就担任道观住持,并亲历了茅山的抗日战争。其父亲在日军侵犯茅山乾元观时被杀害,黎遇航则勇敢地随新四军做战地服务工作。抗战胜利后,黎遇航道长又回茅山任元符万宁宫西斋道院住持。

从民国时期江苏道教界看,如何通过对道教信仰与教义的阐释来回应时代提出的问题,如何对道教养生资源进行发掘以有利于民众的健康生活,如何对道教组织制度进行整顿与改革,以寻找道教在现代社会生活中的生存空间,就成为当时江苏道教发展的基本问题,但对这些问题,当时江苏道教界还缺乏富有前瞻性的理论思考与积极实践。

---

[1] 句容市地方志办公室编:《句容茅山志》,黄山书社1998年版,第125页。

第二节　近代化进程中的道教宫观

民国时期，大大小小的道教宫观分布于江苏的城镇乡村之中，道教宫观按规模大小分为宫、观、庙、院、堂等不同类别。城市中比较大型的宫观供奉着以道教三清尊神为代表的诸神，故级别也较高。乡村中神庙往往比较小，有的只供奉在当地影响较大的道教俗神。道教宫观作为弘扬和传播道教信仰的场所具有双重性质，既是一个宗教文化单位，也是一个经济活动单位，近代化进程中的道教宫观面临着传统与现代的双重挑战，在江苏社会生活中也发挥着文化与经济的双重作用。

从宗教文化单位看，一些大型道教宫观中自古就有重视自身宗教文化的传统，所建"藏经楼"即是保存道教经籍文献的地方，也是保存记录道观中有关宫观沿革、法事变迁、道士生活起居等宫观事务资料的地方。苏州玄妙观至今还在"藏经楼"中保存的丰富的道书和历年来有关宫观建筑和事务管理的档案材料[1]就经历了民国时的风雨洗礼。道教中将这种古老的记载宫观事务的方式，称为"万年簿"，类似于我们今天的大事记。

从经济单位看，道教初创宫观时，经济活动就随之而起。从三国孙吴政权下敕在南京建洞玄观时，宫观经济既伴随着道教在江苏发展起来，又为道教的进一步发展提供了物质基础。后来，江苏的道教宫观大多拥有田产，道士们可以通过生产劳动、他人供养、朝廷赏赐等来解决自己的吃饭穿衣问题。经济上的自给自足，使宫观发展为一种独立的社会经济实体，一直持续到民国时期。"宫观经济是社会经济领域的一种特殊现象，它并非只是消极地顺应社会经济发展的要求。宫观经济一旦形成，就具有相对的独立性，有时还会对社会的经济发展、民风习俗和文化生活产生一定的影响。"[2]

民国时期的江苏道教宫观主要分属为正一派和全真派。从保留至今的1947年茅山各宫观主持与宗派的记载可见，山上属于九霄万福宫、崇禧万寿宫的道院住持为正一道静一派传人。山下玉晨观、乾元观、德祐观、白云

---

[1]　郁永龙：《古观烟雨话档案》，《中国道教》2002年第3期。
[2]　孙亦平：《论道教宫观经济的特点及其对道教发展的影响》，《中国宗教》2010年第1期。

观等为全真龙门派。① 但也有一些供奉着道教神灵的宫观其道派特征并不显著。

江苏的正一派多采用子孙庙制，所住道观或自家设坛，师徒代代相传，称火居道士，是世代传承的子孙庙。子孙庙可授徒或世袭，庙观为师徒的私产，外来道士不得分享庙产。由于子孙庙为私产，一般不接待十方道众，即所谓"不留单"。子孙庙可以收徒，但不传戒，通常推荐徒弟去十方丛林集中传箓受戒。

江苏的全真派主要来自丘祖龙门派，但也有郝祖华山派等。由于龙门派在江南地区的分化，其内部又形成不同的法脉，故江南全真道的宫观体制也比较复杂，主要分为十方丛林和子孙庙两种。全真道要求道士出家住观清静修行，是道教徒就可在宫观中挂单留居，故宫观又称十方丛林，一般规模较大，宫观财产属道团所公有。宫观中的住持方丈、监院等，或从本庙辈分高、资格老的道士中选举产生，或由前任当家道士临终指定。十方丛林受到佛教寺院制度的影响，可以开坛传戒，但传贤不传徒。

大体上看，两派的传播范围，从苏北到南京，主要是全真派丛林宫观或子孙小庙。南京成为民国首都后，当时的南京尚存有洞神宫、斗姥宫、二郎庙、灵应观、关帝庙、东岳庙、天妃宫、燕子矶三台洞等道观，主要属于全真道龙门派。在这些宫观中，斗姥宫是南京道教活动的中心，为南来北往道士挂单之处。洞神宫以开展法事活动闻名，所领大多为民间祭神小庙。江南虽是全真道的传播区，但到民国时，江苏的全真道宫观中的传戒活动并不活跃，据尹志华考察，从民国二年（1913 年）至民国三十二年（1943 年），北京白云观全真道共举行了 11 次传戒活动，其中没有江苏道观参与。② 今天的苏南苏锡常地区，主要是正一派的活动范围，其中保留下来的最早道教宫观是苏州玄妙观。最大的道教圣地是茅山，属于正一道的"三山符箓"之一。受元代以后全真道兴起并南下传入茅山的影响，在民国时，茅山上的"三宫"依然保持着上清派的传统，而归正一道统领，山下的"五观"则改为传习全真道龙门派，其中乾元观的影响最大。全真道南下传入，使茅山道教的山上山下分属于不同道派，由此也可见两派大致的传

---

① 杨世华、潘一德编：《茅山道教志》，华中师范大学出版社 2007 年版，第 214 页。
② 尹志华：《民国时期的全真道传戒活动考述》，《中国道教》2016 年第 5 期。

播范围。

民国时期的茅山因低山丘陵蜿蜒近百里的山水风景，汇聚了众多的道观，依然是江苏最大的道教圣地。尤其是位于大茅峰顶上的九霄万福宫，又称顶宫，其建筑依山就势，远远看去，山顶之宫耸立云霄，亭殿楼阁气势磅礴且宏伟壮观，犹如一幅生动的水墨画，壮观中体现着"三茅真君"信仰的神圣性。由于茅山上不同道派皆信奉"三茅真君"，每年举行的"茅山香会"，吸引着周边乃至太湖流域一带众多的文人雅士和普通民众络绎不绝地前来朝山进香，超越道派界限而形成了茅山道教的独特景观。在茅山香会期间，有的宫观还在所在地开展庙会活动，依托道教节日和重大法事活动形成了商贸集市。如果宫观经济遭到削弱，道教的传播与发展就会受到阻碍；如果宫观经济兴盛发展，道教的发展就会兴旺，社会影响力也将增大。这种集市性的经济与文化活动，既增加了茅山宫观的经济收入，也对江苏道教传播与发展有着重要的影响。

当时的茅山道教建筑群中留存的宫观主要是明清两代修复或新建的，但在清代末年太平天国运动中却遭到极大的破坏。太平军普遍信仰上帝，反对偶像崇拜，视道教为"异端"，在其所到之处，焚毁圣像，破坏道教建筑。1853年3月19日，洪秀全率太平军攻下了江宁（今南京），以南京为都城，称为天京。太平天国进驻南京后，朝天宫被毁坏。"12天后，清钦差大臣、提督向荣又率清军从广西一直尾随到南京的东郊孝陵卫，在那里建立起江南大营。从此，句容地区便成了兵家必争之地，持续的战争长达十余年，给当地的经济和文化造成了极大的破坏，无数的百姓也丧命于句容历史上最严重的这场浩劫之中。"① 茅山作为两军鏖战的沙场，道教宫观受到极大的破坏，玉晨观、白云观、下泊宫的殿宇道房陆续被毁，崇禧万寿宫也毁于战火中。"太平天国的破坏偶像运动对当地的宗教机构及宗教实践造成了巨大的破坏，是对人权及宗教权利的极大破坏。"② 茅山道教从唐、宋、元、明以来积攒的珍贵文物在太平天国运动中惨遭损失，"九霄之镇山神鼎、铜圣像、

---

① 程尊平：《太平天国时期句容的若干重大兵事》，中国人民政治协商会议江苏省句容市委员会文史资料委员会编《句容文史资料》第13辑，1995年版，第134页。

② 李炽昌：《无像崇拜与破坏神像：圣经禁像传统在中国的诠释》，《宗教学研究》2016年第1期。

铜炉，元符宫之铜钟、铜炉，崇禧之铜法像，千万斤古物，亦被毁卖。"茅山元符宫华阳洞正灵官眭菊人回到茅山后，马上率领道众募刊笪重光的《茅山全志》，并将自己所写的《庚申记略》列于卷首，其中写道："迨至同治三年（1864）六月十六日，大军克复苏省。余等即回山，目睹废瓦颓垣、荒烟蔓草，不胜凄惨。查所藏诸宝物，惟玉玺、朝真玉圭、玉晶呵砚、玉镇心符、铜云板尚存。虽代有兴废，兵燹以来，莫此为甚。"经过咸丰庚申之难，道众奔溃四方，宫观人数顿减，"本宫道房十有二，今存即四五房而已，人数不过十之一二。下宫住房未毁，殿宇倾圮，尚存四五人而已。其余各宫观亦大约相等，千钧一发，岌乎殆哉！"① 经过太平天国运动的冲击，茅山道教也从此一蹶不振。

茅山作为江苏最大的道教圣地，虽然宫观建筑损毁严重，但其自然风光与留下的建筑依然吸引着文人雅客的喜好和周边百姓的定期朝拜。清光绪十六年（1890年），曾国荃带领湘军驻扎江南时，特别捐资修建了茅山德祐观、白云观中的玉皇殿、三茅殿和灵官殿等。乾元观道士杨童孝也在当地士绅的资助下，修复了被毁坏的松风阁。② 杨童孝曾在北京白云观受戒，据说在考戒时获"地字第二号"的成绩，后来到茅山，先任句容城葛仙庵住持，后在民国初年来茅山乾元观，将老子倡导的慈俭思想落实到弘道生活中，成为全真道阎祖派第二十一代传人。

杨童孝曾邀请思想家康有为（1858—1927年）来茅山为道众讲解《道德经》。康有为一生经历曲折，早年倡导维新变法，以"经世致用"为动力，兼采古今，会通中外，既积极到西方文化中去寻求真理，努力用他的传统文化的知识结构来整合、阐释和接受外来文化，并为之寻找理论根据，同时又用他所理解的外来文化来充实、改造并发展传统文化，从而形成了他独特的对中外文化的双向选择法，使他所建构的思想体系呈现出"不中不西，亦中亦西"的色彩③ 他晚年相信风水道术，"自1916年起多次跑到茅山去

---

① 《茅山全志》卷首《庚申记略》，《藏外道书》第19册，第696页。
② "光绪十六年（1890年），杨童孝曾募捐修建松风阁。"（句容市地方志办公室《句容茅山志》，黄山书社1998年版，第120页）
③ 孙亦平：《试析康有为对中外文化的双向选择》，《南京大学学报》1996年第1期。

相地，专心致志地钻研堪舆之学，兼及道藏之书"①。后来康有为在中茅山的五里亭找到一块据说是"牛眠吉地"，1920年夏天，将其母棺柩从家乡广东南海迁来此安葬，并立下葬母碑，后隐居乾元观云阁楼庐墓三年。康有为曾在茅山乾元观钻研《道藏》，与各界人士交往，还携带文房四宝走访茅山道院及周边村民，留下了许多墨宝。据说乾元观中的"辛夷馆"为康有为的题字。今天元符万宁宫的山门又称玉华门，是一座三门四柱三重檐的牌楼，作为人间俗世向仙界过渡的标志性建筑，上有康有为所书的"众妙"二字，展示了道教信仰的独特性。抗日战争期间，茅山又成为战场，乾元观被烧毁，"元符宫内部余存的建筑又遭日军兵火的毁坏，仅存灵官殿、三清大殿、太元宝殿与东秀、西斋、勉斋、聚仙四房道院等建筑"②。

江苏各大城市的道观情况比较复杂且各有地域特点。南京是民国的首都，但一些道教宫观被没收而改为政府机关和学校，例如，朝天宫在太平天国失败后，由两江总督曾国藩（1811—1872年）于同治年间加以重建，改为文庙，后又成为江宁府学的所在地。现存的朝天宫作为江南地区最完整、规模最大的古建筑群之一，虽是清代的建筑，但基本上保留了明代道教宫观文化的建筑特点，到民国时期，被改作民国政府的高等法院，现为南京市博物馆。只有路旁的"冶山道院"这个地名保留下来，让人依稀想起此处原来曾是道教宫观。

南京附近的一些农村小道观因无人看管而渐被毁弃。道教在民国首都南京的样态从一个侧面反映了江苏道教随着政治地位的衰弱而转向地方社会发展，以斋醮祈禳、符箓驱鬼、扶乩求签、庙会香会等活动来获得民众的信仰与支持。但乡村的小庙中，往往供奉着某一地方神，在民国时期破除迷信的社会思潮下破坏也最为严重。据不完全统计，"民国三十六年（1947），仅南京地区的江宁、溧水、江浦、高淳、六合五县就有宫观53所、道士118人，其中高淳有宫观46所、道士113人，江浦县有道观2所、道士2人，江宁县有宫观5所、道士3人。"③ 一些宫观几乎处于濒危状态。

---

① 笪昌农：《康有为茅山葬母》，《镇江文史资料》第12辑，中国人民政治协商会议镇江市委员会文史资料研究委员会，1987年版，第156页。

② 杨世华、潘一德编：《茅山道教志》，华中师范大学出版社2007年版，第116页。

③ 付启元、赵德兴：《南京百年城市史1912—2012》第8册，文化卷，南京出版社2014年版，第140页。

处于苏中的南通，因运河而交通发达，唐大中年间就有茅山道士来此传教弘道，故南通道教深受茅山上清派的影响。有史记载的最早道观，是建于唐大顺二年（891年）的嘉宁观，发展到宋代时，又建有籍仙观、真庄观、玄妙观等"九庙十三观"。明洪武十五年（1382年）在玄妙观中设立道正司对道观进行管理。清代后，虽然南通道教走向衰退，但南通及周边城镇中的道观仍然存在并开展弘道活动。海安县位于南通、盐城、泰州三市交界处，东临黄海，南望长江，是苏中水陆交通枢纽。据《海安县志》记载，1943年曾对当地的道观进行统计，海安县有城隍庙、关帝庙、药师庙、东岳庙、都天庙、大圣庙、普陀庙、祖师庙、福兴庙、关岳庙、东灵庙、药王庙、吕祖殿等各种名称的道观几百座。① 可见道教在当地民众中的影响。

处于苏南的苏州，解放前夕，在苏州平江区内还有2宫、9观、26殿（阁、门）、47庙、10院、5堂、2坛。② 主要有玄妙观、天后宫、白鹤观、卫道观、修真观、回真观、澄虚观、清真观。"民国时平江区内约有二三百名道士，1949年有百余名。"③ 大型宫观供奉的神灵众多，以三清为最高神而形成了较多固定的殿堂建筑格局，其中苏州玄妙观最多时有道士六十余人，在他们的努力下玄妙观也保存至今，其中的三清殿被列全国文物保护单位。

玄妙观位于观前街热市区，其宫观建筑群既有文化内涵和艺术水准，又表现出一种超凡脱俗的宗教感染力，更为重要的是，以玄妙观为中心观前街成为苏州市一些新兴商业铺户的汇集地。据江俊皓研究，"从1872年至1946年七十余年间，《申报》上与苏州玄妙观相关的报道共有22篇，其中涉及苏州城市建设的就有10篇，占据其中一半，足见玄妙观对于苏州城市建设的影响"④。以道观带动城市商业文化的发展成为民国时期江南城市的新景象。另外苏州还有一些供奉地方神灵的小道观处于大街小巷中，反映了

---

① 《海安县志》编撰委员会编：《海安县志》，上海社会科学院出版社1997年版，第930页。

② 苏州市平江区地方志编纂委员会编：《平江区志》下册，上海社会科学院出版社2006年版，第1443页。

③ 苏州市平江区地方志编纂委员会编：《平江区志》下册，上海社会科学院出版社2006年版，第1460页。

④ 江俊皓：《玄妙观与苏州的社会生活》，《中国宗教》2019年第6期。

民国道教神灵信仰的民间化的倾向，但通常只有几名道士进行日常管理。

在苏州城区，清末时历史上建造的道观大部分还在，但在民国陆续遭到毁坏。有"吴中福地"之称的城皇山中，始建于南宋淳熙年间的城皇山道院为正一道的宫观，主要供奉三清尊神、玉皇大帝、太乙真人，另外还建有供奉财神、文昌、星宿以及观音的殿堂。清代时，有号"洄溪道人"的名医徐大椿（1693—1771年）在此行医，城皇山道院还兴盛一时，后在民国初年就被毁坏了。

清代时，昆山境内还有城隍庙、真武殿、东岳庙、文星阁、斗姥阁、玉山道院、西乾道院等道观，其中影响最大的是清真观。清真观在明洪武初年得以重建大殿和两侧偏殿。洪武二十四年（1391年）清理道教，为"正一丛林"。永乐初年，清真观得以重修，并归观二、道院六，它们是：灵应普照观、真如观、月华道院、广福道院、真圣道院、灵祐道院、洞明道院和修真道院。① 永乐六年（1408年），道会张宗源于放生池东重建玉皇阁。宣德七年（1432年），主观事太常少卿徐应贞重建，改阁为玉皇殿。正统七年（1442年），太常赞礼郎道士杨季深重建山门，创建玄坛、邑庙等，至成化十七年（1481年）始竣工。嘉靖初，道士杨宗晟通加修葺。嘉靖二十年（1541年），清真观遭遇大火，唯真武殿得以保存。后经过官员、士绅和道士的共同努力，经过不断重修，规模也在逐渐扩大。据《重修清真观大通明殿碑记》记载，清乾隆五十一年（1786年），玉皇殿遇火灾，昆山知县裴元长倡捐，住持张树桂、徐霈、钱涛、李寿昌募捐得以重建。② 清真观在民国二十六年（1937年）时被日军飞机炸毁后拆除。

无锡城区地方不大，但自南北朝始建第一所道观清元宫以来，道教在此得到持续传播与发展，据民国十八年（1929年）《无锡公安年鉴》记载，无锡城中当时有道观78所，而据《无锡金匮县志》记载，则有86所。无锡众多的道观遍布于大街小巷之中，如洞虚宫、明阳观、东岳庙、玉泉观、张巡庙、水仙庙、铁索观、玄都道院等，营造出了无锡道教的文化氛围。江南古运河清名桥边的南水仙庙，又称南辰道院，此庙早先是为纪念南宋民族英雄文天祥的两位部将麻士龙、尹玉而建，又称麻尹将军庙或双忠祠。清康

---

① 吴亚魁：《江南全真道教》修订版，上海古籍出版社2012年版，第103页。
② （民国）潘鸣凤编：《昆山见存石刻录》卷四，第166页。

熙二十二年（1683年）在双忠祠的南侧，建纪念无锡县令王其勤的松滋王侯庙，后来将祠庙合一，称南水仙庙。1928年后，南水仙庙相继改为谷余小学、南培中学的校舍，学校在抗战期间停办，后一度成为中共无锡工作委员会机关所在地，1949年后则成为米厂粮库及居民住所。这也是2001年复建的水仙道院的前身。

民国时的无锡人无论是城里还是乡镇，凡是遇到生病镇宅、婚丧嫁娶等人生大事大都要请道士去做斋事，因此无锡道教宫观开展有音乐伴奏的各种斋醮科仪活动以满足民众的精神需求。"无锡道教正一派源自天师派和西河派。两派流传下来的辈分字谱基本相同，都是四十字。"① 虽然最后一句的十字不相同，但从前三十字相同中可见他们有着共同的源头。"无锡道教属正一派，正一道士素以吹、拉、弹、打、念为法事的基本技能，在斋醮法事中他们用独唱、吟唱、齐唱、鼓乐、吹打乐和器乐合奏等多种音乐形式不断变换，灵活组合，生动和形象地表现出召神遣将，声势磅礴的场面，镇压邪魔、剑拔弩张的威风，盼望风调雨顺、求福祈愿的心情。"② 在斋醮科仪中有"启师奉诰"的节次，往往要将龙虎山正一派道士娄近垣的师承以及其在无锡的弟子一代一代地列出进行祭拜，由此展示了独树一帜的无锡道教音乐，是将来自皇家神乐观的道场音乐与江南音乐文化中的苏南小调、十番锣鼓、吴地山歌、常锡滩簧融会贯通而进行创作，成为富有浓郁地方特色的江南正韵。这也是2008年无锡道教音乐能够被列入国家级非物质文化遗产的历史依据和现代基础。

据考，清末民初无锡道教中有一批演奏乐器的高手，他们主要是在家的散居道士，人们还用"五个档""八兄弟""十不拆"等来赞誉那些有传承的民间道教乐班：其中最早由朱、陈、唐、蒋、陆五姓道士结成的"五个档"已是两百多年前的先辈，"八兄弟"则由陆芸生、邬德培、沈支平、陈洪涛、朱布生、谢达山、丁云濂、朱子标组成；"十不拆"由阚献之、朱勤甫、尤墨坪、王士贤、王云坡、谢濂山、田琴初、伍鼎初、赵锡钧、支廷桢

---

① 王世华主编：《江苏省第二批国家级非物质文化遗产要览》，南京师范大学出版社2010年版，第25页。
② 钱铁民、李纯明：《阿炳与无锡道教》，《江苏道教》2014年第4期。

组成①。无锡道教音乐有腔口、梵音和锣鼓三种,所使用的乐器也是种类繁多,主要有吹管、拉弦、弹弦和打击四类乐器,在当时苏、锡、常一带负有盛名。无锡道教的音乐道士他们不但擅长演奏道场音乐,而且还擅长于昆曲,与昆曲百年老字号万和堂中的北万和堂时常交流学习②。到民国时,最杰出的代表人物就是从小生长于道观的道教音乐家阿炳。阿炳原名华彦钧(1893—1950年)无锡人,其父华清和曾主持雷尊殿,又称一和山房。在父亲的引导下,阿炳8岁入道,成为正一派道士后,学习道教音乐,35岁因眼疾双目失明后,创作了许多道教乐曲,其中《二泉映月》享誉世界,成为民国时期无锡道教音乐的代表作,也是江苏道教音乐文化中的一支耀眼奇葩。

第三节　江苏东岳庙与东岳文化

东岳文化源于对泰山神的崇拜。早在先秦时,一些帝王就将举行"泰山封禅"作为强化"君权神授"的一种神圣方式。若仔细研究,就可见秦汉以来的东岳文化中逐渐出现了两个发展向度:一是在国家政治生活层面,东岳大帝被视为上天与人间沟通的神圣使者,是帝王受命于天,治理天下的保护神,由此受到历代帝王的推崇,更被列入国家祀典,成为唯有天子尊享的祭祀权力;一是在道教信仰的层面,由于泰山地处东方,是太阳升起、黑暗消退、万物发祥之地,故东岳大帝被道教奉为山岳神灵中的王者。东岳大帝"气应青阳,位尊震位,独居中界,统摄万灵。掌人间善恶之权,司阴府是非之目,案判七十二曹,刑分三十六狱,惩奸罚恶,灵死注死,化形四

---

① 王世华主编:《江苏省第二批国家级非物质文化遗产要览》,南京师范大学出版社2010年版,第26页。

② 北万和堂指吴县黄埭倪家湾昆曲堂名班。该堂有南北之分。先有北堂,班主蔡桂芳,原籍无锡西仓,于清咸丰年间迁至吴县黄埭倪家湾黄浩泾设立此班。……其业务地域范围较广,除在黄埭本地集镇、农村演唱外,还常赴无锡、常熟、江阴等地堂唱。在黄埭又相继产生了宣和堂、春和堂等昆曲堂名班,其基本成员大多是万和堂培养出来的学生。新中国成立后,该堂曾改名为吴县黄埭万和堂音乐组,一直坚持至1954年夏才停止活动。(参见吴新雷主编《中国昆剧大辞典》,南京大学出版社2002年版,第320页)

岳四天圣帝，抚育六合万物群生"①。道教东岳信仰的核心在于通过祭祀群山之祖、五岳之宗、天帝之孙、神灵之府的东岳大帝来祈求国泰民安、延年益寿，由此展现出顺应自然、规范人伦、赏善罚恶、敬畏生命的文化精神，在江苏道教中形成的东岳文化一直延续了下来。

近年来，我们在研究江苏道教文化史的过程中，从历史文献、地方志和田野调查中搜集、整理出江苏各地名为东岳庙、东岳行祠、东岳观、东岳行宫、泰山庙的宫观约有 40 座，这还不包括一些大型宫观中所建的东岳殿，例如苏州玄妙观建有东岳帝殿、南京玄真观中建有东岳殿。虽然江苏的东岳庙大多建于明清时期，但最早有明确时间标注的却是创建于三国东吴时的江阴君山东岳庙。

江阴君山东岳庙坐落于江阴市君山之西麓。君山立于长江之畔，原名"瞰江山"。江阴自古即是"三吴襟带之邦，百越舟车之会"②，历代帝王为祈求风调雨顺、五谷丰登、国泰民安而封禅泰山东岳大帝时，于此设立东岳行宫。据《江阴县志》记载："东岳庙在君山之麓，吴赤乌间建。"③ 但因历史久远，记载不详，当时的情形已难以描述。后来在漫长的历史长河中，君山东岳庙因遭遇战争动乱，屡次毁坏，又屡次重建，反映了当地一代代人对东岳大帝的崇拜。2006 年复建的东岳殿再次落成，2007 年又增加了山门等建筑，其中"重建的岱岳殿为翘角重檐结构，上悬康熙御笔'岱岳殿'金匾，正殿大门外正上方又悬'岳宗昭贶'红底金字横匾一块，充分显示出东岳大帝圣恩浩荡的神威"④。

基于东岳泰山而形成的东岳文化有着悠久历史和多重义涵。从国家政治生活层面看，东岳是上天与人间沟通的神圣使者，司马迁在《史记·封禅书》开篇即云："自古受命帝王，曷尝不封禅？"⑤ 然后历数了到泰山举行封禅的帝王，尤其是那些易姓而王者，在建立新朝代后则必去峻极于天的泰山，"易姓而王，致太平，必封泰山，禅梁父何？天命以为王，使理群生，

---

① 《元始天尊说东岳化身济生度死拔罪解冤保命玄范诰咒妙经》，《道藏》第 34 册，第 730 页。
② （清）顾祖禹：《读史方舆纪要》卷二十五《镇江府》。
③ （明）赵锦修，张衮纂，刘徐昌点校，江阴市政协学习文史委员会编《嘉靖江阴县志》，上海古籍出版社 2011 年版，第 147 页。
④ 张秉忠编：《江阴览胜》，中国民族摄影艺术出版社 2010 年版，第 284 页。
⑤ （汉）司马迁撰：《史记》第四册，中华书局 1982 年版，第 1355 页。

告太平于天，报群神之功"①。帝王登泰山进行封禅典礼成为中国历史上最隆重的国家祭祀天地的仪式，是一种获得最高权力的象征。在道教看来，泰山封禅还是天下国家运势的一种表现："泰山气化攸先，其灾祥关系天下国家尤大也。往昔灾祥见于泰山者，如大石立起而汉宣践祚，祥云成阙而光武中兴，其祥之最著者乎？"②帝王通过封禅向天下宣示自己成为"奉天承运"的天子，也预示国家将受到泰山神的保佑而走向太平强盛之世。在登封告祭后，往往要刻石记功，这受到历代帝王的推崇。泰山封禅被列入国家祀典，成为唯有天子尊享的祭祀权力。"鉴于泰山在国家祭祀中的重要地位，多数地方修建东岳庙首先是为完善当地官方祠庙祭祀系统。"③

因江苏邻近泰山，东岳文化在江苏有着悠久的传播史，茅山道教也受其影响。在西汉时，陕西咸阳人的茅盈饱学不仕，修道成仙后被封为"太元真人东岳上卿司命真君"，因具有总统吴越死生之籍的权能，遂从北方过江来到江南句曲山华阳洞。后来茅盈的两个弟弟茅固、茅衷亦于汉元帝永光年间也渡江至句曲山。茅氏三兄弟在此得道飞升后，人们把风调雨顺、庄稼丰收，生活安乐都归功于三茅真君的护佑，把句曲山改称为茅山。大茅君在南朝陶弘景撰《真灵位业图》中处于第二阶左位，被尊为"司命东岳上真卿太元真人茅君"④，其仙职有二：总括东岳和司命之任："今屈宰上卿，总括东岳。又加司命之任，以领录图籍。"⑤东岳文化与三茅信仰相融汇而在江苏传播。因此，江苏的有些东岳庙或东岳行宫中就建有三茅殿或三茅堂，如常州府的万绥东岳庙，"原有山门、戏楼、轩殿、大殿、大楼、三茅殿、太乙殿、十王堂、子孙堂等多重建筑"⑥。

随着唐代社会政治的稳定和城镇经济的发展，东岳信仰通过运河及长江在江南一带扩散开来。从江苏道教史看，"东岳行宫者，泰山神之别祠也。

---

① （汉）司马迁撰：《史记》卷二十八《封禅书》第六引《五经通义》。
② 《岱史》第十四卷《灾祥志》，《道藏》第35册，第752页。
③ 田承军：《江南地区东岳庙研究》，载柳建新主编《泰山文博研究》，山东画报出版社2008年版，第89页。
④ 《道藏》第3册，第273页。
⑤ 《道藏》第22册，第710页。
⑥ 包立本、陆开宇、徐伯元编：《常州文物古迹》，方志出版社2007年版，第127页。

自唐封禅始，郡县咸有之"①。唐王朝武则天时先将泰山神封为"天齐神君"，唐玄宗时再封为"天齐王"，江苏各地陆续出现了专门供奉东岳大帝出行时居住的行庙，例如苏州府太仓县横泾镇东岳行宫、常州府无锡县锡山北麓东岳行庙、常州府武进县东岳行宫、扬州府甘泉县东岳行宫等。其中建于唐贞观五年（631年）的常州府武进县万绥镇东岳行宫，又称万绥东岳庙、万岁东岳行宫。有人认为"也许全国所有的庙中被称为'万岁'的仅此一所"②。其实"万岁"即古镇万绥也。③ 保留至今的万岁东岳行宫以飞檐翘角为建筑特点的大殿重建于清代道光二十六年（1846年）。"道光年间整修时改建了戏楼，东岳庙经过数度改扩建后，形成了长92.8米，南北宽46.5米，面积达4315.2平方米的雄伟建筑。它富丽庄严，冠于常郡西北，是沿长江七十二座东岳行宫中最大的一座。"④ 这座东岳行宫的宫门朝向东方，有人认为体现了"帝出于震"之意，但其实更表达了道教崇拜东岳大帝的文化精神。1993年，该宫观重新修复开放，直到2008年才正式改名东岳行宫。

宋代时，在帝王的倡导下修建东岳庙进行祭祀成为江南道教的一个重要的发展方向。尤其是宋真宗时，"盖是时东封事端，朝野上下方以成礼，岱宗比隆往代，谀媚之士争迎合土木祷祠之事兴天下，靡然向风，而东岳之庙遍寰宇矣"⑤。宋真宗通过泰山行封禅之事来提升东岳大帝的神圣性，带动了各地兴建东岳庙之风潮，出现了东岳行祠遍江苏的现象，例如高邮市泰山庙建于北宋太平兴国年间（976—984年）、常熟福山东岳庙建于宋至和年间（1054—1056年），宋徽宗政和七年（1117年）重修、苏州府吴中区临湖镇东岳庙始建于南宋、苏州府昆山县张浦镇东岳庙建于南宋乾道九年（1173年）、扬州府仪征县东岳庙建于南宋嘉定年间（1208—1224年）等。宋元时，朝廷不仅敕封泰山神，宋真宗大中祥符元年在泰山封禅活动结束后，不

---

① （元）孟滔撰：《重建东岳行宫记》，载吴亚魁编《江南道教碑记》，上海辞书出版社2007年版，第77页。
② 《新城文迹》，凤凰出版社2012年版，第104页。
③ 薛锋、储佩成主编：《常州齐梁文化遗存》，上海古籍出版社2015年版，第24页。
④ 《新城文迹》，凤凰出版社2012年版，第104页。
⑤ （清）胡聘之：《山右石刻丛编》卷十二《东岳庙碑》按语，山西人民出版社1988年版，第23页。

仅为天齐王加上帝号，封为"天齐仁圣帝"，而且还为泰山神的妻子儿女敕封，与东岳庙相关的天齐庙、泰山奶奶庙、泰山娘娘庙、碧霞元君庙等也陆续出现于江苏各地，但江苏的东岳庙大多建于明清时，如南京的炳灵公庙，天顺七年（1463年）建，据说就是供奉东岳第三子炳灵公①。

明朝建国后，明太祖朱元璋为提升东岳大帝的神圣性，一方面宣布废除泰山神的历代封号，由朝廷专办官方的祀祭正典；另一方面，出于教化民众的需要，也允许地方社会修建东岳庙，但对民间开展的祭礼活动严加管理。如明孝宗时户部尚书周经撰《修庙记略》载：

> 予惟泰山五岳之宗，为祀典正神，且其肤寸之云，雨及天下，天下之人之所以敬礼，况其州之人哉！况其土之有司哉！故庙庑之修，因时而举，乃其分焉尔。然尝闻之，神不享非礼，人不可以非礼渎。洪惟我太祖高皇帝光宅天下，以礼祀神，故复神号有诏，渎神祀有律，革前古之弊，垂万世之法。②

朝廷将东岳大帝视为"祀典正神"，所建东岳庙遍及天下府、州、县，严禁民间的"非礼之渎"，期望通过朝醮仪式做出"以礼祀神"的表率。从《金陵玄观志》可见，明王朝对都城金陵（今江苏南京）的宫观按其规模分为大观、中观和小观进行系统规划，位于城东方山的玉虚观属于中观，"南唐保大年间始构殿宇，万历十三年（1585年）重修，所领小庙曰东岳庙"③。建于南宋嘉定年间仪征东岳庙，主祀民间崇拜的东岳大帝——商朝末年纣王时的武成王黄飞虎，明、清二代帝王"敕赐东岳庙"，虽经历战火动荡，但毁坏后再复建，如今仍是苏北第一大道观。

从地方社会看，依托于道教东岳庙来会聚群众，将东岳大帝作为掌管生死之神加以祭祀，所开展的崇拜活动则顺应了百姓的精神需要，不仅推动了祭祀神灵与当地民俗庙会活动相结合，而且使东岳文化中的人间关怀精神的内涵更为丰富。

---

① （明）葛寅亮：《金陵玄观志》第四卷，南京出版社2011年版，第69页。
② （明）汪子卿撰，周郢校证：《泰山志校证》，黄山书社2006年版，第224页。
③ （明）葛寅亮：《金陵玄观志》第四卷，南京出版社2011年版，第89页。

道教认为东岳大帝主管冥事的活动，传说每年三月二十八是东岳诞辰。明清时苏州商业经济发达，民间祭祀东岳大帝的活动中，往往包含着赛神会、香会、庙会等民俗活动。《清嘉录》中也描绘了清代苏州玄妙观举办崇拜东岳大帝的活动景象："城中玄妙观有东岳帝殿，俗谓神权天下人民死生，故酬答尤虔。或子为父母病危而焚疏假年，谓之'借寿'；或病中语言颠倒，令人殿前关魂，谓之'请喜'。祈恩还愿，终岁络绎，至诞日为尤盛。虽村隅僻壤，多有其祠宇。在娄门外者，龙墩各村人，赛会于庙，张灯演剧，百戏竞陈，游观若狂。"① 苏州玄妙观在城中心，热闹非凡的庙会活动吸引着周边民众，对地方社会文化具有了整合、传承和弘扬的作用。从这个角度来看，清代道教又以保存中华民族传统文化的方式来对抗西方列强在东亚的殖民化运动。民国兴起后，随着科学、民主思潮的高涨，东岳庙会在时代发展中祭神成分减少而商贸和娱乐则成为主流。

东岳文化的内涵十分丰富，其不仅表现为各地建有东岳庙等有形的宗教场所而开展的祭祀东岳大帝的群众活动，而且还表现为通过这种仪式活动来弘扬道教的人间关怀精神。在中国道教山岳信仰中，五岳皆建有本庙，唯独东岳之庙遍天下。东岳大帝不仅被列入国家祀典，而且还流播于周边国家。"如在日本真言宗中东岳大帝成为带着司命和司录两个助手的'泰山府君'，在修验道中成为一种为民众广泛接受的'峰中修行'信仰指导，在阴阳道中则出现了隆重热烈的'泰山府君祭'。"② 东岳文化所内含的人间关怀精神成为道教的核心观念：

第一，作为山之尊者的泰山地处东方，象征着"万物之始，阴阳交代"，特别切合人们追求安康长存的心理需要。东方泰山："一曰岱宗。岱者，始也；宗者，长也。万物之始，阴阳交代，……故为五岳之长。"③ 东岳大帝是掌管万物生长之神，具有赐人以"生"的功能，至今江苏民间社会依然保留着到泰山庙、碧霞祠求子嗣的民俗。明清之后，各地士绅配合东岳庙，每年春天都要在东岳神诞日举办迎神会，以期上佑国家康泰安宁，下

---

① （清）顾禄撰：《清嘉录》卷三，江苏古籍出版社1999年版，第82页。
② 孙亦平：《论中国道教对日本阴阳道的影响——以泰山府君为例》，《湖南大学学报》2015年第1期。
③ （东汉）应劭：《风俗通义校释》，吴树平校译，天津人民出版社1980年版，第366页。

保百姓延年益寿,此祭春活动,既是人们向往美好生活的心理愿望,也是东岳文化中的人间关怀精神的具体体现。

第二,道教将泰山视为死后灵魂所归之处,东岳大帝也是冥府之王,惩恶扬善、济生度死的正义之神,由此形成了道教特有的以"泰山府君"为核心的东岳信仰。"东岳泰山君,领群神五千九百人,主治死生,百鬼之主帅也。血食庙祀所宗者也。俗世所奉鬼祠邪精之神,而死者皆归泰山,受罪考焉。"① 泰山府君如同佛教的地藏王一样,不仅是阴间冥府的主宰之神,也是惩恶扬善、济生度死的正义之神,具有对人生前善恶行为进行最终审判的权力,例如泰州姜堰东岳庙大殿供奉东岳大帝,两侧厢房设计为鬼界,房间内分列有十殿阎君、黑白无常、夜叉小鬼等塑像。② 道教在将泰山府君作为统领诸岳的冥界之神时,特别强调他所具有的简录罪福的审判权力:"昆仑四天以外有铁围山,山外有日月所不照,名曰八冥界,则泰山府君之位,统领诸狱。人死归之,简录罪福,然后分遣其人入于诸狱中。"③ 为了劝诫世人为善去恶,以获得生命长存,一方面用泰山府君掌控冥府,"狱中有镬汤、转轮、铜柱、铁锥、刀剑诸苦痛,不可具言"④,以震慑、威吓和惩罚等手段来帮助信徒在日常生活中防非止恶;另一方面,也要人通过努力修道将命运掌握在自己手中,"故诸天道之法自然。是以人生之时,施行善恶,而罪福自应,如影之随形,响之应声也"⑤。道教以东岳大帝的赏善罚恶来说明人为善者天降百祥,为不善者降之百殃,罪福报应,犹声答影随,从而将修道与为善结合起来。

第三,东岳文化以"尊道贵德"为核心观念,在汲取儒佛道三教文化资源的基础上,形成了群体协作和个体修养并重的原则。明清时,江苏的一些东岳庙也成为当地官员、士绅和民众聚族议事、分田析产、解决纷争、处罚族人、文化教育等社会活动场所,尤其是借助"神道设教"的方式,以神灵威力来促使人自觉地弃恶从善,并通过东岳庙这一"地方信仰中心"每年定期开展的神灵崇拜、巡游和庙会等文化活动,将当地民众组织起来,

---

① 《五岳真形图序论》,《道藏》第32册,第636页。
② 钟鸣主编:《泰州印记》,中国文史出版社2006年版,第38页。
③ 《太上妙始经》,《道藏》第11册,第432页。
④ 《太上妙始经》,《道藏》第11册,第432页。
⑤ 《太上妙始经》,《道藏》第11册,第433页。

所产生的社会控制力和影响力是值得重视的。①

第四节　江苏城隍庙与庙会活动

到目前为止，我们搜集并整理出的江苏各地的城隍庙有 200 余座，其中有明确记载创建时间的是 84 座。从江苏城隍庙的创建史中可见，道教的城隍文化正是在古人对"城墙"功能的认识中逐渐形成并发展的。古人建城十分讲究，内为城，外为郭，统称为城郭。在城郭之外还要围绕着建造一条防御性护城壕。"城隍"的本义就是防守城池的设施，它以有形的墙体建筑守护着一方百姓生命财产的安危，故后来才有"峻其城，浚其隍，以备不虞，为卫民计也"② 之说。城隍的守护作用所带来的安全感在社会动荡之时，其功能与作用也被逐渐放大并加以神格化，人们将其奉为城镇安全的保护神而加以崇拜，这也是城隍庙在江苏得以兴建的动因。

城隍文化在江苏有着悠久的历史，早在三国时"城隍"就有了城镇保护神之义，如清代林则徐撰《重修吴山城隍庙记》就指出："今天下凡省治若郡若州若县，莫不祀城隍神，盖众心所萃，若有灵焉。式凭以专其城，无贵贱少长，咸得随时以申祷禳。自三国以来，迄宋而弥盛，其义古矣。"③ 城隍庙也伴随着江南城镇建设而兴起。相传东吴赤乌二年（239 年）安徽芜湖就建有城隍庙，据说是为纪念东吴大将徐盛④，但据现有调查资料显示，江苏境内的城隍庙在隋代兴建，唐代渐增，宋而弥盛，但大多创建于明代，这与明太祖朱元璋登基后，以应天府（今南京）为京城，多次下诏令敕封"天下城隍神"有关。清代时，随着城隍信仰在民间的盛行，江苏各地又出现了兴建城隍庙的高潮。江苏省城隍

---

① 孙亦平：《江苏的东岳庙及东岳文化》，《中国道教》2020 年第 3 期。

② （清）张焕撰：《城隍庙香火地碑记》，载故宫博物院编《河北府州县志》第八辑《满城县志》卷十一，海南出版社 2001 年版，第 427 页。

③ 吴亚魁编：《江南道教碑记》，上海辞书出版社 2007 年版，第 31 页。

④ （清）赵翼著，栾保群、吕宗力校点：《陔余丛考》卷三十五"城隍神"，河北人民出版社 1990 年版，第 635 页。

庙的创建年代如下图所示①：

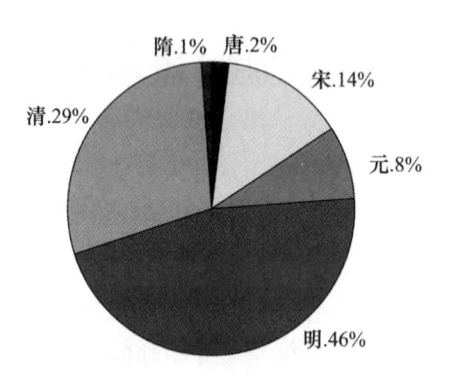

图 14-1　江苏省城隍庙创建年代

（饼图数据：隋 1%，唐 2%，宋 14%，元 8%，明 46%，清 29%）

江苏城隍庙的创建主要有三种方式：新建、改建和再建。改建主要是由东岳庙、土地庙或纪念历史人物的祠庙而来。再建则是在寺庙或旧宅故址上而成。新建者或为府州长官主持修建，或为地方士绅集资捐建，或为道士募资而建。无论是哪种创建方式，城隍庙在所有权方面都决定了其具有地方性、公共性、文化性等特点。

隋唐时，伴随江南社会城镇经济的发展，江苏的城隍庙主要在运河及长江两岸兴建起来。如江都县西门堡城外的古城隍庙建自隋代，在历史中延续下来，在清代顺、康、乾时再三得以重修成为都城隍庙："都城隍庙在堡城甘泉地，相传建自隋代。国朝顺治甲申、康熙丙辰戊子、乾隆丙辰相继重修。"② 宋人李昉（925—996 年）等编《太平广记》，其中记载了多则有关城隍神的故事，其中在讲述宣州司户死后见城隍神的故事时说："吴俗畏鬼，每州县必有城隍神。开元末，宣州司户卒，引见城隍神。神所居重深，殿宇崇峻，侍卫甲仗严肃。司户既入，府君问其生平行事，司户自陈无罪，

---

① 感谢博士生张孝东对江苏道教宫观及城隍庙进行调查，整理出江苏省城隍庙的相关资料，并帮助制作了"江苏省城隍庙创建年代"图表。

② 《光绪增修甘泉县志》卷十《寺观》，《中国地方志集成·江苏府县志辑》第 43 辑，凤凰出版社 2008 年版，第 354—355 页。

杻见录。府君曰：'然，当令君去。'"① 从此记载中可见，此城隍神原是宣城内史桓彝，死后成为江南吴地城镇的守护神，而且已然成为冥神之一，这为后来被纳入道教神灵体系提供了可能。

唐代时，江苏的城隍庙逐渐增多。据记载，江宁府溧阳县城隍庙始建于唐开元十七年（729年）②；扬州府治西北有城隍庙，"城隍之祀，始于唐明初，封郡县城隍侯伯爵，后止改称城隍之神。今府城止一庙，郡县同祀于此"③；长洲县（今苏州市）城隍庙，相传其庙基为三国东吴大将周瑜的旧宅，始建于天宝十年（751年）④，奉春申君为城隍神，元末毁废，到明洪武三年（1370年）于废基遗址上再建府城隍庙。这些建于唐玄宗开元至天宝年间的城隍庙可能与唐玄宗崇道以及以事神治民为先务的治政思想有关。

安史之乱后，北方的一些人口稠密和经济发达的城镇受到破坏，但南方社会相对平静，于是北方人口陆续南迁。随着中国社会经济文化重心南移，江南城镇建设快速发展，"唐代的城隍神奉祀在地域上以南方为盛，在时间上则以唐中后期为盛。唐代的城隍神奉祀主要是在唐中后期的南方。作为城市的守护神，城隍神信仰的发展与这一时期南方城市的高速发展有着密切的关联"⑤。润州（今镇江）城隍庙建于唐末天祐二年（905年）⑥，江宁府（今南京）古城隍庙也建于是年："城隍庙，唐天祐二年置，旧在城西北。今在府治南、御街东、太庙街内"⑦。城隍庙在江苏的修建持续整个唐代，也与人们希望能够得到城隍神的护佑有关，正如唐末道门领袖杜光庭在《广成集》中所说："城隍社庙，里域真官，密享神功，永居福地"⑧。人们

---

① （宋）李昉等编：《太平广记》卷三○三"宣州司户"条，团结出版社1994年版，第1422页。

② （南宋）陈思：《宝刻丛编》卷十五《唐溧阳县城隍庙记》，中华书局1985年版，第407页。

③ 《嘉庆重修扬州府志》卷二十五《祠祀一》，《中国地方志集成·江苏府县志辑》第41辑，凤凰出版社2008年版，第401页。

④ （南宋）陈思：《宝刻丛编》卷十四《唐春申君庙碑》，中华书局1985年版，第365页。

⑤ 王涛：《唐代的城隍神信仰与唐中后期南方城市的发展》，《首都师范大学学报》2006年第3期。

⑥ （宋）周应合：《景定建康志》第4册，南京出版社2009年版，第1088页。

⑦ （宋）周应合：《景定建康志》第4册，南京出版社2009年版，第1083页。

⑧ （唐）杜光庭：《广成集》卷五，《道藏》第11册，文物出版社、上海书店、天津古籍出版社1988年版，第256页。

修建城隍庙的目的是希望城隍神保佑本地风调雨顺、五谷丰登、安居乐业。因此，唐代的城隍神被赋予了更多的职责，并通过地方社稷逐渐进入州县官方祭祀体系中："中晚唐江南地域中地方官祭拜祈祷城隍神的事例确实数量不少，此时就这些地方而言，城隍神不只是民间自行遵奉的鬼神，事实上已经进入到州县的祭祀体系之中成为官方祭祀对象了。"①

宋代时，江南社会经济日益繁荣，最终超越北方而成为全国经济中心，各方政治势力对江南地区控制权的争夺也达到高潮。当时江南主要依靠江河漕运来进行交通、贸易及行政管理，与此相联系，城隍庙主要分布在苏南地区的沿河城镇，苏北地区尤其是东北部城隍庙较少，这与当地人口稀少、城镇建设迟缓、建县较晚等因素有关。

宋代帝王出于"神道设教"的政治需要，为一些道教神灵加封赐号，其中包括城隍神，各地也出现了建城隍庙进行奉祀的现象。南通城隍庙兴建于北宋太祖建隆二年（961年）；常州城隍庙建于北宋太平兴国年间（976—984年）；镇江府城隍庙初建于北宋宣和年间（1119—1125年），南宋绍兴七年（1137年）移置府治西南，因将西汉将军纪信作为城隍神来供奉，乾道元年（1165年）获赐庙额"忠祐城隍庙"。②陆游撰《镇江府城隍忠祐庙记》曰：乾道元年"正月甲子，右中奉大夫直敷文阁知镇江府方滋言：'府当淮江之冲，屏卫王室，号称大邦，自故时祠纪侯为城隍神，莫知其所以始。然实有灵德，以庇其邦之人。祷祈禬禳，昭答如响'"③。南宋时，江苏各地出现了一些具有独立神格且带有地方化色彩的新神灵，在国家正统观念和地方社会信仰文化的互动中，城隍神的内涵也逐渐丰富。经道门学者的认定，南宋再次确立起有序的道教神灵信仰体系，例如金允中所编制的《上清灵宝大法》卷三十九中排列了三百六十位神祇真灵，"堪称是两宋道教神谱的集大成者"④，其中就包括了城隍神⑤。

元代建立后，作为城镇保护神的城隍神为饱受战乱之苦的民众所信仰，也逐渐得到了元朝统治者的认同。赵晓寰在《元代城隍信仰：以〈全元文〉

---

① 王美华：《唐宋时期地方社稷与城隍神之间纠葛探析》，《求是学刊》2016年第3期。
② 《丹阳县志》卷五《庙祠》，台湾成文出版社1970年版，第90页。
③ （南宋）陆游：《陆放翁全集》上《渭南文集》，中国书店1986年版，第99页。
④ 孙亦平：《唐宋道教的转型》，中华书局2018年版，第335页。
⑤ （宋）金允中：《上清灵宝大法》，《道藏》第31册，第615页。

为中心的考察》中通过研究《全元文》中所收录的出自48位作者之手的52篇《城隍文》后提出，元代时"南方城隍庙主要分布在长江中下游地区，特别是江浙（主要是苏南地区）和江西，此处集中了南方城隍庙总数的70%以上"[1]。在《全元文》收录的《城隍文》中，与江苏道教有关的只有江阴、常州、昆山等几座城隍庙，但我们在江苏地方志中找到了一些在元代新建或重修的城隍庙的信息，其中有具体创建时间的主要有：建于至元十六年（1279年）的句容城隍庙、至元十七年（1280年）的苏州吴县双扬城隍庙、元大德十一年（1307年）的淮安盐城县重修的城隍庙、至大年间（1308—1311年）的无锡城隍庙、延祐年间（1314—1320年）的常州府城隍庙、至顺二年（1331年）的扬州城隍庙、元统年间（1333—1335年）的苏州粮巡道城隍庙、至正年间（1341—1368年）的徐州丰县城隍庙。从创建年代可见江苏的城隍庙修建持续了整个元朝。江苏地方志中还保留了一些城隍庙在元末兵乱时被毁的信息，例如位于海州凤凰城内都司署东的城隍庙，不知建于何时，"旧在东城，元季兵废。明洪武三年，知州陈德辅改建于西城普照寺废址"[2]。

江苏城隍庙大多是在明代创建。据吴讷撰《常熟县重建城隍庙记》记载，明太祖即位后，出于加强礼乐制度建设以管理民间宗教及教化民众的需要，"乃屡勤睿思，建立制度，正名定分，为万世成宪。若郡邑城隍庙，亦其一也"。洪武元年（1368年）明太祖下令"诏封天下城隍神"，于各地建城隍庙并将城隍祭祀纳入官方祭祀体系中，这也是常熟县城隍庙兴建之契机：

> 初洪武元年戊申，诏封天下城隍神，在应天府者以帝；在开封、临濠、太平府、和、滁二州者以王；在凡府州县者以公、以侯、以伯。时常熟循元制为州，得封城隍神曰："鉴察司民城隍灵祐侯。"二年己酉，州改为县。三年庚戌，诏定岳镇海渎，俱依山水本称。城隍神号，一体改正，仍颁格式，盖造庙宇，屏去闲杂及泥塑神像。于是改题木主曰

---

[1] 赵晓寰：《元代城隍信仰：以〈全元文〉为中心的考察》，《世界宗教研究》2016年第4期。
[2] （明）薛修、陈艮山纂：《正德淮安府志》，荀德麟、陈凤雏、王朝堂点校，方志出版社2009年版，第224页。

"常熟县城隍之神"。①

京都应天府城隍神称"帝",被封为"承天鉴国司民升福明灵王"。府州县的城隍神则对应以公、以侯、以伯等不同的爵位与品级。常熟循元制为州,故城隍神得封为"鉴察司民城隍灵祐侯"。这种对各地城隍神爵位的认定与府州县行政等级相配合,彰显了城隍神作为城镇守护神的特点,也是明朝确定城隍祭祀制度化之始。

洪武二年(1369年),州改为县,天下城隍庙又简化为京都、府、州县三级,以与现世的官僚行政体系相对应。据《明史》记载,"洪武二年,太祖以岳渎诸神合祭城南,未有专祀,又享祀之所,屋而不坛,非尊神之道"而咨询礼官。礼官建议:"今宜以岳镇海渎及天下山川城隍诸地祇合为一坛,与天神埒,春秋专祀。"明太祖采纳了礼官的建议,"遂定祭日以清明、霜降。前期一日,皇帝躬省牲。至日,服通天冠绛纱袍,诣岳镇海渎前,行三献礼。山川城隍,分献官行礼。"② 洪武三年(1370年),明太祖又"诏去封号,止称某府州县城隍之神。又令各庙屏去他神。定庙制,高广视官署厅堂。造木为主,毁塑像异置水中,取其泥涂壁,绘以云山"③。不仅取消前代所封城隍神的名号,只称某府州县城隍之神,而且要求各地依官方所定庙制来盖造城隍庙,此城隍祭祀制度在明代一直得到延续。常熟县城隍庙在盖造庙宇时,也依要求屏去闲杂及泥塑神像,以木主替代,题曰"常熟县城隍之神"。

对明王朝建立后最初几年间出现的有关城隍制度的改革,日本学者滨岛敦俊曾以"二年新制"与"三年改制"来加以概括和说明。对于这些城隍制度改革背后的原因以及实际影响,学界多有讨论且提出了不同看法④,如滨岛敦俊认为"二年新制"和"三年改制"主要反映了以"推进制度化的

---

① (明)薛熙编:《明文在》卷六十一《记》,载任继愈主编《中华传世文选》,吉林人民出版社1998年版,第371—372页。
② 《明史》卷四十九《礼志三》。
③ 《明史》卷四十九《礼志三》。
④ 请参见〔日〕滨岛敦俊《朱元璋政权城隍改制考》,《史学集刊》1995年第4期;赵轶峰:《明初城隍祭祀——滨岛敦俊洪武"三年改制"论商榷》,《求是学刊》2006年第1期;张传勇、于秀萍:《明初城隍祭祀三题——与赵轶峰先生商榷》,《历史教学》2007年第8期。

官僚集团"为代表的习惯派和以"礼官及诸儒臣"为代表的观念派的对立,"同时也是道教和儒教的对立"①;另外也有人认为"两种城隍说主要反映了坛祭与庙享这两种形式所代表的城隍神属性在观念上的冲突"②。这些不同看法也帮助我们不断加深对明代城隍信仰何以进入国家祀典、占据府州县官方祭礼的同时,又成为道教体系中城隍庙之主导的认识。笔者认为,明初多次下诏令改革城隍制度,已将城隍祭祀提升到国家祀典的地位,无论是新制还是改制,合祭还是专祀,坛祭还是庙祭,都是将城隍神作为城镇秩序的守护神来加以崇拜的,在承继传统与有所革新的动态之间,"明廷把'神道设教'贯彻于乡村里社。在地方各州县的祭祀系统,全国统一的即有城隍庙和各坛,如社稷坛、山川坛、邑厉坛、里社坛、乡厉坛"③。江苏各地城隍庙的品级和祭祀规格正是在这种动态中逐渐趋于一体化。

以明朝应天府都城隍庙的相关记载为例,就可见所谓的"二年新制"和"三年改制"在城隍庙的实际修建中逐渐混合。据明翰林学士刘三吾撰《奉敕撰都城隍庙记》记载,明太祖即位后即下诏建都城隍庙:"朕有天下,定鼎于兹,即位之初,既祀天地、山川、社稷百神,即命设京都城隍祠,俾专阴道统。"应天府城隍神既被封为"帝",又具有"专阴道统"的冥神性质。后来因都城隍祠旧庙"在嘉瑞坊,隘陋弗称。改作陡门桥之东,今十又八年矣",考虑到"诸王侯将臣,凡有出入,悉祷于神。而祀典诸庙,散在闾巷,烦嚣杂迟,岂惟神弗妥灵,人之祷祀,实亦不便"④,于是在洪武二十年(1387年)夏六月,在城内钦天山(今南京北极阁)山顶敕建新都城隍庙。两年后完工的这座都城隍庙"栋宇森列,金碧辉映",明太祖亲御奉天门并讲述祭城隍神的重要性,然后"岁遣太常寺堂上官致祭",以吸引民众前去朝拜。都城隍庙作为联结官方祭祀与民间信仰的纽带在明初都城中发挥出了特殊的作用。

当带有地方文化色彩的城隍神被纳入明朝国家祭祀体制后,"城隍为神,自京都至郡邑,各有其祠"⑤,在遍布江苏各城镇的城隍庙中所开展的

---

① [日]滨岛敦俊:《朱元璋政权城隍改制考》,《史学集刊》1995年第4期。
② 张传勇、于秀萍:《明初城隍祭祀三题——与赵轶峰先生商榷》,《历史教学》2007年第8期。
③ 刘静:《走向民间生活的明代儒学教化》,上海教育出版社2014年版,第104页。
④ (明)葛寅亮撰:《金陵玄观志》第一卷,南京出版社2011年版,第116页。
⑤ (明)葛寅亮撰:《金陵玄观志》第一卷,南京出版社2011年版,第116页。

祭祀城隍神活动，就不仅是道士及普通民众之事，而且也成为各级地方官必须例行的公事。据《常熟县重建城隍庙记》记载，洪武"四年（1371年）辛亥，特敕郡邑里社各设无祀鬼神坛，以城隍神主祭，鉴察官吏人民善恶，以贻福祸。未几，复降仪注，新官赴任，必先谒庙与神立誓，期在阴阳表里，以安下民"①。地方官员上任前，必先宿于当地的城隍庙，然后在祭祀城隍神时与之立誓。明朝用这种"明则礼乐、幽有城隍"的方法，要求官员在神灵监督下自律为善地做好本职工作。城隍神不仅被赋予其对官吏进行监察的权力，而且由地方神被抬升到国家祀典中，"国有大灾则告庙。在王国者王亲祭之，在各府州县者守令主之"②。这大概也是明代之后，道教城隍庙经常由地方官主持修建的原因之一，例如徐州府睢宁县城内城隍庙：

  在城内东南角。明洪武初知县汪质创建。永乐十五年县丞梁鸿，知县闵义、黄守濂、陈嘉略、申其学，先后重修。崇祯二年（1629年）圮于水。清顺治五年（1648年），署县事侯昌胤重建。康熙三十二年（1693年），知县丁昱重修。五十五年（1716年）知县王廷梅重修，五十七年（1718年）知县刘如晏倡修，贡生王佩修寝殿。嘉庆初，知县丁观堂重修。光绪六年（1880年），千总马连镰倡修。③

睢宁县的历任知县对城隍庙的修建，通过当地士绅撰写的府志或庙中竖立的碑文记载下来，从中可见城隍崇拜活动由地方官员支持、城隍庙道士主导、士绅积极参与其中，在地方社会中发挥着引导与教化民众的作用。道教的城隍文化伴随着江南社会的发展适应了各阶层不同的精神需要。"明中期以后，城隍制度有名无实，往往是由道士主持城隍庙。"④

城隍神从民间淫祀到官方正祀，从地方神到遍天下，从城镇守护神而发展为冥府监察之神，城隍庙也从零散到系列化为都、州、府、县等不同等

---

① （明）程敏政编：《明文衡》卷三十七，载任继愈主编《中华传世文选》，吉林人民出版社1998年版，第349页。
② 《明史》卷四十九《礼志三》。
③ 《睢宁旧志选译》，睢宁县编史修志办公室1982年版，第48页。
④ ［日］滨岛敦俊：《朱元璋政权城隍改制考》，《史学集刊》1995年第4期。

级，其所内含的道教文化精神起了重要的支撑作用。明代之后，"自京都达于天下郡邑，咸建庙以祀城隍之神。凡官于郡邑者，莅任之初，必遵典礼祇谒，罔敢或后"①。在官方支持下兴建的城隍庙每年定期举行祭祀城隍、城隍出巡及城隍庙会等活动，也推动了城隍文化在江苏社会中的影响日益显著。

江苏的城隍庙建筑往往集神殿、厅堂及戏楼等建筑于一体，成为城镇传播文化、开展娱乐的活动中心。城隍庙道士在当地官员支持下，统领着当地的民众，定期开展的祭祀城隍的迎神赛会等活动也属于官方正祀之一，后逐渐演变为年节民俗而延续下来。例如，南通城隍庙位于古通州的中心位置，是北宋建隆二年（961年）由知州王茂发起修建的，又称郡庙、邑庙。明初，因开国功臣刘基（1311—1375年）赐匾额"崇川福地"，南通城隍庙在江苏道教中的地位因之凸显出来。明朝景泰年后，又有历任知州相继整修："城隍庙最盛时，道士分属八仙宫、吕祖殿、火星殿、静修阁等四房"②，形成了较为宏大的建筑规模："全庙共有的大殿、都天堂、后宫、鉴心堂、厅堂、戏楼、吹鼓厅、二门堂、甬道等建筑，到新中国成立初期统计：共有庙房一百一十七间，使它成为古通州道教的中心。宋、元、明、清几个朝代中，城隍庙的住持都担任过道正司（州府道官）"③。南通城隍庙既是专门供奉祭祀城隍神的道教宫观，也是州府级道正司所在地，其中搭建的"万年台"戏楼不断地上演着酬神戏、还愿戏，逢年过节成为古通州最热闹的文化活动中心之一。

清代时，江苏的城隍庙在康雍乾时期得到兴建与发展，并在地方官员、士绅与道士的共同努力下在社会维系中发挥着独特的作用。据法国学者高万桑的研究：清代江南的城隍庙作为道教官僚体系的关键结点，在基层社会的管理中扮演至关重要的角色。"城隍庙像一个衙门一样运转，管控司法公

---

① （明）吕明：《重修城隍庙记》，载吴亚魁编《江南道教碑记》，上海辞书出版社2007年版，第18页。

② 政协南通市崇川区委员会、南通市江海文化研究会编：《崇川区文化遗产名录》下册，政协南通市崇川区委员会、南通市江海文化研究会，2014年版，第136页。

③ 余夫：《南通城隍庙》，载张星凌主编《宗教史林述粹》，南京《江苏文史资料》编辑部，1997年，第169页。

正，并向当地的住户征收象征性的税饷。"① 这种依道教城隍庙来管理民间社会的做法还通过清代典章制度确立下来。在祭祀城隍时，各地城隍庙不仅要举行敬拜城隍、超度亡灵等斋醮仪式，还要举行隆重的城隍出巡仪仗，通过祈求五谷丰登的城隍会，既加强了城隍信仰对民众的教化功能，也以庙会的形式促进了城镇商贸经济的发展和民间文化活动的展开，但有时也会出现一些过度"媚神求福"等不良现象："每月朔望，守土官诣庙行香，行二跪六叩礼。……城隍实主一方之治，福善祸淫，本为理之所有。乃蚩蚩之氓，不安义命，不知修检，谓祸可避，而福可邀，遂于岁祀之外，别有所谓城隍诞日者，迎神出庙，周游街巷，金鼓喧闹，火爆聒耳，以媚神求福。矫诬已甚，然而地方官曾莫之禁者。"②

在中国走向近代化的进程中，江苏的城隍庙在各种社会动荡中毁损严重。江宁府城隍庙在明万历十六年（1588年）由府尹姚思仁建立，在府治前，本府朔望行香祈祷俱集于此。顺治十六年（1659年），郑成功率军进攻江宁而不克，当地官绅认为这是城隍神显灵保佑的结果，于是又重修城隍庙并增建牌坊："大清康熙甲辰（1664年），里中绅士因顺治己亥（1659年）寇逼郡城，感神之佑，重修建坊。"③ 乾隆、康熙年间，两江总督尹继善、高晋又相续修缮了位于钦天山之阳的都城隍庙，并按照清朝祀典，要求官员"每年六月二日，在城诸官诣庙拈香"④。太平天国定都南京后，江宁府的都城隍庙、府城隍庙受到毁坏。府城隍庙后于同治十三年（1874年）在旧址重建，规模更为宏壮，"有戏楼、阎罗王廊、神父母夫人诸宫室"⑤。民国时期，江苏的城隍庙在各种运动中首当其冲地受到冲击，或改作地方政府部门，或改为学校等，南京市、扬州市、盐城县、丹阳县、泗阳县、高邮县等

---

① ［法］高万桑：《清代江南地区的城隍庙、张天师及道教官僚体系》，曹新宇、古胜红译，《清史研究》2010 年 1 期。
② （清）吴荣光：《吾学录》卷九，《四部备要》第 48 册，中华书局 1989 年影印本，第 57 页。
③ 《康熙江宁府志》卷三《祠祀》，《金陵全书》甲编方志类府志第 14 册，南京出版社 2011 年版，第 328 页。
④ 《嘉庆新修江宁府志》卷十三《祠庙》，《中国地方志集成·江苏府县志辑》第 1 辑，江苏古籍出版社 2008 年版，第 119 页。
⑤ 《光绪续纂江宁府志》卷四《祠祀》，《中国地方志集成，江苏府县志辑》第 2 辑，江苏古籍出版社 2008 年版，第 38 页。

地的城隍庙则在破除迷信的"打城隍"① 运动中遭到毁坏。

从历史上看，城隍神被作为古代城镇的守护之神，也是约束官吏的监察之神，还是对人们生前言行进行善恶赏罚的冥府之神，其内含的正直、善良、忠诚和节义等优秀品格，也为古老的城隍文化在新时代的存在与发展提供了依据。

第一，城隍文化是对历史人物道德品质的一种升华与总结。从江苏道教文化视域看，既有把掌控一方平安的土地爷称为城隍神，也有延续传统的鬼神观念，将一些有影响的历史人物，如守城英雄、忠臣义士、为民服务的官吏、具有降魔驱邪能力的人，作为城隍神来加以奉祀。江苏城隍庙中供奉的城隍神原型主要有"战国四君子"之一的春申君黄歇、刘邦的大将纪信、与韩信同时代的灌婴、西汉将军周亚夫、霍去病之弟霍光、睢阳守城者张巡、溧水县令白季康等。历代忠臣义士以自己的优秀品格而服务于一方民众，留下了许多感人的故事，例如江苏丰县的纪公祠为当地第一座城隍庙②，就与纪念纪信舍身救汉王的"大节精忠"的英雄事迹有关。历史人物演化为具有守护神意义的城隍神主要是对其道德品格升华的结果，再配合着道教的以礼事神的传统，对社会文化产生了积极的影响。

第二，城隍文化可以在安抚人心方面发挥激励作用。城隍神被认为具有"庇其邦之人"的守护功能，在战争、瘟疫、旱涝时灾难发生时，"城隍尊神，威权实重，显化无边，祷雨则甘霖苏槁，禾稼成熟，祈晴则化阴成阳，应时朗霁"③。因此城隍神受到历代朝廷的重视，并通过"赐封"城隍神来加强对地方社会的控制。据清代苏州府事魁元撰《苏郡城隍庙碑记》记载：光绪十二年（1886年）十月二十六日，清朝专门为江苏的一些城隍庙颁赐匾额："御赐苏州府城隍神'崇台巩护'匾额，并加封'沛泽'封号；长洲县城隍庙'茂苑垂慈'匾额，并加'灵应'封号"；元和县城隍神'绣壤敷仁'匾额，并加'保民'封号；吴县城隍神'胥山永固'匾额，并加

---

① 黄松涛的《打城隍》以口述史的方法生动展现了其在民国时期参与"高邮打城隍之役"的想法与做法，具有一定的代表性。（《高邮文史资料》第2辑，中国人民政治协商会议江苏省高邮县委员会文史资料研究委员会，1985年版，第39页）

② 《丰县文史资料》第8辑，丰县政协丰县委员会文史资料研究委员会，1989年版，第139页。

③ 《道藏》第34册，第748页。

'绥猷'封号。"① 这些匾额题字的内容从不同的角度展示了城隍神所具有的"庇其邦之人"的守护功能。这也是城隍神能够得到朝廷认同，成为官方正祀的重要原因。城隍崇拜活动虽然经常由地方官担任主祭，但道教信奉的城隍神所具有的"庇其邦之人"的文化精神却在崇拜活动中发挥着主导作用。从历史上看，江苏的城隍庙作为道教主要供奉城隍神的宫观，在促进官员、士绅与民众共同参与城隍文化活动，以维护地方社会的和谐稳定方面发挥出了重要的组织作用。

第三，城隍文化彰显了赏善罚恶、济生度死的正义精神。依据中国古代"一阴一阳之谓道"的哲学观念，城隍神原型在世时是保卫城镇有功的英雄，死后被当地人尊奉为神，又担当着阴间冥府之王的角色，具有对人们生前善恶行为进行最终审判的权力。明初出现的《太上老君说城隍感应消灾集福妙经》开篇即云："稽首皈依城隍尊，威灵烜赫镇乾坤。护国安邦扶社稷，降施甘泽救生民。统辖大兵巡世界，赏善罚恶日同明。正直公忠判生死，祸淫福善阐威灵。"② 任何一种正信宗教都劝人向善，道教亦不例外。道教一方面将城隍神塑造为头戴王帽的形象，通过讲述城隍神掌控冥府的故事，以威吓、震慑和惩罚等手段来助人防非止恶；另一方面，以城隍神的赏善罚恶来说明为善者天降百祥，为不善者降之百殃，罪福报应，犹响答影随的道理，要人通过努力修道将命运掌握在自己手中。这种赏善罚恶论不仅对普通民众有效，同时对官吏的行为也有一定的威慑作用。这种内涵神圣性的城隍文化弥久不衰，通过各地城隍庙开展的神灵崇拜、城隍巡游和城隍庙会等活动，在地方社会所产生的社会控制力和文化影响力也是显著的。③

第五节 散居道士与道教的民间化

明清时，全真道（主要是龙门派）传入江苏后，在南京以及茅山扎下根来，从此江苏道教主要分为全真和正一两大派。道士的宗教生活方式主要

---

① 吴亚魁编：《江南道教碑记》，上海辞书出版社2007年版，第33页。
② 《道藏》第34册，第747页。
③ 孙亦平：《江苏的城隍庙及城隍文化初探》，《世界宗教文化》2020年第3期。

有两种类型，一种是由信奉道教而受箓入道的在家修习方式；另一种是宫观道士的出家修道方式。受箓入道的修习方式和宫观道士的修道方式都是依据着对"得道成仙"的信仰而展开，但依据的戒律清规不同，他们的宗教生活方式有着根本区别，宫观道士将这一修道方式作为一种宗教职业，据李养正先生所说："受箓入道和出家为全真道的人，大多来自穷苦家庭，或是到庙里来求碗饭吃，或是因病到庙里来找生路，绝大多数并不是因信仰而走进宫观"①。道士群体也大体可分为出家道士和在家道士，又称宫观道士与散居道士两种，他们的宗教信仰和修炼方式大体相似。

如正一派道士大多为在家道士，他们可以如常人一样生活于世间，张天师决定着他们日常生活中的善恶行为所带来的功德或赏罚，故散居道士人数较多，以民国时昆山道教为例，"民国初全市有道院123处，师徒218人，其中出家道士仅数十人。多数作为散居道士，从事法事活动。民国十一年（1922年）由道士陈道君组建昆山第一个道教团体。称苏州道教总会昆山分会。据民国三十二年（1943年）户口调查，道士达673人。抗战胜利后，重建昆山县道教会，注册会员465人。民国三十七年（1948年）巴城沈瑞士等成立道教联谊会。1949年全县仅存清真观一处，各地道士576人"②。出家道士和在家道士人数比例的悬殊，也从一个侧面反映了当时全真道和正一道两大派在江苏传播的样态。

宫观道士将在宫观中奉习道教作为一种职业，他们在宫观事务中各有分工，各履其责，虽有时居住简陋、饮食粗糙，但抱有一种简单的信念，即想通过讲经说法来弘扬道法、开展斋醮仪式活动将道教特有的趋福避祸方式传达给更多的人，为民众提供治病消灾、婚丧服务来换取人们对宫观的各种支持。江苏的一些道教宫观还以神灵信仰的名义广泛散播各种"劝善书"，讲述道教的为善去恶的伦理道德，在传统社会向现代转型的民国社会中，力图为民众提供一种有利于社会安宁和家庭幸福的方法，也成为民国道教在民间化的过程中发挥自己的信仰价值的一种重要方法，但全真道士与正一道士又表现出不同的传道风格。

全真道士以出家修炼内丹，以自身为炉鼎，以精气神三宝为药物，以意

---

① 李养正：《道教新页》，《世界宗教研究》1991年第1期。
② 郁永龙编：《苏州百座寺观教堂》，宗教文化出版社2014年版，第329页。

领气追求在体内凝结为丹。全真道士长年住道观，男性为乾道，称道士，女性为坤道，称道姑，他们秉持"五戒"——戒酒、色、杀、气、荤，出家独身，身着道服，蓄发挽髻，头戴圆冠，道士可以蓄胡须，他们于宫观中诵习道经，以清静遁世思想为指导，倡导为修仙需跳出红尘，才能飞升仙界，故一般不太过问宫观外时政之事，更是少谈国是，以清静修习内丹为要务，故又称出家道士或清静道士。宫观道士也成为一种维持宫观香火延续的神职工作。他们一般来说文化较低，以修静坐、勤洒扫、迎香客、做斋醮、服劳役，来维持宫观的日常事务，也无参政议政的政治诉求。

正一派道士多为男性，不蓄长发和胡须，发式与俗人相同，他们不持"五戒"，可以结婚、吃荤、喝酒，可以不住道观，不穿道服，因此，正一道士既有宫观道士，但更多的是一些散居在家、不驻宫观的道士，又称散居道士、火居道士或香火道士。以苏州道教为例，"道观因经济来源不同而有'香烟道院'和'生意道院'之称。前者有玄妙观的三清殿、东岳殿、大关帝庙等多处，这些道院依靠大量庙产、香金布施以及出售天师府符箓等收入，偶然承做法事，价格也高一二成。民国初，遇神诞日殿内所得铜钱累积如小丘。方丈殿有出租田200亩左右，由彭姓地主代为收租。1942年每日所收商店地摊租金约900元。1949年之前玄妙观香客年约七八十万人，来自全国各地，50年代初还近十万人，东岳殿终年香烟不绝。以教派分，苏州多数道观属正一派，所用经箓敕书均为龙虎山天师府印制，抗日战争前每张价高达3—5元。'生意道院'大多是一些小庙，靠承接法事为主要经济来源。"① 民国时期的散居道士是指道教正一派中那些平时不驻宫观散居在家的香火道士。熏修，即是当时社会上对香火道士的特别称谓。散居道士平时穿俗装，住在家中，穿上道服即可为民众做祈福禳灾的斋醮仪式，俗称作道场，反映了江苏道教在民国时期向民间化、民众化方向发展的趋势。

新成立的民国政府顺应时代潮流，确立倡导科学精神和宗教信仰自由的原则，将反对迷信习俗、控制宗教作为政府除旧布新的重要工作，很快就在现代国家政权建设中，设立宗教管理机构对颇具迷信落后色彩的道教进行严

---

① 苏州市平江区地方志编纂委员会编：《平江区志》下册，上海社会科学院出版社2006年版，第1444页。

格管理，一些具有思想影响力的知识分子则在西学东渐的背景下对道教进行价值判断，这是民国道教所面临的不同于其他历史时期道教发展的时代性特点。随着破除迷信思想的深入人心，江苏道教在民国时遭受到沉重打击，那些处于名山都邑的道教宫观或被地方政府严加取缔，或遭到各种破坏的事例在江苏各地不胜枚举。

近年来，利用新发现的道教内部文献和档案记载，黎志添、游子安、魏德毓、龙飞俊等学者对广东、福建及上海正一道的散居道士的情况进行了人类学的考察[1]，推进了这一过去不太为人关注的散居道士群体的历史与现状的认识，同时也为我们研究民国江苏道教提供了一个观察窗口。江苏茅山早先受三茅真君信仰的影响而在东晋时成为上清派的发源地，宋元时又成为正一道的"三山符箓"之一。在民国时，山上道士依然奉行正一道的传统，同时苏南吴文化区也是正一道的主要传播地。

在江苏的正一派道士有赴江西龙虎山天师府万法宗坛受正一法箓的传统，那些获得正一法箓传授的道士在当地的道馆、坛靖、香会、乩坛中可具有进行度职的神权。正一法箓传授中的请箓、填箓、封箓、授箓、安箓和缴箓等仪程，也为江南民间道坛度职传法所汲取以增加神圣性。但江南正一道士大致可分为三类：娶亲不娶妻的观主道士、娶亲接嗣的坛主道士、没有宫观坛场散居家中的道士。前二类中有些是常住宫观的宫观道士；后二类即散居道士，亦被称为火居道士。[2] 根据当时的文献记载及正一散居道士的登记档案来看，苏南民间道馆中的科仪文主要来自正一道书，如《正一经图科戒品》《清微黄箓大斋科仪》《太上正一请圣上章醮科》《大梵先天奏告科仪》《正一清微黄箓破狱真科》等，模仿正一道斋醮科仪，以音乐相伴的拜神上章、咒语、手诀、步罡踏斗等程式要素，反映了以娄近垣为代表的龙虎

---

[1] 黎志添：《广东地方道教研究——道观、道士及科仪》（香港中文大学出版社2007年版）、《广东道教历史考述——以正一派、全真教及吕祖道坛为中心，兼论三者之间的互动关系》（赵卫东主编：《全真道研究》第一辑，齐鲁书社2011年版）；游子安：《善与人同：明清以来的慈善与教化》（中华书局2005年版）；魏德毓：《道教仪式传统的演变——以闽西正一派火居道士为例》（《福建省社会主义学院学报》2010年第6期）；龙飞俊：《上海浦东散居道士现状调查》（《宗教学研究》2018年第1期）。

[2] 这一对正一道士的分类，参见梅莉《民国城市正一火居道士群体研究——以汉口为中心》，《世界宗教研究》2015年第1期。

山正一道对苏南道教的深刻影响。随着西方科学文化的传入，民国时期道士人数在逐步减少，逐渐老化，道教在江苏社会上的影响力日益减弱，但散居道士的存在又从一个侧面反映了正一道通过与道坛的融摄涵化而民间化的发展趋向。

从对民众的影响看，一些供奉道教神灵的私家乩堂或乩坛在民国社会中发挥着推行道教神灵信仰的作用，它们以万法雷坛、广应雷坛、显应雷坛、普护灵坛之名，模仿正一道法箓而形成自己的度职仪式、传承宗谱和登真箓，依据正一道的延生、度亡、祈禳仪式来表达道教仪式的象征意义，在苏南地区于神仙节日开展的庙会民俗活动中，以傩戏、道化剧、赛神会等方式来展示对基层社会的控制力和对民众社会的凝聚力的象征意义，推进了正一道在苏南民间社会中的影响。

从对士绅的影响看，一向流行巫觋之风的江南民间道观中还盛传扶鸾降仙之术，"降仙之事，人多疑为持箕者狡狯，以愚旁观，或宿构诗文托为仙语，其实不然，不过能致鬼之能文者耳"①。这种扶鸾降仙之术受到地方精英的喜好，读书人扶鸾降仙猜试题，有病者扶鸾降仙求药方，道门中人扶鸾降仙请道书，一些士绅还通过扶鸾降仙的方法编撰劝善书、功过格，以因果报应、道教神灵赏善罚恶的方式来教化百姓。"贯穿于民众宗教信仰深处的另一要素是'乩'，民众的宗教活动对出现于'乩'上的神训，寄以绝对的信赖，总之，中国民众宗教的历史特色是民众相信善意和乩示，然后加以护持。"②

扶乩、扶鸾、飞鸾、降鸾和降笔等是明清时期江南社会中的政府官员、士绅文人及普通平民中非常流行的一种托神询问各类事宜的占卜方式，以至于在各地郡县都能发现各种名目的"乩坛"。包笑天著《钏影楼回忆录》记载了民国时苏州"桃坞吴氏"家中乩坛的情况："在我幼年时代，扶乩之风，很为盛行，尤其是在江南一带。即以苏州而言，城厢内外，就占十余处。有的是公开的，有的是私设的。公开的人人皆知，大都是设在善堂里，有许多人去问病，求事，甚而有去烧香的。私设的带点秘密性质，不为人家

---

① 周密撰：《齐东野语》卷十六《降仙》，齐鲁书社2007年版，第201页。
② ［日］吉冈义丰：《中国民间宗教概说》，台北华宇出版社1995年版，第4页。

所知，即使亲戚朋友知道了，要去问病求方，也只能托他们主人，代为叩问的。"① 这个乩坛虽是存在于私人家中的"私坛"，供奉着济癫僧和吕洞宾，一佛一道，但通过降神扶乩而编撰善书，以"坛训"方式发挥劝善教化的社会作用，故民众对内称"乩坛"，以与神灵沟通；对外称"善堂"，以积极从事慈善活动。当时苏州儒士热衷于这种扶乩劝善活动，并依据乩坛上神灵降示的方法进行内丹修炼，故曰"出入儒仙"。苏州的各色乩坛众多，参与成员大多是出身于官宦、商贾和书香之家而受过良好教育的士绅。

吴门彭氏家族代代因究心科举而成为吴门望族，出过 2 名状元、1 名探花、14 名进士、36 名举人、副榜 4 人、贡生、秀才、国学生共 171 人，形成了一种好读书的家学传统，被称为"蓺门第一家"。② 他们家族所参与的"玉坛"奉"玉光普照天尊"为主神，是由当时苏州儒生陈济生创立的乩坛发展而来。该坛先供奉玄天上帝，故称"玄坛"，后易为崇拜斗姆的"斗坛"和崇拜文昌的"文坛"。到康熙三年，当时的主坛者罗子澄受"玉光普照天尊"的降示，乃合三坛为一，于自家宅中设立"玉坛"，供奉玉皇上帝。吴门彭氏家族从彭定求的父辈就开始积极参与道坛的扶鸾活动。士绅作为江南社会知识精英，在当时是"一切'智识'（Intelligent）的代表"③，他们区别于一般民众的生活习俗，所修习的"智识"是建立在儒家经典之上的先王之教和圣人智慧，由此将自身之"雅"与民众之"俗"区别开来。清代时，苏南地区的道坛众多，既带有正一道坛靖、道治的遗迹，又具有浓厚的江南民间降神仪式的习俗。士绅虽介于"上智"的圣人与"下愚"的民众之间，但心态上可能更追求前者，借用"乩坛"通过"神道设教"来安顿自身的精神世界和引导民众的生活习俗，这成为他们在入仕之外的另一种行使社会教化而获得一种带有神圣意味的身份维度。

彭定求（1645—1719 年），字勤止、号访濂，晚年自称南畇老人，因自幼多主病，于康熙十二年（1673 年）拜施道渊为师学道。④ 第二年秋天，

---

① 包天笑：《钏影楼回忆录》，生活·读书·新知三联书店 2014 年版，第 69 页。
② 游子安：《论清代江苏长洲彭氏家学、善书与善举》，《大陆杂志》1995 年第 1 期。
③ ［德］马克斯·韦伯：《儒教与道教》，洪天富译，江苏人民出版社 995 年版，第 127 页。
④ 《穹窿山志》卷二，《藏外道书》第 33 册，第 320—321 页。

彭定求因病中夜礼斗而"始获感真"而痊愈，于是在家乡积极参加玉坛活动，与文人尤侗（1618—1704年）一起创作了很多乩坛道诗。据说，彭定求父亲曾为之设乩飞鸾而遇文昌帝君，获知彭定求若参加科举将中名次。果然，丙辰年（1676年）彭定求考中进士，"殿试又蒙皇上亲拔诸首"①。彭定求在32岁时成为清朝状元，授北京翰林院修撰。彭定求曾师事汤斌（1627—1687年）而倾心于王阳明心学，虽崇儒扬佛，但依然信仰道教，热衷于扶乩和礼斗，还在玉坛活动中引入佛教的西方净土信仰，但在后来的生活中又成为道教信徒，宣扬梓潼帝君曾降鸾于家中的茧园书屋，于是作为执行扶鸾的坛主，"朝夕临坛，后著心忏一部"②，即《文昌玉局心忏》③，反映了道教经书的民间化与民间道坛经书的道教化是一体两面之关系。彭定求早年重点阐扬宋明理学，晚年又与茅山道士交往密切，热衷学习道教修炼法，为此收录道书，编辑刻制《道藏辑要》。

目前，学术界一般认为《道藏辑要》至少有三个不同的版本：第一就是康熙年间彭定求根据所收道经编辑的版本。第二是嘉庆年间由蒋元庭编辑的版本。第三是光绪三十二年（1906年）四川成都二仙庵贺龙骧编辑的《重刊道藏辑要》。但吉冈义丰、柳存仁认为并不存在由彭定求编辑的第一个版本。意大利学者莫尼卡更认为，"彭定求本纯属臆想"④。笔者认为，若联系当时江南士绅因流行吕洞宾崇拜而学习道书并设乩飞鸾活动等情况看，彭定求应该是编辑刻制《道藏辑要》的初版，后来蒋元庭在其基础上再进行增修，修订本得以流通，成为成都本的底本。这从贺龙骧尊称彭定求为"相公""相国"，并两次提到彭定求是《道藏辑要》的编者，如1906年《校勘道藏辑要书后》曰："闻二仙庵重刊相国彭文勤《道藏辑要》，心辄慕之"⑤。虽然他用的是"彭文勤"的名字，但"相国"的称谓却是特指彭定求。

蒋予蒲（1755—1819年），字元庭（亦称沅庭）、南樵，1802年升太仆

---

① 《彭定求诗文集》下册，上海古籍出版社2016年版，第641页。
② 亦称《文昌心忏》，《藏外道书》第4册，第314—318页。
③ 游子安：《劝化金箴：清代善书研究》，天津人民出版社1999年版，第92页。
④ ［意大利］莫尼卡：《"清代道藏"——江南蒋元庭本〈道藏辑要〉之研究》，《宗教学研究》2010年第3期。
⑤ 《道藏辑要》第1册，巴蜀书社1995年版，第17页。

寺卿后，参与《四库全书》编撰，与彭定求曾孙、进士出身的彭希濂为友，对道教的神仙信仰和内丹修炼产生了兴趣，据说成为崇拜吕祖的天仙派成员，他于1803—1805年，在坛友协助下，在《吕祖全书》的基础上编辑了一部16卷的新版本，名为《全书正宗》。① 这部道经以神启方式展现了清代对吕洞宾的信仰。《吕祖全书》中的大部分经文后被蒋元庭收入《道藏辑要》。1806年蒋元庭任户部侍郎。1816年蒋元庭携其子移居杭州三年，其间可能与金盖山龙门派第十一代祖师闵一得相见。闵一得的《古书隐楼藏书》通过《道藏辑要》收录了蒋元庭《阴符经玄解正义》和《太乙金华宗旨》。同时，蒋元庭在彭定求所编的《道藏辑要》中，又增加明版《道藏》失收道经及其以后新出道书79种，并按各书的内容分别插入彭定求所编《道藏辑要》以28宿字号为目录的相关字集内，但仍然保持了《道藏辑要》的书名。

《道藏辑要》摒弃了明版《道藏》的符箓、炼丹、服食、法术等"杂而多端"的特点，其宗旨不仅在于"补明代《道藏》之遗漏"，更要回归道教的"纯净的内丹理论"，而将道书的选择范围定在道德伦理、戒律仪轨、道教哲学、丹经诗歌，以宣扬内在养性、外在度世的道教精神。这部被意大利学者莫尼卡称为"清代道藏"的著作，使世人罕见的彭本《道藏辑要》得以补充并保存下来。

现通行的《道藏辑要》虽然为二仙庵本，其《凡例》和《序》都假托吕洞宾之名，但也是以彭定求所编的《道藏辑要》为底本，这使吴门彭氏在道教界的影响日盛。彭定求的孙子彭启丰（1701—1784年），16岁入官学读书，好学上进，是雍正五年（1727年）的状元，之后在苏州葑门十全街尚书里建住宅以奉养母亲，旁边建有"南畇草堂"，其中园林秀雅别致，雍正及乾隆都相继为之撰写楹联。彭启丰走上仕途，升迁至兵部尚书。当时苏州紫阳书院会聚了一些杰出学者担任主讲教师，例如"钱大昕（1728—1804年）在苏州主讲紫阳书院的时候，曾同段玉裁（1735—1815年）等人到玄妙观阅读过《道藏》。在这部道教书籍的总集中，他发现了《长春真人

---

① [日]森由利亚：《〈道藏辑要〉和蒋予蒲的吕祖扶乩信仰》，载吴光正主编《八仙文化与八仙文学的现代诠释：二十世纪国际八仙研究论丛》，黑龙江人民出版社2006年版，第465页。

西游记》。"① 他们对道教文化的关注可能也与苏州的彭氏家族有关。乾隆三十一年（1766年）彭启丰回到家乡，被聘苏州紫阳书院主讲，因其诗词书画俱佳，拜师从学者众多。因彭启丰家教有方，其后代在科举考试中捷报频传，两个儿子彭绍观、彭绍升都中进士，女婿庄培因则高中状元，孙辈中也有多人中进士，故有"科第之胜甲于吴中"之说，成为苏州著名的科举世家，但这个家族却比较热衷于道教活动。

据彭绍升撰《玉坛记》记载，他20多岁就开始参与乩坛的活动，撰写《玉诠》②介绍了当时苏州乩坛之主坛"玉坛"的情况。康熙二十二年（1683年）"玉坛"搬迁到天星桥附近，成为一个学侣云集的"公坛"：

> 玉坛者，吴门士子奉道修真之地，其本师为玉光天尊。天尊之号，见于《道藏》，其位亚于上帝，其为教出入儒仙，指归佛乘，圆融广大，殆所谓圣而神者与。坛之创也，在顺治中，首奉玄武，故名玄坛，陈子济思主之。继奉泰斗母，故名斗坛，吴子铦主之。复有文坛以事文昌，吴子迥主之。康熙十三年，罗子澄立玉坛于家，像设玉皇，以诸天祔会三坛为一。至今三十二年，同坛诸子，始建公坛于天星桥之西，金子渊鼎主之。迄于今，百有十年矣。自建坛以来，学侣云集。其所修习，内则守中抱一之传，外则禳灾祈福飨天度幽之事。顷者因缘会遇，佛光加被，特阐净土法门，于是别除一阁，安西方三圣像，供奉大乘诸经。三四年中，遂有正念往生者。绍升年二十余，往来斯坛，讽诵灵文，心灯日朗。尝汇其要语为《玉诠》七卷。③

彭绍升（1740—1796年），法名际清，字允初，号尺木，乾隆年间中进士后，家居不仕。初学程朱理学，后由陆王通向禅学，素食持戒甚严，著有《二林居集》二十四卷及《测海集》《一行居集》《观河集》。彭绍升既是清

---

① 方诗铭、周殿杰:《钱大昕》，上海人民出版社1986年版，第123页。
② 彭允初所作《玉诠》原为七卷，保存于今版《道藏辑要》中为五卷。
③ 刘咸炘:《推十书：增补全本甲辑》第三册，上海科学技术文献出版社2009年版，第1290页。

代居士佛教的代表人物①，也继承了家族文化传统，是玉坛活动的参与者："时则苏州府城诸子，以往昔善因，得蒙化度，颁玉规，定玉格。为玉坛弟子者，上事圣真，中交百神，下济群生，修玄功，立妙行，入宝月，参性宗幽明之故，天人感应之机，莫察于此矣。"在《玉诠》中，"首有立坛宗旨，中有云：宗有三，曰上、曰觉、曰正；印有三，曰妙、曰慈、曰照。上觉惟此地为宗，妙照奉玉虚为主。主印宣慈，慈光四覆，金光一百里，祥烟遍江南，云云。又云天下有正坛三十六，而玉坛为之宗。玉坛之光，直接三坛而通玉阙"②。其家学又与刊印、传播劝善书联系在一起的。《玉诠》中所请之神有文昌、钟离、纯阳、关侯、天师，还经常引用庄周、葛洪、许逊、韩湘、萨公、白玉蟾、陶潜、李泌、陈希夷、苏东坡、罗念庵的话语，其内容是教人为善行道。

清代时，随着扶乩之风在江南社会士绅群体中盛行，一些士绅托名孚佑帝君吕祖飞鸾降笔，以"仙道"来阐释《老子》，并与道教劝善书共同刊行。这些以鸾笔注《老子》之作，往往打着吕祖"降鸾释义，普化群黎"的旗号，不追求思想的深刻，而是用平易的语言，浅显的道理来讲述老子的养生与治国之道，努力发挥老子思想的道德教化作用，扩大了道教伦理思想在民间社会的影响。

一些官僚士绅被具有神秘性的扶乩吸引，因经常需要向神请示所遇到的各种困难而纷纷加入以扶乩设坛结社的活动，以至于"民初多数新兴宗教团体内部的活动与扶乩有密切关系，其中道院和悟善社本身即发端于乩坛，内部成员的各项活动都按乩示进行，重要的动议、行动等都需要在乩坛上征得神灵的同意才具备合法性"。这些引人注目的扶乩活动风气几乎遍及全国，据统计，"1916年左右全国有19000多个吕祖坛，此后各种扶乩结社暴增，它们规模不一，存续时间不同，数量非常庞大，据研究此类组织名目有4562种之多"③。据陈明华的研究，其实际数量可能远胜于此。扶乩在民国时成为一些新兴宗教团体的主要活动方式，潜移默化地影响到民国江苏道

---

① ［日］牧田谛亮：《彭际清在居士佛教中的地位》，《中国近世佛教史研究》，台北华宇出版社1984年版，第311—339页。

② 刘咸炘：《推十书：增补全本甲辑》第三册，上海科学技术文献出版社2009年版，第1290页。

③ 陈明华：《扶乩的制度化与民国新兴宗教的成长——以世界红卍字会道院为例（1921—1932）》，《历史研究》2009年第6期。

教。

陈撄宁曾著文说:"民国纪元,于今十稔,前朝旧习,大事变更,惟乩坛之设,几乎遍满国中,非徒未衰,反加盛焉。"陈撄宁也曾在家中设立乩坛,从事扶乩活动长达十年之久。他还探讨了在科学思想逐渐昌盛的民国时期,人们为何还要进行扶乩活动的原因:"宇宙间自有一种不解之玄理,极古今圣哲,亦难抉其奥而释其疑。世界各大宗教,皆根此玄理而成。无论科学如何发达,而宗教偏超然独立于科学之外,凭神力以维系人心。……乩仙也者,亦神权之保障,宗教之明灯。愚夫信仰,事宜固其然;上士随缘,勿持非议,则天人感应之理,自可默契于无言矣。"① 陈撄宁没有将宗教与科学完全对立起来,扶乩虽以天人感应之理为依据,但不仅仅教人通过拜神来求福避祸,而是由此活动来劝民向善,修身养性,发挥维系社会秩序的教化作用,展现了民国江苏道教也在顺应时代中悄然地发生着变化。

讲究尚文重教、积德行善,以科举入仕而子承父业的世家望族,通过亲属血缘关系、师生学缘关系和同乡地缘关系,长期以来以地方士绅的姿态在江南社会建立起复杂的人际网络兼跨朝廷和地方两个层面。清末废除科举制度,举办新式学堂,促进民国社会发生急剧转型,不仅动摇了江南传统社会中以家族文化为中心的根基,而且也改变了教育方向和人才选拔的标准,传统的"士绅"也逐渐向参与管理地方政治、商会和学堂而具有经济实力及社会影响的"精英"转变。在列强入侵、西学东渐、内忧外患的社会氛围中,传统儒、道、佛三教之学遭遇了深刻危机,追求个性平等、自由精神,通过实业救国、教育救国和科学救国成为民国时期青年人的努力方向,导致了世家望族的文化精神和社会担当意识迅速与现代社会相适应,也直接影响着江苏道教的发展。

从江苏的乡镇看,散居道士一般生活在农村和城乡接合部,身份多为农民或市民,他们的文化程度不高,以帮人做道场为职业。我们从田野调查中可见,正一道的散居道士都不同程度地提到自己所从事的道职,或是受家庭或家族文化传统的影响,或是亲友中有人从事散居道职,很多人还写明自己是家中的第几代道士,他们保存的道教经书、各种法器和从事斋醮科仪的特殊技能大都是从祖上传承下来的。散居道士绝大部分是世袭的道教职业者,

---

① 陈撄宁:《庐山小天池乩坛实录缘起》,《扬善半月刊》第1卷第2期,第1页。

他们往往会结成一些零散的团体，在信仰上或组织上归属于某个道观，但主要还是在道门外为民众进行斋醮法事活动。

与上层道教日趋没落相比，道教在民国时向民间发展的倾向越来越明显。当时的散居道士活动于一些村镇乡间中，主要从事斋醮祈禳、符箓驱鬼、扶乩求签、卜卦测字、看风水等充满神秘色彩的事务。民众家中若出现婚丧、生病或发生意外等，往往会请他们前来做法事。那些不依赖道观生存、散居于城乡之间的正一道散居道士，虽然被当局视作搞迷信活动的群体，有时生活也颇为困窘，但通过为民众提供特殊礼仪服务仍然活跃于城镇乡村中，这也是民国时期道士的一种生存方式。

民国时，虽然帝制已去，政治制度向民主共和的方向迈进，西学东渐出现的民主与科学的文化潮流，尤其是抗日战争使江苏地区成为主战场，导致社会环境发生了很大的变化，但长期形成的农耕经济的生产方式决定了江苏社会依然是以家庭、家族或朋友为中心，传统的道教信仰（包括民间信仰）依然是普通民众表达社会归属感的一种方式。在乡镇生活的散居道士还依据道教神灵信仰定时开展道教节庆活动，传承并丰富了当时的乡镇民俗文化生活。散居道士举办的各种道教活动大多依托于当地道观而进行。如农历立春时节的农坛会，正月初七至十五的上九会，二月初二的龙抬头，二月初三的文昌会，清明节的清醮会，四月二十八的药王会，五月二十八的城隍会，十月二十五的燃灯会，冬月十九的太阳会，道观主要承担着组织和引导工作，由此也反映了当时江苏乡镇社会依然呈现着两个特点：一是以家族血缘关系为基础的宗族社会；二是与道教的神灵信仰、斋醮仪式、赛神会相联系的宗教社会。

再从江苏的城市看，随着道教组织化程度的增强和城市的发展，那些位于都市中的道教宫观，或因改为学校或办公场所，或因与民间信仰结合而日渐衰弱，或因后继无人管理而消失，或成为当地士绅的活动场所。例如苏州相城之东的采宝庙，保留有二块清代《采宝庙记》碑记。据吴荫培《采宝庙记》载："祀宋礼部侍郎蔡公抗，前以秘阁校理知苏州者也。庙以采宝名，乡人士群集其中，祀神祈谷，取地不爱宝之义也。"蔡公抗任职苏州时，见阳澄湖北地势低洼而导致江湖民田受风潮侵害，水灾连连，于是他领导兴修水利，筑堤垣八十里。因"是公之造福于吾吴者"，当地村民感其恩德，立庙祀之，在农历三月二十日以家庭为单位，敲锣打鼓去采宝庙进行礼拜"采宝明王"的活动,并缴纳"皇粮",以期"土谷神"常显灵于此,保佑百姓平安。蔡公抗在当地成为"仅次于东岳大帝的地方神,所以按惯例旧俗,到圣堂寺第一个拜见东岳大帝的土地神即为明王蔡抗"①。后来,采宝庙于清代"咸丰庚申(1860年),粤寇乱,庙毁于火。同治朝,里人施登鳌等,醵金重建。嗣是光绪甲午,张毓庆等修之"②。采宝庙在太平天国运动中被大火毁坏,在同治、光绪时,乡里士绅又捐钱重建。据冯熙成《采宝庙记》载,光绪甲午年(1894年)春末,有张毓庆"循其旧址,与众姓量力捐金,计费一千余缗,鸠工葺而新之,庙貌神像,焕然改观。更就殿之东偏,添筑书室三楹,临流凭眺,洋洋有濠,濮闲想乡之人,以游以憩,罔弗情来与往,感神休之辐凑。因题额曰野趣"③。采宝庙成为供乡里士绅民众集会活动的地方。后来不仅在殿前放置铸重三千六百余斤的万年宝鼎,而且还树碑以记其神迹。"宣统辛亥国变后,越十二年癸亥,吾友施君兆麟,与乡人士又重修之。庙既成,佥谓神灵陟降,事实有徵,当勒碑以告后人,永垂不朽。"④民国十二年(1923年),施兆麟与乡里人士捐金重修此庙。解放后,采宝庙改为相城中心小学。20世纪90年代,当地民众又自发在原址上重建采宝庙,以延续民俗。

从苏中地区看,中心城区虽然很难再见曾经走街串巷到斋主家中做法事道场的散居道士,但是在城区周边的农村和城乡接合地区,却一直有道教香客团体与散居道士在活动,"到新中国成立前夕,扬州地区尚余道观134座,其中市区18座。道士们则举家居住在宫观内,靠斋醮、拜忏、做道场和香火钱维持生活。新中国成立时,扬州市区尚余道士27人,各县(市)道士总数不超过300人"⑤。有些地区的全真道观还经常举行斋醮活动,如初建于唐代的扬州槐古道院是由女冠掌管的全真道龙门派道观,还不时地开展活动。

在苏北淮安地区,影响较大的是位于淮安府衙东的吕祖殿,原为明代漕

---

① 徐国源、谷鹏等:《"活着"的民间信仰——阳澄湖地区圣堂庙会民俗活动调查》,载吴好主编《冯梦龙研究》第3辑,苏州大学出版社2017年版,第129页。
② 吴亚魁编:《江南道教碑记》,上海辞书出版社2007年版,第10页。
③ 吴亚魁编:《江南道教碑记》,上海辞书出版社2007年版,第9页。
④ 吴亚魁编:《江南道教碑记》,上海辞书出版社2007年版,第10页。
⑤ 《扬州文史资料》第19辑《扬州宗教》,《江苏文史资料》编辑部,1999年,第10页。

运总兵官宅，嘉庆九年（1804年），奉敕改建为孚佑帝君庙，又称淮安敕建孚佑宫。这是一座属于全真道可以挂单的道观。北京白云观龙门派第二十代传戒律师高仁峒（1840年—？）在南下举行传戒活动时曾来到淮安孚佑宫。尹志华对嘉庆至清末北京白云观对京外全真丛林传戒的情况作了考察，涉及30个京外戒坛，其中属于江苏的只有淮安孚佑宫。他依据《江苏淮安孚佑宫登真箓》指出："光绪二十九年（1903年），高仁峒应江苏淮安府孚佑宫监院李明清之请，赴该庙传戒，受戒弟子55人。因高仁峒急于回京庆贺慈禧太后生日，戒期较短，故只传授方便戒。"① 据说，当时吕祖殿的当家道士有李明清、孙九贤、王谷庭等。"当时吕祖殿有不少下院，即打线巷的得胜庵、夹城的雷神殿、东门咬金墩的紫霄宫、东岳庙、卫隍庙、淮安府城隍庙、河北县城隍庙、南门三元宫、勺湖老君殿、月湖天妃宫、二帝祠等道观。"② 这些道观神庙展现了民国时期淮安道教的信仰特点。

从宫观经济方面看，一方面江苏的宫观道院，不论规模大小，地处城镇还是乡村，或多或少都有香火资、信徒功德钱以及为人作斋醮仪式所得的收入，这是道教徒主要经济来源，也是江苏所有大小宫观道院共同之处。另一方面，江苏道教的各个宫观因自己的历史文化传统、宫观内部制度，所在具体位置和环境的不同而在经济上有所差异。一般来说，道教界有庙产为道众公有的十方丛林制度和庙产为私有的子孙庙制度。前者大都拥有大片土地和房产，收地租和房租；后者大都只有少量土地，规模小，师徒共同经营，自食其力，与农民无大区别。

20世纪初，孙中山的日本友人东京帝国大学教授泽村幸夫来华调查中国宗教，他认为，中国社会是儒佛道三教并存，但有上流儒教和中下流的佛道二教之分，他特别借用林语堂的说法，儒教是在都市传播的宗教，道教则是在田园传播的宗教。道教的符咒、醮祭、祈祷、禳祓之类在民间社会得到广泛普及，他回日本后撰写了《支那民间の神々》，对中国民间的神灵，主要是道教神灵，如文财神比干、武财神关羽、吕洞宾、吕尚太公望、碧霞元君、唐明皇老郎神、文昌帝君等③的来龙去脉及其在当时中国社会的影响作

---

① 尹志华：《嘉庆至清末京外全真丛林传戒考》，《中国道教》2017年第5期。
② 姜传杰编：《运河遗产话淮安》，河海大学出版社2016年版，第148页。
③ ［日］泽村幸夫：《支那民间の神々》，象山阁1941年版，第8页。

了生动介绍，例如元旦迎接文武财神、上元华灯节、北京梨园九皇会，天下到处文昌祠，由此展示了20世纪初中国道教的景象。

民国时期南京的道教宫观，规模宏大的朝天宫已改作他用，冶山道院中的东月门被"冶山居士"的李鸿章外甥张士珩（1857—1917年）改为别墅——冶山竹居，从其所撰《金陵三羽士录》介绍南京道士杨理宽、刘一谷、刘永松默然苦修的事迹，可见张士珩对道教的养生修炼倾心与践行。"张士珩重兴道院的建筑，管控道院的资产，维持道院的日常运作，甚至可以任免冶山道院住持，冶山竹居对冶山道院这种绝对的权力关系，绝非张士珩'租借宫地'一词能够概括。"[1] 反映了民国时期南京道教的存在境遇。南京的斗姥宫、二郎庙、天后宫等道观则崇奉全真龙门派。信奉道教俗神的道观神庙深受地方风土文化的影响而各有特点，如石婆婆庵、二郎庙、红庙、晏公庙等散落于南京街巷之中。"斗姥宫道士谢冠能、谢绍佐等成立南京道院，研究道教学说，编印《道德精华录》等。"[2] 天后宫位于水西门升州路488号，现在为全真龙门派道士管理。二郎庙位于今天的大行宫西南的碑亭巷附近，据清代《同治上江两县志》记载："二郎庙祀蜀清源神"。民国《钟南淮北区域志》记载："（碑亭）巷西有二郎庙，所奉者蜀灌口二郎神李冰子也。"民国《首都志》也记载："明初庙建在城中，就是此处。"二郎神的原型是继承父业完成了蜀地都江堰水利工程的李冰及其次子李二郎。由于修建都江堰而彻底消除了巴蜀水患，使四川盆地成为天府之国。为了纪念李冰父子的丰功伟绩，蜀地人民修建了二郎庙。还有传说李二郎是二郎神杨戬的化身。在《西游记》中，二郎神把孙悟空都打败了，被人们视为能够镇住妖孽的神，于是很多地方，包括南京都修建"二郎庙"，希望这位神灵能帮百姓镇住一方妖孽，维持当地安定祥和的生活环境。1950年，拆二郎庙为街巷，称二贤里。另外在南京风景区中还有一些隐居道士的修行地，如东郊紫金山下紫霞洞、燕子矶三台洞、朝阳门外硃砂洞等。位于高淳区境内的有关王庙、玉清宫、三元宫和游子山的真武庙。这些道教宫观既是道士的家园，也是一种精神依托。1949年初，南京的道观中还有几十位道士，

---

[1] 贺晏然：《冶山竹居与清末南京城市道教》，《南京学研究》第五辑，南京出版社2022年版，第153页。

[2] 杨荣良、朱淮宁主编：《南京民族宗教志》，南京出版社2009年版，第307页。

后来分别转移到其他地方的道观,或还俗,或自然死亡,原在街巷中的道观大多被拆而成为居民区。

从总体上看,民国时期的江苏散居道士群体的文化素质较低,思想较为陈旧保守,但由于传统道教宣扬的"尊道贵德"与中华民族的传统道德和价值观念的一致性,因而在国家遭遇外来侵略等大是大非问题面前,他们一般都能以爱国主义精神为指导,以中国人的良心和道教伦理来判断是非,作出选择。

第六节　生命科学与江苏道教仙学

到民国时期,有些江苏学者注重于《道藏》研究,如无锡人丁福保的《道藏精华录》、仪征人刘师培的《读道藏记》、常熟人陈国符的《道藏源流考》,他们从不同的角度,既深化了道教学术研究,也推动了人们对道教文化的认识。在西方生命科学的冲击下,一些信仰并研究道教的学者,如赵避尘、陈撄宁、蒋维乔等,他们曾在江苏活动,力图借鉴西方生理学、卫生学、精神哲学中有关人体解剖学知识来充实道教仙学的内容,通过建立内丹人体图而给予内丹修炼中最受重视的炉鼎、气脉、火候、关窍以精确定位,从生命科学的角度来改变传统修炼中主观经验的随意性局限,促进江苏道教仙学理论与实践向现代科学方向发展。

赵避尘(1860—1942年),道号一子,又号顺一子,自号千峰老人,北京昌平阳坊镇人。自幼好武,酷爱道教,尤其是在1890年担任盐税官后,利用沿京杭大运河收税工作之便,云游拜师,1893年于江苏清江浦(今江苏省淮安市清江浦区)遇师朱宝祥,1894年,又在江苏淮安关板匣村小会经堂拜悟蟾师学性命真功。1895年又到镇江金山寺拜见了然、了空禅师,求得柳华阳丹法全诀。[①] 赵避尘将所学的道教与佛教功法融合起来,实践性命双修之功。民国九年(1920年),了空禅师到北京,希望赵避尘能打破传统单传私授的秘传而改为面向大众的普传,于是赵避尘开始收徒传法,于

[①] 范纯武:《民初道教内丹的可视化呈现:以龙门衍派北京千峰派为例》,《道教学刊》第一辑,社会科学文献出版社2018年版,第193页。

1928年创立千峰先天派。为使内丹道能够有益于大众健康，赵避尘撰写《卫生生理学明指》等著作，努力将西方医学知识与中医经络理论相结合来对内丹道进行说明，由此"体现了民国内丹学一大特点——科学融入内丹学"，①使道教内丹功法表现出不同于传统的新面貌。

赵避尘"将所得于师及自己所曾经验者，尽情宣布，希望有依法修炼者，证位仙班或同登寿域"②，他以师徒问答的形式著《性命法诀明指》十六卷，用通俗易懂的白话文来说明千峰先天派的内丹修炼是以身、心、意为主，以精、气、神为用，倡阴阳合和，性命双修。赵避尘提出，内丹修炼有四大手功夫：下手炼精化气，转手炼气化神，了手炼神还虚，撒手炼虚化无合道，他将这四大手工夫分为十六步：安神祖窍、玉鼎金炉、开通八脉、采外药诀、外文武火、采内药也、翕聚祖气、蛰藏气穴、踵蒂呼吸、收气法诀、灵丹入鼎、温养灵丹、采大药过关、婴儿显形、出神内院、虚空显形，每一步都配上口诀，以利于人们学习掌握。该书援引西方生理学知识对丹法术语等进行理论诠释，绘制了人体解剖图来公开内丹修炼的奥秘，公布了奇经八脉在内修中的走向，揭示原本由师徒秘授单传的"性命双修"的内丹功法之玄机，吸引了社会各界人士约有上千人前来向他学习，其中包括民国总统黎元洪，军阀吴佩孚、张作霖、张学良、朱子桥、杜心五、张执中，京剧表演艺术家程砚秋等，使神秘的千古内丹功法普及到普通人群中。③ 1933年，赵避尘的《性命法诀明指》刻印出版后供修道者学习使用。1961年，台湾真善美出版社影印出版的《性命法诀明指》很快就传播到东亚的日本和韩国及欧美地区。不久，英国人鲁宽瑜将之译为英文，在英国出版时改名为《道教瑜伽：炼丹术与成仙术》（*Taoism Yoga*：*Alchemy and Immortality*)④，推动了道教内丹功法在当今西方世界的传播。

江苏武进人蒋维乔（1873—1958年），字竹庄，自号因是子，是中国近代著名的教育家、哲学家、佛学家和养生家。蒋维乔年少衰弱多病，医治服药无效，后借鉴道教内丹和佛教天台宗止观法门而自创呼吸静坐养生法，通

---

① 丁常春：《赵避尘内丹思想初探》，《中国道教》2010年第6期。
② 《藏外道书》第26册，第1页。
③ 席春生主编：《中国传统道家养生文化经典》，宗教文化出版社2004版，第2页。
④ 席春生主编：《中国传统道家养生文化经典》，宗教文化出版社2004版，第5页。

过坚持锻炼,使身体日益康健起来。1914年蒋维乔看到日本人冈田虎二郎倡导的冈田式呼吸法、藤田灵斋倡导的息心调和法等风靡日本,于是在将这些东西介绍到中国的同时,总结自身静坐实践经验,写成《因是子静坐法》讲解以小周天为主的静坐功法。

> 静坐法,即古之所谓内功也。古者养生之术,本有外功内功二者。医术之药饵针砭,治于已病;养生之外功内功,治于未病者也。自后世失其传,习外功者多椎鲁而无学;而内功又专为方士所用,附会阴阳五行坎离铅汞诸说,其术遂涉于神秘,为缙绅先生所不道。夫世间事物,苟能积日力以研究之,必有真理存乎其间,本无神秘之可言。所谓神秘者,皆吾人为智识所限,又不肯加以研究,人人神秘之,我亦神秘之耳。余自幼多病,屡濒于死,弱冠以前,即研究是术。庚子之岁,乃实行之。以迄于今,未尝间断。盖十八年矣。不特痼疾竟瘳,而精神日益健康。久欲以科学之方法,说明是术之效用;顾以未肯自信、操笔辄止;非敢自秘,将有待也。[①]

该书"一扫向者怪异之谈,而以心理的生理的说明之。凡书中之言,皆实验所得,于正呼吸法,亦兼采冈田之说。至于精之成道,则屏而不言。以余尚未深造,不敢以空言欺人也"[②]。蒋维乔虽将道教丹法的内容展示出来,但却摒除其中的"精之成道"的信仰与神秘因素,而以纯粹的身心修炼为目的,因功效明显而吸引了社会各阶层人士积极学习实践,成为中国倡导气功静坐法的第一人。

陈撄宁(1880—1969年)在1922年至1932年,与同人或弟子在家中进行了数百次外丹试验,并亲身实践道教内丹养生法,撰写了《黄庭经讲义》《中国道教源流概论》《参同契讲义》《静功总说》等著作。另外,陈撄宁先生在1943—1945年住南京孟怀山先生的亚园时,根据与孟冠美、孟怀山及从上海来南京探访的张竹铭、谢利恒、方公溥谈论仙道的记录而编成的《业余讲稿》是其在南京传播仙学的记录,由其弟子胡海牙整理,可见

[①] 蒋维乔:《因是子静坐法》,简宁整理,新世界出版社2016年版,第2页。
[②] 蒋维乔:《因是子静坐法》,简宁整理,新世界出版社2016年版,第4页。

陈撄宁倡导"仙学乃人类进化之学。"①。

陈撄宁力倡划清仙学与道教的界限，认为仙学是一门独立的学问："余研究仙学已数十年，知我者，因能完全谅解，不知者，或疑我当此科学时代，尚要提倡迷信。其实我丝毫没有迷信，唯认定仙学可以补救人生之缺憾，其能力或许高出世间一切科学之上。凡普通科学所不能解决之问题，仙学皆足以解决之。而且是脚踏实地，步步行去，既不像儒教除了做人以外无出路，又不像释教除了念佛而外无法门，更不像道教正一派之画符念咒，亦不像道教全真派之拜忏诵经。可知神仙学术，乃独立之性质，不在三教范围以内，而三教中人皆不妨自由从事于此也。"② 他倡导强调仙学与科学的关系，仙学产生于学术实验，是实人、实物、实事、实修、实证为特点，与那些专讲玄理信仰的道教是不同的。因此"唯物之科学，将来再进一步，或许可与仙学合作"③。

为此，陈撄宁曾创办中华仙学院，主编《扬善半月刊》《仙学月报》都是近代专门弘扬道教仙学的杂志，同时还成立专门刻印丹经的机构——丹道刻经会④，以聚合同志，搜集失散的丹道经书进行整理出版，大力提倡在新时代应发扬"中华仙学"传统。从1933年7月1日《扬善半月刊》创刊，到1941年8月1日停刊《仙学月报》，在八年多的时间里，其追随者大多在江南一带活动，将道教作为一种独特的生活方式。

丹道刻经会第一次会议于1937年5月8日在上海举行，参加者主要有：黄监周、华文敏、陈撄宁、刘仁航、高观如、方公溥、奚缵黄、高尧夫、吴敏斋、张广泽、沈霖生、孙镜阳、张嘉寿、谢拔群、袁祖金、潘复初、曹昌祺、王文远、张竹铭、汪伯英、许如生等。参会者一致推崇"自古相传之仙学"，认为"惟仙学者，虚实兼到，心物交融，既不屈服于物质，亦不空谈夫心性，小之可以保身，大之可以强种，糟糠可以论治，玄妙可以超凡"，但必须借助古本丹经道籍才可推动仙学的流传，由此发起刊印丹经的

---

① 胡海牙、武国忠主编：《陈撄宁仙学精要》上，宗教文化出版社2008年版，第264页。
② 胡海牙、武国忠主编：《陈撄宁仙学精要》下，宗教文化出版社2008年版，第455页。
③ 李养正：《陈撄宁"仙学"的特征、理论与方法》，《中国道教》1989年版第3期。
④ 参见《丹道刻经会公启》，载郭武编《中国近代思想家文库：陈撄宁卷》，中国人民大学出版社2014年版，第251页。

倡议。① 此次聚会可以看作丹道刻经会的正式成立，其地址就设于上海城区虹桥南艾家弄六十六号，并聘请了一些道学顾问：石镇之、林品三、吴彝珠、洪太庵、胡渐逵、马一浮、孙抱慈、高尧夫、高观如、张化声、梁南针、常遵先、陈撄宁、温云台、彭逊之、华文敏、黄监周、黄忏华、刘仁航、刘宗汉、刘继贤、谢强公、魏国卿、欧阳德三、顾拱辰等，其中既有好道的社会名流，如胡渐逵、马一浮；也有佛学家刘仁航、高观如、黄忏华。丹道刻经会的活动也引发了人们对道教仙学的研究热情。

另外还有一些从事医学工作，因倡导中西医汇通而重视道医、学习仙道者，如方公溥将道教气功用于医学治疗上，著有《气功治验录》；张竹铭是中医师，又曾是上海翼化堂末代堂主，他跟随陈撄宁一起创办《扬善半月刊》、《仙道月报》；苏州人吕纯一，本称吕甘泽，先到上海德国人开的诊所学西医，然后回到苏州，开设广济医院，兼传道教内丹；无锡人汪伯英，道号志真子，是陈撄宁的弟子，曾撰《金丹四百字注释》发表于《仙学月报》，在丹道刻经会担任校对工作；还有常遵先、张化声、洪太庵等，他们主要伴随在陈撄宁身边学道，故有人认为他们形成了"陈撄宁学派"②，但笔者认为，从当时社会环境及其丹道仙学对道教发展的影响看，他们还只是因对内丹道的兴趣而自发形成的一个修仙小团体。

这些喜好仙道的人生活于民国时期西方文化快速涌入的江南地区，面对西方物质文明及科学思想的传入，怀着复兴内丹学的良好愿望，希望借助于西方科学思想来阐释内丹，在沟通东西方文化的过程中以推进内丹学之变革，例如，在苏州行医传道的吕纯一在《佛经仙道与科学之研究》中吸收现代科学的"电子"等概念，并自造"元始子"一词来形容"先天气"，将之作为比当时科学所认知的最小粒子"电子"更元始的一种粒子，可谓"森森万象、浩浩乾坤"皆由"元始子"构成，"故未有天地，先有此子。万物之象虽有不同，万物之元始子，果无不同也"③。宇宙万物的成毁坏空皆缘于最基本的构成元素"元始子"的聚散，以此为据来诠释内丹修炼的

---

① 《丹道刻经会缘起》，载郭武编《中国近代思想家文库：陈撄宁卷》，中国人民大学出版社2014年版，第322页。
② 张广保：《明清内丹思潮与陈撄宁学派的仙学》，《宗教学研究》1997年第4期。
③ 吕纯一：《佛家气功玄旨》，国际文化出版公司1994年版，第12页。

步骤、方法与境界：

> 初步之炼精化气，已有返老还童之效，照科学原理，实是炼化吸收已成之原生精卵分泌液，起生理自然逆行之异化变态成电子；中步的炼气化神者，炼化万灵电子自由凝集之法，能独立随意运用其原始灵明之力，脱离身体物理精妙机器之构造，瞬息万里，如电子之神妙无比也；最后之炼神还虚、炼虚合道者，乃炼化随意运用之电子，由渐而化为无极之元始子矣。动则聚为有形电子，千变万化，无物不能成象；散则散归虚无元始，原归一物，宇宙太虚同体。①

吕纯一按照现代科学的原理来阐释内丹修炼步骤，认为初步的炼精化气就是将原生精卵分泌液变成电子；中步的炼气化神就是炼电子使其独立随意运用其自身的原始灵明之力脱离肉体束缚；最后的炼神还虚、炼虚合道就是运用电子而渐化成"无极之元始子"。他期望通过如此的解释，不仅推进道教与佛教之融合，而且说明内丹道与现代科学也可相契，并利用有形物质的局限性来展示"元始子"因先天具有超越有形束缚的千变万化之力而可与"宇宙太虚同体"，力图推进古老道教走近现代科学，使内丹学的阐释更具时代性，但在客观上却因没有真正理解现代科学原理，更没有摆脱传统道教信仰之桎梏，不可避免地给人"新瓶装旧酒"的印象，故而未能有力地推进民国道教向现代转型。"陈撄宁在20世纪40年代以后开始反思自己以往所倡'仙学'及其独立性，进而主张'仙学'与其他宗教可以互相补充，同时自己也逐渐'回归'道教。"②新中国成立后，陈撄宁与各地道教界人士发起筹备全国性的道教组织。1957年，中国道教协会成立，陈撄宁任会长。黎遇航道长也从茅山调到北京中国道教协会工作，历任副秘书长，副会长兼秘书长，第三届、第四届会长，兼中国道教学院院长，《中国道教》杂志社社长，成为当代江苏道长的杰出代表，江苏道教从此翻开了新的一页。

千百年来江苏道教走过的漫长而曲折的道路，积累了丰富的道教文化成

---

① 吕纯一：《佛家气功玄旨》，国际文化出版公司1994年版，第23页。
② 郭武编：《中国近代思想家文库：陈撄宁卷》，中国人民大学出版社2015年版，导言第21页。

果。改革开放以来，江苏道教的名山宫观大都得以重新修建，既以庄严宏伟之姿再现道教文化的风貌，也为江苏道教在新时代的发展打下了良好的基础。江苏道教作为江苏文化、江南文脉中不可分割的一部分，以其独特的地域性展现了中国文化的多姿多彩，为中国传统文化的创造性转化与创新性发展提供了一种文化资源。

参考文献

一 古籍文献

《道藏》，上海书店、天津古籍出版社、文物出版社1988年版。
《藏外道书》，巴蜀书社1994年版。
任继愈主编《道藏提要》，中国社会科学出版社1995年版。
《道藏辑要》巴蜀书社1995年版。
《道藏精华录》浙江古籍出版社1989年版。
《道教史资料》中国道教协会研究室编，上海古籍出版社1991年版。
《大正新修大藏经》台湾新文丰出版公司1983年影印。
蓝吉富主编：《大藏经补编》，台湾华宇出版社1984年版。
《二十五史》，上海古籍出版社、上海书店1986年版。
高小健、王志娟编：《中国道观志丛刊》，江苏古籍出版社2000年版。
（唐）杜佑撰：《通典》，中华书局1988年版。
（宋）马端临著：《文献通考》，中华书局2011年版。
（宋）司马光编著：《资治通鉴》，中华书局1963年版。
（北宋）王钦若等纂编：《册府元龟》，中华书局1960年版。
（宋）王溥撰：《唐会要》，上海古籍出版社2012年版。
（清）永瑢、纪昀主编：《四库全书总目》，海南出版社1999年版。
袁珂校译：《山海经校译》，上海古籍出版社1986年版。
邱鹤亭注释：《列仙传今注　神仙传今注》，中国社会科学出版社1996年版。
（南朝宋）刘义庆撰：《世说新语详解》，上海古籍出版社2013年版。

张仲清译注：《越绝书》，中华书局 2020 年版。

（宋）张敦颐撰：《六朝事迹编类》，（宋）李焘撰：《六朝通鉴博议》，南京出版社 2007 年版。

魏达纯：《韩诗外传译注》，东北师范大学出版社 1993 年版。

[日] 吉川忠夫、麦谷邦夫编：《真诰校注》，朱越利译，中国社会科学出版社 2006 年版。

（宋）李昉等编：《太平广记》，中华书局 1961 年版。

（元）刘大彬编：《茅山志》上下册，（明）江永年增补，王岗点校，上海古籍出版社 2018 年版。

（明）葛寅亮撰：《金陵玄观志》，南京出版社 2011 年版。

王卡、汪桂萍点校：《金盖心灯》，中华书局 2020 年版。

吴亚魁编：《江南道教碑记》，上海辞书出版社 2007 年版。

二　研究论著

任继愈主编：《中国道教史》，上海人民出版社 1990 年版。

卿希泰主编：《中国道教史》第 1—4 卷，四川人民出版社 1988 年版 1993 年版。

卿希泰主编：《道教与中国传统文化》，福建人民出版社 1990 年版。

卿希泰主编：《中国道教》第 1—4 卷，东方出版中心 1994 年版。

陈撄宁：《道教与养生》，华文出版社 1989 年版。

王明编：《太平经合校》，中华书局 1960 年版。

王明撰：《抱朴子内篇校释》，中华书局 1985 年版。

王明：《道家和道教思想研究》，中国社会科学出版社 1984 年版。

傅勤家：《中国道教史》，上海书店 1984 年影印。

李养正：《道教概说》，中华书局 1989 年版。

李养正主编：《当代道教》，东方出版社 2000 年版。

许地山：《道教史》，华东师范大学出版社 1996 年版。

王沐：《内丹养生功法指要》，东方出版社 1990 年版。

胡孚琛、吕锡琛：《道学通论——道家·道教·仙学》，社会科学文献出版社 1999 年版。

胡孚琛：《魏晋神仙道教——〈抱朴子内篇〉研究》，人民出版社1989年版。

牟钟鉴、胡孚琛、王葆玹著：《道教通论：兼论道家学说》，齐鲁书社1996年版。

詹石窗：《道教文学史》，上海文艺出版社1992年版。

陈国符：《道藏源流考》，中华书局1963年版。

陈国符：《道藏源流考续》，台湾明文书局1983年版。

陈垣：《南宋初河北新道教考》，中华书局1962年版。

柳存仁：《和风堂文集》（第1—3卷），上海古籍出版社1991年版。

柳存仁：《道家与道术》，上海古籍出版社1999年版。

柳存仁讲演：《道教史探源》，北京大学出版社2000年版。

陈垣编纂：《道家金石略》，陈智超、曾庆瑛校补，文献出版社1988年版。

傅勤家：《中国道教史》，上海书店1984年影印。

蒙文通：《古史甄微》，巴蜀书社1987年版。

汤一介：《魏晋南北朝时期的道教》，陕西师范大学出版社1988年版。

汤一介：《中国传统文化中的儒释道》，中国和平出版社1988年版。

丁煌：《汉唐道教论集》，中华书局2009年版。

李远国：《神霄雷法：道教神霄派沿革与思想》，四川人民出版社2003年版。

王育成编著：《道教法印令牌探奥》，宗教文化出版社2000年版。

李刚著：《汉代道教哲学》，巴蜀书社1995年版。

张广保：《唐宋内丹道教》，上海文艺出版社2001版。

张广保：《金元全真道内丹心性学》，生活·读书·新知三联书店1995年版。

朱越利：《道教考信集》，齐鲁书社2014年版。

葛兆光：《道教与中国文化》，上海人民出版社1987年版。

葛兆光：《屈服史及其他：六朝隋唐道教的思想史研究》，生活·读书·新知三联书店2003年版。

刘仲宇：《道教法术》，上海文化出版社2002年版。

刘仲宇：《道教授箓制度研究》，中国社会科学出版社2014年版。

李申：《道教本论——黄老道家即道教论》，上海文化出版社2001年版。

张泽洪：《道教斋醮符咒仪式》，巴蜀书社1999年版。
孙亦平：《杜光庭评传》，南京大学出版社2004年版。
孙亦平：《道教文化》，南京大学出版社2009年版。
孙亦平：《东亚道教研究》，人民出版社2014年版。
孙亦平：《唐宋道教的转型》，中华书局2018年版。
盖建民：《道教医学》，宗教文化出版社2001年版。
盖建民：《道教金丹派南宗考论》，社会科学文献出版社2013年版。
姜生著：《汉魏两晋南北朝道教伦理论稿》，四川大学出版社1995年版。
姜生、汤伟侠主编：《中国道教科学技术史》（汉魏两晋卷），科学出版社2002年版。
姜生、汤伟侠主编：《中国道教科学技术史》（南北朝隋唐五代卷），科学出版社2010年版。
黄钊主编：《道家思想史纲》，湖南师范大学出版社1991年版。
卢国龙：《中国重玄学》，人民中国出版社1993年版。
卢国龙：《道教哲学》，华夏出版社1998年版。
何建明：《道家思想的历史转折》，华中师范大学出版社1997年版。
陈兵：《道教修炼养生学》，陕西师范大学出版总社有限公司2015年版。
李大华：《生命存在与境界超越》，上海文化出版社2001年版。
李大华、李刚、何建明：《隋唐道家与道教》，人民出版社2011年版。
强昱：《从魏晋玄学到初唐重玄学》，上海文化出版社2002年版。
孔令宏：《宋代理学与道家、道教》，中华书局2006年版。
王承文：《汉晋道教仪式与古灵宝经研究》，中国社会科学出版社2017年版。
刘屹：《神格与地域：汉唐间道教信仰世界研究》，上海人民出版社2011年版。
刘屹：《敦煌道经与中古道教》，甘肃教育出版社2013年版。
［日］神塚淑子：《六朝道教思想研究》，创文社1999年版。
［日］小林正美：《六朝道教史研究》，李庆译，四川人民出版社2001年版。
［日］小林正美：《中国的道教》，王皓月译，齐鲁书社2010年版。
［日］小林正美：《新范式道教史的构建》，王皓月译，齐鲁书社2014年版。
［日］小林正美：《唐代的道教与天师道》，王皓月、李之美译，齐鲁书社

2013年版。

［日］松下道信：《宋金元道教内丹思想研究》，汲古书院2019年版。

［美］康豹：《多面相的神仙——永乐宫的吕洞宾信仰》，吴光正译，齐鲁书社2010年版。

吴亚魁：《江南全真道教》，上海古籍出版社2012年版。

程乐松：《即神即心：真人之诰与陶弘景的信仰世界》，中国人民大学出版社2010年版。

黎志添、游子安、吴真等著：《香港道堂科仪历史与传承》，中华书局香港有限公司2007年版。

赖宗贤：《台湾道教源流》，中华道统出版社1999年版。

萧天石：《道海玄微》，华夏出版社2007年版。

黄兆汉、郑炜明：《香港与澳门之道教》，香港加略山房1993年版。

杨世华、潘一德：《茅山道教志》，华中师范大学出版社2007年版。

潘一德：《茅山道教简史》，上海科学技术出版社2001年版。

樊光春：《西北道教史》，商务印书馆2010年版。

郭武：《道教与云南文化：道教在云南的传播演变及影响》，云南大学出版社2000年版。

赵芃：《山东道教史》，中国社会科学出版社2015年版。

孔令宏、韩松涛：《江西道教史》，中华书局2011年版。

孔令宏、韩松涛、王巧玲：《浙江道教史》，中国社会科学出版社2015年版。

汪桂平：《东北全真道研究》，中国社会科学出版社2014年版。

萧霁虹、董允：《云南道教史》，云南大学出版社2007年版。

张葛珊编：《泰州道教》，宗教文化出版社2013年版。

魏斌：《"山中"的六朝史》，生活·读书·新知三联书店2019年版。

中国国际徐福文化交流协会编：《徐福志》，中国海洋大学出版社2007年版。

蒲亨强：《正统道教科仪音乐研究》，巴蜀书社2000年版。

楼宇烈、张志刚主编：《中外宗教交流史》，湖南教育出版社1998年版。

冯友兰：《中国哲学简史》，北京大学出版社1985年版。

张岱年：《中国哲学大纲》，中国社会科学出版社1982年版。

孙叔平：《中国哲学史稿》上下册，上海人民出版社 1980 年版、1981 年版。
任继愈主编：《中国哲学发展史》（隋唐卷），人民出版社 1994 年版。
魏良弢主编：《史著精华》，中国青年出版社 1999 年版。
侯外庐、邱汉生、张岂之主编：《宋明理学史》上下册，人民出版社 1987 年版。
辛冠洁等主编：《日本学者论中国哲学史》，中华书局 1986 年版。
刘俊文主编：《日本学者研究中国史论著选译》第四卷《六朝隋唐》，中华书局 1993 年版。
刘俊文主编：《日本学者研究中国史论著选译》第七卷《思想宗教》中华书局 1993 年版。
顾颉刚：《汉代学术史略》，东方出版社 1996 年版。
黄仁宇：《现代中国的历程》，中华书局 2011 年版。
陈寅恪：《金明馆丛稿初编》，生活·读书·新知三联书店 2001 年版。
陈鼓应注译：《庄子今注今译》，中华书局 1983 年版。
汤用彤：《汉魏两晋南北朝佛教史》上下册，中华书局 1983 年版。
汤用彤：《隋唐佛教史稿》，中华书局 1982 年版。
吕澂：《中国佛学源流略讲》，中华书局 1979 年版。
任继愈主编：《中国佛教史》（第 1—3 卷），中国社会科学出版社 1981 年、1985 年、1988 年版。
方立天：《中国佛教哲学要义》上下卷，中国人民大学出版社 2002 年版。
洪修平：《中国佛教文化历程》（修订本），江苏教育出版社 2005 年版。
洪修平：《中国儒佛道三教关系研究》，中国社会科学出版社 2010 年版。
[荷兰] 许里和：《佛教征服中国》，李四龙译，江苏人民出版社 1998 年版。
[意] 贝内德托·克罗齐：《作为思想和行动的历史》，田时纲译，商务印书馆 2012 年版。
[英] 麦克斯·缪勒：《宗教学导论》，陈观胜、李培茱译，上海人民出版社 1989 年版。
[英] 麦克斯·缪勒：《宗教的起源与发展》，金泽译，陈观胜校，上海人民出版社 1989 年版。
[英] 爱德华·泰勒：《原始文化》，连树声译，上海文艺出版社出 1992 年版。

［英］汤因比：《文明经受著考验》，沈辉等译，浙江人民出版社1988年版。
［英］汤因比：《历史研究》，刘北成译，上海人民出版社1966年版。
［美］斯特伦：《人与神——宗教生活的理解》，金泽、何其敏译，上海人民出版社1991年版。
［美］包弼德：《斯文：唐宋思想的转型》，刘宁译，江苏人民出版社2001年版。
吕大吉：《宗教学通论新编》，中国社会科学出版社1998年版。
吕大吉：《西方宗教学说史》，中国社会科学出版社1994年版。
吕大吉等编著：《宗教学纲要》，高等教育出版社2003年版。
卓新平：《宗教理解》，社会科学文献出版社1999年版。
孙亦平主编：《西方宗教学名著提要》，江西人民出版社2002年版。
张志刚：《宗教哲学研究》，中国人民大学出版社2003年版。
张志刚：《"宗教中国化"义理研究》，宗教文化出版社2017年版。
王友三主编：《中国宗教史》，齐鲁书社1991年版。
牟钟鉴、张践：《中国宗教通史》，中国社会科学出版社2007年版。
阮仁泽、高振农：《上海宗教史》，上海人民出版社1992年版。
李零著：《中国方术考》修订本，东方出版社2001年版。
黄心川主编：《世界十大宗教》，东方出版社1988年版。
［美］杨庆堃：《中国社会中的宗教——宗教的现代社会功能与其历史因素之研究》，范丽珠译，上海人民出版社2006年版。
［日］小南一郎：《中国的神话传说与古小说》，孙昌武译，中华书局1993年版。

附 录

江苏道教宫观一览表

宫观名	创建年代	古址	今址	历史沿革	现存与否	代表人物	出处及影响
			南京市地区共查到168座道观，尤具代表性者如下				
灵应观	宋	江宁府江宁县石城山，乌龙潭侧，与石城门近	南京市乌龙潭公园南侧	初名隆恩祠，亦称石城山灵应观。明正统三年住持俞用谦奏赐"灵应观"额。清以后衰微。	无存	刘守真、俞用谦	《金陵玄观志》
移忠观		江宁府安德门外		宋代为移忠报慈禅院，明代为道教所居，改为移忠观。	无存		《金陵玄观志》
眼香庙	宋	江宁府安德门外牛首山		又名宋妃祠、眼香庵，明万历二十年重修，属移忠观管辖。	无存		《金陵玄观志》《雨花台区志》，另一在中华门外窑岗村

续表

宫观名	创建年代	古址	今址	历史沿革	现存与否	代表人物	出处及影响
花神庙	清	江宁府南门外		清代康乾时建，1954年坍圮。	无存		《雨花台区志》
府城隍庙		江宁府署路北		清同治十三年因旧址重建。	无存		《同治续纂江宁府志》
文昌宫		江宁府西华门三条巷		清同治十二年即旧址重建。	无存		《同治续纂江宁府志》
八蜡庙		江宁府中正街		旧在钦天山，清同治八年移建中正街。	无存		《同治续纂江宁府志》《嘉庆新修江宁府志》
龙神庙		江宁府灵谷寺旁		旧在钱厂桥西，清同治六年移建。	无存		《同治续纂江宁府志》
仓圣庙		江宁府学		旧在雨花台，清光绪三年即府学飞云阁为庙。	无存		《同治续纂江宁府志》
水府庙	元	江宁府江东门外		旧名放灯祠。	无存	伊贞阳	《金陵玄观志》
都城隍庙	明洪武	江宁府钦天山		清康熙、乾隆、道光间重修。	无存		《金陵玄观志》《道光上元县志》
五显灵顺庙	明	江宁府钦天山高庙东		清雍正十年制府尹尹继善等废其祀。	无存		《金陵玄观志》
驯象街五显庙		江宁府聚宝门外			无存		《金陵玄观志·重修五显灵官庙记》

续表

宫观名	创建年代	古址	今址	历史沿革	现存与否	代表人物	出处及影响
玄真观	明永乐十八年	江宁府中和桥北		为敕封妙惠仙姑始建，名玄真堂，明正统八年赐观额，旋废，成化间月鹤道人及安守备重建。	无存	焦奉真、月鹤道人	《金陵玄观志》《江苏省通志稿·宗教志》
玄真观	南朝陈宣帝	江宁府通济门外		又名玄贞观，陈宣帝为臧玄静所作。南唐重修玄真观。宋末，以旧额建于今址，曰元真观。清光绪六年官修。	无存	臧矜、王栖霞	《至正金陵新志》《十国春秋》
黄庞观	唐	江宁府东城地			无存		《金陵玄观志》
城隍庙	唐	江宁府溧水县通济街北		清咸丰年间毁，清末重建，1970年拆毁。	无存		《溧水县志》
东岳庙	元至正元年	江宁府溧水县小东门外城隍庙西		明成化间修，嘉靖年间重修，清同治十年重建。	无存		《江苏省通志稿·宗教志》
剑池道院	清同治	江宁府朝天宫旁		后改建府学。	无存		《江苏省通志稿·宗教志》
天喜长生祠	清同治	江宁府东花园琵琶巷		曾国藩建。	无存		《江苏省通志稿·宗教志》

续表

宫观名	创建年代	古址	今址	历史沿革	现存与否	代表人物	出处及影响
朝天宫	东晋太元十五年	江宁府水西门内，莫愁路东侧冶山上	南京市秦淮区王府大街朝天宫4号	东晋太元十五年，江陵沙门法新立冶城寺，元兴三年，废寺为苑。南朝刘宋泰始六年立"总明观"，置东观祭酒。总明观废后，道教名太清宫。唐代名太清宫。五代十国吴杨溥又二年，有钟阜轩，称紫极宫。南唐时徐铉铭任紫极宫西新建武烈帝庙，北宋雍熙年间建文宣王庙，不久又改名天庆观。大中祥符年间赐额祥符宫，南末建炎初年毁于兵火，嘉熙元年茅山道士杨元阜任天庆观住持。嘉熙四年，资政殿公请茅山景元范来任住持。绍兴十七年重建，淳祐年间又重建。元元贞元年改玄妙观，天历元年大兴永寿宫。元末毁，明洪武十七年诏宫内设有元教院，赐朝天宫额，掌管全国道教。洪武十七年毁于兵火，同治四年改为孔庙，后迁江宁学府于其地，民国时为中央教育馆，国民政府高等法院院址，现归南京市博物馆。	现存	任元阜、赵嗣祺、陈宝琳、周颠仙、刘渊然、邵以正、喻道纯、赵教常、李靖观、徐永谦、张友霖、邓仲修、钱静嵩、周万象、潘栏头	《金陵胜迹志》《金陵玄观志》《道光上元县志》《江苏省通志稿·宗教志》

续表

宫观名	创建年代	古址	今址	历史沿革	现存与否	代表人物	出处及影响
斗姥宫	唐		南京市白下路广艺街31号	清咸丰年间毁于兵火，光绪十四年住持徐圆顺重建。	无存	王至慧、王宗衡、周宗顺	《南京民族宗教志》
二郎庙	明		南京市延龄巷72号		无存	杨诚清、于信真	《南京民族宗教志》《道光上元县志》
洞神宫	宋	江宁府城淮清桥西	南京市建康路151号，今南京酿化厂所在地	原位于蒋山太平寺东，名洞神，始建于宋。南宋景定四年作蜀三神祠。元延祐六年江延棋，济川童来至清溪旁（今建康路249号），修三神祠，改名清溪堂。明正德年间重修，额洞神，故名洞神宫，又名蜀三大神庙。	无存	孙礼森、周宗顺	《南京民族宗教志》《金陵胜迹志》《乾隆江南通志》
龙江天妃宫	宋	江宁府下关狮子山下，仪凤门外	南京市建宁路290号	北宋熙宁二年，宋神宗赐额吉祥寺。明初为天妃宫，1925年天妃宫毁，不久重建。	现存	刘万明	《金陵玄观志》、《南京民族宗教志》载另有二，一在江东门上新河北岸，一在安德门外大胜关
东岳庙	清同治		南京市中央门外东岳庙13号		无存		《南京民族宗教志》

续表

宫观名	创建年代	古址	今址	历史沿革	现存与否	代表人物	出处及影响
方山洞玄观	三国吴赤乌二年	江宁府上方门外的方山山麓	南京市江宁区定林路	唐贞观六年入岩栖观并观，宋改崇真观。元至元二年遭兵火，明洪武年间重建，仍复古洞玄观。清代避讳改洞元观。	现存	葛玄、郑隐、葛洪、周如一	《南京民族宗教志》《乾隆江南通志》《江苏省通志稿·江宁府·宗教志》
清源观	宋	金陵聚宝门外一里许，有高阜曰长干，清源祠在焉。		宋名清源庙。明洪武初，道士汤静渊、沈野云静修葺，改名清源观。	无存	汤静渊、沈野云	《南京民族宗教志》《乾隆江南通志》《江苏省通志稿·宗教志》《金陵玄观志》
仙鹤观	汉	江宁府城东郊仙鹤门外	南师大新校区仙鹤山上		无存	葛洪、陶弘景	《南京民族宗教志》《乾隆江南通志》《金陵玄观志》《江苏省通志稿·宗教志》
龙都大庙	明正统		江宁区龙都镇		无存	蔡成成	《南京民族宗教志》
中保村天后宫	清		南京市三汊河中保村	民国时期，仅由一僧一道看守。1951年，全变为佛教寺庙。	无存		《南京民族宗教志》
汤山朱砂洞			南京市江宁区汤山镇		现存	马礼德	《南京民族宗教志》

续表

宫观名	创建年代	古址	今址	历史沿革	现存与否	代表人物	出处及影响
燕子矶三台洞			南京市燕子矶风景名胜区		现存	周明极	《南京民族宗教志》
丛霄道院		江宁府上元县峨眉岭侧大锦衣仓西		俗谓之古东岳庙。内有阁，奉吕祖。	无存		《石城山志》《道光上元县志》《金陵胜迹志》
三茅宫		江宁府钟山茅山巴			无存		《金陵玄观志》，《金陵胜迹志》云
紫霞道院		江宁府紫霞洞			无存		《金陵胜迹志》
东岳庙		江宁府上元县乾河沿小桃源		清乾隆年间神乐观道士张用端来居，其后多有扩建。	无存	张用端、徐志清	《道光上元县志》
紫芝观		江宁府钟山下			无存		《乾隆江南通志·江宁府》《江苏省通志稿·宗教志》
神乐观	明洪武十二年	江宁府光华门外		明代创建，延至清代。	无存	周玄真、傅同虚、陈德星	《金陵玄观志》
玉虚观	三国吴	江宁府上方门外		吴时创，南唐保大间扩建，明万历十三年重修	无存		《乾隆江南通志·江宁府》《金陵玄观志》《道光上元县志》

续表

宫观名	创建年代	古址	今址	历史沿革	现存与否	代表人物	出处及影响
栖真观	明正统	江宁府南安德乡		明正统年间建，赐额。	无存		《乾隆江南通志·江宁府》《江苏省通志稿·宗教志》
佑圣观	明成化二年	江宁府西江东门外			无存		《乾隆江南通志·江宁府》《金陵玄观志》《道光上元县志》《江苏省通志稿·宗教志》
隐仙庵		江宁府城西北虎踞关侧		相传宋陶弘景隐居于此，故名。	无存	王朴山	《乾隆江南通志·江宁府》《同治上江两县志》
真武行宫		江宁府东南洪武门外天坛西	南京市光华门外天坛村西	旧为神乐观，明初郊祀习乐之所，明都北京后改祀于子。	无存	郭本中、李丹邱、刘靖渊	《金陵玄观志》《江苏省通志稿·羽士传》《南京民族宗教志》《永乐大典·南京》
北极真武庙	明初	江宁府上元县鸡笼山上	南京市钦天山（今鸡鸣山）北	一名北极阁，北宋太平兴国二年，建在青化寺东。宋末大中祥符五年为避讳改玄武为真武。元洪武二十一年毁于火，改建在钦天山（鸡鸣山）之阳。观象台故址，清初建阁祀真武，乾隆初年阁毁，高晋重修。	无存	孙来仪	《南京民族宗教志》《金陵玄观志》，《道光上元县志》

续表

宫观名	创建年代	古址	今址	历史沿革	现存与否	代表人物	出处及影响
卢龙观	明洪武	江宁府上元县卢龙山	南京市狮子山麓，与仪凤门相接	元至正十八年，朱元璋命俞通海建舟师，奉巢湖神徐将军庙于山之麓。明洪武六年诏其庙室奉真武之神。洪武七年，改山名为狮子山。景泰年间重修。	无存		《南京民族宗教志》《金陵玄观志》《江苏省通志稿・宗教志》
长寿山朝真观	明正统	江宁府上元县淳化镇	南京市江宁区淳化镇	俗称长生观。明正德九年重修。	无存	葛可澄	《南京民族宗教志》《乾隆江南通志》《道光上元县志》《江苏省通志稿・宗教志》
香山观	元延祐	江宁府溧水县城东北隅		初名崇真道院，位于京兆馆东，明洪武初重修，易名香山观，嘉靖同学营圮，县令即观址建学宫，移观于县治东。	无存	徐时周、陈时亨	《乾隆江南通志・江宁府》《乾隆溧水县志》
寻仙观	南朝梁	江宁府溧水县治东南四十三里仙坛乡仙杏山		北宋宣和中重建三清殿，南宋咸淳七年修。	无存	宋文干	《乾隆江南通志・江宁府》《乾隆溧水县志》
白石观		江宁府溧水县治东南六十五里仙坛乡荆山中			无存		《乾隆江南通志・江宁府》、《乾隆溧水县志》

续表

宫观名	创建年代	古址	今址	历史沿革	现存与否	代表人物	出处及影响
景福观	唐垂拱五年	江宁府溧水县南三十五里仪凤乡卞家村		又名景福庵。	无存		《乾隆溧水县志》
又玄观	明万历	江宁府溧水县西三十里思鹤乡白莲山			无存		《乾隆溧水县志》
云鹤庵	元大德	江宁府溧水县南五十里仙坛乡		明崇祯七年重建。	无存		《乾隆溧水县志》
仙游庵		江宁府溧水县南六十里仙坛乡			无存		《乾隆溧水县志》
桐山观	元至元四年	江宁府高淳县治南		旧名张王庙。	无存		《乾隆江南通志·江宁府》，《康熙高淳县志》载两处，另一在县南十里双桥渡，建于明万历年间。
寻真观	西晋太康二年	江宁府高淳县治北		清咸丰间焚毁，同治十三年重建。	无存	许旌阳	《乾隆江南通志·江宁府》《民国高淳县志稿》《江苏省通志稿·宗教志》《康熙高淳县志》

附录　江苏道教宫观一览表

续表

宫观名	创建年代	古址	今址	历史沿革	现存与否	代表人物	出处及影响
万寿观	宋	江宁府高淳县宝阳门外		明弘治间重建，万历三十三年重修，清顺治十三年改建门楼并修庙宇，嘉庆十一年新建大殿，五凤楼，咸丰间毁，同治七年募建侧屋三间。	无存		《乾隆江南通志·江宁府》《民国高淳县志》
赞化宫	清光绪	江宁府高淳县城北门内			无存		《江苏省通志稿·宗教志》
白鹤仙庙		江宁府高淳县东三十里游子山		旧名鸡白庵，明嘉靖间重修改名迎真殿。	无存		《康熙高淳县志》
迎真殿	明弘治二年	江宁府高淳县东四十里			无存		《康熙高淳县志》
三元观	三国吴赤乌二年	江宁府高淳县西十五里	南京市高淳区阳江镇沧溪集镇	沧溪道士蒋常泰修。重建关圣殿文昌阁时，于土中得断碑，有"赤乌二年修建"字，惜全文无考。清康熙六十一年毁，同治三年兵毁，咸丰三年重建。	现存	蒋常泰	《江苏省通志稿·宗教志》《民国高淳县志》

续表

宫观名	创建年代	古址	今址	历史沿革	现存与否	代表人物	出处及影响
真武庙		江宁府高淳县东三十五里游子山顶	南京市高淳区游子山	明万历十年重建，崇祯八年僧德明募置祀田，咸丰四年毁，光绪间僧觉朗重建。	现存		《康熙高淳县志》《江苏省通志稿·宗教志》《民国高淳县志》
玉清宫			南京市高淳区桠溪镇新墙村		现存		
玉虚观	明洪武二十四年	江宁府江浦县广储门内	南京市浦口区浦子口	明洪武二十四年，江浦县治由浦子口山迁至旷口山（今珠江镇）后，重建城隍庙，道士高学俭将浦口城内城隍庙改为玉虚观，毁于咸丰年间战火，同治、光绪年间复建。	现存	高学俭 赵仪云	《乾隆江南通志》《浦口区志》《江苏省通志稿·宗教志》《光绪江浦稗乘》《江浦稗乘·古迹》
元真观	明万历二年	江宁府江浦县治南青石桥		旧称玄真观。	无存		《光绪江浦稗乘》
元天观		江宁府江浦县南门外下河		旧称玄天观。	无存		《光绪江浦稗乘》
玉皇宫		江宁府江浦县乌江镇北五里			无存	金光耀	《光绪江浦稗乘》《江浦稗乘·古迹》

续表

宫观名	创建年代	古址	今址	历史沿革	现存与否	代表人物	出处及影响
玉枢宫	明万历	江宁府江浦县福龙山巅		初名真武行宫，清雍正初改名玉枢宫，其中有香积堂、玉虚宫、龙泉亭、太玄宫等。	无存		《光绪江浦稗乘》
元真观	南宋隆兴初	江宁府六合县治西高冈之上		旧称玄真观，道光年间改为万寿宫。	无存		《乾隆江南通志·江宁府》《嘉靖南畿志》
城隍庙		江宁府六合县治西高冈之上			无存		《光绪六合县志》
白龙王庙	北宋天圣八年	江宁府六合县南十五里		毁于太平天国运动。	无存		《光绪六合县志》
东岳庙		江宁府六合县东二里冶浦桥西		毁于太平天国运动，清光绪五年复建。	无存		《光绪六合县志》载二处，一在县北六十里，一在县西二十里。
顺应庙		江宁府六合县长芦江上		即安济夫人祠，南宋绍兴十九年赐额。	无存		《光绪六合县志》
真武庙	明正德	江宁府六合县西北元真观后			无存	盛永泰 张天水	《光绪六合县志》载二处，另一在瓜步山。
都天庙		江宁府六合县真武庙左		毁于太平天国运动，清同治间重修。	无存	徐紫霞	《光绪六合县志》

续表

宫观名	创建年代	古址	今址	历史沿革	现存与否	代表人物	出处及影响
天妃庙		江宁府六合县城小东门内			无存		《光绪六合县志》
大王庙		江宁府六合县虎贲右			无存		《光绪六合县志》载二处，另一在小东门滁河东岸。
吕祖祠		江宁府六合县元真观西			无存		《光绪六合县志》
果老祠		江宁府六合县老梅庵内		毁于太平天国运动。	无存		《光绪六合县志》
三茅庵		江宁府六合县瓜步永兴堡			无存		《光绪六合县志》

镇江市地区共查到331座道观，尤具代表性者如下

宫观名	创建年代	古址	今址	历史沿革	现存与否	代表人物	出处及影响
乾元万寿宫	唐乾元	镇江府治西瓶场巷	镇江市颍山大闸桥南瓶场巷	宋安抚使叶再遇故宅，元大德五年改建子仙鹤巷。	现存。	张留孙、吴全节、潘道泰、王寿衍、余以诚	《至顺镇江志》《乾隆江南通志》《乾隆丹徒县志》《光绪京口区志》

附录 江苏道教宫观一览表

续表

宫观名	创建年代	古址	今址	历史沿革	现存与否	代表人物	出处及影响
迎仙观	宋	镇江府还金门里		宋将仕郎宗仲孟舍宅建，请金坛废观额揭之。	无存	高元纳	《至顺镇江志》，岳珂有诗刻石在观内
全真庵		镇江府			无存		《至顺镇江志》载全真庵有五：崇德隅二，化隆隅一，静宁隅二全真女冠庵五；化隆隅一、还仁隅一，静宁隅一，临津隅二
道冲观		镇江府丹徒县仁和坊石礓桥北		即后土祠，明洪武，永乐间女冠管师达建诸殿，成化间改为报亲之众，人县学，后圮，清康熙十一年改建。	无存	管师达	《至顺镇江志》《光绪丹徒县志》
元妙观	南唐保大中	镇江府丹徒县石礓桥西北		俗呼东观，唐紫极宫老子祠，北宋大中祥符二年改额天庆观，绍兴十三年毁，南宋乾道三年重建，元元贞元年改元妙观。	无存	余以诚、满持正、盛自然	《至顺镇江志》《光绪丹徒县志》

续表

宫观名	创建年代	古址	今址	历史沿革	现存与否	代表人物	出处及影响
明真观	唐	镇江府丹徒县长乐乡		旧名修元，唐末兵乱，仅存遗址，北宋大中祥符间重建，太平兴国中道士黄赞元重建，南宋绍兴间改真观，天禧五年改国明皇庆元年住持余庆生增修，明万历，清顺治三年，乾隆十六年重修，咸丰间毁，同治间重建。	无存	黄赞元、余庆生、吕元福	《至顺镇江志》《光绪丹徒县志》
上善观	南朝梁大同	镇江府丹徒县平昌乡		唐长庆元年改上善观。	无存		《至顺镇江志》
广惠仙真观		镇江府丹徒县华山		亦称仙真观。	无存		《至顺镇江志》《光绪丹徒县志》
通真观		镇江府丹徒县大慈乡			无存		《至顺镇江志》
报恩光孝观		镇江府丹徒县治西南三里		旧名天宁万寿观，南宋绍兴间改额报恩光孝观，清咸丰间毁。	无存		《乾隆江南通志·镇江府》《光绪丹徒县志》
悟道观		镇江府丹徒县大港镇南			无存		《光绪丹徒县志》
崇福观	元至元三十一年	镇江府丹徒县城内大市西南		元泰定二年增建，明正统中毁，后复建，弘治三年重建弥罗阁、前楼，后废。	无存		《光绪丹徒县志》

续表

宫观名	创建年代	古址	今址	历史沿革	现存与否	代表人物	出处及影响
白鹤观		镇江府丹徒县城西小花山麓			无存		《光绪丹徒县志》
通元观		镇江府丹徒县丹徒镇			无存		《光绪丹徒县志》
连沧观		镇江府镇江府治后即望海楼遗址			无存		《光绪丹徒县志》
三元宫		镇江府丹徒县城西西津坊			无存		《光绪丹徒县志》
铁柱宫		镇江府丹徒县西西津坊		清康熙二十年重修，即紫阳洞。	无存		《光绪丹徒县志》
三茅宫		镇江府丹徒县山嘴头			无存		《光绪丹徒县志》载二处，一在白兔山，一在德兴洲。
天后宫	清康熙	镇江府丹徒县山巷即宝盖山前			无存		《光绪丹徒县志》载二处，另一在西津坊大码头，建于清乾隆十九年。
清宁道院	明天启	镇江府丹徒县银山上		旧名西来庵，清康熙四十八年改为道院，内有戒坛。	无存		《光绪丹徒县志》

续表

宫观名	创建年代	古址	今址	历史沿革	现存与否	代表人物	出处及影响
云台仙院	明万历	镇江府丹徒县银山巅		初建三官殿，谓之云台堂，清咸丰间毁，同治初有道士结茅。	无存		《光绪丹徒县志》
崇圣院	明万历	镇江府丹徒县城南十一区		明崇祯五年修。	无存		《光绪丹徒县志》
崇敬院	明万历三年	镇江府丹徒县城南四区		清雍正二年重修。	无存		《光绪丹徒县志》
瑞桐院	唐	镇江府丹徒县城南十七区		清顺治六年重修。	无存		《光绪丹徒县志》
泽胜院	明崇祯三年	镇江府丹徒县前村		清顺治八年重修。	无存		《光绪丹徒县志》
文昌阁		镇江府丹徒县文昌坊			无存		《光绪丹徒县志》载四处，一在顺江洲，一在小大港，一在五墩子，另有文昌宫在节孝祠左，文武帝阁在乐寿堂处。
斗姥阁		镇江府丹徒县三墩子			无存		《光绪丹徒县志》另载有斗母宫在城西西津坊。
凌江阁		镇江府丹徒县城西西津坊		本银山庵遗址，清乾隆三十五年修葺，崇福观道士严长春居之。	无存	严长春	《光绪丹徒县志》

续表

宫观名	创建年代	古址	今址	历史沿革	现存与否	代表人物	出处及影响
玉皇阁		镇江丹徒县象山南土称山缺口		清咸丰间毁,同治初复建。	无存	赵本立	《光绪丹徒县志》
都天行宫		镇江丹徒县龟山庙山口			无存		《光绪丹徒县志》载三处,一在大马头,一在县九里街李家宝塔旁。
奉晖堂	清康熙三十二年	镇江丹徒县阳彭山下		亦为陕西会馆,俗称大会馆,清咸丰间毁。	无存		《光绪丹徒县志》
玉皇殿	唐贞观	镇江丹徒县银山		旧为真武殿,南宋高宗南渡后改为拱真庵,后圮,明万历初全真董长清募造山门。	无存	董长清	《光绪丹徒县志》
三官殿	清顺治十年	镇江丹徒县虎踞坊			无存		《光绪丹徒县志》载四处,一在大港镇,一在丹徒镇,一在永定洲。
城隍庙		镇江丹徒县月华山南		旧在府治西,南宋绍兴七年移置府治西南,二十七年建,乾道元年赐额忠佑城隍庙,元至元中殿毁,后重建,明洪武间又重建,永乐中修葺,清康熙十一年,乾隆三十二年重修,咸丰间毁,同治十二年重建。	无存		《光绪丹徒县志》

附录　江苏道教宫观一览表　829

续表

宫观名	创建年代	古址	今址	历史沿革	现存与否	代表人物	出处及影响
太阳宫		镇江府丹徒县长山巷村南		清咸丰间毁，光绪间修。	无存		《民国续丹徒县志》
万福宫		镇江府丹徒县长山顶		即三茅行宫。	无存		《民国续丹徒县志》
碧霞宫		镇江府丹徒县顺江洲高桥西		俗称奶奶庙。	无存		《民国续丹徒县志》
真武道院	宋	镇江府丹徒县柏家桥北河岸东		三清道人韩朴庵建。	无存	韩朴庵	《至顺镇江志》《光绪丹徒县志》
三茅道院	元延祐四年	镇江府丹徒县登云门外宝盖山		女道士戴守元建。	无存	戴守元	《至顺镇江志》
大隐道院		镇江府丹徒县化隆闬卷蓬桥北市坊			无存		《至顺镇江志》
和光道院	北宋末淳祐六年	镇江府丹徒县大市坊		元大德间为风所圯，皇庆元年重建。	无存	郭可道、袁志清、周若冲	《至顺镇江志》
佑圣道院	南宋咸淳九年	镇江府丹徒县小闸桥西			无存	苏师潜	《至顺镇江志》

续表

宫观名	创建年代	古址	今址	历史沿革	现存与否	代表人物	出处及影响
报亲道院	元至元十八年	镇江府丹徒县斜桥南			无存	龚贵高、陈裳吉	《至顺镇江志》
安定道院	元至元	镇江府丹徒县范公桥西		元妙观道士胡居仁舍宅修。	无存	胡居仁	《至顺镇江志》
崇德道院	元至元十一年	镇江府丹徒县还京门里		元至元十一年人龚熙言建。	无存		《至顺镇江志》
崇福道院	元至元三十一年	镇江府丹徒县鹤林坊		商人福唐郭显祖建，泰定二年增创三元福庭。	无存	李处厚	《至顺镇江志》
奉真道院	南宋	镇江府丹徒县西花园巷		南末韩蕲王（韩世忠）故宅，至元二十九年道士赵道渊重建。	无存	赵道渊、于道清	《至顺镇江志》《光绪丹徒县志》
华阳观	东汉	镇江府丹徒县城东北五十里丹徒乡马墅村	镇江市镇江新区大港街道华阳路	初名仁静观，北宋政和八年改名华阳观，明正德元年重修。	现存	魏隆	《嘉定镇江志》《乾隆江南通志·镇江府》《光绪丹徒县志》
三茅宫道院			镇江市丹徒区辛丰镇石城村	历唐末元明清修葺。	现存		《江苏省通志稿·宗教志》

续表

宫观名	创建年代	古址	今址	历史沿革	现存与否	代表人物	出处及影响
紫府观	南朝宋永初二年	镇江府丹徒县大悲乡马迹山	镇江市丹徒区辛丰镇马迹山	旧名福业，北宋治平元年改紫府观，明宣德九年遭火灾，成化十年住持孙礼恒建玉皇阁，弘治十年孙信甃建山门、三清殿、两房。	现存		《至顺镇江志》《光绪丹徒县志》
润州道院	隋		镇江市润州区南徐大道偷家湾	与三茅宫、黄大仙庙合并，1999年重建。	现存		《润州年鉴2006年》
延昌观	南朝梁大同	镇江府丹阳县南一里		初名永兴观，北宋治平改延昌观。	无存		《嘉定镇江志》
归真观	唐开元十四年	镇江府丹阳县东南五十里		焦光真人炼丹处，初名东曒观，唐开元十四年改名清虚观，北宋大中祥符中改归真观，清康熙、雍正年间重修。	无存		《嘉定镇江志》《乾隆江南通志》《丹阳县志》《光绪丹阳县志》《嘉靖重修一统志》
仙台观		镇江府丹阳县东二里		旧谓黄堂道院，宋改仙台观，亦名云阳观，为诸姆飞升之地，观内有唐代褚遂良所书《润州曲阿县云阳观故监斋恒尊师碑文》，宋改仙台观，清光绪年间，由佛僧接管，改名为金台寺。	无存	诸姆	《嘉定镇江志》《乾隆江南通志》《丹阳县志》《光绪丹阳县志》《嘉靖重修一统志》
凝禧观	南朝梁大同	镇江府丹阳县东北五十四里张村		唐名精舍，北宋治平中改凝禧观。	无存		《至顺镇江志》

续表

宫观名	创建年代	古址	今址	历史沿革	现存与否	代表人物	出处及影响
大霄观	南朝梁大同	镇江府丹阳县东七十里皇塘乡丁桥镇西		初名灵应观，北宋治平中改大霄观，南宋开禧三年改名为福祠山庙。	无存	丁令威、薛汝显	《至顺镇江志》《乾隆江南通志》《丹阳县志》
清微崇寿观		镇江府丹阳永济乡吕城镇			无存		《至顺镇江志》
仁静观		镇江府丹阳东北四十里九灵山		即霍忠惠公汝文之功德院。	无存		《至顺镇江志》
城隍庙	北宋宣和	镇江府丹阳西门大街东端		南宋嘉定、明洪武、明景泰、明隆庆年间先后重修，清咸丰十年毁于战火，光绪四年重建。	无存		《丹阳县志》
凝真观	南宋绍兴二年	镇江府丹阳县土地桥东谢家场		初名真武堂，邑人叶之奇知堂朱可道改创，南宋绍兴二年集真道院，旧名凝真观，明天顺年间建通明阁，康熙四十六年修缮真武殿，咸丰十年毁于兵燹，同治十年重建，抗日战争期间毁于战火。	无存	朱可道、王致清、严应岩、眭应洪、钱永恭、葛朝真、王朝恩、丁启文、冷清融、朱启明	《乾隆江南通志·镇江府》《丹阳县志》《隆庆丹阳县志》《至顺镇江志》

续表

宫观名	创建年代	古址	今址	历史沿革	现存与否	代表人物	出处及影响
仁靖观	南宋乾道元年	镇江府丹阳县东北四十里九灵山		宋翟汝文功德院,明洪武二十七年道士朱景岩募建,宣德十年道士王有樑重建。	无存		《乾隆江南通志・镇江府》《光绪丹阳县志》
清微观	元延祐四年	镇江府丹阳县东五十里永济乡吕城镇		旧名崇寿院,明洪武、正统年间增建,清乾隆十年修。	无存		《乾隆江南通志・镇江府》《光绪丹阳县志》
广福院	西晋太康	镇江府丹阳县东观音山			无存		《乾隆江南通志・镇江府》
季子庙			镇江市丹阳市延陵九里	抗日战争中毁于战火,1999年重建。	现存		《镇江市志1983—2005》
三霄观			镇江市丹阳市道墅镇里庄下蔡村		现存		
大同观	明成化		镇江市丹阳市开发区前艾行政村	又名前艾庙(为道教大同观与佛教云莲寺的总称),清康熙年间重修,1993年修缮。	现存		《镇江市志1983—2005》
窦庄庙			镇江市丹阳市访仙窦庄村	原为南宋理学家窦从周的书院,清咸丰十年毁于战火,同治十年于其旧址建东岳庙,1913年焚,1917年重建,1938年焚,1946年重建。	现存		《民国丹阳县志补遗》

续表

宫观名	创建年代	古址	今址	历史沿革	现存与否	代表人物	出处及影响
城隍庙	北宋宣和	镇江府丹阳县治西		僧道渊募建，南宋嘉定间重建，明洪武、景泰二年、清康熙四十二年重修，咸丰十年毁，光绪四年重建。	无存		《光绪丹阳县志》
关帝庙	明	镇江府丹阳县城内沈家桥北		旧在北门外，清咸丰十年毁，同治三年移建于此。	无存		《光绪丹阳县志》
东岳庙	明嘉靖四十五年	镇江府丹阳县东		明正统间毁，后重建，清康熙四十八年、雍正八年修，咸丰十年毁，光绪六年重建。	无存		《光绪丹阳县志》载三处，一在珥陵镇，一在县东三十里宝庄。
龙王庙		镇江府丹阳县练湖滨			无存		《光绪丹阳县志》
三官庙	元延祐	镇江府丹阳县新桥西		清康熙六十一年修，光绪三年重建。	无存		《光绪丹阳县志》载三处，一在包港，一在县北陆家庄。
九霄万福宫	西汉		镇江市句容市茅山主峰大茅峰巅	又称顶宫，创建于西汉时三茅真君得道飞升之后，古建圣佑观，专祀大茅真君茅盈。明万历二十六年，赐额万福宫，亦称九霄宫。东山门正额书"茅山道院"。	现存		《茅山道教志》《茅山志》

续表

宫观名	创建年代	古址	今址	历史沿革	现存与否	代表人物	出处及影响
元符万宁宫		江宁府句容县茅山积金山下	镇江市句容市积金山	简称印宫，初名"元符观"，宋徽宗赐改"元符宫"，加元符之名。宋时，宫后为潜神庵，为刘混康修炼之地。梁代天监时，陶弘景开"道靖之基"，唐代至德年间，在此建火浣宫，北宋景德年间，道士张明真庐居于此，天圣三年为延真庵，五年为天圣观，当时还有东秀、西斋、观云、启明、野隐、勉斋、栖碧、东斋、乐泉、览秀、云林、真隐、监斋13处道院。南宋建炎年间，此宫毁于盗火。不久，高宗敕赐重建，工竣并飨书宫额。此后历代废有修复。后太平天国运动、抗日战争中相继遭兵毁。1980年后得以修复，1988年正式对外开放。	现存	陶弘景、刘混康、张明真、蒋宗瑛、陈真福、邓自明	《江苏省通志稿·宗教志》《茅山志》

续表

宫观名	创建年代	古址	今址	历史沿革	现存与否	代表人物	出处及影响
崇禧万寿宫	唐贞观九年	江宁府句容县大茅峰西南，丁公山南（今丁公山南水库内）	镇江市句容市大茅路	俗称红庙。南朝时所建，后为陶隐居的"曲林馆"，又称陶隐弘景的"华阳下馆"，唐贞观九年建"太平观"，北宋大中祥符元年赐名"崇禧观"，元延祐六年赐名崇禧万寿宫。建国后因修水库而被淹没于水下。2010年于旧址之东复建，2016年全面竣工。	现存	王远知、吴节全	《茅山道教志》《茅山志》
葛仙观	南朝梁天监七年	江宁府句容县治西南隅	镇江市句容市华阳西路葛仙湖公园	原名葛仙庵，又名青元观，由葛玄、葛洪的故宅改建而成，曾有紫微、北极、三官、东岳四处道院。北宋皇祐二年重建，观主胡子真重建。其后历代修葺。20世纪70年代全部拆除，2002年易地重建于葛仙湖公元西北，茅山道院2004年落成。	现存	胡子真	《光绪句容县志》

续表

宫观名	创建年代	古址	今址	历史沿革	现存与否	代表人物	出处及影响
广济庙			镇江市句容市茅山积金峰	原为天圣观龙祠。南宋绍兴间赐额，三封神龙为敷泽广应利济侯。今古迹亦恢复，现位于元符宫道祖神像右侧。	现存		《茅山道教志》《茅山志》
玉晨观		江宁府句容县茅山雷平山之北		旧为许长史宅，南朝梁天监十三年上清派道士潘渊文建朱阳馆，陶弘景居此修道。唐太宗时为桐柏先生王轨建华阳观，玄宗天宝七年为李含光建紫阳观，北宋大中祥符元年敕名为玉晨观，毁于抗日战争。	无存	潘渊文、陶弘景、王轨、李含光、王贞素	《茅山道教志》《乾隆江南通志》《乾隆江宁府县志》《茅山志》
白云观	南宋绍兴	江宁府句容县茅山白云峰下		原名白云崇福观，亦名崇福观，华阳宫道士王景温退居结庐于此，南宋绍兴间诏即所居建观，康有为住白云观为其母守墓3年。	无存	王景温（号虚静真人）	《茅山道教志》《乾隆江南通志·江宁府》《茅山志》
德祐观	元延祐	江宁府句容县二茅峰顶		后荒废，清雍正、乾隆年间全真道士沈一清重建。	现存	沈一清	《茅山道教志》

续表

宫观名	创建年代	古址	今址	历史沿革	现存与否	代表人物	出处及影响
仁祐观	元延祐	江宁府句容县小茅峰顶		后渐废，清雍正、乾隆年间全真道士沈一清重建，2013年复建。	现存		《茅山道教志》《茅山志》
乾元观	南朝梁天监	江宁府句容县茅山大横山下	常州市金坛区茅山旅游度假区	茅山原五观之一。秦时李明真人于此修道，名炼丹院。梁天监中陶弘景创郁岡斋，唐天宝年间李玄静居此而得敕建栖真堂，北宋天圣三年建集虚庵，后敕名乾元观，有观妙先生碑，陶希颜、李彻度皆修炼于此。抗日战争期间兵毁。1993年复建。	现存	李彻度、陶弘景、李含光、朱自英、陶希言、曾重光、孙玉阳、阎晓峰、惠心白、朱易经	《乾隆江南通志·江宁府》《茅山道教志》《茅山志》
紫阳观		江宁府句容县大茅峰下崇禧宫左		方士王全交募资恢复，其师左熙熙修葺。	无存	左熙熙、王全交	《乾隆江南通志·江宁府》《江苏省通志稿·宗教》《乾隆句容县志》《茅山志》
太平观		江宁府句容县茅山侧		即陶隐居华阳馆，北宋元符中改太平观。	无存		《乾隆江南通志·江宁府》《茅山志》

续表

宫观名	创建年代	古址	今址	历史沿革	现存与否	代表人物	出处及影响
华阳观	唐宝历二年	江宁府句容县大茅山与崇寿观相近		梁昭明太子置道靖，名鸿禧院，又名福乡馆。唐宝历二年敕改建名鸿禧观，北宋治平中赐名鸿禧祖院，宣和时改赐华阳观。	无存	任真君	《茅山道教志》《嘉定镇江志》《乾隆句容县志》《茅山志》
华阳宫		江宁府句容县积金峰之西		为陶弘景之上馆。唐天宝七年明皇从玄静先生受上清经箓，度道士。后毁于兵。宋政和中，道正庄镇质重建。	无存	李含光、庄镇质	《茅山道教志》《茅山志》
栖真观		江宁府句容县大茅峰下邻华阳宫		即陶隐居中馆，俗呼子孙堂。此处别有曲林中馆。北宋宣和中赐额。	无存		《茅山道教志》《茅山志》
紫阳观		江宁府大茅峰西北丁公山之东		旧名洞云庵。元至元二十年，敕为观。	无存	王若宁	《茅山道教志》《茅山志》《乾隆句容县志》
崇元观	南宋绍兴末年	江宁府句容县茅山镇南冈		石元朴从杨蓁甲学道结庵于此，以医济人，元至元二年，奉玺书为观。	无存	杨蓁甲、石元朴	《茅山道教志》《茅山志》
吴墟庙		江宁府句容县崇元观之南			无存	陶弘景、王法主	《茅山道教志》《茅山志》

续表

宫观名	创建年代	古址	今址	历史沿革	现存与否	代表人物	出处及影响
白鹤庙	东汉永平二年	江宁府句容县二茅峰之西		东汉明帝永平二年敕建。	无存		《茅山志》
升元观	唐天宝七年	江宁府句容县中茅西		旧白鹤庙，司命真君专祠，亦称祠宇宫，唐天宝七年诏修祠宇，北宋政和八年改升元观，宋绍兴十四年，丹光发于鹤庙，奉皇后旨意重建，南宋建炎三年，为盗焚毁，绍兴十四年，道士茅宗白重建于故基之南。	无存	茅宗白	《茅山道教志》《茅山志》
凝神庵	南宋绍兴	江宁府句容县黑虎合，中茅小茅长阿之西，即白云观之地		南宋绍兴二十年，祠宇宫道士张椿龄所创。	无存	张椿龄	《茅山道教志》《茅山志》
清真观	北宋政和	江宁府句容县茅山大罗源凝神庵之西		又称鹤会庵。北宋政和中，道人吴德清结庵，徽宗赐清观额。	无存	吴德清	《茅山道教志》《茅山志》
下泊宫		江宁府句容县中茅峰大罗源西	句容市茅山镇西北方	唐贞观十一年重修立碑。	无存		《茅山道教志》《茅山志》《乾隆句容县志》

续表

宫观名	创建年代	古址	今址	历史沿革	现存与否	代表人物	出处及影响
抱元观		江宁府句容县柳济泉上、雷平池之地		北宋政和年间有姑苏陈希微先生学道居柳谷庵，后敕改抱元观，庆元间，王元纲重建。	无存	陈希微、王元纲	《茅山道教志》《茅山志》
古炼丹院		江宁府句容县大横山下		昔秦时李明真人于此合神丹而升玄洲，其地古名炼丹院。	无存		《茅山道教志》《茅山志》
燕洞宫		江宁府句容县良常山之东南燕洞口		女仙人钱妙道仙化于此洞，并有钱真人通经岩。梁邵陵王为记其碑遂失。唐天宝七年敕赐宫额。元祐甲辰，为野嫁所焚，迁立句容县。绍兴二十年，复建故基祠宇，在中茅西，与鹤庙邻。	无存	钱妙道	《茅山道教志》《茅山志》《至顺镇江志》
清微道院		江宁府句容县燕洞之处		道士丁合幽建。	无存	丁合幽	《茅山道教志》
五云观	北宋天圣	江宁府句容县华阳洞西五峰下		王钦若栖神之所，因赐观额。	无存		《茅山志》《乾隆江南通志·江宁府》
圣祐观	汉	江宁府句容县大茅山顶		创于汉，南宋淳祐中赐额，元延祐三年加封大君真应真君，明万历二十六年道士江应宣奉敕建醮，赐额为九霄宫。	无存	江应宣	《茅山志》《乾隆江南通志·江宁府》《乾隆句容县志》

附录　江苏道教宫观一览表

续表

宫观名	创建年代	古址	今址	历史沿革	现存与否	代表人物	出处及影响
三茅真君庙		江宁府句容县		《大元内传》称汉明帝永明二年，敕郡县修丹阳句曲真人之庙。山东及山西诸村并各造庙，大茅山西为吴埵庙，中茅后山下为述埵庙，元并废。	无存		《茅山志》
龙源道院	唐天宝	江宁府句容县治西南四十里上容乡玉渚村		明成化五年孔应玄建真武楼、三清殿、山门、文堂。	无存	汤应崇、孔应玄	《江苏省通志稿·宗教志》《乾隆句容县志》
灵宝院		江宁府句容县玉晨观		隐居昭真台故基，唐宗师孙智清、王栖霞重建。	无存	李含光、梁悟真、孙智清、王栖霞	《茅山志》
洞阳馆		江宁府句容县南洞华阳观之西		北宋政和间，延康殿学士汉之重创，供养高士沈子舟炼大药。	无存	虞慧聪、沈子舟	《茅山志》
玄洲精舍		江宁府句容县鹤台洞上		玉海蒋宗师所立，元至治二年，刘宗师清贞居，建外靖于紫轩仙人火解处。	无存	蒋玉海	《茅山志》
华阳道院	元至元	江宁府句容县积金山东		元大德间，牧斋王宗建。	无存		《茅山志》《乾隆句容县志》

续表

宫观名	创建年代	古址	今址	历史沿革	现存与否	代表人物	出处及影响
三茅道院	元大德	江宁府句容县茅山		元符道士姜大珪建。	无存	姜大珪	《茅山志》
崇真庵		江宁府句容县茅山拱辰谷		北宋熙宁间道士潘道坚、任祖师建，归并仁祐观。	无存	潘道坚	《茅山志》《乾隆句容县志》，另有正一庵、碧虚庵、凝云庵、柔和庵皆同。
苏州市地区共查到426座道观，尤具代表性者如下							
崇真宫	北宋政和八年	苏州府承天寺西	苏州市阊门内下塘街	北宋政和时始建，宣和中改神霄宫，南宗建炎中改崇真广福宫，明洪武初归并圆妙观，正统年间重建，万历二十三年住持唐宗范建玄天殿。	无存。改作学校	唐宗范、郑守仁	《苏州市志》《吴郡志》《乾隆江南通志·苏州府》《洪武苏州府志》《同治苏州府志》《宣统吴长元三县合志不分卷》
天后宫	北宋宣和	苏州府城中桥（天后桥）北端	苏州市西北街110号	俗称天妃宫。	无存。改作学校	秦琴鹤、秦纪塔、秦云鹤、秦学润	《苏州市志》
白鹤观	元	苏州府城东北隅鹤舞桥之东	苏州市白塔西路18号	初名报恩道院，道人张应元再修建改白鹤观，明洪武初归并玄妙观，后复分前后院，清乾隆十四年重修三门，咸丰十年毁。	无存	张应元、汤鹤鸣、席应真、周元真、郑守仁	《苏州市志》《江苏省通志稿·宗教志》《同治苏州府志》

续表

宫观名	创建年代	古址	今址	历史沿革	现存与否	代表人物	出处及影响
神仙庙	南宋淳熙	苏州府吴县皋桥东	苏州市姑苏区南浩街666号	初名岩天道院,元至大间赐额"福济观",又名吕祖庙,明成化间重建,至正末毁,嘉庆二十三年重修,清嘉庆十年毁,同治十年重建。原址在阊门内下塘街(府红桥西北),1998年移建于南浩街万人码头北段,额"神仙庙"。	现存	陆道坚、姚玄胜、周世德	《苏州市志》《乾隆江南通志》《江苏省通志稿宗教志》《苏州市志1986—2005》《同治苏州府志》《洪武苏州府志》
三茅观	南宋淳熙	苏州府吴县城西南隅中街路仁风坊	苏州市三茅观巷27号	道士倪玄素开山,元天历间赐额,至正末毁,明洪武初归并福济观,正统二年重建正殿,增创玄天阁,嘉靖末又毁,隆庆二年再修,范处恒重建,隆庆二年住持陈继贤,万历四十八年住持沈悟玄再修,清康熙九年建玉皇阁,再修大殿。	无存	俞心渊、倪玄素、袁静和、龚允清、范景液、葛仙岩、景用圭、钱守蕴、范处恒、陈继贤、沈悟玄、周世德	《苏州志》《洪武苏州府志》《正德姑苏志》《宣统吴长元三县合志》《同治苏州府志》

续表

宫观名	创建年代	古址	今址	历史沿革	现存与否	代表人物	出处及影响
澄虚观		苏州府永定寺西		北宋开禧初重建，唐曹珪使俊君宅，毁于清代。	无存		《苏州市志》《吴郡志》《洪武苏州府志》
清真观	元皇庆元年	苏州府玄妙观之东	苏州市清洲观前34号	又名清洲观。初名清真道院，元至正十三年赐额，明洪武初重建，宣德间增葺，清顺治间道士吕慇施药归并玄妙观，嘉靖同复修，重建山门，咸丰十年毁。观中，	无存。改作他用	黄孤山、潘雷鉴、陈正孚、程安道、冯本原、杨处静、吕慇、李湛然、张礼恭	《苏州市志》《乾隆江南通志》《江苏省通志稿·宗教志》《洪武苏州府志》《同治苏州府志》
春申君庙	唐		苏州市王洗马巷16号	此庙原在子城内西南隅，唐天宝十年重修，明洪武四年移建现址。咸丰十年又毁，同治五年称凤栖道院，19世纪20年代又重建。1990年重修，后宗教活动转移至玄妙观，2005年为道士居所。	现存		《苏州市志》
纯阳宫		苏州府		其邻伍子胥庙被并入。	无存		《苏州市志》

附录　江苏道教宫观一览表　847

续表

宫观名	创建年代	古址	今址	历史沿革	现存与否	代表人物	出处及影响
明离道院	三国吴	苏州府天库前	苏州市天库前16号	即天库前火神庙，清道光十九年重修。	无存		《苏州市志》《同治苏州府志》
江东庙			苏州市官军巷37号		无存		《苏州市志》
大猛将堂	北宋景定		苏州市宋仙洲巷4号	初名扬威侯祠，后改吉祥庵，俗称大猛将堂。乾隆八年苏州知府修，咸丰十年毁。光绪年间重修。	无存		《苏州市志》《苏州郊区志》载四处，《沧浪区志》载二处，一在司前街三多桥东侧，一在禾家塘6、7号。
让王王庙	南宋绍兴		苏州市干将路312号小学	俗称交让王庙。清同治七年顾文彬重建。1985年时庙为干将小学二院。1992—1994年干将路改造时拆除。1999年移建至城东文化中心小学内。	无存		《苏州市志》
胥水仙庙	南宋绍熙		苏州市盘门路388号学校		无存		《苏州市志》
大关帝庙	南宋淳熙		苏州市察院场		无存		《苏州市志》

续表

宫观名	创建年代	古址	今址	历史沿革	现存与否	代表人物	出处及影响
修真道院	南宋淳祐十年	苏州府庆历桥南	苏州市白塔东路60号	俗名修真观，道士季祖其建。	无存	季祖其、徐嗣洤、徐复行、张元泽、陆维思、石文献、沈宜生	《苏州市志》《洪武苏州府志》
清微道院	南宋端平	苏州城支家巷	苏州市东支家巷153号	明初归并福济观，永乐中募建，正统二年道士王嗣先建阁五楹奉三官神像，弘治十四年三年重修，天启五年道士马正心建北斗七星楼，清嘉庆中道士金道诚重修。	无存	王嗣先、马正心、金道诚	《苏州市志》《乾隆江南通志·苏州府》《同治苏州府志》《宣统吴长元县合志》

续表

宫观名	创建年代	古址	今址	历史沿革	现存与否	代表人物	出处及影响
佑圣观	元至正	苏州府吴县阊门南濠	苏州市佑圣观弄、石路新华书店一带	又名佑圣道院，元至正三年（1337）由道士杨道常创建，道纪玄素重建，后又毁。明洪武年间，道士金玄真复革。万历二十二年（1594）商人崔希龙等建龙王殿、关帝殿。清顺治十一年（1654）道士祖羽扬又建斗姆阁、三元阁。康熙六十一年（1722）失火，雍正三年（1752）道士许大锡募化重建玄帝殿。乾隆八年（1734）重修关帝殿，规模较大，香火极盛。	无存	杨道常、倪玄素、金玄真、祖羽扬、许天锡	《苏州市志》《宣统吴长元三县合志不分卷》
府城隍庙	明洪武初		苏州市景德路94号	唐天宝同长洲县西北有城隍神祠，元末毁，明洪武三年，于雍熙寺废基新建，庙基为三国东吴周瑜旧宅址。2002年重修。	现存		《苏州市志》《平江区志》
玉枢道院	清中叶	苏州府城隍庙西	苏州市景德路122号		无存		《苏州市志》《平江区志》《同治苏州府志》

续表

宫观名	创建年代	古址	今址	历史沿革	现存与否	代表人物	出处及影响
云机道院	清同治	苏州府南仓桥东	苏州市新学前甲辰巷		无存		《苏州市志》
羊王庙			苏州市羊王庙前民宅		无存		《苏州市志》
光孝观	南宋嘉定	苏州府南仓桥东			无存		《洪武苏州府志》
衍庆道院	南宋咸淳	苏州府李师堂桥南			无存		《洪武苏州府志》
成真道院	元元贞元年	苏州府吴县阊门外白莲桥西		即总管庙，清康熙二十三年道士曹茂元与里人顾致大等募建玉皇、雷祖、斗姥、文昌殿，真人张继宗题额成真道院。	无存		《宣统吴长元三县合志不分卷》
宁真道院	元元贞元年	苏州府周通桥北			无存		《洪武苏州府志》
玄明观	元皇庆	苏州府玄妙观西南			无存		《洪武苏州府志》
胥王庙		苏州府东山			现存		《吴县志》

续表

宫观名	创建年代	古址	今址	历史沿革	现存与否	代表人物	出处及影响
善成道院	唐武德元年		苏州市娄门官渎	亦称周康王庙，明天顺元年重建，清咸丰十年毁，光绪中重建。	无存		《平江区志》《乾隆江南通志·苏州府》
康王庙	唐		苏州市怡园里		无存		《平江志》
阴元和堂	北宋元丰元年		苏州市肖家巷48号	亦称"元和县城隍庙"，俗称"阴元和堂"。原有张明庙祠，后为土谷神张丁晋公祠，末元丰元年建。清雍正时设元和县，改为县城隍庙，祀城隍司。同治六年重建，内祀奉张武安君为城隍。	现存。改作他用		《平江区志》
玄坛庙	明嘉靖	苏州府齐门大宁桥（俗称齐门吊桥）	苏州市平江区	清咸丰十年毁，光绪元年重建。造齐门桥时全拆。	无存		《苏州市志》载四处，第一天门，一在营巷，北宋崇宁三年建，一在织里桥，一在阊门外义慈桥。
广惠庙	南宋庆元三年	苏州府雍熙寺东			无存		《平江志》

续表

宫观名	创建年代	古址	今址	历史沿革	现存与否	代表人物	出处及影响
眼目司庙	南宋咸淳三年	苏州府潘儒巷	苏州市园林路39~41号	又称眼目司堂，任敬子庙。宋嘉泰三年浙西提举任伯通重建，明宣德二年任伯通重建，康熙二十年重建，咸丰十年火毁，同治六年又重建。	无存		《平江区志》
施相公庙		苏州府施相公弄	苏州市观前街	清咸丰十年毁。	无存		《平江区志》
粮储司道庙		苏州府干将路松鹤板场		亦称粮储道城隍司庙，俗名总管堂。祀奉总管神金和。为粮道衙门香火。清咸丰十年庙毁，同治间重建。	无存		《平江区志》
崇福道院	元元统元年	苏州府娄门外		道士周守仁建。	无存	周守仁	《平江区志》《正德姑苏志》
财神庙	明初		苏州市范庄前2号	又名五路财神庙。	现存。		《平江区志》
蒋侯庙	明洪武		苏州市蒋庙前20号	清雍正四年，庙颓废，里人重修。咸丰八年后庙毁，后者重建。宣统二年火毁，后重建。	现存。改作他用。		《平江区志》

续表

宫观名	创建年代	古址	今址	历史沿革	现存与否	代表人物	出处及影响
春申君庙	明洪武四年		苏州市铁瓶巷12号		无存		《平江区志》
朱司徒庙	明洪武八年		苏州市官库巷38号后,江东庙左	清咸丰十年毁,约同治七年重建。	无存		《平江区志》
蛇王庙	明永乐	苏州府原娄门脚下,水城门以南		毒蛇墩,明末移建至此。凡捕蛙者,祭献不绝。清末民初,庙产归东北街关帝庙,由仰嵩和尚张德昌执管。	无存		《平江区志》《吴门表隐》
清真道院	明弘治	苏州府城中平江路		俗名杨山太堂,又名清源妙道神庙。	无存	陶福昌	《平江区志》
湖泾庙		苏州府齐门外石狮泾浜		祀晋朝虎头将军顾恺之。	无存		《平江区志》
关帝庙	清顺治元年		苏州市东北街14号	清末民初,由原护国禅院改建,仰嵩和尚张德昌继承,并设下院蛇王庙。	无存		《平江区志》载五处,一在官营28号,一在大郎桥西堍,一在娄门西街徐家场30号,一在齐门外洋泾塘岸。

续表

宫观名	创建年代	古址	今址	历史沿革	现存与否	代表人物	出处及影响
水仙庙	清康熙三十三年	官渎桥处	苏州市娄门路58号边门	又称柳仙堂、古柳仙庙、娄水仙庙。	无存		《平江区志》
灵迹司庙			苏州市东北街128号		现存。		《平江区志》
瑞九道院	清乾隆八年	苏州府财帛庙东		道士夏秉模建九皇阁、火神殿，太史缪日芑题额。	无存	夏秉模	《平江区志》《宣统吴长元三县合志志分卷》
李王庙		苏州府福济桥（俗称李王庙桥）	苏州市齐门外大街80号	清咸丰十年毁。同治六年重建于齐门外直街朝天河桥（俗称南马路桥）北。	无存		《平江区志》
上真宫	南朝梁大同四年	苏州府西洞庭龙头山西三里		旧额上真观，隐士叶道昌舍园宅建，北宋元丰、清乾隆五十年重修。	无存		《乾隆江南通志·苏州府》《吴郡志》《续吴郡志》《同治苏州府志》《嘉庆重修一统志》
天妃宫	北宋元祐	苏州府北寺东		元泰定四年海道都漕运万户府奉防敕建，明嘉靖二十二年又敕赐重建。	无存		《乾隆江南通志·苏州府》

续表

宫观名	创建年代	古址	今址	历史沿革	现存与否	代表人物	出处及影响
崇义院	南宋绍兴间	苏州府西北隅			无存		《乾隆江南通志·苏州府》
报忠院	南朝梁天监九年	苏州府西洞庭包山			无存		《乾隆江南通志·苏州府》
元和道院	南宋端平	苏州府治后		道士顾道坚建，元至正间废，明洪武间重建，归并福济观，正统五年、弘治年间重修，万历间增建桂香宇，崇祯二年白鹤观住持顾吴伯重修，清咸丰十年毁。	无存	顾道坚、陈洞章、顾吴伯	《乾隆江南通志·苏州府》《宣统吴长元三县合志》
高真道院	南宋嘉泰	苏州府织里桥南		明正统四年，清康熙三年修。	无存		《乾隆江南通志·苏州府》《同治苏州府志》
太初道院	南宋宝庆间	苏州府盘门内		道士颜守常建，民国十六年时已不见其名。	无存	颜守常	《乾隆江南通志·苏州府》《苏州市志》《宣统吴长元三县合志》
太微道院	元至正八年	苏州府阊门南城下		旧在吴县西北隅桃花坞，元至正八年道士李息安建，后移阊门南城下。	无存	李息安	《乾隆江南通志·苏州府》《宣统吴长元三县合志》

856　江苏道教文化史（下卷）

续表

宫观名	创建年代	古址	今址	历史沿革	现存与否	代表人物	出处及影响
富春道院	北宋治平年间	苏州府木渎镇		明万历二十五年，清道光十九年重修。	无存		《乾隆江南通志·苏州府》《江苏省通志稿》《同治苏州府志》
全真道院	南宋淳祐初	苏州府光福迂里村		明万历十二年重修，清康熙九年，道光十六年重修。	无存	黄清静、马良玉	《乾隆江南通志·苏州府》《吴门表隐》
灵应道院	宋	苏州府东洞庭之梁家巅		旧名高真堂，元季毁，明成化二年金陵道士吴松山拓建，王鏊有记，嘉靖四年移于本山之湖沙里，改名灵应道院，崇祯二年道士顾其愚募修。	无存	吴松山、顾其愚	《乾隆江南通志·苏州府》《宣统吴长元三县合志》
灵隐道院	南宋嘉定元年	苏州府乌鹊桥东南		合初阳开山，明崇祯十七年何如真重修，清雍正九年魏氲重修并建文昌殿，咸丰十年毁。	无存	合初阳、何如真、魏氲	《乾隆江南通志·苏州府》《同治苏州府志》《长洲县志》《正德姑苏志》
冲和道院		苏州府上十四都蠡口		宋何真人赐茔之侧，明洪武中赐造敕鹤林退修之所，清顺治初，朱道枢立玉森扁额，供奉文昌帝君。	无存	周鹤林	《乾隆江南通志·苏州府》《江苏省通志稿》《同治苏州府志》

续表

宫观名	创建年代	古址	今址	历史沿革	现存与否	代表人物	出处及影响
泰伯庙	东汉永兴二年	苏州府吴县阊门内东行半里余	苏州市金阊区阊门内下塘街250号	又名至德庙，奉祀古吴国始祖泰伯。东汉永兴二年郡守麋豹建于阊门外，五代后梁乾化四年吴越王钱镠为避兵乱徙于今所。北宋元祐七年，诏号至德庙。南宋建炎四年庙毁，乾道元年知府沈度鸠工重建，清咸丰十年又毁，同治六年重建。	现存		《金阊区志》《苏州市志》
温将军庙	南宋淳祐		苏州市金阊区通和坊12、14号	又名温天君庙。元代毁。明洪武初，道士韩靖虚重建。	无存		《金阊区志》
火神庙	明万历		苏州市金阊区景德路212号	明万历年间申时行出资建造。清康熙五十二年修，乾隆七年知府拓地扩建，咸丰十年毁，同治六年重建。	无存		《金阊区志》
周王庙	南宋		苏州市金阊区周王庙弄28号	全称周宣灵王庙。	无存		《金阊区志》
宝珠庵	清光绪		苏州市金阊区石塔头6号	又名邱真人道院。	无存		《金阊区志》

续表

宫观名	创建年代	古址	今址	历史沿革	现存与否	代表人物	出处及影响
关帝庙	明永乐		苏州市金阊区专诸巷太平莽西口	明永乐年间建，弘治中王震孟重修，天启中文震孟重修，清康熙五年道士张有恒募建。	无存	张有恒	《金阊区志》载三处，一在皋桥西堍吴趋坊口，一在阊门城楼上。
朝真观	南宋景定	苏州府阊门外义慈巷	苏州市金阊区义慈巷23号	南宋景定中道士沈道祥建，元代毁。明初洪武初归并福济观，正统十一年赐额朝真观，屡有重修扩建，曾有殿宇5048间，清统殷而又建。	无存	沈道祥、杜文瑞、吴允中、徐洞辉、倪朝庆、朱得吾、沈心庸、李　朴、施道渊	《金阊区志》《乾隆江南通志》《江苏省通志稿·宗教卷》《同治苏州府志·人物卷》《宣统吴长元三县合志》
东山庙	清		苏州市金阊区阊门外四摆渡	原有大殿、大堂、二堂和寝等，规模宏大。	无存		《金阊区志》《苏州郊区志》载另一在虎丘东山浜，即古短簿祠，祀晋司徒王珣。

续表

宫观名	创建年代	古址	今址	历史沿革	现存与否	代表人物	出处及影响
伍子胥庙	明万历十四年		苏州市沧浪区朱家园伍子胥弄	宋《平江图》碑载，盘门内瑞光寺塔附近有伍相公庙，始建于南朝刘宋元嘉三年，又名伍大夫庙。元末至正年间还曾立庙于胥门城上，后均废。明万历十四年裔孙伍袁萃重建于胥门内，清康熙五十六年裔孙伍大钧重修，咸丰十年毁，同治中重建。	无存	徐石林	《沧浪区志》《江苏省通志稿》《苏州市志·宗教志》
姜太公庙	明		苏州市沧浪区仓米巷大卫弄9号	初建于明，后毁。清康熙四十二年僧梧通重建于明苏州卫治内。现为民居。留存完整石碑一块，载明治革。	无存		《沧浪区志》
关帝庙	明洪武十二年		苏州市沧浪区饮马桥南堍	1952年改为民居。	无存		《沧浪区志》
张七公庙			苏州市沧浪区葑门外七公堂弄北首	又名七公堂。所祀是被封为东吴下乡土谷神和七公明王的西晋文学家张翰。	无存		《沧浪区志》

续表

宫观名	创建年代	古址	今址	历史沿革	现存与否	代表人物	出处及影响
羊太守庙	南朝宋		苏州市沧浪区银杏桥西、羊太傅庙东	奉祀南朝刘宋吴郡太守羊玄保。	无存		《沧浪区志》
水仙庙	南宋绍熙		苏州市沧浪区盘胥路北首泰让桥东南，临近胥江与外城河交汇处	清雍正十三年重建，咸丰十年毁，同治四年重建（《吴门表隐》），所祀为南宋平江知府陈汉，持奏福安说为陈冈。	无存	奚福安	《沧浪区志》
崔君庙	元至正		苏州市沧浪区枣市街1号	始称衍庆庵，明洪武年间毁，崇祯二年僧洞如重建。何时改为崔君庙，志书无载。	无存		《沧浪区志》
玄坛庙	明嘉靖十年		苏州市沧浪区司前街95号	俗称财神庙。	无存		《沧浪区志》
二郎神庙	南宋绍兴		苏州市沧浪区二郎巷	即清顺妙道真君庙，又名杨山太尉。	无存		《沧浪区志》
龙神庙	清雍正六年		苏州市沧浪区	又称福吴府衣龙神庙。同治十一年江苏巡抚张之万重修，并于其旁建太阴宫和凤神庙，为苏州附郭三县（吴、长洲、元和）统祀之所。	无存		《沧浪区志》

续表

宫观名	创建年代	古址	今址	历史沿革	现存与否	代表人物	出处及影响
五龙堂	唐贞元		苏州市沧浪区乌鹊桥东南	也称灵济庙。	无存		《沧浪区志》
灵济庙			苏州市阳山澄照寺畔	祀白龙神母，东晋隆安间建庙山巅，宋太平兴国中移山南曹巷，熙宁九年（1076年）又迁于此。建炎中僧觉明修，绍兴二十九年将雨应，赐今额。	无存		《苏州郊区志》
东岳庙			苏州市阳山支脉管山之麓	宋皇祐二年重建，南渡时毁于兵。淳熙元年重建，后屡有修建。	无存		《苏州郊区志》
花神庙	清乾隆四十九年		苏州市虎丘山寺东，试剑石左	一名罗浮别墅。	无存		《吴门表隐》《虎阜志》《苏州郊区志》载四处
茅司徒庙	清乾隆		苏州市浒墅关城隍庙西北	祀汉司徒茅兰，俗称六和庙。	无存		《苏州郊区志》
周孝侯庙			苏州市浒墅关北津桥弄口	俗称周将军庙，祀晋御史丞平西将军周处，里中奉为武丘乡土地神。	无存		《苏州郊区志》

续表

宫观名	创建年代	古址	今址	历史沿革	现存与否	代表人物	出处及影响
曲逆侯庙	五代吴越		苏州市浒墅关通庄之西	祀汉丞相曲逆侯陈平，俗称为武丘乡土地神，习称陈相公庙。	无存		《苏州郊区志》
修和观	唐	苏州府盘门外五里		唐进士毕诚舍宅建，钱吴神德庆启运九年赐额太和宫，北宋绍和中改赐修和观，南宋绍兴间，道士朱至仁复建，明洪武初归并玄妙观，后颓废。	无存	吴元芝、戴省甄、戴玄、朱至仁	《乾隆江南通志·苏州府》《吴郡志》《同治苏州府志》《宣统吴长元三县合志》
丹霞观	唐	苏州府吴山东麓		旧名朝天道院，唐道士陆யர建，元至大同道士叶微生重建，明初毁，道士郭鹤坡重修，清顺治初重建，俗称三仙院。	无存	陆应祥、郭鹤坡、郑秉忠、周宏教	《乾隆江南通志·苏州府》《同治苏州府志》
希夷观	南宋绍兴十三年	苏州府灵岩山下		咸安郡王韩世忠建，明初归并玄妙观。	无存		《乾隆江南通志·苏州府》《续吴郡志》
太微律院	明万历	苏州府二都六图浒墅关南		旧为文昌殿，明万历中里人张宏德捐建，清康熙二十二年黄荽奔儒学道于此，礼部员外郎黄懋捐资重建，改题太微律院，乾隆五十三年重修。又有下院在阳山之北秦余山漆字圩。	无存	黄荽、黄复成	《乾隆江南通志·苏州府》《江苏省通志稿·宗教》《同治苏州府志》，《吴门表隐》录为文昌宫。

附录 江苏道教宫观一览表

续表

宫观名	创建年代	古址	今址	历史沿革	现存与否	代表人物	出处及影响
张鲁二仙师庙		苏州府小黄山顶		外有十二花神殿，水木工同业奉香火。	无存		《吴门表隐》
药王庙	清康熙十三年	苏州府南濠卢家巷字圩		药材同业奉香火。	无存		《吴门表隐》
元坛庙	北宋崇宁	苏州府官巷中		祀赵朗，亦作赵公明，又云蜀青城山神。	无存		《吴门表隐》
花神庙		苏州府管山			无存		《吴门表隐》载二处，一在清真观侧，一在定慧寺西。
西升观	南朝梁大同四年	苏州府吴县洞庭西山圻村大龙山北麓		隋大业六年废，唐至德二年重建，后废。	无存		《同治苏州府志》
元极宫	明宣德	苏州府吴县洞庭东山灵祐庙东		明嘉靖间废，万历间重修。	无存	曹雷溪	《同治苏州府志》《宣统吴长元三县合志》《乾隆吴县志》《大湖备考》
守中堂	清顺治	苏州府吴县雍熙思南		道士李朴建。	无存	李朴	《宣统长元三县志》

864　江苏道教文化史（下卷）

续表

宫观名	创建年代	古址	今址	历史沿革	现存与否	代表人物	出处及影响
桦庵	清顺治	苏州府吴县灵岩山塘南		道人吕愆筑室于此。	无存	吕愆	《宣统吴长元三县合志》
仙坛观	唐至德二年	苏州府吴县洞庭西山毛公坛侧		相传西汉平帝时建，初名洞真宫，北宋宣和间改仙坛观，即毛公福地，毛公坛所在之处。	无存		《乾隆江南通志》《苏州府》《嘉靖南畿志》《同治苏州府志》《宣统吴长元三县合志》《乾隆吴县志》
葛洪祠	清康熙五十年	苏州府洞庭西山葛家坞			无存		《江苏省通志稿·宗教志》
上圣观	元至元	苏州府吴县阊门外南濠	苏州市金阊区广济路187号	旧名祐圣山居，清康熙六十一年毁于火，雍正初重建并赐额上圣观。	无存	杨道常、施南音	《金阊区志》《江苏省通志稿·宗教志》《同治苏州府志》
中和道院	明洪武初	苏州府吴县武状元坊府城隍庙西偏		清乾隆中道士袁守中重修。	无存	袁守中	《苏州市志》《江苏省通志稿》《宣统吴长元三县合志》
斗姥宫	清乾隆三年	苏州府吴县财帛司庙东北			无存		《宣统吴长元三县合志》
元和山居	明天顺十年	苏州府吴县阊门外		道士袁德良建。	无存	袁德良	《正德姑苏志》

附录　江苏道教宫观一览表　865

续表

宫观名	创建年代	古址	今址	历史沿革	现存与否	代表人物	出处及影响
龙井庄道院	元至元	苏州府吴县葑门塘上		邓道极创建，明洪武二十五年重修。	无存	邓道极	《正德姑苏志》
崇玄道院	元至正	苏州府吴县阊门外		道士张崇谞建。	无存	张崇谞	《正德姑苏志》
轩辕宫	唐贞观二年	苏州府吴县东洞庭杨家湾	苏州市东山镇杨湾村翁家湾山麓	古称胥王庙。明代起，先后改称显灵庙。元末残废，明初重建，明顺治中重修，清顺治中重修，正殿嘉靖改祀东岳大帝，民国时期，正殿改祀东岳大帝，殿名改为"轩辕宫"。	现存		《乾隆江南通志·苏州府》《嘉靖重修一统志》《同治苏州府志》
太乙宫	北宋太平兴国	苏州府长洲县报恩寺侧	苏州市报恩寺东侧	亦作太一宫，后建太一宫于汴京之南，而姑苏之宫遂废。	无存		《平江区志》《同治苏州府志》《吴郡志》《续吴郡志》
先机道院	北宋元丰元年	苏州府长洲县祥符寺巷	苏州市祥符寺巷34号	又称轩辕宫，云锦公所，机圣庙。明万历元年里绅章焕重建。清乾隆三十七年里人孙辅成等重建。乾隆五十七年再建。咸丰十年毁。同治元年住持李兹基遂次募建。	现存	李兹基	《平江区志》《江苏省通志稿·宗教志》《苏州市志》《同治苏州府志》
城隍庙	明万历二十三年	苏州府长洲县雍熙寺弄	苏州市府城隍庙照墙内左侧	一称邑庙。	现存。		《苏州郊区志》，元和县城隍庙在今下塘年广桥北。

续表

宫观名	创建年代	古址	今址	历史沿革	现存与否	代表人物	出处及影响
灵应观	南宋咸淳二年	苏州府长洲县东北五十里相城		南宋咸淳二年赵志清奉敕建，初为道院，元延祐间重建，额为玄观，明洪武初归并玄妙观，隆庆二年重建，天启三年重修，清康熙十七年增建集元堂，二十四年建文昌阁。	无存	赵志清、席应珍、周鹤林、金囊宇、赵玄科	《乾隆江南通志·苏州府》《同治苏州府志》
崇寿观	元至正	苏州府长洲县阊孛三图		明洪武初毁，天顺初里人管宗德以所居为道观，复其旧额，天启中圮，崇祯六年道士毛逸风重建。	无存		《同治苏州府志》
端威道院	南宋淳祐元年	苏州府长洲县王府基		即东天堂，明初并玄妙观，清咸丰十年毁。	无存	龙原清	《同治苏州府志》
卫道观	南宋景定	苏州府元和县东北隅	苏州市卫道观前16号	元初，蜀人邓道枢游吴中，得上官氏废园扩建，名会道观。明洪武初，归并玄妙观，弘治中重建（又说为弘治二十年吴世良巡按舒订）重修，易名为卫道观。	现存。改作他用	邓道枢、周弘教、孔游之、钱廷祯、钱绥之、张复亨、张宏任、周世德	《苏州市志》《同治苏州府志》

续表

宫观名	创建年代	古址	今址	历史沿革	现存与否	代表人物	出处及影响
修真观	南宋淳祐	苏州府元和县城东北隅平江路桥南	苏州市平江路270号	即修真道院。道士李祖真建，明嘉靖中道士石文献拓址修建，明历初归并玄妙观。	无存	李祖真	《苏州市志》《同治苏州府志》
回真观	南宋咸淳二年	苏州府元和县城东北悬桥巷	苏州市悬桥巷44号	又称回真道院。沈道祥建，奉吕祖像（吕祖自称回道人），明隆庆、天启间相继重修，清顺治六年道士郑秉建三元阁，康熙十三年道士周中重建大殿，弘教建天倪堂，乾隆四十八年重修，道光间建关帝殿，同治六年重修，内设安仁义殿。	无存。改作他用	沈道祥、宋道隆、郑秉中、周弘教、李允升	《苏州市志》《乾隆江南通志·苏州府》《同治苏州府志》
圆通道院	明弘治	苏州府元和县胡相思巷南		一名太尉堂，清嘉庆十六年重修。	无存		《苏州市志》《同治苏州府志》
老君堂	明万历四十三年	苏州府元和县利字三图北禅寺右	苏州市百家巷8号工厂	又称太极庙。	无存		《苏州市志》《江苏省通志稿·崇教志》《同治苏州府志》《平江区志》
通明道院	北宋大中祥符	苏州府元和县甪直镇之西张滙中		明崇祯中重修，清嘉庆二十二年道士马晋贤重修。	无存	马晋贤	《乾隆江南通志·苏州府》《江苏省通志稿·崇教志》《同治苏州府志》

续表

宫观名	创建年代	古址	今址	历史沿革	现存与否	代表人物	出处及影响
通神道院	元天历三年	苏州府元和县陈墓镇		一名通神庵，道士陈澄建，何襄衣真人下院，为观，正统间重建，明初归并入玄妙李天木重修，乾隆三十二年为大风所毁，嘉庆五年重建。	无存	陈师澄、顾永和、周百川、李天木	《乾隆江南通志·苏州府》《同治苏州府志》《正德姑苏志》
花神庙			苏州市姑苏区虎丘茶花村定园内		现存		《吴门表隐》
长泾庙			苏州市姑苏区长青镇南		现存		
安齐王庙	明洪熙元年		苏州市姑苏区东汇路68号	又称安庙，清同治中重建。为外安齐王庙原址，2003年大殿向东移建50米，戏楼移建至山塘街。	现存		《苏州市志》《平江区志》

附录 江苏道教宫观一览表

续表

宫观名	创建年代	古址	今址	历史沿革	现存与否	代表人物	出处及影响
玄妙观	西晋咸宁二年	苏州府城真庆坊北	苏州市姑苏区观前街94号	初名真庆道院，东晋泰宁二年重修，改名为上真道院，唐开元二年扩建，赐名开元宫，北宋至道二年改名玉清道观，大中祥符五年敕改天庆观，元至正元年始名玄妙观，至正末年大部分毁于火，明洪武四年重建，成化二十三年重修，清代为避康熙帝讳，一度改"玄"为"元"或"圆"，康熙五年重建，道光六年重建。1912年复称玄妙观。	现存	丁紫琼、李志升、施道渊、陈全莹、胡安合、韩执中、姚宗源、张日新、张鹤峰、程炳元、张善渊、步宗浩、金善信、李湛然	《乾隆江南通志》《江苏省志·宗教志》《吴门表隐》《洪武苏州府志》《续吴郡志》《苏州市志》《同治苏州府志》
春申君庙			苏州市相城区黄埭镇胡桥村（7）部家湾300号		现存		

续表

宫观名	创建年代	古址	今址	历史沿革	现存与否	代表人物	出处及影响
悟真道院		苏州府长洲县齐门外	苏州市相城区元和街道悟真路999号	俗称何金庵，宋何蓑衣真人退修之所，有墓塔在院东。明洪武初叶道元修，天顺六年毁于火，道士童守初重建。崇祯初又重修，清康熙间道士田洪科募建真武殿、玉皇阁。	现存	何蓑衣、何尚志、叶道元、童守初、田洪科	《苏州市志》《乾隆江南通志·苏州府》《同治苏州府志》
灵祐观	唐乾封二年	苏州府西洞庭林屋洞旁	苏州市吴中区金庭镇林屋洞景区	即神景宫，唐元和四年道士周隐遥重修，北宋大禧五年重建赐额，清乾隆间改灵祐观。	现存	周隐遥	《乾隆江南通志·苏州府》《洪武苏州府志》《吴县志》《吴郡图经续记》
上真观	东汉初平	苏州府吴县穹隆山三茅峰	苏州市吴中区穹隆山风景管理区	相传汉初平中建为道院，祀三茅真君，岁久倾颓，兴废莫考，惟峰顶断碑依稀见"上清司命三茅真君"字及宋延祐年号而已。北宋天禧年间重建，元毁。清顺治七年朝真观额上真观，元朝道士施道渊兴建，十五年赐额上真观，咸丰十年兵毁，同治中重建，民国早期仍为"江南第一观"，1994年后陆续重建。	现存	施道渊	《乾隆江南通志》《苏州市志1986—2005》《同治苏州府志》《宣统吴长元三县合志》

附录　江苏道教宫观一览表

续表

宫观名	创建年代	古址	今址	历史沿革	现存与否	代表人物	出处及影响
东岳庙	南宋		苏州市吴中区临湖镇浦庄	历经元、明、清，于清康熙十三年重修，建有圣帝殿、三官殿、城隍殿、阎王殿等。	无存		
城隍山道院	南宋淳熙		苏州市吴中区越溪街道张桥村	民国初毁，2003年复建开放，为吴中区道教协会驻地。	现存		《苏州市志1986—2005》
小茅山道院			苏州高新区东渚镇诸桥路228号	1946年大部分焚毁，仅存山门亦毁于20世纪70年代，2000年重建。	现存		《苏州市志1986—2005》
玉皇宫			苏州市苏州工业园区淞江路2号		现存		
高垫庙			苏州市苏州工业园区星湖街江溪公园内	一名崧泽道院。	现存		
月华道院	北宋熙宁五年	苏州府昆山县卜山下	苏州市昆山市城区卜山	一名玉虚道院，道士陈正真建。	无存	陈正真	《昆山县志》《万历重修昆山县志》《同治苏州府志》
东岳庙	南宋乾道九年	苏州府昆山县张浦镇			现存		

续表

宫观名	创建年代	古址	今址	历史沿革	现存与否	代表人物	出处及影响
清真观	南宋乾道七年	苏州府昆山县会仙桥东		即宋放生池，初名真武道院，南宋乾道七年道士瞿守真移常熟县清真观创立武真殿，淳熙元年大德间毁，延祐间复额改置。明洪武二十四年清理道教，延祐间复建，为正一丛林，永乐、宣德间重修，清乾隆五十一年、道光二年重修，咸丰十年毁，同治中道士杜汝元重建。	无存	瞿守真、孙鼎、徐允臧、张宗源、杨宗晟、杜汝元	《昆山县志》《嘉靖昆山县志》《江苏省通志稿·宗教志》《同治苏州府志》《嘉靖南畿志》《正德姑苏志》《万历重修昆山县志》
灵祐道院	元至元三年	苏州府昆山县南五里			无存		《昆山县志》《嘉靖昆山县志》《万历重修昆山县志》
广福道院	南宋乾道八年	苏州府昆山县西南			无存		《昆山县志》《嘉靖昆山县志》《万历重修昆山县志》
修真道院	元至元九年	苏州府昆山县泗桥镇			无存	钱日升	《昆山县志》《万历重修昆山县志》

续表

宫观名	创建年代	古址	今址	历史沿革	现存与否	代表人物	出处及影响
鹿城道院		苏州府昆山县社稷坛东		成化年间道会陈永中退居之所。	无存	陈永中	《嘉靖昆山县志》《嘉靖昆山县志》
玉山道院	明天顺	苏州府昆山县城隍庙左、右即清真观		在城隍庙左右各一房，即真观。分派崇奉香火。清康熙四十年道士赵九仪重建，咸丰十年毁。	无存	黄信和	《嘉靖昆山县志》《万历重修昆山县志》《同治苏州府志》
迎真道院	明成化二年	苏州府昆山县吴淞江南唐村		明成化二年道士刘应玄建。	无存	刘应玄	《嘉靖昆山县志》
新阳城隍庙		苏州府新阳县	苏州市昆山市		无存	周钰	《江苏省通志稿·宗教志》
东岳庙			苏州市昆山市陆家镇车塘村		现存		《昆山市志1981—2010》
黄大守观音堂			苏州市昆山市陆杨		现存		《昆山市志1981—2010》
洞明道院	元至元元年	苏州府昆山县淀川乡第七保			无存		《万历重修昆山县志》
沥渎龙王庙	元大德	苏州府昆山县夏驾浦口		明天顺二年修葺。	无存		《万历重修昆山县志》

续表

宫观名	创建年代	古址	今址	历史沿革	现存与否	代表人物	出处及影响
玄元道院	元至正十一年	苏州府昆山县十三保			无存	周道甫	《万历重修昆山县志》
三茅观	明万历	苏州府昆山县歇马桥镇		相传为陆姓家庵，毁于太平天国运动，清光绪十一年重修。	无存		《民国昆新两县续补合志》
关帝阁		苏州府昆山县正义镇盛安桥左		清康熙中重修，光绪初年重建。	无存		《民国昆新两县续补合志》
文星阁	清光绪五年	苏州府昆山县巴城镇南湖中		亦名文昌阁、魁星阁、奎星阁	无存		《民国昆新两县续补合志》载两处，另一在甪里姚家巷东，清乾隆建。文昌阁毁马桥镇，清道光时坍毁。魁星阁在眼篆禅院东首，明代建。奎星阁在落霞浜朱玉祥宅，皆不存。
斗姥阁	清道光九年	苏州府昆山县巴城崇宁寺两		清光绪四年改名养心坛，创设保婴乐善两局，光绪九年改为学校。	无存		《民国昆新两县续补合志》

续表

宫观名	创建年代	古址	今址	历史沿革	现存与否	代表人物	出处及影响
三元宫	明崇祯	苏州府昆山县正义镇盛老新桥东		明崇祯间，里人魏铭、性杲等募建，新发僧全道，清康熙中僧立茂募修，道光三十年僧捐改建，咸丰十年毁，同治间再建。	无存		《民国昆新两县续补合志》
玉皇殿		苏州府昆山县虹泽村南港西		清道光二十八年重建。	无存		《民国昆新两县续补合志》载二处，另一在鹏区四富陶仁村，皆不存。
真武殿		苏州府昆山县马鞍山东岩		旧为慧聚寺僧舍，明万历中张道人募建，清顺治中重建，叶重华题"太和分胜"额，乾隆六十年重修。	无存		《同治苏州府志》
真如观	南宋庆元	苏州府昆山县南四十里石浦镇		明洪武初旧并清真观，永乐十四年重建，弘治三年创三贤祠于内，清咸丰十年兵毁。	无存		《乾隆江南通志·苏州府》《万历重修昆山县志》《民国昆新两县续补合志》《同治苏州府志》
莲池院		苏州府昆山县西南五十里陈墓村		南宋嘉泰中孝宗妃陈氏葬此，因建有莲池八景。	无存		《乾隆江南通志·苏州府》

续表

宫观名	创建年代	古址	今址	历史沿革	现存与否	代表人物	出处及影响
西乾道院	清顺治	苏州府昆山县马鞍山阴		清顺治中邑人为辟谷道人吕悫建。	无存	吕悫、周拱璐	《乾隆江南通志·苏州府》《江苏省通志稿·宗教志》
元白道院	清	苏州府昆山县甪直镇姚家巷东			无存	李朴	《江苏省通志稿·宗教志》
秦柱道院	清顺治	苏州府昆山县秦柱山阳		本延福寺禅堂旧址，清同治二年毁，六年重建。	无存		《江苏省通志稿·宗教志》《同治苏州府志》
高真堂	南宋嘉定五年	苏州府新阳县富春桥北		明永乐八年重建，彦辉修，弘治初改祀安节先生卫泾，名曰富春书院，后移祠于学西，仍复高真堂旧额。	无存	黄彦辉	《同治苏州府志》
福济道院		苏州府新阳县望山桥东时家园故址		清康熙十年建，移马鞍山南飞云阁额于此。	无存		《同治苏州府志》
灵应普照观	南宋嘉定	苏州府新阳县东北一里	苏州市昆山市	明洪武初归并真观。	无存		《昆山县志》《万历重修昆山县志》《同治苏州府志》

续表

宫观名	创建年代	古址	今址	历史沿革	现存与否	代表人物	出处及影响
三墩庙	南宋庆元五年	苏州府昆山县五保	苏州市昆山市俱进路与横贯泾路交叉口	明永乐二十二年重修，嘉靖六年重建。	现存	张仲威	《万历重修昆山县志》
溶虚道院	北宋元祐	苏州府元和县周庄镇南二十六都	苏州市昆山市周庄镇南中市街	明嘉靖间里人王璧道士胡天羽建仪门，清康熙二十五年道士胡天羽扩建玉皇阁，康熙三十年建文昌阁，乾隆十六年建圣帝阁。	现存	沈道明、胡天羽、蒋南纪、李良翰、郭兑修	《周庄镇志》《同治苏州府志》
崇恩观		苏州府新阳县东南车塘里	苏州市昆山市陆家镇西岳路48号	宋范良遂舍宅建，清嘉庆间重修，咸丰十年毁。	现存		《同治苏州府志》
东岳庙			苏州市昆山市巴城镇石牌街道中华路8号		现存		
白塔龙王庙	明万历九年		苏州市昆山市周市镇春阳路638号	原址在青阳港与娄江交汇处，2002年于原址北移500米到春晖路重建。	现存		《昆山市志1981—2010》

续表

宫观名	创建年代	古址	今址	历史沿革	现存与否	代表人物	出处及影响
城隍庙	明弘治十年	太仓州樊村泾东		旧在太仓卫治南十余步，明弘治十年即东岳庙改建，崇祯六年重建，清康熙五十三年正殿九年重建。雍正九年重建，咸丰年间又毁，仅存正殿，同治八年别建庙在小北门外三里，俗称三里庙，亦毁，同治八年重建。太仓州、镇洋县合祀。	无存	孙可成	《江苏省通志稿·宗教志》《宣统太仓州镇洋县志》
灵隐道院	元大德三年	苏州府太仓县城南		俗称南道院。	无存		《太仓县志》
三官殿	元至顺六年	苏州府太仓县陈门桥西南			无存	钱可昇	《太仓县志》
大微道院	清康熙元年	苏州府太仓镇洋县西门外		清康熙二十七年修。	无存	张翔	《太仓县志》《江苏省通志稿·宗教志》
延真道院	北宋淳化年间	苏州府太仓沙溪乡沙北村		通称北道院。北宋淳化年间建于涂松，后遭火毁。元至正元年，道士王伦重建于沙头之北。	无存	王士伦	《太仓县志》

附录　江苏道教宫观一览表　879

续表

宫观名	创建年代	古址	今址	历史沿革	现存与否	代表人物	出处及影响
三清殿		苏州府太仓州时思乡庵弄村			无存。改作学校		《太仓县志》
玉皇殿	清乾隆	苏州府太仓州归庄乡帆山村笀山顶部			无存		《太仓县志》
文昌殿	清康熙四十二年		苏州市太仓市璜泾镇	清康熙四十二年，赵籍仙建文昌祠，后称斗姥宫。清乾隆十七年，改称逸修道院。嘉庆六年，知州宋楚望奉旨在院前建文昌庙，又称文昌宫。	无存。改作学校	赵籍仙	《太仓县志》
延禧万寿观	元延祐五年	苏州府太仓州东北沙头镇登津桥北			无存		《太仓县志》《乾隆江南通志》《康熙常熟县志》
文昌道院	明宣德七年	苏州府太仓州城儒学东		即梓潼庙。	无存		《太仓县志》
崇明观	元至大	苏州府昆山县太仓			现存		《洪武苏州府志》

续表

宫观名	创建年代	古址	今址	历史沿革	现存与否	代表人物	出处及影响
佑圣道院	元至元十四年	苏州府太仓州城旱泾桥北		道士蔡贯一建。	无存	蔡贯一	《正德姑苏志》
奉真道院	元至元二年	苏州府太仓州大西门外		里人马道文建。	无存		《正德姑苏志》
长生道院	元至元二年	苏州府太仓州城南隅		道士王可道建。	无存	王可道	《正德姑苏志》
真一道院	元至正十年	苏州府太仓州登瀛桥北		道士朱眉山建。	无存	朱眉山	《正德姑苏志》
总管庙	元	苏州府太仓州治东		薛道纯创建，俗呼薛家总管堂。清乾隆四十年募修，别有庙在大南门外。	无存	薛道纯	《宣统太仓州镇洋志》
天妃宫	元至元二十三年	苏州府太仓州城周泾桥北	苏州市太仓市浏河镇老闸路11号	旧名"天妃灵慈宫"，元至正二年重建，曾归并昆山清真观，后径录太仓州。明永乐年间，郑和从刘家港下西洋时扩建，大殿及通番事迹碑毁于兵火。解放后改作粮库，1985年改为郑和纪念馆，1992年重新开放。	现存		《正德姑苏志》、《江苏省志·宗教志》

续表

宫观名	创建年代	古址	今址	历史沿革	现存与否	代表人物	出处及影响
五岳庙			苏州市太仓市璜泾镇玄岳南路1号	又称东岳行宫，1995年恢复开放，1996年横泾境内的猛将堂、夫帝庙、城隍庙、西塔庙、玄坛庙等13座小庙先后迁入五岳庙。	现存		《至正琴川志》
玉皇阁	元至元二十二年	苏州府太仓州北双凤镇	苏州市太仓市双凤镇凤林路25号	旧称普福宫，亦称玉芝阁，玉芝祠，元至元二十二年周静清建，初名普福道院，大玄元普福宫，延祐四年赐敕封普福宫，明崇祯同玉皇阁纪，僧大通复建阁左，增立玉芝神院，1951年改建为粮库，1992年恢复开放。	现存	周静清、席应真、周元真	《江苏省志·宗教志》《太仓市志1986—2005》《正德姑苏志》《大仓县志》《洪武苏州府志》《宣统太仓州镇洋县志》
全真道院	元至大二年	苏州府吴江县黎里镇	苏州市吴江区黎里六瘦桥东	一名东岳庙，俗称大庙。道士何惟一建，元末毁于兵，明崇祯十年重建，清康熙十一年重修。	无存	何惟一	《吴江县志》《同治苏州府志》《弘治吴江志》

续表

宫观名	创建年代	古址	今址	历史沿革	现存与否	代表人物	出处及影响
洞真宫	南宋淳熙二年	苏州府吴江县二十一都程林村	苏州市吴江区盛泽生字圩程林村	南宋淳祐十二年赐名希观，元至元七年赐名玉清洞真观，道士黄守一增建玉皇殿，明洪武初归并衍庆昭灵观，洪武十七年道会朱守默重建，宣德初住持蔡真静重建，万历初重修，清康熙二十六年、清乾隆五十四年重建，乾隆四年建弥罗阁。	无存	陈守真、仲文筠、黄守一、朱守默、蔡真静	《吴江县志》《弘治吴江志》《同治苏州府志》《乾隆吴江县志》《正德姑苏志》《乾隆江南通志·苏州府》
东岳庙	万历四十四年		苏州市吴江区平望镇莺脰湖东北岸	又称小九华寺，近代名僧太虚法师出家地，1998 年重建。	现存	太虚法师	《吴江县志》《吴江市志1986—2005》
仁济道院	南宋淳熙七年	苏州府吴江县同里镇	吴江区同里镇上元街	俗称南观。明永乐九年道士愈嗣宗重建，天顺八年倪守真又修。	现存。县级文物保护单位	愈嗣宗、倪守真	《吴江县志》《江苏省通志稿·宗教志》《弘治吴江志》
福德道院	元至正四年	苏州府吴江县二十三都西上沈村		明宣德四年重建，景泰七年重修。	无存	余悟真、戴克真	《弘治吴江志》

附录　江苏道教宫观一览表

续表

宫观名	创建年代	古址	今址	历史沿革	现存与否	代表人物	出处及影响
明真道院	元至正二年	苏州府吴江县二十三都西洪里		里人沈玉渊建。	无存		《弘治吴江志》《正德姑苏志》
纯阳道院	南宋淳熙二年	苏州府吴江县江南长桥侧		亦称二天门，南宋道士李子山建，明正统九年道士沈洞云重修，清顺治四年施道渊命其徒晏守安建真武殿、纯阳阁，康熙二十五年重修，雍正九年重修山门，咸丰十年毁。	无存	李子山、沈洞云、晏守安	《弘治吴江志》《同治苏州府志》
崇真观	元至大三年	苏州府吴江县治东北隅		初为崇黄道院，里人沈真静舍宅建，明洪武初归并符庆昭灵观，弘治十一年、正统十三年、嘉靖二十七年重修，万历四十四年火，次年重修为观，清康熙中重建方丈，咸丰十年毁。	无存	沈真静、杨茂林	《弘治吴江志》《同治苏州府志》
朔灵道院	元皇庆二年	苏州府吴江县同里镇		明正统元年重建，天顺三年又建雷尊殿。	无存	金志坚	《弘治吴江志》
圆明道院	明洪武	苏州府吴江县二十七都屯村			无存	费本和	《弘治吴江志》
紫霄宫		苏州府吴江县三都八斥		即真武庙，清初修葺，康熙十九年重建，五十八年重建，咸丰十年毁。	无存		《同治苏州府志》

续表

宫观名	创建年代	古址	今址	历史沿革	现存与否	代表人物	出处及影响
仙源道院	元至正十三年	苏州府吴江县城中仙里桥之南		旧名灵真道院，明永乐十三年重建，后更名仙源道院，清咸丰十年毁。	无存		《同治苏州府志》
乐真观	元至大三年	苏州府吴江县东北隅			无存		《乾隆江南通志·苏州府》
瑞云观	元至元二十九年	苏州府吴江县二十七都韩墅村		郡人陆志宁始建为庵，元大德九年斥为观，易观额，泰定三年观始成，明洪武初归并衍庆昭灵观，后废。	无存		《乾隆江南通志·苏州府》《弘治吴江志》《正德姑苏志》
灵真道院	元至正十三年	苏州府吴江县仙里桥南		明永乐十四年重建。	无存		《乾隆江南通志·苏州府》《弘治吴江志》
崇福道院	南宋淳熙二年	苏州府吴江县南六保长桥		即圆坛庙。	无存		《乾隆江南通志·苏州府》
雷尊殿	元至正	苏州府吴江县治东北后河南东岳庙正殿之左		后圮，清顺治中道士马之傛募修，康熙六十年再修。	无存		《乾隆吴江县志》

续表

宫观名	创建年代	古址	今址	历史沿革	现存与否	代表人物	出处及影响
衍庆昭灵观/褉湖道院	唐先天二年	苏州府吴江县东北隅后河南	苏州市吴江区汾湖高新区黎里镇西新街伏虎洞35号	即衍庆昭灵观（昭灵庙）。唐先天二年敕建名曹王庙（昭灵侯庙），明大德三年嗣天师奏改今额，元大德三年诏正城隍称号，丁是移去神像，更建城隍庙，观额仍旧，归并道观两座，道院六座，洪武中毁，永乐中重建。	现存	胡若拙、赵宗源、赵一清、李本清	《吴江县志》《乾隆江南通志·苏州府》《正德苏志》《乾隆吴江县志》
玉隆道院	南宋建炎元年	苏州府震泽县四都芜浦村		里人许茅官人道，舍宅为院，明洪武十八年，道士吴惟一重建，后归并衍庆昭灵观，清咸丰十年毁。	无存	吴惟一	《乾隆震泽县志》《同治苏州府志》
洞真观	南宋德祐元年	苏州府震泽县七都半泽村		里人谢长卿舍地建	无存		《乾隆震泽县志》《弘治吴江志》《同治苏州府志》
奉真道院	元至大二年	苏州府震泽县十都震泽镇		提点洞真官沈守元建，元至大二年道士陈竹泉重修，明洪武十四年，后归并衍庆昭灵观，成化八年，住持倪元纲增减三元宝阁。	无存	沈守元、陈竹泉、倪元纲	《乾隆震泽县志》《同治苏州府志》

续表

宫观名	创建年代	古址	今址	历史沿革	现存与否	代表人物	出处及影响
真隐道院	南宋建炎元年	苏州府震泽县黄家庄		旧在震泽镇，明洪武二年移建黄家庄，崇祯十年修，清康熙中重修。	无存		《乾隆震泽县志》《同治苏州府志》
福善道院	南宋咸淳二年	苏州府震泽县十三都		明正德中，道士张一真修，清康熙三年，道士吴陪科重修，增减斗母阁。	无存	张一真、吴陪科	《乾隆震泽县志》
佑圣道院	南宋建炎元年	苏州府震泽县十四都桃墩		明洪武十一年，张宇初题额，明宣德七年重建。	无存		《乾隆震泽县志》《洪武苏州府志》
圆明宝阁	南宋乾道	苏州府震泽县十四都桃墩		明永乐十年重建，正统十一年增减文昌阁。	无存		《乾隆震泽县志》《弘治吴江志》
朝真堂	元至正	苏州府震泽县十九都通真桥旁		道士汤景和建，后毁，明洪武三年，道士陈复旸重建，正德八年，道士徐永高奉复旧额。	无存	汤景和、陈复旸、徐永高	《乾隆震泽县志》
北圣堂	元至正	苏州府震泽县十八都檀邱市		一名衍庆圣祠，道士沈诚一建，明正统十三年，道士陈守恭重建。	现存	沈诚一、陈守恭	《乾隆震泽县志》
玉虚宫	南宋建炎元年	苏州府震泽县十九都北麻村		道士徐秋月建。	无存	徐秋月	《乾隆震泽县志》

续表

宫观名	创建年代	古址	今址	历史沿革	现存与否	代表人物	出处及影响
崇福道院	北宋崇宁二年	苏州府震泽县十九都梅堰市		明洪武十九年，道士吴惟一重建，永乐十三年花景新重修，正统八年末洞明重建。后归并衍庆昭灵观。	无存	吴惟一	《乾隆震泽县志》《弘治吴江志》
清真道院	南宋建炎	苏州府震泽县平望镇		明洪武十年张天师额曰清真道院	无存		《乾隆震泽县志》
乾元宫	北宋元祐	苏州府常熟县虞山之巅，致道观之北岭上		始名竹林庵，海陵徐神翁弟子申元道建，南宋绍兴十七年喻抱元增葺并改名招真庵，淳熙同邑人以致道观之旧名乾元宫青于部郡改此名，元末废，明洪武初名归并致道观，永乐初重修，建老君殿，清康熙同建吕仙阁，乾隆同重建，咸丰十年毁，同治同重建大殿。	无存	申元道、喻抱元、胡道坚、林复真、钱若朴	《琴川志》《康熙常熟县志》《同治苏州府志》
洞晨观	南宋绍熙三年	苏州府昭文县支河浪夹浜		旧在许浦镇，名崇真道院，未几江潮漫啮，南宋嘉定十年于旧址南重建，嘉靖十七年升为洞晨观，明嘉靖十八年重建。	无存		《琴川志》《同治苏州府志》《康熙常熟县志》

续表

宫观名	创建年代	古址	今址	历史沿革	现存与否	代表人物	出处及影响
栖真道院	南宋嘉定五年	苏州府昭文县治西南隅		周智静建，旧址在许浦镇，元皇庆二年江潮啮蚀，道士管元范迁于县治西南隅。	无存	周智静、管元范、杨大伦	《琴川志》《震泽县志续稿》
东岳庙	宋至和年间	常熟福山		宋徽宗政和七年重修			
延真道院	南宋嘉定十六年	苏州府常熟县东南一百二十里徐菘市			无存		《琴川志》
颐真馆	北宋元祐	苏州府常熟县梅里镇南		一名颐真观，道士申元道建。虞山招真，福山潜真为三真。	无存	申元道、周元贞	《琴川志》《江苏省通志稿·宗教志》《同治苏州府志》《康熙常熟县志》
潜真馆	北宋元祐	苏州府常熟县福山镇		亦申道人炼丹地。	无存		《琴川志》
瑞真道院		苏州府常熟县支塘镇		明代曾为尚书行府（督治水利时），清康熙二十四年道士钱金玉重建山门及玉清殿。	无存	夏芳洲、钱金玉	《江苏省通志稿·宗教志》《光绪常昭合志稿》

附录 江苏道教宫观一览表

续表

宫观名	创建年代	古址	今址	历史沿革	现存与否	代表人物	出处及影响
致道观	南朝梁天监二年	苏州府常熟县西一里虞山南岭下	苏州市常熟市西门内虞山南岭下	梁天监初汉张道陵裔孙张道裕（张裕）居此建招提真治。简文时改名乾元宫，昭明尝读书于此。旧名乾元观，北宋政和七年改致道观（又：宣和七年，敕赐致道观），宣和归并观一座，宫一座，道院两座，洪武初周玄初募修三官殿，1996年全毁。	无存	张道裕、李则正、李本真、周玄初、孙淮然、顾雷复、郑心渊、邓道枢	《常熟市志》《琴川志》《康熙常熟县志》《乾隆江南通志》《江苏省通志稿·宗教志》《洪武苏州府志》《康熙常熟县志》
城隍庙	北宋		苏州市常熟城区西门大街	20世纪50年代毁。	无存	赵清如（民国时住持）	《常熟市志》
至和观	南宋咸淳七年	苏州府常熟县治西二百步		又作"致和观"，初为至和道院，元大德间王大成道士应锡智建，升为观，洪武初归并致道观，永乐初王仁静复建，清雍正中重修，嘉庆间道士薛通信建魁文楼，今多废。	无存	应锡智、王大成、张仁静、林复真、翟一诚、尚必志、李本真、薛通信	《乾隆江南通志》《江苏省通志稿·宗教志》《洪武苏州府志》《同治苏州府志》《光绪常昭合志稿》《琴川志》

续表

宫观名	创建年代	古址	今址	历史沿革	现存与否	代表人物	出处及影响
清真观	南朝梁普通四年	苏州府常熟县治西北一百五十步		旧为女冠所居，后为清真宫土地祠。	无存		《常熟市志》《琴川志》《康熙常熟县志》
报本道院	元至元	苏州府常熟县城西南隅	苏州市常熟市	道士陈得玉建，明初归并致道观。	无存	陈得玉	《常熟市志》《同治苏州府志》
冲天庙		苏州府常熟县寺南街正对慧日寺	苏州市常熟市	奉真武像，清同治同修，光绪年间道士钱洞真又修，后僧人居之。	无存	钱洞真	《常熟市志》《光绪常昭合志稿》
总管庙	元		苏州市常熟城区大东门	20世纪70年代将大殿移建方塔园，余毁。	无存		《常熟市志》
报国院		苏州府常熟县虞山拂水岩	苏州市常熟市虞山南崖拂水岩	俗称祖师庙，供真武大帝，明嘉靖中世宗赐泥金彩绘斗姥及真武像，严家奉祀于此，后归并藏海禅院，清顺治间重修，1991年于虞山南崖拂水岩上重建，1993年由佛协助修资动工，归藏海寺管理。	现存		《常熟市志》《光绪常昭县志》《康熙常熟合志稿》
白龙庙	唐咸通十三年		苏州市常熟市北郊山山脊	又称龙殿，新中国成立后废，20世纪90年代重建部分建筑。	现存		《常熟市志》

附录 江苏道教宫观一览表

续表

宫观名	创建年代	古址	今址	历史沿革	现存与否	代表人物	出处及影响
栖真观	南宋嘉定	苏州府常熟县治西北			无存		《洪武苏州府志》
元阳观		苏州府常熟县			无存	单以清	《续吴郡志》
崇福道院		苏州府常熟县三十四都		道士尤虚中建。	无存	尤虚中	《康熙常熟县志》
灵宝经堂	元至正二十六年	苏州府常熟县治西南		明洪武六年道士顾延龄重修。	无存	顾延龄	《康熙常熟县志》
寿昌靖	汉	苏州府常熟县东南太平巷		汉十二代天师张道裕行褰游建三十六靖，此为其一，明永乐间修葺，明末为尼庵。	无存	张道裕	《康熙常熟县志》《光绪常昭合志稿》
三元堂	元延祐六年	苏州府常熟县西北一里		道士刘通通建，明永乐元年道士殷道全重建，正德间道士谢玉成再建。	无存	刘通、殷道全、谢玉成	《康熙常熟县志》
履诚道院		苏州府常熟县归家市		明末毁，清光绪七年道士钱洞真重建。	无存	钱洞真	《光绪常昭合志稿》

续表

宫观名	创建年代	古址	今址	历史沿革	现存与否	代表人物	出处及影响
普明道院	清嘉庆	苏州府常熟县梅李镇西三里塘桥		清嘉庆间道士周仁益募建，咸丰间毁，同治七年道士吴雪坡募建，光绪二十二年道士孙瑞荣增修。	无存	周仁益、孙瑞荣	《光绪常昭合志稿》
伏魔道院		苏州府常熟县梅李镇东八里陆家市		又名鲎庙，清咸丰间毁，光绪九年道士顾益甫重建。	无存	顾益甫	《光绪常昭合志稿》
佑圣道院	南宋乾道	苏州府常熟县东南五里东徐市之左		旧在许浦镇，元至顺间，道士席应真迁建于此，明初归并致道观，永乐间林复真重修，万历初殿宇遭火灾，后重建，清道光间重修。	无存	席应真、林复真	《江苏省通志稿·崇教志》《同治苏州府志》
龙旋堂	元至正	苏州府昭文县东二十五都虹桥南		亦名龙旋真武庙，龙旋名真武堂，俗称龙旋宫，明初道士钱祖阳复修，嘉靖中道士陈守素重修。	无存	殷之铭、钱祖阳、陈守素	《同治苏州府志》《康熙常熟县志》《光绪常昭合志稿》《嘉靖常熟县志》

无锡市地区共查到105座道观，尤具代表性者如下

| 府城隍庙 | 明崇祯 | 常州府无锡县北塘放生池南 | | | 无存 | | 《康熙常州志》 |
| 显应庙 | | 常州府无锡县西安阳山 | | 南宋绍兴三年赐额。 | 无存 | | 《康熙常州志》 |

续表

宫观名	创建年代	古址	今址	历史沿革	现存与否	代表人物	出处及影响
东岳行庙	后唐同光	常州府无锡县锡山北麓			无存		《康熙常州府志》
孚泽庙	南宋淳熙	常州府无锡县西南军嶂山		南宋开禧二年赐额。	无存		《康熙常州府志》
希夷道院	元元贞	常州府无锡县东南隅弓河上	无锡市南门大窑路255号	相传陈抟过此，因名。明洪武初重修。	无存	孙必问	《康熙常州府志》《成化重修毗陵志》《光绪无锡金匮县志》
妙觉观	南朝梁大同二年	常州府无锡县北四十里		初名如觉，后迁至县西百五十步梁溪河上，赐额妙觉观。	无存		《康熙常州府志》
明阳观	南朝梁天监	常州府无锡县西七里柴山		旧名洞阳观，洞阳宫，隋大业间废。北宋崇宁中道士卢至柔筑庵修道，大观元年茅山元符宫录刘混康尝莅之，赐额明阳观。元末废，明洪武六年重建，清乾隆三十四年道士尤清臣重修。	现存。市级文保单位	卢至柔、刘混康	《康熙常州府志》《万历重修常州府志》《光绪无锡金匮县志》

续表

宫观名	创建年代	古址	今址	历史沿革	现存与否	代表人物	出处及影响
洞虚观	南朝梁大同二年	常州府无锡县治东数百步	无锡市无锡山区胶山南崇安寺左	始名青元宫，原在无锡东乡胶山之上，后倾废，迁至观前街（毗邻崇安寺）重建，北宋大中祥符年间改赐洞虚宫，北宋庆历年间毁于火，嘉祐元年重建，元至元历历年间又重建，元天历年间升为宫，明洪武二年道士陈道安重建，万历年年修建，不久毁于火，清咸丰年间毁，光绪二年道士秦端芳集资重建，1983年修葺。	现存	陈道安、秦端芳、严仲均、明倩、周松石	《无锡市志》《江苏省通志稿·宗教志》《康熙常州府志》《通志稿》《光绪无锡金匮县志》
玉皇殿	清乾隆	常州府无锡县惠山寺后崖上	无锡市惠山二泉亭上方	旧名祖师殿，清咸丰十年毁，同治元年道士邵宗彦重建。	现存	邵宗彦	《无锡市志》《光绪无锡金匮县志》
铁索观	明嘉靖	常州府无锡县北门外江阴巷	无锡市江阴巷底北闸街5号	明御史盛顺业，谈碧辰改建。嘉靖间，道士谈碧辰改建。清光绪十六年道士华渭甫重建，民国道士江道三又重建。	无存	谈碧辰、华渭甫、江道三	《无锡市志》《江苏省通志稿·宗教志》《光绪无锡金匮县志》
醉月道院	清乾隆		无锡市南仓门	初名酒仙庙，后称酒仙殿，又名神仙庙，又因杜康善酿，故更名醉月道院。	无存		《无锡市志》《无锡县志》

续表

宫观名	创建年代	古址	今址	历史沿革	现存与否	代表人物	出处及影响
泰伯道院	明弘治十二年	常州府无锡县梅里平墟	无锡市梅村泰伯庙之后	明弘治十二年重建泰伯庙,为守护该庙,特建泰伯道院。	无存		《无锡县志》
泰伯庙		常州府无锡县梅里平墟	无锡市梅村镇伯渎河畔	明弘治十三年增建,万历、天启间重修。	现存	华乾、陈敬、华宗彝、陈韶、钱钧	《江苏省通志稿·宗教志》
石门道院	清康熙	常州府无锡县望公坞			无存	钱冲汉	《江苏省通志稿·宗教志》
九阳道院	清康熙	常州府无锡县石门			无存	杨清和	《江苏省通志稿·宗教志》
张仙殿	明天启初	常州府无锡县九阳道院上		即白鹤道院。	无存		《光绪无锡金匮县志》
有恒道院		常州府无锡县二泉亭右		即天钩堂遗址建,故亦称天钩堂,清康熙同道士徐道广建。	无存	徐道广	《江苏省通志稿·宗教志》《光绪无锡金匮县志》
资敬观	元	常州府无锡县隆亭西		旧观元学正华玕建,明主事华叔阳目吾桥徙此。	无存		《江苏省通志稿·宗教志》《光绪无锡金匮县志》

续表

宫观名	创建年代	古址	今址	历史沿革	现存与否	代表人物	出处及影响
沧浪观		常州府无锡县下田桥		旧为蓬莱阁，清雍正初改建。	无存		《江苏省通志稿·宗教志》
菁霞观		常州府无锡县斗山			无存		《江苏省通志稿·宗教志》
元升道院		常州府无锡县后折村		旧为蓬莱阁，清雍正初改建。	无存		《江苏省通志稿·宗教志》
玉泉观		常州府无锡县惠山上		原名慈济观。	无存		百度百科
圆元万寿宫	元	常州府无锡县第六箭河		初祀老子于此，名圆文馆，元祐间赐今额，赵孟頫书其碑，昭奎后赐名圆中文节贞白真人，晚自号圆山之阴。	无存		《乾隆江南通志·常州府》
天申万寿宫	三国吴赤乌	常州府无锡县张公洞侧	无锡市宜兴市湖滏镇张阳村张公洞	旧名张公洞，唐初为佛寺，开元元年万惠昭天师授龙至此，秦复为观。南末乾道六年赐额天申万寿宫。明洪武二年道士陈清源复建，后废。清康熙三十三年，道士潘朝阳重建，改名为朝阳道院。	现存	周敬微、陈清源、李励、潘朝阳	《康熙常州府志》《江苏省志·宗教志》《成化重修毗陵志》《嘉靖南畿志》《万历重修常州府志》

续表

宫观名	创建年代	古址	今址	历史沿革	现存与否	代表人物	出处及影响
水仙道院	南宋		无锡市梁溪区南长街598号	又称南辰道院，此地早先有麻尹将军庙（双忠祠），清康熙二十二年在其南侧建松滋王侯庙，祠庙合一，称南水仙庙。2001年复建，2002年命名水仙道院。	现存		
白云观			无锡市梁溪区山北街道惠山石门下	又名白云洞道院，1994年复建。	现存		
三山道院			无锡市滨湖区鼋头渚风景区内太湖仙岛	2004年建成开放。	现存		《无锡市志1986—2005》
城隍庙	明洪武	常州府江阴县治东顺化坊		明洪武初，江阴侯吴良即古演教寺改建，正德五年道士蔡道清重修，嘉靖元年焚于火，嘉靖六年复建于庙之西北，清顺治间复楼毁，后复建。	现存	蔡道清、陶重源、花文经	《康熙常州府志》《江苏省通志稿·宗教志》《光绪江阴县志》
真武庙	明嘉靖十七年	常州府江阴县君山之巅			无存		《康熙常州府志》《无锡县志》

续表

宫观名	创建年代	古址	今址	历史沿革	现存与否	代表人物	出处及影响
延陵季子庙	明正德五年	常州府江阴县申港			无存		《康熙常州府志》
伍相公庙		常州府江阴县申港			无存		《康熙常州府志》载两处，一在顺化乡
关将军庙		常州府江阴县北布政坊		明江阴侯吴良改建，嘉靖十年重建。	无存		《康熙常州府志》
睢阳庙	明弘治九年	常州府江阴县虹桥西		明弘治九年，知县黄傅毁五通庙奉祀睢阳神，更名睢阳庙。	无存		《康熙常州府志》
烈女庙		常州府江阴县顺一坊		郡志作灵应庙，旧呼为前湖七娘子庙，明正德四年更名烈女庙。	无存		《康熙常州府志》
由里龙王庙		常州府江阴县由里山			无存		《嘉靖江阴县志》
夏港龙王庙	南宋绍兴二年	常州府江阴县夏港口		明洪武十七年重建。	无存		《嘉靖江阴县志》
利港龙王庙	明永乐三年	常州府江阴县利港东			无存		《康熙常州府志》

附录 江苏道教宫观一览表

续表

宫观名	创建年代	古址	今址	历史沿革	现存与否	代表人物	出处及影响
蔡港龙王庙	明洪武十九年	常州府江阴县蔡港口		明永乐十四年，郑和重修。	无存		《嘉靖江阴县志》
许真君庙	元至德五年			相传为青阳即许真君宅。	无存		《康熙常州府志》
玄妙观	北宋大中祥符二年	常州府江阴县治南天庆门内大宁坊		俗名西观，初名天庆观，元元贞元年改名玄妙观，至正兵毁。明洪武初重建，永乐宣德年间重修，万历间毁，崇祯间重建玉皇阁、龙虎殿。清乾隆三十五年建山门，嘉庆二十六年重修，道光九年、咸丰十年毁，同治十一年重建。	无存	许自然	《成化重修毗陵志》《嘉靖南畿志》《光绪江阴县志》
天寿观	南宋咸淳	常州府江阴县南街之南		俗名东观，南宋末翰林陈锜故宅，明成化间道士张元静重建，嘉靖同徐德清重修，咸丰十年毁，光绪间重建，改称斗姥阁。	无存	陈昌言、陈大智、吴清隐、余然复、吴继祖、徐德清	《康熙常州府志》《乾隆江南通志》《嘉靖江阴县志》《光绪江阴县志》《民国江阴县续志》

续表

宫观名	创建年代	古址	今址	历史沿革	现存与否	代表人物	出处及影响
净明观		常州府江阴县治东		南朝梁大同间为女冠观，初名"至真"，在黄山，后移置县东，名"至德"，不久改额"净明"，宋代废。	无存		《万历重修常州府志》《嘉靖江阴县志》
十方庵	明万历	常州府江阴县		本朱烈大帝庙，俗称祠山殿，明万历扩建。	无存		《康熙常州府志》
锦树道院	明万历	常州府江阴县青阳镇		清雍正五年奉敕重建，咸丰十年毁，同治间住持徐伯钧复建。	无存	许迹、石楚峰、沈谦、徐伯钧	《光绪江阴县志》《江苏省通志稿·宗教志》
通玄观	唐	常州府江阴县天庆观西	无锡市江阴市	宋代废。	无存	缪行崇	《无锡县志》《嘉靖江阴县志》
通远观		常州府	无锡市江阴利城		无存		《无锡县志》
崇宁道院	明初	常州府江阴县大宁坊关羽祠		祀汉寿亭侯，玄妙观道士张玄震重修。	无存		《嘉靖江阴县志》，《崇宁道院重修记》
三元观	宋	常州府江阴县前周镇		宋代建，后废，清咸丰十年毁，光绪三年重建。	无存		《光绪江阴县志》

附录　江苏道教宫观一览表　901

续表

宫观名	创建年代	古址	今址	历史沿革	现存与否	代表人物	出处及影响
佑圣道院	北宋元祐	常州府江阴县周桥南		即真武庙，元至元间，明永乐三年、清乾隆同重建，咸丰十年毁。	无存		《光绪江阴县志》
城隍庙			无锡市江阴市徐霞客镇方园村元塘村1号		现存		
三茅道院			无锡市江阴市南闸街道观西村陶湾村秦望山山顶		现存		
均济观			无锡市江阴市云亭镇新林村		现存		
肖一观			江阴市城东街道石山路112号		现存		
东岳庙	三国吴赤乌二年	常州府江阴县君山之麓	江阴市君山路188号	1990年庙产曾被佛教借用，1999年道教恢复，2006年重新规划建设。	现存		《康熙常州府志》
城隍庙		常州府宜兴县治东南二百步		旧在县治西省仓门东，明洪武初移置该地。	无存		《康熙常州府志》

续表

宫观名	创建年代	古址	今址	历史沿革	现存与否	代表人物	出处及影响
东岳庙	明万历	常州府宜兴县亳村		清康熙三十年重修。	无存		《康熙常州府志》
通真观	南朝陈太建二年	常州府宜兴县东南隅		初名弘道观，唐神龙中改名兴道观，北宋大中祥符二年赐额玄通观，后避圣祖讳改通真观，绍兴末，道士焦善渊请为行在宁寿支院，嘉定焦善渊牒藏，元至正十六年兵毁，明洪武二年重建。	无存	冯道京、周希信、焦善渊	《康熙常州府志》
冲寂观	唐弘道元年	常州府宜兴县西北五十里神安乡官村		初名凌霞。唐弘道元年周选所居，井中有白兔升天，舍宅为观。北宋大中祥符元年改玄叔，八年避圣祖讳改冲寂。	无存	许坚	《康熙常州府志》《江苏省通志稿·宗教志》《成化重修毗陵志》
会真庵	南宋建炎	常州府宜兴县西门外社稷坛前		"自唐混康刘真人捶芦丁地，枯芦成革，遂创此庵"，又称会真道院，属通真观，明洪武二年重建，后多次修建。	无存	刘混康、华洞真、范道真、陈坦然、屠景芳、龚道安、卢德应	《康熙常州府志》《江苏省通志稿·宗教志》《成化重修毗陵志》

附录　江苏道教宫观一览表　903

续表

宫观名	创建年代	古址	今址	历史沿革	现存与否	代表人物	出处及影响
华阳道院	南宋建炎	常州府宜兴县西南七十里东霞埠		明洪武元年重建。	无存	刘混康	《成化重修毗陵志》《嘉靖南畿志》
迎真道院	元泰定三年	常州府宜兴县西南七十里东毫阳		属通真观，道士郑师正重建。	无存	郑师正	《成化重修毗陵志》《江苏省通志稿·宗教志》
三官堂	元泰定四年	常州府宜兴县北三十三里和桥		元泰定四年道士潘道源建。	无存	潘道源	《江苏省通志稿·宗教志》

常州市地区共查到151座道观，尤具代表性者如下

| 元妙观 | 西晋永嘉元年 | 常州府治南四里，天庆门内 | | 西晋永嘉中毛中尉舍宅建，旧在行春门毛城壕，南朝梁大同号宝庄严，淮南（南吴）顺又中筑外子城，徒常州府东南，改名龙兴观，北宋大中祥符元年赐名天庆观，南宋德祐元年兵毁，道士徐道明死之。元元贞元年改玄（圆）妙观，至正十二年兵毁，明洪武九年重建，清代避讳改玄为元，康熙二十一年重修，同治间住持陈永政重建。 | 现存。市级文保单位 | 陈葆光、徐道明、樊可道、陈永政 | 《康熙常州府志》《江苏省志·宗教志》《万历重修毗陵志》《乾隆江南通志·常州府》《光绪武进阳湖县志》 |

续表

宫观名	创建年代	古址	今址	历史沿革	现存与否	代表人物	出处及影响
冲虚观	南朝陈	常州府武进县横山		南朝陈筑道馆，名登仙，后毁，唐乾宁初张皎然等重建，北宋开宝七年大加营缮，大中祥符二年改赐冲虚观，元末兵毁。明洪武初即其址创为佛庐，名大林庵，嘉靖、万历间重修。	无存	王八百	《成化重修毗陵志》《万历重修常州府志》《万历武进县志》《光绪武阳湖县志》
升仙观	唐开元十年	常州府武进县西南三十二里鸣凤乡			无存		《成化重修毗陵志》《万历武进县志》
澄清观	西晋	常州府武进县治西南旱科坊		相传晋王祥宅建，旧在尚宜乡，北宋太平兴国三年先徙于城末武烈庙，七年给州教场废地改筑。岁久废为民居。	无存		《江苏省通志稿·宗教志》《成化重修毗陵志》《乾隆武进县志》《光绪武阳湖县志》
清宁观	清康熙二十二年	常州府武进县社稷坛北首			无存		《江苏省通志稿·宗教志》《光绪武阳志余》

续表

宫观名	创建年代	古址	今址	历史沿革	现存与否	代表人物	出处及影响
三和观	北宋大中祥符三年	常州府武进县黄土岸西南		道士葛云山建，元末废，明洪武八年重建，清康熙间，道光七年重修。	无存	葛云山	《江苏省通志稿·宗教志》《成化重修毗陵志》《万历武进县志》《光绪武进阳湖县志》
府城隍庙	北宋太平兴国	常州府武进县金斗门内街西，即城隍庙巷		南宋淳熙十三年赐额嘉应，元代两次重修，明清五次重修，1927年北伐军进驻庙毁神像。	无存		《康熙常州府志》
隋司徒忠佑庙	唐垂拱元年	常州府武进县		俗名西庙，北宋宣和四年赐额忠佑，明正统十四年赐道经一藏安奉，天顺六年庙毁，成化三年重建。	无存		《康熙常州府志》《万历重修常州府志》
祠山庙	南宋淳祐	常州府武进县陈司徒庙西		旧名广惠庙。	无存		《康熙常州府志》《万历重修常州府志》《乾隆武进县志》
五显王庙	唐天祐三年	常州府武进县元丰桥西		俗名灵官庙，明永乐十二年修，宣德间重建，成化、弘治间相继重修。	无存		《万历重修常州府志》《万历重修常州府志》《康熙常州府志》

续表

宫观名	创建年代	古址	今址	历史沿革	现存与否	代表人物	出处及影响
琅琊王庙		常州府武进县天禧桥北		旧在奔牛镇，后移置祠山庙内。	无存		《康熙常州府志》《万历重修常州府志》《万历武进县志》
营田庙		常州府武进县行春桥西街		又名营田五圣庙。	无存		《康熙常州府志》《万历重修常州府志》
关帝庙		常州府武进县学东后河之北		又名关王庙。	现存		《康熙常州府志》《万历重修常州府志》
真武南庙	北宋政和二年	常州府武进县教场后天禧桥东		一名真武道院，北宋政和年间兵毁，元至顺元年重建，明永乐间重修。	无存		《康熙常州府志》《万历重修常州府志》《光绪武进阳湖县志》
降子庙		常州府武进县降子桥南		明正统间重建。	无存		《康熙常州府志》《万历重修常州府志》
三官庙	明洪武初	常州府武进县采菱港东		明万历间重建。	无存		《康熙常州府志》《万历重修常州府志》
水平王庙		常州府武进县马迹山分水岭		南宋建炎间修葺，明嘉靖间重修。	无存	高存省	《康熙常州府志稿》《江苏省通志稿·宗教志》《万历武进县志》

续表

宫观名	创建年代	古址	今址	历史沿革	现存与否	代表人物	出处及影响
含辉观	唐乾丰元年	常州府武进县西北七十里仁孝东乡		交州刺史陈文则宅旧址，初名景星观，北宋大中祥符二年改赐含辉观，后废，元复建，明永乐十一年重修，嘉靖三十五年倭毁，后复建，俗称含辉寺。	无存		《康熙常州府志》《乾隆江南通志》《成化重修毗陵志》《万历武进县志》
延陵季子祠	明洪武七年	常州府武进县双桂坊内		又名延陵季子庙，嘉贤祠，即元蒙古字学旧址。	无存		《康熙常州府志》
拱真道院	北宋天禧二年	常州府武进县鼎新坊左，北门内		又名北真武庙，初名真武庙，元至元十五年郡人朱文卿舍宅，更建为祥源观，明正德间再修。嘉靖间重建。	无存	汤含象、刘混康、王景震、许志中、徐元复、陈用宾、陈时懋、张太元	《康熙常州府志》《成化重修毗陵志》《万历重修常州府治》《乾隆武进阳湖县志》《光绪武进阳湖县志》
文昌阁	明万历四十四年	常州府武进县		旧在关帝台前平屋。	现存		《康熙常州府志》

续表

宫观名	创建年代	古址	今址	历史沿革	现存与否	代表人物	出处及影响
蓼莪庵		常州府武进县南八十里新塘乡王婆岭南		相传任孝子王裒墓侧。	无存		《康熙常州府志》《乾隆江南通志》《万历武进县志》
玉隆观	南宋嘉熙	常州府玉隆观巷内		南宋钱相始创，元延祐二年郡人陈尧卿舍宅扩建，明永乐十四年重建。	无存	杨雷谷、孙道安、杨景芳、孙云纲	《乾隆江南通志·常州府》《康熙重修常州府志》《万历重修常州府志》《成化重修毗陵志》
全真庵	明洪武二年	常州府武进县新坊桥东南		知县舒裕建，祀张平叔，一名紫阳庵。	无存		《乾隆江南通志·常州府》《万历武进县志》《光绪武进阳湖县志》
云居道院		常州府武进县迎春乡西村山中		又名仙人庵、神仙庵，旧传为葛洪丹室。	无存		《乾隆江南通志·常州府》《万历武进县志》
东岳庙	明初	常州府武进县外季子庙西前附运河	常州市延陵东路，今东门口小学	明清四次重修，清光绪五年最后一次重建，1950年全部拆毁。	无存		《常州市志》《常州府志》
通乙观	明成化十七年	常州府武进县南五里	常州市五星乡新民村	俗称小茅山，一名通一观，明嘉靖、万历年间相继重修，解放后改建为茅山小学（今新民小学），庙废。	无存		《常州市志》《江苏省通志稿·宗教志》《万历武进县志》

续表

宫观名	创建年代	古址	今址	历史沿革	现存与否	代表人物	出处及影响
烈帝庙	唐	常州府青果巷中心桥下		俗称西庙，原名忠佑庙，又称陈司徒庙、都城隍庙。清顺治中重建，民国改建为县立女子师范及附小，新中国成立后为常州教育学院附属中学。	无存		《常州市志》
药皇庙	清雍正七年	常州府局前街药皇庙弄，近城北小水门		清光绪十年重建，祀神农氏。	无存		《常州市志》
思敬道院	明洪武初	常州府武进县西北五十里依仁西乡魏村		即真武庙，清乾隆孝思庵，同治十年重建。	无存		《万历武进县志》《乾隆武进县志》《光绪武阳湖志》
桐山行庙	宋	常州府武进县东南二十五里延政乡游塘桥东		宋创，后毁于元，张以昌重修，明永乐间道流二年僧人佛圆重修。	无存	张以昌、周王润、陈惟诚	《万历武进县志》
仁惠观		常州府武进县凤乡陈墓		清同治十年重建。	无存		《光绪武阳志余》
太清道院	北宋大中祥符	常州府武进县十都三图		元元贞间重修。	无存		《光绪武阳湖志》

续表

宫观名	创建年代	古址	今址	历史沿革	现存与否	代表人物	出处及影响
大和观	南朝梁	常州府武进县南三十里后余	常州市武进区嘉泽镇厚余观后村	梁朝始创，岁久废，按唐碑又为汉张真人道场，唐贞观中祥符三年改赐大和观，茅山刘混康受业于此，元至正十一年重建，至正十七年毁于兵，明洪武、成化间重建，清乾隆二十三年僧秦未募建三茅殿。北重建，宋大中祥符三年改赐大	现存	王慧辩、刘混康	《乾隆江南通志》《成化重修毗陵志》《乾隆武进县志》《康熙常州府志》《万历武进县志》
将军观	宋		常州市武进区遥观镇渔庄村委西河墩	初名将军堂，清末更名道教三茅堂。1949年4月解放后改为西林小学，70年代小学拆除。1998年起复建殿宇。	现存		将军观官网
东岳行宫	唐贞观五年	常州府武进县西北四十五里仁孝东乡青城镇	常州市新北区万绥戏楼路36号	曾称万绥东岳庙，万岁东岳行宫，1916年重建，解放后破败。1993年恢复为道教场所，2008年改为现名。	现存		《常州市志》《万历武进县志》
东岳行祠	明永乐	常州府武进县西北九十里通江乡孟渎河闸东一里濒江		明宣德同增建。	无存		《万历武进县志》

附录　江苏道教宫观一览表　911

续表

宫观名	创建年代	古址	今址	历史沿革	现存与否	代表人物	出处及影响
白龙观	南宋绍兴	常州府阳湖县丰南乡芳茂山麓	常州市武进区横山桥镇西崦村委观前村310号	南宋绍兴年间建庙赐额潜灵观，俗称白龙庙，又名白龙母庙，明嘉靖间重建，有司春秋致祭，清乾隆十八年、道光十二年重修，咸丰间毁，同治十一年、光绪三年重建，1997年重新开放，改名为白龙观。	现存		《常州市志》《光绪武进阳湖县志》
阳湖城隍庙		常州府阳湖县新坊桥西		清咸丰十年毁，同治十年重建。	无存		《光绪阳湖县志余》
华阳道院		常州府阳湖县定西乡		旧名华严教院，清同治九年重建。	无存		《光绪武进阳湖县志》
东岳庙		常州府阳湖县东直厢天宁寺东		清同治八年道士王秉生募建三门行宫，光绪五年里人姚慈生募建大殿。	无存		《光绪武进阳湖县志》
太虚观	唐	镇江府金坛县治南二里		唐戴叔伦舍宅为之，旧名延真庵，延真观，南宋淳熙十五年改太虚观。	无存	李善应、蒋絮	《嘉定镇江志》《乾隆江南通志》

续表

宫观名	创建年代	古址	今址	历史沿革	现存与否	代表人物	出处及影响
崇真观	南朝梁大同二年	镇江府金坛县南洲		隋大业三年废，唐宏道元年复建，旧名金坛观，北宋大中祥符中改崇真观。	无存		《嘉定镇江志》
清真观		镇江府金坛县西十五里		西汉元寿间赐额望仙，隋大业末废，唐天宝间复建，北宋大中祥符中改清真观。	无存		《嘉定镇江志》《民国金坛县志》
集仙观	南朝梁大同初	镇江府金坛县东金山乡		隋开皇末废，唐大历三年重建。	无存		《嘉定镇江志》《乾隆江南通志》
玉虚观	唐长庆	镇江府金坛县西四十里		初名灵宝观，北宋治平初改玉虚观。	无存		《嘉定镇江志》
洞虚观		镇江府金坛县西五十里陶村		初名仙居，北宋天禧中改洞虚观。	无存		《嘉定镇江志》
冲寂观	南朝梁	镇江府金坛县西南三十里上元乡		南朝梁道士舍宅为之，唐贞观中日升元，北宋大中祥符中改冲寂观。	无存		《嘉定镇江志》
游仙观	南朝梁	镇江府金坛县西五十里		南宋庆元五年，枢密张釜请废额重建。	无存		《嘉定镇江志》

续表

宫观名	创建年代	古址	今址	历史沿革	现存与否	代表人物	出处及影响
藏真观	北宋大观	镇江府金坛县茅山迎玉峰东南		任静一刘宗师墓庐处，相传管静之与徐希和亦葬于此，北宋大观中奉敕建观。	无存		《至顺镇江志》《茅山道教志》
三清观			常州市金坛区茅山旅游度假区		现存		
崇寿观	南朝宋元嘉十一年	江宁府句容县茅山大茅峰华阳南洞侧	常州市金坛区茅山旅游度假区	晋任敦旧宅，刘宋元嘉初建坛宇，南朝齐建元初敕改为崇元元馆，唐贞观初敕改为崇元观，北宋大中祥符七年赐额崇寿观，今于金坛市秦道处恢复此观。	现存	华文贤、李含光、王文清	江苏省宗教局网站，《乾隆江南通志·江宁府》《嘉定镇江志》《乾隆句容县志》《茅山志》
元阳观	唐	江宁府句容县茅山洞上	常州市金坛区茅山旅游度假区金牛洞风景区	唐置，后废，宋隆兴沈善智六居于此，复建，初名冲虚庵，南宋庆元间复改元洞阳观。2005年金坛道处恢复此观。	现存	沈善智	《至顺镇江志》《茅山志》《乾隆句容县志》
泰清观	宋	镇江府溧阳县治东南隅儒学左		南宋淳熙十年道士王灵和移溧水废额建，明正统年间请得道藏于该观，后移城隍庙东，清乾隆间修，嘉庆二年捐建前殿。	无存	王灵和、任聘年	《乾隆江南通志·镇江府》《溧阳县志》《江苏省通志稿·宗教志》《嘉靖南畿志》《嘉庆溧阳县志》

914　江苏道教文化史（下卷）

续表

宫观名	创建年代	古址	今址	历史沿革	现存与否	代表人物	出处及影响
泰虚观	南朝梁	镇江府溧阳县西南四十里大溪乡		晋盘白真人道成之地，奉诏立观赐额招仙府，北宋大中祥符中改奉虚观（大虚观），明万历年间颁道藏于该观。	无存		《乾隆江南通志》《镇江府》《康熙溧阳县志》
幽栖观	南朝梁	镇江府溧阳县北三十五里绸缪乡		梁隐士幽栖伯升举于此，即其故宅建观。	无存		《乾隆江南通志》《镇江府》《溧阳县志》
崇福观	南朝梁普通	镇江府溧阳县西四十里		道士谈名芝建，明洪武并人幽栖观。	无存	谈名芝	《康熙溧阳县志》
黄山观	唐天宝	镇江府溧阳县西四十里大溪乡		吴黄鹤真人飞升地，晋盘白真人道成之土于此，宋周绛为道士于此，宋文帝赐额招仙观，北宋大中祥符中改黄山观。	无存	周绛	《乾隆江南通志》《镇江府》《嘉庆重修一统志》
崇德观	唐	镇江府溧阳县六十里		唐名陵阳观，北宋大中祥符中改额崇德观。	无存		《康熙溧阳县志》
灵宝观		镇江府溧阳县西六十里芝山下		相传梅福游隐于此，唐咸通初修，北宋太平兴国中重建。	无存	梅福	《康熙溧阳县志》
排河道观			南通市地区共查到105座道观，尤具代表性者如下				
			南通市南通高新区通灵桥村	明万历二年自利和镇迁至金沙场。	现存	玉虚法师	《南通县志》

续表

宫观名	创建年代	古址	今址	历史沿革	现存与否	代表人物	出处及影响
通明宫			南通市通州区平潮镇老墩村	2003年，平潮道教场所登记为平潮通明宫。	现存		《南通市志（1983～2005）》
白龙庙	明洪武十七年		江苏省南通市港闸区天生港镇街道白龙庙村	明崇祯年间赐额嘉宁观，2000年重建。	现存		《南通市志》
梅观堂道院	明		南通市崇川区文峰街道红星路	一名梅观道院，1993年恢复开放。	现存		《南通市志》《江苏省通志稿·崇教志》《中国道教1999—04—30》（《前进中的南通道教》）
城隍庙	北宋建隆二年	通州十字街东首	南通市崇川区濠东路199号	又名郡庙、邑庙，宋建隆二年知州王茂建。	现存		《南通市志》
古郡庙			南通市新群巷8号	原为静海县古城隍庙，遭江潮圮没，宋初迁现址。又名江海郡庙。	无存		《南通市志》
玄妙观	北宋天圣二年	通州治东南	南通市仓巷	原名天庆观，元至正二年重建，改今名。明洪武十五年设道正司于内。	现存。		《南通市志》《康熙扬州府志》《光绪通州直隶州志》

续表

宫观名	创建年代	古址	今址	历史沿革	现存与否	代表人物	出处及影响
南上真殿	北宋太平兴国五年		南通市掌印巷	又名真庆观。	无存		《南通市志》
南关帝庙			南通市南关帝庙巷	又名武安观。	无存		《南通市志》《光绪通州直隶州志》载州内共有二十一处关帝庙。
地藏殿	北宋咸平年间		南通市东门北街	又名九皇道院。	无存		《南通市志》
龙王庙	元延祐五年		南通市城西大街	汇通观，明永乐十八年重建。	无存		《南通市志》
籍仙观	后周广顺二年	通州治南澄江门外	南通市南门外三官殿巷	亦名三官观，又名灵官殿。民国二年春火灾烧去大部分庙宇。民国五年全部分庙观改建为有斐馆。1958年有斐馆改建为有斐饭店（现为南通非物质文化遗产馆）。	无存		《南通市志》《乾隆江南通志》《康熙扬州府志》《光绪通州直隶州志》《嘉靖南畿志》
东岳庙	唐大顺二年		南通市启秀路	即嘉宁观。宋嘉靖年间和明嘉靖三十三年先后重建。庙内设有两房道院，即嘉宁道院，即嘉石轩。民国元年改为图书馆。	无存		《南通市志》

附录　江苏道教宫观一览表　917

续表

宫观名	创建年代	古址	今址	历史沿革	现存与否	代表人物	出处及影响
北上真殿	北宋政和年		南通市城北	又名北极阁，知州郭凝建。曾一度成为佛寺。	无存		《南通市志》
云秀宫	清顺治初年		南通市幸福乡荷花池村	又名岳徐观堂，1958年改建为幸福中学。	无存		《南通市志》
栖云观	元延祐六年	通州余中场			无存		《光绪通州直隶州志》《万历通州志》
修真观	明弘治	通州金沙场东十里		即旧海门县庆真观。	无存		《光绪通州直隶州志》《万历通州志》
玉皇殿		通州城西南		郡人沈春雨建。	无存		《光绪通州直隶州志》《南通市志》
佑圣观	明正统	通州余东镇			无存		《乾隆江南通志·通州》《光绪通州直隶州志》《万历通州志》
无妙观	南宋宝庆二年	通州东南		初名天庆观，元至正二年改名玄妙观。	无存		《乾隆江南通志·通州》《万历通州志》
天妃宫	明洪武七年	通州西南	南通市任港北	郡人张景芳建，清康熙三年附建育婴堂。	无存		《乾隆江南通志·通州》《南通市志》

续表

宫观名	创建年代	古址	今址	历史沿革	现存与否	代表人物	出处及影响
佑圣观	南宋乾道		南通市石港镇	即玉皇殿。	无存		《南通县志》
城隍庙		泰县海安镇	海安市		无存		《民国泰县志稿》
佑圣观	唐贞观八年		海安市西场镇惠民北路	纪念西河县尉王旭光所建，定名祖师祠，唐显庆元年，敕封为祖师观，元元贞二年，敕封为佑圣观，2000年5月17日复建，坐落于西场镇西首。	现存	葛平	《海安县1993—2008》
祖师观		泰州海安镇东铺上官河		旧名妙贞观，古学宫旧址，明天顺五年改祀宋文信国公，后更名祖师观。	无存		《民国续纂泰州志》
三茅宫		泰州海安镇邑庙北巷内		后为京江会馆。	无存		《民国续纂泰州志》
大泽观	元大德	海门县西五十里		后制其地立张港巡检司，明宣德初重建。	无存		《嘉靖南畿志》
城隍庙	清嘉庆七年		南通市海门市茅家镇西市	1958年全部拆除。	无存		《海门市志》
玄妙观	清乾隆四十年		南通市海门市海门镇五港村	又名善庆堂，俗名玉皇堂。	无存		《海门市志》

续表

宫观名	创建年代	古址	今址	历史沿革	现存与否	代表人物	出处及影响
吕祖楼			南通市启东市吕四鹤城公园内	原址位于吕四镇中心，崇祯十三年堤圮楼倒，清代又选地重建，1968年拆毁，后移建于今址。	无存		《启东县志》
北三清殿	元末明初		南通市启东市吕四镇北端	清末有三尊大佛像搬入三清殿供奉，故又称三圣殿。	无存	羽胜陆、张雨亭	《启东县志》
灵威观	北宋政和元年	扬州府如皋县治河北	南通市如皋市如城镇霞路50号	初名祖师观，唐贞观十八年，名仁威观。北宋政和元年更名灵威观。明洪武十五年设到会司于此，正统五年修，如皋市于1995年东水关对面重建灵威观。	现存	曹合真	《南通市志》《南通市通志稿（1983~2005）》《江苏省通志稿·宗教志》《康熙扬州府志》《光绪通州直隶州志》
玉皇殿	清顺治十四年	扬州府如皋县北厢			无存		《康熙扬州府志》
通真道院	元泰定元年	通州如皋县丁堰镇		明洪武七年修。	无存		《江苏省通志稿·宗教志》
佑圣观	宋	扬州府如皋县丰利东北		即祖师庙，明万历十二年，清同治十三年修。	无存		《民国如皋县志》
栖云道院		扬州府如皋县伏河寺西		即礼斗坛。	无存		《民国如皋县志》

续表

宫观名	创建年代	古址	今址	历史沿革	现存与否	代表人物	出处及影响
关帝庙	南唐保大十年	南通市如皋市古运盐河北畔，灵威观原址以东	1995年因旧城改造拆除	亦称武庙，东晋时改作县衙，南唐保大十年县衙迁出，改建为道士观，元末废，明初重建，改为关王庙，主祀关羽，后加祀岳飞，又称关岳庙。1950年前后主殿改为如皋中学饭堂。	无存	清宪道士章赤臣	《如皋市志》
泰山行宫	明隆庆六年		南通市如皋市城中偏北	又名碧霞元君祠，清代与山下的伏海禅寺统称泰山庙，清乾隆十五年重修，1949年拆除。	无存		《如皋市志》
文昌阁	明嘉靖二十一年	如皋县东南隅		明知县谢绍祖始建，取崇尚《道德经》之意，名崇德楼，又名文昌宫，文昌楼，望江楼，文峰阁，文峰庙等	无存	谢绍祖	《如皋市志》
药王庙	唐	南通市如皋市城区迎春桥北侧河边	现存殿宇一座，位于如皋水绘园风景区内古东大街上	又称万仙楼，祀神农，唐后祀孙思邈。清乾隆三十六年重修扩建	现存	朱合经	《如皋市志》

续表

宫观名	创建年代	古址	今址	历史沿革	现存与否	代表人物	出处及影响
灵应道院	明洪武六年	扬州府如皋县治石庄坊北	南通市如皋市石庄镇张杨园居委会22组	道士李继祖建。	现存	李继祖	《康熙扬州府志》《光绪通州直隶州志》《民国如皋县志》
城隍庙	明洪武二年	如皋城东大街北状元坊东	2001年因中山路拓宽全部拆除。	为纪信为城隍，如皋人信仰城隍出巡，亦称"永镇东皋"。每年春秋举行城隍会，官员到任，先礼拜城隍，如遇疑案，常夜宿求梦。民国时改为楼房，更名中山堂。	无存		嘉庆《如皋县志》，《江苏道教》2013年6月
上真观	明	扬州府如皋掘港	南通市如东县掘港高级中学东侧	俗名上阵庙，清咸丰、光绪年间重修，原址于掘港西街，光绪年间重修，2000年建立道教活动点，易地于镇东北外环北路东转盘北首重建。	现存	朱洛、李拔云、经晨	《如东县志》《掘港镇志》《民国如皋县志》
城隍庙	明		南通市如东县南市河校扬桥北块		现存		《如东县志》
掘港龙王庙	清		南通市如东县东街头龙王桥西侧		无存		《如东县志》载两处，另一为栟茶龙王庙。

附录　江苏道教宫观一览表　921

续表

宫观名	创建年代	古址	今址	历史沿革	现存与否	代表人物	出处及影响
岔河东岳庙			南通市如东县岔河		无存		《如东县志》载两处，另一为丰利东岳庙。
岔河关帝庙	明崇祯八年		南通市如东县岔河边	原称关岳庙，又称武庙，道光三十年重修，清乾隆六十年，民国三十五年后被移作他用。	无存		《如东县志》
西三元宫	明万历四十年		南通市如东县掘港西关口	又名西三官殿，清乾隆五十八年僧止水募修。	无存		《掘港镇志》
大王庙	清		如东县掘港镇西南角	清道光十六年修，1943年为日军所毁。	无存		《掘港镇志》《如东县志》(1985)
都天庙	清		南通市如东县掘港镇正街上真观东隔壁	1951年改为如东县人民银行。	无存		《掘港镇志》《南通市志》
圣道观			南通市海安县城东镇西场西港路		现存		
扬州市地区共查到162座道观，尤具代表性者如下							
城隍庙	元至顺二年		扬州市文昌中路（现汶河中心小学）	明洪武二年遭火灾，重建，清雍正时郡县同祀于此，东侧是江都县庙，西侧是甘泉县庙，20世纪50年代改为汶河小学。	无存	孙归源 朱始恒	《江苏省通志稿·宗教志》

续表

宫观名	创建年代	古址	今址	历史沿革	现存与否	代表人物	出处及影响
槐古道院			扬州市区驼岭巷内	又称槐荫道院。	无存		《扬州市志》
二郎庙	明正统		扬州市区东关街开明巷	又称二郎行祠，解放前系前文昌阁下院。	无存		《扬州市志》
元妙观		扬州府城东北		旧名天庆观，元至元年间改元妙观。	无存	冯道原、雷希复、官上与龄	《雍正扬州府志》《光绪增修甘泉县志》《康熙扬州府志》，元·程钜夫《扬州重建元妙观碑记》
浮山观	南宋嘉泰	扬州府江都县治西		即禹王庙，元至正七年道士俞宗大重建，明洪武元年道士张道两修，嘉靖十年重修。	无存	俞宗大	《雍正扬州府志》《万历江都县志》
元真观	南宋咸淳五年	扬州府江都县瓜洲镇便益门		一作玄真道院，道士龚秋岩建，明洪武八年道士王思喜重建，正统八年道士陈以亨重修，清道光十年后纪于江。	无存	龚秋岩、王思喜、陈以亨	《雍正扬州府志》《民国江都县续志》《万历江都县志》《康熙扬州府志》《光绪江都县续志》
元真观		扬州府江都县郭村镇			无存		

续表

宫观名	创建年代	古址	今址	历史沿革	现存与否	代表人物	出处及影响
天宝观	明万历十六年	扬州府江都县南门外官河东用里庄		明万历间山西之经商于扬州者公建，清乾隆二年重修，咸丰间兵毁。	无存	丁明志	《雍正扬州府志》《扬州市志》《乾隆江都县志》
玉皇阁		扬州府江都县瓜洲镇东关外		相传即龟山寺故址，清乾隆四十二年重修。	无存		《雍正扬州府志》《嘉庆重修扬州府志》《嘉庆江都县续志》，《光绪江都县志》
崇道宫	宋	扬州府江都县			无存		《雍正扬州府志》《光绪增修甘泉县志》，徐铉撰有《新建崇道宫碑记并序》
天妃宫		扬州府江都县南门官河河岸		旧在扼江门内，明嘉靖间移建于此，清康熙五年重建，乾隆三年重修，嘉庆初娄加修葺。	无存		《雍正扬州府志》《嘉庆江都县志》《嘉庆江都县续志》
真一坛	明崇祯	扬州府江都县南门外通汇桥		即真一道观，又名真一堂道观，清康熙六年重建，道光二十年重修，毁于咸丰年间。	无存	徐同松	《嘉庆重修扬州府志》《光绪江都县续志》《民国江都县续志》

附录　江苏道教宫观一览表

续表

宫观名	创建年代	古址	今址	历史沿革	现存与否	代表人物	出处及影响
庆真坛		扬州府江都县挹江门外官河对岸			无存		《嘉庆重修扬州府志》《民国江都县续志》
三清观		扬州府江都县			无存		《乾隆江都县志》
孚佑宫		扬州府江都县湾头镇		古名长生祠，清咸丰二年，邑人张庆生重建。	无存		《江苏省通志稿·宗教志》
仙女庙		扬州府江都县城东北仙女镇			现存		《江苏省通志稿·宗教志》《酉阳杂俎》
碧霞元君行祠	明嘉靖四十三年	扬州府江都县东水关运河东岸		一名泰山行宫，俗名奶奶庙。	无存		《康熙扬州府志》
赞化宫	清乾隆	扬州府甘泉县旧城前李府街	扬州市区赞化巷西首北侧	原名吕祖庙，清乾隆四年改建为赞化宫，祀孚佑帝君、正阳帝君，同治、光绪年间重修。	无存	赵一峰	《扬州市志》《光绪增修甘泉县志》
蕃釐观	西汉元延二年	扬州府甘泉县大东门外		初为后土祠，一名琼花观。唐中和二年，易名唐昌观，未政和年间赐额蕃釐观（蕃釐观）。1993年重修。	现存	吕用之、金大宁、张清伦、高一元、朱太佺、莫月鼎	《雍正扬州府志》《广陵区志》《续吴都志》《江苏省通志稿·宗教局》《光绪增修甘泉县志》

续表

宫观名	创建年代	古址	今址	历史沿革	现存与否	代表人物	出处及影响
元帝观	元皇庆	扬州府甘泉县小东门内日巷口		清顺治三年住持陈林恺重修。	无存	陈林恺	《雍正扬州府志》《乾隆江南通志》《康熙扬州府志》
明真观	元至治二年	扬州府甘泉县城东南隅寿安寺东		道士周源宏建，明洪武三十一年重建，景泰元年道士周永芳增修，成化三年纪，后重修。	无存	周源宏、张道涮、周永芳、李永靖	《雍正扬州府志》《光绪增修甘泉县志》《乾隆江都县志》
佑圣观	明洪武八年	扬州府甘泉县运司治东		明洪武八年道士李一清建，宣德七年道士朱真庆重建。	无存	李一清、朱庆真	《雍正扬州府志》《江苏省通志稿·宗教志》
佑圣观	元至正	扬州府甘泉县邵伯镇		"旧志皆以为佑圣道院"，明洪武十三年道士符春浩重修，二十四年归并蕃厘观。	无存	王瀹渊、符春浩	《雍正扬州府志》《江都县志》《万历江都县志》《光绪增修甘泉县志》
碧天观		扬州府甘泉县北门外		在元代丰乐酒库旧址。	无存		《雍正扬州府志》《光绪增修甘泉县志》
玉皇阁	明天启	扬州府甘泉县邵伯镇罗令祠旧址		东鲁道士刘化芳建，清康熙间重修。	无存	刘化芳	《雍正扬州府志》《乾隆江都县志》《江都县志》
萃灵宫		扬州府甘泉县新城董子祠侧			无存		《雍正扬州府志》

附录 江苏道教宫观一览表

续表

宫观名	创建年代	古址	今址	历史沿革	现存与否	代表人物	出处及影响
斗姥宫		扬州府甘泉县北门外红桥东		邑人罗光荣重建，清康熙四十六年赐"大智光"三字额。	无存		《雍正扬州府志》《光绪增修甘泉县志》《江苏省通志稿·宗教志》
东岳行宫		扬州府甘泉县新城洗马桥		旧名东岳庙，在拱辰门外。	无存		《光绪增修甘泉县志》
武当行宫	晋	扬州府甘泉县大东门外臣止马桥	扬州市广陵区东关街300号	旧名真武庙，明宣德三年知府陈贞重建，嘉靖间重修。	现存	周长仙、朱景良	《雍正扬州府志》《光绪增修甘泉县志》
江神庙	西汉		扬州市邗江区京口对岸	又称江海潮神祠，原址因江岸经移建，沿至清代改称江神庙，雍正九年改建于瓜洲镇江口。	无存		《邗江县志》
仪真观	北宋大中祥符	扬州府仪征县西十里		北宋大中祥符六年开封建玉清昭应宫择地，范铸司天言建安军西小山堪以铸像，及成，迎奉赴阙，即其地建天庆天仪真观，后又别建天庆观，庆元间重建，开禧间兵毁，南末嘉定间复建。	无存		《雍正扬州府志》《道光重修仪征县志》

续表

宫观名	创建年代	古址	今址	历史沿革	现存与否	代表人物	出处及影响
元妙观		扬州府仪征县旧儒学西		即天庆观，北宋政和中分建，明洪武中更名，嘉靖中归其地于学宫，观有道藏。	无存		《雍正扬州府志》《嘉庆重修扬州府志》
长生观	元皇庆	扬州府仪征县东十里河北		元有莹嘴子李道纯住观内，世传其得道飞升，故又号升仙观。	无存	李道纯、刘道远	《雍正扬州府志》《道光重修仪征县志》《康熙仪真县志》
通真观	元大德十一年	扬州府仪征县东南十五里		一名通真万寿宫，五峰老人雷希复建。后渐衰废，明万历末年汪钺重建，清乾隆三十四年道士李复标募修。	无存	雷希复、李复标	《雍正扬州府志》《道光重修仪征县志》
神霄宫	北宋宣和	扬州府仪征县		即乾明寺址，宋宣和中改建，南末乾道间复为寺。	无存		《雍正扬州府志》
碧霞行宫	明万历	扬州府仪征县八字桥		又名碧霞元君庙，俗名奶奶庙，清乾隆五十八年重修。	无存		《道光重修仪征县志》载四处，一在县西门外，一在中闸河滨，一在县南门内。《雍正扬州府志》

续表

宫观名	创建年代	古址	今址	历史沿革	现存与否	代表人物	出处及影响
真武殿	明洪武	扬州府仪征县南门内		一名真武庙，明宣德中重建，正德间增拿。	无存		《雍正扬州府志》《道光重修仪征县志》《康熙扬州府志》《康熙仪真县志》
火星观		扬州府仪征县治东		清康熙间僧尔王重修。	无存		《康熙扬州府志》
清源真君庙	南宋嘉定	扬州府仪征县东十一里		明洪武建修葺。	无存		《康熙扬州府志》《康熙仪真县志》
城隍庙	南宋绍兴三十二年	扬州府仪征县治东		旧在州治东北，南宋开禧间毁于兵火，嘉定三年重建，元季频纪，明洪武二年重建，明清多次修葺。	无存		《道光重修仪征县志》
九龙将军庙	明成化	扬州府仪征县临江河口九龙桥西		清乾隆四十年重修。	无存		《道光重修仪征县志》
萧公庙	明洪武	扬州府仪征县城南钥匙河滨		祀水神，舟人多祷之，清乾隆五十九年记，后重建。	无存		《道光重修仪征县志》
康公庙	唐咸通	扬州府仪征县义城村		俗称古镇明王庙，南宋开禧年间兵毁，嘉定间重建于城西。	无存		《道光重修仪征县志》

续表

宫观名	创建年代	古址	今址	历史沿革	现存与否	代表人物	出处及影响
都天庙	明	扬州府仪征县新城镇东二里		明宣德间重修，清康熙四十八年重修，改扩庙基，增于旧者十之三。	无存		《道光重修仪征县志》
九江王庙	宋初	扬州府仪征县神山		明洪武间再建，永乐间重修。	无存		《道光重修仪征县志》
清元真君庙	南宋嘉定	扬州府仪征县东十里		俗名二郎庙，明洪武间修葺。	无存		《道光重修仪征县志》
东岳庙	南宋嘉定	扬州府仪征县东门外河北	扬州市仪征市真州镇东	一名东岳行祠，旧在儒学东，后废为都府地。后移建东门外河北，明永乐初重建，并受诰封"敕赐东岳庙"，嘉靖中毁为漕台，1996年恢复重建。	现存		《道光重修仪征县志》《扬州市志 1988—2005》《仪征市志 1988—2006》
都火星庙	明	扬州府仪征县原县黎院东、梓潼墩西		清康熙五年重建，乾隆六年增建云壁轩。	无存		《道光重修仪征县志》
八蜡庙		扬州府仪征县北门外二里，北山上		明万历间建真武殿于前，移入蜡神于后，蜡祭废。	无存	李鉴	《道光重修仪征县志》

附录 江苏道教宫观一览表 931

续表

宫观名	创建年代	古址	今址	历史沿革	现存与否	代表人物	出处及影响
三坛庙	明洪武	扬州府仪征县三坝南，外河之滨		祀水神，清康熙中修。	无存		《道光重修仪征县志》
广惠庙		扬州府仪征县治平院东		为正顺忠佑济灵昭烈王祠，南宋绍熙间改建于仪真观西，明洪武间再建。	无存		《道光重修仪征县志》
沙镇大王庙		扬州府仪征县郭公堍沙		俗传为汉末郭公堍庙。	无存		《道光重修仪征县志》
张康二侯庙	宋	扬州府仪征县团窝		元至正中重修，后移建于县东四十里石人头镇。	无存		《道光重修仪征县志》
茅司徒庙	元大德	扬州府仪征县东十三里		俗呼为瓦庙，明永乐中再建。	无存		《道光重修仪征县志》
三圣大仙庙	宋	扬州府仪征县城南仓巷		为女仙祠。	无存		《道光重修仪征县志》
张仙庙	明	扬州府仪征县大教场南		又建玉虚阁于教场西，清乾隆三十一年毁。	无存		《道光重修仪征县志》
财神庙	明万历	扬州府仪征县草巷前中街		后更为五神庙，清雍正初，改为华光财神庙。	无存		《道光重修仪征县志》载三处，一在大市口，一在水响闸东。

续表

宫观名	创建年代	古址	今址	历史沿革	现存与否	代表人物	出处及影响
炼阳庵	元大德	扬州府高邮州新城遐观桥东北		一名洞阳观，后有炼阳楼供奉吕祖。明清屡有毁建，清乾隆五十八年建雷祖阁。	无存	盛心渊	《雍正扬州府志》《光绪再续高邮州志》
通真庵	元至中	高邮州治北一百二十里时堡镇		道士张复庵建。	无存	张复庵	《雍正扬州府志》《嘉庆高邮州志》
东岳庙	北宋太平兴国年间	高邮市					《嘉庆高邮州志》
元妙观	南宋淳熙	高邮州市桥东		即玄妙观，道士高南山建，明洪武初道士钱得真修，永乐十年道士计永谦重修，清康熙二年道士周中行募修，五十一年邑人及僧山林重建	无存	高南山、钱得真、计永谦、周中行	《雍正扬州府志》《嘉靖南藏》《嘉庆高邮州志》
白鹤观		扬州府高邮州		即后土夫人祠，又名后土夫人庙。	无存		《雍正扬州府志》《康熙扬州府志》
佑圣观		扬州府高邮州城东关缟上		明万历中改为寿佛寺。	无存		《雍正扬州府志》

续表

宫观名	创建年代	古址	今址	历史沿革	现存与否	代表人物	出处及影响
碧霞宫	明弘治三年	扬州府高邮州治北三里		旧名泰山元君祠，明嘉靖三十六年倭毁，四十五年改名碧霞行宫，隆庆三年重修，万历四年道士徐守亿募修。	无存	徐守亿	《雍正扬州府志》《嘉庆高邮州志》
常住庵		扬州府高邮州临泽镇		清道光间圯记，咸丰四年道人陈士彪募建，住持僧自如置田。	无存		《光绪再续高邮州志》
文昌阁		扬州府高邮州		即南斗坛，四季施药，光绪十三年重建吕祖殿、老君堂等。	无存	相来元、刘万凤	《光绪再续高邮州志》《民国三续高邮州志》
赞化宫		扬州府高邮州		即东斗坛，一名东药局，施药施棺。	无存		《光绪再续高邮州志》
三茅行宫		扬州府高邮州永清寺西		永清寺住持兼管。	无存		《光绪再续高邮州志》
城隍庙	明洪武四年		扬州市高邮县政府东		无存		《扬州市志》《高邮县志》
泰山庙	北宋太平兴国	高邮州小东门外	扬州市高邮市	又名东岳行宫，明清间多次重修。	现存	李守坚	《高邮县志》《嘉靖南畿志》
南斗坛	清康熙三十九年		扬州市高邮市南门内东	始名文昌阁。	无存		《高邮县志》

续表

宫观名	创建年代	古址	今址	历史沿革	现存与否	代表人物	出处及影响
东岳观	明洪武十三年	扬州府高邮州治北六十里界首镇		明永乐间重修，清康熙四十九年道士韩静山募修。	无存	韩静山	《嘉庆高邮州志》
元妙观	明洪武二年	扬州府宝应县东宁国教寺西		明洪武二年道士于敬德重建。	无存	于敬德	《雍正扬州府志》《宝应城镇志》《万历宝应县志》
泰山殿			扬州市宝应县运河路352	一名碧霞行宫。	现存		《雍正扬州府志》
三官殿	明嘉靖十七年	扬州府宝应县西门外运河西		明万历十七年重修。	无存		《万历宝应县志》，《雍正扬州府志》载四处，一在黎城镇，一在平江庄西，一在氾水镇。
二郎庙		扬州府宝应县槐楼镇		一名清祠。	无存		《万历宝应县志》
东岳庙		扬州府宝应县忠佑桥东南		南宋绍熙元年兵毁，明洪武五年重建，正统二年重修。	无存		《万历宝应县志》
崇真庙	明洪武六年	扬州府宝应县治东一里		明永乐十七年，弘治二年重修。	无存		《万历宝应县志》

续表

宫观名	创建年代	古址	今址	历史沿革	现存与否	代表人物	出处及影响
关王庙	明洪武二十年	扬州府宝应县北街东		旧在北瓮城内街东，明嘉靖十年改建于墟北街东。	无存		《万历宝应县志》
大王庙	明万历三十一年	扬州府宝应县南门外		即离明宫。	无存		《宝应城镇志》《江苏省志·宗教志》
天枢道院		扬州府宝应县小南门城根		又名内坛。	无存		《宝应城镇志》
东都天庙	明嘉靖	扬州府宝应县端芝桥西		清乾隆三十六年重建。	无存		《宝应城镇志》
刘猛将军庙		扬州府宝应县城东		旧名太平庵，俗称人咋庙。	无存		《宝应城镇志》
泰州市地区共查到130座道观，尤具代表性者如下							
仙源万寿宫	南朝梁大同	泰州治东南		又名三清殿，初为乐真观，南朝梁大同以乐子长故宅为观，在乐真桥（一说在西门内经武桥西），唐大中间移建此地，北宋大中祥符间改为天庆观，崇宁中虚静冲和先生徐守信赴阙议扩建，大观间赐仙源万寿宫名，建炎间遭兵燹，复建于城东五百步。	无存	徐守信	《雍正扬州府志》《道光泰州志》

续表

宫观名	创建年代	古址	今址	历史沿革	现存与否	代表人物	出处及影响
碧霞行宫		泰州治西南		一名生祠。	无存		《雍正扬州府志》
大隐观	南宋建炎	泰州之谯楼西		南宋建炎间海陵仙人高先生舍宅为庵，名曰大隐，后修真成道，遂称大隐观，清嘉庆七年更名玉皇宫。	无存	朱庆华	《雍正扬州府志》《道光泰州志》《民国泰县志稿》
新城佑圣观	明洪武	泰州治北新城东		一名城观。	无存		《雍正扬州府志》《道光泰州志》
上真殿		泰州北门外壕上		俗名中天盨庙，清光绪十五年道士王蕴卿重修。	无存	王蕴卿	《雍正扬州府志》《民国续纂泰州志》
三官殿		泰州治西伏龙桥东		清光绪三十一年高邮道士陈本明募修。	无存	陈本明	《雍正扬州府志》《民国续纂泰州志稿》
三官殿		泰州东北太平坊		僧人住持。	无存		《雍正扬州府志》《民国泰县志稿》，另有一处在州治东北太平坊
天后宫		泰州北门内大街		即福建会馆。	无存		《道光泰州志》

附录　江苏道教宫观一览表　937

续表

宫观名	创建年代	古址	今址	历史沿革	现存与否	代表人物	出处及影响
万寿宫		泰州北门内大街		一名柱宫，即江西会馆。	无存		《道光泰州志》
斗姥宫	晋	泰县八字桥西南	泰州八字桥西街	初为晋王冶（王仙翁）诞生地，五代后周显德五年建仙翁神祠，北宋建隆年间改名吕祖祠，兼祀王冶，南宋建炎三年废，元泰定年间重建，改名斗姥宫，清嘉庆间重修，清末荒芜。	现存，改作他用	王冶	《江苏省志·宗教志》《民国泰县志稿》
城隍庙		泰县县署东	泰州市海陵区邑庙街22号		现存		《民国泰县志稿》
都天行宫	清康熙初	泰州西仓桥东	泰州海陵区西仓桥东引桥北侧东进西路60号	清康熙初年就古社樱坛旧址所建，清光绪二年，民国二十二年，2006年重修。	现存		
城隍庙	清顺治六年	常州府靖江县生祠镇中街	靖江市渔婆北路西郊公园北侧	2002年，靖江城隍庙恢复重建于渔婆北路西郊公园北侧。	现存		《康熙常州府志》《康熙靖江县志》
孤山东岳庙	明正德十年	常州府靖江县孤山顶			无存		《康熙常州府志》

续表

宫观名	创建年代	古址	今址	历史沿革	现存与否	代表人物	出处及影响
旧东岳庙	明	常州府靖江县东新港		明嘉靖四十四年重建。后迁至隐山园生祠镇西里许。	无存		《康熙常州府志》
东岳庙		靖江县三官巷街北		旧在演武场东南，清嘉庆同移建于此。	无存		《光绪靖江县志》载两处，另一在焦山园北界河沿，建于明代。
元真观	三国吴赤乌元年	常州府靖江县简前港西，去县十七里		本名紫微宫，明景泰三年重建改今名，正德十年重修。	无存		《康熙常州府志》《隆庆新修常州志》《光绪靖江县志》《万历重修常州府志》
关帝庙		常州府靖江县南门外		明嘉靖三十年毁，后复建。	无存		《康熙常州府志》载两处，另一在孤山东南里许。
真武殿		常州府靖江县北门外二里		明万历间僧如慧增建禅堂，柱国改法藏庵，清道光间重修。	无存		《光绪靖江县志》
玉皇殿	明嘉靖	常州府靖江县西南寒山闸旁		僧宇襄建，后楚静庵增建，前为玉皇殿，后为华严庵。	无存		《康熙常州府志》《光绪靖江县志》
朝阳殿	明成化十年	常州府靖江县西门外直街尽处		明崇祯十一年、清咸丰四年重修。	无存		《康熙常州府志》《光绪靖江县志》

附录　江苏道教宫观一览表

续表

宫观名	创建年代	古址	今址	历史沿革	现存与否	代表人物	出处及影响
烈帝殿	清顺治五年	常州府靖江县北门外		即鹤云庵。	无存		《康熙常州府志》
龙王祠	明洪武	常州府靖江县西北五里		亦名龙王庙。	无存		《康熙常州府志》《光绪靖江县志》
天妃宫	明崇祯	常州府靖江县洪港侧		亦名天后庙，明崇祯建，未几圮，清康熙五十年重建，乾隆五十六年移建于寨山闸。	无存		《康熙常州府志》
桐山行宫		常州府靖江县东门外直街尽		又名桐山殿，明末于殿后建海云庵。	无存		《康熙常州府志》《光绪靖江县志》
斗元宫	清顺治五年	常州府靖江县北门外			无存		《靖江县志》《光绪靖江县志》
玄真院	南宋嘉泰元年	常州府靖江县西沙大新港，去县十五里		初名紫微宫，元末废，明洪武元年重建，改名玄真院。	无存		《成化重修毗陵志》
药王庙	清乾隆三十五年	常州府靖江县崇圣寺甬道左		即三皇庙，旧在东关外悟真观东，后迁至崇圣寺甬道左。	无存		《光绪靖江县志》

续表

宫观名	创建年代	古址	今址	历史沿革	现存与否	代表人物	出处及影响
文兴庙	明万历三十年	常州府靖江县西关外鸡鹅市西		祀关圣大帝。	无存		《光绪靖江县志》
都天江神庙		常州府靖江县东塔寺旁		旧称东平庙。	无存		《光绪靖江县志》
三官殿	明崇祯	常州府靖江县西三十里隐山团生祠镇		初名石相三官殿。	无存		《光绪靖江县志》载四处，一在薯因镇三义庙旁，一在永庆团丁墅团庙树港边。《康熙靖江县志》载二处，录为"三元行宫"。
三茅殿	明隆庆四年	常州府靖江县南门外太平河东		清道光二十五年重修。	无存	张有静	《光绪靖江县志》载四处，一在生祠镇，一在柏木桥镇，一在刘闹沙四墩子镇。
延禧观	明天启	常州府靖江县西二十五里焦山团		又名三官殿，清康熙间重修。	无存	曹建诚、季柏龄、徐明伦	《光绪靖江县志》《康熙靖江县志》

续表

宫观名	创建年代	古址	今址	历史沿革	现存与否	代表人物	出处及影响
悟真观	清康熙九年	常州府靖江县东门外			无存	周演道	《光绪靖江县志》
十王殿	清康熙年	常州府靖江县东门外宋家市北		祀东岳神，清嘉庆间修。	无存		《光绪靖江县志》
鹤祥庵	清康熙三十一年	常州府靖江县元山团			无存		《光绪靖江县志》
城隍庙	明成化八年	常州府靖江县察院东	泰州市靖江市靖城镇西郊村杨家圩	明正德元年重修，曾名小关庙，2006年更名为城隍庙。	现存	展丹衷	《康熙常州府志》《扬州市志》
文昌宫			泰州市靖江市生祠镇红英村项家圩		现存		
佑圣观		泰兴县永丰镇			无存	张展庵	《嘉靖南畿志》
延祐观	唐永徽五年	泰兴县东南庆延铺	泰兴市飞凤路	北宋景德中赐额，明洪武、成化、嘉靖间增修。	无存		《乾隆江南通志·通州》《嘉靖南畿志》《光绪通州直隶州志》《江苏省通志稿·宗教志》

续表

宫观名	创建年代	古址	今址	历史沿革	现存与否	代表人物	出处及影响
万寿观	唐开元四年	泰兴县东南			无存		《乾隆江南通志·通州》
东岳庙	明嘉靖四十三年	泰兴县通济铺	泰兴县城区北门高桥		无存		《泰兴县志》《光绪泰兴县志》载
三官殿		泰兴县口岸镇南一里	泰兴县口岸东兴街	1917年重修。	无存		《泰兴县志》《民国泰兴县志稿》
关帝庙	北宋咸平二年		泰州市泰兴市广陵镇广陵居委会		现存		《泰兴县志》
城隍庙	唐		泰州市泰兴市济川街道东联社区邑庙街	宋明清多次修缮。	现存		《扬州市志》《泰兴县志》
集真观	东晋		泰州市姜堰市天目山	王冶隐居此地建庙修道，南朝梁昭明太子曾至此朝拜，唐高宗赐名兴安观，宋神宗赐名集真观，后移至山桥南侧，更名积善庵。	无存		《泰县志》
泰和宫	清咸丰		泰州市姜堰区兴泰镇沙垛村		现存		《姜堰市志》

附录 江苏道教宫观一览表

续表

宫观名	创建年代	古址	今址	历史沿革	现存与否	代表人物	出处及影响
三清观	北宋大观三年	扬州府兴化县西门外阳由里		初名真武祠，南宋景定二年改今名，明成化中道士杨绍甫重修。	无存	杨绍甫	《雍正扬州府志》《咸丰重修兴化县志》
开元观	唐大历	扬州府兴化县治大街来范里		即华阳洞天别业，北宋宣和中重修，南宋淳熙十四年再建，元至正十三年兵毁，明洪武元年、永乐三年，清道光间重修。	无存	储大川、杨绍甫	《雍正扬州府志》《康熙扬州府志》《咸丰重修兴化县志》
四灵观	元至正	扬州府兴化县字鹤里		即古四圣道堂，又名四圣观。后为民居，又复建，清康熙中毁。	无存		《雍正扬州府志》《嘉靖南畿志》
佑圣观		扬州府兴化县太平里		后改范公祠。	无存		《雍正扬州府志》
玉虚观	明景泰	扬州府兴化县治南门，升仙里		即真武庙。	无存		《雍正扬州府志》《嘉靖南畿志》
华神庙	明	扬州府兴化县中营二铺		明万历庚子年重建，额云：汉孝廉华元化先生祠。	无存		《康熙兴化县志》
三官堂	明洪武二年	扬州府扬州府兴化县沧浪里		明嘉靖二十五年改备忠祠，天启中重建于闾桥南。	无存		《康熙兴化县志》《雍正扬州府志》
柴仙祠	明	扬州府兴化县南门升仙里		初名升真观，升仙祠，祀柴默庵。	无存		《康熙兴化县志》

续表

宫观名	创建年代	古址	今址	历史沿革	现存与否	代表人物	出处及影响
东岳庙	唐贞观五年		泰州市兴化市牌楼东路41号	南宋嘉定四年重建，明嘉靖十七年修葺，1982年将轩辕殿五间改建为农民文化宫，1992年复为道观并重新开放，属正一道派。	现存		《江苏省通志稿·宗教志》《康熙常州府志》
三清观	1911年		泰州市兴化市竹泓镇三清观	1911年，竹泓解家舍建吕主坛，1921年重建为三清观。	现存		《兴化市志》
城隍庙	明		泰州市兴化市牌楼西路	1987年改为佛教寺庙，更名"宝严古寺"。	现存		《扬州市志》
淮安市地区共查到122座道观，尤具代表性者如下							
三元宫			淮安市淮安区城镇板闸南街	后正殿被火焚毁，清乾隆十七年复建。	现存		道教之音网站
东岳庙	唐贞观	淮安府山阴县旧城震隅	淮安市淮安区楼东路淮楼东路150—6号	旧传唐贞观同程知节守衢于此创建。明永乐间，都指挥施文衡重建。明宣德、成化、清咸丰间又修。	现存		《正德淮安府志》
城隍庙	南宋绍兴	淮安府治东南		北宋政和九年，赐庙额曰"灵显"。天顺八年，知府杨昶昶捐礼劝义民常彦斌等重建。	无存	胡天培、陈外仙	《正德淮安府志》《淮阴市志》
龙王庙		淮安府城东门外		明崇祯元年重建。	无存		《乾隆淮安府志》

附录　江苏道教宫观一览表　945

续表

宫观名	创建年代	古址	今址	历史沿革	现存与否	代表人物	出处及影响
淮渎庙		淮安府山阳县河下镇罗家桥		清乾隆十年重修。	无存		《河下志》,《乾隆淮安府志》载两处,另一在新城北门外。
孚佑帝君庙		淮安府山阳县河下镇粉章巷		又名联云道院。	无存		《河下志》
五显庙	唐贞观	淮安府山阳县大圣桥西		俗称灵官庙,清乾隆住持僧圆福募修,改名五福庵。	无存		《乾隆淮安府志》
楚元王庙		淮安府山阳县,去郡治西南数十步		旧庙在运河西。后移庙中祀之。	无存		《正德淮安府志》
玄妙观		淮安府山阳县城西		于唐白鹤观旧基建,北宋大中祥符中赐额"天庆"。南宋隆兴二年兵毁,乾道五年重建。元代更名"玄妙",至正同又毁。明洪武九年,提点孙处仁重建。清废。	无存		《正德淮安府志》《乾隆淮安府志》
紫霄宫	汉	淮安府山阳县东南		旧名紫极宫,前有程咬金基。永乐间,都指挥施文重建。正统六年,道士焦惟一重修。弘治十七年,住持许玄勋重建。	无存	焦惟一、许玄勋	《正德淮安府志》

续表

宫观名	创建年代	古址	今址	历史沿革	现存与否	代表人物	出处及影响
老君殿	南宋嘉定	淮安府山阳县治西北隅郭家池东		即唐之全真庵。宋末兵毁，元泰定二年重建。正统八年，道士李洞然重修。	无存	李洞然	《正德淮安府志》《乾隆淮安府志》
灵慈宫		淮安府山阳县城西南隅		旧名紫籨宫，又称天妃宫，环池植柳，名万柳池。宋嘉定间，楚州安抚贾涉重建。末毁，元至正又建，明宣德间改今名，凡漕运之香火在焉。	无存		《正德淮安府志》《乾隆淮安府志》
灵慈宫	明	淮安府山阳县新城大北门里		大河漕运官建，又称天妃宫。	无存		《正德淮安府志》
灵慈宫		淮安府山阳县清江浦工部前		宣德间平江伯陈瑄建，敕赐今额，少师杨士奇记，又称天妃宫。	无存		《正德淮安府志》
清源宫		淮安府山阳县淮安卫东		即二郎庙。	无存		《正德淮安府志》《乾隆淮安府志》《同治重修山阳县志》
灵观庙		淮安府山阳县旧城大圣桥西		都纪沈水吉住持。	无存	沈水吉	《正德淮安府志》

续表

宫观名	创建年代	古址	今址	历史沿革	现存与否	代表人物	出处及影响
雷神殿	唐	淮安府山阳县旧城北门外，夹城			无存		《正德淮安府志》《乾隆淮安府志》
天兴观	唐贞观	淮安府山阳县去治西北三里，河下茶巷		即三官殿，今仍未额。	无存		《正德淮安府志》《乾隆淮安府志》
太清观	晋初	淮安府山阳县大清观坊		建于未有城之先。有正统十二年敕书。康熙五十三年，火毁大殿，敕书烧损，而御玺年月俱全，有仙人朝见石，跪迹犹存。	无存		《正德淮安府志》《乾隆淮安府志》《同治重修山阳县志》
三元宫	宋末	淮安市清江浦钵池山		宋末，该地建有乾元道院，毁纪后，又建三元宫，清乾隆三十年被水冲没。	无存	闾永珠	《淮阴志》
斗母宫	明天启	淮安府山阳县清江浦工部前岛上	淮安市轮埠路141号	清乾隆三年，十五年增建。20世纪50年代毁没。2014年随着轮埠路的大规模整修而重建于轮埠路141号。	现存		《乾隆淮安府志》
洞阳宫	清康熙二年	淮安府山阳县清江浦		清乾隆四十九年，嘉庆二十二年重建。	无存		《正德淮安府志》《光绪丙子清河县志》

续表

宫观名	创建年代	古址	今址	历史沿革	现存与否	代表人物	出处及影响
古乾元阁	明	淮安府山阳县		又称玉皇阁。	无存		《正德淮安府志》《乾隆淮安府志》
三仙楼		淮安府山阳县郡治西南万柳池后		祀汉钟离、吕纯阳、李铁拐三仙。	无存		《正德淮安府志》《乾隆淮安府志》
彤华福星宫		淮安府山阳县三条巷地方		清康熙五十六年重建。	无存		《乾隆淮安府志》
天仙行宫	明正德四年	淮安府清河县治西二里		清康熙七年，平南王世子俺哒公尚之信舟渡吴城，捐俸饬县重修。	无存		《正德淮安府志》
上真观	宋	淮安府清河县治东北里		明永乐间重建。	无存		《正德淮安府志》《乾隆淮安府志》
马神庙		淮安府清河县治西二里		明成化间重修。	无存		《正德淮安府志》《乾隆淮安府志》
上真观		淮安府安东县治东北一里许大飞镇		即徐依稀修道之所，元季兵毁，洪武元年，道士稽志新重建。	无存	徐依稀、稽志新	《正德淮安府志》《光绪安东县志》

附录　江苏道教宫观一览表

续表

宫观名	创建年代	古址	今址	历史沿革	现存与否	代表人物	出处及影响
龙王庙		淮安府东县治东南二百九十步		即柴沟龙神。元谥曰英白龙之神，元季兵毁。洪武三年重建，永乐八年重修。	无存		《正德淮安府志》
瑞岩观	北宋	淮安府盱眙县玻璃泉南石岩上		北宋女冠朱妙真建，原名瑞延庵，明代改名瑞岩观，永乐同修。	无存	朱妙真	《乾隆江南通志·泗州》《淮阴市志》
东岳观		盱眙县治东半边山北麓	淮安市盱眙县城仓门口北上	供奉东岳大帝。	无存		《光绪盱眙县志》《光绪盱眙县志稿》
玉皇阁			淮安市盱眙山之间山坡上	原名太平宫。	无存		《盱眙县志》

宿迁市地区共查到82座道观，尤具代表性者如下

城隍庙	明洪武二年	淮安府宿迁县治南半里许		明永乐十二年重修。	无存		《正德淮安府志》
玉虚观	明洪武四年	淮安府宿迁县治正北二里许		道士刘善政因旧基创建，正统十四年重建。	无存	刘善政	《正德淮安府志》《乾隆江南通志·徐州府》《嘉靖重修一统志》
东岳庙		宿迁县旧治南		元至正四年重修。	无存		《民国宿迁县志》《同治徐州府志》

续表

宫观名	创建年代	古址	今址	历史沿革	现存与否	代表人物	出处及影响
天后宫		宿迁县新盛街		即福建省馆。	无存		《民国宿迁县志》
镇黄龙王庙		宿迁县西堤上		祀桃源刘真君。	无存		《民国宿迁县志》
三元宫		宿迁县城内		原在灵杰山，与泰山行祠相连，明崇祯八年迁学其址，与学互易，仍与行祠相连。	无存		《民国宿迁县志》
三清观	南宋咸淳九年	泗州治西		明洪武三十年重修。	无存		《乾隆江南通志·泗州》
真武庙	唐贞观元年	古泗州城南门外		北宋元祐二年重修，清康熙十九年，庙与城同没于水。	无存		《乾隆江南通志·泗州》
龙王庙	明洪武二十五年	淮安府泗阳县治北二百步		明景泰五年重修，清同治元年知县张景贤拆之以建县署，迁像于北门火神庙。	无存		《正德淮安府志》《民国泗阳县志》
三元宫		淮安府泗阳县治东百步		明万历十八年重建。	无存		《正德淮安府志》《乾隆淮安府志》

续表

宫观名	创建年代	古址	今址	历史沿革	现存与否	代表人物	出处及影响
王母殿	清康熙六十年	淮安府泗阳县南门外		清康熙六十年重建。	无存		《正德淮安府志》《乾隆淮安府志》《民国泗阳县志》
奶奶庙	宋	泗阳县治西四里许		一名碧霞古院,清顺治十五年移建于城东女功山而附近居民仍募建,乾隆十六年,道光年间重修,民国时内设初等小学校。	无存		《民国泗阳县志》
太平观		泗阳县体仁集南		一名曹家庙,庙西厢房供曹真人像(曹净晓)。	无存		《民国泗阳县志》
东岳庙		泗阳县体仁市唐甄杨东		清咸丰年间湖水涨漫,房屋倾圮,后重修,仅存草屋数间。	无存		《民国泗阳县志》称"清道光间,庙甚壮丽"。
三官庙		泗阳县洋河镇		民国时改为第二高等学校。	无存		《民国泗阳县志》
玫离宫	清嘉庆初	泗阳县顺德西乡郑家楼圩		民国时设初等小学校于此。	无存		《民国泗阳县志》
关帝庙	明崇祯六年	淮安府桃源县北门外		清康熙三十三年重建。	无存		《正德淮安府志》

续表

宫观名	创建年代	古址	今址	历史沿革	现存与否	代表人物	出处及影响
城隍庙	明洪武元年	淮安府桃源县治西一百步		清顺治十三年重建，康熙四十三年、乾隆元年重修。	无存		《正德淮安府志》
大王庙		淮安府桃源县北门外		清康熙五十年重建。	无存		《正德淮安府志》
马神庙		淮安府桃源县治西常平仓内		旧在演武场。			《正德淮安府志》
火星庙	清康熙九年	淮安府桃源县治西北里许		清光绪三十二年庙内创设集义两等小学堂，后改为城市第一初等学校。	无存		《正德淮安府志》《民国泗阳县志》
三义庙		淮安府桃源县治东八十步		明洪武二十二年，成化四年，康熙十四年，光绪末年重修。	无存		《正德淮安府志》《民国泗阳县志》
九星庙	明万历十五年	淮安府桃源县治西南百余步		清康熙四十五年重修。	无存		《正德淮安府志》《民国泗阳县志》
东岳庙	宋	淮安府桃源县治西百步		明正德间重修，万历三十年重建。	无存		《正德淮安府志》《民国泗阳县志》
灵著庙		淮安府桃源县治西三十里河北崔镇东		宋太尉刘真君家此，故建庙以祀之，明洪武十一年重修。	无存		《正德淮安府志》《民国泗阳县志》

附录　江苏道教宫观一览表

续表

宫观名	创建年代	古址	今址	历史沿革	现存与否	代表人物	出处及影响
紫阳观	宋	淮安府沭阳县治南半里许	沭阳县城紫阳巷	宋一张道人创建，明天顺七年道会吕立中重修，嘉靖十八年增修，清乾隆四十年、光绪五年重修。	无存	吕立中	《正德淮安府志》《沭阳县志》《嘉庆海州直隶州志》《民国重修沭阳县志》
城隍庙	明洪武三年	沭阳县城中西北隅		旧在县治河南半里许，清嘉庆二年移建于此，同治八年重修。	无存		《民国重修沭阳县志》
八仙庙		沭阳县治西颜家集虞溪沟北		清嘉庆十八年重建，光绪十三年重修。	无存		《民国重修沭阳县志》
真武庙	清雍正六年	沭阳县治西七十里舒家峪		清咸丰十一年重修。	无存		《民国重修沭阳县志》
徐州市地区共查到205座道观，尤具代表性者如下							
斗姥宫	康熙四十一年	徐州府城内西北隅		又称灵霄观。	无存		《乾隆江南通志·徐州府》《徐州市志》《铜山县志》
黄楼	宋		徐州市城东北隅	历代修葺，20世纪80年代迁建黄河岌今址。	无存		《徐州市志》
城隍庙	明洪武二年	徐州府城东南隅		道光旧志载相传为古彭城县庙，县废移建于此。	现存		《同治徐州府志》《民国铜山县志》

续表

宫观名	创建年代	古址	今址	历史沿革	现存与否	代表人物	出处及影响
禹王庙		徐州府铜山县十八里屯		清嘉庆二十一年总河黎世序移建于苗家山，额书大王庙。	无存		《同治徐州府志》载铜山县有两处，另一在吕梁上洪东岸，明代建。
真武观	明永乐初	徐州府铜山县东门内南偏		明宣德二年名，天顺二年完葺，寻废，成化二年重建，弘治十年重修。	无存		《乾隆江南通志》、《同治徐州府志》载铜山县有两处，亦名真武庙，一在北门内，一在城北小河口，一在黄钟集间滨。
三义庙	明隆庆	徐州府铜山县城南戏马台上		即台头寺地改建，祀汉昭烈关张。明天启中改为户部分司署，清康熙十七年，复为河营守备署，徙汛仍为庙。	无存		《同治徐州府志》载铜山县有两处，另一在广运仓东。沛县处在县治南门内西偏，明永乐间建。
关尉神庙	元皇庆	徐州府铜山县吕梁上洪东岸		祀汉关侯，唐鄂国公尉迟敬德。	无存		《同治徐州府志》
吕梁洪神庙	明永乐初	徐州府铜山县上洪		旧称河平王，明宣庆十年重修。	无存		《同治徐州府志》载铜山县有两处，另一在下洪，元皇庆年间建。

续表

宫观名	创建年代	古址	今址	历史沿革	现存与否	代表人物	出处及影响
徐州洪神庙		徐州府铜山县百步洪上		旧有庙，称灵源宏济王，或称金龙四大王。元重建，明成化七年重建。	无存		《同治徐州府志》
旗纛庙		徐州府铜山县演武场将台东		旧在徐州卫公署后，明成化中改建。	无存		《同治徐州府志》
彭祖庙		徐州府铜山县城东北大彭镇境内		后魏刺史元延明，自他所移建于此，《旧志》载在彭祖井边。	现存		《同治徐州府志》《铜山县志1978—2010》
显济庙	明嘉靖	徐州府铜山县城南泰山巅		又名泰山庙，祀碧霞元君。	无存		《同治徐州府志》
昭惠灵显真人祠		徐州府铜山县吕梁东		祀秦蜀郡太守李冰次子。	无存		《同治徐州府志》
茅山道院	唐		徐州市铜山区茅村镇茅山	初建于唐，宋毁，宋后期又在季山东南坡建碧霞祠，明清时改建在南坡，2008年重新开放。	无存		《铜山县志1978—2010》
泰和碧霞宫	清光绪二十年		徐州市铜山区马坡镇后人段村	又名泰山奶奶庙。	现存		《铜山县志1978—2010》

续表

宫观名	创建年代	古址	今址	历史沿革	现存与否	代表人物	出处及影响
玉皇宫	宋		徐州市铜山区三堡街道办事处四堡村	解放战争时期毁于战火,后重建,2007年重新开放。	现存		
城隍庙	元	徐州府丰县治西		旧在县东,元建,明嘉靖中随县徙华山,后还旧治,改建于此。	无存		《同治徐州府志》
洞真观	元至正六年	徐州府丰县城内东北隅		即曲豆胜境,云真子建,元至正二十五年改为曲全宫。	无存	云真子(房德稳)	《乾隆江南通志·徐州府》《丰县志》《嘉靖徐州志》《嘉靖重修一统志》
大王庙	明嘉靖	徐州府沛县东北三十五里三河口		亦称三河口大王庙。	无存		《同治徐州府志》《光绪沛县志》
城隍庙	明永乐四年	徐州府沛县西南		明正统六年重修,嘉靖十三年、三十七年继修,万历三十一年圮于水,三十六年重修,清光绪十六年,在县署东新建城隍庙。	无存		《同治徐州府志》《光绪沛县志》

续表

宫观名	创建年代	古址	今址	历史沿革	现存与否	代表人物	出处及影响
东岳庙	元元统	徐州府沛县东半里泗河北岸		明永乐间重建,万历间重修。	无存		《光绪沛县志》、《同治徐州府志》载沛县有五处,一在县西三十五里孟北村,一在县西北六十里沙河镇,一在夏镇,一在县南五里。
天妃行宫	明万历初	徐州府沛县治东关护城堤内			无存		《同治徐州府志》《光绪沛县志》、《明抄本《万历沛县志》)载沛县有十一处。
真元观		徐州府沛县西北一里			无存		《乾隆江南通志·徐州府》
长春观		徐州府沛县西二里			无存		《乾隆江南通志·徐州府》
崇胜寺		徐州府沛县郡城		唐天宝间修,明景泰年间朱从仁复修。现有道一人住持。	无存		《江苏省通志稿·宗教志》
三元宫	明万历	徐州府沛县东门外			无存		《光绪沛县志》

续表

宫观名	创建年代	古址	今址	历史沿革	现存与否	代表人物	出处及影响
紫阳宫		徐州府沛县夏镇城中		旧名吕公堂，祀吕岩。	无存		《光绪沛县志》《民国沛县志》
昊天宫		徐州府沛县夏镇城中			无存		《光绪沛县志》
三清观		徐州府沛县东关玉虚宫右			无存		《光绪沛县志》载有六处，一在吕母冢西南，一在四堡北，一在六堡北，一在张仙林北，一在新河口。
朝元观		徐州府沛县夏镇文昌阁后			无存		《光绪沛县志》
玉清观		徐州府沛县谭家寨南二里			无存		《光绪沛县志》
圆圄观			徐州市沛县张寨镇张寨村温庙		现存		
神仙林道院			徐州市沛县朱寨镇黄庄村		现存		

续表

宫观名	创建年代	古址	今址	历史沿革	现存与否	代表人物	出处及影响
城隍庙		徐州府邳州新城西北		清嘉庆十五年重修。	无存		《同治徐州府志》《咸丰邳州志》《正德淮安府志》
昭惠观	建于元至正年间	徐州府邳州治东南半里许		祀灌口昭惠显灵显真君赵昱。明永乐十年道士徐原通重修。	无存	徐原通	《正德淮安府志》，《乾隆江南通志·徐州府》《康熙邳州志》
三官庙		徐州府邳州旧城东南堤			无存		《同治徐州府志》
关帝庙	明天顺三年		徐州市邳州市土山镇	先后于崇祯、雍正、道光、民国年间修复。	现存		百度地图
碧霞宫			徐州市邳州市邳城镇艾山南麓		现存		
城隍庙	明洪武元年	徐州府睢宁县城内学西		明正统五年，知县闵义重建。	无存		《同治徐州府志》《正德淮安府志》
玄贞观		徐州府睢宁县治北二百三十步			无存		《正德淮安府志》
三官庙	明洪武	徐州府睢宁县北门内		旧志在县治西南，清嘉庆三年迁建于此，与三清观合并，改为三元宫。	无存		《光绪睢宁县志稿》，《同治徐州府志》载睢宁县有两处，另一在魏家集。

续表

宫观名	创建年代	古址	今址	历史沿革	现存与否	代表人物	出处及影响
二郎庙	明天顺	徐州府睢宁县北门外		明天顺间知府牟鸿建，清乾隆三十二年重修。	无存		《同治徐州府志》
元真观	明洪武	徐州府睢宁县北门内			无存		《乾隆江南通志·徐州府》
丁元观	明崇祯元年	徐州府睢宁县找沟集西		光绪五年重修。	无存	云圆子	《光绪睢宁县志稿》
元帝庙	金大定	徐州府睢宁县疃郡集		明天启二年重修。	无存		《光绪睢宁县志稿》

盐城市地区共查到80座道观，尤具代表性者如下

宫观名	创建年代	古址	今址	历史沿革	现存与否	代表人物	出处及影响
城隍庙	南宋嘉定十二年	淮安府盐城县治东北		元大德十一年、清康熙年间修葺。	无存		《正德淮安府志》《乾隆淮安府志》
三清殿	南宋隆兴	淮安府盐城县治西西半里许		南宋乾道八年颁曰祥辉观。元至正间毁，洪武元年、十六年重修。嘉靖四十年重建于守备府东，易名三清殿，旧址则为守备府。	无存		《正德淮安府志》《乾隆淮安府志》《万历盐城县志》

续表

宫观名	创建年代	古址	今址	历史沿革	现存与否	代表人物	出处及影响
三茅观		淮安府盐城县冈门镇北，去治西十八里			无存		《正德淮安府志》《乾隆淮安府志》《涟水县志》
上真观		淮安府盐城县治西四十八里新兴场			无存		《正德淮安府志》《乾隆淮安府志》《涟水县志》
佑圣观	明洪武	淮安府盐城县伍佑场			无存		《正德淮安府志》《涟水县志》
集仙堂	明万历	淮安府盐城县治西三百四十武			无存		《正德淮安府志》《光绪盐城县志》
刘猛将军庙	清雍正十一年	淮安府盐城县城东门外景范亭旁		清雍正十一年知县卫哲治奉文即北门外干佛庵茶亭改建，乾隆十一年移建于东门外景范亭旁。	无存		《乾隆淮安府志》
天妃庙	明万历	淮安府盐城县北门外二里		明万历八年重建，清乾隆六年重修。	无存		《乾隆淮安府志》《万历盐城县志》
天后宫	明万历八年		盐城市亭湖区盐湾村	初名天妃庙，清康熙二十三年加封天后宫，20世纪80年代初期，天后宫由闸北村迁至盐湾村。	现存		《盐城市亭湖区志》

续表

宫观名	创建年代	古址	今址	历史沿革	现存与否	代表人物	出处及影响
泰山庙			盐城市亭湖区建军西路126号	明万历十年重修，清光绪十七年改为县学堂，现为新四军重建军部旧址。	现存。改作他用		《盐城市志》
碧霞院	唐武德元年		盐城城西北角	一名碧霞宫，20世纪40年代毁于战火。	无存		《盐城市志》
戴恩阁	明		盐城市大丰县小海乡	俗称北阁，初为北斗坛，民国时毁于战火。	无存		《盐城市志》
关帝庙	清初		盐城市大丰县小海中村	龙王庙、财神庙附属于该庙建筑群。	无存		《盐城市志》
兴隆庵	清光绪七年		盐城市响水县六套乡港湾村	毁于1945年。	无存	罗杰、黄冠浦	《响水县志》
三元宫	明嘉靖十八年		盐城市射阳县特庸乡北洋岸西街	抗战中毁于兵火。	无存		《射阳县志》
大王庙	明崇祯元年		盐城市射阳县陈洋镇南街	清嘉庆五年重修，1972年拆去正殿和三元宫。	无存		《射阳县志》
关帝庙	清同治		盐城市射阳县海河乡海河村	原称瘟神庙，光绪时改为关帝庙，抗战中毁于兵火。	无存		《射阳县志》

附录　江苏道教宫观一览表

续表

宫观名	创建年代	古址	今址	历史沿革	现存与否	代表人物	出处及影响
海神庙	清咸丰十年		盐城市射阳县大兴乡九口村	抗战中毁于兵火。	无存		《射阳县志》
三清院	清光绪		盐城市射阳县特庸乡北洋岸东	坤道所居，后易名为尼姑庵。	无存		《射阳县志》
关帝庙	北宋景德		盐城市大丰市白驹镇东南凤凰桥西	宋以前名真君庙，明洪武三十一年重修。	无存		《大丰市志》
玉虚观	明景泰		盐城市大丰市刘庄镇夹河西	1942年拆毁。	无存		《大丰市志》
三清观	明		盐城市大丰市小海镇海中村	1941年拆毁。	无存		《大丰市志》
三官殿		扬州府东台县西		元毁于火，明天顺中重建。	无存		《雍正扬州府志》载东台县共有四处，一在县西门外大街，一在梁垛场，一在富家滩，建于唐大历年间。另有三元宫在县西门内。

964　江苏道教文化史（下卷）

续表

宫观名	创建年代	古址	今址	历史沿革	现存与否	代表人物	出处及影响
北极殿	明万历	扬州府东台县安丰场		后圮，清乾隆、嘉庆年间先后重修。	无存		《雍正扬州府志》
北极殿	唐	扬州府东台县梁垛场北		后圮，清乾隆年间重修。	无存		《嘉庆东台县志》
明真观	宋	扬州府东台县东北		宋建，毁于火，后朋圮，明洪武十七年重建，隆庆中改建于北门内傅家巷，改称华王庙。	无存		《雍正扬州府志》《嘉庆东台县志》
元明观	唐	扬州府东台县梁垛场北		一名北观，清顺治六年毁于火又重建，康熙三年重修。	无存		《雍正扬州府志》《嘉庆东台县志》
崇宁观	明洪武	扬州府东台县安丰场		明万历年间，清康熙二年重修。	无存	赵凌虚	《雍正扬州府志》《江苏省通志稿·宗教志·羽士传》《嘉庆东台县志》
佑圣观	宋	扬州府东台县栟茶场		元至正年间，清嘉庆六年重修。	无存		《雍正扬州府志》《嘉庆东台县志》
关帝庙	明天顺七年	扬州府东台县治东北		明嘉靖三十五年，清顺治三年，嘉庆十三年重修。	无存		《嘉庆东台县志》
雷祖殿		扬州府东台县头铺大街		清乾隆间修。	无存		《嘉庆东台县志》

续表

宫观名	创建年代	古址	今址	历史沿革	现存与否	代表人物	出处及影响
天后宫		扬州府东台县富祖殿大门内左侧		清嘉庆十一年重建。	无存		《嘉庆东台县志》
玉清宫道教活动点			盐城市东台市经济开发区垛团村2组		现存		
城隍庙	明崇祯元年	扬州府东台县分司署后	盐城市东台市西溪旅游文化景区梨木街	原址在东台市城北门口，清雍正三年重修，乾隆三十六年重建，民国时毁于战火，1952年迁至码头上1号（葡萄巷头），1992年全废，后重建。	现存		《江苏省志·宗教志》
阜宁城隍庙	明	淮安府阜宁县城内礼字坊	盐城市阜宁镇内	清光绪七年重修。	无存		《盐城市志》
八蜡庙	清乾隆七年	淮安府阜宁县治东门外胡家庄			无存		《乾隆淮安府志》
天医宫		淮安府阜宁县城内礼字坊			无存		《乾隆淮安府志》
三元宫		阜宁县安基寺西北		俗名张道士庵。	无存		《民国阜宁县新志》

续表

宫观名	创建年代	古址	今址	历史沿革	现存与否	代表人物	出处及影响
玄天宫	明万历二十一年	阜宁县青沟镇			无存		《民国阜宁县新志》
连云港市地区共查到153座道观，尤具代表性者如下							
城隍庙		海州凤凰城内都司署东		旧在东城，元季兵废。洪武三年，知州陈德辅重建于西城普照寺废址。	无存		《正德淮安府志》《乾隆云台山志》
玄妙观	唐开化三年	海州旧城西南		后毁。正统间道士李启箴重建。	无存	李启箴	《正德淮安府志》《嘉庆海州直隶州志》
祥云观		海州东北岠平村南			无存		《正德淮安府志》《嘉庆海州直隶州修一统志》
上真观		海州去治南一百里		明正统六年，道士刘道明重修。	无存		《正德淮安府志》
蒲神庙		海州石㳬镇涟河西岸		旧在石㳬镇涟河东，明成化初，以二祭舟楫风涛不便，改移西岸。	无存		《正德淮安府志》《乾隆云台山志》

续表

宫观名	创建年代	古址	今址	历史沿革	现存与否	代表人物	出处及影响
鱼骨庙		海州东海城北大村陇口		南宋宝祐中，黄公能咒刀厌虎，因祀之，后称为司徒庙，其庙梁以鲸鱼骨为之，故名。	无存		《正德淮安府志》《乾隆云台山志》
晏公庙		海州西城北门市河街北		明洪武三年，知州因旧址重建。	无存		《嘉庆海州直隶州志》
玉泉庵	延祐七年	海州马耳山，去州城六里		元延祐七年道人左得正建，明永乐元年道人倪广正重建。	无存	左得正、倪广正	《嘉庆海州直隶州志》《正德淮安府志》
彩云观	明天启元年	海州朐山紫竹庵东半里		道士薛全仁建。	无存		《嘉庆海州直隶州志》《嘉靖重修一统志》
紫竹庵	南唐	海州朐山之阳，去城南八九里			无存		《嘉庆海州直隶州志》
蓬莱庵	元至德九年	海州白虎山之阳		道士骆道一建。	无存	骆道一	《嘉庆海州直隶州志》《正德淮安府志》
东岳庙	元泰定六年	海州白虎山之左		后因兵废，明洪武三年重建，紫柯间僧寿极复建。	无存		《嘉庆海州直隶州志》
三元宫	明万历十五年	海州云台山苍梧绝顶		亦名三元圣宫，山阳人谢淳（无相禅师）毁家独建，祝发为僧，明万历二十二年太后敕颁《大藏经》等。	现存		《嘉庆海州直隶州志》

续表

宫观名	创建年代	古址	今址	历史沿革	现存与否	代表人物	出处及影响
纯阳庵	明万历	海州云台山		僧释德证建。	无存		《嘉庆海州直隶州志》《乾隆云台山志》，明张朝瑞撰有《纯阳庵记》
东岳庙	元皇庆二年	海州东海城东北三里			无存		《嘉庆海州直隶州志》
清源庙	南宋淳祐二年	海州堙沟村			无存		《嘉庆海州直隶州志》
三元行宫		海州徐溇场西北			无存		《嘉庆海州直隶州志》《乾隆云台山志》
善积观	唐	海州诸韩山东南			无存		《嘉庆海州直隶州志》
栖阳庵		海州东海城东北六十里栖云山		前有袭衣洞，为袭衣师张志朴成道处。	无存	张志朴	《嘉庆海州直隶州志》
崇真观	明万历	海州板浦镇东			无存		《嘉庆海州直隶州志》
关圣庙	明天启	海州板浦镇西		清乾隆二十年任持演乘重修。	无存		《嘉庆海州直隶州志》载另有两处，一在东海关头村，去东海城十五里，建于南宋淳祐三年，一在东海城内西山上，建于南宋景定四年。

续表

宫观名	创建年代	古址	今址	历史沿革	现存与否	代表人物	出处及影响
三仙观		海州清风顶			无存		《乾隆江南通志》
东海庙	东汉建武元年		连云港市海州区孔望山	东海相受朝廷之命在孔望山修建全国第一座道教庙宇东海庙，奉祀黄帝和老子。汉桓帝年间，海州东海道人王选被征召入宫，辅佐政事。	无存		《连云港市海州区志》
三清观			连云港市东海县临洪磨山		无存		《东海县志》
东岳王庙			连云港市南云台林场青石街1—53号		现存		
延福观	明万历	海州东磊	连云港市云台风景区东磊景区围屏山上	初建观音殿，明万历同建延福观，崇祯四年三中官（太监）出资重建，一名延福宫。	现存		《嘉庆海州直隶州志》
玉皇宫	隋开皇五年	海州凤凰城东山绝顶悬崖	连云港市高新技术产业开发区南坡街道东凤凰山	南宋景定三年重建。	现存		

续表

宫观名	创建年代	古址	今址	历史沿革	现存与否	代表人物	出处及影响
天后宫			连云港市海州区南极北路190号新浦公园内		现存		
城隍庙	明洪武二年	海州赣榆县治西七十步		清康熙七年、乾隆十二年、十七年、光绪十三年重修。	无存		《正德淮安府志》《光绪赣榆县志》
佑德观		赣榆县治西一里许		元至正间兵废，正统十四年，主簿史春重建。	无存		《正德淮安府志》《嘉庆海州直隶州志》
三官庙	北宋		连云港市赣榆县朱汪村村东		无存		《赣榆县志》称金代王处一曾在朱汪小金山三官庙做法事

后　　记

　　2012 年，我承担的国家社科基金项目"东亚道教研究"顺利结项，结项成果入选《国家哲学社会科学成果文库》后，我就准备申报一个缠绕心中已久的课题，从江南文脉的角度来研究江苏道教文化的历史发展与丰富内涵及其在中国传统文化中的影响。

　　江苏是我国的经济大省，也是文化大省。江苏道教是江苏文化的重要组成部分，在中国道教史上也占有举足轻重的突出地位。在今天推进江苏从文化大省向文化强省发展的过程中，将江苏道教置于江南文脉中进行全面梳理，以呈现江苏道教历史脉络和文化内涵，就成为提升江苏文化影响力、展现江苏文化形象的一个重要举措。以"江苏道教文化史"为题的申报正好赶上地方道教史研究热，非常幸运地获得了国家社科基金重点项目的资助，以此为契机，我开始搜集资料进行研究。本来以为自己是江苏人，在 20 世纪末就曾做过吴地道教研究，后来也研究过一些江苏道教的人物、道书、道观和教派，研究进展会比较快，但真正开始着手，特别是在田野调查和细读各种文献资料之后，才感到这一研究课题的复杂性与艰巨性超出预期。

　　"江苏"作为一个"地域"是在历史发展中逐渐形成的。今天的江苏南北跨度比较大，因地理文化差异而分为苏北、苏中、苏南，如何在江苏社会发展中通过研究道派、人物和宫观等来展现有着漫长历史并内涵着不同地域特色的江苏道教文化？这需要依托道教文献、地方志及田野调查等资料，从学术史的角度来梳理江苏道教的历史发展脉络，也需要从社会生活史的角度来探讨江苏人的思想智慧和曾有的民风习俗，以展示江苏道教文化的存在样态与丰富内涵，从而为新时代着力构建中国底蕴、中国特色的思想体系、学术体系和话语体系做出应有的努力。

春去秋来，经过不懈努力，2019年秋《江苏道教文化史》初稿完成提交结项时，得到了各位评审专家的认可与鼓励。由于这是第一次对江苏道教文化进行系统全面的研究，我又不断地搜集资料进行修改、补充和完善，一直到2021年夏，经过近十年的努力，七易其稿，我才把书稿交到中国社会科学出版社。虽然这期间我也陆续出版了《道教在日本》（南京大学出版社2016年版）、《道教在韩国》（南京大学出版社2016年版）、《唐宋道教的转型》（中华书局2018年版）、《东亚道教概论》（人民出版社2023年版）等著作，但研究工作的重心始终在江苏道教，阅读过程中的疑问与收获，写作过程中的愉悦与辛劳，那真是"如人饮水，冷暖自知"。

在校对清样和等待出版的三年时间里，我一方面陆续在《世界宗教研究》《宗教学研究》等刊物上发表了十多篇与江苏道教有关的学术论文；另一方面，完成了国家社科基金重点项目"东方道文化"的写作，在2024年7月的结项评审中，又获得优秀成绩。这可能也得益于《江苏道教文化史》这本书的写作，力图从"道由人弘"的角度，去关注社会生活中那些曾经活跃的"人"，再通过"论从史出"的实证性原则，去理解并呈现特定历史阶段及地域文化中所蕴含的生生不息之"道"。

从立项至今，十二年的时间过去了，在《江苏道教文化史》即将出版之际，我心里充满着感恩之情。感谢著名道教研究学者朱越利教授于百忙之中拨冗阅稿，为拙著赐序以示鼓励，此序文已在《世界宗教研究》2022年第1期上发表；感谢中国道协袁志鸿副会长、江苏省道协尹信慧会长、杨世华会长等许多江苏道长多年来的支持和帮助；感谢各位学界同仁给予的学术启迪，那些曾激起我学术灵感、开拓我研究思路的论著，我都尽可能在文中以规范的学术形式注出，既展现他们有益的探索，也表达我的敬意和谢意；感谢我的博士生们，近年来，他们或随我参加学术会议，或帮助搜集一些江苏道教的资料，或在江苏道教中选择学位论文的题目，取得的一些相关成果我在文中也给予了介绍；感谢博士生张孝东帮助编写"江苏道教宫观一览表"；感谢中国社会科学出版社编审孙萍博士的认真审稿和精心编辑，使拙著从内容到形式都得以不断完善。

最后要感谢国家社科基金重点项目给予的支持，这是对我研究工作的鼓励和鞭策。也要感谢我的家人，特别是先生洪修平教授给予的支持与帮助。

在本书付梓之前，我又对全稿进行了校读与修订，由于时间关系并限于学力和水平，如有不妥之处，欢迎海内外专家学者不吝赐教，谢谢！

南京大学　孙亦平
2024 年 8 月 18 日